国際人権法

（第2版）

申　惠丰

国際人権法

―― 国際基準のダイナミズムと国内法との協調 ――

【第2版】

信山社

第2版はしがき

　本書は，学生や一般の学習者はもちろん実務家の方々にも役立ちうる国際人権法の教科書として，独自のダイナミズムをもつ国際人権法の世界，及び日本の国内法秩序におけるその活かし方について，できる限り豊富な資料を示しながら解説したものである。

　人権の国際的保障を目的とする国際人権法は，第二次世界大戦後に目覚ましく発展した，比較的新しい法分野である。その中心をなしているのは国連憲章に基づくシステム及び人権条約（人権保障を目的とする多数国間条約）であるが，本書は特に，管轄下にある個人の人権保障に関して明文で国家に法的義務を課した人権条約に注目する。人権条約は，条約という国際法の伝統的な法形式を取りつつ，その趣旨・目的と内容において旧来の国際法を換骨奪胎する側面を多分にもつ。人権条約においては，条約という法形式（とりわけ，古典的な二国間条約）で旧来みられた「国家間の主観的な権利・義務の交換」は見出せない。人権条約は，国家の権利の確保ではなく個人の人権保障を目的として，多数の国家が，自国の管轄下にある人の人権保障に関する共通の義務を負うことを約束し合う条約であり，各締約国は，他の締約国が条約上の義務を果たすことに法的利益を有するにとどまる。しかも，中身は人の「人権」にかかわる義務であって，国内法秩序における条約の受入れ体制によっては ── すなわち，批准した条約が国内的に法的効力をもつ国の場合は ──，人権条約の規範は，個人によってその国の裁判所等で援用・主張されうる。このような事態は，伝統的な国際法において人の（「人権」どころか）処遇は領域国の排他的な管轄権内の事柄とされてきたことからすれば，国家権力とその管轄下の個人との間の国際法上の関係における革命的な変化と言って過言ではない。

　人権は本来各国の国内法特に憲法によって保障されてきたものであって，国際人権法の規範は，そのことを前提としつつ，国内法による人権保障を補完するものと位置づけられる。ここに，国内法特に憲法による人権保障と国際人権法による補完的な人権保障とを併せ用いて，より実効的な人権保障を行うという，現代国家にとっての重要な課題が存在する。しかるに，人権条約は，人権問題は一国のみに委ねられる事柄ではなく，国際的な基準に照らしたチェックを必要とする，という人類社会の知見に基づいた法システムとして，各国によ

iii

第2版はしがき

る条約の国内実施を自己完結的なものとせず継続的に国際的監視の下におく制度（国際的実施制度，履行確保制度）を備えている。人権条約の規範の解釈と実施は，各締約国の専権事項ではなく，それらの制度の運用を通じて，多数の締約国の国内実施を監視する条約機関（裁判所，委員会等）の判断との継続的な「対話（dialogue）」プロセスの中におかれるのである。締約国は，人権条約を批准ないしこれに加入する以上，このシステムに参加することが前提とされている。他方で，国内的にも，国際協調主義を旨とし，批准・加入した条約が国内的効力を有する日本の憲法体制にあっては，立法・行政・司法にわたる国家機関が，日本国が憲法適合的なものとして自ら受け入れた人権条約の規範に対してしかるべき考慮を払うことが憲法上も要請されている。日本の国内法秩序における人権保障は，国際人権法という法源を含む，より豊かで国際法調和的な内容へと豊富化されているのである。

　2013年3月に初版原稿を脱稿して以降，国内では国際人権法上の論点に関連する重要な裁判例が相次いで出されており，この第2版ではそれらの裁判例についての記述を中心に加筆した。また，筆者の不注意・不勉強による誤記があった箇所を訂正し，できる限り改善を図った。本書が，国際人権法の意義とその有用な活かし方について，何らかの示唆を与えるものになっていれば幸いである。

　　2016年5月

著　者

〈 国際人権法〔第2版〕〉

◈ 大 目 次 ◈

第1部 総 論 ——————————————— 1

第1章 国際人権法の法源と体系 (3)

第2章 人権条約と日本法 (55)

第3章 「管轄」下にある人の人権保障に関する国の責任 (114)

第2部 条約機関の判例・先例法理に見る人権条約上の実体的義務 ——————————————— 153

第4章 人権保障のための国家の多面的義務 (155)
　　　　—— 人権二分論から国家の義務の実質的把握へ

第5章 人権の「尊重」義務 (181)

第6章 人権の「保護」義務 (218)

第7章 人権の「充足(実現)」義務 (294)

第8章 差別の禁止と平等 (342)

第3部 国際人権法の実施メカニズム ——————————— 437

第9章 国際人権法の国内的実施 (439)

第10章 国際人権法の国際的実施(1)—— 普遍的人権条約の制度 (538)

第11章 国際人権法の国際的実施(2)—— 国連憲章に基づく制度 (594)

第12章 国際人権法の国際的実施(3)—— 地域的人権条約の制度 (626)

v

$\Diamond$ 目 次 $\Diamond$

第2版はしがき（*iii*）
本書の利用にあたって（*xiii*）

第1部 総 論

$\Diamond$第1章$\Diamond$ 国際人権法の法源と体系 ——————————— *3*

Ⅰ 第二次大戦後における国際人権規範の発展 ················ *3*

　1 国際法による人権保障の前史 —— 外国人・少数者保護から
　　すべての人の人権保障へ（*3*）

　2 国連の下における国際人権規範の発展（*23*）

Ⅱ 国際人権法の体系 —— 国連における普遍的人権保障の枠組みと
　地域的枠組み ·· *34*

　1 普遍的な人権保障の枠組み —— 人権条約上の手続と国連の
　　人権機関における手続（*34*）

　2 地域的な人権保障の枠組み（*45*）

$\Diamond$第2章$\Diamond$ 人権条約と日本法 ——————————————— *55*

Ⅰ 日本における条約の国内的効力と序列 ················· *55*

　1 日本における条約の国内的効力（*55*）

　2 日本の国内法秩序における条約の序列 —— 法律への優越（*57*）

Ⅱ 人権条約と憲法 ·· *83*

　1 総 論（*83*）

　2 最高裁への上告理由の制限と国内救済原則（*95*）

　3 条約機関の「一般的意見」「総括所見」「見解」等に対する
　　尊重（*96*）

　4 国際法の遵守・国際基準の参照に関する国内裁判官の
　　実践（*105*）

vii

目　次

◆ **第3章** ◆ 「管轄」下にある人の人権保障に関する国の責任 —— *114*

Ⅰ　総　論 ……………………………………………………………………… *114*

Ⅱ　人権条約において義務からの逸脱が認められるための要件
の解釈・適用 ………………………………………………………………… *134*

　　1　緊急事態の存在（*134*）

　　2　必要性の要件（*137*）

　　3　無　差　別（*141*）

　　4　他の国際法上の義務の遵守（*142*）

　　5　一定の権利の逸脱不可能性（*143*）

　　6　国際的な通知（*147*）

Ⅲ　人権条約の実施と国際協力 …………………………………………… *148*

第**2**部　条約機関の判例・先例法理に見る人権条約上の実体 的義務

◆ **第4章** ◆ 人権保障のための国家の多面的義務
　　　　　　 —— 人権二分論から国家の義務の実質的把握へ —— *155*

Ⅰ　「権利」と複数の「相関的義務」—— 権利の実効的保障に内在
する積極的義務 ……………………………………………………………… *155*

Ⅱ　人権保障のための国家の多面的義務 ………………………………… *165*

◆ **第5章** ◆ 人権の「尊重」義務 ————————————— *181*

Ⅰ　人権の尊重義務 —— 国家機関による権利侵害行為の避止義務 ………… *181*

Ⅱ　「絶対的」権利 —— 拷問及び虐待を受けない権利 ……………………… *187*

Ⅲ　人権の制限事由とその解釈 …………………………………………… *189*

　　1　総　論（*189*）

　　2　法律に基づいた制限であるという「合法性（legality）」の要件（*194*）

　　3　一定の正当な目的を有しているという「正当性（legitimacy）」
の要件（*200*）

　　4　目的達成と手段との「均衡性（proportionality）」の要件（*203*）

viii

目 次

◆ **第6章** ◆ **人権の「保護」義務**─────────── 218

I 国家の人権保護義務 ··· 218

1 総 論 (*218*)

2 拷問等禁止条約における公務員の関与の要件 (*237*)

3 「絶対的」権利の保障 ── 犯罪人引渡・強制送還の文脈におい
て拷問や虐待を受けない権利を保護する積極的義務 (*240*)

4 経済的，社会的及び文化的権利と国家の保護義務 (*259*)

5 ビジネスと人権に関する諸原則 (*261*)

II 権利侵害に対する効果的救済 ··· 266

1 人権侵害に対して「救済」を受ける権利の意義と内容 (*266*)

2 国際人権法の大規模な違反・国際人道法の重大な違反に対し
て救済を受ける権利に関する国際基準の発展 (*281*)

◆ **第7章** ◆ **人権の「充足(実現)」義務**────── 294

I 人権の充足(実現)義務 ·· 294

II 権利の漸進的実現のための国家的戦略
── 枠組み立法及び行動計画 ·· 303

III 権利実現の評価のためのツール ── 人権指標 ····························· 307

1 総 論 (*307*)

2 ヨーロッパ社会憲章体制における人権指標 (*311*)

3 米州人権条約体制における人権指標 (*323*)

IV 充足義務の評価と違反認定の可能性 ··· 326

1 総 論 (*326*)

2 ヨーロッパ社会権委員会の実行 (*335*)

◆ **第8章** ◆ **差別の禁止と平等**────────── 342

I 無差別・平等の適用範囲 ··· 343

1 総 論 (*343*)

2 自由権規約26条の適用範囲 ── 自由権規約委員会による26条
の解釈・適用 (*347*)

II 無差別・平等に関する国家の義務の内容 ····································· 353

ix

目　次

　　　1　法律の前の平等（*353*）

　　　2　すべての者が法律による平等の保護を受ける権利（*358*）

　　　3　法律があらゆる差別を禁止すること（*366*）

　　　4　法律がいかなる差別に対しても平等かつ効果的な保護をすべ
　　　　ての者に保障すること（*368*）

　　　5　ヨーロッパ人権条約14条及び第十二議定書１条の解釈・適用（*369*）

　Ⅲ　差別の定義 ……………………………………………………………… *385*

　　　1　直接差別と間接差別（*386*）

　　　2　合理的配慮（*399*）

　　　3　差別是正のための積極的施策 —— 暫定的特別措置（*403*）

　　　4　暫定的特別措置の限度 —— 無差別・平等原則との合致（*414*）

　Ⅳ　自決権・マイノリティ（少数者）の権利 ……………………………… *417*

　　　1　人民の自決権（*417*）

　　　2　内的自決権と，人種等による差別なく公務に携わる権利・マ
　　　　イノリティの権利との関連（*420*）

　　　3　マイノリティ（少数者）に属する人の権利（*428*）

第3部　国際人権法の実施メカニズム

◆第9章◆　国際人権法の国内的実施 —————————— *439*

　Ⅰ　立法・行政機関による実施 ……………………………………………… *446*

　　　1　総　論（*446*）

　　　2　日本の人権条約批准とそれに伴う国内法整備
　　　　—— 立法面での人権条約の影響（*460*）

　　　3　日本の人権条約批准とそれに伴う国内法の未整備
　　　　—— 人種差別撤廃条約（*475*）

　　　4　日本法上の婚外子差別と人権条約（*496*）

　Ⅱ　人権侵害に対する効果的救済 —— 特に裁判所による条約の適用……… *500*

　　　1　総　論（*500*）

　　　2　条約の直接適用 —— 国内的「効力」と「直接適用可能性」（*504*）

　　　3　直接適用可能性の意義

目 次

　　　　── 条約に照らした合法性の判定を含む広い概念（507）

　　4　日本の裁判所における人権条約の直接適用（512）

　　5　無差別規定の直接適用

　　　　── 社会権規約の直接適用可能性の一律否定とその打開（515）

　　6　権利の実現を後退させる国の措置への制約

　　　　── 社会権規約に照らした後退的措置の違法性の認定（521）

　　7　条約の「間接適用」── 国内法の条約適合的解釈（527）

　Ⅲ　国内人権機関の役割 ……………………………………………… 533

◆ 第10章 ◆　国際人権法の国際的実施(1)
　　　　　── 普遍的人権条約の制度 ───────── 538

　Ⅰ　人権条約における国際的実施制度と条約機関の設置 ………………… 538

　Ⅱ　普遍的人権条約における報告制度とその運用 ……………………… 540

　Ⅲ　普遍的人権条約における個人通報制度とその運用 ………………… 550

　　1　総　論（550）

　　2　個人通報を提出できる者（553）

　　3　時間的管轄（555）

　　4　通報の受理要件 ── 国内救済完了原則（556）

　　5　同一の事案が他の国際的手続によって検討されていないこと（560）

　　6　通報審査の流れ（562）

　Ⅳ　人権条約機関による「一般的意見」・「総括所見」・「見解」
　　の法的意義と「総括所見」・「見解」の実施のフォローアップ ………… 565

　　1　人権条約機関による「一般的意見」・「総括所見」・「見解」の
　　　法的意義（565）

　　2　個人通報制度に参加していなければ，「見解」によって形成さ
　　　れる先例法理は無関係か（569）

　　3　日本の裁判所における条約機関の「一般的意見」「見解」等の
　　　位置づけ（571）

　　4　「総括所見」・「見解」の実施とそのフォローアップ（578）

　Ⅴ　人権条約の報告制度と日本 ………………………………………… 582

　　1　拷問や虐待の禁止及び，自由を奪われた者の人道的取扱いの原則（582）

　　2　代用監獄制度と自由権規約・拷問等禁止条約（587）

xi

目　次

◆ 第 11 章 ◆　国際人権法の国際的実施(2) —— 国連憲章に基づく制度 —————— 594

Ⅰ　人権理事会の創設 ……………………………………………… 594

Ⅱ　普遍的定期審査 ………………………………………………… 599

Ⅲ　特 別 手 続 …………………………………………………… 612

　1　総　論（612）

　2　特別手続担当者の行動準則及び活動マニュアル（616）

　3　特別手続において用いられる活動手法（619）

Ⅳ　申立(通報)手続 ……………………………………………… 622

◆ 第 12 章 ◆　国際人権法の国際的実施(3) —— 地域的人権条約の制度 —————— 626

Ⅰ　ヨーロッパ人権条約の体制 —— 個人通報及び国家通報制度 ………… 628

Ⅱ　ヨーロッパ人権裁判所の判決の執行とその監視 ……………… 634

　1　総　論（634）

　2　構造的ないし一般的な人権侵害と「パイロット」判決（646）

初版あとがき（653）

判 例 索 引（655）

人権条約規定・条約機関採択文書・関連法文書索引（667）

事項・人名索引（671）

【本書の利用にあたって】

　本書では，ヨーロッパ人権裁判所のような国際裁判所の判例と，日本の裁判所の判例のような国内判例をともに資料として掲載しているが，国際判例は● *CASE* ●〈国際判例〉とし，各国の国内判例は● *CASE* ●とした。国際司法裁判所や米州人権裁判所等の勧告的意見については，〈国際裁判所の勧告的意見〉とした。また，国際人権規約のように国連で採択された普遍的な人権条約では，条約機関として「委員会」が設置されており，この委員会が，人権侵害を申立てる個人の通報（communications）を受理し条約違反の有無につき「見解（views）」や「決定（decisions）」の形で法的判断を下す制度を運用している。また，ヨーロッパ社会憲章の下では，ヨーロッパ社会権委員会が，労働組合等による集団的な申立（complaints）を受理し，当事国による同憲章の遵守に関して「決定」を下している。これらの見解や決定は「判決」ではないが，**条約機関が，具体的な事案について，申立人・組織と当事国の主張に照らして行った事実認定を基に下した法的判断としての先例的価値をもつ。**学説では，これら委員会が先例で示した法解釈は「先例法理（jurisprudence）」として日常的に援用される（また，次頁で紹介する国連高等弁務官事務所のウェブサイトでは，個人通報制度における見解や決定は "jurisprudence" の欄で検索する）。そこで本書では，人権条約の委員会が個人通報や集団的申立制度において出した見解等は● *CASE* ●〈国際先例〉として取り上げている。判例・先例中の下線は引用者によるものである。

　普遍的な人権条約の委員会は，このほか，基本的な国際的実施制度として，締約国が出す報告書を検討する「報告制度」を運用しており，条約の定めに従い「一般的意見（general comments）」（条約により「一般的勧告（general recommendations）」）を随時採択して，条約の実施に関する事項について委員会としての法解釈を公表している。また，これら委員会の共通の実行として，報告検討後，個別の国に対し，条約の実施に関する評価や懸念事項を「総括所見（concluding observations）」として公表している。これらの意見や所見も，個人通報制度における「見解」と同様に法的拘束力こそないものの，**報告制度の運用という任務を与えられた条約機関が採択した文書としての重みをもつ。**また，各条約の下で，単一の条約機関が報告制度と個人通報制度を運用していることから，**個人通報制度での「見解」と報告制度での「一般的意見」における条約解釈は，相互に影響を与え合っており，総合的に条約の解釈法理を発展させていることも留意される。**よって，日本のように個人通報制度に参加していない国にとっても，個人通報制度の「見解」で発展している法理は，条約本体の解釈にかかわり「一般的意見」とも内容的に切り離せない法解釈として，決して無関係のものではない。本書では，条約機関によって発展させられている国際人権規範の豊富な内容を明らか

xiii

本書の利用にあたって

にするため，「一般的意見」や「総括所見」も重要な資料として取り上げ，抜粋・翻訳の上引用している。なお，筆者はこれまで社会権規約委員会の一般的意見等を翻訳・公表してきたが，訳語はより適切と思われるものに改めた。

　すべての引用文中，文頭の数字は原文の項（パラグラフ）番号，太字は断りのない限り原文に付されている強調，「……」は中略，[　]部分は訳者注である。

　なお，人名や地名の表記の際，"va" には「ヴァ」を当てる等できる限り原語に近いと思われる発音表記に努めたが，「スロバキア」「スロベニア」「ユーゴスラビア」「ラトビア」「モルドバ」「ジュネーブ」といった国名・地名表記は日本語として定着している感があり，外務省で用いられている表記でもあるため，そのままとした。

─────── < 判例・先例等の原文・邦訳の探し方 > ───────

◆　国連の人権条約及び条約機関の資料
・条約集（岩沢雄司編集代表『国際条約集』（有斐閣，2016年）など）
　人権条約を含む主要な条約の日本語訳（日本が批准ないし加入している条約の場合は政府公定訳）を収録している。但し，公定訳には時に正確でない訳語があり，また，日本が国際法上拘束されるのは厳密には条約正文なので，条約を援用した主張においては場合によって英語正文を参照する必要もある。英語正文は，人権問題を取り扱う国連の部署である**国連人権高等弁務官事務所（OHCHR）**のウェブサイト（http://www.ohchr.org/）から，**Human Rights Instruments**（人権文書）をクリックすることで簡単に参照できる。本書では，日本が締約国となっている条約については基本的に公定訳を用いたが，公定訳が正文に照らして適切と思われない場合には，著者の訳を付し説明を加えている。

　上記のサイト上で **Human Rights Bodies**（人権機関）をクリックするか，直接 http://tb.ohchr.org/default.aspx を開くと，**条約機関データベース（Treaty Bodies Database）**があり，国連で採択された人権条約の条約機関（委員会）が採択した「一般的意見」「見解」「総括所見」等のほか，報告制度の下で締約国が提出した報告書等を，Convention（条約），Country（国名），Type（文書の種類）別にプルダウンで選択して参照できる。条約名はイニシャルで，自由権規約は CCPR，社会権規約は CESCR，人種差別撤廃条約は CERD，女性差別撤廃条約は CEDAW，子どもの権利条約は CRC，拷問等禁止条約は CAT，移住労働者権利条約は CMW，選択議定書は OP のように表記されている。種類は，一般的意見であれば General Comments，総括所見であれば Concluding observations，個人通報事案の見解であれば Jurisprudence を選択する。一般的意見は文字通り全締約国に対する一般的な意見なので国名は選択しない。総括所見や見解の場合には，該当の条約名のほか，国名を選択する。なお，一般的意見，総括所見，見解等の原文は，

この方法で簡単に入手でき，その際，国連文書としての文書番号は特に必要ないため，本書の引用では，文書番号は省略した。

　また，人権条約機関の先例法については，民間の研究所やNGOが作成しているデータベースにも非常に有用なものがある（例えば，自由権規約委員会の先例につき，市民的及び政治的権利センターのデータベース http://www.ccprcentre.org/individual-communications/decisions-search/）。

　2015年には，国連人権高等弁務官事務所が，すべての国連人権条約機関の先例法をまとめて検索できるオンライン・データベースを開始した（http://juris.ohchr.org）。このデータベース上では，個人通報制度を運用している条約機関（自由権規約委員会，拷問禁止委員会，女性差別撤廃委員会，人種差別撤廃委員会，障害者権利委員会，強制失踪委員会，社会権規約委員会，子どもの権利委員会）が出した見解・勧告を，キーワード検索によって横断的に検索することができるようになっている。

・松井芳郎ほか編『国際人権条約・宣言集［第3版］』（東信堂，2005年）

　通常のコンパクトな条約集には収録されていないことが多い地域的な人権条約や，その他の人権文書（条約のほか，「被拘禁者取扱い標準最低規則」「被収容者保護原則」のように，規範設定的内容をもつ国連総会決議等を含む）を幅広く翻訳・抄訳して掲載している。

・山下泰子ほか編『ジェンダー六法［第2版］』（信山社，2015年）

　女性の人権に関連する条約や国際基準，女性差別撤廃委員会の一般的勧告・総括所見等の邦訳のほか，関連の国内法令を収録している。

◆ 地域的人権条約の資料

　ヨーロッパ人権裁判所の判例は，裁判所のウェブサイト http://www.echr.coe.int/ECHR/Homepage_EN から Case-Law に入ることにより，**HUDOC データベース**で事件名や国名を入れて検索できる。本書で引用した判例はすべて，事件名又は申立番号で検索できるため，紙媒体の判例集の出典は省略した。

　ヨーロッパ社会憲章に基づきヨーロッパ社会権委員会が行っている各国の報告審査の概要と委員会の「結論（Conclusions）」は，ヨーロッパ審議会のウェブサイトで参照できる（http://www.coe.int/t/dghl/monitoring/socialcharter/Conclusions/ConclusionsIndex_en.asp）。また，集団的申立事案における委員会の「決定（Decisions）」は，http://www.coe.int/t/dghl/monitoring/socialcharter/Complaints/Complaintsen.asp で見ることができる。

　米州人権条約に基づき米州人権委員会が個人や非政府団体等からの請願，並びに締約国からの通報を受理した場合の友好的解決手続における報告書は，http://www.oas.org/en/iachr/decisions/friendly.asp で参照できる。米州人権条約に基づいて設置された米州人権裁判所の判例を見るには，ミネソタ大学人権ライブラリーのサイト上の http://www1.umn.edu/humanrts/iachr/series_C.html が便利である。

本書の利用にあたって

「人及び人民の権利に関するアフリカ憲章」（バンジュール憲章）によって設置されたアフリカ人権委員会が個人や団体，締約国からの通報の事案で下した決定は，http://www.achpr.org/english/info/List_Decision_Communications.html で参照できる。また，1998年に採択され2004年に発効した議定書に基づいてアフリカ人権裁判所が設置されているが，同裁判所の判決や決定は http://www.african-court.org/en/cases/judgments-and-orders/ に掲載されている。

◆ その他の国際裁判所の資料

国際司法裁判所（ICJ）の判例や勧告的意見は，ICJ のウェブサイト http://www.icj-cij.org/homepage/index.php?lang=en から，判例（Cases）に入ることで参照できる。すべての事案（All Cases）あるいは，係争事案における判決（Contentious Cases）・勧告的意見の手続（Advisory Proceedings）の別で検索する。本書で引用した判例や勧告的意見はすべてこの方法で検索できるため，紙媒体の判例集の出典は省略した。

旧ユーゴスラビア国際刑事法廷（ICTY）及びルワンダ国際刑事法廷（ICTR）の判例は，それぞれ，ICTY のウェブサイト http://www.icty.org/ 及び ICTR のウェブサイト http://www.unictr.org/ から判例（The Cases）に入り，被告人名あるいは事件番号で検索して参照できる。

─────< 本書中，略称で言及する先例集・判例集 >─────

・国際人権規約翻訳編集委員会編『国際人権規約先例集 ── 規約人権委員会精選決定集第1集』（東信堂，1989年）
　　→［本書中で『先例集第1集』として引用］
・宮崎繁樹編集・翻訳代表『国際人権規約先例集 ── 規約人権委員会精選決定集第2集』（東信堂，1995年）
　　→［本書中で『先例集第2集』として引用］
この2冊は，自由権規約委員会が個人通報制度の下で扱った主な事例を邦訳し解説を付したものである。
・戸波江二＝北村泰三＝建石真公子＝小畑郁＝江島晶子編『ヨーロッパ人権裁判所の判例』（信山社，2008年）
　　→［本書中で『ヨーロッパ人権裁判所の判例』として引用］
ヨーロッパ人権裁判所の主要判例の概要をまとめるとともに解説を付した書である。

─────< その他の参考資料 >─────

本書の文中では，必要に応じて脚注で出典を示しました，有益な参考文献に言及した。Olivier De Schutter, *International Human Rights Law: Cases, Materials and Commentary*, Cambridge: Cambridge University Press, 2010は，国際人権法の世界的な第一人者であり，

xvi

本書の利用にあたって

基本権に関する独立専門家 EU ネットワーク座長，食料に対する権利に関する国連特別報告者等を歴任した著者（ベルギー，ルーヴァン＝カトリック大学教授）が，国際判例・先例及び国内判例を含む多数の一次資料とその考察を通して，グローバルな法体系としての国際人権法の全体像を豊かに描き出した，学界最先端のケースブックである。本書を執筆するにあたっては，法源，実体的義務（人権の尊重・保護・充足），保障制度を柱とする同書の構成及びその内容から，全体を通して多大な示唆を受けた。

第 **1** 部
総　論

◆ 第1章 ◆ 国際人権法の法源と体系

Ⅰ 第二次大戦後における国際人権規範の発展

◆ 1 国際法による人権保障の前史
── 外国人・少数者保護からすべての人の人権保障へ ──

■ アメリカ連合諸邦宣言（アメリカ独立宣言）
（1776年）

　……われらは，次の事柄を自明の理であると信ずる。すなわち，すべての人は平等に造られ，造物主によって一定の奪うことのできない権利を与えられ，その中には生命，自由及び幸福の追求が含まれる。また，これらの権利を確保するために人々の間に政府が組織され，その権力の正当性は被治者の同意に由来する。さらに，いかなる統治形態といえども，これらの目的を損なうものとなるときは，人民はそれを改廃し，……新たな政府を組織する権利を有する。……長きにわたる暴虐と簒奪が，常に同一の目的の下に行われることによって，人民を絶対的な専制の下に服従せしめようとする企図が明らかになるときは，このような政府を廃棄し，人民の将来の安全のために新たな保障の組織を整えることは，人民の権利であり，また義務である。……大英国の現国王の歴史は，これらの諸邦の上に絶対的な僭主制を樹立することを直接の目的として繰り返し行われた権利侵害と簒奪の歴

史である。……

■ 人及び市民の権利宣言（フランス人権宣言）
（1789年）

前文　国民議会として構成されたフランス人民の代表者たちは，人の権利に対する無知，忘却又は軽視が，公の不幸と政府の腐敗の唯一の原因であることを考慮し，人の譲り渡すことのできない神聖な自然的権利を，厳粛な宣言において提示することを決意した。……

1条　人は，自由，かつ，権利において平等なものとして生まれ，存在する。……

2条　すべての政治的結合の目的は，人の，時効によって消滅することのない自然的な諸権利の保全にある。これらの諸権利とは，自由，所有，安全及び圧制への抵抗である。

3条　すべての主権の淵源は，本質的に国民にある。……

16条　権利の保障が確保されず，権力の分立が定められていないすべての社会は，憲法をもたない。

　為政者の恣意によって簒奪されない個人の一定の権利の承認は，西欧封建社会，とりわけイギリスにおいて，王が裁判手続の成文化や教会の自由，商人の特権を認めた1215年のマグナカルタから，臣民の権利・自由を宣言し立法・課税・軍事・言論の自由・王位継承に関して議会主権を明確にした1689年の権利章典に至る立憲主義の確立の過程で発展した。さらに，そのような，伝統的社

◆ 第1部 ◆ 　総　論

会における臣民の権利という概念を超えて，**人が誰しも生まれながらにして平**
等に有する権利という人権の概念は，17世紀から18世紀にかけてのヨーロッパ
啓蒙思想（カント，ロック，ルソーらの思想家に代表され，すべての人に備わった
理性に基づき，合理的・批判的な精神の啓発によって人間社会の進歩・改善が可能
であるとする考え方で，宗教的及び政治的な絶対的権威の否定と人民主権・民主主
義を導く）の中で育まれ，18世紀後半，1776年のアメリカ独立宣言と1789年の
フランス人権宣言でその公式的な表明をみることとなった。

　1776年，本国・英国による植民地産品への課税を始めとする専制的な統治に
不満を募らせていたヴァージニア，マサチューセッツ，フィラデルフィア等の
北米13植民地は，「代表なければ課税なし」のスローガンの元に団結して本国
に反旗を翻し（イギリスの権利章典と並び，ここに再び明瞭に表明されている，納
税と代表制民主主義との深い関係をも銘記せよ），**アメリカ連合諸邦**（The United
States of America）宣言（**アメリカ独立宣言**）を採択した。その前文は，すべての
人間の平等，生命・自由・幸福追求の権利を主張し，これを保障するために政
府が作られること，政府の権力は被治者の同意に由来することを宣言している。
英国との独立戦争に勝利した13植民地は，1788年，アメリカ合州国（The United
States of America）としての新憲法を承認，1791年には，信教，言論，出版，集
会の自由等の個人の権利保護を掲げた権利章典が，憲法修正箇条（Amendments）
として承認される。ヨーロッパ大陸では，絶対王政全盛期からの国家財政疲弊
に直面していたフランスで，アメリカ独立の報に刺激を受けて間もなく革命が
勃発する。1789年8月26日に採択されたフランス人権宣言は，人間は自由なも
のとして生まれ，権利において平等であること，主権は国民に存すること，人
権保障の原理を含まない憲法は憲法と呼べないことを謳った。1792年に王政は
廃止され，ヨーロッパの王政諸国に大きな波紋を与えることとなる。なお，フ
ランス人権宣言の正式名称は「**人及び市民の権利宣言**（Déclaration des droits de
l'homme et du citoyen）」であるが，ここで「人（l'homme）」とは自然状態におけ
る個人を指し，「市民（citoyen）」とは，社会契約説によって形成された政治社
会のメンバー，換言すれば政治的意思形成にかかわる自律的個人（具体的には，
当時有権者とされたブルジョア男性）を指している。このように，**人間の生来の**
自然的な権利としての人権の概念は，それをより良く守るための約束事として
政府が組織されるという**社会契約説**と一体となって，アメリカ独立宣言とフラ
ンス人権宣言で表明され，それ以降，自由主義政治原理に基づく近代立憲主義

4

◆ 第1章 国際人権法の法源と体系

の中核として世界的な影響を持ち続けていくこととなった。

　しかし，こうした人権保障の動きは，当初はもっぱら国内の憲法体制下においてのものであった。個人は，人権保障を包含した憲法により国家権力を拘束し，国家による権利侵害から身を守る。他方で，**18世紀後半から19世紀にかけて，対等な主権国家間の法として確立した伝統的な国際法の枠組みにおいては，人権のような問題，すなわち国が領域内の人をどのように処遇するかという問題は，領域主権を行使する国家の排他的管轄権に服する事柄だった**。それは典型的な国内管轄事項とみなされる事柄であり，原則として（後述）国際法の規律するところではなかったのである。

　フランス人権宣言にいう「市民」の概念についてふれたように，**市民革命期に謳われた人権はそれぞれの国の有権者層を念頭においたものであったことから，国内でも，決してすべての人の権利が平等に認められたわけではないこと**は留意される。18世紀はヨーロッパ ── アフリカ ── アメリカ新大陸という奴隷三角貿易の最盛期であったが，アメリカ合州国憲法採択当時，国内の黒人**奴隷**には，平等な権利は当然のごとく認められず，憲法上も，彼らの人数は「自由人の5分の3」と数えられていた（第1条第2節3項，後に修正）。アメリカにおける奴隷解放宣言は，南北戦争を経た19世紀半ばであり，黒人がキング牧師ら著名な指導者の活動に代表される公民権運動を経て平等な権利を認められるようになるのはさらに先の1960年代である。フランスでは，フランス人権宣言当時，女性もこの宣言上の権利を享受することを主張した女性活動家オランプ・ド・グージュは，捕えられギロチンで処刑されてしまった。**女性**の参政権が認められたのはアメリカでは第一次大戦後，フランスでは第二次大戦後であった。異人種・異民族の人々への態度に至っては言わずもがなである。フランスが大々的な植民地獲得に乗り出したのは19世紀であり，その過程では，人種や宗教を異にする人々への差別や**植民地支配**が「人権」と両立しないものであるという認識はおよそ希薄であった。フランス人権宣言は，それが作られた当時は，世界中の人々をその光で照らし旧い体制から解放するものという普遍性の理念をもつものであったが，植民地大国においてはその理念は吹き飛んでしまった。しかし，人権が人の生来の権利であるならば，それが適用されない人々のカテゴリーがあることは論理矛盾というほかない。フランスは実際に，長く植民地支配したインドシナ（ベトナム）が独立する際に（1954年），ベトナム人からフランス人権宣言を文字通り突きつけられることで，その矛盾の清算

5

◆ 第1部 ◆　総　論

を迫られたのであった。

　前述したような伝統的な国際法の枠組みの中でも，国家が個人の処遇について互いに利益関心をもち，条約を結んで一定の取決めをする例はあった。他国に居住する自国民や自国民と同一宗教の信徒の処遇について国家が互いに関心をもち，国家間関係の悪化を防ぐために，領域内の宗教的少数者（マイノリティ）の権利や信教の自由を条約で認め合うといったケースである。例えば，ヨーロッパ諸国（ドイツ，オーストリア＝ハンガリー，フランス，イタリア，ロシア）とトルコとの間で結ばれた1878年のベルリン条約は，ブルガリアの自治とバルカン諸国（セルビア，ルーマニア，モンテネグロ）の独立を承認する一方で，それら諸国に対し，領域内の住民の宗教的自由並びに平等な市民的及び政治的権利を保障する義務を課している。また，とりわけ19世紀半ば以降は，世界的に通商・布教活動を展開した欧米列強諸国の主張を背景に，在外自国民の保護に関する法規範と制度が発展し定着した。外国人が在留国で身体や財産に損害を被り，在留国において適切な保護を受けられなかった場合（在留国が，自国民に対するのと同様の「相当の注意（due diligence）」をもって外国人の身体や財産を保護しないか，身体や財産への損害に対して司法的救済を与えない（裁判拒否（denial of justice））場合），当該外国人の国籍国が在留国に対して賠償請求等の国際請求を行うことができるという**外交的保護**（diplomatic protection）は，この時代に確立した。外交的保護の制度は，各国が自国領域内では排他的な管轄権を行使していること（従って，ある国に在留する外国人の本国は，その者が何らかの被害に遭った場合でも，その外国領域に自国の警察や軍隊を動員して実力でその者を保護するわけにはいかず，適切な措置を取るよう相手国に求めるか，賠償請求等の形で責任を追及するほかない）を根拠として，慣習国際法上認められたものである。但し，外交保護権はあくまで国家の権利であって，外交的保護とは，自国民が受けた侵害が国家への侵害として転化されて，国家間の問題として処理されるという制度であることに注意しなければならない。

　このように外交的保護の制度は元来，在外自国民の待遇に関して一定の最低基準に違反した場合の国家間の申立て制度としての性格をもっていたが，第二次大戦後の国際人権規範の発展に伴い，近年は，国際人権基準の違反を主張する国家間の申立てのためにも用いられうるということが認められるようになっている。2007年のディアロ事件（ギニア対コンゴ民主共和国（DRC））は，DRCにより逮捕・拘留され国外追放された会社経営者であるギニア国民ディアロの

件につき，ギニアが DRC を相手取り，市民的及び政治的権利に関する国際規約 9 条，13 条，人及び人民の権利に関するアフリカ憲章 6 条，12 条 4 項並びに被拘禁者が領事の援助を受ける権利*に関するウィーン領事関係条約36条 1 項(B)の違反に対する損害賠償請求を提起したものであるが，国際司法裁判所(ICJ)は DRC がこれらの条約に違反したことを認定し，その結果 DRC はコンゴに対し損害賠償義務を負うとした。この事件を受理した，先決的抗弁に関する2007年の判決の中で ICJ は，本件をギニアによる外交的保護権の行使として処理するにあたり，「個人に付与される権利について，この数十年にわたる国際法の実質的な発展により，元来は外国人の待遇に関する最低基準の違反の申立てに限定されていた外交的保護の事項的範囲は，特に，国際的に保障される人権を含むよう事後的に拡大してきた」という見解を示している[1]。

　ただ，付言すれば，**国際人権規範は原則として国家の管轄下にあるすべての個人に対し国籍にかかわらず権利保障を求めるもの**（その場合，国家が負う義務は特定の他国に対するものではなく，人権条約の場合は他のすべての締約国に対する，慣習法規範の場合は国際社会全体に対するものであり，「**対世的義務**」*とみなされる。よって，理論的には，国家は，個人の国籍にかかわらず，人権条約違反による権利侵害について，国際司法裁判所に提訴することを含め国際的に主張を提起できる）**であるのに対し，外交保護権はあくまで個人の国籍を媒介として二国間の権利義務関係を生じさせるものである**ため，外交的保護の文脈で問題となる義務は，国際人権規範上の義務と比べてより限定的なものといえる（加えて，外交的保護制度の性格は国家間での問題処理であり，その権利を行使するかどうかは国家の裁量に委ねられるという点は依然変わっていない）。

　＊　**被拘禁者が領事の援助を受ける権利**　　領事関係に関するウィーン条約（ウィーン領事関係条約）36条 1 項(b)は，「接受国の領事管轄区域内で，派遣国の国民が逮捕された場合，留置された場合，裁判に付されるため勾留された場合又は他の事由により拘禁された場合において，当該国民の要請があるときは，その旨を遅滞なく当該領事機関に通報する。逮捕され，留置され，勾留され又は拘禁されている者から領事館にあてたいかなる通信も，接受国の権限のある当局により，遅滞なく送付される。当該当局は，その者がこの(b)の規定に基づき有する権利について遅滞なくその者に告げる。」と規定し，同条約締約国である接受国（host State；領事を受け入れている国）で逮捕・留置・勾留・拘禁された外国人が，自国の領事に通報し，

[1] *Case concerning Ahmadou Sadio Diallo*（*Republic of Guinea v. Democratic Republic of the Congo*）, Preliminary Objections, Judgment, para.39.

◆ 第 1 部 ◆ 　総 論

通信を送付する権利，かつそれらの権利について遅滞なく知らされる権利について
定めている。

　米国で殺人罪等の容疑で逮捕され死刑判決を受けたドイツ国民が，この規定に基
づく権利について米国の当局から知らされていなかったことにつき，ドイツが外交
保護権の行使として米国の国際義務違反を主張したラグラン事件で，ICJ は2001年，
この36条 1 項(b)の規定は個人の権利を創設するものであって，被拘禁者の本国は
ICJ でこの権利を援用できると判示した(2)。なお，ICJ はこの判決で領事の援助を受
ける権利がそれ自体人権としての性格をもつかどうかについては判断を示していな
いが，この判決に先立つ1999年の勧告的意見で米州人権裁判所はそのような見解を
示している。この勧告的意見は，メキシコが，自国民が外国で受けた死刑判決に関
連して，ウィーン領事関係条約36条 1 項(b)が自由権規約14条の公正な裁判を受ける
権利等との関係においてもつ意義について米州人権裁判所に請求したものである。
米州人権裁判所は，刑事手続において命すらかかっているような状況においては，
自国の領事と通信する権利についての通知が，被告人にとって防御の手段となり，
他の手続的権利の確保に資することは明らかであるとし，「領事関係に関するウィー
ン条約36条 1 項(b)で与えられた，通知を受ける個人の権利は，市民的及び政治的権
利に関する国際規約14条で掲げられた法の適正手続に対する権利が現実の事案にお
いて実際的な効果をもつことを可能にする」と述べた(3)。

＊ **対世的**（*erga omnes*）**義務**　　国際法上，国家が条約又は慣習法により負う義務
は，伝統的には，他国に対する相互的な関係における義務だと理解されてきた。し
かし，20世紀に入り，とりわけ第二次世界大戦後の国際社会では，**国際社会の共通
利益**という観念が生まれ，そのような観念に基づく国際法規範が発展した結果，国
家が単に他のいずれかの国に対して負う義務とは別に，対世的な義務すなわち，**国
際社会全体に対して負う義務**があるとみる考え方が今日では定着するようになった。
対世的義務の概念が注目される契機となったのは，1970年のバルセロナ・トラク
ション事件における ICJ の判決の傍論部分(4)である。「国際社会全体に対する国家
の義務と，他国との関係で生ずる義務との間には，本質的な区別が引かれるべきで
ある……。その性格そのものによって，前者は，すべての国家の関心事である。関
わっている権利の重要性に照らして，すべての国家が，その保護に法的利益を有し
ているとみなされうる。それらは，対世的（*erga omnes*）な義務である。そのよう
な義務は，現代の国際法では例えば，侵略行為及び集団殺害（ジェノサイド）の違
法化，並びに，奴隷制及び人種差別からの保護を含む人間個人の基本的権利の保護

---

(2) *LaGrand*（*Germany v. United States of America*），Judgment, para.77.

(3) *The Right to Information on Consular Assistance in the Framework of the Guarantees of the
　Due Process of Law*, Advisory Opinion OC-16/99, paras.122-124.

(4) *The Barcelona Traction, Light and Power Company, Limited*（*Belgium v. Spain*），Second
　Phase, Judgment, paras. 33-34.

第1章　国際人権法の法源と体系

に関する諸原則及び諸規則から生ずる。それに対応する保護の権利のいくつかは，一般国際法の体系の一部となっており，他のものは，普遍的又は準普遍的な性格の国際文書によって与えられている［強調筆者］」。対世的義務の概念は，国際法規則の法典化作業を行う国連の国際法委員会が2001年に採択した**国家責任条文**[5]の中で，「国際社会全体に対して負う義務」の違反に対しては，被侵害国だけでなく（42条(b)）**被侵害国以外の国も違反国の責任を援用する権利がある**とした条文（48条1項(b)）に盛り込まれ，国際法違反行為に対する国家責任の追及のあり方に関する現代国際法理論の重要な下地となっている。

このほか，19世紀から20世紀初頭までの間に，個人の処遇に関して国家が条約で取決めを行った例としては，1つには**奴隷貿易・奴隷制の禁止に関する諸条約**，もう1つには**戦時国際法**（今日にいう武力紛争法ないし国際人道法）**分野の諸条約**が挙げられる。前者には，奴隷輸送船の取締りを約した英仏間など19世紀の多数の二国間条約のほか，多数国間条約として奴隷貿易を初めて禁止した1885年のベルリン一般議定書，奴隷制の完全撤廃と奴隷売買の防止を約束した1926年の奴隷条約がある。後者は，傷病兵の保護を定めた1864年のジュネーブ条約（第1回赤十字条約）や，不必要に苦痛を与える兵器の制限を謳った1868年のサントペテルスブルグ宣言，陸戦における交戦国の義務を定めた1907年の陸戦の法規慣例に関するハーグ条約等，戦時に交戦国が人道的観点から遵守すべき法規則を成文化したものである。これらは，いずれも19世紀から20世紀前半の時点で，人の処遇について少なくとも「人道的」な関心を示した諸条約である。戦時国際法は，現代国際法における戦争違法化に伴い「**武力紛争法**（law of armed conflicts）」と呼ばれるようになり，1949年ジュネーブ諸条約及び1979年の同追加議定書に代表される法典化の進展を経て，今日，一般に「**国際人道法**（international humanitarian law）」と称される一大法分野を形成している。国際人道法の規範は，武力紛争における軍事的必要性と人道的要請との妥協をその根底にもつことを特徴とするが，ジュネーブ諸条約以降は，保護される個人の「権利」保障の性格をも強め，武力紛争時における最低限の人権保護という側面をもつようになっていることが注目される*。

　＊ 国際人道法における人権保障の側面と，国際人権法との関係　　本書のテーマである国際人権法とは，人権保障に関する国際的な規範，及びそれを実施するため

---

(5)　「国際違法行為に対する国家責任に関する条文」。国際法に反する国の違法行為をめぐり，違法性阻却事由，国際責任の内容，責任の実施等に関する諸原則を条約案としてまとめたもの。

◆第1部◆　総　論

の法制度や手続の体系を指す。国際人権法は，人権保障を目的とした多数国間条約（人権条約）のほか，世界人権宣言や被拘禁者取扱最低基準規則のように，人権保障に関する国際基準となることを意図して国連総会等で採択された宣言や決議，ひいては，これらの条約・宣言等を背景として形成されている慣習国際法の規範を含む。他方，国際人道法とは，武力紛争時に人道的理由に基づいて適用される交戦法規を指し，第二次世界大戦後に誕生した国際人権法よりも歴史的に1世紀近く早く，19世紀後半から発達してきた。

　国際人道法と国際人権法とは，このように元々形成の経緯を異にし，適用される状況も，前者は武力紛争時，後者は基本的に平時という相違がある。また，**国際人道法における人の保護は，武力紛争における軍事的必要性の考慮と人道的要請との妥協という性格を基調としている点が特徴**であり，国際人権法におけるのと比べて個人の人権は大きな制約を受けていることは否定できない。しかし，国際人道法は，武力紛争時という特殊な状況にあって捕虜や文民といった人々の保護を確保するための法規範であり，1949年ジュネーブ諸条約等の**人道法条約**は，**これらの被保護者の処遇について非常に具体的で詳細な内容の規定をおいている**（例えば，捕虜にシャワーを浴びさせることや石鹸を与えることまで事細かに規定した捕虜の待遇に関するジュネーブ第三条約（捕虜条約）の諸規定を見よ。これらに比べれば，人権条約の規定ははるかに一般的・概括的である）。また，**国際人道法は，特に第二次世界大戦以降の1949年ジュネーブ諸条約**（第一条約＝傷病兵保護条約，第二条約＝海上傷病難船者保護条約，第三条約＝捕虜条約，第四条約＝文民条約），並びに1977年のジュネーブ諸条約追加議定書（第一追加議定書＝国際的武力紛争の犠牲者の保護に関する追加議定書，第二追加議定書＝非国際的武力紛争の犠牲者の保護に関する追加議定書）においては，**被保護者個人の権利とみなしうる規範を多く含み**（例えば，非国際的武力紛争の場合，紛争当事国は，敵対行為に直接参加しないすべての者について，いかなる場合にも「生命及び身体に対する暴行，特に，あらゆる種類の殺人，傷害，虐待及び拷問」「人質」「個人の尊厳に対する侵害，特に，侮辱的で対面を汚す待遇」や「正規に構成された裁判所で文明国民が不可欠と認めるすべての裁判上の保障を与えるものの裁判によらない判決の言渡及び刑の執行」を禁じたジュネーブ諸条約共通第3条），**しかも，個人の権利を，国家が特別協定によって制限してはならない権利として認めている**（ジュネーブ諸条約は共通条項6/6/6/7条で，締約国が結ぶ特別協定は，条約で定める個人の地位に不利な影響を及ぼし，又はこの条約でそれらの者に与える権利を制限するものであってはならないことを規定している）。1977年に採択されたジュネーブ諸条約第一追加議定書75条，及び第二追加議定書第2編はそれぞれ，国際的武力紛争及び非国際的武力紛争に関して，武力紛争下の基本的人権のカタログというべき規定をおいている。**他方で，国際人権法も，人権条約上，戦争等の公の緊急事態においても逸脱**（derogation）**が許されない権利の規定がおかれているように**（市民的及び政治的権利に関する国際

10

規約（自由権規約）4条等），**武力紛争時も継続して適用される部分をもち，国際人道法と補完的に適用される**。国際人道法の側でも，第一追加議定書は，紛争当事者の権力内にある者の保護について，「基本的人権の保護に関して適用される他の国際法の諸規則」に追加されることを明記し（72条1項），第二追加議定書も前文で，諸人権条約が「人間に基本的保護を与えていることを想起」して，国際人権法との補完的適用を前提とすることを明らかにしている。

　国際人道法と国際人権法は，こうして現代では相互に密接な関係をもちながら発展を遂げているが，加えて，1990年代以降は，**国際人権法及び人道法とリンクした国際刑事法の飛躍的な発展**が注目される。第二次世界大戦におけるドイツと日本の戦争指導者の刑事責任を問うた国際軍事裁判を歴史的先例として，冷戦終結後の1990年代前半には，国際人道法の重大な違反を行った者を国際刑事法廷で裁く潮流が顕著となった。旧ユーゴスラビア及びルワンダの紛争における重大な国際人道法違反を裁く旧ユーゴスラビア国際刑事法廷及びルワンダ国際刑事法廷がそれである。1998年には，史上初の常設の国際刑事裁判所を設置する国際刑事裁判所規程（ローマ規程）が採択された（後述）。国際刑事裁判所は，「国際社会全体の関心事である最も重大な犯罪」の効果的な訴追を確保することで「これらの犯罪の犯人の不処罰に終止符を打ち，それによってそのような犯罪の防止に貢献する」（同規程前文）ことをその設置の理念とし，集団殺害罪，人道に対する罪，戦争犯罪及び侵略の罪について管轄権を有する。ここでいう戦争犯罪とは，ジュネーブ諸条約の重大な違反を構成する行為を含む国際人道法の違反であるが，集団殺害や人道に対する罪にあたる行為は，それ自体重大な人権侵害でもある。**国際人権法及び人道法はこのように，国際刑事法の規制の実質的基盤となる規範であるが，さらに，重大な違法行為を放置せず実行者を処罰することによって再発を防ぐという国際刑事法の役割は，国際人権法及び人道法の観点からは，これらの法の履行確保の一端を担うものと位置づけられる。**

　第一次大戦後には，オーストリア＝ハンガリー二重帝国とオスマントルコ帝国が崩壊してヨーロッパの国境線が大きく変更されることになった結果，オーストリア，ブルガリア，ハンガリー，トルコは，同盟・連合諸国とそれぞれ締結した平和条約の中で，領域内の人種的・宗教的・言語的少数者の保護を義務づけられることとなった。また，戦後新たに誕生し又は領土を拡張したポーランド，チェコスロバキア，ギリシャ，ルーマニア，ユーゴスラビアは，同盟・連合諸国と締結した特別の条約の中で，同様に領域内の少数者の保護の義務を負うこととなった（**少数者保護条約**）。同様の規定は，上部シレジアに関するドイツ・ポーランド間の協定や，メーメル地域に関するドイツ・リトアニア間の協定にも盛り込まれた。これらの条約は，当該国の「国民（nationals）」が平等な

◆ 第1部 ◆ 総 論

取扱いを受ける権利という一般原則を定めた上,「すべての住民 (all inhabitants)」につき,出生,国籍,言語,人種又は宗教に関係なく生命及び自由の十分かつ完全な保護並びに宗教又は信念の自由な実践の承認を保障し,さらに,「少数者に属する国民 (nationals belonging to minorities)」について,自らの費用で慈善的,宗教的もしくは社会的組織,学校及びその他の教育組織を設立,運営又は管理する権利,並びにそこで自らの言語を使用し及び宗教を実践する権利を保障することを規定したのである。そして,これらの条約の実施は,国際連盟の政治的監督(連盟理事会は,少数者構成員から寄せられる請願を受理し見解を述べることができる)及び,常設国際司法裁判所 (PCIJ) の司法審査体制の下におかれた。これらの少数者保護条約の内容と実施体制は,**国際法上,領域内の人の取扱いに関して国家主権に明示的・制度的な制約を課した歴史的な先例**ということができ,とりわけ,少数者の権利についてのみならず,「すべての住民」が出生,国籍,言語,人種又は宗教に関係なく権利を保護されることをも規定している点で,普遍的人権の国際的保障体制の先駆と評価することができる。しかし,この少数者保護条約体制は,本質的には,上述した19世紀の少数者保護に関する条約規定と同様に,国境線の変更に伴う国家間関係の安定を目的としたものであり,個人の人権保障それ自体を目的とした第二次大戦後の人権条約とはその理念を異にする面があった。また,そのような思惑と関連して,少数者保護条約体制は,同盟・連合諸国が中・東欧諸国の側のみに義務を課すものであったことに,根本的な限界をもっていた。そのような一方的な体制であったことは,中・東欧諸国側に不満を生み,結局のところ,これらの国が次々と条約を廃棄することによってこの体制が短期間で瓦解してしまう結果をもたらした。

第一次大戦から第二次大戦までの戦間期には,こうして,多くの国家は自国における人の取扱いに関して国際法上の義務に拘束されることには消極的であったが,他方で,国際連盟の創設を受けて国際法・国際関係論の研究が活性化したこの時期には,人権の国際的保障をめぐり,国際法学説には注目すべき発展がみられた。万国国際法学会[6]は1921年,マンデルスタム(A. N. Mandelstam；ロシアの法律家・元外交官)を報告者 (rapporteur) として,少数者及び人権一般の保護に関する研究のための委員会を設置し,この作業は1929年のニューヨー

---

(6) Institut de Droit international；1873年創設。

クにおける全体会合での「人の国際的権利の宣言」採択に結実する[7]。この宣言は前文と6カ条からなり，前文で「文明世界の法的良心は，国家によるあらゆる侵害から守られる個人の権利の承認を必要とする」と述べ，18世紀の米国憲法及びフランス憲法を始めとする大多数の国の憲法に掲げられた人権宣言に言及した上で，すべての個人に対し国籍，性，人種，言語又は宗教による差別なく生命，自由及び財産に対する権利，並びに宗教の自由及び言語の自由な使用に関する権利を認めることはすべての国家の義務であることを謳った（1〜3条）。同じ頃の1928年，国際外交アカデミー[8]も，フラングリス（A. F. Frangulis；ギリシャの法律家・元外交官）やマンデルスタムらからなる委員会の起草によって人権保護に関する決議を採択している。マンデルスタムはその後，ジュネーブの国際高等研究所[9]，ハーグ国際法アカデミー等において，人権の国際的保護に関する講義を行うとともに，万国国際法学会以外の学術団体及び非政府組織でも精力的に活動した。1933年には，国際連盟の理念の普及にかかわる非政府組織である「国際連盟のための国際連合組合」[10]はその決議において，人間の法的平等に照らせば人権保護の体制を一般化する必要があることを宣言するとともに，ドイツにおけるユダヤ人の状況に懸念を表明し，国際連盟がこの問題について役割を果たすべきことを述べている。上述の少数者保護条約の体制をすべての国に一般化して人権の国際的な保護の体制を作るべきであるという議論は，国際連盟の場でハイチ，ポーランド等いくつかの国の代表から出されたものの実現には至らなかったが，**人権の普遍性からくる人権の国際的保護体制の一般化の必要性**の認識は，こうして戦間期には学説上明確に根付き始め，後の国連憲章の起草過程の際の人権規定の挿入における非政府組織（NGO）の貢献につながる理論的基礎となっていく[11]。

　そうした普遍的な国際的人権保障が現実のものとなる契機は，第二次世界大戦の勃発に伴い，連合国側が戦争目的として掲げた大義であった。第二次世界大戦は，ヨーロッパでは1939年9月のドイツによるポーランド侵略で幕を開け

---

(7)　全文は http://www.idi-iil.org/idiF/resolutionsF/1929nyork_03_fr.pdf.

(8)　International Diplomatic Academy；1926年創設。

(9)　国際関係大学院とも訳される。現在の Graduate Institute of International and Development Studies（国際・開発研究大学院）。

(10)　International Union of Associations for the League of Nations.

(11)　国連憲章の人権規定の歴史的背景をなすこうした戦間期の展開については, J. H. Burgers, "The Road to San Francisco: The Revival of the Human Rights Idea in the Twentieth Century", 14 *Human Rights Quarterly*（1992）447に詳しい。

◆第1部◆　総　論

るが，すでにこの翌月，イギリスの作家ウェルズ（H. G. Wells）は，国民に対し，これが何のための戦いであるのかという戦争の目的を，イギリスの伝統に照らし権利宣言という形で明らかにすることが望ましいという見解を発表していた（1939年10月23日タイムズ紙）。これを受けてウェルズ，サンキー（V. Sankey；イギリス上院議長）らからなる起草委員会により起草され1940年2月にデイリー・ヘラルド誌の連載で公表された権利宣言（いわゆるサンキー宣言。移動の自由，結社の自由，信仰の自由，暴力や脅迫からの保護等のほか，食料や医療に対する権利，教育に対する権利，労働の権利といった広範な経済的，社会的及び文化的権利を含んでいた）は，冊子[12]にもなってイギリスのみならず国外に広く流通した。このような背景の下，第二次大戦の大義としての人権は，アメリカのルーズベルト大統領が1941年1月の一般教書演説において行った「**4つの自由**（Four Freedoms）」声明によって主要国の政策に登場する。ルーズベルトは，将来の世界は4つの基本的な自由に基づいて築かれるべきであるとして，言論の自由（freedom of speech），信念の自由（freedom of belief），恐怖からの自由（freedom from fear），及び欠乏からの自由（freedom from want）を挙げ，全体主義の脅威から守られるべき基本的な権利を表明して世論に訴えた。ここでは，古典的な市民的及び政治的権利である言論の自由及び信念の自由に加え，自国政府による迫害のみならず他国による侵略からの保護をも含意する「**恐怖からの自由**」が含まれ，また，飢えや貧困に対する政府の積極的な施策を含意しルーズベルトのニュー・ディール政策にも合致する「**欠乏からの自由**」が含まれていることが注目に値する。そして，同年8月の**大西洋憲章**でルーズベルト大統領とイギリスのチャーチル首相は，政体選択の自由や恐怖と欠乏からの自由を含む，両国の国策の共通原則を掲げる。アメリカは同年12月の真珠湾攻撃を受けて参戦に至るが，翌1942年の1月に米英を含む26の**連合国**（The United Nations）が採択した連合国宣言は，大西洋憲章を確認し，「敵国に対する完全な勝利が，生命，自由，独立及び宗教的自由を擁護するため並びに自国の国土において及び他国の国土において人類の権利及び正義を保持するために必要である」として，ドイツ・日本等敵国との全面戦争を宣言する。こうして，第二次世界大戦の過程で，人権は，戦後の国際秩序の基盤をなす価値として，とりわけ米・英の政策を介して連合国の戦争の大義に掲げられ，枢軸国の侵略戦争に対峙する国民世

---

[12]　Wells, *The Rights of Man or What Are We Fighting for?* London: Penguin Books, 1940.

第1章　国際人権法の法源と体系

論を喚起するために前面に押し出されたのである。

　このように，第二次世界大戦は，簡略化すれば，侵略戦争を起こしたドイツ・日本等いわゆる枢軸国に対して，民主主義と人権の回復を掲げた米英等の連合国が対峙するという構図の戦いであった。第二次大戦は，ドイツ・イタリアによるヨーロッパ（及びアフリカ）戦線と，日本による太平洋戦線に大別されるが，この枢軸国3カ国は，各々ナチズム，ファシズム，軍国主義の全体主義的政治体制を敷き，国内では政権にとって好ましからざる人々を迫害・弾圧しつつ，国際的には，自国の主導する新秩序の建設を目指して無謀な侵略戦争を行った。中でも，ヒットラーが主導した国家社会主義労働者党（ナチス）の政策は，徹底した人種差別思想に基づくユダヤ人の大量虐殺（ホロコースト（Holocaust））で知られている。ナチスは，1933年に権力を掌握して以来，ドイツ・アーリア民族の**人種的・民族的優越の思想**に基づいて，劣等民族とみなした国内のユダヤ人に公職追放・市民権剥奪等の過酷な迫害を加え，1939年のポーランド侵略に始まる開戦以降は，ポーランドでユダヤ人をゲットー（ユダヤ人居住区）に隔離するほか，ベルギー，オランダ，フランス等の占領地でユダヤ人を徴集してダッハウ，ザクセンハウゼン等の強制収容所に送った。ナチスはまた，安楽死計画の名の下に，精神障害者や身体障害者，同性愛者の人々をも組織的に殺害した。そして1942年には，ユダヤ人問題の「最終的解決」すなわち絶滅政策を決定し，ハンガリー，ポーランド，フランス，オランダ，ギリシャ，ベルギー，イタリア，果てはノルウェーといったヨーロッパ中からユダヤ人をアウシュヴィッツ，トレブリンカ，ヘウムノ，マイダネク（いずれも現ポーランド）等の絶滅収容所に移送して組織的な虐殺を開始したのである。その目的のため，銃殺よりも効率的な殺害方法として，チクロンBという有毒ガスを用いたガス室が考案され設置された。ガス室での殺害，すし詰めの貨車での移送中の死亡を含め，ナチスによって殺害されたユダヤ人は600万人以上に及ぶと推定されている（但し，ナチス・ドイツによるユダヤ人迫害については1943年までにすでに連合国首脳に知られていたものの，大量虐殺の全体像が白日の下に明らかになったのは，1944年7月のソ連軍によるマイダネク収容所解放に始まる，連合国による収容所解放以降のことであった）。他方で，太平洋戦線は，1931年の「満州事変」に始まる日本の中国侵略と1937年からの全面的な日中戦争が，1941年の日本軍のマレー半島上陸と真珠湾攻撃で連合国との戦争に拡大する形で開かれる（アジア太平洋戦争）。この過程で日本軍が，悪名高い1937年の南京大虐殺をはじめ，アジア各国・地域で何の罪もない多

15

◆ 第1部 ◆ 総 論

数の一般住民を残忍に殺害し，また女性を強かんした（強制的徴集又は欺罔によって集められ，日本軍の「慰安婦」として性的奴隷状態におかれた何万人もの少女・女性を含む[13]。日本軍は，中国，フィリピン，英領ビルマ，マレー，オランダ領東インド，ポルトガル領東ティモールに至るまで，侵攻し占領したアジア各地で計数千に及ぶ「慰安所」を設置し，現地の女性を徴集して「慰安婦」としたほか，植民地であった朝鮮や台湾から女性を集め「慰安婦」として戦地に送り込んだ。徴集地からはるかに離れた地 —— 例えば，朝鮮半島からビルマへ —— まで連行されて「慰安婦」とされ，戦後は遺棄された女性も少なくなかった）こと，そしてその背景にはやはり，日本以外のアジアの国の人々に対する**民族的な蔑視・差別の思想**があったことは看過できない。中国での当時の日本軍の行状を身をもって知る元日本兵は，日本人は優秀民族であり中国人は劣等民族だという侮蔑意識を日頃から強く植え付けられていた結果，「チャンコロの女を強かんして何が悪い」「チャンコロを殺して何が悪い」と思っていたと口々に語っている。

　連合国は第二次大戦の終結前からすでに戦後の国際平和組織の構想の具体化に取組み，1944年9月から10月にかけて米国で開かれたダンバートン・オークス会議では，**国際連合**（the United Nations；「国際連合」は意訳であって原語は「連合国」と元々同じ）憲章の起草作業が行われた。但し，この会議で作成された国連憲章の最初の草案は，自国の人権問題に配慮して人権規定の挿入に消極的な大国の意向を反映して，人権に関しては，最終章の1つの中にわずか1カ所，国連は人権尊重を促進するという内容の規定を含んでいるだけのものであった。1945年6月にサンフランシスコで調印された現国連憲章は，ダンバートン・オークス草案と比べるとはるかに充実した人権規定をもっているが，これに至る過程では，大国ではなくラテンアメリカの中小国，そして米国の非政府組織

⒀　日本政府調査資料（アジア女性基金デジタル記念館「政府調査『従軍慰安婦』関連資料集成」http://www.awf.or.jp/）によっても明らかなように，「慰安婦」制度は，慰安所の設置，女性の徴集や輸送，慰安所の管理等にわたって全面的に日本軍が監督・統制していた。「慰安婦」の徴集をめぐっては，今なお強制性を否定する見解（2007年第一次安倍晋三内閣閣議決定）があるが，「慰安婦」の徴集形態は多岐にわたる（日本軍や日本軍支配下の官憲による拉致・誘拐・脅迫のほか，植民地では，工場で働く等の甘言で騙して徴集したケースが多い）ものの，いずれの場合も「慰安婦」とされることへの同意など存在しないことは明白である。また，連行の形態にかかわらず，慰安所では身体を拘束され，拒否する自由はなく性暴力を受け続けたのであるから，性的奴隷状態そのものであった。日本政府は，日本人拉致被害者については，暴力的に連行されたか，甘言によって連行されたかの区別なく共に「拉致」と認定し，かつ，強制連行されたという公文書なしに，証言等に基づいて被害を認定しており（日本の戦争責任資料センター「日本軍『慰安婦』問題に関する声明」2013年6月9日），強制性の有無に関する政府見解はなおさら説得力を欠く。

16

第1章　国際人権法の法源と体系

の多大な貢献があった。ダンバートン・オークス会議で意見を表明する機会を与えられなかったラテンアメリカ諸国は1945年3月、メキシコのチャプルテペックにおいて戦後の国際平和に関する会議を開催したが、このチャプルテペック会議は人権の国際的保障の問題に大きな焦点をあてていた（この会議で提唱された米州人権条約の締結はその後、1948年の米州人権宣言と1969年の米州人権条約の採択に結実する）。これらのラテンアメリカ諸国が、同年6月のサンフランシスコ会議においても、国連憲章への人権規定の挿入において積極的な役割を果たしたのである。また、米国では1930年代末から40年代前半にかけ、上述したサンキー宣言やルーズベルトの「4つの自由」演説に刺激を受け、人権の国際的保障をめぐる議論が活発化していた[14]。米国政府は、国内世論の反対を受け批准を断念した国際連盟規約の二の舞を避けるために、サンフランシスコ会議における米国代表団の顧問として、人種差別撤廃、女性の権利、宗教の自由、教育に対する権利等様々な分野で活動する42の非政府組織の代表を招請するが、これらの団体は同会議において、人権に関してダンバートン・オークス草案を大幅に改訂すべきことについて米国政府に強く働きかけた。人権尊重の促進が国連の「目的」の1つとして明記されたこと、経済社会理事会の下に人権に関する「委員会」を設置すること等を定めた国連憲章の規定は、こうしてサンフランシスコ会議で導入されるに至ったのである。

　このように、国連憲章は、連合国が作成したものであり、ドイツや日本の全体主義に対峙し人権を回復するという連合国の戦争目的と切り離せない関係にあるが、その人権規定のほとんどは、ドイツや日本の残虐行為が連合国首脳の目に十分明らかになるよりも以前に、普遍的な人権保障の必要性に関する非政府組織の声を反映して盛り込まれたものであった。人権の国際的保障の出発点となった国連憲章が、このように民間組織の貢献によって現在の形になったという事実は、国家を基本的な法主体とする国際社会において人権の国際的保障の仕組みを作り、運用していくためには一般市民の声を反映させることがいかに不可欠の重要性をもっているかを物語るものである。

　国連憲章は1945年10月に発効、国連は51カ国の原加盟国で発足する。国連は、国際平和の維持を第1の目的としつつ（国連憲章1条1項）、「人種，性，言語，宗

---

(14) 例えば、アメリカ法協会（American Law Institute）は1942年に国際権利章典の準備に向けた作業を開始し、1944年に「基本的人権宣言（Statement of Essential Human Rights）」を公表している。この文書は後に世界人権宣言の起草過程においても影響を与えることとなる。

17

◆ 第1部 ◆ 総 論

教による差別なくすべての者のために人権及び基本的自由を尊重する」よう助長
奨励することについての国際協力をも目的の1つに掲げ（同3項），ここに，差
別のないすべての人の人権という普遍的人権の概念とその促進に向けての国連
の役割が，国連を中心とする戦後の国際法秩序の基幹にはっきりと刻印される
に至った。国連憲章1条3項が差別禁止事由の筆頭に「人種」を挙げているの
は，ナチス・ドイツによるユダヤ人迫害が，その徹底した人種優越の思想と人
種差別主義に則っていたことを教訓としたものである。国連は発足後，人権の
国際的保障のため，条約の採択を始めとする**人権基準の設定**（standard-setting）
に取組み，ヨーロッパ審議会や米州機構のような地域的な機関による基準設
定と併せて，「国際人権法」と総称される法分野が戦後大きく発展することに
なる。

■ **国連憲章**
1条 国際連合の目的は，次の通りである。
　1項 国際の平和及び安全を維持すること。
　……
　2項 人民の同権及び自決の原則の尊重に基
　　礎をおく諸国間の友好関係を発展させるこ
　　と並びに世界平和を強化するために他の適
　　当な措置を取ること。
　3項 経済的，社会的，文化的又は人道的性
　　質を有する国際問題を解決することについ

て，並びに人種，性，言語又は宗教による
差別なくすべての者のために人権及び基
本的自由を尊重するように助長奨励すること
について，国際協力を達成すること。
　4項 これらの共通の目的の達成にあたって
　　諸国の行動を調和するための中心となるこ
　　と。

　第二次世界大戦の経験はまた，重大な非人道的行為を主導した個人の刑事責
任を国際裁判所で問う国際刑事法の発展の契機となった。連合国首脳はすでに
1943年末，終戦後にナチスの指導者を裁判にかけることを宣言していた。これは
1945年11月から翌年10月にかけて，史上初の国際軍事裁判である**ニュルンベルグ
国際軍事法廷**として実現する。同裁判所条例では，殺人，殲滅，奴隷的虐使など
の非人道的行為のほか「政治的，人種的又は宗教的理由に基づく迫害行為」が
「**人道に対する罪**（crimes against humanity）」として定式化され，戦争犯罪（捕虜の虐
待にせよ文民への非人道的行為にせよ，基本的に敵国の国民の処遇に関するもの）の類
型に入らないこれらの非人道的行為が新たに国際犯罪として裁かれた。同様に，
日本の戦争指導者に対する**極東軍事法廷**（東京裁判）でも，最終的に独立の訴因
としては用いられなかったものの，人道に対する罪の概念が裁判条例に入れら
れた。この2つの国際軍事裁判は，戦争犯罪に加え，「人道に対する罪」を犯した
個人を国際的な刑事裁判所で訴追・処罰した歴史的先例となった。1948年には，

第1章　国際人権法の法源と体系

ホロコーストのような**集団殺害（ジェノサイド）**を防止し処罰するための**集団殺害罪の防止と処罰に関する条約（ジェノサイド条約）**が成立し，そこでは，集団殺害が将来的に「国際刑事裁判所」によって裁かれる道も開かれた。その後，東西冷戦の激化の中で国際刑事裁判所は長きにわたり成立の兆しを見せなかったが，1980年代末から90年代初めにかけての中・東欧での政変（共産党一党支配の崩壊と民主化）と冷戦終結を受け，国際犯罪を国際的な裁判所で訴追する体制作りに向けて普遍的なコンセンサスを得る土壌が形成された。90年代前半，旧ユーゴスラビア紛争やルワンダ紛争時の非人道的事態の発生を受け，国連安保理は，これらの紛争における国際人道法の違反を裁くための**旧ユーゴスラビア国際刑事法廷**（International Criminal Tribunal for Former Yugoslavia；**ICTY**），**ルワンダ国際刑事法廷**（International Criminal Tribunal for Rwanda；**ICTR**）の設置を決議で決定する。これらの裁判所は，集団殺害罪，戦争犯罪，人道に対する罪に関する多数の事件を裁き，その判例法理の蓄積は国際刑事法の発展に大きく貢献した。

　1990年代に入ってからのこうした臨時の（ad hoc）国際刑事法廷設置の流れに続き，常設の国際刑事法廷の設置に向けて，ローマの国連全権代表会議で検討が進められた結果，1998年には，史上初めて常設の国際刑事裁判所となる「**国際刑事裁判所（International Criminal Court；ICC）」を設置する条約**（**ICC規程，ローマ規程**）が採択されるに至った。ICCは，規程締約国が「国際社会全体の関心事である最も重大な犯罪が処罰されずに済まされてはならない」ことを確認し，「これらの犯罪を行った者が処罰を免れることを終わらせ，もってそのような犯罪の防止に貢献することを決意」（ICC規程前文）して設置されたものであり，**国際社会全体の関心事である最も重大な犯罪を放置せず，国際刑事裁判所で訴追・処罰することで，それらを防止すること**（**不処罰の文化**（culture of impunity）**との決別**）を目的としている。ICCが管轄権を有するそのような最も重大な犯罪とは，集団殺害罪（ジェノサイド罪），人道に対する罪，戦争犯罪及び侵略犯罪であり（ICC規程5条1項），ICCは，国家の刑事裁判権を補完する（同1条）ものとして，締約国が14条に従って事態を検察官に付託する場合や国連憲章第7章に基づいて安全保障理事会が事態を検察官に付託する場合等に，管轄権を行使する（同13条）。上記の管轄犯罪については，ICC規程6条から8条で定義されているが[15]，人道に対する罪（7条）及び戦争犯罪（8条）について，ICTYやICTRの規程と比較してもきわめて詳細な定義がおかれていることが特徴的である。

---

　[15] 侵略犯罪についてのみは，後の締約国会議による検討のために持ち越され，2010年の決議RC/Res.6によって，定義規定（規程8条の後に挿入する8条の2）が採択された。

19

◆ 第1部 ◆ 総 論

　この関連で，ICC規程では，「性的奴隷（sexual slavery）」が「人道に対する罪」（7条1項(g)）及び戦争犯罪（8条2項(xxii)）の一類型として明記されたことや，性（ジェンダー）＊的理由による迫害であって文民たる住民への広範又は組織的な攻撃が「人道に対する罪」の1つに含まれたこと（7条1項(h)）も特記される。**ICC規程は，「この規程の適用上，『性（ジェンダー）』とは，社会の文脈における両性，すなわち，男性及び女性をいう」とし（7条3項），実定国際法上初めて，ジェンダーの概念を明文で規定した**。重大な犯罪としての性的奴隷に対する認識，及びジェンダーの視点の必要性の認識の進展は，1990年代の国際社会で旧ユーゴスラビア紛争における集団強かんや日本軍「慰安婦」の問題が大きく表面化した（元「慰安婦」の被害者が実名で名乗り出て日本の裁判所に訴訟を提起したのが1991年であった）ことを受けて，国際刑事裁判所の起草過程で，こうした重大な性暴力を実効的に処罰することで防止・再発防止を図るべきであるとの熱心な働きかけがNGOによってなされた結果である。ICC規程では，裁判所の構成や運営，捜査・訴追に関しても，「女性の裁判官と男性の裁判官とが公平に代表されること」（36条8項(a)(iii)），「証人や出廷する被害者に援助を提供する書記局内の被害者・証人室に，性的暴力の犯罪に関連するものを含むトラウマ（心的外傷）について専門的知識を有する職員を含めること」（43条6項）等，女性への性暴力にかかわる事案を扱うことに配慮した諸規定が盛り込まれている。同規程は2002年に発効し，これに基づき国際刑事裁判所がオランダのハーグに設置されて現在に至っている。

　＊ ジェンダー（gender）　　ジェンダーとは，身体的な性別（sex）にとどまらず，「女性だから」「男性だから」という性役割や性心理によって社会的・文化的に形成され人間の行動に大きく影響する性的要因を包含した概念であり，とりわけ，女性であるというだけで女性や少女に向けられる強かん，性奴隷化のような性暴力や家事奴隷化の被害の実態の把握，並びにその適切な取扱いにおいて，それらの問題にかかわる法律家や関係者にとって不可欠な理解を提供する鍵概念である。ジェンダーの視点は，上述の国際刑事裁判所規程にみられるように国際刑事法において顕著な発展をみせているが，性による差別を含むあらゆる差別の撤廃を目指す国際人権法においても，現実の世界各国における女性の人権の劣悪な状況とその根深さに鑑み，近年ますます重視される傾向にある。例えば，生命権，拷問その他の虐待を受けない権利，奴隷の状態又は隷属状態におかれない権利，公正な裁判を受ける権利，私生活の尊重を受ける権利，自由かつ完全な同意のみによって婚姻する権利等

第1章　国際人権法の法源と体系

の一連の市民的権利を規定した「市民的及び政治的権利に関する国際規約」（自由権規約）の委員会は，これらの権利の享受が女性にとって男性と平等に確保される（同2条1項，3条）ために必要な国の積極的措置について述べた一般的意見で，以下のようにジェンダーの視点を明確に取り入れている。

■ 自由権規約委員会「一般的意見28　男女間における権利の平等（3条）」（2000年）

　3．規約2条及び3条で定められた，規約で認められた権利をすべての個人に確保する義務は，締約国が，すべての人がこれらの権利を享受できるようにするためあらゆる必要な措置を取ることを要求する。……締約国は，女性の実効的かつ平等なエンパワーメントを達成するため，保護の措置のみならず，あらゆる分野において積極的な措置を取らなければならない。……

　5．世界中の女性にとっての権利享受の不平等は，宗教的態度を含む伝統，歴史及び文化に深く根ざしている。いくつかの国における女性の従属的役割は，出生前の性の選択や女の子の胎児の中絶の数の多さに例示されている。締約国は，伝統的，歴史的，宗教的又は文化的態度が女性にとっての法律の前の平等の権利及び規約上のすべての権利の平等な享受の侵害を正当化するために用いられないことを確保すべきである。締約国は，3条の遵守を阻害し又は阻害しうるこれらの伝統的，歴史的，文化的慣行及び宗教的態度について，適切な情報を提示し，かつそのような要素を克服するためにどのような措置を取ったか又は取ろうとしているかについて示すべきである。

　10．6条で保護されている生命権について報告する際，締約国は，出生率並びに，妊娠及び出産に関連する女性の死亡数に関するデータを提供すべきである。乳児死亡率に関しては，性別に細分化したデータが提供されるべきである。締約国は，女性が望まない妊娠を防ぐのを助けるため，及び彼女らが生命を脅かす非合法の中絶を行わなくてもよいことを確保するために国が取った措置についての情報を示すべきである。締約国はまた，女の子殺し[16]，未亡人の焼殺[17]及びダウリ殺人[18]のような，生命権を侵害する行為から女性を保

護するための措置についても報告すべきである。委員会はまた，生命にとっての脅威となりうる貧困及び欠乏が女性に特に与えている影響についても，情報を得ることを希望する。

　11．規約7条［拷問その他の虐待を受けない権利］及び，子どもに対する特別の保護を義務づけている24条の遵守を評価するため，委員会は，強かんを含め，女性に対する家庭内暴力及びその他の型の暴力に関する国内法及び実行に関して情報を提供されることを必要とする。締約国はまた，強制中絶や強制断種を防止するための措置についても委員会に情報を提供すべきである。これらすべての事項に関して締約国が提供する情報は，法的救済措置を含め，7条に基づく権利が侵害された女性を保護する措置についての情報を含むべきである。

　12．8条［奴隷状態や隷属状態におかれない権利］に基づく義務を考慮して，締約国は，国内の又は国境を越えた女性と子どもの人身取引及び強制売春を根絶するために取った措置について委員会に情報提供すべきである。締約国はまた，外国人の女性と子どもを含め，とりわけ家事手伝いやその他の個人的仕事として偽装される奴隷制から女性と子どもを保護するために取った措置についても情報を提供すべきである。女性と子どもが募集され国外に連れ出される締約国，及び彼らを受け入れる締約国は，女性と子どもの権利の侵害を防止するために取った国内的又は国際的措置について情報を提供すべきである。

　17．締約国は，外国人女性が，国外追放に対して平等の立場で理由を申立て，かつ13条に規定された通り自分の事案について審査を受ける権利を与えられることを確保すべきである。この点で締約国は，上記10項及び11項で言及したような，ジェンダー特有の規約違反に基づく理由を申立てる権利を与えられるべきである。

(16)　訳注：女の子は将来嫁いでしまう存在でありまた結婚の際には持参金が必要であること等から，女の子が生まれると殺してしまったり，胎児のうちに中絶したりすること。

(17)　訳注：夫が死亡した場合に，その妻が殺され夫とともに埋葬されること。

(18)　訳注：インドで婚姻の際の慣行として女性側が男性側に支払うことが求められる持参金（ダウリ）につき，その金額が少ないとして女性が殺されること。

21

◆第1部◆　総　論

18. 締約国は，14条で規定された司法への
アクセス及び公正な裁判を受ける権利が，男
性と平等の条件で女性に享受されているかど
うかを委員会が確かめることを可能にする情
報を提供すべきである。特に締約国は，女性
が直接かつ自律的に裁判所にアクセスするこ
とを妨げる法規定があるか……，女性が男性
と同じ条件で証人として証言できるか，特に
家族の問題について法律扶助に対する平等な
アクセスを女性に確保するための措置が取ら
れているか，についての情報を委員会に提供
すべきである。……

20. 締約国は，女性が男性と平等の立場
で，17条によって保護された私生活その他の
権利を享受する権利に干渉しうる法及び慣行
の効果を委員会が評価することを可能にする
情報を提供しなければならない。そのような
干渉の例は，女性の法的権利及び，強かんか
らの保護を含む法的保護がどこまで及ぶかを
決定する際に，女性の性生活が考慮に入れら
れる場合に生ずる。国家が女性の私生活を尊
重しないことになりうるもう1つの分野は，
女性の生殖機能に関連する。例えば，不妊手
術に関する決定をするために夫の許可が必要
である場合，女性の不妊手術に関して，女性
に一定数の子どもがいるかもしくは一定の年
齢であるといった一般的な条件が課されてい
る場合，又は，中絶を行った女性の事案につ
いて医師その他の医療職員が報告する法的義
務を国家が課す場合がそうである。これらの
場合には，6条及び7条の権利のような，規
約上の他の権利も問題となりうる。女性の私
生活はまた，女性を雇用する前に妊娠テスト
を要求する雇用者の行為のような，私的行為
によっても干渉されうる。締約国は，女性にとっ
ての17条に基づく権利の平等な享受に干渉す
るいかなる法並びに公的もしくは私的行為，
並びにそのような干渉を根絶しそのような干
渉から女性を保護するために取った措置につ
いて報告すべきである。

23. 国家は，23条に従い婚姻に関して男性
と女性を平等に取り扱うことが要求される。

……男性と女性はその自由かつ完全な合意
のみによって婚姻する権利を有し，国家はこ
の権利を平等の立場で保護する義務を負って
いる。女性が自由に結婚を決定できることを
妨げる多くの要素がありうる。……いくつか
の国について問題となりうる……要素は，法
律又は慣習法によって，通常は男性である保
護者が，女性自身に代わって婚姻に同意し，
それによって女性が自由な選択を行うのを妨
げていることである。

24. 自由かつ完全な同意をした場合のみ婚
姻する女性の権利に影響を与えうるその他の
要素は，強かんの被害者である女性を社会の
周縁に追いやり，［強かんの加害者との］婚
姻に同意するよう女性に圧力をかける傾向の
ある社会的態度があることである。婚姻に対
する女性の自由かつ完全な同意は，強かんの
加害者が被害者と結婚すれば刑事責任が消滅
し又は軽減されることを認める法律によって
も損なわれうる。締約国は，特に強かんの被
害者が社会からの周縁化[19]に耐えなければな
らない社会で，被害者と結婚することが刑事
責任を消滅させ又は軽減させるのかどうか，
並びに，被害者が未成年である場合に強かん
は被害者の婚姻可能年齢を下げるのかどうか
について示すべきである。……国家は，その
ような法律及び慣行，並びに自由かつ完全な
同意をした場合のみ婚姻する女性の権利を損
なう法律を廃止しかつそのような慣行を根絶
するために取った措置について情報を提供す
べきである。……

31. 26条で保護された，法律の前での平等
に対する権利及び差別からの自由は，国家に
対し，あらゆる分野における公的及び私的な
主体からの差別に対して行動を取ることを要求
する。……いわゆる「名誉犯罪」[20]の実行で
あって処罰されない行為は，規約，特に6条
［生命権］，14条［公正な裁判を受ける権利］
及び26条の重大な違反を構成する。姦通又は
その他の罪に対して男性よりも女性により重
い刑罰を科す法律も，平等の取扱いの要求に
違反する。……

---

(19) 訳注：周縁化（marginalization）とは，差別や偏見，立場の弱さ等によって，自らの権利や利
益を正当に主張できない状況に追い込まれることを指す。人権条約機関は，一般的意見・一般的
勧告や報告ガイドラインにおいて，女性，移民，障害者，子ども等，社会的に不利な状況におか
れやすく周縁に追いやられ（marginalized）がちな人や集団の権利享受状況を国が重点的にモニ
ターすべきことをしばしば強調している。

(20) 訳注：婚姻外の性交渉をしたり強かんの被害にあったりした娘が一家の名誉を汚したとして，
父親や兄らが娘を殺害する行為。

◆ 第1章　国際人権法の法源と体系

◆ 2　国連の下における国際人権規範の発展

　国連憲章は，1条の目的規定の中で人権尊重を掲げた上で，総会による研究の発議・勧告に関する13条1項(b)，経済的及び社会的国際協力の目的に関する55条(c)，経済社会理事会の勧告事項に関する62条2項等，随所で，差別のないすべての者のための人権及び基本的自由の尊重及び遵守に言及している。また，加盟国の義務として，55条に続く56条で，55条に掲げる目的を達成するために国連と協力して「共同及び個別の行動を取る」ことを規定している。

■ **国連憲章**
13条　総会は，次の目的のために研究を発議し，及び勧告をする。
……
　(b)　経済的，社会的，文化的，教育的及び保健的分野において国際協力を達成すること並びに人種，性，言語，宗教による差別なくすべての者のために人権及び基本的自由を実現するように援助すること。
55条　人民の同権及び自決の原則の尊重に基礎をおく諸国間の平和的かつ友好的関係に必要な安定及び福祉の条件を創造するために，国際連合は，次のことを促進しなければ

ばならない。
……
　(c)　人種，性，言語，宗教による差別のないすべての者のための人権及び基本的自由の普遍的な尊重及び遵守
56条　すべての加盟国は，第55条に掲げる目的を達成するために，この機構と協力して共同及び個別の行動を取ることを誓約する。
62条2項　経済社会理事会は，すべての者のための人権及び基本的自由の尊重及び遵守を助長するために，勧告をすることができる。

　これらの規定のうち，加盟国が56条によって負う義務の内容がどのようなものであるかは，この規定からは必ずしも明らかではない。しかし，「人種，性，言語，宗教による差別のないすべての者のための人権及び基本的自由の普遍的な尊重及び遵守」のために「共同及び個別の行動を取る」ことを誓約するとされている以上，具体的にどのような行動を取るかはともかく，その趣旨に積極的に反して人権を否定するような行為を取ることが認められないことは明らかだといえる。南アフリカ共和国は，国連加盟国であるにもかかわらず，長年にわたり，選挙権はもちろん居住，雇用，学校教育，社会生活等様々な面で有色人種の人々の権利を制限し白人に比べ劣悪な状況におく国内法制（アパルトヘイト政策）をとってきたが，まさに「人種」による差別を国自らが政策として行うことは，56条の義務に明白に違背するものであった。南アフリカは，国連は「本質上いずれかの国の国内管轄権内にある事項」に対し干渉する権限はないとした国連憲章2条7項を盾に，アパルトヘイト政策の撤廃を求める国連機関の干渉を拒否しようとしたが，とりわけ1960年代，多数のアフリカ諸国が独立し国連に加盟して以降，国連総会はこれらの国々の声を受けてアパルトヘイト問題につきしばしば勧告を採択してきたほか，安全保障理事会も経済制裁等

23

◆ 第1部 ◆ 総　論

の措置によってこれに対応してきた。ICJ も，ナミビア（南西アフリカ）に対す
る南アフリカ（国際連盟の「委任統治」制度に基づきこの地域の委任統治国とされ
ていた）の継続的な支配とそこでのアパルトヘイト政策が問題となった1971年
の勧告的意見で，前委任統治国は国連憲章に基づき，国際的地位をもつ領域に
おいて人種による差別なくすべての者のために人権を尊重することを誓約して
いるところ，それどころか「もっぱら人種，皮膚の色，出生又は国民的もしく
は種族的出身に基づく区別，排除，制限及び制約であって基本的人権の否定を
構成するものを設けかつ執行することは，憲章の目的及び原則の重大な違反で
ある」とした⑵1（南アフリカはその後1991年にアパルトヘイトの撤廃を宣言し，1994
年には全人種による初の選挙でマンデラ大統領が選出された）。

　国連憲章の人権規定は，いずれも，守られるべき人権の具体的なリストを含
んでいない。そのため，国連憲章68条により経済社会理事会の下に設けること
とされている「人権の伸長に関する委員会」が「**人権委員会**」⑵2として1946年に
設置された後，人権委員会において，戦後の国際社会が依拠すべき「**国際人権
章典**（International Bill of Human Rights）」の起草の作業が開始されることとなった。

　国際人権章典の最初のものとして，まず，1948年の国連総会決議で採択され
た文書が，**世界人権宣言**（Universal Declaration of Human Rights）である。この宣
言は当初，「国際（international）」人権宣言として構想されていたが，人権保障
においては個々の人間が中心的な存在となるべきであるということから，国家
だけでなくすべての個人が守るべき普遍的な宣言という趣旨で，「普遍的人権
宣言」とされた（日本語訳では「世界人権宣言」として定着した）ものである。
その趣旨通り，同宣言前文は，この宣言が「すべての人民とすべての国とが達
成すべき共通の基準」であることを明らかにしている。宣言の草案の起草を担っ
た一人であるハンフリー（J. P. Humphrey；カナダの法学者）はその作業におい
て，ルーズベルトの「4つの自由」を指導理念としかつ，先にふれたアメリカ
法協会の「基本的人権宣言」を始めとする学術団体の諸文書を重要な参考資料
とした⑵3。宣言は前文で「4つの自由」に言及した上で，市民的，政治的，経
済的，社会的及び文化的権利を広くカバーする諸権利，並びに人権に関する基
本原則を，次の通り30カ条にわたって掲げている。各国の国内法制における人

⑵1　*Legal Consequences for States of the Continued Presence of South Africa in Namibia* (*South West Africa*) *notwithstanding Security Council Resolution 276* (*1970*), para. 131.

⑵2　Commission on Human Rights. この委員会は，様々な人権条約の下で設けられている委員会とは異なる。混同を避けるため，「国連人権委員会」とも呼ばれる。

第1章　国際人権法の法源と体系

権保障は，18世紀後半の市民革命期に始まり，19世紀末以降，産業資本主義の発展と成熟に伴い，労働者の権利や教育を受ける権利等のいわゆる社会権に拡大する形で発展してきたが，**国際人権法は，この世界人権宣言に明らかなように，そうした人権体系の歴史的な発展を取り込み，「欠乏からの自由」に体現される社会権を当初から包含している**という点は重要である。

■ 世界人権宣言（国連総会決議217A(III)[24]）（1948年12月10日）

前文　人類社会のすべての構成員の固有の尊厳及び平等で奪い得ない権利を認めることが世界における自由，正義及び平和の基礎をなすものであるので，

　人権の無視及び軽侮が，人類の良心を踏みにじった野蛮行為をもたらし，また，人間が言論及び信念の自由並びに恐怖及び欠乏からの自由を享受する世界の到来が，一般の人民の最高の願望として宣明されたので，

　人間が，専制及び抑圧に対して，最後の手段として反逆に訴えることを余儀なくされてはならないとすれば，人権を法の支配によって保護することが不可欠であるので，……

　ここに，総会は，

　社会のすべての個人及びすべての機関が，この宣言を常に念頭におきながら，加盟国自身の人民の間にも加盟国の管轄下にある領域の人民の間にも，これらの権利及び自由の尊重を指導及び教育によって促進し，並びにそれらの普遍的かつ効果的な承認及び遵守を国内的及び国際的な漸進的措置によって確保するよう努力するため，すべての人民とすべての国とが達成すべき共通の基準として，この世界人権宣言を公布する。

1条　すべての人間は，生まれながらにして自由であり，かつ，尊厳と権利について平等である。人間は，理性と良心を授けられており，互いに同胞の精神をもって行動しなければならない。

2条1項　すべての人は，人種，皮膚の色，性，言語，宗教，政治的その他の意見，国民的もしくは社会的出身，財産，門地その他の地位又はこれに類するいかなる事由に

よる差別をも受けることなく，この宣言に掲げるすべての権利と自由とを享有することができる。

同2項　さらに，個人の属する国又は地域が独立国であると，信託統治地域であると，非自治地域であると，又は他の何らかの主権制限の下にあるとを問わず，その国又は地域の政治上，管轄上又は国際上の地位に基づくいかなる差別もしてはならない。

3条　すべての人は，生命，自由及び身体の安全に対する権利を有する。

4条　何人も，奴隷にされ，又は苦役に服することはない。奴隷制度及び奴隷売買は，いかなる形においても禁止する。

5条　何人も，拷問又は残虐な，非人道的なもしくは品位を傷つける取扱いもしくは刑罰を受けない。

6条　すべての人は，いかなる場所においても，法の下において，人として認められる権利を有する。

7条　すべての人は，法律の前に平等であり，また，いかなる差別もなしに法律の平等な保護を受ける権利を有する。すべての人は，この宣言に違反するいかなる差別に対しても，また，そのような差別を扇動するいかなる行為に対しても，平等な保護を受ける権利を有する。

8条　すべての人は，憲法又は法律によって与えられた基本的権利を侵害する行為に対し，権限を有する国内裁判所による効果的な救済を受ける権利を有する。

9条　何人も，恣意的な逮捕，拘禁，又は追放を受けない。

10条　すべての人は，自己の権利及び義務並びに自己に対する刑事責任が決定されるにあたっては，独立の公平な裁判所による公正な公開の審理を受けることについて完全

(23)　Humphrey, *Human Rights and the United Nations: A Great Adventure*, Dobbs Ferry: Transnational Publishers, 1984, p.32.

(24)　国連総会決議や経済社会理事会決議等に付されているローマ数字は，当該決議が採択された会期（この場合第3会期）を表している。

◆ 第1部 ◆　総　論

に平等の権利を有する。

11条1項　犯罪の訴追を受けたすべての者は，自己の弁護に必要なすべての保障を与えられた公開の裁判において法律に従って有罪の立証があるまでは，無罪と推定される権利を有する。

同2項　何人も，実行の時に国内法又は国際法により犯罪を構成しなかった作為又は不作為のために有罪とされることはない。また，犯罪が行われた時に適用される刑罰より重い刑罰を科せられない。

12条　何人も，その私生活，家族，家庭もしくは通信に対して，恣意的な干渉を受け，又は名誉及び信用に対して攻撃を受けない。人はすべて，このような干渉又は攻撃に対して法律の保護を受ける権利を有する。

13条1項　すべての人は，各国の境界内において自由に移転及び居住する権利を有する。

同2項　すべての人は，自国その他いずれの国をも立ち去り，及び自国に帰る権利を有する。

14条1項　すべての人は，迫害を免れるため，他国に避難することを求め，かつ，避難する権利を有する。

同2項　この権利は，もっぱら非政治犯罪又は国際連合の目的及び原則に反する行為を原因とする訴追の場合には，援用することはできない。

15条1項　すべての人は，国籍をもつ権利を有する。

同2項　何人も，恣意的にその国籍を奪われ，又はその国籍を変更する権利を否認されない。

16条1項　成年の男女は，人種，国籍又は宗教によるいかなる制限をも受けることなく，婚姻し，かつ家庭を作る権利を有する。成年の男女は，婚姻中及びその解消に際し，婚姻に関して平等の権利を有する。

同2項　婚姻は，両当事者の自由かつ完全な合意によってのみ成立する。

同3項　家庭は，社会の自然かつ基礎的な集団単位であって，社会及び国の保護を受ける権利を有する。

17条1項　すべての人は，単独で又は他の者と共同して財産を所有する権利を有する。

同2項　何人も，恣意的に自己の財産を奪われない。

18条　すべての人は，思想，良心及び宗教の自由に対する権利を有する。この権利は，宗教又は信念を変更する自由並びに，単独で又は他の者と共同して，公的に又は私的に，布教，行事，礼拝及び儀式によって宗教又は信念を表明する自由を含む。

19条　すべての人は，意見及び表現の自由に対する権利を有する。この権利は，干渉を受けることなく自己の意見をもつ自由並びにあらゆる手段により，また，国境を越えると否とにかかわりなく，情報及び思想を求め，受け，及び伝える自由を含む。

20条1項　すべての人は，平和的集会及び結社の自由に対する権利を有する。

同2項　何人も，結社に属することを強制されない。

21条1項　すべての人は，直接に又は自由に選出された代表者を通じて，自国の政治に参与する権利を有する。

同2項　すべての人は，自国において等しく公務に就く権利を有する。

同3項　人民の意思は，統治の権力の基礎とならなければならない。この意思は，定期のかつ真正な選挙によって表明されなければならない。この選挙は，平等の普通選挙によるものでなければならず，また，秘密投票又はこれと同等の自由が保障される投票手続によって行われなければならない。

22条　すべての人は，社会の一員として，社会保障を受ける権利を有し，かつ，国家的努力及び国際的協力により，また，各国の組織及び資源に応じて，自己の尊厳と自己の人格の自由な発展とに欠くことのできない経済的，社会的及び文化的権利を実現する権利を有する。

23条1項　すべての人は，勤労し，職業を自由に選択し，公正かつ有利な勤労条件を確保し，及び失業に対する保護を受ける権利を有する。

同2項　すべての人は，いかなる差別も受けることなく，同一の勤労に対して同一の報酬を受ける権利を有する。

同3項　勤労するすべての者は，自己及び家族に対して人間の尊厳にふさわしい生活を保障する公正かつ有利な報酬を受け，かつ，必要な場合には，他の社会的保護手段によって補充を受けることができる。

同4項　すべての人は，自己の利益を保護するために労働組合を組織し，及びこれに参加する権利を有する。

24条　すべての人は，労働時間の合理的な制限及び定期的な有給休暇を含む休息及び余暇をもつ権利を有する。

25条1項　すべての人は，衣食住，医療及び必要な社会的施設等により，自己及び家族

の健康及び福祉に十分な生活水準を保持する権利並びに，失業，疾病，心身障害，配偶者の死亡，老齢その他不可抗力による生活不能の場合に保障を受ける権利を有する。

同2項　母と子は，特別の保護及び援助を受ける権利を有する。すべての子どもは，嫡出であると否とを問わず，同じ社会的保護を受ける。

26条1項　すべての人は，教育を受ける権利を有する。教育は，少なくとも初等の及び基礎的の段階においては，無償でなければならない。初等教育は，義務的でなければならない。技術教育及び職業教育は，一般に利用できるものでなければならず，また，高等教育は，能力に応じ，すべての者に等しく開放されていなければならない。

同2項　教育は，人格の完全な発展並びに人権及び基本的自由の尊重の強化を目的としなければならない。教育は，すべての国又は人種的もしくは宗教的集団の相互間の理解，寛容及び友好関係を増進し，かつ，平和の維持のため，国際連合の活動を促進するものでなければならない。

同3項　親は，子に与える教育の種類を選択する優先的権利を有する。

27条1項　すべての人は，自由に社会の文化生活に参加し，芸術を鑑賞し，及び科学の進歩とその恩恵とにあずかる権利を有する。

同2項　すべての人は，自らが創作した科学的，文学的又は美術的作品から生ずる精神的及び物質的利益を保護される権利を有する。

28条　すべての人は，この宣言に掲げる権利及び自由が完全に実現される社会的及び国際的秩序に対する権利を有する。

29条1項　すべての人は，その人格の自由かつ完全な発展がその中にあってのみ可能である社会に対して義務を負う。

同2項　すべての人は，自己の権利及び自由を行使するにあたっては，他人の権利及び自由の正当な承認及び尊重を保障すること並びに，民主的社会における道徳，公の秩序及び一般の福祉の正当な要求を満たすことをもっぱら目的として法律によって定められた制限にのみ服する。

同3項　これらの権利及び自由は，いかなる場合にも，国際連合の目的及び原則に反して行使してはならない。

30条　この宣言のいかなる規定も，いずれかの国，集団又は個人に対して，この宣言に掲げる権利及び自由の破壊を目的とする活動に従事し，又はそのような目的を有する行為を行う権利を認めるものと解釈してはならない。

　世界人権宣言はもとより条約ではなく，法的拘束力をもつものとして作られた文書ではない。しかし同宣言は，人権委員会（2006年以降は人権理事会）の特別手続や人権理事会の普遍的定期審査（後述）をはじめ，戦後の一連の国連の人権活動において，すべての国連加盟国が遵守すべき基準として日常的に用いられている。今日では，世界人権宣言の規範は，その相当部分は**慣習国際法**（customary international law）**化**しているとする見方が一般的である[25]。米国では，慣

---

[25]　L. Henkin, *The Age of Rights*, New York: Columbia University Press, 1990, p.19; L. B. Sohn, "The Human Rights Law of the Charter", 12 *Texas International Law Journal* 129 (1977), pp.132-134. 米国の国際法実行及び理論をまとめたアメリカ法協会の「米国対外関係法リステイトメント（*Restatement (Third) of the Foreign Relations Law of the United States*, 1987）」は，人権に関する慣習国際法を形成している国家実行の中に「たとえ原則のみであろうとも，世界人権宣言が実質的に普遍的に，かつ頻繁に繰り返して受け入れられていること」を挙げ（para.701, n.2），「国家は，国家の政策として，以下のことを実行，奨励又は容認した場合には，国際法に違反する。(a)ジェノサイド，(b)奴隷制もしくは奴隷貿易，(c)個人の殺害もしくは失踪を引き起こすこと，(d)拷問又はその他の残虐な，非人道的なもしくは品位を傷つける取扱いもしくは刑罰，(e)長期の恣意的な拘禁，(f)制度的な人種差別，又は(g)国際的に認められた人権の大規模な侵害の一貫したパターン」としている（para.702））。

◆第1部◆　総　論

習国際法又は条約に違反する不法行為を行った外国人に対して連邦裁判所の民
事管轄権を認める外国人不法行為請求権法（the Alien Tort Claims Act）によって，
外国人又は外国企業が外国で外国人に対して行った拷問等の事件を審理し，加
害者に対し賠償を命ずる判例が蓄積されていることも興味深い。

　また，中でも，拷問を受けない権利や奴隷の状態におかれない権利等の一定
の権利は，慣習国際法であるというだけでなく，**強行規範**（ユス・コーゲンス
（*jus cogens*）；国家間の合意によって逸脱することが許されない規範。条約法に関する
ウィーン条約（ウィーン条約法条約）53条，64条参照）にもなっているとの見解
は，今日の国際社会で広く支持を得ている。強行規範とは当初，条約法におい
て，国家による条約締結の自由を制限する概念として条約法条約に盛り込まれ
た概念（国内法のアナロジーでいえば，私人による契約締結の自由を制約する公序
良俗の概念にあたる）であるが，実際には，奴隷制や侵略行為を行おうという
条約を国家がわざわざ締結するとは考えにくい。他方で，国家の合意によって
結ばれる条約が主要な法源であり，その意味で国家がそれ自体立法者である国
際法において，国家の合意によっても逸脱できない強行規範とはすなわち，国
家の国際立法権限を制約する上位規範（＝国際社会における憲法的規範）とし
ての意義をもつ[26]。そのため，強行規範の概念は，今日の国際法では，以下に
みるように，**条約法を超えたより広い文脈で，強行規範の地位をもたない他の
国際法規範の適用を退けうるものとして援用される傾向にある。**

　● ***CASE*** ●〈国際判例〉フルンジャ事件（*Prosecutor v. Anto Furundžija*）ユーゴスラビア国
　　　際刑事法廷裁判部判決，IT-95-17/1，1998年12月10日

「(b)　［拷問の］禁止は対世的な（*erga omnes*）義務を課す
　　……

(c)　［拷問の］禁止は強行規範（*jus cogens*）の地位を得た
153.　上で言及した対世的な性格は，国際的執行（広義）の分野に属するのに対して，
拷問を禁じる原則の他の主要な特徴は，国際的な規範秩序における規則の階層（hierarchy，
ヒエラルキー）に関連する。<u>それが保護している価値の重要性から，この原則は強行規
範ないしユス・コーゲンス，すなわち，国際的な階層において，条約法，及び『通常の』
慣習法規則よりも高い地位を有する規範となっている</u>（［自由権規約委員会の］一般的
意見24「規約もしくはその選択議定書への批准もしくは加入の際に付される留保，又は
規約41条に基づく宣言に関連する問題」10項「拷問の禁止は強行規範の地位を有する」

---

[26]　A. Orakhelashvili, *Peremptory Norms in International Law*, Oxford: Oxford University Press,
2006, pp.9-10.

を見よ）。1986年に，国連の特別報告者であるコイマンス（P. Kooijmans）は，人権委員会への報告書の中で同様の見解を取った（E/CN. 4/1986/15, p.1, para.3）。拷問の国際的禁止がユス・コーゲンスとなっていることは，アメリカの裁判所によっても判示されている……。高位の地位をもつことの最も顕著な結果は，当該原則は，国際条約，地域的なもしくは特別の慣習，又は，［ユス・コーゲンスと］同じ規範力をもたない一般的な慣習法規則によってさえも，国家はそれから逸脱できないということである。

154. 明らかに，拷問の禁止のユス・コーゲンスとしての性格は，この禁止が，今や，国際社会の最も基本的な基準の1つになったという考えを示すものである。さらに，この禁止は，国際社会のすべての構成員及び個人に対し，拷問の禁止が誰も逸脱できない絶対的な価値であることを明らかにすることで，抑止効果を生むことをも目的としている。

155. 拷問が国際法の強行規範によって禁じられているということは，国家間レベル及び個人のレベルにおいて，他の効果も有する。国家間レベルでは，それは，拷問を認めるいかなる立法上，行政上，又は司法上の行為をも国際的に正当性を欠くものとすることに資する。一方では，拷問の禁止のユス・コーゲンスとしての価値ゆえに，拷問を規定する条約や慣習法の規則が当初から無効となるとしながら，他方では，例えば，拷問を認めもしくは容認する国内的措置を取り又は恩赦法によって拷問実行者の責任を免ずる国家を考慮の対象とするならば，それは無意味であろう。……

156. さらに，個人レベルすなわち，刑事責任のレベルでは，国際社会が拷問の禁止に与えたユス・コーゲンスの性格の結果の1つは，いずれの国家も，拷問の嫌疑がかけられている個人であって自国の管轄下の領域内にある者を，調査し，訴追し，及び処罰し，又は引渡すことができるということであろう。実際，一方では，通常は無制限の主権国家の条約締結権限を制限するまでに拷問を禁じ，他方では，このおぞましい行為を海外で行った拷問者を訴追及び処罰することを国家に禁じるということは，一貫しないであろう。拷問に対する国家の普遍的管轄権のこの根拠は，この犯罪に内在する普遍的性格によって他の裁判所がそのような管轄権を設定する法的基礎を明らかにし強化するものである。……

157. 他の結果には，拷問は時効の適用を受けてはならないこと，及び，いかなる政治犯罪による除外の下でも犯罪人引渡から除外されてはならないこと，が含まれる。」

　国際人権基準の策定において，世界人権宣言の採択に続く次の作業は，国家に義務を課す条約としての人権基準の作成であった。

　人権保障を目的とした多数国間条約，すなわち人権条約として時期的に最も早く採択されたのは，地域的な組織であるヨーロッパ審議会で採択された1950年の**ヨーロッパ人権条約**である（後述）。普遍的なレベルでは，国連における「国際人権章典」作成の努力が続けられるなか，時期的にはいち早く1965年に，国連総会で**人種差別撤廃条約**（正式名称は「あらゆる形態の人種差別の撤廃に関する条約」）が採択された。そしてその翌年には，世界人権宣言から18年の時

◆第1部◆　総　論

を経て，同宣言とともに「国際人権章典」をなす条約として**国際人権規約**（International Covenants on Human Rights）が採択されるに至った。この名称は総称であり，その中身は，「**経済的，社会的及び文化的権利に関する国際規約**」（International Covenant on Economic, Social and Cultural Rights；**ICESCR**）並びに「**市民的及び政治的権利に関する国際規約**」（International Covenant on Civil and Political Rights；**ICCPR**）という２つの条約からなる⑵。この時にはまた，自由権規約について，選択的な履行監視制度として個人通報制度を設ける**選択議定書**（Optional Protocol）も併せて採択された（**第一選択議定書**）。自由権規約本体を批准し，かつこの議定書も批准した国については，その国の管轄下にある個人は，締約国による人権侵害を主張する申立を，自由権規約の下で設置された委員会⑵に行うことができ，委員会は規約違反の有無について判断し見解を出す。その後1989年には，自由権規約の２つ目の選択議定書として，**死刑廃止を目指す選択議定書**（**第二選択議定書**。「死刑廃止条約」と呼ばれることもある）が採択されている。また，後述のように2008年にはさらに，**社会権規約**に，選択的制度として個人通報制度及び調査制度を設ける**選択議定書**が採択されている。

　国際人権規約に代表される一般的・包括的な人権条約のほか，国連の下ではまた，一定の人権問題や一定の範疇の人々の権利に着目した人権条約も多く採択されている。女性差別撤廃条約，人種差別撤廃条約は，女性差別，人種差別という差別の撤廃を特に目的とした条約であるし，子どもの権利条約⑵，障害者権利条約，移住労働者権利条約等は，それぞれ，子ども，障害のある人，移

⑵　この２つの規約はそれぞれ，社会権的な権利と自由権的な権利を規定していることから，日本ではしばしば「社会権規約」「自由権規約」と略称される。裁判例等で「A 規約」「B 規約」という略称が使われることもあるが，あまりにも便宜的な呼称との感を免れない。他方で，「自由権規約」という名称も，同規約はいわゆる自由権だけでなく裁判を受ける権利のような受益権や政治参加の権利も含んでいることからすれば適当でないとの指摘があり，その指摘には理がある。ただ，英語文献でしばしば使われている ICESCR や ICCPR という略称を邦語の文章の中で用いることも適切とは考えられないので，あくまで比較的妥当な略称として，本書でも自由権規約という略語を用いる。

⑵　規約上の名称は「人権委員会（Human Rights Committee）」。日本語に訳すと国連人権委員会と混同しやすいため，「自由権規約委員会」と呼ばれる。

⑵　公定訳では「児童の権利条約」であるが，「児童」という言葉は「保護の対象」という子ども観に立脚しており，権利行使の主体という本条約の子ども観が伝わりにくいこと，また，学校教育では「児童」といえば小学生を指すため，中高生に自分たちの権利を定めた条約として受け止めてもらいにくいことが指摘されている（「子どもの人権連」http://www.jinken-kodomo.net/zyoyaku.html）。本条約で「子ども」とは18歳未満の者を指す（その者に適用される法律により，より早く成年に達した者を除く。１条）。よって本書では，引用文中の記載や，「児童労働」のように比較的定着している用語を除き，「子どもの権利条約」と言い換え，他の人権条約の公定訳中の「児童」の語も「子ども」と言い換える。

◈ 第1章 国際人権法の法源と体系

住労働者という権利主体に着目して，一般的な人権条約では必ずしも十分ではないこれらの人々の人権保護の充実を図ったものである。

　これらの人権条約による人権保障の特徴として留意されることは，**人権概念の普遍性に由来する，権利保障の人的範囲**（*ratione personae*）**の包括性**である。第二次世界大戦期の過酷な人種差別とその惨禍を経て成立した国際人権法は，いかなる差別もない**平等で無差別な人権の享有という原則**（principle of equality and non-discrimination）に貫かれた体系である[30]。国連憲章の人権規定と世界人権宣言に始まり，諸人権条約に展開していった国際人権法は，その端緒から一貫して，**人種，性，言語，宗教等による差別ない「すべての者」のための人権保障**を旨としている（上述の国連憲章1条3項，13条1項(b)，55条(c)，62条2項，世界人権宣言2条を見よ）。

　ヨーロッパ人権条約は1条において，「締約国は，その管轄内にあるすべての者に対し，この条約の第1節に定義する権利及び自由を保障する」と定めている。管轄内の「すべての人」であるから，権利が保障される人は，締約国にとって自国民であるか外国人であるかを問わず，また無国籍者も含まれる。国際人権規約のうち自由権規約も同様に，締約国は，「その領域内にあり，かつ，その**管轄の下にあるすべての個人**に対し，人種，皮膚の色，性，言語，宗教，政治的意見その他の意見，国民的もしくは社会的出身，財産，出生又は他の地位等によるいかなる差別もなしにこの規約において認められる権利を尊重し及び確保することを約束する」と規定している（2条1項）。自由権規約では，締約国の「領域内にあり，かつ」その管轄下にあるすべての人，という規定になっているが，規約には，締約国の領域「外」にある個人に適用される規定が含まれており（12条4項の「自国に戻る権利」），「領域内にあり」の部分は本質的な重要性をもっていない。ヨーロッパ人権条約においても自由権規約においても，締約国は，その「管轄下（内）」にあるすべての人に対して，差別なく条約上の権利を保障／確保する義務を負っていることが重要である。この「**管轄**（jurisdiction）」とは，国の「権限」を意味する機能的な概念であって，**締約国の国家機関がその領域外で人に対して権限を行使する場合（代表的な例として，海外の大使館や領事館の業務）**は，領域外であっても国家の「管轄下（内）」に該当する（よって例えば，これらの在外公館が自国民へのパスポートの発給や更

---

[30] "non-discrimination" は差別をしないことを意味し，「非差別」と訳してもよいが，日本語として発音したときに「被差別」と混同しやすいこともあり，本書では「無差別」とする。

31

◆第1部◆　総　論

新を不当に拒否する場合には，その個人は国の「管轄下」にあるから，12条4項の
権利侵害を主張できる。詳細は第3章参照）。条約によっては，権利保障の人的範
囲が必ずしも締約国の管轄下の個人すべてとされていないこともある（社会権
規約が2条3項で，開発途上国は経済的権利をどの程度外国人に保障するかを決定
することができる，と規定している例）。しかし，そのように明文規定がある場
合を除いて（なお，日本のようないわゆる先進工業国が社会権規約2条3項を援用
できないことはいうまでもない）は，人権条約は一般に，締約国の管轄下にある
すべての人を保護対象としている。子どもの権利条約は締約国の「管轄の下に
ある子ども」を保護対象とし，人種差別撤廃条約は「締約国の管轄の下にある
個人又は集団」からの通報（14条1項），女性差別撤廃条約は「締約国の管轄
の下にある個人又は集団」（選択議定書2条）からの通報を，それぞれ条約機関
が受理することを定めている。

　国家が，宣言等の非拘束的な国際規範において人権を認めることも，それと
して無視できない意義をもつが，とりわけ，条約という実定国際法上，人権保
障に関する義務を負うことの意義は大きい。世界人権宣言を受けての国際的人
権基準の条約化として，普遍的・地域的レベルで採択されてきたこれらの**人権
条約は，人間の固有の尊厳に由来する生来的な人権の概念を承認した上で**（国
際人権規約共通前文を参照），**管轄下の個人の人権保障に関する国際法上の義務
を締約国に課すものである。**人権とは，実定法秩序に先立つ人間の自然権的な
権利を表明する法概念として，国内法においては，立法者も，憲法制定権者さ
えも恣意的に侵害することが許されない個人の権利を意味してきたが，**人間の
固有の尊厳に由来する権利としての人権を認めた条約を批准することにより，
国家は，国際法上も，実定法秩序に先立つ人間の自然権的な権利たる人権の概
念を承認し，その実現に向けての一定の義務を負った**ということができる[31]。
国際法における人権の導入は，単に国際法の1つの分野が新しくできたという
ことを意味するにとどまらず，国家間関係を規律する法体系としての国際法が，
普遍的な人類社会の法として定義し直されるに至ったと言っても過言ではない
ほどの意義とインパクトをもつものである[32]。換言すれば，人権は，今日，国

---

(31) O. de Frouville, *L'intangibilité des droits de l'homme en droit international: régime conven-
tionnel des droits de l'homme et droit des traités*, Paris: Pedone, 2004, pp.17, 267.

(32) M. Virally, "Droit de l'homme et théorie générale du droit international", *René Cassin
amicorum discipulorumque lieber, t. 4, Méthodologie des droits de l'homme*, Paris: Pedone, 1969,
p.327; De Frouville, *op. cit.* (*supra* n.31), p.11.

32

第1章　国際人権法の法源と体系

内法秩序における国民と為政者との社会契約を基礎づける基盤から，国際社会の法秩序における個人と国家権力との社会契約を基礎づける基盤へと広がったと言ってもよい。

そして，**国家は，条約によって個人の「権利」を認めることにより，その実現に向けて，条約規定に従い一定の法的義務（＝国家権力の行使における法的制約）を負ったことになる。**そのことは，人権条約において，締約国の義務に関する規定が，権利を「確保する」ないし「保障する」とされている場合はもちろん，より緩やかな文言（例えば，社会権規約において締約国は権利の完全な実現を漸進的に達成するため「措置を取る」[33]とされている例や，同様に「措置を取る」ないし権利を「促進する」義務が含まれているヨーロッパ社会憲章の例）が用いられている場合でも本質的に同じである。**「権利」とは，その実現のために義務主体（人権条約においては締約国）に相関的義務を生じさせることを本質とする法概念であって，国家が権利を認めるとは，国家にとって，認めた権利の本質を侵害し（すなわち，権利が無意味なものになるまでにこれを制約し）又は，認めた権利を否定してはならない義務を含意すると同時に，認めた権利を具体化し実現するために必要な取り組みを行う義務が生じることを意味する**[34]。義務規定についていえば，権利を「確保する」ないし「保障する」義務の場合には，権利が実現されることを確保・保障するという**結果の義務**（obligation of result）が含まれているが，「措置を取る」とか「促進する」義務であっても，権利の実現という結果の達成度においては「確保」ないし「保障」の義務よりも要求は低いとはいえ，条約上の権利の実現に向けてなしうる措置を取るという，結果を志向した**行為の義務**（obligation of means）が課されており，一般的文言ではあっても国際法上の義務であることに変わりはない。権利の実現のために「措置を取る」ないし権利を「促進する」ことを締約国は法的義務として引き受けたのであるから，締約国が何ら措置を取らない不作為や，逆に権利の実現を後退させる措置を取ることは，それ自体この義務に反すると評価しうる。社会権規約委員会並びに，ヨーロッパ社会憲章の下で報告制度及び集団申立制度を運用しているヨーロッパ社会権委員会は，それぞれ，当該条約上の義務についてそのような考え方を取っており，ヨーロッパ社会権委員会による集団申立の事

---

(33)　"take steps"；公定訳では「行動を取る」であるが，本書では，より具体的な作為を含意し原語に適合すると思われる「措置」の語を用い，「措置を取る」とする。

(34)　De Frouville, *op. cit.* (*supra* n.31), pp.267-268.

33

◆ 第1部 ◆ 総 論

案では，住居に対する権利を「促進する」義務の履行が不十分であったとして
当事国の憲章違反を認定した先例もある。「権利」とその相関的義務の考え方，
及び，権利を侵害する作為・不作為の認定の可能性については，本書第2部で
詳説する。

II 国際人権法の体系
── 国連における普遍的人権保障の枠組みと地域的枠組み ──

本書のテーマである国際人権法とは，人権保障に関する国際的な規範，及び
それを実施するための法制度や手続の体系を指す。国際人権法は，人権保障を
目的とした多数国間条約（人権条約）のほか，世界人権宣言や被拘禁者取扱最
低基準規則のように，人権保障に関する国際基準となることを意図して国連総
会等で採択された宣言や決議，並びに，これらの条約・宣言等を背景として形
成されている慣習国際法の規範を含む。また，国際人権法というときには，人
権に関する国際的規範を第一義的には念頭におくが，その実施には国内の法制
度・手続が不可欠であることから，国際的規範を実施するための国際的及び国
内的な制度・手続を併せて考えることが適切である。

国際的な人権保障の体系を，地域的範囲の観点からみると，国連の下で，国
連の全加盟国又は全世界の国々を対象として形成されてきた普遍的な人権保障
の枠組みと，ヨーロッパ，米州，アフリカなど，各地域の国際組織を中心とし
て作られてきた地域的な人権保障の枠組みとに大別することができる。

◆ 1 普遍的な人権保障の枠組み
── 人権条約上の手続と国連の人権機関における手続

普遍的な人権保障の枠組みには，大別して，国連で採択され国連加盟国等に
よる署名・批准又は加入＊のために開放された**人権条約の下で運用されている
仕組み**と，**国連という組織の中で，加盟国を対象として運用されている仕組み**
とがある。前者は，2つの国際人権規約のほか，人種差別撤廃条約，女性差別
撤廃条約，拷問等禁止条約，子どもの権利条約，障害者権利条約など，国連で
起草され採択された，人権保障を目的とする多数国間条約（人権条約）の下で，
それぞれの条約で設置された国際的な履行監視制度が運用されているものであ

34

り，後者は，国連の諸機関（主に人権委員会。2006年以降は人権理事会）におい
て，国連加盟国の人権問題を様々な形で取り上げるものである。

＊　条約の署名・批准と加入，受諾，承認　　条約の締結手続として，国家代表が
条約に署名（signature）（調印）した後，さらに批准（ratification）という手続を取
ることがある。条約の中には，交換公文や交換書簡のように，国家代表が署名し交
換するだけで国を拘束する簡易形式の条約もあるが（日本が例年，途上国との間で
ルーティン的に締結している食糧援助取極，円借款取極等はこの形態である），批
准の手続が条約で予定されている条約の場合には，署名しただけでは正式に条約に
入ったことにはならず，批准をもって，その条約に拘束されるという最終的な意思
表示を行うことになる。二国間条約でも政治的に重要なもの，また国際組織の設立
基本条約や人権条約等のような多数国間条約のほとんどは，署名の後にさらに批准
の手続を取ることを規定している。批准手続の趣旨は，署名の後，各国の条約締結
権者（日本の場合内閣，米国であれば大統領）が国内で議会の承認を得た上で，批
准をもって，条約に拘束されることを正式に意思表示することにある（条約締結に
おける民主的コントロール）。国連で採択された人権条約は，国連又は専門機関（国
際労働機関（ILO），世界保健機関（WHO）等，国連と密接な関係にあり国連の専
門機関（specialized agencies）と位置づけられている国際組織）の加盟国，及び国連
総会が招請する他の国等による署名のために開放されており，署名した国は，批准
書を国連事務総長に寄託することによって条約を批准する。

　加入（accession）とは，署名→批准という手続を簡略化し，署名に参加しなかっ
た国が加入手続をもって直ちに条約に拘束されることの意思表示を行う手続である。
国連の人権条約は，国連又は専門機関の加盟国等，上記と同範囲の国に対して加入
のために開放されている。加入と批准は，国家が条約に拘束される最終的な意思表
示をする点で法的効果は同じである。批准又は加入後，条約の定める一定期間の経
過後に，その国について条約が効力を発生し，その国を国際法上拘束する。

　加えて，条約の中には，国が当該条約を批准，加入，受諾又は承認によって締約
国となりうることを規定しているものがあり，批准・加入と同様に条約参加への最
終的意思を示す手続として受諾（acceptance）及び承認（approval）も挙げられる。
受諾の手続は，条約に署名した政府が，批准のためにその条約を憲法上の手続に付
すことを国内法上要求されていない場合に，条約をさらに検討する機会を政府に与
える趣旨で用いられるようになったものであり，批准の簡略化した形式とみてよい。
承認も同様に，署名の後に承認を行うことで最終的な条約参加の意思表示をする手
続であるが，各国の憲法上の手続として議会の「承認」を得ることとされているこ
とから，国際的平面の手続としてもそれになじみやすい承認という文言が用いられ
るようになったものである。条約が，批准，加入，受諾又は承認によって締約国と
なりうることを規定している場合，署名の後にそのいずれかの手続を取ることで条

◆ 第1部 ◆　総　論

約を正式に締結することになるという点で法的効果は同じである。

　なお，マスコミ報道等ではしばしば「条約に加盟する」という言い方がなされるが，「加盟」とは本来，国連のような国際組織の加盟国となることを指すので，条約に加盟するという言い方は正しくない。条約に正式に入ることは，場合により「条約を批准する」ないし「条約に加入する」（さらに，場合により受諾する／承認する）であり，また，「条約の締約国（State party 又は Contracting party）となる」という。条約の「当事国」という用語も，「締約国」と同義で使われる。本書では，特に，人権条約の報告制度や個人通報制度において対象となっている個別の国を指す場合に「当事国」と訳出している。

(1)　人権条約上の手続（Treaty procedures）

　伝統的な国際法における条約は，領土の租借や割譲の協定，和平協定といったように，国家間相互の権利義務の交換という性質のものであり，かつ典型的には二国間条約であった。これに対し，人権条約は，**個人の人権の保障を目的として，締約国に対し，管轄下の人の人権保障に関する共通の義務を課す多数国間条約である**。古典的な条約が，国家間の主観的な権利・利益のやり取りであったとすれば，**人権条約は，人権**（その主体は，締約国ではなく個人である）**保障といういわば客観的な目的のために，多数の国が共通の基準を設定し，その遵守を約束し合うものだとみることができる**。

　以上のような，条約としての性格の違いから，人権条約における履行確保制度の必要性が導かれる。古典的な条約では，条約の履行は相互主義的に確保されたが，人権条約では，国家間相互の権利義務の交換という要素が欠けており，しかも内容は各国の管轄下の人の人権保護であるために，締約国間で，他の国に条約を履行させようとする力が働きにくい。このことをふまえて，人権条約では，条約それ自体の中に，締約国の履行を確保するための制度がおかれている。締約国が国内で行う条約の履行を条約の「国内的実施」とすれば，締約国による国内履行を国際的に監視し，履行確保を図るための条約上の制度は，「国際的実施」制度ということができる。

　国際人権規約をはじめ国連で作成された人権条約はいずれも，締約国による国内的な条約履行を国際的に監視するための条約機関（treaty body）として，個人資格の委員で構成される委員会を設置し，報告制度や個人通報制度等の制度を運用させている（例えば，自由権規約40条に基づく自由権規約委員会，人種差別撤廃条約8条に基づく人種差別撤廃委員会，女性差別撤廃条約17条に基づく女性差

36

別撤廃委員会。なお人権条約のうち，社会権規約は条約上，同様の条約機関をおかず，経済社会理事会による報告審査を予定しているが，1985年の同理事会決議によって個人資格の委員からなる社会権規約委員会が設置され，事実上の条約機関として機能している）。なお，1951年の難民条約は，難民の権利保護を定めている点で人権と深い関わりを持ち，広い意味で人権条約に含めてよい条約であるが，直接の目的は難民の受け入れ負担の公平化であり，国連難民高等弁務官事務所（UNHCR）による監督を定めているため，一般の人権条約のような国際的実施制度は有していない。

　人権条約における国際的履行確保の制度として，最も一般的なものは**報告制度**であり，国連の人権条約では，基本的な制度としてどの条約でも規定されている。報告制度は，**各締約国が，条約の国内実施の状況についての報告書を定期的に条約機関に提出し，条約機関の審査を受ける制度**である。報告審査は，現地調査を伴わない書面審査であるが，慣行により，審議の場に締約国代表を招請し，質疑応答を行う形で実施されている。審議後は，条約機関が，当該国の条約実施状況について評価する事項や懸念する事項，勧告等を述べた所見を採択する（「**総括所見（concluding observations）**」）。加えて，条約機関は，多数の締約国の報告審査によって得られた知見や，条約規定の解釈についての自らの見解を，すべての締約国にあてた「**一般的意見（general comments）**」（人種差別撤廃条約と女性差別撤廃条約では「**一般的勧告（general recommendations）**」）という形で採択し公表している。報告制度は，条約の実施における困難や障害も含めて広く検討の対象とし，改善を促進するという趣旨の制度であるから，途上国を含む多様な国々を幅広く締約国とする普遍的人権条約においては特に存在意義の大きい制度である。また，国連の人権条約は，今日ではすべての条約が，選択的な制度として，**人権侵害に関する個人の申立を条約機関が受理し検討する制度（個人通報制度）**をおいており，例えば自由権規約では，締約国が附属の第一選択議定書を批准すればこの制度の適用がある。同規約の委員会は，個人の通報を受理した場合，通報者と当事国双方の主張に照らして事実を認定した上で，本案について検討し，規約違反があったか否か及び，あった場合には取るべき救済措置についての「**見解（views）**」を示す。さらに，締約国が他の締約国の条約不履行を条約機関に申立てることができるという**国家通報制度**も，条約によっては定められているが（人種差別撤廃条約11条，自由権規約41条等。但し，後者は事前に制度の受諾宣言が必要である），人権問題を国家間で指摘する

37

◆ 第1部 ◆ 　総　論

ことの難しさもあり，国連の人権条約ではあまり活用されていない。

(2) 国連憲章に基づく手続 (**Charter-based procedures**)

　上にみた人権条約上の制度のほか，広い意味で国際的な人権義務履行確保の
制度といえるものには，国連の人権機関における手続がある。この手続は，**条
約外の手続であり，国連憲章に基盤をおくものであって，世界人権宣言をはじ
め，国連で採択された様々な国際的な人権文書**（human rights instruments；法的拘
束力をもつ条約のほか，「〜宣言」「〜基準」「〜原則」のような表題で採択される規
範設定的内容の国連総会決議等を含めてこのように呼ぶ）**が，国際的な人権基準と
して広く援用される。**

　国連では，人権問題に関する審議や勧告の権限を憲章上明示的に認められて
いるのは総会と経済社会理事会である。総会は，憲章の範囲内にあるすべての
問題について討議し及び，（安全保障理事会との関係に関して12条が規定する場合
を除き）加盟国もしくは安全保障理事会又はこの両者に勧告することができる
（10条）。また，総会は，経済的，社会的，文化的，教育的及び保健的分野にお
いて国際協力を達成すること，並びに人種，性，言語，宗教による差別なくす
べての者のために人権及び基本的自由を実現するよう援助するために研究を発
議し及び勧告を行うことが認められており（13条），総会の主要委員会（第一〜
第六）のうち社会・人道・文化に関する第三委員会は，例年，人権問題に関す
るものを含む多くの決議案を審議・採択し総会本会議に送っている。

　経済社会理事会は，すべての者のための人権及び基本的自由の尊重及び遵守
を助長するために勧告を行うことができるが（62条2項），憲章上，「人権の伸
長に関する委員会」その他の自己の任務に必要な委員会を設けることが明記さ
れている（68条）。これに基づき，1946年に経済社会理事会の機能委員会の1つ
として**人権委員会**（Commission on Human Rights）が設置された。人権委員会は，
経済社会理事会で出席しかつ投票する国の過半数によって選出される53カ国
のメンバー国で構成された（地理的配分は，アジア12，アフリカ15，ラテンアメ
リカ及びカリブ海11，東欧5，西欧その他10）。この委員会は2006年に人権理事会
が発足するまで，国連において人権問題を取り扱う中核的な機関として，上述
した国際人権章典を含む各種の条約や宣言の起草作業のほか，以下にみる人権
状況審議等の活動を行ってきた。また，同じく1946年，経済社会理事会決議に
より，人権委員会の下部機関として，個人資格で任務を遂行する26人の委員か

38

らなる**人権小委員会**（差別防止及び少数者保護に関する小委員会[35]がおかれ，2006年に人権理事会の下で諮問委員会が発足するまで，人権問題に関する調査・研究や，以下にみる1503手続における通報の検討及び人権委員会への勧告を行ってきた。

　人権委員会には，その設立以来，人権侵害の申立て，対応を求める通報が世界各地から多数寄せられていたが，1940年代から1950年代にかけては，委員会は，それらの通報に対して何らかの具体的な行動を取る権限はないという立場をとっていた。これは，1つには，当時の国連加盟国の多くは，人権問題について人権委員会が具体的な行動に出ることを好まなかったこと（西欧諸国は，人権面で根本的な矛盾をもつ植民地をまだ多数保有していたほか，ソ連・東欧諸国は国内問題不干渉の立場から人権問題に関する介入を拒んでいた），また1つには，当時，人権委員会は国際人権章典の起草作業の方に集中していたことを背景としている。しかし，国連総会による「植民地独立付与宣言」の採択（1960年）を機に，1960年代，アジア・アフリカの植民地が次々と独立を果たし（**非植民地化**ないし**脱植民地化**（decolonization），第三世界諸国の登場），新興国として国連に大量加盟するに及んで，人権侵害への対応に関する人権委員会の姿勢は大きく是正を迫られる。これらの国々は，反植民地主義と反人種差別を掲げ，とりわけ，当時南アフリカ共和国が政策として行っていたアパルトヘイトの問題（及び，人種差別政策をとる白人政権が1965年に独立を宣言した「南ローデシア」の問題）への対処を強く求めた。その結果，1967年には，人権委員会は決議8（XXIII）によって，「**すべての国**，特に植民地その他の従属国及び地域における，人種差別及び隔離政策並びにアパルトヘイト政策を含む**人権及び基本的自由の問題**」と題する議題を毎年審議することを決定し，同年，これを承認する**経済社会理事会決議1235**（XLII）が採択された。これは，①人権委員会がかかる議題を毎年審議することを認めるとともに，②アパルトヘイト政策に例示されるような「**人権及び基本的自由の重大な侵害**（gross violations of human rights and fundamental freedoms）に関する情報」を人権委員会及び小委員会が検討することを認め，③アパルトヘイト政策に例示されるような「**一貫した形態の人権侵害**（consistent pattern of violations of human rights）」並びに南ローデシアで行われているような「人種差別を示す事態」を人権委員会が「徹底的に研究」そかつ，経済社

---

[35]　Sub-Commission on Prevention of Discrimination and Protection of Minorities；1999年からは人権促進・保護小委員会（Sub-Commission for Promotion and Protection of Human Rights）と改称。

◆第1部◆　総　論

会理事会に「勧告を付して報告」できることを決定したものである（強調筆者）。この1235決議は，南アフリカや南ローデシアのみをターゲットとするという形式上の不公平さを避けるため「すべての国」の人権問題の審議という文言とすることで妥結したものであるが，これにより結果的に，世界各国の人権状況を人権委員会が毎年公開で審議することが可能になった。併せて，人権の重大な侵害に関する情報（個人からの通報を含む）を人権委員会及び小委員会が検討し，「一貫した形態の人権侵害」については，人権委員会が，徹底的に研究した上で経済社会理事会に勧告できるという道が開かれ（これらの国別の公開手続は「1235手続」と呼ばれた），委員会が人権侵害に対する一定の対応を行う法的基礎がここに築かれた。

　続いて1970年には，委員会が決議1235にいう重大な人権侵害にかかわる情報を受けて処理する手続を定めるものとして，人権侵害に関する通報の取扱い手続に関する**経済社会理事会決議1503**（XLVIII）が採択された。この決議は，小委員会が，「重大かつ信頼できる程度に立証された人権及び基本的自由の一貫した形態を示すと思われるすべての通報」を，それに関する当事国政府の回答を含め，小委員会の注意を喚起するために審議するための作業部会（通報作業部会）を設置する権限を付与している。そして，小委員会に対し，「重大かつ信頼できる程度に立証された人権侵害の一貫した形態を示すと思われる特定の事態」を人権委員会による審議のため付託するかどうかを非公開で審議することを認めている。人権委員会は，小委員会によって付託された事態を審議した後，委員会による徹底的な研究及び理事会への報告・勧告が必要かどうか，また委員会が任命するアド・ホック（臨時）委員会の調査対象となりうるかどうかを決定するとされた（1503手続）。

　1503手続では，通報は誰でもできるが，「重大かつ信頼できる程度に立証された人権及び基本的自由の一貫した形態を示す」ものでなければならない。また，通報は基本的に，人権小委員会及び人権委員会による大規模人権問題の審議のための情報源と位置づけられているため，人権条約に基づく個人通報制度のように，通報者個人に対する人権侵害の救済に必ずしもつながるわけではない[36]。とはいえ，少なくとも大規模人権侵害について，個人がそれを示す通報を国連に送付し，人権小委員会及び委員会がこれを検討することによって一定の行動を取りうる道筋を明文で定めたことは，国連の人権システムの発展における大きな展開であった。

40

第1章　国際人権法の法源と体系

1503手続による審議は，国家への配慮を反映して非公開とされた点で問題を含み（この点は，人権理事会の通報手続も同様），人権委員会では，非公開審議の終わりに，検討中の国と検討を終えた国の名前だけが明らかにされていた。他方で，人権委員会の実行では，1970年代末以降，1503手続の下で委員会への協力を拒む国について，事態を委員会の国別公開手続（1235手続）に移行させて審議した上で，当事国の人権状況を憂慮・非難し改善を求める決議を採択したり（委員会としての決議採択に至らない場合には議長声明という形態をとることもあった），場合によっては，事態の調査のために「特別報告者（special rapporteur）」や「独立専門家（independent expert）」の名称で個人資格の専門家を任命したりする措置が取られるようになっていった。

さらに，1980年代以降，人権委員会は，こうした**国別手続**（country procedures）に加え，「**テーマ別手続**（thematic procedures）」として，一定の重大な人権問題について，作業部会（通常，個人資格の専門家として任務を遂行する各地域グループ1名の者からなる5名の作業部会）を設置し，あるいは特別報告者や独立専門家を任命して検討を行わせるようになった（国連では，これらの国別手続・テーマ別手続は合わせて「**特別手続**（special procedures）」とも呼ばれる）。テーマ別手続は，1980年の強制的又は非自発的失踪（enforced or involuntary disappearances）に関する作業部会の設置に始まり，これ以降，略式又は恣意的処刑（summary or arbitrary executions），拷問，恣意的拘禁，言論及び表現の自由のような市民的及び政治的権利の分野のテーマのほか，極度の貧困，食料に対する権利，十分な住居のような経済的及び社会的権利のテーマ，また移民の人権や先住民の人権，現代的形態の奴隷制のように社会の弱者の人権状況に特に焦点をあてたものを含め，多岐にわたるテーマについて多数発足している。国家代表で構成される人権委員会においては，国別手続が，審議や決議，調査の対象として取り上げる国の決定においてメンバー国の国家間・国家ブロック間の政治的関係の影響をどうしても受けやすく（政治的な選別性・二重基準（ダブル・スタンダード）），問題が過度に政治化しやすいのに対して，テーマ別手続は，人権問題に焦点をあてる点でそのような弊害を克服しうることから，近年では，人権委員会の手

⑶⑹　人権委員会の時代には，小委員会や委員会が行った決定については，通報者を含め当事国政府以外には情報が公開されていなかった。他方，自国の人権侵害事態が人権理事会に付託されることとなった政府は，非公開審議の場に出席するよう招請される。なお，第11章でみるように，1503手続を下敷きとしつつ改善が図られた現在の人権理事会の通報手続では，通報者も手続の主要段階ごとに通知を受けるようになった。

41

◆ 第1部 ◆ 　総　論

続の中でも信頼性の高いものとして評価を集めてきた。日本政府が近年重大な
人権問題として掲げている拉致のような問題は，1970年代から，チリやアルゼ
ンチン等軍事政権下のラテンアメリカ諸国で軍や治安部隊が反体制派活動家等
を誘拐・拷問の末殺害し遺棄するといった形で多数発生してきた強制失踪の問
題に属し，1980年に設置された上記の強制的又は非自発的失踪に関する作業部
会が扱ってきたものである。この作業部会は，その設置決議上，強制失踪に関
する政府や国際機関，NGO等からの情報を求めかつ受け取ること，そのよう
な情報に対して実効的に対応することが認められており，これに基づき，強制
失踪に関する被害者家族等からの情報を受け，当事国のジュネーブ常駐国連代
表部への書簡，ないし急を要する場合には直接当事国の外務大臣に宛てた緊急
アピール文書という形で，当事国の説明と調査を求める活動を行ってきた。ま
た，強制失踪が多発する国に対し，当該国の同意を得た上で訪問調査を行い，
関係者からの聞き取りを行った上で報告書にまとめる活動も行ってきた。略式
又は恣意的処刑，恣意的拘禁，拷問等の，人身の自由にかかわる他のテーマ別
手続は，強制的又は非自発的失踪に関する作業部会のこうした実行を踏襲し，
個別の事案に関する情報の受理と当事国への説明要請，緊急アピール，現地調
査といった一連の活動を積極的に行っている。第11章で後述するように現在の
人権理事会でも，これらの特別手続は基本的に受け継がれている。

　また，人権委員会自体は政府代表で構成される組織であるものの，経済社会
理事会の下部機関であることから，経済社会理事会の**協議資格**(consultative status)
を有するNGOの関与を認める手続や実行が人権委員会で次第に発展し定着し
てきたことは重要である。国連憲章71条は，「経済社会理事会は，その権限内
にある事項に関係のある民間団体と協議するために，適当な取極を行うことが
できる」と規定している。経済社会理事会は1968年の決議1296（XLIV）でその
ような取決めの詳細について定め，活動分野及び目的（同理事会の権限内にあ
る事項に関心をもつ組織であって，その目的が国連憲章の目的と諸原則に合致し，
国連の活動を支援する活動を行うこと），代表性・国際性（当該分野において相当
部分の人々を代表し，かつ認められた国際的な地位をもつこと），組織性（本部を有し，
民主的に採択された規約の下で総会と執行機関を備えていること），独立財政（基本
財産は主に各国支部や個人会員からの寄金で支えられていること）という一定条件
を備えたNGOが協議資格を取得しうることを規定した。具体的には，協議資
格は，①**一般協議資格**（当初の呼称ではカテゴリーⅠとも言われた）すなわち，

42

理事会の活動の大部分に関心をもち，多くの国の人々を広く代表する NGO，
②**特別協議資格**（当初の呼称ではカテゴリーⅡとも言われた）すなわち理事会の
特定の活動に関心をもち，その分野で国際的に知られている NGO，③**ロスター**
（Roster）すなわち，理事会の活動に対して場合に応じて有益な貢献ができると
認められたその他の NGO，の 3 種類に分類され，それぞれの分類に応じて国
連の諸会合での活動が認められる。人権分野における関心によって特別協議資
格を認められる組織は，特定集団や特定国の国籍の人の利益に限定されない国
際的な関心をもつべきとされた。アムネスティ・インターナショナル（Amnesty
International），ヒューマン・ライツ・ウォッチ（Human Rights Watch）のような国
際人権 NGO の多くはこの特別協議資格を認められ，**経済社会理事会やその補
助機関である人権委員会における出席・傍聴，ステートメント等の書面の配布，
口頭発言**といった一定範囲の参加資格を認められてきた。この決議1296をふま
え，これをアップデートした1996年の経済社会理事会決議1996/31は，協議資
格付与の検討の際はすべての地域の NGO の公正でバランスのとれた関与の観
点から特に途上国の NGO の参加を確保することとし，また，国内 NGO 及び
地域 NGO（国際 NGO の支部を含む）も協議資格を申請することが可能とした。
人権分野における関心によって特別協議資格を認められる組織は，国連憲章，
世界人権宣言並びにウィーン世界人権会議の宣言及び行動計画の精神に従って
人権の促進と保護を追求するものであるべきとされている。後でみるよう
に，2006年の人権理事会設置決議においても，人権委員会への NGO の参加に
ついては経済社会理事会決議1996/31及び人権委員会の下での実行を継承する
とされ（11項），これまでの枠組みと慣行が引き継がれている。2016年 3 月時
点で，協議資格をもつ NGO は4,356あり，うち一般協議資格をもつものが144,
特別協議資格をもつものが3,233，ロスター資格をもつものが979である[37]。日
本の NGO では例えば，日本弁護士連合会（Japan Federation of Bar Associations）が
1997年，国際女性の地位協会（Japanese Association of International Women's Rights）
が1998年，自由人権協会（Japan Civil Liberties Union）が2003年，国際人権活動日
本委員会（Japanese Workers Committee for Human Rights）が2003年，ヒューマンラ
イツ・ナウ（Human Rights Now）が2012年にそれぞれ特別協議資格を取得してい
る。

---

[37] http://esango.un.org/civilsociety/displayConsultativeStatusSearch.do?method=search&
session Check=false.

◆第1部◆　総　論

　1993年には，世界人権宣言採択45周年を機に，人権分野における国際社会の
進展と課題を包括的に検討するための世界人権会議がウィーンで開催されたが，
その成果文書であるウィーン宣言・行動計画に盛り込まれた勧告を受け，同年
の国連総会決議48/141により**「人権高等弁務官**（High Commissioner for Human
Rights）」が設置された。人権高等弁務官は，国連事務総長が指名し総会の承認
を経て4年の任期で選任される。弁務官は人権の保護・促進，人権侵害の防止，
加盟国に対する助言サービス，国連内の人権活動の調整，人権に関する事務機
構の調整など人権に関する包括的な任務をもつ国連職員として，事務総長の監
督と権威の下に任務を遂行するものとされ，そのような広範な任務を元に，関
係国への訪問や政府首脳との接触・対話，人権侵害に対する緊急アピールなど，
様々な形で人権保護に貢献しうる立場にある。人権高等弁務官の設置に伴い，
人権に関する国連の事務局（人権センター）も，**国連人権高等弁務官事務所**（Office
for the High Commissioner for Human Rights, OHCHR）に改称し再編された。これ
までの歴代の人権高等弁務官には，アイルランド元大統領メアリー・ロビンソ
ン（Mary Robinson），国連東ティモール暫定行政機構事務総長特別代表等を務め
たセルジオ・デメロ（Sergio de Mello）（後に国連担当事務総長特別代表としてイラ
ク駐在中に殉職），カナダの元最高裁判事ルイーズ・アーバー（Louise Arbour）ら
がおり，2016年3月時点では，ヨルダン出身のザイド・フセイン（Zeid Ra'ad Al
Hussein）がその任についている。

　国連ではこのように人権委員会が人権活動において中心的役割を果たしてき
たが，人権委員会をめぐっては，かねてから，特に国別手続において対象国の
選別に政治的考慮が反映されることや，またこれに関連して，メンバー国の選
出をめぐる問題が指摘されてきた。すなわち，人権委員会では，地理的に割り
当てられるメンバー国数のほかは，メンバー国選出の際の考慮基準は設けられ
ていなかったため，地理的グループ内での立候補国が少なければ，人権侵害国
であっても当選することは容易であった。国連加盟国の中には，人権侵害の問
題を抱えた国が，人権尊重のためというよりもむしろ，自国や自国の友好国が
決議等によって非難の対象となることを防ぎたい意図で人権委員会のメンバー
国に立候補するものがあり，そのような国でも地理的配分枠によって当選に至
ることが往々にしてあった。そのような問題が一層顕在化してきたことを背景
に，2000年代半ば，当時のアナン国連事務総長は国連改革の一環として，人権
委員会の抜本的改革についての検討を行う。その結果，2006年には，国連総会

第1章　国際人権法の法源と体系

決議によって，人権委員会に取って代わる機関として**人権理事会**（Human Rights Council）が発足することとなった。人権理事会は，加盟国の国家代表で構成される点では人権委員会と同様であるが，もはや経済社会理事会の機能委員会ではなく，総会の補助機関として，総会に報告を行う。理事国の数は減少して47カ国とされ，総会において，全加盟国の絶対多数により直接かつ個別に選出される。理事国たる資格は全国連加盟国に開かれているが，人権委員会の時代にはメンバー国選出の際の考慮基準について何ら定めがなかったのに対し，人権理事会においては，理事国の際に加盟国は，候補国の人権促進・保護への貢献並びにそれに関する自発的誓約及び約束を考慮に入れなければならない（同決議8項）。また，理事国が重大かつ制度的な人権侵害を犯した場合には，総会は，出席しかつ投票する3分の2の多数により，当該国の理事国としての権利を停止することができる（人権理事会設置決議同8項）とされ，人権委員会の時代にはなかったメンバー国の資格停止手続が明記された（2011年には，民間人に対する無差別攻撃を含む大規模な人権侵害が行われたリビアに対して初めてこの手続が取られ，リビアの理事国資格が停止された）。また，人権理事会では，普遍性と客観性，非選別性の観点から，新たに，すべての国の人権義務及び約束の履行を定期的に審査する「**普遍的定期審査**（Universal Periodic Review；UPR）」の制度が導入された（同5項(e))」が，理事国として選挙された国は，人権の促進及び保護について最高度の水準を保持し，理事国としての任期中に，普遍的定期審査に基づき審査を受けなければならない（同9項）。このUPR制度を含む国連人権理事会の任務とその機能については，第11章で後述する。

◆　**2　地域的な人権保障の枠組み**

　地域的な人権保障の枠組みは，それぞれの地域における地域的な国際組織の存在を背景に，当該組織の加盟国に適用される共通の人権基準（例えば，米州機構における米州人権宣言）や，当該組織の設立基本条約で認められた諸機関の任務（例えば，米州機構憲章で設置された米州人権委員会），さらには，当該組織で採択された地域的な人権条約（例えば，ヨーロッパ審議会で採択されたヨーロッパ人権条約，米州機構で採択された米州人権条約，アフリカ統一機構（現在のアフリカ連合）により採択された「人及び人民の権利に関するアフリカ憲章」）に基づいて，普遍的人権保障と並行して活発に展開されている。

　ヨーロッパ審議会（Council of Europe；「ヨーロッパ評議会」「欧州評議会」とも

45

◆ 第1部 ◆ 総 論

訳される）は，ヨーロッパ連合ないし欧州連合（EU）とは別の組織であるが，
第二次大戦後のヨーロッパ統合の流れにおいて元々源流を一にする組織でもあ
る（その源流のうち，国家主権を制限して緊密な統合を目指す主張は，1950年代の
ヨーロッパ石炭鉄鋼共同体に始まって，今の EU に至り，他方で，国家主権を尊重し
つつ政府間協力による緩やかな統合を目指す動きは，1949年のヨーロッパ審議会創
設につながった）。そのことは，ヨーロッパ審議会の本部が，ヨーロッパ議会（EU
議会）と並んでフランスのストラスブールにおかれていることからも窺える。
ストラスブールは，普仏戦争後1871年にフランスからドイツに割譲されて以来
両国間の因縁の地となってきたアルザス・モーゼル地方の中心都市であり，第
二次大戦後は，両国間の平和を中核とするヨーロッパ統合の象徴として，ヨー
ロッパ審議会本部と EU 議会（ストラスブールとブリュッセルに分けて開催される）
とを擁する地となっている。

　ヨーロッパ審議会は，加盟国（1980年代末に冷戦が終結するまでは，もっぱら
西欧諸国であった）における民主主義の伝統を擁護するために加盟国間の統合
を図ることを目的とし，経済的，社会的，文化的その他の事項及び人権の維持・
実現において共同行動を取ることでそれを追求することを掲げている（審議会
規程1条）。規程3条により，審議会の加盟国は，法の支配及び，管轄下にあ
るすべての人の人権享有という原則を受け入れなければならない。1950年には，
審議会加盟国のみが締約国となることができる地域的な人権条約として，**ヨー
ロッパ人権条約**（European Convention on Human Rights；正式名称は「人権及び基本
的自由の保護のための条約」）が採択された（1953年に発効）。ヨーロッパ人権条
約前文は，「ヨーロッパ審議会加盟国であるこの条約の署名政府は，1948年12月
10日に国際連合総会が宣明した世界人権宣言を考慮し，……ヨーロッパ審議
会の目的が加盟国間のより強い統一の達成であること，及び，その目的を追求
する方法の1つが人権及び基本的自由の維持及び一層の実現であることを考慮
し，……志を同じくし，かつ政治的伝統，理想，自由及び法の支配についての
共通の遺産を有するヨーロッパ諸国の政府として，世界人権宣言中に述べられ
る権利の若干のものを集団的に実施するための最初の措置を取ることを決意し
て，次の通り協定した。」と述べ，市民的及び政治的権利（生命権，拷問を受け
ない権利，身体の自由についての権利，公正な裁判を受ける権利，私生活・家族生
活の尊重を受ける権利，思想・良心の自由，表現の自由，集会・結社の自由，差別
の禁止など）を中心に規定している。これは，ヨーロッパにおいて，ナチス・

46

ドイツのような全体主義国家体制によって弾圧された市民的・政治的権利を，早急に集団的（＝国際的）保障体制の下におく必要性が認識されたことからきている。

ヨーロッパ人権条約は，当初，条約の国際的実施のため「**ヨーロッパ人権委員会（European Commission of Human Rights）**」と「**ヨーロッパ人権裁判所（European Court of Human Rights）**」を設け，個人通報制度（選択的）及び国家通報の制度を規定した。ヨーロッパ人権委員会は，他の締約国が条約を遵守していないとする締約国からの申立を受理し検討する（国家通報制度）ほか，当事国が制度を受け入れている場合には，人権侵害を主張する個人からの通報を受理し検討する（個人通報制度）。委員会の採択した報告書の段階で友好的解決に至らない場合，事案は，当事国がヨーロッパ人権裁判所の管轄権を認めていれば，当事国又は委員会によって，裁判所に付託されうる。このように同条約は，個人通報及び国家通報の制度を導入した点で画期的であったが，個人通報制度とヨーロッパ人権裁判所の管轄権の受入れは，当初の条約体制では義務的ではなかったことも留意される。ところが，ヨーロッパ人権裁判所が発足後，1970年代半ばを境に，締約国の主権に配慮するよりも条約の趣旨・目的たる人権保障の実効性に明確に重きをおいた個人通報事案の判決[38]を蓄積させるにつれ，個人通報制度と同裁判所の管轄権は，条約体制の要としての地位を確固たるものにしていく。そのような判決が蓄積されても，個人通報制度や裁判所の管轄権の受入れを撤回する国は現れなかったことから，この2つの制度の受入れが，締約国の中に着実に定着していくのである。1990年初頭までには，当時のすべての締約国が，個人通報制度とヨーロッパ人権裁判所の管轄権を受諾し，事実上これらが条約上のスタンダードな制度になっていた。そして，冷戦終結後，中・東欧諸国及び旧ソ連諸国が相次いで民主主義・法の支配・人権尊重，市場経済化を掲げる中で，ヨーロッパ審議会はこれら諸国に対し，加盟を前提とした民主化・法整備支援（特に，ヨーロッパ人権条約の基準に適合した憲法・選挙法等の国内法整備の支援）を行うとともに，1990年11月のハンガリーを皮切りにこれらの国々が次々と審議会に加盟する際には，加盟後早期に，個人通報制度及びヨー

---

[38] 受刑者が刑務官を相手取って名誉毀損に関する民事訴訟を提起しようとした際に受けた弁護士との接見拒否や信書発信拒否が，公正な裁判を受ける権利（6条）に内在する権利としての裁判所へのアクセス権を侵害するとされた1975年のゴルダー事件（*Golder v. the United Kingdom*）判決がその嚆矢である。『ヨーロッパ人権裁判所の判例』275頁以下参照。

◆ 第1部 ◆ 総 論

ロッパ人権裁判所の管轄権の受入れを含めて同条約を批准することを条件とした
のである。1994年には，ヨーロッパ人権委員会を廃止して**常設のヨーロッパ
人権裁判所に通報処理の機能を集中させ，かつ，個人通報制度と裁判所の管轄
権の受入れを義務的なものとする**第十一議定書が採択され，これが1998年に発
効して以降は，もっぱらヨーロッパ人権裁判所が通報の処理にあたっている。

　前述のように，ヨーロッパ人権条約は世界人権宣言を土台としてその中のい
くつかの権利を集団的に実施するための条約とされ，かつ，条約の起草過程で
は国際人権規約起草の作業も参照されていたことから，同条約には，拷問等を
受けない権利（3条，自由権規約では7条），公正な裁判を受ける権利（ヨーロッ
パ人権条約6条，自由権規約では14条）等，自由権規約の規定と多くの共通点を
もつ規定が含まれている。しかるに，**ヨーロッパ人権条約の下では，ヨーロッ
パ人権裁判所による判例が蓄積され，判例法理が発展していることから，その
解釈法理は，自由権規約委員会による自由権規約の解釈にも影響を及ぼしてい
ると同時に，自由権規約の解釈・適用に関する日本の法実務にも多大な示唆を
与えるものでもある。**本書でみるように，日本の裁判例でも実際に，自由権規
約の解釈にあたり，それに対応するヨーロッパ人権条約の規定についてヨー
ロッパ人権裁判所がとっている解釈が参照された例がある。

　2016年3月時点で，ヨーロッパ審議会加盟国は47カ国を数え，EU加盟国（28
カ国）の範囲を凌駕して，ベラルーシ（死刑を存置しているため加盟していない。
ヨーロッパ審議会では1985年以降，死刑の廃止が加盟条件の1つとなっている）を
除く全ヨーロッパに及んでおり，かつそのすべてがヨーロッパ人権条約（個人
通報制度及びヨーロッパ人権裁判所の管轄権の受入れを含む）を批准している。ヨー
ロッパ審議会は，冷戦終焉後，民主主義と法の支配，人権尊重という基本的価
値を全ヨーロッパ規模で浸透させ，軍事的な安全保障ならぬ「人権と民主主義
の安全保障」を図る組織になっているとも評される。ヨーロッパ人権裁判所
は，47カ国から寄せられる膨大な数の個人通報事案の処理において多くの課題
を抱えつつも，構造的・一般的な人権問題が関わっている事案における「パイ
ロット判決」の手法のような新たな工夫によって対処している。ヨーロッパ人
権条約体制におけるこのような展開については，第12章で後述する。

　他方，社会権に関しては，1961年に，**ヨーロッパ社会憲章**（European Social Char-
ter）が，ヨーロッパ審議会において，社会権の分野でヨーロッパ人権条約を補
完するものとして採択されている。同憲章は第Ⅰ部で，「締約国は，以下の権

48

利及び原則が実効的に実現されうる状況の達成を……あらゆる適切な手段に
よって追求されるべき政策目的として受諾する」として，労働者の諸権利のほ
か，職業教育や社会・医療扶助等に対する権利，身体的及び精神的危険から保
護を受ける子どもの権利等に関する計19の原則及び権利の規定をおき，第Ⅱ部
では，1条から19条で，第Ⅰ部の規定に対応する内容の権利の実体規定をおく。
締約国はこの第Ⅱ部の諸規定を，第Ⅲ部20条の定めに従って一定数以上受諾す
ることとされる。

　この1961年の憲章は国際的実施措置として報告制度のみを規定し，提出され
た報告は専門家委員会（現・ヨーロッパ社会権委員会（European Committee on Social
Rights）），次いでヨーロッパ審議会の政府間社会委員会によって検討されるこ
とを定めている。その後，元共産圏の諸国のヨーロッパ審議会加盟を背景とし
て，同憲章体制の活性化に向けての検討がなされた結果，1991年の改正議定書
によって締約国の憲章実施の法的評価に関する専門家委員会の権限が明確化さ
れたほか，1995年には，委員会に対する**集団的申立**（collective complaints）の手
続（一定の団体すなわち国際的な雇用者組織及び労働組合，ヨーロッパ審議会の諮
問資格をもつ他の国際的NGO，並びに，当事国の管轄内にある国内的な雇用者組織
及び労働組合が，憲章の規定の適用が不十分であると主張する申立を提出すること
を認める）を設置する追加議定書が採択され1998年に発効した。また，実体規
定についても，1996年には新たに**改正ヨーロッパ社会憲章**が採択され，1961年
憲章に比べて大幅な拡充がなされた（2016年3月時点で，1961年憲章しか批准し
ていない国が9カ国，改正憲章を批准している国が34カ国である）。改正憲章は第
Ⅰ部で，「締約国は，以下の権利及び原則が実効的に実現されうる状況の達成
を，……あらゆる適切な手段によって追求されるべき政策目的として受諾する」
として，労働者の諸権利のほか，職業教育，社会・医療扶助，貧困及び社会的
疎外からの保護，居住等に対する権利，適切な社会的，法的及び経済的保護を
受ける子どもの権利等に関する計31の原則及び権利の規定をおく。第Ⅱ部では，
1条から31条で，第Ⅰ部の規定に対応する内容の権利の実体規定をおき，締約
国は第Ⅲ部A条の定めに従って，そのうち一定数以上の規定を受諾すること
としている（締約国は，第Ⅱ部の1条，5条，6条，7条，12条，13条，16条，19
条，20条の9カ条のうち，少なくとも6カ条を受諾する必要があり，この9か条が憲
章のいわゆる中核的な（hard core）規定とみなされている。現行の制度では，ヨーロッ
パ社会権委員会に対する締約国の報告は，これらの中核規定とその他の規定とに分

◆第1部◆ 総 論

けて，隔年ごとに提出することとされている）。ヨーロッパ社会権委員会による各国の報告審査の概要と委員会の「結論（Conclusions）」は，本書の最初に紹介したヨーロッパ審議会のウェブサイトで参照できる。また，集団的申立制度では，1998年から2015年までの間に委員会は本案に関して89の決定を出している。本書でもそのうちいくつかの決定について検討する。

米州では，**米州機構**（Organization of American States, OAS）によって，1948年の**米州人権宣言**及び1969年の**米州人権条約**（Inter-American Convention on Human Rights）（1978年発効）を初めとする地域的な人権規範の設定及びその履行監視が図られてきた。米州人権条約は，第2章（3条から25条まで）において一連の市民的及び政治的権利を規定し，1条で，締約国はここに承認された権利及び自由を尊重し並びに，いかなる差別もなく，「その管轄の下にあるすべての人に対して」これらの権利及び自由の自由かつ完全な行使を確保することを約束する，と定める。条約の国際的履行監視の機関としては，米州人権委員会のほか米州人権裁判所が設置されている。このうち**米州人権委員会**（Inter-American Commission on Human Rights）は，米州人権条約の国際的実施機関であると同時に，米州機構の下で1959年に設置され独自の根拠法（米州機構憲章及び委員会規程）をもつ機関であり，米州人権条約の非締約国（例えば米国やカナダ）に対する関係でも，米州機構の加盟国である限り，米州人権宣言の遵守に関して種々の活動（人権侵害に関する個人請願の受理と報告書の作成・公表，OAS加盟国の一般的な人権状況の監視及び特定国に関する報告書の公刊，一般的な人権状況又は特定の事態に関する現地調査等）を行っている。米州人権委員会は，個人資格で任務を遂行する7名の専門家で構成される。委員会の米州人権条約上の任務及び権限も広範であり，人権意識の発展，研究・報告の準備，締約国への勧告等のほか，44条に基づく個人等の請願及び，45条の選択条項を受諾した国が提出する国家通報の受理・検討が含まれる。米州人権条約44条は，「いかなる個人又は個人の集団も，もしくは一又はそれ以上の米州機構の加盟国において法的に承認されたいかなる非政府団体も，締約国によるこの条約の違反の告発又は申立を含む請願（petitions）を委員会に提出することができる」と定め，**個人又は個人の集団のみならず一定の「非政府団体（non-governmental entities）」も請願を提出できることとしている点で**，一種の民衆訴訟（*actio popularis*）を認めたものとなっている。個人やこれらの団体等からの請願，及び国家通報を受理した場合には，委員会は，人権侵害の主張がなされた対象国から情報を求めて請願・通

50

報を検討した後，「この条約が認める人権の尊重を基礎とする友好的な解決」のために委員会を関係当事者の利用に供する（48条）。友好的解決が達成されなかった場合には，当該事案は，当事国が米州人権裁判所の管轄権を受け入れていれば，委員会又は当事国によって同裁判所に付託されうる。

米州では特に1970年代後半から80年代にかけ，軍事独裁政権による強制失踪，拷問，殺害といった深刻かつ大規模な人権侵害が相次ぎ，人権状況が劣悪であったことから，対象国の人権状況の調査及びそれに基づく国別報告書（country report）の作成と公表は委員会の活動の重要な部分を占めてきた。委員会は，加盟国における人権侵害について，多数の個人請願を受理するなどして情報を得た場合に，自らの判断で国別報告書の作成を決定し，当事国の同意を得て行われる現地調査の結果をも含めて報告書を作成しており，今日まで数十にわたる国別報告書（国によっては数次）を発刊している[39]。

米州人権裁判所（Inter-American Court of Human Rights）の方は，米州人権条約に基づき1979年によって設置された機関であり（コスタリカのサンホセに所在），同条約の締約国が提案した候補者の中から米州機構総会において選出される7名の裁判官で構成される。同裁判所は米州人権条約の解釈・適用に関して裁判所に付託されたすべての事件に対して管轄権を有するが，裁判所に事件を付託できるのは，締約国と米州人権委員会に限られている。米州人権裁判所の判決には，同裁判所の最初の判決であり強制失踪の事案を審理した1988年のヴェラスケス・ロドリゲス事件（第5章・第6章で後述）のように，人権条約の解釈をめぐり国際人権法の発展に大きく貢献したものも多い。米州人権裁判所はまた，条約の解釈について締約国から意見を求められた場合に勧告的意見を出すことができ，これまで20件ほどの勧告的意見において米州人権条約に関する法解釈が示されている。米州機構の下ではまた，「経済的，社会的及び文化的権利の分野における米州人権条約に対する追加議定書」（**サン・サルバドル議定書**）が1988年に採択されて1999年に発効しているが，この議定書では，国内実施に関する米州機構への報告制度が採用されているほか，労働組合権（8条(a)）及び教育に対する権利（13条）については，それらの権利が「締約国に直接帰属する行為により侵害される」いかなる場合にも，米州人権委員会に対する（ま

---

[39] 詳細は http://www.oas.org/en/iachr/reports/country.asp。子どもの権利，女性の権利，表現の自由など，テーマ別の詳細な研究報告も数多く発刊している（http://www.oas.org/en/iachr/reports/thematic.asp）。

◆ 第1部 ◆ 総 論

た，米州人権委員会を通して米州人権裁判所にも事案が付託されうる）個人請願の
手続が適用されることとなっている。

　アフリカでは，1981年に**アフリカ統一機構**（Organization of African Unity, OAU；
その後2000年に，**アフリカ連合**（African Union, AU）に改組された）によって「**人
及び人民の権利に関するアフリカ憲章**」（その最終草案が作られたガンビアの首
都の名前にちなんで**バンジュール憲章**とも呼ばれる）が採択され，1986年に発効
した。バンジュール憲章は，AU のすべての加盟国53カ国が批准ないし加入し
ている，アフリカにおける最も基本的な人権文書である。バンジュール憲章は，
その名称の通り，個人の人権のみならず「人民」の諸権利をも規定していると
ころに，他のいずれの人権条約にもみられない大きな特徴があり，人民の平等，
自決権，富と天然資源に対する権利，発展の権利，平和と安全に対する権利，
環境に対する権利といった一連の集団的権利を含む諸権利を規定している。

　バンジュール憲章に基づき，国際的実施機関として「人及び人民の権利に関
する**アフリカ委員会**」（**アフリカ人権委員会**（African Commission on Human Rights））
が設置されている。委員会の任務は，人権分野におけるアフリカの諸問題につ
いての情報収集，調査・研究等の人権促進活動，締約国の定期報告書の検討の
ほか，個人や団体，国家からの通報の審査が含まれる。委員会の活動は，通報
事案において経済的及び社会的権利に関して重要な法解釈を行ったものとして
本書でも紹介する「社会的及び経済的権利活動センター並びに経済的及び社会
的権利センター対ナイジェリア」事件のように，注目すべきものも少なくない。
また，1998年に採択され2004年に発効した議定書に基づいて，人及び人民の権
利に関する**アフリカ裁判所**（**アフリカ人権裁判所**（African Court of Human Rights））
が設置されることとなり，2006年にエチオピアのアジスアベバで活動を開始し
た後，タンザニアのアルーシャに居を移し今日に至っている。同議定書及び裁
判所規則に基づき，裁判所に事案を提訴できるのは，アフリカ人権委員会，同
委員会の扱った事案の申立国もしくは被申立国，人権侵害の被害者の本国であ
る締約国，アフリカの政府間組織，議定書34条6項にいう個人もしくはNGO，
並びに，規則53項に基づき，提訴された事案に参加する利益を有する締約国で
ある。裁判所は2009年に最初の判決を下して以降，今日までいくつかの判決及
び決定を下している。

　アジアには残念ながら未だ地域的な人権条約体制は存在しないが，1993年の
ウィーン世界人権会議の後，東南アジア諸国連合（Association of South-East Asian

52

Nations, ASEAN）諸国の外務大臣が同年の共同コミュニケにおいて，ASEANにおいても地域的な人権メカニズムの設置を検討すべきことに合意して以来，ASEANの人権機構についての検討が続けられてきた。創設40周年となる2007年には，ASEANの法的・制度的枠組みを定めるASEAN憲章が採択されているが，この憲章はASEANの目的の1つに人権の促進及び保護を含めた上で（1条），この目的に沿い，ASEAN人権機構を設置することを規定している（14条）[40]。これに基づき，2009年のASEAN閣僚会合において「**アセアン政府間人権委員会**（ASEAN Intergovernmental Commission on Human Rights）」の設置が決定されている。その委託事項文書（Terms of Reference）[41]によると，この委員会はアセアン加盟国の政府代表で構成される諮問機関であって，ASEAN人権宣言の発展，教育や研究を通じての人権意識の向上促進，人権条約の下でASEAN諸国が負っている義務の効果的な実施のための能力構築の促進，人権に関する助言サービスの提供等を任務とする（4条）。人権侵害に関する通報を受理し検討する権限は与えられておらず，また，原則に関する2条では，ASEANの諸原則に沿い，「加盟国の独立，主権，平等，領土保全及び国家アイデンティティの尊重」，加盟国の国内問題への不干渉，「すべての人権及び基本的自由の普遍性，相互依存性及び相互関連性を含む人権原則の尊重，並びに不偏不党性，客観性，非選別性，無差別，二重基準・政治化の回避」，人権の促進及び保護における「建設的かつ非対立的な（non-confrontational）アプローチ」等が挙げられている。これをみると，同委員会の任務は政府間国際組織としてのASEANの原則内での非常に抑制的なものとされており，その活動の性格はもっぱら人権促進的（promotional）なものであるといえる。しかしそのことはもちろん，そのような促進的活動が重要でないということを意味しない。アセアン政府間委員会は例えば，国連のUNウィメン[42]等とも協力して，人権の実務や教育にあたる人々のトレーニングのためのプログラムを実施したり[43]，ビジネスと人権に関するワークショップを開催したり[44]等，地域における人権意識の向上や人権教育の強化に向けた有意義な活動を行っている。また，この委員会が市民

---

[40]　http://www.asean.org/archive/publications/ASEAN-Charter.pdf.

[41]　http://aichr.org/documents/.

[42]　UN Women；正式名称はジェンダー平等及び女性のエンパワーメントのための国連機関（the United Nations Entity for Gender Equality and the Empowerment of Women）。女性の権利にかかわる国連の諸機関を統合して2010年に発足した。

[43]　http://aichr.org/activities/aichr-advanced-training-program-on-human-rights-training-of-the-trainers.

◆ 第1部 ◆ 総 論

社会や専門家を含む協議を経て作成した草案を基に，ASEAN では2012年12月に「アセアン人権宣言（ASEAN Human Rights Declaration）」が採択されているが，この宣言は一連の市民的，政治的，経済的，社会的及び文化的権利に加えて発展の権利や平和に対する権利をも含み，ASEAN 諸国が受け入れている人権基準を示すものとして注目される[45]。

---

(44) http://aichr.org/activities/regional-workshop-and-consultation-on-business-and-human-rights- in-asean/#more-883.

(45) http://www.asean.org/news/asean-statement-communiques/item/asean-human-rights-declaration.

◆ 第2章 ◆ 　人権条約と日本法

Ⅰ 日本における条約の国内的効力と序列

◆ 1 　日本における条約の国内的効力

　国際法上，条約の締約国は，条約を誠実に遵守する義務を負うが，それを国内の法秩序において具体的にどのように行うかは，各国に委ねられている。これは，各国の憲法体制がそれぞれ異なり，国際法上の義務を国内的に履行する体制も大きく異なるからである。

　条約の国内への受容に関する憲法体制には，**①自動的（一般的）受容**，**②承認法による受容**，**③個別的受容**がある。①と②をまとめて「受容」体制，③を，国内法に形を変えなければ実施できないという意味で「変型」体制，ないし二元的体制と呼ぶこともある。①の方式をとるのは米国や日本であり，条約は批准ないし加入後，公布されれば，特にそれ以上の国内的措置の必要なく国内的効力を得る。日本では，**憲法98条2項の国際法遵守義務の規定「日本国が締結した条約及び確立された国際法規は，これを誠実に遵守することを必要とする」**により，批准・加入した条約は，公布をもって，それ以上の特段の国内的措置なくそのまま国内で法としての効力をもつということが，政府の立場であり学説，判例でも広く認められた立場である。②は，条約が国内的効力をもつためには立法府の同意を要するものとし，立法府の同意を法律（条約同意法律）の制定によって示す方式であり，ドイツやイタリア等のヨーロッパ大陸諸国の多くが採用している方式である（なお，その場合，例えばドイツでは，条約それ自体が行政機関や裁判所によって適用されうるのか，直接には条約同一法律が適用されることになるのかについては見解の相違があるようであるが，いずれの見解に立つにせよ，立法が法律の形で同意を与える以上，条約は国内法秩序において通常の連邦法律と同位の序列に立つ点で一致している）。③は，条約は批准ないし加入に

55

◆ 第1部 ◆ 　総　論

よって国に国際法上の義務を生じても，国内的には当然には効力を持たず，国内において条約義務を実施するためには個別に議会制定法による必要があるとするもので，議会主権の伝統が強いイギリスはじめカナダ，オーストラリア，ニュージーランド等のコモンウェルス諸国，及び北欧諸国がこの方式を取っている。法律には「〜条約実施のための法律」という名称が付される場合もあるし，法律の中で，条約の条文を引用し，それに国内的効力を与える旨規定する場合もある。イギリスで，ヨーロッパ人権条約の実効的な国内実施のために制定された1998年人権法（Human Rights Act 1998）は後者の例である。ニュージーランドでは，1990年，自由権規約の国内実施のために権利章典法（New Zealand Bill of Rights Act 1990）が制定されたが，この法律は正式名称を「ニュージーランドにおいて人権及び基本的自由を確認，保護及び促進するため並びに市民的及び政治的権利に関する国際規約に対するニュージーランドのコミットメントを確認するための法」といい，同規約上の権利を下敷きとした内容になっていて，前者のパターンに近い。

　なお，③の体制の国では，条約自体には国内的効力がないことから，後述するような裁判所による条約の「直接適用」という問題も生じない。他方で，これらの国では，人権保障に関して，上にふれたように人権条約の内容を実質的に国内法に引き写した法律が制定され，かつその中で，条約適合的な解釈についての解釈原則の定めがおかれることが多いことから，法律の解釈・適用にあたっては条約の規範内容を考慮し条約の要請に反しないようにするという**国際法遵守推定の原則**が一般化していることには留意する必要がある。加えて，いずれの国もヨーロッパ人権条約や自由権規約第一選択議定書等に基づく何らかの個人通報制度に参加しており，国内救済を尽くした事案が個人通報制度によって条約機関に持ち込まれる現実的可能性があることから，国内裁判所が，人権条約機関による条約解釈を参照しそれに適合的な解釈を試みるという実践もみられる（後述）。

　ところで，日本のように自動的受容体制をとる国でも，場合により，人権条約の批准又は加入により，国内法令の改廃又は制定が必要となることは少なくない。立法措置が必要となる場合を大別すれば，1つは，**既存の国内法令が条約の規定に明らかに抵触し（積極的抵触）に，条約の批准・加入に際して法令を改廃する必要が生じる場合**である。もう1つは，**条約の規定を実施するための国内法が存在しない場合（消極的抵触）**であり，条約で締約国が一定の行為

を自国で処罰ないし規制することとされているのに対し，その根拠となる法規定が国内法に存在しないときに，罪刑法定主義の観点から関連の刑事法規を整備する必要があるのがその典型的な例である。また，刑事処罰の場合でなくとも，条約上，権利を法律によって保護する，ないし一定の事柄を法律により規制することが求められているのに対し，そのための国内法令が存在しない場合には，新たに立法措置を取る必要が生じる。さらに，条約を批准・加入した以上，締約国は，条約の批准・加入時はもちろん，条約の批准・加入後も引き続き，条約違反が生じないように国内法令を是正するための立法措置を取る義務を負う。加えて，多くの人権条約は，条約上の権利を侵害された個人に対して，司法的な救済手段を含む効果的な救済を確保すべきことを規定している。日本のように条約が国内的効力を有する国においては，人権条約の規範は，国家機関たる司法機関にとっても有効な法規範となり，司法機関は，権利救済に関する条約の規定に従い，条約上の権利侵害に対する効果的な救済を与えることが要求される。裁判所は，人権条約の規定の違反の主張が争点とされている場合にはこれを精査し，違反がある場合には，適切な救済手段を確保する責務がある（人権条約の批准・加入に伴う国内法整備及び未整備の例，及び裁判所における人権条約の適用のあり方については，第9章で詳述する）。

◆ 2 日本の国内法秩序における条約の序列
—— 法律への優越

(1) 総 論

　日本が批准ないし加入した条約は国内的効力をもつとして，**国内法秩序における条約の序列は，憲法98条2項によって，少なくとも法律に優位する**というのが，政府見解・通説・判例である。従って例えば，裁判で，ある法律が条約の規定に反すると裁判所が判断した場合には，条約が優先し，その法律の適用は退けられることになる。

　人権条約の規範は，日本の国内法秩序において，出入国管理及び難民認定法（入管法）を含む法律に優位するということは，今日の日本における人権保障を語る前提としてきわめて重要である。換言すれば，マクリーン事件最高裁判決の論理がもたらす誤解，すなわち，日本における**外国人の人権保障は，在留資格があることが前提であるかのような理解は，正しくない**ということである。

　英語教師として1年間日本に在留し，在留期間の更新を申請したところ不許

◆第1部◆　総　論

可とされたアメリカ人マクリーンが処分の取消を求めたこの事件では，原告が
在留期間中にベトナム反戦等の政治活動に関わった事実が不許可の理由とされ
ていたことから，憲法が保障する表現の自由等の人権が外国人にも保障される
か，また，保障されるとすればその権利保障と在留期間更新許可との関係はい
かなるものかが争点となった。最高裁は，憲法上，外国人は日本に入国する自
由はもちろん，在留の権利ないし引き続き在留することを要求できる権利を保
障されているものではないことを前提に，在留許可更新に関する法務大臣の裁
量権行使に対する司法審査においては，「その判断の基礎とされた重要な事実
に誤認があること等により右判断が全く事実の基礎を欠くかどうか，又は事実
に対する評価が明白に合理性を欠くこと等により右判断が社会通念に照らし著
しく妥当性を欠くことが明らかであるかどうかについて審理し，それが認めら
れる場合に限り」裁量権の逸脱又は濫用として違法を認定しうるとした（以下
これを「マクリーン基準」という）。そして，憲法上の基本的人権の保障は，権
利の性質上日本国民のみを対象としていると解されるものを除き，在留外国人
にも等しく及ぶとし，政治活動の自由についても原則としてその保障が及ぶと
しつつも，そのような基本的人権の保障は，憲法上日本に在留する権利ないし
引き続き在留を要求できる権利を保障されているわけではないという「外国人
在留制度のわく内」で与えられているにすぎないものと判示した。

> ● *CASE* ● 在留期間更新不許可処分取消請求上告事件［マクリーン事件］最大判1978
> 　　　　（昭和53）年[46]10月4日民集32巻7号1223頁
> 「憲法第3章の諸規定による基本的人権の保障は，権利の性質上日本国民のみをその対
> 象としていると解されるものを除き，わが国に在留する外国人に対しても等しく及ぶも
> のと解すべきであり，政治活動の自由についても，わが国の政治的意思決定又はその実
> 施に影響を及ぼす活動等外国人の地位にかんがみこれを認めることが相当でないと解さ
> れるものを除き，その保障が及ぶものと解するのが，相当である。しかしながら，……
> 外国人の在留の許否は国の裁量に委ねられ，わが国に在留する外国人は，憲法上わが国
> に在留する権利ないし引き続き在留することを要求することができる権利を保障されて
> いるものではなく，ただ，出入国管理令上法務大臣がその裁量により更新を適当と認め
> るに足りる相当の理由があると判断する場合に限り在留期間の更新を受けることができ
> る地位を与えられているにすぎないものであり，したがって，外国人に対する憲法の基
> 本的人権の保障は，右のような外国人在留制度の枠内で与えられているに過ぎないもの
> と解するのが相当であって，在留の許否を決する国の裁量を拘束するまでの保障，すな
> わち，在留期間中の憲法の基本的人権の保障を受ける行為を在留期間の更新の際に消極
> 的な事情としてしんしゃくされないことまでの保障が与えられているものと解すること

第2章　人権条約と日本法

> はできない。」

　日本における外国人の人権をめぐるリーディング・ケースとされるこのマクリーン事件最高裁判決は，日本国憲法上の基本的人権の保障は，権利の性質上日本国民にのみ保障されるものを除き原則として外国人にも等しく及ぶとし，外国人の人権享有主体性について明確に「性質説」の立場を取った点では肯定的に評価された。しかし他方で，〰〰〰部分においては，外国人に対する憲法上の人権保障をあくまで在留制度の枠内のものとし，認められた人権（本件の場合，表現の自由）を行使した結果それが在留期間更新の際に消極要素として考慮されることを是認した点で，人権の実質的な保障という観点から憲法学説上も批判を受けてきた。

　マクリーン事件最高裁判決は1978年に出されたものであったが，国際人権法の観点からみれば，とりわけ，本判決の翌年の1979年に日本が2つの国際人権規約を批准し，同年9月に日本について発効していることが重要である。中でも自由権規約は，外国籍の者や無国籍の者を含め，締約国の「管轄下にあるすべての個人」の人権を「尊重し及び確保する」義務を明記している。こうして日本は，1979年9月以降，「管轄下にあるすべての人」に対し，自由権規約上の人権（表現の自由に関する19条を含む）を確保する義務を負っているのであり，日本の「管轄下」にある限り，在留資格のない外国人や無国籍の者もその対象となる。従って，外国人の人権保障をもっぱら「憲法上」の人権の問題，かつあくまで日本国の外国人在留制度の枠内で認められるものとしたマクリーン判決の枠組みは，根本的な変更を余儀なくされたとみなければならない。また，1981年には日本は難民条約にも加入し，同条約は翌1982年1月に日本について発効しており，入管法自体も，「出入国管理及び難民認定法」とし難民認定手続を含む形で大きく改正された。日本の国内法秩序において，条約は法律より上位の効力を有し，一法律である入管法も当然に条約の下位におかれるものであるから，入管法の規定が国際人権規約や難民条約を含む人権条約に抵触する場合にはその効力を否定されなければならないし，また入管法の解釈・適

⑷6　日本における判決の年次の公式の表記は元号であるが，元号表記には，国際比較が容易でないという難点があり，元号のみを使用することは，ひいては，国際社会の動向や潮流に疎くなるという効果をもたらす面もあると考えられる。よって本書では，判決の年次表記においては，国際的に広く用いられている西暦を用い，元号を併記した。

◆第1部◆　総　論

用はこれらの条約の規範と両立するようになされなければならない。これ以降
に日本が批准ないし加入し締約国となった子どもの権利条約等の関連の人権条
約についても同様である。泉徳治・元最高裁判事も，マクリーン判決の枠組み
を再考すべきことについて，「①出入国管理関係処分に関する裁量の審査につ
いても，裁量権統制の諸法理を踏まえた個別審査をおろそかにしてはならず，
②個別審査の際に，［マクリーン］基準が掲げる『事実に対する評価が明白に合
理性を欠くかどうか』，『社会通念に照らし著しく妥当性を欠くことが明らかで
あるかどうか』の評価をするに当たり，憲法や条約等の趣旨を判断基準として
取り入れることを忘れるべきではなく，③マクリーン判決後に発効した難民の
地位に関する条約，市民的及び政治的権利に関する国際規約，児童の権利に関
する条約等により，マクリーン基準の中身が今日では実質的に変容しているこ
とに留意すべきである」[47]と述べているところである。

　入管法に関して，これまでの経緯を含めて問題点を挙げれば，まず，2004年
の法改正までは，同法上，難民認定申請中の者も，有効な在留資格がなければ，
退去強制事由のある者一般と同じく一律に退去強制手続に付されていたことが
想起される。すなわち，収容令書によって収容され，退去強制令書が出されれ
ば，送還可能な時までさらに収容された上で原則として本国に送還されていた
のである。しかし，難民申請をした者が難民条約1条にいう「難民」にあたる
かどうかの認定は各締約国によって行われるとはいえ，難民条約の趣旨からす
れば，条約上の難民にあたる可能性のある者について，難民認定手続と関係な
く一律に退去強制手続が進行することは，本来許されない事態というべきで
あった。難民条約は31条で，難民の不法入国又は不法滞在の場合の扱い，及び
移動の自由の制限に関して次のように定めているからである。

■ 難民条約

31条1項　締約国は，その生命又は自由が第
1条の意味において脅威にさらされていた
領域から直接来た難民であって許可なく当
該締約国の領域内にいる者に対し，不法に
入国し又は不法にいることを理由として刑
罰を科してはならない。但し，当該難民が
遅滞なく当局に出頭し，かつ，不法に入国
し又は不法にいることの相当な理由を示す
ことを条件とする。

同2項　締約国は，1の規定に該当する難民
の移動に関し，必要な制限以外の制限を課
してはならず，また，この制限は，当該難
民の当該締約国における滞在が合法的なも
のとなるまでの間又は当該難民が他の国へ
の入国許可を得るまでの間に限って課すこ
とができる。締約国は，1の規定に該当す
る難民に対し，他の国への入国許可を得る
ために妥当と認められる期間の猶予及びこ
のために必要なすべての便宜を与える。

---

(47)　泉徳治「マクリーン事件最高裁判決の枠組みの再考」自由と正義62巻2号（2011年）19〜20頁。

◆ 第2章　人権条約と日本法

　この31条1項・2項は，条約1条にいう「難民」にあたる人の扱いについて規定しており，1条をふまえて各国で設けられている難民認定手続においてまだ正式に難民と認められていない段階であっても，事実上1条にいう「難民」にあたる人に適用されるとみなければ意味のない規定である。そもそも，法務大臣が難民認定を行うことができるとした入管法の規定は，難民条約を受け，日本における難民の認定を行う機関として法務大臣を指定したにすぎないものであって，国の安全や利益等を勘案して難民と認めるか認めないかの自由裁量の権限を法務大臣に与えているわけではない[48]。そして，難民条約にもこの31条のように，締約国で難民認定をすでに受けたかどうかによらず，事実上1条の難民に該当する人の権利の保護に関する規定が存在する。難民の受入れの責任を各国で分担するという**難民条約の趣旨**と，それを受けた**難民認定手続の存在及びその法的性格**に照らせば，**退去強制手続も，難民認定手続と整合性あるものにする必要があった。加えて，収容令書・退去強制令書による収容について，難民に該当する可能性のある者については，難民条約31条の観点からその必要性を検討するべきであった。**2004年の法改正が実現する前に，そのことを指摘した裁判例が下記の東京地裁決定である。

● ***CASE*** ●「アフガニスタン難民収容令書執行停止請求事件」東京地決2001（平成13）年
　　　　　11月6日訟務月報48巻9号2298頁

「難民条約は31条2項において，締約国は1項の規定に該当する難民（その生命又は自由が脅威にさらされていた領域から直接来た難民であって許可なく当該締約国の領域に入国し又は許可なく当該締約国の領域内にいる者）の移動に対し必要な制限以外の制限を課してはならない旨規定するところ，難民条約が国内法的効力を有することにかんがみれば，主任審査官が退去強制手続の前提となる収容令書の発付を行うに際しては，［入管］法39条所定の要件に加え，対象者が難民に該当する可能性を検討し，その可能性がある場合においては，同人が難民に該当する蓋然性の程度や同人に対し移動の制限を加えることが難民条約31条2項に照らし必要なものといえるか否かを検討する必要があると解すべきである」。

「難民条約31条においては，難民が正規の手続・方法で入国することが困難である場合が多いことにかんがみ，対象者が不法入国や不法滞在であることを前提としてなお，刑罰及び移動の制限を原則として禁じているのであるから，難民に該当する可能性があるものについて，不法入国や不法滞在に該当すると疑うに足りる相当な理由があることのみをもって，収容令書を発付し，収容を行うことは，難民条約31条2項に違反するといわざるを得ない。」

---

[48]　山田鐐一・黒木忠正『よくわかる入管法』（有斐閣，2006年）172頁。

◆ 第1部 ◆ 総 論

本件の控訴審で東京高裁は，原決定のうち収容令書の執行停止については，特別の損害の発生を避けるため緊急の必要があるとはいえないとしてこれを取消した[49]。しかし，上記の東京地裁決定が指摘した問題点はその後，2004年の入管法改正によって制度的に改善されることとなった。本改正により，在留資格未取得外国人から難民認定申請があったときは，その者の法的地位の安定を図るため，一定の要件（本邦に上陸した日又は，本邦にあって難民となる事由が生じた者についてはその事実を知った日から6カ月以内に難民認定申請を行ったとき，又は難民条約上の迫害を受ける恐れのあった領域から直接本邦に入ったときなど）を満たす場合に，**仮滞在許可**を与える制度が新設されたのである（61条の2の4）。仮滞在許可を与えられると，仮滞在期間中は退去強制手続が停止する。この法改正時にはまた，難民不認定に対する異議の審査における**難民審査参与員**制度が導入された。ただ，現実には仮滞在許可が下りる率は概ね1割以下と低く，大部分の人は従来と同様に収容されて，仮放免許可が与えられない限り長期に及ぶ収容（特に，退去強制令書が発付された場合に，入管法上，送還可能な時までの事実上無期限の収容）がなされる事態となっているのが現状である。このため，2007年に行われた拷問禁止委員会による第1回の日本政府報告審査後，委員会は総括所見で次のような懸念を述べている。

■ **拷問禁止委員会第1回日本政府報告書審査「総括所見」（2007年）**

14. 委員会は，締約国の国内法及び運用において，一部の条項が条約3条に適合していないことを懸念し，特に次の諸事項について懸念を有する。

(h) 2006年の出入国管理及び難民認定法改正において設けられた仮滞在許可制度が厳格であって限定的な効果しかないこと。締約国は，移民の収容及び退去強制に関するすべての措置及び運用が，条約3条に十分に適合することを確保すべきである。……締約国は，難民申請及び退去強制手続における適正手続を確保すべきである。また，入管収容施設における取扱いに関する不服申立を二次的に審査する独立機関を，遅滞なく設置すべきである。締約国は，退去強制を待つまでの収容期間に上限を設けるべきであり，特に弱い立場にある人々についてはそうすべきである。また，退去強制令書発付後における収容の必要性に関する情報を公開すべきである。

(2) 退去強制とノン・ルフールマン（non-refoulement）原則

難民条約上，締約国は，難民を，人種，宗教，国籍もしくは特定の社会的集団の構成員であること又は政治的意見のためにその生命又は自由が脅威にさら

---

[49] 2001（平成13）年12月18日訟務月報48巻9号2310頁。

第2章　人権条約と日本法

される恐れのある領域の国境へ追放し又は送還してはならない（33条1項──**難民条約上のノン・ルフールマン規定**。但し，同2項は，当該締約国の安全にとって危険と認めるに足りる相当な理由がある者又は特に重大な犯罪について有罪の判決が確定し当該締約国社会にとって危険な存在となった者は，1項の利益の享受を要求できないと規定する）。また，拷問等禁止条約上，締約国はいずれの者をも，その者に対する拷問が行われる恐れがあると信ずるに足りる実質的な根拠がある他の国へ追放し，送還し又は引渡してはならない（3条1項。**拷問等禁止条約上のノン・ルフールマン規定**）。これは，人種，宗教等の理由にかかわらず，拷問が行われる恐れがあると信ずるに足りる実質的な根拠がある国への追放・送還・引渡を禁じたものである。また，**拷問等禁止条約3条1項には，難民条約33条2項のような例外規定は付されていないから**，重大な犯罪について有罪判決が確定した者等も含めて，1項にいう他国へ追放・送還・引渡をしてはならないという義務は絶対的なものとなっている。

■ **難民条約**
33条1項　締約国は，難民を，いかなる方法によっても，人種，宗教，国籍もしくは特定の社会的集団の構成員であること又は政治的意見のためにその生命又は自由が脅威にさらされる恐れのある領域の国境へ追放し又は送還してはならない。
同2項　締約国にいる難民であって，当該締約国の安全にとって危険であると認めるに足りる相当な理由があるもの又は特に重大な犯罪について有罪の判決が確定し当該締約国社会にとって危険な存在となったものは，1の規定による利益の享受を要求することができない。

■ **拷問等禁止条約**
3条1項　締約国は，いずれの者をも，その者に対する拷問が行われるおそれがあると信ずるに足りる実質的な根拠がある他の国へ追放し，送還し又は引渡してはならない。
同2項　権限のある当局は，1の根拠の有無を決定するにあたり，すべての関連する事情（該当する場合には，関係する国における一貫した形態の重大な，明らかな又は大規模な人権侵害の存在を含む。）を考慮する。

入管法では，退去強制の際の送還先に関する53条3項の規定上，「前2項［53条1項・2項］の国には，次に掲げる国を含まないものとする。」「難民条約第33条第1項に規定する領域の属する国（法務大臣が日本国の利益又は公安を著しく害すると認める場合を除く。）」との規定はあったが，拷問等禁止条約上のノンルフールマン規定にあたるものについては，2009年の法改正時まで明文規定はなかった。次にみるのは，法改正前の時点で，拷問等禁止条約3条1項の趣旨から退去強制裁決を違法とし取り消した裁判例である。

63

◆ 第 1 部 ◆ 総 論

● **CASE** ● 「難民不認定処分等取消，退去強制命令書発付取消等請求控訴事件」大阪
高判2005（平成17）年 6 月15日判時1928号29頁

「……［入管法49条 5 項に基づく退去強制令書による送還先は］原則としてその者の国
籍又は市民権を有する国とされており（法53条 1 項），本件退令処分でも送還先はミャ
ンマーとなっている。確かに，前提事実によれば，控訴人について法24条 1 項（不法入
国）に該当することを前提になされた本件退去強制裁決には違法な点は認められないと
も考えられる。しかしながら，本件退去強制裁決当時，控訴人は難民に該当していた…
…にもかかわらず，同裁決は難民ではないとの判断を前提になされたものというべきで
あるから，同裁決は，その判断の基礎について重大な事実の誤認があったものといわざ
るを得ない。

　また，法50条 1 項には，被控訴人法務大臣は法49条 3 項の裁決にあたり，当該容疑者
の異議の申出が理由がないと認める場合でも，一定の場合にはその者の在留を特別に許
可することができる旨定めているところ，<u>本件のような『政治的意見を理由に迫害を受
けるおそれ』</u>がある難民の場合に，<u>在留特別許可を認めず，本国への送還を原則とする
退去強制令書の発付の前提となる本件退去強制裁決を行うことは，拷問等禁止条約 3 条
（ノンフールマン原則）等の趣旨からも，裁量権の逸脱ないし濫用に該当し，違法と
いわざるを得ない。</u>以上のとおり，本件退去強制裁決は違法であり，取消しを免れない。」

■ **拷問禁止委員会第 1 回日本政府報告書審査
「総括所見」**（2007年）

　14. 委員会は，締約国の国内法及び運用に
おいて，一部の条項が条約 3 条に適合してい
ないことを懸念し，特に次の諸事項について
懸念を有する。

　　(a) 2006年に改正された出入国管理及び難
　　　民認定法が，拷問の危険のある国への退
　　　去強制を明示的に禁止していないこと，
　　　また，再審査を行う当局が，条約 3 条の
　　　適用について制度的に調査するように
　　　なっていないこと。……締約国は，移民
　　　の収容及び退去強制に関するすべての措
　　　置及び運用が，条約 3 条に十分に適合す
　　　ることを確保すべきである。特に締約国

は，退去強制された場合，拷問を受ける
危険にさらされると信ずる十分な根拠が
ある国々への退去強制を明確に禁止……
すべきである。……

■ **自由権規約委員会第 5 回日本政府報告書審
査「総括所見」**（2008年）

　25. 委員会は，2006年改正出入国管理及び
難民認定法が拷問の危険がある国への難民申
請者の送還を明文で禁止していないこと……
に，懸念をもって留意する。締約国は，拷問
その他の虐待の危険がある国への難民申請者
の送還を明文で禁止するため，出入国管理及
び難民認定法を改正することを検討……すべ
きである。

　このような人権条約機関の勧告を背景とし，2009年の改正入管法では，53条
3 項に「 2 　拷問及び他の残虐な，非人道的な又は品位を傷つける取扱い又は
刑罰に関する条約第 3 条第 1 項に規定する国」，「 3 　強制失踪からのすべての
者の保護に関する国際条約第16条第 1 項に規定する国」が加えられ[50]，退去強
制手続における拷問等禁止条約上のノン・ルフールマン規定の遵守が明文で規

---

(50)　2009年 7 月15日の公布日より即日施行， 3 については強制失踪条約発効次第施行。

定されるに至った。この53条3項2号は、ノン・ルフールマン原則の例外に関する難民条約と拷問等禁止条約の規定の上述のような差異に対応して、1号に規定する難民条約33条実施の場合と異なり、日本国の利益又は公安を害すると法務大臣が認める場合の例外を規定していないことが留意される。

(3) 退去強制・在留特別許可と家族生活の保護

　慣習国際法上、人がその国籍国でない国に入国し在留する権利自体は未だ認められておらず、入国や在留は、当該国の法律に従い入国査証（ビザ）を受け一定期間の在留を許可されることにより行われている。他方で、**国際人権法上、家族は社会の基本的な単位として社会と国による保護を受けることが認められている**（自由権規約23条1項「家族は、社会の自然かつ基礎的な単位であり、社会及び国による保護を受ける権利を有する」）ほか、子どもの権利に関する一般原則として、子どもの権利条約3条1項は「**子どもに関するすべての措置を取るにあたっては、公的もしくは私的な社会福祉施設、裁判所、行政当局又は立法機関のいずれによって行われるものであっても、子どもの最善の利益が主として考慮されるものとする**」と定めている。よって、外国籍の者が不法在留や不法残留（オーバーステイ）等により入管法上退去強制対象となる場合でも、入管当局は、人権条約で保障されている家族生活の保護を受ける権利及び子どもの権利に配慮し、退去強制手続に付すことが当該外国人の家族の保護、及び子どもがいる場合には子どもの利益に対して与える影響を考慮する必要がある。また、入管法上、在留資格のない者に対して法務大臣が特別に在留を認める在留特別許可の制度があるが、在留特別許可を与えるかどうかの裁量権の行使にあたっても、法務大臣には、上記の人権条約上の権利に配慮することが求められる。退去強制令書の発付及び在留特別許可を認めるかどうかの裁決にあたっては、**当該外国人ないしその家族を退去強制することにより達成される日本国にとっての利益と、家族及び特に子どもが被る不利益との比較衡量を、個別事案ごとに慎重に検討する必要があり**、人権条約上の権利に妥当な考慮を払わない安易な退去強制令書の発付ないし在留特別許可の不許可裁決は、**比例原則違反**として違法の認定を受けうる。

　なお、子どもの権利条約は9条1項で、「締約国は、子どもがその父母の意思に反してその父母から分離されないことを確保する。但し、権限のある当局が司法の審査に従うことを条件として適用のある法律及び手続に従いその分離

◆第1部◆　総　論

が子どもの最善の利益のために必要であると決定する場合は，この限りでない。」とし，10条1項では，「前条1の規定に基づく締約国の義務に従い，家族の再統合を目的とする子ども又はその父母による締約国への入国又は締約国からの出国の要請については，締約国が積極的，人道的かつ迅速な方法で取扱う。締約国はさらに，その申請の提出が申請者及び家族の構成員に悪影響を及ぼさないことを確保する。」と規定している。但し，日本は同条約批准にあたり，9条1項は入管法に基づく退去強制の結果として子どもが父母から分離される場合に適用されるものではないと解釈することを宣言し，10条1項については，同項にいう家族の再統合を目的とする締約国への入国又は締約国からの出国の要請を積極的，人道的かつ迅速な方法で取扱うとの義務は，そのような申請の結果に影響を与えるものではないと宣言している。

　以下の裁判例の1つ目は，バングラデシュ国籍の原告が在留特別許可に関する法務大臣の裁決及び退去強制令書発付処分の取消を求めた訴訟において，裁判所が，日本人配偶者との婚姻関係の実体をふまえ，自由権規約23条の趣旨にも照らして訴えを認めた例，2つ目は，2歳のときに来日し10年以上を日本で過ごした長女を含むイラン人家族に対する退去強制令書発付処分について，子どもの権利条約3条にも鑑みて比例原則違反を認め違法としたものである。

● *CASE* ●「裁決等取消請求事件」東京地判1999（平成11）年11月12日判時1727号94頁
「婚姻は，夫婦が同等の権利を有することを基本とし，相互の協力により維持されなければならないものであり（憲法24条参照），我が国の国民が外国人と婚姻した場合においては，国家としても当該外国人の在留状況，国内事情，国際情勢等に照らして当該外国人の在留を認めるのを相当としない事情がある場合は格別，そうでない限り，両名が夫婦として互いに同居，協力，扶助の義務を履行し，円満な関係を築くことができるようにその在留関係等について一定の配慮をすべきものと考えられ，B規約23条も『家族は，社会の自然かつ基礎的な単位であり，社会及び国による保護を受ける権利を有する。』，『婚姻をすることができる年齢の男女が婚姻をしかつ家族を形成する権利は，認められる。』と規定し，その趣旨を明らかにしているところである。そして，入管法が『日本人の配偶者』を在留資格として掲げているのもその配慮の1つの現れであるとみることができる。被告法務大臣は，在留特別許可を与えるか否かについて前記のとおり広範な裁量権を有するものであるが，日本人と婚姻し，夫婦の実体を形成している外国人について右の裁量権を行使するに当たっては，両名の夫婦関係の維持，継続を保護するという右に述べた見地から十分な配慮をすることが要請されているものというべきである。
　……原告は，結果的に約7年9か月にわたり我が国に不法残留し不法に就労していたものであり，右行為は，我が国の出入国管理の秩序を乱すものであって強く非難されるべきであるが，就労行為自体及びその他の生活状況に関していえば，原告は，その間ま

第2章　人権条約と日本法

じめに就労し，入管法違反（不法残留）のほかには，犯罪行為を犯した事実は認められ
ず，我が国において平穏に生活していたものと評価できるのであって，在留特別許可を
付与すべきかどうかの判断に当たって，不法残留の点のみを過大に評価し過ぎるのは適
当でないというべきである。……被告法務大臣がした本件裁決は，原告と甲田の婚姻意
思ないし婚姻関係の実体についての評価が明白に合理性を欠いており，また，法違反（不
法残留）の不良性を強調し過ぎるあまり，右……のとおりの配慮がなされるべき両名の
真意に基づく婚姻関係について実質的に保護を与えないという，条理及びＢ規約23条
の趣旨に照らしても好ましくない結果を招来するものであって，社会通念に照らし著し
く妥当性を欠くものといわなければならない。そうすると，被告法務大臣が原告に対し
在留特別許可を付与しなかったことについては，裁量権の範囲を逸脱し，又はこれを濫
用した違法があるといわざるを得ず，したがって，本件裁決は取り消されるべきである。
……本件裁決は違法であるから，本件裁決に基づく本件退令発付処分もまた違法なもの
というべきであって，本件退令発付処分は取り消されるべきである。」

● *CASE* ●「退去強制令書発付処分取消等取消請求事件」東京地判2003（平成15）年9
　　　　月19日判時1836号46頁

「本件の特徴は，……原告ら一家が10年近くにわたって平穏かつ公然と在留を継続し，
既に善良な一市民としての生活の基盤を築いていることにある。……上記の事実は，在
留特別許可を与えるか否かの判断に当たって，容疑者側に有利な事情の第一に上げるこ
とが，実務上，少なくとも黙示的な基準として確立しているものと認められる。……
　本件処分前の平成12年3月24日に策定された『出入国管理基本計画（第2次）』（法務
省告示149号）には，『在留特別許可を受けた外国人の多くは，日本人等との密接な身分
関係を有し，また実態として，様々な面で我が国に将来にわたる生活の基盤を築いてい
るような人である。より具体的な例としては，日本人と婚姻し，その婚姻の実態がある
場合で，入管法以外の法令に違反していない外国人が挙げられる。法務大臣は，この在
留特別許可の判断に当たっては，個々の事案ごとに在留を希望する理由，その外国人の
家族状況，生活状況，素行その他の事情を，その外国人に対する人道的な配慮の必要性
と他の不法滞在者に及ぼす影響とを含めて総合的に考慮し，基本的に，その外国人と我
が国社会とのつながりが深く，その外国人を退去強制することが，人道的な観点等から
問題が多いと認められる場合に在留を特別に許可している。』と明記している。……こ
れらによると，上記のように適法な在留資格を持たない外国人が長期間平穏かつ公然と
我が国に在留し，その間に素行に問題なく既に善良な一市民として生活の基盤を築いて
いることが，当該外国人に在留特別許可を与える方向に考慮すべき第一の事由であること
とは，本件処分時までに黙示的にせよ実務上確立した基準であったと認められる……
　……イランの一般的な経済状況や原告が10年以上イランを離れていたこと等に鑑みれ
ば，原告夫に職が見つかる可能性は低く，……帰国した際には，直ちに家族4人が路頭
に迷う蓋然性があるといえる。特に，2歳のときに来日し，10年以上を日本で過ごした
原告長女は，……その生活様式や思考過程，趣向等が完全に日本人と同化しているもの
であり，イランの生活様式等が日本の生活様式等と著しく乖離していることを考慮すれ
ば，それは単に文化の違いに苦しむといった程度のものにとどまらず，原告長女のこれ

67

◆ 第1部 ◆ 　総　論

まで築き上げてきた人格や価値観等を根底から覆すものというべきであり，それは，本人の努力や周囲の協力等のみで克服しきれるものではないことが容易に確認される。……この点において，G証人の，日本で生まれたり日本で育ったイスラム教徒の子どもがイスラムに帰るということは死ねと言うに等しいという趣旨の証言は，十分傾聴に値するものというべきである。前記の子どもの権利条約3条の内容に鑑みれば，この点は，退去強制令書の発付にあたり重視されるべき事情であるといえる。以上によれば，退去強制令書の発布及びその執行がされた場合には，原告ら家族の生活は大きな変化が生じることが予想され，特に原告長女に生じる負担は想像を絶するものであり，これらの事態は，人道に反するものとの評価をすることも十分可能である。

　……以上によれば，原告ら家族が受ける著しい不利益との比較衡量において，本件処分により達成される利益は決して大きいものではないというべきであり，本件各退去強制令書発付処分は，比例原則に反した違法なものというべきである。

　……在留特別許可の制度は，退去強制事由が存在する外国人に対し，在留資格を付与する制度であり，その退去強制事由から不法残留や不法入国が除外されていることなどないのであるから，法は，不法入国や不法残留の者であっても，一定の事情がある場合には在留資格を付与することを予定しているものとみることもでき，単純に，不法在留者の本邦での生活が違法状態の継続にすぎないとしてそれを保護されないものとするのはあまりに一面的であり，当該外国人に酷なものであるといわざるを得ない。

　……本件に限ってみても外国人登録の際や小学校・中学校への入学時など，原告らが公的機関と接触を持っている期間は多数あり，そのような場面での取締りが制度化しておらず，取締りが行われなかったことについて長期化した在留について，その非をすべて原告に負わせるというのは無理があると考えられる。」

　上記のイラン人家族の事件の控訴審で東京高裁は，退去強制令書発付処分の原因となった入管法違反以外に法違反がなく，長期間平穏かつ公然と在留し，退去強制の結果日本で形成してきた生活の基盤が失われるとの事情が仮に認められるとしても，在留特別許可を付与すべきかどうかの判断においてそれを有利に考慮しなかったことが社会通念上著しく妥当性を欠くとはいえないとし，在留特別許可にかかる法務大臣の判断が裁量権の範囲を逸脱し又はこれを濫用したものとはいえないとした[51]。しかし他方で，地裁判決が言及していたような在留特別許可にあたっての考慮要素は，2006年以降，「在留特別許可に係るガイドライン」として入管当局により明文化され公表されるようになっていることが注目される[52]。このガイドラインは，「特に考慮する積極要素」として「(2)　当該外国人が，日本人又は特別永住者との間に出生した実子（嫡出子又は父から認知を受けた非嫡出子）を扶養している場合であって，次のいずれ

---

[51]　2004（平16）年3月30日訟務月報51巻2号511頁。
[52]　2006年10月公表，2009年7月改訂。http://www.moj.go.jp/content/000007321.pdf.

68

にも該当すること

ア　当該実子が未成年かつ未婚であること

イ　当該外国人が当該実子の親権を現に有していること

ウ　当該外国人が当該実子を現に本邦において相当期間同居の上，監護及び養育していること」

「(4)　当該外国人が，本邦の初等・中等教育機関（母国語による教育を行っている教育機関を除く。）に在学し相当期間本邦に在住している実子と同居し，当該実子を監護及び養育していること」

等を挙げている。また，「『在留特別許可方向』で検討する例」としては，当該外国人が，本邦で出生し10年以上にわたって本邦に在住している小中学校に在学している実子を同居した上で監護及び養育していて，不法残留である旨を地方入国管理官署に自ら申告し，かつ当該外国人親子が他の法令違反がないなどの在留の状況に特段の問題がないと認められること，等を挙げている。

(4)　入管手続において人道的取扱いを受ける権利，恣意的な収容を受けない権利，及び収容の合法性について司法審査を受ける権利

入管法上の退去強制手続において，収容令書及び退去強制令書によってなされる収容は，行政手続として，入管の主任審査官が発する令書のみで人の人身の自由を剥奪するものであるにもかかわらず，刑事手続と比較しても長期（収容令書の場合は30日間に加え延長30日間可能，退去強制令書に至っては「送還可能なときまで」であり事実上無期限）にわたる収容が認められているところに特徴がある。このように，場合によっては相当長期にわたって人の身柄を拘束し収容所等で管理しうる入管手続においては，入国警備官等の法執行官による人権侵害の恐れが現実に存在し，人権の遵守を図る必要性は高い。退去強制手続に付され，入国者収容所（東日本・西日本・大村の入国管理センター）や各地の入国管理局の収容場，ないし空港の出国待機施設で身柄を拘束されている外国人の人々の人権の確保は，憲法による人権保障の観点からは見落とされがちであり，国の「管轄下のすべての人」の人権保障に関する国際人権法が特に重要な意義をもつ分野といえる。

入管手続にかかる人の取扱いに関連する人権条約の規定には，まず，自由権規約の7条及び10条がある。拷問又は残虐な，非人道的なもしくは品位を傷つける取扱いもしくは刑罰に関する7条は，「何人も……受けない」として，い

◆第1部◆　総　論

かなる場所であるか，また誰によるものであるかを問わず対世的に保障される
権利を規定しており，入管手続においても当然に適用がある。また，**本条は，
拷問や残虐なもしくは非人道的な取扱いはもちろん，人としての品位を傷つけ
る（degrading）取扱いをも禁止している。**自由権規約委員会も一般的意見にお
いて，本条が人に精神的苦痛をもたらす行為をも禁止したものであることを確
認している。よって，入管にかかる手続中，残虐又は非人道的な取扱いはもち
ろん，暴言を吐く等の行為によって人の品位を傷つける取扱いをすることも，
本条によって禁じられる。

■ 自由権規約
　7条　何人も，拷問又は残虐な，非人道的な
もしくは品位を傷つける取扱いもしくは刑
罰を受けない。

■ 自由権規約委員会「一般的意見20　拷問及
び残虐な取扱い又は刑罰に関する一般的意見
7に取って代わるもの（7条）」（1992年）
　7条における禁止は，身体的苦痛をもたら
す行為だけでなく，被害者に対し精神的苦痛
をもたらす行為にも及ぶ。

自由権規約10条1項は，「自由を奪われたすべての者は，人道的にかつ人間
の固有の尊厳を尊重して，取り扱われる」と定め，特に「**自由を奪われた**」状
態にある人が人道的取扱いを受ける権利を規定したものである。自由権規約委
員会によれば，10条1項は，受刑者や未決拘禁者はもちろん，精神病院に収容
されている者など，「締約国の法律及び権限の下で自由を剥奪されているすべ
ての者に」適用される。入管法に基づき身柄を収容されているすべての者にも，
当然に本条が適用される。

■ 自由権規約
　10条1項　自由を奪われたすべての者は，人
道的にかつ人間の固有の尊厳を尊重して，
取り扱われる。

■ 自由権規約委員会「一般的意見21　自由を
奪われた人の人道的取扱いに関して一般的意

見9に取って代わるもの（10条）」（1992年）
　2．10条1項は，刑務所・病院，特に精神
病院・拘置施設・矯正施設，又はそれ以外の
場所で拘禁され，締約国の法律及び権限の下
で自由を剥奪されているすべての者に適用さ
れる。

拷問等禁止条約は，自由権規約7条や10条の権利を前提としつつ，その実効
的な確保を目的とした条約であって，「**拷問（torture）**」の定義をおくとともに，
拷問及びそれに至らない**虐待（ill-treatment）**[53]（残虐な，非人道的な又は品位を傷
つける取扱い又は刑罰）について，締約国がその管轄下にある領域内で実効的
な防止措置を取りかつ，それらにあたる行為があった場合の迅速かつ公平な調

---

(53)　後でみるように，拷問禁止委員会は一般的意見2で，拷問に至らないその他の「残虐な，非人
道的な又は品位を傷つける取扱い又は刑罰」を「虐待」と総称している。

70

査を行うことを義務づけている。

■ 拷問等禁止条約

1条 この条約上,「拷問」とは,身体的なものであるか精神的なものであるかを問わず人に重い苦痛を与える行為であって,本人もしくは第三者から情報もしくは自白を得ること,本人もしくは第三者が行ったかもしくはその疑いがある行為について本人を罰すること,本人もしくは第三者を脅迫しもしくは強要することその他これらに類することを目的として又は何らかの差別に基づく理由によって,かつ,公務員その他の公的資格で行動する者により又はその扇動によりもしくはその同意もしくは黙認の下に行われるものをいう。

2条1項 締約国は,自国の管轄の下にある領域内において拷問に当たる行為が行われることを防止するため,立法上,行政上,司法上その他の効果的な措置を取る。

4条1項 締約国は,拷問に当たるすべての行為を自国の刑法上の犯罪とすることを確保する。拷問の未遂についても同様とし,拷問の共謀又は拷問への加担に当たる行為についても同様とする。

10条1項 締約国は,拷問の禁止についての教育及び情報が,逮捕され,抑留され又は拘禁される者の侵害の拘束,尋問又は取扱いに関与する法執行の職員(文民であるか軍人であるかを問わない。),医療職員,公務員その他の者に対する訓練に十分取り入

れられることを確保する。

11条 締約国は,拷問が発生することを無くすため,尋問に係る規則,指示,方法及び慣行並びに自国の管轄の下にある領域内で逮捕され,抑留され又は拘禁される者の身体の拘束及び取扱いに係る措置についての体系的な検討を維持する。

12条 締約国は,自国の管轄の下にある領域内で拷問に当たる行為が行われたと信ずるに足りる合理的な理由がある場合には,自国の権限のある当局が迅速かつ公平な調査を行うことを確保する。

13条 締約国は,自国の管轄の下にある領域内で拷問を受けたと主張する者が自国の権限のある当局に申立を行い迅速かつ公平な検討を求める権利を有することを確保する。……

16条1項 締約国は,自国の管轄の下にある領域内において,1条に定める拷問には至らない他の行為であって,残虐な,非人道的な又は品位を傷つける取扱い又は刑罰に当たり,かつ,公務員その他の公的資格で行動する者により又はその扇動によりもしくはその同意もしくは黙認の下に行われるものを防止することを約束する。特に,10条から13条までに規定する義務については,これらの規定中「拷問」を,「他の形態の残虐な,非人道的な又は品位を傷つける取扱い又は刑罰」と読み替えた上で適用する。

　日本では,憲法36条で「公務員による拷問及び残虐な刑罰」は禁じられているが,残虐な取扱い,また,非人道的な又は品位を傷つける取扱い又は刑罰については憲法上に明文規定がなく,国内法上,公務員の職権濫用に関する刑法規定等で部分的に規律されているにとどまる。また,拷問等禁止条約1条における拷問の定義及びこれを受けた2条や4条につき,日本の現行法の規定がこれらの条項の要請に対応したものになっていないという問題もかねてから指摘されているところである。入管手続にかかる被収容者の待遇に関しては,入管法では概括的な規定(61条の7)がおかれるにとどまり,詳細は「被収容者処遇規則」[54]に委ねられているが,隔離,戒具の使用,制止等の措置,面会,運動,通信文の発受等,処遇にかかわる重要な事項をこのような法務省令の定め

---

(54) 1981(昭和56)年法務省令59号。

◆ 第1部 ◆ 総 論

に委ねている入管法61条の7の6項については憲法違反の疑いも指摘されている[55]。現実問題として,入国管理局職員によって暴言や暴行を受けたとする訴えは少なくなく,訴訟の結果,国に賠償の支払いが命じられているものも見受けられる[56]。収容施設では医療体制が整備されておらず,適切な医療を受ける機会が限られている上,持病の悪化や急病により医師の診察を求めたにもかかわらず拒否された被収容者が死亡する事態も起きている。外部の医療機関で診療を受ける際に手錠・捕縄をつけたまま連れて行かれるという処遇[57]も,非人道的又は品位を傷つける取扱いの問題を提起する。

■ **自由権規約委員会第4回日本政府報告書審査「総括所見」(1998年)**

19. 委員会は,過酷な収容状況,手錠の使用,隔離室への収容を含め,入国管理に係る手続係属中に収容されている人々への暴行やセクシュアル・ハラスメントの訴えについて懸念している。入国管理収容施設に収容された人は,6カ月,さらに場合によっては2年にも及ぶ期間,そこに留められることがある。委員会は締約国に対し,収容の状況を見直し,かつ必要ならば,収容の状況を規約7条及び9条に合致したものにするための措置を取ることを勧告する。

10. とりわけ,委員会は,警察や入国管理局職員による虐待の申立を調査し,救済のため活動できる独立の機関が存在しないことに懸念を有する。委員会は,このような独立した組織ないし機関が締約国によって遅滞なく設置されることを勧告する。

■ **拷問等禁止委員会第1回日本政府報告書審査「総括所見」(2007年)**

10. 委員会は,条約1条に規定する『拷問』と形容し得るすべての行為が日本の刑事法下で犯罪として処罰し得ると締約国は主張するものの,条約1条に規定する拷問の定義は依然として締約国の刑法に含められていないことを,懸念をもって留意する。特に,委員会は,条約の定義に基づく「精神的拷問」が刑法195条及び196条の下で明確には定義されておらず,例えば脅迫といった「精神的拷問」に関連する行為に対する処罰は十分ではないことを懸念する。また,委員会は,日本の法律は,例えば自衛隊員及び入管職員等,あらゆる職種の公務員,公的資格で行動する個人,又は,公務員もしくはその他の公的資格で行動する個人の扇動によりもしくはその同意もしくは黙認の下で行動する個人を対象としていないことを懸念する。

14. 委員会は,締約国の国内法及び運用において,一部の条項が条約3条に適合していないことを懸念し,特に次の諸事項について懸念を有する。

……

(c) 上陸防止施設及び入国管理局の収容センターにおける収容の状況について,暴行,送還時の拘束具の違法使用,虐待,セクシュアル・ハラスメント,適切な医療へのアクセスの欠如といった多数の申立があること。特に,これまでに1件のみが入管収容センターにおける虐待として認められているにすぎないことに委員会は懸念を有する。

(d) 入国管理収容センター及び上陸防止施設を独立して監視するメカニズムの欠如,特に,被収容者が入国管理局職員による暴行容疑について申立できる独立した機関の欠如。……

---

(55) 児玉晃一＝関聡介＝難波満編『コンメンタール出入国管理及び難民認定法 2012』(現代人文社,2012年)512頁。

(56) 殴る蹴るの暴行の事実は認定しなかったものの,入国警備官による不相当に長期間にわたっての隔離収容及び不必要な期間にわたっての金具手錠の使用について違法性を認めた東京地判2001(平成13)年6月26日判タ1124号167頁,入国警備官による殴打等の行き過ぎた暴行を認めた大阪地判2003(平成15)年1月21日 LEX/DB28080752等。

(57) 日本弁護士連合会に対してなされた人権救済申立諸事案での同連合会の勧告書を参照(http://www.nichibenren.or.jp/library/ja/opinion/hr_case/data/2014/complaint_141107.pdf)。

第2章　人権条約と日本法

……

(g) 難民申請の却下から退去強制までの間，庇護申請者が不当に長期間収容されていること，特に，期間の定めなく長期に収容されている事案があるとの報告があること。
……締約国は，移民の収容及び退去強制に関するすべての措置及び運用が，条約3条に十分に適合することを確保すべきである。……締約国は，……入管収容施設における取扱いに関する不服申立を再審査する独立機関を，遅滞なく設置すべきである。締約国は，退去強制を待つまでの収容期間に上限を設けるべきであり，特に弱い立場にある人々についてはそうすべきである。また，退去強制令書発付後における収容の必要性に関する情報を公開すべきである。

■ 拷問禁止委員会「一般的意見2　締約国による2条の実施」(2008年)
8. 締約国は，最低限でも，本条約の1条で定義された拷問の諸要素及び，4条の要求に従い拷問の罪を，自国の刑法上の犯罪として処罰しうるものにしなければならない。
9. 条約の定義と，国内法に編入された定義との間の重大な不一致は，実際的又は潜在的な不処罰（impunity）の抜け穴を生む。場合によっては，同様の文言が使われていても，国内法又は司法解釈によってその意味が限定されることがありうる。よって委員会は各締約国に対し，その統治機構のあらゆる部分が，国家の義務を定義する目的で条約に定められた定義に依拠することを確保するよう求める。
同時に，委員会は，国内法においてより広い

定義を採用することも，それが最低限でも条約の基準を含みかつ条約の基準に従って適用される限りにおいて，条約の趣旨及び目的を前進させるものであると認める。特に，委員会は，1条における意図及び目的の要素は，実行者の動機についての主観的な分析を伴うものではなく，むしろ，その状況における客観的な決定にかかることを強調する。直接の実行者のみならず，命令系統にある人の責任を調査し認定することは不可欠である。
10. 委員会は，ほとんどの締約国は，刑法典において，一定の行為を虐待として認め又は定義していることを認める。拷問と比べて，虐待は，苦痛の激しさにおいて異なり，また，許容されない目的を示すことを要求しない。委員会は，拷問の諸要素も存在している場合に，その行為を単に虐待として訴追することは，条約違反となることを強調する。
11. 拷問の罪を，他の一般的な傷害その他の犯罪と区別されるものと定義することにより，委員会は，締約国は拷問及び虐待を防止するという条約の全体的な目的を直接に前進させることになると考える。拷問の罪を名指しして定義することは，とりわけ，実行者，被害者，一般公衆を含むすべての者に対して，拷問の罪の特別の重大性について警告することによって，条約の目的を促進するだろう。この罪を成文化することはまた，(a)罪の重大性を考慮に入れた適切な処罰の必要性を強調し，(b)禁止それ自体の抑止効果を強化し，(c)拷問という特定の罪を追跡する，責任ある公務員の能力を高め，かつ(d)一般公衆にとって，条約に違反する国家の作為及び不作為を監視しまた必要ならばそれらに異議を申立てることを可能にするだろう。

　収容施設を対象とする視察委員会は，刑事施設に関しては，2005年に成立し翌年に施行された受刑者処遇法（刑事施設及び受刑者の処遇等に関する法律）によって刑事施設視察委員会が設けられ，また，同法の内容を未決拘禁部分と合わせて一本化し監獄法を抜本改正するものとして2006年に成立し翌年施行された被収容者処遇法（刑事収容施設及び被収容者等の処遇に関する法律）によって留置施設視察委員会が設けられている。入管の収容施設についても，上記の拷問禁止委員会の総括所見後，2009年の入管法改正によって，新たに，**入国者収容所等視察委員会**の設置が定められた。この視察委員会は，「入国者収容所等の適切な運営に資するため，担当区域内にある入国者収容所等を視察し，その運営に関し，入国者収容所等に対して意見を述べる」ものとされる（61条の7の2）。委員会は，入国者収容所等（61条の7に定める入国者収容所又は収容場）

73

◆第1部◆　総　論

の運営の状況を把握するため，委員による入国者収容所等の視察をすることができ，この場合委員会は，必要なときは，入国者収容所長等に対し，委員による被収容者との面接の実施について協力を求めることができる（61条の7の4第2項）。入国者収容所長等は，この視察及び面接について必要な協力をしなければならず（同第3項），被収容者が委員会に対して提出する書面については，検査し，又はその提出を禁止しもしくは制限してはならない（同第4項）。法務大臣は，委員会の意見及びこれを受けて収容施設の長等が検討した結果や内容を取りまとめて概要を公表する（61条の7の5）。

　入国者収容所等視察委員会の設置は，刑事施設及び留置施設を対象とする視察委員会の設置と並んで，収容施設の状況の改善に向けた重要なステップである。但し，刑事施設視察委員会と同様，委員は法務大臣によって任命される（61条の7の3）点で，本視察委員会は拷問禁止委員会が求めているような独立機関にはなっておらず，これを十分に機能させるには，その人選において，第三者性，及び法律や医療等に関する専門性の観点に立った適切な人選が必須であろう。また，上記のような拷問禁止委員会の勧告をふまえて設置されたという背景，及び入国者収容所等の適切な運営に資するためという目的からすれば，単に収容施設内での処遇のみならず，仮放免の運用状況や退去強制令書の執行状況等，各収容施設の長の権限に属する事柄について広く視察をし，意見を述べることができると解すべきであり，拷問禁止委員会が指摘していた「退去強制令書発付以後における収容の必要性に関する情報」の公開についても意見を述べられると解すべきであろう。さらに，視察を有効なものとするためには，どのような点をどのような観点から視察するかについてのチェック項目を設けて各施設間や各視察年による改善状況の比較評価ができるようにすることが望ましく，第1期の視察委員会の委員を務めた弁護士の方からは，そうした面で先駆的な制度をもつイギリスのような例を参考にすべきであるとの指摘がある[58]。

　また，日本では，入管法の適用上，退去強制事由のある者は原則として収容した上で退去強制手続に付すこととされているが，この点も，そもそも，具体

---

[58]　鬼束忠則「入管視察委員会の活動と今後について」監獄人権センター『CPR News Letter』67号（2011年）10頁。イギリスの刑事施設視察委員会は，刑務所のほか出入国管理施設の視察も行い，拷問等禁止条約選択議定書の国内実施機関としての任務も有しているが，同委員会が視察の際に使用する「視察マニュアル」を邦訳・解説した東京大学・難民移民ドキュメンテーションセンター（CDR）監訳『英国王立刑事施設視察委員会編　視察マニュアル2008【日本語版】』NPO法人「人間の安全保障」フォーラム（2013年）は日本の法制への示唆として有益である。

◆第2章　人権条約と日本法

的な必要性を要件とせずに一律に収容を行うことは，難民条約31条2項，及び，
恣意的な抑留（detention；収容と同義）を禁じた自由権規約9条1項に反しない
かどうかという問題がある。また，収容やその継続に対する司法審査が，収容
令書や退去強制令書の執行停止という形できわめて限定的にしか及ばない[59]こ
とは，逮捕又は抑留によって自由を奪われた者が収容の合法性について裁判所
の決定を求める権利を定めた自由権規約9条4項に反しないか，という問題も
存在する。

■　自由権規約
　9条1項　すべての者は，身体の安全及び自
　　由についての権利を有する。何人も，恣意
　　的に逮捕され又は抑留されない。何人も，
　　法律で定める理由及び手続によらない限り，
　　その自由を奪われない。

　同4項　逮捕又は抑留によって自由を奪われ
　　た者は，裁判所がその抑留が合法的である
　　かどうかを遅滞なく決定すること及びその
　　抑留が合法的でない場合にはその釈放を命
　　ずることができるように，裁判所において
　　手続を取る権利を有する。

　入管手続における長期の収容の継続が自由権規約9条1項に照らして恣意的
とみなされうる場合や，9条4項に基づく収容中の司法審査の要件については，
自由権規約委員会がオーストラリアに関するいくつかの個人通報事案で見解を
示したものがある。

● ***CASE*** ●　〈国際先例〉A 対オーストラリア事件（*A v. Australia*）自由権規約委員会「見
　　　　　解」，通報 No.560/1993，1997年4月3日
「9.3.　委員会は，庇護を求める個人を抑留することがそれ自体恣意的であるという通報
者の主張には根拠がないことに同意する。また，そのような抑留すべてを恣意的とみな
す慣習国際法の規則があるという主張にも支持がないと考える。
9.4.　しかしながら，委員会は，人を抑留するといういかなる決定も，抑留を正当化す
る根拠が評価されうるよう，定期的に審査を受けるべきであると考える。いかなる場合
でも，抑留は，国家が適切な正当化事由を提供できる期間を超えて継続されるべきでは
ない。例えば，不法入国の事実は，調査の必要性を示すものであり，また，逃亡の可能
性や［当局への］協力の欠如など，一定期間の抑留を正当化しうる，当該個人に特有の
他の諸要素もあるかもしれない。そのような諸要素がなければ，たとえ入国が非合法で
あっても，抑留は恣意的なものとなりうる。本件では，締約国は，異なった抑留場所で
の4年間にわたる継続的抑留を正当化できるような，通報者の事案に特有のいかなる根
拠をも示さなかった。よって委員会は，4年以上の期間に及ぶ通報者の抑留は，規約9
条1項の意味において恣意的であったと結論する。」
「9.5.　……委員会の見解では，釈放を命じる可能性を含まなければならない，9条4項

---

[59]　但し，2006年の行政事件訴訟法改正により執行停止の要件が「重大な損害を避けるための緊急
　の必要があるとき」と改正されたため，退去強制令書の執行停止申立において，送還部分だけで
　なく収容部分についても理論的には認めやすくなったといえる。

75

◆ 第 1 部 ◆　総　論

に基づく抑留の合法性の司法審査とは，抑留が単に国内法に合致していることに限られ
ない。……9 条 4 項の目的からして決定的なことは，そのような司法審査は，その効果
において現実的であり，単に形式的なものでないということである。『その抑留が合法
的でない場合には』裁判所はその釈放を命ずることができなければならないと明記する
ことによって，9 条 4 項は，裁判所が，もしその抑留が 9 条 1 項の要求又は規約の他の
規定に合致しないときには釈放を命じる権限をもつことを要求している。……本件にお
ける締約国の主張は，A が利用できた裁判所の審査は実際には，彼が改正移民法にいう
『指定された者』にあたるという自明の事実を形式的に評価するだけであったことを示
しているため，委員会は，9 条 4 項により抑留について裁判所の審査を受けるという通
報者の権利が侵害されたと結論する。」

● ***CASE*** ●〈国際先例〉D，E 及びその 2 人の子ども対オーストラリア事件（*D and E, and their two children v. Australia*）自由権規約委員会「見解」，通報 No.1050/ 2002，2006 年 7 月 11 日

「7.2.　9 条 1 項に反する恣意的抑留に関する通報者の主張につき，委員会は，恣意的と
いう性格づけを避けるためには，抑留は，締約国が適切な正当化事由を提供できる期間
を超えて継続されるべきではないという先例法理を想起する。委員会は，通報者らは 3
年 2 か月の間入国管理収容施設に抑留されたことを注記する。当初の抑留にいかなる正
当化事由，例えば，身元その他の事項を確認する目的等があったにせよ，委員会の見解
では，締約国は，そのような長い期間の抑留が正当化されるということを示さなかった。
締約国はまた，例えば，当該家族の特別の状況を考慮して，報告義務を課すこと，安全
対策又はその他の条件を課すことによる，より介入的でない手段によっては，締約国の
出入国管理政策との合致という同じ目的を達成できなかった，ということを示さなかっ
た。結果として，2 人の子どもを含む通報者らを，適切な正当化事由なく上記の期間抑
留し続けたことは，恣意的であり，規約 9 条 1 項に違反する。」

　これらの違反認定を受けたオーストラリア政府は 2008 年 7 月，出入国管理に
おける新たな収容政策を公表している[60]。この新政策は，ビザなしに同国に到
着した者や，ビザの条件に従うことを繰り返し拒否した「不法外国人」等を義
務的に収容するという政策を維持しつつも，「無期限又は恣意的な抑留は認め
られないこと，抑留の長さ並びに，収容施設及び提供されたサービス双方の適
切性を含む抑留状況は，定期的な審査を受けること」，「出入国管理収容セン
ターにおける抑留は，最後の手段としてのみ，かつできる限り短い期間で行われ
ること」等を柱としており，自由権規約委員会の見解に対する一定の対応を図っ
たものとして注目される。

---

[60]　http://www.minister.immi.gov.au/media/speeches/2008/.

(5) 人身取引・強制売春の被害者の保護

　日本は人身取引（human trafficking）[61]の被害者の受入国であり，かねてから，ブローカーや国際的人身売買組織によって，多くの場合「興行」の在留資格でエンターテイナー等として日本に送り込まれた外国人女性が，来日に伴う借金を負わされ，パスポート等も取り上げられた状態でストリップ業や売春を強要されるという事例が多発してきた。中には，そのような状態で売春を強要され続けたタイ人女性らが，彼女らを管理していた「ママさん」（彼女自身もタイ人女性であった）を思い余って殺害してしまうという悲惨な事件（1991年の下館事件）も起きている。こうした身柄拘束状態での売春等の強要は，女性の身体の自由や私生活に対する権利等の重大な侵害であると同時に，隷属状態ないし強制労働（自由権規約8条2項・3項）を受けない権利をも侵害しうるものであるが，にもかかわらず従来は，来日外国人女性に対して，そうした人権侵害の被害者としての適切な保護は確保されてこなかった。外国人女性の側は，在留や就労が入管法違反として摘発されることを恐れて人権侵害の事実を申告しないケースが多い上，現に入管法違反が摘発されれば，彼女らは退去強制手続に付され人権侵害の申立を現実的に行いうる立場になくなる一方，加害者は往々にして訴追を免れることが多かったからである。

　女性差別撤廃条約（「女性に対するあらゆる形態の差別の撤廃に関する条約」[62]）は，女性の権利の法的な保護を確立し，かつ，裁判所その他権限ある公の機関を通じていかなる差別行為からも女性を効果的に保護することを確保すること（2条(c)），及び，あらゆる形態の女性の売買（traffic；取引）及び女性の売春からの搾取を禁止するための適当な措置を取ること（6条）を締約国に義務づけている。

> ■ **女性差別撤廃条約**
> 　2条　締約国は，女性に対するあらゆる形態の差別を非難し，女性に対する差別を撤廃する政策をすべての適当な手段により，かつ，遅滞なく追求することに合意し，及びこのため次のことを約束する。
> 　……
> 　　(c)　女性の権利の法的な保護を男性との平等を基礎として確立し，かつ，権限のある自国の裁判所その他の公の機関を通じて差別となるいかなる行為からも女性を効果的に保護することを確保すること。
> 　6条　締約国は，あらゆる形態の女性の売買及び女性の売春からの搾取を禁止するためのすべての適当な措置（立法を含む）を取る。

[61]　「人身売買」とほぼ同義であるが，現金の受渡しを伴わない場合も広く含めて「人身取引」という語が用いられる。

[62]　政府公定訳による条約の名称は「女子に対するあらゆる形態の差別の撤廃に関する条約」であるが，「女子」とされている部分の英語原文は Women であり，本来「女性」と訳されるべき語句である。本書では，公定訳で「女子」とされている箇所はすべて「女性」と読み替える。

◆ 第1部 ◆ 総 論

　これらの規定に照らし，女性差別撤廃委員会は日本に対し，人身取引の問題
に対処し，加害者を適切に処罰しかつ女性の権利を保護するための措置を取る
ことを勧告してきた。

■ **女性差別撤廃委員会第3回(第4次・第5次)[63]**
日本政府報告書審査「総括所見」(2003年)
　28．委員会は，締約国が女性と少女の人身
取引と闘うためにさらなる努力をするよう勧
告する。委員会は締約国に対し，この問題に
取り組むための包括的な戦略を策定し，加害
者に対する適切な処罰を確保するために，こ

の現象を体系的に監視し，被害者の年齢や出
身国を反映する詳細なデータを収集すること
を求める。委員会は締約国に対し，次回の報
告書では，女性と少女の人身取引，並びにそ
れに関して取られた措置についての包括的な
情報とデータを提供することを求める。

　人権条約機関のみならず，国際労働機関も日本における外国人女性の人身取
引の問題に懸念を示し，2004年には，本部と駐日事務所が作成した報告書『日
本における性的搾取目的の人身取引 (*Human Trafficking for Sexual Exploitation in Japan*)』
において日本の人身取引の状況を詳細に調査して報告した。この報告書は，レ
ストランの仕事という約束で来日した女性が渡航費等の借金をかたに脅され，
売春を強要された事例など，その相当部分を聞き取り調査による被害事例の紹
介に充てたものである。同報告書は，日本には（当時）人身取引を処罰する法
律がないため，加害者が入管法違反等で訴追されても刑罰は極めて軽い一方，
ほとんどの被害者が不法入国の犯罪者として逮捕され強制送還されているとし
て，被害者保護の認識の低さを指摘していた。このような状況を背景とし，か
つ，「国際的な組織犯罪の防止に関する国際連合条約を補足する人（特に女性
及び子ども）の取引を防止し，抑止し及び処罰するための議定書」(国連組織犯
罪防止条約人身取引議定書) の締結に向けての法整備の検討が進められた結
果，2005年には，刑法の関連規定の改正（人身買受けの罪の新設，営利目的等略
取及び誘拐の罪の改正，国外移送目的略取等の罪の改正等）のほか，入管法令上も
人身取引問題に対応するための改正が行われた。入管法改正による人身取引定
義規定の新設，人身取引の被害者に関する上陸拒否事由・退去強制事由・上陸
特別許可事由・在留特別許可事由の改正，人身取引の加害者に関する上陸拒否
事由・退去強制事由の新設，法務省令の改正による「興行」の在留資格審査の
厳格化等がそれである。

　女性差別撤廃委員会は，このような日本の施策を評価する一方で，人身取引の

---

[63]　日本政府が提出した第4次及び第5次報告書をまとめて審査したものであり，同委員会による
　　日本政府報告書審査としては3回目という意味である。両者の回数が一致している場合には特に
　　「第何次」と明記していない。

第2章　人権条約と日本法

発生を防止しまた被害者を保護するためのさらなる実効的な措置が必要であるとして，2009年の総括所見では以下のように述べている。

■ 女性差別撤廃委員会第4回（第6次）日本政府報告書審査「総括所見」（2009年）

39. 委員会は，「匿名通報モデル事業」の導入など，締約国が人身取引と闘うために行った努力を歓迎する一方，女性と少女の人身取引が執拗に続いていること，買売春による搾取，人身取引の被害に遭った女性の回復を目的とする方策の欠如に，引き続き懸念を有する。委員会は，興行ビザの交付が急激に減少していることに満足をもって留意する一方，研修・技能制度が強制労働及び性的搾取の目的のために利用されている可能性を示唆する報告に懸念を有する。委員会はさらに，『売春防止法』において，顧客は処罰されない一方，売春した者が起訴の対象となりうることについて懸念を有する。

40. 委員会は，人身取引の被害者を保護・支援するさらなる措置を取ること，女性の経済状況を改善する努力を拡充し，搾取や人身取引の被害に対する女性の弱い立場を解消することによって，人身取引の根本的な原因に取り組むこと，そして，買売春による搾取や人身売買の被害者である女性と少女の回復及び社会統合のための方策を講じるよう，締約国に要請する。委員会はまた，売春の需要を抑制することも含め，買売春による女性の搾取を抑止する適切な方策を講じるよう要請する。また，売春に従事していた者の社会への再統合を支援する方策を実施し，買売春による搾取の犠牲となった女性と少女のための回復及び経済的能力向上プログラムを提供するよう強く要請する。委員会は，締約国が研修・技能実習制度用のビザ発給の厳密な監視を続けるよう要請する。委員会は，「国際的な組織犯罪の防止に関する国際連合条約を補足する人（特に女性及び子ども）の取引を防止し，抑止し及び処罰するための議定書」を批准するよう締約国に要請する。

(6) 女性に対する暴力からの保護 —— 配偶者からの暴力（ドメスティック・バイオレンス）に対する外国籍女性の保護

昨今は，日本における結婚のおよそ20〜25組に1組が国籍を異にするカップルの国際結婚となっているが（離婚も同様），これらのうち，妻が外国籍である場合は約8割を占め，多くの外国籍女性が日本人の配偶者として日本に居住している。

日本では，「配偶者からの暴力の防止及び被害者の保護に関する法律」（いわゆるDV法）が2001年に制定され，配偶者による暴力と被害者の保護について法的な保護が一定程度及ぶようになった。他方で，外国籍女性の人権の観点からは，DVからの保護に関して，日本人女性の場合とは異なる障害があることに注意が必要である。日本人と婚姻した外国籍女性は，帰化により日本国籍を取得しない限り，「日本人の配偶者等」の在留資格で日本に滞在しているが，これらの外国人は，離婚すれば，それに伴い当該在留資格を失う恐れがある。そのことから，日本人の配偶者たる外国籍女性は，配偶者から暴力を受けている場合でも，在留資格を失うことを恐れるがために，公的機関による保護を求めにくいという問題が生じるのである。女性差別撤廃委員会はすでに2003年の

79

◆ 第1部 ◆　総　論

総括所見で，外国人女性の直面するこのような問題について懸念を示していた。

■ **女性差別撤廃委員会第3回(第4次・第5次)**
日本政府報告書審査「総括所見」(2003年)

　25.　委員会は，締約国が，女性に対する暴力に対処するために，法的その他の措置を講じたことを認めるものの，女性と少女に対する暴力が蔓延していること，並びに女性たちが現存する公的機関の支援を求めることを明らかにためらっていることを懸念する。委員会は，配偶者からの暴力の防止及び被害者の保護に関する法律が，現状では，身体的暴力以外の形態の暴力に適用されないことを懸念する。……委員会はさらに，ドメスティック・バイオレンス[DV]を経験しながらも，その入国・在留に関する法的地位が配偶者との同居の有無に依存しがちな外国人女性に特有の状況について懸念する。委員会は，そのような女性たちが，強制送還されることへの恐

怖から，助けを求めたり別居や離婚に向けて行動を起こしたりすることを思いとどまる可能性があることを懸念する。……

　26.　委員会は締約国に対し，DVを含めた女性に対する暴力の問題を，女性への人権侵害として捉えて対処する努力を強めるよう求める。とりわけ，委員会は，締約国に対し，暴力を防止し，被害者への保護・支援その他のサービスを提供し，加害者を処罰するために，配偶者からの暴力の防止及び被害者の保護に関する法律の対象を拡大して多様な暴力の形態を含めること，……委員会の一般的勧告19に沿った政策を実施することを強く促す。委員会は，DVを受けて別居している外国人女性に対する在留許可の取消は，かかる措置がそのような女性たちに与える影響を十分に査定して上でのみ行うよう勧告する。……

　その後，DV法上の被害者保護を拡大する法改正の過程では，日本人配偶者による暴力を受けた外国人女性らも議員や省庁との意見交換会に参加した結果，2004年の改正法では23条で，**配偶者からの暴力に係る被害者の保護，捜査，裁判等に職務上関係のある者はその職務を行うにあたり**，被害者の心身の状況，おかれている環境等をふまえ，**「被害者の国籍，障害の有無等を問わず」**その**人権を尊重するとともに，安全の確保及び秘密の保持に十分な配慮をしなければならない**と規定されるに至った（強調筆者）。同改正法の施行に合わせて改定された「配偶者からの暴力の防止及び被害者の保護のための施策に関する基本的な方針」では，「法が対象としている被害者には，日本在住の外国人……（在留資格の有無を問わない）……も当然含まれていることに十分留意しつつ，それらの被害者の立場に配慮して職務を行うことが必要である」と明記されていることも留意される。

　2008年7月10日には，法務省入国管理局長が入国者収容所長，地方入国管理局長・支局長に対し，「DV事案に係る措置要領」を通達[64]し，「配偶者からの暴力は，犯罪となる行為をも含む重大な人権侵害であり，人道的観点からも迅速・的確な対応が求められていることにかんがみ，DV被害者の保護を旨とし，在留審査又は退去強制手続において，DV被害者本人の意思及び立場に十分配

────────────
(64)　法務省管総第2323号。

慮しながら，個々の事情を勘案して，人道上適切に対応しなければならない。なお，その手続においては，DV被害者が心身共に過酷な状況に置かれていたことに十分配慮しDV被害者の心身の状況に応じてきめ細かい対応を行うものとする。また，DV事案に適切に対応するため，地方局等は，警察，婦人相談所，配偶者暴力相談支援センター，NGO団体等と連携を図り，また，DV被害者や加害者の摘発，通訳人の確保等について相互に協力するよう努めるものとする。」との基本方針に基づき，地方局等にDV対策事務局をおくこととした上で，DV被害者等を認知した場合の措置などについて定めている。具体的には，在留審査については，DV被害者から在留期間更新許可申請又は在留資格変更許可申請があった場合，配偶者からの暴力を受けて立証資料等の提出が不十分なまま申請があったときは，その旨を付記して本省に請訓すること，退去強制手続については，DV被害者である容疑者について退去強制手続を進める場合には，当該容疑者が逃亡又は証拠の隠滅を図る恐れがある等の場合を除き，仮放免した上で所定の手続を進めること，収容中の容疑者がDV被害者であることが判明した場合には，仮放免を許可した上で手続を進めること等である。

　2009年の改正入管法では，婚姻の実態のないいわゆる偽装結婚の存在に対処するため，日本人の「配偶者の身分を有する者としての活動を継続して6月以上行わないで在留していること」が在留資格の取消事由に加えられた（22条の4第1項7号）。但し，当該活動を行わないで在留していることにつき「正当な理由がある場合」は別であり，例えば，日本国籍を有する子の親権をめぐって離婚調停中の場合等がそのような場合にあたるとされている[65]。また，日本人配偶者からの暴力が原因で離婚した外国人女性が日本国籍をもつ実子を監護・養育している場合のように定住者等の在留資格への変更の許可が見込まれる場合があることから，法務大臣は，在留資格の取消をしようとする場合には，在留資格の変更の申請又は永住許可の申請の機会を与えるよう配慮しなければならない旨の規定が同時に設けられている（22条の5）。さらに，上陸許可等を受けて3か月を超える中長期滞在者となった者が当該許可等を受けた日から90日以内に住居地の届出をしないことや，中長期滞在者が届け出た住居地から退去した場合に90日以内に新住居地の届出をしないことも，在留資格取消事由と

---

[65]　山田利行ほか『新しい入管法——2009年法の解説』（有斐閣，2010年）74頁。

◆第1部◆ 総 論

して新設されたが（22条の4第1項8・9号），「届出をしないことにつき正当な理由がある場合」はこの限りではないとされているところ，DVの被害を受けている外国人女性が配偶者に所在を知られないようにするため住居地の変更を届け出なかったような場合は，ここにいう「正当な理由がある場合」にあたると考えられよう。

このようなDV法及び入管法上の外国人DV被害者への配慮はいずれも重要であるが，女性差別撤廃委員会は2009年の日本政府報告書第4回審査後の総括所見で，移民女性，マイノリティの女性及び社会的に弱い立場にある集団に属する女性の状況について引き続き懸念を示し，女性に対する暴力に関する情報やデータ収集の必要性，並びに被害の防止や救済のために多方面にわたるきめ細かな対策を取るべきことを勧告している。

■ **女性差別撤廃委員会第4回（第5次・第6次）日本政府報告書審査「総括所見」（2009年）**

31. 委員会は，前回報告の提出後，女性に対する暴力及び性暴力と闘うために締約国が行った様々な努力を歓迎する。この中には，保護命令制度を拡充し，相談支援センターの設置を地方公共団体に要請する「配偶者からの暴力の防止及び被害者の保護に関する法律」の改正が含まれる。委員会は，この法律が親密な関係におけるあらゆる形態の暴力を対象としていないこと，保護命令の申立から発令までの間に要する時間が被害者の生命をさらに危険にさらす恐れがあることに，引き続き懸念を有する。委員会はさらに，ドメスティック・バイオレンス［DV］や性暴力の被害に遭った女性が告発したり保護を求めたりする際に直面している障害について懸念する。特に，移民女性，マイノリティ女性及び社会的に弱い立場にある集団に属する女性が，DVや性暴力被害を届けることができないような不安定な状況にあることを懸念する。委員会はまた，女性に対するあらゆる形態の暴力の横行に関する情報やデータの欠如に懸念を表明する。

32. 委員会は，女性の人権侵害として女性に対する暴力の問題に取り組むこと，女性に対するあらゆる形態の暴力に取り組む上で委員会の一般的勧告19を完全に活用することを締約国に要請する。DVを含むあらゆる暴力を容認しないという意識啓発の努力を強化す

るよう締約国に強く要請する。委員会は，女性に対する暴力に関する取り組みを強化すること，保護命令の発令を迅速化すること，暴力の被害女性が相談できる24時間の無料ホットラインを開設するよう締約国に要請する。委員会はまた，女性たちが告発したり保護や救済を求めたりすることができ，暴力や虐待を受ける関係に甘んじずにすむことを確保するため，移民女性及び社会的に弱い立場にある女性にある集団に属する女性を含む女性たちに対し，質の高い支援サービスを提供するよう，締約国に勧告する。この観点から締約国は，DV及び性暴力の通報を容易にするために必要な措置を取るべきである。委員会は，弱い立場にある女性たちを対象とする包括的な意識啓発プログラムを全国的に実施するよう締約国に勧告する。委員会は，公務員，特に警察官，裁判官，医療職員，ソーシャル・ワーカーなどが，関連法規を熟知し，女性に対するあらゆる形態の暴力に敏感であり，被害者に適切な支援が提供できることを確保するよう要請する。委員会は，DVを含む女性に対するあらゆる形態の暴力の広がり，原因及び結果に関するデータを収集し，調査研究を実施するとともに，さらに包括的な方策やターゲットを絞った介入のための基礎としてそのようなデータを活用することを締約国に強く要請する。委員会は，締約国が，次回報告に，統計データ及び取られた方策の成果を盛り込むよう求める。

◆ 第2章　人権条約と日本法

Ⅱ　人権条約と憲法

◆ 1　総　論

　第二次世界大戦の惨禍を経て制定された日本国憲法は，諸国家の主権的意思を至上のものとする従来の国際関係の枠組みを根底から見直す立場に立つ**国際協調主義**を鮮明に打ち出している。憲法は前文で，「平和を維持し，専制と隷従，圧迫と偏狭を地上から永遠に除去しようと努めてゐる国際社会において，名誉ある地位を占め」るという国家目標を掲げ，普遍的な「政治道徳の原則」に従うことを誓約しているほか，98条2項では，国際協調主義の具体的な現れとして「条約及び確立された国際法規」の誠実な遵守を定めている。「全世界の国民が，ひとしく恐怖と欠乏から免かれ，平和のうちに生存する権利を有することを確認する」とした前文の文言に述べられている「恐怖からの自由」及び「欠乏からの自由」は，ルーズベルト米大統領の演説に端を発し戦後の国際社会の人権保障の礎となった理念である「4つの自由」を取り入れたものでもある。

　条約と憲法との関係については，まず，国際的には，国際法である条約が，憲法を含む国内法に優先する（国内法の規定を理由として，条約を遵守できないということは許されない）ことは争いがない（「当事国は，条約の不履行を正当化する根拠として自国の国内法を援用することができない」ウィーン条約法条約27条）。各国が国内法の規定を援用して条約の履行を拒むことができるとすれば，国際的約束としての条約の意味がなくなってしまうからである。他方で，国内的平面における条約と憲法との関係は若干複雑である。条約は国を国際法上拘束するとしても，国内的な法秩序としては，憲法があくまで最高規範であるとする国も多いからである。日本国憲法には，条約の効力順位について明確な定めがないため，国際協調主義を謳う前文や98条2項，裁判所の違憲審査権行使の対象に条約が明記されていないこと（81条）等を根拠に条約の方が優位とする考え方と，憲法改正には厳重な手続が要求されている（96条）のに対し内閣のみでも締結可能（73条）な条約をもって憲法を上回る効力を認めるべきではないとする憲法優位の考え方とが成り立ちうるが，憲法学説では憲法優位説が支配的見解となっている。なお，憲法優位説をとるとしても，81条に条約が欠如していることや，98条2項の定める条約の誠実な遵守を根拠に，条約の内容が違

83

◆ 第1部 ◆ 　総　論

憲審査の対象となるかについては消極的な見解もある。判例は，旧日米安保条約の合憲性が争われた砂川事件において，同条約のように高度の政治性を有する条約については明白に違憲でない限り憲法判断を控えるとしつつ，条約が違憲審査の対象となる余地自体は認める立場を取っている[66]。

　条約と憲法の関係を論じるにあたって，留意すべき点は，上記の砂川事件がまさにそうであったように，従来，日本の判例や学説では主に，平和主義を掲げた日本国憲法，特に9条と，日米安全保障条約との関係，という文脈で論じられることが多かったことである。憲法9条が明文で戦争の放棄と戦力の不保持を謳っているのに対し，日本に外国軍隊の駐留を認めるという，それと真っ向から反するような内容の条約との効力関係をどう考えるかという文脈で，問題が語られてきたということである。これに対し，人権条約の場合には，日米安保条約のような条約とは，日本国憲法の依って立つ精神・理念や諸規定との整合性において根本的に異なる性質・内容のものであることに注意する必要がある。**人権条約は，人権のより良い保障をその趣旨・目的とし，多数国間で適用される人権基準を設定した条約として，内容的に，憲法と対立するというよりも憲法の人権規定を補完する法規範であり，憲法の規定と真っ向から抵触するということは考えにくい。**

　人権条約の規定が憲法の人権規定と積極的に抵触するかのようにみなされうる場合として，例えば，人種差別撤廃条約中，人種差別を扇動する行為やそのような団体への参加を犯罪とすることを求めた規定（4条(a)・(b)）が挙げられる。この義務の履行は，確かに，表現の自由や結社の自由の無制限な行使に一定の縛りをかける結果となることは否定できない。本条について日本は，憲法上のこれらの権利の観点と両立する範囲で実施するという留保を付して対応しており，この対応は妥当と一般に考えられてきた。しかし，この留保も引用しているように，人種差別撤廃条約4条自体，これらの義務の履行は「世界人権宣言に具現された原則及び次条［＝法律の前の平等を定めた5条］に明示的に定める権利に十分な考慮を払って」行われるべきことを明記し，いかなる権利・自由も他の個人や集団の権利・自由の破壊を目的とする活動を行う権利を含まないとした世界人権宣言30条を含む同宣言の諸原則及び法律の前の平等の権利への考慮を要請していることも看過してはならない。すなわち，**人種差別撤廃**

----

[66]　最大判1959（昭和34）年12月16日刑集13巻13号3225頁。

条約 4 条(a)・(b)の規定は，日本国憲法のみならず多くの国の憲法及び国際人権法上確立した人権として認められている表現の自由や結社の自由をそれ自体否定するのではなく，公的生活において人種差別を受けない権利の観点から一定の限度を設けようとするものであって，その主旨は，人種差別を受ける人の側の人権を含めた人権同士の適切な調整である。表現の自由とてその行使は無制限ではなく，他の者の権利の観点から制限に服することは，民事・刑事法上の名誉毀損を始め，日本法でも周知の事柄である。すべての人の権利としての人権概念は，個人が何でも無制限になしうるということでは決してなく，他の者の権利の尊重という要請によって一定の制限を受けうるという原理をそれ自体包含している。であるとすれば，人権条約のような条約に関して，憲法との効力関係を一律に論ずることはあまり意味がないのであって，**人権条約と憲法との関係は，日本国憲法の定める人権保障体系を，日本が賛同して締結した人権条約の趣旨・目的にも照らしてとらえ直しつつ，具体的に問題となっている局面において，実質的により良い人権保障を導く観点から検討されるべきもの**であろう[67]。

　憲法と条約の国内的な効力関係は，条約の性質によっても異なり，一律に扱うことは難しいという認識は，日本国憲法の制定過程においてもすでに示されていたところである[68]。条約といってもその性質には種々なものがあり，一律に憲法との効力関係を断定することは難しいのであって，締結した条約を誠実

---

[67]　なお，同様の論点を提起する人権条約の規定としては，戦争宣伝と憎悪唱道を法律で禁止することを定めた自由権規約20条がある。この規定が憲法上の表現の自由と正面から衝突し，この義務の履行は憲法21条と矛盾することになるとの見解に対して，東澤靖は，「日本の憲法においては，それが採用する平和主義（前文）や戦争・武力の放棄（9条）という原則のもとで戦争の禁止や平和は憲法自身の持つ公序と評価できるのであり，一定のはなはだしい戦争宣伝の禁止は，表現の自由に対する正当な規制目的となり得る」こと，また，「憎悪唱道についても，暴力の扇動にわたる表現は従来も正当な規制目的として認められてきた。国民的，人種的又は宗教的な差別の禁止についても，政府による差別を禁止する憲法14条1項の内容が社会における公序となることを承認し，差別や敵意の扇動という一定の表現に対する，正当な規制目的と考えることは十分に可能である」ことを指摘する（東澤靖「研究ノート：表現の自由をめぐる憲法と国際人権法の距離—自由権規約委員会一般的意見34の検討を中心に」明治学院大学法科大学院ローレビュー16号，2012年，100頁）。人種差別撤廃条約4条(a)・(b)の国内実施をめぐる問題については，第9章でらさに検討する。

[68]　制憲議会における金森徳次郎国務大臣の答弁。「憲法との関係に於きましては，其の条約の性質に照らして如何に扱ふかを慎重に考へなければならぬと思ふのであります。……条約と云ふものの持って居る意義は，必ずしも一義的に，1つの意味に於て，効力の解決をすることが出来ませぬ。其の本質を顧みつつ適当なる国内法的の処置をしなければならぬのであります。結局，条約は誠実に尊重すると云ふ言葉の適用となって宜しきを得る次第と考へて居ります」（参議院事務局編『帝国憲法改正審議録』(1952年)265～269頁）。

◆第1部◆　総　論

に「遵守する」という98条2項の文言には，条約の性質に照らして，適切な国
内法的措置を取ることによって対処するという趣旨が込められていたというこ
とである。そのような憲法制定時の議論をもふまえつつ，かつ，憲法の依って
立つ国際協調主義に照らしても，条約のもつ性質と関わりなく，条約と憲法の
どちらが優位かということを一律に導くことには慎重でなければならない。

　条約の性質として，とりわけ重要なのは，**二国間ないし少数の国家間で結ば
れる条約と，国連憲章や国際人権規約等に代表される多数国間条約との相違**で
あろう。すなわち，憲法との関係でいえば，前者では条約締結過程において一
国政府の意思が大きな役割を果たすのに対して，後者では多くの国家が条約作
成過程に参与することにより一国政府の影響力は薄められ，よって恣意的な実
質的憲法改正は困難であるとともに，その規範内容も多くの国が参加しうる普
遍性の高いものとなっているといえる[69]。国際法上も，条約の分類について一
義的な定義はないものの，理念的には，二国間条約ないし少数の国家間で結ば
れる条約が，**国家間の相互的な権利義務の交換を内容とする条約**（契約条約
（traités-contrats））であるのに対し，国連憲章のような国際組織の設立基本条約
や，国際人権規約等の人権条約に代表される多数国間条約は，**国際社会におい
て多数国間に共通の普遍的な法原則や義務を設定する条約**（立法条約（traités-
lois））であると区別されうる。条約といっても，二国間条約と多数国間条約と
ではそのように大きく性質を異にするとすれば，日本国憲法の基本的姿勢であ
る国際協調主義を背景とした98条2項の条約遵守義務は，条約の性質に応じて，
「当該条約に内在する要求を可能な限り顧慮することを求めるもの」であり，
二国間条約と多数国間条約とでは，「誠実に遵守する」あり方も異なるはずで
ある[70]との考え方も成り立つ。多数国間条約の場合は，自国の国内法を理由と
してそこから離れることは，普遍的に妥当する一般法原則を設定しようとする
多数国間条約の趣旨・目的から外れることとなるために，こうした条約につい
ては国際法調和性の原則によって「憲法に対するのと同等の尊重ないし配慮」
を認める方向で考慮するべきであるのに対し，二国間条約については，単に国
際法遵守義務の問題として考えれば足り，憲法への優位まで認める必要はない
とする考え方である。そして，憲法解釈において多数国間条約を顧慮するとい
う要請は，とりわけ人権条約については，「この憲法が……保障する基本的人

---

[69]　芹澤斉「憲法と条約」法学教室173号（1995年）78頁。
[70]　齊藤正彰『国法体系における憲法と条約』（信山社，2002年）429頁。

第2章　人権条約と日本法

権は，……現在及び将来の国民に対し，侵すことのできない永久の権利として
信託されたものである」とする憲法97条の規定ともあいまって，より強く要請
されるとみるのである。

　人権条約に憲法に対する一般的な優位までは認めず，「憲法に対するのと同
等の尊重ないし配慮」を認めるにとどめることには，国際法の観点からも一定
の説得力がある。すなわち，人権条約は，条約一般と同様，必ずしも締約国の
国法秩序における優越的地位を要求しているわけではなく，国内的効力の付与
すら明文で要求してはいない（但し，条約の効果的な国内実施のためには，条約
に国内的効力を認め国内で適用可能なものにすることが望ましいことは否定できず，
人権条約の条約機関はときにその趣旨の見解を述べることがある。後述）。また，人
権条約の多くは，**国内法においてより手厚い人権保護が規定されている場合に
は，人権条約の規定をもって人権保護水準を下げる根拠としてはならない**旨の
規定をおいている（国際人権規約共通5条2項）。すなわち，人権条約を常に憲
法に優位させることは，人権条約の趣旨及び目的に合致することに必ずしもな
らないのであって，およそ「国際人権」にかかわるから憲法に優位するという
べきではないことは，国際法上，国際人権規約共通5条2項のような規定が存
在することとも合致する。

　してみれば，日本の国内法秩序における条約と憲法の関係は，**人権条約に関
しては，多数国間に共通の普遍的な人権基準を設定した条約としての人権条約
を「誠実に遵守する」**（憲法98条2項）**という観点から，具体的な事案において，
関連する憲法と条約の規定に照らし，より手厚い人権保障の方に実効性を与え
るべく，適切な解釈・適用を行うことによって解決されるべき**ものであろう。
人権条約の観点からは，その趣旨・目的である人権保障が国内法秩序において
実効的なものとなるような解釈が求められる一方，日本の憲法秩序の問題とし
ては，日本が批准・加入した人権条約に対し，普遍的な人権基準を設定した多
数国間条約としての尊重・配慮をしつつ，より良い人権保障を図っていくこと
が，憲法上の条約遵守義務によって求められているといえる。

　人権条約にそのような尊重・配慮を与えるとはすなわち，憲法解釈において
は，**可能な限り人権条約の趣旨を具体的に実現していくような方向で憲法を解
釈する姿勢をとること**を意味する。人権条約の諸規定は，**憲法の人権規定と共
通する人権について定めつつ，権利の内容や制限事由を，憲法よりも詳細・具
体的に規定している場合が多い**。例えば，表現の自由に関する憲法21条に内容

87

◆ 第1部 ◆　総　論

的には対応する一方，表現の自由についての権利には「国境との関わりなく，あらゆる種類の情報及び考えを求め，受け，伝える権利」を含むことを明記した自由権規約19条1項がそうである。人種差別撤廃条約や女性差別撤廃条約等の差別撤廃を目的とした条約の規定，並びに自由権規約や子どもの権利条約等の差別禁止規定もそうであって，これらは，禁じられる「差別」の定義及び締約国の差別撤廃義務（人種差別撤廃条約及び女性差別撤廃条約），ないし差別禁止事由（自由権規約及び子どもの権利条約）において，憲法14条よりもはるかに立ち入った内容の規定となっている。このように，**憲法と同一趣旨の条約の人権保障の内容が，憲法の規定よりも広範又は詳細である場合には，条約の規定によって憲法解釈の内容が豊富化ないし補強されたとみなし，条約規定を憲法解釈の指針とすることが求められよう**。また，人権条約による保障が憲法による保障を上回る場合であって，条約適合的な憲法解釈に限界があるときには，国内法やその適用が憲法に反しなくとも，条約に反するという事態が，理論的には当然ありうるはずであろう。

　憲法14条についていえば，従来の判例[71]は，1項前段にいう平等の一般原則との関係で，1項後段の列挙事由（「人種，信条，性別，社会的身分又は門地」）を単なる例示とみてそれらに特段の法的意味を認めず，それらの事由による差別の違憲審査についても単なる合理性の基準によるものとしてきた。しかし，**人種差別撤廃条約が「人種，皮膚の色，世系又は民族的もしくは種族的出身に基づくあらゆる区別，排除，制限又は優先」であって人権の享有を害するものを人種差別とし（1条），また女性差別撤廃条約が「性に基づく区別，排除又は制限」であって女性の平等な人権享有を害するものを女性差別として（1条）締約国はそれを撤廃すべきものとしていることからすれば，これらの条約を日本が批准している今日，人種差別や性差別に対する憲法14条違反の審査は，それらの条約の趣旨・目的をも取り込んだ，より厳格な合理性の基準によるべきであろう**[72]。日本政府が憲法適合的として留保なく批准した人権条約は，憲法を具体化する解釈指針としての意味をもち，憲法の人権規定の内容は，関連す

---

(71)　尊属殺重罰規定に関する最大判1973(昭和48)年4月4日刑集27巻3号265頁。

(72)　憲法14条の解釈指針としての人種差別撤廃条約の意義について，近藤敦「外国人地方公務員管理職選考試験受験拒否事件」国際人権16号(2005年)127〜130頁。同様に憲法14条の解釈・適用においては女性差別撤廃条約が求める平等・差別禁止の水準に合わせた解釈・適用が求められることについて，大谷美紀子「女性の視点から」反差別国際運動日本委員会編『日本も必要！差別禁止法』(解放出版社，2002年)80〜82頁。

第2章　人権条約と日本法

る人権条約の規定によって豊富化ないし補強されたとみるのである。

　憲法と同一趣旨の条約の人権規定の内容が，憲法の規定よりも広いか又は詳細である場合，本来であれば裁判所は，条約の規定を解釈の指針としつつ憲法判断を行うか，条約適合的な憲法解釈に限界があれば条約規定自体を解釈・適用の対象とすべきであるが，従来は，裁判所は人権条約の規定はこれに相当する憲法規定と同趣旨であると述べるだけで，条約規定を何ら判断材料としていないものも多かった。以下にみる裁判例はその例である。

● *CASE* ●　「外国人登録法違反被告事件」［外国人指紋押捺拒否事件第一審判決］東京地判1984（昭和59）年8月29日判時1125号101頁，判タ534号98頁

「外登法上，新規登録，登録証明書の切替交付などに際し，在留外国人に指紋を押捺する義務を課したのは，在留外国人の公正な管理を目的に登録の正確性を維持するため，これを同一人性の確認の手段として用いることにあると認められ，さらに右に説明されているような制定の経過，実際の効果などを合わせ考えれば，十分な合理的な理由と実質的な必要性を持っていることが肯定できる。そして，憲法13条の保障する私生活上の自由も，絶対無制限なものではなく，公共の福祉のため必要のある場合に一定の合理的な制約を受けることは，同条の規定に照らしても明らかである。してみれば，……指紋押なつ制度は，……十分な合理的理由と必要とに基づくものであって，これが憲法13条に違反するものではないと解される。……押なつの強制の方法についてみても，外登法上，押なつを拒む者に対し直接に物理的な力を加えて押なつさせるなどという手段をとることは許されず，刑罰により間接強制の方法をとりうるのみで，この点においても特に問題はなく，国際人権規約B規約7条に違反するものでないこともいうまでもない。」

「一方，外登法上の指紋押なつ制度は，……在留外国人としては指紋の押なつを求められない自由ないし権利に関し日本国民と異なった面で制限を受ける結果となっていることも明らかである。しかし，……本邦に在留する外国人の居住関係及び身分関係を明確にし，もって在留外国人の公正な管理に資することを目的とする外国人登録制度を設けたこと自体，法の下の平等の原則に反するものでないことはいうまでもなく，その登録の正確性を維持するため指紋押なつ制度を採用したことも，前記のような立法の理由と必要を前提とする限り，合理的な根拠に基づくものであり，憲法14条の許容する範囲内にあるものと解することができる。また，憲法14条に反するものでない以上，国際人権規約B規約26条に抵触するものでないこともいうまでもない。」

● *CASE* ●　「メモ採取不許可国家賠償請求控訴事件」［法廷内メモ不許可国家賠償請求事件控訴審判決］東京高判1987（昭和62）年12月25日判時1262号30頁，判タ653号233頁

「確かに，憲法21条1項は『一切の表現の自由』を保障しており，情報を受領し，収集する自由も基本的には保障されなければならないことは，前示のとおりである。……メモをとることが，情報を受領し，収集する自由を保障する手段として必要とされる場合

89

◆ 第1部 ◆ 　総 　論

もありうべきである。しかしながら，法廷は傍聴人に対して情報を提供する場である以前に，前示のような，双方当事者の真摯な弁論と証拠調べを通じて，裁判所が極めて重要な国家行為である裁判をする場であるから，訴訟の公正かつ円滑な運営に少しでも影響を及ぼすおそれがある限り，メモをとることが制限されることがあるのは，やむを得ないところである。したがって，法廷において傍聴人がメモをとることが法廷警察権によってもこれを一般的に禁止できないとか，許可申請があれば必ず許可しなければならないという程度にまで憲法21条によって保障されているということはできない。」

「国際人権規約B規約19条2項は『すべての者は，表現の自由についての権利を有する。この権利には，口頭，手書き若しくは印刷，芸術の形態又は自ら選択する他の方法により，国境とのかかわりなく，あらゆる種類の情報及び考えを求め，受け及び伝える自由を含む。』と規定している。そして，ここでいう『手書き』の中にメモをとることが含まれることはいうまでもないから，この規定は，万人がメモをとるという方法により情報を受ける自由を有することを，明らかにしたものということができる。しかしながらまた，この規定は，表現の自由に関する規定であるから，憲法21条で保障されている表現の自由以上の意味を持つものと，解することはできない。そうすると，前示のように，国際人権規約B規約19条2項により保障されているメモをとる自由も，法廷警察権の制限には服するものといわなければならない。そして，このことは，同規約同条3項が，公の秩序という目的のため必要がある場合は，法律の規定によって一定の制限を課しうることを容認していることからも，明らかなところである。」

● *CASE* ● 「損害賠償等請求控訴事件」東京高判1998（平成10）年1月21日判時1645号67頁

「我が国が日本国憲法秩序の下において，国際人権B規約を批准し，B規約が国内法としての効力を有することを受容した経緯に照らし，また，拷問を禁止した憲法36条及びすべての国民が個人として尊重されることを保障した憲法13条の各規定の趣旨，内容に照らせば，B規約7条前段及び10条1項の規定の文言は憲法の右各規定のそれよりもやや具体的かつ詳細なものということができるが，B規約の右条項の保障する権利・自由の性質，内容及び範囲自体は，憲法の右各規定が保障する権利・自由の性質，内容と異なるものではなく，その範囲を超えるものでもないと解されるところである。すなわち，B規約7条前段は，『何人も，拷問又は残虐な，非人道的な若しくは品位を傷つける取扱い……を受けない。』と規定しているが，憲法においては，36条が拷問を禁止しているものの，『残虐な，非人道的な若しくは品位を傷つける取扱い』を禁止する旨の直接的な明文の規定は存しないところである。しかしながら，憲法上も右のような取扱いが許されないことは，13条前段が『すべて国民は，個人として尊重される。』と規定し，個人の尊厳や人格の尊重を宣言していることからも明らかである。また，B規約10条1項は，『自由を奪われたすべての者は，人道的にかつ人間の固有の尊厳を尊重して，取り扱われる。』と規定しているが，憲法においては，これと文言上直接に対応する規定は存しない。しかし，憲法13条の規定が，被拘禁者についても，個人としてその尊厳や人格を尊重され，人道的に取り扱われるべきことを求めていることは明らかである。
　そして，前示の控訴人らに対する保護房拘禁措置の違法性及び手錠使用の違法性に関

> する当裁判所の判断は，当然のことながら，右のような日本国憲法体系（B規約も，その一部を構成する。）の下における監獄法及び規則の合理的な解釈，適用を基礎として行ったものであることはいうまでもないところであり，右のような法令解釈の方法によりすれば，ある保護房拘禁措置及び手錠使用が監獄法及び規則には適合するが，B規約の右各条項には反するという法令の適用関係は想定できないから，B規約違反に関する控訴人らの右主張は，つまるところ監獄法及び規則違反の主張に帰着するものというべきであり，したがって，右の主張に対しては前示……において既に判断済みということになる。」

　このような人権条約規範の取扱いに問題があることは明らかである。上記で＿＿＿を付した部分に端的に表されているように，これらの裁判例では裁判所は，憲法の諸規定と内容的に相応する人権条約の規定を一応挙げつつも，それらの条約規定が憲法規定とは異なった文言をもって規定をおいていることを顧みることなく，要するに「～の権利に関する規定であるから，憲法の規定と内容的に同一のはず」であり，法令やその適用が「憲法に反しない以上，人権条約にも反するはずがない」と，いわば予定調和的に最初から決めてかかっているのである。しかし，そのような都合のよい予定調和が成り立たないことは，**日本の学説や判例で憲法違反を指摘されてこなかった法令やその適用，例えば受刑者に対する革手錠の多用や，独居拘禁の頻繁な使用を含む過酷な処遇が，人権条約に照らせば深刻な問題があるとの懸念が条約機関からはっきりと表明されていた**ことからも窺えよう（1998年の自由権規約委員会による第4回日本政府報告書審査後の「総括所見」，本書第10章Ⅴ参照）。この総括所見が示された後の2001年から2002年にかけて，高圧ホースによる放水，革手錠の使用，保護房での暴行等によって受刑者が死傷した名古屋刑務所事件が発生し，それを受けて監獄法が全面改正され現行の被収容者処遇法が成立した経緯を想起されたい。また，例えば自由権規約7条は，精神的自由に関する規定とは異なり例外や制約を許さない規定であって，拘禁施設側の制圧の必要性とのバランスは問題にならないところ，裁判所の想定する予定調和は，そのような人権条約全体の構造を無視することで成り立っているというほかない[73]。さらに，根本的な疑問を付け加えれば，人権条約の定める人権保障が憲法の人権保障と何ら変わるものでないとすれば，国が人権条約を批准し条約上の義務にコミットすることに

---

[73]　小畑郁「国際人権規約 —— 日本国憲法体系の下での人権条約の適用」ジュリスト1321号（2006年）14頁。

◆第1部◆　総　論

は，単なる対外的なお飾りという以上の意味はないことになってしまうであろう。

　同様の問題は，**憲法上の一般的な人権制限事由である「公共の福祉」と，人権条約上の人権制限事由との安易な同一視**についてもいえる。人権条約は，例えば社会権規約が4条の一般規定で「この規約の締約国は，この規約に合致するものとして国により確保される権利の享受に関し，その権利の性質と両立しており，かつ，民主的社会における一般的福祉を増進することを目的としている場合に限り，法律で定める制限のみをその権利に課することができることを認める。」と定め，また自由権規約では緊急事態における義務逸脱の可能性（4条）のほか，多くの個別条文で（例えば，表現の自由について「その制限は，法律によって定められ，かつ，次の目的のために必要とされるものに限る。(a)他の者の権利又は信用の尊重 (b)国の安全，公の秩序又は公衆の健康もしくは道徳の保護」と定めた19条3項）制限事由を定める等，条約上の権利の制限事由について条約自体で規定をおいている。しかるに，日本の裁判例では，人権条約上の権利に配慮した司法判断を下す場合でも，当該人権条約の権利制限事由をそれとして検討することなく，日本国憲法上の人権制限事由である「公共の福祉」を理由として権利の制限を認める判断をすることが少なくない。例えば，二風谷ダム事件札幌地裁判決（本書第9章II 7参照）は，アイヌ民族の文化享有権が，マイノリティに属する人の権利に関する自由権規約27条の下で保護されることを認めたことで知られているが，他方で，同条に基づく権利といえども無制限ではなく憲法12条・13条の公共の福祉による制限を受ける，という論理の運び方をしている。規約が定める人権の制限は，規約が定める制約事由によって正当化されるのであって，それを実質的に検討することなく，憲法上の一般的人権制限事由である「公共の福祉」を安易に持ち込むことは，条約解釈のあり方として妥当とは言い難い。日本政府も，自由権規約委員会への報告書において，規約による人権制限事由の内容は憲法上の「公共の福祉」による人権制限の内容と実質的に同じであって，「『公共の福祉』の概念の下，国家権力により恣意的に人権が制限されることはあり得ない」との立場を表明しているが，**そのような予定調和的な見方は，人権条約の規定内容に照らしても，また日本における現実の人権問題の存在からしても，維持できないものといわざるを得ない。**

■ 自由権規約委員会第4回日本政府報告書審査「総括所見」（1998年）

8．委員会は，規約で保障されている権利に対して，「公共の福祉」を根拠として制限

◆ 第2章　人権条約と日本法

が課されうることに対する懸念を再度表明する。この概念は，曖昧，無限定で，規約の下で許される範囲を超える制限を許容しうる。前回の見解に引き続いて，委員会は，再度，締約国に対し，国内法を規約に適合させることを強く勧告する。

11. 委員会は，「合理的な差別」の概念の曖昧さに懸念を有する。それは客観的な基準がなく，規約26条に抵触している。委員会の認識するところ，この概念を擁護するために締約国からなされた議論は，第3回定期報告書の審査の際に主張され，委員会が受け入れら

れないと判断したものと同一の議論であった。

■ 自由権規約第5回日本政府報告書（2006年）[74]

「公共の福祉」の概念は，各権利毎に，その権利に内在する性質を根拠に判例等により具体化されており，憲法による人権の制限の内容は，実質的には，本規約による人権の制限事由の内容とはほぼ同様のものとなっている。したがって，「公共の福祉」の概念の下，国家権力により恣意的に人権が制限されることはあり得ない。

他方で，より最近の裁判例の中には，憲法と人権条約上の権利が主張された事案において，条約違反の認定までは踏み込まないものの，人権条約の規定が憲法規定とは異なる場合には，人権条約の規定自体を解釈の対象としなければならないことを明確に認めるものも出てきている。社会保険事務所の職員が休日に政党のビラ配りを行ったことで逮捕・起訴され，国家公務員の政治的表現の自由を刑罰で一律に禁止する国家公務員法及び人事院規則の諸規定の違憲・違法性が争われた事案（堀越事件）で東京地裁は，結論としては同法令の違法性を認めず執行猶予付き有罪判決を言い渡したものの，自由権規約に基づく主張について次のように述べて，法令が仮に合憲であっても規約違反を別途判断する必要があることを認め，原告側が挙げたヨーロッパ人権裁判所の判例等の資料も参照しつつ規約19条の解釈を行った。「自由権規約は，国内法である国公法の上位規範となるから，国公法が自由権規約に適合するか否かについては，自由権規約の定める制限事由を解釈適用して判断しなければならず，仮に適合しないとなれば，国公法は無効とならざるを得ない。憲法が保障する権利と自由権規約が保障する権利とは同じであるといえるものの，それぞれが定める権利の制限条項が異なっていることから，本件国公法，規則の諸規定が……合憲であるとしても，そのことから当然に，これらの規定が自由権規約にも抵触しないということにはならず，あらためてこれらの規定が同規約に適合するか否かについて判断することが必要となる」[75]。また，その控訴審で東京高裁は，一審判決を覆し，本件行為に対し本件規定を適用する限りにおいて違憲・無罪という判決を下したが，その中で「我が国における国家公務員に対する政治的行為の禁止は，諸外国，とりわけ西欧先進国に比べ，非常に広範なものとなっ

----

(74) http://www.mofa.go.jp/mofaj/gaiko/kiyaku/pdfs/40_1b_5.pdf.

(75) 東京地判2006（平成18）年6月29日 LEX/DB25463371。

◆ 第1部 ◆ 総 論

ていることは否定し難い。……その後の時代の進展，経済的，社会的状況の変革の中で，猿払事件判決当時と異なり，国民の法意識も変容し，表現の自由，言論の自由の重要性に対する認識はより一層深まってきており，公務員の政治的行為についても，……相当程度許容的になってきているように思われる。また，ILO151号条約は未批准とはいえ，様々な分野でグローバル化が進む中で，世界標準という視点からも改めてこの問題は考えられるべき」であると述べ[76]，国際人権法が体現する普遍的な価値を憲法解釈において援用していることが注目される[77]。

　人権の保障というものが現代立憲主義国家のよって立つ共通の価値であり，かつ社会の変化に応じて常に見直しを迫られる未完の課題であるとするならば，日本国憲法上の人権も，それ自体閉じられた体系ではなく，日本がその一部をなす国際社会の規範意識の発展の中で，より豊かに開かれたものとしてとらえ直され続けていくべきものであろう。かつ，日本は，国際人権法の発展に背を向けているわけではなく，国連における人権条約起草の作業に参加しているのみならず，採択された人権条約の多くを自ら批准しその締約国となっている。日本が批准・加入した人権条約の規範は，対外的な国のイメージアップのためにあるのではなく，日本国内における人権保障にまさに向けられたものであって，憲法による人権保障を補完して人権保障を向上させるために存在している。条約の自動的受容体制をとる日本の国内法秩序においては，人権条約の規定は，場合によりそれ自体で直接に適用しうるほかに，多くの場合，憲法の人権規定の解釈・適用を人権条約の趣旨・目的にも合致したものとすることを通して，憲法による人権保障をより充実・発展させるために活かしうるし，活かされなければならないものである。また，国内的にも，裁判所が人権保障を充実する方向で憲法の関連規定（13条の補充的保障を含めて）の解釈に人権条約を取り入れることは，憲法98条2項の趣旨に照らした司法の責務であるはずである[78]。なおまた，日本国憲法の保障する基本的人権が未来に開かれた課題であるとするならば，「その哲学的基礎を問う作業とともに，各種人権の性格・内実と相互関係について基礎理論的究明を不断に遂行していくこと」[79]が重要であるこ

---

(76) 東京高判2010(平成22)年3月29日判タ1340号105頁。

(77) 泉澤章「国家公務員と政治的表現の自由（堀越事件）——東京高裁2010(平成22)年3月29日『違憲無罪』判決を中心に」国際人権22号(2011年)98頁。

(78) 佐藤幸治『日本国憲法論』（成文堂，2011年)119頁。

(79) 佐藤幸治「憲法秩序と『国際人権』に対する覚書」国際人権16号(2005年)6頁。

94

とも，そこでは常に認識されなければならないだろう。

◆　2　最高裁への上告理由の制限と国内救済原則

　国法秩序における条約と憲法との関係をめぐって，実践的意味で重要な論点となる事柄の1つは，人権条約違反を理由とする訴訟を最高裁へ上訴する際の制約である。

　現行の訴訟法上，刑事訴訟法では，最高裁への上告申立理由は憲法違反もしくは憲法解釈の誤り，又は最高裁の判例（最高裁の判例がない場合には，大審院又は高裁の判例）に反することに限定され（405条），それ以外では，法令の解釈に関する重要な事項を含むと認められる事件については，申立により最高裁は上告を受理できるとされるにとどまる（406条，上告受理の申立）。民事訴訟法でも同様に，上告申立理由は憲法違反又は憲法解釈の誤りに限定され（312条），それ以外では，最高裁の判例（最高裁の判例がない場合には，大審院又は高裁の判例）に反する判断がある事件その他法令解釈に関する重要な事項を含むと認められる事件について，申立により最高裁は上告を受理できるとされるのみである（318条，上告受理の申立）。条約違反の主張は，このうち「法令解釈に関する……事項」に含まれると解されるため，人権条約に違反するとの主張を含め，条約違反の主張は，それのみでは，上告申立が受理されない限り，最高裁における上告審の審理を受けられないことになる。しかし，条約違反を理由とする上告が，単なる法令違反とみなされ最高裁によって受理されないとなると，日本が将来人権条約の個人通報制度に参加した場合，個人が通報前に国内で利用できる救済を尽くすという要件（国内救済完了原則）との関係で問題を生じる。国内救済原則は，人権条約違反に関する主張が，条約機関への個人通報で初めて提起されるのではなく，国内救済手続のレベルで提起され，実質的に審理されていることを要求するからである。

　憲法の観点からは，人権条約違反を理由とする最高裁判所への上訴の可能性について，98条2項を根拠としてこれを認める考え方が有力に存在する。条約による保障が憲法による保障を上回ると解される場合には，国内法が憲法の人権条項に反しないとしても，条約に違反し，そのことはひいては憲法98条2項を解して憲法上許されない事態と判断されなければならないとの見解[80]がそれ

---

(80)　佐藤・前掲注(78)119～120頁。

◆第1部◆　総　論

である。「国際人権条約を憲法の解釈基準とするという手法では条約上の権利の実質的な主張に十分成功しえない場合，換言すれば，当該条約規定を解釈基準となしうるような憲法規定が存在しない場合には，条約の遵守を規定する憲法第98条2項を通じて条約違反の存在を違憲と構成し，最高裁判所への上訴も可能になると考えることができるのではないだろうか」[81]という考え方も同様である。とりわけ，日本が自由権規約や女性差別撤廃条約等の個人通報制度に参加し，個人が国内救済手続を尽くした後で条約機関に個人通報を行う道が開かれた場合のことを考えれば，「日本国の人権条約違反を阻止する国内の終審裁判所として最高裁が責務を果たすために，国際人権条約違反を理由とする上訴に途を開くことが求められる」[82]との指摘は重要である。

◆　3　条約機関の「一般的意見」「総括所見」「見解」等に対する尊重 ━━━━━

　日本の裁判所が，国が批准・加入している人権条約の規定に適切な考慮を払うべきことについて述べてきたが，人権条約の規定に対する考慮というときには，単に条約規定をみるのではなく，当該条約の条約機関による解釈・適用を通して発展している規範を念頭におくことも同時に必要となる。

　人権条約においては，例外なく，締約国による条約の国内実施を国際的に監視するための諸制度を運用する条約機関が設けられている。人権条約がそのように条約機関を設置し国際的実施制度を運用させているのは，条約の国内実施を各国の恣意に委ねず，条約に照らして国際的に評価するのでなければ，国際人権条約の意義が大きく減殺されてしまうためである。地域的人権条約ではヨーロッパ人権条約や米州人権条約がそれぞれ人権裁判所を設置しているが，国連で作成された普遍的人権条約では，いずれも，条約機関として委員会が設置され，報告制度や個人通報制度といった制度を運用している。これらの普遍的人権条約において条約機関は，報告制度では「一般的意見」や「総括所見」を，また個人通報制度では「見解」を採択して公表している。これらの「一般

────────────────────

(81)　齊藤・前掲注(70)406頁。「少なくとも，重要な条約規定について，安易に憲法の内容と同視したり，条約違反の主張に対して判断を示さないというような，下級裁判所による条約の瑕疵ある適用または無視が存在する場合には，憲法第98条2項に反するものとして最高裁判所への上訴を認め，それによって，日本がその国際法上の義務に反することを避止し，そしてさらには，そうすることによって，下級裁判所による国際人権条約の顧慮を確保することが最高裁判所の責務である」。

(82)　齊藤正彰「国際人権法と最高裁のスタンス」法学セミナー674号(2011年)7頁。

96

◆ 第2章 人権条約と日本法

的意見」「総括所見」「見解」等は，その名称通り，裁判所の判決のように法的
に拘束力をもつものではない。しかし，「一般的意見」「総括所見」「見解」等
には，条約機関が国際的実施制度を運用することによって蓄積した条約解釈が
含まれている。**このような人権条約の仕組みを前提とし，締約国は，条約機関
の任務遂行を受け入れた上で人権条約の締約国となっていることからすれば，
人権条約を遵守するという場合には，条約機関たる各委員会が示している条約
解釈に適切な配慮を示すことが含まれるといえよう。**

　最高裁では，条約違反が訴訟法上，上告理由となっていないこともあり，人
権条約違反の主張を正面から検討し，条約規定の解釈を自ら示した例はまだ存
在しない。他方で，近年は，とりわけ非嫡出子（婚外子）[83]たる子どもに対する
法律上の異なった取扱いが憲法14条に反する差別となるか否かをめぐって，最
高裁判決においても，補足意見等の中で，関連する人権条約への言及がなされ
る事案がみられるようになっており，その中で条約機関の総括所見に言及した
ものも出てきていることは注目される。以下は，補足意見とはいえ，最高裁の
判決では初めて，自由権規約委員会の総括所見に言及したものである。

● *CASE* ●「預金返還請求等及び預金返還請求当事者参加事件」最判2003（平成15）年
　　　3月31日家庭裁判月報55巻9号53頁，島田仁郎裁判官補足意見

「前掲大法廷決定〔1996（平8）年7月5日民集49巻7号1789頁〕からいまだ7年余りし
か経過していないとはいえ，その間の少子高齢化に伴う家族形態の変化，シングルライ
フの増加，事実婚・非婚の増加傾向とそれに伴う国民の意識の変化には相当なものがあ
る。我が国の伝統は別として，立法した当時に存した本件規定による区別を正当化する
理由となった社会感情や国民感情などは，現時点ではもはや失われたのではないかとす
ら思われる状況に至っている。……また，非嫡出子が本件規定によって受ける不利益は，
単に相続分が少なくなるという財産上のものにとどまらず，このような規定が存在する
ことによって，非嫡出子であることについて社会から不当に差別的な目で見られ，ある
いは見られるのではないかということで，肩身の狭い思いを受けることもあるという精
神的な不利益も無視できないものがある。以上の観点から，私は，少なくとも現時点に
おいては，本件規定は，明らかに違憲であるとまではいえないが，極めて違憲の疑いが
濃いものであると考える。」「上記のように本件規定が極めて違憲の疑いの濃いものであ
ることに加えて，大法廷決定から約半年後には，法制審議会により非嫡出子の相続分を
嫡出子のそれと同等にする旨の民法改正案が答申されていること，今や世界の多くの国
において法律上相続分の同等化が計られていること，<u>国際連合の人権委員会が市民的及</u>

---

(83) 法令上「嫡出でない子」。「嫡」の字は「正統」ないし「直系」を意味し，それ自体子どもにとっ
　て差別的な含意があるところ，「嫡出でない子」とは単に法的に婚姻していない父母の間に生ま
　れた子を指すにとどまるので，本書では，引用文を除き「**婚外子**」の語を用いる。

97

◆第1部◆　総　論

び政治的権利に関する国際規約40条に基づき我が国から提出された報告に対して示した最終見解においても，相続分の同等化を強く勧告していること等にかんがみ，本件規定については，相続分を同等にする方向での法改正が立法府により可及的速やかになされることを強く期待するものである。」

　また，2008年には，日本人男性とフィリピン人女性の間に生まれ出生後に男性から認知された子どもが日本国籍の確認を求めた訴訟において，最高裁大法廷が，父母の婚姻を国籍取得の条件とする国籍法の規定は憲法14条に反するとし，10人の原告全員の日本国籍を認める判断を下したが，その憲法判断が，子どもに対する差別を禁じた人権条約の諸規定にも言及してなされたものであったことは注目される。

● *CASE* ●　退去強制令書発付処分取消等請求事件［国籍法違憲訴訟最高裁大法廷判決］
　　　　　　　最大判2008（平成20）年6月4日民集62巻6号1367頁

「我が国における社会的，経済的環境等の変化に伴って，夫婦共同生活の在り方を含む家族生活や親子関係に関する意識も一様ではなくなってきており，今日では，出生数に占める非嫡出子の割合が増加するなど，家族生活や親子関係の実態も変化し多様化してきている。このような社会通念及び社会的状況の変化に加えて，近年，我が国の国際化の進展に伴い国際的交流が増大することにより，日本国民である父と日本国民でない母との間に出生する子が増加しているところ，両親の一方のみが日本国民である場合には，同居の有無など家族生活の実態においても，法律上の婚姻やそれを背景とした親子関係の在り方についての認識においても，両親が日本国民である場合と比べてより複雑多様な面があり，その子と我が国との結び付きの強弱を両親が法律上の婚姻をしているか否かをもって直ちに測ることはできない。……

　また，諸外国においては，非嫡出子に対する法的な差別的取扱いを解消する方向にあることがうかがわれ，我が国が批准した市民的及び政治的権利に関する国際規約及び児童の権利に関する条約にも，児童が出生によっていかなる差別も受けないとする趣旨の規定が存する。さらに，国籍法3条1項の規定が設けられた後，自国民である父の非嫡出子について準正を国籍取得の要件としていた多くの国において，今日までに，認知等により自国民との父子関係の成立が認められた場合にはそれだけで自国籍の取得を認める旨の法改正が行われている。

　以上のような我が国を取り巻く国内的，国際的な社会的環境等の変化に照らしてみると，準正を出生後における届出による日本国籍取得の要件としておくことについて，前記の立法目的との間に合理的関連性を見いだすことがもはや難しくなっているというべきである。

　一方，国籍法は，……父母両系血統主義を採用し，日本国民である父又は母との法律上の親子関係があることをもって我が国との密接な結び付きがあるものとして日本国籍を付与するという立場に立って，出生の時に父又は母のいずれかが日本国民であるときには子が日本国籍を取得するものとしている（2条1号）。その結果，日本国民である父又

98

◆ 第2章　人権条約と日本法

は母の嫡出子として出生した子はもとより，日本国民である父から胎児認知された非嫡出子及び日本国民である母の非嫡出子も，生来的に日本国籍を取得することとなるところ，同じく日本国民を血統上の親として出生し，法律上の親子関係を生じた子であるにもかかわらず，日本国民である父から出生後に認知された子のうち準正により嫡出子たる身分を取得しないものに限っては，生来的に日本国籍を取得しないのみならず，同法3条1項所定の届出により日本国籍を取得することもできないことになる。このような区別の結果，日本国民である父から出生後に認知されたにとどまる非嫡出子のみが，日本国籍の取得について著しい差別的取扱いを受けているものといわざるを得ない。……
　　……上記……説示した事情を併せ考慮するならば，国籍法が，同じく日本国民との間に法律上の親子関係を生じた子であるにもかかわらず，上記のような非嫡出子についてのみ，父母の婚姻という，子にはどうすることもできない父母の身分行為が行われない限り，生来的にも届出によっても日本国籍の取得を認めないとしている点は，今日においては，立法府に与えられた裁量権を考慮しても，我が国との密接な結び付きを有する者に限り日本国籍を付与するという立法目的との合理的関連性の認められる範囲を著しく超える手段を採用しているものというほかなく，その結果，不合理な差別を生じさせているものといわざるを得ない。……そうすると，本件区別は，遅くとも上告人が法務大臣あてに国籍取得届を提出した当時には，立法府に与えられた裁量権を考慮してもなおその立法目的との間において合理的関連性を欠くものとなっていたと解される。したがって，上記時点において，本件区別は合理的な理由のない差別となっていたといわざるを得ず，国籍法3条1項の規定が本件区別を生じさせていることは，憲法14条1項に違反するものであったというべきである。」

　上記の最高裁判決は，「我が国を取り巻く国内的，国際的な社会的環境等の変化」として，非嫡出子の取扱いに関する諸外国の法制の変化と，自由権規約及び子どもの権利条約の関連規定を挙げており，日本が批准して国を拘束している条約と外国の立法動向とを並列的に掲げている点で疑問もある[84]ものの，少なくとも，人権条約の規範を考慮してそれを憲法解釈の補強として用いた点は評価できる。本判決は，**制定当時には合憲であった法令もその後の事情の変化によって違憲となる可能性を最高裁が明示的に認め，そのような事情の変化として人権条約が大きな役割を果たしたケースといえる**[85]。この点で，判決文では言及されていないものの，国籍法違憲判決で大法廷がこのような判断に至った背景には，**自由権規約委員会と子どもの権利委員会が日本に対して出していた「総括所見」に対する配慮**もあったとみられることも注目に値する。そのことは，本判決についての最高裁調査官解説が，「B規約委員会及び児童の権利委員会においては，我が国の国籍法における非嫡出子差別に対する懸念が

---

(84) 今井直「国籍法違憲訴訟最高裁判決と国際人権法」季刊教育法159号（2008年）78頁。

99

◆ 第1部 ◆ 総 論

示されていた」[86]として，自由権規約委員会による第4回日本政府報告審査後の総括所見（1998年）及び，子どもの権利委員会による第2回日本政府報告審査後の総括所見（2004年）に言及していることから窺える。

最高裁大法廷は，2013年には，婚外子の相続分を嫡出子の2分の1と定めた民法900条4号但書の規定の憲法14条1項適合性につき，判例（最大決1991（平成3）年7月5日）を変更して違憲判断を下した。この判断に至るにあたって最高裁は，同規定をおいた1947年民法改正以降の種々の事柄の変遷として，婚姻や家族のあり方に対する国民の意識の多様化，諸外国の状況の変化のほか，日本が批准した自由権規約と子どもの権利条約では，子どもが出生によっていかなる差別も受けない旨の規定があることを挙げている。人権条約に関して，本判決では特に，条約に基づく委員会である自由権規約委員会と子どもの権利委員会が，婚外子に関する日本の条約履行状況について，本件規定を含む差別的規定を取り上げて「懸念の表明，法改正の勧告等を繰り返してきた」ことに言及している点が重要である。そして，これら，1947年民法改正時から現在までの社会の動向，家族形態の多様化やこれに伴う国民の意識の変化，諸外国の立法の趨勢，「我が国が批准した条約の内容とこれに基づき設置された委員会からの指摘」，嫡出子と婚外子の区別に関わる法制等の変化，これまでの最高裁判例における度重なる問題の指摘等を「総合的に考察すれば」，「家族という共同体の中における個人の尊重がより明確に認識されてきたことは明らかである」とし，「父母が婚姻関係になかったという，子にとっては自ら選択ないし修正する余地のない事柄を理由としてその子に不利益を及ぼすことは許されず，子を個人として尊重し，その権利を保障すべきであるという考えが確立されてきている」として，遅くとも2001年7月当時において本件規定は憲法14条1項に違反していたと結論した（全員一致）。

---

(85) 宮地基「司法審査における人権条約の位置 —— 日独比較の観点から」国際人権23号（2012年）49頁以下は，ドイツでは国内法上人権条約は連邦法律と同格の地位しか有しないにもかかわらず，連邦憲法裁判所の違憲立法審査の実際においては人権条約及び条約機関によるその解釈が事実上大きな影響力をもっており，ヨーロッパ人権裁判所の判決が「重要な事情変更」として連邦憲法裁判所の判例変更をもたらしていることを引きつつ，日本でも，**人権条約とその実務は，確立した最高裁判例といえども事情変更の法理によってこれを柔軟に見直すことを可能にすること**を指摘する。

(86) 森英明「最高裁判所判例解説」法曹時報62巻7号（2010年）265頁。

　　　　　　　　　　　　　　　　　　　　　　● 第2章　人権条約と日本法

● *CASE* ●「遺産分割審判に対する抗告棄却決定に対する特別抗告事件」[婚外子相続
　　　　　分差別違憲訴訟] 最大決2013（平成25）年9月4日民集67巻6号1320頁
「2　憲法14条1項適合性の判断基準について
　　憲法14条1項は，法の下の平等を定めており，この規定が，事柄の性質に応じた合理
的な根拠に基づくものでない限り，法的な差別的取扱いを禁止する趣旨のものであると
解すべきことは，当裁判所の判例とするところである…。
　　相続制度は，被相続人の財産を誰に，どのように承継させるかを定めるものであるが，
相続制度を定めるに当たっては，それぞれの国の伝統，社会事情，国民感情なども考慮
されなければならない。さらに，現在の相続制度は，家族というものをどのように考え
るかということと密接に関係しているのであって，その国における婚姻ないし親子関係
に対する規律，国民の意識等を離れてこれを定めることはできない。これらを総合的に
考慮した上で，相続制度をどのように定めるかは，立法府の合理的な裁量判断に委ねら
れているものというべきである。この事件で問われているのは，このようにして定めら
れた相続制度全体のうち，本件規定により嫡出子と嫡出でない子との間で生ずる法定相
続分に関する区別が，合理的理由のない差別的取扱いに当たるか否かということであり，
立法府に与えられた上記のような裁量権を考慮しても，そのような区別をすることに合
理的な根拠が認められない場合には，当該区別は，憲法14条1項に違反するものと解す
るのが相当である。
3　本件規定の憲法14条1項適合性について
…
(2)最高裁平成3年（ク）第143号同7年7月5日大法廷決定・民集49巻7号1789頁（以
下「平成7年大法廷決定」という。）は，本件規定を含む法定相続分の定めが，法定相
続分のとおりに相続が行われなければならないことを定めたものではなく，遺言による
相続分の指定等がない場合などにおいて補充的に機能する規定であることをも考慮事情
とした上，前記2と同旨の判断基準の下で，嫡出でない子の法定相続分を嫡出子のそれ
の2分の1と定めた本件規定につき，『民法が法律婚主義を採用している以上，法定相
続分は婚姻関係にある配偶者とその子を優遇してこれを定めるが，他方，非嫡出子にも
一定の法定相続分を認めてその保護を図ったものである』とし，その定めが立法府に与
えられた合理的な裁量判断の限界を超えたものということはできないのであって，憲法
14条1項に反するものとはいえないと判断した。
　　しかし，法律婚主義の下においても，嫡出子と嫡出でない子の法定相続分をどのよう
に定めるかということについては，前記2で説示した事柄を総合的に考慮して決せられ
るべきものであり，また，これらの事柄は時代と共に変遷するものでもあるから，その
定めの合理性については，個人の尊厳と法の下の平等を定める憲法に照らして不断に検
討され，吟味されなければならない。
(3)前記2で説示した事柄のうち重要と思われる事実について，昭和22年民法改正以降の
変遷等の概要をみると，次のとおりである。
ア　昭和22年民法改正の経緯をみると，その背景には，「家」制度を支えてきた家督相
続は廃止されたものの，相続財産は嫡出の子孫に承継させたいとする気風や，法律婚を
正当な婚姻とし，これを尊重し，保護する反面，法律婚以外の男女関係，あるいはその

101

◆ 第1部 ◆ 総 論

中で生まれた子に対する差別的な国民の意識が作用していたことがうかがわれる。また，この改正法案の国会審議においては，本件規定の憲法14条1項適合性の根拠として，嫡出でない子には相続分を認めないなど嫡出子と嫡出でない子の相続分に差異を設けていた当時の諸外国の立法例の存在が繰り返し挙げられており，現行民法に本件規定を設けるに当たり，上記諸外国の立法例が影響を与えていたことが認められる。

しかし，昭和22年民法改正以降，我が国においては，社会，経済状況の変動に伴い，婚姻や家族の実態が変化し，その在り方に対する国民の意識の変化も指摘されている。すなわち，地域や職業の種類によって差異のあるところであるが，要約すれば，戦後の経済の急速な発展の中で，職業生活を支える最小単位として，夫婦と一定年齢までの子どもを中心とする形態の家族が増加するとともに，高齢化の進展に伴って生存配偶者の生活の保障の必要性が高まり，子孫の生活手段としての意義が大きかった相続財産の持つ意味にも大きな変化が生じた。昭和55年法律第51号による民法の一部改正により配偶者の法定相続分が引上げられるなどしたのは，このような変化を受けたものである。さらに，昭和50年代前半頃までは減少傾向にあった嫡出でない子の出生数は，その後現在に至るまで増加傾向が続いているほか，平成期に入った後においては，いわゆる晩婚化，非婚化，少子化が進み，これに伴って中高年の未婚の子どもがその親と同居する世帯や単独世帯が増加しているとともに，離婚件数，特に未成年の子を持つ夫婦の離婚件数及び再婚件数も増加するなどしている。これらのことから，婚姻，家族の形態が著しく多様化しており，これに伴い，婚姻，家族の在り方に対する国民の意識の多様化が大きく進んでいることが指摘されている。

イ　前記アのとおり本件規定の立法に影響を与えた諸外国の状況も，大きく変化してきている。すなわち，諸外国，特に欧米諸国においては，かつては，宗教上の理由から嫡出でない子に対する差別の意識が強く，昭和22年民法改正当時は，多くの国が嫡出でない子の相続分を制限する傾向にあり，そのことが本件規定の立法に影響を与えたところである。しかし，1960年代後半（昭和40年代前半）以降，これらの国の多くで，子の権利の保護の観点から嫡出子と嫡出でない子との平等化が進み，相続に関する差別を廃止する立法がされ，平成7年大法廷決定時点でこの差別が残されていた主要国のうち，ドイツにおいては1998年（平成10年）の「非嫡出子の相続法上の平等化に関する法律」により，フランスにおいては2001年（平成13年）の「生存配偶者及び姦生子の権利並びに相続法の諸規定の現代化に関する法律」により，嫡出子と嫡出でない子の相続分に関する差別がそれぞれ撤廃されるに至っている。現在，我が国以外で嫡出子と嫡出でない子の相続分に差異を設けている国は，欧米諸国にはなく，世界的にも限られた状況にある。

ウ　我が国は，昭和54年に「市民的及び政治的権利に関する国際規約」（昭和54年条約第7号）を，平成6年に「児童の権利に関する条約」（平成6年条約第2号）をそれぞれ批准した。これらの条約には，児童が出生によっていかなる差別も受けない旨の規定が設けられている。また，国際連合の関連組織として，前者の条約に基づき自由権規約委員会が，後者の条約に基づき児童の権利委員会が設置されており，これらの委員会は，上記各条約の履行状況等につき，締約国に対し，意見の表明，勧告等をすることができるものとされている。

我が国の嫡出でない子に関する上記各条約の履行状況等については，平成5年に自由権規約委員会が，包括的に嫡出でない子に関する差別的規定の削除を勧告し，その後，

102

第2章　人権条約と日本法

上記各委員会が，具体的に本件規定を含む国籍，戸籍及び相続における差別的規定を問題にして，懸念の表明，法改正の勧告等を繰り返してきた。最近でも，平成22年に，児童の権利委員会が，本件規定の存在を懸念する旨の見解を改めて示している。

エ　前記イ及びウのような世界的な状況の推移の中で，我が国における嫡出子と嫡出でない子の区別に関わる法制等も変化してきた。すなわち，住民票における世帯主との続柄の記載をめぐり，昭和63年に訴訟が提起され，その控訴審係属中である平成6年に，住民基本台帳事務処理要領の一部改正（平成6年12月15日自治振第233号）が行われ，世帯主の子は，嫡出子であるか嫡出でない子であるかを区別することなく，一律に「子」と記載することとされた。また，戸籍における嫡出でない子の父母との続柄欄の記載をめぐっても，平成11年に訴訟が提起され，その第1審判決言渡し後である平成16年に，戸籍法施行規則の一部改正（平成16年法務省令第76号）が行われ，嫡出子と同様に「長男（長女）」等と記載することとされ，既に戸籍に記載されている嫡出でない子の父母との続柄欄の記載も，通達（平成16年11月1日付け法務省民一第3008号民事局長通達）により，当該記載を申出により上記のとおり更正することとされた。さらに，最高裁平成18年（行ツ）第135号同20年6月4日大法廷判決・民集62巻6号1367頁は，嫡出でない子の日本国籍の取得につき嫡出子と異なる取扱いを定めた国籍法3条1項の規定（平成20年法律第88号による改正前のもの）が遅くとも平成15年当時において憲法14条1項に違反していた旨を判示し，同判決を契機とする国籍法の上記改正に際しては，同年以前に日本国籍取得の届出をした嫡出でない子も日本国籍を取得し得ることとされた。

…

キ　当裁判所は，平成7年大法廷決定以来，結論としては本件規定を合憲とする判断を示してきたものであるが，平成7年大法廷決定において既に，嫡出でない子の立場を重視すべきであるとして5名の裁判官が反対意見を述べたほか，婚姻，親子ないし家族形態とこれに対する国民の意識の変化，更には国際的環境の変化を指摘して，昭和22年民法改正当時の合理性が失われつつあるとの補足意見が述べられ，その後の小法廷判決及び小法廷決定においても，同旨の個別意見が繰り返し述べられてきた…。

…

なお，前記(2)のとおり，平成7年大法廷決定においては，本件規定を含む法定相続分の定めが遺言による相続分の指定等がない場合などにおいて補充的に機能する規定であることをも考慮事情としている。しかし，本件規定の補充性からすれば，嫡出子と嫡出でない子の法定相続分を平等とすることも何ら不合理ではないといえる上，遺言によっても侵害し得ない遺留分については本件規定は明確な法律上の差別というべきであるとともに，本件規定の存在自体がその出生時から嫡出でない子に対する差別意識を生じさせかねないことをも考慮すれば，本件規定が上記のように補充的に機能する規定であることは，その合理性判断において重要性を有しないというべきである。

(4)本件規定の合理性に関連する以上のような種々の事柄の変遷等は，その中のいずれか一つを捉えて，本件規定による法定相続分の区別を不合理とすべき決定的な理由とし得るものではない。しかし，昭和22年民法改正時から現在に至るまでの間の社会の動向，我が国における家族形態の多様化やこれに伴う国民の意識の変化，諸外国の立法のすう勢及び我が国が批准した条約の内容とこれに基づき設置された委員会からの指摘，嫡出子と嫡出でない子の区別に関わる法制等の変化，更にはこれまでの当審判例における度

103

◆ 第1部 ◆ 総 論

重なる問題の指摘等を総合的に考察すれば，家族という共同体の中における個人の尊重がより明確に認識されてきたことは明らかであるといえる。そして，法律婚という制度自体は我が国に定着しているとしても，上記のような認識の変化に伴い，上記制度の下で父母が婚姻関係になかったという，子にとっては自ら選択ないし修正する余地のない事柄を理由としてその子に不利益を及ぼすことは許されず，子を個人として尊重し，その権利を保障すべきであるという考えが確立されてきているものということができる。

以上を総合すれば，遅くとも A の相続が開始した平成13年7月当時においては，立法府の裁量権を考慮しても，嫡出子と嫡出でない子の法定相続分を区別する合理的な根拠は失われていたというべきである。

したがって，本件規定は，遅くとも平成13年7月当時において，憲法14条1項に違反していたものというべきである。」

日本が自由権規約や女性差別撤廃条約等の個人通報制度に参加する可能性が高まっていることを踏まえれば，日本の裁判所は，条約機関の見解や一般的意見を十分考慮しつつ，これらの条約規定の解釈・適用（及び条約の趣旨をふまえた憲法解釈）に向き合う必要があろう。「これまでのように，憲法の解釈論に逃げ込んだりすると，ますます自由権規約委員会の解釈と乖離する解釈が生み出されることになる。そうなれば，規約の解釈をめぐって個人通報事例は増えこそすれ，減ることはないであろう」[87]という指摘は正鵠を得ている。

なお，裁判所が，人権条約機関が一般的意見，総括所見，見解等で示す条約解釈に字義通りに拘束されるとすれば，それは**司法権の独立**の観点からして許されないと言われることがあるが，人権条約機関が発出するこれらの条約解釈は，もともと，法的な拘束力をもつものとはされていない。**締約国の裁判所は，そのような意味でこれら見解等を拘束力あるものとみることが要求されているのではなく，国際的人権基準としての人権条約の解釈・適用にあたって，条約の国際的実施の任を負っている機関がその経験をふまえて示している条約解釈を十分に参照しつつ，国際的に通用する妥当な法解釈を行うことが求められているのである。**「裁判所が当該事案で提出された規約人権委員会の見解について，法令解釈に際し真摯に向かい合うことを求めるのは職権行使の独立性に反しない」はずである[88]。また，最高裁への上告に関する訴訟法上の制約に関し

---

[87] 坂元茂樹「日本の裁判所における国際人権規約の解釈適用 ―― 一般的意見と見解の法的地位をめぐって」芹田健太郎ほか編集代表『講座国際人権法3 国際人権法の国内的実施』（信山社，2011年）73頁。

[88] 笹田栄司「総括コメント：憲法学の立場から」国際人権23号（2012年）63頁。

ては，例えば，自由権規約の第一選択議定書を批准した場合，判決（決定）理由において規約委員会の見解をまったく検討していない下級審の対応については，規約違反として『上告受理の申立て』が可能になるのではないかとも考えられる。「『法令の解釈に関する事項』（民訴318条1項）に自由権規約違反が含まれるとすれば，『新たに法令解釈について最高裁判所としての判断を示す必要があるとき』に上告受理申立理由が認められる。この点，自由権規約が憲法の人権条項にほぼ含まれると解するならば，受理申立理由が認められる可能性は低いが，一方で，第1選択議定書が批准されたことで最高裁判所の対応が変わり，［憲法の］人権条項ではカバーできない領域の存在を認める可能性もある」[89]。自由権規約だけでなく，他の人権条約の個人通報制度の受入れに関しても，同様の考え方をとることが可能であろう。

◆ **4 国際法の遵守・国際基準の参照に関する国内裁判官の実践** ━━━━━

先に，国際協調主義を掲げた日本国憲法体制下における条約の国内的位置づけについて検討したが，**人権条約の趣旨・目的を憲法解釈に反映させるという解釈手法は，条約にそもそも国内的効力を認めていない（よって，裁判官が条約規定を直接適用するということも本来ありえない）変型体制ないし二元的体制の国々における立法規定及び司法慣行を含め，比較法的にみても多くの国の間の共通性を見い出せるものである。**

先にもふれた通り，イギリスを始めとするコモンウェルス諸国は，条約は国際的な約束であっても国内的には効力をもたない二元的な体制を取っているため，国が批准・加入した人権条約の国内実施も，議会制定法とその解釈・適用によって行われる。これらの国で，関連の人権条約の基準を法律によって取り込んだものの中には，**イギリスの1998年人権法や1982年カナダ人権憲章のように，形式的には議会制定法でありながら，通常の法律に優位する憲法的な地位をもつとみなされているものがある。**ヨーロッパ人権条約の規定を国内法化したイギリスの1998年人権法（Human Rights Act 1998）[90]の場合，これにより同条約の規定は行政機関及び司法機関に直接に適用され，それに反する行政機関の行為は無効とされる。裁判官は法律を条約適合的に解釈するものとされ，それが不可能な場合には法律が条約に反することを宣言することができる。カナダ

---

[89] 同上，64頁。
[90] 田島裕『イギリス憲法典 —— 1998年人権法』（信山社，2010年）を参照。

105

◆ 第 1 部 ◆ 　 総 　 論

は, 1982年に1982年憲法法(Constitution Act ; Schedule B of the Canada Act 1982 (U.K.))
の一部 (c.11) としてカナダ人権憲章すなわち「カナダ権利・自由憲章 (Canadian
Charter of Rights and Freedoms)」を制定しているが，この憲章はカナダが1976年
に批准した自由権規約の規定を重要な土台とし，さらには自由権規約委員会に
よる1980年の第 1 回カナダ政府報告審議において指摘された事項をも考慮して
作成されたものである[91]。この憲章はカナダ連邦議会及び政府，並びに各州の
立法府と政府を拘束し，また，憲章上の権利又は自由を侵害された個人は裁判
所に救済を求めることができる。ニュージーランド権利章典法 (New Zealand Bill
of Rights Act 1990) のように，同国が批准した自由権規約の規定を下敷きとし
実質的にこれを国内法化した法律上，裁判所は権利章典法に反するという理
由のみで法律を無効としたりその適用を退けたりすることはできない一方，権
利章典法に合致した法解釈が取られるべきことが明記されているものもある。
しかるに，これらの二元的体制の国では，イギリス人権法やニュージーランド
権利章典法のように，(国内法化された) 条約規範に適合するように法律を解釈
すべきことを明文で定めている場合もあれば，そうでない場合も一般的な司法
慣行として，**国が批准・加入している条約の規定を裁判官が参照し，国が負っ
ている条約上の義務に違背しないような判断を下す傾向が広くみられるのであ
る**[92]。

　二元的体制の国においてなぜ上記のような司法慣行がみられるかといえば，
それは，これらの国においては，人権法や人権憲章といった当該国の関連法の
適切な解釈と適用こそが，人権条約上の人権が国内的に効果を発揮しうる道で
あることを裁判官がよく理解している (又は，イギリスのように，条約適合的な
解釈をとることを人権法上要求されている) ためである[93]。そして，ヨーロッパ
人権条約の下でヨーロッパ人権裁判所の管轄権に服している国の場合には，**国
内裁判所が条約規範及びそれに関するヨーロッパ人権裁判所の判例法を参照し
て司法判断を下さなければ，国内救済を尽くした事案がヨーロッパ人権裁判所
に提訴され国の条約違反が認定されうる現実的可能性がある**という事情が大き
く関係している (イギリスでは，1998年人権法の制定そのものが，同国が同条約違
反を認定される事案が多いことを背景としたイギリス議会の対応であった)。ヨー
ロッパ人権条約の締約国全体をみても，ヨーロッパ人権裁判所の個々の判決の

---

(91) W. A. Schabas, *International Human Rights Law and the Canadian Charter*, Second ed., On-
tario: Carswell, 1996, pp.26-27.

106

第2章　人権条約と日本法

拘束力は当事国にしか及ばないにもかかわらず，同裁判所の判例法理は，個人通報制度の存在を背景として他の締約国にも事実上多大な影響を及ぼしている。同条約上の権利が問題となりうる事案においては，最高裁判所，また憲法裁判所のある国では憲法裁判所を含め，国内裁判所の裁判官がヨーロッパ人権裁判所の判例法を予め調査し参照することが，受容体制・二元的体制を問わず多くの国で日常的なルーティンとなっているのである。**国内救済完了の要求により，申立人がヨーロッパ人権裁判所に提訴する前の段階で，国内法とヨーロッパ人権裁判所との合致について最終的に判断するのは国内裁判所である。**加えて，ヨーロッパ人権条約は，公正な裁判を受ける権利や効果的な救済を受ける権利等，国内の司法制度の機能にかかわる一定の基準を定めている（特に5条，6条及び13条）。こうして，**すべての国家機関の中で，ヨーロッパ人権裁判所による国際的な監視に最も体系的にさらされている立場にあるのは裁判官である**から，多くの国で，同条約の基準の国内的受入れを先導する役割を果たしてき

---

(92)　R.Jennings and A.Watts eds., *Oppenheim's International Law*, 9th ed.,vol.I: Peace, Oxford: Oxford University Press, 1996, pp.61–63; Y. Iwasawa, *International Law, Human Rights and Japanese Law: The Impact of International Law on Japanese Law*, Oxford: Oxford University Press, 1998, p.83.

　　カナダでは，カナダ人権憲章は上述のように自由権規約の規定を土台として起草され，社会権規約の内容に対応する権利規定は平等権（15条）を除き明示的には含まれていないものの，連邦最高裁の判例では，同憲章の解釈においては社会権規約を含めカナダが批准した人権条約が与える人権保護と同等の保護が与えられるという「**解釈上の推定**（an interpretive presumption）」が認められている（M.Jackman and B.Porter, "Canada: Socio-Economic Rights under the Canadian Charter", M.Langford（ed.）, *Social Rights Jurisprudence: Emerging Trends in International and Comparative Law*, Cambridge: Cambridge University Press, 2008, pp.209–215）。1989年のスライト・コミュニケーション社対ダヴィッドソン事件でカナダ連邦最高裁は，社会権規約の規定を明示的に引用しつつ，カナダにおいては「[カナダ人権]憲章は一般に，カナダが批准した国際人権文書における同様の規定によって与えられているのと少なくとも同等の保護を与えていると推定されるべきである」という「解釈上の推定」が存在すると判示している（*Slaight Communications Inc. v. Davidson*, [1989] 1 S.C.R.1038）。

　　ヨーロッパ人権条約の規定が，条約の自動的受容体制をとる国のほか，条約一般については二元的体制をとる国であっても直接適用されており，同条約の国内実施については受容体制か二元的体制かという形式的な区別がもはや当てはまらないことについては，H.Keller and A.Stone Sweet, *A Europe of Rights: The Impact of the ECHR on National Legal Systems*, Oxford: Oxford University Press, 2008, pp.683–686 を参照。

(93)　カナダでは例えば，スライト・コミュニケーション社対ダヴィッドソン事件判決等を引用しつつ，「我々の[カナダ人権]憲章は，国際人権が国内的効果をもちうるための主要な媒体である」と述べた R 対エワンチュク事件連邦最高裁判決（*R v. Ewanchuk*, [1999] 1 S.C.R.330, para.77（Justice l'Heureux-Dubé）を見よ。本件でルル＝デュベ判事は，女性に対する暴力が，カナダ人権憲章7条及び15条が保護する人間の尊厳及び平等な権利享受の侵害となると解釈するにあたり，女性差別撤廃条約及び，女性に対する暴力が同条約1条にいう女性差別を構成するとする女性差別撤廃委員会一般的勧告19を援用している。*Ibid.*, paras.69–72.

107

◆第1部◆　総　論

たのは裁判所であることは驚くにあたらない。**同様の現象は，**国際裁判所を備えたヨーロッパ人権条約の場合ほどではないといえ，**自由権規約第一選択議定書による個人通報制度を受け入れており同規約委員会に個人通報が提出される現実的可能性のある国についてもみられる**[94]。

このように，二元的体制の国の国内裁判所ですら裁判官が人権条約の規範を考慮し，それに沿った司法判断を下すという現象の背景には，個人通報制度に参加しているという制度的条件に加え，一般論として，国際基準との整合性に対する国内裁判官自身の認識の高まりがある。判決の中で，あるいは下にみる通り他所で裁判官自身が語っているように，**自国を拘束している国際人権基準の存在を意識した上で，国際的に通用する法解釈を行おうとする裁判官の姿勢である**＊。

＊　**国内裁判所・条約機関の実践における国際法と比較法の影響**　　条約がそもそも国内的効力をもたない二元的体制の国を含めて，国内裁判所の裁判官が，国を拘束している国際法上の義務を参照しできる限りそれに適合的な司法判断を下す傾向があることを述べた。ここで，より大きく状況をとらえれば，**人権法の解釈・適用をめぐっては，条約機関同士の間，条約機関と国内裁判所との間，そして一国の国内裁判所と他国の国内裁判所との間で，相互に参照・引用し影響を与え合っている**ことが指摘できる。

人権に関する国際基準が発展する中で，とりわけ1990年代頃から顕著に増加している現象は，人権に関する法解釈をめぐって，条約機関の判例・先例が互いに影響を与え（例えば，自由権規約委員会の先例法理がヨーロッパ人権裁判所の判例法理によって影響を受ける例），また，国内裁判所が，条約機関の判例・先例法や他国の国内裁判所の判例を参照し，時には明示的に引用しつつ判断を下す司法慣行である。国内裁判所が，人権条約の規定や，人権に関する慣習国際法の解釈，また時には自国法上の人権規定をめぐって，同様の規範に関するヨーロッパ人権裁判所の判例法，自由権規約委員会の先例法等の国際判例・先例を参照したり（自国がそれらの条約を批准しておらず，法的には拘束を受けていない場合も含む），関連する他国の裁判所の判例を比較法的に参照したりしながら判決を下すことが増加しているのである。そのような**解釈機関同士の国際的な相互参照を通して，人権に関するグローバルないしトランスナショナルな共通法が形成されつつある**ことを指摘する論者も数多く，今日では枚挙に暇がないほどである[95]。

---

(94)　オーストラリアについて村上正直「オーストラリアに対する人権条約の影響 ── 同国裁判所の動向を中心に」国際法外交雑誌98巻1・2合併号（1999年）ニュージーランドについてリシュワース（申惠丰訳）「ニュージーランドの国内裁判所と国際人権法」青山法学論集53巻4号（2012年）を参照。

第2章　人権条約と日本法

　日本でも，国際法学の観点からは，国際裁判所を備えているヨーロッパ人権条約のような条約体制はもちろん，条約機関として委員会を設置している普遍的人権条約の下での条約規範の発展，またこうした地域的条約機関と普遍的条約機関の相互作用を含むグローバルな人権法理の発展は認識されている。そこでは，**異なった裁判機関間や人権条約機関間の相互融合によって，法理の有権性が高められている**という現象がみられる[96]。

　日本の憲法学からは，「**トランスナショナル人権法源**」（＝「日本国憲法にとってrelevant なトランスナショナルな人権的法実践の総体，すなわち種々様々な人権の基本原理とその規範的具体化の総体」）について論じた山元一の論稿[97]が，この点に関する初めての本格的な応答といえよう。山元教授は2012年5月の法律時報の特集「憲法と国際人権法 —— 共通の人権規範の確立に向けて」に寄せた論稿で，**日本国のすべての統治機構は，憲法が与えた権能の範囲内で，国家が負った国際法上の義務に積極的に応答する義務を負っており，「裁判官もその一人ひとりが国際社会に自らの身を晒すグローバル世界に立つ存在である」**こと，従って例えば，自らの扱う事件において国際人権法の示唆するところと矛盾する判断を下そうとする場合には，「国際社会に向けて説得力のある説明を行わなければならない（判決文が日本語で書かれるからといって，決して裁判官はその読み手を日本語使用者だけだ，と想定してはならない）」ことを説得的に論じている[98]。

　世界人権宣言はそもそも20世紀前半までの諸憲法における人権保障を土台として起草され採択されたものであること，そして今日の国際人権基準は普遍的基準であれ地域的基準であれすべて内容的に世界人権宣言に由来していることからすれば，人権条約機関が，同一ないし同様の人権規定の解釈について，他の条約機関の判断や，憲法上の人権の解釈に関する国内裁判所の判断を参考にするのは自然なことである。他方で，上でふれたように，二元的体制の国を含め少なからぬ国では，国内

---

[95] その一端として L. Henkin, "The International Judicial Dialogue: When Domestic Courts Join the Conversation", 114 *Harvard Law Review* (2001) 2049; A.-M.Slaughter, "A Global Community of Courts", 44 *Harvard International Law Journal* (2003) 191; De Schutter, *International Human Rights Law: Cases, Materials and Commentary, op.cit.*, pp.31–32 等を参照。

[96] 山形英郎「自由権規約のダイナミズム —— 自由権規約委員会による領域外適用」ジュリスト1409号，2010年，47頁。山形論文は，**国家と個人との関係を規律する人権条約の場合，第一次的解釈権をもつとされる国家の解釈は，他の国家のみならず国際的な委員会さらには個人やNGOからのチャレンジを受けるものである**ことを指摘し，「各種人権委員会は独立した個人の資格で参加する委員によって構成されているが，これは，人権の享有をする側が人権を解釈するということを意味する。そうした解釈は，200近くの国家によって批判されるかもしれないが，数十億の個人によって支持される可能性を持った解釈なのである。しかも，そうした解釈権能を国家自らがすでに委員会に付与しているのである」と的確に評している。

[97] 「憲法解釈における国際人権規範の役割 —— 国際人権法を通してみた日本の人権法解釈論の方法論的反省と展望」国際人権22号（2011年）35頁以下。

[98] 山元一「グローバル化世界における公法学の再構築 —— 国際人権法が憲法学に提起する問いかけ」法律時報1046号（2012年）11頁。

◆第1部◆　総論

の人権章典を人権条約適合的に解釈する立法上の原則又は司法慣行が広く存在している。加えて，**人権条約の基準に関する条約機関の判例法・先例法が発展し，条約規範の内容がより具体化されればされるほど（当該条約機関への個人通報制度が機能しており，国内救済を尽くした後で個人通報が可能な場合には特に），国内裁判所における事案では，条約機関の法解釈をもふまえて説得的に人権条約を解釈し適用する現実的な必要性が高まってくる。また，国内裁判所の裁判官が，自国を国際法上拘束している条約規範の存在を意識すればするほど，条約規範が関わってくる事案においては，当該条約が他の締約国ではどのように解釈・適用されているのかを比較法的に検討する姿勢を取るようになる。法解釈機関同士のグローバルな「対話」現象の中でも，特に，人権条約のように国家間で合意された国際基準が，他国でどのように解釈・適用されているのかを参照し学び合う「対話」は，共通の法原則と枠組みに基づく議論である点で，国内裁判所にとって，自国の国際的義務についての説得的な解釈を導く有益な助けとなるものである**[99]。なお，想像に難くないように，これらの国際法調和的・比較法的実践は，他国ないし条約機関の判例・先例を裁判官が自ら読むことのできる英語圏及びヨーロッパ言語の国々で特に顕著である。

　例えば，自国に送還されれば姦通罪によって鞭打ち刑や死刑に処されると主張してイギリスに難民認定申請を行った2人のパキスタン人女性の事案における難民条約の解釈・適用をめぐる事案で，イギリス上院（当時の最高裁）は，原審の判断を覆して，これらの女性は同条約にいう「特定の社会的集団」の構成員とみなしうるとの結論に至るにあたり，オーストラリア，カナダ，アメリカの判例のほか，ドイツ，オランダ，スウェーデン，デンマーク，カナダ等の判例と実行に依拠したニュージーランドの判例をも詳細に検討してこれらを参照した[100]。イギリス上院は同様に，自国に送還されれば性器切除の恐れにさらされると主張したシェラレオネの少女の難民認定申請をめぐる事案で，原審の判断を覆して彼女の訴えを認めたが，その際にも，アメリカ，オーストラリア，カナダ，ニュージーランド，オーストリアの判例を参照している[101]。

　イギリスのこれらの判決に関わったビンガム元英国最高裁判事は，『広がる水平線 —— 国内法に対する比較法と国際法の影響』と題する講演録で英国最高裁の実践を紹介した中で，それは，最高裁の個別の決定が正しいかどうかということとは別に，「国際条約の下で生じる同じ問題に取り組んでいる世界中の裁判所が，いかに，同意の得られる国際的な解決に向けて，ともに協働しながら模索しているか」を示すものなのだと述べている[102]。イギリスの裁判所は，そのように**国際条約の解釈**

---

[99]　A. Nollkaemper, *National Courts and the International Rule of Law*, Oxford: Oxford University Press, 2011, pp.241–242.

[100]　*R v. Immgration Appeal Tribunal, Ex p. Shah* [1999] 2 A.C.629.

[101]　*Fornah v. Secretary for the Home Department* [2007] 1 A.C.412.

110

が問題となる事案において，イギリス法を適用しているというよりも，「国際的に通用する法解釈を模索し，求めている」のだ，と強調するのである（強調筆者）。この点ではまた，イギリスで憲法的な保護を受ける人権の解釈に関するイギリスの裁判官が外国の判例に対して見せる反応は当初慎重であったものの，近年では法文化が変わり，「人権がもし真に基本的なものであるならば，国の境界によって画定されるものではないということが認められるようになった。同じ又は同様の問題に直面している他の国の経験や判決が関連をもち影響力をもつことはありうる」とみなされるようになったことにも言及している[103]。

　なお，米国は，子どもの権利条約のようなきわめて普遍性の高い人権条約を未だに批准していないほか，条約が自動的に国内的効力をもつ憲法体制であるにもかかわらず自由権規約の批准の際にはその直接適用可能性を否定する解釈宣言を付すなど，人権条約に対する政府の姿勢においては冷淡さが目立つ。しかしその米国でも，裁判所では，青少年に対する死刑の適用をめぐるローパー対シモンズ事件連邦最高裁判決のように，人権条約の規定を考慮に入れた憲法判断が下される例が現れていることが注目される。この判決で米国連邦最高裁は，18歳未満の青少年に死刑を科すことが米国憲法第8修正に反するか否かの判断にあたり，「他国の法，及び国際的に権威ある根拠（international authorities）」を参照するとし，自由権規約のほか子どもの権利条約をも参照しつつ，**米国の実行が国際社会の圧倒的な動向に反したものであることを違憲判断の補強的理由とした。**

● *CASE* ● ローパー対シモンズ事件（*Roper v. Simmons*）米国連邦最高裁判所判決（543 U.S.551），2005年3月1日

「本件は……，死刑の科しうる犯罪を犯した時点で15歳を超えていたが18歳未満であった青少年を処刑することがアメリカ憲法第八及び第十四修正の下で許容されるかという問題の検討を必要とする。……第八修正は，『過大な保釈金は要求されてはならず，過重な罰金が科されてはならない。また，残虐で異常な刑罰は科されてはならない。』と規定する。この規定は，第十四修正によって，州にも適用される。……

　過半数の州が，18歳未満の青少年犯罪者に対して死刑を科すことを排除しており，我々は今や，これは第八修正によって要求されていることであるとみなす。死刑は最も厳しい刑罰であるから，第八修正は特別の力をもって死刑に適用される。……」

「死刑が，18歳未満の犯罪者に対する均衡を逸した刑罰であるという我々の決定は，アメリカが，青少年の死刑を公的に認め続けている世界で唯一の国であるという厳然たる現実をみれば確認される。第八修正を解釈する任務は我々の責任であるから，この現実は結論を支配するものではない。しかし，少なくともトロップ事件（*Trop v. Dulles*, 356 U.S.86）における決定以来，当裁判所は，第八修正における『残虐で異常な刑罰』の禁

---

(102)　T. H. Bingham, *Widening Horizons: The Influence of Comparative and International Law on Domestic Law*, Cambridge: Cambridge University Press, 2010, p.44.

(103)　*Ibid.*, pp.69-70.

◆ 第1部 ◆ 総 論

止の解釈の示唆になるものとして，他国の法，及び国際的に権威ある根拠（international authorities）を参照してきた。……

国連子どもの権利条約は，アメリカとソマリア以外，世界のすべての国が批准している条約であるが，その37条は18歳未満の青少年が犯した犯罪に対して死刑を科すことを明文で禁止している。……批准した国の中に，青少年犯罪者の処刑を禁じるこの規定に留保を付した国はない。同様の禁止は，他の重要な国際条約にも含まれている。（犯行時に18歳未満の者への死刑を禁じた）市民的及び政治的権利に関する国際規約6条5項を見よ（アメリカは，6条5項に留保を付して署名及び批准した）……。

……1990年以来，青少年犯罪者を処刑したのは，アメリカ以外は，イラン，パキスタン，サウジアラビア，イエメン，ナイジェリア，コンゴ民主共和国，中国の7カ国のみである。それ以降，これらの国はいずれも，青少年への死刑を廃止したか，それを行うことを公的に否認している。まとめれば，今やアメリカは，青少年の死刑への反対に顔を背けている世界でただ1つの国といってよい。

青少年への死刑を禁じる国際条約は比較的最近の文書であるが，これらの条約が存在する前に，イギリスが青少年への死刑を廃止したことを述べておくことは有益である。イギリスの経験は，イギリスとアメリカとの間の歴史的つながりに照らし，また第八修正自体の由来に照らして，ここで特別の関連性をもつものである。第八修正は，『過大な保釈金は要求されてはならず，過重な罰金が科されてはならない。また，残虐で異常な刑罰は科されてはならない。』と規定したイギリスの1689年権利章典中の同様の規定をモデルとしたものである。……

我々が，青少年への死刑に反対する国際世論の圧倒的な重みを認めることが適切である。……国際社会の意見は，我々の結論を支配するものではないが，我々の出す結論を確認するための，尊重されておりかつ有意義な根拠を提供するのである。」

批准した条約がそれ自体国内的効力を有する日本のような国では，人権条約上の義務は国家機関たる司法機関にとっても有効な法規範となるのであるから，裁判官が人権条約規範を参照すべき理由は格段に大きい。人権条約は，締約国に対して条約上の権利の確保・保障等を義務づけているだけでなく，多くの場合，条約上の権利の侵害に対して裁判所及び／又はその他の国家機関による効果的な救済を確保する義務を規定しており（自由権規約2条3項，人種差別撤廃条約6条，女性差別撤廃条約2条(c)），その場合，人権侵害に対する効果的な救済を与える義務は，裁判所を筆頭とする権限ある国内機関によって果たされることが求められている。条約の受容体制の国では実際に，本書でも後で紹介するように，国内裁判所の裁判官がその司法判断において条約規定を引照するだけでなく場合により直接適用も行っているが，それは，裁判官が，一国の国家機関として，その権限の限りにおいて，国が負っている国際法上の義務が遵守

◆第2章　人権条約と日本法

されることを確保し，国の国際的責任が生じる結果となることを避止しようとすることによっている[104]。裁判官は，自らが有する司法権の範囲においてなしうる限り，国の国際法上の義務でありかつ国内的効力を有している条約規範に依拠して司法判断を下すことを何ら妨げられないばかりか，国家機関としてのそのような姿勢は，条約の誠実な遵守という国際法の大原則に合致する。また，日本の憲法秩序の観点からも，日本が締結した人権条約にできる限り適合する方向で国内法を解釈・適用することは，憲法98条2項の要請に照らして，国家機関としての裁判官の取るべき姿勢ということができる。

　現行憲法下において国際法が国内法化される本質的意味合いの一端は，裁判所の司法的営みを通じて，日本国による国際義務の違反を避止し（憲法第98条2項の要請），それにより国際協調主義の実現をはかることにあるといって過言ではない[105]。国内裁判所は，司法判断においては条約機関の一般的意見や見解等をも十分に考慮しつつ条約を適切に解釈・適用し，人権侵害に対して必要な救済を与えることを通して，国の条約違反を最終的に阻止する枢要な責務を負っていると言わなければならない。

---

[104]　M. Waelbroeck, "Effets internes des obligations imposées à l'Etat", 39 *Revue critique de jurisprudence belge* 27 (1985), pp.34–37; C.Sciotti-Lam, *L'applicabilité des traités internationaux relatifs aux droits de l'homme en droit interne*, Bruxelles: Bruylant, p.353.

[105]　阿部浩己「鑑定意見書」宮地光子監修，ワーキング・ウィメンズ・ネットワーク編『男女賃金差別裁判「公序良俗」に負けなかった女たち』（明石書店，2005年）362頁。

113

◆ 第3章 ◆ 「管轄」下にある人の人権保障に関する国の責任

Ⅰ 総 論

　本章では，人権条約に基づき締約国が国際法上人権保障の義務を負い，それを履行しなかった場合に国際責任を生ぜしめる範囲を示す「**管轄（jurisdiction）**」の概念について検討する。

　多くの人権条約は，以下の通り，締約国の「管轄の下」又は「管轄内」にある人に対して権利を保障するという形で，条約義務が適用される範囲を規定している。

■ **自由権規約**
2条1項　この規約の締約国は，その領域内にあり，かつ，その管轄の下にあるすべての個人に対し，……いかなる差別もなしにこの規約において認められる権利を尊重し及び確保することを約束する。

■ **ヨーロッパ人権条約**
1条　締約国は，その管轄内にあるすべての者に対し，この条約の第1節に定義する権利及び自由を保障する。

■ **子どもの権利条約**
2条1項　締約国は，その管轄の下にある子どもに対し，……いかなる差別もなしにこの

条約で定める権利を尊重し，及び確保する。

■ **拷問等禁止条約**
2条1項　締約国は，自国の管轄の下にある領域内において拷問に当たる行為が行われることを防止するため，立法上，行政上，司法上その他の効果的な措置を取る。
16条1項　締約国は，自国の管轄の下にある領域内において，第1条に定める拷問には当たらない他の行為であって，残虐な，非人道的な又は品位を傷つける取扱い又は刑罰に当たり，かつ，公務員その他の公的資格で行動する者により又はその扇動によりもしくはその同意もしくは黙認の下に行われるものを防止することを約束する。

　上記のうち，拷問禁止条約は，締約国は「自国の管轄の下にある領域内において」拷問等の行為を防止するための措置を取るとし，締約国が，自国領域のみならず，占領地のように領域的管轄権を行使している領域においてその義務を負うことを示している。自由権規約の場合は，締約国の「管轄の下にある領域内のすべての個人」とはされていない一方，「領域内にあり，かつ，その管轄の下にあるすべての個人」として「領域内」という文言がやはり付加されて

114

◆ 第3章 「管轄」下にある人の人権保障に関する国の責任

いることから，その解釈が問題となりうる。「かつ」という接続詞を文字通り
解すれば，個人が締約国の「領域内」にあり，かつ「管轄下」にある場合のみ
に規約の適用があるように思われる。しかし，そもそも規約中には，12条4項
の「自国に戻る権利」のように，個人が締約国の領域外にいる場合にこそ当該
権利の保障が意味をもつ権利が含まれていることからすると，そうした解釈を
取ることは難しい。

　自由権規約の起草過程をみると，2条1項の「領域内にあり」の文言は，在
外自国民の人権の保護については通常，国家は外交的保護の手段を利用するほ
かなく，その権利の確保を国に義務づけることは難しいという主張があったこ
とから盛り込まれたものである[106]。すなわち，本条にいう「領域内にあり」
との文言は，締約国にとって規約の実施が困難に直面するような状況を想定し
た上で領域的範囲を限定するものであって，締約国による領域外での人権侵害
の責任を除外する趣旨の規定ではないと解される[107]。

　自由権規約は，2条1項では「領域内」の語を含めているが，個人通報制度
を定める第一選択議定書ではこの文言を規定しておらず，「管轄」下にある個
人からの通報を委員会が受理する旨定めている。

■ 自由権規約第一選択議定書
　1条　規約の締約国であって，この議定書の
　　締約国となるものは，その管轄の下にある
　　個人であって規約に定めるいずれかの権利
の右の締約国による侵害の被害者であると
主張する者からの通報を，委員会が受理し
及び検討することを認める。

　自由権規約には，12条4項の「自国に戻る権利」のように，個人が締約国の
領域外にいる場合にこそ権利保障が意味をもつ権利が含まれていることは前述
した。**国家の「領域」外でも，国家がその国家機能を行使し人をその「管轄」
の下におく場合の代表的なものは，在外公館（大使館，領事館）による権限の
行使である。**また，そのように国際法上認められている管轄権の行使に限らず，
国家機関が国外で人を拉致・拷問するような場合にも，当該国家は，領域外で
あるが対象者をその「管轄」の下においたとみることができる。下で見るよう
に，個人通報制度における自由権規約委員会の実行では実際に，締約国が在外
自国民に対してパスポートの更新や発給を拒否した事案のほか，締約国の工作

---

[106]　M. Nowak, *U. N. Covenant on Civil and Politcal Rights: CCPR Commentary*, Kehl: N. P.
　Engel, 1993, p.41.
[107]　宮崎繁樹編著『解説国際人権規約』（日本評論社，1996年）109頁［今井直執筆］。

115

◆ 第1部 ◆ 総 論

員が他国領域内で人を拉致し拷問した事案で，領域外であっても国家機関の行
為により締約国の「管轄」下で行われた人権侵害として規約を適用し，違反を
認定している。**領域という面ではその国の管轄下にない者であっても，侵害行
為を媒介として「管轄の下にある」とみなされ，規約が適用される**ということ
である。すなわち，規約上，「管轄」下にある人とは，締約国がその人に国家
としての「権限」を行使することを指す機能的な概念であり，当該国の国家「領
域」内で行使される国家機能と重なる部分が多い一方で，必ずしもそれに限ら
れるものではない。

● ***CASE*** ● 〈国際先例〉マルタン対ウルグアイ事件（*Sophie Vidal Martins v. Uruguay*）
自由権規約委員会「見解」通報 No.57/1979, 1981年7月29日［『先例集第1
集』198頁］

「6.2. ……現在，メキシコに居住しているウルグアイ国民で，1971年スウェーデンにお
いて発給され，発給から5年後にその効力が確認されるとの条件付きで10年間有効の旅
券の保持者であるソフィー・ヴィダル・マルタンは，1975年から1977年の間に，ウルグ
アイ当局から数回にわたり何らの説明もなくこの確認を拒否された。1978年，通報者は，
次にメキシコにあるウルグアイ領事館に新規の旅券の発給を申請した。……申請の2ヶ
月後，ソフィー・ヴィダル・マルタンは，内務省が通報者への新規の旅券の発給につき
承認を拒否したことを通告された。通報者は，その後この決定に不服を申立てたが，当
該決定は，後に何らその理由が付されないままウルグアイ外務省により公式に再確認さ
れた。……」

「7. ……選択議定書1条は，関係締約国の管轄の下にある個人で，規約に規定された
いずれかの権利がその国によって侵害されたと主張する者に適用される。ウルグアイ国
民に旅券を発給することは，明白にウルグアイ当局の管轄権内にある事項であり，本条
の適用上，その者は『ウルグアイの管轄の下に』ある。さらに，旅券は，規約12条2項
により要求されている『いずれの国（自国を含む）から自由に離れる』ことを個人に可
能ならしめる手段である。それゆえ，この権利のまさに本質から，規約12条2項は国民
が国外に居住している場合，居住国及び国籍国の双方に義務を課すことになるのである。
従って，規約12条2項に基づくウルグアイの義務を，自国の領域内にある国民に限定し
ていると解釈することはできない。」

「9. 規約人権委員会は，市民的及び政治的権利に関する国際規約の選択議定書5条4
項に基づき，委員会の認定した事実が1976年3月23日（ウルグアイについて規約が効力
を生じた日）以降に生起した部分に関する限り，市民的及び政治的権利に関する国際規
約12条2項の違反を示すものであるという見解である。なぜなら，ソフィー・ヴィダル・
マルタンは，いかなる正当な理由もなく旅券の発給を拒否され，そのことにより，自国
を含めいずれの国からも自由に離れることを妨げられたからである。」

第3章 「管轄」下にある人の人権保障に関する国の責任

● **CASE** ● 〈国際先例〉ロペス・ブルゴス対ウルグアイ事件（*Sergio Rubén López Burgoz v. Uruguay*）自由権規約委員会「見解」，通報 No.52/1979，1979年6月6日［『先例集第1集』143頁］

「12.1. ……規約人権委員会の所見では，ロペス・ブルゴスの逮捕，最初の拘禁及び虐待は外国領域で起こったとされるが，以後のウルグアイ領域への拉致の主張と並んで，これらの申立は，選択議定書1条（……「その管轄の下にある個人……」）によっても規約2条1項（「……その領域内にあり，かつ，その管轄の下にある個人……」）によっても，かかる行為が外国で活動するウルグアイの工作員（agent）により実行されたものである限り，委員会による検討を妨げられるものではない。

12.2. 選択議定書1条の『その管轄の下にある個人』という文言は，上述の結論に影響を及ぼすものではない。なぜならば，同条が述べているのは，侵害が生じた場所のことではなく，むしろ，侵害がどこで生じたにせよ，規約に定めるいずれかの権利の侵害についての個人と国家の間の関係であるからである。

12.3. 規約2条1項は，締約国に『その領域内にあり，かつ，その管轄の下にあるすべての個人に対し』権利を尊重し及び確保する義務を負わせている。しかし同条は，規約に定める権利の侵害であって関係締約国の代理人が他国の領域で実行したものにつき，かかる侵害が他国政府の黙認を得てなされたにせよ，それに敵対する形でなされたにせよ，関係締約国の責任を問うことができないことを意味するものではない。規約5条1項によれば，『この規約のいかなる規定も，国，集団又は個人が，この規約において認められる権利もしくは自由を破壊しもしくはこの規約に定める制限の範囲を超えて制限することを目的とする活動に従事し又はそのようなことを目的とする行為を行う権利を有することを意味するものと解することはできない。』

この規定に従えば，規約2条の下での責任を，締約国が自国の領域内で実行することができない規約違反を他国の領域において実行することを許すように解釈することは不当であろう。」

　人種差別撤廃条約及び女性差別撤廃条約には，条約中の一般的な義務規定には同様の規定はないが，それぞれ，個人通報制度に関する規定ないし選択議定書で，締約国の「管轄」下にある個人からの通報を委員会が受理する旨定めている。

■ **人種差別撤廃条約**
　14条1項　締約国は，この条約に定めるいずれかの権利の当該締約国による侵害の被害者であると主張する当該締約国の管轄の下にある個人又は集団からの通報を，委員会が受理しかつ検討する権限を有することを認める旨を，いつでも宣言することができる。

■ **女性差別撤廃条約選択議定書**
　2条　通報は，締約国の管轄の下にある個人又は集団であって，条約に定めるいずれかの権利の当該締約国による侵害の被害者であると主張する者が又はそれらの者のために提出することができる。

国家が占領等によって他国の領域に実効的支配（effective control）を及ぼして

117

◆第1部◆　総　論

いる場合には，その支配そのものが国際法上合法と評価されるかどうかとは関
わりなく，当該国家はその領域内で人を「管轄」の下においていることとなり，
「管轄」の下にある人に権利を確保するという人権条約上の義務が適用される。
占領地における人権条約の適用をめぐるこのような解釈は，ヨーロッパ人権裁
判所の判例法や自由権規約委員会の実行で確立している。また，社会権規約に
は，締約国の「本土地域又はその管轄の下にある他の地域において」無償の初
等義務教育を確保することに関する14条以外，管轄下の個人に対する人権保障
を一般的に明記した条文はないが，社会権規約委員会もその実行において，占
領地における社会権規約の適用につき自由権規約委員会と同様の立場を取って
いる。

● **CASE** ● 〈国際判例〉ロイズィドゥ対トルコ事件（*Loizidou v. Turkey*）ヨーロッパ人
権裁判所大法廷判決（先決的抗弁），申立 No.15318/89，1995年3月23日
〔『ヨーロッパ人権裁判所の判例』101頁〕

「62. 裁判所は，1条は条約の適用範囲を限定するものであるが，この規定における『管
轄』の概念は，締約国の国家領域に限定されないことを想定する。確立した判例法によ
れば，例えば……，締約国の責任は，国家領域の中で行われるにせよ外で行われるにせ
よ，自国の領域外で効果を生じる国家機関の行為によって生じうる（ドローズ及びヤヌー
セク対フランス及びスペイン事件（*Drozd and Janousek v. France and Spain*）判決，1992年
6月26日，92項）。本条約の趣旨及び目的を念頭におけば，締約国の責任は，軍事行動——
合法であれ違法であれ——の結果として，その国家領域外で実効的支配(effective control)
を行使するときにも生じうる。そのような領域において，条約に定められた権利及び自
由を保障する義務は，支配が直接に行使されるにせよ，軍隊もしくは下位の地域行政機
関によって行使されるにせよ，そのような支配の事実から導かれる。
63. この関連で，被申立国政府は，申立人がその財産の管理権を失ったことは，トルコ
軍によるキプロス北部の占領及び，そこでのTRNC（北キプロストルコ共和国）の設
立から生じたことを認めている。さらに，申立人がその財産を利用することをトルコ軍
によって妨げられたということも，争われていない。
64. 従って，そのような行為は，条約1条の意味におけるトルコの『管轄』内に入りう
る。申立てられている事項がトルコに帰せられるものであり，国家責任を生じるかどう
かは，本案の段階で決定される問題である。」

● **CASE** ● 〈国際判例〉ロイズィドゥ対トルコ事件（*Loizidou v. Turkey*）ヨーロッパ人
権裁判所判決（先決的抗弁及び本案），申立 No.15318/89，1996年12月18日

「54. 帰責（imputability）の問題についての裁判所の評価にとっては，トルコ政府が，
申立人がその財産の管理権を失ったことは，トルコ軍によるキプロス北部の占領及び，

第3章 「管轄」下にある人の人権保障に関する国の責任

そこでの『TRNC（北キプロストルコ共和国）』の設立から生じたことを認めていることが重要である。さらに，申立人がその財産を利用することをトルコ軍によって妨げられたということも，争われていない。……」

「56. ……トルコが，『TRNC』当局の政策及び行動に対して，詳細な支配を実際に行使しているかどうかを決定することは必要ではない。北キプロスにおいて現に任務についている多数の軍隊から……，トルコ軍が，島のその部分に対して全体的に実効的な支配を行使していることは明白である。……条約に定められた権利及び自由を保障するトルコの義務は，従って，キプロス北部に及ぶ。

この結論に照らし，裁判所は，1974年以来のキプロス島へのトルコの軍事介入の国際法上の合法性又は違法性に関して裁判所に出廷した者によりなされた主張について判断を下す必要はない。なぜならば，本条約上の国家責任の認定は，そのような審査を必要としないからである。……

57. 上記の考察から，北キプロスにおける財産の利用を申立人が継続して否定されたこと，及びその結果としての財産に対するすべての管理権の喪失は，1条の意味におけるトルコの『管轄』内にある事柄であり，よってトルコに帰するものである。」

■ 自由権規約委員会第1回イスラエル政府報告書審査「総括所見」（1999年）

10. ［イスラエル］代表団の行った主張に対し，委員会は，人道法の規則の適用可能性はそれ自体，規約の適用ないし，締約国当局の行為に対して2条1項に基づき締約国が負う責任を妨げるものではないことを強調する。委員会は従って，現在の状況において，規約は，イスラエルが実効的支配を行っている占領地域並びに南レバノン及び西岸地域に適用されるとされなければならないという見解である。

■ 社会権規約委員会第2回イスラエル政府報告書審査「総括所見」（2003年）

31. ……委員会は，規約に基づく締約国の義務が，その実効的支配の下にあるすべての領域及び人民に適用されるという見解を再確認する。委員会は，武力紛争の状況においても，基本的人権は尊重されなければならず，人権の最低限の基準としての基本的な経済的，社会的及び文化的権利は慣習国際法上保障されかつ国際人道法にも規定されているという立場を繰り返す。さらに，人道法の規則の適用可能性はそれ自体，規約の適用ないし，締約国当局の行為に対して2条1項に基づき締約国が負う責任を妨げるものではない。

占領地のように国家が領域外で管轄を行使する場合の人権条約の適用に関するこのような人権条約機関の解釈が，国際司法裁判所によっても支持されている。パレスチナ占領地域において，住民の移動を妨げる巨大な壁を建設したイスラエルの行為が，1949年ジュネーブ諸条約を含む関連国際法に照らしてどのような法的結果を生ずるかをめぐって国連総会からなされた勧告的意見の要請に対し，国際司法裁判所は，イスラエルが批准している人権条約上の義務は同国の占領地域にも適用されることを確認している。

◆ 第1部 ◆　総　論

● *CASE* ● 〈国際裁判所の勧告的意見〉パレスチナ占領地域における壁の建設の法的
結果に関する国際司法裁判所勧告的意見（*Legal Consequences of the Construction
of a Wall in the Occupied Palestinian Territory*），2004年7月9日

「106. ……裁判所は，人権条約によって与えられた保護は，［市民的及び政治的権利に
関する国際規約の］4条にあるような逸脱の規定の結果としてのほかは，武力紛争の場
合でも停止しないと考える。……」

「109. 裁判所は，国家の管轄権は主に領域的なものである一方で，時として国家領域の
外でも行使されうると考える。市民的及び政治的権利に関する国際規約の趣旨及び目的
を考えれば，そのような場合でも，規約の締約国がその規定に拘束されるべきことは自
然に思われる。自由権規約委員会の一貫した実行はこれに合致している。すなわち委員
会は，規約は，国家が外国領域でその管轄を行使した場合にも適用されるとみなしてき
た。委員会は，ウルグアイの工作員がブラジルやアルゼンチンで行った逮捕の事件で，
ウルグアイの行為の合法性について判断を下してきた（通報52/79，ロペス・ブルゴス
対ウルグアイ事件；通報 No.56/79，カサリエゴ対ウルグアイ事件（*Lilian Celiberti de
Casariego v. Uruguay*）。在ドイツのウルグアイ領事館による旅券の没収の事件でも，同様
に決定してきた（通報 No.106/81，モンテロ対ウルグアイ事件（*Montero v. Uruguay*)）。

規約の準備作業は，規約2条についての委員会の解釈を確認している。準備作業は，
［2条で］選ばれた文言を採用するにあたって，起草者たちは，国家がその国家領域外
で管轄を行使する場合にその義務から免れることを認めることを意図してはいなかった
ということを示している。起草者たちは，国外に居住する人が，その本国に対して，当
該国の権限内でなく居住国の権限内にある権利を主張するのを妨げることを意図しただ
けであった（国連人権委員会における予備草案についての議論を見よ。E/CN.4/SR.194,
para.46 及び，United Nations, *Official Records of the General Assembly, Tenth Session*, Annexes, A
/2929, part II, chap.V, para.4（1955））。

110. 裁判所はこの関連で，規約の適用可能性に関し，自由権規約委員会への通信の中
でイスラエルが取った立場及び，委員会の見解を注記する。……イスラエルは，『規約
及び同様の文書は，占領地域における現在の状況には直接適用されない』との立場を取っ
た（CCPR/C/SR.1675, para.27）。

委員会は，報告審査後の総括所見で，イスラエルの姿勢に懸念を示し……た（CCPR
/C/79/Add.93, para.10）。2003年には，『規約は，自国領域を超えて，特に西岸及びガザ
には適用されない』とのイスラエルの一貫した立場に対し，委員会は以下の結論に達し
た。「規約の規定は，それらの［パレスチナ占領］地域における締約国の当局又は代理
人（agents）の行為であって規約に掲げられた権利の享受に影響するものすべてについ
て，占領地域の人民のために適用され，国際公法の原則に基づきイスラエルの国家責任
の範囲内に入る」（CCPR/CO/78/ISR, para.11）。

111. 結論として，裁判所は，市民的及び政治的権利に関する国際規約は，自国領域外
における管轄の行使によって国家が行った行為に関して適用されると考える。

112. 経済的，社会的及び文化的権利に関する国際規約は，その適用範囲に関する規定
を含んでいない。このことは，同規約が，本質的に領域的な権利を保障していることに
よって説明されうるかもしれない。しかし，同規約が，締約国が主権を有している領域，

第3章 「管轄」下にある人の人権保障に関する国の責任

及び領域的管轄権を行使している領域の両方に適用されることは，排除されるものではない。しかるに，14条は，『この規約の締約国となる時にその本土地域又はその管轄の下にある他の地域において無償の初等教育を確保するに至っていない』各締約国の場合の過渡的な措置について規定をおいている。

この点で，経済的，社会的及び文化的権利に関する委員会に対する報告においてイスラエルが取った立場を想起するのは，関連のないことではない。……委員会は，イスラエルによれば『同じ管轄地域内にあるパレスチナ人民が，報告書からも，規約の保護からも除外されている』ことを注記した（E/C.12/1/Add.27, para.8）。委員会はこの点で懸念を表明し，それに対しイスラエルは2001年10月19日のさらなる報告書で，同国は『規約は，その主権領域及び管轄に服さない地域に適用されないと一貫して主張』してきたと返答した……。……これらの所見に照らし，委員会はイスラエルの立場に対する懸念を繰り返し，『規約に基づく締約国の義務は，その実効的支配の下にあるすべての領域及び人民に適用される見解』を再確認した（E/C.12/1/Add.90, paras.15, 31）。

上記の106項で説明した理由により，裁判所はイスラエルの見解を受け入れることはできない。裁判所は，イスラエルによって占領されている領域を，37年間以上にわたって占領国の領域的管轄に服していることも注記する。そのことを基礎としてイスラエルが利用しうる権限の行使において，イスラエルは，経済的，社会的及び文化的権利に関する国際規約の規定に拘束される。さらに，イスラエルは，パレスチナ当局に権限が移譲された分野におけるそれらの権利の行使に対しても，いかなる障害も設けない義務を負う。

113. 1989年11月20日の子どもの権利条約に関しては，この文書は，締約国は『その管轄の下にある子どもに対し，……条約で定める権利を尊重し，及び確保する』とする2条の規定を含んでいる。この条約は従って，パレスチナ占領地域に適用される。」

　上記の勧告的意見で，国際司法裁判所は，人権条約上の義務逸脱（デロゲーション）規定＊が適用されない限り，人権条約上の義務は武力紛争下でも停止せず，イスラエルはパレスチナ占領地域で人権条約上の義務を負うことを確認したが，そのような占領地域では，占領国は，占領地に適用される国際人道法上の義務も負っており，よって国際人権法（人権条約については，義務逸脱の宣言をしていなければすべての義務，宣言をしている場合でも逸脱が認められない一定の義務）と国際人道法とが双方とも適用されることになる。

　＊ 人権条約における逸脱（デロゲーション）規定　　いくつかの人権条約は，以下のように，緊急事態の場合に条約上の義務から逸脱する，つまり義務を停止することができる旨の規定をおくと同時に，その場合でも逸脱が許されない権利規定について明記している。

121

◆ 第1部 ◆ 総 論

■ 自由権規約

4条1項 国民の生存を脅かす公の緊急事態の場合においてその緊急事態の存在が公式に宣言されているときは，この規約の締約国は，事態の緊急性が真に必要とする限度において，この規約に基づく義務から逸脱する（derogate）[108]措置を取ることができる。但し，その措置は，当該締約国が国際法に基づき負う他の義務に抵触してはならず，また，人種，皮膚の色，性，言語，宗教又は社会的出身のみを理由とする差別を含んではならない。

同2項 1の規定は，6条，7条，8条1項及び2項，11条，15条，16条並びに18条の規定から逸脱することを許すものではない。

同3項 義務から逸脱する措置を取る権利を行使するこの規約の締約国は，逸脱した規定及び逸脱するに至った理由を国際連合事務総長を通じてこの規約の他の締約国に直ちに通知する。さらに，逸脱が終了する日に，同事務総長を通じてその旨通知する。

■ ヨーロッパ人権条約

15条1項 戦争その他の国民の生存を脅かす公の緊急事態の場合には，いずれの締約国も，事態の緊急性が真に必要とする限度において，この条約に基づく義務を逸脱する措置を取ることができる。但し，その措置は，当該締約国が国際法に基づき負う他の義務に抵触してはならない。

同2項 1の規定は，2条（合法的な戦闘行為から生ずる死亡の場合を除く。），3条，4条1項及び7条の規定からのいかなる逸脱も認めるものではない。

同3項 逸脱の措置を取る権利を行使する締約国は，取った措置その理由をヨーロッパ審議会事務総長に十分に通知する。締約国はまた，その措置が終了し，かつ，条約の諸規定が再び完全に履行されているとき，ヨーロッパ審議会事務総長にその旨通知する。

■ 米州人権条約

27条1項 締約国は，戦争，公の危険，又はその独立もしくは安全を脅かすその他の緊急事態のときは，事態の緊急性が真に必要とする限度と期間において，この条約の下で義務を逸脱する措置を取ることができる。但し，このような措置は，当該締約国が国際法に基づき負う他の義務に抵触してはならず，また，人種，皮膚の色，性，言語，宗教又は社会的出身を理由とする差別を含んではならない。

同2項 1の規定は，次の各条すなわち，3条（法的人格に対する権利），4条（生命に対する権利），5条（人としての待遇を受ける権利），6条（奴隷からの自由），9条（事後法からの自由），12条（良心及び宗教の自由），17条（家族の権利），18条（姓名をもつ権利），19条（子どもの権利），20条（国籍をもつ権利）及び23条（統治に参加する権利），又はこれらの諸権利の保護に不可欠な司法上の保障のいかなる停止の権限をも認めるものではない。

同3項 停止の権利を援用するいかなる締約国も，停止を適用した諸条項，停止を生ぜしめた理由，及びこのような停止の終了予定日を，米州機構事務総長を通じて他の締約国に直ちに通知する。

これらの3つの条約の規定上，条約義務からの逸脱が認められるためには，ほぼ共通する6つの条件が付されている。それは第1に，（「国民の生存を脅かす」等，条約の文言に沿った）緊急事態の存在，第2に，事態の緊急性が真に必要とする限度において取られる措置であること（必要性の要件），第3に，人種，皮膚の色，性，言語，宗教又は社会的出身（のみ）を理由とする差別を含んではならないこと（無差別。ヨーロッパ人権条約15条のみはこの条件を明記していないが，後でみるように，国民と外国人を不当に差別する逸脱措置は，目的と手段と

(108) この"derogate"は，政府公定訳では「違反する」と訳されているが，正しくは，義務から逸脱ないし免脱することを意味する語であり，課されている義務を侵犯する「違反（violate）」とは異なる（義務からの逸脱が有効に認められ，義務が停止される限りにおいて，義務の「違反」も生じない）。公定訳のように「違反する措置を取ることができる」とすると，積極的に人権侵害行為を行ってもよいかのような感を与える点でも好ましくない。

の均衡を逸するものであり違法とみなされうる），第4に，その措置は，当該締約国が国際法に基づき負う他の義務に抵触してはならないこと（他の国際法上の義務の遵守），第5に，条約上逸脱不可能とされている一定の権利の停止は認められないこと（一定の権利の逸脱不可能性），そして第6に，その措置は関連の機関（を通じて他の締約国）に通知する必要があること（国際的な通知）である（それぞれの要件の解釈・適用に関する先例法・判例法については後述する）。

　次に見るのは，2003年3月のイラク攻撃後同国を占領したイギリス軍によって，同年の夏から冬にかけて殺害された犠牲者の事件につき，親族であるイラク人6名がイギリスによる生命権の侵害を申立てた事案におけるヨーロッパ人権裁判所の大法廷判決である。本件で裁判所は，占領地に適用される国際人道法並びに，国際人道法と国際人権法の関係について，国際司法裁判所の判例法等を援用して概観した上で，占領下で適用される国際人道法及び国際人権法に基づく，生命権侵害の主張についての調査義務について言及している。

● **CASE** ● 〈国際判例〉アル＝スケイニ対イギリス事件（*Al-Skeini v. the United Kingdom*）
　　ヨーロッパ人権裁判所大法廷判決，申立 No.55721/07，2011年7月7日

「Ⅱ．関連の国際法文書
A．交戦国の占領に関する国際人道法
89．占領国の義務は，主に，陸戦の法規慣例に関する規則（1907年10月18日ハーグ［条約の附属規則］，以下「ハーグ規則」）の42条から56条，戦時における文民の保護に関する（第四）条約（1949年8月12日ジュネーブ［条約］，以下「ジュネーブ第四条約」）の27条から34条及び47条から78条，並びに，1977年6月8日の，国際的武力紛争の被害者の保護に関する1949年8月12日ジュネーブ条約の追加議定書（第一議定書）（以下，「第一追加議定書」）の一定の規定に見出すことができる。……」

「B．国際人道法と国際人権法の相互関係，並びに国際人権法に基づく国家の域外的義務に関する国際司法裁判所の判例法
90．『パレスチナ占領地域における壁の建設の法的結果』に関する……勧告的意見（2004年7月9日）で……，国際司法裁判所は，パレスチナ占領地域に適用される法文書について決定するため，まず，国際人道法と国際人権法の関係の問題について述べ，次のように述べた。『106……．裁判所は，人権条約によって与えられた保護は，（市民的及び政治的権利に関する規約の）4条にあるような逸脱の規定の結果としてのほかは，武力紛争の場合でも停止しないと考える。……』
　国際司法裁判所は次に，市民的及び政治的権利に関する国際規約が国の国家領域外でも適用されうるものであるか，またパレスチナ占領地域で適用されるかという問題を検討し，次のように述べた……。『……109．裁判所は，国家の管轄権は主に領域的なもの

◆ 第1部 ◆ 総　論

である一方で，時として国家領域の外でも行使されうると考える。市民的及び政治的権
利に関する国際規約の趣旨及び目的を考えれば，そのような場合でも規約の締約国がそ
の規定に拘束されるべきことは自然に思われる。自由権規約委員会の一貫した慣行はこ
れに合致している。すなわち同委員会は，規約は，国家が外国領域でその管轄を行使し
た場合にも適用されるとみなしてきた。委員会は，ウルグアイの工作員がブラジルやア
ルゼンチンで行った逮捕の事件で，ウルグアイの行為の合法性について判断を下してき
た。……ウルグアイの領事がドイツで行った旅券の没収の事件でも，同様の決定を下し
てきた。……110. 裁判所はこの関連で，規約の適用可能性に関し，自由権規約委員会
への通信の中でイスラエルが取った立場及び，委員会の見解を注記する。……イスラエ
ルは，規約及び同様の文書は，占領地域における現在の状況には直接適用されないとの
立場を取った。……委員会は報告審査後の総括所見で，イスラエルの姿勢に懸念を示し，
……［占領］地域におけるイスラエルの長年の存在……を指摘した。……2003年には，
……委員会は以下の結論に達した。『規約の規定は，それらの地域における締約国の当
局又は代理人の行為であって規約に掲げられた権利の享受に影響するものすべてについ
て，占領地域の人民のために適用され，国際公法の原則に基づきイスラエルの国家責任
の範囲内に入る現在の状況において，規約の規定は，規約に定められた権利の享受に影
響する，当該領域における締約国の機関又は官憲のすべての行為について，占領地域の
人々のために適用され，国際公法の原則に基づき，イスラエルの国家責任の範囲内にあ
る。……』」

「C. 武力紛争及び占領の状況における生命権侵害の主張についての，国際人道法及び
国際人権法に基づく調査義務

92. ジュネーブ第三条約の121条は，捕虜の殺害の容疑に対しては，抑留国によって公
的な調査が行われなければならないと規定している。ジュネーブ第四条約の131条は，
次のように規定している。『被抑留者の死亡又は重大な傷害で衛兵，他の被抑留者その
他の者に起因し，又は起因した疑いがあるもの及び被抑留者の原因不明の死亡について
は，抑留国は，直ちに公の調査を行わなければならない。前記の事項に関する通知は，
直ちに利益保護国に与えなければならない。証人からは，供述を求め，それらの供述を
含む報告書を作成して利益保護国に送付しなければならない。調査によって一人又は二
人以上の者が罪を犯したと認められるときは，抑留国は，責任を負うべき者を訴追する
ため必要なすべての措置を取らなければならない。』

　ジュネーブ諸条約はまた，締約国に対し，保護された人の意図的な殺害を含む条約の
重大な違反の主張についてこれを調査し訴追することを義務づけている（ジュネーブ第
一条約49条・50条，ジュネーブ第二条約50・51条，ジュネーブ第三条約129・130条，ジュ
ネーブ第四条約146・147条）。

93. 超法的，一括又は恣意的処刑に関する報告書 E/CN.4/2006/53（2006年3月8日）
の中で，国連の特別報告者フィリップ・オルストン（Philip Alston）は，武力紛争と占
領の状況における市民的及び政治的権利に関する国際規約6条の生命権に関連して以下
のように述べている……『36. 武力紛争と占領は，人権侵害を調査し訴追する国家の
義務を免じるものではない。生命権は，状況にかかわらず逸脱できない。……武力紛争
の状況においては，時として調査が妨げられることは否定できない。そのような状況は，
調査の義務を決して免じるものではなく―そうだとすれば，生命権の逸脱できない性格

124

第3章 「管轄」下にある人の人権保障に関する国の責任

を骨抜きにすることになる―，調査の手法や具体的な事柄に影響しうるというだけである。自国の官憲の行為に対して完全に責任を負うことに加えて，私的主体の行為との関連でも，国家は，平時と同様，武力紛争下でも，相当の注意の基準に拘束される。ケース・バイ・ケースで，国家は，具体的な制約に対応して，より効果的でない調査の措置を利用することもあるかもしれない。例えば，敵対勢力が銃撃の現場を支配しているときには，検視を行うのは不可能かもしれない。しかし，状況にかかわらず，調査は常に，可能な限り実効的に行われなければならず，単なる形式に陥ってはならない。……』

94. 2005年9月15日の，マピリパンの虐殺対コロンビア事件（*Mapiripán Massacre v. Colombia*）判決において米州人権裁判所は，準軍事組織が，主張によれば国家当局の支援を得て行った文民の虐殺について，十分に調査を行わなかった被申立国の不作為に関連して，とりわけ，以下のように判示した。『238……．裁判所は，その国民と諸機関が平和を達成するため努力しているコロンビアの困難な状況を認める。しかし，いかに困難であっても，国の状況は，米州人権条約の締約国から，この条約で定められた義務を免じるものではなく，同条約上の義務は，本件のような事件において具体的に継続している。裁判所は，国家が超法的処刑につながる行為を行うか又は，それらを十分に調査せず責任者を処罰せずにそれらを許容する場合には，条約に定められた権利を尊重しまた被害者とされる者及びその親族によるそれらの権利の自由かつ完全な行使を確保する義務を侵犯し，何が起こったのかについて社会が学ぶことを許さず，この種のことがまた起こることに向けて不処罰の状況を再生産するものだと述べてきた。』」

「161. 裁判所は，本件の死亡は，〔イラク〕侵攻後の，犯罪と暴力が蔓延していた時期に，南東イラクのバスラ市で発生したことを認識している。主な戦闘行動は2003年5月1日までに終了していたものの，英軍兵士と軍事警察を含む南東イラクの連合軍は，その後の13か月間，千以上の暴力的な攻撃の標的となっていた。……

162. この状況を十分に認識しつつも，裁判所のアプローチは，個々の人間の保護のための文書として，〔ヨーロッパ人権〕条約の趣旨及び目的は，その規定が，保障が実際的かつ実効的なものになるように解釈され適用されることを要求する，ということによって導かれなければならない。生命権を保護し，生命の剥奪が正当化されうる状況を定めた2条は，条約の最も基本的な規定の1つに挙げられる。『合法的な戦争行為から生ずる死亡の場合を除き』，15条の下でいかなる逸脱も許されていない。……

163. 国家機関による恣意的な殺害の一般的な禁止は，国家当局による致死的な力の行使の合法性を審査する手続が存在しなければ，実際上非実効的なものとなる。2条に基づき生命権を保護する義務は，条約1条に基づき『その管轄内にあるすべての人に対して，条約に定義された権利及び自由を保障する』締約国の一般的な義務と合わせ読めば，とりわけ国家機関による力の行使の結果として個人が死亡した場合には，何らかの実効的な公的調査があるべきことを要求するといえる（上記のマッカン事件（*McCann*）判決，161項）。……」

164. 裁判所は，2条に基づく手続的な義務は，武力紛争の状況を含め，困難な治安状況においても継続して適用されると判示してきた（中でも，ギュレッチ対トルコ事件（*Güleç v. Turkey*）判決，1998年7月27日，81項；エルギ対トルコ事件（*Ergi v. Turkey*）判決，1998年7月28日，79項及び82項；アーメット・オズカンほか対トルコ事件（*Ahmet Ozkan and Others v. Turkey*）判決，2004年4月6日，No.21689/93，85-90項，309-320項

125

◆ 第1部 ◆ 総 論

及び326-330項；イサイェヴァ対ロシア事件（*Isayeva v. Russia*）判決，2005年2月24日，
No.57950/00，180項及び210項；カンリバス対トルコ事件（*Kanlibas v. Turkey*）判決，2005
年12月8日，No.32444/96，39-51項）。2条に基づき調査されるべき死亡が，一般化し
た暴力，武力紛争又は反乱の状況で発生した場合には，調査には障害があるかもしれず，
国連特別報告者も述べているように（上記93項を見よ），具体的な制約によって，より
実効的でない調査手段の使用を強いられるか，又は調査が遅延することもありうる（例
えば，バゾルキナ対ロシア事件（*Bazorkina v. Russia*），2006年7月27日，No.69481/01，121
項を見よ）。にもかかわらず，2条に基づき生命を保護する義務は，困難な治安状況に
おいてさえも，主張されている生命権侵害について，実効的かつ独立した調査が行われ
ることを確保するために，あらゆる合理的な手段が取られなければならないことを伴う
（多くの他の事例の中でも，カヤ対トルコ事件（*Kaya v. Turkey*）判決，1998年2月19日，86-
92項；上記エルギ事件判決，82-85項；タンリクル対トルコ事件（*Tanrikulu v. Turkey*）大
法廷判決，No.23763/94，101-110項；カシイェフ及びアカイェヴァ対ロシア事件（*Khashi-
yev and Akayeva v. Russia*）判決，2005年2月24日，Nos.57942/00 and 57945/00，156-166項；
上記イサイェヴァ事件判決，215-224項；ムサイェフほか対ロシア事件（*Musayev and Oth-
ers v. Russia*）判決，2007年7月26日，Nos.57941/00，58699/00 and 60403/00，158-165項）。」
「166. 上に述べたように，調査は，用いられた力が当該状況において正当化されるか否
かの決定，並びに責任者の認定及び処罰に至ることが可能であるという意味で実効的な
ものでなければならない。これは結果の義務ではなく，行為の義務である。……
167. 主張されている，国家機関による違法な殺害に対する調査が実効的であるために
は，調査とその実行について責任がある者が，事件に関わった者から独立している必要
がある。このことは，単に階層的又は組織的な関係がないというだけでなく，実際上の
独立性があることを意味する（例えば，上記のシャナガン事件（*Shanaghan*）判決，104
項）。速やかさと，合理的な迅速さの要請は，この関連で内在するものである。……」
「168. 裁判所は，イギリスが，侵攻と戦争の直後，外国かつ敵対する地域における占領
国であったという事実によって，調査当局にとって生じた実際的問題を出発点とする。
……上で述べたように，このような状況では，2条に基づく手続的義務は，調査者が直
面する具体的な問題を考慮して，現実的に適用されなければならない。
169. にもかかわらず，イギリスが占領していたという事実はまた，英国の兵士によっ
て犯されたと主張されている行為に対する調査が実効的なものとなるためには，調査機
関が，軍の指揮系統とは作用上独立しており，かつ独立しているとみられることが特に
重要であったことを意味する。」
「171. 第1，第2，第3申立人の親族の射殺に対する調査が，2条の要求を満たしてい
なかったことは明らかである。なぜならば調査の過程が完全に軍の指揮系統の中にあり，
関わった兵士から供述を取ることに限定されていたからである。……
172. 他の申立人に関しては，第4申立人の兄と第5申立人の息子の死亡については特
別調査部による調査があったものの……特別調査部は，関連の期間中，軍の指揮系統か
ら作用上独立していなかった。……」
「176. これに対し，第6申立人の息子の死亡の状況については，十分な公的調査が完遂
に近づいていたことを注記する。……
177. 結論として，裁判所は，第1，第2，第3，第4，第5申立人に関して，条約2

◆ 第3章 「管轄」下にある人の人権保障に関する国の責任

条に基づく手続的義務の違反を認定する。」

　締約国が連邦国家であって，連邦と州，ないし連邦と構成共和国の間で国内法上の権限配分がなされている場合でも，人権条約上は，米州人権条約28条（1項「締約国が連邦国家として構成されている場合，このような締約国の中央政府は，立法上及び司法上の管轄権を行使している問題に係るこの条約のすべての条項を実施する。2項「連邦国家の構成単位が管轄権を有する問題に係る条項については，中央政府は，構成単位の権限ある当局がこの条約の実施のために適切な規定を採択するように，憲法及び法律に従って適当な措置を直ちに取る。」）のように**条約中の連邦条項を援用しうる場合を除き，当該国内における条約上の権利の侵害について，締約国が国際的な責任を負う**。次にみる事案は，グルジア（2015年4月22日以降の国名呼称では「ジョージア」）において，不正取引等に関して最高裁で有罪判決が破棄され釈放が命じられながら，自治共和国の当局によって身柄を勾留され続けた申立人の人権侵害をめぐり，ヨーロッパ人権裁判所が，管轄内にあるすべての人に条約上の権利を保障するという締約国の義務について敷衍したものである。

● **CASE** ● 〈国際判例〉アサニッツェ対グルジア事件（*Assanidzé v. Georgia*）ヨーロッパ人権裁判所判決，申立 No.71503/21，2004年4月8日

「(a) 『管轄』の問題

137. ［ヨーロッパ人権］条約の1条は，締約国に対し，『その管轄内にあるすべての人に，条約の第1節に定義された権利及び自由を保障する』ことを要求している。この規定から，侵害の時に，その『管轄』すなわち権限内にあるいかなる者に対する，保護された権利及び自由のいかなる侵害についても，締約国は責任を負うことが導かれる。……」

「139. アジャリアン自治共和国は，疑いなく，グルジアの領域の不可分の一部をなし，グルジアの権限及び管理に服している。換言すれば，権限の推定がある。裁判所は，その推定を覆す有効な証拠があるかどうかを決定しなければならない。

140. その関連で，裁判所は第1に，グルジアはその領域全体について本条約を批准したことを注記する。……本条約を批准する際，グルジアはアジャリアン自治共和国に関して，又は当該領域に対して管轄権を行使するにあたっての困難について，条約57条に基づく特別の留保を何ら行わなかった。……

141. 1969年……の米州人権条約（28条）と異なり，ヨーロッパ人権条約は，連邦の一部をなす州の領域で起きた事柄について連邦国家の義務を制限する『連邦条項』を含んでいない。さらに，グルジアは連邦国家ではなく，アジャリアン自治共和国は連邦の一部ではない。……」

127

◆ 第1部 ◆ 総 論

「143. 裁判所は従って，違反の主張の元となった事実は，条約1条の意味においてグルジア国家……の『管轄』内で発生したと認定する。」

「(b) 帰責と責任

　……

145. 本件の申立人は，グルジアの最高裁判所によって放免されながらも（上記47項を見よ），地元のアジャリアン当局によって勾留され続けた者である……。事案の記録が示すように，中央当局は，申立人を放免する判決の遵守を確保するために，国内法上可能なすべての手続的措置を取った。……よって裁判所は，国内法制の下では，申立てられている問題は，地元のアジャリアン当局に直接に帰せられるものであると結論する。

146. しかし，本条約の目的上は，関連をもつ唯一の問題は，国内法制において条約違反の責めが帰せられる国内機関にかかわらず，当該国家の国際的な責任である（必要な変更を加えて[109]，フォティほか対イタリア事件（*Foti and Others v. Italy*）判決，1982年12月10日，21頁；ツィマーマン及びシュタイナー対スイス事件（*Zimmermann and Steiner v. Switzerland*）判決，1983年7月13日，32項；リンゲンス対オーストリア事件（*Lingens v. Austria*）判決，1986年7月8日，46項を見よ）。……

　さらに，本条約は単に，締約国の高位の当局自体に，条約が定める権利及び自由を尊重することを義務づけているだけではない。本条約の結果として，それらの権利及び自由の享受を保障するために，それらの当局は，下位のレベルにおけるいかなる侵害をも防止し又は救済しなければならないのである（アイルランド対イギリス事件（*Ireland v. the United Kingdom*）判決，1978年1月18日，239項を見よ）。国家の高位の当局は，その下位機関に対し本条約の遵守を要求する義務を負っており，条約が尊重されることを確保する責任から逃れることはできない（同上，159項）……

147. ……条約の1条によって国家に課された一般的な義務は，当該国家の領域全体においてすべての人に対し条約の遵守を保障することのできる国内体制の実施を伴い，また要求する。そのことは，第1に，1条が締約国の『管轄』のいかなる部分をも本条約の範囲から除外していないこと，第2に，締約国が本条約の遵守を求められるのは全体としてのその『管轄』── まずもって憲法によって行使される ── に関してであることから確認される（トルコの連合共産党ほか対トルコ事件（*United Communist Party of Turkey and Others v. Turkey*）判決，1998年1月30日，29項）。」

「150. 裁判所は従って，違反の主張が生じる元となった事実は条約1条の意味においてグルジアの『管轄』内にあり，国内法制においてはそれらの問題はアジャリアン自治共和国という地元当局に直接に帰せられるものであるとしても，条約上生じるのはグルジア国の責任のみであると認定する。」

■ 自由権規約委員会「一般的意見31 規約の締約国に課された一般的義務の性格」（2004年）

　10. 締約国は，2条1項により，その管轄下にあることがありかつその管轄に服するす

べての人に対し，規約上の権利を尊重し及び確保することを要求されている。このことは，締約国は，当該締約国の領域内にいなくとも，その権限又は実効的支配内にあるいかなる人

―――――――――――――

(109) 訳注：「必要な変更を加えて（*mutatis mutandis*）」とは，完全に同一ではないが同様のことがあてはまるという趣旨であり，ヨーロッパ人権裁判所が，同様の論点に関する他の判例を引用する際にしばしば用いる語句である。

第3章 「管轄」下にある人の人権保障に関する国の責任

> に対しても，規約に定められた権利を尊重し及び確保しなければならないことを意味する。……この原則は，国際的な平和維持又は平和執行活動の任を与えられた締約国の部隊を構成する軍隊のように，領域の外で行動する締約国の軍隊の権限又は実効的支配の内にある人にも，そのような権限又は実効的支配が得られた状況にかかわらず，妥当する。

　自由権規約委員会は上記の一般的意見で，国際的な平和維持部隊等を構成する締約国の軍隊がその権限又は実効的支配の下に人をおく場合にも，「管轄」下の人に権利を尊重し確保する規約上の義務が妥当するとしている。但し，領域外での行為であっても締約国の国家機関の権限ないし実効的支配の下に人をおく場合には人権条約上「管轄」下にあるという一般論は確立しているとして，より複雑な問題は，**締約国の行為が国連等の国際機関の決議や決定に基づいて行われたことが主張される場合の責任の所在**である。

　そのような論点は実際に，ヨーロッパ人権条約締約国の軍がNATO（北大西洋条約機構）軍に参加して1999年に行った旧ユーゴスラビアでの空爆による被害の責任をめぐるバンコヴィッチ事件で問題となった。本件では，ベルグラードでのNATO軍の空爆による死傷者やその遺族が，NATO軍に参加したヨーロッパ人権条約締約国16カ国による生命権等の侵害を主張したが，ヨーロッパ人権裁判所は2001年の判決で，本件では被害者は締約国の「管轄」下にあるとはいえないとの判断を下した。また，国連安保理決議に基づきコソボに駐留していた平和維持部隊に参加していたヨーロッパ人権条約締約国が，同部隊の行為について条約違反の責任を問われた2007年のベーラミ対フランス事件では，同裁判所は，同部隊の行為は国連に帰せられるものであって被申立国ではないとして通報を不受理とした。

　他方で，2003年のイラク攻撃後同国を占領し駐留していたイギリス軍の行為による人権侵害の責任をめぐる2011年のアル＝ジェッダ事件では，ヨーロッパ人権裁判所は，国連によるイギリスへの授権に関して，旧ユーゴスラビアへの空爆に関するNATOによる授権の場合とは根本的に状況が異なるという判断の下に，イギリスによる条約違反を認定した。本件は，イラク出身の申立人が，イラクに旅行中，テロ活動との関連の容疑で米軍に逮捕され，英軍機で移送された後，英軍が管理する収容施設に収容されたというものである。ヨーロッパ人権裁判所は，関連の国連安保理決議を検討し，かつ国家への帰属に関する国際法の規則にも言及した上で，イラク駐留英軍の活動は国連安保理決議に従った多国籍軍としての国際的な権限の行使であったというイギリスの主張を退け，本件では申立人がイギリスの「管轄内」にあったとしてイギリスの条約違反を

129

◆ 第1部 ◆ 総 論

認定した。

● **CASE** ● 〈国際判例〉バンコヴィッチほか対ベルギーほか16カ国事件（*Banković and Others v. Belgium and 16 Other States*）ヨーロッパ人権裁判所大法廷決定，申立 No.52207/99，2001年12月12日，『ヨーロッパ人権裁判所の判例』84頁

「55. 裁判所は，本条約は1969年ウィーン条約に定められた規則に照らして解釈されなければならないことを想起する……。」

「59. 条約1条の関連の文言の『通常の意味』については，裁判所は，<u>国際公法の観点から，国家の管轄権は主に領域的なものであること</u>を述べるにとどめる。……」

「61. 裁判所は従って，条約の1条は，管轄のこの通常のかつ本質的に領域的な概念を反映するものと考えられなければならず，他の管轄の根拠は例外的であって，各事案の特定の状況における特別の正当化を必要とするという見解である……。

62. 裁判所は，批准以来の本条約の適用における国家実行は，本件と同様の文脈における領域外の責任についての締約国の側のいかなる理解もないことを示すものであるとみなす。本条約の批准以来，締約国が領域外で行動する軍事的任務に関与することは数多くあったが（とりわけ，湾岸，ボスニア・ヘルツェゴビナ及び旧ユーゴスラビア），条約15条に従い逸脱を行うことで，その領域外での行為が条約1条の意味における管轄の行使を伴うものであるという考えを示した国はなかった。……」

「67. 管轄の本質的に領域的な概念に従い，裁判所は，<u>例外的な場合においてのみ，領域外で行い又は効果を生じた締約国の行為が，条約1条の意味においてそれらの国による管轄の行使を構成しうること</u>を認めてきた。」

「75. 第1に，申立人は，北キプロスの諸事件で発展した『実効的支配』の具体的な適用を示唆する。申立人は，1条に基づく積極的義務は，いかなる所与の領域外の状況で行使される支配のレベルにも均衡するかたちで条約上の権利を保障することに及ぶと主張する。……裁判所は，申立人の主張は，締約国に帰せられる行為によって悪影響を受けたいかなる者も，世界のどこでその行為が行われたか，又はその結果にかかわらず，それによって条約1条の目的上当該国家の管轄内に持ち込まれると主張するに等しいと考える。」

「80. この点で，裁判所の義務は，個々の人間の保護のためのヨーロッパ公序を構成する文書としての本条約の特別の性格を考慮することであり，その役割は，条約19条で定められているように，締約国が引き受けた義務の遵守を確保することである。……

　要するに，本条約は……本質的に地域的な文脈において，特に，締約国の法的空間（*espace juridique*）において作用する多数国間条約である。旧ユーゴスラビアはこの法的空間の中に入らない。本条約は，たとえ締約国の行為に関するものであっても，世界中で適用されることを目的としたものではない。……」

● **CASE** ● 〈国際判例〉ベーラミ対フランス及び，サラマティ対フランス・ドイツ・ノルウェー事件（*A. and B. Behrami v. France and R. Saramati v. France, Germany and Norway*）ヨーロッパ人権裁判所大法廷裁判所決定，申立 Nos.71412/01 and 78166/01，2007年5月2日

◆ 第3章 「管轄」下にある人の人権保障に関する国の責任

「146. 本件では，裁判所が，国連のために行った被申立国の行為について，及びより一般的に，［ヨーロッパ人権］条約と，憲章第7章の下で行動する国連の間の関係について審査する人的（ratione personae）権限があるかどうかという問題が生ずる。

147. 裁判所はまず，1950年の本条約の当初の署名国12カ国のうち9カ国が（2つの被申立国を含めて）1945年以来，国連の加盟国であったこと，現在の締約国の大多数は，本条約に署名する前に国連に加盟したこと，並びに，現在の締約国のすべてが国連の加盟国であることを注記する。実際，本条約の目的の1つは（前文を見よ），国連総会の世界人権宣言中の権利の集団的な実施である。……

148. より大きな重要性をもつのは，国連の主要な目的の緊要な性格，及び，よってその目的を達成するために第7章の下で国連安保理に与えられた権限である。……人権の尊重を確保することは国際平和を達成するための重要な貢献をなすことは明らかである一方で（本条約の前文を見よ），国連安保理が，第7章に基づく幅広い手段，特に強制措置の使用によってこの目的を達成する主要な責任を負っているという事実は残る。……

149. 本件では，第7章は国連安保理に，平和を脅かすと考えられる紛争と認めたものに対応した強制措置すなわち，UNMIK（国際連合コソボ暫定行政ミッション）及びKFOR（コソボ治安維持部隊）を設置する国連安保理決議1244を採択することを認めた。

国連憲章第7章に基づく国連安保理決議によって設定された活動は，国際平和及び安全を確保する国連の任務にとって重要であり，かつ，その実効性については加盟国からの支援に頼っているため，本条約は，国連安保理決議によってカバーされる締約国の作為及び不作為であってそのような任務に先立ち又は任務中に起こるものを，裁判所の審査に服させるように解釈されることはできない。……」

「152. このような状況において，裁判所は，申立人の申立は，人的に条約規定と合致しないと宣言されなければならない。」

● **CASE** 〈国際判例〉 **アル＝ジェッダ対イギリス事件**（*Al-Jedda v. the United Kingdom*）
ヨーロッパ人権裁判所大法廷判決，申立 No.27021/08，2011年7月7日

「74. ……1条における『管轄』が，端緒となる基準（threshold criterion）である。締約国に帰せられる作為又は不作為であって本条約に定められた権利及び自由の侵害の主張を生じるものについて，締約国が責任を負うとされうるためには，管轄権の行使が必要条件である（イラスクほか対モルドバ及びロシア事件（*Ilascu and Others v. Moldova and Russia*）大法廷判決，No.48787/99，311項を見よ）。」

「76. 申立人の収容がイギリスに帰せられるものか，それとも政府が主張するように国連に帰せられるものかを検討する際には，本件の具体的な事実を検討する必要がある。これには，問題となっている期間中にイラクにおける治安体制の枠組みをなしていた国連安全保障理事会決議の文言が含まれる。……

77. 裁判所は，2003年3月20日にイギリスがアメリカ及びその同盟国とともに，軍隊を用いて，当時政権にあったバース体制を排除する目的でイラクに入ったことを，検討の出発点とする。侵攻の時点では，既存の体制が排除された場合のイラクにおける役割配分を定める国連安全保障理事会決議は存在しなかった。主な戦闘行動は2003年5月1日

◆第1部◆　総　論

までに完了したと宣言され，アメリカとイギリスは，ハーグ規則［陸戦の法規慣例に関
する1907年のハーグ条約附属規則］42条の意味における占領国となった。イギリスとア
メリカの常駐代表が国連安全保障理事会議長に送った2003年5月8日付の書簡で説明さ
れているように，アメリカとイギリスは，以前の体制を排除した後，『暫定的に統治権
を行使するための』連合暫定機構（Coalition Provisional Authority）を作った。連合暫定
機構を通してアメリカとイギリスにより行使されるものとして2003年5月8日の書簡で
具体的に言及されていた権限の1つが，イラクにおける治安の提供であった。……

78. 侵攻後の最初の安全保障理事会決議は，2003年5月22日に採択された決議1483であ
る……。前文で，安全保障理事会はイギリスとアメリカの常駐代表からの2003年5月8
日付の書簡に言及し，アメリカとイギリスが，統一の指令権（連合暫定機構）の下にあ
るイラクの占領国であること，並びに，国際人道法に基づき，特定の権限，責任及び義
務がアメリカとイギリスに適用されることを認めた。……決議1483は国連に対していか
なる治安維持の役割をも与えていない。イギリス政府も，侵攻と占領のこの段階では，
イギリス軍の行為が何らかの形で国連に帰せられるとは主張していない。

79. 2003年10月16日に採択された決議1511で国連安全保障理事会は，再び［国連憲章］
第7章に基づいて行動し……その13項と14項で，『統一の指令権の下にある多国籍軍が，
イラクにおける治安と安定の維持に貢献するために必要なあらゆる措置を取る』ことを
許可し，加盟国に対して『この国連の任務の下で，13項で言及された多国籍軍に対し，
軍隊を含む支援を行うこと』を要請した……

80. 裁判所は，決議1511に含まれた許可の結果として，多国籍軍における兵士の行為が
国連に帰せられるようになった，あるいは──本件の目的上，より重要な点として──
軍隊を派遣している国に帰せられなくなった，とは考えない。多国籍軍は，侵攻以来す
でに駐留しており，人員を送る加盟国の意向を歓迎した決議1483によってすでに認めら
れていた。アメリカとイギリスによる侵攻の最初のときから設定されていた，軍に対す
る統一の指揮構造は，決議1511の結果変わったわけではない。さらに，アメリカとイギ
リスは，占領開始時に設立した連合暫定機構を通して，イラクにおける統治権を行使し
続けた。アメリカは，多国籍軍の活動について定期的に安全保障理事会に報告するよう
要請されたが，国連はそれによって，連合暫定機構の軍に対しても，又はその他の執行
機能に対しても，いかなる程度の支配をも引き受けてはいない。

81. 本件に関連する最後の決議は，1546号である……。これは，2004年6月8日，すな
わち連合暫定機構から暫定政府に権限委譲がなされる20日前，そして申立人が収容され
る4カ月余り前に採択された。……決議1546で安全保障理事会は，第7章に基づいて行
動し，決議1511によって設定した多国籍軍への許可を再確認した。決議1546には，安全
保障理事会が，多国籍軍に対して，以前に行使していたよりも大きい支配又は指揮権を
負うことを意図していたことを示すものはない。」

「83. 上記に照らして，裁判所は，イラクの治安に関する国連の役割は，1999年のコソ
ボの治安に関するその役割とは非常に異なっているという，［イギリス］上院の多数意
見に同意する。コソボの場合との比較はここで関連性をもつ。なぜならば裁判所は，上
記のベラミ及びサラマティ事件決定では，サラマティ氏の抑留は国連に帰せられるもの
であって，被申立国ではないと結論したからである。コソボにおける国際的な治安維持
部隊の駐留は，『コソボにおける重大な人道的状況を解決することを決意し，』安全保障

理事会が『国連の権限の下で，国際的な文民及び治安維持部隊をコソボに配置することを決定する』とした国連安全保障理事会決議1244（1999年6月10日）によって行われたことが想起されるべきである。……国連は，安全保障理事会との協議によって事務総長によって任命された特別代表を通して，国際的な文民部隊の駐留の実施を管理し，かつ国際的な治安維持部隊と緊密に協力することとされた（上記のベーラミ及びサラマティ事件決定，3-4項及び41項を見よ）。……

84．申立人が行った手続の最初の部分におけるビンガム卿の意見から，上院においては，帰属を確定するための適用されるべきテストは，国際組織の責任に関する条文草案の5条において［国連］国際法委員会が定めていたもの，及びそれについての国際法委員会の注釈であることは，当事者間で共通に認められていたとみられる。それはすなわち，国際組織の利用に供された国家機関の行為は，当該組織がその行為に対して実効的な支配を行使するならば，国際法上，当該組織に帰せられるべきであるということである……。上に述べた理由で，裁判所は，国連安全保障理事会は，多国籍軍における軍隊の作為及び不作為に対し，実効的な支配も，最終的な権限も有しておらず，よって，申立人の抑留を国連に帰することはできないと考える。」

「86．結論として，裁判所は，申立人の抑留はイギリスに帰せられ，かつ，抑留中，申立人は条約1条の目的上イギリスの管轄内にあったという上院の多数意見に同意する。」

「98．申立人は，2004年10月10日から2007年12月30日の間，3年以上にわたって，イギリスの軍事施設に抑留された。……

99．裁判所は最初に，5条は基本的な人権，すなわち自由に対する権利への国家による恣意的な介入の保護を定めていることを強調する。5条の文言は，そこに含まれた保障は『すべての者』に適用されることを明らかにしている。……

100．5条1項において許容される，列挙された抑留の事由は，合理的な期間内に刑事上の罪で訴追する意図がない場合の収容や予防的拘禁を含まないことは，長きにわたり確立している（ローレス対アイルランド第3事件（*Lawless v. Ireland*（No.3））判決，1961年7月1日，13-14項；上記のアイルランド対イギリス事件判決，196項；グヮルディ対イタリア事件（*Guzzardi v. Italy*）判決，1980年11月6日，102項；イェチウス対リトアニア事件（*Jecius v. Lithuania*）判決，No.34578/97，47-52項）。政府は，抑留が5条1項の(a)から(f)で定められたいずれかの例外によって正当化されるとは主張しておらず，15条に基づき義務が逸脱されるともしていない。その代わりに，この規定に基づくイギリスの義務は，国連安全保障理事会決議1546によって創設された義務によって排除されているのだから，イギリスの5条1項違反はないと主張している。国連憲章103条の作用の結果……，安全保障理事会決議に基づく義務が，［ヨーロッパ人権］条約に基づく義務に優越すると主張する。

101．……憲章103条が本件で適用されるかどうかを検討する前に，裁判所は，国連安全保障理事会決議1546に基づくイギリスの義務と，条約5条1項に基づく同国の義務との間に抵触があったかについて決定しなければならない。換言すれば，鍵となる問題は，決議1546が，申立人を収容する義務をイギリスに課したかどうかである。

102．……国連憲章の1条1項に定められた，国際の平和と安全の維持の目的と並んで，その3項は，国連は『人権及び基本的自由を尊重するように助長奨励することについて，国際協力を達成する』ために設立されたと規定している。憲章24条2項は，安全保障理

◆第1部◆　総　論

事会に対し，国際の平和と安全の維持における主要な責任に関するその義務を果たすにあたっては，『国連の目的及び原則に従って行動する』ことを要求している。この背景に照らして，裁判所は，安全保障理事会の決議を解釈するにあたっては，安全保障理事会は加盟国に対し，人権の基本的な原則を侵犯するいかなる義務をも課すことを意図していないという推定がなければならないと考える。安全保障理事会決議の文言に曖昧な点がある場合には，裁判所は従って，［ヨーロッパ人権］条約の要求に最も調和し，かつ義務の抵触を避ける解釈を選択しなければならない。……」

「109.　結論として……裁判所は，国連安全保障理事会決議1546の10項は，イギリスに対し，イラクにおける治安と安定の維持に貢献するための措置を取ることを許可したと考える。しかし，決議1546も，他のいかなる国連安全保障理事会決議も，明示的にせよ黙示的にせよ，イギリスに対し，当局がイラクの治安にとって危険となるとみなす人を，嫌疑もなく無期限の抑留の下におくことを要求していない。このような状況において，収容を行う拘束力ある義務もない状態にあっては，国連憲章に基づくイギリスの義務と，条約5条1項に基づく同国の義務との間には，抵触はなかった。

110.　5条1項の規定の適用が排除されず，かつその(a)から(f)に定められた抑留の事由のいかなるものも適用されないこのような状況において，裁判所は，申立人の抑留は5条1項の違反を構成したと認定する。」

II 人権条約において義務からの逸脱が認められるための要件の解釈・適用

　先にふれたように，自由権規約4条，ヨーロッパ人権条約15条及び米州人権条約27条の規定に基づき，それぞれの条約上，義務の逸脱が許容されるためには，以下の6つの条件を満たしていなければならない。

◆　1　緊急事態の存在

　条約義務からの逸脱が認められるためには，各条約で規定されているような緊急事態を構成する状況がなければならない。「国民の生存を脅かす公の緊急事態」と規定した自由権規約4条について，自由権規約委員会は一般的意見で次のように注意を喚起している。

■ 自由権規約委員会「一般的意見29　緊急事態における逸脱（4条）」（2001年）

　3．すべての騒擾や惨事が，4条1項の要求している意味で国民の生存を脅かす公の緊急事態といえるわけではない。国際的であれ非国際的であれ武力紛争時には，国際人道法が適用され，規約4条及び5条1項に加えて，国家の緊急事態権限の濫用を防止するために役立つ。規約は，武力紛争時であっても，規約から逸脱する措置は，当該状況が国民の生存にとっての脅威を構成する場合かつその限りにおいてのみ許されることを要求している。締約国が武力紛争以外の事態において4条を援用することを考える場合には，その正当化

134

● 第3章 「管轄」下にある人の人権保障に関する国の責任

事由及び，なぜその措置がその状況において必要でありかつ正当であるのかを慎重に検討すべきである。委員会は多くの場合に，規約で保護された権利から逸脱したとみられる締約国又は，4条によってカバーされない状況に対し国内法でそのような逸脱を認めているとみられる締約国に対する懸念を表明してきた。

ヨーロッパ人権条約15条は同様に「国民の生存を脅かす公の緊急事態」と規定するが，ヨーロッパ人権裁判所の判例法では，その存在についての判断においては各締約国の国内当局が国際裁判所よりもふさわしい立場にあり，この点で広い評価の余地（margin of appreciation）をもつことが認められている。

● **CASE** ● 〈国際判例〉アイルランド対イギリス事件（*Ireland v. the United Kingdom*）
ヨーロッパ人権裁判所判決（全員法廷），申立 No.5310/71, 1978年1月18日

「207.『国民の生存』に対する責任をもって，それが『公の緊急事態』によって脅かされているかどうか，及びその場合，緊急事態を克服するためにどこまでの措置を取ることが必要かを決定することは，まず各締約国の責にかかる。当該時の切迫した必要性と直接かつ継続的な接触をもっていることから，国家当局は，原則として，そのような緊急事態の存在並びにそれを回避するため必要な逸脱措置の性格及び範囲について決定することにおいて，国際裁判官よりも有利な地位にある。この点に関して，15条1項はそれらの国内当局に広い評価の余地を残している。」

2001年の同時多発テロ事件発生後，イギリスは反テロリズム法（2001年の反テロリズム，犯罪及び安全保障法。内務大臣が国際的テロとの関わりを疑っている者であって，出身国における迫害の恐れのため退去強制できない外国人について，事実上無期限の収容を認める）を制定し，これに伴い同年12月18日，ヨーロッパ人権条約5条1項及び自由権規約9条1項（身体の自由及び安全についての権利）から逸脱する旨をそれぞれの条約規定に従い通知した。この逸脱措置のヨーロッパ人権条約違反が争われた訴訟において，イギリス上院（当時の最高裁）は2004年，国籍等による差別的な取扱いであり不均衡な措置であるとしてヨーロッパ人権条約5条・14条との不適合を認め（但し，1998年人権法に基づく上院の不適合宣言は訴訟当事者を拘束するものではないため，原告ら11名がヨーロッパ人権裁判所に提訴した），ヨーロッパ人権裁判所も下記の2009年の判決で同様の理由で条約違反を認定した。ただ同裁判所は，そもそも条約15条1項にいう「国民の生存を脅かすその他の公の緊急事態」があったかどうかについては，国内裁判所に提出された一定の証拠に照らし，急迫したテロ攻撃の危険から国民を保護するために当事国の国内当局が行った判断に重みがおかれるとしてこれを是認している。またこの関連でヨーロッパ人権裁判所は，自由権規

◆ 第1部 ◆ 　総　論

約委員会が後述のように逸脱措置は一時的なものであることを求めているのに
対し，同裁判所の判例法では一時性は必ずしも要求されていないことにも言及
している。

● **CASE** ● 〈国際判例〉A ほか対イギリス事件（*A and Others v. the United Kingdom*）
　　　　ヨーロッパ人権裁判所大法廷判決，申立 No.3455/05，2009年2月19日

「176. 裁判所は，［訳注：ローレス対アイルランド第3事件，1961年7月1日，28項］
において］15条の文脈において，『国民の生存を脅かすその他の公の緊急事態』という
語の自然かつ慣例の意味は十分に明確であり，それは『国民（population）全体に影響
を与えかつ，国家を構成している社会の組織された生活に対する脅威を構成する，例外
的な危機又は緊急事態の状況』を指すと判示したことを想起する。……アイルランド対
イギリス事件（1978年1月18日判決，205項及び212項）では，両当事者は，［ヨーロッ
パ人権］委員会及び裁判所と同様，テロが何年もの間『イギリスの領土保全，その6つ
のカウンティの組織及び地域の住民の生命にとって特に広範囲かつ切迫した危険』と
なっていたため，15条の基準は満たされたことに同意していた。
177. 国内裁判所において，国務長官は，イギリスに対して計画されていた重大なテロ
攻撃の脅威の存在を示す証拠を援用した。SIAC（特別出入国申立委員会）によっても，
追加的な非公開の証拠が援用された。（……ホフマン判事を除いて）すべての国内裁判
官が，その危険は信頼に足ると認めていた。義務の逸脱がなされた時点で，イギリス領
域内でアルカイダの攻撃は発生していなかったが，裁判所は，残虐行為がいつの時点で
も警告なく行われうるという点でそのような攻撃が『急迫した（imminent）』ものであ
ることを恐れることにおいて当時利用できた証拠に照らして，国内当局を批判すること
はできないと考える。急迫性の要件は，国家に対し，対処する措置を取らずに悲劇が現
に起きるのを待つよう要求するというほどに狭く解釈されることはできない。さらに，
テロ攻撃の危険は，2005年7月のロンドンにおける爆破及び爆破未遂で，非常に現実的
なものであることが悲劇的にも示された。15条の目的は，国家に対し将来の危険から国
民を保護するための逸脱措置を取ることを許容することであるから，国民の生存に対す
る脅威の存在は，主に，逸脱の時点で知られていた事実を参照して評価されなければな
らない。……
178. 国連自由権規約委員会は，自由権規約の規定から逸脱する措置は『例外的かつ一
時的な性格』……のものでなければならないとしているが，当裁判所の判例法では，対
応の均衡性（proportionality）の問題は緊急事態の期間に関連しているとはいえ，今日ま
で，緊急事態が一時的なものであることという要件は明示的に組み込んでいない。実際，
北アイルランドの治安状況に関連して上に引用した諸事案は，15条の意味における『公
の緊急事態』が何年も続く可能性があることを示している。裁判所は，アメリカ合衆国
におけるアルカイダの攻撃の直後に取られ，かつ年ごとに議会によって見直しを受けて
いる逸脱措置が，『一時的』でないという理由で無効といえるとは考えない。」
「180. すでに述べたように，国内当局は，15条の下で国民の生存が公の緊急事態によっ
て脅かされているかどうかを評価するにあたって，広い評価の余地をもつ。他の国家も
脅威の対象であった中で，イギリスが，アルカイダからの危険に対応して逸脱を行った

第3章 「管轄」下にある人の人権保障に関する国の責任

唯一の締約国であったことは印象的ではあるが，裁判所は，自国民の安全の守護者として，知り得た事実に基づく自らの評価を行うことは各国政府の責であることを受け入れる。従って，この問題に関してイギリスの行政府及び議会が行った判断に重みが与えられなければならない。加えて，緊急事態の存在に関する証拠を評価するのにより有利な地位にある国内裁判所の見解に，相当の重みが与えられなければならない。
181. この第1の問題について裁判所は従って，国民の生存を脅かす公の緊急事態があったという上院の多数意見の見解を共有する。」

◆ 2 必要性の要件

条約規定にいう意味で「緊急事態」があるとしても，**取られる措置は，「事態の緊急性が真に必要とする（strictly necessary；厳格に必要な）限度」において**のものでなければならない（米州人権条約27条1項は，そのような限度及び「期間」であることも明記している）。米州人権裁判所は1987年の勧告的意見で，いずれかの緊急事態において取られる措置は，当該事態の性格や強度，範囲の広がり及び特定の文脈に応じて，それに対処するために**均衡性**（proportionality）**及び合理性**（reasonableness）をもったものでなければならないとしている。

● **CASE** ● 〈国際裁判所の勧告的意見〉緊急事態における人身保護（米州人権条約27条2項，25条1項及び7条6項）に関する米州人権裁判所勧告的意見 OC-8/87（*Habeas Corpus in Emergency Situations（Arts. 27（2）and 7（6）of the American Convention on Human Rights*）），1987年1月30日

「19. 27条及びそれが果たす機能についての法的に妥当な分析の出発点は，これが，例外的な状況のみに関する規定であることである。……

20. 27条1項は［戦争，公の危険，又は国家の独立もしくは安全を脅かすその他の緊急事態という］異なる状況を挙げておりまた，それらの緊急事態のいずれかにおいて取られうる措置は『事態の緊急性』に合わせたものでなければならないから，一つの型の緊急事態で許容されうることが，他の事態では合法でないことがあるのは明らかである。さらに，27条1項で言及された特別の状況のそれぞれに対処するために取られる措置の合法性は，当該緊急事態の性格，強度，範囲の広がり及び特定の文脈並びに，それに対応する……措置の均衡性及び合理性に依存する。」

「24.［権利及び自由の］保障の停止はまた，政府が，権利及び自由を，通常の状況では禁止されるか又はより厳格に統制される一定の制限措置に服させることが合法となる緊急状況を構成する。しかしこのことは，権利の停止は法の支配の一時的停止を含意するということを意味せず，また，権力の座にある者に対し，自らを常時拘束している合法性の原則を無視して行動することを認めるものでもない。保障が停止されると，公的機関の行動に適用される一定の法的制約は，通常の状況で適用されるものとは異なりうる。しかし，そうした法的制約は存在しないものと考えられてはならず，また，政府がそれ

137

◆ 第1部 ◆ 　総　論

によって，そのような例外的な法的措置を正当化する状況を超えて絶対的な権限を得た
とみなされてはならない。……」

「38. もし，裁判所がすでに強調したように，保障の停止は緊急事態に対処するために
厳格に必要とされる限界を超えてはならないとすれば，そうした限界（緊急事態を宣言
する布告の中に正確に特定されなければならない）を超える公的機関のいかなる行動も，
緊急事態の存在にもかかわらず違法となる。

39. 裁判所はまた，前段に述べた条件に従うことなく保障を停止することは不適切であ
るゆえ，停止された権利又は自由に適用される具体的な措置もまた，これらの一般原則
に違反してはならないということを指摘すべきであろう。そのような違反は，例えば，
緊急事態の法的体制を侵害する措置を取った場合，措置が特定された期限よりも長く続
いた場合，措置が明白に非合理的，不必要もしくは不均衡な場合，又は，措置を採択す
るにあたって権限の誤用もしくは濫用があった場合に生じる。」

　米州人権裁判所は，下にみるカスティロ＝ペトルッツィほか対ペルー事件で，
上記の勧告的意見で示されたような必要性の原則を適用し，当事国の条約違反
を認定している。

● **CASE** ● 〈国際判例〉カスティロ＝ペトルッツィほか対ペルー事件（*Castillo-Petruzzi et al. v. Peru*）米州人権裁判所判決（本案及び補償），1999年5月30日

「109. 本件では，[被害者らの] 拘禁は，多くの犠牲者を出したテロ行為に伴い，1992
年と1993年にエスカレートした深刻な法秩序の混乱の中で発生した。これらの事件に対
応して，当事国は緊急事態措置を採択したが，その一つが，反逆の疑いをかけられた者
は法的な裁判所の命令なしに勾留されうることを認めたものであった。宣言された緊急
事態が条約7条の停止にかかわるものであったというペルーの主張に対しては，裁判所
は，保障の停止は緊急事態に対処するために厳格に必要とされる限界を超えてはならず，
『そうした限界（緊急事態を宣言する布告の中に正確に特定されなければならない）を
超える公的機関のいかなる行動も，緊急事態の存在にもかかわらず違法となる』ことを
繰り返し判示してきた。国家の行動に課される制約は，『いかなる緊急事態においても，
取られる措置が必要性に均衡し，条約によって課され又は条約に由来する厳格な制限を
超えないよう，それらの措置を統制する適切な手段がなければならないという一般的要
請』から来るものである。

110. 主張される当事国の条約7条5項違反については，裁判所は，反逆の疑いがかかっ
た者を，司法機関の面前に連れて行くことなく，さらに15日間の延長の可能性を含め15
日間予防拘禁することを当局に認めることは，『拘禁されたいかなる者も，裁判官又は，
司法権を行使することが法律によって認められているその他の官憲の面前に速やかに連
れて行かれ……』という内容の条約規定に反するという見解である。

111. 現行法を本件の具体的な事案に適用すると，当事国は，メラド・サヴェドラ氏，
ピンチェイラ・サエズ夫人及びアストルガ・ヴァルデス氏を，1993年10月14日から，彼
らが軍事裁判所裁判官の面前に連れて行かれた1993年11月20日まで，司法的監視なしに

> 勾留した。カスティロ＝ペトルッツィ氏は1993年10月15日に勾留され，同年11月20日に当該裁判官の面前に連れて行かれた。裁判所は，被害者らが勾留時から司法機関の面前に連れて行かれるまでに経過したおよそ36日間という期間は長すぎ，条約の規定に違反すると認定する。
>
> 112. 裁判所は従って，当事国は条約7条5項に違反したと認定する。」

　米州人権裁判所は上述の勧告的意見や判例で，緊急事態において取る権利停止措置は事態の緊急性から厳格に必要とされる限界を超えてはならず，そのような限界を超える措置は緊急事態の存在にもかかわらず違法となりうるとしていた。自由権規約委員会も同様に，**逸脱の宣言が有効になされた場合であっても，それによって取られるいかなる措置も当該事態の緊急性が厳格に必要とする限度に限られることから，そのような均衡性の原則の観点から正当化されなければならないとしている。**

■ 自由権規約委員会「一般的意見29　緊急事態における逸脱（4条）」（2001年）

　4. 4条1項に定められた通り，規約から逸脱するいかなる措置にとっても基本的に必要とされることは，そのような措置が，事態の緊急性が真に［strictly；厳格に］必要とする限度に限られるということである。この条件は，緊急事態の期間，地理的範囲及び実体的範囲，並びに，緊急事態のために取られる逸脱措置に関連する。緊急事態において規約上のいくつかの義務から逸脱することは，規約のいくつかの規定（例えば，12条及び19条を見よ）の下で平常時にも許容されている制約ないし制限とは明らかに異なる。しかしながら，いかなる逸脱措置も事態の緊急性が真に要求する措置に限定する義務は，逸脱の権限と制限の権限に共通する均衡性の原則を反映している。さらに，ある特定の規定から許容される逸脱が，それ自体，事態の緊急性によって正当化されるという事実は，当該逸脱に従って取られる具体的な措置も当該事態の緊急性によって正当化されることが示されなければならないという条件を不要にするものではない。実際上，このことは，規約のどの規定も，いかに有効に逸脱されようとも，締約国の行動にとって完全に適用されなくなることはないということを意味する。締約国の報告書を検討する際，委員会は，均衡性の原則に十分な注意が払われていないことに対して懸念を表明してきた（例えば，イスラエルに対する総括所見，CCPR/C/79/Add.93, 11項（1998年）を見よ）。

　5. 権利がいつ，どの程度まで逸脱されうるかという問題は，規約に基づく締約国の義務から逸脱するいかなる措置も「事態の緊急性が真に必要とする限度」1項の規定から離れて考えることはできない。この条件は，締約国に対し，緊急事態を宣言する決定についてのみならず，そのような宣言に基づく具体的な措置についても慎重な正当化事由を提供することを要求する。もし締約国が，自然災害，暴力事件を含む大衆の抗議運動，大きな産業事故等の間に規約から逸脱する権利を援用しようとするのであれば，そうした国家は，そのような事態が国民の生命に対する脅威を構成するということのみならず，規約から逸脱するあらゆる措置が事態の緊急性によって真に必要とされることをも正当化できなければならない。委員会の意見では，例えば，移動の自由（12条）や集会の自由（21条）の文言上規約上の一定の権利を制約できる可能性があることは，緊急事態においても一般に十分であり，これらの規定からの逸脱は，事態の緊急性によっては正当化されないであろう。

北アイルランド紛争との関連で1974年に制定されたイギリスのテロリズム防

◆第1部◆　総　論

止法は，テロ行為との関わりについての合理的な疑いにより逮捕された者は最初の48時間警察に勾留されうること，及び北アイルランド担当大臣の許可によりさらに5日間まで勾留されうることを定めていた。これが1988年のヨーロッパ人権裁判所ブローガン事件判決[110]でヨーロッパ人権条約5条3項（逮捕又は抑留された者が裁判官又は司法権を行使する官憲の面前に速やかに連れて行かれ，妥当な期間内に裁判を受ける権利又は裁判までの間釈放される権利）違反と判断されたことを受けて，イギリスは同年12月23日，テロリズム防止法に基づく勾留期間を維持するため，15条に基づく逸脱を宣言し通知した。下にみるブラニガン及びマクブライド対イギリス事件で同裁判所は，この逸脱が15条の定める必要性の要件を満たしているか否かについて検討している。

> ● ***CASE*** ● 〈国際判例〉ブラニガン及びマクブライド対イギリス事件（*Brannigan and McBride v. the United Kingdom*）ヨーロッパ人権裁判所判決（全員法廷），申立 Nos.14553/89 and 14554/89，1993年5月26日［『ヨーロッパ人権裁判所の判例』161頁］
>
> 「逸脱は，緊急の状況に対する真の対応（genuine response）であったか？
>
> 51. 裁判所はまず，逮捕及び延長された勾留の権限は，1974年以来，当事国の政府によって，テロの脅威に対処するために必要と考えられてきたことに留意する。ブローガン判決以降，政府は，1984年法12条に基づき勾留決定の司法審査を導入するか，この点で条約義務からの逸脱を行うかの選択に直面した。テロ犯罪の調査及び訴追に関連する特別の困難さのために，司法審査が5条3項に合致するという見解を政府が取ることはできなかったため，逸脱することが不可避となった。よって，そのような司法審査なく延長された勾留を行う権限と，1988年12月23日の逸脱は，明らかに緊急事態の継続に結びついており，逸脱が真の対応ではなかったことを示すものはない。」
>
> 「延長された勾留に司法審査がないことは正当化されたか？
> ……
>
> 58. 裁判所は，<u>テロ犯罪を調査及び訴追することの困難さが，司法審査を受けない勾留期間の延長の必要性を生ぜしめていること</u>について，テロ防止立法の施行状況を見直す様々な報告書の中で表明されている見解を注記する。……さらに，そうした特別の困難さは，上述のブローガン判決で認められている……。
>
> 　裁判所はさらに，勾留された者とその法的助言者に対して，勾留の延長に関する決定の基礎となった情報を開示するのを避けることが重要であり，また，コモン・ローの対審構造においては，裁判官又は司法官が延長の付与ないし許可にかかわることになれば司法府の独立が害されることになるというのが依然として当事国政府の見解であること

---

(110)　ブローガンほか対イギリス事件（*Brogan and Others v. the United Kingdom*）判決，申立 No. 11209/84，11234/84，11266/84，11386/85，1988年11月29日。

第3章 「管轄」下にある人の人権保障に関する国の責任

も注記する。……

「59. 関連時において緊急事態に対処するのに最も適切ないし迅速な措置が何であるかについて，裁判所の見解を，一方ではテロと闘うための実効的措置を取ることと他方では個人の権利を尊重することとの間にバランスを取ることに直接の責任を有する当事国政府の見解に取って代えることは，裁判所の役割ではない（上述のアイルランド対イギリス事件判決，214項，及び1978年9月6日のクラスほか対ドイツ事件（*Klass and Others v. Germany*）判決，49項を見よ）。司法府が小さくテロ攻撃に脆弱な北アイルランドの関連では，司法府の独立に対する公衆の信頼は，当事国政府が大きな重要性をおく問題であることは理解できる。

60. これらの考慮に照らすと，当事国政府は，本件の状況において，司法審査を与えない決定を行ったことにおいて，裁量の余地を超えたとはいえない。」

「濫用に対する保護措置

……

63. 第1に，当初の逮捕及び勾留の合法性を審査するために，人身保護救済を利用することが可能である。……

64. 第2に，勾留された者は，逮捕時から48時間後に弁護士に相談できる，絶対的かつ法的に執行可能な権利を有している。……北アイルランド高等裁判所の判例では，弁護士へのアクセスを遅らせる決定は司法審査に服し，かつその法的手続においては，遅らせる合理的な理由があったことを示す責任は当局にかかる。……勾留された者は親戚や友人に勾留について通知する権利があり，また医師にかかる権利があることも，争われていない。

65. 上記の基本的な保護措置に加え，当該立法の施行状況は定期的な独立した見直しの下におかれており，かつ1989年まで定期的な更新が行われていた。

　結　論

66. 北アイルランドにおけるテロの脅威の性格，逸脱の限定的な範囲及びそれを支えるために出された理由，並びに，濫用に対する基本的な保護措置の存在を考慮すると，裁判所は，当事国政府は，逸脱が事態の緊急性が真に必要とするものであったと考えるにあたって裁量の余地を超えてはいなかったという見解である。」

◆　3　無　差　別

自由権規約と米州人権条約は無差別の要件を明示的に規定している（但し，米州人権条約27条1項が「人種，皮膚の色，性，言語，宗教又は社会的出身を理由とする差別」を含んではならないとしているのに対し，自由権規約4条1項はそれら「のみ」を理由とする差別を含んではならないとしている）。ヨーロッパ人権条約15条はこの条件を明記していないが，無差別の要件は，「必要性」の要件の中に内在する，つまり，不当な差別は不均衡なものであって違法となるとみることもできる。先に言及したイギリスの2001年反テロリズム法は，国際的テロとの関わりが疑われる者のうち外国人についてのみ事実上無期限の

141

◆ 第1部 ◆ 総 論

収容を認めるものであったが，ヨーロッパ人権裁判所はこれに対し，**国民と外国人を不当に差別する逸脱措置は目的と手段との均衡を逸するものであって違法**と判断している。

● **CASE** ● 〈国際判例〉Aほか対イギリス事件ヨーロッパ人権裁判所大法廷判決，2009年2月19日［前掲］

「184. 15条に基づく逸脱について検討する際，当裁判所は，国内当局に対し，緊急事態を回避するために必要な逸脱措置の性格及び範囲を決定する広い裁量の余地を認めている。しかし，それらの措置が『真に［strictly；厳格に］必要とされる』ものであったかを最終的に判断するのは当裁判所である。特に，逸脱措置が，人身の自由に対する権利のように条約上の基本的な権利の制限となる場合には，裁判所は，それが緊急事態への真の対応であったか，緊急事態の特別の状況によって十分に正当化されたか，及び，……濫用に対する十分な保護措置が提供されたかを確認しなければならない。……」

「186. ……裁判所は，問題とされている権限は，出入国管理の措置（その場合，国民と国民でない者との区別が正当となりうる）とみなされるべきではなく，国の安全にかかわるものとみなされるべきであると判示した点で，［イギリス］上院は正しかったと考える。2001年法の第4部は，テロ攻撃の真のかつ急迫した危険を回避することを目的としているが，そのテロ攻撃の真のかつ急迫した危険とは，証拠によれば，国民からも国民でない者からも提起されているものであった。本質的に安全保障の問題であるものに対処するために，出入国管理措置を用いるという当事国政府と議会の選択は，テロリストの疑いのある者のうち一つの集団に対し，無期限の収容という不均衡かつ差別的な負担を課す一方，問題に十分に対処することはできない結果となった。上院が判示したように，人を嫌疑なく収容することの潜在的な逆効果において，国民の場合と，国民でない者であって外国で拷問を受ける恐れのため事実上出国できない者の場合とでは，大きな相違はなかった。」

「190. 従って，結論として裁判所は，上院と同様，当事国政府の主張とは反対に，当該逸脱措置は国民と国民でない者を不当に差別した点で不均衡なものであったと認定する。」

◆ **4　他の国際法上の義務の遵守** ━━━━━━━━

　自由権規約，ヨーロッパ人権条約，米州人権条約はいずれも，逸脱の措置は，当該締約国が国際法に基づき負う他の義務に抵触してはならないことを規定している。このことは，これらの条約に基づいて取られる**逸脱の措置は，当該締約国が批准ないし加入している諸条約のほか，慣習国際法上の義務にも抵触してはならない**ことを意味する。社会権規約や子どもの権利条約，人種差別撤廃条約，女性差別撤廃条約のように，広く批准されている人権条約の中には逸脱の可能性について何ら規定していないものも多いから，上記の3つの条約の下

◆ 第3章 「管轄」下にある人の人権保障に関する国の責任

で逸脱措置を取るいずれの締約国も，これらの他の条約の締約国である場合にはそれらの条約の規定を遵守することが要求される。自由権規約委員会はまた，締約国は，緊急事態において適用される人権基準に関する国際法の発展を考慮に入れるべきことに注意を喚起している。

■ 自由権規約委員会「一般的意見29　緊急事態における逸脱（4条）」(2001年)

10. 他の条約に基づく締約国の行動を審査することは自由権規約委員会の任務ではないが，規約上の任務を遂行するにあたって，委員会は，規約が締約国に対し規約の特定の規定から逸脱することを認めているかどうかを検討する際，締約国の他の国際的義務を考慮に入れる権限を有する。従って，4条1項を援用する際，又は緊急事態に関連する法的枠組みに関して40条に基づいて報告する際，締約国は，当該権利の保護に関連するその他の国際的義務，特にそれらの義務であって緊急時に適用されるものについての情報を示すべきである（規約のほとんどすべての締約国が批准しており，逸脱条項を含んでいない子どもの権利条約が挙げられる。同条約の38条は，同条約が緊急事態でも適用されることを明確に示している）。この点で，締約国は，緊急事態に適用される人権基準に関する国際法の発展を正当に考慮に入れるべきである（人権委員会決議1998/29，1996/65及び2000/69に従って人権委員会に提出された，最低限の人道的基準（後に「人道の基本的基準」）に関する事務総長報告書 E/CN.4/1999/92，E/CN.4/2000/94及び E/CN.4/2001/91，あらゆる状況に適用される基本的権利を明らかにするより早期の努力，例えば緊急事態における人権規範に関するパリ最低基準（国際法協会，1984年），市民的及び国際的権利に関する国際規約の制限及び逸脱規定に関するシラクサ原則（CCPR/C/21/Rev.1/Add.11），人権と緊急事態に関する人権小委員会特別報告者レアンドロ・デスプイ（Leandro Despouy）氏の最終報告書（E/CN.4/Sub.2/1997/19 and Add.1），国内避難に関する指導原則（E/CN.4/1998/53/Add.2），最低限の人道的基準に関するトゥルク Turku（オーボ Åbo）宣言（1990年，E/CN.4/1995/116）が挙げられる。継続中のさらなる作業分野としては，赤十字国際委員会に対し，国際的及び非国際的武力紛争に適用される国際人道法の慣習的規則に関する報告書準備の任を託した第26回赤十字・赤新月国際会議の決定[111]が挙げられる。）

◆ **5　一定の権利の逸脱不可能性** ━━━━━━━━━━

条約上，逸脱不可能とされている一定の規定の停止は認められない。3つの条約上，逸脱が認められない規定として共通しているのは，**生命権，拷問又はその他の（残虐な）非人道的なもしくは品位を傷つける取扱いもしくは刑罰を受けない権利，奴隷の状態又は隷属状態におかれない権利，並びに遡及処罰を受けない権利**に関する諸規定である。

米州人権条約における逸脱不可能な権利の規定は特に広範であり，同条約27条2項は，法的人格に対する権利，人としての待遇を受ける権利，良心及び宗教の自由，家族の権利，姓名をもつ権利，子どもの権利，国籍をもつ権利，統

---

(111) 訳注：この赤十字国際委員会（ICRC）の作業は，J-M. Henckaerts et al. (eds.), *Customary International Humanitarian Law*, vol.1, Rules, vol.II, Practice, Cambridge: Cambridge University Press, 2005 として結実し公刊されている。

143

◆ 第1部 ◆ 総　論

治に参加する権利等のほか，これらの逸脱不可能な権利の「保護に不可欠な司
法上の保障」もその中に含めている。この付加的な手続的保障の性格について，
米州人権裁判所は勧告的意見で以下のように述べている。

● **CASE** ● 〈国際裁判所の勧告的意見〉緊急事態における人身保護（米州人権条約27
　　　　　条2項，25条1項及び7条6項）に関する米州人権裁判所勧告的意見 OC-
　　　　　8/87，1987年1月30日　［前掲］

「27．裁判所がすでに述べたように，深刻な緊急事態においては，通常の状況であれば
国家によって尊重されかつ保障されなければならない一定の権利及び自由の自由な行使
を一時的に停止することが合法となる。しかし，一時的であっても停止が許されない権
利及び自由があり，『（これらの権利の）保護に不可欠な司法上の保障』は有効であるこ
とが肝要である。27条2項は，これらの司法上の保障を条約のいかなる具体的な規定と
も結びつけていないが，そのことは，重要な点はそれらの司法上の救済措置がこれらの
権利保護の確保のために不可欠な性格をもっているという点であるということを示すも
のである。

28．停止され得ない権利の保護のために『不可欠な』司法上の救済措置が何であるかに
ついての判断は，問題となっている権利によって異なるであろう。人間の身体保全に関
する権利の保障のために必要な『不可欠な』司法上の保障は，必然的に，例えば，同じ
く逸脱不可能な権利である姓名をもつ権利の保護のためのものとは異なるはずである。

29．上記に述べたことから，27条2項の意味において不可欠と考えられなければならな
い司法上の保障とは，この規定によって保護される権利及び自由の完全な行使を通常効
果的に保障するものであって，その否定又は制限がそれらの権利及び自由の完全な享受
を危うくするものをいう。

30．保障は，不可欠であるのみならず司法的なものでなければならない。『司法上の（ju-
dicial)』という表現は，これらの権利を真に保護することが可能な司法の救済措置のみ
を指す。この概念に内在しているのは，緊急事態において取られた措置の合法性につい
て判断を下す権限をもった独立かつ公平な司法機関の積極的な関与である。

31．そこで裁判所は，25条及び7条が27条2項で言及されていないにもかかわらず，本
勧告的意見請求で言及されている，25条1項［関係国の憲法もしくは法律，又は米州人
権条約が認める基本的権利を侵害する行為に対する保護を求めて，効果的な訴えを裁判
所又は法廷に行う権利。「アンパロ（amparo)」］及び7条6項［自由を奪われた人が，
その逮捕又は抑留の合法性について裁判所が遅滞なく決定を下し，かつ違法であれば釈
放を命じられるよう，裁判所に訴える権利。人身保護請求の権利］に含まれた保障が，
逸脱不可能な権利の保護のために『不可欠』な『司法上の保障』に含まれるとみなされ
なければならないかどうかを決定しなければならない。

32．……『アンパロ』［保護請求］として知られる手続的制度は，締約国の憲法及び法
律，並びに米州人権条約が認めるすべての権利の保護を目的とした簡易かつ迅速な救済
措置である。『アンパロ』はすべての権利に適用できるから，緊急事態においても逸脱
不可能な権利として27条2項で明示的に言及された諸権利にも適用できることは明らか
である。

◆ 第3章 「管轄」下にある人の人権保障に関する国の責任

33. 古典的な形態では，米州の様々な法制度に取り入れられている人身保護令状は，抑留の合法性が判断され，適当な場合には被抑留者の釈放が命じられるよう，抑留された人を裁判官の面前に連れて行くことを関連当局に命じる司法的命令によって，恣意的な抑留から人の自由ないし身体保全を保護することを目的とした司法的救済措置である。……」「35.　……人身保護は，人の生命及び身体保全が尊重されるのを確保すること，失踪もしくは所在の隠匿を防止すること，並びに，人を拷問又はその他の残虐な，非人道的なもしくは品位を傷つける取扱いもしくは刑罰から保護することにおいてきわめて重要な役割を果たす。……」

「37.　人身保護が27条2項に定められた逸脱不可能な権利の保護を目的とした司法的救済措置であるということを超えて，問われなければならないさらなる問いは，例外的な状況においても停止されてはならない規定の中に7条は列挙されていないにもかかわらず，その令状は，緊急事態においても個人の自由を確保する手段として有効であるかどうかである。

38.　もし，裁判所がすでに強調したように，保障の停止は緊急事態に対処するために真に必要とされる限度を超えてはならないならば，そうした限界（緊急事態を宣言する布告の中に正確に特定されなければならない）を超える公的機関のいかなる行動も，緊急事態の存在にもかかわらず違法となる。

39.　裁判所はまた，前段に述べた条件に従うことなく保障を停止することは不適切であるゆえ，停止された権利又は自由に適用される具体的な措置もまた，これらの一般原則に違反してはならないということを指摘すべきであろう。そのような違反は，例えば，緊急事態の法的体制を侵害する措置を取った場合，措置が特定された期限よりも長く続いた場合，措置が明白に非合理的，不必要もしくは不均衡な場合，又は，措置を採択するにあたって権限の誤用もしくは濫用があった場合に生じる。

40.　そうであるとすれば，法の支配によって規律される制度においては，そのような措置の合法性について，例えば，人の自由の停止に基づく抑留が緊急事態によって認められた立法を遵守するものかどうかを検証することによって，自律的かつ独立した司法機関が統制を行うことは，全く理に適ったことであることが導かれる。この点で，人身保護は基本的重要性をもつ新たな側面を帯びる……」

「42.　上に述べたことから，人身保護令状及び『アンパロ』の令状は，27条2項により逸脱が禁止される諸権利の保護に不可欠でありかつ，さらに，民主的社会における合法性の保持に資する司法的救済措置に含まれる。

43.　裁判所はまた，緊急事態において人身保護又は『アンパロ』という法的救済措置を停止することを明示的又は黙示的に認める締約国の憲法及び法制度は，［米州人権］条約によって締約国が負った国際的義務に合致しないとみなされなければならないと考える。」

　自由権規約4条2項は，逸脱不可能な規定として6条（生命権），7条（拷問又はその他の残虐な，非人道的なもしくは品位を傷つける取扱いもしくは刑罰を受けない権利），8条1項及び2項（奴隷の状態又は隷属状態におかれない権利），11条（契約義務不履行による拘禁を受けない権利），15条（遡及処罰を受けない権利），

145

◆ 第1部 ◆ 総 論

16条（人として認められる権利）並びに18条（思想，良心及び宗教の自由）を列挙している。自由権規約委員会は，ここに列挙されていない規約の諸規定の中にも4条による逸脱に服さない要素があるとし，その関連で，**国際法上の強行規範（ユス・コーゲンス）に違反する行為及び，人道に対する罪や集団殺害罪を構成する国際犯罪にあたる行為**について言及している。

■ 自由権規約委員会「一般的意見29 緊急事態における逸脱（4条）」（2001年）

11. 4条における逸脱不可能な規定の列挙は，一定の人権義務が国際法の強行規範の性質をもつかどうかの問題と関連するが，それと同一ではない。4条2項において，規約の一定の規定が逸脱不可能な性格をもつと宣言されていることは，部分的には，規約で条約の形態をとって確保される一定の基本的権利（例えば6条及び7条）の強行的性格を認めたものとみることができる。しかし，規約の他の規定の中にも，緊急事態においてそれらの権利からの逸脱が必要になることはない（例えば11条及び18条）ゆえに，逸脱不可能な規定のリストに含まれたものがあることは明らかである。さらに，強行規範というカテゴリーは，4条2項に定められた逸脱不可能な規定のリストを超える。締約国は，いかなる状況においても，例えば人質を取ったり，集団的処罰を科したり，自由を恣意的に剥奪したり又は無罪推定を含む公平な裁判の基本原則から逸脱したりすることによって，人道法又は国際法の強行規範に違反して行動する正当化事由として規約4条を援用することはできない。

12. 規約からの正当な逸脱の範囲を評価するにあたって，一つの基準は，人道に対する罪とされる一定の人権侵害の定義に見出すことができる。国家権力の下に行われた行為が，当該行動に関わった人にとって人道に対する罪として個人の刑事責任が生じる行為を構成する場合，規約4条は，緊急事態により当該国家が同じ行為に関連して国家責任から免じられるという正当化事由として用いられることはできない。従って，国際刑事裁判所ローマ規程における管轄権の目的上，人道に対する罪に関して近年行われてきた成文化は，規約4条の解釈において関連性をもつ（2001年7月1日までの時点で35カ国が批准している同規程の6条（集団殺害罪）及び7条（人道に対する罪）を見よ。規程の7条に列挙された具体的な行為形態の多くは，規約4条2項

で逸脱不可能な規定として列挙された人権侵害に直接に関連するが，この規定で定義されている人道に対する罪のカテゴリーは，規約4条2項に言及されていない規約のいくつかの規定の侵害をもカバーする。例えば，27条の重大な侵害の一定のものは同時にローマ規程6条の下での集団殺害を構成しうるし，他方で［ローマ規程の］7条は，規約の6条，7条及び8条の他にも，9条，12条，26条及び27条に関連する行為をもカバーする）。

13. 4条2項に列挙されていない規約の規定にも，委員会の意見では，4条に基づく合法な逸脱に服しえない要素がある。それを示す例を以下に述べる。

(a) 自由を奪われたすべての人は，人道的にかつ，人間の固有の尊厳を尊重して取り扱われなければならない。規約10条に規定されているこの権利は，4条2項で逸脱不可能な権利のリストの中に個別に言及されていないが，委員会は，規約はここ［10条］で，逸脱に服さない一般的な国際法規範を表明していると信ずる。このことは，規約の前文において人間の固有の尊厳に言及されていること，及び，7条と10条との密接な関係から支持される。

(b) 人質を取ること，誘拐又は［当局によって身元が］識別されない拘禁の禁止は，逸脱に服さない。緊急事態時であってもこれらの禁止が絶対的な性格のものであることは，これらが一般国際法の規範としての地位をもつことから正当化される。

(c) 委員会は，マイノリティに属する人の権利の国際的な保護は，あらゆる状況において尊重されなければならない要素を含むという意見である。このことは，国際法における集団殺害罪の禁止，4条自体に無差別規定が含まれていること（1項），及び18条の逸脱不可能性に反映されている。

(d) 国際刑事裁判所ローマ規程で確認されているように，関係の人が合法に所在していた地域からの追放又はその他の強制

146

第3章　「管轄」下にある人の人権保障に関する国の責任

的な手段による強制移住の形で，国際法上許容された事由なく人々を退去させ又は強制的に移動させることは，人道に対する罪を構成する（ローマ規程の7条1項(d)及び7条2項(d)を見よ）。緊急事態時に規約12条から正当に逸脱する権利が，そのような措置を正当化するものとして認められてはならない。

(e)　4条1項に従ってなされるいかなる緊急事態宣言も，締約国が，20条に反して，戦争宣伝又は，差別，敵意もしくは暴力の扇動を構成する民族的，人種的もしくは宗教的憎悪の唱道を自ら行うことの正当化事由として援用されてはならない。

14.　規約2条3項は規約の締約国に対し，規約の規定のいかなる侵害に対しても救済措置を提供することを要求している。この規定は4条2項において逸脱不可能な規定のリストの中に言及されていないが，規約全体に内在する条約義務である。たとえ締約国が，緊急事態時，事態の緊急性がそのような真に措置を必要とする限りにおいて，司法のその他の救済措置に関する手続の実際的機能を調整することがあるとしても，締約国は，効果的な救済措置を提供するという規約2条3項の基本的義務を遵守しなければならない。

15.　4条2項で逸脱不可能であると明示的に認められた権利の保護には，それらが，司法的保障を含むことが多い手続的保障によっ

て確保されなければならないということが内在している。手続的保護に関連する規約の規定は，逸脱不可能な権利の保護を妨げる措置を受けることがあってはならない。4条は，逸脱不可能な権利からの逸脱を結果としてもたらすような形で依拠されてはならない。よって例えば，規約6条はその全体において逸脱不可能なのであるから，緊急事態時に死刑の科刑に至るいかなる裁判も，14条及び15条の要件を含む規約の規定に従わなければならない。

16.　規約4条に体現されているような，逸脱に関連した保護措置は，規約全体に内在する合法性の原則及び法の支配に基づくものである。公平な裁判に対する権利の一定の要素は武力紛争時の国際人道法の下で明示的に保障されているから，委員会は，緊急事態時にそれらの保障から逸脱する正当化事由は何もないと考える。委員会は，合法性の原則及び法の支配は，公平な裁判の基本的な要件が緊急事態時にも尊重されなければならないことを要求するという意見である。裁判所のみが，犯罪について人を裁き有罪とすることができる。無罪推定は尊重されなければならない。逸脱不可能な権利を保護するため，裁判所が抑留の合法性について遅滞なく決定できるよう裁判所において手続を取る権利は，9条から逸脱するという締約国の決定によって減じられてはならない。

◆　6　国際的な通知

逸脱規定に依拠する締約国は，条約規定に従い，関連の国際機関に対して公式に通知を行い，それによって逸脱について他の締約国に通知する必要がある。

1993年にエクアドルで発生した一連の超法的処刑に関する以下の事件では，当事国は米州人権条約27条3項に基づく国際的な通知なしに非常事態措置を取っていた。当事国はその過程で軍隊が超法的処刑に関与したことを認め，27条を含む条約違反を認めたが，米州人権裁判所は下記の抜粋部分で，人権の集団的保障の体制の一環をなす制度でありかつ，緊急事態権限の濫用を防ぐための国際的な通知義務の意義について敷衍している。

■　自由権規約委員会「一般的意見29　緊急事態における逸脱（4条）」（2001年）

17.　4条3項で締約国は，4条に基づく逸脱の権限に依拠する際には，国際的通知の制度に従うこととなる。逸脱の権限を用いる締

約国は，直ちに，国連事務総長を通じて，逸脱した規定及びそのような措置を取った理由について他の締約国に通知しなければならない。そのような通知は，特に締約国の取った措置が事態の緊急性が必要とする限度のもの

147

◆ 第1部 ◆ 総 論

であったかどうかを評価するにあたって委員会がその任務を果たすために不可欠であるのみならず，他の締約国が，規約の規定の遵守を監視できるようにするものでもある。過去に受領した通知の多くが一括した内容のものであったことに照らし，委員会は，締約国による通知は，法律に関する十分な書類を付して，取った措置についての十分な情報及び措置を取った理由についての明確な説明を含んだものであるべきであることを強調する。緊急事態期間の延長等によって，締約国が4条に基づいてさらなる措置をその後取る場合には，追加的な通知が必要となる。即時の通報の要件は，逸脱の終結に関しても同様に適用される。これらの義務は，必ずしも常に尊重されてこなかった。締約国は，事務総長を通じて他の締約国に通知すること，緊急事態を宣言すること並びに，規約のいずれかの規定からの逸脱の結果取った措置について通知するのを怠り，また時には，緊急事態権限の行使における領域的その他の変更について通知

するのを怠ってきた（以下のコメントないし総括所見を見よ。ペルー（1992年，CCPR/C/79/Add.8, para.10)，アイルランド（1993年，CCPR/C/79/Add.21, para.11)，エジプト（1993年，CCPR/C/79/Add.23, para.7)，カメルーン（1994年，CCPR/C/79/Add.33, para.7)，ロシア連邦（1995年，CCPR/C/79/Add.54, para.27)，ザンビア（1996年，CCPR/C/79/Add.62, para.11)，レバノン（1997年，CCPR/C/79/Add.78, para.10)，インド（1997年，CCPR/C/79/Add.81, para.19)，メキシコ（1999年，CCPR/C/79/Add.109, para.12))。中には，緊急事態の存在及び，締約国が規約の規定から逸脱したのかどうかについて，締約国の報告書審査の過程で全く偶然に委員会の注意が向けられたこともあった。委員会は，締約国が規約上の義務から逸脱するいかなる場合にも，即時的な国際的な通知の義務があることを強調する。［但し］4条の遵守に関する締約国の法律及び実行を監視する委員会の義務は，当該締約国が通知を提出したかどうかには依存しない。

● **CASE** ● 〈国際判例〉ザンブラノ・ヴェレスほか対エクアドル事件（*Zambrano Vélez et al. v. Ecuador*) 米州人権裁判所判決，2007年7月4日

「69. ……1992年9月3日の命令86号を布告した時点で，当事国が，条約27条3項によって要求された通り，適用が停止された条約の規定，停止を正当化する理由，及び停止の効果が終結する日について，米州機構事務総長を介して他の締約国に通知しなかったことは，当事国によって認められている。……

70. 裁判所は，米州［人権］条約27条3項に基づいて当事国が負った国際的な義務は，人間の保護を目標及び目的とする本条約が設けた集団的保障の枠組みにおける一つの仕組みを構成するものと考える。さらに，それは，権利停止という例外的な権限の濫用を防止するための保護措置を構成し，他の締約国に対し，それらの措置の程度が条約の規定を遵守するものかどうかを観察することができるようにする。最後に，この義務の遵守を怠ることは，27条3項に含まれた義務の遵守を怠ることを含意する。……国家は，緊急事態の存在及び，前にみた意味でそれに対応するために取った措置が［条約に］合致していることを正当化する必要性から免れるものではない。」

Ⅲ 人権条約の実施と国際協力

本章でみたように，締約国の「管轄」下にある個人に条約上の人権に確保ないし保障する義務を課した人権条約では，締約国は，管轄下にある自国領域内の人はもとより，国外であってもその実効的な支配下にある領域にいる人，さ

らに，領域的支配でなくとも国家としての権限の行使をもってその「管轄」下におく人に対して条約上の義務を負い，行為の国家への帰属に関する国際法上の基準に基づき帰属が肯定される場合には，義務違反に対して国際的な責任を問われる。

　他方で，慣習国際法の問題として，国際的な人権規範の**域外適用**，すなわち，国際的に認められた人権を領域外でも保護・促進するために域外的な（立法・司法）管轄権を行使する義務があるかどうかについては，そのような義務は，国外で活動する私人や私企業が実際には国家の命令や指示の下で行動し，よって国家の行為と同視できる場合を除き，一般的にはなお存在するとはいえないとするのが現在でも通用している見方である。しかし，人権条約のうち，**条約の実施に関して明文で国際協力に言及しているもの**（社会権規約，子どもの権利条約）**については**，以下にみるように条約機関は，それらの規定及び**国連加盟国としての国連憲章**（55条・56条）**上の義務の観点から，他国においても条約上の権利の享受に悪影響を与える措置を取ることを控えまた第三者が条約上の権利を侵害することを防止する措置を取るべきであるとの見解を示しており，**そのような立場は学説でも支持される傾向にある。第三者，とりわけ企業による権利侵害を防止すべき国の責務は，ビジネスと人権に関する枠組み作りをめぐって近年国連の場で行われてきた作業（第6章Ⅰ5参照）とも深く関連しており，国境を越えた企業活動がますます活発化している今日，人権保障の実効化にとって1つの大きな課題となっている。

■ 社会権規約委員会「一般的意見2　国際的技術協力措置（規約22条）」（1990年）

　1．規約22条は，経済社会理事会が関連国際連合機関に対し，規約の下で提出される報告により提起される問題であって，「これらの機関がそれぞれの権限の範囲内で…規約の効果的な漸進的実施に寄与すると認められる国際的措置を取ることの適否の決定にあたって参考になるものにつき」注意を喚起することができる制度を設定している。22条の下での主要な責任は理事会に与えられているが，この点で理事会に助言し援助するにあたって経済的，社会的及び文化的権利に関する委員会が活発な役割を果たすことは，明らかに適切なことである。

　2．22条に従った勧告は，「技術援助の供与に関係を有する国際連合の機関及びこれらの補助機関並びに専門機関」に対して行うこ

とができる。委員会は，この規定は，国際開発協力のいずれかの側面にかかわっている実質的にすべての国際連合機関を含むと解釈されるべきであると考える。従って，22条に従った勧告は，特に，事務総長並びに，人権委員会，社会開発委員会及び女性の地位委員会のような理事会の補助機関，UNDP［国連開発計画］，ユニセフ［国連児童基金］及びCDP［国連開発政策委員会］のような他の機関，世界銀行及びIMF［国際通貨基金］のような機関，ILO［国際労働機関］，FAO［世界食糧機関］，ユネスコ［国連教育科学文化機関］及びWHO［世界保健機関］のような他の専門機関に対して向けられることが適切であろう。

　3．22条は，一般的政策の性質の勧告又は，特定の状況に関係した，より焦点を絞った勧告のいずれかになりうる。前者の文脈では，

◆ 第 1 部 ◆ 　総　論

委員会の主要な役割は，国際連合及びその機
関によって又はその援助によって行われる国
際開発協力の枠組みの中で経済的，社会的及
び文化的権利を促進する努力により大きな注
意を払うことを奨励することであろう。この
点で委員会は，人権委員会が1989年3月2日
の決議1989/13で，「開発の分野で活動する各
種の国際連合機関が，その活動において，経
済的，社会的及び文化的権利の十分な尊重を
促進するための措置を最も良く統合すること
ができる方法を考慮する」よう勧告したこと
を注記する。

　5．開発活動の文脈における人権の促進と
いうより広い問題について，委員会はこれま
で，国際連合機関の具体的な努力については，
やや限られた証拠しか得ていない。委員会は
この点で，国際連合駐在代表及びその他の
フィールド・ベースの職員に，「特に，人権
の側面をもつ継続中の計画及び，特定政府の
要請に応じた新規の計画において可能な協力
の形態に関する，提言及び助言」を求める書
信を出すにあたって，人権センターと UNDP
が共同で取ったイニシアチブを，満足をもっ
て注記する。委員会はまた，自らの人権及び
その他の国際労働基準をその技術協力活動に
リンクしようとする，ILO の行っている長年
の努力について情報を受けている。

　6．そのような活動に関しては，2つの一
般原則が重要である。1つは，2つの組の人
権は不可分かつ相互依存的であるということ
である。これは，1つの組の権利の促進のた
めの努力はまた他方の組の権利を十分考慮す
るべきであることを意味する。経済的，社会
的及び文化的権利の促進に携わる国際連合機
関は，その活動が市民的及び政治的権利の享
受と十分両立したものであることを確保する
ため，できる限りのことをすべきである。消
極的な意味ではこれは，国際機関は例えば，
国際基準に反する強制労働の使用，規約の規
定に反する個人もしくは集団の差別の促進も
しくは強化，又はあらゆる適当な保護及び賠
償なしの人の大規模な強制退去もしくは移住
を伴う計画を慎重に避けることを意味する。
積極的な意味ではこれは，可能な場合には，
諸機関は経済成長又は他の広く定義された目
標だけでなく，人権の全体的な範囲の事項を
促進することに資するような計画及びアプ
ローチの支援者として行動するべきであると
いうことを意味する。

　7．一般的関連性をもつ第2の原則は，開
発協力は自動的に経済的，社会的及び文化的

権利の尊重の促進に寄与するのではないとい
うことである。「開発」の名のもとに行われ
た多くの活動が，後に，人権の観点からは誤っ
た考えであり，逆効果でさえあると認められ
ている。そのような問題の発生を減少させる
ためには，可能かつ適切な限り，規約の扱う
問題の全範囲に対して，具体的かつ慎重な考
慮が払われるべきである。

　8．人権に対する関心を開発活動に統合し
ようとすることの重要性にもかかわらず，そ
のような統合は一般的なレベルにとどまりや
すいということは事実である。従って，規約
22条に含まれた原則の実際の運用を促進する
ために，委員会は，関係機関の考慮に値する
次のような具体的な措置に注意を引きたい。

(a)　原則として，関係国際連合機関は，開発
活動と人権一般，特に経済的，社会的及び
文化的権利の尊重の促進の努力との間に設
けられるべき緊密な関係を具体的に認める
べきである。委員会はこの点で，「国際連
合開発の10年」の戦略の最初の3期がいず
れも，その関係を認めることに失敗したこ
とを注記し，1990年に採択されるその第4
戦略がこの脱落を是正することを強く要請
する。

(b)　1979年の報告の中で事務総長が行った，
すべての開発協力活動に関連して「人権へ
の影響の声明」が必要であるという提案に
対して，国際連合機関は考慮を払うべきで
ある。

(c)　計画及び国際連合機関の雇用する人員に
与えられる訓練又はブリーフィングには，
人権基準及び原則を扱う部分を含めるべき
である。

(d)　開発計画の各段階においては，規約に含
まれる権利に正当な考慮が払われることを
確保するためのあらゆる努力がなされるべ
きである。このことは例えば，特定国の優
先的ニーズの最初の評価，特定計画の認定，
計画の実施及びその最終評価において当て
はまるであろう。

　9．国家報告の検討にあたって委員会が特
に関心をもってきたのは，多くの国において，
債務及び関連の調整措置が経済的，社会的及
び文化的権利の享受に与える悪影響である。
委員会は，調整計画がしばしば不可避であり，
また，それらは往々にして緊縮を主要な要素
として伴うことを認める。しかし，そのよう
な状況では，最も基本的な経済的，社会的及
び文化的権利を保護する取り組みはより緊要
になるのであって，その逆ではない。規約の

150

◆ 第3章 「管轄」下にある人の人権保障に関する国の責任

締約国及び関連国際連合機関は従って，それらの保護が，なしうる最大限に，調整促進の計画及び政策に組み込まれることを確保するよう，特別の努力を行うべきである。そのようなアプローチ，すなわち，ときに「人間の顔をした調整」又は「開発の人間的側面」の促進といわれるものは，貧しい又は弱い立場にある人々の権利を保護するという目標が，経済調整の基本的な目標となるべきことを要求している。同様に，債務危機を扱う国際的措置は，特に国際協力を通じて経済的，社会的及び文化的権利を保護する必要性を十分に考慮に入れるべきである。同様に，債務危機に対処する国際的措置は，特に国際協力を通して，経済的，社会的及び文化的権利を保護する必要性を十分に考慮に入れるべきである。多くの状況において，このことは，大規模な債務軽減策の必要性につながりうる。

10. 最後に，委員会は，規約22条に従い，技術援助又は開発協力に対して有する特別の必要性について報告の中で指摘するために締約国に与えられた重要な機会に注意を引きたい。

■ 社会権規約委員会「一般的意見3 締約国の義務の性格（規約2条1項）」（1990年）

13. 注意が引かれなければならない2条1項の最後の要素は，「個々に又は国際的な援助及び協力，特に，経済上及び技術上の……を通じて，措置を取る」という，すべての締約国の義務である。委員会は，「その利用可能な資源を最大限に用いて」という文言は，規約の起草者によって，国家の既存の資源並びに国際的な協力及び援助を通して国際社会から利用できる資源の双方をさすものと意図されたことを注記する。さらに，関連権利の完全な実現を促進する際のそのような国際協力の不可欠の役割は，11条，15条，22条及び23条に含まれた一定の規定によっても強調されている。22条に関しては，委員会はすでに一般的意見2で，国際協力に関して存在する機関及び責任のいくつかについて注意を引いた。23条はまた，「認められた権利の実現のための国際的行動」の方法のうち，「技術援助の供与」並びにその他の活動を具体的に確認している。

14. 委員会は，国連憲章55条及び56条，確立された国際法の原則及び規約自身の規定に従い，発展のため，従って経済的，社会的及び文化的権利の実現のための国際協力はすべての国の義務であることを強調したい。それ

は特に，この点で他国を援助する立場にある国にとっては義務である。委員会は特に，発展の権利宣言の重要性及び，締約国がそこで認められたすべての原則を十分の考慮することの必要性を注記する。委員会は，それを行う立場にあるすべての国の側の活発な国際援助計画及び協力なしには，多くの国において，経済的，社会的及び文化的権利の完全な実現は満たされない希望のままであろうということを強調する。この関連で委員会はまた，一般的意見2の文言をも想起する。

■ 社会権規約委員会「一般的意見14 到達可能な最高水準の健康に対する権利（規約12条）」（1999年）

国際的義務

38. 一般的意見3で委員会は，健康に対する権利のような規約で認められた権利の完全な実現に向けて，個々にまた国際的な援助及び協力，特に経済上及び技術上の援助及び協力を通して措置を取るすべての締約国の義務について注意を喚起した。国連憲章56条，規約の具体的な規定（12条，2条1項，22条及び23条），並びに一次医療（プライマリー・ヘルスケア）に関するアルマ・アタ宣言の精神に則り，締約国は，国際協力の不可欠の役割を認め，健康に対する権利の完全な実現を達成するための共同及び個別の行動を取る約束を遵守するべきである。この点で，締約国は，国内における，また特に先進国と途上国の間における人々の健康上の地位に現存する大きな不平等は政治的，社会的及び経済的に受け入れがたく，従ってすべての国にとって共通の関心事であると宣言したアルマ・アタ宣言を参照すべきである。

39. 12条に関連する国際的な義務を遵守するため，締約国は，他国における健康に対する権利の享受を尊重し，また，法的又は政治的手段を用いて第三者に影響を与えることができる場合には，国連憲章及び適用可能な国際法に従い，第三者が他国においてこの権利を侵害するのを防止しなければならない。利用可能な資源に応じて，国家は，可能な限り，不可欠な保健施設，物資及びサービスに対するアクセスを容易にしまた，要求される場合には必要な援助を提供するべきである。締約国は，国際協定において健康に対する権利が正当な考慮を与えられることを確保するべきであり，またこのために，新たな法文書の発展を検討すべきである。他の国際協定に関して，締約国は，それらの協定が健康に対する

151

◆ 第1部 ◆ 総 論

権利に悪影響を与えないことを確保するため
の措置を取るべきである。同様に，締約国は，
国際組織の加盟国としての自らの活動が健康
に対する権利に正当な考慮を払うことを確保
する義務を負う。したがって，国際金融機関，
とりわけ国際通貨基金，世界銀行及び地域的
な開発銀行の加盟国である締約国は，これら
の組織の貸与政策，信用協定及び国際的措置
に影響を与える際には健康に対する権利の保
護により大きな注意を払うべきである。

■ 社会権規約委員会「一般的意見15 水に対
する権利（規約11・12条）」（2002年）
　　国際的義務

　30. 規約2条1項，11条及び23条1項は締
約国に，国際的な協力及び援助の重要な役割
を認め，水に対する権利の完全な実現を達成
するために共同又は個別の行動を取ることを
要求している。

　31. 水に対する権利に関連する国際的義務
を遵守するため，締約国は，他国におけるこ
の権利の享受を尊重しなければならない。国
際的協力は締約国に，他国における水に対す
る権利の享受に直接又は間接に干渉する行動
を控えることを要求する。締約国の管轄内で
行われるいかなる活動も，他国がその管轄内
の人々のために水に対する権利を実現する能
力を奪うものとなるべきではない。

　32. 締約国はいかなる場合においても，水
並びに，水に対する権利の確保に不可欠な財
及びサービスを阻害する制裁又はその他の措
置を課すことを控えるべきである。水は決し
て，政治的及び経済的な圧力の道具として用
いられるべきではない。この点で委員会は，
経済制裁と経済的，社会的及び文化的権利の
尊重との関係について一般的意見8（1997）
で述べた立場を想起する。

■ 子どもの権利委員会「一般的意見5 子ど
もの権利条約の一般的な実施措置」（2003年）

　60. 4条は，本条約の実施は世界の国家間
の協力による活動であることを強調している。
本条，及び本条約の他の条項は，国際協力の
必要性を明らかにしている。国連憲章（55条
及び56条）は，国際的な経済的及び社会的協
力の全体的目的を示し，加盟国は憲章の下で，
「この組織と協力して共同及び個別の行動を
取る」ことを誓約している。国連ミレニアム
宣言，及び，子どもに関する国連総会特別会
期を含むその他のグローバルな諸会議で，国
家は，特に，貧困をなくすための国際協力に
ついて誓約した。

　61. 委員会は締約国に対し，本条約が，子
どもに直接又は間接に関係する国際開発援助
の枠組みとなるべきこと，並びに，援助国の
計画は権利を基礎としたものであるべきこと
を助言する。委員会は国家に対し，国内総生
産の0.7％の開発援助についての国連の目標
を含め，国際的に合意された目標を達成する
ように強く要請する。……委員会は，国際的
な支援及び援助を受ける締約国に対し，その
支援の相当の部分を，具体的に子どものため
に割り当てるよう奨励する。委員会は，締約
国が，子どもの権利の実施を目的とした国際
的な支援の量と割合を，年ごとに確認するこ
とができるよう期待する。

　64. 国際協力及び技術援助の促進にあたっ
て，すべての国連関連機関は，本条約を指針
とし，その活動の中で子どもの権利を中心に
おくべきである。それらの機関は，その影響
力の範囲内で，国際協力が，国家が本条約上
の義務を履行するのを支援することを目的と
することを確保するよう試みるべきである。
同様に，世界銀行グループ，国際通貨基金及
び世界貿易機関は，国際協力及び経済発展に
関するそれらの活動が，子どもの最善の利益
を主に考慮し，本条約の完全な実施を促進す
ることを確保すべきである。

152

第2部
条約機関の判例・先例法理に見る
人権条約上の実体的義務

◆ 第4章 ◆ 人権保障のための国家の多面的義務
── 人権二分論から国家の義務の実質的把握へ ──

Ⅰ 「権利」と複数の「相関的義務」
── 権利の実効的保障に内在する積極的義務 ──

　本章では，国際人権規約が2つの条約に分かれていることとの関連で，人権保障における国家の義務について，近年の国際人権法の理論の深化に照らして理解を深めてみよう。

　世界人権宣言では，法的拘束力のない宣言という性格上，あらゆる権利を1つの文書に盛り込むことが容易であり，かつ1948年という早い時期に採択が実現した。これに対し，条約である国際人権規約では，採択までさらに18年を要し，また，1つでなく2つの条約に分けて採択されることとなった。これは，人権規約の起草時の議論では，様々な人権の性質と，その実現のためにふさわしい履行確保措置という観点から，1つの条約で統一的に定めることは困難だという見解が強かったことによる。すなわち，当時は，教育を受ける権利や社会保障についての権利のような経済的，社会的及び文化的権利は，その実現は国家の積極的措置，特に財政的能力に依存するところが大きいのに対し，拷問や強制労働を受けない権利，表現の自由のような市民的及び政治的権利は，国家の権力行使の抑制を求める権利であり，その違反に対しては司法的救済によって比較的容易に実現が可能であるから，双方のカテゴリーの権利では，国家の負う義務も履行確保措置も異なるものとすべきだという意見が多数を占めたのである。

　このため，2つの人権規約では，自由権規約では締約国は，管轄下の個人に対し規約上の権利を「尊重し及び確保する（respect and ensure）」義務を負うのに対し，社会権規約では，利用可能な資源を最大限に用いつつ，かつ国際協力をも通して，権利の「完全な実現を漸進的に達成する」ことに向けて「措置を

155

◆ 第2部 ◆　条約機関の判例・先例法理に見る人権条約上の実体的義務

取る（take steps）」とされるにとどまることとなった（各2条1項）。また，締約国による条約の国内的実施を監視するための国際的実施措置も，自由権規約では，締約国が規約の国内実施状況について委員会に報告書を提出するという**報告制度**のほか，選択制で，**国家通報制度**（締約国が，他の締約国による条約違反につき，委員会に申立てを行う。41条）及び**個人通報制度**（第一選択議定書）が設けられているのに対し，社会権規約では当初，報告制度しか設けられていなかった。

　このような2つの規約の義務規定の相違は，かつて —— 規約の採択の頃から，規約発効間もない1970年代後半から1980年代前半頃まで —— の学説では，しばしば，「即時実施義務」に対する「漸進的実施義務ないし努力義務」として図式的に対比されてきた。その結果，多くの国では，特に社会権規約に関して，この規約が締約国に対しまるで何らの法的義務を課すものでもないかのような見方が一般化し，同規約上の権利の国内的実施がおろそかにされる事態が生じた。

　しかしながら，2つの規約が定める諸権利の性質，並びにそれに対応した締約国の義務規定及び国際的実施措置の相違は，過度に強調されるべきではない。18世紀から20世紀にかけての国内的な人権保障の展開（「自由権から社会権へ」），及びそれに対応する国家の役割の歴史的展開（「夜警国家から福祉国家へ」）を語るときの大局的な人権のカテゴリー分けは依然としてなされうるとしても，**2つの国際人権規約が規定している個々の権利は，単純に，「国家からの自由を要求する権利」又は「国家に積極的な作為を求める権利」のいずれかにあてはめられるものではない**（この点，「自由権規約」という略称もあまり適切とは言えず，あくまで比較的ましな略称として用いているにすぎないことは第1章Iで前述した）。

　第1に，そもそも，自由権規約で規定されている中でも，14条の「公正な裁判を受ける権利」のような権利はそれ自体，国家に対し，裁判所の設置や運営，法曹の養成，通訳の提供，法律扶助制度の充実等を求める受益請求権であって，その実現は国家の相当な財政負担を要するものである[112]。他方で，社会権規約に含まれている権利の中には，国家の積極的な給付等を求めるというよりも，

---

[112]　法律扶助の制度がなく，弁護人に依頼する資力がなかったために裁判所による別居救済の手続を断念せざるを得なかった女性が，民事上の権利義務の決定につき公正な裁判を受ける権利（ヨーロッパ人権条約6条1項）の侵害を訴えた事案で，ヨーロッパ人権裁判所が当事国の条約違反を認め，市民的権利と経済的・社会的権利との間に完全な分離は存在しないと述べたエイリー事件（*Airey v. Ireland*）判決，1979年10月9日も参照。

156

第4章　人権保障のための国家の多面的義務

権利行使への不当な介入を排除する自由権的な権利，それも，国家のみならず第三者による不当な介入をも排除する性格をもつ権利も少なくない。典型的なものは，使用者との関係で保護されなければならない労働基本権であるが，その重要な一部をなす労働組合権は，社会権規約で規定されていると同時に，自由権規約に規定されている「結社の自由」の一部をなす権利でもある（「労働組合を結成し……自ら選択する労働組合に加入する権利」（社会権規約8条1項（a））と，「すべての者は，結社の自由についての権利を有する。この権利には，自己の利益の保護のために労働組合を結成し及びこれに加入する権利を含む」（自由権規約22条）を見よ）。

　第2に，自由権規約に規定された権利の中で，拷問を受けない権利，表現の自由のように「～を受けない権利」や「～の自由」として定式化されている権利は，確かに第一義的には，国家権力の抑制を要求する権利である。しかし，**「国家からの自由」を本質とする権利であっても，現実の社会における権利の実効的な保障は，単なる国家の消極的な不作為によってはなしえないことに留意する必要がある。**「拷問を受けない権利」は第一義的には「拷問をしない義務」という消極的義務を要請するとしても，現実の社会ではすべての人間が理想的にその抑制を働かせるわけではなく，権利を侵害する行為が往々にして発生する。拷問が憲法や法律で禁止されていても，世界の大多数の国で実際にはしばしば発生しているのが実態である。そうである以上，この権利を実効的に保障するためには，実際に発生しうる又は発生している拷問の防止や排除，また発生した場合には実行者の処罰や被害者の救済，さらには再発防止措置を含めた様々な積極的措置が必要となる。個人の生命や身体の保全が，国家機関のみならず私人や私的団体等の私的当事者による侵害に対しても，法律による保護及び警察等の行政機関による保護，さらにその侵害の場合には司法機関による救済を始めとする実効的救済を受けなければならないことも当然である。

　「権利」概念の本質に立ち返るならば，そもそも「**権利（right）**」とは，単なる「利益」とか「必要」とは異なり，**その実現のために義務主体（人権条約においては締約国）に対する相関的な義務を生じさせることを本旨とする法概念**である[113]。国家が「権利」を認めるとは，国家にとって，いかなる場合にも，

---

(113) H.Shue, *Basic Rights*, Princeton: Princeton University Press, 1980, pp.14-16; A.Gewirth, *Human Rights: Essays in Justification and Application*, Chicago: Univesity of Chicago Press, 1982, p.2; 申『人権条約上の国家の義務』（日本評論社，1999年）18～20頁。

◆ 第2部 ◆　条約機関の判例・先例法理に見る人権条約上の実体的義務

権利の本質を侵害し（すなわち，権利が無意味なものになるまでにこれを制約し）又は権利を否定してはならない義務を含意すると同時に，権利を具体化し実現するために必要な状況を創出する取り組みを行う義務が生じることを意味する[114]。

　従って，ある「権利（a right）」が国家に対して生じさせる相関的義務は一つでなく複数（correlative duties）あり，権利を侵害する行為を行わないという消極的な避止義務と，実際の状況において権利の実効的な保障という観点から引き出される様々な積極的な作為義務との双方にわたる。このことは，一般に「自由権」に分類される権利であれ，「社会権」に分類される権利であれ基本的に同様である。社会権ないし，国家に対する作為請求権に分類される権利であっても，「権利」である以上は防御権の側面を含んでいる。すなわち，どの権利についても，権利を侵害・否定する行為を行わないことが，権利を認めることから生ずる基本的な義務であるとすれば，権利を実現するために必要な措置を取ることは，権利が空文でなく現実に実現されることという観点から導かれる義務であり，権利の実効的保障の要請に内在する積極的義務である。この積極的義務の内容には，権利を法的に保護する立法措置を取ること，国家機関による権利侵害はもちろん私的当事者による権利侵害をも防止・排除するために適切な行政措置を取ること，並びに，権利侵害が生じた場合に司法的救済その他の効果的な救済を与えまた再発防止のための措置を取ることが含まれる。例えば，「拷問を受けない権利」という権利が生む相関的義務は，拷問をしないという消極的な避止義務のみならず，それが実際には理想的に守られるわけでない以上，拷問防止のために法執行官の教育・訓練，刑事施設の実効的な監視等を行う義務，拷問が発生した場合に被害者を保護・救済しまた再発防止措置を取る義務のような一連の積極的義務に及ぶ。他方で，例えば「住居に対する権利」という権利は，すべての人に適切な住居を確保するための施策を取るという積極的義務を生じさせるばかりでなく，概念的には，現に住居に住んでいる人を不当に立退かせないという消極的な避止義務を当然に生じさせると考えられ，また，違法な強制立退き等の権利侵害を防止・排除するための積極的義務をも生じさせるとみなければならない。

　なお，権利の保障のための積極的義務の内容は，一般的には，権利を法的に

---

(114)　De Frouville, *op.cit.*（*supra* n.31），pp.267-268.

◆ 第4章　人権保障のための国家の多面的義務

保護する立法措置を取ること，国家機関のみならず私人や私的団体による人権
侵害の防止・排除のための行政措置を取ること，権利侵害が生じた場合に効果
的な救済を与えまた再発防止のための措置を取ること，といえるが（次節でよ
り詳細に整理する），**必要とされる具体的な措置は，現実の状況における権利の
実効的な保障という要請から引き出される**。換言すれば，立法・行政措置及び
救済措置の具体的内容としてどのような措置が必要であるかは，権利規定のみ
からアプリオリ（先験的）に，これこれであると網羅的に列挙できるわけでは
なく，当該権利が問題となる具体的な状況において，それを実効的に保障ない
し確保するためには何が必要かという観点から導かれる。例えば，拷問を受け
ない権利の実効的な保障のための積極的義務について考えてみよう。拷問の防
止や救済のために要請される措置は，ある程度一般化して述べることは可能で
あるが，実際の人間社会においては，拷問の手法や技術も時代により国により
様々であることに照らせば，それへの実効的な対処のあり方も固定的ではなく，
自ずと進化せざるを得ない。拷問禁止委員会は，拷問を防止するという拷問等
禁止条約2条1項の実施に関して，一般的意見で次のように述べている。

■ **拷問禁止委員会「一般的意見2　締約国に
よる2条の実施」**（2007年）

　2．2条1項は締約国に対し，立法上，行
政上，司法上及びその他の行動であって結果
的に拷問の防止において実効的な行動を通し
て，拷問の禁止を強化するための行動を取る
ことを義務づけている。実際に取られる措置
が，いかなる拷問の行為をも防止し又は処罰
することを確保するため，条約は2条以下の
規定において，そこで具体的に述べられた措
置を取る締約国の義務を示している。

　3．2条における拷問防止の義務は広範に
わたる。拷問を防止する義務と，16条1項に
よりその他の残虐な，非人道的なもしくは品
位を傷つける取扱いもしくは刑罰（以下では
「虐待」）を防止する義務は，不可分，相互依
存的，かつ相互関連性をもつものである。虐
待を防止する義務は，実際には，拷問を防止
する義務とオーバーラップし，大幅に重なり
合う。虐待防止の手段を述べた16条は，10条
及び13条で示された措置を「特に」強調して
いるが，委員会が例えば14条における賠償に
関して説明しているように，実効的な防止の
措置を10条や13条の条文に限定しているわけ
ではない。実際，虐待と拷問の間の定義の敷
居は，明確でないことが多い。虐待を引き起

こす状況は多くの場合，拷問を容易にするも
のであり，よって，拷問を防止するために必
要な措置は虐待を防止するためにも適用され
なければならないということは，経験が示し
ている。……

　4．締約国は，拷問及び虐待の撲滅を妨げ
るいかなる法的又はその他の障害をも撤廃し，
拷問及び虐待の行為並びにその再発が実効的
に防止されることを確保するために実効的な
措置を取る義務を負う。締約国はまた，委員
会の総括所見及び，個人通報に関して委員会
が採択した見解に従って，その国内法及び国
内実行を継続的に見直しかつ改善させる義務
を負う。締約国が採択した措置が，拷問行為
を撲滅する目的を達成できなかった場合には，
条約は，それらの措置が見直され，及び／又
は新たな，より実効的な措置が採択されるこ
とを要求する。同様に，残念ながら拷問及び
虐待の手法は常に進展するものであるため，
実効的な措置についての委員会の理解及び勧
告も，常に進展の過程にある。

　13．自由を奪われたすべての人に対しては，
一定の基本的な保障が適用される。それらの
いくつかは条約に具体的に述べられており，
委員会は締約国に対し，それらを用いるよう
一貫して求めている。実効的な措置に関する

159

◆ 第2部 ◆ 条約機関の判例・先例法理に見る人権条約上の実体的義務

委員会の勧告は，現在の基本線を明確にすることを目的としており，網羅的ではない。自由を奪われたすべての人に対する一定の基本的な保障には，とりわけ，被拘禁者の公的な登録を維持すること，被拘禁者が自らの権利について知らされる権利，独立した法律扶助及び医療援助を速やかに受ける権利，親類に連絡する権利，拘禁及び抑留の場所を視察及び訪問する公平なメカニズムを設置する必要性，被拘禁者並びに拷問及び虐待にさらされる恐れのある人が，その申立を速やかつ公平に審査してもらい，抑留又は取扱いの合法性について異議を申立てることができるような司法上及びその他の救済措置が利用できること，が含まれる。

14. 条約が発効して以来の経験により，拷問の禁止の範囲と性格，拷問の方法論，拷問が起こる状況と結果についての，並びに，様々

な状況において拷問を防止するための実効的措置の発展についての委員会の理解は高まった。例えば，委員会は，プライバシーがかかわるときには，同性の監視人がつくことの重要性を強調してきた。拷問防止の新しい手法（すべての取調べのビデオテープによる録画，1999年のイスタンブール・プロトコル（「拷問並びにその他の残虐な，非人道的なもしくは品位を傷つける取扱いもしくは刑罰の実効的な調査及び文書化に関するマニュアル」）[115]のような調査手続の利用，又は，公教育もしくは未成年者の保護に対する新たなアプローチ）が明らかにされ，試され，実効的であることが分かるにつれて，2条は，残りの条文に関する指針を提供しまた拷問防止のために要求される措置の範囲を拡張させるものとなっている。

自由権規約は，管轄下にある個人の人権を「尊重し及び確保する」ことを締約国に義務づけている（2条1項）。このうち，権利を「尊重する」義務は，一義的には，国家が権利を侵害しないという消極的な避止義務といえるが[116]，権利を「確保する」義務はより幅広く，様々な積極的措置を通して権利が現実に享受されるようにすることを意味する。従って，国家には，**私人等の第三者からも権利を保護し権利侵害を防止するための立法・行政措置を取ること，及び，権利侵害に対しては効果的な救済措置が利用できるようにすることを含め，様々な積極的措置を取る義務が生じる**とみなければならない。現実社会における権利侵害の実効的な防止や救済という観点に立てば，身体保全の権利や移動・居住の自由，私生活の尊重のような同規約上の権利の確保は，国家による単なる消極的な避止のみでは到底なしえない。ストーカー殺人から，メディアやデータベース会社による個人のプライバシー侵害，外国籍住民に対して家主や不動産業者が行っている入居差別，排外主義団体による朝鮮学校の生徒への暴力や嫌がらせに至る日本社会の様々な人権問題を想起すれば分かるように，**現代の人権問題の多くは，国家機関によるのみならず，社会の中で，私人や企業による人権侵害という形態でも生じているのであって，それらの人権の保護**

(115) 訳注：http://www.ohchr.org/Documents/Publications/training8Rev1en.pdf.
(116) 但し，ヨーロッパ人権裁判所の判例では，私生活の尊重を受ける権利（8条1項）等について，その「実効的な尊重に内在する積極的義務」が存在すると解釈され，権利の「尊重」からも積極的義務が引き出されている。『ヨーロッパ人権裁判所の判例』362頁以下のマルクス対ベルギー事件（*Marckx v. Belgium*）判決等を参照。

160

第4章　人権保障のための国家の多面的義務

及び救済を図ることは，国家からの自由を強調するのみでは不可能である。**現代社会における人権保障を実効的なものとするには，権利保護のための様々な積極的措置を取る義務を国家が負うことは不可欠**とみなければならない（なお，保障・確保の義務といっても，私的当事者による権利侵害から権利を保護するための措置に関しては，国家は，そのような権利侵害を完全に防止・排除するという意味での絶対的な結果の達成が求められているわけではない。私的当事者による人権侵害を防止・排除することによって権利を保護する国家の義務は，相当の注意をもって合理的になしうるあらゆる措置を取るという「行為の義務」である。これについては人権保護義務に関する第6章で詳述する）。

　自由権規約上の権利も，その実効的な保障のためには国家の様々な積極的措置を必要とすることは，**自由権規約でも，全締約国に適用される基本的な履行確保措置として報告制度がおかれている**ことからもうかがえる。社会権規約の下で締約国は，「この規約において認められる権利の実現のためにとった措置及びこれらの権利の享受についてもたらされた進歩」に関する報告を，規約の規定に従って提出することとされる（16条1項）。報告には，「この規約に基づく義務の履行程度に影響を及ぼす要因及び障害を記載することができる」（17条2項）。自由権規約では，締約国は「この規約において認められる権利の実現のためにとった措置及びこれらの権利の享受についてもたらされた進歩」に関する報告を，規約の規定に従って提出する（40条1項）。報告には，「この規約の実施に影響を及ぼす要因及び障害が存在する場合には，これらの要因及び障害を記載する」とされる（同2項）。報告制度に関する2つの規約のこれらの規定は，若干の文言の相違，及び，報告を審査する機関が社会権規約上は経済社会理事会であり（1986年以降は，経済社会理事会決議で設置された経済的，社会的及び文化的権利に関する委員会（社会権規約委員会）が担当している）自由権規約では同規約上の委員会であることを除けば，**権利の実現のために取った措置及びもたらされた進歩，並びに，規約の実施に影響を及ぼす要因及び障害を報告に記載して検討を受けるという枠組み自体は，社会権規約・自由権規約とも共通**といえる。

　自由権規約で課されている権利「確保」の義務は，従来の学説では一般に，社会権規約上の義務との対比で「即時実現義務」ないし「即時的義務」と説明されることが多かったが，この説明の仕方は誤解を招きやすい。そのような説明から受ける印象とは異なり，自由権規約上の報告制度の存在をみれば，同規

161

◆ 第2部 ◆ 条約機関の判例・先例法理に見る人権条約上の実体的義務

約上の権利を「確保」する義務の実施には漸進的（これは，積極的措置を取りかつそれを漸次改善する必要があるということであって，権利を実現しなくてよいという意味ではない）要素があるということを，規約自体すでに想定していると解されるからである。実際に，自由権規約委員会による報告制度の運用では，権利侵害が発生した場合に速やかに調査や法的制裁，再発防止措置を取る義務が指摘されるほかに，法執行官ら国家機関の人権教育・訓練，一般市民に対する規約の周知，裁判を受ける権利を実効的なものとするための法律扶助の拡充といった，権利の実効的な実現に資しひいては権利侵害の防止にもつながる積極的な施策の必要性がどの国についても指摘されている。権利を「確保する」義務は確かに結果の義務であり，権利を実現することを締約国に義務づけるものであるが，権利確保のために要求される作為・不作為の内容は，権利を自ら侵害・否定する措置を取らないことから，第三者による権利侵害から権利を保護すること，さらには権利の実現に向けた様々な基盤整備を行うことまで多岐にわたり，それらがどれだけ「即時」に要求されるかは，これらの多面的な側面によって異なる。**権利の実効的な確保のためには，国は，様々な積極的措置を，継続的にかつ，権利の実効的実現に向けて漸次改善する方向で取り続けなければならないが**，権利を確保するためのそうした積極的義務の要請は，「即時実現義務」という術語によっては把握しにくい。

　もし自由権規約に関して「即時実現義務」という言葉を使うとすれば，それは人権を「確保する」という2条1項の義務についてではなく，むしろ，締約国は権利を実現するために必要な立法措置その他の措置を取るという2条2項の義務について用いるべきであろう。「措置を取る」こと自体は，どの国も直ちに開始しなければならないのである。

■ 自由権規約委員会「一般的意見31　規約の締約国に課された一般的義務の性格」（2004年）

　6．2条1項の下で課されている義務は，消極的及び積極的両方の性格をもつ。締約国は，規約によって認められた諸権利の侵害を控えなければならず，また，それらの権利のいずれかに対するいかなる制約も，規約の関連規定の下で許容されるものでなければならない。……

　7．2条は，締約国が，その法的義務を果たすために立法，司法，行政，教育及びその他の適切な措置を取ることを要求している。

委員会は，公務員及び国家機関の間だけでなく，人々一般の間にも，規約に関する認識の度合いを上げることが重要であると信じる。

　8．2条1項の義務は締約国を拘束するものであり，それ自体，国際法の問題として直接に水平的効果をもつものではない。規約は，国内の刑法や民法の代替物とみなされることはできない。しかし，規約上の権利を確保するという締約国の積極的義務は，権利が私人もしくは組織との間でも適用されるものである限りは，個人が，国家機関による規約上の権利の侵害に対してだけではなく，規約上の権利の享受を損なう私人もしくは組織の行為

◆第4章　人権保障のための国家の多面的義務

に対しても保護されなければ，十分に果たされたとはいえない。締約国が私人もしくは組織の行為によって引き起こされる害を防止，処罰，調査もしくは救済するために適切な措置を取ること又は正当な注意を払うことを怠った結果，2条によって要求されている通り規約上の権利を確保することを怠ったとして，締約国によるそれらの権利の侵害を生じさせることがありうる。国家は，2条の下で課されている積極的義務と，侵害の場合に2条1項の下で効果的救済を与える義務との間の相互関係について想起すべきである。規約自体，いくつかの条項で，私人もしくは組織の活動に向けた締約国の積極的義務がある一定の分野を示している。例えば，17条の私生活関係の保障は，法律で保護されなければならない。また，私人もしくは組織がその権力内にある他の人に拷問又は残虐な，非人道的なもしくは品位を傷つける取扱いもしくは刑罰を与えないことを確保するための積極的措置を締約国が取らなければならないことも，7条で暗黙のうちに示されている。労働や居住のような日常生活の基本的な側面に影響する分野では，個人は，26条の意味における差別から保護されなければならない。

14．2条2項の下での，規約上の権利に効果を与えるために措置を取るという要求は，無条件であり，即時の効果をもつものである。この義務を遵守しないことは，当該国の政治的，社会的，文化的又は経済的配慮に言及することによっては正当化されえない。

15．2条3項は，規約上の権利の実効的な保護に加え，締約国は，個人がそれらの権利を享受するために，アクセス可能かつ効果的な救済を受けることを確保するよう要求している。……委員会は，国内法の下で，権利侵害の主張に対処するために適切な司法上及び行政上の制度を締約国が設置することに重要性をおく。規約で認められた権利の享受は，規約の直接適用可能性，類似の憲法規定もしくは他の法の規定，又は国内法の適用におけ

る規約の解釈上の効果を含め，多くの異なった方法で司法府によって実効的に保障されうる。行政上の制度は，侵害の主張を独立かつ公平な機関によって迅速，徹底的かつ実効的に調査する一般的義務を実効あるものにすることが特に要求される。適切な権限をもった国内人権機関は，この目的のために貢献しう。侵害の主張に対し締約国が調査を怠ることは，それ自体，規約の別個の違反を生じう。継続中の侵害を停止させることは，効果的な救済を受ける権利の不可欠の要素である。

17．一般に，規約の目的は，規約違反の再発を防止する措置を取るという，2条に含まれる義務なしには達成されえない。従って，選択議定書の下で委員会がしばしば行っている慣行は，［委員会の］見解の中に，被害者に対する救済の他に，問題となった類の違反の再発を避けるために取る措置の必要性を含めることである。そのような措置は，当該締約国の法又は慣行を修正することを要求することがある。

18．15項で述べた調査が何らかの規約上の権利の侵害を明らかにした場合には，締約国は，責任ある者が裁判にかけられることを確保しなければならない。調査を怠ることと同様，そのような権利侵害を行った者を裁判にかけることを怠ることも，それ自体，規約の別個の違反を生じう。これらの義務は，特に，拷問及び同様の残虐な，非人道的な又は品位を傷つける取扱い（7条），略式及び恣意的な殺害（6条），強制失踪（7条・9条，及びしばしば6条も）のように，国内法又は国際法で犯罪とされている権利侵害の場合に生ずる。実際，これらの侵害に対する不処罰という，委員会が継続して懸念をもっている問題は，侵害の再発に貢献する重要な要素になっているともいえる。これらの規約違反は，文民に対する広範な又は組織的な攻撃の一部として行われたときには，人道に対する罪となる（国際刑事裁判所ローマ規程7条を見よ）。

　他方，社会権規約は，権利の「完全な実現を漸進的に達成する」ことに向けて「措置を取る」義務を課していることから，権利実現という結果の達成度においては，自由権規約におけるよりも柔軟性が認められているといえる。しかし，社会権規約も，規約という実定法上一連の「権利」を認め，それに関する締約国の義務を定めていることに変わりはないから，締約国にとって規約の規定は，権利を侵害・否定する行為に対する法的制約となると同時に，権利を実

163

◆ 第2部 ◆　条約機関の判例・先例法理に見る人権条約上の実体的義務

現するための様々な積極的措置を取るという相関的義務を生じさせるとみなけ
ればならない。「措置を取る」という義務自体，それとして締約国に課されて
いる法的義務であり，権利実現のための措置を何ら取らないことはその義務の
過怠となる。また，規約上の権利は，単に国家に対して積極的な措置を通して
の権利実現を求めるというだけでなく，「権利」である以上は，個人の権利を
侵害する国家機関ないし私人の行為に対して，それを排除するための法規範性
を持ちうる。

　社会権規約委員会は，十分な[(117)]住居に対する権利（社会権規約11条2項）に
関する一般的意見の中で，この権利が締約国に対して生じさせる義務を，現に
住宅に居住している人に対して国が強制立退きを行わないという消極的な避止
義務や，家主等による強制立退きから居住者の権利を保護する義務といった多
面的な観点から分析している。

■ 社会権規約委員会「一般的意見7　十分な
住居に対する権利（規約11条1項）：強制退
去」（1997年）
　1．一般的意見4（1991）において委員会
は，すべての人は強制退去，嫌がらせ及びそ
の他の恐れに対する法的保護を保障するだけ
の保有の安全を享受すべきであるという見解
を示した。委員会は，強制退去は規約の要求
に合致しないと推定されるという結論を出し
た。……
　4．この一般的意見を通して用いられる
「強制退去」という用語は，個人，家族及び
／又はコミュニティを，それらが占有してい
る住居及び／又は土地から，その意思に反し
て，適切な形態の法的又はその他の保護を与
えること及びそれらへのアクセスなしに，恒
久的又は一時的に立ち退かせること，と定義
される。しかしながら，強制退去の禁止は，
法律に従って，かつ国際人権規約の規定に合
致して実力で行われる退去には適用されない。
　9．本質的に，強制退去に関連する規約締
約国の義務は，他の関連規定と合わせ読んだ
11条1項に基づいている。特に，2条1項は
国家に，十分な住居に対する権利を促進する
ため「すべての適当な方法」を用いることを
義務づけている。しかしながら，強制退去行
為の性質からして，2条1項における，資源

の利用可能性に基づく漸進的実現の言及が関
連することはまれであろう。国家は，自ら強
制退去を控えかつ……強制退去を行う業者又
は第三者に対しても法律が執行されることを
確保しなければならない。さらに，このアプ
ローチは，十分な保護なく強制的に退去させ
られない権利を補完する，市民的及び政治的
権利に関する国際規約17条1項によって補強
される。この規定は，とりわけ，住居への「恣
意的もしくは不法な」干渉から保護される権
利を認めている。この権利の尊重を確保する
国家の義務は，利用可能な資源に関する考慮
によって条件づけられていないということが
注記されるべきである。
　10．規約2条1項は締約国に対し，規約の
下で保護されたすべての権利を促進するため，
立法措置の採択を含む「すべての適当な方法」
を用いることを要求している。委員会は一般
的意見3（1990）で，立法措置はすべての権
利に関して不可欠ではないかも知れないと述
べたが，強制退去を禁ずる立法が，効果的な
保護の体制を築くための肝要な基礎であるこ
とは明らかである。かかる立法には，(a)住居
又は土地の占有者に，可能な最大限の保有の
安全を与え，(b)規約に合致し，かつ(c)退去が
行われうる状況を厳格にコントロールするこ
とを目的とした措置を含むべきである。立法

(117)　公定訳では「相当な」であるが，正文の adequate/suffisant は「十分な」を意味するところ，
公定訳ではより弱い意味合いの語が用いられている。本書では，人権条約の公定訳で "adequate"
に「相当な」の語があてられている場合にはすべて「十分な」と訳した。

◆ 第4章　人権保障のための国家の多面的義務

はまた，国家の権限の下で行動し又は国家に対し責任を負うすべての業者にも適用されなければならない。さらに，いくつかの国において，住居部門における政府の責任を大幅に減ずる傾向がますますあることから，締約国は，私人又は私的機関により適切な保護なしに強制退去が行われるのを防止しかつ，適当な場合には処罰するために立法及びその他の措置が十分であることを確保しなければならない。締約国は従って，十分な住居に対する権利から生ずる義務に合致することを確保するために関連の立法及び政策を見直し，規約の要求と合致しないいかなる立法又は政策をも廃止又は改正すべきである。

12. 執拗な賃貸料の不払い又は合理的な理由のない賃貸財産の損傷の場合のように，退去が正当化されうる場合があるとはいえ，それが規約に合致した法律によって保障された方法で行われかつ，影響を受けた人に対してすべての法的請求及び救済が利用できること

を確保することは，関係当局の義務である。

14. 締約国は，いかなる退去，及び特に大きな集団にかかわるものをも行う前に，武力の行使の必要性を回避し，又は少なくとも最小限にするため，影響を受ける人との協議においてすべての可能な代替手段が模索されることを確保しなければならない。退去命令によって影響を受ける人に対しては，法的救済又は手続が与えられなければならない。締約国はまた，すべての関係者が，影響を受けるいかなる私有財産及び不動産に対しても，十分な賠償を受ける権利を有するよう取り計らわなければならない。この点で，権利が侵害された人に対して「効果的な救済」を確保することを締約国に要求している，市民的及び政治的権利に関する国際規約2条3項の規定及び，「救済措置が与えられる場合に」「執行する」「権限のある機関」の義務を想起することが適切である。

Ⅱ 人権保障のための国家の多面的義務

　国際人権法では，このようなとらえ方は，**人権保障に関する国家の多面的な義務**に関する1980年代半ば以降の理論と実践の展開によって，今では広く認められるに至っている。今日，国際人権法の学説で広く一般化している，人権保障に関する国家の多面的な義務は，次のように整理される。

　人権保障に関する国家の義務には，権利を①「尊重（respect）」する義務，すなわち国家機関が権利を侵害しないこと，②「保護（protect）」する義務，すなわち個人の権利が国家機関のみならず私人や私企業等の第三者によっても脅かされないし侵害されるのを防止・排除するために必要な措置を取り，並びに権利侵害に対する救済措置を取ることによって権利を保護すること，③「充足（fulfill）」する義務，すなわち権利が個人の力では実現できない場合に国が直接権利内容を充足すること，④「促進（promote）」する義務，すなわち権利実現に向けての法的・制度的な基盤整備を行うことや人権の遵守に対する意識の向上を図ること，がある。この多面的義務の分類の仕方は，論者ないし条約機関によっては，①「尊重」義務・②「保護」義務・③「充足（実現）」義務の3つに分け，②以外で権利の実効的な実現のために国が積極的措置を取る義務を広く充足（実現）義務に含むこともある。これらのうち，権利を「尊重」すると

165

◆ 第 2 部 ◆　条約機関の判例・先例法理に見る人権条約上の実体的義務

いう側面は消極的な避止義務，それ以外の側面はすべて，権利を実効的に実現するための様々な積極的義務である。このうち，**特に①と②は，国家がこれに反したとき**（**国家機関が自ら権利侵害を行ったとき＝①の尊重義務違反；第三者の権利侵害が差し迫った場合や現に発生している場合に国家機関が実効的措置を取らないとき＝②の保護義務違反**）には，それぞれの義務違反を（**国内裁判所又は国際的手続で**）**認定することが可能かつ容易な側面**である。

　ここでは，社会権規約委員会が依拠している尊重・保護・充足の 3 面の義務の側面を主に念頭において，人権の実効的保障のための国家の義務の内容を整理してみよう。なお，これは権利から生ずる多面的な国家の義務についての考え方を大枠で整理したものであって，細部にわたる実際の法解釈は，各条約における具体的な権利規定及び義務規定の文言，並びに，条約機関がどのような制度（司法的ないし準司法的制度か，より柔軟な形で国家の取るべき措置について広く言及しうる非司法的制度か）の枠内で示す判断かによって当然異なりうる。

---

① 尊重（respect）義務＝権利を自ら侵害しないという消極的な避止義務

（例：立法機関が権利を侵害する内容の立法措置を取らない義務；刑事施設の職員，入管職員等の法執行官を始めとする行政機関が権利侵害を行わない義務）

〜絶対的・一義的義務；その違背は国内の司法機関，及び国際的には条約機関によって違法認定を受けうる。権利の実現を後退させる措置は同様に違法認定を受けうる

② 保護（protect）義務＝個人の権利が国家機関のみならず私人や私企業等の第三者によっても脅かされ又は侵害されることから保護する積極的義務

(1)　権利侵害の防止・排除（prevention）＝権利侵害の防止のために必要な立法措置及び防止・排除のために相当の注意をもって行政措置を取る義務

（例：法執行官による権力濫用行為に対する法的規制；私人や私企業による人権侵害を防止するための法律の制定とその施行；私人による暴力行為等に対して警察が相当の注意をもって行う保護）

〜私的当事者による人権侵害については，行政当局が知り得た権利侵害の危険に対し相当の注意（due diligence）をもってなしうる合理的な措置を取ることを怠る不作為は違法認定を受けうる；また，権利保護のための適切な立法措置を取らない立法不作為は，条約上の義務規定に照らして違法との認定を受けうる；国家機関，特に刑事施設等で人の身柄を管理している行政機関には高度の注意義務が要求される

(2)　権利侵害の救済（remedy）＝権利侵害に対する救済措置を取る義務

（例：法執行官による権力濫用行為に対する不服申立の受理・調査及び司法的救済，実

行者に対する法的制裁（行政的・刑事的），被害者に対する補償；私人や私企業による人権侵害に対する効果的な救済）

～生命や身体保全にかかわる権利の侵害が主張される事案では，実効的な調査（刑事捜査）・訴追・処罰 が要求される；それらの不履行は条約機関によって違法認定（権利を確保・保障する義務と併せ読んだ権利の実体規定及び／又は効果的救済に関する規定の違反）を受けうる；被害者には，リハビリテーション・真実究明等，人権侵害の重大性に見合った 適切な救済措置 が必要；特に国家機関による侵害の場合には実効的な再発防止措置も必要（⇒(1)権利侵害の防止のための措置にも直結）

③　充足（fulfill）義務（「実現（realize）」義務）＝権利を実現するためにあらゆる適切な措置を取る積極的義務

(1)　権利の実現を可能にし促進する 法的・制度的な基盤整備 を行い，また権利に対する 意識の向上 を図るための立法・行政措置を取る義務

（例：公正な裁判を実現するための裁判制度の整備や通訳サービスの整備，法曹の養成，人道的取扱いに対する権利を理解し定着させるための法執行官の訓練・教育）

～相対性・漸進性をもつ義務；但し，なしうる合理的な措置を取らないことは条約機関によって違法認定を受けうる

(2)　個人の権利を直接実現する狭義の 給付 措置を取る義務

（例：刑事裁判における通訳サービスの提供，社会保障給付や教育サービスの提供）

～条約上の義務規定に照らして導かれる；権利の実現のため「措置を取る」ないし権利を「促進する」義務であっても，合理的な措置を取らないことは条約機関によって違法認定を受けうる

このような理論枠組みは，主に経済的，社会的及び文化的権利の実効的な実現の観点から発展させられてきたものであるが，すでに囲みの中で例を挙げたように，市民的及び政治的権利についても，同様に多面的な国家の義務の側面があるととらえることができる。

例えば，**拷問等禁止条約**は，何人も拷問又は残虐な，非人道的なもしくは品位を傷つける取扱いもしくは刑罰を受けない権利（世界人権宣言5条及び自由権規約7条）を踏まえつつ（前文），この権利を実効的なものとするための一連の義務を締約国に義務づけた中で，2条1項では，締約国は自国の管轄下にある領域内で拷問に当たる行為が行われることを防止するため立法上，行政上，司法上その他の効果的な措置を取ることを，また16条1項では同様に，拷問に当たらない行為であって残虐な，非人道的なもしくは品位を傷つける取扱い又は刑罰に当たるものを防止することを規定している。この**2条1項及び16条1項**

◆ 第2部 ◆　条約機関の判例・先例法理に見る人権条約上の実体的義務

の規定は，まず，締約国が，拷問等を受けない権利を尊重する義務，すなわち，拷問等を行わない義務を当然に含んでいると解されなければならず，国家機関による拷問等の行為が生じた場合には，この義務の違反があったとみなさなければならない[118]。しかし，それだけでなく，2条1項と16条1項の重点はむしろ，権利侵害を実効的に防止するための様々な積極的措置を国家に求めることにあり，締約国に対し，立法措置，行政措置，実効的救済の提供といった様々な積極的措置を取ることを通して，権利を侵害から実効的に保護しまた権利の実現を図ることを義務づけているのである[119]。そして，国家が権利侵害を行わないという，2条1項や16条1項に内在する尊重義務の側面については，この義務は絶対的（absolute）であって漸進的実施（progressive implementation）に服するものではなく，いかなる拷問等の事案も直ちに国家の義務違反を構成するのに対して，立法上，行政上，司法上その他の様々な積極的措置を通して権利を実現するということ（例えば，10条にあるように法執行職員を訓練することや，11条にあるように尋問に関する規則を体系的な検討の下におくこと）においては，義務の履行は漸進的に行われる側面をもっている[120]。

　なお，ここで漸進的実施とは，従来しばしば社会権規約上の義務の説明において用いられていたような，条約が何らの義務も課していないかのような誤用ないし矮小化された用い方で言っているのではなく，言葉の本来の意味ですなわち，国家は，様々な積極的措置を継続的にかつ，権利の実効的実現に向けて漸次改善する方向で取り続けなければならないという意味である（「結果の義務」と「行為の義務」という分類でいえば，結果を指向した行為の義務といえる）。これらの様々な積極的義務に関しては，例えば10条や11条で定められた措置を全く取らないことはこれらの条項に違反すると同時に2条1項の一般的義務にも反するといえるが，取るべき措置の具体的内容や時間的な幅においては，拷問等をしないという消極的義務の絶対性・一義性に比べれば，積極的義務の具体的内容や時間的幅には相対性・漸進性があるということである。

　このように，国家の多面的義務の枠組みによれば，経済的，社会的及び文化的権利であるか，市民的及び政治的権利であるかによらず，すべての権利は，

---

[118]　M. Nowak, E. McArthur, *The United Nations Convention against Torture: A Commentary*, Oxford: Oxford Univeristy Press, 2008, p.112.

[119]　ノヴァクとマッカーサーはこれらを広く「実現」義務と呼んでいる（*ibid.*）。

[120]　*Ibid.*, pp.115–116.

168

第4章　人権保障のための国家の多面的義務

その実効的な実現のためには，状況に応じて，複数の義務を生じさせると考えられる[121]。**ある権利が自由権的権利であるか，社会権的権利であるかというカテゴリー分けは，それぞれの権利が要請する代表的な義務の側面（自由権とされる権利については①の尊重義務の側面，社会権とされる権利については③の充足義務の側面）が強調されたものにすぎないとみるのである。**

　権利に対応する国家の多面的な義務の枠組みは，今日の国際人権法学では広く一般化しており，1980年代後半に設置された社会権規約委員会の実行に大きな影響を与えているほか，社会権規約に関しても義務の側面によって義務違反の認定が多様な形でなされうるという認識を通して，社会権規約の個人通報制度の設置検討作業（後に2008年の選択議定書採択で実現）にも直接の影響を与えた（後述）。

■ 社会権規約委員会「一般的意見3　締約国の義務の性格（規約2条1項）」（1990年）

　2．……関連の権利の完全な実現は漸進的に達成されうるものであるが，その目標に向けての措置は，関係国にとって規約が発効した後，合理的な短期間のうちに取られなければならない。……この措置は，規約で認められた義務の履行に向けて，可能な限り意図的，具体的かつターゲットをもったものであるべきである。

　5．立法に加えて，適当と考えられうる措置の中には，国内法制に従い司法判断に適すると考えられる権利に関しては，司法的救済を与えることがある。委員会は例えば，認められた権利を差別なく享受することは，一部は，司法的又はその他の効果的な救済を与えることによって，過当に促進されることが多いということを注記する。実際，市民的及び政治的権利に関する国際規約の締約国でもある国は，同規約（2条1項，2条3項，3条及び26条によって）によってすでに，（平等及び無差別に対する権利を含め）同規約で認められた権利又は自由を侵害されたすべての人が，「効果的な救済を受ける」（2条3項(a)）ことを確保する義務を負っている。加えて，3条，7条(a)(i)，8条，10条3項，13条2項(a)，13条3項，13条4項，15条3項を含め，

多くの国の国内法制において司法及びその他の機関による即時の適用が可能と思われる多くの規定がある。上記の規定が内在的に直接適用不可能だという考えは，維持しがたいものに思われる。

　7．2条1項の目的で「適当」と考えられうるその他の措置には，行政的，財政的，教育的及び社会的措置を含み，かつこれらに限られない。

　9．2条1項に反映された主な結果の義務は，規約で「認められた権利の完全な実現を漸進的に達成するため」措置を取る義務である。この文言の意図を説明するためにしばしば，「漸進的実現」という語が用いられる。漸進的実施の概念は，すべての経済的社会的権利の完全な実現は一般的に短期間にはなしえないであろうということを認めたものである。この意味でこの義務は，市民的及び政治的権利に関する規約に含まれた義務と顕著に異なる。しかし，時間をかけた，換言すれば漸進的な実現が規約で予期されているという事実は，この義務から意味ある内容をすべて奪うものと誤解されるべきではない。それは一方で，経済的，社会的及び文化的権利の完全な実現を確保する際の実際の世界の現実及びすべての国が有する困難を反映した，必要な弾力性の仕組みである。他方で，この文言

---

[121]　Nowak and McArthur, *ibid.*, p.116 は，人権の実効的実現のために国家が立法上，行政上，司法上その他の措置を積極的に取る義務は常に相対的であることは，経済的，社会的及び文化的権利に限らず市民的及び政治的権利にも当てはまるとして，拷問等を受けない権利についても明示的にこの枠組みを用いている。

169

◆ 第2部 ◆　条約機関の判例・先例法理に見る人権条約上の実体的義務

は全体的な目標，すなわち，当該諸権利の完全な実現に関して締約国に明確な義務を設定することという，規約の存在理由に照らして読まれなければならない。それは，その目標に向けて，可能な限り迅速にかつ効果的に移行する義務を課したものである。さらに，この点でいかなる後退的な措置が意図的に取られた場合にも，規約上の権利全体に照らして及び利用可能な最大限の資源の利用という文脈においてそれを十分に正当化することが要求される。

■ 社会権規約委員会「一般的意見12　十分な食料[122]に対する権利」（1999年）

1．……規約11条1項に従い，締約国は，「自己及びその家族のための十分な食料，衣類及び住居を含む十分な生活水準についての，並びに生活条件の不断の改善についてのすべての者の権利」を認め，他方で，11条2項に従い，「飢餓及び栄養不良から免れる基本的な権利」を確保するため，より即時に緊急の措置が必要なことを認めている。十分な食料に対する人権は，すべての権利の享受にとって決定的な重要性をもつ。

14．締約国の法的義務の性格は規約2条に述べられ，委員会の一般的意見3（1990年）でとり上げられた。主要な義務は，十分な食料に対する権利の完全な実現を漸進的に達成するため，措置を取ることである。これは，その目標に向けて可能な限り迅速に移行する義務を課したものである。すべての国家は，その管轄下にあるすべての人に対し，十分で，栄養的に十分かつ安全な最低限の不可欠な食料へのアクセスを確保し，飢餓からの自由を確保する義務を負っている。

15．十分な食料に対する権利は，他のすべての人権と同様，締約国に対し，**尊重する**（respect）義務，**保護する**（protect）義務，**充足する**（fulfil）義務という3種類ないしレベル

の義務を課している。このうち充足の義務は，**環境整備**（facilitate）の義務と**供給する**（provide）義務の双方を組み込んだものである[123]。

もともと，3レベルの義務は，尊重，保護，援助（assist）ないし充足として提案された（『人権としての食料に対する権利』Study Series No.1, New York, 1989, United Nations publication, Sales No.E.89.XIV.2 を見よ）。「促進（promote）」という中間レベルの義務が委員会の分類として提案されたが，委員会は，3レベルの義務を維持することに決定した。

十分な食料に対して現存するアクセスを尊重する義務は，締約国に対し，そのようなアクセスを妨げる結果になるようないかなる措置もとらないことを要求する。保護する義務は，企業又は個人が，十分な食料に対する個人のアクセスを奪わないことを確保するための国家による措置を要求する。充足（環境整備）する義務は，国家が，資源及び，食料安全保障を含めてその生計を確保するための手段に対する人々のアクセス及びその利用を強化するための行動に積極的にかかわらなければならないことを意味する。最後に，個人又は集団が，自らの力を超える理由により，利用できる手段によって十分な食料に対する権利を享受することができない場合にはいつでも，国家は，この権利を直接に充足（供給）する義務を負う。この義務はまた，自然その他の災害の被害者である人にも妥当する。

16．こうした異なったレベルの国家の義務の中には，より即時的な性格のものもあれば，食料に対する権利の完全な実現を漸進的に達成するための，より長期的な性格の措置もある。

■ 社会権規約委員会「一般的意見13　教育に対する権利（規約13条）」（1999年）

43．規約は漸進的実現を規定し，かつ利用可能な資源の限界による制約を認める一方で，

---

(122)　訳注：food は公定訳では「食糧」と訳されているが，「食糧」とはもともと軍需用語で，「人口対食糧」のように巨視的な視点で用いられ（西川潤『＜新版＞食料』〔岩波書店，1994年〕3頁），個人や家族の食料について述べている人権文書の訳としてはふさわしくない。よって本書では，「食料」の語を用いている。

(123)　訳注：facilitate は本来「容易にする」ないし「促進する」と訳すべき語であるが，社会権規約委員会の一般的意見では，facilitate とともに，主に教育・広報・情報流通等によって権利をプロモートするという意味で promote の語も使われ，その場合 promote の訳として「促進する」をあてているため，facilitate は環境整備を行う義務と訳した。同委員会の語法では，権利の実現を容易にし可能にするための積極的措置を取るという文脈で facilitate と promote が，財やサービスの直接の支給という意味で provide が用いられている。

170

第4章　人権保障のための国家の多面的義務

締約国に対し，即時の効果をもつ様々な義務をも課している。締約国は，教育に対する権利に関して，この権利が「いかなる差別もなしに行使される」という「保障」（2条2項）及び，13条の完全な実現に向けて「措置を取る」義務のような即時の義務を負っている。……

45．規約に掲げられた他の権利についてと同様，教育に対する権利に関して何らかの後退的措置を取ることは許容されないという強い推定が存在する。いかなる後退的措置が意図的にとられる場合にも，締約国は，そのような措置が，あらゆる代替策を最大限に慎重に考慮した後に導入されたこと，及び，規約に定められた権利の全体との関連でかつ締約国の利用可能な資源を最大限に利用することと関連づけて，十分に正当化されることを証明する責任を負う。

46．教育に対する権利は，他のすべての人権と同様，締約国に対して3つの種類ないし段階の義務すなわち，尊重する義務，保護する義務及び充足する義務を課している。このうち，充足する義務は環境整備の義務及び供給する義務の双方を組み込んでいる。

47．尊重する義務は，締約国に対し，教育に対する権利の享受を阻害する又は妨げる措置をとらないことを求めるものである。保護する義務は，締約国に対し，第三者が教育に対する権利の享受に干渉するのを防止するための措置を取ることを求めるものである。充足（環境整備）する義務は，締約国に対し，個人及び地域社会が教育に対する権利を享受することを可能にし又は援助するような積極的措置を取ることを求めるものである。最後に，国家は教育に対する権利を充足（供給）する義務を負う。一般的原則として，締約国は，個人又は集団が，その統制の範囲を超えた理由によって，自ら利用可能な手段を用いて自分自身で規約上の特定の権利を実現できない場合には，その権利を充足（供給）する義務を負う。但し，この義務の範囲は常に，規約の条文に従って決定されるものである。

49．締約国は，すべての段階の教育制度のカリキュラムが13条1項に挙げられた目的を指向することを確保するよう求められる。また，教育が実際に13条1項に掲げられた目標を指向しているかどうかを監視する，透明かつ効果的なシステムを確立し及び維持する義務もある。

50．13条2項との関係で，締約国は，教育に対する権利の「きわめて重要な特徴」（利用可能性，アクセス可能性，受容可能性及び適合可能性）のそれぞれを尊重し，保護し及び充足する義務を負う。例を挙げれば，国は，私立学校を閉鎖しないことによって，教育の利用可能性を尊重しなければならない。父母及び保護者を含む第三者が女の子を学校に行かせないようにしないことを確保することにより，教育のアクセス可能性を保護しなければならない。教育がマイノリティ及び先住民にとって受入れ可能であり，かつ，すべての者にとって質が高いものであることを確保するために積極的な措置を取ることにより，教育の受容可能性を充足（環境整備）しなければならない。変化する世界における生徒の現代的ニーズを反映したカリキュラムを考案し，かつそのカリキュラムに必要な資源を提供することにより，教育の適合可能性を充足（供給）しなければならない。教室の建設，プログラムの実施，教材の提供，教員の養成及び教員に対する国内競争力のある給与支払を含め，学校制度を積極的に発展させることにより，教育の利用可能性を充足（供給）しなければならない。

51．すでに述べたように，初等，中等，高等及び基礎教育に関する締約国の義務は同一ではない。13条2項の文言をふまえ，締約国は義務的かつ無償の初等教育の導入を優先させる義務を負う。13条2項のこのような解釈は，第14条において初等教育に優先順位がおかれていることによって補強される。すべての者に初等教育を提供する義務は，すべての締約国の即時の義務である。

52．13条2項(b)〜(d)との関連で，締約国は，その管轄下にあるすべての者のための中等，高等及び基礎教育の実現に向けて「措置を取る」（2条1項）即時の義務を負う。最低限でも，締約国は，規約に従った中等，高等及び基礎教育の提供を含む国家的教育戦略を採択しかつ実施することが求められる。この戦略には，教育に対する権利に関する指標（indicators）及び目標値（benchmarks）のような，進展が緊密に監視できるようにするための仕組みが含まれるべきである。

54．締約国は，13条3項及び4項に従って設置されるすべての教育機関が適合することを求められる「教育上の最低限の基準」を定める義務を負う。締約国はまた，このような基準を監視する透明かつ効果的なシステムも維持しなければならない。締約国には，13条3項及び4項に従って設置される機関に資金を拠出する義務はない。しかし，もし国が私

171

◆第2部◆　条約機関の判例・先例法理に見る人権条約上の実体的義務

立の教育機関に財政的支出を行うことを選ぶのであれば，それはいかなる禁止事由による差別もなく行われなければならない。

57．一般的意見3において委員会は，締約国が，「最も基礎的な形態の教育」を含め，規約に掲げられた各権利の「少なくとも最低限の不可欠なレベルの充足を確保する最低限の中核的義務」を負うことを確認している。13条の文脈においては，この中核には，公的な教育機関及びプログラムにアクセスする権利を差別なく確保する義務，教育が13条1項に掲げられた目標に適合することを確保する義務，13条2項(a)に従ってすべての者に初等教育を提供する義務，中等，高等及び基礎教育の提供を含む国家的教育戦略を採択しかつ実施する義務，並びに，「教育上の最低限の基準」（13条3項及び4項）に適合することを条件として，国又は第三者による干渉を受けることのない教育の自由な選択を確保する義務が含まれる。

■ 社会権規約委員会「一般的意見14　到達可能な最高水準の健康に対する権利（規約12条）」（2000年）

7．12条1項は健康に対する権利を定義し，12条2項は，締約国の義務を例示的に，網羅的でない形で挙げている。

8．健康に対する権利は，健康である権利（a right to be healthy）と理解されるべきではない。健康に対する権利は，自由と権利の両方を含んでいる。自由には，自らの健康と身体を管理する権利（性と生殖に関する自由（sexual and reproductive freedom)[124]を含む），並びに，拷問，同意のない医療及び実験を受けない自由のような，干渉からの自由を含む。これに対し，権利には，人々が到達可能な最高水準の健康を享受するために平等な機会を与える健康保護の制度に対する権利を含む。

30．規約は漸進的実現を規定し，利用可能な資源の制約による拘束を認めているとはいえ，即時的効果をもつ様々な義務を締約国に課してもいる。締約国は，健康に対する権利に関しては，権利がいかなる種類の差別もなく行使されることの保障（2条2項），また，12条の完全な実現に向けて措置を取る義務（2条1項）のような即時的義務を負う。そのよ

うな措置は，健康に対する権利の完全な実現に向けて，意図的，具体的かつ目標を定めたものでなければならない。

31．時間をかけて健康に対する権利を漸進的に実現することは，締約国の義務を全く意味のない内容にするものと解釈されるべきではない。むしろ，漸進的実現とは，締約国が，12条の完全な実現に向けて可能な限り迅速かつ効果的に移行する，具体的で継続的な義務を負うことを意味している。

32．規約の中の他の権利と同様，健康に対する権利に関して取られる後退的措置は許容されない，という強い推定が働く。意図的に後退的措置が取られる場合には，締約国は，それがすべての選択肢を最大限に慎重に検討した後に導入されたものであること，及び，利用可能な最大限の締約国の資源の完全な利用という文脈において，規約に規定された権利全体との関連でそれが正当化されることを証明する責任を負う）。

33．健康に対する権利は，すべての人権と同じく，締約国に対し3つのタイプないしレベルの義務を課している。それは，**尊重する義務**，**保護する義務**，及び**充足する義務**である。このうち，充足する義務は，環境整備，供給及び促進する義務を含む。**尊重する義務**は国家に対し，健康に対する権利の享受に直接又は間接的に介入するのを控えることを要求する。**保護する義務**は国家に対し，第三者が12条の保障に介入するのを防止するため措置を取ることを要求する。最後に，**充足する義務**は国家に対し，健康に対する権利の完全な実現に向けて適切な立法，行政，予算，司法，促進的及びその他の措置を取ることを要求する。

34．国家は特に，とりわけ次のことによって，健康に対する権利を**尊重する義務**を負う。それは，受刑者ないし被拘禁者，マイノリティ，庇護申請者及び不法移民を含めすべての人に対して，予防的，治療的保健サービス及び緩和的保健サービス[125]への平等なアクセスを拒否又は制限するのを控えること，また，女性の健康上の地位及び必要性に関して差別的行為を行うのを控えることである。さらに，尊重する義務は，精神病の治療もしくは伝染病の防止及び抑圧のため例外的に行われるも

---

(124)　訳注：生殖に関する自由は，生殖に関する権利（リプロダクティブ・ライツ）ともいわれ，子どもを産むか産まないか，またいつ・何人産むかということを，とりわけ女性自身が自由に決定する権利のことをいう。

(125)　訳注：末期ガンの患者等に行われる緩和ケアを指す。

第4章　人権保障のための国家の多面的義務

のでない限り，伝統的な予防的ケアを禁止もしくは妨げることを控えまた，安全でない薬品の販売及び強制的な医学実験の実行を控えるという国家の義務を含む。そのような例外的な場合は，最善の方法並びに，「精神病の人の保護及び精神医療の改善のための原則」を含む適用可能な国際基準を尊重しつつ，具体的かつ制限的な条件に服するべきである。

　加えて，国家は，避妊具及びその他の，性と生殖に関する健康を維持するための手段へのアクセスを制限すること，性教育及び性に関する情報を含め，健康に関連する情報を差し控えないし意図的に不正確に述べること，また，健康に関連する事項に対する人々の参加を妨げることを控えるべきである。国家はまた，例えば国有施設からの産業廃棄物によって違法に空気，水及び土壌を汚染すること，実験が人間の健康に有害な物質を排出する結果となる場合には核，生物もしくは化学兵器の使用もしくは実験を行うこと，また，例えば国際人道法に違反した武力紛争の際に懲罰的措置として保健サービスへのアクセスを制限することも控えるべきである。

　35. **保護する**義務は，とりわけ以下のことを含む。それは，第三者によって供給される医療及び保健関連のサービスに対する平等のアクセスを確保する立法を採択し又はその他の措置を取ること，保健分野の民営化が保健施設，物資及びサービスの利用可能性，アクセス可能性，受容可能性及び質を低下させる要因にならないことを確保すること，第三者による医療器具及び薬品の販売を管理すること，医療行為者及びその他の保健専門職員が適切な教育，技術及び倫理的行為準則に則ることを確保すること，である。国家はまた，産前及び産後ケア並びに家族計画へのアクセスにおいて有害な社会的もしくは伝統的慣行が介入しないことを確保する義務，第三者が女性に対し，女性性器切除のような伝統的慣行に従うよう強制するのを防止する義務，また，ジェンダーに基づく暴力の表れに照らして，社会のすべての弱い立場にある又は周縁に追いやられている集団，特に女性，子ども，青少年及び高齢者を保護するための措置を取る義務をも負う。国家はまた，第三者が健康に関連する情報及びサービスに対する人々のアクセスを制限しないことを確保するべきである。

　36. **充足する**義務は，とりわけ以下のことを要求する。それは，できれば立法による実施の方法で，国内の政治制度及び法制度の中

で健康に対する権利を十分に承認すること，また，健康に対する権利の実現のため，詳細な計画を伴う全国的な保健政策を採択することである。国家は，主要な伝染病に対する予防接種計画を含む医療の提供を確保し，また，栄養的に安全な食料と飲み水，基本的な衛生，及び十分な住居と居住環境のような，健康の基礎となる決定要素に対するすべての者の平等なアクセスを確保しなければならない。公的な保健インフラストラクチャーによって，特に農村地域における安全な妊娠・出産を含む，性と生殖に関する保健サービスを提供するべきである。国家は，医者及びその他の医療要員の適切な訓練，並びに十分な数の病院，診療所及びその他の保健関連施設の設置，また，国全体での衡平な配分を考慮した，カウンセリング及び精神保健サービスを提供する施設の設置，を確保しなければならない。<u>さらに，国家の義務には，すべての者にとって支払可能な公的，民間又はその混合の健康保険制度の提供，医学的調査及び健康教育の促進，また，特にHIV／エイズ，性と生殖に関する健康，伝統的慣行，家庭内暴力，アルコールの濫用並びにタバコ，薬品及びその他の有害物質の使用に関する情報キャンペーン</u>が含まれる。国家はまた，環境及び職業上の健康への危険，並びに疫学的なデータで証明される他の危険に対して措置を取ることも要求される。この目的のため，国家は，ガソリンから出る鉛のような重金属による汚染を含め，空気，水及び土壌の汚染を軽減しまた廃絶することを目的とした国内政策を立案し実施するべきである。さらに，締約国は，労働災害及び疾病の危険を最小限にするための一貫した国内政策を立案，実施かつ定期的に再検討するとともに，職業上の安全及び保健サービスに関する一貫した国内政策を提供することを要求される。

　37. **充足（環境整備）**する義務は国家に対し，とりわけ，個人と社会が健康についての権利を享受するのを可能にしまた支援する積極的な措置を取ることを要求する。締約国はまた，個人又は集団が，その力の及ばない理由によって，規約に含まれる一定の権利を自らの用いうる手段で実現できないときには，それを提供する義務を負う。健康に対する権利を充足（促進）する義務は国家に対し，人々の健康を創り出し，維持しまた保持する行動を取ることを要求する。そのような義務には，以下のものを含む。それは，(i) 調査や情報提供などによって，健康にとって

173

◆ 第2部 ◆ 条約機関の判例・先例法理に見る人権条約上の実体的義務

良好な結果をもたらす要素についての認識を育成すること，(ii)保健サービスが文化的に適切であり，また，医療に携わる職員が，弱い立場にある又は周縁に追いやられている集団の具体的なニーズを認識しかつそれに対応するよう訓練を受けることを確保すること，(iii)

国家が，健康的な生活習慣と栄養，有害な伝統的慣行，及びサービスの利用可能性に関する適切な情報の普及においてその義務を果たすのを確保すること，(iv)人々が自らの健康について，情報を得た上での選択を行うのを支援すること，である。

　当初報告制度しか規定されていなかった**社会権規約**について，近年に至り，**権利侵害による規約違反を認定する個人通報制度が設置されたことは**，まさに，**上記のような国家の多面的義務の理論枠組みの定着を背景としている**。1980年代半ば以降社会権規約の事実上の条約機関として機能している社会権規約委員会は，尊重・保護・充足という三面の義務に照らして締約国の義務違反を認定する可能性を検討する過程で，1990年代初頭には，個人通報制度を定める選択議定書について検討を始めた。その後，国連人権委員会が，選択議定書の作成に関する選択肢を検討する作業部会を設置し，この作業部会が検討を進めた結果，2008年には，作業部会の選択議定書草案が人権理事会で採択され，国連総会も同年12月にこれを採択するに至ったのである。なおこの選択議定書は，個人通報制度のほか，調査制度についても定めている。こうして，社会権規約にも，権利侵害の訴えについて委員会が法的に検討し判断を下す個人通報制度が設置されたことは，**自由権規約・社会権規約いずれの規約上の権利も，その侵害については違法性を認定できる側面をもつこと，そしていずれの規約も，権利侵害を申立てる個人通報制度と，より中・長期的な人権状況の改善を目指した報告制度とによって補完的な国際的実施が図られるべきものであることが認められたことを意味する**。

　最後に，両規約は，同一の前文で「人間の固有の尊厳」に由来する人権の尊重を謳い，人間の生来の権利としての人権の保障を共通の目的としていることを忘れてはならない。2つの規約は上述のような経緯で分けられたとはいえ，そもそも人間の尊厳は，市民的及び政治的権利，経済的，社会的及び文化的権利という便宜的なカテゴリー分けに基づきいずれかを重視することで確保されうるものではない。ノーベル経済学賞を受賞した厚生経済学の権威アマルティア・セン（Amartya Sen）が，自らの実証的研究をふまえ「**世界で飢餓が起こっているのは独裁国においてである**」と喝破しているように，人々の表現の自由や政治的権利がないところでは，食料の公平な流通や分配すらままならず，生存権も十分に実現されない。住居に対する権利が，単に住居の提供を求める権

利として社会権に分類されて片付けられるべき権利ではなく，私生活を尊重される権利，健康に対する権利，ひいては生命権を含む一連の人権にとって不可欠の基本的な人権であることも，ホームレスの人々や紛争・災害からの避難民の人々のおかれた実態に照らせばもっと強調されてよい（後述の社会権規約委員会の一般的意見７も参照）。子どもの権利に至っては，子どもが，虐待や搾取から免れた健康的で安全な環境で，基礎教育を始めとする教育を受ける権利を享受できることは，将来の職業選択の自由を含め，人が尊厳をもって人生を送るためのあらゆる鍵を握っている（この点で，幅広い権利を１つの文書で規定した子どもの権利条約は，子どもにとって教育を受ける権利を含む基本的人権を保障されることがいかに相互不可分的な意味をもっているかという明確な認識の上に立った人権条約である）。**２つの規約の諸権利は，人間の尊厳の確保において相互に密接な関係をもったものであることが常に念頭におかれなければならず，規約の解釈・適用も，人間の実存的な生と，現代社会の状況における人権問題の多様な発現のあり方に目を向けつつ，形式論でなく人間の尊厳を実質的に確保する観点から行われなければならない**＊。

＊ **人権の「不可分性（indivisibility）」**　人権の「不可分性」という語は，人権論において，文脈により，大別して２つの意味で用いられる。①１つは，上で検討したように，**１つの人権に対応する義務が消極的義務となるか積極的義務となるかはアプリオリ（先験的）には決定できず，具体的状況によっていずれも生じうる，すなわち消極的義務と積極的義務とは不可分である**，という意味である。また，より一般的な使われ方として，②**人権体系を大きく自由権と社会権に分けた場合に**＊，**両カテゴリーの諸権利は社会の中で相互依存的に相まって実現されていくものであり，両者は不可分のものとして尊重されなければならない**という意味で用いられる。この②の意味では，人権の不可分性は，先にみたセンの「飢餓が起こるのは独裁国家においてである」という洞察とほぼ重なり，人間にとって，物質的に生存を確保することと民主的な統治に参加することとは相互依存的であり不可分の重要性をもつということを意味する。この意味での人権の不可分性は，1993年のウィーン宣言及び行動計画に代表される普遍的な人権文書において，基本原則として常に明記されているほか，国家や国際機関による途上国への開発援助政策における人権の位置づけに関連して，重要な原則としてしばしば用いられている。例えば，EC/EU の開発協力政策では，人権の不可分性は，市民的及び政治的権利，並びに経済的，社会的及び文化的権利の双方を促進するための積極的な法整備支援や，市民社会の育成のための NGO 支援といった文脈で，基本原則として明文で用いられている[126]。国家や国際機関の対外政策に人権が組み込まれる場合，米国の人権政策に典型的に

みられるように，往々にしてそれは，著名な政治犯の釈放に主眼をおくといった自由権偏重，かつ制裁型の議論になりがちであり，人権の不可分性はそうした局面で，バランスのとれた人権保障を確保するための重要な原則として取り入れられているのである。

＊ 第三世代の人権　　国内法における人権の発展は，しばしば，国家の役割の変化（夜警国家から福祉国家へ）という観点から，自由権から社会権へ，という流れでとらえられる。国際法による人権の国際的保障は，先に述べたように，自由権的な権利と社会権的な権利の双方を，当初から取り込んだものとなっている。

　これに加えて，国際人権規約では，1960年代の非植民地化の潮流を反映して，共通第1条に，人民の自決権の規定がおかれている。1条の規定が入ったのは，1960年代に入って非植民地化が進み，国連での人権規約の起草作業においても，植民地から脱却し人民自決権を実現することが個人の人権保障の前提である，という第三世界諸国の声が反映されたためである。これ以降も，植民地から独立し新興国として国連に大量加入してきた途上国ブロックの国々からは，「**発展の権利（the right to development）**」，食料に対する権利といった新たな権利の主張がなされてきた。これらの権利は，国内法における発展過程に鑑みて便宜的に自由権を第一世代，社会権を第二世代とみた場合，これらを超える新しいタイプの権利として，「第三世代の人権」と呼ばれる。1986年の国連総会決議「発展の権利に関する宣言」によると，発展の権利とは，それぞれの人間及びすべての人民が，人権が実現されうるような経済的，社会的，文化的及び政治的発展に参加し，貢献しかつこれを享受する権利，とされる。発展の権利の実現の主要な責任は各国家にある一方で，途上国の努力を補完するものとしての国際協力の必要性が強調されている。

　発展の権利は，その主体が個人でもあり人民でもあることや，総花的内容から，米国や日本の学説では，権利概念としての有用性を疑問視する見解も少なくない。他方で，発展の権利概念には，世界人権宣言28条にいう「この宣言に規定する権利及び自由が完全に実現される社会的及び国際的秩序についての権利」を展開させて，個人の権利が実現されるような社会的諸条件の重要性を敷衍し，そのための国家の役割を強調したという意義も認めることができる。また，**発展の権利は，単なる生物的生存ではなく物質的・精神的発展のある人生の実現という観点から，どの人権も相互に密接に関わっているという人権の不可分性・相互依存性を重視する考え方**である。そのことから，**人権の国際的保障において，人権の不可分性，特に，軽視されがちだった経済的，社会的，文化的権利の重要性を再確認する上での指導理念になった**ことも指摘できる。人権の国際的保障は，人権規約採択当初の人権二分化の指向から，1993年世界人権会議のウィーン宣言にみられるように人権の不可分性

---

(126)　申「EUの対外政策と人権」村田良平編『EU──21世紀の政治課題』（勁草書房，1999年）147
　　～188頁を参照。

第4章 人権保障のための国家の多面的義務

を再確認し人権をより一体的に把握する潮流にあるが，この間の国連人権委員会での研究・議論において，発展の権利は，食料に対する権利などとともに頻繁に言及され，人権の不可分性を重視する流れを大きく方向づけたのである。

　ナイジェリアで国営会社や民間企業が行い同国の軍事政権も直接に関わった石油開発事業による環境破壊や住民の住居の破壊等の被害をめぐる下記の事件でアフリカ人権委員会は，当事国政府の義務を人権の尊重・保護・促進・充足義務の観点から分析し，同国がその複数の義務に違背したと認定した。

● **CASE** ● 〈国際先例〉社会的及び経済的権利活動センター並びに経済的及び社会的権利センター対ナイジェリア（*Social and Economic Rights Action Center（SERAC）and Center for Economic and Social Rights（CESR）v. Nigeria*），アフリカ人権委員会「決定」，通報 No.155/96，2001年10月27日

「44. 人権が生み出す様々な義務についての国際的に認められた考えは，すべての権利—市民的及び政治的権利並びに社会的及び経済的権利—は，権利のレジームに従う義務を負う国家にとって，少なくとも4つのレベルの義務すなわち，これらの権利を尊重（respect），保護（protect），促進（promote），及び充足する（fulfil）義務を生むことを示している。これらの義務は，すべての権利に普遍的にあてはまり，消極的義務と積極的義務の混合を伴う。人権文書として，アフリカ憲章はこれらの概念と無縁ではない。これらの義務がここで扱われる順序は便宜的なもので，それらに与えられる優先順位を意味するものではない。義務のそれぞれの層は，問題となっている諸権利に等しく関連するものである。

45. 第1のレベルとして，尊重の義務は，国家が基本的人権の享受に対する介入を控えることを伴う。国家は，権利主体の自由，自律，資源及び行動の自由を尊重すべきである。社会・経済的権利に関しては，これは，国家は権利に関連する必要性のために，個人が一人で又は他の者との何らかの共同の形態で所有し又は利用しうる資源を自由に利用することを尊重する義務を負うことを意味する。集団に関しては，集団はそのニーズを満たすために資源を利用しなければならないため，その集団に属する資源が尊重されるべきである。

46. 第2のレベルとして，国家は，立法及び効果的救済の提供によって，他の者から権利主体を保護する義務を負う。この義務は国家に対し，保護された権利の主体を，政治的，経済的及び社会的介入から保護する措置を取ることを要求する。保護は一般に，個人が自由にその権利及び自由を実現できるよう，効果的な法規則の相互作用の状況ないし枠組みを作りかつ維持することを伴う。このことは，国家の第3のレベルの義務である，すべての人権の享受を促進する義務とも非常に深く結びついている。国家は，寛容性を促進したり，認識を高めたり，インフラストラクチャーの整備さえも行ったりすることを通して，個人が権利及び自由を行使できるようにすべきである。

47. 義務の最後の層は国家に対し，国家が自由に負った様々な人権レジーム［訳注：人権条約体制を指す］の下で，権利及び自由を充足することを要求する。これは，権利の実際の実現に向けて国家がその機構を動かすという，国家の側に対する積極的な期待である。これはまた，先の項で述べた促進の義務と非常に深く結びついている。この義務

◆ 第2部 ◆ 条約機関の判例・先例法理に見る人権条約上の実体的義務

は，食料や，食料のために用いうる資源のような（直接の食料援助又は社会保障）基本的ニーズを直接に供給することからなる。

48. このようにして，国家は一般に，人権条約の下で義務を負う際には，上記の一連の義務を負う。国家の義務の包括的な性格を強調したよい例として，例えば経済的，社会的及び文化的権利に関する国際規約は2条1項で，国家は『立法措置を取ることを含むあらゆる適当な手段を用いて……措置を取る』と規定している。問題となる権利のタイプによって，これらの義務の適用における強調度には違いがあるだろう。しかし時に，諸権利を実際に享受するための必要性は，上記の義務のうち複数の意味での調和のとれた行動を国家に求めるのである。」

「52. アフリカ憲章の24条で保障されている，一般的に満足できる環境に対する権利，すなわち，広く知られているところでは健康的な環境に対する権利は従って，政府に対し明確な義務を課す。この権利は，国家に対し，汚染及び生態系の悪化を防止し，保全を促進し，並びに，生態系上持続可能な発展及び天然資源の利用を確保するために，合理的な措置その他の措置を取ることを要求する。ナイジェリアが当事国である，経済的，社会的及び文化的権利に関する国際規約の12条は，政府に対し，環境衛生及び産業衛生のあらゆる側面の改善のために必要な措置を取ることを要求している。アフリカ憲章の16条1項で掲げられている，到達可能な最高水準の身体的及び精神的健康を享受する権利，並びに，前述した，発展にとって好ましい，一般的に満足できる環境に対する権利（24条）は，政府に対し，国民の健康と環境を直接に脅かすことを控える義務を課す。国家は，これらの権利を尊重する義務を負い，このことは，例えば，個人の保全を侵害するいかなる慣行，政策又は法的措置をも実行，支援又は許容しないという，国家の概ね非干渉的な行動を伴う。

53. アフリカ憲章の16条及び24条の精神を政府が遵守することはまた，いかなる大きな産業開発についても事前に環境上及び社会的な影響の研究を要求かつ公表し，危険な物質及び活動にさらされるコミュニティに対し適切なモニタリングを行いかつそれらのコミュニティに情報を提供し並びに，個人が有意義な意見聴取の機会及び自らのコミュニティに影響を与える開発決定に参加することを認めることによって，環境への脅威に対する独立した科学的モニタリングを命令し又は少なくとも許容することを含まなければならない。」

「57. 政府は，適切な立法及びその実効的な執行によってのみならず，私的当事者によって行われうる有害な行為からも国民を保護することを通して，国民を保護する義務を負っている（青年弁護士連合対チャド事件（Union des Jeunes Avocatl v. Chad），通報74/92を見よ）。この義務は，政府が人権条約に基づく義務を履行するにあたって，政府の側の積極的な鼓動を要求する。ヴェラスケス・ロドリゲス対ホンジュラス事件（Velázquez Rodríguez v. Honduras），米州人権裁判所1988年7月29日判決）で示されているように，他の裁判所の実行もまた，この要求を支持するところである。この画期的な判決について米州人権裁判所は，国家が，私人又は私的団体が認められた権利を害する活動を自由にかつ処罰されずに行うのを許容するときには，国民の人権を保護する義務に明確に違反することになると判示した。同様に，このような国家の義務は，X，Y対オランダ事件（X, Y and Netherlands）において，ヨーロッパ人権裁判所の実行によってもさらに強調されている。本件でヨーロッパ人権裁判所は，権利の享受が他の私人によって妨げられな

いことを確保するための措置を取る義務が国家当局にはあったと判示した。

58. 委員会は，本件では，権利享受への干渉に対して個人を保護する義務にもかかわらず，ナイジェリア政府は，オゴニランドの破壊を促進したことを注記する。憲章上の義務に反し，かつ以上のような国際的に確立した原則にもかかわらず，ナイジェリア政府は，私的当事者，特に石油会社が，オゴニの人々の生活に破壊的な影響を与えることに青信号を出した。ナイジェリア政府の行為は，いかなる基準によっても，政府に期待される最低限の行為に及ぶものではなく，従って，アフリカ憲章21条に違反する。

60. 住居（housing）ないし住まい（shelter）に対する権利は，アフリカ憲章において明示的には規定されていないが，前述した16条の，到達可能な最高水準の精神及び身体の健康を享受する権利，財産権，並びに，家族に与えられる保護を合わせたもののコロラリーとして，住まいの恣意的な破壊は禁じられる。なぜならば，住居が破壊されれば，財産，健康及び家族生活も悪影響を受けるからである。従って，14条，16条２項及び18条１項の結合的な効果として，住まいないし住居に対する権利が導かれ，ナイジェリア政府はこの権利を侵害したとみられる。

61. 最低限でも，住まいに対する権利はナイジェリア政府に対し，市民の住居を破壊せず，また，個人もしくはコミュニティが失った家を再建する努力を妨げない義務を課す。住居に対する権利を尊重するという国家の義務は国家に対し，よってすべての国家機関に対し，個人の尊厳を侵害し又は個人が個人，家族，世帯もしくはコミュニティの居住の必要を満たすために最も適切とみなす方法で自らが用いうる物資もしくは他の資源を用いる自由を侵害するいかなる慣行，政策又は法的措置を取ること，支援すること又は許容することをも控えることを要求する（S. Leckie, "The Right to Housing", in A.Eide, C. Krause and A.Rosas（eds.）, *Economic, Social and Cultural Rights*（Leiden: Martinus Nijhoff, 1995））。国家の保護義務は国家に対し，家主，開発業者，土地所有者のようないかなる個人もしくは非国家主体による，住居に対する個人の権利の侵害をも防止する義務を課し，かつそのような侵害が起こった場合には，国家は，さらなる侵害を排除するとともに，法的救済へのアクセスを保障すべきである（*ibid.*）。住居に対する権利は，ただ単に頭の上に屋根があるという以上のものである。それは，屋根の下であれ否であれ，個人が放っておかれ，平和に住むことができるという個人の権利を体現するところまで及ぶ。

62. ［アフリカ人権憲章］14条，16条及び18条１項で保障された諸権利の保護も同じ結論に達する。14条の権利に関し，オゴニの人々の場合，ナイジェリア政府はこれら２つの最低限の義務を履行しなかった。政府はオゴニの家々や村々を破壊しそして，治安部隊を使って，破壊された家を再建するために戻った罪のない市民を妨害し，嫌がらせをし，殴打しまた場合によっては射殺した。これらの行為は，アフリカ憲章14条，16条及び18条１項に違反する，住居に対する権利の大規模な侵害を構成する。

63. ナイジェリア政府による，憲章で黙示的に保護されている十分な住居に対する権利の侵害は，強制退去から保護を受ける権利にも及ぶ。アフリカ委員会は，『強制退去』を，『適切な形態の法的保護その他の保護を与えることなく，又はそれらへのアクセスなしに，個人，家族及び／又はコミュニティを，その意思に反して，その家及び／又は占有場所から恒久的に排除すること』と定義した，経済的，社会的及び文化的な権利に関する委員会による『強制退去』の定義（十分な住居に対する権利（11条１項）：強制退

◆ 第2部 ◆ 条約機関の判例・先例法理に見る人権条約上の実体的義務

去に関する一般的意見7（1997））から示唆を得る。強制退去は，いつ，どこで行われようとも，きわめて悪影響の大きいものである。強制退去は，身体的，精神的及び感情的な苦痛を引き起こし，生存の経済的手段の喪失や困窮度の増加を伴う。また，身体の傷害，及び場合によっては人の死をももたらしうる。強制退去は，家族を分断させ，ホームレスの存在をさらに増加させる。この点で，十分な住居に対する権利に関する経済的，社会的及び文化的権利に関する委員会の一般的意見4（1991）は，『すべての人は，強制退去，嫌がらせ及びその他の脅威に対する法的保護を保障する，一定の占有の保障を有するべきである。』（E/1992/23, annex III, para.8 (a)）と述べている。ナイジェリア政府の行為は，明らかに，オゴニの人々が集団的権利として享有するこの権利の侵害を示すものである。」

「65. 食料に対する権利は，人間の尊厳と分かち難く結びついており，よって，健康，教育，労働及び政治参加のような他の権利の享受及び充足にとって不可欠なものである。アフリカ憲章及び国際法はナイジェリア政府に対し，既存の食料資源を保護及び改善しすべての市民に対する十分な食料へのアクセスを確保するよう義務づけている。食料生産を改善しアクセスを保障する義務を措いても，食料に対する権利の最低限の中核は，ナイジェリア政府が，食料資源を破壊し又は汚染すべきではないということである。政府は，私人が食料資源を破壊し又は汚染することを許容すべきではなく，また，自ら食料を調達しようとする人々の努力を妨げるべきでない。

66. オゴニの人々に対する政府の対応は，食料に対する権利の3つの最低限の義務すべてに違反した。政府は，治安部隊及び国営石油会社を通して食料資源を破壊し，私企業たる石油会社が食料資源を破壊することを許容し，また，恐怖政治によって，オゴニのコミュニティの人々が自ら食料を調達しようとするのに対し顕著な障害を作った。ナイジェリア政府はまたもや，アフリカ憲章及び国際人権基準の規定によって求められている義務を履行せず，よって，オゴニの人々の食料に対する権利を侵害した。

67. 通報者は，人間の不可侵性並びに生命及び身体保全を尊重されるすべての人の権利を保障した憲章4条にも違反したと主張している。ナイジェリア政府及び（その明らかな支持の下で行われたものにせよそうでないにせよ）私的当事者によって行われた広範な違反に鑑み，あらゆる人権の最も基本的なものである生命権も侵害された。広範な威嚇と殺害によって示されているように，治安部隊は，オゴニの人々の生殺与奪の青信号を与えられた。……」

「以上の理由で，委員会は，ナイジェリア連邦共和国が，人及び人民の権利の2条，4条，14条，16条，18条1項，21条及び24条に違反したと認定する。」

◆ 第5章 ◆ 人権の「尊重」義務

Ⅰ 人権の尊重義務
── 国家機関による権利侵害行為の避止義務 ──

　国家は，条約によって個人の権利を認めることにより，その実現に向けて，条約規定に従い一定の法的義務（＝国家権力の行使における法的制約）を負う。権利とは，その実現のために義務主体（人権条約においては締約国）に相関的義務を生じさせることを本質とする法概念であって，国家が権利を認めるとは，国家にとって，認めた権利の本質を侵害し（すなわち，権利が無意味なものになるまでにこれを制約し）又は，認めた権利を否定してはならない義務を含意すると同時に，認めた権利を具体化し実現するために必要な取り組みを行う義務が生じることを意味する。**条約で定められた人権を「尊重する」，すなわち，締約国がその国家権力の行使にあたって自らそれらの権利を侵害しないことは，国家が条約という法文上一定の人権を認めることから生じる，最も基本的な義務である。**いくつかの人権条約は，条約に定められた人権を「尊重する」締約国の義務を明文で規定している（規約で認められた権利を「尊重し及び確保する（respect and ensure）」とした自由権規約2条1項，条約で承認された権利及び自由を「尊重し（respect）」並びにこれらの権利及び自由の自由かつ完全な行使を「確保する（ensure）」ことを約束するとした米州人権条約1条1項）。また，権利の実体規定においても，「私的及び家族生活，住居及び通信の尊重を受ける権利」（ヨーロッパ人権条約8条1項）のように，「〜の尊重を受ける権利」という文言で規定されたものがある。

　1980年代に南米ホンジュラスで発生した強制失踪の事案であり，米州人権裁判所最初の判決であるヴェラスケス・ロドリゲス事件判決で同裁判所は，被害者がホンジュラスの官憲により，又は直接の関与がなくともその黙認の下で失

181

◆ 第 2 部 ◆ 　条約機関の判例・先例法理に見る人権条約上の実体的義務

踪したことを認定した後，米州人権条約 1 条に基づく人権「尊重」の義務について次のように判示している。

● *CASE* ● 〈国際判例〉ヴェラスケス・ロドリゲス対ホンジュラス事件（*Velázquez Rodríguez v. Honduras*）米州人権裁判所判決（本案），1988年 7 月29日

「e. 人権侵害としての強制失踪

155. 人間の強制失踪は，締約国が尊重し及び保障することを義務づけられている［米州人権］条約上の多くの権利の多重的かつ継続的な侵害である。人の誘拐は自由の恣意的な剥奪であり，抑留された者が遅滞なく裁判官の前に連れて行かれ及び逮捕の合法性について審査を受ける適切な手続を用いる権利の侵害であって，いずれも，以下のように規定し人身の自由に対する権利を認めた条約 7 条に違反する。……

156. さらに，長時間にわたる隔離と通信の剥奪はそれ自体，残虐かつ非人道的な取扱いであって，人の心理的及び精神的な保全を害し，抑留されたいかなる者も人間として固有の尊厳を尊重されるという権利の侵害である。そのような取扱いは従って，以下のように規定し人の身体保全に対する権利を認めた条約 5 条に違反する。……

　加えて，失踪の慣行に関する調査，及び自由の身になった被害者の証言によれば，失踪した者はしばしば，条約 5 条で認められた身体保全に対する権利を侵害する，あらゆる種類の虐待行為，拷問及びその他の残虐な，非人道的なもしくは品位を傷つける取扱いを含め，過酷な取扱いを受けたことが示されている。

157. 失踪の慣行はしばしば，裁判なしの秘密処刑を伴い，その後，犯罪の物的証拠を抹殺するため及び責任者の不処罰を確実にするための遺体の秘匿が行われる。これは，条約 4 条で認められた生命権の重大な侵害である。……

158. 失踪の慣行は，以上に述べたような条約の多くの規定の直接の違反であることに加えて，人間の尊厳という概念に由来する価値，並びに米州人権体制及び条約の最も基本的な諸原則のあからさまな放棄を意味するものとして，条約の根本的な違反を構成する。この慣行の存在は，以下に述べるような，条約で認められた権利を保障するように国家を組織する義務の無視を示すものである。」

「161. 条約 1 条 1 項は次のように規定する。

『1 条　権利を尊重する義務　この条約の締約国は，ここに承認された権利及び自由を尊重し，並びに，人権，皮膚の色，性，言語，宗教，政治的意見その他の意見，民族的もしくは社会的出身，経済的地位，門地，又はその他の社会的条件によるいかなる差別もなく，その管轄の下にあるすべての人に対して，これらの権利及び自由の自由かつ完全な行使を確保することを約束する。』

162. 本条は，締約国が，保護されるそれぞれの権利との関係で負う義務を特定したものである。権利のいずれかが侵害されたとのいかなる主張も，必然的に，条約の 1 条 1 項の違反もあったということを意味する。」

「164. 1 条 1 項は，条約で認められた人権の侵害が締約国に帰せられるかどうかを決定するにあたり不可欠の条項である。実際，本条は，締約国に対し，条約で認められた権利を尊重し及び保障する基本的な義務を課している。国際法の規則の下でいかなる公的機関の作為又は不作為に帰せられるいかなる権利侵害も，国家に帰せられ，国家は，条約で規定されたところに従って責任を負う。

　　　　　　　　　　　　　　　　　　　　　第5章　人権の「尊重」義務

165. 1条1項の下で締約国が負う第1の義務は，条約で認められた『権利及び自由を
尊重する』ことである。公権力の行使には，人権が人間の尊厳に固有の属性であり，よっ
て国家権力に優位するという事実に由来する一定の制限がある。別の機会に，当裁判所
は次のように述べた。
『人権，特に条約に定められた市民的及び政治的権利の保護は，実際，政府の権力行使
によって正当に制約され得ない，個人の一定の侵し得ない属性の存在の確認に基づいて
いる。それらの属性は，国家の手の届くところを超えた，又は国家が立ち入りを制限さ
れた個人の領域である。従って，人権の保護は必然的に，国家権力の行使の制約という
概念を伴う（米州人権条約30条の「法律」の語に関する勧告的意見 OC-6/86，1986年
5月9日，21項）。
169. 1条1項に従い，条約で認められた権利を侵害するいかなる公権力の行使も違法
である。国家機関，公務員又は公的機関がこれらの権利のいずれかを侵害したときはい
つでも，そのことは，条約に定められた権利及び自由を尊重する義務の不履行を構成す
る。』

　ヨーロッパ人権条約のように，一般的義務規定において「尊重」を明記せず
単に「保障する（secure）」義務を締約国に課している場合，権利を「保障する」
とは，「確保する」と同じく，権利を実際に享受できるようにするという結果
の義務を表す文言であるから，国家が自ら権利侵害を行わないという尊重義務
は，最も基本的な締約国の義務として当然その中に含意されている。他方で，
社会権規約のように，権利の完全な実現を漸進的に実現するため「措置を取る」
（2条1項）義務が課されているにとどまる場合も，締約国は，規約上の諸権
利を認めその実現に向けて措置を取る約束をしたのであるから，「権利」を承
認したことによる相関的義務の最も基本的なものである尊重義務がそこから導
かれうる。すなわち，権利の「完全な実現」について同規約は漸進的達成を認
めており，権利を「確保する」とした場合のような結果の達成を求めているわ
けではないにせよ，締約国が権利を認めた以上は，少なくとも権利を積極的に
侵害する行為を行わないことが締約国に要求されていると解することができる。
社会権規約委員会は一般的意見において，規約上の権利に関する締約国の多面
的な相関的義務を敷衍した中で，権利を自ら侵害せず権利を「尊重する」義務
を最も基本的な段階に位置づけ，権利を侵害する国家機関の行為によって締約
国の規約違反が生じうることを明らかにしている。一定の権利を認めその実現
に向けて措置を取る義務を負った以上は，権利の実現を意図的に後退させる措
置を取ることは違法の推定を受けるという法理（社会権規約委員会だけでなく，
第9章でみるベルギーの判例のように，国を拘束する社会権規約上の義務として，

183

◆ 第2部 ◆ 条約機関の判例・先例法理に見る人権条約上の実体的義務

国内裁判所によっても同規約から引き出されている）も，権利に対応する相関的義務の観点からは，権利を積極的に侵害する措置を取らないという尊重義務の一環とみることができる。

■ 社会権規約委員会「一般的意見7 十分な住居に対する権利（規約11条1項）：強制退去」（1997年）

1．一般的意見4（1991）において……委員会は，強制退去は規約の要求に合致しないと推定されるという結論を出した。……

3．……この一般的意見を通して用いられる「強制退去（forced evictions）」の語は，個人，家族及び／又はコミュニティを，その意思に反して，適切な形態の法的保護その他の保護の提供及びそれらへのアクセスなしに，彼らが占有している家及び／又は土地から恒久的又は一時的に立ち退かせることと定義される。……

9．……強制退去の行為の性格に照らして，2条1項における資源の利用可能性への言及が関連をもつことは稀であろう。国家は自ら，強制退去を控え，かつ，（上記3項に定義される）強制退去を行う国家の代理人又は第三者に対して法律が執行されることを確保しなければならない。さらに，このアプローチは，十分な保護なく強制的に退去させられない権利を補完する，市民的及び政治的権利に関する国際規約17条1項によって補強される。この規定は，とりわけ，住居への「恣意的もしくは不法な」干渉から保護される権利を認めている。この権利の尊重を確保する国家の義務は，利用可能な資源に関する考慮によって条件づけられていないということが注記されるべきである。

12．執拗な賃貸料の不払い又は合理的な理由のない賃貸財産の損傷の場合のように，退去が正当化されうる場合があるとはいえ，それが規約に合致した法律によって保障された方法で行われかつ，影響を受けた人に対してすべての法的申立及び救済が利用できることを確保することは，関係当局の義務である。

14．締約国は，いかなる退去，及び特に大きな集団にかかわるものをも行う前に，武力の行使の必要性を回避し，又は少なくとも最小限にするため，影響を受ける人との協議においてすべての可能な代替手段が模索されることを確保しなければならない。退去命令によって影響を受ける人に対しては，法的救済又は手続が与えられなければならない。……

■ 社会権規約委員会「一般的意見12 十分な食料に対する権利」（1999年）

15．十分な食料に対する権利は，他のいかなる人権とも同様に，締約国に対し，尊重する義務，保護する義務，充足する義務という3種類ないしレベルの義務を課している。……

……十分な食料に対して現存するアクセスを尊重する義務は，締約国に対し，そのようなアクセスを妨げる結果になるようないかなる措置もとらないことを要求する。……」

18．……経済的，社会的及び文化的権利の平等の享受を無効にし又は害する目的又は効果をもつ，食料へのアクセスまたその調達のための手段及び資格においての人種，皮膚の色，性，言語，年齢，宗教，政治的もしくはその他の意見，国民的もしくは社会的出身，財産，出生又はその他の地位によるいかなる差別も，規約の違反となる。

19．食料に対する権利の違反は，国家……の直接の行動によって起きうる。それには，以下のものが含まれる。食料に対する権利の継続的な享受にとって必要な法律を公式に廃止又は停止すること。その差別が法律に基づくものであれ，習慣的なものであれ，特定の個人又は集団に対して，食料へのアクセスを認めないこと。国内の紛争またはその他の緊急事態の際に，人道的な食料援助へのアクセスを妨害すること。食料に対する権利に関する既存の法的義務に明白に合致しない立法又は政策を採用すること。……

■ 社会権規約委員会「一般的意見13 教育に対する権利（規約13条）」（1999年）

45．規約に掲げられた他の権利についてと同様，教育に対する権利に関して何らかの後退的措置を取ることは許容されないという強い推定が存在する。いかなる後退的措置が意図的に取られる場合にも，締約国は，そのような措置が，あらゆる代替策を最大限に慎重に考慮した後に導入されたこと，及び，規約に定められた権利の全体との関連でかつ締約国の利用可能な資源を最大限に利用することと関連づけて，十分に正当化されることを証明する責任を負う。

46．教育に対する権利は，他のすべての人

権と同様，締約国に対して３つの種類ないし段階の義務すなわち，尊重する義務，保護する義務及び充足する義務を課している。……

47．尊重する義務は，締約国に対し，教育に対する権利の享受を阻害する又は妨げる措置を取らないことを求めるものである。……

50．13条２項との関係で，締約国は，教育に対する権利の「きめて重要な特徴」（利用可能性，アクセス可能性，受容可能性及び適合可能性）のそれぞれを尊重し，保護し及び充足する義務を負う。例を挙げれば，国は，私立学校を閉鎖しないことによって，教育の利用可能性を尊重しなければならない。……

57．一般的意見３において委員会は，締約国が，「最も基礎的な形態の教育」を含め，規約に掲げられた各権利の「少なくとも最低限の不可欠なレベルの充足を確保する最低限の中核的義務」を負うことを確認している。

13条の文脈においては，この中核には，公的な教育機関及びプログラムにアクセスする権利を差別なく確保する義務，……並びに，「教育上の最低限の基準」（13条３項及び４項）に適合することを条件として，国又は第三者による干渉を受けることのない教育の自由な選択を確保する義務が含まれる。

58．13条の規範内容（第Ⅰ部）を締約国の一般的及び具体的義務（第Ⅱ部）に適用すると，教育についての権利の侵害の認定を容易にする動的なプロセスが作動する。13条の違反は，締約国の直接の行動（作為）又は，規約によって求められる措置を取らないこと（不作為）によって生じうる。

59．例を挙げれば，13条の違反には次のものが含まれる。教育の分野において，いずれかの禁止事由に基づいて個人又は集団を差別する立法を導入すること，又はそのような立法を廃止しないこと。……私立の教育機関を禁止すること。……職員及び生徒の学問の自由を否定すること。４条に合致しない形で，政治的緊張が生じた際に教育機関を閉鎖すること。

■ 社会権規約委員会「一般的意見14　到達可能な最高水準の健康に対する権利（規約12条）」（2000年）

8．……健康に対する権利は，自由と権利の両方を含んでいる。自由には，自らの健康と身体を管理する権利（性と生殖に関する自由を含む），並びに，拷問，同意のない医療及び実験を受けない自由のような，干渉からの自由を含む。……

32．規約の中の他の権利と同様，健康に対する権利に関して取られる後退的措置は許容されない，という強い推定が働く。意図的に後退的措置が取られる場合には，締約国は，それがすべての選択肢を最大限に慎重に検討した後に導入されたものであること，及び，利用可能な最大限の締約国の資源の完全な利用という文脈において，規約に規定された権利全体との関連でそれが正当化されることを証明する責任を負う）。

33．健康に対する権利は，すべての人権と同じく，締約国に対し３つのタイプないしレベルの義務を課している。それは，**尊重する義務**，**保護する義務**，及び**充足する義務**である。……**尊重する義務**は国家に対し，健康に対する権利の享受に直接又は間接的に介入するのを控えることを要求する。……

34．国家は特に，とりわけ次のことによって，健康に対する権利を**尊重する義務**を負う。それは，受刑者ないし被拘禁者，マイノリティ，庇護申請者及び不法移民を含めすべての人に対して，予防的，治療的保健サービス及び緩和的保健サービスへの平等なアクセスを拒否又は制限するのを控えること，また，女性の健康上の地位及び必要性に関して差別的行為を行うのを控えることである。さらに，尊重する義務は，精神病の治療もしくは伝染病の防止及び抑圧のため例外的に行われるものでない限り，伝統的な予防的ケアを禁止もしくは妨げることを控えまた，安全でない薬品の販売及び強制的な医学実験の実行を控えるという国家の義務を含む。そのような例外的な場合は，最善の方法並びに，「精神病の人の保護及び精神医療の改善のための原則」を含む適用可能な国際基準を尊重しつつ，具体的かつ制限的な条件に服するべきである。

加えて，国家は，避妊具及びその他の，性と生殖に関する健康を維持するための手段へのアクセスを制限すること，性教育及び性に関する情報を含め，健康に関連する情報を差し控えないし意図的に不正確に述べること，また，健康に関連する事項に対する人々の参加を妨げることを控えるべきである。国家はまた，例えば国有施設からの産業廃棄物によって違法に空気，水及び土壌を汚染すること，実験が人間の健康に有害な物質を排出する結果となる場合には核，生物もしくは化学兵器の使用もしくは実験を行うこと，また，例えば国際人道法に違反して，武力紛争の際に懲罰的措置として保健サービスへのアクセスを制限することも控えるべきである。

◆ 第2部 ◆　条約機関の判例・先例法理に見る人権条約上の実体的義務

46. 12条の規範内容（第Ⅰ部）を締約国の義務（第Ⅱ部）に適用すると，健康に対する権利の侵害の認定を容易にする動的なプロセスが作動する。以下の項は，12条の違反の例を挙げたものである。

尊重義務の違反

50. 尊重義務の違反は，規約12条に掲げられた基準に違反する国家の行動，政策又は法であって，侵害的な被害，不必要な病的状態及び予防可能な死亡数をもたらす可能性のあるものである。例としては，法律上もしくは

事実上の差別の結果，特定の個人もしくは集団に対して保健施設，物資及びサービスへのアクセスを拒否すること，健康の保護もしくは治療にとって重要な情報を意図的に差し控えもしくは不正確に述べること，健康に対する権利のいずれかの構成要素の享受を妨げる，立法の停止又は法もしくは政策の選択，国家が，他国，国際組織及び多国籍企業のような他の主体との二者間又は多角的な協定の締結の際に，健康に対する権利に関する法的義務を考慮に入れないこと，が挙げられる。

　以上のような社会権規約委員会の規約解釈に照らしてみたとき，日本の各地で行われているホームレスの人々の強制立退きは，規約11条の住居に対する権利の尊重義務の観点から看過できない問題を含んでいる。その典型的な一例として，2006年の1月，大阪市は，靫（うつぼ）公園及び大阪城公園内に起居していた野宿生活者に対し，同公園が世界バラ会議の視察先になること，公園整備工事が必要なことを理由に都市公園法27条1項（都市公園の「工作物若しくは施設」の改築，移転若しくは除却のための命令について定める）に基づく監督処分としてテント等の除却命令を出し，700名近い職員・警察官・ガードマンを動員して行政代執行法に基づく行政代執行を行った。これに対し，野宿生活者が大阪市を相手取り，生活の本拠を失ったことによる損害賠償と慰謝料を求めて国家賠償請求訴訟を提起した事案で，大阪地裁・高裁はともに請求を棄却した[127]。

　この訴訟では，都市公園法にいう「工作物若しくは施設」の改築に関する命令として，人が現に居住しているテント等を除却できるかが一つの争点であり，その関連で，憲法上の生存権や社会権規約上の住居に対する権利の規定に照らしてそれらの権利の侵害にあたりうるか否かの問題が提起されていた。しかし大阪地裁・高裁はともに，公園の機能回復のためにテント等の工作物の除却は正当化され，その結果野宿生活者の居住場所が失われてもそれは付随効果に過ぎないとの立場を取った。このような形式的な判断は，本件で問われていた人権問題としての本質，すなわち，テントという「工作物」の除却という手続をもって人間が現に生活の本拠としている住まいを強制撤去することの根本的な問題に答えるものにはなっていない[128]。また裁判所は，社会権規約11条1項

---

(127)　大阪地判2009（平成21）年3月25日判例地方自治324号10頁，大阪高判2010（平成22）年2月18日判例集未登載。

第5章　人権の「尊重」義務

及び社会権規約委員会の一般的意見を援用した原告の主張に対し，同条は所定の権利の実現に向けて社会政策を推進すべき政治的責任を負うことを宣明したものにとどまるとして塩見訴訟最高裁判決（本書第9章Ⅱ5参照）の判示をそのまま踏襲するとともに，一般的意見については「法的拘束力を持つものではないこともまた明らか」として検討の対象としなかった。しかし，塩見判決のような社会権規約の理解はそもそも誤りといわざるを得ず，また，法的拘束力がないことをもって一般的意見の意義を否定することも適切でない（一般的意見等の条約機関の意見・所見の法的意義については第10章で後述する）。本章でみたように，社会権規約においても，締約国は規約上の諸「権利」を認めその実現に向けて措置を取る義務を負ったのであって，「権利」を承認したことによる相関的義務の最も基本的なものである尊重義務（本件の関連でいえば，現に住居に住んでいる人を強制的に立ち退かせない義務）を含め様々な相関的義務がそこには生じるとみなければならない。社会権規約11条1項が認めている権利は，日本の国内法上根拠がない人権規定であるとすればそれ自体，又は，憲法の人権規定に読み込めるとすればその解釈に反映される形で，本件のような事案の司法判断において考慮されなければならない権利であった。そしてその際，影響を受ける人との協議による代替手段の模索を含む国の義務について述べた社会権規約委員会の一般的意見も参照されるべきであり，大阪市が勧めた自立支援センター及び一時仮設避難所が，入所期限やプライバシー保護等の観点から適切な代替住居としての要件を満たしているかどうかも検討される必要があった。日本でも非正規雇用の拡大等によって貧困の問題が急速に深刻化し，路上生活者となる人々が増えている中で，司法判断（さらには，立法・行政）において社会権規約上の権利の権利性をどのようにして内実あるものにしていくことができるかは，今後に残された大きな課題の一つである。

Ⅱ 「絶対的」権利
── 拷問及び虐待を受けない権利 ──

人権条約上の権利の中には，「保障する」，「確保する」等の義務が課され尊

---

(128)　遠藤比呂通『市民と憲法訴訟』（信山社，2007年）32, 114頁，熊野勝之「靱・大阪城公園強制立ち退き事件・大阪高裁判決の論理と心理 ── 大阪高裁2010（平成22）年2月18日判決」国際人権22号（2011年）。

◆ 第2部 ◆ 条約機関の判例・先例法理に見る人権条約上の実体的義務

重が要求されているというだけでなく，**緊急事態においても義務からの逸脱が許されていない**，その意味で**絶対的な権利**として保障されている権利がある。緊急事態における逸脱に関する規定をもつヨーロッパ人権条約，自由権規約及び米州人権条約において，その場合でも逸脱できない権利規定として定められているうちの代表的なものは，拷問又はその他の虐待（残虐な，非人道的なもしくは品位を傷つける取扱いもしくは刑罰。なお，「残虐な（cruel）」の語は，ヨーロッパ人権条約3条には明記されていない）を受けない権利である。拷問等禁止条約も，公の緊急事態であるかどうかにかかわらず，いかなる例外的な事態も拷問を正当化する根拠として援用しえないことを明記している。

■ ヨーロッパ人権条約

3条 何人も，拷問又は非人道的なもしくは品位を傷つける取扱いもしくは刑罰を受けない。

15条1項 戦争その他の国民の生存を脅かす公の緊急事態の場合には，いずれの締約国も，事態の緊急性が真に必要とする限度において，この条約に基づく義務を逸脱する措置を取ることができる。但し，その措置は，当該締約国が国際法に基づき負う他の義務に抵触してはならない。

同2項 1の規定は，2条（合法的な戦闘行為から生ずる死亡の場合を除く。），3条，4条1項及び7条の規定からのいかなる逸脱も認めるものではない。

■ 自由権規約

7条 何人も，拷問又は非人道的なもしくは品位を傷つける取扱いもしくは刑罰を受けない。特に，何人も，その自由な同意なしに医学的又は科学的実験を受けない。

4条1項 国民の生存を脅かす公の緊急事態の場合においてその緊急事態の存在が公式に宣言されているときは，この規約の締約国は，事態の緊急性が真に必要とする限度において，この規約に基づく義務から逸脱する措置を取ることができる。但し，その措置は，当該締約国が国際法に基づき負う他の義務に抵触してはならず，また，人種，皮膚の色，性，言語，宗教又は社会的出身のみを理由とする差別を含んではならない。

同2項 1の規定は，6条，7条，8条1項及び2項，11条，15条，16条並びに18条の規定から逸脱する［同上］ことを許すものではない。

■ 米州人権条約

5条2項 何人も，拷問を受けず，又は残虐な，非人道的なもしくは品位を傷つける取扱いもしくは刑罰を受けない。自由を奪われたすべての者は，人間人格に固有の尊厳を尊重する待遇を受ける。

27条1項 締約国は，戦争，公の危険，又はその独立もしくは安全を脅かすその他の緊急事態のときは，事態の緊急性が真に必要とする限度と期間において，この条約の下で義務を逸脱する措置を取ることができる。但し，このような措置は，当該締約国が国際法に基づき負う他の義務に抵触してはならず，また，人種，皮膚の色，性，言語，宗教又は社会的出身のみを理由とする差別を含んではならない。

同2項 1の規定は，次の各条すなわち，3条（法的人格に対する権利），4条（生命に対する権利），5条（人としての待遇を受ける権利），6条（奴隷からの自由），9条（事後法からの自由），12条（良心及び宗教の自由），17条（家族の権利），18条（姓名をもつ権利），19条（子どもの権利），20条（国籍をもつ権利）及び23条（統治に参加する権利），又はこれらの諸権利の保護に不可欠な司法上の保障のいかなる停止の権限をも認めるものではない。

■ 拷問等禁止条約

2条2項 戦争状態，戦争の脅威，内政の不安定又は他の公の緊急事態であるかどうかにかかわらず，いかなる例外的な事態も拷問を正当化する根拠として援用することはできない。

同3項 上司又は公の機関による命令は，拷問を正当化する根拠として援用することは

できない。

■ 拷問禁止委員会「一般的意見2 締約国による2条の実施」(2007年)

Ⅱ. 絶対的禁止

5. 2条2項は，拷問の禁止は絶対的 (absolute) であり，逸脱できない (non-derogable) ことを規定している。同項は，締約国の管轄下にあるいかなる領域においても，締約国は拷問の行為を正当化するためにいかなる**例外的な事態も援用しえない**ことを強調している。

本条約は，そのような状況の例として，戦争状態もしくはその脅威，内政の不安定又はその他の何らかの公の緊急事態を挙げている。そのような状況にはまた，テロ行為又は暴力的犯罪行為，及び，国際的又は非国際的な武力紛争の脅威も含まれる。委員会は，これらの及びその他のあらゆる状況において公の安全を保護する手段として拷問及び虐待を正当化しようとする国家のいかなる試みについても，深くこれを懸念し，かつそのような試みを完全に退けるものである。同様に，委員会は，拷問の絶対的な禁止に違反するいかなる宗教的又は伝統的な正当化事由をも退ける。委員会は，拷問又は虐待の実行者に対して速やかかつ公平な訴追及び処罰を行うことを排除しもしくは，それを行う意思がないことを示す恩赦又はその他の障害は，逸脱不可能性の原則に違反すると考える。

6. 委員会はすべての締約国に対し，締約国が条約を批准することにより負った義務の逸脱不可能性について注意を促す。2001年9月11日の[同時多発テロ]攻撃の後，委員会は，(「いかなる例外的な状況も……拷問の正当化事由として援用できない」とする) 2条，(拷問によって得られた自白が，拷問者に不利な証拠を除き，証拠として認められることを禁じた) 15条，及び (残虐な，非人道的なもしくは品位を傷つける取扱いもしくは刑罰を禁じた) 16条は，「あらゆる状況において遵守されなければならない」3つの規定であることを具体的に述べた (2001年11月22日，委員会は，9月11日の事件に関連して声明を採択し，条約の各締約国に送付した (A/57/44, paras.17-18))。委員会は，3条から15条までの条項も同様に，拷問及び虐待の双方に適用される義務であると考える。委員会は，締約国の選択する措置が実効的でありかつ条約の趣旨及び目的に合致する限りにおいて，締約国はこれらの義務を履行する手段を選択しうることを認める。

拷問又は残虐な，非人道的なもしくは品位を傷つける取扱いもしくは刑罰を受けない権利を逸脱の許されない絶対的な権利として保障することは，しばしば，犯罪人引渡や強制送還の文脈において，引渡国ないし送還国の側の義務として問題となる。その場合，当該国の義務は，自らが拷問等を行わない義務ではなく，自国の管轄下にある人が引渡等の結果拷問等を受ける事態を防ぐために事前の情勢評価を行うという積極的義務の側面であるので，人権の「保護」義務に関する第6章で扱うこととする。

Ⅲ 人権の制限事由とその解釈

◆ 1 総論

拷問を受けない権利のように絶対的な権利は少数であり，多くの人権は，条約の定める一定の条件の下に制限を受けうる。一般に，人権条約の下で認められる権利制限は，(1)権利に対する制限が法律で定められていること (合法性 (legality) の要件)，(2)制限が，認められた一定の正当な目的の達成のためである

◆ 第2部 ◆ 　条約機関の判例・先例法理に見る人権条約上の実体的義務

こと（正当性（legitimacy）の要件），及び(3)制限が，その目的の達成のために必要な限りにおいてなされること（均衡性（propotionality）の要件）の3つの条件からなっている。例えば，自由権規約は以下にみる12条3項や18条3項，19条3項のように，いくつかの実体規定でそうした権利制限事由を具体的に定めている。

　これらの条文は，以下のように(1)・(2)・(3)という共通の枠組みで定められているが，各条で掲げられた一定の目的（(2)の要件）については，条文により異なる部分もあることに注意する必要がある（例えば，宗教及び信念を表明する自由（18条1項）に対する制限の目的について，同条3項では，「国の安全（national security）」を含めていない）。

■　自由権規約
　12条1項　合法的にいずれかの国の領域内にいるすべての者は，当該領域内において，移動の自由及び居住の自由についての権利を有する。
　同2項　すべての者は，いずれの国（自国を含む。）からも自由に離れることができる。
　同3項　1及び2の権利は，いかなる制限も受けない。ただし，その制限が，法律で定められ，国の安全，公の秩序，公衆の健康もしくは道徳又は他の者の権利及び自由を保護するために必要であり，かつ，この規約において認められる他の権利と両立するものである場合は，この限りでない。

■　自由権規約委員会「一般的意見27　移動の自由（12条）」（1999年）
制限（3項）
　11．12条3項は，1項及び2項の権利が制限されうる例外的な状況について規定する。この規定は，国の安全，公の秩序，公衆の健康もしくは道徳又は他の者の権利及び自由を保護するためにのみ，締約国がこれらの権利を制限できることを定めている。制限が許容されるためには，制限は法律で定められ，民主的社会においてこれらの目的を達成するために必要であり，かつ，この規約において認められる他のすべての権利と両立するものでなければならない（下記18項参照）。

■　自由権規約
　18条1項　すべての者は，思想，良心及び宗教の自由についての権利を有する。この権利には，自ら選択する宗教又は信念を受け入れ又は有する自由並びに，単独で又は他の者と共同して及び公に又は私的に，礼拝，

儀式，行事及び教導によってその宗教又は信念を表明する自由を含む。
　同2項　何人も，自ら選択する宗教又は信念を受け入れ又は有する自由を侵害する恐れのある強制を受けない。
　同3項　宗教又は信念を表明する自由については，法律で定める制限であって公共の安全，公の秩序，公衆の健康もしくは道徳又は他の者の基本的な権利及び自由を保護するために必要なもののみを課することができる。
　19条1項　すべての者は，干渉されることなく意見を持つ権利を有する。
　同2項　すべての者は，表現の自由についての権利を有する。この権利には，口頭，手書きもしくは印刷，芸術の形態又は自ら選択する他の方法により，国境とのかかわりなく，あらゆる種類の情報及び考えを求め，受け及び伝える自由を含む。
　同3項　2の権利の行使には，特別の義務及び責任を伴う。従って，この権利の行使については，一定の制限を課することができる。ただし，その制限は，法律によって定められ，かつ，次の目的のために必要とされるものに限る。
　　(a)　他の者の権利又は信用の尊重
　　(b)　国の安全，公の秩序又は公衆の健康もしくは道徳の保護」

■　自由権規約委員会「一般的意見34　意見及び表現の自由（19条）」（2011年）
　22．3項は，特定の条件を定めており，制限が課されうるのは，これらの条件による場合のみである。それは，制限が「法律によって定められ」ていること，3項の(a)及び(b)に

190

◆ 第5章　人権の「尊重」義務

示された事由のいずれかによってのみ課され
うること，かつ，必要性と均衡性の厳格なテ
ストに従わなければならないことである（通
報 No.1022/2001，ヴェリチキン対ベラルーシ
事件（*Velichkin v. Belarus*），2005年10月20日
採択の「見解」を見よ）。3項に特定されて
いない事由に基づく制限は，規約で保護され

た他の権利に対する制限を正当化する事由で
あっても，許容されない。制限は，定められ
た目的のためにのみ適用されなければならず，
それが目的としている具体的な必要性に直接
に関連するものでなければならない（委員会
の一般的意見22……を見よ）。

　条約で認められた一定の目的達成のために「必要な」制限に限って認められ
るという(3)の要件は，いくつかの規定では，さらに「**民主的社会において必要
な**（necessary in a democratic society）」限りにおいて認められるという条件が付さ
れている。

■ 自由権規約
21条　平和的な集会の権利は，認められる。
　　この権利の行使については，法律で定める
　　制限であって国の安全もしくは公共の安全，
　　公の秩序，公衆の健康もしくは道徳の保護
　　又は他の者の権利及び自由の保護のため民
　　主的社会において必要なもの以外のいかな
　　る制限も課することができない。
22条1項　すべての者は，結社の自由につい
　　ての権利を有する。この権利には，自己の
　　利益の保護のために労働組合を結成し及び

これに加入する権利を含む。
同2項　1の権利の行使については，法律で
　　定める制限であって国の安全もしくは公共
　　の安全，公の秩序，公衆の健康もしくは道
　　徳の保護又は他の者の権利及び自由の保護
　　のため民主的社会において必要なもの以外
　　のいかなる制限も課することができない。
　　この条の規定は，1の権利の行使につき，
　　軍隊及び警察の構成員に対して合法的な制
　　限を課することを妨げるものではない。

　この「民主的社会において必要な」限りにおいてという条件は，ヨーロッパ
人権条約においては，8条から11条までの規定のそれぞれ2項において明記さ
れており，かつ，後でみるようにヨーロッパ人権裁判所の判例法において，同
条約の下でのその意味内容についての法理が蓄積されている。

　同条約8条から11条までの4カ条において，各2項の権利制限事由は，以下
のように，(1)・(2)・(3)の共通の枠組みで定められているが，各条で掲げられた
一定の目的（(2)の要件）は，自由権規約の場合と同様，条文により異なる部分
もある（例えば，宗教及び信念を表明する自由（9条2項）を制限する目的には，「国
の安全」は挙げられていない）。

■ ヨーロッパ人権条約
8条1項　すべての者は，その私的及び家族
　　生活，住居及び通信尊重を受ける権利を有
　　する。
同2項　この権利の行使については，法律に
　　基づき，かつ，国の安全，公共の安全もし
　　くは国の経済的福利のため，また，無秩序
　　もしくは犯罪の防止のため，健康もしくは
　　道徳の保護のため，又は他の者の権利及び

自由の保護のため民主的社会において必要
なもの以外のいかなる公の機関による干渉
もあってはならない。
9条1項　すべての者は，思想，良心及び宗
　　教の自由についての権利を有する。この権
　　利には，自己の宗教又は信念を変更する自
　　由並びに，単独で又は他の者と共同して及
　　び公に又は私的に，礼拝，教導，行事及び
　　儀式によってその宗教又は信念を表明する

191

◆ 第2部 ◆ 条約機関の判例・先例法理に見る人権条約上の実体的義務

自由を含む。
同2項 宗教又は信念を表明する自由については，法律で定める制限であって公共の安全のため又は公の秩序，健康もしくは道徳の保護のため又は他の者の権利及び自由の保護のため民主的社会において必要なもののみを課す。
10条1項 すべての者は，表現の自由についての権利を有する。この権利には，公の機関による干渉を受けることなく，かつ，国境との関わりなく，意見を持つ自由並びに情報及び考えを受け及び伝える自由を含む。この条は，国が放送，テレビ又は映画の諸企業の許可制を要求することを妨げるものではない。
同2項 1の自由の行使については，義務及び責任を伴い，法律によって定められた手続，条件，制限又は刑罰であって，国の安全，領土保全もしくは公共の安全のため，無秩序もしくは犯罪の防止のため，健康も

しくは道徳の保護のため，他の者の信用もしくは権利の保護のため，秘密に受けた情報の暴露を防止するため，又は，司法機関の権威及び公平さを維持するため民主的社会において必要なものを課すことができる。
11条1項 すべての者は，平和的な集会の自由及び結社の自由についての権利を有する。この権利には，自己の利益の保護のために労働組合を結成し及びこれに加入する権利を含む。
同2項 1の権利の行使については，法律で定める制限であって国の安全もしくは公共の安全のため，無秩序もしくは犯罪の防止のため，健康もしくは道徳の保護のため，又は他の者の権利及び自由の保護のため民主的社会において必要なもの以外のいかなる制限も課してはならない。この条の規定は，国の軍隊，警察又は行政機関の構成員による1の権利の行使に対して合法的な制限を課すことを妨げるものではない。

合法性，目的の正当性，目的と手段との均衡性を柱とするこのような権利制限事由は，市民的及び政治的権利を規定した自由権規約やヨーロッパ人権条約，米州人権条約等の実体規定で多くみられるが，こうした権利制限事由の基本的な枠組みは，市民的及び政治的権利に限らず，経済的，社会的及び文化的権利にも同様にあてはまるものである。社会権規約は，一般規定である4条で，**合法性の要件，民主的社会における一般的福祉の増進のためという目的要件**に加え，**権利の性質と両立していること**，という要件を加えて次のように規定している。

■ 社会権規約
4条 この規約の締約国は，この規約に合致するものとして国により確保される権利の享受に関し，その権利の性質と両立しており，かつ，民主的社会における一般婦的福祉を増進することを目的としている場合に限り，法律で定める制限のみをその権利に課することができることを認める。

制限が，権利の性質と両立していること，という要件は，**権利に課される制限は，当該権利の本質**（essence）**を害するような形で解釈され又は適用されてはならないという趣旨であり**（経済的，社会的及び文化的権利に関する国際規約の実施に関するリンブルク原則56項）[129]，社会権規約上，一定の権利，例えば飢

---

(129) リンブルク原則とは，社会権規約委員会の新設を機に，リンブルク大学法学部等の主催によりオランダで開催された会議で，社会権規約の解釈・実施に関する法原則をまとめたもので，社会権規約委員会の実行を含めその後の社会権規約の解釈の一つの指針となっている文書である（本書第7章Ⅳ1参照）。

餓からの自由（11条2項）は，その性質上，（2条1項により正当化されうる場合を除き）いかなる制限にも服しないことをも示唆する[130]。

　権利を制限する場合でも権利の本質を害してはならないという，これと共通する趣旨の規定は，社会権規約と自由権規約に共通の一般規定である5条1項にも存在する。

■ **社会権規約・自由権規約共通**
　5条1項　この規約のいかなる規定も，国，集団又は個人が，この規約において認められる権利もしくは自由を破壊しもしくはこの規約が定める制限の範囲を超えて制限することを目的とする活動に従事し又はそのようなことを目的とする行為を行う権利を有することを意味するものと解することはできない。

　本条は，個別の実体規定と併せて遵守されなければならない一般規定であって，権利の制限が個別の条文上認められるとしても，本条にも重ねて適合していなければならない。自由権規約委員会は，12条や19条に関する一般的意見で，5条にも言及しつつ，**権利に対する制限は，権利そのものを否定し権利（＝規範）とその制限（＝例外）を逆転させるものであってはならない**ことに注意を喚起している。

■ **自由権規約委員会「一般的意見27　移動の自由（12条）」(1999年)**
　13.　12条3項によって認められる制限を規定する法律を採択するにあたって，締約国は，常に，制限は権利の本質（essence）を損なうものであってはならないという原則（5条1項参照）に従わなければならない。権利と制限の関係，原則と例外の関係は，逆転されてはならない。制限を課すことを認める法律は，精確な基準を用いるべきであり，制限の実施にあたる者に対して無制限な裁量を与えるものであってはならない。

■ **自由権規約委員会「一般的意見34　意見及び表現の自由（19条）」(2011年)**
　21.　3項は，表現の自由に対する権利の行使は特別の義務及び責任を伴うことを明文で述べている。このため，当該権利に対する2つの制限分野すなわち，他の者の権利もしくは信用の尊重に関するもの，又は国の安全もしくは公の秩序に関するものが許容されている。しかし，締約国が表現の自由の行使に制限を課すときには，それらの制限は，権利それ自体を害するものであってはならない。委員会は，権利と制限の間，及び規範と例外の間の関係は逆転させてはならないことを想起する（12条に関する委員会の一般的意見27を見よ……）。委員会はまた，「この規約のいかなる規定も，国，集団又は個人が，この規約において認められる権利もしくは自由を破壊しもしくはこの規約が定める制限の範囲を超えて制限することを目的とする活動に従事し又はそのようなことを目的とする行為を行う権利を有することを意味するものと解することはできない。」とした規約5条2項の規定をも想起する。

　自由権規約の規定のうち，私生活，家族，住居及び通信に対して恣意的もしくは不法に干渉されない権利，並びに名誉及び信用を不法に攻撃されない権利を定めた17条は，「**恣意的**（arbitrary）」もしくは「**不法な**（unlawful）」干渉・攻

---

[130]　P. Alston and G. Quinn, "The Nature and Scope of States Parties' Obligations under the International Covenant on Economic, Social and Cultural Rights", 9 *Human Rights Quarterly* (1987) 201.

◆ 第2部 ◆ 条約機関の判例・先例法理に見る人権条約上の実体的義務

撃を受けないことを定めているにとどまるが，これらの要件は，自由権規約委員会によって，規約の規定・目的との合致，具体的状況における合理性・必要性を含意する形で以下のように解釈されている。

■ **自由権規約**
　17条1項　何人も，その私生活，家族，住居もしくは通信に対して恣意的にもしくは不法に干渉され又は名誉及び信用を不法に攻撃されない。
　同2項　すべての者は，1の干渉又は攻撃に対する法律の保護を受ける権利を有する。

■ **自由権規約委員会「一般的意見16　私生活，家族，住居及び通信の尊重，並びに名誉及び信用の保護を受ける権利（17条）」**（1988年）
　3．「不法な（unlawful）」という語は，法律によって認められた場合を除いてはいかなる干渉もあってはならないことを意味する。国家によって認められる干渉は，法律に基づいてのみなし得るものであり，かつその法律はそれ自体，規約の規定，目的及び目標に合致していなければならない。
　4．「恣意的な干渉（arbitrary interference）」という表現もまた，17条に定められた権利の保護に関連する。委員会の見解では，「恣意的干渉」という表現は，法律に規定された干渉の場合にも及ぶ。恣意性という概念を導入したのは，法律によって規定された干渉であっても，規約の規定，目的及び目標に合致しているべきであり，かつ，いかなる場合にも，具体的な状況において合理的なものであるべきことを保障するためである。
　7．社会に生きるすべての人にとって，私生活の保護は必然的に相対的なものである。しかしながら，権限のある公的機関は，ある個人の私生活に関する情報については，その

情報を知っていることが，規約の下で理解されるところの社会の利益にとって不可欠である場合にのみ，要求することができるものとすべきである。従って，委員会は，国家がその報告書の中で，許可された私生活への干渉を規律する法律及び規則について示すべきである。
　8．規約に合致する干渉の場合であっても，関連の立法は，そのような干渉が許容されうる精確な条件を詳細に明記していなければならない。そのような許可された干渉を行うという決定は，法によって定められた機関によってのみ，かつケース・バイ・ケースでなされなければならない。規約17条の遵守は，通信の保全及び秘密性が法律上も事実上も保障されるべきことを要求する。通信は，傍受されることなく，かつ開封され又はその他の方法で読まれることなく，相手先に配送されるべきである。電子的もしくはその他の方法による監視，電話，電報もしくはその他の通信形態による傍受，盗聴及び会話の録音は禁止されるべきである。人の家宅の捜索は，必要な証拠の捜索に限定されるべきであり，かつハラスメントに至る程度にまで許容されるべきではない。人の身体検査に関しては，検査される個人の尊厳と合致した方法で検査が行われることを確保する実効的な手段が取られるべきである。国家公務員又は，国の要請で行動する医療職員によって身体検査を受ける人は，同性の人によってのみ検査を受けるべきである。

◆ **2　法律に基づいた制限であるという「合法性（legality）」の要件** ━━━━

権利に対する制限が，法律によって定められていなければならないという合法性の要件は，先にふれたように，制限が条約に適合したものであるための条件の一つとして，多くの人権条約で共通に定められているものである。

● ***CASE*** 〈国際裁判所の勧告的意見〉米州人権条約30条の「法律」の語に関する米州人権裁判所勧告的意見OC-6/86（*The Word "Laws" in Article 30 of the American Convention on Human Rights*），1986年5月9日
「22.　人権を保障するためには，基本権に影響する国家の行動が，政府の裁量に委ねら

◆ 第5章　人権の「尊重」義務

れるのではなく，個人の不可侵の属性が害されないことを確保することを目的とした一連の保障によって支えられていることが……不可欠である。おそらく，そのような保障のうち最も重要なことは，基本権に対する制限が，憲法に従い立法府によって制定された法律によってのみ定められることであろう。……」

「24. そのような手続は，単に，人々の代表を通して人々の合意をこれらの法律に付与するのみならず，マイノリティの集団が異議を表明し，異なった案を提案し，政治的意思形成に参加し，又は，多数者が恣意的に行動することを妨げるように世論に影響を与えることを可能にするものでもある。……」

■ 自由権規約委員会「一般的意見27　移動の自由（12条）」（1999年）

　12. 権利を制限しうる条件は，法律自体において規定されなければならない。従って，締約国の報告書においては，制限の根拠となる法規範を具体的に示すべきである。法律に規定されていない制限，又は12条3項の要件に適合しない制限は，1項及び2項によって保障された権利の侵害となる。

　制限が法律で定められていることという要件は，単に，制限の根拠が法律上存在するというのみならず，権利制限に関する法律の規定を個人が容易に知ることができ（アクセス可能性），かつ，当該規定が，個人がそれによって自らの行動を規律しうるのに十分な精確さをもって明文化されていること（ヨーロッパ人権裁判所の判例にいう予見可能性）を要求する。権利制限を許容する法律の規定が非常に一般的・概括的であって，法執行機関に無制限の裁量を与えるものとなっている場合には，そのような規定による権利制限は合法性の要件を満たさないと判断されうる。さらに，人権条約上，条約上の権利の保障や行使においていかなる差別もないことという無差別・平等の原則がどの条約にも盛り込まれているから，権利制限においても，その原則に反する差別があってはならない。

■ 自由権規約委員会「一般的意見34　意見及び表現の自由（19条）」（2011年）

　24. 制限は，法律によって定められなければならない。法律には，議会特権に関する法律（通報 No.633/95，ゴーティエ対カナダ事件（*Gauthier v. Canada*）を見よ），及び法廷侮辱に関する法律（通報 No.1373/2005，ディサナヤケ対スリランカ事件（*Dissanayake v. Sri Lanka*），2008年7月22日採択の見解を見よ）を含みうる。

　25. 3条の目的上，ある規範が「法律（law）」と性格づけられるためには，個人が自らの行動をそれに従って規律することができるのに十分な精確さをもって明文化されていなければならず（通報 No.578/1994，ド・グルート対オランダ事件（*De Groot v. The Netherlands*），1995年7月14日の見解を見よ），公衆にとってアクセス可能とされなければならない。法律は，その執行の任を負った者に対し，表現の自由の制限についての無制限の裁量を与えてはならない（一般的意見27を見よ）。法律は，その執行の任を負った者に対し，どのような表現が正当に制限されどのような表現はそうでないのかを確かめることができるのに十分な指針を提供しなければならない。

　26. 24項で言及した法律を含め，19条2項で定められた権利を制限する法律は，規約19条3項の厳格な条件を遵守しなければならないのみならず，それ自体，規約の規定，目的及び目標に合致したものでなければならない

◆ 第2部 ◆ 条約機関の判例・先例法理に見る人権条約上の実体的義務

（通報 No.488/1992，トゥーネン対オーストラリア事件（*Toonen v. Australia*），1994年3月30日の見解を見よ）。法律は，規約の無差別規定に違反してはならない。法律は，体罰のような，規約に合致しない処罰を規定してはならない（一般的意見20）。

27．表現の自由に対して課される制限の法的根拠を示す責任は，締約国にかかる（通報 No.1553/2007，コルネーンコほか対ベラルーシ事件（*Korneenko et al. v. Beralus*），2006年10月31日採択の見解を見よ）。特定の締約国に関して，特定の制限が法律によって課されたものであるかどうかを委員会が検討しなければならないときには，当該締約国は，当該法律及び，当該法律の範囲内に入る行動について，詳細な情報を提供すべきである（通報 No.132/1982，ジャオナ対マダガスカル事件（*Jaona v. Madagascar*），1985年4月1日採択の見解を見よ）。

　次にみるのは，未決拘禁期間中の通信の制限をめぐる個人通報事案において，自由権規約委員会が，結論的には規約違反を認定しなかったものの，当事国の関連の法令の条項が書簡の差止めや検閲の可否につき「所長の裁量に一任される」とのきわめて一般的な表現をもって規定されていたことは恣意的な適用に対する十分な保護を与えるものではなかったと述べた箇所である。

● *CASE* ● 〈国際先例〉ピンクニー対カナダ事件（*Pinkney v. Canada*）自由権規約委員会「見解」，通報 No.27/1978，1981年10月29日［『先例集第1集』154頁］

「31．ピンクニー氏はまた，ロウアー・メインランド地域矯正センターに収容されていた間，外部の役人との連絡を妨げられ，よって規約17条1項に反して，通信に対して恣意的又は不法に干渉されたと主張する。当事国は1981年7月21日の書簡で，矯正センターにおける収容者の通信の規制に関する慣行を次のように説明する。

　公判を待つ者としてのピンクニー氏は，その収容時に有効であった1961年の収容所規則・細則1.21条(c)，ブリティッシュ・コロンビア州規則73/61により，『書簡による（彼の）友人との連絡のため通信を行い，又は（彼の）防御に関する書面を準備するための筆記具の支給』の権利を与えられていた。カナダ政府は，ピンクニー氏が出した書簡が規制を受け，検閲さえもされうるものであったことを否定しない。1961年の収容所規則・細則2.40条(b)は，この点で明確である。

『2.40条(b) 被収容者が発信し又は受け取るすべての書簡（以下この規則で定める，法的助言者宛て又は法的助言者からの一定の連絡の場合を除く）は，所長によりまたは同所長に代わる責任幹部により閲読される。また，書簡の内容が異論の余地があるか又か過度に長いものであることを理由に，書簡又はその一部を差止め又は検閲することは，所長の裁量に一任される。』

　1978年7月6日施行のブリティッシュ・コロンビア州規則284/78，矯正センター規則・細則42条は，以下のように定める。

『42条1項　所長又は所長の授権する者は，通信が矯正センターの管理，運用，規律又は安全を脅かす恐れがあると考える場合には，被収容者と他者との間の特別の通信を除き，すべての通信を検査することができる。

　2項　所長又は所長の授権する者は，通信が矯正センターの管理，運用，規律又は安全を脅かす問題を含むと考える場合には，当該通信を検閲することができる。

第5章 人権の「尊重」義務

　3項　所長は，金銭，薬物，武器又は，矯正センターの管理，運用，規律もしくは安全を脅かす恐れがあるその他の物件又は通信に含まれる物件で矯正センター所長の定めた規定に反するものを差止めることができる。差止を行った場合には，所長は，次の処置を取るものとする。

　(a)　被収容者に注意する。

　(b)　金銭又は物件が州又はカナダの法律違反に基づく公訴の証拠として押さえられたものでない限り，金銭又は物件を保管しておき，被収容者が矯正センターから釈放されるとき，それを被収容者に返還する。及び

　(c)　合理的である限り，被収容者及び被収容者と通信する者のプライバシーを尊重する方法で本条による任務を遂行する。

　4項　被収容者は，出版社から直接送付される図書又は定期刊行物を受け取ることができる。

　5項　すべての被収容者は，週あたり適当と考える数の書簡を発送することができる。』

32. これらの規則は，ピンクニー氏がロウアー・メインランド地域矯正センターを出た後に制定されたにすぎないが，実際には，彼が施設に収容されていた時に適用されていた。このことは，細則1条で『被収容者から国会議員，州議会議員，法廷弁護士もしくは事務弁護士，矯正管理官，地域矯正担当官，教戒師又は査察基準の担当官に宛てた通信』と定義された特別の通信は，検査されず，又は規制もしくは検閲を受けなかったことを意味する。非特別通信については，そのものが矯正センターの管理，運用，規律又は安全を脅かす問題を含んでいる場合に検閲の対象となるだけであった。ピンクニー氏の同所収容時には，被収容者の通信を規律する手続は，政府官吏と連絡する権利に対して一般的な制限を許すものではなかった。ピンクニー氏はこの権利を否定されなかった。……」

「34.　ピンクニー氏の通信が，当事国の述べた慣行に従わない規制又は検閲を受けたことを証明する具体的な証拠は何ら提出されなかった。しかし，規約17条は，『何人もその通信に対して恣意的にもしくは不法に干渉されない』と規定するだけでなく，『すべての者は，干渉又は攻撃に対する法律の保護を受ける権利を有する』とも規定している。ピンクニー氏がロウアー・メインランド地域矯正センターに収容されていた当時，被収容者の通信の規制及び検閲の基準となっていた唯一の法は，1961年の収容所規則・細則の2.40条(b)であった。すでに委員会が認めた通り，ピンクニー氏が結果的に規約違反の被害者であったことを確定する証拠はないが，委員会の意見では，この条項のきわめて一般的な表現による法規定は，それ自体，恣意的な運用に対する十分な法的保護を与えるものではなかった。委員会はまた，1978年7月6日に発効した矯正センター規則・細則の42条は，現在，その文言において，関連の法を相当に具体的にしたと考える。」

　次にみるのは，ルーマニアで，共産党体制下で迫害された人の救済に関する法令の適用をめぐる裁判手続において，国側が個人の経歴についてルーマニア諜報機関（RIS）の収集した情報を証拠として提出したことをめぐり，RISによ

197

◆ 第2部 ◆ 条約機関の判例・先例法理に見る人権条約上の実体的義務

るこのような情報収集やその利用は名誉を侵害するものであり私生活に対する
権利（ヨーロッパ人権条約8条）の侵害であるとして当該個人が申立てた事案で
ある。本件でヨーロッパ人権裁判所が，同機関の活動は同国の法律を根拠とし
ていたとはいえ，この法には，当局に与えられた裁量の範囲やその行使方法が
合理的な明確さをもって表記されておらず，濫用に対する法的保障が存在しな
いとして，「法律に基づき」という8条2項の権利制限事由の最初のものを満
たさず同条違反であると認定している。

● **CASE** ● 〈国際判例〉ロタル対ルーマニア事件（*Rotaru v. Roumania*）ヨーロッパ人
権裁判所大法廷判決，申立 No.28341/95，2000年5月4日

「52. 裁判所は，『法律に基づき』という表現は，単に，非難されている措置が国内法に
何らかの根拠をもつべきことを要求するのみならず，当該法律の質についても関連する
ものであり，関連する人にとってアクセス可能でありかつその効果が予見可能であるこ
とを要求するという，確立された判例法を繰り返す。……」

「54. 法律のアクセス可能性については，裁判所は，法14/1992号が1992年3月3日にルー
マニアの官報に公刊されたことをもって，充足されたとみなす。

55. 予測可能性に関しては，裁判所は，ある規則は，それが，いかなる個人にとっても—
必要ならば適切な助言を得て—その行動を規律することを可能にするのに十分な精確さ
をもって明文化されていれば，『予見可能（foreseeable）』といえるということを繰り返
す。裁判所は，秘密の調査に関して，以下の文言でこの概念の重要性を強調してきた（マ
ローン対イギリス事件（*Malone v. the United Kingdom*）判決，1984年8月2日，67項）。『裁
判所は，『法律に基づき』という文言は，単に国内法に言及しているのみならず，当該
『法律』の質についても関連しており，それが，条約前文に明記された法の支配と両立
するものであることを要求していることを繰り返す。……つまりこの文言は—このこと
は8条の趣旨及び目的からも導かれるものであるが—1項で保障された権利への公的機
関による恣意的な干渉に対して，国内法において法的保護の措置がなければならないこ
とを含意する。……特に，行政府の権力が秘密裏に行使されるときには，恣意性の危険
は明白である。……通信の秘密監視の措置の実施は，関連個人又は一般大衆による精査
のために開かれているわけではないのであるから，行政府に与えられる法的裁量が，無
制限の権限の文言で表現されることは，法の支配に反するであろう。従って，法律は，
恣意的な干渉に対して個人に十分な保護を与えるため，当該措置の正当な目的を考慮に
入れつつも，権限ある当局に与えられるいかなる裁量の範囲及び裁量の行使の方法をも
十分明確に表記しなければならない。』」

「57. 裁判所はこの関連で，法14/1992号の第8部は，国の安全に影響する情報が収集さ
れかつ，機密ファイルに記録され保存されうることを規定していることを注記する。
　しかし，国内法のいかなる規定も，これらの権限の行使についていかなる制限も定め
ていない。例えば，上記の法は，記録されうる情報の種類，情報の収集や保持のような
監視措置の対象とされうる人のカテゴリー，そのような措置が取られうる状況，又は取

198

◆ 第5章　人権の「尊重」義務

られる手続を定義していない。同様に，同法は，保持される情報の年次や，保持されう
る期間の長さについての制限も定めていない。……」

「59.　裁判所はまた，国の安全を守るための秘密監視のシステムは，国の安全を守ると
いう理由で民主主義を侵害し又は破壊しさえする危険を伴っていることから，濫用に対
する十分かつ実効的な保障があるかどうかをも検討しなければならない。

　　秘密監視のシステムが条約8条に合致するためには，それが，関連する機関の活動の
監督に適用される法律で定められた保障を含んでいなければならない。監督手続は，民
主主義の諸価値，特に，条約前文に明文で言及されている法の支配の価値にできる限り
忠実に従わなければならない。法の支配とは，とりわけ，行政当局による個人の権利へ
の干渉が実効的な監督に服するべきことを意味する。実効的な監督とは，通常，少なく
とも最後の手段としては司法府によって遂行されるものであるべきである。司法的審査
が，独立性，公平性及び適切な手続という最良の保障を提供しうるものだからである。
……

60.　本件では，裁判所は，命令された措置の有効期間中にせよその後にせよ法14/1992
号によって何らの監督手続も規定されていないことから，ルーマニアの情報収集及び保
存制度は，そのような保障を提供するものではないことを注記する。

61.　よって裁判所は，国内法は，公的当局に与えられた関連の裁量の範囲及びその行使
方法について，合理的な明確さをもって表記していないと考える。

62.　裁判所は，申立人の私生活に関する RIS の情報収集及び使用は『法律に基づき』行
われたものではなく，その事実は8条違反を構成するに足りると結論する。その事実に
より，本件では，命令された措置が追求していた目的の正当性の審査や，それが正当な
目的の達成のために『民主的社会において必要』であったかどうかの決定を裁判所が行
うことはできない。

63.　従って，8条の違反があった。」

　次の事案は，国家機関でなく，民間の雇用者たる大学の副校長が被雇用者に
対して行ったプライバシー侵害行為に関して，そのような行為が法律に基づい
て行われたという条件が満たされていなかったことから，当事国イギリスの条
約違反が問われたものである。被雇用者である申立人の電話やインターネット
の使用履歴が，私的利用を防ぐ目的で副校長によって調査され監視されていた
ことについて，ヨーロッパ人権裁判所は，雇用者が被雇用者の同意なしに電子
メールや電話等の通信を記録ないし傍受できる場合の条件を定めた法令が事件
当時には存在しなかったことが条約8条2項にいう「法律に基づき」の要件を
満たしていなかったとして，イギリスの8条違反を認定した。

● ***CASE*** ●　〈国際判例〉コップランド対イギリス事件（*Copland v. the United Kingdom*）
　　　　　　　ヨーロッパ人権裁判所判決，申立 No.62617/00，2007年4月3日

199

◆ 第2部 ◆ 　条約機関の判例・先例法理に見る人権条約上の実体的義務

「45. 裁判所は，『法律に基づき』という文言は―そしてこのことは，8条の趣旨及び目的から導かれるが―，8条1項で保護されている権利への公的機関による恣意的干渉に対する国内法上の法的保護の措置がなければならないことを含意することは，十分に確立された判例法であることを想起する。このことは，問題となっている監視のような領域では，公的監視がなくかつ権力濫用の危険があることから，なおさらそうである……。

46. 〔「法律に基づき」という〕この表現は，単に国内法との合致を要求するだけでなく，国内法が法の支配と両立していることを要求するものとして，当該の法の質にも関連している（とりわけ，カーン対イギリス事件（*Khan v. the United Kingdom*）2000年5月12日判決，26項；P.G.対イギリス事件（*P.G. v. the United Kingdom*），No.44787/98，44項）。予見可能性（foreseeability）の要求を満たすためには，当該法律は，個人に対して，当局がそのような措置を取る権限を与えられる状況及びその条件について十分な目安を与えるよう，その文言において十分に明確でなければならない（ハルフォード事件（*Halford*）判決，1997年6月25日，49項及びマローン事件（*Malone*）判決，1984年8月2日，67項を見よ）。

47. 裁判所は，当該大学は高等及びそれ以上の教育の提供という目的のために『必要又は便宜的ないかなること』をも行うことを制定法上認められているという政府の主張には納得せず，その主張には説得力がないと考える。さらに，政府は，関連の時点において，一般の国内法又は当該大学の規律文書のいずれにも，雇用者が被雇用者による電話，電子メール及びインターネットの使用を監視しうる状況を規律する何らかの規定が存在したとは主張しようとしていない。さらに，そのような規定となる（2000年の調査権限法の規則の下で採択された）2000年情報通信（合法的商慣行）規則は，関連の時点には施行されていなかったことは明らかである。

48. 従って，関連の時点において監視を規律する国内法がなかったため，本件における干渉は，条約の8条2項で要求された通り『法律に基づく』ものではなかった。裁判所は，職場における被雇用者の電話，電子メール又はインターネットの使用の監視が，正当な目的を追求するために，一定の状況では『民主的社会において必要』とみなされることを排除しない。しかしながら，上述の結論を考慮し，本件ではその問題について判断する必要はない。

49. 従って，この点で8条の違反があった。」

◆ **3　一定の正当な目的を有しているという「正当性（legitimacy）」の要件** ━━

　制限が，公の秩序，他者の権利の尊重など，条約で認められた一定の目的のために課されるものであることという正当性の要件は，多くの人権条約で，法律に基づく制限という合法性の要件に加えて明文で示されているものである。

■ 自由権規約委員会「一般的意見34　意見及び表現の自由（19条）」（2011年）
　　28. 3項で列挙されている正当な事由の第1は，他の者の権利又は信用の尊重である。この「権利」という語は，規約，及びより一般的に国際人権法で認められた人権を含む。

例えば，25条に基づく投票の権利及び，17条に基づく諸権利を保護するために表現の自由を制限することは正当となりうる（37項を見よ）（通報 No.927/2000，スヴェティック対ベラルーシ事件（*Svetik v. Belarus*），2004年7月8日採択の見解を見よ）。そのような制限

200

は，慎重に構成されなければならない。脅し
や強制となる表現形態から有権者を保護する
ことは許容されうる一方で，そのような制限
は，例えば，義務的でない投票のボイコット
を求めることを含む政治的な議論を妨げては
ならない（同上のスヴェティック対ベラルー
シ事件）。「他の者」という語は，個人として，
又はコミュニティの構成員としての他の者に
関連する（通報 No.736/97，ロス対カナダ事
件（*Ross v. Canada*），2000年10月18日採択の
見解を見よ）。よって例えば，この語は，宗
教的信念（通報 No.550/93，フォーリソン対
フランス事件（*Faurisson v. France*），及びオー
ストリアに対する総括所見（CCPR/C/AUT/
CO/4）を見よ），又は種族性（ethnicity；エ
スニシティ）（スロバキアに対する総括所見
（CCPR/ CO/78/SVK），イスラエルに対する
総括所見（CCPR/CO/78/ISR））によって定
義されるコミュニティの個々の構成員を指す
こともある。

29. 第二の正当な事由は，国の安全，公の
秩序，又は公衆の健康もしくは道徳の保護で
ある。

30. 締約国は，反逆罪に関する法律並びに，
公的機密，反乱に関する法律もしくはその他
として規定されているかどうかによらず国の
安全に関する同様の規定が，3項の厳格な条
件に合致したかたちで作られかつ適用される
ことを確保するよう，最大限の注意を払わな
ければならない。例えば，そのような法律を，
国の安全を害しない正当な公的関心事に関す
る公的な情報を抑圧しもしくは差し押さえる
ため，又はそのような情報を伝達したことに
対してジャーナリスト，研究者，環境活動家，
人権擁護者[131]その他の人を訴追するために
援用することは，3項に合致しない（ロシア
に対する総括所見（CCPR/CO/79/RUS））。

また，そのような法律の適用範囲に，商業部
門，銀行業及び科学的進歩に関する情報のよ
うなカテゴリーを含めることも，一般的に
いって適切でない（ウズベキスタンに対する
総括所見（CCPR/CO/71/UZB））。委員会は
ある事案で，全国的なストライキの招集を含
む労働争議を支持する声明を発することに対
する制限は，国の安全という事由によっては
許容されないと認定した（通報 No.518/1992,
ソン対韓国事件（*Sohn v. Republic of Korea*），
1994年3月18日採択の見解を見よ）。

31. 公の秩序（public order, *ordre public*）の
維持を根拠として，例えば，一定の状況にお
いて，特定の公的な場所において演説を行う
ことを規制することは許容されうる（通報
No.1157/2003，コールマン対オーストラリア
事件（*Coleman v. Australia*））。表現の形態に
関する法廷侮辱罪の訴訟手続は，公の秩序と
いう事由に照らして審査されうる。3項を遵
守するためには，そのような訴訟手続及び科
される処罰は，秩序ある訴訟手続を維持する
ための裁判所の権限行使として是認されるこ
とが示されなければならない（通報 No.1373
/2005，ディサナヤケ対スリランカ事件（*Dis-
sanayake v. Sri Lanka*）を見よ）。そのような訴
訟手続は，いかなる方法によっても，正当な
防御権の行使を制限するために用いられるべ
きではない。

32. 委員会は一般的意見22で，「道徳の概
念は，多くの社会的，哲学的及び宗教的伝統
に由来しており，従って，道徳の保護を目的
とする……制限は，もっぱら一つの伝統に由
来するのではない原則に基づくものでなけれ
ばならない」と述べた。いかなる制限も，
人権の普遍性及び無差別原則に照らして理解
されなければならない。

　次にみるのは，人工妊娠中絶を禁止していたアイルランドで[132]，国外の中
絶施設に関するカウンセリングを行っていた非営利団体である2つの組織が，
胎児の保護を目的とする団体によって提起された訴訟の結果裁判所の差止命令

---

(131)　訳注：人権擁護者（human rights defenders）とは，人権擁護のために活動している人を幅
　　　広く指し，個人又は NGO 等で活動する人権活動家のほか，弁護士等を含む。
(132)　1983年の国民投票の結果改正された同国憲法は，国家は胎児の生命権を認め，母親の平等な
　　　生命権に正当な考慮を払いつつ，可能な限りにおいて胎児の生命権を擁護すると規定している。
　　　2012年10月には，健康状態の悪化により中絶を希望した女性が，胎児が生きている間は中絶でき
　　　ないとして中絶を拒否された結果死亡する事件が発生し，2013年，妊婦の生命が危険にさらされ
　　　ている場合には人工妊娠中絶を認める法律が制定された。

◆ 第2部 ◆ 条約機関の判例・先例法理に見る人権条約上の実体的義務

を受けたことによりヨーロッパ人権条約10条で保障された表現の自由（国境との関わりなく意見をもつ自由並びに情報及び考えを受け及び伝える自由）を侵害されたと主張した事案で，ヨーロッパ人権裁判所が10条2項に関して述べた部分である。裁判所は，当事国が挙げたいくつかの目的を検討し，当該事件において正当に援用しうる目的について議論を整理している。

● **CASE** ● 〈国際判例〉オープンドアほか対アイルランド事件（*Open Door and Dublin Well Woman v. Ireland*）ヨーロッパ人権裁判所判決，申立 No.14234/88, 14235/88, 1992年10月29日［『ヨーロッパ人権裁判所の判例』54頁］

「61. 政府は，アイルランド法の関連規定は，他の者—この場合，胎児—の権利の保護，道徳の保護及び，適当な場合には犯罪の防止を目的としていると主張した。

62. 申立人は，とりわけ，10条1項及び条約を通して用いられている『すべての者』という文言に照らし，10条2項における『他の者の権利』を，胎児を含むものとして解釈するのは非論理的であると主張し，これを争っている。

63. 裁判所は，問題となっている制限が，犯罪防止の目的を追求しているということを受け入れることはできない。なぜならば，当該の情報を与えることも，法域外で中絶を受けることも，いかなる犯罪にもかかわらないからである。しかし，アイルランド法において胎児の生命権に与えられている保護が，1983年の国民投票で表明された，中絶に反対する多数のアイルランドの人々の立場を反映した，生命の性格に関する深遠な道徳的価値に基づいていることは明らかである。……この制限は従って，道徳の保護という正当な目的を追求するものであり，アイルランドにおける胎児の生命権の保護はその一つの側面である。この結論に照らして，10条2項における『他の者』の文言が胎児にも及ぶかどうかという問題について決定する必要はない。」

一定の正当な目的追求のために取る権利制限の措置が許容されうるためには，当事国は，何を目的とした権利制限であるのかを，当該事案において，条約規定が認めている目的に具体的に言及して正当化する主張を行うことが求められる。以下にみるのは，頭のスカーフの着用禁止を拒んだことで大学を退学させられたイスラム教徒の女性が，思想，良心及び宗教の自由に対する権利の侵害を訴えて自由権規約委員会に個人通報を行った事案である。委員会は3条に関する2000年の一般的意見で，下記のように，女性が公の場で身に着ける衣服に関する特別の規制は，規約上の様々な権利に抵触しうるという見解を示している。本件で委員会は，当事国が権利制限の目的について具体的な主張を行わなかったことから，18条の権利とその限界について詳細な解釈論に入ることなく，18条2項の違反を認定している。

■ 自由権規約委員会「一般的意見28　男女間における権利の平等（3条）(2000年)

13. 締約国は，女性が公の場で身に着ける衣服に関する特別の規制に関する情報を提供

第5章　人権の「尊重」義務

すべきである。委員会は，そのような規制は，規約で保障された数多くの権利の侵害を伴いうることを強調する。その例は，無差別に関する26条，そのような規制を執行するために体罰が科されるのであれば7条，規制に従わないと逮捕され処罰される場合には9条，そのような制約のために移動の自由が制限され

るのであれば12条，恣意的又は違法な干渉なく私生活に対するすべての人の権利を保障した17条，女性がその宗教もしくは自己表現の権利に沿わない衣服を要求される場合には18条及び19条，そして最後に，衣服の条件が当該女性の主張しうる文化と抵触する場合には27条である。

● **CASE** ● 〈国際先例〉フドイベルガノヴァ対ウズベキスタン事件（*Hudoyberganova v. Uzbekistan*）自由権規約委員会「見解」，通報 No.931/2000，2005年1月18日

「6.2. 委員会は，信念に従って着用していた頭のスカーフを取ることを拒否したために大学を退学になったことにより，思想，良心及び宗教の自由に対する権利が侵害されたという申立人の主張を注記した。委員会は，宗教を表明する自由は，個人の信念又は宗教に沿った衣服又は服装を公的な場で着用する権利をも包含すると考える。さらに，人が宗教的な衣服を着用することを公的又は私的に妨げることは，宗教をもち又は受け入れる個人の自由を侵害しうるいかなる強制をも禁じた18条2項の違反を構成しうると考える。委員会の一般的意見22（5項）に反映されているように，教育を受けることを制限するなどの，直接の強制と同じ意図又は効果をもつ政策又は慣行も，18条2項と合致しない。しかしながら，委員会は，宗教や信念を表明する自由は絶対的なものではなく，法律で定められかつ，公の安全，秩序，健康，道徳，又は他の者の基本的権利及び自由の保護のために必要な制限に服しうる（18条3項）ことを想起する。委員会は，当事国が，申立人に課された制限が当事国の見解では18条3項の意味において必要であるといういかなる具体的な根拠をも援用していないことを注記する。代わりに当事国は，大学からの申立人の退学を，禁止に従うことを拒否したためであるとして正当化しようとした。通報者も，当事国も，通報者が正確にはどのような服装を着用したのか，また何が両当事者によって『ヒジャブ』として言及されているのかを具体的に述べていない。本件の特定の状況において，規約18条の文脈においてかつ当該状況の具体的な点を正当に考慮に入れて宗教及び信念の表明を制限する当事国の権利について予断することなく，また，学術組織が自らの運営に関する具体的な規則を採用する権利についても予断することなく，委員会は，当事国によって提供されるいかなる正当化事由もない状態では，18条2項の違反があったと結論するに至る。」

◆　4　目的達成と手段との「均衡性（proportionality）」の要件 ━━

　権利に対する制限が法律で定められ，かつ，条約で認められた一定の目的のために行われるものであるとしても，課される制限が条約に合致するためには，当該目的の達成のために必要（一定の条約規定では「民主的社会において必要」）といえるものであることが条件となる。すなわち，**課される制限は，目的を達成するために適切と考えられるものでなければならず，合理的な限度を超えて過度な規制を及ぼす制限は，目的達成のためにそこまですることが「必要」**（規

203

◆ 第2部 ◆　条約機関の判例・先例法理に見る人権条約上の実体的義務

定により「民主的社会において必要」）かどうかという，**目的と手段の均衡性と**いう観点から違法とされうる。個人通報事案における人権制限の多くは，法律上の根拠をもって行われ，かつ条約で認められている何らかの正当な目的を有していることから，条約機関による審査は，実際問題としては，目的達成のために当該の制限が「必要」といえるかどうかという均衡性の審査に集約されることが多い。

　自由権規約委員会は12条や19条に関する一般的意見で，課される権利制限が規約に適合するためには，**制限の措置が均衡性の原則を遵守していることすなわち，制限は正当な目的達成のために適切なものであり，目的達成手段のうち最も非侵害的な手段であり，かつ保護される利益と均衡したものであることが**要求されるとしている。

■ **自由権規約委員会「一般的意見27　移動の自由（12条）」（1999年）**

　14.　12条3項は，制限は，許容される目的に資するというだけでは不十分であり，それらの目的の保護にとって必要なものでなければならないことを明確に示している。制限の措置は，均衡性の原則に従わなければならない。すなわち，制限はその保護機能を達成するために適切なものでなければならず，望まれる結果を達成しうる手段のうち最も非侵害的な手段でなければならず，かつ，保護されようとしている利益と均衡したものでなければならない。

　15.　均衡性の原則は，制限を枠づける法律においてのみならず，制限を枠づけた法律においてのみならず，当該法律を適用する行政及び司法当局によっても尊重されなければならない。国は，これらの権利の行使又は制限に関するいかなる手続も迅速に行われるべき

こと，及び制限措置を課す理由が開示されることを確保すべきである。

　16.　国は，しばしば，12条1項及び2項に規定されている権利を制限する法律の適用が12条3項に言及されているすべての要件に適合していることを明らかにしていない。いかなる個別事案における制限の適用も，明白な法律の根拠に基づき，かつ必要性の基準及び均衡性の要件に適合するものでなければならない。例えば，ある個人が，「国家機密」を保有しているとの理由のみで国を離れることを阻止されること，又は特別の許可なしでは国内を旅行できないとされるとすれば，これらの基準が満たされているとはいえない。他方で，国の安全を理由とする軍事区域への立入制限，又は，先住民もしくはマイノリティのコミュニティの居住区への移住の自由に対する制限は，これらの基準を満たしうる。

　表現の自由に関する19条については，自由権規約委員会は，12条についての上記の一般的意見で示した均衡性の原則を，**問題となっている表現の形態及びその伝達の方法をも考慮した上で遵守すべきことを述べ，とりわけ，公的・政治的領域にある人物についての公的な議論にかかわる言論は，規約上，高度の保護を受ける**としている。下記の一般的意見の「一定の具体的な分野における表現の自由の制限の限界範囲」の節で委員会は，政治的言論に対する制限の中で委員会が懸念を示してきたものとして，戸別訪問の禁止や配布物の制限に関する日本の法制にも言及している。また，**締約国は，**3項の規定する一定の事由によって表現の自由を制限した場合には，**当該表現がもたらした危険がどの**

204

第5章　人権の「尊重」義務

ようなものであったか，及び国が取った具体的な措置が必要性・均衡性の要件を満たしていたかどうかを，当該事案において個別具体的に立証することが求められることを強調している。

なお，ヨーロッパ人権裁判所の判例では，後に見るように，権利制限に関する締約国の一次的な「評価の余地」の存在とそれに対するヨーロッパ人権裁判所の審査権に関する法理が存在し，とりわけ「道徳の保護」のための権利制限のような場合にしばしば用いられているが，自由権規約委員会では，「評価の余地」の法理が必ずしも同様に用いられているわけではないことにも注意する必要がある。

■ 自由権規約委員会「一般的意見34　意見及び表現の自由（19条）」（2011年）

33.　制限は，正当な目的のために「必要」でなければならない。従って例えば，ある特定のコミュニティの言語を保護する観点から，ある一つの言語での商業的広告を禁止することは，もしその保護が，表現の自由を制限しない他の方法で達成されうるならば，必要性のテストに違反する（通報 No.359，385/89，バランタイン，ダヴィッドソン及びマッキンタイア対カナダ事件（*Ballantyne, Davidson and McIntyre v. Canada*）を見よ）。他方で，委員会は，締約国が，ある宗教的コミュニティに対する敵意を表現した資料を発行した教員を，学校区域においてその信念をもつ子供たちの権利と自由を保護するために非教育職に異動させた際には，必要性のテストを遵守したとみなした（通報 No.736/97，ロス対カナダ事件，2006年7月17日採択の見解を見よ）。

34.　制限は，過度に広範であってはならない。委員会は一般的意見27で，「制限の措置は，均衡性の原則に従わなければならない。すなわち，制限の措置は，その保護機能を達成するために適切でなければならず，保護機能を達成しうる手段の中で最も侵害的でないものでなければならず，保護される利益に均衡したものでなければならない……均衡性の原則は，制限を枠づけた法律においてのみならず，当該法律を適用する行政及び司法当局によっても尊重されなければならない。」と述べた（一般的意見27，14項を見よ。通報 No.1128/2002，マルク対アンゴラ事件（*Marques v. Angola*），通報 No.1157/2003，コールマン対オーストラリア事件も見よ）。均衡性の原則はまた，問題となっている表現の形態及び，その伝達の方法をも考慮に入れなければなら

ない。例えば，抑制されない表現に対して規約がおいている価値は，民主的社会における，公的かつ政治的領域にある人物についての公的な議論にかかわる状況では，特に高いものとなる（通報 No.1180/2003，ボロドジッチ対セルビア・モンテネグロ事件（*Bodrožić v. Serbia and Montenegro*），2005年10月31日採択の見解を見よ）。

35.　締約国は，表現の自由の制限について正当な事由を援用するときには，[当該表現のもたらす]脅威の精確な性質並びに，取られる具体的な行動の必要性及び均衡性を，特に，当該表現と当該脅威との間の直接かつ即時の連関を示すことによって，具体的かつ個別化された形で立証しなければならない（通報 No.926/2000，シン対韓国事件（*Shin v. Republic of Korea*）を見よ）。

36.　委員会は，ある状況において，表現の自由の制限を必要とする状況があったかどうかについて評価する権限を保留する（通報 No.518/1992，ソン対韓国事件を見よ）。この点で，委員会は，この自由の範囲は「評価の余地」によって評価されるものではなく（通報 No.511/1992，イルマリ・ランズマンほか対フィンランド事件（*Ilmari Länsman et al. v. Finland*），1993年10月14日採択の見解を見よ），委員会がこの任務を遂行するためには，締約国は，個別の事案において，締約国が表現の自由を制限するに至った，3項に列挙された事由のいずれかに対する脅威の精確な性質を，具体的な形で立証しなければならない（通報 No.518/1992，ソン対韓国事件，通報 No.926/2000，シン対韓国事件を見よ）。

一定の具体的な分野における表現の自由の制限の限界範囲

37.　政治的言論に関する制限の中でも，委

205

◆ 第2部 ◆　条約機関の判例・先例法理に見る人権条約上の実体的義務

員会が懸念を示してきたものとして，戸別訪問の禁止（日本に関する総括所見（CCPR/C/JPN/CO/5），選挙活動中に配布してよい印刷物の数と種類の制限（同上，日本に関する総括所見），選挙期間中，地元メディア及び国際メディアを含め政治的評論に関する情報源へのアクセスを遮断すること（チュニジアに関する総括所見（CCPR/C/TUN/CO/5）），並びに，野党及び野党政治家の報道機関へのアクセスを制限すること（トーゴに関する総括所見（CCPR/CO/76/TGO），モルドバに関する総括所見（CCPR/CO/75/MDA））がある。すべての制限は，3条に合致しているべきである。しかし，締約国にとって，選挙過程の一体性を維持するために，選挙の直前の政治的世論調査を制限することは正当なものになりうる（通報 No.968/2001，キム対韓国事件（*Kim v. Republic of Korea*），1996年3月14日採択の見解を見よ）。

38．13項及び20項で前述したように，政治的言論の中身に関して，委員会は，政治的領域及び公的機関にある公的人物に関する公的な議論の状況においては，抑制されない表現に対して規約がおいている価値は特に高いと述べた（通報 No.1180/2003，ボロドジッチ対セルビア・モンテネグロ事件，2005年10月31日採択の見解を見よ）。よって，公的人物は規約の規定の保護を受けうるとはいえ，表現の形態がある公的人物にとって侮辱的とみなされるという事実のみでは，処罰を科すことを正当化するには十分でない（同上，ボロドジッチ対セルビア・モンテネグロ事件）。加えて，国家元首や政府の長のような最高次の政治的権力を行使する者を含め，あらゆる公的人物は，批判及び政治的反対を正当に受けるものである（通報 No.1128/2002，マルク対アンゴラ事件を見よ）。従って，委員会は，不敬（通報 Nos.422-424/1990，アドゥアヨムほか対トーゴ事件（*Aduayom et al. v. Togo*），1994年6月30日採択の見解を見よ），侮辱（*desacato*）（ドミニカ共和国に関する総括所見（CCPR/ CO/71/DOM）），権威に対する不敬（ホンジュラスに関する総括所見（CCPR/C/HND/CO/1）），旗や象徴に対する不敬，国家元首に対する名誉毀損（ザンビアに関する総括所見（CCPR/ZMB/CO/3）），公務員の名誉の保護（コスタリカに関する総括所見（CCPR/C/CRI/CO/5））のような事柄に関する法律に懸念を表明する。法律は，攻撃されたとされることがある人が誰であるかということのみによって，より重い処罰を

規定するべきではない。締約国は，軍隊や政権のような，機関に対する批判を禁じるべきではない（同上，コスタリカに関する総括所見，及び，チュニジアに関する総括所見（CCPR/C/TUN/CO/5），91項を見よ）。

39．締約国は，マスメディアの規制に関する立法上及び行政上の枠組みが3項の規定に合致していることを確保すべきである（ベトナムに関する総括所見（CCPR/CO/75/VNM）18項，及びレソトに関する総括所見（CCPR/CO/79/Add.106），23項を見よ）。規制の制度は，様々なメディアが融合する形態について留意しつつも，印刷部門及び放送部門，並びにインターネットの間の相違を考慮に入れるべきである。3項を適用する特定の状況以外に，新聞その他の印刷メディアの発行の許可を拒否することは，19条に合致しない。[3項を適用する] そのような状況には，[その出版物とと] 切り離すことのできない特定の内容が3項に基づき正当に禁止されうるのでない限り，ある特定の出版物の禁止を含んではならない。締約国は，コミュニティ放送局及び商業的な放送局を含む放送メディアに対し，負担となる免許条件や料金を課すことを避けなければならない（ガンビアに関する総括所見（CCPR/CO/75/GMB））。そのような条件や免許料金は，合理的かつ客観的（レバノンに関する総括所見（CCPR/CO/79/Add.78），明瞭（クウェートに関する総括所見（CCPR/CO/69/KWT），ウクライナに関する総括所見（CCPR/CO/73/UKR）），透明（キルギスタンに関する総括所見（CCPR/CO/69/KGZ）），非差別的，かつその他の面で規約に合致したものであるべきである（ウクライナに関する総括所見（CCPR/CO/73/UKR））。地上及び衛星の視聴覚事業のような容量の限定されたメディアによる放送についての免許体制は，公的放送局，商業的放送局及びコミュニティ放送局の間に衡平なアクセス及び周波の割当を行うべきである。締約国は，まだ行っていない場合には，放送の申請を審査し免許を与える権限を有する独立かつ公的な放送免許機関を設置することが望ましい（レバノンに関する総括所見（CCPR/CO/79/Add.78））。

40．委員会は，一般的意見10で述べた，「現代のマスメディアの発達により，表現の自由に対するすべての人の権利に干渉するようなメディアの管理を防止するための実効的な措置が必要である。」という所見を繰り返す。締約国は，メディアに対する管理を独占するべきではなく，メディアの多様性を促進すべ

きである（ガイアナに関する総括所見（CCPR／CO／79／Add.121），19項，ロシアに関する総括所見（CCPR／CO／79／RUS）），ベトナムに関する総括所見（CCPR／CO／75／VNM），イタリアに関する総括所見（CCPR／C／79／Add.37））。従って，締約国は，規約に従って，独占的地位にある私的管理メディア集団による不当な支配又は集中であって情報源及び見解の多様性にとって有害となりうるものを防止するために適切な行動を取るべきである。

41．報道機関に対する政府の補助金及び政府報告の掲載（レソトに関する総括所見（CCPR／CO／79／Add.106），22項）が，表現の自由を妨げる効果をもつように用いられないことを確保するために，注意が払われなければならない（ウクライナに関する総括所見（CCPR／CO／73／UKR））。さらに，民間メディアは，ニュースの伝達・配布の手段へのアクセス及びニュースへのアクセスのような事柄において，公的メディアと比べて不利な立場におかれてはならない（スリランカに関する総括所見（CCPR／CO／79／LKA），トーゴに関する総括所見（CCPR／CO／76／TGO），17項を見よ）。

42．報道機関，出版社又はジャーナリストを，政府又は政府の支持する政治・社会制度に対し批判的であるということのみで処罰することは（ペルーに関する総括所見（CCPR／CO／70／PER）），表現の自由の制限として決して必要とはみなされ得ない。

43．ウェブサイト，ブログもしくはその他のインターネット上の，電子的もしくはその他のそのような情報伝達制度，並びにインターネット・サービスのプロバイダーもしくはサーチエンジンのようにそれらの通信を支援する制度の機能に対する制限は，3項に合致する限りにおいてのみ許容されうる。許容されうる制限は，一般に，内容を特定したものであるべきであり，一定のサイト及びシステムの機能に対する一般的な禁止は3項に合致しない。また，政府又は政府の支持する政治・社会体制に対し批判的であるということのみでサイトを禁止し又は情報伝達制度に対し資料の公表を禁止することも，3項に合致しない。

44．ジャーナリズムは，フルタイムの職業記者及び評論家のほか，出版物，インターネット上又はその他の場で自ら見解を公表するブロガー及びその他の人々を含む幅広いアクターによって共有されている機能であり，ジャーナリストを登録又は許可する一般的な

国家制度は3項に合致しない。限定的な認証制度は，一定の場所及び／又はイベントへの特権的なアクセスをジャーナリストに与えるために必要な場合にのみ許容されうる。そのような制度は，客観的な基準に基づきかつ，ジャーナリズムが幅広いアクターによって共有されている機能であることを考慮に入れつつ，非差別的かつ，規約の19条及びその他の規定に合致した形で適用されるべきである。

45．（人権関連の会合のために旅行を希望する人のように）表現の自由を行使しようとするジャーナリスト及びその他の人が締約国の国外に旅行するのを制限すること，締約国への外国人ジャーナリストの入国を特定国からの者に制限すること（朝鮮民主主義人民共和国に関する総括所見（CCPR／CO／72／PRK）），又は，締約国内においてジャーナリスト及び人権研究者の移動の自由を制限することは，通常，3項に合致しない。締約国は，情報源を開示しないというジャーナリズム上の限定された特権を受け入れる。表現の自由に対する権利の要素を，認めかつ尊重すべきである（クウェートに関する総括所見（CCPR／CO／69／KWT））。

46．締約国は，テロ対策の措置が3項に合致することを確保するべきである。「テロの奨励」（イギリスに関する総括所見（CCPR／C／GBR／CO／6）），「過激論者の活動」（ロシアに関する総括所見（CCPR／CO／79／RUS））のような犯罪，並びにテロの「賞賛」「礼賛」もしくは「正当化」のような犯罪は，それらが表現の自由に対する不必要又は不均衡な干渉に至らないことを確保するために，明確に定義されるべきである。情報へのアクセスに対する過度の制限もまた，避けなければならない。メディアは，テロ行為に関して公衆に情報を与える上できわめて重要な役割を果たしており，メディアが機能する能力は不当に制限されるべきでない。この点で，ジャーナリストは，その正当な活動を遂行したことに対して処罰されるべきではない。

47．名誉毀損に関する法律は，3項を遵守し，かつ実際上表現の自由を窒息させることのないように注意して定められなければならない（イギリスに関する総括所見（CCPR／C／GBR／CO／6））。それらのすべての法律，特に名誉毀損に関する刑事法は，真実性の抗弁のような抗弁を含むべきであり，その性格上［真実性］立証に服さない表現形態には適用されるべきでない。少なくとも，公的人物についての論評に関しては，誤って公表され

◆ 第2部 ◆ 条約機関の判例・先例法理に見る人権条約上の実体的義務

たが悪意はなかった不実の言明に対してはこれを処罰することを避け又は他の形で違法としないように考慮がなされるべきである（同上，イギリスに関する総括所見）。いずれにせよ，批判の主題に対する公衆の関心が，抗弁として認められるべきである。過度に懲罰的な措置及び処罰を避けることは，締約国は注意をすべきである。関連する場合には，締約国は，勝訴した当事者に被告が費用を支払う条件について合理的な限度を設けるべきである（同上，イギリスに関する総括所見）。締約国は，名誉毀損の脱犯罪化を検討すべきであり（イタリアに関する総括所見（CCPR/C/ITA/CO/5），旧ユーゴスラビアマケドニア共和国に関する総括所見（CCPR/C/MKD/CO/2）），またいずれにせよ，刑法の適用は最も重大な事件の場合にのみ許されるべきであって，禁錮は決して適切な刑罰ではない。締約国が刑事上の名誉毀損で人を起訴しておきながら，迅速に公判に進まないということは許されない。そのような行為は，関連の人及びその他の者の表現の自由の行使を不当に制限する萎縮的効果をもつ（通報 No.909/2000,カンカナムゲ対スリランカ事件（*Kankanamge v. Sri Lanka*），2004年7月27日採択の見解を見よ）。

48. 神への不敬罪を含め，ある宗教又はその他の信仰制度に対する尊重の欠如を示すことの禁止は，規約20条2項で援用されている特定の状況を除くほかは，規約に合致しない。そのような禁止はまた，19条3項，並びに2条，3条，17条，18条及び26条のような条項を遵守しなければならない。従って例えば，そのような法律が，一定の宗教もしくは信仰制度に有利に又は不利に差別すること，一つのもしくは一定の宗教もしくは信仰制度の帰依者を他の者に対して有利に又は不利に差別すること，宗教の信者を非信者に対して有利に又は不利に差別することは許容されない。また，そのような禁止が，宗

教指導者又は宗教理論及び信仰教義に関する論評への批判を防止し又は処罰するために用いられることも許容されない（イギリス，ジャージー・ガーンジー及びマン島の王室属領に関する総括所見（CCPR/C/79/Add.119）。クウェートに関する総括所見（CCPR/CO/69/KWT）も見よ）。

49. 歴史的事実に関する意見の表明を処罰する法律は，意見及び表現の自由の尊重に関して規約が締約国に課している義務に合致しない（いわゆる「記憶のための法律」。通報 No.550/93，フォーリソン対フランス事件を見よ。ハンガリーに関する総括所見（CCPR/C/HUN/CO/5），19項も見よ）。規約は，過去の出来事についての誤った意見又は不正確な解釈の表現の一般的な禁止を許容していない。意見の自由の権利の制限は課されるべきでなく，表現の自由に関しては，それに対する制限は3項で許容され又は20条で要求されているところを超えるべきではない。

19条と20条の関係

50. 19条と20条は両立し，相互に補完し合っている。20条で扱われている行為はすべて，19条3項に従った制限に服する。20条に基づいて正当化される制限は，それ自体，19条3項をも遵守しなければならない（通報 No.736/1997，ロス対カナダ事件，2000年10月18日採択の見解を見よ）。

51. 20条で扱われている行為を，19条3項により制限に服する他の行為と区別しているのは，20条で扱われている行為については，規約は，法律による禁止という，国家に要求される特定の対応を示しているということである。20条が19条との関係で特別法とみなされるのは，この限りにおいてである。

52. 締約国が法的禁止の義務を負うのは，20条に示された特定の表現に関してのみである。締約国が表現の自由を制限するいずれの場合においても，禁止及びその規定が，19条を厳格に遵守していることが必要である。

　ヨーロッパ人権裁判所の初期の判決の一つである下記のハンディサイド事件判決は，表現の自由の制限事由の一つである「道徳の保護」（10条2項）に関する締約国の「評価の余地」の存在と，それに対するヨーロッパ人権裁判所の**審査権**をめぐり，国内当局による一次的な判断権と同裁判所による国際的な監視機能に関する基本的な判断枠組みを示した判例である。

　申立人ハンディサイドは，デンマークで出版された本（*The Little Red Schoolbook*）

208

第5章　人権の「尊重」義務

をイギリスで翻訳・発売しようとしていた出版社の所有者である。この本は，青少年向けに，性的な事柄についてリベラルな立場から著述された参考書で，1970年当時，フランス，ベルギー，西ドイツ，イタリア，オランダ，スウェーデンなどの国で翻訳出版されていた。ハンディサイドは，本の見本を新聞社や教育関係者に発送し，複数の新聞社が紙上で同所の内容を紹介したが，同書に対しては賛否両論があり，公訴局あてに苦情も寄せられた。そのため，わいせつ物出版法に基づく令状により本はハンディサイドの事務所から押収され，ハンディサイドは罰金刑の有罪判決を受けた。そのためハンディサイドは，条約10条の保障する表現の自由の侵害があったとして，ヨーロッパ人権委員会に申立を行い，後に事案がヨーロッパ人権裁判所に付託されたものである。ヨーロッパ人権裁判所は本件で，条約規定の挙げる様々な目的の中でも，とりわけ「道徳の保護」のための人権制限の場合のように，締約国に共通の基盤を見出し難い事柄については，締約国の「評価の余地」が比較的広く認められるという立場を示した。しかし裁判所は同時に，締約国の評価の余地は無制限ではなく，ヨーロッパ人権裁判所の最終的な判断に服することを確認している。

● **CASE** ●　〈国際判例〉ハンディサイド事件（*Handyside v. the United Kingdom*）ヨーロッパ人権裁判所判決，申立 No.5493/72，1976年12月7日［『ヨーロッパ人権裁判所の判例』144頁］

「48.　裁判所は，本条約によって設置された保護の仕組みは，人権を保護する国内の制度に対して副次的なものであることを指摘する（ベルギー言語事件（*"Belgian Lunguistic"* Case）本案に関する1968年8月23日判決，10項）。本条約は，まず各締約国に対して，条約が掲げる権利及び自由を保障する任務を委ねている。条約によって創られた機関はこの任務に対して独自の貢献をするが，これらの機関は，係争手続によって，かつ，すべての国内救済措置が尽くされた後にのみ，関与するのである（26条）。これらの考察は，とりわけ10条2項に当てはまる。特に，様々な締約国の国内法において，道徳の概念に関する統一的なヨーロッパ基準を見出すことは不可能である。道徳の要求するところについて各国の法律で取られる見解は，時によりまた場所により異なり，特に，当該問題に関する急速かつ広範な意見の変化を特徴とする現代においてはそうである。国内当局は，国内の様々な勢力と直接かつ継続的に接しているゆえに，道徳の要求するところの中身，並びにそれに対応するための『制限』又は『刑罰』の『必要性』についての意見をもつ上で，国際裁判所の裁判官よりもふさわしい地位にある。……この文脈で，『必要』の概念が含意する切迫した社会的必要性（pressing social need）の現実について最初の評価を行うのも，国内当局である。
　従って，10条2項は，締約国に評価の余地（margin of appreciation）を与えている。この余地は，国内の立法者にも（『法律で定められ』），また，現行法を解釈し適用するこ

209

◆ 第2部 ◆ 条約機関の判例・先例法理に見る人権条約上の実体的義務

とを求められる機関，とりわけ司法機関にも与えられている（エンゲルほか事件（*Engel and Others*）1976年6月8日判決，100項；8条2項については，ド・ウィルデ，オームス及びヴェルシップ事件（*De Wilde, Ooms and Versyp*）1971年6月18日判決，93項；ゴルダー事件1975年2月21日判決，45項）。

49. しかしながら，10条2項は締約国に対し，無制限の評価の権限を与えているわけではない。裁判所は，［ヨーロッパ人権］委員会とともに，『制限』や『刑罰』が10条2項の保護された表現の自由と両立しうるかどうかについて最終的な判断を行う権限を与えられている。よって，各国の裁量の余地は，ヨーロッパの監視（a European supervision）とともにあるものである。そのような監視は，異議を申立てられている措置の目的とその『必要性』の両方にかかわる。それは，基本的な立法のみならず，独立した裁判所によってなされたものであっても，それを適用する決定にも及ぶ。……

　裁判所の監視機能は，『民主的社会』を特徴づける諸原則に最大の注意を払うことを裁判所に義務づける。表現の自由は民主的社会の重要な基礎の一つをなし，民主的社会の進歩とすべての人の発展の基礎的な条件の一つである。10条2項に服しながらも，表現の自由は，好意的に受け取られ，害がないとみなされ又は無関心をもって受け取られる『情報』や『考え』のみでなく，国家又はその人々の一部の人々を怒らせ，ショックを与え又は混乱させる情報や考えにも適用される。それが，多元主義，寛容及び心の広さの要請であり，これらがなければ『民主的社会』はない。このことは，とりわけ，この分野で課されるいかなる『形式的手続』，『条件』，『制限』又は『刑罰』も，追求される正当な目的に均衡していなければならないことを意味する。……」

「52. ……裁判所は……，1959/1964法を適用した1971年10月29日の判決の基本的な目的は，青少年の道徳の保護であり，10条2項に基づく正当な目的であったと認める。従って，……行われた没収も……，この目的をもっていた。

53. 残る問題は，当該没収をはじめ，争われている措置の『必要性』を検討することである。……」

「54. 申立人及び委員会の少数意見……は，スクールブックの元の版は北アイルランド，マン島及びチャンネル諸島では訴追の対象とならず，スコットランドでは有罪とならず，またイングランドとウェールズでも，1971年10月29日の判決以来数千部が妨げなく出回っていることに注意を喚起している。……［しかし］それらの当局が行動しなかったこと—それについては裁判所が調査する必要はなく，またそれはイングランドではスクールブックの改訂の措置が取られることを妨げなかった—は，国内当局の評価の余地を考慮に入れれば，1971年10月29日の判決が，真の必要性に対する対応でなかったことを証明するものではない。……」

「57. 申立人及び委員会の少数意見は，さらなる点つまり，元のデンマーク語版に加えて，『リトルブック』の翻訳が，ヨーロッパ審議会の加盟国の過半数で出版され自由に流通していることを強調した。

　ここでも，国内的な評価の余地及び，10条2項で言及されている『制限』及び『刑罰』の選択的な性格から，裁判所は，その主張を受け入れることはできない。締約国はそれぞれの国の状況に照らして当該国の手法を取っているのであり，とりわけ，民主的社会における道徳の保護の要求について国で通用している異なった見解を考慮している。……」

◆ 第5章　人権の「尊重」義務

> 「59. 裁判所に提出されたデータによれば，裁判所は，本件の状況においては10条の要求の違反は認定されなかったと結論する。」

　以下は，先にみたオープンドア事件ヨーロッパ人権裁判所判決の続きである。裁判所は先に引いた箇所で，アイルランド法上の制限が道徳の保護という正当な目的を追求するものであることを認めた上で，本件に関しては，目的達成のための手段の均衡性の要件が満たされていないとし，当事国の10条違反を認定した。

● ***CASE*** ● 〈国際判例〉オープンドアほか対アイルランド事件ヨーロッパ人権裁判所
　　　　　判決，1992年10月29日［前掲］

「68. 裁判所は，道徳の保護の分野における国家の裁量が無限定であり，審査を受けないものだということに同意できない（同様の議論につき，必要な変更を加えて，ノリス対アイルランド事件（*Norris v. Ireland*）判決，1988年10月26日，45項を見よ）。

　裁判所は，道徳の問題，特に本件のように人命の性質に関する信念の問題にかかわる領域においては，国家当局は広い評価の余地を享有することを認める。裁判所が以前に述べたように，締約諸国の法及び社会秩序において，道徳の統一的なヨーロッパ概念を見い出すことはできず，国家当局は原則として，道徳の要請の正確な内容に関して，またそれに対応するための『制限』又は『罰』の『必要性』に関して，国際裁判官よりもふさわしい地位にある（とりわけ，ハンディサイド対イギリス事件判決，1976年12月7日，48項；ミュラーほか対スイス事件（*Müller and Others v. Switzerland*）判決，1988年5月24日，35項を見よ）。

　しかし，この評価の力は無制限ではない。この分野においても，ある制限が条約に合致したものであるかどうかを監督するのは当裁判所である。」

「70. 従って裁判所は，その判例法で発展した原則に照らして，『必要性』の問題を検討しなければならない（とりわけ，オブザーバー紙及びガーディアン紙対イギリス事件（*The Observer and Guardian v. the United Kingdom*）判決，1991年11月26日，59項を見よ）。裁判所は，当該措置を取る差し迫った社会的必要性が存在したかどうか，及び特に，申立てられている制限が，『追求された正当な目的に均衡した』（同上）ものかどうかを決定しなければならない。」

「72. 政府が述べるように，関連の制限は情報の提供についてのものにとどまるが，アイルランド法上，妊娠した女性が中絶を受けるために海外に旅行することは犯罪ではないことが想起される。さらに，当該差止は，他の締約国では合法でありかつ，女性の健康と福祉にとってきわめて重要なものとなりうるサービスについての情報を受け及び伝える自由を制限するものである。道徳的意味合いをもつとはいえ，他国の国家当局によって許容されてきておりかつ許容され続けている活動に関する情報についての制限は，民主的社会の原則との合致をめぐり，条約機関による慎重な審査を必要とする。

73. 裁判所はまず，年齢，健康状態，又は妊娠を終わらせることについてカウンセリン

211

◆ 第2部 ◆ 　条約機関の判例・先例法理に見る人権条約上の実体的義務

グを求めた理由にかかわらず，妊娠した女性に対する情報の提供について『永久的な』
制限を課す，最高裁判所の差止の絶対的な性格に強い印象を受ける。この制限の包括的
な性格は，法務長官対Xほか事件（*Attorney General v. X and Others*）で浮き彫りにされ，
口頭弁論においてなされた政府の譲歩で，当該事件における最高裁判所の判決で示され
た状況にある女性たちについては差止はもはや適用されず，アイルランド又は海外で中
絶を自由に受けられることとされた。……

74. その理由1つのみによっても，当該制限は広範に過ぎかつ均衡を逸している（dispro-
portionate）と思われる。さらに，この評価は，他の要素によっても確認される。

75. 第1に，団体である申立者は，妊娠した女性にカウンセリングを行ったが，その過
程で，カウンセラーは中絶を提唱も奨励もせず，……利用可能な選択肢の説明を行った
のみであった。そのようにして提供された情報を受けて行動するかどうかの決定は，関
係の女性が行うことであった。……従って，情報の提供と，胎児の生命の破壊との間の
つながりは，主張されるほど決定的なものではない。そのようなカウンセリングは，実
際，本件における最高裁判所判決までは，1983年の第八修正制定後も国家当局によって
許容されていたのである。……

76. 海外の中絶施設に関する情報が，アイルランドで，雑誌や電話帳，……又はイギリ
スと関係がある人等の他の情報源から得られうるものであったことは，政府によっても
真剣に争われてはいない。従って，差止が制限しようとした情報は，資格をもった人に
よって監督されておらず従って女性の健康を保護する度合いの低い形であるにせよ，他
所ですでに得られるものであった。さらに，差止は，多数のアイルランド女性が……イ
ギリスに中絶を受けに行くことを妨げるものでなかったから，胎児の生命を保護するこ
とにおいて概ね非実効的なものであったと思われる。」

「80. 上記に照らし，裁判所は，情報を受け又は伝えることについて申立者に課された
制限は，追求された目的にとって均衡を逸するものであったと結論する。従って，10条
違反があった。」

　次にみるのは，以前の住人が火器を使用とした犯罪に関わっていたとの理由
で，早朝に警察の家宅捜索を受け，その際に金属によりドアで穴を開ける等の
行為により申立人ら家族が重大な精神的損害等を被ったと主張した事案で，
ヨーロッパ人権裁判所が，警察の措置が均衡を逸したものであって条約8条に
違反すると認定したものである。

● **CASE** ● 〈国際判例〉キーガン対イギリス事件（*Keegan v. the United Kingdom*）ヨー
ロッパ人権裁判所判決，申立 No.28867/03, 2006年7月18日

「29. 申立人の住居への警察の強制的立入りが，条約8条1項に基づいて申立人がその
住居の尊重を受ける権利に介入したこと，並びにそれが，国内のレベルにおいて『法律
に基づ』いておりかつ，8条2項で要求されているように無秩序及び犯罪の防止という
正当な目的を追求するものであったことは，争われていない。決定されるべきこととし

212

て残るのは，当該介入が，2項の他の要求，すなわち，その目的を達成するために『民主的社会において必要』であったかどうかという要求の下で正当化されたかどうかである。

30. 裁判所の確立した判例法によれば，必要性の概念は，介入が『切迫した社会的必要性』に合致し，及び特に，追求されている正当な目的に均衡していることを含意する（例えば，オルソン対スウェーデン事件（*Olsson v. Sweden*），1988年3月24日判決，67項を見よ）。裁判所は従って，本件の状況において，申立人の家への立入りが，関連の利益すなわち，一方では住居の尊重に対する権利と，他方では無秩序及び犯罪の防止との間の公正なバランスをとるものであったかどうかを確認しなければならない（マクロード対イギリス事件（*McLeod v. the United Kingdom*），1998年9月23日判決，53項）。

31. 締約国には一定の裁量の余地が残されている一方で，8条2項の規定された例外は狭く解釈されるべきものであり，それぞれの事案における措置の必要性は，説得力をもって認定されなければならない（ファンケ対フランス事件（*Funke v. France*），1993年2月25日判決，55項を見よ）。裁判所は特に，そのような措置を正当化するために援用された理由が関連性をもちかつ十分であったか，並びに，濫用に対する十分かつ実効的な保護措置があったかどうかを評価する（バック対ドイツ事件（*Buck v. Germany*），2005年4月28日，44-45項を見よ）。

32. 本件をみると，裁判所は，国内法及び慣行は，令状により又は令状なしで警察が私人の居宅に立入りしうる条件について規律している。本件では，警察は，窃盗の容疑者の一人が使用していた住所に窃盗の強奪金があると信ずるに足りる理由があるとの情報を述べた上で，治安判事から令状を得た。国内の訴訟手続又は当裁判所において，令状を得又はそれを執行した係官の信念の真実性についての疑いは出されていない。この信念が正しかったのであれば，裁判所は，立入りが正当化されたと認定されたであろうことを疑わない。

33. しかしながら，申立人らは当該住所に約6か月間居住しており，かつ，いかなる容疑又は犯罪とも何らの関係もなかった。……いずれにせよ，国内裁判所が認定したように，警察は悪意をもって行動したわけではなく実際に善意で行動したにせよ，申立人らがまだ就寝していた早朝にドアを壊すという警察の行為には，合理的な根拠がなかった。条約の文言でいえば，関連する理由はあったかもしれないが，本件の状況においては，適切な事前の注意によって避けられ得た，かつ避けられるべきであった誤解に基づくものであって，十分とみなすことはできない（必要な変更を加えて，上記のマクロード事件を見よ。この事件では，警察は，申立人の前夫の真の信念にもかかわらず，彼が申立人の家に入る権利があるのかどうかを確かめる措置を取らず，申立人が帰宅するまで待たなかった）。

34. 警察が悪意をもって行動したのではないという事実は，いかに動機があり又は理由があるにせよ権力の濫用に対する保護を指向している本条約上，決定的ではない（必要な変更を加えて，上記のマクロード事件を見よ。この事件では，警察は，平穏を乱す行為が起こるかもしれないと疑っていた）。裁判所は，行為による被害を，悪意の場合に限定することは，犯罪捜査という死活的な任務において警察を保護するために必要であるということには同意しない。住居及び私生活に対する干渉権限の行使は，そのような措置が，安全と福利に関して8条に基づき保障された個人の私的領域に与える影響を最

◆ 第2部 ◆ 条約機関の判例・先例法理に見る人権条約上の実体的義務

小化するために，合理的な範囲に制限されなければならない（バックリー対イギリス事件（*Buckley v. the United Kingdom*），1996年9月25日判決，76項を見よ）。住所と，捜査中の犯罪との間の関連を確かめるための基本的な措置が実効的に取られなかった場合には，その結果たる警察の行為であって，申立人に相当な恐怖と驚きを生じさせた行為は，均衡したものとはみなし得ない。」

「36. 裁判所は従って，本件では，バランスが適切に取られておらず，条約8条の違反があったと結論する。」

先に，イスラム教徒の女性のスカーフをめぐる自由権規約委員会の個人通報事案にふれたが，下記にみるのは，あごひげのある学生やイスラム教のスカーフを着用した学生は授業や試験への参加を認められないとしたイスタンブール大学の通知により授業等への参加を拒否された女性が，宗教の自由や差別を受けない権利等の侵害を主張して提訴した事案におけるヨーロッパ人権裁判所大法廷判決である。本件で裁判所は，大学の通知はトルコ法上根拠があり「法律に基づき」の要件は満たされ，また，当該制限は9条2項にいう他の者の権利及び自由の保護並びに公の秩序の保護という目的をもっているとした上で，それが「民主的社会において必要」といえるかどうかについて検討している。

● **CASE** ● 〈国際判例〉レイラ・サヒン対トルコ事件（*Leila Şahin v. Turkey*）ヨーロッパ人権裁判所大法廷判決，申立 No.44774/98，2005年11月10日

「106. いくつかの宗教が，一つの同じ人々の中で共存する民主的社会においては，様々な集団の利益を調和させ，すべての人の信念が……尊重されることを確保するために，自らの宗教又は信念を表明する自由に対して制限を課すことが必要になりうる。このことは，9条2項から，及び，条約1条に基づき条約に定められた権利及び自由を管轄内のすべての人に保障するという国の積極的義務の双方から導かれる。」

「108. 多元主義，寛容及び心の広さは，『民主的社会』の証明（hallmarks）である。個人の利益は時として集団の利益に服従しなければならないが，民主主義とは単に，多数者の見解が常に優越しなければならないことを意味しない。マイノリティの人々に対する公平かつ適切な取扱いを確保し，支配的立場の濫用を避ける，バランスが達成されなければならない……。

109. 民主的社会において，理性的に考えて意見が広く異なりうる，国家と宗教との関係に関する問題がかかっている場合には，国の意思決定機関の役割に特別の重要性が与えられなければならない（必要な変更を加えて，ウィングローブ対イギリス事件（*Wingrove v. the United Kingdom*）1996年11月25日判決，58項を見よ）。このことは，教育機関における宗教的シンボルの着用の規律に関してはとりわけそうであり，特に，その問題について国家当局が取っている手法の多様性に照らせばそうである。ヨーロッパ全体で，社会における宗教の意義についての統一的な概念を見い出すことはできず（オットー・

プレミンガー研究所対オーストリア事件（*Otto-Preminger-Institut v. Austria*）判決，1994年
9月20日，50項），また，宗教的信念の公的な表現の意味又は影響は，時と場所によっ
て異なる（他の先例の中でも，ダラブ対スイス事件（*Dahlab v. Switzerland*）決定，No.42393
/98を見よ）。この分野における規則は従って，国の伝統，また，他の者の権利及び自由
を保護し並びに公の秩序を維持する必要性による要請によって，国ごとに異なるであろ
う（必要な変更を加えて，上記のウィングローブ対イギリス事件判決を見よ）。従って，
そのような規律の程度及び形態についての選択は，関連の国内状況によるであろうから，
不可避的に，関係国にある程度まで委ねられなければならない（必要な変更を加えて，
上記のゴルゼリク事件（*Gorzelik*）判決及び，マーフィー対アイルランド事件（*Murphy v.
Ireland*），No.44179/98，73項……を見よ）。
110.　この評価の余地は，法律及びそれを適用する決定の双方を含むヨーロッパの監視
とともにあるものである。裁判所の任務は，国内的レベルで取られた措置が，原則にお
いて正当化されかつ，均衡したものであるかどうかを決定することである……。
110.　裁判所はまた，カラドゥマン対トルコ事件（*Karaduman v. Turkey*，No.16278/90，1993
年5月3日委員会決定）及びダラブ対スイス事件において，条約機関が，民主的社会に
おいては，国家は，イスラムの頭のスカーフの着用につき，それが他の者の権利及び自
由，公の秩序並びに公の安全という目的に合致しない場合には制限を課すことができる
と認定したことを注記する。……」
「113.　1989年3月7日の判決で，［トルコの］憲法裁判所は，民主的価値を保障するも
のとしての世俗主義は，自由と平等の合致点であると述べた。この原則は，国家に，特
定の宗教又は信念に対する選好を表明することを妨げ，それによって，公平な判定者と
いう役割において国家を導き，また必然的に，宗教及び良心の自由を伴う。……
114.　小法廷が判決で正しく述べたように，裁判所は，世俗主義のこの概念は，本条約
の基礎にある価値と合致すると考える。裁判所は，疑いなくトルコ国家の基本原則の一
つであり法の支配及び人権尊重と調和する。この原則を支持することは，トルコにおい
て民主的制度を保護するために必要とみなされうると判断する。……」
「119.　学生がイスラムの頭のスカーフを着用することが許されるべきかどうかの問題が，
イスタンブール大学で1994年，医学課程に関連して表面化したときに，副学長が学生た
ちに対し，服装に関する規則の理由を想起させたことも，注記されるべきである。……
120.　……1998年7月9日の決定に至った規則が実施された過程は，数年かかっており，
トルコ社会及び教職者の間での幅広い議論を伴ったものであった……。2つの最高次の
裁判所，すなわち行政最高裁判所と憲法裁判所は，この問題について確立した判例法を
形成するに至った……。この意思決定過程を通して，大学当局が，秩序が保たれ，かつ
特に，当該課程の性格からくる要請が遵守されることを確保しつつも，ヴェールをかぶっ
た学生に対して大学へのアクセスを禁じることにならないよう，関係者との継続的な対
話を通して，進展する状況に対応しようとしたことは，非常に明らかである。」
「122.　上記に述べたところに照らし，またこの分野における締約国の評価の余地を考慮
して，裁判所は，問題となった干渉は，原則において正当化され，かつ，追求された目
的に均衡するものであったと認定する。」
「123.　従って，条約9条の違反はなかった。」

◆ 第2部 ◆ 条約機関の判例・先例法理に見る人権条約上の実体的義務

　騒音等の環境問題によって個人が受ける被害は，8条で保障されている私生活の尊重を受ける権利への干渉となりうるが，それによって生ずる侵害（及び，私的事業者による行為である場合にはそれを十分に規制しない国の不作為）が条約違反を構成するかどうかは，それが公益性の高い事業に起因するものであったかどうかを含め，対立する利益のバランスを当事国が適切に取っていたかどうかの判断による。ヨーロッパ人権裁判所の判例法では，**環境問題や国の経済政策等の複雑な利害調整がかかわる分野において国が取った措置が，条約上の権利に対して均衡を逸する干渉であったかどうかの審査においては，当該措置の意思決定過程で適切な「手続」を取ったかどうかの点が重視されている**。以下にみるハットン対イギリス事件で，裁判所は，ヒースロー空港での夜間の航空機の離着陸について当局が設定した規則（本件では，騒音の大きい航空機を少数運航するか，騒音の少ない航空機を多数運航するかの選択を運航会社に委ねるクォータ制を導入したもの）が住民の権利（私生活の尊重を受ける権利，8条）への均衡を逸した干渉となったかどうかを審査するにあたり，対立する利益の間の公正なバランスを取るための適切な調査・研究を事前に行っていたか，また申立人ら影響を受ける住民が適切な意見表明の機会を有していたかどうかを検討し，その点で当局の措置に手続的欠陥があったかどうかを問題としている。

● ***CASE*** 〈国際判例〉ハットン対イギリス事件（*Hatton v. the United Kingdom*）ヨーロッパ人権裁判所大法廷判決，申立 No.36022/97，2003年7月8日［『ヨーロッパ人権裁判所の判例』337頁］

「104. 環境問題にかかわる事件の審査の手続的要素に関連しては，裁判所は，関わっている政策又は決定のタイプ，（申立人を含め）個人の見解が意思決定手続を通して考慮に入れられた程度，及び利用可能な手続の保障を含め，あらゆる手続的観点を検討することを求められる。」

「128. 本件の手続的側面に関して，裁判所は，本件のような複雑な環境及び経済政策の問題に関する政府の意思決定過程は，必然的に，様々な対立する利益の間に公正なバランスを取ることができるようにするための適切な調査及び研究を伴わなければならないことを注記する。しかしそのことは，決定されるべき問題のあらゆる側面に関して包括的で測定可能なデータが利用可能になってのみ，決定がなされうるということを意味しない。この点で，当局が一貫して状況をモニターしてきていること，及び1993年の制度は，1962年に遡る夜間飛行の一連の制限のうち直近のものであることは関連性をもつ。睡眠妨害と夜間飛行についての調査に関する立場は静的なものでは全くなく，政府の政策は，1回につき最大で5年間についての夜間飛行の制限を，それ以前の時期の調査及びその他の展開を考慮に入れながら発表するというものであった。従って，1993年の制度に先立って，長期にわたって行われてきた一連の調査及び研究があった。当該制度に

第5章 人権の「尊重」義務

よって導入された具体的な新たな措置は，運輸局のために行われた研究結果に言及しまた航空機の騒音と睡眠妨害の研究を含む『諮問文書』によって公衆に通知された。当該文書は，夜間の騒音を悪化させないよう，またできるならば状況を改善するよう，割当て（クォータ）が定められたことを述べていた。この文書は，1993年1月に発行され，航空産業を代表する組織及び空港の近くに住む人々に送られた。申立人及び同様の状況にある人々は従って，諮問文書を読むことができたので，彼らが適切と感じた申入れを行うことが彼らに開かれていたであろう。申入れが考慮に入れられなかった場合には，彼らは，その後の決定又は当該制度そのものを，裁判所で争うことができたはずであった。さらに，申立人らは，HACAN（ヒースロー空港地域住民連合）のメンバーであり，またメンバーであったのであって，申入れを行うのは特にふさわしい立場にあった。

129. このような状況において，裁判所は，当局が，実質において，これらの規則によって影響を受ける個人がその私生活及び家庭を尊重される権利と，他の者及び社会全体としての対立する利益との間に公正なバランスを取ることを怠ることによって評価の余地を踏み越えたとは認定せず，また，夜間飛行の制限に関する1993年の規則の準備にあたって根本的な手続的欠陥があったとも認定しない。」

◆ 第6章 ◆ 人権の「保護」義務

I 国家の人権保護義務

◆ 1 総 論

　人権の実効的保障は，国家による人権の保護義務すなわち，個人の権利が，国家機関はもちろん，私人や私企業等の第三者によっても脅かされ又は侵害されることから保護するための積極的措置を取る義務を要請する。この保護義務の内容は，大別して，(1)権利侵害を防止するために必要な立法・行政措置を取ることと，(2)権利侵害に対して，事実を調査し実行者に適切な法的制裁を課すことを含めて，司法的救済その他の適切な救済を与えることに分けられる。

　国家は，国際法上，国内の統治機構のいずれに属するか又はどのような序列にあるかを問わずいかなる国家機関が行った国際法違反についても直接に国際責任を負う*から，**人権条約によって認められた権利を国家機関が侵害することを防止し，かつ権利侵害に対しては適切な法的制裁を課すことによって再発防止を図ることは，条約から明白に導かれる締約国の義務であり，人権保護義務の中でも最も基礎的な部分である。**適切な法的制裁という場合，拷問等禁止条約4条のように，拷問を締約国の刑法上の犯罪とすることを明文で義務づけ(1項)，かつ犯罪の重大性に見合った適切な処罰を科すことをも要求している(2項)条約の下では，それらの要求を遵守したものであることが必要となる。

　* **行為の国家への帰責**（attribution）　国際法上，国家機関の行為は，立法・行政・司法いずれに属する機関のものであるか，また国内法上どのような序列にある機関の行為であるかによらず，国家に帰属し，国際違法行為であれば国家責任を生ぜしめる。これに対し，国家機関でない私人・私的団体その他の私的当事者の行為は，その者又は実体（entity）が当該国の法律によって国家権力の行使を委ねられていたか又は国家の指示もしくは支配の下で行動していた等の例外的な場合を除き，

218

第6章　人権の「保護」義務

一般に国家に帰属しない。国際違法行為に対する国家責任に関する国際法の諸原則・規則を成文化した国連国際法委員会の国家責任条文（2001年に同委員会で採択され，未だ条約化はされていないが同年の国連総会決議56/83でテイク・ノートされた）は，行為の国家への帰属について次のように規定している。

■ 国際法委員会「国際違法行為に対する国家責任に関する条文」（国家責任条文）（2001年）

4条1項　国のいかなる機関の行為も，その機関が立法上，行政上，司法上又はその他の任務を遂行しているか，当該国の組織上のどのような地位を有するか，また，その機関が中央政府又は当該国の領域的単位の機関としてどのような性格をもつかを問わず，国際法上その国の行為とみなす。

同2項　機関には，その国の国内法に基づいて機関としての地位を有するすべての者又は実体が含まれる。

5条　4条に定める国の機関ではないがその国の法により統治権能の要素を行使する権限を与えられている者又は実体の行為は，当該の者又は実体が特定の事案においてその資格で行動している場合には，国際法上国の行為とみなす。

8条　人又は人の集団の行為は，当該の者又は集団がその行為を遂行する際に事実上その国の指示に基づき又はその国の指揮もしくは支配の下に行動している場合には，国際法上国の行為とみなす。

11条　前条までの規定に基づいて国に帰属しない行為も，その国が当該行為を国自身のものとして承認し及び採用する場合にはその限度において，国際法上その国の行為とみなす。

　他方で，私的当事者すなわち，私人や私的集団，私企業等の行為については，人権条約はこれらに義務を課すものではなく，また，これらの当事者が行った人権侵害はそれ自体が締約国に帰せられるものでもない。しかし，個人の権利が，私的当事者によって侵害され又は，侵害の脅威を受けている場合に，国家当局が無為にとどまりこれを放置することは，管轄下の個人に対して人権を保障するという人権条約上の国家の義務に明らかに合致せず，許されない。私人による人権侵害からも権利を保護する義務は，人権条約において権利が「**法律によって保護される**」旨の規定がある場合にはそこにも含意されているが，より一般的に，権利を「確保する」「保障する」，権利侵害を「防止する」等の条約上の一般的な義務から導かれる。**国家は，管轄下の個人に人権を保障ないし確保する義務を負っている以上，適切な立法・行政措置を取ることを通して私的当事者による権利侵害を防止・排除することが要求される**。換言すれば，私的当事者の人権侵害行為はそれ自体が締約国に帰属するのではない一方で，締約国は，それらを防止しまた現に起こっている場合にはこれを排除するために相当な注意を払って適切な措置を取ることが要求され，それを怠る不作為は，人権条約上，国家の責任を生ぜしめる。権利を「保障する」ないし「確保する」という人権条約上の義務は結果の義務であるが，私的当事者の行為については，国家は，人権侵害を水も漏らさず完全に防止し，絶対に人権侵害を発生させな

219

◆ 第2部 ◆ 条約機関の判例・先例法理に見る人権条約上の実体的義務

いという意味での結果を要求されているわけではない（それはどの国においても現実にはあり得ない）。そうではなく，国家は，**私的当事者による人権侵害に対し相当の注意**（due diligence）**をもってこれを防止・排除するために取りうるあらゆる合理的な**（reasonable）**措置を取ることが求められている**のであり，その意味で，**私的当事者による人権侵害を防止・排除することによって人権を保護する国家の義務は行為の義務である**といえる。よって，私的当事者の人権侵害についての国家の責任は，単にその人権侵害が発生したことのみで生じるのではなく，合理的な措置を取ることによってそれを防止・排除することが可能であったにもかかわらずそのような措置を取らなかった場合に生じる（言い換えれば，取るべき措置を取ったことが示されれば，人権侵害が発生したという結果のみでは国家責任は生じない）。

さらに，**人権侵害が国家機関によって行われた場合であれ，私的当事者によって行われた場合であれ，権利侵害の被害者に対し，司法的救済その他の適切な救済を与える義務がある**。多くの人権条約は，条約で認められた権利を侵害された者は，公的資格で行動する者によりその侵害が行われた場合にも，国の機関の前において効果的な救済措置を受ける権利があることを規定している（ヨーロッパ人権条約13条，自由権規約2条3項等。後述）。

また，条約機関の判例法・先例法では，とりわけ米州人権裁判所や自由権規約委員会によって，身体の自由や生命権，拷問等を受けない権利等の多重的な侵害を伴う重大な人権侵害でありかつ実行者が何者であるか認定できないことが多い**強制失踪**の事案を契機として，国家が**実効的な防止，調査，及び処罰を行う義務**についての法理が発展してきた。

■ 自由権規約委員会「一般的意見6　生命に対する権利（6条）」(1982年)
　4．締約国は……残念ながらあまりにも頻繁に発生し，あまりにもしばしば恣意的な生命の剝奪につながっている個人の失踪を防止するために，具体的かつ実効的な措置を取る

べきである。さらに，国家は，生命に対する権利の侵害が関わりうる状況において行方不明となっている又は失踪した人の事案を徹底的に調査するための実効的な機関及び手続を設けるべきである。

● *CASE* ● 〈国際先例〉ルビオ対コロンビア事件（*Joaquín David Herrera Rubio v. Colombia*）自由権規約委員会「見解」，通報 No.161/1983，1987年11月2日 [『先例集第2集』184頁]
「10.3.　委員会は，通報者の主張に照らし，通報者の両親の死亡に関してコロンビア軍の要員が責任を負うということを信じる理由はあると考えるが，殺害者の身元を確認す

第6章 人権の「保護」義務

るための決定的な証拠は出されていない。この関連で委員会は，規約6条に関する一般的意見6を参照する。この一般的意見は特に，当事国は，人の失踪を防止するために具体的かつ実効的な措置を取ること，並びに，生命に対する権利の侵害を伴うような状況における行方不明及び失踪の事件については，公平な機関によって徹底的に調査するための効果的な機関及び手続を設けるべきことについて述べている。しかし委員会は，本件において行われた調査に関する当事国の提出書面が，規約2条に基づく当事国の義務に照らして不十分であったと思われることに正当に留意した。

10.4. 拷問に関する通報者の主張に関しては，委員会は，彼が受けた拷問について非常に詳細な描写を行い，また，責任あるとされる軍の要員の名前を提供したことを注記する。この関連で委員会は，当事国によって行われた最初の調査は時期尚早に終了されてしまったといえるかもしれず，1986年10月4日の通報者の提出書面及びより詳細な情報を求めた同年12月18日の作業部会の要請に照らして，さらに調査が必要であったと考える。

10.5. 立証責任に関しては，委員会は別の事案（例えば，No.30/1978及びNo.85/1981）ですでに，責任は通報者のみにかかるのではないということを明らかにしている。特に，通報者と当事国とは証拠に関して平等のアクセスを有しておらず，関連情報に対してアクセスを有しているのは当事国だけであることが多いことを考えればそうである。そのような状況においては，通報者の主張の方に，相応の重要性が与えられなければならない。当事国が，自国及びその機関に対してなされた規約違反のすべての主張につき，誠実に調査し，利用できる情報を委員会に提出する義務を負っていることは，選択議定書4条2項に含意されていることである。虐待に対して責任があるとされる者が通報者によって識別されているときは，当事国はいかなる場合においても，その主張の完全な調査を怠ってはならない。本件において当事国は特に，被拘禁者の虐待の罪に問われている軍の官吏について，及びその上官についての質問に対して，何ら詳細な情報も報告書も提出しなかった。

11. 自由権規約委員会は，市民的及び政治的権利に関する国際規約の選択議定書5条4項に基づき，委員会の認定した事実が，以下に関して規約の違反を示すものであるという見解である。

6条。なぜなら，当事国は，ホセ・ヘレラとエンマ・ルビオ・ド・ヘレラの失踪及びその後の殺害を防止するため，並びに彼らの殺害の責任について実効的な調査を行うために適切な措置を取らなかったからである。

7条及び10条1項。なぜなら，ホアキン・ヘレラ・ルビオは，拘禁中に拷問と虐待を受けたからである。」

　ヴェラスケス・ロドリゲス事件判決で米州人権裁判所は，米州人権条約1条1項により条約上の権利及び自由の自由かつ完全な行使を「確保する」締約国の義務は，公権力が行使されるあらゆる構造を，人権の自由かつ完全な享受を法的に確保できるように組織する一般的な義務であるとし，かつその具体的な結果として，条約で認められた権利のいかなる侵害をも防止し（prevent），調

221

◆ 第2部 ◆ 条約機関の判例・先例法理に見る人権条約上の実体的義務

査し（investigate）及び処罰（punish）する義務があると判示した。本件では、強制失踪の被害者の事案につき、裁判所は当事国ホンジュラスの国家機関が強制失踪を行ったという認定は行わなかったものの、仮にそれが国家機関の行為でなく私人の行為であるか又は実行者が判明しない場合でも、国はこのような事案を実効的に調査しかつ、実行者が明らかになった場合には処罰する必要があるとして、人権を「確保する」義務からする締約国の積極的義務の存在を強調した。

■ 米州人権条約
1条　この条約の締約国は、ここに承認された権利及び自由を尊重し、並びに、人種、皮膚の色、性、言語、宗教、政治的意見その他の意見、民族的もしくは社会的出身、経済的地位、門地、又はその他の社会的条件によるいかなる差別もなく、その管轄の下にあるすべての人に対して、これらの権利及び自由の自由かつ完全な行使を確保することを約束する。

● **CASE** ● 〈国際判例〉ヴェラスケス・ロドリゲス事件米州人権裁判所判決（本案）、1988年7月29日 ［前掲］

「166.　締約国の第二の義務は、その管轄の下にあるすべての人に対し、権利の自由かつ完全な行使を『確保する』ことである。この義務は、政府の機構及び、一般的に、公権力が行使されるあらゆる構造を、人権の自由かつ完全な享受を法的に確保できるように組織するという締約国の義務を意味する。この義務の結果として、国家は、条約で認められた権利のいかなる侵害をも防止し（prevent）、調査し（investigate）及び処罰（punish）しなければならず、さらに、可能ならば、侵害された権利を回復し、侵害から生じた損害に対する賠償を提供するよう試みなければならない。

167.　人権の自由かつ完全な行使を確保する義務は、この義務を遵守できることを目的とした法制度が存在することによって満たされるものではなく、人権の自由かつ完全な行使を実効的に確保するよう政府が自ら行動することをも要求する。」

「169.　1条1項に従い、条約で認められた権利を侵害するいかなる公権力の行使も違法である。国家機関、公務員又は公的機関がこれらの権利のいずれかを侵害したときはいつでも、そのことは、条約に定められた権利及び自由を尊重する義務の不履行を構成する。」

「172.　従って、原則として、公的機関の行為又は、自らの権力の地位を用いる者によって行われた、条約で認められた権利のいかなる侵害も、国家に帰せられる。しかし、これは、国家が人権侵害を防止し、調査し及び処罰する義務を負うすべての状況、また、権利侵害に対して国家が責任を負うとされるすべての場合を定義しているわけではない。人権を侵害する行為であって、当初は直接国家に帰せられるものでない（例えば、私人の行為であるか又は、責任者が認定されていないという理由で）行為が、行為それ自体のためではなく、条約によって要求されているように侵害を防止するため又は侵害に対応するための相当の注意の欠如のために、国家の国際責任につながることがある。

173.　条約の違反は、個人の有責性を認定するにあたって心理的な要素を考慮に入れる

第6章　人権の「保護」義務

規則に基づくものではあり得ない。分析の目的上は，条約で認められた権利を侵害した主体の意図や動機は無関係であり，条約違反は，加害者個人の身元が不明であっても認定されうる。決定的なことは，条約で認められた権利の侵害が，政府の支援もしくは黙認の下で起こったのかどうか，又は，国家が，それを防止し又は責任者を処罰するための措置を取らずに，行為が起こるのを許したのかどうかである。従って，<u>裁判所の任務は，当該違反が，条約の1条1項で要求されているように権利を尊重し及び確保する国家の義務を国家が履行しなかった結果であるかどうかを決定することである。</u>

174. <u>国家は，人権侵害を防止し，その管轄内で行われた侵害についての真剣な調査を行うために用いうる手段を用い，責任者を認定し，適切な処罰を科し，かつ被害者に十分な賠償を確保するために，合理的な措置を取る法的義務を負う。</u>

175. この<u>防止義務は，人権保護を促進し，かつ，いかなる侵害も違法な行為とみなされそのように扱われることを確保する，法的，政治的，行政的及び文化的性格のあらゆる手段を含む。</u>いかなる侵害も違法とみなされそのように扱われることとは，それ自体，責任者の処罰及び被害者への損害賠償義務につながりうる。それらの手段は，各締約国の法律及び状況によって異なるため，そのような手段をすべて詳細に列挙することはできない。もちろん，国家は人権侵害を防止する義務を負っているが，ある特定の侵害の存在それ自体は，防止措置を取るのを怠ったことを証明するものではない。他方で，処罰されずに拷問や暗殺を行う公的鎮圧機関に人を委ねることは，その特定の人が拷問もしくは暗殺されず又はそれらの事実がある具体的な事件では証明されないとしても，それ自体，生命及び身体保全に対する権利の侵害を防止する義務に違反する。

176. <u>国家は，条約で保護された権利の侵害がかかわるあらゆる状況を調査する義務を負う。</u>国家機関が，人権侵害が処罰されずまた被害者の完全な権利享受ができる限り速やかに回復されないようなかたちで行動する場合には，国家は，管轄内にある人に対してそれらの権利の自由かつ完全な行使を確保する義務を遵守していない。同じことは，国家が，私人又は私的団体が条約で認められた権利を害するかたちで自由にかつ処罰されずに行動することを許すときにも妥当する。

177. 一定の状況においては，個人の権利を侵害する行為を調査することが難しいこともありうる。調査する義務は，<u>防止する義務と同様，調査が満足の行く結果を生まなかったことのみをもって違反となるわけではない。しかし，調査は，真剣に行われなければならず，非実効的なものとなることがあらかじめ予測されるような単なる形式として行われてはならない。</u>調査は目標をもっていなければならず，政府による実効的な真実の探求なく被害者もしくはその家族の発意又はそれらの者の証拠提供に基づいた，私的利益によって取られる措置としてではなく，国家が自らの法的義務として行うものでなければならない。このことは，最終的に人権侵害の責任を認定される主体が誰であるかにかかからず妥当する。<u>条約に違反する私的当事者の行為が真剣に調査されず，それらの当事者がある意味で政府によって援助されている場合には，そのことは国家に対し国際的平面で責任を負わせることとなる。</u>

178. 本件では，証拠は，条約の1条1項に定められているようにマンフレド・ヴェラスケスの失踪の調査並びに，賠償を払い及び責任者を処罰する義務の履行を確保するために理論的には十分であったホンジュラス国の手続が，完全に無力であったことを示している。

223

179. 裁判所が上記で確認したように，本件では，様々な法廷の前に出された令状に対して司法機関が行動を取らなかったことが示された。一つの人身保護令状も処理されなかった。一人の裁判官も，マンフレド・ヴェラスケスが抑留されているかもしれない場所に近づくことができなかった。刑事告訴は却下された。

180. 行政府の諸機関もまた，マンフレド・ヴェラスケスの行方を確定するための真剣な調査を行わなかった。失踪の慣行について公になされている主張が調査されることはなく，マンフレド・ヴェラスケスがその慣行の被害者であったことの認定もされなかった。[米州人権] 委員会の情報要請は無視され，委員会は，規則42条により，主張が真実であると推定しなければならないほどであった。委員会の決議30/83に沿った調査を行うとの申し出は，結果的に，失踪に対する直接の責任が問われている同一機関である，軍隊による調査につながっただけであった。このことは，調査の真剣さに関する重大な疑問を生じさせる。政府は，被害者の親族の主張について，人に対する犯罪がかかわる以上，公の秩序を確保する国家の義務の履行として自らの発意で調査をするべきであったにもかかわらず，その主張の決定的な証拠を提出するために，被害者の親族への質問に頼っていることがしばしばであった。このことは，主張が，軍隊内で行われた慣行に言及しているときには特にそうであって，その性格からして，軍隊は，私的調査を受けるものではないからである。マンフレド・ヴェラスケスの失踪の責任を認定し，国内法の下で処罰を適用するためのいかなる手続も開始されなかった。以上の事柄すべてが，ホンジュラス当局が，条約の1条1項で要求されているように当該国の管轄内で人権尊重を確保するために実効的な行動を取らなかったという結論を導くものである。」

「182. 裁判所は，マンフレド・ヴェラスケスの失踪が，公的機関の援助の下に活動する主体によって行われたことを確信し，またそのように認定した。しかし，その事実が証明されなかったとしても，国家機関が行動を怠ったという，明確に証明された事実は，マンフレド・ヴェラスケスに対してその人権の自由かつ完全な行使を保障する義務を課している条約1条1項の下でホンジュラスが負った義務の，ホンジュラス側の不履行である。」

「184. 国際法における国家の継続性の原則に従い，責任は，時間の経過による政府の変更と関係なく，かつ，責任を生じさせた行為のときから，当該行為が違法と宣言されたときまで継続して存在する。……

185. 以上から，裁判所は，本件手続において認定された事実は，アンジェル・マンフレド・ヴェラスケス・ロドリゲスの非自発的な失踪について，ホンジュラス国が責任を負うことを示していると結論する。従って，ホンジュラスは条約の7条，5条及び4条に違反した。」

権利侵害を実効的に防止，調査及び処罰することによって権利を保護する国家の義務は，このように自由権規約委員会や米州人権裁判所の先例法・判例法において，とりわけ，生命権の侵害がかかわる強制失踪の事案で確立してきたが，より一般的に，条約上の権利を国家機関による侵害のみならず私的当事者による侵害からも保護するために必要な措置を取る国家の**積極的義務**（positive obligations）について，自由権規約委員会は次のように述べている。

■ 自由権規約委員会「一般的意見31　規約の締約国に課された一般的義務の性格」（2004年）

8．2条1項の義務は，国家を拘束するものであり，それ自体，国際法上，水平的な直接効果を有するものではない。規約は，国内の刑法や民法の代替としてみることはできない。しかし，規約上の権利を確保するために締約国に課される積極的義務は，国家機関による規約上の権利の侵害に対してのみならず，規約上の権利が私人間又は私的機関の間での適用になじむ限りにおいて，規約上の権利の享受を害するような私人又は私的機関の行為に対しても保護されなければ，完全に履行れたことにならない。締約国が，私人もしくは私的機関によるそのような行為によって引き起こされる被害を許容し又は，それを防止し，処罰し，調査しもしくは除去するために適切な措置を取りもしくは相当な注意を払うことを怠った結果として，2条によって要求されているように規約上の権利を確保しなかったことが，締約国によるそれらの権利の侵害となる状況がありうる。国家は，2条の下で課されている積極的義務と，2条3項の下で，侵害の場合に効果的な救済を提供する必要性との間の相互関連性を想起しなければならない。規約自体，いくつかの条文で，私人又は私的団体の行動についても，締約国が積極的義務を負う特定の分野があることを掲げている。例えば，17条の私生活に関する保障は，法律によって保護されなければならない。締約国は，私人又は私的団体がその権限内にある他者に対して拷問又は残虐な，非人道的なもしくは品位を傷つける取扱いを行わないことを確保するための積極的措置を取らなければならないということも，7条に内在していることである。労働や住居といった日常生活の基本的な側面に影響を与える分野では，個人は，26条の意味において差別から保護されなければならない。

　ヨーロッパ人権裁判所の判例では，1980年代初頭から，集会・結社の自由についての権利（ヨーロッパ人権条約11条）や私生活の尊重を受ける権利（同8条）等をめぐって，これらの権利を私人間においても実効的に保護するための国家の積極的義務についての法理が発展している。

　ヤング，ジェームズ，ウェブスター対イギリス事件は，英国鉄道の職員であったヤングらが，所定の労働組合への加入を雇用条件とするクローズド・ショップ協定が同鉄道と組合との間に締結されたにもかかわらずそれらの組合に加入しなかった結果解雇されたため，これを結社の自由等の侵害であると主張した事案である。ヨーロッパ人権裁判所は，解雇により生計の途を失うという脅威をもって組合加入を強いることは条約11条の保障する結社の自由の本質を侵害するとし，そのように条約上の権利を侵害する行為が当事国の国内法で合法とされていたことをもって，管轄内の人に権利を保障する当事国イギリスの義務の違背を認定した（本件では，クローズド・ショップ協定を結んだのは英国鉄道という国営企業であったが，裁判所は，この企業の行為が国家の行為とみなされるかどうかについては検討の必要がないとした）。

◆ 第2部 ◆ 条約機関の判例・先例法理に見る人権条約上の実体的義務

● **CASE** ● 〈国際判例〉ヤング，ジェームズ，ウェブスター対イギリス事件（*Young, James and Webster v. the United Kingdom*）ヨーロッパ人権裁判所判決，申立 No. 7601/76，7806/77，1981年8月13日［『ヨーロッパ人権裁判所の判例』110頁］

「13. 本質において，クローズド・ショップとは，一又はそれ以上の労働組合と一又はそれ以上の雇用者もしくは雇用者団体との間の協定又は取決めの結果，一定の階層の被雇用者が実際上ある特定の組合の構成員となることを要求されるか又は構成員となる約束又は職場である。……」

「29. 1970年に，英国鉄道は全国鉄道員組合（NUR），運輸職員連合（TSSR），及び機関士・消防士連合協会（ASLEF）との間にクローズド・ショップ協定を締結したが，1971年産業関係法[133]の制定により，これは実施されなかった。

しかし，問題は，1975年7月[134]，英国鉄道が同上の組合とさらなる協定を締結した際に再び生じた。そこでは，1975年8月1日以降，申立人らを含む一定の職種の職員にとって，これらのいずれかの組合の構成員であることが雇用条件であること，及び，当該協定の文言が各雇用契約に『組み込まれその一体をなす』ことが規定された。……加入の条件は，『いかなる労働組合の構成員となることに対しても，宗教的信念に基づいて真正に異議を唱え又は，いかなる特定の労働組合の構成員となることに対しても，何らかの合理的理由で真正に異議を唱えた現職の職員』には適用されなかった。当該協定はまた，これらの理由に基づいて免除を申請する手続並びに，雇用者及び組合の代表によって審理を受けるための申立について規定していた。」

「31. ……1975年のクローズド・ショップ協定の締結前には，総計25万の英国鉄道職員のうち，6,000から8,000人の職員がまだ特定の組合のいずれかの構成員となっていなかったとみられる。最終的には，組合加入の条件に従うことを拒否したために，54人が解雇された。」

「49. 条約1条に基づき，各締約国は，『管轄内にあるすべての人に対し，条約……で定義された権利及び自由を保障』しなければならない。よって，もし，それらの権利及び自由のいずれかの侵害が，国内法の制定に関する義務の不遵守の結果であれば，当該の侵害について当事国の責任が生ずる。本件に至った出来事の直近の原因は1975年の英国鉄道と労働組合との協定であったが，申立人が申立てた取扱い［＝クローズド・ショップ協定の定める組合の構成員でないことを理由とする解雇］を合法としていたのは，当時有効であった国内法であった。よって，その結果としてのいかなる条約違反についての当事国の責任も，そのことに基づいて生ずる。」

「54. 1975年に締結された協定の結果（29項を参照），申立人らは，（ジェームズ氏の場合は）NUR 又は（ヤング氏及びウェブスター氏の場合は）TSSA もしくは NUR に加入するか，さもなければ職を失うというジレンマに直面した。彼らの職は，最初にこれを得たときには組合への加入が要求されておらず，また，うち二人にとっては，数年間就

---

(133) 訳注：組合の構成員でないことを理由とする解雇を不当な解雇とし，クローズド・ショップの適用を大幅に制限したもの。

(134) 訳注：1971年産業関係法を廃止する1974年の労働組合及び労働関係法はクローズド・ショップを合法化し，不当な解雇に対する保護として，被雇用者が宗教的信念その他の合理的理由に基づいて真正に異議を唱えた場合を規定した。

226

◆ 第6章　人権の「保護」義務

いていた職であった。各申立人は，当該協定によって導入された組合加入条件は，自らが有している結社の自由への介入であると考え，加えて，ヤング氏及びウェブスター氏は労働組合の政策及び活動に異議をもちまたヤング氏の場合は，当該の特定の組合の政治的提携に異議をもっていた。……彼らが不当であると考えた圧力に屈するのを拒否した結果，彼らは雇用を終結する通知を受けた。当時……有効であった法律によれば，彼らの解雇は『妥当』でありよって，賠償請求，ましてや復職請求を行うことはできなかった。

55. 申立人が直面した状況は，明らかに，消極的な意味での結社の自由の概念に反する。

11条は，結社の自由の消極的側面を積極的側面と同じ土俵で保障しているものではないとすると，特定の組合への加入を強制することは必ずしも常に条約違反となるわけではないであろう。

しかしながら，生計を失うことを伴う解雇の恐れは，非常に重大な強制の形態であって，本件では，特定の労働組合に加入する義務が導入される前に英国鉄道に雇用された人に対してそれが用いられた。

裁判所の意見では，本件の状況においては，そのような形態の強制は，11条で保障された自由の本質そのものを害する。この理由のみをもって，3人の申立人のそれぞれにつき，結社の自由への介入があった。」

米州人権裁判所は，先にみたヴェラスケス・ロドリゲス事件のほかにも多くの事案及び勧告的意見において，米州人権条約1条に基づき管轄下の人に対しいかなる差別もなく条約上の権利及び自由の行使を確保するために締約国が負う幅広い積極的義務についての解釈を示しているが，**私人間の雇用関係においても条約上の権利の行使を確保するための積極的義務**はその重要な一部である。労働法において正規の在留資格をもつ者と非正規の移民労働者との間に異なった待遇を規定することができるか否かに関してメキシコが提出した勧告的意見請求に対して，米州人権裁判所は次のような意見を示した。

● **CASE** ● 〈国際裁判所の勧告的意見〉非正規移民の法的状況及び権利に関する米州人権裁判所勧告的意見 OC-18/03（*Juridical Condition and Rights of the Undocumented Migrants*），2003年9月17日

「146. 人権を尊重し及び確保する義務は，通常は，国家とその管轄に服する個人の間の関係において効果をもつが，個人間の関係においても効果をもつ。この勧告的意見に関しては，個人間の関係において人権を尊重する義務のそのような効果は，私的な雇用関係すなわち，雇用者がその労働者の人権を尊重しなければならない関係との関連で定義される。

147. 第三者の人権を尊重し保障する義務はまた，個人間の関係すなわち私法を規律する法を決定するのは国家であるという事実にも基づいている。従って国家は，そうした

227

◆ 第 2 部 ◆ 　条約機関の判例・先例法理に見る人権条約上の実体的義務

私的な関係において，第三者間の関係においても権利が尊重されることを確保しなければならず，そうでない場合，国家はそれらの権利の侵害に対して責任を負いうる。

148. 国家は，国民又は外国人としてのその地位にかかわらず，すべての労働者の労働に関する人権を尊重及び確保しかつ，外国人労働者が個人間（雇用者と労働者）に設けられた雇用関係において差別を受ける状況を許容しない義務を負う。国家は，民間の雇用者が労働者の権利を侵害し又は，契約関係が最低限の国際基準を侵害することを許容するべきでない。

149. ……国家は，国籍，社会的，種族的もしくは人種的出身，及び移民としての地位にかかわらず，労働者にとって最良の保護を提供する労働法の厳格な遵守を確保しなければならず，従って，法的な差別的状況を是正するため，並びに，地域的，地方的，全国的もしくは国際的レベルで特定の雇用者もしくは雇用者団体によって行われる移民労働者への差別的慣行を撤廃するために必要なあらゆる行政上，立法上もしくは司法上の措置を取る義務を負う。

150. 多くの場合，移民労働者は，自らの権利の保護のために国家の諸制度に頼らなければならない。例えば，民間企業の労働者が，賃金の支払いや賠償等の請求のために司法的救済を求めることがある。また，これらの労働者はしばしば，国の保健サービスを利用しまた国の年金制度のために拠出している。これらのすべての場合において，国家は，一定のサービスを供給することを求められていることにより，基本的権利の保障者として個人間の関係に関わっている。

151. 労働関係において，雇用者は，当該労働関係が公的部門であれ民間部門であれ，労働者の権利を保護し尊重しなければならない。移民労働者の人権を尊重する義務は，国家が雇用者であるとき，雇用者が第三者であるとき，雇用者が自然人もしくは法人であるとき，といういかなる種類の雇用関係においても，直接の効果をもつ。

152. よって国家は，雇用者として行動するときには自らの行為に対して，また，第三者が国家の容認（tolerance），黙認（acquiesence）もしくは怠慢（negligence）の下で又は差別の状況を創り出しもしくは維持することを奨励する何らかの国家の政策もしくは指示を受けて行動するときには当該第三者の行動に対して，責任を負う。

153. まとめれば，移民労働者と第三者たる雇用者との間の雇用関係は，いくつかの異なった形で国家の国際責任を生ぜしめる。第 1 に，国家は，その領域内で，その法に定められたあらゆる労働者の権利 —— 国際文書もしくは国内法に由来する諸権利 —— が認められかつ適用されることを確保する義務を負う。同様に，国家は，移民労働者に対し，国民たる労働者と同じ権利を認めないかもしくは，同じ権利を認めるが何らかの差別を行うことによって移民労働者に不利な待遇を与える第三者の行動及び慣行を容認するときには，国際的な責任を負う。

154. さらに，労働者の人権を直接に侵害するのが国家である場合がある。例えば，必要な拠出をし，労働者に対して法的に求められる条件をすべて充足した移民労働者に対し，年金に対する権利を国家が否定する場合や，労働者が自らの権利を主張するため該当の司法機関に申立を行ったのに対し当該機関が正当な司法的保護もしくは保障を与えない場合である。」

第6章　人権の「保護」義務

　次にみるのは，私生活の尊重を受ける権利を保障したヨーロッパ人権条約8条に関して，ヨーロッパ人権裁判所が，この権利を私人間においても実効的に保障する締約国の積極的義務について判示した判決である。本件では，精神障害をもつ16歳の少女(Y)が，精神障害児のための民間の施設内で性的虐待の被害を受けたことに対し，父親(X)が加害者を告訴しようとしたところ，当事国オランダの法律では被害者のみしか告訴を行えずまたYにはその能力がないために告訴できなかったことが，8条の権利を侵害するものであると主張された。ヨーロッパ人権裁判所は，締約国には8条の権利の実効的な尊重に内在する**積極的義務があるとし，それには私人間の関係においても私生活の尊重を確保するための措置が含まれるとするとともに，個人の私生活の最も根本的な部分である性的自律を犯す行為に対しては刑法による規制が不可欠である**という判示も行っている。

●**CASE**●　〈国際判例〉X及びY対オランダ事件（*X and Y v. the Netherlands*）ヨーロッパ人権裁判所判決，申立 No.8978/80，1985年3月26日［『ヨーロッパ人権裁判所の判例』323頁］

「22.　8条の適用可能性については争いがなかった。［ヨーロッパ人権］委員会への申立の元となった事実は，性生活を含む人の身体的及び精神的保全をカバーする概念である『私生活（private life）』の問題にかかわる。
23.　裁判所は，8条の趣旨は本質的には公の当局による恣意的な干渉から個人を保護することであるが，それは国家に対して単にそのような干渉を控えることを要求するのみではないことを想起する。この主として消極的な義務に加えて，私生活又は家族生活の実効的な尊重に内在する積極的義務がありうる(エイリー事件判決，1979年10月9日，32項)。これらの積極的義務は，個人相互の関係の領域においても私生活の尊重を確保することを目的とした措置を取ることを含みうる。
24.　……裁判所は，個人相互の関係の領域において8条の遵守を確保することを目的とした手段の選択は，原則として締約国の裁量の余地にかかると考える。この関連で，『私生活の尊重』を確保する様々な方法があり，国家の義務の性格は，問題となっている私生活の特定の側面による。刑法に依拠することは，必ずしも唯一の答えではない。」
「27.　裁判所は，Y嬢が受けた類の違法行為の場合には，民法による保護は不十分であると判断する。本件は，私生活の根本的な価値及び本質的な側面がかかっている事案である。この分野では実効的な抑止が不可欠であり，それは刑法の規定のよってのみ達成されうる。実際に，この問題が通常規制されるのは，刑法の規定によってである。」
「29.　……［オランダ刑法］248条3項は，この規定に反した者に対する刑事手続は，実際の被害者によって申立てられることを要求している。本件では，248条3項に基づく刑事手続の開始はなされ得なかった。……
30.　……従って，問題となっている違法行為の性格を考慮に入れると，Y嬢は条約8条

◆第2部◆　条約機関の判例・先例法理に見る人権条約上の実体的義務

の違反の被害者であったと結論されなければならない。」

　ヨーロッパ人権条約11条の集会及び結社の自由に関し，先にみたヤングほか
事件では，本条の権利を侵害する解雇を国内法で合法としていた当事国の条約
違反が認定されていたが，**平和的な集会及び結社の自由を私人間においても実
効的に確保する国家の積極的義務**は，労使関係のほか，平和的なデモを行う自
由を保護するために警察等の当局が適切な行動を取ることも要請する。ただ，
行政当局がそのような積極的措置を取る義務は，明らかに，人権侵害という結
果を絶対に生じさせないという意味での結果の義務ではなく，**相当の注意を
払ってあらゆる合理的な措置を取るという行為の義務**である。下にみるのは，
中絶に反対する医師の団体が行ったデモが，現場に警察がいたにもかかわらず
反対派のデモによって攪乱されたとして，当事国オーストリアの条約（集会の
自由に関する11条）違反が主張された事件で，ヨーロッパ人権裁判所が行った
判示である。

● **CASE** ●　〈国際判例〉「命を守る医師たち」対オーストリア事件（*Plattform 'Ärtze für
das Leben' v. Austria*）ヨーロッパ人権裁判所判決，申立 No.10126/82，1988
年6月21日

「32. デモは，それが促進しようとしている考えや主張に反対する人の気分を害し又は
怒らせることがありうる。しかし，デモの参加者は，反対者によって身体的な暴力を受
けるという恐れなしにデモを行うことができなければならない。そのような恐れは，同
様の考えや関心を支持する団体やその他の集団が，社会に影響を与える高度に論争的な
問題について自らの意見を公に表明することを押しとどめてしまうであろう。民主主義
においては，デモに対抗する権利は，デモを行う権利の行使を禁ずることにまで及ぶこ
とはできない。

　従って，平和的な集会の実効的な自由は，国家の側が単に干渉しない義務を求めるに
とどまるとみることはできない。そのような純粋に消極的な概念は，11条の趣旨及び目
的に合致しないであろう。8条と同様，11条はときに，必要であれば個人間の関係の領
域においても積極的な措置が取られることを要求する（必要な変更を加えて，1985年3
月26日のX及びY対オランダ事件判決，23項を見よ）。

33. 当事国政府及び［ヨーロッパ人権］委員に同意して，裁判所は，オーストリア法
はそのような積極的な行動によってデモを保護していると認める。例えば，刑法284条及
び285条は，禁止されていない会合を解散させ，妨げもしくは乱すことを犯罪とし，ま
た，当局が一定の場合に集会を禁止し，終了させもしくは強制的に解散させることがで
きるとした集会法6条，13条及び14条2項は，［あるデモに反対する］対抗デモにも適
用される。……

230

第6章　人権の「保護」義務

> 34. 合法なデモが平和的に進行できるよう合理的かつ適切な措置を取ることは締約国の義務であるが、締約国はそれを絶対的に保障することはできず、用いられる手段の選択において広い裁量をもつ（必要な変更を加えて、1985年5月28日のアブドゥラジズ、カバル及びバルカンダリ事件（*Abdulaziz, Cabales and Balkandali*）判決、35–37項を見よ）。この分野では、条約11条に基づいて生ずる義務は、取られる措置についての義務であり、達成される結果についてのものではない。」

　また、ヨーロッパ人権裁判所では、自由権規約委員会や米州人権裁判所における強制失踪のような悪質な多重的人権侵害の事案は従来稀であった一方で、1990年代以降、国家機関による生命権（2条）や拷問その他の虐待を受けない権利（3条）の侵害が主張される事案が多数寄せられるようになっているが、そうした事案においてヨーロッパ人権裁判所は、管轄内の人に権利を保障する義務（1条）から、**実効的な調査を行う義務**を導いてきた。

> ● **CASE** ●　〈国際判例〉アセノフほか対ブルガリア事件（*Assenov and others v. Bulgaria*）
> 　　　　　ヨーロッパ人権裁判所判決、申立 No.90/1997/874/1086、1998年10月28日
> 「102. 裁判所は、個人が、警察又はその他の国家機関によって、違法にかつ条約3条に違反して深刻な虐待を受けたという、主張しうる申立を提起している場合には、3条の規定は、『その管轄内にあるすべての人に、条約に定められた権利及び自由を保障する』とした条約1条に基づく国家の一般的義務と併せ読めば、その含意によって、実効的な公的調査が行われるべきことを要求する。この調査は、2条に基づくものと同様、責任者の認定及び処罰につながりうるものであるべきである（条約2条に関連しては、1995年9月27日のマッカンほか対イギリス事件（*McCann and Others v. the United Kingdom*）判決、161項；1998年2月19日のカヤ対トルコ事件判決、86項；及び1998年9月2日のヤサ対トルコ事件（*Yaşa v. Turkey*）判決、98項を見よ）。そうでなければ、拷問並びに非人道的な及び品位を傷つける取扱い及び刑罰の一般的な法的禁止は、その基本的重要性（上記93項を見よ）にもかかわらず、実際上非実効的なものとなり、場合によっては、国家機関が、その管理下にある者を事実上不処罰のままに虐待することが可能となるであろう。」

　以下にみるオスマン事件、オズグル・グンデム事件はいずれも、私人による暴力行為に対して適切な措置を取ることを怠った当事国の義務違反が争われた事案である。オスマン事件では、嫌がらせ及び殺害行為に対して警察の保護が不十分であったこと、及び、加害者の行動を以前から察知していたにもかかわらず適切な措置を取らなかった警察の怠慢に対して提起した訴訟が却下されたことが、2条、6条（公正な裁判を受ける権利）等の違反であると主張された。

231

◆ 第2部 ◆ 条約機関の判例・先例法理に見る人権条約上の実体的義務

また，オズグル・グンデム対トルコ事件では，クルド労働者党（PKK）を支持しているとされる新聞オズグル・グンデムとその記者ら関係者に対して私人から加えられた放火，殺害，暴行等に対してトルコの警察及び検察当局が取った措置が，10条（表現の自由に対する権利）の権利を実効的に保護するものでないと主張された。

両判決で述べられているように，私人間においても条約上の権利を実効的に保障するために締約国が取ることが求められる積極的義務の具体的な内容や範囲は状況によって異なるし，警察等が取る措置には当然ながら条約上の他の人権への考慮や法の正当な手続の尊重が必要である。ヨーロッパ人権裁判所はオスマン事件判決で，**私人の犯罪行為から生命権を保護する積極的義務の違反が認定されるためには，当局が，特定の個人又は諸個人の生命に対して第三者の犯罪行為による真のかつ差し迫った危険があることを知っており又は知っているべきであったにもかかわらず，合理的に判断して取るべき措置をその権限内において取ることを怠ったことが示されなければならない**としている。また，オズグル・グンデム対トルコ事件のほか多くの事案で裁判所は，**積極的義務の存在とその範囲を判断するにあたっては社会の一般的な利益と個人の利益との間に公平なバランスをとることが必要**であり，そのような考慮はそもそもヨーロッパ人権条約全体に内在していることであると述べている。しかし，オズグル・グンデム事件では，新聞社とその関係者に対して私人が行った暴力的犯罪行為に対してトルコ当局が取った措置は申立人の権利保護のために明らかに不十分であったとして，トルコの条約10条違反が認定されている。

● **CASE** ● 〈国際判例〉**オスマン対イギリス事件**（*Osman v. the United Kingdom*）ヨーロッパ人権裁判所大法廷判決，申立 No.23452/94，1998年10月28日［『ヨーロッパ人権裁判所の判例』115頁］

「115. 裁判所は，<u>2条1項の第一文は国家に対し，意図的かつ違法な生命の剥奪を控えることのみならず，管轄内にある人の生命を保護するために適切な措置を取ることをも義務づけている</u>ことを注記する（1998年6月9日のL.C.B.対イギリス事件（*L.C.B. v. United Kingdom*）判決，36項を見よ）。<u>この点での国家の義務が，実効的な刑法規定をおくことによって生命権を保障する基本的な義務を超えて，それらの規定の違反の防止，鎮圧及び制裁のための法執行機構によって人に対する犯行を抑止することに及ぶ</u>ということは，当然である。条約2条は，一定の特定された状況においては，他の個人の犯行によって生命が危険にさらされている個人を保護するために防止的な実際的措置を取るという積極的義務が当局にあることを含意するということは，裁判所に出廷した当事者

第6章　人権の「保護」義務

によって受け入れられている。当事者間で争われているのは，この義務の範囲である。

116．裁判所にとって，また，現代社会を規律することに伴う困難，人間の行動の予測不可能性，並びに，優先順位及び資源の観点からなされなければならない選択を考慮すれば，そのような義務は，当局に対して，不可能な又は不均衡な負担を課するような形で解釈されてはならない。従って，主張される生命への危険のすべてが，当局にとって，その危険が現実化するのを防止するため実際的な措置を取るという条約上の要求を伴うとはいえない。もう一つの関連する考慮事項は，警察が，その監視及び犯罪防止の権限を，法の正当な手続並びに，条約5条［訳注：身体の自由及び安全に対する権利］及び8条［私生活，家族生活及び通信の尊重に対する権利］に含まれた保障を含め警察の犯罪捜査及び犯罪者訴追のための行動範囲に正当な制約を課しているその他の保障を十分に尊重した形で行使することである。

　裁判所の意見では，当局が，上述した，人に対する犯行を防止し鎮圧する義務の文脈で（上記115項を見よ）生命権を保護する積極的義務に違反したという主張があるときには，当局が，特定の個人又は諸個人の生命に対して第三者の犯罪行為による真のかつ差し迫った危険があることを当該時点で知っており又は知っているべきであったにもかかわらず，合理的に判断して，その危険を避けるために期待されたと思われる措置を自らの権限内において取ることを怠ったということが，裁判所の満足できるように示されなければならない。裁判所は，当時知られていた状況において生命への危険を認知できなかったこと，又はその危険を避けるために防止措置を取るのを怠ったこととは，生命を保護する義務の大規模な懈怠又は意図的な無視に等しいものでなければならない，という当事国政府の主張を受け入れない。……そのような厳格な基準は，条約1条の要求，及び，1条に基づき，2条（必要な変更を加えて，上記のマッカンほか事件判決，146項を見よ）を含め条約に定められた権利及び自由の実際的かつ実効的な保護を保障するという締約国の義務に合致しないと考えなければならない。裁判所にとって，また，条約体制において根本的な権利である2条の権利の性格を考慮すれば，申立人が，生命に対する真のかつ差し迫った危険であって当局が知っており又は知っているべきであった危険を避けるために合理的に期待されうるあらゆることを行わなかったことを示すことで足りる。これは，特定の事件のすべての状況に照らしてのみ答えられうる問題である。……」

「119．関連の時点で警察がどこまで知っていたかという程度の評価にあたって，裁判所は，1987年5月から11月の間にオスマン［＝加害者によって殺傷された被害者］家に対して行われた一連の暴力行為についても十分に検討した。……裁判所はまず，これらの事件のいずれも生命を脅かすようなものではなく，また第二に，パジェ・ルイス［＝加害者］の関与を示す証拠はなかったと考える。……

120．裁判所はまた，パジェ・ルイスが3回にわたって，直接的又は間接的に自らの殺意を警察に伝えていたという申立人らの主張の強さについても慎重に検討した。……しかし，裁判所の見解では，これらの言明は，オスマン家が彼の脅威の標的となっており，かつ警察にその趣旨を伝えたものと合理的に考えられるものではない。……

121．裁判所の見解では，申立人らは，オスマン家の家族の生命がパジェ・ルイスによって真のかつ差し迫った危険にさらされていることを警察が知っており又は知っているべきであったと言いうるとするにあたり，悲劇的な射殺に至る出来事の過程のいかなる決

233

◆ 第2部 ◆ 条約機関の判例・先例法理に見る人権条約上の実体的義務

定的な時点をも指摘していない。申立人らは，例えば，家宅捜索によって落書き事件と彼との関連についての証拠を探すこと，1983年精神保健法に基づいて彼を収容すること，又は彼の失踪後より積極的な捜査措置を取ることによってパジェ・ルイスがもたらした脅威を警察が食い止めることができたかもしれない一連の失われた機会があることを指摘しているが，合理的に判断して，それらの措置が実際にそのような結果をもたらし又は，国内裁判所が提出された証拠に基づいて彼に有罪判決を下しもしくは精神病院への収容を命じたであろうとはいえない。すでに述べたように（上記116項を見よ），警察は，個人の権利及び自由と合致する形でその義務を履行しなければならない。本件の状況においては，警察が無罪推定に重きをおいたこと又は，関連の時点で，逮捕，捜索及び押収の権限を用いるために求められる水準の疑いを欠いているもしくは取る行動が実際に具体的な成果を生むことについて彼らが合理的に有した見解によって逮捕，捜索及び押収の権限を用いなかったことを批判することはできない。

122. 上記の理由で，裁判所は，本件では2条の違反はなかったと結論する。」

● ***CASE*** ● 〈国際判例〉オズグル・グンデム対トルコ事件（*Ozgür Gundem v. Turkey*）
ヨーロッパ人権裁判所判決，申立 No.23144/93, 2000年3月16日

「42. 裁判所は長きにわたり，条約の多くの規定の本質的な趣旨は個人を公的機関による恣意的な干渉から保護することであるが，それに加えて，関係の権利の実効的な尊重に内在する積極的義務がありうると判示してきた。そのような義務は，8条（中でも，1989年7月7日のガスキン対イギリス事件（*Gaskin v. the United Kingdo*m）判決，42-49項を見よ）及び11条（1988年6月21日の「命を守る医師」対オーストリア事件判決，32項を見よ）に基づいて生じうると認定してきた。実効的な調査を行うために措置を取る義務はまた，2条（例えば，1995年9月27日のマッカンほか対イギリス事件判決，161項を見よ），及び3条（1998年10月28日のアセノフほか対ブルガリア事件判決，102項を見よ）の文脈でも生じると認定され，また，生命を保護するために措置を取る積極的義務も，2条の下で存在しうるとされた（1998年10月28日のオスマン対イギリス事件判決，115-117項を見よ）。

43. 裁判所は，機能する民主主義の前提条件の一つとしての表現の自由の中核的重要性を想起する。この自由の真のかつ実効的な行使は，単に国家が干渉しない義務にかかっているのではなく，個人間の関係の領域においても積極的な保護の措置を取ることを要求しうる（必要な変更を加えて，1985年3月26日のX及びY対オランダ事件判決，23項を見よ）。積極的義務が存在するかどうかを決定するにあたっては，社会の一般的な利益と個人の利益との間に公平なバランスをとるための考慮が払われなければならず，そのようなバランスを求めることは，本条約全体に内在していることである。この義務の範囲は，締約国の状況の多様性，現代社会を規律することに伴う困難並びに，優先順位及び資源の観点からなされなければならない選択を考慮すれば，必然的に，一概にはいえない。また，そのような義務は，当局に対して，不可能な又は不均衡な負担を課するような形で解釈されてはならない（先例の中でも，1986年10月17日のリーズ対イギリス事件（*Rees v. the United Kingdom*）判決，37項及び上述のオスマン対イギリス事件，116項を見よ）。

◆ 第6章　人権の「保護」義務

44. 本件では，当局は，オズグル・グンデム及びその関係者が一連の暴力行為を受けており，かつ申立人が，当該新聞の発刊と頒布を妨げるために彼らが意図的に標的にされているとの恐れをもっていることを認識していた。しかしながら，保護を求めて当該新聞又はその職員から提出された請願や要請の大多数は，返答されないままであった。当事国政府は，新聞がまだ存在していた間にその頒布に関して取った一つの保護措置を明らかにできただけであった。1994年12月にイスタンブール事務所で起きた爆弾事件の後に取られた措置は，当該新聞の後継新聞に関するものであった。裁判所は，攻撃の重大性及びその広範な性格を考慮すれば，当事国政府は，特定の事件に対して個別の検察官が命じた捜査のみに依拠することはできないとみなす。裁判所は，これらの攻撃が当局によって支持され又は容認された一連のキャンペーンの一部であるとの申立人の主張に対して，これらの捜査が十分又は実効的な対応を提供するものであったとの当事国政府の主張には納得しない。

45. 裁判所は，オズグル・グンデム及びその職員がPKKを支持しており，そのプロパガンダ手段として行動していることを強く確信しているという当事国政府の主張を注記した。［しかし］そのことが仮に真実であるとしても，暴力を伴う違法行為を調査しかつ必要ならば保護を提供するために実効的な措置を取ることを怠ったことの正当化事由とはならない。

46. 裁判所は，本件の状況において，当事国政府は，表現の自由の行使に関してオズグル・グンデムを保護するための積極的義務を遵守することを怠ったと結論する。」

　女性差別撤廃委員会は，女性差別撤廃条約選択議定書が2000年に発効した後，すでに十数件の事案で条約違反を認定しているが，違反認定がなされた事案には，**ドメスティック・バイオレンスやセクシュアル・ハラスメント等の私人による人権侵害を当事国が防止又は調査・処罰しなかったことに関する違反認定**が数件みられる。ドメスティック・バイオレンスの被害を受けていた女性が，加害者である夫から度々の脅迫を受け，結局刺殺されてしまったファトマ・イルディリム対オーストリア事件で委員会は，被害者が継続的な脅迫を受けていた事実を知っていたか又は知っているべきであったのに対し加害者を勾留しなかった当事国当局の不作為は，**被害者を保護する当事国の相当の注意義務**（due diligence obligations）に違反したと認定した。

● ***CASE*** ●　〈国際先例〉ファトマ・イルディリム対オーストリア事件（*Fatma Yildirim v. Austria*），**女性差別撤廃委員会「見解」**，通報 No.6/2005，2007年4月6日
「12.1.1.　条約2条(a)及び(c)から(f)，並びに3条によって，ファトマ・イルディリムに関して女性に対する暴力を撤廃する締約国の義務違反の主張につき，委員会は，女性に対する暴力に関する一般的勧告19を想起する。この一般的勧告は，締約国が非国家主体の行為によって責任を負いうるかどうかの問題につき，『……条約上の差別は，政府に

235

◆ 第2部 ◆ 条約機関の判例・先例法理に見る人権条約上の実体的義務

よる又は政府のための行動に限定されない……』こと，並びに『一般国際法上及び具体的な人権条約上，国家は，相当の注意をもって権利侵害を防止し，又は暴力行為を調査，処罰しかつ賠償を提供することを怠ることによっても，責任を負いうる』と述べている。

12.1.2. 委員会は，当事国が立法，刑事的及び民事的救済，意識喚起，教育及び訓練，シェルター，暴力の被害者へのカウンセリング及び加害者との作業を含め，家庭内暴力に対処する包括的なモデルを設置してきたことを注記する。しかし，家庭内暴力の被害者である女性個人にとって，男女平等の原則及び自らの人権と基本的自由の実際的な実現を享受しうるためには，上述のオーストリアの包括的な制度に表明された政治的意思が，当事国の相当の注意義務（due diligence obligations）を遵守した国家機関によって支えられなければならない。

12.1.3. 本件では，委員会は，ファトマ・イルディリムの最終的な刺殺に至る，争いのない一連の出来事，特に，アパートとその周辺及び彼女の職場に戻ること及び彼女と接触することの暫定的な禁止命令，及び定期的な警察の介入にもかかわらず，イルファン・イルディリムが彼女に継続的に接触しようとし，電話で及び直接に彼女を殺すと脅したことを注記する。委員会はまた，ファトマ・イルディリムが，未成年の娘とともにアパートから引っ越し，禁止命令を求めまたイルファン・イルディリムの告発の許可を彼女に与えるよう警察との継続的な接触を取ることによって，配偶者との関係を断ち自らの生命を救おうと積極的かつ断固とした努力をしていたことも注記する。

12.1.4. 委員会は，上記の事実は，オーストリア当局が知っていたか又は知っているべきであった，ファトマ・イルディリムにとってきわめて危険な状況であったことを明らかにするものであり，検察官は，イルファン・イルディリムを逮捕し勾留するという警察の要請を否定すべきではなかったことを明らかにしていると考える。……

12.1.5. 委員会は，イルファン・イルディリムを勾留しなかった不作為は，ファトマ・イルディリムを保護する当事国の相当の注意義務に違反したと考える。当事国は，当時，逮捕令状は不均衡に介入的なものであると思われた旨主張しているが，委員会は，家庭内暴力に関する他の通報に関する見解で表明したように（通報2/2003, A. T. 対ハンガリー事件（A. T. v Hungary）における委員会の見解9.3項），加害者の権利は，生命並びに身体及び精神の保全に対する女性の人権に優越するものではないという見解である。

12.1.6. イルファン・イルディリムは，ファトマ・イルディリムを殺害したことによって法律の完全な適用により訴追されたことを注記しつつも，委員会はなお，当事国は，条約1条及び委員会の一般的勧告19と合わせ読んだ，条約2条(a)及び(c)から(f)，並びに3条に基づく義務に違反し，かつ，これらの義務に対応する，亡くなったファトマ・イルディリムの生命並びに身体及び精神の保全に対する権利を侵害したと結論する。」

「12.3. ……委員会は，当事国に対し次の勧告を行う。

(a) 女性に対する家庭内暴力を防止かつそれに対応するため相当の注意をもって行動し，並びにそれを怠ることに対して十分な制裁を課すことによって，家庭内における暴力からの保護に関する連邦法及び関連の刑事法の実施及び監視を強化すること。

(b) 違反者及び公衆に対し，社会は家庭内暴力を非難するということを伝えるため，家庭内暴力の状況が被害者にとって危険な脅威となっている場合には刑事的及び民事的救済が利用できることを確保するため，並びに，女性を暴力から保護するためのすべての措置においては女性の安全に正当な考慮が払われることを確保するために，加害者の権

第6章　人権の「保護」義務

利は生命並びに身体及び精神の保全に対する女性の人権に優越するものではないことを強調しつつ，家庭内暴力の加害者に注意を払い迅速に訴追すること。

(c)　法執行官及び司法官の間の高度な協調を確保し，また，刑事司法制度のすべてのレベル（警察，検察官，裁判官）が，ジェンダーに基づく暴力の女性被害者を保護し支援する活動をしている非政府組織と日常的に協力することを確保すること。

(d)　女性差別撤廃条約，委員会の一般的勧告19，及び選択議定書を含め，裁判官，法曹及び法執行官に対して，家庭内暴力に関する訓練プログラム及び教育を強化すること。」

◆　**2　拷問等禁止条約における公務員の関与の要件**

拷問等禁止条約は1条において，①重い苦痛，②一定の目的又は差別に基づく理由，及び**③公務員の関与**（公務員その他の公的資格で行動する者により又はその扇動によりもしくはその同意もしくは黙認の下に行われるもの）という3つの要素からなる**拷問の定義規定**をおいた上で，2条において，締約国の管轄下の領域において拷問に当たる行為を防止することを義務づけている。

■ **拷問等禁止条約**

1条　この条約上，「拷問」とは，身体的なものであるか精神的なものであるかを問わず人に重い苦痛を与える行為であって，本人もしくは第三者から情報もしくは自白を得ること，本人もしくは第三者が行ったかもしくはその疑いがある行為について本人を罰すること，本人もしくは第三者を脅迫しもしくは強要することその他これらに類することを目的として又は何らかの差別に基づく理由によって，かつ，公務員その他の公的資格で行動する者により又はその扇動によりもしくはその同意もしくは黙認の下に行われるものをいう。

同2条1項　締約国は，自国の管轄の下にある領域内において拷問に当たる行為が行われることを防止するため，立法上，行政上，司法上その他の効果的な措置を取る。

同条約は16条では，**拷問に至らない虐待**（残虐な，非人道的な又は品位を傷つける取扱い又は刑罰）**であって公務員その他の公的資格で行動する者により又はその扇動によりもしくはその同意もしくは黙認の下で行われるものを**，締約国の管轄下の領域内で防止する義務を規定している。また，拷問が防止できずに発生してしまったと考えられる場合，条約は，締約国の当局が迅速かつ公平な調査を行うこと（12条），自国の管轄下にある領域内で拷問を受けたと主張する者に対して，権限ある当局に申立を行い検討を求める権利を確保すること（13条）を義務づけている。16条では，12条・13条を含め10条から13条までの規定は拷問のみならずその他の虐待についても適用されることが明記されている。

◆ 第2部 ◆ 条約機関の判例・先例法理に見る人権条約上の実体的義務

■ 拷問等禁止条約

　同12条　締約国は，自国の管轄の下にある領域内で拷問に当たる行為が行われたと信ずるに足りる合理的な理由がある場合には，自国の権限のある当局が迅速かつ公平な調査を行うことを確保する。

　同13条　締約国は，自国の管轄の下にある領域内で拷問を受けたと主張する者が自国の権限のある当局に申立を行い迅速かつ公平な検討を求める権利を有することを確保する。……

　同16条1項　締約国は，自国の管轄の下にある領域内において，1条に定める拷問には至らない他の行為であって，残虐な，非人道的な又は品位を傷つける取扱い又は刑罰に当たり，かつ，公務員その他の公的資格で行動する者により又はその扇動によりもしくはその同意もしくは黙認の下に行われるものを防止することを約束する。特に，10条から13条までに規定する義務については，これらの規定中『拷問』を，『他の形態の残虐な，非人道的な又は品位を傷つける取扱い又は刑罰』と読み替えた上で適用する。

　このように，拷問等禁止条約では，拷問についても，それに至らない虐待についても，締約国は「公務員その他の公的資格で行動する者により又はその扇動によりもしくはその同意もしくは黙認の下で行われるもの」を防止しまたそれらについて調査・救済を確保することが義務づけられているが，そこには公務員の「黙認」がある場合も含まれているから，**私人による拷問や虐待に対して公務員が適切な保護の措置を取らずこれを黙認する場合も**，締約国の義務違反を生じうる。拷問禁止委員会は，ロマ少数民族に属する通報者らに対し近隣住民が暴力や嫌がらせを加え，家屋を焼き払って破壊する間に当事国の警察が何ら措置を取らなかった事案で，当事国の12条，13条，16条1項違反を認定している。

● **CASE** ● 〈国際先例〉ハリジ・ジェマイルほか対セルビア・モンテネグロ事件（*Hajrizi Dzemajl et al v. Sebia and Montenegro*）拷問禁止委員会「決定」，通報 No. 161/2000，2002年11月21日

「9.5. 通報者らが描写したような，1995年4月15日に発生した事実の法的形容に関して，委員会はまず，家屋の焼却と破壊は，本件の状況において，残虐な，非人道的なもしくは品位を傷つける取扱いもしくは刑罰を構成すると考える。これらの行為の性格は，家屋が焼かれ破壊されているときに，通報者らの何人かがまだその住居に隠れていたという事実，被害者と主張される人たちの特別に弱い立場及び，当該行為が相当程度の人種的動機に基づいて行われたという事実によって，一層悪化している。さらに，委員会は，警察（公務員）は通報者らが直面している差し迫った危険について通知を受けかつその事件の現場にいたにもかかわらず，通報者を保護するためにいかなる適切な措置も取らず，よって条約16条の意味で『黙認』したことを意味することを通報者らが十分に示したと考える。この点で，委員会は，数多くの機会に，『それらの集団が脅威にさらされているときに，人種的動機をもつ攻撃に対して十分な保護を与えることを怠った，警察及び法執行官の無為』についての懸念を繰り返してきた（スロバキアの初回報告書に関する総括所見，CATA/56/44（2001）104項；チェコ共和国の第2回定期報告書に関する

総括所見，CATA/56/44（2001）113項及びグルジアの第2回定期報告書に関する総括所見，CATA/56/44（2001）81項も見よ）。通報者らが言及した行為は公務員自らによって行われたものではないが，委員会は，それらは公務員の黙認の下に行われたものであり，よって当事国による条約16条1項の違反を構成すると考える。」

「9.4. 条約12条の違反の主張については，委員会は，以前の事例（とりわけ，アバド対スペイン事件（*Encarnacion Blanco Abad v. Spain*），No.59/1996，1998年5月14日決定）で強調したように，刑事捜査は，主張されている行為の性格及び状況を決定すること，並びに，そこに関わっていたと考えられる者の身元を確認すること，の両方を目的としなければならないという意見である。本件では，委員会は，1995年4月15日の事件に少なくとも数百名の非ロマ住民が参加しており，またその時点で事件の現場に多数の警察官がいたにもかかわらず，いずれの人も，またいずれの警察官も当事国の裁判所で裁かれていないことを注記する。このような状況において，委員会は，当事国の当局が行った捜査は，条約12条の要求を満たすものではなかったという見解である。

9.5. 条約13条の違反の主張については，委員会は，前項で述べたような捜査の不在はまた，条約13条の違反をも構成すると考える。さらに委員会は，とりわけ，捜査を打ち切るという決定を通報者らに提供しなかったことによって，捜査の結果を通報者らに通知することを怠った当事国の不作為は，通報者らが自らの主張を『私的に追求』することを実質的に妨げたという見解である。この状況において，委員会は，このことが13条のさらなる違反を構成すると認定する。

9.6. 条約16条1項から生ずる積極的義務は，この規定に違反する行為の被害者に対し救済及び賠償を与える義務を含む。委員会は従って，当事国は，通報者らが救済を得られるようにしまた通報者らに公正かつ十分な賠償を提供するのを怠ったことによって，条約16条に基づく義務を遵守しなかったという見解である。」

　拷問禁止委員会は2008年に採択した一般的意見2で，締約国は，管轄下にある人の権利を保護するため，自国の公務員又は自国のために活動する人の行動によって拷問や虐待が起こることをも防止するのみならず，条約に合致しない私的行為者の行動を防止，調査，訴追及び処罰するための相当な注意を払う義務を負い，公務員がそれらの行為に同意し又は黙認した場合には条約上締約国の責任が問われることについて次のように述べている。

■ 拷問禁止委員会「一般的意見2　締約国による2条の実施」（2008年）

　7．委員会は……，逸脱不可能性の原則とそれ自体結びついた「管轄下のいかなる領域」という概念は，いかなる領域又は施設をも含み，かつ，締約国の法律上又は事実上の支配に服するいかなる人，国民もしくは国民以外の人をも保護するため，差別なく適用されなければならないと理解する。委員会は，拷問を防止する締約国の義務は，法律上又は事実上，締約国の名において，又は締約国と結びついて，又は締約国の命を受けて行動するすべての人にも適用されることを強調する。各締約国が，自国の公務員及び自国のために活動する人の行動を緊密に監視し，とりわけテロ対策措置の結果として起こるいかなる拷問又は虐待の事件についても把握して委員会に報告し，かつ，直接の実行者並びに，扇動，合意もしくは黙認のいずれの行為によるものであれ命令系統にいる公務員の双方の法的責

任に特に注意を払いつつ，調査，処罰，及び
将来における拷問もしくは虐待を防止するた
めに取った措置について委員会に報告すべき
である。

15．本条約は，締約国に義務を課すもので
あり，個人に対して課すものではない。国家
は，その公務員並びに，公的資格で行動する，
又は，国家と結びつき，その指示もしくは管
理の下で，もしくは法の外観の下に，国家の
ために行動する機関，私的契約者，その他の
者の作為及び不作為に対して国際責任を負う。
従って，各国は，例えば，刑務所，病院，学
校，子どもや高齢者，精神障害者もしくは障
害者の養護又は軍務にかかわる施設における
監護又は管理のあらゆる状況において，並び
に，国家による不介入が私的に加えられる害
の危険性を高め促進するその他の施設及び状
況において，拷問及び虐待を禁止し，防止し，
かつ救済すべきである。……

17．委員会は，締約国は，公的機関及び公
的資格で行動するその他の者が，条約で定義
された拷問行為を直接に行い，扇動し，奨励
し，黙認し又はその他の形で参加し又は拷問
行為の共犯となることを防止するための実効
的な措置を取る義務を負うと考える。よって，
締約国は，国家機関又は公的資格もしくは法
の外観の下で行動するその他の者がいかなる
拷問行為にも同意し又は黙認することを防止
するための実効的な措置を取るべきである。
委員会は，締約国がこれらの義務を履行しな
かったときには，条約に違反すると結論して
きた。例えば，拘禁施設が民間の所有である

か又は民間によって運営されている場合には，
委員会は，その人員は，国家機能を遂行する
というその責任のために，公的資格で行動し
ていると考える。かつ，そのことは，拷問及
び虐待を防止するために監視し及びあらゆる
実効的な措置を取るという国家公務員の義務
を免ずるものではない。

18．委員会は，国家機関又は，公的資格も
しくは法の外観の下で行動するその他の者が，
拷問もしくは虐待の行為が非国家機関もしく
は私的行為者によって行われていると知って
いるか又は信ずるに足る理由があり，かつ，
そのような非国家主体もしくは私的行為者に
よる行為を本条約に合致して防止，調査，訴
追及び処罰するため相当の注意を払わなかっ
た場合には，国家が責任を負い，国家公務員
が，そのような許容されない行為に同意し又
は黙認したことにより，条約の下で実行者と
して，共犯として又はその他の形で責任を負
うとみなされることを明らかにしてきた。[そ
のような行為を] 止め，制裁を課したり拷問
の被害者に救済を与えるべく介入するために
相当の注意を払わないという国家の不作為は，
非国家主体に対し，条約の下で許容されない
行為を処罰されずに行うことを可能にするも
のであるから，国家の無関心又は不作為は，奨
励の一形態及び／又は事実上の許容となる。
委員会はこの原則を，強かん，家庭内暴力，
女性性器切除，及び人身取引のような，ジェ
ンダーに基づく暴力を防止しその被害者を保
護しない国家の不作為にも適用してきた。

◆ 3 「絶対的」権利の保障
── 犯罪人引渡・強制送還の文脈において拷問や虐待を受けない権利を保護する積極的義務

人権条約上の権利の中には，緊急事態においても義務からの逸脱が許されない，その意味で絶対的な権利として保障されている権利があることは前述した。その代表的なものは，拷問又は（残虐な，）非人道的なもしくは品位を傷つける取扱いもしくは刑罰を受けない権利である（自由権規約7条の第一文とヨーロッパ人権条約3条はほぼ同文であるが，前者は「残虐な」を含んでいる）。

以下にみるゼーリング事件ヨーロッパ人権裁判所判決は，ヨーロッパ人権条約3条によって保障されている拷問又は非人道的なもしくは品位を傷つける取

240

扱いもしくは刑罰を受けない権利の絶対性から，犯罪人引渡の文脈においても締約国にこの権利の保護を求め，**引渡先の国において拷問又は非人道的なもしくは品位を傷つける取扱いもしくは刑罰を受けることが予見される場合に人を引渡すことは引渡国の条約違反を構成する**としたものである。1950年に採択されたヨーロッパ人権条約と異なり，1984年に採択された**拷問等禁止条約**ではこの点明文の規定がおかれ，「**締約国は，いずれの者をも，その者に対する拷問が行われる恐れがあると信ずるに足りる実質的な根拠がある他の国へ……引渡してはならない**」と規定されているが（3条1項），本件では，いかなる例外もなく3条の権利を管轄下の人に保障するというヨーロッパ人権条約1条の義務から，犯罪人引渡の文脈においても関連状況を適切に評価しこの権利を保障する義務があるという法理が導かれている。後述のように，自由権規約委員会も同規約について同様の解釈を取るに至っている。

　ゼーリング（ドイツ国籍）は18歳のとき米国ヴァージニア州で殺人事件を犯した後イギリスに逃亡したが，別の犯罪で逮捕され取調中に殺人事件の容疑者であることが判明し，米国は，両国間の犯罪人引渡条約に基づき彼の引渡を求めた。同条約には，引渡対象犯罪が請求国では死刑を科しうるが被請求国では科しうるものではない場合，死刑が科されないか又は科されても執行されないという保証を請求国が与えない限り引渡を拒否できると定めている。イギリスは死刑を廃止しているため，ゼーリングに死刑が科されない保証を米国に求めたが，これに対し米国は，ヴァージニアの検察当局は死刑を求刑する方針であると述べるにとどまった。その後，ゼーリングの国籍国であるドイツからも引渡請求があったものの，イギリスが米国への引渡手続を進めたところ，ゼーリングは，米国に引渡されれば死刑存置州であるヴァージニア州において死刑を宣告される可能性があり，過酷な収容状況の下で数年間**死刑執行を待つ状態**（death row）を強いられるとして，ヨーロッパ人権条約3条の禁ずる非人道的な取扱いにさらされると主張した。これに対してヨーロッパ人権裁判所は，犯行時18歳というゼーリングの年齢，ヴァージニア州で死刑囚が死刑執行を待つ期間の長さやその間の収容の状況，死刑廃止国であるドイツに引渡を行うという選択肢の存在等を総合的に考慮した結果，死刑を科されない保証を得ることなしにゼーリングを米国に引渡すことはイギリスによる3条違反を生じさせると判断した。

◆ 第2部 ◆ 条約機関の判例・先例法理に見る人権条約上の実体的義務

● *CASE* ● 〈国際判例〉ゼーリング対イギリス事件（*Soering v. the United Kindom*）ヨーロッパ人権裁判所判決（全員法廷），申立 No.14038/88，1989年7月7日
［『ヨーロッパ人権裁判所の判例』124頁］

「86.『締約国は，その管轄内にあるすべての者に対し，第1節に定義する権利及び自由を保障する』と規定した本条約の1条は，条約の射程について，とりわけ領域的な限界を設定している。特に，締約国の負う義務は，その『管轄』内にある人に，列挙された権利及び自由を『保障する（secure）（フランス語文では『認める（reconnaître）』）』ことに限られる。さらに，条約は，締約国でない国の行動を規律するものではなく，締約国に対し，他の国に条約の基準を課すよう要求する手段となることを目的としているわけでもない。……しかし，これらの考慮は，引渡により生ずることが予見されうる，管轄外における結果について，3条の下での締約国の責任を免ずるものにはなりえない。

87. 本条約の解釈にあたっては，人権及び基本的自由の集団的執行のための条約としてのその特別の性格を考慮しなければならない（1978年1月18日のアイルライド対イギリス事件判決，239項を見よ）。よって，個々の人間の保護のための文書としての本条約の目的及び趣旨は，その規定が，人権保障を実際的かつ実効的なものになるように解釈され適用されることを要求する（とりわけ，1980年5月13日のアルティコ（*Artico*）事件判決，33項を見よ）。加えて，保障された権利及び自由のいかなる解釈も，『民主的社会の理想及び価値を維持し促進することを目的とした文書としての本条約の一般的精神』と合致しなければならない（1976年12月7日のキェルドセン，マドセン及びペダーセン事件（*Kjeldsen, Busk Madsen and Pedersen*）判決，53項を見よ）。

88. 3条は，いかなる例外も規定しておらず，かつ，戦争又はその他の国の緊急事態の場合にも，15条の下でいかなる逸脱も許容されていない。本条約の文言における，拷問及び，非人道的な又は品位を傷つける取扱い又は刑罰の絶対的な禁止は，3条が，ヨーロッパ審議会を構成する民主的社会の基本的価値の一つを掲げていることを示している。それらの絶対的な禁止はまた，1966年の自由権規約及び，1969年の米州人権条約のような他の国際文書においても同様の文言で見出され，一般に，国際的に受け入れられた基準として認められている。

問題は，拷問又は非人道的なもしくは品位を傷つける取扱いもしくは刑罰を受けるであろう又は受けることが考えられる他国への逃亡犯罪人の引渡が，3条の下で締約国の責任を生じさせるかどうかである。拷問を嫌悪することがそのような含意をもつことは，『締約国は，いずれの者をも，その者に対する拷問が行われる恐れがあると信ずるに足りる実質的な根拠がある他の国へ……引渡してはならない。』と規定した国連の拷問及び他の残虐な，非人道的な又は品位を傷つける取扱い又は刑罰に関する条約の3条でも認められている。［拷問等について］特化した条約が，拷問の禁止に付随する具体的な義務を明記していることは，本質的に同様の義務が，ヨーロッパ人権条約3条の一般的な文言にすでに内在していないということを意味しない。当該犯罪人がいかに凶悪な犯罪を犯したとされるにせよ，締約国が，その者が拷問を受ける危険があると信ずる実質的な根拠のある他国に，それを知りつつ逃亡犯罪人を引渡すとすれば，それは，前文が述べているような，『政治的伝統の共通の遺産，理想，自由及び法の支配』という本条約の根底にある価値と両立するとは言い難い。3条の簡略かつ一般的な文言では明示的

第6章　人権の「保護」義務

に言及されていないが，そのような状況における引渡は，本条の精神及び真意に真っ向
から反するであろう。裁判所の見解では，引渡をしないというこの内在的な義務は，逃
亡犯罪人が，請求国において，3条によって禁じられた非人道的又は品位を傷つける取
扱い又は刑罰にさらされる真の危険に直面する場合にも及ぶ。

89.　何が『非人道的又は品位を傷つける取扱い又は刑罰』に当たるかは，当該事案にお
けるあらゆる状況による。……」

「91.　まとめれば，関係者が，もし引渡されれば，請求国において，拷問又は非人道的
もしくは品位を傷つける取扱いもしくは刑罰にさらされる真の危険に直面すると信ずる
に実質的な根拠が示された場合には，逃亡犯罪人を引渡すという締約国の決定は，3条
の問題，よって条約上の当該国の責任を生じさせる。そのような責任の認定は，不可避
的に，条約3条の基準に照らして請求国の状況を評価することを伴う。……」

　このように本判決は，3条の権利を絶対的に保障したヨーロッパ人権条約上，
締約国が，人の身柄を他国に引渡すことによって，3条に反する人権侵害を受
ける危険にさらすことも，締約国の条約違反を生じさせることを明らかにした。
本件において締約国イギリスに求められたのは，逃亡犯罪人ゼーリングを米国
に引き渡さないことであるが，これは，単なる消極的な避止義務ではなく，**権
利が第三者（この場合，引渡請求国）によって侵害されることから保護するた
めの積極的義務の展開**とみることができる。ヨーロッパ人権条約3条の権利を
尊重する避止義務とは，それらの権利を侵害する行為を行わないということで
あるが，上記の引用部分で裁判所が述べているように，**その者がもし引渡さ
れれば請求国において拷問等を受ける真の危険に直面すると信ずる実質的な根拠
がある場合には引渡をしない，という判断は，不可避的に，3条の基準に照ら
して請求国の人権状況を評価し，吟味するという作業を伴う**からである。

　自由権規約委員会は7条に関する1992年の一般的意見でゼーリング判決の法
理を踏襲し，1993年にはいくつかの個人通報事案においてその法理を適用して
いる。

■ 自由権規約委員会「一般的意見20　拷問及
び残虐な取扱い又は刑罰に関する一般的意見
7に取って代わるもの（7条）」（1992年）
　　6.　……委員会が一般的意見6(16)で述べた
ように，規約6条は廃止が望ましいと強く示
唆する言葉で死刑廃止に言及している。さら
に，最も重大な犯罪について締約国によって
死刑が適用されるときは，6条に従って厳格

に制限されるだけでなく，生じ得る身体的及
び精神的苦痛が最も少ない方法で執行されな
ければならない。
　　9.　締約国は，ある個人の引渡，追放又は
送還によって，当該個人が他国に帰還した場
合に拷問又は残虐な，非人道的なもしくは品
位を傷つける取扱いもしくは刑罰を受ける危
険にさらしてはならないと，委員会は考える。

　キンドラー事件とNg事件は，いずれも，米国（当時，規約の非締約国）から
カナダに対してなされた犯罪人引渡請求をめぐる事案である。米国では一部の

243

◆ **第2部** ◆　条約機関の判例・先例法理に見る人権条約上の実体的義務

州で死刑が存置されている一方，カナダでは1976年に，一定の軍事犯罪を除いて死刑が廃止されている。カナダは米国との間で，ゼーリング事件における米国・イギリス間の条約と同様の犯罪人引渡条約を結んでおり，引渡対象犯罪が請求国では死刑を科しうるが被請求国では科しうるものではない場合，引渡は，死刑が科されないか又は科されても執行されないという保証を請求国が与えない限り拒否できることとされている。

　キンドラーは米国のペンシルヴァニア州で殺人罪により有罪宣告を受けた後，カナダに逃亡中に逮捕され，カナダの裁判所によって引渡命令を受けたが，死刑自体，及び死刑執行を待つ状態が残虐な，非人道的なもしくは品位を傷つける取扱いもしくは刑罰であって規約6条，7条等に反すると主張し，死刑執行を待つ状態の非人道性に関してヨーロッパ人権裁判所のゼーリング事件判決も援用した。自由権規約委員会は本件で，6条2項の規定に鑑み，死刑の科刑それ自体が6条違反であるとの主張は認めず，また死刑執行を待つ状態が7条違反であるとの主張も結果的には排斥したものの，犯罪人引渡の文脈で自由権規約の締約国が負う義務について，以下のような見解を示した。

● **CASE** ●　〈国際先例〉**キンドラー対カナダ事件**（*Kindler v. Canada*）**自由権規約委員会「見解」，通報 No.470/1991，1993年7月30日**

「13.1.　……委員会は，問題となっているのは，キンドラー氏の権利が，選択議定書の締約国でない米国によって侵害されたか又は侵害されそうであるかということではなく，キンドラー氏を米国に引渡すことによって，カナダが，規約上の彼の権利の侵害の真の危険（real risk）に彼をさらしたかどうかであると考える。規約の締約国はまた，犯罪人引渡条約を含め，二国間条約上の義務の当事国であることがしばしばある。規約の締約国は，そのすべての他の法的義務を，規約に合致するように履行することを確保しなければならない。この問題を検討する出発点は，規約2条1項に基づく締約国の義務すなわち，その領域内にありかつ管轄下にあるすべての個人に，規約で認められた権利を確保するという義務である。生命権は，これらの権利の中でも最も重要なものである。13.2.　もし締約国が，その管轄内にある人を，結果として規約上の彼又は彼女の権利が他国で侵害される真の危険があるような状況で引渡すならば，当該締約国自体が規約に違反しうる。」

「14.3.　委員会は，6条1項は，最も重大な犯罪に対して死刑を科すことを禁じていない6条2項と併せて読まれなければならないことを注記する。……委員会は，キンドラー氏が，疑いなく重大な犯罪である謀殺で有罪とされたことを注記する。彼は，犯行時，18歳を超えていた。通報者は，カナダの裁判所又は委員会において，ペンシルヴァニア裁判所における公判の遂行が規約14条に基づく公正な裁判に対する権利を侵害したとは主張していない。」

244

14.4. さらに，委員会は，キンドラー氏が，キンドラー氏の公判及び有罪に関して提出されたあらゆる証拠を検討したカナダの裁判所における広範囲にわたる手続の後に米国に引渡されたことを注記する。本件の状況において，委員会は，6条1項に基づくカナダの義務は，通報者の引渡を拒否することを要求するものではなかったと結論する。」

「15.3. 特定の事案において，死刑の科刑が7条違反を構成するかどうかを決定するにあたっては，委員会は，申立人に関する関連の人的要素，死刑執行を待つ間の具体的な収容状況，及び，提示されている執行方法が特別に嫌悪すべきものかどうかを考慮に入れる。この関連で委員会は，ゼーリング対イギリス事件でヨーロッパ人権裁判所が出した判決を慎重に検討した。委員会は，ヨーロッパ人権裁判所の判決に至った重要な事実は，本件の事実とは重大な点で区別しうることを注記する。特に，事実は，犯罪人の年齢及び精神状態，並びに，それぞれの拘置所制度において死刑執行を待つ状態の点で異なる。通報者の代理人は，ペンシルヴァニアの拘置所の状況について，又は刑の執行の過度の遅延の可能性もしくは効果について具体的な主張を行っておらず，また具体的な執行方法についても何ら主張は出されていない。委員会はまた，ゼーリング事件においては，本件と異なり，死刑が科されない国からも同時に引渡請求があったことも注記する。

16. よって，委員会は，本件で提出された事実は，カナダによる規約6条の違反を示すものではないと結論する。委員会はまた，本件事実は，カナダによる規約7条の違反を示すものでもないと結論する。」

　Ng 対カナダ事件では，米国で殺人を犯した嫌疑がかかっている通報者がカナダに逃亡中に逮捕されたが，引き渡されればカリフォルニア州で死刑を宣告される可能性が高いところ，同州では死刑執行方法が青酸ガスによる窒息死であることから，その執行方法が規約7条に反する残虐なもしくは非人道的な取扱いにあたることを主張した。委員会は上述の通り7条に関する一般的意見で，最も重大な犯罪について死刑が適用されるときは，6条に従って厳格に制限されるだけでなく，生じうる身体的及び精神的苦痛が最も少ない方法で執行されなければならないとしている。委員会は本件で，絶命までに10数分かかるとされるガス窒息死という**死刑執行方法**が7条違反にあたることを理由に，管轄下にある人を引渡すことによって人をそのような取扱いに処される真の危険にさらすことは7条違反を構成すると判断した。

　但し，本件で，苦痛の長さを7条違反の主な根拠とした多数意見に対しては，異なった考え方を示す個別意見や反対意見が相当数付されたことも留意される。反対意見の中には，あらゆる死刑執行方法が残虐なもしくは非人道的な取扱いにあたるとする意見もあった。そのような考え方をとるとすれば，実質的には，死刑そのものを違法とみなす立場に近づくこととなる。多数意見は，そのよう

◆ 第２部 ◆　条約機関の判例・先例法理に見る人権条約上の実体的義務

な立場が原理的にありうることにも言及しつつ，６条２項との整合性をふまえ，本件で問題となったガス窒息死については７条違反を構成するとの立場をとった。

● ***CASE*** ●　〈国際先例〉チタット・Ng 対カナダ事件（*Chitat Ng v. Canada*）自由権規約委員会「見解」，通報 No.469/1991，1993年11月５日

「14.1.　……委員会は，問題となっているのは，Ng 氏の権利が，選択議定書の締約国でない米国によって侵害されたか又は侵害されそうであるかということではなく，Ng 氏を米国に引渡すことによって，カナダが，規約上の彼の権利の侵害の真の危険に彼をさらしたかどうかであると考える。規約の締約国はまた，犯罪人引渡条約を含め，二国間条約上の義務の当事国であることがしばしばある。規約の締約国は，そのすべての他の法的義務を，規約に合致するように履行することを確保しなければならない。この問題を検討する出発点は，規約２条１項に基づく締約国の義務すなわち，その領域内にありかつ管轄下にあるすべての個人に，規約で認められた権利を確保するという義務である。生命権は，これらの権利の中でも最も重要なものである。

14.2.　もし締約国が，その管轄内にある人を，結果として規約上の彼又は彼女の権利が他国で侵害される真の危険があるような状況で引渡すならば，当該当事国自体が規約に違反しうる。」

「15.3.　委員会は，６条１項は，最も重大な犯罪に対して死刑を科すことを禁じていない６条２項と併せて読まれなければならないことを注記する。……委員会は，Ng 氏が，12件の殺人を含む19の犯罪の嫌疑で裁判を受けるため引渡されたことを注記する。……彼は，犯したとされる犯罪の実行時，18歳を超えていた。……

15.4.　さらに，委員会は，Ng 氏が，通報者に対するあらゆる嫌疑及び証拠を検討したカナダの裁判所における広範囲にわたる手続の後に米国に引渡されたことを注記する。本件の状況において，委員会は，６条１項に基づくカナダの義務は，Ng 氏の引渡を拒否することを要求するものではなかったと結論する。」

「16.1.　特定の事案において，死刑の科刑が７条違反を構成するかどうかを決定するにあたっては，委員会は，通報者に関する関連の人的要素，死刑を待つ間の具体的な収容状況，及び，提示されている執行方法が特別に嫌悪すべきものかどうかを考慮に入れる。本件においては，ガス窒息死による処刑が，国際的に認められた人道的取扱いの基準に反し，規約７条に違反する取扱いであることが主張されている。委員会はまず，６条２項は一定の限定された状況下では死刑の科刑を許容しているものの，法律で規定されたいかなる執行方法も，７条との抵触を避けるように工夫されなければならないことを注記する。

16.2.　委員会は，定義上，あらゆる死刑の執行は，規約７条の意味における残虐な及び非人道的な取扱いとみなされうることを認識している。他方で，６条２項は，最も重大な犯罪については死刑を科すことを許容している。しかし委員会は，規約７条についての一般的意見20（CCPR/C/21/Add.3, para.6）で再確認したように，死刑を科す際には，刑の執行は『身体的及び精神的苦痛を可能な限り最少にするような方法で行われなければならない』ということを再確認する。

◆ 第6章 人権の「保護」義務

16.3. 本件では，通報者は，ガス窒息死による執行は長時間の苦しみと苦痛をもたらし，青酸ガスによる窒息は10分以上かかりうることからすると速やかな死亡には至らないという詳細な情報を提供した。当事国は，事実に関するこれらの主張に反論する機会があったが，反論を行わなかった。むしろ，当事国は，青酸ガスによる窒息死を明文で禁ずる国際法規範がない状態では，『青酸ガスでの窒息死による死刑科刑の可能性に逃亡犯罪人を直面させる引渡を拒否することは，米国の国内法及び実行に対する不当な干渉となる』ということを主張するにとどまった。

16.4. 本件において，かつ委員会に提出された情報に基づいて，委員会は，通報者に死刑が科される場合，ガス窒息死による処刑は，『可能な限り最少の身体的及び精神的苦痛』の基準に合致せず，規約7条違反である残虐な及び非人道的な取扱いを構成すると結論する。従って，Ng氏がもし死刑に処せられれば7条違反にあたる方法で処刑されることを合理的に予測できたカナダは，彼が処刑されないということを求めかつその保証を得ることなくNg氏を引渡したことによって，規約上の義務の遵守を怠った。」

　このように，引渡請求国における死刑の科刑をめぐって，キンドラー事件やNg事件では，6条の生命権については，死刑を科す場合の条件を定めた2項の遵守が要求されたにとどまり，死刑執行を待つ状態や死刑の執行方法に関して7条との合致が問われる形がとられていたが，その10年後のジャッジ対カナダ事件では，生命権に関して新たな解釈の展開がみられることが注目される。自由権規約委員会は，過去10年間の**死刑廃止の世界的潮流**をもふまえた上で，**6条2項は「死刑を廃止していない国においては」と規定しているところ，死刑をすでに廃止しているカナダのような国には6条2項は適用されない**とし，被請求国たる締約国が死刑廃止国であって請求国が死刑存置国である場合には，被請求国は引渡によって6条1項に違反する生命権侵害を犯すことになるとの解釈を示した。

● **CASE** ● 〈国際先例〉ジャッジ対カナダ事件（*Judge v. Canada*）自由権規約委員会「見解」，通報 No.829/1998，2003年8月5日

「10.2. 死刑を廃止した締約国として，死刑に処せられる他国に人を退去させる際のカナダの義務を考察するにあたり，委員会は，死刑を廃止した国から死刑に処せられる国への移送それ自体が規約6条の違反にあたるとは考えないという，キンドラー対カナダ事件におけるこれまでの先例法を想起する。この決定は，6条1項を，最も重大な犯罪に対して死刑を科すことを禁じていない6条2項と合わせ読んだ規約の解釈に基づくものであった。委員会は，カナダ自身が死刑を科したのではなく，死刑を廃止していない国であるアメリカに申立人を引渡し死刑に直面させたことにつき，引渡は，アメリカで規約上の申立人の権利が侵害される真の危険がない限り，引渡それ自体はカナダの違反にあたらないとした。保証の問題については，委員会は，6条の文言は，引渡を拒否し

247

◆ 第2部 ◆　条約機関の判例・先例法理に見る人権条約上の実体的義務

又は補償を求めることをカナダに必ずしも要求するものではないが，そのような要請が少なくとも引渡国によって検討されるべきであるとした。

10.3.　先例法の一貫性を確保すべきことを認識しつつ，委員会は，主張されている違反が最も基本的な権利—生命権—にかかわるものであり，かつ特に，提起されている問題に関して顕著な事実上及び法的な発展並びに国際世論の変化があったときには，規約で保護されている権利の適用範囲の見直しが要求される例外的な状況がありうることを注記する。委員会は，上述した先例法は10年あまり前に確立されたものであること，並びにその時以降，死刑の廃止を支持する国際的なコンセンサスが広がっており，死刑を存置している国家では，執行しないというコンセンサスが広がっていることを考慮する。重要なことに，委員会は，キンドラー事件以降，当事国［カナダ］自体が，アメリカ合衆国対バーンズ事件［1 S. C. R. 283（2001）］において，請求国における死刑に関してカナダから引渡される人の保護を確保するため自国の国内法を改正する必要性を認めていることを注記する。そこでは，カナダの最高裁判所は，政府は，例外的な場合を除くすべての場合において，死刑に直面する国に個人を引渡す前に，死刑が執行されない保証を求めなければならないと判示した。この判決の文言によると『他の廃止国は，一般に，保証なしでは引渡さない』ということを注記することが適切である。委員会は，規約は生きた文書として解釈されるべきであり，その下で保護される権利は，文脈，及び今日の状況に照らして解釈されるべきであると考える。

10.4.　6条の適用を見直すにあたり，委員会は，条約法に関するウィーン条約で要求されている通り，条約は，誠実に，かつその文脈において及びその趣旨及び目的に照らして与えられる条約の用語の通常の意味に従って解釈されるべきことを注記する。『すべての人間は生命に対する固有の権利を有する……』と述べる6条1項は一般的な規則であり，その目的は生命を保護することである。死刑を廃止した締約国は，この条項の下で，あらゆる状況において生命を保護する義務を負う。6条の2項から6項は，明らかに，6条1項が死刑をそれ自体廃止するものと理解されるような読み方を避けるために含まれたものである。本条のこのような構成は，2条の最初の文言（「死刑を廃止していない国においては……」）及び，6項（「この条のいかなる規定も，この規約の締約国により死刑の廃止を遅らせ又は妨げるために援用されてはならない」）によって補強される。実際，2項から6項は，死刑に関して生命権の例外を設け，かつその例外の範囲の限界を定めるという二重の機能を有している。一定の要素があるときに宣告された死刑のみが，例外として許されうる。これらの限界の一つは，2項の最初の文言，すなわち『死刑を廃止していない国』のみが，2項から6項で設けられた例外に依拠しうることである。死刑を廃止した国については，その適用の真の危険に人をさらさない義務がある。すなわち，それらの国は，個人が死刑に処せられることが合理的に予測しうる場合には，死刑が執行されないことを確保することなしに，送還又は引渡によってその管轄から個人を退去させることはできない。

10.5.　委員会は，6条の1項と2項をこのように解釈することによって，廃止国と存置国が異なって扱われることを認める。しかし委員会は，これは，起草作業から明らかになるように，この規定の起草者の間で妥協に至る努力の過程で，死刑の問題についての非常に分かれた意見を宥和させようとした，この規定の文言の避けがたい結果であると考える。委員会は，起草過程において，一方では，規約の主な原則の一つは［死刑］廃

第6章　人権の「保護」義務

止であるという意見表明がなされたが，他方では，一部の国では死刑は存在しており，廃止はそれらの国にとって困難を引き起こすであろうと指摘されたことを注記する。死刑は，起草過程に参加した多くの代表者及び機関によって，『変則』ないし『必要悪』とみなされた。従って，死刑を扱う2項は狭く解釈されるべきである一方，6条1項の規則を広義に解釈することは論理的であると思われる。

10.6.　これらの理由によって，委員会は，カナダは，死刑廃止を目的とした規約の第二選択議定書をまだ批准していないかどうかにかかわらず，<u>死刑を廃止した締約国として，通報者が死刑を科されるアメリカに，死刑が執行されないことを確保せずに送還することによって，6条1項の下での通報者の生命権を侵害した</u>。委員会は，カナダがそれ自体通報者に死刑を科したのではないことは認める。しかし，死刑を科される国に彼を送還することによって，カナダは，通報者の処刑を可能にする因果関係の系統（causal chain）において決定的なつながりを作ったのである。

10.7.　締約国の行為は，主張される条約違反が起こった時点で適用される法に照らして評価されなければならないとの締約国の主張に関しては，委員会は，人権保護は発展するものであり，規約上の権利の意味は，原則として，検討の時点を参照して解釈されるべきであって，締約国が主張したように，主張される違反が起こった時点ではないと考える。……」

　次にみるのは，犯罪人引渡ではなく強制送還の文脈で，ヨーロッパ人権条約3条の権利の保護に関する締約国の義務がヨーロッパ人権裁判所によって認められた事案である。イギリスと本国インドの双方でシーク派活動家として政治活動に携わっていたチャハルらは，インドに強制送還されれば難民条約にいう迫害を受ける可能性があるとしてイギリスで難民申請をしたが，内務大臣は，インドでの政治活動はシーク派テロリストとしての活動であるとし，仮に迫害の恐れがあるとしても，彼らの存在が国の安全にとって脅威になっているとして，難民条約32条及び33条を援用して難民認定を却下した。その異議申立も退けられたため，チャハルらが，強制送還によるヨーロッパ人権条約3条の違反を主張してヨーロッパ人権裁判所に申立を行ったのが本件である。ヨーロッパ人権裁判所は本件で，**ヨーロッパ人権条約3条の保障は絶対的なものであって強制送還の場合にも適用される**ことを確認し，**その保護は難民条約32条・33条による送還・追放の禁止**（イギリス内務大臣の決定で援用されているように，難民条約のこれらの条項による送還・追放の禁止には例外がある）**を上回るもの**であることを明らかにしている。

249

◆ 第2部 ◆　条約機関の判例・先例法理に見る人権条約上の実体的義務

● **CASE** ● 〈国際判例〉チャハル対イギリス事件（*Chahal and Others v. the United Kindom*）
ヨーロッパ人権裁判所大法廷判決，申立 No.22414/93，1996年11月15日
［『ヨーロッパ人権裁判所の判例』129頁］

「79.　3条は，民主的社会の最も基本的な価値の一つを掲げている。……当裁判所は，現代において，テロリストの暴力から社会を守るために国家が直面している巨大な困難をよく認識している。しかし，そのような状況においても，［ヨーロッパ人権］条約は，拷問又は非人道的なもしくは品位を傷つける取扱いもしくは刑罰を，それらを受ける者の行いにかかわらず，絶対的な文言で禁止している。本条約並びに，第一及び第四議定書のほとんどの実体規定と異なり，3条はいかなる例外も定めておらず，かつ，国の存続を脅かす公の緊急事態のときであっても，15条の下でいかなる逸脱をも許容していない（1978年1月18日のアイルライド対イギリス事件判決，163項を見よ；トマジ対フランス事件（*Tomasi v. France*）事件判決，115項も見よ）。

80.　3条で規定された虐待の禁止は，強制送還の事案においても同様に絶対的なものである。よって，個人が，もし他国に送還されれば，3条に反する取扱いにさらされる真の危険に直面すると信ずる実質的な根拠が示された場合にはいつでも，強制退去の場合に彼又は彼女をそのような取扱いから保護するという締約国の責任が生ずる（前述のヴィルヴァラジャほか事件（*Vilvarajah*）判決，103項を見よ）。そのような状況においては，当該個人の活動は，いかに望ましくなく又は危険なものであっても，実質的な検討事項とはなりえない。3条によって与えられる保護は，従って，1951年の国連の難民の地位に関する条約の32条及び33条によって与えられる保護よりも広いものである。

81.　米国への犯罪人引渡に関する，前述した当裁判所のゼーリング事件判決の88項は，上記の見解を明確かつ力強く表明している。同判決の89項に述べられているような，犯罪人引渡の根底を掘り崩す危険性について当裁判所が述べたことから，3条の下で国の責任が生ずるかどうかを決定するにあたっては，虐待の危険性と強制送還の理由とを比較衡量する余地があるかのようなことが推論されるべきではない。」

　ヨーロッパ人権条約や自由権規約では，上にみたように，拷問又は虐待を受けない権利を管轄下の個人に保障ないし確保する義務から，犯罪人引渡の場合に被請求国たる締約国が負う義務についての法理が導かれているが，1984年に採択された拷問等禁止条約では，この点について明文の規定がおかれている。同条約は3条1項で，**拷問が行われる恐れがあると信ずるに足りる実質的な根拠のある他国への人の追放や送還，引渡を禁止**し，2項では，1項の根拠の有無を決定するにあたっての関連事情として，当該国における一貫した形態の重大な，明らかな又は大規模な人権侵害の存在が含まれうることを規定している。拷問禁止委員会は1997年の一般的意見で，個人通報制度における3条の適用についてのより詳細な指針を提示している。

■ 拷問禁止委員会「一般的意見１　22条の文脈における条約３条の実施」（1997年）

……本条約22条［個人通報手続］で予定されている手続の下での３条の実施についてのガイドラインの必要性に鑑み,

拷問禁止委員会は, 1997年11月21日に開かれた第19会期の第317回会合において, 締約国及び通報の申立人の指針として以下の一般的意見を採択した。

１．３条の適用は, 申立人が, 条約１条に定義された拷問を受ける恐れがあると信ずるに足りる実質的な根拠があるときに限られる。

２．委員会は, ３条にいう「他の国」という文言は, 関係個人が追放, 送還又は引渡される国並びに, 申立人がその後追放, 送還又は引渡されうるいずれかの国を指すという見解である。

３．１条に従い, ３条２項で言及されている「一貫した形態の重大な, 明らかな又は大規模な人権侵害」という基準は, 公務員又は公的資格で行動するその他の者によるか, それらの者の扇動によるか, 又はそれらの者の同意もしくは黙認の下に行われる侵害のみをさす。

受理可能性

４．委員会は, 条約22条の下での通報の受理可能性の目的上, 委員会の手続規則107の各要件を充足することによって一応の主張（prima facie case）を行うことは申立人の責任であるという意見である。

本　案

５．事案の本案についての条約３条の適用に関して, 主張しうる申立（arguable case）を提示する責任は申立人にかかる。このことは, 申立人の申立には, 当事国からの回答を要求するのに十分な事実の基礎がなければならないことを意味する。

６．当事国及び委員会は, 申立人が追放, 送還又は引渡されれば拷問を受ける恐れがあると信ずるに足りる実質的な根拠を評価する義務があることを念頭におけば, 拷問の恐れは, 単なる仮説又は疑いを超える根拠に基づいて評価されなければならない。しかし, 恐れは, 高度の蓋然性の基準を満たす必要はない。

７．申立人は, 自分が拷問の受ける恐れがあること, そう信ずる根拠が述べたような意味で実質的であること, 並び, その恐れが個人的なものでありかつ現存している（personal and present）ことを明らかにしなければならない。この点に関連するあらゆる関連の情報が, いずれの当事者によっても示されうる。

８．網羅的なものではないが, 以下の情報は関連しうる。

(a) 関係国は, 一貫した形態の重大な, 明らかな又は大規模な（gross, flagrant or massive）人権侵害の証拠がある国か？

(b) 申立人は, 過去に, 公務員又は公的資格で行動するその他の者によるか, それらの者の扇動によるか, 又はそれらの者の同意もしくは黙認の下に拷問され又は虐待されたことがあるか？その場合には, それは近い過去であったか？

(c) 申立人は過去に拷問され又は虐待されたという主張を支える医学的な又はその他の独立した証拠はあるか？拷問には, 後遺症があったか？

(d) 上記の(a)で述べた状況は変化したか？人権に関する国内状況は変わったか？

(e) 申立人は, 関係国の内外で, もし当該国に追放, 送還又は引渡されれば拷問の恐れがある危険性にその者を特にさらすことになると思われる政治的又はその他の活動に関わってきたか？

(f) 申立人の信憑性について何らかの証拠はあるか？

(g) 申立人の主張に, 事実の不一致はあるか？ある場合, それは関連するか？

９．拷問禁止委員会は, 準司法的又は行政的な上訴機関ではなく, 締約国によって設置され宣言的権限のみを有する監視機関であることを念頭におけば, 以下のことが導かれる。(a)委員会が条約３条に従った管轄権を行使するにあたっては, 関係締約国の機関によってなされた事実認定に相当の重みがおかれるが, (b)委員会はそれらの認定に拘束されず, 条約22条４項に規定された通り, 各事案の一連の状況全部に基づいて事実を自由に評価する権限を有する。

　この一般的意見で述べられているように, 22条に基づく個人通報で当事国による３条違反を主張する場合, 通報者は, 十分な事実に基づき, 条約違反であると主張しうる申立を提示しなければならない。**拷問を受ける恐れは, 単なる**

◆ 第2部 ◆ 条約機関の判例・先例法理に見る人権条約上の実体的義務

仮説又は疑いではなく実質的な根拠のある恐れであって，また，通報者に関する個人的かつ現実的な恐れである必要がある。委員会は個人通報の事案で，報告制度において明らかになった事実や，国連人権理事会の各種手続に関連して出されている当該国の人権状況についての情報等も参照しつつ，対象国の一般的な人権状況を考慮に入れるほか，当該事案の一連の状況に照らして，通報者に対する拷問の個人的な危険を判断する手法をとっている。また委員会はその関連で，条約3条は，拷問の危険を示すと合理的に考えられうるあらゆる状況を慎重に検討し考慮に入れる締約国の義務を意味するとし，拷問を行わないという外交上の保証についても，当該の事案においてそれが実効的なものであるか否かを確認する必要があるとしている。

● **CASE** ● 〈国際先例〉ボイリー対カナダ事件（*Boily v. Canada*）拷問禁止委員会「決定」，通報 No.327/2007，2011年11月14日

「14.1. 委員会は，通報者のメキシコへの引渡が，拷問を受ける危険があると信ずるに足る実質的な根拠がある他国へ人を引渡，追放又は送還しないという条約3条に基づく当事国の義務の違反を構成するかどうかを決定しなければならない。拷問の危険を評価するにあたっては，委員会は，条約3条2項に従い，一貫した形態の重大な，明らかな又は大規模な人権侵害の存在を含むすべての関連する事情を考慮しなければならない。しかし，そのような分析の目的は，通報者がもしメキシコに引渡されたとすれば拷問を受ける個人的な危険を冒すかどうかを決定することである。従って，ある国における一貫した形態の重大な，明らかな又は大規模な人権侵害の存在それ自体は，特定の人が当該国への帰還により拷問を受ける危険にさらされるかどうかを決定する十分な根拠とはならず，関係個人が個人的に危険にさらされることを示す付加的な根拠が示されなければならない。逆に，一貫した形態の重大な人権侵害がないことは，ある人がその個人の特定の状況において拷問を受けることがないことを意味しない（一般的意見1，6項）。立証責任についても，委員会は，主張しうる申立を提出するのは一般的に通報者の責任であるが，拷問の危険は単なる仮説又は疑いを超える根拠に基づいて評価されなければならないとした一般的意見と先例を想起する。」

「14.3. 通報者の引渡時において拷問の危険を評価するにあたって，委員会は，通報者は1998年にメキシコで逮捕され拘置所の診療所で拷問の脅迫を受けた際に拷問を受けたと主張しており，その主張を根拠づけるものとして通報者が，心的外傷後ストレスを含む精神障害を患ったことを確認する医療証明書や，拷問の主張が本当らしいことを示す当事国の警察によるポリグラフテストの結果を提出していることを注記する。もし引渡された場合の拷問の真のかつ個人的な危険について，委員会は，通報者が，彼が逃亡してきた拘置所でありかつ1998年の逮捕を担当した警察署の係官による拷問の脅迫を受けたと主張した拘置所に戻されることからすれば，拷問を受ける高度の危険を冒すと主張していることを注記する。……委員会は，拷問の危険は……外交上の保証によって緩和

第6章　人権の「保護」義務

されているという当事国の主張を注記する。［しかし］その主張に対しては，……通報者は異議を唱えている。

14.4.　委員会は，主要な問題は，引渡がなされた時点で，通報者が拷問を受ける予見可能な，真のかつ個人的な危険を冒したかどうかを決定することであると結論する。条約3条は，その管轄下にある人を他国に引渡すかどうかを決定する国家に対し，拷問が発生するのを防止するためにあらゆる必要な措置を取ることを義務づけている。この義務は，すでに定義した拷問の危険を示すと合理的に考えられうるあらゆる既存の状況を慎重に検討し，考慮に入れる義務を意味する。防止を確保するために満たさなければならない基準は，国家が犯罪人引渡（又は何らかの引渡）手続の前に外交的保証を求めることを決定した場合には，そのような要請は引渡国が目的地国において引渡された者に行う取扱いについて懸念を抱いていることを示すものであることからすれば，一層厳格なものとなる。証拠ではそのような危険の存在が明確に示されない場合でも，事件の状況によっては，受入国が条約1条及び2条に基づき拷問を防止する義務を遵守することについて合理的な疑問があることが例証されることもありうる。本件では，通報者が過去に拷問を受けたことは争われていない。このような状況では，委員会は，この特定の事件における外交的保証が，通報者が送還により拷問を受けるという合理的な疑いをすべて消し去る性格のものであるかどうかを決定しなければならない。この文脈で委員会は，得られた外交上の保証が，その実効性を保障するようなフォローアップ手続を含んでいるかどうかをも考慮に入れなければならない。

14.5.　本件では，委員会は，当事国は，引渡前に，通報者が拷問の予見可能な，真のかつ個人的な危険を冒したことを示す状況のすべてを考慮に入れていなかったという見解である。……合意された外交上の保証の制度は，拷問を実効的に防止するため十分慎重に工夫されたものではなかった。当事国の外交及び領事当局は，通報者の引渡について適切な通知を受けておらず，彼が引渡された時点から緊密かつ継続的に彼と連絡を取り合う必要性について知らされていなかった。本件では，外交上の保証及び予定されていた領事の面会は，通報者が収容の最初の数日間に拷問を受ける最高度の危険があるという可能性について予測していなかった。この危険は，申立人が2007年8月17日にメキシコに到着し，その後2007年8月17日から20日まで拷問を受けたと述べていることから，真の危険であったことが示された。しかし当事国は，2007年8月22日まで，彼の安全を確認する措置を取らなかった。委員会は従って，このような状況におけるメキシコへの通報者の引渡は，条約3条の違反を構成したと結論する。」

「15.　委員会は当事国に対し，条約14条に基づく義務に従い，以下のものを含む効果的な救済を提供するよう要請する。(a)3条に基づく彼の権利の侵害につき，通報者に賠償する。(b)とりわけ，医療及び心理的ケア，社会的サービス，並びに過去の［訴訟］費用の払戻し，将来のサービス及び法的費用を含む法律扶助を提供することによって，可能な限り十分なリハビリテーションを提供する。(c)将来の同様の違反を避けるため，外交上の保証の制度を見直す。」

◆ 第 2 部 ◆　条約機関の判例・先例法理に見る人権条約上の実体的義務

● **CASE** ●　〈国際先例〉ジャハニ対スイス事件（*Fuad Jahani. v. Switzerland*）拷問禁止
　　　　　　委員会「決定」，通報 No.357/2008，2011年 5 月23日

「9.1.　委員会の決定すべき問題は，通報者をイラン・イスラム共和国に退去させること
が，拷問を受ける危険があると信ずるに足る実質的な根拠がある他国へ人を追放し又は
送還しないという条約 3 条に基づく当事国の義務の違反を構成するかどうかである。

9.2.　通報者がもしイラン・イスラム共和国に送還されれば拷問を受ける危険があると
信ずるに足る実質的な根拠があるかどうかを評価するにあたっては，委員会は，一貫し
た形態の重大な，明らかな又は大規模な人権侵害の存在を含むすべての関連する事情を
考慮しなければならない。しかし，そのような分析の目的は，通報者がもし送還された
とすれば拷問を受ける個人的な危険を冒すかどうかを決定することである。

9.3.　委員会は，拷問の危険は単なる仮説又は疑いを超えた根拠に基づいて評価されな
ければならないとした，条約 3 条の実施に関する一般的な意見を想起する。危険は高度の
蓋然性の基準を満たす必要はないが，委員会は，自分が『予見可能な，真のかつ個人的
な（foreseeable, real and personal）』危険を冒すことを示す，主張しうる申立を提出する立
証責任は，通常，通報者にかかることを想起する（委員会の一般的意見 1 ，及び2003年
11月21日採択の通報 No.203/2002, A. R. 対オランダ（*A. R. v. the Netherlands*）事件決定）。
さらに，一般的意見で委員会は，通報者が，関係国の内外で，もし当該国に追放，送還
又は引渡されれば拷問の恐れがある危険性にその者を特にさらすことになると思われる
政治的又はその他の活動に関わってきたかどうかについても決定しなければならないと
述べている（一般的意見 1 ， 8 項(e)）。委員会はまた，当事国の諸機関の事実認定に相
当な重みをおく一方で，委員会は諸事情を考慮に入れて各案件の事実を自由に評価する
権限をもつことも想起する。

9.4.　委員会はまず，イラン・イスラム共和国の実際の人権状況は，特に2009年 6 月に
行われた選挙後，きわめて憂慮すべきものであることを注記する。委員会は，特に，多
数の改革家，学生，ジャーナリスト及び人権擁護者の抑圧及び恣意的拘禁について述べ，
そのうち何名かは死刑を宣告されて処刑されたとする多くの報告書を目にした（原注：
例えば，2009年 7 月 7 日には，人権理事会の 6 名の特別手続マンデート[135]保持者（恣意
的拘禁，超法的，一括及び恣意的処刑，意見及び表現の自由に対する権利，拷問及びそ
の他の残虐な，非人道的なもしくは品位を傷つける取扱いもしくは刑罰，人権擁護者の
状況，並びに強制的又は非自発的失踪）が，2009年のイラン大統領選挙に関連する抗議
の後に少なくとも20人が実弾やゴム製銃弾を用いたとされる治安部隊との衝突で死亡し
またその他数百名が重傷を負ったことに対して懸念を表明している。同じ 6 名の専門家
はまた，嫌疑なしの逮捕及び拘禁，並びに被拘禁者の虐待の報告について懸念を表明し
ている(http://www.ohchr.org/EN/NewsEvents/Pages/DisplayNews.aspx?NewsID=8383&LangID=E
を見よ。イラン・イスラム共和国に関する普遍的定期審査に関して人権高等弁務官事務
所が準備した文書（A/HRC/WG.6/7/IRN/2 (2009年11月25日)，28項，31項，56項及び A
/HRC/WG.6/7/IRN/3 (2009年11月30日)，28-29）項も見よ。2011年 1 月の，少なくとも

---

(135)　訳注：マンデート（mandate）とは，付託事項，委任権限を意味する。特別手続マンデート
　　　保持者とは，「特別報告者」「独立専門家」等の名称で特別手続に関する任務を与えられている担
　　　当者を指す。

254

第6章　人権の「保護」義務

3名の政治犯を含む66名の処刑に関して，2011年2月2日に人権高等弁務官が出した声明（http://www.ohchr.org/en/NewsEvents/Pages/DisplayNews.aspx?NewsID=10698＆LangID=E）も見よ）。当事国自体，イラン・イスラム共和国の人権状況は多くの点で憂慮すべきものだということを認めている。

9.5.　委員会はまた，通報者は委員会でその事実に言及しなかったものの，彼はクルド少数民族に属しており，分離主義者のリーダーであるオカラン（Ocalan）を支持するデモに参加したことで2002年3月に2週間イラン・イスラム共和国で拘禁されたとみられることも想起する。スイスに到着後，彼は難民民主連合内で活動し，シャフハウゼン・カントンのカントン代表を務めている。委員会は，通報者は難民民主連合の組織するいくつかのデモに参加し，また，ラジオ放送で，イランの政権に反対する政治的意見を表明してきた。当事国は，これらの活動について争っていない。委員会はまた，通報者は雑誌『カヌーン』誌上にいくつかの記事を掲載し，その中で名前と電話番号を公表していることも注記する。このような状況において，委員会は，通報者の名前はイラン当局によって確認され得たものと考える。……

9.10.　［訳注：9.6.と思われる］従って，かつ特に人権擁護者及び表現の自由を行使しようとする反対派の人々に影響を与えるイラン・イスラム共和国の一般的な人権状況に照らして，また，通報者がイラン当局の注意を喚起したことを示唆しうる申立人のスイスにおける政治的反対活動の観点から，委員会は，もしイラン・イスラム共和国に送還されれば，通報者が拷問を受けると信ずるに足る実質的な根拠があると考える。

10.　拷問禁止委員会は，……イラン・イスラム共和国への通報者の送還は，条約3条の違反にあたると結論する。」

● *CASE* ●　〈国際先例〉カリニチェンコ対モロッコ事件（*Alexey Kalinichenko v. Morocco*）
　　　拷問禁止委員会「決定」，通報 No.428/2010，2011年11月25日

「15.2.　委員会は，通報者のロシア連邦への強制的な引渡が，拷問を受ける危険があると信ずるに足る実質的な根拠がある他国へ個人を追放し又は送還しないという条約3条1項に基づく当事国の義務に違反するかどうかを決定しなければならない。委員会は，<u>当事国の当局が引渡時に有しており又は有しているべきであった情報に照らして，この問題について決定しなければならないことを強調する</u>。その後の出来事は，締約国が引渡時に実際に有しており又は有しているべきであった情報を評価するためにのみ有用である。

15.3.　通報者のロシア連邦への引渡が条約3条に基づく当事国の義務に違反するかどうかを評価するにあたっては，委員会は，一貫した形態の重大な，明らかな又は大規模な人権侵害の存在を含むすべての関連する事情を考慮しなければならない。しかし，そのような分析の目的は，通報者が引渡された国において拷問を受ける個人的な危険を冒すかどうかを決定することである。委員会は，ある国における一貫した形態の重大な，明らかな又は大規模な人権侵害の存在それ自体は，特定の人が当該国への送還により拷問を受ける危険にさらされるかどうかを決定する十分な根拠とはならず，関係個人が個人的に危険にさらされることを示す付加的な根拠が示されなければならないことを繰り返す。同様に，一貫した形態の重大な人権侵害がないことは，ある人がその個人の特定の

255

◆ 第2部 ◆ 条約機関の判例・先例法理に見る人権条約上の実体的義務

状況において拷問を受けることがないことを意味しない。」

「15.5. 委員会は，拷問の禁止は絶対的であり逸脱できないものであって，**いかなる例外的な状況も**，締約国が拷問行為を正当化するために援用することはできないことを想起する（締約国による2条の実施に関する拷問禁止委員会一般的意見2，5項）。委員会は，彼の3人の仕事仲間の死亡又は失踪に照らして，かつモロッコの国連難民高等弁務官事務所の評価によって，ロシア連邦で拷問又は死亡する個人的危険を冒しているという通報者の主張を注記する。……

15.6. 委員会は，ロシア連邦の実際の人権状況も考慮に入れなければならず，当該締約国の第4回定期報告書に関する委員会の総括所見（CAT/C/RUS/CO/4，9項及び12項）によれば，拷問及びその他の残虐な，非人道的なもしくは品位を傷つける取扱いもしくは刑罰が法執行職員によって，特に自白を得るために行われ続けていること，並びに，検察官団の独立性が不十分でありかつ，拷問又は虐待の主張に対して迅速，公平かつ実効的な調査を開始し実行していないことを想起する。にもかかわらず，関係個人が個人的に危険にさらされていることを示す付加的な根拠が示されなければならない。本件の状況では，通報者の3名の近しい仕事仲間が遺体で発見され又は失踪し，そのうち二人は，ロシア当局に対する犯罪の陰謀の事実を指摘した後に，ロシア連邦当局による勾留中であった。また，通報者自身も，組織犯罪集団から殺害の脅迫を受け，その後に国を離れる決断をした。上記のすべての事柄に照らし，委員会は，通報者はロシア連邦に送還されれば拷問を受けるという予見可能な，真のかつ個人的な危険があることを十分に立証したと結論する。本件の状況では，<u>外交上の保証を得たことも，その一般的で非具体的な性格及びフォローアップ制度を設けていないことに照らせば，この明白な危険から通報者を保護するのに不十分であった</u>というのが委員会の意見である。従って，当事国による通報者の引渡は条約3条違反であった。」

「17. 手続規則118（前112）条5項に従い，<u>委員会は当事国に対し，賠償及び，通報者が拷問又は虐待を受けないことを確保する実効的なフォローアップ制度の設置を含めた救済を提供することを強く要請する。委員会は，ロシア連邦当局が，委員会に対し，国際基準に従って，勾留中の通報者に面会し，立会いなくかつ内密に彼に話をすることを認める約束をしたことを注記する。委員会はこの約束を歓迎し，当該当事国［ロシア］に対し，2名の委員会委員による通報者との面会を容易にするよう要請する。</u>委員会はまた，90日以内に，本決定に対応するために当事国が取った措置について情報を受けることを希望する。」

● **CASE** ● 〈国際先例〉アブドゥサマトフ対カザフスタン事件（*Toirjon Abdussamatov v. Kazakhstan*）拷問禁止委員会「決定」，通報 No.444/2010，2012年6月1日*

「13.5. 委員会は，引渡請求の後ウズベキスタンに送還された通報者及びその他の個人は，外部との連絡を絶った収容におかれ，従って，拷問と虐待の危険にさらされたという代理人の主張を注記する。また，ウズベキスタンでは拷問と虐待がなお制度的に用いられており，国の公的な管理外で自らの信仰を実践するイスラム教徒や，宗教的過激派及び憲法秩序転覆未遂の嫌疑を受けた者が特にターゲットとされているという代理人の主張も注記した。委員会はまた，当事国が，通報者の庇護申請又は，取り消された難民

256

第6章 人権の「保護」義務

の地位（通報者のうち12名は，2010年8月まで国連難民高等弁務官事務所の認める難民
の地位を有していた）への復帰を，当事国への脅威並びに当事国及び他国の安全保障への顕著な害を根拠として拒否したことも注記する。……ウズベキスタンで拷問の危険にさらされるとの通報者の主張に関して，委員会は，ウズベキスタンは市民的及び政治的権利に関する国際規約並びに拷問等禁止条約の締約国であり，また，ウズベキスタンは通報者らが拷問又は残虐な，非人道的なもしくは品位を傷つける取扱いを受けないことを保障する外交上の保証を出したという当事国の主張も注記する。……委員会はまた，29人のうち4名の事案では，国連難民高等弁務官事務所の立場は彼らの引渡に反対であり，他の事案についての国連難民高等弁務官事務所の立場については情報を知り得なかったとする代理人の主張も注記する。

13.6. 一貫した形態の重大な，明らかな又は大規模な人権侵害の存在に関しては，委員会は，ウズベキスタンの第3次定期報告書に関する総括所見（CAT/C/UZB/CO/3）の中で，法執行官及び調査官によって又はその扇動もしくは同意の下で，拷問及びその他の残虐な，非人道的なもしくは品位を傷つける取扱いをルーティン的に使用しているとの多数の，継続的かつ一貫した主張があること，並びに，国外に逃げて送還された者は不明の場所に拘禁されて条約違反の扱いを受けていると思われることに対して懸念を表明したことを想起する。

13.7. 委員会は，29名の通報者はすべて，ウズベキスタンの公的な施設外で自らの宗教を実践しているか又は宗教的過激派組織にかかわっているとされるイスラム教徒であることを注記する。……委員会は，総括所見で述べたように，テロとの闘いを含む宗教的な安全保障の名目で，ウズベキスタンに強制送還し，対象の人をその状況，取扱い及び所在が不明な状態におくことへの懸念を繰り返す。また，条約3条におけるノン・ルフールマン原則は絶対的であり，テロとの闘いは，拷問を受ける危険があると信ずるに足る実質的な根拠がある他国へ人を追放し又は送還しない義務を遵守することを締約国に免ずるものではないことを注記する（通報 No.39/1996，パエズ対スウェーデン事件（*Paez v. Sweden*），1997年4月28日採択の見解；通報 No.110/1998，ヌニェス・チパナ対ベネズエラ事件（*Núñez Chipana v. Venezuela*），1998年11月10日採択の見解，5.6項；通報 No.297/2006，シン・ソギ対カナダ事件（*Shigh Sogi v. Canada*），2007年11月16日採択の見解）。この文脈で，委員会はまた，条約3条におけるノン・ルフールマン原則は，難民の地位に関する1951年条約に基づく審査の後にその者が1条F(c)[136]により除外された後であっても，絶対的なものであるという所見である。」

「13.9. ……本件では，委員会は，当事国は引渡手続が最低限の公正な裁判の要件（例えば，防御の準備をするのに十分な時間，弁護士への一定のアクセス及び通訳）を満たしおらず，また，ウズベキスタンに送還されれば拷問の個人的な危険があるかどうかについての各通報者についての個別の危険の評価がなされていないという通報者らの主張に反駁する証拠を，口頭でも書面でも提出していない。委員会は，第一審の裁判所（いくつかの決定が委員会に提供された）は国内法及び難民の地位に関する1951年条約に言及したものの，条約3条又は国内法におけるノン・ルフールマン原則に従った個別の危険評価を行わなかったことを注記する。さらに，当事国は，委員会が要請した暫定措置

(136) 訳注：難民条約は次のいずれかに該当すると考えられる相当な理由がある者には適用しないとした中で，「国際連合の目的及び原則に反する行為を行ったこと」を挙げた規定。

257

◆ 第2部 ◆ 条約機関の判例・先例法理に見る人権条約上の実体的義務

を尊重しなかった。……委員会は，当事国が，ウズベキスタンに送還されれば拷問の予
見可能な，真のかつ個人的な危険に直面するという通報者らの主張を適切に検討しな
かったと結論する。……よって，委員会は，本件の状況においては，当事国によるウズ
ベキスタンへの通報者らの引渡は条約3条に違反したと結論する。

13.10. さらに，当事国は，この明白な危険に対する十分な保証として，外交上の保証
を得たことを援用した。委員会は，外交上の保証は，ノン・ルフールマン原則の適用を
避けるための道具にはなり得ないことを想起する。委員会は，当事国が，何らかの形態
のモニタリングに関わったのか，またモニタリングが客観的，公平かつ十分に信頼でき
ることを確保するための何らかの措置を取ったのかどうかについての十分に具体的な詳
細を提供しなかったことを注記する。」

「15. 手続規則118条5項に従い，委員会は当事国に対し，カザフスタンへの帰還及び十
分な賠償を含む救済を通報者に提供することを強く要請する。また，90日以内に，本見
解に対応するため当事国が取った措置について通知を受けることを希望する。」

＊　**人権条約機関による暫定措置**　　人権条約の個人通報制度において，条約機関
が通報の許容性決定及び本案決定に至る前の段階で，通報者の人権を保護するため
の**暫定措置**（interim measures, provisional measures）を当事国に対して要請すること
ができるかどうかについては，条約上明文規定はおかれていない（なお，米州人権
条約は63条2項で，極度に重大かつ緊急であって個人に対する回復不能な損害を避
けるために必要である場合は，米州人権裁判所は審理中の事項に関して適当とみな
す暫定措置を採用すると規定している。但し，米州人権裁判所に事件を付託しうる
のは米州人権条約締約国及び米州人権委員会のみである）。しかし拷問禁止委員会
は，拷問等禁止条約18条2項に基づいて採択した手続規則で，22条に基づく個人通
報を受領した後いつでも，被害者又は被害者であると主張する者に対する**修復不可
能な被害を避けるために必要な暫定措置**を当事国が取るよう求める要請を緊急の事
項として送付できることとした[137]。拷問禁止委員会に寄せられる個人通報事案は，
上にみたように犯罪人引渡や送還にかかわるものが多いが，引渡や送還が切迫して
いる通報者について委員会は実際にしばしば，引渡・送還手続を停止するよう求め
る暫定措置要請を当事国に行っている。

　ただ，上にみたアブドゥサマトフ対カザフスタン事件決定で言及されているよう
に，当事国が委員会の暫定措置要請を受け入れず，引渡や送還を行ってしまう場合
も多いことは問題である。拷問禁止委員会はヌニェス・チパナ対ベネズエラ事件決
定で，「委員会が合理的と考える事案で要請する暫定措置を遵守することは，当該
個人を修復不可能な，また委員会の手続の最終的な結果を無にしてしまいうる被害
から保護するために不可欠である」と述べ，「締約国は，本条約を批准しかつ22条
に基づく委員会の権限を自発的に受け入れることによって，個人通報手続の適用に

---

(137)　手続規則114条。CAT/C/3/Rev.5.

誠実に協力する義務を負った」として，暫定措置の要請を遵守することは個人通報
制度を定めた22条に内在する義務であるとの見解を示している[138]。拷問禁止委員
会の実行に倣い自由権規約委員会も，規約39条2項に基づいて採択した手続規則の
中で暫定措置について定め，委員会に寄せられた個人通報に関する委員会の見解を
当事国に送付する前に，主張されている人権侵害の被害者に対する修復不可能な損
害を避けるために望ましい暫定措置について当事国に通知できるとしている[139]。
自由権規約委員会はダンテ・ピアンディオンほか対フィリピン事件で，当事国が
「被害者と主張されている者の処刑や国外退去のような取り返しのつかない措置を
取ることによって」そのような暫定措置の遵守を拒否することは，「第一選択議定
書による規約上の権利の保護を損なう」ものであるとし[140]，拷問禁止委員会と同
様，暫定措置要請の遵守は個人通報制度を受け入れることに付随する締約国の義務
であるとの見解をとっている。

　ヨーロッパ人権条約は，人権侵害の被害者であると主張する個人，非政府団体又
は集団の申立をヨーロッパ人権裁判所が受理できるとして個人通報制度を定めた34
条で，「締約国は，この権利の効果的な行使を決して妨げないことを約束する」と
しているが，ヨーロッパ人権裁判所は2005年の大法廷判決で，同裁判所小法廷又は
その長が裁判所規則39条に基づいて要請した暫定措置に従うことを当事国が拒否す
ることは，個人通報の権利の「効果的な行使を決して妨げない」という34条の義務
に反すると判示した[141]。

◆ 4　経済的，社会的及び文化的権利と国家の保護義務

　本章でみたように，国家が私的当事者による侵害からも個人の権利を保護す
る積極的な人権保護義務は，人権条約の条約機関の実行において，条約上の権
利及び自由を管轄下の人に実効的に保障ないし確保する一般的な義務から導か
れるとともに，生命権，拷問その他の非人道的なもしくは品位を傷つける取扱
いもしくは刑罰を受けない権利，私生活の尊重を受ける権利，結社の自由等の
権利の実体規定からも導かれている。他方，人権条約の中でも社会権規約は，
一般的義務規定である2条1項では権利を保障ないし確保するとは定めておら
ず，権利の完全な実現を漸進的に達成するため措置を取るとしているにとどま
るが，そのことは，締約国にとって個人の権利を第三者からも保護する積極的

---

[138]　*Núñez Chipana v. Venezuela*，通報 No.110/1998。

[139]　手続規則92条。CCPR/C/3/Rev.10.

[140]　*Dante Piandiong, Jesus Morallos and Archie Bulan v. the Philippines*，通報 No.869/1999。

[141]　ママトクロフ及びアスカロフ対トルコ事件（*Mamatkulov and Askarov v. Turkey*）判決，申立 Nos.46827/99 and 46951/99，2005年2月5日。

◆第2部◆　条約機関の判例・先例法理に見る人権条約上の実体的義務

な義務が生じないことを意味しない。社会権規約2条1項上の義務は，権利の実現という結果の達成度においては，確かに自由権規約等におけるよりも柔軟性を認めている。しかし，**社会権規約も，一連の「権利」を認め，その実現に向けた締約国の義務を定めていることに変わりはないのであって，締約国にとって規約上の権利は，権利を侵害・否定する行為に対する法的制約となると同時に権利を実現するための様々な積極的措置を取るという相関的義務を生じさせ，そこには，私的当事者ら第三者による権利侵害から権利を保護するための措置を取ることも当然に含まれるとみなければならない。**社会権規約委員会は一貫してそのような立場をとり，食料に対する権利（11条1項），健康に対する権利（12条），教育に対する権利（13条）等に関する一般的意見において，締約国が権利を尊重，保護及び充足する義務について敷衍している。

■ 社会権規約委員会「一般的意見12　十分な食料に対する権利」（1999年）

15. 十分な食料に対する権利は，他のいかなる人権とも同様に，締約国に対し，尊重する義務，保護する義務，充足する義務という3種類ないしレベルの義務を課している。このうち充足の義務は，環境整備の義務と供給する義務の双方を組み込んだものである。……

……保護する義務は，企業又は個人が，十分な食料に対する個人のアクセスを奪わないことを確保するための国家による措置を要求する。……

19. 食料に対する権利の違反は，……国家による規制を十分に受けていない他の主体の直接の行動によって起こりうる。これには，以下のものが含まれる。……食料に対する他人の権利を侵害することを防止するため，個人又は集団の行動を規制しないこと。……

■ 社会権規約委員会「一般的意見13　教育に対する権利（規約13条）」（1999年）

46. 教育に対する権利は，他のすべての人権と同様，締約国に対して3つの種類ないし段階の義務すなわち，尊重する義務，保護する義務及び充足する義務を課している。……

47. ……保護する義務は，締約国に対し，第三者が教育に対する権利の享受に干渉するのを防止するための措置を取ることを求めるものである。……

50. 13条2項との関係で，締約国は，教育に対する権利の「きわめて重要な特徴」（利用可能性，アクセス可能性，受容可能性及び適合可能性）のそれぞれを尊重し，保護し及び充足する義務を負う。例を挙げれば，国は……父母及び保護者を含む第三者が女の子を学校に行かせないようにしないことを確保することにより，教育のアクセス可能性を保護しなければならない。……

57. 一般的意見3において委員会は，締約国が，「最も基礎的な形態の教育」を含め，規約に掲げられた各権利の「少なくとも最低限の不可欠なレベルの充足を確保する最低限の中核的義務」を負うことを確認している。13条の文脈においては，この中核には，……「教育上の最低限の基準」（13条3項及び4項）に適合することを条件として，国又は第三者による干渉を受けることのない教育の自由な選択を確保する義務が含まれる。

58. 13条の規範内容（第Ⅰ部）を締約国の一般的及び具体的義務（第Ⅱ部）に適用すると，教育についての権利の侵害の認定を容易にする動的なプロセスが作動する。13条の違反は，締約国の直接の行動（作為）又は，規約によって求められる措置を取らないこと（不作為）によって生じうる。

59. 例を挙げれば，13条の違反には次のものが含まれる。……私立の教育機関が，13条3項及び4項が求める「教育上の最低限の基準」に従うことを確保しないこと。……

■ 社会権規約委員会「一般的意見14　到達可能な最高水準の健康に対する権利（規約12条）」（2000年）

33. 健康に対する権利は，すべての人権と同じく，締約国に対し3つのタイプないしレ

ベルの義務を課している。それは，**尊重する義務，保護する義務，及び充足する義務**である。……**保護する義務**は国家に対し，第三者が12条の保障に介入するのを防止するため措置を取ることを要求する。……

35. **保護する義務**は，とりわけ以下のことを含む。それは，第三者によって供給される医療及び保健関連のサービスに対する平等のアクセスを確保する立法を採択し又はその他の措置を取ること，保健分野の民営化が保健施設，物資及びサービスの利用可能性，アクセス可能性，受容可能性及び質を低下させる要因にならないことを確保すること，第三者による医療器具及び薬品の販売を管理すること，医療行為者及びその他の保健専門職員が適切な教育，技術及び倫理的行為準則に則ることを確保すること，である。国家はまた，産前及び産後ケア並びに家族計画へのアクセスにおいて有害な社会的もしくは伝統的慣行が介入しないことを確保する義務，第三者が女性に対し，女性器切除のような伝統的慣行に従うよう強制するのを防止する義務，また，ジェンダーに基づく暴力の表れに照らして，社会のすべての弱い立場にある又は周縁に追いやられた集団，特に女性，子ども，青少年及び高齢者を保護するための措置を取る義務をも負う。国家はまた，第三者が，健康に関連する情報及びサービスに対する人々のアクセスを制限しないことを確保するべきである。

保護義務の違反

51. 保護義務の違反は，国家がその管轄内にある人を，健康に対する権利の第三者による侵害から保護するために必要なすべての措置を取らないことから生ずる。この範疇には，健康に対する他者の権利の侵害を行わせないよう個人，集団又は企業の活動を規制するのを怠ること，医薬品又は食品［関係］の雇用者及び製造者によるもののような健康に有害な行為から消費者と労働者を保護するのを怠ること，タバコ，麻薬及びその他の有害物質の製造，販売及び消費を戒めるのを怠ること，暴力から女性を保護し又は実行者を訴追するのを怠ること，有害な伝統的医療又は文化慣行を引き続き遵守するのを戒めるのを怠ること，採掘業及び製造業による水，空気及び土壌の汚染を防止するための法を制定又は執行するのを怠ること，が含まれる。

■ **社会権規約委員会「一般的意見15 水に対する権利（規約11・12条）」（2002年）**

44. 違反について完全なリストを事前に具体化することはできないが，委員会の作業から引き出される，義務のレベルに関連するいくつかの典型的な例は認められる。……

(b) 保護義務の違反は，国が，その管轄内にある人の水に対する権利を第三者による侵害から保護するためのあらゆる必要な措置を取らないことから生ずる（「第三者」の定義については23項を見よ）。これには，とりわけ，(i)水の汚染及び不公平な出水を防止するための法を制定又は執行しないこと，(ii)水の供給を行う者を実効的に規制しかつ管理しないこと，(iii)水の配分システム（例えば，水パイプ網及び井戸）を干渉，損害及び破壊から保護しないこと，が含まれる。

◆ 5 ビジネスと人権に関する諸原則

　経済のグローバル化と，非国家主体，特に国境を越えて事業を行う企業の活動は，今日，人権の実現にとって多大な影響をもちうる要素である。第4章でみた社会的及び経済的権利活動センター並びに経済的及び社会的権利センター対ナイジェリア事件におけるアフリカ人権委員会決定は，当事国の国営石油会社のほか，シェル石油開発会社という巨大な多国籍企業によって行われた大規模な環境破壊と住民への被害をめぐって，アフリカ人権憲章上の諸権利を当事国が尊重，保護，充足する義務と，その義務に違背したことに対する責任を厳しく指摘したものであった。この事件の場合，国営会社の行為は当事国の行為

261

◆ 第2部 ◆　条約機関の判例・先例法理に見る人権条約上の実体的義務

とみなされ国の行った人権侵害となる一方で，シェル石油という私企業の行為
については，当事国の責任は，当該私企業の人権侵害行為を実効的に防止・排
除せずまた救済しなかったという，保護義務の不履行から生じる。このように
私企業が人権侵害を引き起こす事態は，天然資源の開発や工場の操業等の事業
を世界的に展開する企業によって，いわゆる先進工業国よりも緩い途上国の環
境基準，労働基準等の法規制にも支えられる形で，各地でしばしば発生してい
るのが現状である。

　多国籍企業が遵守すべき人権基準等の原則については，ILO 理事会が企業，
労働者，政府の三者の合意に基づき多国籍企業の社会政策に関する指針として
1977年に採択した「多国籍企業及び社会政策に関する諸原則の三者宣言」(2000
年・2006年改訂)[142]がある。同宣言は8項で，多国籍企業その他関係ある当事
者は，国家の法令に従うべきこととともに，ILO 憲章並びに表現及び結社の自
由に関する ILO の諸原則，世界人権宣言及び国際人権規約を尊重すべきこと
を述べている。また，OECD（経済開発協力機構）の多国籍企業ガイドライン(2000
年改訂版）は，そのⅡ章「一般方針」の2項で人権について言及し，「企業は，
受入国の国際的義務及び約束に従い，企業の活動によって影響を受ける人々の
人権を尊重する」と述べて，**受入国が人権条約等で負っている国際的義務は企
業活動における人権への配慮にとっても指針となることを示している**（下にみ
る同ガイドラインの2011年改訂版は，新たに「人権」の章を設け，人権デュー・ディ
リジェンス（human rights due diligence）を含めて一層明示的な行動準則を掲げてい
る）。

　また，**企業の社会的責任**（Corporate Social Responsibility, CSR）に対する関心が
一層高まりつつある世界的潮流の中で，国連では，1999年に当時のアナン国連
事務総長が世界経済フォーラム（ダボス会議）の場で行った提案を受け，企業
活動と人権に関する取組みとして2000年に「**グローバル・コンパクト**（Global
Compact)」を発足させた。グローバル・コンパクトは，世界人権宣言や ILO の
基本原則，環境と開発に関するリオ宣言といった普遍的な諸原則に基づく人権
（①国際的に宣言されている人権の保護を支持・尊重する，②人権侵害に間接的に加
担しないことを確保する），労働基準（③組合結成の自由と団体交渉の権利の実効的
な承認を支持する，④あらゆる形態の強制労働の撤回を支持する，⑤児童労働の実

---

(142)　http://www.ilo.org/public/japanese/region/asro/tokyo/downloads/multi2007.pdf.

効的な廃止を支持する，⑥雇用と職業における差別の撤廃を支持する），環境（⑦環境問題への予防的取組みを支持する，⑧率先してより大きな環境上の責任を引き受ける，⑨環境に優しい技術の開発と普及を奨励する），及び腐敗防止（⑩強要と贈収賄を含むあらゆる形態の腐敗の防止に取組む；2004年に追加）に関する計10原則につき，世界各国の企業の賛同を募り，賛同した企業がこれらを遵守して活動を行うことを求めるものである。グローバル・コンパクトは企業を法的に拘束するものではなく，規制手段でもないが，これに賛同し，書簡を国連事務総長に送付して参加した企業は，毎年，どのような努力をしたかについて国連に報告を行うこととなっている。現在では，企業のみならずNGOや労働組合，学術研究団体，自治体等も含めて合計数千に及ぶ団体がグローバル・コンパクトに参加している。世界人権宣言が，「社会のすべての個人及びすべての機関」がそれを念頭において努力するため，「すべての人民とすべての国とが達成すべき共通の基準」（前文）として採択されたものであることに鑑みても，**国連グローバル・コンパクトは，市場社会における世界人権宣言の尊重を促進するものとして大きな意義をもつものといえる**[143]。

さらに，国連では近年，ビジネスと人権に関する国連事務総長特別報告者に任命されたラギー（J. Ruggie）によって，ビジネスと人権に関する指導原則の策定作業が進められてきた。その結果，2011年3月には，国連人権理事会によって，**以下のようなビジネスと人権に関する指導原則**が採択されている。

■ 国連の『保護，尊重，救済』枠組みを実施する，ビジネスと人権に関する指導原則（Guiding Principles on Business and Human Rights Implementing the United Nations "Protect, Respect and Remedy" Framework）（2011年）[144]

　1 国家は，その領域及び／または管轄内において，企業を含む第三者による人権侵害を防止しなければならない。これは，効果的な政策，法令，規則及び裁判を通してかかる侵害を防止し，調査し，処罰し及び是正するための適切な措置を取ることを必要とする。

人権に関する国家の義務が，国際人権法に基づく国際法上の法的な義務であるのに対し，企業は国際人権法上の義務の名宛人となっていないことに対応して，ラギーの枠組み及び国連の指導原則でも，企業は，法的な義務というよりは，拘束力のない責任という形でとらえられている（関連する国内法上の義務は別途に存在しうる）。

---

[143] 江橋崇「国連グローバル・コンパクトと政府の役割」江橋崇編著『グローバル・コンパクトの新展開』（法政大学出版局，2008年）97頁。

[144] http://www.ohchr.org/documents/issues/business/A.HRC.17.31.pdf.

◆ 第2部 ◆ 条約機関の判例・先例法理に見る人権条約上の実体的義務

　企業の尊重責任における主な要素は，人権に関する**相当の注意義務**という概念である。指導原則は，相当の注意の内容について次のように定める。

■ 国連の『保護，尊重，救済』枠組みを実施する，ビジネスと人権に関する指導原則（同上）
　　17　相当の注意は，
　　(a)　企業がその活動を通じて引き起こしうるもしくはその一因となりうる，又はその事業関係によってその事業，製品もしくはサービスと直接に結びつきうる人

権への悪影響を対象とするべきである。
　(b)　企業の規模，人権への重大な影響のリスク，並びに事業活動の性格及び文脈によって，複雑度において異なるであろう。
　(c)　企業の活動及び活動状況の進展に応じて，人権リスクが時間の経過とともに変化しうることを認識して，継続的なものであるべきである。

　国連で採択されたこの指導原則は，OECD多国籍企業ガイドラインの2011年改訂で初めて含まれることとなった人権の章に大きな影響を及ぼした。同ガイドラインのⅣ章は次のように定めている。

■ OECD多国籍企業行動ガイドライン（OECD Guidelines for Multilateral Enterprises（2011 revision）（2011年)[145]
　Ⅳ．人権
　　国家は，人権を保護する義務を負う。企業は，国際的に認められた人権，活動を行う国の国際的人権義務，並びに関連する国内法及び規則の枠内において，次の行動を取るべきである。
　1．人権を尊重する。これは，企業は他者の人権侵害を避けるべきであり，企業が関与した人権への悪影響に対処すべきという意味である。
　2．企業自身の活動の文脈において，人権への悪影響を引き起こし又はその一因となることを避けるとともに，そのような影響が生じた場合には対処する。

3．企業が人権への悪影響の一部となっていなくとも，取引関係により，企業の事業活動，製品又はサービスに直接結びついている場合には，人権への悪影響を防止し又は緩和する方法を模索する。
4．人権を尊重するための政策的なコミットメントを行う。
5．企業の規模，事業の性格及び活動の文脈，並びに人権への悪影響のリスクの重大性に応じて，適切に人権デュー・ディリジェンス（human rights due diligence）を実施する。
6．企業が人権への悪影響を引き起こし又はその一因となったと特定した際には，企業はそれらの悪影響からの救済において，正当な手続を提供するか又はそれを通じた協力を行う。

　ビジネスと人権に関する国連事務総長特別報告者ラギーによる作業は，2008年に国連人権理事会に提出された報告書[146]の段階で，様々な利害関係者(ステークホルダー)[147]との深い意見交換を経てまとめられた有益なものとして，ISO(国際標準化機関）における**社会的責任の国際規格**の作成作業においても参照さ

---

(145)　http://www.oecd.org/dataoecd/43/29/48004323.pdf.
(146)　A/HRC/8/5.
(147)　ステークホルダー（stakeholders）とは，国による人権義務の遵守に利害を有している関係者を広く指し，人権NGO等のほか，例えば，後述する国連の普遍的定期審査（UPR）制度では，各国で政府とは異なった立場で人権に関する任務を果たす国内人権機関も含まれている。ビジネスと人権をめぐる文脈では，多国籍企業を含む企業も重要なステークホルダーである。

264

れ，2010年に採択されたISO26000の人権の部（箇条6.3）の土台となった[148]。

社会権規約委員会は1998年に「グローバル化と経済的，社会的及び文化的権利についての声明」を公表しているが，企業と人権をめぐるこの間の国連等における取組みの進展をもふまえ，2011年には再び以下のような声明を公表している。

■ 社会権規約委員会「企業部門と経済的，社会的及び文化的権利に関する締約国の義務についての声明」（2011年）

1．……企業部門は多くの場合，とりわけ経済発展へのインプット，雇用の創出及び生産的な投資を通して，規約に掲げられた経済的，社会的及び文化的権利の実現に貢献する。しかし委員会は，しばしば，企業活動が規約上の権利の享受に悪影響を及ぼしうることも観察してきた。関連する問題には，児童労働，労働組合権の制約による危険な労働条件，女性労働者に対する差別から，健康に対する権利，先住民の人々を含む人々の生活水準や自然環境への有害な影響，また腐敗が果たす破壊的な役割にわたる多様な例がある。

2．委員会は，1998年に，本声明に関連する「グローバル化と経済的，社会的及び文化的権利についての声明」を出したことを想起する。委員会はまた，人権の文脈における企業の責任に関連する取組みを認識し，委員会の任務の遂行においてそれらを考慮に入れる。国際的なレベルでは，1977年の「多国籍企業と社会政策に関する諸原則の三者宣言」に続き，ILOは1998年に，「労働における基本的原則及び権利に関する宣言」を採択した。……2000年には，国連は「国連グローバル・コンパクト」を開始したが，これまで7,700以上の会社その他のステークホルダーがこれに署名し，人権，労働，環境及び腐敗防止を含む企業の責任に賛同すると約束している。委員会は，2008年に人権理事会が，人権と多国籍企業及びその他の企業体の問題に関する国連事務総長特別報告者が発表した，ビジネスと人権についての「保護，尊重，救済」の枠組みを歓迎したことを注記する。

3．締約国は，国営企業又は私企業が行う企業活動に関して，その管轄下にあるすべての人の規約上の権利を尊重し，保護し，充足する主要な義務を負っている。このことは，……立法その他の適当な実施措置に言及して締約国の義務の性格を定義した規約2条1項からくる結果である。

4．権利を尊重することは，締約国に対し，その法及び政策が，企業活動に関して，規約に定められた経済的，社会的及び文化的権利に合致していることを保障することを要求する。この義務の一環として，締約国は，企業が，その活動に依存する者又はその活動によって悪影響を受ける者が規約上の権利を享受するのを妨げないようにするために相当な注意を示すことを確保しなければならない。

5．権利を保護することは，締約国が，企業行動についての基準を設定しかつ執行するための適切な法，規則，監視，調査及び責任追及手続を定めることによって，権利保持者を，企業主体による経済的，社会的及び文化的権利の侵害から実効的に保護することを意味する。委員会が繰り返し説明してきたように，この義務の不履行は作為によっても不作為によっても生じうる。締約国が，司法上，行政上，立法上及びその他の適切な手段を通して，企業による経済的，社会的及び文化的権利の侵害の被害者に効果的な救済を確保することは，最たる重要性をもつ。締約国はまた，その管轄下に本部がある企業が海外で人権侵害を行うことを防止するための措置を取るべきである（受入国の主権又は規約上の義務を害することなく）。例えば，水に対する権利に関する一般的意見15で委員会は，『締約国は，自国の国民及び企業が，他国の人々及びコミュニティの水に対する権利を侵害するのを防止するための措置を取るべきである』と述べている。……

6．権利を充足することは，締約国が，経済的，社会的及び文化的権利の実現に対して企業部門の支援を得る責務を負うことを伴う。海外で事業を行っている企業の本国である締約国はまた，そのような会社が，適当な場合

---

[148] 関正雄『ISO26000を読む── 人権・労働・環境……。社会的責任の国際規格：ISO/SRとは何か』（日科技連，2011年）76頁。

◆第２部◆　条約機関の判例・先例法理に見る人権条約上の実体的義務

には武力紛争や自然災害の状況の場合も含めて，経済的，社会的及び文化的権利の遵守のための企業責任の問題を扱うのに必要な能力を受入国が養うのを支援するように促さなければならない。

Ⅱ 権利侵害に対する効果的救済

◆ 1 人権侵害に対して「救済」を受ける権利の意義と内容

　人権侵害に対する「救済」というとき，それには大別して，手続的側面と実体的側面とがある。前者は，人権侵害を受けた個人が，司法機関をはじめとする国の権限ある機関によって審理され判断を受けること（access to justice；救済手続へのアクセス）であり，後者は，そのような手続の結果，主張が認められた申立人が被害回復のために得られる救済措置の内容を指す。

　国際人権法では，世界人権宣言が８条で「すべての者は，憲法又は法律によって与えられた基本的権利を侵害する行為に対して，権限のある国内裁判所による効果的な救済を受ける権利を有する」と規定しているのを嚆矢として，多くの人権条約が，下記のように，救済を受ける権利の手続的側面を中心とした規定をおいている。なお，ヨーロッパ人権条約13条や自由権規約２条３項が「効果的な救済措置（effective remedies）」と規定し，司法的救済に限られず効果的な救済措置について一般的に定めているのに対し，米州人権条約25条は司法的救済を受ける権利を保障し，かつ，同条約上の権利のみならず，各国の憲法又は法律上の権利の侵害についても司法的救済を受ける権利を定めている。**効果的救済に関するこれらの条約規定は，以下にみるように，それ自体，また，権利を保障ないし確保するとした条約の一般的義務規定及び権利の実体規定とも併せて，人権侵害の調査・訴追等の一定の手続的要求，及び賠償，リハビリテーション等を含めた実体的な救済措置を導くものと解釈されている。**人種差別撤廃条約及び拷問等禁止条約は，条約上，公正かつ適正な賠償（compensation）についての権利についても明記し，また拷問等禁止条約は，拷問の被害者ができる限り十分なリハビリテーションを受けるべきことについても言及している。

■ ヨーロッパ人権条約

13条　この条約に定める権利及び自由を侵害された者は，公的資格で行動する者によりその侵害が行われた場合にも，国の機関の前において効果的な救済措置を受ける。

■ 自由権規約

２条３項　この規約の締約国は，次のことを約束する。

(a)　この規約において認められる権利又は自由を侵害された者が，公的資格で行動する者によりその侵害が行われた場合に

第6章　人権の「保護」義務

も，効果的な救済措置を受けることを確保すること。
(b) 救済措置を求める者の権利が権限のある司法上，行政上もしくは立法上の機関又は国の法制で定める他の権限のある機関によって決定されることを確保すること及び司法上の救済措置の可能性を発展させること。
(c) 救済措置が与えられる場合に権限のある機関によって執行されることを確保すること。」

■ 人種差別撤廃条約
6条　締約国は，自国の管轄の下にあるすべての者に対し，権限のある自国の裁判所及び他の国家機関を通じて，この条約に反して人権及び基本的自由を侵害するあらゆる人種差別の行為に対する効果的な保護及び救済措置を確保し，並びにその差別の結果として被ったあらゆる損害に対し，公正かつ適正な賠償又は救済を当該裁判所に求める権利を確保する。

■ 女性差別撤廃条約
2条　締約国は，女性に対するあらゆる形態の差別を非難し，女性に対する差別を撤廃する政策をすべての適当な手段により，かつ，遅滞なく追求することに合意し，及びこのため次のことを約束する。
……
(c) 女性の権利の法的な保護を男性との平等を基礎として確立し，かつ，権限のある自国の裁判所その他の公の機関を通じて差別となるいかなる行為からも女性を

効果的に保護することを確保すること。

■ 米州人権条約
25条1項　すべての人は，関係国の憲法又は法律もしくはこの条約が認める基本的権利を侵害する行為に対する保護を求めて，たとえそのような侵害が公務の遂行として行動する者によって行われた場合であっても，簡易かつ速やかな訴え又はその他の何らかの効果的な訴えを，権限のある裁判所又は法廷に対して行う権利を有する。
同2項　締約国は，次のことを約束する。
(a) 1の救済を求めるすべての者が，その権利について当該国の法制が定める権限のある機関による決定を受けることを確保すること。
(b) 司法上の救済の可能性を発展させること。及び，
(c) このような救済が与えられる場合には，権限のある機関がそれを執行するよう確保すること。

■ 拷問等禁止条約
14条1項　締約国は，拷問に当たる行為の被害者が救済を受けること及び公正かつ適正な賠償を受ける強制執行可能な権利を有すること（できる限り十分なリハビリテーションに必要な手段が与えられることを含む。）を自国の法制において確保する。被害者が拷問に当たる行為の結果死亡した場合には，その被扶養者が賠償を受ける権利を有する。

　社会権規約は救済に関する明文規定を含んでいないが，社会権規約委員会は一般的意見3を始めいくつかの一般的意見で，規約上の権利の実現のために取られる適当な措置には司法的救済を与えることも含まれうることを強調している。すでにふれたように，社会権規約についても個人通報制度を設ける選択議定書が2008年に採択され，同規約上のすべての権利が個人通報の対象とされているが，規約上の権利侵害に対して効果的な国内的救済措置が与えられることは，個人通報制度の適用との関係でも密接な関係をもっている。

■ 社会権規約委員会「一般的意見3　締約国の義務の性格（規約2条1項）」（1990年）
　2．……関連の権利の完全な実現は漸進的に達成されうるものであるが，その目標に向けての措置は，関係国にとって規約が発効した後，合理的な短期間のうちに取られなければならない。……この措置は，規約で認めら

れた義務の履行に向けて，可能な限り意図的，具体的かつターゲットをもったものであるべきである。
　5．立法に加えて，適当と考えられうる措置の中には，国内法制に従い司法判断に適すると考えられる権利に関しては，司法的救済を与えることがある。委員会は例えば，認め

267

◆ 第2部 ◆ 　条約機関の判例・先例法理に見る人権条約上の実体的義務

られた権利を差別なく享受することは，一部
は，司法的又はその他の効果的な救済を与え
ることによって，過当に促進されることが多
いということを注記する。実際，市民的及び
政治的権利に関する国際規約の締約国でもあ
る国は，同規約（2条1項，2条3項，3条
及び26条によって）によってすでに，（平等
及び無差別に対する権利を含め）同規約で認
められた権利又は自由を侵害されたすべての
人が，「効果的な救済を受ける」（2条3項(a)）
ことを確保する義務を負っている。加えて，
3条，7条(a)(i)，8条，10条3項，13条2項
(a)，13条3項，13条4項，15条3項を含め，
多くの国の国内法制において司法及びその他
の機関による即時の適用が可能と思われる多
くの規定がある。上記の規定が内在的に直接
適用不可能だという考えは，維持しがたいも
のに思われる。

■ 社会権規約委員会「一般的意見9　規約の
国内的適用」（1998年）
　4．一般的に，法的拘束力ある国際人権基
準は，各締約国の国内法制において直接かつ

即時に機能すべきであり，もって，個人が自
らの権利を国内裁判所で執行することができ
るようにすべきである。国内救済措置を尽く
すことを要求する規則は，この点で，国内救
済措置の主要性を強めている。個人の主張の
追求のために国際的手続が存在しさらに発展
することは重要であるが，そのような手続は，
究極的には，効果的な国内救済措置を補完す
るものでしかない。

■ 社会権規約委員会「一般的意見12　十分な
食料に対する権利」（1999年）
　32．十分な食料に対する権利の侵害を受け
た被害者であるいかなる人又は集団も，国内
的及び国際的レベルの双方で，効果的な司法
上その他の適切な救済措置へのアクセスを有
するべきである。そのような被害者はすべて，
十分な救済を受ける権利を有する。これは，
原状回復，賠償，満足，又は再発防止の保証
の形態をとりうる。国内のオンブズマン及び
人権委員会は，食料に対する権利の侵害を取
り上げるべきである。

　子どもの権利条約にも，救済に関する明文規定はないが，子どもの権利委員
会は一般的意見で，人権侵害に対する効果的な救済の必要性は条約に内在する
ものであるとしている。

■ 子どもの権利委員会「一般的意見5　子ど
もの権利条約の一般的な実施措置（条約4
条，42条及び44条6項」（2003年）
　24．権利が意味をもつためには，侵害に対
する効果的な救済が利用できなければならな
い。この要求は本条約に内在するものであり，
他の主要な6つの人権条約でも一貫して言及
されている。子どもたちの特別な，依存的な
地位は，子どもたちにとって，権利侵害に対
する救済を追求するにあたっての現実的な困
難を形作っている。よって国家は，子供たち
とその代理人が利用できる，効果的かつ，子
どもに対する配慮がなされた手続を確保する
ことに対して，特別の注意を払う必要がある。
それらには，子どもにとって親切な情報の提
供や助言，自分で行う権利主張への支援を含

む権利主張，独立の申立手続へのアクセス及
び必要な法的その他の扶助を含む裁判所への
アクセスを含むべきである。権利侵害が認定
された場合には，賠償を含む適当な補償があ
るべきであり，必要な場合には，39条で要求
されているように，身体的及び精神的回復を
促進するための措置，リハビリテーション並
びに［学校や社会への］再統合がなされるべ
きである。
　25．……委員会は，経済的，社会的及び文
化的権利は，市民的及び政治的権利と同様，
司法判断に適合するとみなされなければなら
ないことを強調する。不遵守の場合の救済措
置が実効的なものとなるよう，国内法が権利
を十分詳細に規定することが重要である。

　ヨーロッパ人権条約13条は条約上の権利を「侵害された」者が効果的な救済
を受けることを規定するが，ヨーロッパ人権裁判所の判例法によれば，人権侵
害の有無は実際に救済措置が適用されなければ判定できないから，本条は，最

268

◆ 第6章　人権の「保護」義務

終的な結果にかかわらず条約違反の主張について審理を受け救済を求めること
を可能にする趣旨の規定とみなければならない。すなわち，本条は，条約上の
権利の侵害を受けたことを主張する個人（換言すれば，人権侵害について主張し
うる申立（arguable claim）をもつ者）が，国の権限ある機関においてその主張の
審理を受ける権利を有するものと解されなければならない。ヨーロッパ人権裁
判所はクラス事件判決においてそのような解釈を明らかにすると同時に，13条
は個人がその主張について決定を受けるという手続的権利のみならずその結果
として実体的な救済を受けることをも要求するとし，シルヴァー事件判決でそ
の法理を確認している。

● **CASE** ● 〈国際判例〉クラスほか対ドイツ事件（*Klass and Others v. Germany*）ヨーロッ
パ人権裁判所判決，申立 No.5029/71，1978年9月6日

「64. 13条は，条約上の権利及び自由を『侵害された（are violated）』いかなる個人も，
公的資格で行動する者によって『当該違反が行われた場合』にも，国の機関において効
果的な救済を受けることを定めている。この規定は，文字通り読めば，『違反』が起こっ
た場合にのみ国の救済を受ける権利があると言っているように読める。しかし，個人は，
違反があったという申立をまず国の機関に付託できなければ，『違反』があったことを
国の機関において示すことはできない。従って，［ヨーロッパ人権］委員会の少数意見
が述べたように，条約違反が現にあったことは，13条の適用の前提条件とすることはで
きない。裁判所の見解では，13条は，個人が，条約違反と主張される措置によって損害
を受けたと考えるときには，その主張について決定を受けるため及び，適当な場合救済
を受けるため，国の機関において救済を求められるべきことを要求している。よって13
条は，条約上の権利が侵害されたと主張するすべての人に対して，『国の機関において
効果的な救済』を受けることを保障しているものと解釈されなければならない。」

ヨーロッパ人権条約は5条4項で，人身保護請求に関する権利（逮捕又は抑
留によって自由を奪われた者が，裁判所がその抑留の合法性について迅速に決定し
また合法でない場合には釈放を命ずるよう手続をとる権利）を保障し，また5条5
項で，5条の規定に反して逮捕又は抑留された者が賠償を受ける権利を保障し
ている（自由権規約9条4項及び5項もこれらと同旨の規定をおく）。**これらの，
人身の自由に関して明記されたより高度の水準の保障に比べ，効果的な救済に
関する13条は，条約上の権利の侵害の主張に対する救済手続及び救済内容につ
いての最低限の要求を定めるものである。**なお，13条にいう効果的な救済は必
ずしも司法機関によるものには限られないのに対し，従来，公正な裁判を受け
る権利に関する6条（1975年のゴルダー事件判決によって，裁判所へのアクセスの

269

◆ 第2部 ◆ 条約機関の判例・先例法理に見る人権条約上の実体的義務

権利も内在的に含むものと解されている）は13条と重複しかつ13条よりも強い保障である（よって，6条1項との関係では13条の保障は前者に吸収され，6条1項の違反が認定されれば13条違反は検討されない）とされてきた。しかし，2000年のクドワ対ポーランド事件判決でヨーロッパ人権裁判所は，裁判手続の遅延に関して同裁判所に持ち込まれる申立の多さに照らして判例変更を行い，13条は，6条1項の権利の違反の主張について，国内機関において効果的な救済を保障する規定であるとの解釈を示した（よって，国は6条1項の権利についても13条により効果的な救済を与えなければならず，それが与えられなければ，13条の違反も別途に認定されうる。第12章を参照）。

　ヨーロッパ人権裁判所はその判例法において，締約国の国内機関における手続が13条にいう**効果的な救済といえるために具備していることが要求される要素**についての見解を示している。そのうち重要なものは，当該国内機関の，**権利侵害を行った機関からの独立性**，及び，当該国内機関が**条約上の権利侵害の主張の実質について判断し，権利侵害があった場合には救済を与える権限の存在**である。また，13条にいう効果的な救済とは，個人にとって確実に有利な結果が出るかどうかには依存しない一方で，それを利用しようとする**個人にとって実際に利用でき，主張の本案について判断を受け適切な場合には救済を受けられるという意味で実効的なもの**でなければならない。

　下にみるのは，受刑者が，監獄法及びそれに基づく監獄規則によって課された信書の発受信に関する制限がヨーロッパ人権条約8条等の違反であると主張したシルヴァー事件判決の中で，ヨーロッパ人権裁判所が13条違反に関して判断した部分である。

● **CASE** ● 〈**国際判例**〉シルヴァーほか対イギリス事件（*Silver and Others v. the United Kingdom*）ヨーロッパ人権裁判所判決，申立 No.5947/72, 6205/73, 7052/75, 7061/75, 7107/75, 7113/75, 7136/75, 1983年3月25日［『ヨーロッパ人権裁判所の判例』219頁］

「113. 13条の解釈に関する裁判所の判例法から明らかになる諸原則には，以下のものが含まれる。

　(a) 個人が，条約に定められた権利の侵害の被害者であるという，主張しうる申立を有しているときには，当該個人は，その主張について決定を受けるため及び，適当な場合救済を受けるため，国の機関において救済を求められるべきである（上述のクラスほか事件判決，64項を見よ）。

　(b) 13条にいう機関とは必ずしも司法機関でなくともよいが，司法機関でない場合に

第6章　人権の「保護」義務

は，そこにおける救済が実効的であるかどうか決定するにあたって，当該機関の権限及び与える保障が関連ある（relevant）ものであること（同上，67項を見よ）。

　(c)　いかなる単一の救済措置もそれ自体で13条の要求を完全に満たすとは限らないが，国内法で規定された救済措置の総体が13条の要求を満たすことはありうる（必要な変更を加えて，上述のX対イギリス事件（*X v. the United Kingdom*）判決，60項，及び1982年6月24日のファン・ドゥルーゲンブロック事件（*the Van Droogenbroeck*）判決，56項を見よ）。……

114.　本件では，［ヨーロッパ人権］委員会が検討した4つの不服申立の道，すなわち，面会者局への申立，行政に関する議会委員への申立，内務大臣への請願，及びイギリスの裁判所での訴訟手続の開始のほか，申立人らに利用できる救済措置があることは示唆されなかった。

115.　上記の2つの道に関しては，裁判所は，［ヨーロッパ人権］委員会と同様，本件の目的上『効果的な救済』を構成しないと考える。

　面会者局はその結論を執行できず……，また，コルネ夫人のように刑務所にいない者からの申立を受け付けることもできない。

　議会委員に関しては，委員は救済を与える，拘束力のある決定を出す権限がないことを述べることで足りる……。

116.　内務大臣については，通信の管理措置が実行される根拠となった命令又は指示の効力についての申立があった場合，内務大臣は，13条の要求を満たすために十分な独立の立場を有しているとは考えられない（必要な変更を加えて，上記のクラス判決，56項を見よ）。問題となっている当の指令を書いた者として，内務大臣は実際には，自分自身の主張についての裁判官となるのである。もし申立人が，それらの指令の適用の誤りに起因する管理措置についての主張を行っているのであれば，内務大臣の立場は異なり，そのような場合には，内務大臣への請願は一般に，申立に根拠があれば，当該指令の遵守を確保するために実効的なものとなると裁判所は考える。しかし裁判所は，本件においても，少なくとも1981年12月1日の前は，そのような請願を提出するための条件によって，一定の状況におけるこの救済の利用可能性に限定が課されていた……。

117.　イギリスの裁判所の側は，監獄法及び監獄規則によって内務大臣及び刑務所当局に付与された権限の行使に対して一定の監視を及ぼす管轄権を与えられている（上記55条を見よ）。しかし，その管轄権は，それらの権限が恣意的に行使されたか，悪意をもって行使されたか，不適切な動機によって行使されたか又は権限を踰越する形で行使されたか否かを決定することに限定されている。この関連で申立人らは，［ヨーロッパ人権］条約は［イギリスの］国内法に編入されておらず[149]，イギリスの裁判所において条約を直接に援用することができないことを強調する。しかし申立人らは，不明瞭な法規の解釈については，法規とイギリスの条約義務との合致に関する推定に従い，条約が関連性をもつことは認めている。

118.　申立人らは，彼らの通信に対する干渉がイギリス法に反しているとは主張していない。［ヨーロッパ人権］委員会と同様，裁判所は，本件手続において申立てられた措置の大半が条約に合致しないと認定した……。ほとんどの場合において，当事国は委員

---

[149]　訳注：イギリスでは，1998年人権法によってヨーロッパ人権条約の規定に国内的効力が与えられるまで，同条約は国内法体系に編入されていなかった。

◆ 第 2 部 ◆　条約機関の判例・先例法理に見る人権条約上の実体的義務

会の認定を争わなかった。当事国はまた，イギリスの裁判所が，当該措置が恣意的に行使されたか，悪意をもって行使されたか，不適切な動機によって行使されたか又は権限を踰越する形で行使されたことを認定できたはずであるとも主張しなかった。裁判所の見解では，監獄規則又は関連の命令もしくは指示のいずれに含まれていたものであれ，関連の規範は，13条の要求する効果的な救済がなかったという点で条約に合致せず，従って当該条項（13条）の違反があった。」

● *CASE* ●　〈国際判例〉ゼーリング対イギリス事件ヨーロッパ人権裁判所判決，1989年 7 月 7 日 ［前掲］

「120.　13条は，条約上の権利及び自由の実体が，そのような形態であれ国内法秩序において確保されることを執行するための救済が国内的レベルで利用可能なことを保障している（前述のボイル及びライス事件（*Boyle and Rice*）判決，52項）。13条の効果は従って，権限ある『国の機関』が，条約に関する関連の申立の実体（substance）を取扱いかつ適切な救済を付与することのできる国内的な救済を与えることを要求することである（とりわけ，1983年 3 月25日のシルヴァーほか事件判決，113項）。

121.　司法審査手続においては，裁判所は，行政裁量の行使を，違法性，非合理性又は手続的不適切さがあるという理由で違法と判断することができる……。犯罪人引渡の事案における『非合理性』の基準は，いわゆる『ウェンズベリー原則（Wednesbury principles）』に基づき，いかなる合理的な国務大臣も，当該状況においては引渡命令を出さないであろうということである（同上）。イギリス政府によれば，裁判所は，非人道的な又は品位を傷つける取扱いの重大な危険があると示された場合，当該事案のあらゆる状況においてはいかなる合理的な国務大臣も決定しないであろうという理由で，ある国に逃亡犯罪人を送る決定を破毀する管轄権を有している。[ヨーロッパ人権] 条約はイギリス法の一部とは考えられていないが（同上），裁判所は，イギリスの裁判所が，ゼーリング氏が 3 条に関して条約機関において主張した類の要素に照らして引渡決定の『合理性』を審査できるということに満足する。

122.　……ゼーリング氏が，適切な時点において，司法審査の申立を提起し，『死の列現象』に関連して条約機関において出したのと同様の資料に基づいて『ウェンズベリー原則にいう不合理性』を主張することを妨げるものは何もなかった。……13条の目的上，救済の実効性は，ゼーリング氏にとって有利な結果が出ることの確実さには依存せず（1976年 2 月 6 日のスウェーデン機関士連合事件（*the Swedish Engine Drivers' Union*）判決，50項）。いずれにせよ，イギリスの裁判所の決定がどうであったかについて推測するのは当裁判所の役割ではない。」

「124.　裁判所は，ゼーリング氏はイギリス法上，3 条に基づく彼の申立に関して利用できる効果的な救済があったと結論する。……よって，13条違反はない。」

　条約機関の判例法や先例法では，とりわけ**生命権や拷問その他の虐待を受けない権利のように身体保全の権利がかかわる事案**に関しては，救済を受ける権利に関するこれらの条約規定から，また，権利を「保障する」「確保する」等

272

第6章 人権の「保護」義務

とした締約国の一般的な義務規定や権利の実体規定とも併せて，**権利侵害の主張に対して実効的な調査**（investigation；生命権や拷問その他の虐待を受けない権利等を侵害する犯罪行為については刑事捜査 criminal investigation を意味する）**及び加害者の訴追**（prosecution）・**処罰**（punishment）**を行う義務**が引き出されている。また，被害者が受けるべき救済の実体的内容についても，可能な場合の原状回復（restitution）のほか，賠償（compensation），リハビリテーション（rehabilitation），満足（satisfaction；真実の究明と公開，遺体の捜索，公的な謝罪等），再発防止の保証（guarantee of non-repetition）に至る様々な措置が当事国に対して要請されており，特に身体保全の権利がかかわる人権侵害の救済については，一定の共通理解が形成されるとともに一層その内容が豊かに発展しつつある。

この救済の実体的側面は，国際法上，国家責任の解除のために事案に応じて取られる一連の事後救済（reparation）措置（原状回復，賠償，満足等）と類似しているが，伝統的な国家責任法では国家間の責任解除が念頭におかれ，原状回復が不可能な損害については金銭賠償が主な責任解除措置であってその他の措置（例えば，謝罪，国旗掲揚等といった満足）は象徴的な意味しかもっていないのに対し，**人権侵害に対する救済においては，拷問被害者に対する身体的・精神的・社会的なリハビリテーションや，強制失踪の事件に関する真実の究明と公開のように，リハビリテーションや満足の措置はきわめて重要な意味をもつ。人権侵害の再発防止の保証も，通常の国家責任の文脈ではほとんど援用されないが，国際人権法では，人権侵害を防止する義務**（人権を「保障する」「確保する」といった一般的義務からも導かれるが，拷問等禁止条約のように明文で防止義務を規定するものもある）**にも直結する非常に重要な措置である。以下にみるように，人権侵害が深刻である場合ほど，その効果的な救済は金銭賠償のみではなし得ないことが条約機関の判例法・先例法で示されており，人権侵害の重大性に見合った適切な救済措置の必要性**が強調されている。

● **CASE** ● 〈国際判例〉ヴェラスケス・ロドリゲス対ホンジュラス事件米州人権裁判所判決（本案），1988年7月29日［前掲］
「166. 締約国の……義務は，その管轄の下にあるすべての人に対し，権利の自由かつ完全な行使を『確保する』ことである。この義務は，政府の機構及び，一般的に，公権力が行使されるあらゆる構造を，人権の自由かつ完全な享受を法的に確保できるように組織するという締約国の義務を意味する。この義務の結果として，国家は，条約で認められた権利のいかなる侵害をも防止し，調査し及び処罰しなければならず，さらに，可能

273

◆第2部◆　条約機関の判例・先例法理に見る人権条約上の実体的義務

ならば，侵害された権利を回復し，侵害から生じた損害に対する賠償を提供するよう試みなければならない。」

「174. 国家は，人権侵害を防止し，その管轄内で行われた侵害についての真剣な調査を行うために用いうる手段を用い，責任者を認定し，適切な処罰を科し，かつ被害者に十分な賠償を確保するために，合理的な措置を取る法的義務を負う。」

「176. 国家は，条約で保護された権利の侵害がかかわるあらゆる状況を調査する義務を負う。国家機関が，人権侵害が処罰されずまた被害者の完全な権利享受ができる限り速やかに回復されないようなかたちで行動する場合には，国家は，管轄内にある人に対してそれらの権利の自由かつ完全な行使を保障する義務を遵守していない。同じことは，国家が，私人又は私的団体が条約で認められた権利を害するかたちで自由にかつ処罰されずに行動することを許すときにも妥当する。

177. 一定の状況においては，個人の権利を侵害する行為を調査することが難しいこともありうる。調査する義務は，防止する義務と同様，調査が満足の行く結果を生まなかったことのみをもって違反となるわけではない。しかし，調査は，真剣に行われなければならず，非実効的なものとなることがあらかじめ予測されるような単なる形式として行われてはならない。……条約に違反する私的当事者の行為が真剣に調査されず，それらの当事者がある意味で政府によって援助されている場合には，そのことは国家に対し国際的平面で責任を負わせることとなる。」

■ 自由権規約委員会「一般的意見20　拷問及び残虐な取扱い又は刑罰の禁止に関する一般的意見7に取って代わるもの（7条）」(1992年)

14. 7条は規約2条3項とともに読まれるべきである。報告書において締約国は，……適切な救済についてどのように効果的な保障をしているかを示すべきである。7条によって禁じられた虐待に対して申立を行う権利は，国内法で認められなければならない。申立は，効果的な救済がなされるように，権限ある当局によって速やかにかつ公平に調査されなければならない。締約国の報告書は，虐待の被害者が利用可能な救済措置，申立後の手続，申立数に関する統計，及びその処理結果について具体的な情報を提供すべきである。

■ 自由権規約委員会「一般的意見31　規約の締約国に課された一般的義務の性格」(2004年)

15. ……侵害の主張に対し締約国が調査を怠ることは，それ自体，規約の別個の違反を生じうる。継続中の侵害を停止させることは，効果的な救済を受ける権利の不可欠の要素である。

16. 2条3項は締約国に対し，規約上の権利が侵害された個人に対して救済を与えることを要求している。規約上の権利が侵害された個人に対する救済なくしては，2条3項の実効性にとって中心的なものである，効果的な救済を提供する義務は，履行されない。9条5項及び14条6項で明示的に要求されている賠償に加えて，委員会は，規約が一般的に，適当な賠償（compensation）を伴うと考える。委員会は，適当な場合，救済は，原状回復，リハビリテーション，公的謝罪や公的記念碑のような満足（satisfaction）の措置，再発防止の保証，関連の法及び慣行の変更，並びに，人権侵害の実行者を裁判にかけることを含みうることを注記する。

米州人権条約25条1項は，国の「憲法又は法律もしくはこの条約が認める基本的権利」（これ自体も，条約上の権利の侵害について定めたヨーロッパ人権条約や自由権規約よりも幅広い）を侵害する行為に対する保護を求める訴えを「権限のある裁判所又は法廷に対して」行う権利を規定し，司法的救済を明記してい

◆ 第6章　人権の「保護」義務

る点でヨーロッパ人権条約13条や自由権規約2条3項よりも立ち入った内容となっている。上に挙げたヴェラスケス・ロドリゲス事件を含め，米州人権条約機関の扱う人権状況及び通報事案はその大多数が，1970年代から80年代にかけて多くのラテンアメリカ諸国を支配していた軍事政権によって行われたものを含む強制失踪，拷問，殺害に関するものであるが，米州人権条約機関は，権利の行使を確保する義務を定めた1条に加え，25条との関連でも，権利侵害の防止，調査，処罰に関する締約国の義務を認定し，その観点から，**生命権や拷問その他の虐待を受けない権利を侵害する人権侵害に対して刑事訴追を不可能とする恩赦（amnesty）は，人権侵害に対して効果的な救済を与える国家の義務に合致しないことを明確にしている**[150]。

　自由権規約委員会も同様に，拷問や虐待を受けない権利を定めた7条に関する一般的意見及び先例法において，7条に反する拷問・虐待に対し恩赦を与えることは一般に，それらの行為を受けない権利を管轄下の人に確保する義務（1条）及び，2条3項により速やかかつ公平な調査を行いまた再発を防止する義務に反し規約違反となるとの見解を示している。米州人権機関の先例法・判例法ではまた，調査義務に関連して，生命権や拷問その他の虐待を受けない権利の侵害のような重大な人権侵害については，被害者の近親者を含むすべての者に**真実を知る権利**（the right to know the truth）があり，当事国は事実を実効的に調査した上でその結果を社会一般に公表しなければならないとされている。

■ 自由権規約委員会「一般的意見20　拷問及び残虐な取扱い又は刑罰の禁止に関する一般的意見7に取って代わるもの（7条）」（1992年）
15.　委員会は，いくつかの国が拷問行為に関して恩赦を与えていることを注記した。恩赦は一般に，拷問行為を調査し，管轄内において拷問行為を受けない自由を保障し，かつ拷問行為が将来起こらないことを確保する国家の義務に合致しない。国家は，賠償及び可能であれば十分なリハビリテーションを含む効果的な救済を受ける権利を個人から奪ってはならない。

● **CASE** ● 〈国際先例〉ロドリゲス対ウルグアイ事件（*Hugo Rodoríguez v. Uruguay*）自由権規約委員会「見解」，通報 No.322/1988，1994年7月19日
「12. 1.　……委員会は，ウルグアイの当時の軍事政権の当局によって拷問を受けたとい

(150)　軍事政権期に行われた公務員の人権侵害を不処罰としたウルグアイの「失効法（Ley de Caducidad）」を米州人権条約1条，8条（公正な裁判を受ける権利）及び25条の違反とした米州人権委員会報告書Report 29/92, *Annual Report of the Inter-American Commission on Human Rights 1992-1993*, OEA/Ser.L/II.83, 1993, pp.154-165；アルゼンチンの「正当な服従法」，「終止符（Punto Final）法」及び大統領の恩赦令を同様に条約違反とした同委員会報告書 Report 28/92, *Annual Report of the Inter-American Commission on Human Rights 1992-1993*, OEA/Ser.L/II.83, 1993, pp.41-51；並びに下記の米州人権裁判所判決。

275

◆ 第2部 ◆ 　条約機関の判例・先例法理に見る人権条約上の実体的義務

う通報者の主張を，当事国は争っていないことを注記する。……この関連で委員会は……当事国は，拷問の被害者たる通報者が提起した問題に対応せず，また，通報者が拷問を受けたという主張についての調査に関するいかなる情報も提出していないことを注記する。その代わりに当事国は，恩赦法を採択するというウルグアイ政府の決定を，一般的な文言で正当化したのみであった。」

「12.3.　委員会は，以前の政権による規約違反を調査する義務はないという当事国の主張に対し，特にそれが拷問のように深刻な犯罪を含んでいるときには，同意できない。規約2条3項は，各締約国は『この規約において認められる権利又は自由を侵害された者が，公的資格で行動する者によりその侵害が行われた場合にも，効果的な救済措置を受けることを確保する』義務を負うことを明確に規定している。この関連で委員会は，拷問の主張は国家によって十分に調査されなければならないとした，7条に関する一般的意見20を参照する。

『7条は規約2条3項とともに読まれるべきである。……7条によって禁じられる虐待に対して申立を行う権利は，国内法で認められなければならない。申立は，効果的な救済がなされるように，権限ある当局によって速やかにかつ公平に調査されなければならない。……委員会は，いくつかの国が拷問行為に関して恩赦を与えていることを注記した。恩赦は一般に，拷問行為を調査し，管轄内において拷問行為を受けない自由を保障し，かつ拷問行為が将来起こらないことを確保する国家の義務に合致しない。国家は，賠償及び可能であれば十分なリハビリテーションを含む効果的な救済を受ける権利を個人から奪ってはならない。』

　当事国は，通報者は彼が受けた拷問について私的な調査を行うことはまだ可能であるかもしれないことを示唆した。委員会は，調査の責任は効果的な救済を与える当事国の義務にかかると考える。本件の具体的な状況を検討した結果，通報者には効果的な救済がなかったと委員会は判断する。

12.4.　委員会はさらに，重大な人権侵害に対する恩赦，及び法15,848号（Ley de Caducidad de la Pretensión Punitiva del Estado）のような立法は，規約上の締約国の義務に合致しないことを再確認する。委員会は，この法の採択が，多くの事案において，過去の人権侵害に対する調査の可能性を実質的に排除し，それによって，過去の人権侵害の被害者に効果的な救済を与える当事国の責任を履行することを妨げていることを，深い懸念をもって注記する。さらに，委員会は，この法を採択することによって当事国が，民主的秩序を損なうさらなる重大な人権侵害を引き起こしうる不処罰の環境を作ることに手を貸していることを懸念する。

13.　委員会は……，本件事実は，規約2条3項と結びついた7条の違反を示すという見解である。

14.　委員会は，フーゴ・ロドリゲス氏は規約2条3項に基づき，効果的な救済を受ける権利を有するという見解である。委員会は当事国に対し，(a)拷問及び虐待の責任者を認定しかつ通報者が民事的救済を求めることができるようにするため，拷問に関する通報者の主張についての公的な調査を行い，(b)ロドリゲス氏に適切な賠償を与え，かつ(c)同様の違反が将来起こらないことを確保するため，効果的な措置を取ることを強く要請する。」

276

◆ 第6章 人権の「保護」義務

● **CASE** ● 〈国際判例〉バリオス・アルトス対ペルー事件（*Barrios Altos v. Peru*）米州
人権裁判所判決，2001年3月14日

「Ⅶ 恩赦法と［米州人権］条約との非適合性

41. 当裁判所は，あらゆる恩赦の規定，時効の規定及び，責任を消滅させることを目的とした措置の設定は許されないと考える。なぜならばそれらは，拷問，超法的，略式もしくは恣意的処刑並びに強制失踪のような，そのすべてが国際人権法で認められた逸脱できない権利を侵害するがゆえに禁じられている深刻な人権侵害に対して責任を負う者の調査及び処罰を妨げることを意図しているからである。

42. 裁判所は，……ペルーが採択した恩赦法は，本件において被害者の近親者及び生存している被害者が条約8条1項で定められた通り裁判官によって審理を受けることを妨げ，条約25条に体現された司法的保護に対する権利を侵害し，バリオス・アルトスで発生した事件に責任ある者に対する調査，拘束，訴追及び有罪判決を妨げ，よって条約1条1項を遵守しないものであるとともに，本件事実の解明を阻害したと考える。最後に，条約に合致しない自己免責法を採択することによって，ペルーは，条約2条に体現された，国内法を適合させる義務を遵守しなかった。

43. 裁判所は，米州［人権］条約1条1項及び2項で定められた一般的な義務に照らして，締約国は，いかなる者も条約8条及び25条にいう司法的保護並びに簡易かつ実効的な救済を受ける権利の行使を奪われないことを確保するためにあらゆる措置を取る義務があることが強調されなければならないと考える。従って，自己免責法のような，反対の効果を有する法を採択する条約締約国は，条約1条1項及び2条との関連で，8条及び25条に違反する。自己免責法は，被害者にとって無防備な状態をもたらし，かつ不処罰を永続化させるのであって，条約の目的及び精神に明らかに合致しない。この種の法は，調査及び司法へのアクセスを妨げ，被害者及びその近親者が真実を知りかつ相応する事後救済を受けることを阻害するから，人権侵害の責任者の認定を妨げる。」

● **CASE** ● 〈国際判例〉カスティロ＝パエズ対ペルー事件（*Castillo-Páez v. Peru*）米州
人権裁判所判決，1997年11月3日

「83. 25条は，国内法による保護の義務を締約国に課している点で，米州［人権］条約1条1項に含まれた一般的義務と密接に関連している。人身保護請求の目的は，人身の自由及び人道的取扱いを保障するのみならず，失踪又は拘禁場所を決定しないことを防止しかつ究極的には，生命権を確保することでもある。

84. 上述のように……，カスティロ＝パエズ氏はペルー警察の構成員によって拘禁されまた，その結果，その所在が分からないように彼を隠した警察の勾留下にあったことが立証されたことから，裁判所は，人身保護請求の非実効性は当事国に帰せられ，1条1項の関連で条約25条の違反を構成すると認定する。」

「90. 上記の米州［人権］条約違反に関連して，裁判所は，ペルー国家は当該違反をもたらした事件を調査する義務があると考える。さらに，この種の犯罪の責任者の認定を妨げうる内的な困難があると推定すれば，被害者の家族はなお，被害者に何が起こったのかを知る権利があり，かつ適当な場合彼の遺体がある場所を知る権利がある。従って，

277

◆ 第 2 部 ◆ 条約機関の判例・先例法理に見る人権条約上の実体的義務

これらの合理的な期待を満たすために用いうるあらゆる手段を用いる責務が当事国にある。この調査義務に加えて，強制失踪の実行を防止し，その責任者に制裁を与える義務もある。ペルーに課されるこれらの義務は，これらの義務が完全に履行されるときまで現存する……。」

● **CASE** ● 〈国際判例〉ミルナ・マック・チャン対グアテマラ事件（*Myrna Mack Chang v. Guatemala*）米州人権裁判所判決，2003年11月25日

「273. 当裁判所は，被害者に何が起きたのか，及びそれぞれの事実に責任のある国家機関が誰であるのかを知る近親者の権利について，繰り返し言及してきた……。裁判所が述べたように，『人権侵害があったときには常に，国家は事実を調査し責任者を処罰する義務があり，……またこの義務は真剣に遵守されなければならないのであって，単なる形式であってはならない』……。

274. 裁判所は，<u>重大な人権侵害の被害者の近親者を含むすべての人は，真実についての権利（the right to the truth）</u>があることを繰り返してきた。従って，<u>被害者の近親者及び社会全体は，そのような人権侵害に関連して起きたことすべてについて知らされなければならない</u>。真実に対する権利は，国際人権法によって発展し……，具体的な状況で認められ行使されてきたのであって，事後救済の重要な手段をなす。従って本件では，当事国が被害者の近親者及びグアテマラ社会全体に対して満たさなければならない期待を生じさせる……。

275. 上記に照らし，犯された違反のこの側面を完全に救済するために，当事国は，すでに処罰された者を別として，ミルナ・マック・チャンの超法の処刑及びその隠匿，並びに本件におけるその他の事実の責任のあるすべての直接の実行者，従犯及びその他の者を認定し，裁きかつ処罰できるよう，本件における事実を実効的に調査しなければならない。手続の結果は，グアテマラ社会が真実を知るために，一般に公開されなければならない。」

「277. この義務を遵守するために，当事国はまた，本件において不処罰を維持しているあらゆる事実上及び法的な仕組み及び障害を除去しなければならない。……」

■ 拷問禁止委員会第 1 回日本政府報告書審査「総括所見」（2007年）

23. 委員会は，第 2 次世界大戦中の日本軍性奴隷のサバイバー[151]を含む性暴力被害者に対する救済措置が不充分であり，性暴力及びジェンダーに基づく本条約違反を防ぐために有効な教育的その他の措置が取られていないことに懸念を有する。「癒しがたい傷」によって苦しめられていると締約国の代表が認めている戦時中の性的虐待のサバイバーは，締約国が公式に事実を否認し続け，真実を隠匿あるいは公開せず，虐待の刑事上の責任者を訴追せず，適切なリハビリテーションを提供しないことによって，継続する苦痛と再トラウマ化を経験している。

委員会は，教育（本条約10条）及び救済措置（14条）はともに，それ自体，本条約の下で締約国に課されている義務のさらなる違反行為を防ぐための手段であると考える。締約国によって公式に否認が繰り返され，訴追されず，適切なリハビリテーションが提供されていないことはすべて，本条約の下で締約国

(151) 訳注：生存している被害者の意。拷問禁止委員会は，後述する一般的意見 3 で，「被害者（victim）」の語に代えて，「サバイバー（survivor）」の方が当事者によって好まれうる場合もあるとしている。

◆ 第6章　人権の「保護」義務

に課されている，教育及びリハビリテーショ
ン措置によるものを含めて拷問及び虐待を防
止するという義務に違反することにつながっ
ている。委員会は締約国に，性及びジェンダー

に基づく暴力の根本原因である差別に取り組
む教育を提供し，また刑事免責を防ぐ措置を
含め，被害者に対するリハビリテーション措
置を取ることを勧告する。

　1990年代に入りヨーロッパ人権裁判所も，特にトルコにおける恣意的殺害，
拷問，失踪等に関する申立を多数審理する中で，生命権（2条）や拷問その他
の虐待を受けない権利（3条）の侵害がかかわる事案における当事国の調査義
務について判示している。同裁判所によれば，条約2条や3条の権利の基本的
性格は，13条によって要求される効果的救済の内容にも影響する。すなわち，
ヨーロッパ人権条約上最も基本的な権利の一つである生命権や拷問その他の虐
待を受けない権利の侵害が，それも特に国家機関によって行われたとの主張し
うる申立がある場合には，**責任者の認定及び処罰をもたらしかつ，調査手続に
対する申立人の実効的なアクセスを含む徹底的かつ実効的な調査が必要とされ
る。調査義務は，**本書第9章でもみるように2条の生命権や3条の拷問その他
の虐待を受けない権利の保障の手続的側面として，またそれらの権利を「保障
する」とした1条と合わせ読むことによっても導かれるが，**効果的救済を義務
づけた13条の下での手続的義務はより広範なものである。**

　下にみるアクソイ判決は，ヨーロッパ人権裁判所が，3条違反の中でも初め
て「拷問」を認定した事例である。

● **CASE** ● 〈国際判例〉アクソイ対トルコ事件（*Aksoy v. Turkey*）ヨーロッパ人権裁判
　　　　　所判決，申立 No.21987/93，1996年12月18日（『ヨーロッパ人権裁判所の判例』
　　　　　204頁）

「95. ……13条の義務の範囲は，条約に基づいてなされている申立人の申立の性格によっ
て異なる（上述のチャハル事件判決，150-51項）。しかし，13条によって要求される救
済は，特に，その行使が当事国の当局の作為又は不作為によって不当に妨げられてはな
らないという意味で，事実上も法律上も『効果的』なものでなければならない。」

「97. ……裁判所は，［ヨーロッパ人権］委員会と同様，警察勾留下での拷問の主張は，
被害者が，支援を提供し必要な証拠を集めてくれる医師，弁護士，家族又は友人へのア
クセスなしに外界から孤立させられていれば，被害者にとってその立証がきわめて難し
いということに法的な注意を払う。さらに，そのような形で虐待された個人は，申立を
行う能力を損なわれていることも多い。

98. 条約3条に基づいて保護されている権利の性格が，13条にとっても意味をもつ。拷
問禁止の根本的な重要性……，及び特に拷問被害者の弱い立場を考慮すれば，13条は，
国内制度の下で利用可能な他の救済手段を害することなく，拷問の事件について徹底的
かつ実効的な調査を遂行する義務を国家に課す。よって，個人が国家の公務員によって

279

◆ 第2部 ◆　条約機関の判例・先例法理に見る人権条約上の実体的義務

拷問されたという，主張しうる申立を有している場合，13条の『効果的な救済』の概念
は，適当な場合における賠償の支払いに加えて，責任者の認定及び処罰につながり，及
び調査手続に対する申立人の実効的なアクセスを含む，徹底的かつ実効的な調査を伴う。
確かに，本条約には1984年の国連拷問等禁止条約12条にあるような，拷問行為が行われ
たと信ずるに足る合理的な理由がある場合の『迅速かつ公平な』調査の義務を課した明
文の規定は存在しない。しかし，裁判所の見解では，こうした要求は13条に基づく『効
果的な救済』の概念に内在している（必要な変更を加えて，……ゼーリング事件判決，88
項を見よ）。」
「100.　よって，特に，いかなる調査もなかったことに照らし，裁判所は，申立人は拷問
の主張に関して効果的な救済を否定されたと認める。結論として，条約13条の違反があっ
た。」

　治安部隊による違法な殺害が主張されたカヤ事件では，ヨーロッパ人権裁判
所は，当事国の治安部隊が殺害を行ったという事実自体は認定しなかったもの
の，生命権の侵害についての主張しうる申立に対して当事国の当局が実効的な
調査を行わなかったことをもって13条の違反を認定した。

● ***CASE*** ●　〈国際判例〉カヤ対トルコ事件（*Kaya v. Turkey*）ヨーロッパ人権裁判所判
　　　　　　決，申立 No.158/1996/777/978，1998年2月19日
「107.　本件で申立人は，彼と彼の近親者は，アブドゥルメナフ・カヤの殺害をめぐる真
の状況を明らかにするような『効果的な』救済を否定されたと主張している。裁判所の
見解では，本件で当局が侵害したと主張されている権利の性格，すなわち条約体制にお
いて最も基本的な権利の一つであるという性格は，被害者の親族のために保障されなけ
ればならない救済の性格にとっても意味をもたなければならない。特に，それら親族が，
被害者が国家の代理人によって違法に殺害されたという，主張しうる申立を行っている
場合には，13条の目的からする効果的な救済の概念は，適切な場合の賠償の支払いに加
えて，責任者の認定及び処罰につながり及び，調査手続への親族の実効的な参加を含む，
徹底的かつ実効的な調査を伴う（必要な変更を加えて，上記のアクソイ事件及びアイディ
ン事件（*Aydin*）判決，それぞれ98項及び103項を見よ）。これらの条件からみると，13
条の要求は，2条の下で実効的調査を行うという締約国の手続的義務よりも広い……。
　本件では，親族は，アブドゥルメナフ・カヤが治安部隊によって違法に殺害されたこ
とについて，主張しうる根拠があった。……
108.　……殺害の状況についていかなる実効的な調査もなかったことを考慮し，申立人
及びその近親者は，アブドゥルメナフ・カヤの死亡に関して，条約13条に違反して当局
に効果的な救済をも否定され，それによって，賠償請求を含め，利用しうるその他の救
済を求めることも否定されたと結論されなければならない。よって，条約13条の違反が
あった。」

◆ 第6章　人権の「保護」義務

◆ 2　国際人権法の大規模な違反・国際人道法の重大な違反に対して救済を受ける権利に関する国際基準の発展

　国際人権法では，国連の人権機関における手続において，一貫した形態の重大な人権侵害の状況を取り上げて審議する慣行が発展してきた（前述した人権委員会の1235手続や1503手続）。他方，1980年代末以降，国連では，過去の政権による大規模な人権侵害に対して正義の回復（**移行期の正義**（transitional justice））を求める世界各地の動きや，戦時性暴力等の国際人道法の違反による被害に対して補償を求める潮流に後押しされる形で，世界人権宣言 8 条が掲げるような人権侵害の救済に関する原則につき，国際人権法・国際人道法違反の被害者双方を対象として体系化する作業が進められるようになった。実際，重大かつ大規模な人権侵害は多くの場合国際的又は非国際的武力紛争下で起こっていることからすれば，人権侵害の救済に関して，国際人道法違反の場合を除外して別途に扱うことには自ずと限界がある。この作業は，1990年代に入ってからは，旧ユーゴスラビア国際刑事法廷やルワンダ国際刑事法廷，国際刑事裁判所の設置にみられる国際刑事法の顕著な発展からも多大な影響を受けることとなる。これらの法廷・裁判所が管轄対象としているジェノサイドや人道に対する罪，戦争犯罪等は，その大規模さ及び重大性からして国際犯罪と位置づけられていると同時に，被害者にとっては，国際人権法及び／又は国際人道法違反によって受けた深刻な人権侵害に他ならない。ICC 規程は68条で**被害者の保護及び公判手続への参加**を定めるほか，75条で「**被害者の又は被害者に関する救済（原状回復，賠償及びリハビリテーションを含む）に関する諸原則**」を定めることを規定し，79条では被害者のための信託基金の設立について定めている。国際犯罪の違反の不処罰を克服することで再発防止を目的とする国際刑事裁判所が，こうして被害者の利益や救済に関する規定を明示的に掲げるに至ったことをも受けて，国連人権機関では，人権侵害の処罰や救済に関するいくつかの検討作業を集大成する形で，**国際人権法及び国際人道法の被害者が救済を受ける権利に関する基準の体系化**の動きが本格化していったのである。

　1989年，人権小委員会は，「人権及び基本的自由の大規模な侵害の被害者が原状回復，賠償及びリハビリテーションを受ける権利」に関する特別報告者としてファン・ボーヴェン（Th. van Boven）を任命する。ファン・ボーヴェンは1993年に最終報告書を提出した後，それを改訂して1996年及び1997年に，後に採択される基本原則・ガイドラインの原型となる文書（ファン・ボーヴェン草案）を

281

◆ 第2部 ◆　条約機関の判例・先例法理に見る人権条約上の実体的義務

公表している[152]。続いて1998年，人権委員会はファン・ボーヴェンの後任に
バシオーニ（Ch. Bassiouni）を任命し，バシオーニは，ファン・ボーヴェン草案
及び，人権侵害の不処罰の問題に関する人権小委員会特別報告者ジョワネ
（L. Joinet）の報告書をも参照しつつ，最終報告書で「国際人権及び人道法の違
反の被害者が救済を受ける権利に関する基本原則及びガイドライン」（バシオー
ニ草案）を提示する[153]。この草案について国連加盟国及びNGOとの数回の諮
問会合が行われ改訂が加えられた後，人権委員会，次いで国連総会決議60/147
によって2005年に採択された文書が「国際人権法及び国際人道法の重大な違反
の被害者のための救済と補償の権利に関する基本原則及びガイドライン」（以
下，「基本原則及びガイドライン」）である。

　基本原則・ガイドラインは前文で，本原則・ガイドラインは「その非常に重
大な性格によって人間の尊厳の侵害を構成する，国際人権法の重大な違反及び
国際人道法の重大な違反」を対象とするとし，原則1以下では，**国際人権法及
び国際人道法を尊重し，尊重を確保し及び実施する国家の義務**の内容として，
違反防止のための措置，違反に対する調査及び責任者への処置，被害者の救済
へのアクセス，被害者の救済の内容について敷衍している。前文ではまた，国
際法上の義務及び国内法の規定に従って一定の国際犯罪の実行者を訴追する義
務は，国際司法機関の補完性の概念にも沿うものであることが想起されている。

　基本原則・ガイドラインは新たな国際法又は国内法上の義務を伴うものでは
なく，国際人権法及び国際人道法に基づく既存の法的義務の実施に関する手法
や手続を明らかにするものとされており（前文），本文の文言上，拘束力ある
国際法上の義務の場合には「しなければならない（shall）」の語が用いられる一
方，それ以外の場合には「すべきである（should)」の語があてられたとされて
いる[154]。しかし，国際人権法における救済に関する包括的な研究を著したシェ
ルトンが的確に評しているように，基本原則・ガイドライン中「すべきである」
の語があてられている箇所の中には，国際人権法上すでに広く認められており
「しなければならない」の語を用いることのできたはずの内容も含まれてい
る[155]。以下にみるように，違反に対する調査・訴追・処罰義務（原則4）や救
済の5つの形態（原状回復，賠償，リハビリテーション，満足，再発防止の保証）

---

(152)　E/CN.4/Sub.2/1996/17, E/CN.4/1997/104.

(153)　E/CN.4/2000/62.

(154)　E/CN.4/2003/63.

（原則18〜23）をはじめ，基本原則・ガイドラインの相当部分は，本章ですでにみた米州人権裁判所，自由権規約委員会等の人権条約機関の判例法・先例法を反映しそれらを整理したものとなっている。他方で，例えば，「満足」の中に「継続的違反の停止のための実効的措置」が含まれていることについては，違法行為の停止はむしろ国際法の遵守に含まれ，事後救済に先立つものであって事後救済の一部とみるべきではない（違法行為の停止を事後救済に含めてしまうと，被害者がいなければ違法行為の停止義務はないということを含意しかねない）との批判がある[156]。

■ **国際人権法及び国際人道法の重大な違反の被害者のための救済の権利に関する基本原則及びガイドライン**（Basic Principles and Guidelines on the Right to a Remedy and Reparation for Victims of Gross Violations of International Human Rights Law and Serious Violations of International Humanitarian Law）（2005年）[157]

Ⅰ．国際人権法及び国際人道法を尊重し，尊重を確保し及び実施する義務

1．国際人権法及び国際人道法を尊重し，尊重を確保し及び実施する義務は，それぞれの法体系の下で定められた通り，以下のものから生じる。
　(a) 国家が当事国となっている条約，
　(b) 慣習国際法，
　(c) 各国の国内法。

Ⅱ．義務の範囲

3．国際人権法及び国際人道法を尊重し，尊重を確保し及び実施する国家の義務は，それぞれの法体系で定められた通り，特に以下の義務を含む。
　(a) 違反を防止するために適切な立法上，行政上及びその他の措置を取ること。
　(b) 違反を実効的，迅速，徹底的かつ公平に調査し，かつ適当な場合，責任があるとされる者に対し国内法及び国際法に従って行動を取ること。
　(c) 人権法又は人道法違反の被害者である

と主張する者に対し，誰が最終的に違反の責任を負う者であるかにかかわらず，以下に述べるような平等かつ実効的な救済措置へのアクセスを提供すること。
　(d) 被害者に対し，以下に述べるような補償を含む実効的救済を提供すること。

Ⅲ．国際人権法及び国際人道法の重大な違反であって国際法上の犯罪を構成するもの

4．国際人権法及び国際人道法の重大な違反であって国際法上の犯罪を構成するものの場合には，国家は調査し，十分な証拠があれば，違反の責任があるとされる者を訴追に付しかつ，罪があると判明した場合にはその者を処罰する義務を負う。……

Ⅳ．時　効

6．適用される条約又はその他の国際法上の義務に規定されている場合，時効は，国際人権法及び国際人道法の重大な違反であって国際法上の犯罪を構成するものには適用されない。

Ⅴ．国際人権法及び国際人道法の重大な違反の被害者

8．本文書の目的上，被害者（victim）とは，国際人権法又は国際人道法の重大な違反を構成する作為又は不作為によって，身体的もしくは精神的損害，感情的苦痛，経済的損失又は基本的権利の実質的な侵害を含む被害を個人的に又は集団的に被った者をいう。……

---

(155) 例えば，被害者は適当な場合かつ違反の重大性及び各事案の状況に均衡して原状回復，賠償，リハビリテーション，満足及び再発防止の保証からなる補償を与えられるべきであるとした原則18や，賠償は経済的に評価可能な被害について提供されるべきであるとした原則20。D. Shelton, *Remedies in International Human Rights Law*, Second ed., Oxford University Press: Oxford, 2005, p.147（2003年の段階の草案へのコメント）。

(156) *Ibid.,* p.149（同じく，2003年の段階の草案へのコメント）。

(157) A/RES/60/147.

283

◆ 第2部 ◆ 条約機関の判例・先例法理に見る人権条約上の実体的義務

9．人は，違反の実行者が認定され，拘束され，訴追され又は有罪判決を受けているかどうかにかかわらず，被害者とみなされなければならない。

Ⅵ．被害者の取扱い

10．被害者は，人道的にかつその尊厳と人権を尊重して取り扱われるべきであり，また，被害者及びその家族の安全，身体的及び心理的福祉並びにプライバシーが確保されるよう適切な措置が取られるべきである。国家は，暴力やトラウマを被った被害者が，救済及び補償の提供のための法的及び行政的手続の過程で再びトラウマを受けることを避けるための特別の配慮とケアを受けられることを，国内法において可能な限り確保すべきである。

Ⅶ．被害者が救済を受ける権利

11．国際人権法及び国際人道法の重大な違反に対する救済は，国際法で定められた通り，以下の事項に対する被害者の権利を含む。
 (a) 平等かつ実効的な救済措置へのアクセス，
 (b) 被った被害に対する十分，実効的かつ迅速な救済，
 (c) 違反及び救済制度に関する関連情報へのアクセス。

Ⅷ．救済へのアクセス (access to justice)

12．国際人権法又は国際人道法の重大な違反の被害者は，国際法で定められた通り，効果的な司法的救済に対する平等なアクセスを有する。被害者に利用可能なその他の救済には，行政上及びその他の機関へのアクセス並びに，国内法に従って行われる仕組み，方式及び手続が含まれる。……

Ⅸ．被った被害の救済 (reparation)

15．十分，実効的かつ迅速な救済は，国際人権法又は国際人道法の重大な違反を是正する (redress) ことによって正義を促進することを意図している。救済は，違反及び被った被害の重大性に均衡したものであるべきである。国内法及び国際法上の義務に従い，国家は，国家に帰属する作為又は不作為であって国際人権法及び国際人道法の重大な違反を構成するものについて，被害者に救済を提供しなければならない。……

18．国内法及び国際法上に従い，かつ個別の状況を考慮に入れて，国際人権法及び国際人道法の重大な違反の被害者は，適当な場合かつ違反の重大性及び各事案の状況に均衡して，原則19から23に示されたような完全かつ実効的な救済を与えられるべきである。それは，以下の形態を含む。原状回復，賠償，リハビリテーション，満足及び再発防止の保証である。

19．**原状回復** (restitution) は，可能な場合にはいつでも，国際人権法及び国際人道法の重大な違反が発生する前の状態に被害者を戻すことである。原状回復は，適当な場合，自由の回復，人権，アイデンティティ，家族生活及び市民権の享受，居住地への帰還，並びに財産の返還を含む。

20．**賠償** (compensation) は，適当な場合かつ違反の重大性及び各事案の状況に均衡して，国際人権法及び国際人道法の重大な違反から生じた，経済的に評価可能な被害について提供されるべきである。例えば，
 (a) 身体的もしくは精神的な被害，
 (b) 雇用，教育及び社会的便益を含む逸失機会，
 (c) 潜在的な収入能力の逸失を含む，物質的損害及び収入の逸失，
 (d) 精神的損害，
 (e) 法律扶助もしくは専門家の援助，医薬品及び医療サービス，心理的及び社会サービスを受けるために必要な費用。

21．**リハビリテーション** (rehabilitation) は，医療及び心理的ケア，並びに法的及び社会的サービスを含むべきである。

22．**満足** (satisfaction) は，適用できる場合，以下のいずれか又はすべてを含むべきである。
 (a) 継続的違反の停止のための実効的措置，
 (b) 被害者，被害者の親族，証人又は，被害者を支援するためもしくはさらなる違反の発生を防止するために介入した人の安全と利益を害しない限りにおいて，事実を明らかにし真実を完全かつ公的に公開すること，
 (c) 失踪者の所在，誘拐された子どもの身元，及び殺害された者の遺体の捜索並びに，被害者の希望又は家族や社会の文化的慣行に沿った遺体の確認及び埋葬，
 (d) 被害者の尊厳を回復する公的な宣言又は司法決定，
 (e) 事実の承認及び責任の受入れを含む公的な謝罪，
 (f) 違反に責任を負う者に対する司法上及び行政上の制裁，
 (g) 被害者に対する追悼及び献辞，
 (h) 発生した違反の正確な記述を，国際人権法及び国際人道法の訓練教材並びにあらゆるレベル教材の中に含めること。

23．**再発防止の保証** (guarantees of non-repe-

◆ 第6章　人権の「保護」義務

tition）は，適用できる場合，以下のいずれか又はすべてを含むべきであり，それらはまた侵害防止にも寄与する。

(a) 軍隊及び治安部隊に対する実効的な文民統制を確保すること，

(b) あらゆる民事手続及び軍法手続が，法の正当な手続及び公平さに関する国際基準を遵守することを確保すること，

(c) 司法の独立を強化すること，

(d) 法曹，医療職員及び保健職員，メディア及びその他の関連の職業，並びに人権擁護者を保護すること，

(e) 優先的にかつ継続的に，社会のすべて

の部門に対して並びに法執行職員及び軍隊・治安部隊に対する訓練において人権及び国際人道法教育を提供すること，

(f) 法執行，矯正，メディア，医療，心理及び社会サービスの職員，軍隊要員並びに企業による行動規範及び倫理規範，特に国際基準の遵守を促進すること，

(g) 社会的対立を防止しその解決をモニターする仕組みを促進すること，

(h) 国際人権法及び国際人道法の重大な違反に寄与している又はそれらを許容している法を見直しかつ改正すること。」

　先に述べたような留意点があるとはいえ，本基本原則・ガイドラインは，国際人権法の法理の発展を反映させつつ，国際人権法及び国際人道法の遵守の一環としての人権侵害救済のあり方について現行の国際水準の明確化を試みた文書として，有用な指針となるものである。拷問禁止委員会は2012年12月，拷問等禁止条約14条（救済を受ける権利）の実施に関する一般的意見3を公表しているが，この一般的意見は，基本原則・ガイドラインを明示的に参照し，「被害者」の定義，救済を与える締約国の義務の実体的内容（原状回復，賠償，リハビリテーション，満足及び再発防止の保証）等に関して随所で基本原則・ガイドラインを大幅に下敷きとした内容となっており，この文書が被害者の救済に関する人権条約機関の実行にすでに影響を与えていることが見て取れる。

■ 拷問禁止委員会「一般的意見3　締約国による14条の実施」（2012年）

　2. 委員会は，14条の「救済（redress）」の語は，「効果的な救済措置（effective remedy）」及び「事後救済（reparation）」の概念を包含すると考える。この包括的な救済の概念は従って，原状回復（restitution），賠償（compensation），リハビリテーション（rehabilitation），満足（satisfaction），及び再発防止の保証（guarantees of non-repetition）を含み，本条約の違反の救済に必要とされる措置の全範囲を指すものである。

　3. 被害者（victims）とは，本条約の違反を構成する作為又は不作為によって，身体的もしくは精神的損害，感情的苦痛，経済的損失又は基本的権利の実質的な侵害を含む被害を個人的又は集団的に被った者である。人は，侵害の実行者が識別され，拘束され，訴追され又は有罪とされているか否かにかかわらず，かつ，実行者と被害者の間の家族関係その他

の関係の有無にかかわらず，被害者とみなされるべきである。「被害者」の語はまた，［被害者に対する拷問や虐待によって］影響を受けた被害者の直近の家族又は被扶養者，及び，被害者を援助するため又は被害を防ぐために介入する際に被害を被った者を含む。場合によって，被害を被った者は「生存者（survivor）」の語の方を好むこともある。委員会は，具体的な状況において好ましいとされることがある他の語の使用を害することなく，「被害者」という法律用語を用いる。

　4. 委員会は，救済のプロセスに被害者が参加することの重要性，及び，救済を与えることの究極的な目標は被害者の尊厳の回復にあることを強調する。

　5. 14条の下で救済を与える締約国の義務は，手続的な義務と実体的な義務の二つの面にわたる。手続的義務を履行するためには，締約国は，法律を制定し，拷問及び虐待の被害者が救済を受ける権利について決定しかつ

285

◆第2部◆ 条約機関の判例・先例法理に見る人権条約上の実体的義務

救済を与えることができる，独立の司法機関を含む申立制度並びに調査機関及び組織を設置しなければならず，かつ，それらの制度及び機関がすべての被害者にとって効果的でありアクセス可能であることを確保しなければならない。実体的なレベルでは，締約国は，拷問又は虐待の被害者が，賠償及びできる限り十分なリハビリテーションに必要な手段を含む十分かつ効果的な救済及び補償を得ることを確保しなければならない。

実体的義務—救済を受ける権利の範囲

6．上記の2項で述べたように，救済は，原状回復，賠償，リハビリテーション，満足及び再発防止の保証という5つの形態を含む。委員会は，「国際人権法及び国際人道法の重大な違反の被害者が救済を受ける権利に関する基本原則及びガイドライン（基本原則及びガイドライン）」（国際人権法及び国際人道法の重大な違反の被害者が救済を受ける権利に関する国連基本原則及びガイドライン，総会決議60/147）で示されたような国際法及び実行上の十分な救済の諸要素を認める。救済は，十分，効果的かつ包括的でなければならない。委員会は，拷問又は虐待の被害者に提供され又は与えられる救済措置の決定においては，各事案の特殊性及び状況が考慮に入れられなければならないこと，並びに，救済は被害者の特別のニーズに適合しかつ被害者に対して犯された侵害の重大性に比例したものであるべきことについて，締約国の注意を喚起する。委員会は，救済を提供することは，それ自体，将来の違反に対して防止及び抑止の効果をもつことを強調する。

7．国家当局又は，公的資格で活動するその他の者が，拷問又は虐待に当たる行為を犯した場合，それらの行為が公務員でない者又は私的主体によって犯されたことを知っており又は犯されたと信ずる合理的な理由があったにもかかわらず本条約に従ってそのような公務員でない者又は私的主体の行為を防止，調査，訴追及び処罰するための相当の注意を行使しなかった場合には，国家は，被害者に対して救済を提供する責任を負う（一般的意見2）。

原状回復（restitution）

8．原状回復は，各事案の特殊性を考慮に入れつつ，被害者の状況を条約違反が犯される前の状況に戻すことを目的とした救済の形態である。本条約の下での［拷問又は虐待の］防止義務は締約国に対し，そのような原状回復措置を受ける被害者が，拷問又は虐待の再

発の恐れにさらされるような立場におかれないことを確保することを要求する。一定の場合には，被害者が，違反の性格からして原状回復が不可能であると考えることもありうるが，国家は被害者に対し，救済への十分なアクセスを提供しなければならない。原状回復が効果的なものとなるためには，ジェンダー，性的指向，障害，政治的意見その他の意見，種族性（ethnicity），年齢及び宗教のような何らかの種類の差別並びにその他のすべての事由に基づく差別を含む，侵害の何らかの構造的な原因に対処するための努力がなされるべきである。

賠償（compensation）

9．委員会は，拷問及び虐待の被害者にとって，金銭賠償のみでは十分な救済にならないことがあることを強調する。委員会は，締約国が14条の下での義務を遵守するためには，金銭賠償の提供のみでは不十分であることを確認する。

10．14条の下で拷問又は虐待に対して迅速，公正かつ十分な賠償を受ける権利は多層的な権利であり，被害者に与えられる賠償は，金銭的であれ非金銭的であれ拷問又は虐待から生じた経済的に評価可能な被害を賠償するのに十分なものであるべきである。これには，支払った医療費の払い戻し，できる限り十分なリハビリテーションを確保するために被害者にとって必要な将来の医療又はリハビリテーション・サービスを賄うための資金の提供，生じた身体的及び精神的被害による金銭的及び非金銭的損害，拷問又は虐待によって生じた障害のための収入の逸失及び潜在的な収入能力の逸失，並びに，雇用や教育等の機会の逸失が含まれうる。加えて，拷問又は虐待の被害者に対して締約国が与える十分な賠償は，救済請求の提起に関連した法律扶助又は専門家の援助及びその他の費用を提供するべきである。

リハビリテーション（rehabilitation）

11．委員会は，本条約の違反の結果被害を被った者に対するできる限り十分なリハビリテーションの手段の提供は，全体的な（holistic）ものであるべきであり，医療及び心理学的ケア，並びに法的及び社会的サービスを含むべきであることを確認する。この一般的意見の目的上，リハビリテーションとは，拷問又は虐待を受けた後の被害者の状況の変化の結果必要となる，機能の回復又は新たなスキルの習得を指す。それは，関係個人にとってなしうる最大限の自足及び機能を可能にしよ

286

うとするものであり，当該個人の物理的及び
社会的環境への適応を伴ういう。被害者のた
めのリハビリテーションは，できる限り，被
害者の自立，身体的，精神的，社会的及び職
業的な能力，並びに社会への十分なインク
ルージョン及び社会参加を回復することを目
的とするべきである。

12. 委員会は，「できる限り十分なリハビ
リテーション」のための手段を提供する締約
国の義務は，拷問の広範な効果によってその
生活状況が尊厳，健康及び自足を含め決して
十分に回復されないかもしれない被害者の
被った被害を回復し修復する必要性を指して
いることを強調する。この義務は締約国に
とって利用可能な資源には関連せず，延期さ
れてはならない。

13. 拷問又は虐待の被害者にできる限り十
分なリハビリテーションの手段を提供する義
務を履行するために，各締約国は，長期的な
統合的アプローチを採用するべきであり，拷問
又は虐待の被害者のための専門家のサービス
が利用可能，適切かつ容易にアクセス可能で
あることを確保すべきである。これには，と
りわけ「拷問及び他の残虐な，非人道的な又
は品位を傷つける取扱い又は刑罰の効果的な
調査及び文書化に関するマニュアル（イスタ
ンブール・プロトコル）」に基づいた，セラ
ピーその他の個人的なニーズの評価及び事後
評価のための手続を含むべきであり，また，
医療的，身体的及び心理的リハビリテーショ
ン・サービス，[社会への] 再統合のための
サービス及びソーシャル・サービス，コミュ
ニティでの及び家族に向けた援助及びサービ
ス，職業訓練，教育等，分野を超えた広範な
措置を含みうる。被害者の強さ及び回復力を
も考慮に入れた，リハビリテーションに対す
る全体的なアプローチは，きわめて重要であ
る。さらに，被害者は再びトラウマ [＝心的
外傷] を受ける危険があるかもしれず，また
自らが受けた拷問又は虐待を思い起こさせる
行為に対して現実に恐れを抱いている。従っ
て，援助が提供される際には，信頼と信用の
ある環境を創る必要性に高い優先順位がおか
れるべきである。

14. これらの形態のリハビリテーション・
サービスを提供する条約上の必要性は，拷問
直後に被害者に対して医療及び心理的社会的
サービスを提供する必要性をなくすものでは
ない。また，そのような当初のケアが，でき
る限り十分なリハビリテーションの手段を提
供する義務を履行するものとなるわけでもな

い。

15. 締約国は，被害者の文化，人格，歴史
及び経歴を考慮に入れつつ，効果的なリハビ
リテーション・サービス及びプログラムが当
該国に設けられること，かつ，差別なく，ま
た被害者が誰であるか又は庇護請求者及び難
民を含め32項に例示したような周縁に追いや
られもしくは弱い立場にある集団内にいると
いう地位にかかわらず，すべての被害者に
とってアクセス可能であることを確保しなけ
ればならない。締約国の立法によって，拷問
又は虐待の被害者にリハビリテーションを提
供する具体的な制度及びプログラムを設ける
べきである。拷問の被害者は，資格のある独
立の医療専門家による評価の後できる限り早
く，リハビリテーション・プログラムへのア
クセスを提供されるべきである。リハビリ
テーション・プログラムへのアクセスは，被
害者が司法的救済を追求しているかどうかに
依存するべきではない。できる限り十分なリ
ハビリテーションの手段を提供する14条の義
務は，国家によるリハビリテーション・サー
ビスの直接の供給によっても，又は，非政府
組織（NGO）が管理するものを含め民間の
医療，法律その他の施設に資金を提供するこ
とによっても履行されうる。後者の場合には，
国家は，それらの施設に対していかなる報復
ないし脅迫もないことを確保しなければなら
ない。サービス提供者の選択における被害者
の参加は不可欠である。サービスは，関連の
諸言語で利用可能であるべきである。委員会
は締約国に対し，適切な指標（indicators）及
び目標値（benchmarks）を用いることを含め，
リハビリテーション・プログラムの効果的な
実施を評価する制度を設けることを奨励する。

満足（satisfaction）及び，真実に対する権利
（right to truth）

16. 満足は，条約12条・13条に基づく調査
及び刑事訴追の義務を通して，またそれに加
えて，以下の救済措置のいずれか又はすべて
を含むべきである。継続的侵害の停止を目的
とした効果的な措置。被害者，被害者の親族，
証人又は被害者を援助するためもしくはさら
なる侵害を防止するために介入した人の安全
及び利益を害しない又は脅かさない限りにお
いての，事実の検証及び十分かつ公的な事実
の開示。失踪者の所在，誘拐された子供の身
元，及び殺された者の遺体の捜索，並びに，
被害者又は影響を受けた家族の明示的な又は
推定される希望に沿った被害者の遺体の修復，
確認及び再埋葬の援助。被害者及び被害者と

密接に関係した人の尊厳，名誉及び権利を回復する公的な宣言又は司法決定。侵害に対して責任を負う人に対する司法的及び行政的制裁。事実の承認及び責任の受入れを含む公的な謝罪。被害者に対する記念及び追悼。

17. 国家が，拷問に当たる行為の主張を迅速に調査せず，刑事訴追せず又はそれに関する民事手続を許容しないことは，救済の事実上の否定を構成し，もって14条の下での国家の義務の違反を構成する。

再発防止の保証（guarantees of non-repetition）

18. 本条約の1条から16条は，拷問及び虐待を防止するために締約国が不可欠とみなした具体的な防止措置を構成している。拷問又は虐待が再発しないことを保証するため，締約国は，本条約の違反に対する不処罰と闘うための措置を取るべきである。そのような措置には，本条約の規定，特に拷問の絶対的禁止について公務員に効果的かつ明確な指示を出すことを含む。その他の措置には，以下のいずれか又はすべてを含むべきである。軍及び治安部隊の文民統制。すべての司法手続が，デュープロセス，公正さ及び公平さに関する国際基準を遵守すること。司法の独立を強化すること。人権擁護者並びに，拷問の被害者を援助する法律専門家，保健専門家その他の専門家を保護すること。すべての拘禁場所に対する定期的かつ独立の監視制度を設けること。優先的かつ継続的に，法執行官及び軍隊・治安部隊に対して，周縁に追いやられかつ弱い立場にある人々の具体的なニーズを含む人権法についての訓練，並びに，保健専門家・法律専門家及び法執行官に対してイスタンブール・プロトコルについての具体的な訓練を提供すること。法執行官，矯正職員，医療職員，心理学的サービス及びソーシャル・サービス，並びに軍の人員を含む公務員による国際基準及び行動綱領の遵守を促進すること。拷問及び虐待につながり又はそれらを許容している法の見直し及び改正を行うこと。ルフールマンを禁じた本条約3条の遵守を確保すること。ジェンダー関連その他の拷問又は虐待の被害者に対するシェルターのような，個人又は個人の集団のための一時的なサービスの利用可能性を確保すること。委員会は，ここに挙げたような措置を取ることにより，締約国は本条約2条の下で拷問に当たる行為を防止する義務を履行することにもなりうることを注記する。加えて，再発防止の保証は，暴力の背景にある原因でもありうる社会的な関係の変革に向けて潜在的に重要な

可能性をもっている。再発防止の保証は，関連の法を改正すること，不処罰と闘うこと，並びに効果的な防止及び抑止の措置を取ることを含みうるが，それらに限られない。

手続的義務 —— 救済を受ける権利の実施
立法

19. 本条約2条の下で締約国は，「自国の管轄の下にある領域内において拷問に当たる行為が行われることを防止するため，立法上，行政上，司法上その他の効果的な措置」を取らなければならない。委員会が一般的意見2で明らかにしたように，「締約国は，最低限でも，本条約1条に定義された拷問の諸要素に従い，かつ4条の要求に従って，拷問の罪を自国の刑法上処罰される罪としなければならない」。締約国が，条約上の義務を明確に取り入れた立法を制定して拷問及び虐待を犯罪としないこと，並びにその結果として拷問及び虐待が犯罪とされないことは，被害者が14条で保障された権利にアクセスしそれを享受する能力を妨げるものである。

20. 14条を実効あるものとするために，締約国は，拷問及び虐待の被害者に効果的な救済措置を提供し，賠償及びできる限り十分なリハビリテーションを含む十分かつ適切な救済を得る権利を与える具体的な立法を制定しなければならない。そのような立法は，個人がこの権利を行使することを認め，かつ司法的救済措置へのアクセスを確保しなければならない。集団的な補償及び行政上の補償プログラムは救済の一形態として受け入れられうるが，そのようなプログラムは，救済措置に対する，及び救済を得ることに対する個人の権利を非実効的にするものであってはならない。

21. 締約国は，自国の国内法において，暴力又はトラウマを被った被害者が，補償の提供を目的とした法的及び行政的手続の過程で再びトラウマを受けることのないように，十分なケア及び保護を受けられることを確保すべきである。

22. 本条約上，締約国は，拷問を行ったと主張されている者がその管轄の下にある領域内にいる場合にはこれを訴追するか又は引渡すこと，並びにそのことを可能にするために必要な立法措置を取ることが必要とされている。委員会は，14条の実施は，締約国の領域内で，又は締約国の国民によってもしくは締約国の国民に対して行われた拷問の被害者に対するものに限られないと考える。委員会は，その領域外で拷問又は虐待を受けた被害者に

対して民事的救済措置を提供することに対する締約国の努力[158]を賞賛してきた。このことは，被害者が侵害の生じた領域内において14条で保障された権利を行使できないときには特に重要である。実際，14条は締約国に対し，拷問及び虐待のすべての被害者が救済措置にアクセスできかつ救済を得られることを確保することを要求している。

申立及び調査のための効果的な制度

23. 委員会は総括所見において，被害者の14条の権利が十分に尊重されることを確保するために遵守されなければならない国家の義務の他のものについて述べてきた。この点で委員会は，12条及び13条の下での締約国の義務の履行と，14条の下での締約国の義務の履行との間には重要な関係があることを強調する。12条に従い締約国は，締約国の作為又は不作為の結果，自国の管轄の下にある領域内で拷問に当たる行為が行われたと信ずる合理的な理由がある場合には常に迅速，効果的かつ公平な調査を行わなければならず，かつ，13条に定められまた委員会が一般的意見2で確認したように，公平かつ効果的な申立制度が設けられることを確保しなければならない。12条及び13条の下での義務が保障されなければ，［14条による］十分な救済は得られない。申立の制度は，拘禁施設，精神医療施設その他のどこであれ自由を奪われた人，並びにコミュニケーション能力に限界がある人を含め弱い立場にある又は周縁に追いやられた集団に属する人を含めて，電話のホットライン又は拘禁施設における秘密の申立ボックス等を通じて，公衆に知らされかつアクセス可能なものでなければならない。

24. 手続的レベルでは，締約国は，拷問又は虐待の被害者に十分な賠償及びリハビリテーションを含む救済を確保できるよう法律で定められた手続によって，強制執行可能な最終決定を下す権限をもつ組織があることを確保しなければならない。

25. 被害者が救済を受ける権利を確保することは，締約国の権限ある当局が，拷問又は虐待を受けたと主張するいかなる個人の事案をも迅速，効果的かつ公平に調査し検討することを必要とする。そのような調査は，標準的措置として，イスタンブール・プロトコル

に規定されているような独立の身体的及び心理学的な法医学調査を含むべきである。拷問又は虐待の申立に対する法的調査の開始又は終結の不当な遅延は，14条の下で被害者が公正かつ十分な賠償及びできる限り十分なリハビリテーションの手段を含む救済を受ける権利を損なう。

26. 刑事捜査が被害者にもたらす証拠上の利益があるとはいえ，民事手続及び被害者の補償請求は，刑事手続の終結に依存するべきではない。委員会は，賠償は，刑事責任が確定するまで不当に遅延させられるべきではないと考える。民事責任は，刑事手続とは独立して追及可能であるべきであり，そのために必要な立法及び組織があるべきである。もし，国内法上，民事的な賠償請求の前に刑事手続が必要とされている場合，刑事手続が取られないこと又は刑事手続の不当な遅延は，締約国による条約上の義務の不履行を構成する。懲戒的措置のみでは，14条の意味における効果的な救済措置とはみなされない。

27. 14条の下で締約国は，自国の管轄の下において，拷問又は虐待に当たるいかなる行為の被害者も救済を得ることを確保しなければならない。締約国は，そのような行為のすべての被害者が救済を得ることを確保するためにすべての必要かつ効果的な措置を取る義務を負っている。この義務には，拷問又は虐待が発生したと信ずる合理的な理由があるときには，申立がなくとも，被害者が救済を得ることを確保する手続を迅速に開始する締約国の義務を含む。

28. 委員会は，締約国に対し，22条の下で被害者が通報を提出し委員会の見解を求めることを認めるよう，個人通報を検討する委員会の権限を認めることを強く奨励する。委員会はさらに，締約国に対し，拷問及び虐待に対する防止措置を強化するため，拷問等禁止条約の選択議定書を批准し又はこれに加入することを奨励する。

救済を得る制度へのアクセス

29. 委員会は，締約国が，救済を求める権利について被害者及びその家族が十分な情報を得ることを積極的に確保することの重要性を強調する。この点で，補償を求める手続は透明であるべきである。締約国はさらに，申

---

(158)　訳注：アメリカの外国人不法行為請求権法（国際法に違反する不法行為に関して外国人が提起した損害賠償請求訴訟に対して連邦裁判所の裁判権を認める）や拷問被害者保護法（外国の公的資格で行動する者による拷問行為に関して米国民や外国人が提起する損害賠償請求訴訟に対して連邦裁判所の裁判権を認める）による手続を指すものと考えられる。

◆ 第2部 ◆ 　条約機関の判例・先例法理に見る人権条約上の実体的義務

立人及びその代理人の負担を最小限にするため，援助及び支援を提供すべきである。民事手続その他の手続は，被害者に対し，救済を求めることを妨げ又は救済を求めることを思いとどまらせるような金銭的負担を課すべきではない。既存の民事手続が被害者に対して十分な救済を提供できない場合には，委員会は，拷問の被害者に救済を提供するための全国的な基金の設置を含め，拷問及び虐待の被害者が容易にアクセス可能な制度を実施することを勧告する。周縁に追いやられ又は弱い立場におかれた集団に属する人によるアクセスを確保するため，特別の措置が取られるべきである。

　30.　他のいかなる救済措置が利用可能であるかにかかわらず，司法の救済措置は常に被害者に利用可能でなければならない，かつ，被害者の参加を可能にするべきである。締約国は，申立を提起しまた救済の請求を行うために必要な資力を欠く拷問及び虐待の被害者に対して，十分な法律扶助を提供するべきである。締約国はまた，被害者，その代理人，又は裁判官の要請に応じて，拷問又は虐待に当たる行為に関するすべての証拠を被害者にとって容易に利用可能にしなければならない。締約国が医学的評価又は取扱いの記録のような証拠及び情報を提供しないことは，申立を提起し救済，賠償及びリハビリテーションを求める被害者の能力を不当に害するものになりうる。

　31.　締約国はまた，被害者の私生活への干渉を防止しかつ，被害者，その家族，証人，及び彼らのために介入した他の者を，被害者の利益に影響する司法上，行政上その他の手続の前，途中及び後のすべての段階において脅迫や報復から保護するための措置を取るべきである。保護を提供しないことは，被害者が申立を提起するにあたっての障害となり，もって，救済及び救済措置を求めかつ得る権利を侵害する。

　32.　無差別の原則は人権保護の基本的かつ一般的な原則であり，本条約の解釈及び適用にとって基本的な原則である。締約国は，司法へのアクセス及び救済を求めかつ得るための制度へのアクセスが容易に利用可能であることを確保しなければならない。締約国はまた，救済が，人種，皮膚の色，種族性，年齢，宗教的信念もしくは所属，政治的その他の意見，

国民的もしくは社会的出身，ジェンダー，性的指向，ジェンダー・アイデンティティ[159]，精神的その他の障害，健康状況，経済的地位もしくは先住民としての地位，政治犯罪もしくはテロ行為の疑いのある人・庇護請求者・難民もしくは国際的保護を受けているその他の者を含め当該の人が拘禁されている理由，又はその他の何らかの地位もしくは不利な特徴にかかわらず，かつ上記のような他の何らかの根拠によって周縁に追いやられ又は弱い立場におかれている人を含めて，すべての人にとって平等にアクセス可能であることを確保する積極的な措置を取らなければならない。マイノリティの集団，先住民の集団その他のようにアイデンティティを共有する集団に対しては，文化的に配慮のある集団的な補償措置が利用可能でなければならない。委員会は，集団的措置は救済に対する個人の権利を排除するものではないことを注記する。

　33.　司法的及び非司法的手続は，拷問及び虐待の被害者が再度の被害及びスティグマ[160]を受けることを避けるため，ジェンダーに配慮した手続を適用しなければならない。性暴力又はジェンダーに基づく暴力，並びにデュープロセス及び公平な司法府へのアクセスに関して，委員会は，民事であれ刑事であれ，賠償を含め救済に対する被害者の権利を決定するいかなる手続においても，ジェンダーに基づく暴力に関する証拠規則及び手続は，他のすべての被害者にとってもそうであるように女性及び少女の証言に同等の重みを与えるものでなければならず，被害者及び証人に対する差別的な証拠及び嫌がらせを持ち込むことを防止しなければならないことを強調する。委員会は，申立制度及び調査は，性暴力及び性的虐待，強かん，夫婦間の強かん，家庭内暴力，女性性器切除及び人身取引のような虐待の被害者が前面に出て救済を求めかつ得ることができることを確保するために，ジェンダーの側面を考慮に入れた具体的な積極的措置を必要とすると考える。

　34.　拷問又は虐待の被害者が再度の被害及びスティグマを受けることを避けるため，前項で示した保護は，［性的アイデンティティ等の］アイデンティティに基づいて周縁に追いやられ又は弱い立場におかれた人，並びに32項で無差別原則に関して挙げた例のような集団にも同じくあてはまる。司法的及び非司

---

(159)　訳注：身体的な性と異なる場合を含めて，個人が自分の性別についてもっている認識。

(160)　訳注：社会的烙印。

290

第6章 人権の「保護」義務

法的手続においては，そのような人に対しても配慮が払われなければならない。従って，委員会は，司法職員は，周縁に追いやられ又は弱い立場にある人々に対する影響を含め，拷問及び虐待の様々な影響に関する，並びに，再度の被害及びスティグマを受けることを避けるために，性差別又はジェンダーに基づく差別の形態を含め拷問及び虐待の被害者に対してどのように配慮を払うかに関する特別な訓練を受けなければならないことを注記する。

35．委員会は，イスタンブール・プロトコルに関する訓練を含め，関連の警察，刑務所職員，医療職員，司法職員及び入国管理職員の訓練は，効果的な調査を確保することにとって基本的な重要性をもつと考える。さらに，救済を得る努力に携わる公務員及び職員は，拷問又は虐待の被害者が再びトラウマを受けることを防止するため，方法論的な訓練を受けるべきである。この訓練には，保健及び医療職員の場合は，ジェンダーに基づく暴力及び性暴力，並びにその他のすべての形態の差別の被害者に対して，身体的及び心理学的双方の緊急の医療手続が利用できることを知らせる必要性を含むべきである。委員会はまた，締約国に対し，警官隊の中に，人権事務所（human rights office），並びに，男性・少年に対して行われる性暴力，子供，宗教的，宗教的，民族的その他のマイノリティその他の周縁に追いやられ又は弱い立場にある集団に対する暴力を含むジェンダーに基づく暴力及び性暴力の事案を扱う特別の訓練を受けた係官の部署を設けることを強く求める。

36．委員会はさらに，子どもの最善の利益，並びに司法手続及び行政手続を含め子どもに影響するすべての事柄について意見を表明する子どもの権利を考慮に入れつつ，子どもたちのニーズに対処するための適切な手続が利用できること，また，子どもの年齢及び成熟に応じて子どもの意見に正当な重みが与えられることの重要性を強調する。締約国は，補償に関して，子どもの健康及び尊厳を助長する，子どもに配慮した措置が利用可能であることを確保すべきである。

救済を受ける権利にとっての障害

37．救済を受ける権利の一つの核心的要素は，被害者に提供される与えられる補償措置が，作為又は不作為による本条約の違反に対してのものであることを当該国家が明確に認めることである。従って委員会は，締約国は，拷問又は虐待の被害者に対する救済の代替物として，開発措置の実施や人道援助の提供を行ってはならないという見解である。締約国が拷問の被害者個人に救済を提供しないことは，国家の発展段階を援用することによっては正当化できない。委員会は，後続の政府及び承継国は依然として，救済を受ける権利へのアクセスを保障する義務を負っていることを想定する。

38．本条約の締約国は，救済を受ける権利が効果的であることを確保する義務を負う。救済を受ける権利の享受を妨げ，14条の効果的な実施を阻害する具体的な障害には，以下のものを含むが，これらに限られない。不十分な国内立法。申立の評価並びに，救済のための調査制度及び手続における差別。国家機密に関する法。救済を受ける権利についての決定を妨げる証拠上の負担及び手続的要件。時効，恩赦及び免除。被害者及び証人に十分な法律扶助及び保護措置を提供しないこと。拷問及び虐待に関連するスティグマ，及び身体的，心理的その他の関連効果。加えて，国内，国際又は地域的裁判所によって下された，拷問の被害者に対して補償措置を提供する判決を締約国が執行しないことも，救済を受ける権利の顕著な障害を構成する。締約国は，他の締約国の裁判所の命令の効力を認めること及び実行者の資産の所在確認を援助することを含めて，被害者が国境を越えて判決を執行できるようにするための協調体制を発展させるべきである。

39．14条の義務に関して，締約国は，周縁に追いやられ又は弱い立場におかれた集団の人々にとっての時宜を得たかつ効果的な救済へのアクセスを法律上も事実上も確保しなければならず，そのような集団の人々が救済を求めかつ得る能力を妨げる措置を避けかつ，彼らが救済を得るにあたって直面しうる公式又は非公式の障害に対処しなければならない。そのような障害には，例えば，損害の算定に関して不十分な司法的その他の手続であって，それらの個人が金銭を得又は保持することに対して異なった，否定的効果をもちうるものが含まれる。委員会が一般的意見2で強調したように，「ジェンダーは鍵となる要素である。女性であることは，その人の他の識別の特徴又は地位と交差して……女性及び少女が拷問もしくは虐待を受ける恐れはその恐れにさらされるかたちを決定する」。締約国は，すべての者，特に，レズビアン，ゲイ，バイセクシュアル及びトランスセクシュアル（LGBT）の人々を含め弱い立場におかれた集団の人々が公正かつ平等に扱われ，公正かつ十分な賠

291

◆ 第2部 ◆ 条約機関の判例・先例法理に見る人権条約上の実体的義務

償，リハビリテーション，その他彼らの具体的なニーズに対応した補償措置を得なければならないことを確保する過程において上述のすべての要素を提供するにあたり，ジェンダーに正当な注意を払うことを確保しなければならない。

40. 拷問の効果の継続的な性格のゆえに，時効は適用されるべきではない。時効は被害者から，正当な救済，賠償及びリハビリテーションを奪うものだからである。多くの被害者にとって，時の経過は被害を和らげるものではなく，場合によっては，心的外傷後ストレスのために被害が増大することもある。心的外傷後ストレスは，医学的，心理学的及び社会的支援を必要とするが，それらは，救済を受けていない者にとっては利用可能でないことが多い。締約国は，違反がいつ起こったか，又は前政権によってもしくはその黙認の下で行われたかどうかにかかわらず，拷問又は虐待のすべての被害者が救済措置にアクセスできかつ救済を得ることができることを確保しなければならない。

41. 委員会は一貫して，拷問の犯罪に対する恩赦は，14条を含め，本条約の下での締約国の義務に合致しないと述べてきた。一般的意見2で指摘したように，「拷問又は虐待の実行者に対する迅速かつ公正な訴追及び処罰を除外し又はそれらを行う意思のないことを示す恩赦その他の障害は，［拷問や虐待を受けない権利の］逸脱不可能性の原則を侵害する」。委員会は，拷問及び虐待に対する恩赦は，被害者が救済を得ようとする努力にとって許されない障害となりかつ，不処罰の環境を作ることにつながると考える。委員会は従って締約国に対し，拷問又は虐待に対するいかなる恩赦をも撤廃することを求める。

42. 同様に，拷問又は虐待に関して，いずれかの国家もしくはその機関，又は非国家主体に対し，国際法に違反して免除を与えることは，被害者に救済を提供する義務と直接に抵触する。不処罰が法律で認められ，又は事実上存在している場合，それは，違反者が処罰されずに済まされることを認めるのであるから，被害者が十分な救済を求めることの障害となり，被害者に対して14条の下での権利の十分な保障を否定するものである。委員会は，いかなる状況においても，国家安全保障の主張は，被害者に救済を否定するために用いられてはならないことを確認する。

43. 委員会は，14条の適用を制限しようとする留保は，本条約の趣旨及び目的に合致し

ないと考える。委員会は従って締約国に対し，拷問又は虐待のすべての被害者が救済及び救済措置に対するアクセスを有することを確保するため，14条の適用を制限するいかなる留保についてもその撤回を検討することを奨励する。

監視及び報告

45. 締約国は，自国が行っている拷問又は虐待の被害者への救済措置及び必要なリハビリテーション・サービスの提供を監督，監視，評価しかつそれについて報告するための制度を設けなければならない。従って，締約国は，被害者に救済を提供する努力についての継続的な評価を行うために一般的意見2で想起された義務を遵守するため，委員会に対する国家報告書の中に，拷問又は虐待の被害者に与えられる救済措置に関して，年齢，ジェンダー，国籍，その他の鍵となる要素によって細分化したデータを含めるべきである。

46. 14条の実施に関して，委員会は，締約国の報告書の中で14条の実施に関する十分な情報を提供する必要があるとの見解を示してきた。従って委員会は，以下の事項に関して，具体的な情報が提供されるべきであることを強調したい。

(a) 法律上，行政上その他の措置によって賠償を求めた拷問又は虐待の被害者の数，及び主張された違反の性格。賠償を与えられた被害者の数，及びその額。

(b) 拷問の直後に被害者を援助するために取った措置。

(c) 拷問又は虐待の被害者が利用できるリハビリテーション施設とその利用可能性，並びに，リハビリテーション・プログラムへの予算配分，及び自らのニーズにとって適切なリハビリテーション・サービスを受けた被害者の数。

(d) 指標及び目標値の設定を含め，リハビリテーション・プログラムの実効性を評価するために用いうる手法，並びにそのような評価の結果。

(e) 満足及び再発防止の保障を確保するために取った措置。

(f) 拷問又は虐待の被害者に対し，救済措置及び救済に対する権利を与える国内法，並びに，締約国が取った関連の実施措置。

(g) 拷問又は虐待のすべての被害者が14条の下での権利を行使しかつ享受できることを確保するために取った措置。

(h) 拷問又は虐待の被害者が利用できる申立制度。それらの制度が，すべての被害

第6章　人権の「保護」義務

者にどのようにして知らされており，ま
たどのようにしてアクセス可能なものに
なっているかを含む。締約国はまた，そ
のような制度によって受理した申立の数
について，年齢，ジェンダー，国籍，場
所及び主張されている侵害によって細分
化したデータを含めるべきである。
(i) 拷問及び虐待のすべての主張が効果的
に調査されることを確保するために締約
国が取った措置。
(j) 拷問の被害者に救済を提供するため，
それらの者を積極的に確認することを目
的とした立法及び政策措置。
(k) すべての刑事手続，民事手続，及び行
政上の救済プログラムのような行政上及
び非司法的手続を含め，拷問又は虐待の
被害者が救済を得るために利用できる方
途。また，それらの制度にアクセスした
被害者の数，救済措置を得た者の数，並
びにその形態及び／又は額。
(l) 拷問又は虐待の被害者，証人及び被害
者のために介入したその他の者が利用で
きる法律扶助及び証人保護。そのような
保護がどのようにして知らされており，

またどのようにして実際に利用可能なも
のになっているかを含む。法律扶助を与
えられた被害者の数。国家の証人保護に
よって保護された人の数。並びに，その
ような保護の実効性に対する締約国の評
価。
(m) 国内，地域的又は国際裁判所による判
決を実施するために取った措置。判決の
日から，賠償その他の形態の救済が実際
に提供されるまでに経過した期日の長さ
を含む。締約国はまた，裁判所の判決に
おいて保障措置を受けるよう指定された
被害者の数及び実際に救済を受けた人の
数に関する細分化されたデータ，並びに
いかなる侵害に対する救済であるかにつ
いての情報も含めるべきである。
(n) 本条約14条の下で保障された権利を行
使しようとする女性及び子どもを含め，
周縁に追いやられ又は弱い立場にある集
団の人々に対する特別の保護のために利
用しうる保護策。
(o) 委員会が要求しうるその他のいずれか
の事項。

◆ 第7章 ◆ 人権の「充足(実現)」義務

I 人権の充足(実現)義務

　人権を充足する(fulfil)ないし実現する(realize)義務は，権利を実現するためにあらゆる適切な立法，行政その他の措置を取る義務を幅広く包含する。その内容は大別して，(1)人権の実現を可能にする法的・制度的基盤を整備することや，公務員の職務遂行において，また社会的に人権意識を向上させるための教育・広報を行うこと，(2)権利の内容によっては，必要な場合，権利を直接充足する財やサービスの給付措置を取ることがある。

　人権の充足ないし実現義務の側面は，経済的，社会的及び文化的権利について特に重要となるが，市民的及び政治的権利もその実現のためには国の資源(人的，物的，財政的，……) を必要とすることからすれば，およそすべての権利について程度の差はあれあてはまる。前述したように，国際人権規約採択の経緯もあって，従来の学説では，市民的及び政治的権利と経済的，社会的及び文化的権利が要求する国家の義務のあり方を対照的にとらえる傾向が強く，国家の積極的な立法・行政措置の必要性はもっぱら後者について強調されるのが常であった。しかし，市民的及び政治的権利の中でも，受益請求権に属する権利(公正な裁判を受ける権利，またその一部である刑事裁判において無料の通訳を付される権利等) は，上記の(1)と，状況により(2)とをいずれも要求するものであるし，その他の本来的な自由権に分類される諸権利も，現実社会におけるその実効的な確保という観点に立てば，(1)の側面において国家による積極的な措置を往々にして必要とする。また，権利享受における無差別・平等はすべての権利に関して確保が求められている事柄であるが，女性や民族的・種族的少数者(エスニック・マイノリティ) を含め現実に差別を受けやすい人々の状況の改善を含め社会の中であらゆる差別を撤廃し平等を実現するためには，法律上のみな

らず事実上も差別をなくし平等を促進していく積極的な施策が必要である。

　そのことは，締約国における規約実施状況を全般的にかつ中長期的な改善を含めた観点から検討対象とする自由権規約の報告制度において，審査時の質疑応答や，委員会が提示する一般的意見・総括所見の中にきわめて明瞭に表れている。拷問その他の虐待を受けない権利や自由を奪われた人の人道的取扱いについて，ほぼすべての国が，拷問や非人道的取扱いの発生を防止するための法執行官の教育・訓練や，刑事施設の視察制度の設置や実施の必要性を指摘されていることはその典型的な例である（拷問等禁止条約においても，拷問その他の虐待を行わないという尊重義務の側面は絶対的であるのに対して，法執行官の訓練や尋問規則の検討等によって権利の実現を図ることにおいては義務の履行は漸進的に［＝積極的措置を，人権の実現状況を改善する方向で取り続けること］行われる側面をもっていることについて，第4章で前述した）。識字率が低い国や多民族・多言語の国に対しては，規約の規定が少数民族を含め人々の手の届く形で広報されているか，公務員に周知徹底されているかが問われている。公正な裁判を受ける権利にしても，単に個別の事案で公正な裁判を提供することに限らず，裁判制度の整備や，十分な数の法曹の存在，さらには，権利を実効的なものにするための法律扶助の必要性がしばしば指摘されている。これらは，個別の人権侵害の事案に対処し権利を保護するための積極的措置というよりは，**権利が現実に人々にあまねく享受されることを可能にするための法的・制度的基盤，さらには社会的・文化的土壌を整えることに関わり，いずれも，国家としての人権政策の決定・実施とその継続的な監視（モニタリング（monitoring））を必要とするものである。**

　自由権規約や米州人権条約は，条約上の権利を「確保する」ことを義務づけていることから，**自由権規約の報告制度や米州人権委員会の国別報告書のような非司法的制度の枠内では，上述したような事柄を含め，現実の社会において権利が実効的に確保されるために締約国が取るべき積極的な施策が非常に幅広く指摘されている**（ヨーロッパ人権条約も権利の「保障」を義務づけているが，ヨーロッパ人権条約では国際的実施措置がもっぱらヨーロッパ人権裁判所における司法的救済であるため，その性格上，教育や広報，制度の整備といった一般的な施策の要請には限界がある。しかし，とりわけ冷戦崩壊後の新規締約国の増加に伴い，刑務所における不衛生で過密な収容状況といった**構造的な人権問題**にかかわる事案がヨーロッパ人権裁判所に付託される例が増えたことから，ヨーロッパ審議会は，**ヨー**

◆ 第2部 ◆　条約機関の判例・先例法理に見る人権条約上の実体的義務

ロッパ人権裁判所の判決の執行監視を通してそうした構造的な人権問題の改善に向けての働きかけを行っている。第12章で後述する）。

　他方で，社会権規約は，規約上の権利の完全な実現のための資源の制約の問題を反映し，また，国際社会における各国の経済力の格差をも考慮して，一部の規定（差別のない権利享受を保障・確保するとした2条・3項等）を除き，一般的義務規定である2条1項では「権利の完全な実現を漸進的に達成するため」利用可能な資源を最大限に用いて立法その他の適切な「措置を取る」ことと規定している。第4章で述べたように，「権利」とは本来的に義務主体の負う相関的義務を伴う概念であるから，法文上明らかに「権利」を認め，締約国を義務主体としている社会権規約上，締約国に何らの相関的義務も生じないと解することはできない。しかるに，2条1項により締約国は，権利の完全な実現を直ちに達成することは義務づけられていない一方で，**権利の完全な実現を「漸進的に」達成するため「措置を取る」義務は，言葉の本来の意味ですなわち，国家は，積極的措置を，権利の完全な実現に向けて漸次改善する方向で取り続ける義務である**と理解しなければならない。これまでしばしば言われてきたような，社会権規約2条1項は将来的目標を述べただけであって実質的に何らの義務も課していないかのような理解は，「漸進的（progressive）」という語が本来意味する「進歩（progress）」の意味を誤ってとらえるものであって，2条1項の趣旨を矮小化するものである。**2条1項により締約国は，権利の完全な実現に向けて進歩することを意図した措置を意識的に，つまり政策的に取ることが要求されているのであって，そのような「措置を取る」ことを怠る不作為は，それ自体2条1項の義務の過怠となる**。そして，社会権規約2条1項の義務をそのように誠実に解釈するならば，**締約国は，規約上の権利の実現に向けた国内的な政策を策定し実施することが求められ，また，その実施によってどれだけ権利実現に進歩がもたらされたかを，適切な方法によって評価することが求められる**（漸進的実現の進捗状況を具体的に評価するための「指標」の必要性）。

　社会権規約委員会は，2条1項の「措置を取る」義務自体はそれ自体規約上の法的義務であること，よって，締約国が何ら措置を取らないことは規約上の義務に反することを明らかにしてきた。委員会はまた，**権利の「完全な」実現は漸進的になされるものであっても，権利の最低限の不可欠な部分を充足することはすべての締約国の義務である**という，「最低限の中核的義務（minimum core obligation）」という考え方を打ち出しているが，これは，「権利」を認める以上

296

◆ 第7章　人権の「充足（実現）」義務

は，権利を実現するための積極的な取り組みを行う義務が生じる，という相関的義務の法理を具体化したものといえる。委員会によれば，2条1項は各締約国に「その利用可能な資源を最大限利用することにより」必要な措置を取ることを義務づけているが，締約国が最低限の中核的義務を履行できないことが資源の制約の理由に帰しうるためには，最低限の義務を優先事項として充足するために利用可能なすべての資源を用いるあらゆる努力を行ったことを示さなければならない。

■ 社会権規約委員会「一般的意見3　締約国の義務の性格」（1990年）

　1．……規約は漸進的実現を規定し，利用可能な資源の制限による制約を認めつつも，即時の効果をもつ様々な義務をも課している。……一つは，……関連の権利が「差別なく行使される」ことを『保障することを約束する』ことである。

　2．他方は，2条1項の『措置を取る』義務であり……関連の権利の完全な実現は漸進的に達成されうるものであるが，その目標に向けての措置は，関連国にとって規約が発効した後，合理的な短期間のうちに取られなければならない。……

　9．2条1項に反映された主な結果の義務は，規約で「認められた権利の完全な実現を漸進的に達成するため」措置を取る義務である。この文言の意図を説明するためにしばしば，「漸進的実現」という語が用いられる。漸進的実施の概念は，すべての経済的，社会的権利の完全な実現は一般的に短期間にはなしえないであろうということを認めたものである。……それは一方で，経済的，社会的及び文化的権利の完全な実現を確保する際の実際の世界の現実及びすべての国が有する困難を反映した，必要な弾力性の仕組みである。他方で，この文言は全体的な目標，すなわち，当該諸権利の完全な実現に関して締約国に明確な義務を設定するという，規約の存在理由に照らして読まれなければならない。それは，その目標に向けて，可能な限り迅速にかつ効果的に移行する義務を課しているのである。さらに，この点でいかなる後退的な措置が意図的に取られた場合にも，規約上の権利全体に照らして及び利用可能な最大限の資源の利用という文脈において，それを十分に正当化することが要求される。

　10．10年以上の期間締約国の報告を審査して委員会及び先行機関[161]の得た多くの経験に基づき，委員会は，最低でも，各権利の最低限の不可欠なレベルの充足を確保することは各締約国に課された最低限の中核的義務であるという見解である。従って例えば，相当数の個人が不可欠な食料，不可欠な基本的健康保護，基本的な住居又は最も基本的な形態の教育を剥奪されている締約国は，規約上の義務の履行を怠っているという推定を受ける。もし規約がそのような最低限の中核的義務を設定していないものと読まれるならば，規約はその存在理由を大部分奪われるであろう。なお，ある国がその最低限の中核的義務を履行したか否かの判断にあたっては，当該国の制約をも考慮に入れなければならない。2条1項は各締約国に，「その利用可能な資源を最大限利用することにより」必要な措置を取ることを義務づけている。締約国が少なくともその最低限の中核的義務を履行できないことを利用できる資源の制約に帰するためには，当該国は，これらの最低限の義務を優先事項として充足するためにその利用可能なすべての資源を用いるためあらゆる努力がなされたことを証明しなければならない。

　11．しかし委員会は，たとえ利用可能な資源が不十分であることが示されうる場合でも，現状において関連権利のできる限り広範な享受を確保するため尽力することは締約国の義務として残ることを強調したい。さらに，経済的，社会的及び文化的権利の実現，又は特に未実現の程度を監視し，かつこれらの権利の促進のための戦略及び計画を考案する義務は，いずれにしても，資源の制約の結果消滅するものではない。委員会はすでにこれらの問題について一般的意見1で扱った。

─────────────
(161)　訳注：社会権規約委員会が設置される前に社会権規約の報告制度運用を担当していた，経済社会理事会の作業部会を指す。

◆ 第2部 ◆ 条約機関の判例・先例法理に見る人権条約上の実体的義務

　人権の充足義務は，権利を侵害することを避けるという尊重義務，また第三者による権利侵害から権利を保護し救済するため相当の注意を払って合理的になしうる措置を取るという保護義務と異なって，**権利を実現するためにあらゆる適切な措置を取ることを意味する点で，非限定的**（open-ended）**な性格の義務**であり，その具体的な内容は，当事国における人権の実効的な実現という観点から引き出される。自由権規約のように権利の「確保」ないし「保障」を義務づけた条約では，上述のようにとりわけ非司法的制度の枠内において，権利の実効的確保のための様々な施策が締約国に要請されている。社会権規約委員会は，尊重・保護・充足という国家の多面的義務の枠組みを明示的に採用してその内容を敷衍したいくつかの一般的意見において，充足義務を，権利の実現を容易にするための環境整備を行う義務と，個人が食料や水等に対する権利を自ら実現することが不可能な場合に直接にこれらを供給する義務の双方を組み込んだものであるとし，その内容について例示している[162]。

　人権の充足義務の含意する重要な点は，**人権を実現するためには，人権の実現における改善**（＝「漸進的実現」の「漸進」が真に意味するところの「進歩」）**を意識的に目的とした政策の策定と実施を必要とし，その意味で国家の政策決定に組み込まれなければならないということである**。社会権規約委員会はそうした観点から，規約上の権利を実現するための**国家的戦略**（national strategy）を立てることの重要性にしばしば言及し，具体的に**枠組み立法**（framework law）や**行動計画**（action plan）の策定を締約国に勧告している。また，人権の「漸進的」実現が可能になるためには，**それらの政策の実施によってどれだけ権利実現に進歩がもたらされたかを，適切な手法によって評価することが必要となる**が，そのために不可欠な道具が，**指標**（indicators）**及び目標値**（benchmarks）である。

■ 社会権規約委員会「一般的意見12　十分な食料に対する権利」（1999年）
　　15. 十分な食料に対する権利は，他のすべ

ての人権と同様，締約国に対し，**尊重する義務，保護する義務，充足する義務**という3種類ないしレベルの義務を課している。このう

---

[162]　前述のように，facilitate は本来「容易にする」ないし「促進する」と訳すべき語であるが，社会権規約委員会の一般的意見では主に教育・広報・情報流通等によって権利をプロモートするという意味で promote の語も使われることがあり，その場合 promote の訳として「促進する」をあてているため，facilitate は環境整備を行う義務と訳している。同委員会の語法では，権利の実現を容易にし可能にするための幅広い積極的措置を取るという文脈で facilitate と promote が，財やサービスの直接の支給という意味で provide が用いられており，本章の最初にふれた(1)と(2)のような意味で大別されている。

ち充足の義務は，**環境整備の義務と供給する
義務**の双方を組み込んだものである。……

充足（環境整備）する義務は，国家が，資
源及び，食料安全保障を含めてその生計を確
保するための手段に対する人々のアクセス及
びその利用を強化するための行動に積極的に
かかわらなければならないことを意味する。
最後に，個人又は集団が，自らの力を超える
理由により，利用できる手段によって十分な
食料に対する権利を享受することができない
場合にはいつでも，国家は，この権利を直接
に充足（供給）する義務を負う。この義務は
また，自然その他の災害の被害者である人に
も妥当する。

■ 社会権規約委員会「一般的意見13　教育に
対する権利（規約13条）」（1999年）

43.　規約は漸進的実現を規定し，かつ利用
可能な資源の限界による制約を認める一方で，
締約国に対し，即時の効果をもつ様々な義務
をも課している。締約国は，教育に対する権
利に関して，この権利が「いかなる差別もな
しに行使される」という「保障」（2条2項）
及び，13条の完全な実現に向けて措置を取る
義務のような即時の義務を負っている。……

46.　教育に対する権利は，他のすべての人
権と同様，締約国に対して3つの種類ないし
段階の義務すなわち，尊重する義務，保護す
る義務及び充足する義務を課している。この
うち，充足する義務は環境整備の義務及び供
給する義務の双方を組み込んでいる。

47.　……充足（環境整備）する義務は，締
約国に対し，個人及び地域社会が教育に対す
る権利を享受することを可能にし及び援助す
るような積極的措置を取ることを求めるもの
である。最後に，国家は教育に対する権利を
充足（供給）する義務を負う。一般的原則と
して，締約国は，個人又は集団が，その統制
の範囲を超えた理由によって，自ら利用可能
な手段を用いて自分自身で規約上の特定の権
利を実現できない場合には，その権利を充足
（供給）する義務を負う。但し，この義務の
範囲は常に，規約の条文に従って決定される
ものである。

49.　締約国は，すべての段階の教育制度の
カリキュラムが13条1項に挙げられた目的を
指向することを確保するよう求められる。ま
た，教育が実際に13条1項に掲げられた目標
を指向しているかどうかを監視する，透明か
つ効果的なシステムを確立し及び維持する義
務もある。

50.　13条2項との関係で，締約国は，教育
に対する権利の「きわめて重要な特徴」（利
用可能性，アクセス可能性，受容可能性及び
適合可能性）のそれぞれを尊重し，保護し及
び充足する義務を負う。……教育がマイノリ
ティ及び先住民にとって受入れ可能であり，
かつ，すべての者にとって質が高いものであ
ることを確保するために積極的な措置を取る
ことにより，教育の受容可能性を充足（環境
整備）しなければならない。変化する世界に
おける生徒の現代的ニーズを反映したカリ
キュラムを考案し，かつそのカリキュラムに
必要な資源を提供することにより，教育の適
合可能性を充足（供給）しなければならない。
教室の建設，プログラムの実施，教材の提供，
教員の養成及び教員に対する国内競争力のあ
る給与支払を含め，学校制度を積極的に発展
させることにより，教育の利用可能性を充足
（供給）しなければならない。

51.　すでに述べたように，初等，中等，高
等及び基礎教育に関する締約国の義務は同一
ではない。13条2項の文言をふまえ，締約国
は義務的かつ無償の初等教育の導入を優先さ
せる義務を負う。13条2項のこのような解釈
は，第14条において初等教育に優先順位がお
かれていることによって補強される。すべて
の者に初等教育を提供する義務は，すべての
締約国の即時の義務である。

52.　<u>13条2項(b)～(d)との関連で，締約国は，
その管轄下にあるすべての者のための中等，
高等及び基礎教育の実現に向けて「措置を取
る」（2条1項）即時の義務を負う。最低限
でも，締約国は，規約に従った中等，高等及
び基礎教育の提供を含む国家的教育戦略を採
択しかつ実施することが求められる。この戦
略には，教育に対する権利に関する指標（in-
dicators）及び目標値（benchmarks）のような，
進展が緊密に監視できるようにするための仕
組みが含まれるべきである。</u>

54.　締約国は，13条3項及び4項に従って
設置されるすべての教育機関が適合すること
を求められる「教育上の最低限の基準」を定
める義務を負う。締約国はまた，そのような
基準を監視する透明かつ効果的なシステムも
維持しなければならない。……

57.　一般的意見3において委員会は，締約
国が，「最も基礎的な形態の教育」を含め，
規約に掲げられた各権利の「少なくとも最低
限の不可欠なレベルの充足を確保する最低限
の中核的義務」を負うことを確認している。
<u>13条の文脈においては，この中核には，公的</u>

◆　第2部　◆　　条約機関の判例・先例法理に見る人権条約上の実体的義務

な教育機関及びプログラムにアクセスする権利を差別なく確保する義務，教育が13条1項に掲げられた目標に適合することを確保する義務，13条2項(a)に従ってすべての者に初等教育を提供する義務，中等，高等及び基礎教育の提供を含む国家的教育戦略を採択しかつ実施する義務……が含まれる。

■　社会権規約委員会「一般的意見14　到達可能な最高水準の健康に対する権利（規約12条）」（2000年）

30．規約は漸進的実現を規定し，利用可能な資源の制約による拘束を認めているとはいえ，即時的効果をもつ様々な義務を締約国に課してもいる。締約国は，健康に対する権利に関しては，権利がいかなる種類の差別もなく行使されることの保障（2条2項），また，12条の完全な実現に向けて措置を取る義務（2条1項）のような即時的義務を負う。そのような措置は，健康に対する権利の完全な実現に向けて，意図的，具体的かつ目標を定めたものでなければならない。

31．時間をかけて健康に対する権利を漸進的に実現することは，締約国の義務を全く意味のない内容にするものと解釈されるべきではない。むしろ，漸進的実現とは，締約国が，12条の完全な実現に向けて可能な限り迅速かつ効果的に移行する，具体的で継続的な義務を負うことを意味している。

33．健康に対する権利は，すべての人権と同じく，締約国に対し3つのタイプないしレベルの義務を課している。それは，**尊重する義務**，**保護する義務**，及び**充足する義務**である。このうち，充足する義務は，環境整備，供給及び促進する義務を含む。……充足する義務は国家に対し，健康に対する権利の完全な実現に向けて適切な立法，行政，予算，司法，促進的及びその他の措置を取ることを要求する。

36．**充足する義務は，とりわけ以下のことを要求する。それは，できれば立法による実施の方法で，国内の政治制度及び法制度の中で健康に対する権利を十分に承認すること，また，健康に対する権利の実現のため，詳細な計画を伴う全国的な保健政策を採択することである。**国家は，主要な伝染病に対する予防接種計画を含む医療の提供を確保し，また，栄養的に安全な食料と飲み水，基本的な衛生，及び十分な住居と居住環境のような，健康の基礎となる決定要因に対するすべての者の平等なアクセスを確保しなければならない。公

的な保健インフラストラクチャーによって，特に農村地域における安全な妊娠・出産を含む，性と生殖に関する保健サービスを提供するべきである。国家は，医者及びその他の医療要員の適切な訓練，並びに十分な数の病院，診療所及びその他の保健関連施設の設置，また，国全体での衡平な配分を考慮した，カウンセリング及び精神保健サービスを提供する施設の設置，を確保しなければならない。さらに，国家の義務には，すべての者にとって支払可能な公的，民間又はその混合の健康保険制度の提供，医学的調査及び健康教育の促進，また，特にHIV／エイズ，性と生殖に関する健康，伝統的慣行，家庭内暴力，アルコールの濫用並びにタバコ，薬品及びその他の有害物質の使用に関する情報キャンペーンが含まれる。国家はまた，環境及び職業上の健康への危険，並びに疫学的なデータで証明される他の危険に対して措置を取ることも要求される。この目的のため，国家は，ガソリンから出る鉛のような重金属による汚染を含め，空気，水及び土壌の汚染を軽減しまた廃絶することを目的とした国内政策を立案し実施するべきである。さらに，締約国は，労働災害及び疾病の危険を最小限にするための一貫した国内政策を立案，実施かつ定期的に再検討するとともに，職業上の安全及び保健サービスに関する一貫した国内政策を提供することを要求される。

37．**充足（環境整備）**する義務は国家に対し，とりわけ，個人と社会が健康についての権利を享受するのを可能にしまた支援する積極的な措置を取ることを要求する。締約国はまた，個人又は集団が，その力の及ばない理由によって，規約に含まれる一定の権利を自らの用いうる手段で実現できないときには，それを**充足（供給）**する義務を負う。健康に対する権利を**充足（促進）**する義務は国家に対し，人々の健康を創り出し，維持しまた保持する行動をとることを要求する。そのような義務には以下のものを含む。それは，(i)調査や情報提供等によって，健康にとって良好な結果をもたらす要素についての認識を育成すること，(ii)保健サービスが文化的に適切であり，また，医療に携わる職員が，弱い立場にある又は周縁に追いやられている集団の具体的なニーズを認識しかつそれに対応するよう訓練を受けることを確保すること，(iii)国家が，健康的な生活習慣と栄養，有害な伝統的慣行，及びサービスの利用可能性に関する適切な情報の伝達においてその義務を果たすの

を確保すること，(iv)人々が自らの健康について，情報を得た上での選択を行うのを支援することである。

■ 社会権規約委員会「一般的意見15　水に対する権利（規約11・12条）」（2002年）

17.　規約は漸進的実現を規定し，利用可能な資源の限界による制約を認めているが，締約国に対し，即時的効果をもつ様々な義務を課してもいる。締約国は，水に対する権利に関して，この権利がいかなる差別もなく行使されることの保障（2条2項），また，11条1項及び12条の完全な実現に向けて措置を取る義務（2条1項）のような即時の義務を負う。そのような措置は，水に対する権利の完全な実現に向けて，意図的，具体的かつ目標を定めたものでなければならない。

18.　締約国は規約の下で，水に対する権利の完全な実現に向けて可能な限り迅速かつ効果的に移行するという，常時かつ継続的な義務を負っている。すべての締約国は，規約のすべての他の権利についてと同様，水，技術，財政資源及び国際的援助を含む幅広い範囲の資源に対し管理を行っているのであるから，この権利の実現は達成可能であり実行可能なはずである。

20.　水に対する権利は，すべての人権と同じく，締約国に対し3つの型ないしレベルの義務を課している。それは，**尊重する義務**，**保護する義務**，及び**充足する義務**である。

(c)　**充足する義務**（obligation to fulfil）

25.　充足する義務は，環境整備，促進及び供給する義務に細分化できる。環境整備する義務は国家に対し，個人及びコミュニティが権利を享受するのを支援するため積極的な措置を取ることを要求する。促進する義務は国家に対し，水の衛生的な使用，水資源の保護及び排水の最少化の方法に関する適切な教育があることを確保するための措置を取る義務を課す。締約国は，個人又は集団が，自らの力の及ばない理由で，自ら用いうる手段によってこの権利を実現することができない場合には，権利を充足（供給）する義務を負っている。

26.　充足する義務は締約国に対し，水に対する権利の完全な実現に向けて必要な措置を取ることを要求する。この義務には，とりわけ，できれば立法の実施によって，国内の政治体制及び法制度においてこの権利に十分な認知を与えること，この権利を実現するための国内的な水戦略及び行動計画を採択するこ

◆ 第7章　人権の「充足（実現）」義務

と，水がすべての者にとって経済的に負担可能であることを確保すること，並びに，特に農村地域及び都市の貧困地域において，満足かつ持続可能な水へのアクセスを促進することが含まれる。

27.　水が経済的に負担可能であることを確保するため，締約国は必要な措置を取らなければならない。これには，とりわけ以下のことが含まれうる。(a)一連の低費用の手法及び技術の利用，(b)無料又は低費用の水のような適切な価格政策，並びに(c)収入補助。平等原則に基づき，それらの供給が，民間で供給されるにせよ公的に供給されるにせよ，社会的に不利な状況にある集団を含めすべての者に負担可能なことを確保するものでなければならない。公平さから，貧困な家庭がより裕福な家庭に比べて水にかかわる支出を不均衡に負わされるべきでないことが必要とされる。

28.　締約国は，現在及び将来の世代のために十分かつ安全な水があることを確保するための，包括的で総合的な戦略及び計画を採択すべきである（1992年6月3〜14日のリオデジャネイロ国連環境開発会議報告書アジェンダ21の5章，7章，18章，及び持続可能な発展に関する世界サミット実施計画（2002年）6(a)・(1)・(m)項，7項，36項，38項を見よ）。そのような戦略及び計画には，以下のものが含まれうる。(a)持続不可能な採取，流用及びダム化による水資源の枯渇を減少させること。(b)放射線，有害な化学物質及び人間の排泄物のような物質による河川流域及び水関連の生態系の汚染を減少させ及び除去すること。(c)水資源を監視すること。(d)提案されている開発が，十分な水へのアクセスに干渉しないことを確保すること。(e)気候変動，砂漠化，土地の塩度の増加，森林減少及び生物多様性の喪失のような，水の利用可能性及び河川流域の自然の生態系を侵害する恐れのある行為の影響を評価すること（生物多様性条約，森林減少と闘うための条約，気候変動に関する国連枠組み条約及びその後の議定書を見よ）。(f)最終的な利用者による水の効率的な利用を増加させること。(g)水の配分において排水を減少させること。(h)緊急事態のための対応の仕組み。並びに，(i)戦略及び計画を実施するための権限ある組織及び適切な制度的取決めを設定すること。

29.　すべての者に十分な下水設備へのアクセスを確保することは，人間の尊厳とプライバシーにとって基本的なことであるのみならず，飲料水資源の質を保護するための主要な

◆ 第2部 ◆ 条約機関の判例・先例法理に見る人権条約上の実体的義務

方法の一つでもある（女性差別撤廃条約14条
2項は，締約国は女性に対し「十分な生活条
件（特に……衛生……に関する条件）」を確
保しなければならないことを規定している。
子どもの権利条約24条2項は締約国に対し，
「社会のすべての構成員……が……衛生（環
境衛生を含む）……についての基礎的な知識
に関して……教育を受ける機会を有し，及び

その知識の使用について支援されることを確
保すること」を要求している）。健康及び十
分な住居に対する権利に従い（一般的意見4
（1991）及び14（2000）），締約国は，特に農
村地域及び都市の貧困地域において，女性と
子どものニーズを考慮に入れながら，安全な
衛生サービスを漸進的に拡張していく義務を
負っている。

　社会権規約と同様，いくつかの義務規定において明示的に「漸進的に」との
語を含む**ヨーロッパ社会憲章**（1961年の憲章，及び，権利内容をより拡充した1996
年の改正憲章）の下でも，条約機関である**ヨーロッパ社会権委員会**は，「漸進的
に」とは現状よりも権利実現状況を改善することに向けて取り組むことを求め
るものであるとの見解を示している。

　例えば，ヨーロッパ社会憲章12条（1961年憲章・改正憲章とも同規定）は，「社
会保障に対する権利の効果的な行使を確保するために，締約国は，次のことを
約束する。……」とし，3項で「社会保障制度を漸進的により高い水準に引き
上げるよう努力すること。」としている。本項につき委員会は，締約国は社会
保障制度を拡大・強化する継続的な努力をしなければならないことを強調し，
報告制度では，以前のレベルと比べての進展（カバーされる人のカテゴリーや人
数，給付額等における変化，変化をもたらした政策等）についての情報を求めて
いる。制度変更の結果としての給付額の減少等が直ちに12条3項に適合しない
とされるわけではなく，制度の維持のために必要な限りにおいて許容されうる
が[163]，12条3項の要請として委員会は以下のような見解を述べている。オラ
ンダの報告審査で，同国では1994年の病気休職法に基づき，1996年3月1日以
降，被雇用者の病気休職のリスクを企業が自ら又は民間の保険に入ることに
よって負うこととされ，賃金の7割以上の病気休職手当を払わねばならないと
されたことにつき，委員会は報告審査の結論で「委員会の見解では，12条3項
を受諾したすべての国家が追求しなければならない，社会のすべての構成員の
実効的な社会的保護という目標は，締約国が，連帯を基礎とする社会保障制度
を維持することを想定している。連帯が，この分野において，差別的取扱いに
対する基本的な保障となるからである。拠出金及び／又は税を通しての社会保
障財源の集団的性格は，集団の構成員の間にリスクのコストを割り当てること

---

(163) General Observation on Article 12, para.3, Conclusions XIII-4, p.143.

を確保するものとして，この保障において鍵となる要素である。もう１つの重要な要素は，制度の運営と管理における，被保護者の参加である。……オランダにおける疾病部門の財源は，もはや，労働者の過半数にとって，集団的な基礎の下に確保されていない。委員会は，疾病のリスクを会社と結びつけるこの改革は，社会保障の根本そのもの及びその精神にかかわるものであり，原則として憲章12条３項に合致しないと考える。さらに，委員会は，この最低限の要求は，社会保障に関する主な国際文書すなわち，ヨーロッパ社会保障コード（European Social Security Code）及びILO102号条約（社会保障最低基準）によって認められていること，並びに，これらの文書の定めたレベル及び憲章締約国によるその遵守は12条３項に関して考慮に入れられるということについて，オランダ政府の注意を喚起する。……」[164]と述べている。

II 権利の漸進的実現のための国家的戦略
── 枠組み立法及び行動計画 ──

　国家が条約を批准ないし条約に加入し，条約上の権利の実現を国内で真に図ろうとするならば，**条約の国内実施に関する政府機関の役割分担や調整，達成すべき目標等を包括的，統一的な形で掲げた国家的な戦略**（national strategy）を定めることが有用であり必要である。そのような国家的な戦略は，条約の国内実施の全体的な枠組みを定める**枠組み立法**（framework law）の形を取ることもあるであろうし，政策文書としての**行動計画**（action plan）の形を取る場合もあるであろう。人権条約は，達成されるべき結果（人権の確保ないし保障，又は人権の完全な実現）を述べてはいるが，取るべき措置については，ほとんどの場合において立法措置その他の適当な措置といった形でしか言及しておらず，具体的な措置の選択を締約国に委ねているから，国内実施の体制や目標を各国が具体的な計画として定めることは，条約の国内実施において非常に重要な実践的意味をもっている。

　社会権規約委員会のほか，子どもの権利委員会も，子どもの権利条約の国内

---

(164)　http://www.coe.int/t/dghl/monitoring/socialcharter/Conclusions/Year/XIV1Vol2_en.pdf, pp.113-114. なお，ILO102号条約71条１項は，「この条約に基づく給付に要する費用及び当該給付の管理に要する費用は，資産の少ない者が過重な負担を被らないように，かつ，加盟国及び各種類の保護対象者の経済状態を考慮して，保険拠出金もしくは税又はこれらの双方によって集団的に負担されなければならない」と規定する。

◆ 第２部 ◆ 条約機関の判例・先例法理に見る人権条約上の実体的義務

実施全般に関して，締約国が国家的な行動計画ないし戦略を策定することの重要性を強調している。

■ 子どもの権利委員会「一般的意見５　子どもの権利条約の一般的実施措置」(2003年)

27. 条約の効果的実施のためには，子どもの権利を認め及び実現するための部門を超えた調整が，政府全体で，各行政レベル間で，また政府と市民社会（特に子ども・若者自身を含む）との間で，目に見える形で図られなければならないと委員会は考える。多くの異なる政府省庁やその他の政府機関ないしは準政府機関が，子どもたちの生活および子どもたちによる権利の享受に影響を及ぼさないことはありえない。直接的にせよ間接的にせよ子どもたちの生活に全く影響を与えない政府省庁は，あったとしてもごくわずかである。実施状況の精力的な監視が必要であり，それはあらゆるレベルの行政プロセスに組み込まれるべきであるが，同時に，国内人権機関，NGO その他による独立した監視もなされるべきである。

A. 条約に根ざした包括的な国家戦略の策定

28. 政府が全体として，またあらゆるレベルで子どもの権利を促進し尊重していこうとするならば，条約に根ざした統一的，包括的，かつ権利に基づいた国家戦略によって活動することが必要である。

29. 委員会は，条約の枠組みに基づいて構築された，子どものための包括的な国家戦略又は国家行動計画の策定を賞賛する。委員会は，締約国に対し，国家戦略の策定及び／又は見直しにあたっては委員会が定期報告書に関する総括所見に掲げた勧告を考慮するよう期待する。そのような戦略が効果的なものとなるためには，すべての子どもの状況及び条約のすべての権利と関連していなければならない。戦略は，子ども・若者や，彼らとともに生活し働いている人々を含む協議のプロセスを通じて策定される必要があろう。前述したように（12項），子どもとの協議を意味のあるものとするためには，子どもに配慮した特別な資料及びプロセスが要求される。単に，大人向けのプロセスに子どももアクセスできるようにすればよいという問題ではない。

30. 社会の周縁に追いやられ，不利な立場にある集団の子どもたちを特定しかつ優先することに，特に注意を向ける必要があろう。条約が掲げる無差別の原則により，条約で保障されたすべての権利が管轄内のすべての子どもに対して認められるべきである。……

31. 戦略を権威あるものとするためには，政府の最高レベルでその戦略が支持される必要があろう。また，国の開発計画と連携すること及び国の予算策定に含まれることも必要である。そうしなければ，戦略は重要な意思決定プロセスの埒外で周縁化されたままになってしまう可能性がある。

32. 戦略は，単に善意を羅列したものであってはならない。国全体で子どもの権利を実現していくための持続可能なプロセスが説明されていなければならない。方針と原則を宣言するに留まらず，すべての子どものあらゆる経済的，社会的及び文化的権利並びに市民的及び政治的権利との関係で，現実的かつ達成可能な目標を設定しなければならない。包括的な国家戦略は，部門別の，例えば教育や保健に関する国家行動計画の中でより詳しい内容を規定し，具体的目標，対象が明確な実施措置及び財政的，人的資源の配分について定めることも可能である。戦略の中で優先順位を定めるのは避けられないだろうが，締約国が条約に基づいて受け入れた詳細な義務を何らかの形で無視又は軽減することは許されない。戦略には，人的及び財政的に十分な資源が配分される必要がある。

33. 国家戦略の策定は，一度作ればそれで終わりという作業ではない。戦略が起草されたら，政府全体で，また子どもを含む公衆に対して（子ども版として，また適切な言葉遣い・形式に表現を改めたものとして）広く普及する必要がある。戦略には，監視（モニタリング）及び継続的見直し，定期的更新，議会及び公衆に対する定期的報告のための体制も含まれていなければならない。

34. 1990年に開催された第１回子どものための世界サミット後に各国が策定を奨励された「国内行動計画」は，サミット参加国が定めた特定のコミットメントにかかわるものだった。1993年に世界人権会議が採択したウィーン宣言および行動計画は，各国に対し，国家人権行動計画に子どもの権利条約を統合するよう求めた。

35. 2002年の国連子ども特別総会の成果文書も，各国に対し，「緊急課題として，可能であれば2003年末までに，国別及び適当な場合には地域別の行動計画を策定又は強化す

第7章 人権の「充足(実現)」義務

る」ことを求めている。「当該計画は,この行動計画に基づく,期限を定めた測定可能な一連の具体的目標を掲げ」たものでなければならない。委員会は,子ども特別総会で定められ,成果文書「子どもにふさわしい世界」に掲げられた目標を達成することに対する各国のコミットメントを歓迎する。しかし委員会は,世界会議で特定のコミットメントを行ったからといって,条約に基づく締約国の法的義務が何らかの形で緩和されるわけではないことを強調する。同様に,特別総会に対応して具体的な行動計画を作成したからといって,条約実施のための包括的な実施戦略の必要性が低くなるわけではない。各国は,2002年の特別総会及びその他の関連の世界会議に対応するための措置を,条約全体を実施するための全般的戦略に統合するべきである。

36. 成果文書はまた,締約国に対し,「この行動計画の実施に関して取られた措置及び達成された成果に関する情報を,子どもの権利委員会への報告書に含めることを検討する」よう奨励している。委員会はこの提案を支持し,特別総会におけるコミットメントの達成に向けた進展を監視していく決意である。委員会は,条約に基づく定期報告書の改訂ガイドラインでさらなる指針を提供する。

B. 子どもの権利の実施の調整

37. 締約国の報告書を審査するにあたり,委員会はほとんど常に,効果的実施を確保するために政府の一層の調整を奨励する必要性を見出してきた。中央政府省庁間の調整,様々な州・地域間の調整,中央政府と他のレベルの政府との間の調整,そして政府と市民社会との間の調整である。調整の目的は,管轄内のすべての子どもを対象として,条約のあらゆる原則及び基準の尊重を確保すること,並びに,条約の批准又は条約への加入に内在する義務が,子どもに相当の影響を及ぼす大規模な省庁(教育省,保健省,福祉省など)だけではなく例えば財政,計画,雇用及び防衛等を担当する省庁を含む政府全体で,かつあらゆるレベルの政府で認識されることを確保することである。

38. 委員会は,条約機関として,締約国によって非常に異なる行政システムにふさわしい体制を詳細に述べようとするのは望ましくないと考える。効果的な調整を達成するためには,例えば子どものための省庁間委員会を含め,公式なものか非公式なものかは問わず多くの方法が存在する。委員会は,条約,及び特に一般原則を定めたものとして特定されている4つの条項(12項参照)を実施するという観点から締約国が行政のあり方を見直すことを,まだそのような見直しを行っていないのであれば提案する。

39. 多くの締約国は,実施及び子ども政策を調整する目的で,政府の中枢に近いところ(場合により大統領府,首相府又は内閣府)に特定の部局を設置し,役立ててきた。上述の通り,実質的にはすべての政府省庁の活動が子どもたちの生活に影響を及ぼしている。子どもにかかわるすべてのサービスの責任を単一の省庁に負わせることは実際的ではないし,いずれにしても,そうすることによって政府における子どもの位置づけがいっそう周縁化される危険がある。けれども特別の部局の設置は,そこに高度な権限,例えば首相,大統領又は子どもに関する内閣委員会に直接報告する権限が与えられれば,政府の中で子どもをいっそう目に見える存在にするという全般的目的に対しても,政府全体及びあらゆる行政レベルで子どもの権利の尊重を確保するための調整に対しても,貢献しうる。このような部局に,包括的な子ども戦略の策定及びその実施の監視や,条約に基づく報告の調整を担当させることも考えられる。

　社会権規約委員会が食料に対する権利に関する一般的意見12で勧告していたような枠組み立法を実際に制定した例として挙げられるのが,ブラジルの国家食料・栄養安全保障制度法である。ブラジルは2003年に食料安全保障に関する新たな政策として「飢餓ゼロ計画(Zero Hunger Program)」を導入して以来,政府と市民社会がともに関与する国家食料安全保障審議会の下に,社会権規約の規定に沿って十分な質と量の食料へのアクセスの促進及び直接の供給を図るための省庁を超えた国家的計画を推進してきた[165]。この計画による飢餓の削減

305

◆ 第2部 ◆　条約機関の判例・先例法理に見る人権条約上の実体的義務

は，国連ミレニアム開発計画に含まれる目標の実現にも資するものとされる[166]。そして2006年には，社会権規約委員会一般的意見12をもふまえ，それまでの体制を改善し法制化するものとして，以下のような法11.346を採択している。

■ 十分な食料及び栄養に対する人権を保障するためSISAN（国家食料・栄養安全保障制度）を設置する2006年9月15日の法11.346[167]

1条　本法は，国家食料・栄養安全保障制度（National Food and Nutritional Security Syetem, SISAN）の定義，原則，指針，目標及び構成について定める。政府は，市民社会の組織的な参加とともに，SISANによって，十分な食料に対する人権を保障するための政策，計画，プログラム及び行動を明らかにしかつ実施しなければならない。

2条　十分な食料は，人間の尊厳に内在しかつ，連邦憲法の定める諸権利の実現にとって不可欠な基本的権利である。政府は，人々[168]に対し食料及び栄養の安全保障を促進し及び保障するために必要な政策及び行動を取らなければならない。

1項　それらの政策及び行動は，環境的，文化的，経済的，地域的及び社会的側面を考慮に入れなければならない。

2項　政府は，十分な食料に対する人権を尊重，保護，供給，広報，監視，監督，評価

し並びにそれを要求できる仕組みを保障しなければならない。

7条　十分な食料に対する人権の実現及び食料・栄養安全保障の達成は，SISANによって行われる。SISANは，連邦，州，連邦直轄地域及び市町村の諸機関，並びに，適用さえる法律の尊重を条件として，営利機関であるか否かを問わず，食料・栄養安全保障に関連しかつ当該制度の一部をなすことに利益を有する私的機関によって構成される。……

8条　SISANは，以下の諸原則によって規律される。

1．いかなる差別もない，十分な食料へのアクセスにおける普遍性及び衡平。

2．すべての者の自律性の保持及び尊厳の尊重。

3．政府のあらゆる分野においての食料・栄養安全保障に関する政策及び計画の策定，実施，検討，監視並びに管理における社会的参加。……

また，人権一般に関する行動計画としては，中国政府が2009年に初めて採択し公表した国家人権行動計画[169]が挙げられる。本計画は，経済的，社会的及び文化的権利（1章），市民的及び政治的権利（2章），民族的マイノリティ，女性，子ども，高齢者及び障害者の権利（3章），人権教育（4章），国際的な人権義務の履行（5章）を広く対象としており，序言によると，人権に関する法規則の改善，経済的，社会的及び文化的権利並びに市民的及び政治的権利の調和のとれた発展を促すことを目的としまた，目標や取られる措置が現実的に可能であることを確保するためのものである。注目すべき点は，本計画が国家

---

(165)　Second periodic reports submitted by States parties under articles 16 and 17 of the Covenant, Brazil, E/C.12/BRA/2（2008），paras.326-327.

(166)　*Ibid.*, para.343.

(167)　De Schuter, *International Human Rights Law*, *op.cit.*, pp.469-472 掲載の英訳から抜粋。

(168)　原語は population，領域内の人々，人口。「国民」と訳してもよいが，自国民以外の者を含まないという制限的な意味はもっていないため，「人々」とした。

(169)　National Human Rights Action Plan of China（2009-2010），http://www.china.org.cn/archive/2009-04/13/content_17595407.htm.

機関のほか社会の様々な分野の幅広い参加の下に策定されたことであり，序言では，教育省，法務省等の関連省庁や最高裁判所，最高検察庁等のほか，障害者団体や人権研究に関する学会等がそれに含まれている。中国は2012年には引き続き国家人権行動計画（2012-2015年）を公表しているが[170]，この計画では6章として，短いながら「実施及び監督」の章が含まれ，本計画の実施，監督及び評価は国務院及び外務省が開催する共同会合が行うことが述べられている。本計画自体が序文で述べているように中国の人権状況には課題が多々あるとはいえ，自国の国際法上の義務を念頭においてその国内実施のための行動計画を策定し公表することは，国内実施の具体化及びその進展についての評価を図る上で意義をもっていると言えよう。

Ⅲ 権利実現の評価のためのツール
── 人権指標 ──

◆ 1 総 論

　人権指標（human rights indicators）とは，**人権規範・基準に関連する事柄や状況の発展を評価するために用いうるデータその他の一定の情報**をいう。1990年代末以降，国連では，権利の漸進的実現を評価するための指標の活用に関する社会権規約委員会の一般的意見を始め，締約国による国内実施及びそれを監視する報告制度の実効性の向上を意図した人権条約機関の実行と，健康に対する権利に関する国連人権委員会特別報告者ハント（P. Hunt）らの研究活動とが，種々の会合や共同作業を通して合流し影響を与え合う形で，人権指標についての検討が進められるようになった。

　人権状況を評価し，特に人権に関する行為主体（UNDP の報告書では，影響力ある行為主体を広く念頭においている）の責任を明らかにするために統計指標や指数を用いることの有用性は，とりわけ，国連開発計画（UNDP）の『人間開発報告書』において的確に指摘されている。すなわち，指標は，政策の策定及びその実施状況の監視における指針となる，法律や政策が当初意図していなかった影響を明らかにする，人権の実現に対する行為主体の影響力を特定する，人権侵害の可能性を早期に警告し予防的措置を促す，放置ないし無視されてき

---

[170] http://www.china.org.cn/government/whitepaper/node_7156850.htm.

◆ 第2部 ◆ 　条約機関の判例・先例法理に見る人権条約上の実体的義務

た問題に光を当てる，といった様々な目的に役立つ道具として用いることがで
きる[171]。人権条約ではまさに報告制度によって，締約国は条約の国内実施の
ために取った措置やその成果，障害等を条約機関に対し定期的に報告すること
を義務づけられており，その際にデータを含む関連の情報を報告書の中に含め
ることとなる。そして，これに対してはまた，人権 NGO を始めとするステー
クホルダーが，国家の公式報告書に盛り込まれた内容を補うデータその他の情
報を（カウンターレポートないしオルタナティブレポート等の形で）条約機関に提
供することが期待され奨励されている。**人権条約の報告制度ではそのようにし
て，締約国の国内実施の状況を評価しその改善を求める際の物差しとして，デー
タ等の情報が恒常的に活用されているが，そうした情報をより体系的に指標化
し，かつ報告対象期間ごとに一定の目標値を定めておくことは，社会権規約の
ように権利の「漸進的」実現の状況を監視する必要がある条約において特に重
要となる。**

　指標や指数は人権状況の評価において強力な証拠の裏付けとなる一方で，用
いる際には，政策との関連性があること，信頼できるものであること，有効な
ものであること，長期間一貫した測定が可能であること，社会集団や少数民族
等に焦点をあてて細分化できること，といった条件を備えていることが必要で
ある。また，統計データのみで権利の全体像を把握できるわけではなく，人々
が恐怖心等のために抗議や申立をしない結果としてデータに表れない抑圧的な
状況や，データが集められても，結果を公表しないようにとの政治的圧力の結
果公表されない場合等もありうることに留意しなければならない。

■ 社会権規約委員会「一般的意見14　到達可
能な最高水準の健康に対する権利（規約12
条）」（2000年）。
　　健康に関する指標及び目標値
　57. 国内保健戦略は，健康に対する権利の
適切な指標及び目標値を明らかにすべきであ
る。指標は，12条に基づく締約国の義務を国
内的及び国際的レベルで監視することを目的
とすべきである。健康に対する権利の適切な
指標は，この権利の様々な側面を考慮したも
のであるべきであり，国家は，この分野で

WHO と国連児童基金（ユニセフ）が行って
いる作業から，適切な指標に関する指針を得
ることができよう。健康に対する権利の指標
は，禁止された差別事由ごとの細分化を必要
とする。
　58. 健康に対する権利の適切な指標を明ら
かにした後は，締約国は，それぞれの指標に
関連して適切な目標値を設定することが求め
られる。定期的な報告手続の間，委員会は，
締約国との方法的評価（scoping）[172]のプロセ
スに携わることとなろう。この評価は，指標

---

(171)　United Nations Development Program, *Human Development Report 2000*, Oxford University
　　　Press: Oxford, 2000を邦訳した国連開発計画『人権と人間開発』（国際協力出版会，2000年）の第
　　　5章「指標や指数を使って人権の説明責任を求める」114頁。
(172)　訳注：指標及び特に目標値の適否についての評価を指す。

308

第7章　人権の「充足（実現）」義務

と国内的目標値（national benchmarks）についての締約国と委員会による共同の検討を伴い，それにより，次の報告期間中に達成されるべき目標が明らかにされることとなろう。次の5年間に締約国は，12条の実施を監視する助けとなるこれらの国内的目標値を用いることとなろう。その後，続く報告プロセスにおいて，締約国と委員会は，目標値が達成されたかどうかを検討し，また，直面した困難があればその理由について検討することとなろう。

■ 社会権規約委員会「一般的意見15　水に対する権利（規約11・12条）」（2002年）
　　指標及び目標値
　53. 監視プロセスの助けとするために，国内の水戦略及び行動計画においては，水に対する権利の指標が設けられるべきである。この指標は，国内的及び国際的レベルにおいて，11条1項及び12条に基づく締約国の義務を監視するためのものとされるべきである。指標は，十分な水の様々な構成要素（十分さ，安全性及び受入れ可能性，経済的な負担可能性，並びに物理的なアクセス可能性等）を扱い，差別禁止事由ごとに細分化され，かつ，当該締約国の領域管轄権内にあるか又はその管理下で在住しているすべての人をカバーす

るものであるべきである。締約国は，適切な指標について，WHO，国連食糧農業機関（FAO），国際労働機関（ILO），国連児童基金（ユニセフ），国連環境計画（UNEP）及び国連人権委員会が行っている作業から指針を得ることができよう。

　54. 水に対する権利の適切な指標を設けた後は，締約国は，それぞれの指標に関連して適切な国内的目標値を設定することが求められる。定期的な報告手続の間，委員会は，締約国との「方法的評価」のプロセスに携わることとなろう。この評価は，指標と国内的目標値についての締約国と委員会による共同の検討を伴い，それにより，次の報告期間中に達成されるべき目標が明らかにされることとなろう。次の5年間に締約国は，水に対する権利の実施を監視する助けとなるこれらの国内的目標値を用いることとなろう。その後，続く報告プロセスにおいて，締約国と委員会は，目標値が達成されたかどうかを検討し，また，直面した困難があればその理由について（一般的意見14（2000）58項を見よ）検討することとなろう。さらに，目標値の設定及び報告の準備の際，締約国は，データの収集及び細分化に関して，専門機関の詳細な情報及び助言サービスを利用すべきである。

　子どもの権利委員会もまた，子どもの権利条約の一般的な実施に関して，権利の実現における差別及び／又は格差を特定できるよう細分化された十分かつ信頼のおけるデータを収集することの重要性を強調している。

■ 子どもの権利委員会「一般的意見5　子どもの権利条約の一般的実施措置」（2003年）
　　F. データの収集及び分析並びに指標の開発
　48. 子どもに関して，権利の実現における差別及び／又は格差を特定できるよう細分化された十分かつ信頼のおけるデータを収集することは，実施の不可欠な一環である。委員会は締約国に対し，データ収集は18歳に至るまでの子ども時代全体を含むものでなければならないことを想起するよう求める。データ収集はまた，全国的に適用可能な指標を確保できるよう，管轄全域を通じて調整されなければならない。国は，適切な研究機関と連携し，質的及び量的研究によって，実施に向けた進展の全体像を把握することを目指すべきである。定期報告書ガイドラインは，条約の

すべての分野を対象とした，細分化された詳細な統計的その他の情報を求めている。単に効果的なデータ収集システムを確立するだけではなく，収集されたデータが，実施に向けた進展の評価，問題の特定及び子どものためのあらゆる政策立案における参照のために評価・活用されるようにすることが必要不可欠である。評価のためには，条約が保障するあらゆる権利に関連した指標を開発することが求められる。

　49. 委員会は，管轄全域の子どもの権利の状況に関する包括的な年次報告書の刊行を導入した締約国を賞賛する。そのような報告書を刊行し，幅広く普及し，かつ議会等で議論することにより，公衆が実施に広く関与するための焦点が明確になりうる。このプロセス

309

◆ 第 2 部 ◆　条約機関の判例・先例法理に見る人権条約上の実体的義務

に子どもやマイノリティの集団が参加できる
ようにするため，子ども版を含む翻訳が必要
不可欠である。

50.　委員会は，多くの場合，子どもの権利
が十分に認められかつ実現されているかどう
かを示すことのできる立場にいるのは子どもた
ちだけであることを強調する。（適切な保護
措置を用意して）子どもにインタビューする
ことや子どもを調査員として活用することは，
例えば，意見を聴かれ，かつ正当に重視され
るという，12条に定められたきわめて重要な
権利を含む子どもの市民的権利が家庭や学校
等でどのぐらい尊重されているかを調べる重
要な方法となりうる。

■ 自由権規約委員会「一般的意見28　男女間
における権利の平等（3条）」（2000年）

28.　子どもを保護する国家の義務（24条）
は，男の子と女の子に対して平等に遂行され
るべきである。国家は，教育，食事及び医療
において女の子が男の子と平等に取扱われる
ことを確保するために取った措置について報
告し，この点で，細分化されたデータを委員
会に提供すべきである。国家は，立法及びそ
の他の適切な手段の双方によって，女の子の
自由と福祉を損なうあらゆる文化的又は宗教
的慣行を根絶すべきである。

29.　公務の遂行に参加する権利は，どこで
も平等を基礎として完全に実施されているわ
けではない。国家は，法律が女性に対し25条

の権利を男性と平等の条件で保障することを
確保しなければならず，適切なアファーマ
ティブ・アクションを含め，公務への女性の
参加を促進し確保するための実効的かつ積極
的措置を取らなければならない。……委員会
は締約国に対し，立法府並びに公務職
及び司法府を含め公的に選ばれる職務にある
女性のパーセンテージに関する統計情報を提
供するよう要求する。

32.　マイノリティに属する人がその言語，
文化及び宗教に関して規約27条に基づいて享
受する権利は，いかなる国家，集団又は人に
対しても，法律の平等な保護に対する権利を
含む規約上の権利を女性が平等に享受する権
利を侵害することを認めるものではない。国
家は，マイノリティのコミュニティの構成員
であることに関連した法律又は慣行であって，
規約に基づく女性の平等の権利の侵害を構成
しうるものについて（通報 No.24/1977，ラブ
レイス対カナダ事件（Lovelace v. Canada）
における1981年7月採択の見解），並びに，規
約上のすべての市民的及び政治的権利を享受
する男性と女性の平等の権利を確保するため
に取られ又は検討されている措置について，
報告すべきである。同様に，国家は，マイノ
リティのコミュニティ内の文化的又は宗教的
慣行であって女性の権利に影響するものに関
して，国家としての責任を果たすために取っ
た措置について報告すべきである。……

　ヨーロッパ社会憲章に基づくヨーロッパ社会権委員会は，住居へのアクセス
の権利におけるロマへの差別が主張された集団申立事案において，当事国が関
連のデータを収集し提出することの必要性に以下のように言及している。

━━

● *CASE* ●　〈国際先例〉ヨーロッパ・ロマ権利センター対ギリシャ事件（*European
Roma Rights Center v. Greece*），ヨーロッパ社会権委「決定」，申立 No.15
/2003，2004年12月8日

「データ収集

27.　委員会は，申立団体によってなされたロマへの差別の主張を評価しようとすること
に関連して，当事国政府は最近まで，関連集団の大きさについていかなる推計も示せな
いと述べていたことを注記する。その立場を正当化するため，当事国は，法的，より具
体的には憲法上の障害に言及する。委員会は，そのような理由で個人的なデータの収集
及び保管が妨げられているが，にもかかわらず特定の集団が差別されている又は差別さ
れていることがありうると一般に認められているときには，当局は，問題の程度，及び，
そのような憲法上の制約を受けない解決への進歩への評価を評価するための代替的な手
段を見出す責任があると考える。」

━━

第7章　人権の「充足(実現)」義務

◆ **2　ヨーロッパ社会憲章体制における人権指標**

　ヨーロッパ社会権委員会による報告審査において指標が用いられている例としては，以下の条文に関する実行が挙げられる（1961年の憲章と改正憲章が同一の規定の場合は単に「ヨーロッパ社会憲章」とし，改正憲章で新たに含まれ又は改正された規定を引く場合は「改正ヨーロッパ社会憲章」とする）。

■ ヨーロッパ社会憲章
1条　労働に対する権利の効果的な行使を確保するために，締約国は次のことを約束する。

1項　完全雇用の実現のために，できる限り高くかつ安定した雇用水準の達成及び維持をその主要な目的及び責任の一として受諾すること。

　この規定は，完全雇用を達成するという結果を求めているわけではなく，それに向け尽力するという「行為の義務」を課しているにとどまるが，報告審査においては，目標達成に向けての締約国の努力が十分といえるかどうかが，当該国の状況に照らして問われる。委員会は，当該国の経済成長率，インフレ率，失業率等に関する多数の経済的・社会的指標を，特に，若年者，長期失業者，エスニック・マイノリティ，障害者等の弱い立場にある人々の集団に注意を払って検討している。そして，完全雇用に向けての法的又は何らかの宣言的コミットメントがあるかどうか，取られた措置にどれだけの人が参加したかのような実際の国家の努力に関する統計指標，あてられた予算の額，職業訓練対策の効果等に照らして，政府の政策を検討・評価している[173]。

■ ヨーロッパ社会憲章
4条　公正な報酬に対する権利の効果的な行使を確保するために，締約国は次のことを約束する。

1項　労働者及びその家族に相応な（decent）生活水準を与える報酬についての労働者の権利を認めること。

　本条の下で「公正な」報酬といえるためには，報酬は国の平均賃金からかけ離れてはならず（委員会の採用している基準は，平均賃金の60％）かつ，当該国の貧困ラインを上回るものでなければならないというのが委員会の立場である。60％を下回る報酬が自動的に「不公正」とされるわけではなく，当該国の生活費等について詳細情報を出せばそれが検討されうるが，いずれにせよ，平均賃金の半分以下は「不公正」とみなされる。なお，委員会は当初，OECDの貧困基準（poverty threshold）を参考に68％としていたが，一人（男性という暗黙の了解）が家族全員を養うという前提は女性の労働市場参入奨励の観点からも

---

[173] *European Social Charter, Digest of the Case Law of the ECSR*, Strasbourg: Council of Europe, 2005, p.6.

311

◆ 第2部 ◆　条約機関の判例・先例法理に見る人権条約上の実体的義務

維持できないこと等から，60％に調整されている[174]。委員会は，税金や社会保険料支払い等を除いた賃金の純額を，国平均及び，製造業等の代表的な産業部門について計算する[175]。最低賃金が法律で設定されている国ではその純額を，そうでない国では実際に払われている純額を出し，それが平均賃金の60％の基準を満たしているかどうかを検討している。

■ ヨーロッパ社会憲章
10条　職業訓練に対する権利の効果的な行使を確保するために，締約国は次のことを約束する。
1項　使用者団体及び労働者団体と協議して，必要に応じて，障害者を含むすべての者の技術的及び職業的訓練を提供し又は促進すること，並びに，もっぱら個人の適性に基づいて，一層高度の技術教育及び大学教育を享受する便宜を与えること。

本項により，職業訓練に対する権利はすべての者（合法的に滞在している外国籍の者を含む）に保障されなければならない。委員会の実行では，本項の遵守の主な指標は，職業教育・訓練が存在するかどうか，その受入れ可能人数（特に，志望者の数との比較で），GDP 比における合計支出額，職業教育・訓練を修了する若年者の割合，より高度な教育上の資格をもった人の就業率，それらの人が最初に職に就くまでの待業期間等である[176]。

■ ヨーロッパ社会憲章
11条　健康の保護に対する権利の効果的な行使を確保するために，締約国は，直接に又は公的もしくは私的な団体と協力して，特に次のことを目的とする適当な措置を取ることを約束する。
1項　健康を害する原因をできる限り除去すること。
同3項　できる限り伝染病，風土病その他の病気を予防すること。

本条により国家は，現在の科学的知見に従い，人々に対し可能な限り最良の健康状態を保障しなければならない。委員会の実行では，1項の遵守の主な指標は，公衆衛生・平均寿命・主な死因，乳児死亡率及び産婦死亡率ができる限りゼロに近いことである。これらの指標は改善を示していなければならず，明らかにヨーロッパの平均に満たないものであるべきでないとされる。また，医療制度はすべての人にアクセス可能でなければならず，実効的なアクセス可能性は，都市と農村の間の不均衡等に留意して検討される[177]。

また，3項に関して，国家は関連の法規を執行し，大気汚染，原子力施設のもたらす汚染の危険，アスベストに関する危険，食料安全保障等，様々な分野

---

(174)　Conclusions XIV-2, pp.50–54.
(175)　*European Social Charter, Digest of the Case Law of the ECSR, op.cit.*, p.23.
(176)　*Ibid.*, p.52.
(177)　*Ibid.*, p.57.

◆ 第7章　人権の「充足(実現)」義務

におけるリスクを予防・防止し人々を保護するための十分な措置を取らなければならない。委員会は，大気汚染を監視する措置が適切に取られているか，放射線被害に関しては1990年の ICRP 勧告に沿った限度が定められているか，アスベストの生産や使用を十分に法律で規制しているかを検討している。病気の予防策は，タバコとアルコールをターゲットとすべきとされ，政策の実効性は，タバコとアルコールの消費量に関する統計データを基に評価されている[178]。

■ ヨーロッパ社会憲章
12条　社会保障に対する権利の効果的な行使を確保するために，締約国は，次のことを約束する。
1項　社会保障制度を確立し又は維持すること。

委員会によると，本項にいう社会保障制度は，伝統的な9つの分野（医療，疾病，失業，老齢，労災，家族，出産，障害，遺族）のほとんどからなり，生活費に対して十分な給付となり（委員会の実行では，当該国の平均等値収入（median equivalized income)[179]の50%以上），人口の相当部分をカバーし，かつ集団的な財源によるものとされる[180]。

■ ヨーロッパ社会憲章
13条　社会的及び医療的扶助に対する権利の効果的な行使を確保するために，締約国は，次のことを約束する。
1項　適当な資力がなく，かつ，その者自身の努力又はその他の源泉，特に社会保障制度に基づく給付によってこの資力を確保することができないいかなる者も，十分な扶助を与えられ，並びに，病気の場合には，その者の状態に応じて必要な医療を与えられるよう確保すること。

委員会は，本項は資力のないすべての者（居住している外国籍の者を含む）が十分な社会的及び医療的扶助を受ける個人としての権利を保障したものとし，必要性以外の条件によらず与えられるか，給付が十分かを検討している[181]。

なお，次章でみるように，**EU 法やヨーロッパ人権条約の下では，とりわけ間接差別の立証において，統計データを含む資料が証拠として有用に用いられている**。ヨーロッパ人権裁判所の判例法では，ヨーロッパ人権条約14条により条約で保障された権利の享受において差別されない権利の侵害は，国家が，状

---

[178]　*Ibid.*, pp.58–59.

[179]　ユーロスタット（Eurostat）の定義による。家計の比較において家計の大きさや構成の違いを考慮に入れ，すべての大きさ・構成の家計について等値化したもの。家計の全収入を，一人目の成人について1.0，二人目以降の成人又は14歳以上の者について0.5，14歳未満の子どもについて0.3のウェイトをおく OECD の等値スケールを用いて計算した等値サイズで割る。http://epp.eurostat.ec.europa.eu/statistics_explained/index.php/ Glossary: Equivalised_income.

[180]　*European Social Charter, Digest of the Case Law of the ECSR, op.cit.*, p.60.

[181]　*Ibid.*, p.64.

313

◆第2部◆　条約機関の判例・先例法理に見る人権条約上の実体的義務

況が顕著に異なる人に対して，客観的かつ合理的な正当化事由なく，異なる取扱いをしない場合にも生じるとされ，**特定の集団に対して不均衡に有害な効果**（disproportionately prejudicial effects）**をもつ政策や措置**は，当該集団に特に向けられたものでないとしても，差別とみなされうるとされているが，その立証の際に，統計データを含む数値資料が証拠として認容されているのである。

　人権指標は，何を対象とするものかによって，当該国家が①関連の人権条約を批准しているか，権利を法的に承認しているか，国内人権機関を設置しているかといった，組織的・法的枠組みにかかわる**構造指標**（structural indicators），②権利の実現を目的とした政策に対してどのくらいの予算配分を行っているか，人権侵害に関する裁判所への提訴や国内人権機関に対する申立がどのくらいあるかといった，法制度の実施にかかわる**過程指標**（process indicators），及び，③人権侵害が認定された事案の数，就学している子どもの数のように，権利実現の結果にかかわる**結果指標**（outcome indicators）に分類することができる。これらの人権指標は，国際機関や国内機関による人権状況の監視やフォローアップにおける物差しとしての役割，適切な国内政策の立案と実施における基礎資料としての役割など，国際的また国内的平面で様々な役割を果たしうる。

■ 国連人権高等弁務官事務所「国際人権文書の遵守監視のための指標に関する報告書」（2006年）[182]

　　国際人権文書の遵守監視のための指標：概念的及び方法論的枠組み

　　2．条約機関一般，特に報告制度の継続的な改革の一環として，本質的に質的（qualitative）かつ準司法的な活動である人権実施の評価のために適切な量的指標（quantitative indicators）を用いることは，手続を合理化し，透明性を高め，より効果的にし，報告の負担を減らし，また特に，勧告及び総括所見のフォローアップを委員会レベルと当事国レベルの双方で改善することに役立ちうると論じられてきた。

　　3．……人権条約の報告制度，実施及び監視をより効果的かつ効率的にするこの試みを通して，その目的にとっては間接的で明確性を欠くことが多い一般的な統計を用いるのではなく，関連の人権規範の枠組みの中に組み込まれ潜在的利用者にとって容易に適用・解釈されうる具体的な指標を用いるべきだとい

う理解ができている。」

Ⅰ．人権指標，その概念及び存在意義

　　7．……人権指標とは，人権規範や人権基準と関連しうる；人権に関する関心事や原則を取扱いまたそれらを反映する；人権の促進と保護を評価し監視するために使われうる，出来事，活動又は結果の状態に関する特定の情報である……。このように定義される人権指標には，他の文脈では一般に使われない一定の人権規範又は基準に由来する人権独特の指標がありうる。例えば，報告される超法的，一括もしくは恣意的処刑の数，警察及び準軍事組織による拷問の被害者の数，公務員の行う差別のために初等教育へのアクセスをもたない子どもの数のような指標がそうである。同時に，社会・経済的統計（例えば，UNDPの人間開発指数）のように，（少なくとも黙示的には）ここで述べたような人権指標の定義上の要件をすべて満たしうる，その他の多数の指標がありうる。これらのすべての場合において，それらの指標が人権基準に関連しかつ人権評価のために用いられる限りにおい

---

(182)　HRI/MC/2006/7, para.7.

314

て，それらを人権指標とみなすことは有用で
あろう。

量的及び質的指標

8．指標は，量的又は質的なものでありう
る。前者のカテゴリーは，指標を「統計」に
等しいものとして狭くみるものであり，後者
は，特定の権利の遵守又は享受に関連するい
ずれかの情報をカバーする，より広い「テー
マ的な」使い方に関するものである。本文書
では，「量的指標」の語は，数，パーセンテー
ジ又は指数のように，量的な形で表され又は
表されうる何らかの指標を指すものとして用
いる。しばしば用いられる量的指数には，学
齢期の子どもの就学率，条約批准に関する指
標，国の議会において女性が占めている議席
の割合，報告される強制的もしくは非自発的
失踪の数がある。また，人権の実現に関する
数的な情報を補完し又は詳細にすることを時
に目的とする「チェックリスト」ないし一連
の質問が幅広く使われていることも，指標と
みなすことができる。……人権基準の遵守を
評価することの複雑さに鑑みれば，関連する
質的及び量的指標はすべて潜在的に有用であ
る。量的指標は，一定の出来事の規模を測る
ことによって，質的評価を容易にしうる。こ
れに対して質的情報は，量的指標の解釈を補
完しうる。……本文書は，概ね，その定義及
び表現上並びにデータを生むその方法論にお
いて締約国による国際人権条約の遵守の評価
の支えとなるのに特にふさわしい量的指標に
ついて検討する。

国際法の枠組みにおける指標

10．量的指標は，国際人権条約の規定に明
示的に引用されている。例えば，経済的，社
会的及び文化的権利に関する国際規約で
は，12条が，健康に対する権利の完全な実現
を達成するため「締約国が取る措置には，死
産率及び乳児死亡率を減少させるための措置
を含む」と規定している。教育に対する権利
に関する，女性差別撤廃条約10条は，「女性
の中途退学率の削減」についての規定を含み，
また市民的及び政治的権利に関する国際規約
14条は，犯罪の嫌疑を受けたすべての者は「不
当な遅滞なく」裁判を受ける権利をもつこと
を要求している。量的指標に関するこうした
言及は，これらの場合には概ね公的に編纂さ
れた統計に関するものであるが，関連の人権
の概念の定義に役立ち，その実際の適用を強
化するのを助けるものである。

11．指標の重要性は，条約機関の採択した
一般的意見及び，締約国の報告に対する総括

所見の中でも強調されている。例えば，自由
権規約委員会は，拷問又は残虐な，非人道的
なもしくは品位を傷つける取扱いもしくは刑
罰を受けない権利の実現の規範的評価を支え
るため，虐待の申立の数及び処理について
の統計を求めている。公務に参加する権利
に関連して同委員会は，立法府，高位の公務
及び司法府を含め公的に選ばれる職務におけ
る女性の割合についての統計的情報を求めて
いる。経済的，社会的及び文化的権利に関す
る委員会，人種差別撤廃委員会，女性差別撤
廃委員会及び子どもの権利委員会は，非常に
一貫して，人権基準の遵守の評価に関連する
統計及び細分化されたデータを要求している。
拷問禁止委員会は，一見，指標及び統計には
それほど関わっていないように見えるが，個
人の「送還」に関連する国における大規模な
人権侵害の形態に関する証拠を求めてきた。

指標から目標値へ

12．目標値は，所定の価値をもつという規
範的又は経験的考慮によって意味づけられた
指標である。規範的考慮は国際基準又は人々
の政治的及び社会的目標に基づきうる一方，
経験的考慮は，主に，実現可能性及び資源の
問題に関連する。例えば，ワクチンで予防で
きる病気に対して予防接種を受けた1歳児の
割合を示す指標を考えよう。この指標に関し
て目標値を用いることは，実施機関が対象期
間の間にある値を達成することに焦点を定め
られるよう，例えばそれを90％に上げるとい
う具体的な値をこの指標に定める，又は現在
の予防接種率を10％上げるということを必要
としうる。締約国の遵守評価の文脈では，指
標に対して目標値を用いることは，評価の対
象となっている問題に関する一定の遂行基準
に締約国をコミットさせることによって，締
約国のアカウンタビリティを高めることに役
立つ。特に経済的，社会的及び文化的権利に
関する委員会は，実施過程のスピードを高め
るために目標値を定めることを求めている。
人権の実施の監視のための指標の使用におい
て，最初の手段は，指標の選択について一般
的に合意することである。その後で，それら
の選ばれた指標に関して，遂行の目標値が定
められるべきである。

Ⅱ．概念的枠組み

13．人権指標の概念的枠組みを示すにあ
たっては，取り扱われるべき相互に関連した
側面がある。……指標の選択においては，(無
差別及び平等，不可分性，アカウンタビリティ，
参加及びエンパワーメントのような) 横断的

315

な人権規範ないし原則を反映することが必要である。……人権評価（及び加えられた値）の主な重点は，権利を促進することに向けられたのであれ保護することに向けられたのであれ，義務主体がその義務を履行するために行う努力を測定することである。……人権の実施の測定におけるそのような重点は，経済的，社会的及び文化的権利と並んで，市民的及び政治的権利の評価及び監視についても共通の手法を取ることを支持するものである。最後に，採用される枠組みは，人権の尊重，保護し及び充足するという義務主体の義務を反映しうるものであるべきである。

実体的人権の指標属性を明らかにする

14. 出発点として，それぞれの人権について，権利の法的基準に関する文言を，当該権利の実施を監視する適切な指標を明らかにするのを容易にする，限られた数の特徴的な属性に移し替える必要がある。

15. この手法に従い，かつ主に自由権規約6条及び生命権に関する自由権規約委員会の一般的意見6（1982年）を考慮に入れて，生命権の場合を考えてみよう。生命権の4つの属性，すなわち，「生命の恣意的な剥奪」，「個人の失踪」，「健康及び栄養」並びに「死刑」が明らかになる。同様に，食料に対する権利の場合は，社会権規約11条並びに十分な食料に関する経済的，社会的及び文化的権利に関する委員会の一般的意見12（1999年）に基づき，「食料安全保障及び消費者保護」，「食料の利用可能性」並びに「食料へのアクセス可能性」が関連の属性として明らかになる。……

人権の属性についての指標を構成する

16. 第二段階として，ある人権の一定の属性について，構造指標，過程指標及び結果指標の構成が明らかにされる。……

17. **構造指標**（structural indicators）は，関連の人権の実現を容易にするために必要と考えられる法的文書の批准・採択及び基本的な組織的仕組みの存在を反映するものである。構造指標は，関連の人権の実現のための措置を取るにあたっての，当該国の意図又は人権基準の受入れを把握する。構造指標は，何よりも，国際基準を組み込んだものであるにせよそうでないにせよ，当該権利に関連する国内法の性格及び，基準を促進し保護する組織的仕組みに焦点をあてなければならない。構造指標はまた，当該権利に関連する政策枠組み及び示された国家の戦略をも見る必要がある。……

18. **過程指標**（process indicators）は，結果指標となる目標に向けての国家の政策の道具に関連し，人権の実現により直接に関連しうるものである。……過程指標を，具体的な因果関係の観点から定義することによって，義務に対する国家のアカウンタビリティがよりよく評価されうる。同時に，これらの指標は，関連の権利によって，当該権利の漸進的実現又は保護の過程を直接に監視するのに役立つ。……

19. **結果指標**（outcome indicators）は，一定の文脈における人権の実現を反映する個別又は集団的な実現を把握するものである。これは，人権の実現をより直接に測定するものであるだけでなく，権利の享受の評価における指標の重要性を反映するものでもある。……

20. ……3つのカテゴリーの指標と，国家の人権保護・尊重・充足義務との間には，1対1の対応関係はないが，構造指標，過程指標及び結果指標の適切な組み合わせ，特に過程指標は，3つの義務の実施の評価に役立ちうる。……過程指標と結果指標は，相互に排他的なものでないこともある。ある人権にとっての過程指標が，他の権利の文脈では結果指標になることがありうる。例えば，食料エネルギー消費の最低限レベル以下にある人々の割合は，十分な食料に対する権利にとっては結果指標でありうるが生命権にとっては過程指標でありうる。それぞれの権利にとって，あるいは権利のある属性にとって，当該権利・属性の実現・享受に密接に関連する結果指標を少なくとも一つ定めることが重要だというのが主要点である。換言すれば，選ばれた結果指標は，当該権利の実現におけるその重要性を十分に反映するべきである。過程指標は，定められた結果の達成を果たし又は結果の達成において進歩することについての義務主体の努力を反映する形で定められる。……

横断的な規範についての指標

21. ……無差別及び平等に関する人権規範の構造指標，過程指標及び結果指標を考えるにあたっては，出発点は，性，年齢，障害，種族性，宗教，言語，人々の経済的，社会的，宗教的又は政治的地位のような，禁止される差別事由ごとに細分化されたデータを求めることである。例えば，もし法律扶助を求め及び受ける被疑者の割合に関する指標が種族的集団（エスニック・グループ）ごとに細かくされれば，ある国で裁判を受けることにおい

◆ 第7章　人権の「充足(実現)」義務

て種族的集団又はマイノリティが直面している差別の一定の側面を把握することが可能になるだろう。

22.　より集合的なレベルでは，ある国の発展過程が，発展の見返りの配分において参加，包含及び平等を促しているかどうかを評価するため，家計の収入に対する消費支出の配分を反映したジニ係数のような指標を用いることを考えることもできる。……人権，特にいくつかの経済的及び社会的権利の実施における国際協力の役割を反映させるにあたっては，供与国の貢献並びに，関連の権利に実施のための受入国の努力における援助・技術協力の割合に関する指標が含まれなければならない。……

Ⅲ．方法論的枠組み

23.　人権条約の実施の監視において有用となるためには，量的指標は，データ収集，加工及び流通に関する受け入れられた方法論に基づいて明示的かつ正確に定義され，また，定期的に利用可能なものでなければならない。……

情報源及びデータをもたらす仕組み
社会・経済的及びその他の行政上の統計

24.　（略して）社会・経済統計（socio-economic statistics）とは，通常国家の統計機関と協力しまた国際組織及び専門組織の指針に基づいて，国家が行政上の記録及び統計調査を通して取りまとめ流通させている量的情報を指す。人権条約体制の関連では，このカテゴリーの指標は，国際人権条約の締約国として自国の遵守について報告するという国家の約束に鑑み，主な重要性をもつものである。……しかし，一般的に，また特に条約機関の行う監視による人権評価においては，ほとんどの場合，社会・経済統計を補足するために非政府の情報源が集めた情報を利用することが不可欠である。

人権侵害に関する出来事ベースの（events-based）データ

25.　（略して）出来事ベースのデータは，主に，主張され又は報告された人権侵害，認定された被害者及び実行者に関するデータからなる。恣意的な生命の剥奪，強制的もしくは非自発的失踪，恣意的拘禁及び拷問が主張された事件のような指標は，NGOによって通常報告され，また，国連の特別手続によっても，標準化された形で処理されている。一般的にいって，そのようなデータは違反の事件を過小評価していることがあり，時間的な又は地域ごとの有効な比較を妨げることもありうるが，それでも，条約機関がある国の人権状況の評価を行うにあたって関連する指標を提供しうる。近年の試みは，この手法が経済的，社会的及び文化的権利の保護の監視のためにも適用しうることを示しているが，この手法は主に，また最も効果的には，もっぱら市民的及び政治的権利の侵害の監視について用いられてきた。さらに，出来事ベースのデータの手法によって集めた情報はしばしば，社会・経済的統計によって把握した情報を補足する。その他の多くの場合，特に人権の一貫した否定ないし剥奪がある場合には，出来事ベースのデータは社会・経済統計を代替する。従って，このデータ収集手法を，補完的な形で用いることが必要である。

量的指標の選択基準

26.　人権指標を定め構築する手法を取る際の……最優先の考慮は，当該指標が用いられる目的に対する関連性及び実効性である。……人権の実施の監視にあたって条約機関が行っている作業の関連では，量的指標は，理想的には以下の通りであるべきである。
関連をもち，有効でありかつ信頼できる；
簡易であり，時宜に適っておりかつ数が少ない；
客観的な情報及びデータ集計の仕組みに基づいている；
時間的及び地理的比較に適しかつ，関連の国際的な統計基準に沿っている；
性，年齢及びその他の弱い立場にある又は周縁に追いやられた人々の集団の観点からの細分化が可能である。……

　現在では，社会権規約や子どもの権利条約のみならず，国連の人権条約の報告制度全般において，締約国が提出する報告書のガイドラインの中に人権指標が導入されている。また，国連人権理事会における普遍的定期審査（UPR）にも，構造指標を中心とする人権指標が盛り込まれている。

　人権条約の条約機関が，提出すべき報告の形式と内容に関して締約国の利用

317

◆第２部◆　条約機関の判例・先例法理に見る人権条約上の実体的義務

に供するために作成・公表し，報告制度の効率化のため条約機関間の調整を経て現在適用されている統一ガイドライン(183)によれば，人権条約(184)の報告制度に基づいて締約国が提出する報告書は，これらの条約に共通の**中核文書**（common core document）と，それぞれの条約に対応した内容の**条約別文書**（treaty-specific documents）からなる。**共通の中核文書に関するガイドラインでは，以下のように人口統計学的指標，社会的，経済的及び文化的指標，政治制度に関する指標，犯罪及び司法の運営に関する指標が用いられ，報告する国はそこで示されたそれぞれに関して，少なくとも過去５年間をカバーしかつ，性，年齢及び主な人口集団ごとに細分化されたデータを示すよう求められている。**また，条約別文書に関するガイドラインとしては，最近では例えば社会権規約委員会が，2006年の統一ガイドラインをふまえて2008年に新たなガイドラインを採択しているが（下記のガイドライン集の２章に収録），それまでのガイドラインを踏襲して，とりわけ，移民労働者とその家族，障害者，高齢者等の，弱い立場にある（vulnerable），ないし不利な状況にあり社会の周縁に追いやられている（disadvantaged and marginalized）個人及び集団の権利享受状況についての情報を求めている点が特徴的である。

　統一ガイドラインと，条約別のガイドラインにおいて，人権指標に言及している部分は例えば以下のような箇所である。

■　国連人権高等弁務官事務所「国際人権条約の締約国が提出する報告書の形式及び内容に関するガイドライン集」（2009年）(185)
　第１章　中核的文書及び条約別の文書に関するガイドラインを含む，国際人権条約に基づく報告に関する統一ガイドライン（Harmonized Guideline）
　……
　Ⅰ．報告の過程
　……
　データ収集及び報告書の起草
　13. 国家は，報告書の準備のために適切な組織的枠組みの設置を検討すべきである。そのような組織的構造（省庁間の起草委員会及び／又は，各関連政府部局内におかれた，報告に関して中心となる担当部署）は，国際人権条約及び，適当な場合関連の国際条約（例えば，国際労働機関（ILO）やユネスコの諸条約）に基づく国家の報告義務すべてを支援し，条約機関の総括所見のフォローアップを調整する効果的な仕組みを提供しうる。……
　15. そのような組織的構造は，人権の実施に関連するすべての統計その他のデータを，（関連の省庁及び政府の統計局から）包括的かつ継続的な形で収集する効率的なシステムを開発すべきである。国家は，女性向上部（DAW）と協力関係にある国連人権高等弁務官事務所（OHCHR），及び関連の国連機関から，技術援助を受けることができる。
　Ⅲ．報告書の内容一般
　……
　25. 報告書は，国家が締約国となっている

(183)　HRI/MC/2006/3. 下記の「ガイドライン集」に収録。
(184)　同ガイドラインでは，自由権規約，社会権規約，人種差別撤廃条約，女性差別撤廃条約，拷問等禁止条約，子どもの権利条約，移住労働者権利条約に基づくもの。
(185)　HRI/GEN/2/Rev.6.

318

条約の規定の実施に関する法律上（*de jure*）及び事実上（*de facto*）の状況をともに詳しく述べるべきである。報告書は，当該国で最近採択された法文書のリストや説明にとどまるべきではなく，それらの法文書が実際の政治的，経済的，社会的及び文化的現実並びに当該国の一般的な状況に反映されているのかを示すべきである。

26. 報告書は，性，年齢（子ども，すなわち18歳未満の人に関するものを含む），及び人々の集団ごとに細分化した，関連の統計データを含むべきであり，それらの統計データは報告書の附録につけられた表ととともに提出してよい。そのような情報は，時間的な比較ができるものであるべきであり，またデータの出所を示すべきである。国家は，条約義務の実施に関連する限りにおいて，この情報を分析する努力をすべきである。

　報告書の最初の部分：共通の中核文書
……

1．報告する国に関する一般的な情報

A．国の人口統計学的，経済的，社会的及び文化的特徴
……

34. 国家は，附録3の「人口統計学的指標」の部にある指標のリストを考慮に入れて，当該国及びその人口の主な人口統計学的及び種族的特徴について正確な情報を提供すべきである。

35. 国家は，附録3の「社会的，経済的及び文化的指標」の部にある指標のリストを考慮に入れて，人口の異なった分類ごとの生活水準に関する正確な情報を提供すべきである。

B．国の憲法上，政治的及び法的構造

36. 国家は，政府の型，選挙制度，並びに行政，立法及び司法機関の組織を含め，国家の憲法上の構造並びに政治的及び法的枠組みの説明を提供すべきである。……

37. 国家は，登録に関する法手続がある場合には登録，税法上の非営利的地位の付与又はその他のこれらに比しうる手法を含め，非政府組織がそれとして承認される主な制度についての情報を提供すべきである。

38. 国家は，司法の運営に関する情報を提供すべきである。犯罪の実行者及び被害者のプロファイル，並びに宣告され執行された刑を示す情報を含め，犯罪数に関する正確な情報を提供すべきである。

39. 36項から38項に関して提出される情報は，附録3の「政治制度に関する指標」並びに「犯罪及び司法の運営に関する指標」の部

にある指標のリストを考慮に入れるべきである。

2．人権の保護及び促進のための一般的枠組み
……

E．国内レベルで人権が促進される枠組み

43. 国家は，当該国内ですべての人権の尊重を促進するために行った努力について述べるべきである。そのような促進には，市民社会の関連主体が果たす役割とともに，政府官僚，立法府，地方議会，国内人権機関等が行う行動が含まれうる。国家は，情報の伝達，教育及び訓練，広報，及び予算資源の割当等の措置に関する情報を提供しうる。共通の中核文書でこれらの措置について説明するにあたっては，あらゆる関連の国語，地方の言語，マイノリティの言語又は先住民の言語での利用可能性を含め，広報資料及び人権文書へのアクセス可能性について注意が払われるべきである。

3．無差別・平等及び効果的な救済措置に関する情報無差別・平等
……

51. 共通の中核文書は，複合差別（multiple discrimination）を含め，市民的，政治的，経済的，社会的及び文化的権利の享受においてあらゆる形態のかつあらゆる事由に基づく差別を撤廃するために沿った措置，並びに国家の管轄内のすべての人に形式的かつ実質的な平等を促進するために取った措置に関する一般的な事実情報を含めるべきである。
……

54. 国家は，人口の中で，特に弱い立場にある集団に属する人の人権状況に関する一般的な情報を提供すべきである。

55. 国家は，農村地域と都市地域の間の不均衡を含め，経済的，社会的及び地理的不均衡を減少させるため，並びに，差別及び最も不利な状況にある集団に属する人に対する複合差別を防止するために取った具体的な措置に関する情報を提供すべきである。
……

58. 国家は，平等に向けての進歩を加速させるための，特定の状況における一時的な特別措置の採択に関する一般的な情報を提供すべきである。そのような措置が取られた場合には，国家は，機会及び取扱いの平等という目標の達成，並びにそのような措置の撤回のために予期される時間枠について示すべきである。

◆ 第2部 ◆ 条約機関の判例・先例法理に見る人権条約上の実体的義務

附録3 人権の実施を評価するための指標
人口統計学的指標
報告する国は，利用できる場合，以下のものを含め，その人口の主な人口統計学的特徴及び傾向について正確な情報を提供すべきである。当該情報は，少なくとも過去5年間をカバーしかつ，性，年齢及び主な人口集団ごとに細分化されるべきである。

人口の大きさ
人口増加率
人口密度
農村地域及び都市地域における，母語，宗教及びエスニシティごとの人口分布
年齢構成
被扶養者の率（15歳未満及び65歳を超える人口の割合）
出生及び死亡に関する統計
平均寿命
出生率
平均の家族数
単身家庭及び女性が維持している家庭の比率
農村地域と都市地域の人口比

社会的，経済的及び文化的指標
報告する国は，以下のものを含め，少なくとも過去5年間をカバーしかつ，性，年齢及び主な人口集団ごとに細分化した，生活水準に関する情報を提供すべきである。

食料，居住，健康及び教育に対する（家計の）消費支出の割合
全国的な貧困ライン未満にある人口の比率
食料消費の最低限レベル未満にある人口の比率
（収入配分又は家計の消費支出に関連する）ジニ係数
乳幼児死亡率及び産婦死亡率
自ら，又はそのパートナーが避妊手段を用いている出産適齢期の女性の割合
生児出生に対する医療的な妊娠中絶の比率
HIV／エイズ及び主要な伝染病の伝染率
主要な伝染病及び非伝染病の蔓延
10大死亡原因
初等及び中等教育への実質就学率
初等及び中等教育における出席率及び中途退学率
公的資金を受けている学校における教師と生徒の比率
識字率
失業率
フォーマル・セクターとインフォーマル・セクター間の分類を含め，主要な経済活動

セクターごとの雇用
労働参加率
労働組合に登録している労働力の比率
一人あたりの収入
国内総生産（GDP）
年間成長率
国民総収入（GNI）
消費者物価指数（CPI）
公的支出の全体及びGNPに対する社会支出（食料，住居，健康，教育，社会的保護等）の比率
セクターごと，及びGNIとの関連における当該国家に供与された国際的援助の比率

政治制度に関する指標
報告する国は，少なくとも過去5年間をカバーしかつ，性，年齢及び主な人口集団ごとに細分化して，以下の者に関する情報を提供すべきである。

全国レベルで承認されている政党の数
有権者の人口比率
有権者として登録されている，国民でない成人の比率
選挙の実施に関して登録された不服申立の数(主張されている規則違反のタイプごとに)
主要なメディア局（電子メディア，出版メディア，ラジオメディア等）がカバーする人口の範囲及び所有形態の分類
承認された非政府組織の数（非政府組織に承認を与える当該国の制度によるもの。そのような制度に関する情報は37項で求められている）
政党ごとの議席数配分
議会における女性の割合
法律で定められたスケジュールの枠内で行われた国政選挙及び地方選挙の比率
国政選挙及び地方選挙における，行政区分（例えば，州又は地方，地域，自治体，村）ごとの平均投票率

犯罪及び司法の運営に関する指標
報告する国は，少なくとも過去5年間をカバーしかつ，性，年齢及び主な人口集団ごとに細分化して，以下の者に関する情報を提供すべきである。

暴力による死亡及び生命を脅かす犯罪が報告された事案（10万人当たり）
（殺人，強盗，傷害及び人身取引のような）暴力犯罪その他の重大な犯罪について，逮捕され／公判に付され／有罪とされ／刑の宣告を受け／収監された人の数及び（10万人当たりの）数

320

第 7 章　人権の「充足(実現)」義務

（強かん，女性性器切除，名誉犯罪及び硫酸による攻撃[186]のような）性的動機による犯罪が報告された事案の数

公判前勾留の最長時間及び平均時間

受刑者の人数（犯罪及び刑の長さごとに分類して）

勾留中の死亡の事案

死刑により処罰された人の1年当たりの数

司法制度の異なったレベルにおける，裁判官ごとの平均の事件の積み残し数

警察／治安職員の数（10万人当たり）

検察官及び裁判官の数（10万人当たり）

警察／治安及び司法府に対する公的支出の割合

無料の法律扶助を申し込んだ被疑者及び被拘禁者の中で，それを受けた人の割合

判決後に賠償を受けた被害者の割合（犯罪のタイプごとに）

第2章　経済的，社会的及び文化的権利に関する委員会

経済的，社会的及び文化的権利に関する国際規約16条・17条に基づき締約国により提出される条約別文書に関するガイドライン

　B．規約の一般規定に関連して委員会に提出する条約別文書の部分

　……

　第2条

　……

10．共通の中核文書で提供された情報（統一ガイドラインの50項から58項）に加え，具体的な反差別措置の実効性に関する，並びに，すべての人，特に不利な状況にあり社会の周縁に追いやられている個人及び集団にとっての規約上の各権利の平等な享受の確保に向けての進歩に関する，細分化されかつ比較可能な統計データを提供しなさい。

　C．具体的な権利に関連する報告の部分

　第6条

15．以下のものを含め，失業を減少させるために取った効果的な措置についての情報を提供しなさい。

　(a)　特に不利な状況にあると考えられている人及び集団，特に，農村地域及び都市地域における，女性，若年者，高齢者，障害のある人及びエスニック・マイノリティの間で完全かつ生産的な雇用を達成するために取った，ターゲットを定めた

雇用プログラムの影響。……

18．締約国においてどのような技術及び職業訓練プログラムがあるか，並びに，労働力，特に不利な状況にあり社会の周縁に追いやられている個人が労働市場に参入又は再参入する能力を高めるためにそれらのプログラムが与えた影響について示しなさい。

　第7条

19．全国的な最低賃金が法的に設定されているかどうかを示しかつ，それが適用される労働者のカテゴリー及び，それぞれのカテゴリーごとに，カバーされる人の数を具体的に示しなさい。もし全国的な最低賃金によってカバーされない労働者のカテゴリーがあれば，その理由を説明しなさい。加えて，以下のことを示しなさい。

　(a)　最低賃金が定期的に見直され，団体協定によってカバーされない者とその家族を含め，すべての労働者に十分な生活水準を与えるのに十分なレベルで決定されるのを確保するために，物価スライド制及び定期的な調整の制度がおかれているかどうか。並びに

　(b)　全国的な最低賃金がない場合，すべての労働者が自らとその家族にとって十分な生活水準を与えるのに十分な賃金を受けることを確保するためにおかれている代替的な仕組み。

　……

22．締約国が職場におけるセクシュアル・ハラスメントを具体的に犯罪とする立法を採択しかつ実効的に実施しているかどうかを示しかつ，その実施を監視する仕組みについて説明しなさい。また，登録された事案の数，実行者に課される制裁並びに，セクシュアル・ハラスメントの被害者に賠償し及び被害者を支援するために取った措置について説明しなさい。……

　第10条

……35．家族を支援するための社会的サービスの利用可能性，カバーする範囲及び資金，並びに，貧困の家族，エスニック・マイノリティ出身の家族，単親の家族を含むすべての家族に平等な機会を確保するためにおかれている法規定について，次のものに関連する情報を提供しなさい。

　(a)　子どもの保育（一般的意見19，18項及

---

(186)　訳注：インド，パキスタン等南アジアの国々では，交際や結婚の申込みを拒否されたり，結婚の際の持参金に不満をもったりした男性が，相手の女性の顔に硫酸をかけて重傷を負わせる事件が多発している。

び28項，一般的意見5，30項，一般的意見6，31項）

(b) 高齢者及び障害のある人ができる限り長く通常の生活環境にとどまること，並びに医療及び社会的ケアに依存している場合には十分な医療及び社会的ケアを受けられることを可能にする社会的サービス。

37. 以下のものを含め，子ども及び若年者のために取った保護及び援助の措置を示しなさい。……

(b) 児童労働の性格と範囲について，締約国で全国的な調査が行われたかどうか，及び，児童労働をなくすための国内行動計画があるかどうか。

(c) 健康に有害な危険な状況での労働並びに様々な形態の暴力及び搾取から子どもを保護するために取った措置の影響。

第11条

A．生活条件の継続的な改善に対する権利

42. 締約国が全国的な貧困ラインを定義しているかどうか，また何を基礎としてそれを計算しているかを示しなさい。貧困ラインがない場合には，貧困の状況及びその深刻度を測定及び監視するためにどのような仕組みが用いられていますか。……

B．十分な食料に対する権利

……46. 土地を持たない農民及び，マイノリティに属する人を含め，不利な状況にあり社会の周縁に追いやられた個人及び集団が食料，土地，資金，天然資源及び食料生産技術に対してアクセスの平等をもつことを促進するために取った措置を示しなさい（一般的意見15，7項）。……

C．水に対する権利

48. 以下の事項を示しなさい。

……(b) 住居又は直近の場所において十分かつ安全な水へのアクセスをもたない家計の割合（地域ごと及び農村人口・都市人口に細分化すること。一般的意見15，12項(c)(i)及び37項(c)），並びに状況を改善するために取った措置。……

D．十分な住居に対する権利

50. ホームレスの状態及び不十分な住居に関する全国的な調査が行われたかどうか，またその結果特に，ホームレスの個人及び家族又は，水，暖房，ごみ処理，衛生，電気のような基本的なインフラストラクチャー及びサービスへのアクセスなく不十分な居住をしている個人及び家族の数，並びに過密なもしくは構造的に安全でない住居に住んでいる人

の数。

……

53. エスニック・マイノリティのように，不利な状況にあり社会的に周縁に追いやられている個人及び集団であって強制退去によって特に影響を受ける個人及び集団がいるかどうか，並びに，退去が行われる場合にいかなる形態の差別もないことを確保するために取った措置について示しなさい（一般的意見7，10項）。

54. 過去5年間に退去させられた人及び家族の数，並びに，退去が行われうる状況及び保有の安全と退去からの保護に対する居住者の権利を定義した法規定を示しなさい（同上，9項，13-15項，16項及び19項。開発に基づく退去及び移動に関する基本原則・ガイドライン（A/HRC/4/18, annex 1）も見よ）。

第12条

55. 締約国が国内保健政策を採択したかどうか，及び，〔世界保健機関（WHO）の〕一次医療（プライマリー・ヘルスケア）への普遍的なアクセスを含めた国内保健制度があるかどうかを示しなさい。

56. 以下のことを確保するために取った措置に関する情報を提供しなさい。

(a) 予防的，治療的及びリハビリ的な保健施設，機器及びサービスが，高齢者や障害をもつ人を含むすべての人にとって安全に手に届き，かつ物理的にアクセス可能であること（一般的意見14，12項(b)）。

(b) 民間で提供されるにせよ公的に提供されるにせよ，医療サービス及び医療保険の費用が，社会的に不利な状況にある集団を含むすべての人にとって支払い可能なものであること。……

57. 以下のことのために取った措置に関する情報を提供しなさい。

(a) 特に農村地域において，かつ不利な状況にあり社会の周縁に追いやられている集団に属する女性のために，教育や意識の喚起を通して，子ども及び産婦の健康，性と生殖に関する健康に関するサービス及びプログラム，並びに家族計画，産前・産後のケア及び救急産科サービスへのアクセスを改善すること（一般的意見14，14項，21-23項，44項(a)）。

……

(e) HIV／エイズその他の性的に感染する疾病の防止のため，感染についてハイリスク集団，子ども，若年者及び一般公衆に対して教育し，HIV／エイズ感染者と

その家族に支援を提供し，社会的スティグマと差別を減少させること（一般的意見14，16項）。……

第13条

……63. マイノリティ及び先住民の子どもがその母語での及び母語についての教育を受けるための十分な機会があるかどうか，並びに，これらの子どもたちの教育水準の低下（一般的意見13，30項），特別クラスへの分離，及び主流の教育からの排除を防止するために取った措置について示しなさい。……

65. 初等及び中等教育のレベルにおいて，子ども及び若年者，特に女の子，エスニック・マイノリティ及び先住民コミュニティ出身の子ども，貧困家庭の子ども，移民，難民及び国内避難民たる子どもの中途退学を減少させる

ために取った措置を示しなさい。……

第15条

……68. 文化的多様性を保護し，種族的，宗教的もしくは言語的マイノリティ並びに先住民コミュニティの文化的遺産についての意識を促進し，かつ彼らがそのアイデンティティ，歴史，文化，言語，伝統及び慣習を保持，発展，表現及び伝達するのに好ましい条件を作るために取った措置を示しなさい。……

70. 以下の事項を示しなさい。

(a) 不利な状況にあり社会の周縁に追いやられている個人及び集団を含むすべての人にとって科学の進歩とその応用の利益に対する負担可能なアクセスを確保するために取った措置。……

◆ 3 米州人権条約体制における人権指標

米州機構の下で1988年に採択された，「経済的，社会的及び文化的権利の分野における米州人権条約に対する追加議定書」（**サン・サルバドル議定書**）は，6条から18条の実体規定において労働に対する権利，社会保障に対する権利等の一連の経済的，社会的及び文化的権利を定め，1条では，これらの権利の十分な遵守を漸進的に達成するために締約国が必要な措置を取る義務について規定している。

■ 経済的，社会的及び文化的権利の分野における米州人権条約に対する追加議定書

1条 この米州人権条約追加議定書の締約国は，この議定書で認められた権利の十分な遵守を漸進的に及び国内立法に従って達成するために，その利用しうる資源が許す範囲までかつその発展の程度を考慮して，国内的に並びに特に経済的及び技術的な諸国間の協力を通して，必要な措置を取ることを約束する。

この議定書では，19条6項において，労働組合権（8条(a)）及び教育に対する権利（13条）については，それらの権利が「締約国に直接帰属する行為により侵害されるいかなる場合にも」，米州人権委員会に対する個人請願の制度が適用される（また，米州人権委員会を通して米州人権裁判所にも事案が付託されうる）一方，それらを含む議定書上のすべての権利についての国際的実施措置として報告制度が規定されている（19条1項）。すなわち，締約国は，議定書に定める権利の妥当な尊重を確保するために取った漸進的措置に関する定期報告書を米州機構事務総長に提出し，事務総長は，米州経済社会理事会及び米州教育科学文化理事会による検討のために報告書をこれらの理事会に送付するとともに，報告の写しを米州人権委員会に送付する。米州経済社会理事会及び米州

◆ 第2部 ◆　条約機関の判例・先例法理に見る人権条約上の実体的義務

教育科学文化理事会は,米州機構総会に提出する年次報告の中に,締約国の取った措置に関する概要及びこれに関する一般的勧告を含めることとされている。

同議定書が1999年に発効後,米州機構総会は,報告制度に基づく定期報告書の準備のための基準と題する決議(187)で,経済的,社会的及び文化的権利の漸進的実現を評価するための進歩指標(progress indicators)に従ってガイドラインを定めることとし,これを受けて2008年に米州人権委員会は,以下のように進歩指標に関する方法論のガイドラインを作成している。

■ 米州人権委員会「経済的,社会的及び文化的権利の分野における進歩指標の準備のためのガイドライン」(2008年)(188)

6. 漸進的に措置を取る義務によって,国家は原則として,適切な正当化事由なく,議定書の採択時又はそれぞれの「漸進的」措置が取られた直後に存在した経済的,社会的及び文化的権利の状況を悪化させる政策,措置及び法律を採択することが禁じられる。国家がこれらの権利の状況を改善させる義務を負う限りにおいて,国家は同時に,現行の権利保護のレベルを削減すること又は,適用される場合,十分な理由なく既存の権利を廃止することの禁止を受け入れるのである。従って,社会権の実施における漸進性の評価の最初の段階は,新たな規制措置によって与えられた権利及び保障の程度を,以前の権利承認の状況,程度及び範囲を比較することからなる。前述したように,これらの要素を正当な原因なく浸食し又は悪化させることは,議定書の下で許容されない後退となる。後退禁止の原則(the principle of non-regression)は従って,国家の取った措置が判断されるパラメーターの一つである。

7. 進歩指標のシステムと,議定書19条で規定されている定期的な報告手続は,国際的な監視の目的に資するのみならず,国家と市民社会にとって,国内的レベルでの議定書の実施を評価することを可能にするものでもある。この点で,本文書で示されるガイドラインは,国家が権利確保のため実施する措置及び戦略の評価を改善することができるためのツールとなることが意図されている。……

9. 「基準」〔訳注:2005年の米州機構総会決議〕は,米州人権委員会が進歩指標に関する

提言の基礎とすべき基準について詳細には述べておらず,進歩指標のシステムは,委員会が「現在の状況と,基準ないし望まれる目標との間の距離を,合理的な程度の客観性をもって決定」できるべきだと述べているにとどまる。

10. 委員会は,……統計的な情報を文脈の中におき,監視機関にとって分析の要素を提供しうるものにするよう,量的な指標は,質的な進歩の印によって補足されるべきものと考える。……

13. 委員会は,米州の文脈における報告制度は,国連の経済的,社会的及び文化的権利に関する委員会の報告制度を補完する形で機能するべきことを強調する。……

15. ……権利に関する指標と,経済的及び社会的文脈に関する指標とは,区別されるべきである。「基準」が述べている進歩指標の目的は,人権に関する国際条約において負った義務の遵守を検証することである。従って,権利の指標は,ある締約国における経済的及び社会的な状況に関する情報を単に集めるのではなく,人権の遵守及び実効的な行使を検証することを目的としている。

16. ……換言すれば,〔人権指標の構築プロセスは,〕権利の漸進的実現を測定しようとするものであって,当該国の経済的及び社会的発展のレベルは一定の国家の義務の決定においうて関連する要素でありうるとしても,そのようなレベルを単に測定するものではない。

25. 米州人権委員会は,国連の枠内で準備された権利指標のモデルを出発点とすることが重要であると考えた。……

29. 米州人権委員会は,上述の国連の「国

---

(187)　Res.AG/RES.2074 XXXV-O, 2005.

(188)　http://cidh.org/pdf%20files/Guidelines%20final.pdf.

際人権文書の遵守監視のための指標に関する
報告書」で提案された指標のモデルに基づき，
進歩の指標及び量的な標識として3つのタイプのものを定義した。それらは，①構造指標，
②進歩に関する指標，及び③結果に関する指標である。

30. **構造指標**は，議定書に含まれた権利の
実施のために国家が取りうる措置を決定しようとするものである。換言すれば，構造指標
は，議定書に基づく義務を実施するための措
置，法的基準，戦略，計画もしくは政策を有
しておりないし採用したか又は公的機関を創
設したかどうかといった，義務を遂行するため
に組織される国家の組織的仕組み及び法制
度を評価するための情報を集める。……

31. **過程指標**は，権利を実施するための国
家の努力の質と程度を，ある権利の実現のた
めに必要な目標を達成することを目的とした
戦略，計画，プログラム，政策又はその他の
具体的な活動及び措置の範囲，カバーする対
象及び内容を測定することによって測ろうと
するものである。これらの指標は，権利の漸
進的実現の観点から公的政策の適用を直接に
監視するのに役立つ。過程指標はまた，ある
期間中の，社会サービス又はプログラムの質
又はカバーする範囲の変動に関する情報を提
供しうるものでもある。……

32. **結果指標**は，政府の戦略，プログラム
又は措置の実際の影響を測ろうとするもので
ある。……結果指標は，権利の漸進的実現の
観点から，国家の行動に対し量的に信頼でき
かつ比較可能な測定を行う。結果指標におけ
る改善は，権利の完全実現に向けて沿った
措置及びその漸進的な改善の十分さを示す標
識となりうる。しかし，この点で決定的な意
見を出すためには，取られた具体的な措置の
再検討が必要である。結果指標における減少
は，国家の行動に帰せられない状況のためか
もしれず，また改善は偶然の要素によってい
るかもしれない。従って，結果指標には特別
の注意が必要である。

34. 分析の可能性を高め，この過程で集め
られる情報をより良く整理するために，本委
員会はこれを，①権利の組込み，②国家の能
力及び③財政状況及び予算上の取組みという
3つのカテゴリーに分けることを提案する。

35. 第1のカテゴリーは，法制度，組織的
仕組み及び公的政策における**当該権利の組込
み**である。その趣旨は，議定書で認められた
権利がどのように国内の法典及び実行に組み
込まれているかについての関連情報を集める

ことである。一つには，権利を認める規定の
レベル並びに，その実効性及び法的なランク
である。権利が認められているのは，憲法上
かもしれないし，法律上，判例上，又は政府
のプログラムないし実行によってであるかも
しれない。……また，それぞれの義務の違反
の場合には，どのような保障ないし申立手続
が利用できるのか。

37. ある権利の組み込みについての構造指
標の例は，当該権利が憲法に含まれているか，
それは実効的か否か，である。ある権利の組
込みについての過程指標の例は，その執行可
能性に関する判例はあるかということや，当
該権利の実施措置として定められた公的政策
の範囲及びカバーする対象である。

38. 第2のカテゴリーは，**国家の能力**に関
連する。……これは，どうやって，またどの
ようなパラメーターによって，政府（及び各
部署）が様々な社会問題を扱っているか，特
に，どのようにして目標及び開発戦略を定め
ているか，並びに議定書に含まれた権利の実
施がどのようなパラメーターの下にその中に
含まれているかの再検討を伴う。このカテゴ
リーは，国家機構内の行動規則，機関相互間
の関係，任務の割当て，財政能力並びに，割
り当てられた任務を遂行しなければならない
人的資源の能力の再検討を伴う。例を挙げれ
ば，国家の能力の構造指標の一つは，ある社
会的権利の保護又は実施のための特定の政府
機関があることであり，構造指標はまた，権
限及び任務を検討するためにも用いうる。過
程指標は，それらの機関が実施するプログラ
ムやサービスの範囲及びカバーする対象につ
いて判断しようとするものである。……

39. 国家の能力を指標の一カテゴリーに含
める目的は，当該国家がどこまで政治的意思
があるかということの具体的表れの評価に役
立つ核心的な側面についての情報を集めるこ
とである。これを含めることはまた，既存の
国家構造の枠内で，公的政策によって，権利
ベースのアプローチ（rights-based approach）
を効果的に実施するための条件が整っている
かどうかを検証するのに役立つ。……

42. 同様に，測定及び評価の過程に含める
もう一つのカテゴリーは，**基本的な財政状況**
であり，これは，公的社会支出に用いうる実
際の国の資金の額，並びに，それが通常の方
法（各社会セクターについてのGNP比で）
で測定されるにせよ他の手法で測定されるに
せよその配分方法に関係する。その関連で，
同じカテゴリーに含まれるのが，国家が当該

325

◆ 第2部 ◆　条約機関の判例・先例法理に見る人権条約上の実体的義務

権利に対しておいている重要性を評価することを可能にする，予算上の取組みである。この情報はまた，国家の能力の測定を補完するものでもある。……

43. どれだけ多くのカテゴリーが含まれようとも，またその分析によってどれだけ多くの概念的側面を明らかにしようとしても，ある権利の実効性に関連するすべての事項を包含することはできないであろう。従って，カテゴリーの数は，対象の権利にとって最も関連性をもち，定められた遵守目標に合致する

ものに限定することが望ましい。……

44. 結論として，議定書に含まれた各権利に関して国家から求められる情報は，（構造指標，過程指標，結果指標という）3つのタイプの指標に沿って並べられた進歩の量的及び質的標識からなるモデルであって，（権利の組込み，国家の能力，並びに財政状況及び予算上の取組みという）3つの概念的カテゴリーについての情報を提供するものに基づいて整理されることになる。

Ⅳ 充足義務の評価と違反認定の可能性

◆ 1 総論

　人権条約から導かれる締約国の人権の充足（実現）義務は，どのような場合に，条約機関によってその不履行，すなわち条約違反を認定されうるか。このことはとりわけ，権利の完全な実現の漸進的達成のために措置を取ることを義務づけている社会権規約に関して，1980年代半ば以降活発に論じられてきた。1985年の経済社会理事会決議17/1985によって翌年社会権規約委員会が設置された直後，国際法律家委員会（ICJ）やオランダ・リンブルク大学法学部の主催により開催された専門家会議（各国の国際法学者，ILO・ユネスコ・WHO 各代表，社会権規約の報告制度を担当していた経済社会理事会作業部会メンバー，社会権規約委員会メンバー等が参加）で採択された「**経済的，社会的及び文化的権利の実施に関するリンブルク原則**」は，**社会権規約上の締約国の義務，及び義務違反の認定の可能性**に関して以下の原則を示している。

■ 経済的，社会的及び文化的権利の実施に関するリンブルク原則（1986年）[189]

16. すべての締約国は，規約に含まれた権利の完全な実現に向けて，即時に措置を取り始める義務を負っている。

17. 国内的レベルで，締約国は，規約に基づく義務を履行するため，権利の性格に合致した立法上，行政上，司法上，経済的，社会的及び教育的措置を含むあらゆる適切な措置を取らなければならない。

20. 特定の国が適用した手段の適切さは当

該締約国によって決定されるが，［社会権規約］委員会の助力を得て，国連経済社会理事会による審査に服する。……

21. 「権利の完全な実現を漸進的に達成する」義務は締約国に対し，権利の実現に向けて可能な限り迅速に移行することを要求する。いかなる場合においても，この義務は，国家にとって，完全な実現を確保する努力を無期限に遅らせる権利を含意するものと解釈されてはならない。それとは反対に，すべての国家は，規約に基づく義務を履行するため即時

───────────────

[189]　9 *Human Rights Quartely* (1987) 122; UN Doc. E/CN.4/1987/17.

326

第7章　人権の「充足(実現)」義務

に措置を取り始める義務を負っている。

23. 漸進的達成の義務は，資源の増加とは関係なく存在し，利用できる資源の効果的な使用を要求する。

利用可能な資源を最大限に用いて

25. 締約国は，経済発展の段階にかかわらず，すべての者に最低限の生存の尊重を確保する義務を負っている。

27. 規約で認められた権利の実現のために十分な措置が取られたかどうかを決定するにあたっては，利用可能な資源の衡平かつ効果的な使用及びアクセスに注意が払われなければならない。」

経済的，社会的及び文化的権利の侵害(violations)

70. 規約に含まれた義務の遵守を締約国が怠ることは，国際法上，規約違反である。

71. 何が遵守を怠ることにあたるかを決定するにあたっては，規約は締約国に対し，その目的を達成する手段の選択において裁量の余地を与えていること，及び，特定の権利を実施する国家の能力は国家の合理的な統制力を超えた要因によって不利益な影響を受けることがあるということが考慮に入れられなければならない。

72. 締約国は，とりわけ，次の場合には規約に違反することとなる。

規約によって取ることが要求されている措置を取ることを怠ったとき。

権利を即時に実現させうるよう，除去する義務がある障害を速やかに除去することを怠ったとき。

規約上，即時に供給することが要求されている権利を遅滞なく実施することを怠ったとき。

一般的に認められた最低限の国際的達成基準であって，達成する能力内にあるものの達成を意図的に怠ったとき。

規約で認められた権利に対し，規約に従ったもの以外の制限を課したとき。

権利の漸進的実現を意図的に遅らせ又は停止させたとき。但し，規約で許容された制限内で行動している場合，利用可能な資源の欠如による場合，又は不可抗力による場合を除く。……

　社会権規約委員会は報告制度において採択した一般的意見で，国家の多面的義務の枠組みを明示的に採用し，それらの中で，権利の充足の側面においても，締約国の作為・不作為が義務違反となりうる場合について述べている。以下にみる**マーストリヒト・ガイドライン**は，1997年，国際法律家委員会やマーストリヒト大学人権センターの主催で開催された専門家会議で採択されたもので，リンブルク原則に含まれた社会権規約違反認定の考え方を発展させ，社会権規約委員会設置後の展開を反映させた形で体系化した指針である。

■ **経済的，社会的及び文化的権利の違反に関するマーストリヒト・ガイドライン**（1998年）[190]

評価の余地

8. 市民的及び政治的権利の場合と同様，国家は，それぞれの義務を実施するための手段を選択する評価の余地をもつ。国家実行並びに，国際条約機関及び国内裁判所による具体的事件・状況への法規範の適用は，経済的，社会的及び文化的権利の範囲，性格及び制限についての普遍的な最低基準並びに共通理解の発展に役立ってきた。ほとんどの経済的，社会的及び文化的権利の完全な実現は漸進的にのみ達成されうるということは，実際のところほとんどの市民的及び政治的権利にもあてはまることであるが，国家に対し一定の措置を即時にまた他の措置はできる限り早く取ることを要求している法的義務の性格を変えるものではない。よって，当該権利の完全な実現に向けて計測しうる進歩（measurable progress）を遂げていることを示す責任は国家にかかる。国家は，規約2条の「漸進的実現」の規定を，不遵守の言い訳として用いることはできない。また，規約で認められた権利の逸脱や制限を，社会的，宗教的及び文化的背景の相違を理由に正当化することもできない。

---

(190)　20 *Human Rights Quartely* (1998) 691.

327

◆ 第2部 ◆　条約機関の判例・先例法理に見る人権条約上の実体的義務

最低限の中核的義務

9．規約の違反は，国家が，経済的，社会的及び文化的権利に関する委員会が「最低限でも，それぞれの権利の最低限の不可欠なレベルの充足を確保する最低限の中核的義務」と言明したものを充足することを怠ったときに生じる。……よって例えば，相当数の個人が不可欠な食料品，不可欠な基本的医療，基本的住居，又は最も基本的な形態の教育を奪われている締約国は，規約に違反していると推定される（is, prima facie, violating the Covenant）。そのような最低限の中核的義務は，関係国の資源の利用可能性又は，その他のいかなる要因や障害に関係なく妥当する。

資源の利用可能性

10．多くの場合，そのような義務の遵守は，ほとんどの国にとっては比較的容易に，かつ顕著な資源上の問題なく行われうる。しかし，権利の完全な実現が十分な財政的及び物的資源の利用可能性に依存することもありうる。にもかかわらず，リンブルク原則25から28で示されかつ経済的，社会的及び文化的権利に関する委員会の発展しつつある先例法で確認されているように，資源の希少さは，国家に対し，経済的，社会的及び文化的権利の実施に関する最低限の中核的義務を免ずるものではない。

国家の政策

11．経済的，社会的及び文化的権利の侵害は，国家が，作為又は不作為によって，規約上の義務に意図的に反するかもしくはそれを無視する政策もしくは慣行を取るか又は，要求された行為もしくは結果の水準を達成しなかったときに生ずる。さらに，人種，性，言語，宗教，政治的もしくはその他の意見，国民的もしくは社会的出身，財産，出生もしくはその他の地位に基づく何らかの差別であって経済的，社会的及び文化的権利の平等な享受又は行使を無効にし又は妨げる目的又は効果をもつものは，規約違反を構成する。」

遵守の能力がないこと（Inability to comply）

13．どの作為又は不作為が経済的，社会的及び文化的権利の侵害にあたるかを決定するにあたっては，国家が条約義務を遵守する能力がないこと（inability）と，意思がないこと（unwillingness）とを区別することが重要である。その統制力を超える理由によって義務を遂行できないと主張する国家は，実際にそうであるということを立証する責任を負う。例えば，地震によって教育施設を一時的に閉鎖することは，国家の統制力を超えた状況で

あろうが，適切な代替的計画なしにある社会保障体制をなくしてしまうことは，義務履行における国家の怠慢の例となりうる。

作為による侵害

14．経済的，社会的及び文化的権利の侵害は，国家または，国家の規律が不十分な他の主体の直接の行動によって起こりうる。その例には以下のものが含まれる。

(a)　経済的，社会的及び文化的権利の継続的な享受に必要な法律を公式に撤廃し又は停止すること。

(b)　それらの権利を，法律上の差別によるものであれ現実の差別によるものであれ，特定の個人又は団体に対して積極的に否定すること。

(c)　第三者の取る措置であって経済的，社会的及び文化的権利に合致しないものを積極的に支持すること。

(d)　これらの権利に関する既存の法的義務に明らかに合致しない法律又は政策を採択すること。但し，平等性を向上させ，最も弱い立場にある集団にとっての経済的，社会的及び文化的権利の享受を改善させる目的及び効果をもって行われる場合を除く。

(e)　それらの権利のいずれかが保障されている程度を減ずる意図的な後退的措置（deliberately retrogressive measures）を取ること。

(f)　規約で保護された権利の漸進的実現を意図的に妨げ又は停止させること。但し，国家が規約に許容された制限内で行動している場合，利用可能な資源の欠如による場合，又は不可抗力による場合を除く。……

(g)　特定の公的支出の削減又は変更が，それらの権利の不享受をもたらしかつ，すべての者に最低限の生存の権利を確保するために十分な措置を伴っていないにもかかわらず，それを削減又は変更すること。

不作為による侵害

15．経済的，社会的及び文化的権利の侵害はまた，法的義務から生じる必要な措置を国家が取らないという不作為によっても起こりうる。その例には以下のものが含まれる。

(a)　規約で要求された通り，適切な措置を取ることを怠ること。

(b)　規約上の義務と明らかに合致しない法律を改正し又は廃止することを怠ること。

(c)　規約の規定の実施を目的とした法律を

執行し又は政策を実施することを怠ること。

(d) 個人又は集団の活動が経済的，社会的及び文化的権利を侵害しないようそれらを規制することを怠ること。

(e) 規約の完全な実施に向けて利用可能な資源を最大限用いることを怠ること。

(f) 遵守を評価するための基準及び指標の開発及び適用を含め，経済的，社会的及び文化的権利の実現を監視することを怠ること。

(g) 規約で保障された権利を完全に充足しうるよう，除去する義務がある障害を速やかに除去することを怠ること。

(h) 規約上，即時に供給することが要求されている権利を遅滞なく実施することを怠ること。

(i) 一般的に認められた最低限の国際的達成基準であって，達成する能力内にあるものの達成を怠ること。

(j) 他の国家，国際組織又は多国籍企業と二者間又は多角的な協定を締結する際，経済的，社会的及び文化的権利の分野における国際的な法的義務を考慮に入れることを怠ること。

■ 社会権規約委員会「一般的意見12 十分な食料に対する権利」(1999年)

17. 規約の違反は，国家が，最低でも，飢餓からの自由のために必要な最低限の不可欠のレベルの充足を確保しなかった場合に生ずる。どの作為又は不作為が，食料に対する権利の違反となるかを決定する際には，締約国が遵守する能力がないことと，その意思がないこととを区別することが重要である。もし締約国が，自ら食料へのアクセスを確保できない人々にそのアクセスを提供することが，資源の制約により不可能だと主張するのならば，当該国家は，こうした最低限の義務を優先的事項として履行するために，利用できるすべての資源を用いるあらゆる努力がなされたということを証明しなければならない。このことは，委員会が以前に一般的意見第3の10項で指摘したように，締約国に対し，利用可能な資源を最大限に用いるため必要な措置を取る義務を課した規約2条1項から導かれる帰結である。従って，力の及ばない理由によって自らの義務を果たすことができないと主張する国家は，実際にそのような事態であり，かつ，必要な食料の利用可能性及びアクセス可能性を確保するために国際的な支援を

得ようとしたが得られなかったということを証明する責任がある。

■ 社会権規約委員会「一般的意見13 教育に対する権利（規約13条）」(1999年)

58. 13条の規範内容（第Ⅰ部）を締約国の一般的及び具体的義務（第Ⅱ部）に適用すると，教育についての権利の侵害の認定を容易にする動的なプロセスが作動する。第13条の違反は，締約国の直接の行動（作為）又は，規約によって求められる措置を取らないこと（不作為）によって生じうる。

59. 例を挙げれば，13条の違反には次のものが含まれる。……13条1項との合致を監視する透明かつ効果的なシステムを維持しないこと。義務的かつすべての者が無償で利用できる初等教育を優先的に導入しないこと。13条2項(b)～(d)に従い，中等，高等及び基礎教育の漸進的実現に向けた「計画的，具体的かつ明確的に目標を定めた」措置を取らないこと。……

■ 社会権規約委員会「一般的意見14 到達可能な最高水準の健康に対する権利（規約12条）」(2000年)

46. 12条の規範内容（第Ⅰ部）を締約国の義務（第Ⅱ部）に適用すると，健康に対する権利の侵害の認定を容易にする動的なプロセスが作動する。以下の項は，12条の違反の例を挙げたものである。

47. どのような作為又は不作為が健康に対する権利の侵害となるかを決定するにあたっては，12条を遵守する締約国の意思がないことと，能力がないことを区別することが重要である。このことは，到達可能な最高水準の健康について述べた12条1項，及び，各締約国に対して，利用可能な資源を最大限に用いて必要な措置を取る義務を課した2条1項から導かれる。水に対する権利の実現のために利用可能な資源を最大限に用いようとしない締約国は，12条に基づく義務に違反している。もし，資源の制約によって締約国が規約上の義務を十分に遵守できない場合には，当該国は，それにもかかわらず，上記に述べた義務を優先事項として充足するためにその用いうるすべての利用可能な資源を用いるあらゆる努力がなされたということを正当化する責任を負う。しかしながら，締約国は，いかなる状況においても，上記43項の逸脱不可能な中核的義務を遵守しないことを正当化することはできない。

48. 健康に対する権利の侵害は，国家又は，

◆ 第2部 ◆ 条約機関の判例・先例法理に見る人権条約上の実体的義務

国家による規制が不十分な他の主体の直接の行為によって生じうる。上記43項で述べた，健康に対する権利に基づく中核的義務に合致しないいかなる後退的措置を取ることも，健康に対する権利の侵害となる。作為による違反には，健康に対する権利の継続的な享受のために必要な立法を正式に廃棄しもしくは停止すること，又は，健康に対する権利に関連する既存の国内的もしくは国際的な法的義務に明白に合致しない立法もしくは政策を採用することが含まれる。

49. 健康に対する権利の侵害は，法的義務から生ずる必要な措置の不作為ないし措置を取らないことからも生じうる。不作為による侵害には，到達可能な最高水準の身体と精神の健康の享受に対するすべての者の権利の完全な実現に向けて適切な措置を取るのを怠ること，職業上の安全と健康，医療に関する国内政策をもたないこと，並びに，関連する法を執行しないことが含まれる。

充足義務の違反

52. 充足義務の違反は，締約国が，健康に対する権利の実現を確保するために必要なすべての措置を取ることを怠ることから生ずる。例としては，すべての者に健康に対する権利を確保することを目的とした国内保健政策を採択又は実施することを怠ること，個人又は集団，特に，弱い立場にあるもしくは周縁に追いやられた人々にとっての健康に対する権利の不享受を結果としてもたらす，公的資源の不十分な支出又は配分の誤り，保健に関する指標又は目標値を認定することなどによって国内レベルで健康に対する権利の実現を監視することを怠ること，保健施設，物資及びサービスの不均衡な配分を軽減するための措置を取ることを怠ること，健康についてジェンダーに配慮した手法を取ることを怠ること，乳幼児及び出産時の死亡率を減少させるのを怠ること，が含まれる。

■ **社会権規約委員会「一般的意見15 水に対する権利（規約11・12条）」（2002年）**

39. 水に対する権利の規範内容（第Ⅱ部）を締約国の義務（第Ⅲ部）に適用すると，水に対する権利の侵害の認定を容易にするプロセスが作動する。以下の項は，水に対する権利の侵害を例示したものである。

40. 一般的及び具体的な義務を遵守していることを示すため，締約国は，水に対する権利の実現に向けて必要かつ可能な措置を取ったことを立証しなければならない。国際法に従い，そのような措置を誠実に取ることを怠ることは，この権利の侵害となる。締約国は，上記37項に述べられた逸脱不可能な中核的義務の不遵守を正当化することはできない，ということが強調されなければならない。

41. どのような作為又は不作為が水に対する権利の侵害となるかを決定するにあたっては，水に対する権利に関する義務を締約国が遵守する能力がないことと，意思がないことを区別することが重要である。このことは，十分な生活水準についての権利及び健康についての権利について述べた規約11条及び2項，並びに，各国が利用可能な資源を最大限に用いて必要な措置を取ることを義務づけた2条1項から導かれる。水に対する権利の実現のために利用可能な資源を最大限に用いようとしない国は，規約上の義務に違反している。もし，資源の制約によって締約国が規約上の義務を十分に遵守できない場合には，それにもかかわらず上述の義務を優先事項として充足するために用いうるすべての利用可能な資源を用いるあらゆる努力を行ったことを示す責任は，当該締約国にある。

42. 水に対する権利の侵害は，作為すなわち，締約国又は国による規制を十分に受けていない他の主体の直接の行為によって生じうる。侵害には例えば，（上記37項で述べた）中核的義務と合致しない後退的措置を採用すること，水に対する権利の継続的な享受のために必要な立法を廃棄しもしくは停止すること，又は，水に対する権利に関する既存の国内的もしくは国際的な法的義務に明白に合致しない立法もしくは政策を採用することが含まれる。

43. **不作為**による侵害には，水に対するすべての人の権利の完全な実現に向けて適切な措置を取らないこと，水に関する国内戦略をもたないこと，及び，関連の法を執行しないことが含まれる。

44. 違反について完全なリストを事前に具体化することはできないが，委員会の作業から引き出される，義務のレベルに関連するいくつかの典型的な例は認められる。

（a）尊重義務の違反は，水に対する権利への締約国の干渉から生ずる。これには，とりわけ(i)水の供給もしくは設備からの，恣意的なもしくは正当な理由のない切断もしくは排除，(ii)差別的なもしくは負担不可能な水価格の引上げ，並びに(iii)人間の健康に影響を及ぼす水資源の汚染及び削減，が含まれる。

第7章　人権の「充足（実現）」義務

(b)　保護義務の違反は，国が，その管轄内にある人の水に対する権利を第三者による侵害から保護するためのあらゆる必要な措置を取らないことから生ずる（「第三者」の定義については23項を見よ）。これには，とりわけ，(i)水の汚染及び不公平な出水を防止するための法を制定又は執行しないこと，(ii)水の供給を行う者を実効的に規制しかつ管理しないこと，(iii)水の配分システム（例えば，水パイプ網及び井戸）を干渉，損害及び破壊から保護しないこと，が含まれる。

(c)　充足義務の違反は，水に対する権利の実現を確保するため，締約国があらゆる必要な措置を取らないことから生ずる。この例には，とりわけ，(i)すべての者に水に対する権利を確保することを目的とした国内の水戦略を採択又は実施しない

こと，(ii)個人又は集団，特に弱い立場にあるもしくは周縁に追いやられた人々にとって水に対する権利が享受できないことを結果としてもたらす，不十分な支出又は公的資源の誤った配分，(iii)水に対する権利の指標や目標値を認定することなどによって，国内レベルで水に対する権利の実現を監視することを行わないこと，(iv)水の設備及び供給の不公平な配分を減少させるための措置を取らないこと，(v)緊急支援の制度を設けないこと，(vi)この権利の最低限の不可欠なレベルがすべての人に享受されるのを確保しないこと，(vii)他の国家または国際組織と協定を締結する際に，水に対する権利に関する国際的な法的義務を考慮に入れないこと，が含まれる。

　2008年には，社会権規約に個人通報制度と調査制度を設ける選択議定書が採択されているが，この議定書は個人通報制度に関して，規約上のすべての権利を対象とし，締約国の管轄下にある個人又は個人の集団であって締約国による権利侵害を主張する者（又はその者のために行動する者）が委員会に通報を提出することを定めている（2条）。本議定書は2013年5月に発効したところであり（2016年3月現在，締約国数は21），以下にみるように，2015年には，住居に対する権利をめぐって締約国の義務違反を認める見解を出している。他方で，社会権の分野でとりわけクローズアップされる権利の充足義務の側面の履行について，人権条約機関が通報制度において具体的な法的な判断を下している先例は，ヨーロッパ社会憲章の下で設置されているヨーロッパ社会権委員会の下ですでに存在する。同委員会が集団的申立の事案で出した「決定」の中には，権利の充足義務に関する法的判断にわたるものを含む重要な法解釈がみられる。

　通報者 I.D.G.氏（以下通報者）は，住宅抵当貸付を利用して住居を購入したが，経済状況によって数回返済ができなかったところ，銀行側は住宅の競売に向け裁判所で抵当権実行の手続を開始した。裁判所は抵当権実行の申立を認め，この決定につき通報者への通知送達を試みたが，当該住居に通報者が不在であったとして，裁判所の掲示板に通知を公示し，続いて競売開始命令を出した。通報者は，裁判所掲示板への公示は抵当権実行の通知を本人に送達するためのあらゆる手段を尽くした後でのみ行われうるとした民事手続法に反するとして，競売開始命令について異議申立を行ったが，送達の試みは三度行われたとして

331

◆第2部◆　条約機関の判例・先例法理に見る人権条約上の実体的義務

退けられ，次いで，憲法上の権利（効果的な司法的保護に関する権利）の侵害について憲法裁判所に申立を行ったがこれも退けられた。そのため通報者は，抵当権実行の手続に関する通知を受けられなかったために司法手続において自らの権利を守ることができなかったこと，また，抵当権実行手続に関する国内法が居住者の権利を十分に保護しておらず，締約国スペインは社会権規約11条1項で定められた住居に対する権利の完全な実現を達成するための十分な立法措置を取っていないと主張して通報を行った。

　社会権規約選択議定書は8条3項で，委員会が通報を検討する際には，適当な場合，「国際連合の機関，専門機関，基金，計画及び機構並びにその他の国際機関が発行する関連文書（地域的人権システムのものを含む。）並びに関係締約国の所見又は意見を参照することができる」と定めている。本項に基づいて第三者から文書が提出される場合には，その文書は通報者と当事国に送付されなければならず，通報者・当事国はそれぞれ当該文書に対して所見を述べることができる。この事件では，本項に基づく第三者からの書面提出（third-party submissions）として，「経済的，社会的及び文化的権利のための国際ネットワーク（ESCR-Net）からの書面提出が認められたが，この書面では，当事国スペインにおける抵当権実行の状況のほか，EU司法裁判所で，特に抵当物件が個人宅である場合にはスペイン法上の権利保護が不完全かつ不十分とされた判例があることなどを指摘していた（以下に引く先例の6.1.～6.2.項で引用されている *Mohamed Aziz v. Catalunyacaixa* 事件判決）。

　委員会は，本件では関連事実の一部は規約発効前に生じたものであることを注記しつつも，憲法裁判所の決定が出て国内救済が尽くされたのは規約発効後であったことから，時間的管轄の点において問題なしとして通報を受理し，本案を検討した結果以下のような見解を採択した。本件では，住居に対する権利（11条1項）の保護のための効果的な司法的救済を提供しなかったことについて，2条1項と合わせ読んだ当事国の義務違反が認められており，これは国家の義務の側面としては「保護」義務違反の指摘とみることができる。

● ***CASE*** ●〈国際先例〉I.D.G.対スペイン事件（*I.D.G. v. Spain*）社会権規約委員会「見解」，通報 No. 2／2014，2015年6月17日
　「10.6. …本通報で提起された主な法的問題は，規約11条1項で定められた，住居に対する通報者の権利が，抵当権実行の手続の結果，当事国によって侵害されたかどうかで

第7章　人権の「充足（実現）」義務

ある。通報者によれば，抵当権実行の手続において彼女は申立について適正に通知を受けておらず，そのために，規約上の自身の権利を防御することができなかった。この問題に答えるために，委員会は最初に住居に対する権利の一定の重要な構成要素，特に，この権利の法的保護に関するものを想起し，それから，本件の事実を検討する。

住居に対する権利及びこの権利の法的保護

11．1．十分な住居に対する人権は，すべての経済的，社会的及び文化的権利の享受にとって中心的な基本的権利であり（十分な住居に対する権利に関する委員会の一般的意見4（1992年）1項を見よ），市民的及び政治的権利に関する国際規約に定められた権利を含め，他の人権と分かち難く結びついている。…十分な住居に対する権利の構成要素の多くは，この権利の実効的な享受を確保するための国内の法的救済措置の提供と密接にかかわっている。

11．2．委員会はまた，すべての人が，強制退去，嫌がらせその他の脅威からの法的保護を保障する，保有の安全を一定程度もつべきであること（前掲一般的意見4，8項(a)を見よ），並びに，強制退去は経済的，社会的及び文化的権利に関する国際規約の要求と一見して合致せず，最も例外的な状況においてかつ国際法の関連原則に従ってのみ正当化されうること（同18項及び，十分な住居に対する権利：強制退去に関する委員会の一般的意見7（1997年）1項を見よ）を想起する。委員会は，締約国は，強制退去の手続，もしくは保有の安全性に影響し退去に至りうる手続においては，とりわけ，影響を受ける人々との真の協議の機会並びに，退去の予定日より前の，影響を受けるすべての人のための合理的な通知を確保するべきであると考える（委員会の一般的意見7，15項）。

11．3．加えて，委員会は，規約の2条は即時の効果をもつ様々な義務を課していることを想起する（締約国の義務（規約2条1項）の性格に関する委員会の一般的意見3（1991年）1項を見よ）。よって，2条1項に従い，締約国は，規約で定められた権利の享受を確保するために『立法措置その他のすべての適当な方法により』措置を取らなければならない。この要求には，規約で認められた権利の保護のための効果的な司法的救済へのアクセスを確保するための措置を取ることを含む。委員会が一般的意見9で述べたように，それを保護するための救済がなければ，権利があるとは言えないからである（規約の国内適用に関する委員会の一般的意見9（1998年）2項を見よ）。

11．4．よって，規約2条1項の義務により，締約国は，十分な住居に対する自らの権利が，例えば強制退去や抵当権実行によって影響を受けうる人が，効果的で適切な司法的救済を利用できることを確保しなければならない（委員会の一般的意見3，5項，一般的意見7，11項及び15号，一般的意見9，2項を見よ）。

住居に対する権利に影響しうる抵当権実行手続における適切な通知

…

12．2．委員会は，上述の義務に従い，当局は，影響を受ける人が自らの権利を防御する手続に参加する機会をもてるよう，行政及び司法手続における最も重要な行為及び命令の通知の送達が適正かつ実効的に行われることを確保するために，あらゆる合理的な措置を取りまたあらゆる努力をするべきであると考える。

12．3．公的な掲示による通知は，効果的な司法的保護に対する権利に合致した司法的通知の適切な一手段になりうる。しかし，委員会は，十分な住居に対する権利のような人権侵害がかかわり，司法の監視が必要な事案の場合において，これを用いることは，

333

◆ 第2部 ◆ 条約機関の判例・先例法理に見る人権条約上の実体的義務

ある手続を開始する行為に用いる場合には特に，最後の手段であるべきだと考える。この方法の使用は，本人に通知を送達するあらゆる手段が尽くされた状況に厳格に制限されなければならず，かつ，影響を受ける人が，手続の開始を認識してその当事者となりうるのに十分な内容及び期間の公示であることを確保しなければならない。」

「本件の分析

…

13.3．本件で，委員会は，裁判所が，通報者の家の抵当権実行の手続を認める決定を通報者本人に通知するために繰り返し努力したことを認める。しかし委員会は，当事国は，通報者本人に通知を送達するために裁判所があらゆる利用可能な手段を尽くしたことを示していないと考える。例えば，当事国は，送達の試みが失敗した後に裁判所が法律に従って通知の公示を命じたと述べるのみで，なぜ裁判所が，通報者の郵便受けにメモを残す方法，又は，管理人もしくは最も近所の人に通知を預ける等の，民事手続法に規定されたその他の通知方法によって，通報者に通知をしなかったのかを説明していない。…

…

13.6．本件当時の民事手続法によれば，抵当権実行の手続において債務者は，抵当権の保証又は義務が消滅した等の非常に限られた事由によってしか，競売に対抗することができず，例えば，［訳注：利率計算方法等の］不公平な［契約］条件に異議を申し立てることはできない。他方で，［訳注：抵当権実行の手続でない］通常の手続であれば，債務者は，貸付について幅広い異議を自由に申し述べることができる。その場合には，債務者はいずれにせよ自らの権利を防御するための通常の手続を利用できるのだから，実行手続に参加しないことは特に重大でないとも言えよう。しかし，その主張が成り立つためには，通常の手続において，実行手続及び財産の競売の停止が認められることが必要となる。なぜなら，そうでなければ，その人は家の販売を止めることができず，後の段階で，賠償又は（まだ可能であったとして）財産の回復を得られるだけだからである。委員会は，通報者への不十分な通知は，裁判所が通知を公示した，2012年10月30日に発生したことを注記する。当事国によって言及されている EU 司法裁判所の判決は，この不十分な通知から数か月後に出された C-415/11, *Mohamed Aziz v. Catalunyacaixa* 事件と思われるが，この判決で述べられているように，その時まで，通常の手続では実行手続を停止できなかったことは明らかである。通報者は従って，実行手続において自らの権利を防御しまた競売を停止させる可能性を奪われていた…。

13.7．よって委員会は，本件における不十分な通知は，その時点において住居に対する権利を侵害しており，通報者は競売命令決定の再検討と憲法裁判所におけるアンパロの双方を否定されたのであるから，その後の当事国によって救済されなかったと考える。

C. 結論及び勧告

14．提供されたすべての情報を検討し，委員会は，そこで示された事実は，通報者が抵当権実行手続の開始を知らされることを確保するため，裁判所が貸付機関による抵当権実行の申立を通報者に十分に通知するあらゆる合理的な手段を取らず，その結果として，裁判所は通報者が裁判所において住居に対する自らの権利を正当に防御するのを妨げたと考える。

15．委員会は…通報者に対して効果的な救済を提供する義務を履行しなかったことによ

第7章　人権の「充足（実現）」義務

り，当事国は，規約2条1項と合わせ読んだ11条1項に基づく通報者の権利を侵害したという見解である。本通報における見解に照らし，委員会は当事国に対して以下の勧告を行う。

通報者に関する勧告

16. 当事国は通報者に対し，効果的な救済を提供する義務を負う。特に，(a) 規約の規定並びに委員会の一般的意見4及び7に従い，通報者が正当な手続的保護及びデュー・プロセスを享受しない限り，通報者の財産の競売が進行しないことを確保すること，(b) 本通報の進行において負った法的費用を通報者に払い戻すこと。

一般的勧告

17. 委員会は，原則として，個人通報の文脈で勧告される救済措置は再発防止の保証を含みうると考え，当事国は将来において同様の違反を防止する義務があることを想起する。2013年5月14日のEU司法裁判所判決の結果として当事国が取った，王令27／2012及び法1／2013を含む措置を考慮し，委員会は，当事国は立法及びその執行が規約上の義務に合致したものであることを確保すべきであるという見解である（例えば，スペインの第5次定期報告書に関する委員会の総括所見（E/C.12/ESP/CO/5）21項及び22項を見よ）。特に，当事国は以下の義務を負う。

(a) 貸付返済ができなかったことによって抵当権実行手続に直面している人に対する法的救済措置の利用可能性を確保すること。

(b) 抵当権実行手続において，公示による通知は，本人に通知を送達するあらゆる手段が尽くされた場合に厳格に制限されることを確保するための適切な立法又は行政措置を取ること。また，影響を受ける人が，手続の開始を認識してそれに参加できるのに十分な内容及び期間の公示であることを確保すること。

(c) 規約に従いかつ委員会の一般的意見7を考慮に入れ，住居の競売，又は退去に移る前に，抵当権実行手続及び手続規則が適切な条件（上記12.1.項～12.4.項，及び13.3.項～13.4.項を見よ）及び踏まれるべき手続を含んでいることを確保するための立法措置を取ること。

18. 選択議定書9条2項及び，選択議定書暫定手続規則に従い，当事国は，6カ月以内に，委員会の見解及び勧告に対するフォローアップとして取った措置についての情報を含め，書面による回答を委員会に提出することが求められる。当事国はまた，委員会の見解を公刊し，人々のすべてのセクターに届くよう，読みやすい形態で広く頒布することが求められる。」

◆　2　ヨーロッパ社会権委員会の実行

　ヨーロッパ社会権委員会が集団申立の事案で出した決定の中には，権利を「促進する」締約国の義務をめぐって，締約国の取った措置が不十分であったとして義務違反を認定しているものがある。社会権規約の場合には権利を「促進する」という義務規定そのものは条約上にないが，権利の実現のために締約国が適切な積極的措置を取るという，充足義務にわたる側面について，締約国の取っ

335

◆ 第2部 ◆ 　条約機関の判例・先例法理に見る人権条約上の実体的義務

た措置が十分であったか否かを具体的に判断し違反を認定した人権条約機関の
実行として，社会権規約の解釈・適用にとっても大いに参考になる先例である。
なお，2016年3月時点で，集団的申立制度を定める1995年のヨーロッパ社会憲
章追加議定書の締約国は15カ国であるが，そのうちクロアチアとチェコの2カ
国が1961年憲章の締約国，その他の13カ国は改正憲章の締約国である。

● **CASE** ● 〈国際先例〉ヨーロッパ・ロマ権利センター対ギリシャ事件ヨーロッパ社
　　会権委員会「決定」，2004年12月8日［前掲］

■ 関連条文：ヨーロッパ社会憲章第2部16条　社会の基礎的単位である家族の十分な
　発展に必要な条件を確保するために，締約国は，社会的及び家族的給付，財政的措置，
　家族用住居の供給，新婚者のための給付等の措置，並びにその他の適当な措置によっ
　て，家族生活の経済的，法的及び社会的保護を促進する（promote）ことを約束する。

「24. 住居に対する権利は，市民的及び政治的権利並びに経済的，社会的及び文化的権
利の双方にわたる他の多くの権利の行使を可能にする。それはまた，家族にとって中心
的な重要性をもつものでもある。委員会は，16条の要求を満たすためには，国家は家族
のための十分な住宅供給を促進し，住宅政策において家族のニーズを考慮に入れ，並び
に，既存の住宅が十分な水準のものでありかつ（暖房や電気のような）基本的なサービ
スを含むものであることを確保しなければならないという，これまでの先例法を想起す
る。委員会は，十分な住居とは，基準未満であってはならず，また基本的な設備をもっ
た住居を指すのみならず，居住する家族の構成を考慮してふさわしい大きさの住居を指
すと述べてきた（「結論」XIII-2，43-44頁）。さらに，住居を促進し供給する義務は，
違法な強制退去からの安全にも及ぶ。
25. 旅回りをするロマを含む遊牧集団に関しての16条の実施は，十分な停泊場所が供給
されることを含意する。この点で，16条は，ヨーロッパ人権条約8条と同様の義務を含
んでいる。
26. 加えて，平等と無差別は，［憲章］前文の結果として，16条の不可欠の一部をなす。」
「40. 委員会は，申立組織が行っている，推定10万のロマが基準未満の居住状況下で住
んでいるという主張は，他の機関（国連経済的，社会的及び文化的権利に関する委員会
のギリシャに対する総括所見，2004年6月，国連拷問禁止委員会のギリシャに対する結
論及び勧告，2004年11月，ギリシャに関するECRI[191]第3回報告書，2003年12月）から
の情報によっても裏付けられ，かつ政府によっても説得的に否定されなかったことを注
記する。」
「29. 委員会は，国内法の下で，地方もしくは地域の当局，労働組合，又は職業団体が
特定の任務を行使する責任を負っているとしても，憲章の締約国はなお，その国際的な
義務の下で，それらの責任が適切に行使されることを確保する責任を負っていることを
想起する。従って，公的な政策の実施の最終的な責任は，ギリシャ国家に存する。」
「41. 政府は，基準未満とみなされうる住居に住んでいるロマの推定数に関して情報を

---

(191)　訳注：ヨーロッパ審議会の「人種主義及び不寛容に対抗するヨーロッパ委員会（European
　Commission against Racism and Intolerance）」。

第7章　人権の「充足（実現）」義務

提供しなかった。……

42. 委員会は，ギリシャが，ロマの生活状況を改善するための十分な措置を取らなかったこと，及び，取られた措置が，とりわけ，地方の当局の権限行使を制約し又はそれら当局に制裁を与える手段が不十分であったことを理由として，憲章の要求を依然として達成していないことを認める。委員会は，提出された証拠に基づき，相当数のロマが最低限の基準を満たさない状況で住んでおり，従って，本件の状況は16条で定められた十分な住居に対する家族の権利を促進する義務に違反していると認める。

43. 16条は行為の義務を課しており，必ずしも結果の義務を課しているわけではないことを考慮し，かつ憲章の全体的な目的は社会統合を達成することであることを考慮しても，基準未満の居住状況下で住んでいるロマの数の過剰な数に照らし，委員会は，本件の状況は16条に違反していると認定する。」

　次にみるのは，「**必要な措置を取る**」という義務により，締約国は，憲章の目的を，合理的期間内に，計測しうる進歩をもって（with measurable progress），かつ利用可能な資源を最大限に利用することと合致する範囲で達成できるような措置を取らなければならないとし，差別禁止に関するE条と合わせ読んだ違反を認定した事案である。

● **CASE** ●　〈国際先例〉自閉症・ヨーロッパ対フランス事件（*Autism-Europe v. France*），ヨーロッパ社会権委員会「決定」，申立 No.13/2002，2003年11月4日

■ 関連条文：改正ヨーロッパ社会憲章

15条　年齢並びに障害の性質及び原因に関わりなく，障害者の自立，社会統合及びコミュニティでの生活への参加についての権利の効果的な行使を確保するために，締約国は次のことを約束する。

　1項　障害者に，可能な限り一般的な制度の枠組みにおいて，又は可能でない場合には公的もしくは私的の指定された機関を通じて，指導，教育及び職業訓練を提供するために必要な措置を取ること。

17条　自らの個性並びに身体的及び精神的能力の完全な発達を促進する環境の中で子ども及び年少者の成長する権利の効果的な行使を確保するために，締約国は，直接又は公的及び私的機関と協力して，次に示すあらゆる方法で適当かつ必要な措置を取ることを約束する。

　1項(a)　子ども及び年少者が，特に，この目的のために十分かつ適切な施設及びサービスの確立又は維持の提供によって，その親の権利と義務を考慮しつつ，必要とする保育，援助，教育及び訓練をもつことを確保すること。

第5部E条　この憲章に定める権利の享受は，人種，皮膚の色，性，言語，宗教，政治的意見その他の意見，国民的もしくは社会的出身，健康，民族的マイノリティとの結びつき，出生又は他の地位等のいかなる理由による差別もなしに確保される。

「48. 2003年の『結論』の一般的序言（10頁）で強調したように，委員会は，改正憲章

◆ 第 2 部 ◆ 　条約機関の判例・先例法理に見る人権条約上の実体的義務

の15条は，彼ら〔障害者〕を憐みの対象として見ることから平等な市民として尊重することへ──それは，障害のある人に関する一貫した政策に関する1992年の閣僚委員会勧告(92)6の採択により，ヨーロッパ審議会が促進したアプローチである──という，この10年間における全ヨーロッパ諸国における深い価値観の変化を反映しかつそうした変化を進展させるものであるとみなす。15条に通底する理念は，障害のある人にとっての平等な市民権であり，適切にも，主な諸権利は『コミュニティでの生活における自立，社会統合及び参加』である。障害のある子ども及びその他の人に教育に対する権利を確保することは，これらの市民権的権利（citizenship rights）を進展させることにおいて明らかに重要な役割を果たす。このことが，改正15条に教育が特に明記されている理由であり，『可能な限り一般的な制度の枠組みにおいて』教育を行うことに重きがおかれている理由である。15条は，障害の性格及びその原因にかかわらず，かつ年齢に関係なく，障害のあるすべての人に適用されることが注意される。従って，本条は明らかに，自閉症をもった子ども及び大人の双方に適用される。

49. 17条は，子どもと年少者が「自らの個性並びに身体的及び精神的能力の完全な発達」を促す環境の中で育つことを確保する必要性に基づいている。このアプローチは，障害のある子どもたちにとって，他の者にとってと同じく重要なものであり，非効果的な又は時宜を逸した介入が取り返しのつかないことになるような状況においてはおそらくより重要である。委員会は，とりわけすべての者の教育に対する権利をより一般的に扱った17条は，主流化（mainstreaming）という現代的アプローチを体現したものでもあると考える。17条1項は，特に，教育の目的のために十分かつ適切な施設及びサービスの確立又は維持を要求している。17条1項は子ども及び年少者のみを扱っているので，大人に関しては，15条1項と合わせ読むことが重要である。

51. 委員会は，改正憲章における，別途の条文としてのE条の挿入は，同憲章に含まれる様々な実体的権利の達成に関する無差別の原則に対して起草者がおいた重要性の高さを示していると考える。委員会はまた，同条の機能は，関連するすべての権利の平等で実効的な享受を，違いにかかわらず確保するようにすることだと考える。従って，本条は，それ自体で申立の独立の根拠となりうる自律的な権利ではない。よって委員会は，申立人の主張は，主張されている状況が，改正憲章E条を合わせ読んだ15条1項及び17条1項に違反するとしているものだと理解する。

　障害は，E条の下で禁止される差別事由の中に明示的には列挙されていないが，委員会は，障害は『他の地位』の文言によって十分にカバーされていると考える。このような解釈手法は，それ自体でも正当化されるが，反差別及び人権の枠組みをこの分野におけるヨーロッパの政策の発展にとって適切なものと再確認した，障害のある人のための統合政策に関する第2回ヨーロッパ閣僚会議（2003年4月，マラガ）で採択された政治宣言の文言及び精神に完全に合致したものである。

52. 委員会はさらに，E条の文言は，ヨーロッパ人権条約14条の文言とほとんど同一であると考える。ヨーロッパ人権裁判所が，14条の解釈にあたり繰り返し強調し，最近ではスリムメノス事件（*Thlimmenos v. Greece*, No.34369/97, 44項）で強調しているように，ヨーロッパ人権条約14条に反映されている平等の原則は，等しい者を等しく，等しくない者を等しくなく扱うことを意味する。上記の事件で裁判所は特に次のように述べている。『条約の下で保障された権利の享受において差別されない権利は，国家が，状況が

顕著に異なる人に対して，客観的かつ合理的な正当化事由なく，異なる扱いをしないことによっても侵害される。』言い換えれば，民主的社会における人間の相違は，積極的にとらえられるべきであるのみならず，真のそして実効的な平等を確保するために，配慮をもって対応されるべきものである。

　この点で委員会は，E条は単に直接差別を禁じるのみならず，あらゆる形態の間接差別をも禁じていると考える。そのような間接差別は，関連するあらゆる相違に対して正当かつ積極的な考慮を払わないこと，又は，すべての人に開かれた権利及び集団的利益がすべての人にとって及びすべての人に対して真にアクセス可能であることを確保するために適切な措置を取らないことによって生じうる。

53．委員会は，申立 No.1/1998に関する決定（国際法律家委員会対ポルトガル，32項）で述べたように，憲章の実施は締約国に対し，単に法的措置を取るだけでなく，憲章で認められた権利を十分に実効的なものにするための実際的な措置を取ることをも要求していることを想起する。問題となっているある権利の達成が例外的に複雑でありかつ特別に費用のかかるものであるときには，締約国は，憲章の目的を，合理的期間内に，計測しうる進歩をもって（with measurable progress），かつ利用可能な資源を最大限に利用することと合致する範囲で達成できるような措置を取らなければならない。締約国は，その選択が，高度の脆弱性をもった集団，及び，特に，制度が不足している場合に最も重い負担がかかるそれらの人の家族を含めて，影響を受けるその他の人々に対して与える影響をとりわけ念頭におかなければならない。

54．以上に述べたことに照らし，委員会は，自閉症の子どもと大人の場合，かかわる人の数及び必要とされる戦略をめぐっての，20年以上前に遡る国民的な議論にもかかわらず，かつ，1975年6月30日の障害者政策法の制定後においても，フランスは，自閉症のある人に対する教育の提供を進展させることにおいて十分な進歩を達成してこなかったことを注記する。委員会はとりわけ，フランスの公文書，特に本件手続の過程で提出された公文書がなお，世界保健機関が採用している自閉症の定義よりも制限的な定義を用いていること，並びに，時間的な進歩を合理的に計測するための公的な統計が不十分であることを注記する。委員会は，財政支出の方法を決定するのは主に国家自身であるから，（特に自閉症をもった）障害児の教育及びケアを専門とする施設が，通常の学校のように一般的に国の予算によって財政支出されていないことは，それ自体差別にあたるものではないと考える。にもかかわらず，委員会は，当局が自ら認めているように，かつ自閉症の広い定義が採用されるにせよ狭い定義が採用されるにせよ，自閉症をもった子どもたちで一般又は特別学校で教育を受けている子の割合は，障害があるにせよないにせよその他の子どもたちの場合よりもずっと低いと考える。また，自閉症の大人のためのケア及び支援の施設が慢性的に不足していることも認められ，かつ当局によっても争われていない。」

「以上の理由で，委員会は，11対2で，当該状況は，それ自体又は改正ヨーロッパ社会憲章のE条と合わせ読んだ15条1項及び17条1項の違反を構成すると結論する。」

　次の事案は，十分な基準をもつ住居へのアクセスを「促進する」ことを定めた改正憲章31条1項及び，十分な資力のない人々に対しても入手可能な住居価

◆ 第2部 ◆　条約機関の判例・先例法理に見る人権条約上の実体的義務

格を設定すると定めた同条3項を，差別禁止に関するE条と合わせ読むことによって，当事国がロマの人々の状況に正当な考慮を払ってその権利確保のために十分な措置を取ることを怠ったと認定したものである。この事案ではまた，強制退去につき，E条と合わせ読んだ31条2項の違反も認定されているが，これは，住居に対する権利の「尊重」義務の側面の違反の指摘である。

● ***CASE*** ●　〈国際先例〉ヨーロッパ・ロマ権利センター対イタリア事件（*European Roma Rights Center*（*ERRC*）*v. Italy*），ヨーロッパ社会権委員会「決定」，申立 No.27/2004，2005年12月7日

■　関連条文：改正ヨーロッパ社会憲章31条　住居に対する権利の効果的な行使を確保するために，締約国は，次に示された措置を取ることを約束する。
1項　十分な基準をもつ住居へのアクセスを促進すること。
2項　ホームレス状態を漸進的に撤廃するために，ホームレスを防止し，削減すること。
3項　十分な資力のない人々に対しても入手可能な住居価格を設定すること。
第5部E条　この憲章に定める権利の享受は，人種，皮膚の色，性，言語，宗教，政治的意見その他の意見，国民的出身もしくは社会的出身，健康，民族的マイノリティとの結びつき，出生又は他の地位等のいかなる理由による差別もなしに確保される。

「35.　十分な住居とは，構造的に安全であり，衛生及び健康面で安全なすなわち水，暖房，ごみ処理，衛生施設，電気等のすべての基本的な設備を有しており，過密でなく，かつ法律によって支えられた確実な占有権のある住処を意味するが，31条1項はそのような意味における十分な住居へのアクセスを保障している（31条1項に関する2003年の「結論」，フランスにつき221頁，イタリアにつき342頁，スロベニアにつき554頁，スウェーデンにつき650頁を見よ）。一時的なシェルターを与えることは十分とは考えられず，個人は法理的期間内に，十分な住居を供給されるべきである。
36.　委員会は，E条は差別の禁止を掲げており，客観的かつ合理的な正当化事由がなければ（附録の1項を参照），ロマを含め特別な特徴をもついかなる集団も憲章上の権利を実際に享受することを確保する義務を設定していることを想起する。反対に，ロマを野営場に入れる慣行に固執することによって，政府は，関連するあらゆる相違に対して正当かつ積極的な考慮を払うこと，又は，すべての人に開かれていなければならない権利及び集団的利益に対するロマの人々の権利を確保するために十分な措置を取ることを怠った。
37.　従って委員会は，イタリアは
—同国が，ロマが彼らの特別なニーズに合致した十分な量及び質の住居を与えられることを確保するための十分な措置を取ったこと，
—同国が，この分野において地元の当局がその責任を遂行することを確保した，又は確保するための措置を取ったこと
を示さなかったと認定する。委員会は従って，関連の状況は，E条と合わせた31条1項の違反を構成すると認定する。」

第7章 人権の「充足(実現)」義務

「41. 委員会は，31条2項に関して，締約国は強制退去が正当化され，当事者の尊厳を尊重する条件で行われ，かつ代替的な宿泊施設が利用できることを確認しなければならないことを注記する（31条2項に関する2003年の「結論」，フランスにつき225頁，イタリアにつき345頁，スロベニアにつき557頁，スウェーデンにつき653頁を見よ）。法はまた，強制退去が行われてはならない時（例えば，夜間や冬季）を特定して強制退去の手続を設定しなければならず，裁判所による救済を求める人に対する法的救済及び法律扶助を提供しなければならない。違法な強制退去に対する賠償も与えられなければならない。

42. 委員会は，イタリアは同国が行った関連の強制退去がこれらの条件を満たすことを示さず，ロマがそれらの強制退去によって不当な暴力を受けたという主張に反駁する信用できる証拠を提供しなかったと認定する。従って委員会は，当該状況は，E条と結合した31条2項の違反を構成すると考える。」

「45. 委員会は，31条1項は十分な住居へのアクセスを保障していることを想起する。31条1項により，住宅，特に社会住宅の建設のための適切な手段を取ることは締約国に帰する（31条3項に関する2003年の「結論」，フランスにつき232頁，イタリアにつき348頁，スロベニアにつき561頁，スウェーデンにつき655頁を見よ）。さらに締約国は，その領域内に合法的に居住し又は正規に就労している憲章の他の締約国の国民への平等なアクセスを含め，不利な状況にある集団に対する社会住宅へのアクセスを確保しなければならない。

46. 委員会は，締約国は社会住宅へのアクセスに関してはロマへの平等の取扱いの原則を支持しているものの，締約国は，このアクセス権が実際に実効的であること，又は社会住宅へのアクセスを規律している基準が差別的でないことを示すいかなる情報を示さなかったと認める。委員会は，E条における無差別原則は間接差別も含むことを想起する。ロマの異なった状況を考慮に入れなかったこと，又は，社会住宅への実効的なアクセスの可能性を含めてロマの住居の状況を改善することを具体的に目的とした措置を導入しなかったことは，イタリアがE条と合わせた31条1項及び3項に違反したことを意味する。」

341

◆ 第8章 ◆ 差別の禁止と平等

　国際人権法の体系において，いかなる差別もなくすべての人が等しく人権を享有するという無差別（non-discrimination）・平等（equality）は，当初から，「人権」という概念そのものがもつ普遍性（universality）と分かち難く結びついた基幹的な原則としてその中核に位置づけられてきた。国連の目的を列挙した国連憲章1条は，3項において，人種，性，言語又は宗教による差別のないすべての人のための人権及び基本的自由の尊重を奨励するための国際協力を国連の目的の一つとしている。国連憲章はまた55条で，国連は差別のないすべての者のための人権及び基本的自由の普遍的な尊重及び遵守を促進しなければならないとし，56条では，すべての加盟国は55条にいう目的を達成するために国連と協力して共同及び個別の行動を取ることを誓約すると規定している。国連の加盟国である日本は，まず，この国連憲章56条の規定によって，差別のないすべての者のための人権及び基本的自由の普遍的な尊重及び遵守を達成するために，国連と協力しつつ，多数国間による共同の，あるいは日本としての個別の行動を取る義務を負っている。

　世界人権宣言は，尊厳及び権利におけるすべての人間の平等を謳うとともに（1条），すべての人がいかなる差別もなく同宣言上の権利・自由を享有する権利を有すること（2条）について次のように謳っている。

■ 世界人権宣言
　1条　すべての人間は，生まれながらにして自由であり，かつ，尊厳及び権利において平等である。
　同2条　すべての者は，人種，皮膚の色，性，言語，宗教，政治的意見その他の意見，国民的もしくは社会的出身，財産，出生又は他の地位等によるいかなる差別もなしに，この宣言に規定するすべての権利及び自由を享有する権利を有する。

　上にみた2条が，同宣言に規定する権利・自由の享有において差別がないことを定めているのに対し，世界人権宣言は7条で，そのような2条の射程を超える一般的な平等権についても定めている。7条は，以下のように，すべての者の法律の前の平等，及び法律による平等の保護を受ける権利を規定している。

同7条　すべての者は，法律の前に平等であり，いかなる差別もなしに法律による平等の保護を受ける権利を有する。すべての者は，この宣言に違反するいかなる差別に対しても，またそのような差別をそそのかす行為に対しても，平等の保護を受ける権利を有する。

　これらの規定に加え，世界人権宣言は，「すべての者は，その権利及び義務並びに刑事上の罪の決定のため，独立のかつ公平な裁判所による公正な公開審理を完全に平等に受ける権利を有する」とした10条１項，成年の男女は「婚姻中及び婚姻の解消の際に，婚姻に関し平等の権利を有する」とした16条１項，「すべての者は，自国の公務に平等に携わる権利を有する」とした21条２項，「すべての者は，いかなる差別もなしに，同一の労働について同一の報酬を受ける権利を有する」として23条２項など，随所において，権利の享有における無差別・平等を規定している。

　人権条約におかれている無差別・平等の規定は，大別して２つの種類に分けられる。一つは，世界人権宣言２条の流れを汲み，**条約で定められた権利の享有ないし行使においていかなる差別もないことを要求したもの**であり，以下にみる社会権規約２条２項や自由権規約２条１項，子どもの権利条約２条１項がその例である。このような規定は，条約で定められた権利の実体規定と併せてのみ援用することができ，単独で援用できる独立の平等権規定ではない。これに対し，もう一つは，世界人権宣言７条の流れを汲み，条約上の権利の享有ないし行使において差別がないことにとどまらず，**法律がその内容においてすべての人に差別なく平等の保護を与えることを要求したもの**であり，自由権規約26条がその例である。さらに，これらのほか，人権条約の中には，女性差別撤廃条約や人種差別撤廃条約のように，人種差別や女性差別を撤廃し平等を実現することそのものを目的として，差別撤廃のための施策を締約国に求めた条約や，障害者権利条約のように障害を理由とする差別撤廃と障害者の人権確保を目的とした条約がある。

I 無差別・平等の適用範囲

◆ 1 総 論

　国際人権規約は，それぞれの規約上の権利の享受ないし行使に関していかなる差別もないことを保障ないし確保する義務を定めた規定をおき，この点で，それぞれの**規約上の権利の享有において男女平等を確保する義務**については，

◆ 第2部 ◆ 条約機関の判例・先例法理に見る人権条約上の実体的義務

さらに重ねて規定をおいている。

■ 社会権規約
　2条2項　この規約の締約国は，この規約に規定する権利が人種，皮膚の色，性，言語，宗教，政治的意見その他の意見，国民的出身もしくは社会的出身，財産，出生又は他の地位によるいかなる差別もなしに行使されることを保障することを約束する。

■ 自由権規約
　2条1項　この規約の締約国は，その領域内にあり，かつ，その管轄の下にあるすべての個人に対し，人種，皮膚の色，性，言語，宗教，政治的意見その他の意見，国民的もしくは社会的出身，財産，出生又は他の地

位等によるいかなる差別もなしにこの規約において認められる権利を尊重し及び確保することを約束する。

■ 社会権規約
　3条　この規約の締約国は，この規約に定めるすべての経済的，社会的及び文化的権利の享有について男女に同等の権利を確保することを約束する。

■ 自由権規約
　3条　この規約の締約国は，この規約に定めるすべての市民的及び政治的権利の享有について男女に同等の権利を確保することを約束する。

　以上の規定のうち，自由権規約2条1項は「尊重し及び確保する」，社会権規約2条2項は「保障する」，自由権規約・社会権規約3条は「確保する」ことをそれぞれ義務づけているが，「確保（ensure/assurer）」と「保障（guarantee/garantir）」は，いずれも権利を実際に享受させることという意味であって同義と解される。2つの国際人権規約は，一般的な義務規定では「権利の完全な実現を漸進的に達成するため……措置［行動］を取る」義務（社会権規約2条1項），「権利を尊重し及び確保する」義務（自由権規約2条1項）と規定しているが，**規約上の権利の享受・行使においていかなる差別もないことは，社会権規約においても「保障」ないし「確保」することが締約国に義務づけられており，差別のない権利享有・行使を保障しなければならない点で両規約上の義務は同じものであることに注意が必要である。**

　規約上の権利の享有・行使における無差別・平等を定めたこれらの一般規定に加え，それぞれの規約の実体規定は随所で，無差別・平等の要求を規定している。子どもに対する保護の措置に関する社会権規約10条3項及び自由権規約24条1項，緊急事態時の義務逸脱の場合でも「人種，皮膚の色，性，言語，宗教又は社会的出身のみを理由とする差別を含んではならない」とした自由権規約4条1項，すべての市民は「一般的な平等条件の下で自国の公務に携わること」とした自由権規約25条(c)等がそうである。人権規約は，締約国の管轄下にあるすべての子供に当然適用されるが，両規約は子どもの権利については，以下のように，重ねて，**すべての子どもがいかなる差別もなく保護の措置を受ける権利について規定している。**

344

◆ 第8章　差別の禁止と平等

■ 社会権規約
　10条3項　保護及び援助のための特別の措置
　が，出生その他の事情を理由とするいかな
　る差別もなく，すべての子ども及び年少者
　のために取られるべきである。……

■ 自由権規約
　24条1項　すべての子どもは，人種，皮膚の
　色，性，言語，宗教，国民的もしくは社会
　的出身，財産又は出生によるいかなる差別
　もなしに，未成年者としての地位に必要と
　される保護の措置であって家族，社会及び
　国による措置についての権利を有する。

　子どもの権利条約は，子どもの権利を包括的に法典化した人権条約として，
条約上の権利の享有における無差別・平等原則をより徹底した形で規定してい
る。子どもの権利条約は2条1項で，子どものみならずその父母又は法的保護
者の属性や地位を含む広範な差別禁止事由を明記して，子どもに対する差別を
禁止している。

■ 子どもの権利条約
　2条1項　締約国は，その管轄の下にある子
　どもに対し，子ども又はその父母若しくは
　法的保護者の人種，皮膚の色，性，言語，
　宗教，政治的意見その他の意見，国民的，
種族的若しくは社会的出身，財産，心身障
害，出生又は他の地位にかかわらず，いか
なる差別もなしにこの条約に定める権利を
尊重し，及び確保する。

　地域的人権条約も，以下のように，いずれも，それぞれの条約上定められた
権利の享有・行使がいかなる差別もなく保障・確保されることを定めた規定を
おいている。

■ ヨーロッパ人権条約
　14条　この条約に定める権利及び自由の享受
　は，性，人種，皮膚の色，言語，宗教，政
　治的意見その他の意見，国民的もしくは社
　会的出身，マイノリティ（minorities）への
　所属，財産，出生又は他の地位等によるい
　かなる差別もなしに保障される。

■ 米州人権条約
　1条1項　この条約の締約国は，ここに承認
　された権利及び自由を尊重し，並びに，人
　種，皮膚の色，性，言語，宗教，政治的意
　見その他の意見，国民的もしくは社会的出
　身，経済的地位，門地，又はその他の社会
　的条件によるいかなる差別もなく，その管
　轄の下にあるすべての人に対して，これら
　の権利及び自由の自由かつ完全な行使を確
　保することを約束する。

■ 米州人権条約追加議定書（サンサルバドル
　議定書）
　3条　この議定書の締約国は，ここに定めら
　れた権利の行使を人種，皮膚の色，性，言
　語，宗教，政治的意見その他の意見，国民
的もしくは社会的出身，経済的地位，出生
又は他のいかなる社会的条件を理由とする
いかなる種類の差別もなしに保障すること
を約束する。

■ 人及び人民の権利に関するアフリカ憲章（バ
　ンジュール憲章）
　2条　すべての個人は，人種，種族的集団，
　皮膚の色，性，言語，宗教，政治的意見そ
　の他の意見，国民的及び社会的出身，財産，
　出生又は他の地位によるいかなる差別もな
　しに，この憲章により認められ，かつ保護
　されている権利及び自由を享受する資格を
　有する。

■ 改正ヨーロッパ社会憲章
　第5部E条　この憲章に定める権利の享受は，
　人種，皮膚の色，性，言語，宗教，政治的
　意見その他の意見，国民的もしくは社会的
　出身，健康，民族的マイノリティとの結び
　つき，出生又は他の地位等のいかなる理由
　による差別もなしに確保される。

345

◆ 第2部 ◆ 条約機関の判例・先例法理に見る人権条約上の実体的義務

さらに，自由権規約には，「この規約において認められる権利を」いかなる差別もなしに確保すること，という限定句なく，世界人権宣言7条の第一文と同様の文言で，一般的に**法律の前の平等及び法律の平等な保護を受ける権利**を規定した26条の規定がある。

■ 自由権規約
　26条　すべての者は，法律の前に平等であり，いかなる差別もなしに法律による平等の保護を受ける権利を有する。このため，法律は，あらゆる差別を禁止し及び人種，皮膚の色，性，言語，宗教，政治的意見その他の意見，国民的もしくは社会的出身，財産，出生又は他の地位等のいかなる理由による差別に対しても平等のかつ効果的な保護をすべての者に保障する。

人種差別撤廃条約は，1条で「人種差別」の定義をおいた上で，5条で「特に次に権利の享有に当たり」として，例示された権利に限られない一般的な法律の前の平等の権利の保障について規定した中で，政治的権利，市民的権利，経済的・社会的・文化的権利を含む諸権利に特に言及している。

■ 人種差別撤廃条約
　1条1項　この条約において，「人種差別」とは，人種，皮膚の色，世系又は民族的もしくは種族的出身に基づくあらゆる区別，排除，制限又は優先であって，政治的，経済的，社会的，文化的その他のあらゆる公的生活の分野における平等の立場での人権及び基本的自由を認識し，享有し又は行使することを妨げ又は害する目的又は効果を有するものをいう(192)。

■ 人種差別撤廃条約
　5条　第2条に定める基本的義務に従い，締約国は，特に次の権利の共有に当たり，あらゆる形態の人種差別を禁止し及び撤廃すること並びに人種，皮膚の色又は民族的もしくは種族的出身による差別なしに，すべての者が法律の前に平等であるという権利を保障することを約束する。
(a)　裁判所その他のすべての裁判及び審判を行う機関の前での平等な取扱いについての権利
(b)　暴力又は障害（公務員によって加えられるものであるかいかなる個人，集団又は団体によって加えられるものであるかを問わない。）に対する身体の安全及び国家による保護についての権利
(c)　政治的権利，特に普通かつ平等の選挙権に基づく選挙に投票及び立候補によって参加し，国政及びすべての段階における政治に参与し並びに公務に平等に携わる権利
(d)　他の市民的権利，特に
　(i)　国境内における移動及び居住の自由

---

(192)　なお，世界人権宣言や社会権規約2条2項・自由権規約2条1項等が「国民的出身もしくは社会的出身（national or social origin）」を差別禁止事由とするのに対し，人種差別撤廃条約1条は人種差別の定義において「民族的もしくは種族的出身（national or ethnic origin）」に言及している。nation は「国民」とも「民族」とも訳され，national も元来「国民的」とも「民族的」とも訳しうる多義的な語である。人種差別撤廃条約の場合，1条2項で，当事国が国民と国民でない者との間に設ける区別等には適用されないとされ，1条3項で国籍に関する当事国の法規には影響しないとされていることから，公定訳では「民族的出身」と訳されたと考えられる。しかし，同条約の実施過程では，外国人差別・外国人嫌悪の問題がしばしば扱われ，また現実に，（日本において在日韓国・朝鮮人に対する差別が民族差別と国籍差別の双方を含んでいるように）民族差別と国籍差別はオーバーラップして現れるので，national origin は，国民的出身すなわち現在又は過去の国籍を理由とした差別も含むと理解されるべきである。国際人権規約にいう national origin も，同様に，国民的出身及び民族的出身双方の意味を含むと解すべきである。

346

◆ 第8章　差別の禁止と平等

についての権利
(ii) いずれの国（自国を含む。）からも離れ及び自国に戻る権利
(iii) 国籍についての権利
(iv) 婚姻及び配偶者の選択についての権利
(v) 単独で及び他の者と共同して財産を所有する権利
(vi) 相続する権利
(vii) 思想，良心及び宗教の自由についての権利
(viii) 意見及び表現の自由についての権利
(ix) 平和的な集会及び結社の自由についての権利
(e) 経済的，社会的及び文化的権利，特に，
(i) 労働，職業の自由な選択，公正かつ

良好な労働条件，失業に対する保護，同一の労働についての同一報酬及び公正かつ良好な報酬についての権利」
(ii) 労働組合を結成し及びこれに加入する権利
(iii) 住居についての権利
(iv) 公衆の健康，医療，社会保障及び社会的サービスについての権利
(v) 教育及び訓練についての権利
(vi) 文化的な活動への平等な参加についての権利
(f) 輸送機関，ホテル，飲食店，喫茶店，劇場，公園等一般公衆の使用を目的とするあらゆる場所又はサービスを利用する権利

　また，ヨーロッパ人権条約においても，条約上の権利・自由の享受における平等を定めた上記の14条に加え，2000年に署名され2005年に発効した第十二議定書の１条によって，一般的な平等権の規定が新たに加えられた。

■ ヨーロッパ人権条約
第十二議定書１条１項　法律で定められるいかなる権利の享受も，性，人種，皮膚の色，言語，宗教，政治的その他の意見，国民的もしくは社会的出身，マイノリティへの所

属，財産，出生又は他の地位等によるいかなる差別もなしに，保障される。
同２項　何人も，公の当局により１に定めるようないかなる理由によっても差別されてはならない。

◆ 2 　自由権規約26条の適用範囲
―― 自由権規約委員会による26条の解釈・適用

　自由権規約26条の適用範囲について，同規約委員会は，本条は規約上の権利の享受における無差別・平等に限定されない自律的な権利としての「法律の平等な保護を受ける権利」であるという解釈を確立させている。

　26条のこのような解釈は，世界人権宣言７条第一文に倣ったその文言からも含意されるところであったが，自由権規約委員会が明確にそのような立場を示すに至ったのは，個人通報の事案において1987年に採択した見解においてであった。以下にみるブルックス対オランダ事件は，既婚女性の場合には生計維持者であるか又は夫と恒常的に別居していない限り失業手当を請求できないとする失業手当法によって失業手当の支給を打ち切られた通報者が，男性には課されていない条件が女性のみに課されていることについて，自由権規約26条に違反する性差別であると主張した事案である。当事国は，自由権規約26条は，

347

◆ 第2部 ◆ 条約機関の判例・先例法理に見る人権条約上の実体的義務

失業手当という社会保障の分野には適用されず，当該分野は社会権規約によってのみ規律されると主張したが，委員会はこの主張を退け，オランダの失業手当法における区別は性による不合理な差別であって26条に違反するとした。

● ***CASE*** ● 〈国際先例〉ブルックス対オランダ事件（*Broeks v. the Netherlands*）自由権
規約委員会「見解」，通報 No.172/1984，1987年4月9日

「12.1. 当事国は，26条の規定は経済的，社会的及び文化的権利に関する国際規約2条の規定と相当に重複していると主張する。委員会は，ある特定の事項が他の国際条約，例えばあらゆる形態の人種差別の撤廃に関する条約，あらゆる形態の女性差別の撤廃に関する条約，又は本件におけるように経済的，社会的及び文化的権利に関する国際規約で言及され又は扱われているとしても，市民的及び政治的権利に関する国際規約は依然として適用されるという見解である。2つの規約の起草過程は相互に関連しているが，にもかかわらず，委員会は市民的及び政治的権利に関する国際規約の文言を完全に適用する必要がある。委員会はこの関連で，経済的，社会的及び文化的権利に関する国際規約2条の規定は，市民的及び政治的権利に関する国際規約26条の完全な適用を排除するものではないという見解である。

12.2. 委員会は，市民的及び政治的権利に関する国際規約26条は，経済的，社会的及び文化的権利に関する国際規約9条で具体的に規定された権利（社会保険を含む社会保障）に関して援用されることはできないという当事国の主張についても検討した。その過程で委員会は，『解釈の補足的手段』（条約法に関するウィーン条約32条）となる，市民的及び政治的権利に関する国際規約の，関連の起草作業すなわち，1948年，1949年，1950年及び1952年に国連人権委員会で行われた議論，並びに1961年に国連第三委員会で行われた議論の議事録を丹念に検討した。起草の時点で，26条の範囲が規約の他の規定で保障されていない権利にも及ぶかどうかの問題に関する議論は確定的ではなく，12.3項で以下に述べる，通常の解釈手法によって達した結論を変えることはできない。

12.3. 26条の範囲を決定するため，委員会は，その文脈において，かつその趣旨及び目的に照らして（条約法に関するウィーン条約31条），本条のそれぞれの要素の『通常の意味』を考慮に入れた。委員会は，まず，26条は，2条で規定された保障を単に繰り返したものではないことを注記する。26条は，世界人権宣言7条に含まれているように，差別のない法律の平等な保護の原則に由来し，公的機関によって規律され及び保護されるいかなる分野においても，法律上又は実際上の差別を禁じるものである。26条は従って，立法及びその適用に関して国家に課される義務に関わっている。

12.4. 26条は，法律が差別を禁じることを要求しているが，それ自体，法律で規定される事項に関してはいかなる義務も含んでいない。従って，本条は，例えば，いかなる国に対しても，社会保障のための立法を制定することを要求するものではない。しかし，そのような法律が国家の主権の行使として採択される際には，その法律は，規約26条を遵守しなければならない。

12.5. 委員会はこの関連で，問題となっているのは，社会保障がオランダで漸進的に達成されるべきか否かではなく，社会保障のための法律が，市民的及び政治的権利に関する国際規約26条に含まれた差別禁止に違反していないか否か，並びに，差別に対する平

◆ 第8章　差別の禁止と平等

等かつ実効的な保護に関してその法律の中ですべての人に与えられた保障であるという見解である。

13.　法律の前の平等及び法律の平等な保護を受ける権利は，あらゆる取扱いの相違を差別であるとするものではない。合理的かつ客観的な基準（reasonable and objective criteria）に基づいた区別は，26条の意味において禁じられる差別にはあたらない。

14.　従って，本件では委員会は，問題の時点でブルックス夫人に適用されたオランダ法上の区別が，26条の意味における差別を構成するかどうかを決定しなければならない。委員会は，オランダ法において，オランダ民法84条及び85条は，共同の収入に関し配偶者の双方に平等の権利及び義務を課していることを注記する。失業手当法13条1項の下では，既婚女性は，同法による給付を受けるためには，彼女が『生計維持者』であることを証明しなければならないが，この条件は既婚男性には適用されなかった。よって，一見すると地位によるものと思われる区別は，実際には性による区別であり，既婚女性を，既婚男性と比べて不利な立場におくものであった。このような区別は合理的ではない。このことは，1984年12月23日までの遡及効を有する1985年4月29日の法改正によって，当事国自体によっても実質的に認められていたように思われる……。

15.　ブルックス夫人は，男性と平等の立場で社会保障給付を受けることを否定されたのであるから，問題の時点において彼女がおかれた状況，及び，当時有効であったオランダ法の適用により，彼女は市民的及び政治的権利に関する国際規約26条の違反の被害者となった。

16.　委員会は，当事国は女性差別を行う意図はなかったことを注記し，また，ブルックス夫人に適用された差別的な法規定はその後撤廃されたことを注記して評価する。当事国はこのようにしてブルックス夫人が申立時点で被っていた種類の差別を解消するために必要な措置を取ったが，委員会は，当事国はブルックス夫人に対し適切な救済を提供すべきであるとの見解である。」

　委員会は，ブルックス事件と同日に採択した，同様の事実に関する個人通報事案（ツワーン・ド・フリース対オランダ事件[193]でも26条違反を認定したほか，同年のゲイエほか対フランス事件では，国籍による軍人恩給の額の区別について26条を適用し，同条に反する不合理な差別と認定している。フランス領セネガル出身である通報者ゲイエらは，フランス人としてフランス軍で軍役に就いた退役兵であるが，セネガル独立後はセネガル国籍となったところ，軍人恩給に関する新たな法の規定により，フランス人退役兵よりも低い額の恩給しか支給されない扱いとなった。委員会は，軍での服務に対するものとして退役兵が受ける恩給の額が，現時点での国籍によって区別されることは，国籍（26条にいう「他の地位」に含まれる）による不合理な差別であり26条に違反するとの見解を示した。

---

(193)　*F. H. Zwaan-de Vries v. the Netherlands*, 通報 No.182/1984.

349

◆ 第2部 ◆ 　条約機関の判例・先例法理に見る人権条約上の実体的義務

● **CASE** ● 〈国際先例〉*イブラヒマ・ゲイエほか対フランス事件*（*Ibrahima Gueye et al. v. France*）自由権規約委員会「見解」，通報 No.196/1985, 1987年11月5日

「9.2.　通報者らは，1960年のセネガルの独立の前にフランス軍で服務した，セネガル国籍の退役兵である。1951年の軍人恩給法に従い，フランス軍の退役兵は，フランス人であれセネガル人であれ，平等に扱われていた。セネガル人兵士の年金は，1974年12月に制定された新法が，セネガル人について異なった取扱いを定めるまでは，フランス人兵士と同じであった。1979年12月21日の法79/1102は，1961年1月1日以降すでに他の関係国の国民に適用されていた軍人恩給の『凍結』と呼ばれる制度を，セネガルを含めかつてフランス連合に属していた4カ国の国民に拡張した。他の退役セネガル人兵士は問題の法律に異議を申し立てようとしたが，1975年1月1日に遡及して適用される1981年12月31日のフランス財政法81.1179号によって，フランスの裁判所におけるそれ以上の提訴は無益となった。

9.3.　委員会にとっての主な問題は，通報者らが，規約26条の意味における差別の被害者であるか，ないし，フランス国民であるか否かに基づくフランス軍のかつての構成員に対する年金上の相違が，規約に合致するとみなされるべきかどうかである。この問題を決定するにあたり，委員会は以下の事項を考慮に入れた。

9.4.　……委員会は，国籍それ自体は，26条に列挙された差別禁止事由の中に記されていないこと，及び，規約は年金に対する権利それ自体は保護していないことを注記する。……［本件では］独立に伴って取得した国籍による区別があった。委員会の意見では，国籍は，26条の第2文にいう『他の地位』の言及の中に含まれる。委員会は，通報 No.182/1984で述べたように，『法律の前の平等及び法律の平等な保護を受ける権利は，あらゆる取扱いの相違を差別であるとするものではない。合理的かつ客観的な基準に基づいた区別は，26条の意味において禁じられる差別にはあたらない』ことを考慮に入れる。

9.5.　通報者らの取扱いが合理的かつ客観的な基準に基づくものであったかどうかを決定するにあたり，委員会は，通報者らに年金を支給することを決定したのは，国籍の問題ではなく，彼らが過去に行った服務であることを注記する。彼らは，フランス国民と同じ条件の下でフランス軍に服務し，セネガルの独立後14年間は，国籍はフランスではなくセネガルであったが，フランス人退役兵と同じような取扱いを受けていた。年金の支給の基礎は，彼ら及び，フランス国籍にとどまった者が双方とも提供した同じ服務であったのだから，事後の国籍の変更は，それ自体，異なった取扱いに対する十分な正当化事由とはみなされ得ない。また，フランスとセネガルの間の経済的，財政的及び社会的条件の相違も，正当な理由として援用され得ない。セネガルに住んでいるセネガル国籍の退役兵の場合と，セネガルに住んでいるフランス国籍の退役兵の場合を比較すれば，この二人は同じ経済的及び社会的条件を享受していると考えられよう。しかし，年金に対する権利の面ではその取扱いが異なることとなる。最後に，年金制度の管理において，濫用を防ぐため身元及び家族状況のチェックを行うことができないという，当事国の主張する事実は，取扱いの相違を正当化し得ない。委員会の意見では，単なる行政上の不便又は年金の権利の何らかの濫用の可能性は，不平等な取扱いを正当化するために援用することはできない。委員会は，通報者らに対する取扱いの相違は，合理的かつ客観的な基準に基づいておらず，規約で禁止された差別を構成すると結論する。」

◆ 第8章　差別の禁止と平等

　上記のブルックス事件やゲイエ事件で述べられているように，26条は，それ自体，法律で規定される事項に関してはいかなる義務も含んでいらず，失業手当や軍人恩給といった社会保障給付の制度それ自体を法律で定めることを要求しているわけではない。しかし，締約国がそのような法律を制定する場合には，その内容は差別的であってはならない。こうした個人通報事案の見解を経て，自由権規約委員会は1989年，26条に関する一般的意見をまとめ，全締約国に提示している。

■ 自由権規約委員会「一般的意見18　無差別」
（1989年）

　12. 規約 2 条は，差別に対して保護すべき権利の範囲を本規約に規定された権利に限定するものであるが，他方，規約26条にはこのような制限は明記されていない。すなわち，規約26条は，全ての人は，法律の前に平等であり，かつ差別なく法律によって平等に保護されるということを規定しており，かつ，列挙されたどのような理由による差別に対しても，全ての人は平等かつ効果的な保護が法律によって保障されるということをも規定している。委員会の見解によれば，規約26条は，すでに規約 2 条で規定されている保障を単に重複して保障するものではなく，この26条はそれ自身，自律的な権利を規定するものである。公的機関が統制しかつ保護しているいかなる分野においても，26条は，法律上も事実上も，差別することを禁止するものである。それゆえに，締約各国に課された立法上及びその適用上の義務は規約26条と関係を有する。かくして，ある国によって立法が行われた場合には，その立法はその内容において差別があってはならないという，規約26条の要請に合致しなければならない。言い換えれば，規約26条に規定されている差別禁止の原則が適用されるのは，本規約上に定められた権利に限定されない。

　このように，委員会の確立した解釈では，26条はそれ自体自律的な権利であって，同規約上に定める実体的権利に関するものに限られず，締約国が法律で規律するいかなる分野においても，法律上も事実上も差別があってはならないことを要求する規定である。すなわち，26条はいずれかの分野で法律を制定すること自体を求めるものではないが，締約国が法律を現に有しまた制定する限りにおいて，その法律は，法律上（＝法律の内容上），また事実上（＝法律の効果において），差別なく人に平等な保護を及ぼすものでなければならない。本条にいう「法律の平等な保護」は従って，法律の適用のみならず法律の内容についても要求されており，その意味で立法権を拘束するものである[194]。

　26条はあらゆる取扱いの相違を差別であるとするものではなく，合理的かつ客観的な基準に基づいた区別は，26条の意味において禁じられる差別にはあたらない。例えば，疾病手当及び障害保険に関するオランダの法律上，既婚者に

---

[194]　宮崎繁樹編『解説国際人権規約』（日本評論社，1996年）254頁［升味佐江子執筆］。

◆ 第 2 部 ◆ 条約機関の判例・先例法理に見る人権条約上の実体的義務

適用される増額給付が事実婚の者には適用されないことが26条違反であると主張された事案では，委員会は，既婚者は配偶者の扶養，財産，相続等様々な点で民法上も事実婚の者とは異なる法的義務・責任を負っていることから当該区別は客観的に正当化されるという当事国の主張を容れ，26条違反はないと判断している。

● **_CASE_** ● 〈国際先例〉ダニング対オランダ事件（_Danning v. the Netherlands_）自由権規約委員会「見解」，通報 No.180/1984，1987年4月9日

「12.4. 26条は，法律が差別を禁じることを要求しているが，それ自体，法律で規定される事項に関してはいかなる義務も含んでいない。従って，本条は，例えば，いかなる国に対しても，社会保障のための立法を制定することを要求するものではない。しかし，そのような法律が国家の主権の行使として採択される際には，その法律は，規約26条を遵守しなければならない。

12.5. 委員会はこの関連で，問題となっているのは，社会保障がオランダで漸進的に達成されるべきか否かではなく，社会保障のための法律が，市民的及び政治的権利に関する国際規約26条に含まれた差別禁止に違反していないか否か，並びに，差別に対する平等かつ実効的な保護に関してその法律の中ですべての人に与えられた保障であるという見解である。

13. 法律の前の平等及び法律の平等な保護を受ける権利は，あらゆる取扱いの相違を差別であるとするものではない。合理的かつ客観的な基準に基づいた区別は，26条の意味において禁じられる差別にはあたらない。

14. 従って，委員会は，問題の時点でダニング氏に適用されたオランダ法上の区別が，26条の意味における差別を構成するかどうかを決定しなければならない。既婚のカップルと未婚のカップルとの間のオランダ法の区別に関して当事国が行った説明（上記8.4項）に照らし，委員会は，ダニング氏が申立てた区別が客観的かつ合理的な基準に基づいていることは説得力があるとみなす。委員会はこの関連で，婚姻によって，オランダ法において一定の利益並びに一定の義務及び責任の双方を伴う法的地位に入るという決定は，完全に，同居している人の判断にかかっていると考える。婚姻関係に入らないことを選択することによって，ダニング氏と彼の同居者は，法律上，既婚のカップルが負う義務と責任を完全には負っていない。従って，ダニング氏は，既婚のカップルに対してオランダ法が提供する利益を完全には享受していない。委員会は，ダニング氏が申立てた区別は，規約26条の意味で差別を構成するものではないと結論する。」

❖ 第8章　差別の禁止と平等

Ⅱ 無差別・平等に関する国家の義務の内容

■ 自由権規約
26条　すべての者は，法律の前に平等であり，いかなる差別もなしに法律による平等の保護を受ける権利を有する。このため，法律は，あらゆる差別を禁止し及び人種，皮膚

の色，性，言語，宗教，政治的意見その他の意見，国民的もしくは社会的出身，財産，出生又は他の地位等のいかなる理由による差別に対しても平等のかつ効果的な保護をすべての者に保障する。

　自由権規約26条の規定は，国家にとって消極的義務及び積極的義務の双方にわたる多様な義務を課す複数の規範内容を含んでいる。それは，第一文に示された(1)すべての者の**法律の前の平等**，及び(2)すべての者が**法律による平等の保護を受ける権利**の確保，並びに，第二文に示された(3)**法律があらゆる差別を禁止すること**，及び(4)**法律がいかなる差別に対しても平等かつ効果的な保護をすべての者に保障すること**である。法律の前の平等が，法律の適用にかかわるものであり，法律を適用ないし執行する行政・司法機関に向けられた規範であるのに対して，法律による平等の保護を受ける権利は，法律の内容そのものに関わり，法律がそれ自体差別的であってはならないという意味で立法府の責任にかかわる。法律があらゆる差別を禁止するとは，公的機関による差別のみならず，雇用，住居，教育，財やサービスの提供等に関して私人や私的団体等の私的当事者が行う差別を含め，あらゆる差別を法律で禁止することを意味する。さらに，法律が差別に対して平等かつ効果的な保護をすべての者に保障することは，単にそれらの差別を禁止するだけでなく，根強く構造的な差別を受けている社会的弱者の集団に属する人々を効果的に保護するための積極的な法制度をおき実施することを要請する。以下では，このような内容をもつ26条の規定を中心に，自由権規約上の無差別・平等規定が締約国に課す義務に関する自由権規約委員会の解釈を検討するとともに，関連の論点に関するヨーロッパ人権裁判所の判例についても適宜言及する。

◆ 1　法律の前の平等（equality before the law）

　「法律の前の平等」は，法律の適用においてすべての者が平等に取り扱われることを意味し，法律の適用・執行に携わる行政機関及び司法機関に向けられた規範である。公正な裁判を受ける権利に関する自由権規約14条1項は司法手続の文脈において「すべての者は，裁判所の前に平等とする」と規定するが，26

353

◆ 第2部 ◆ 条約機関の判例・先例法理に見る人権条約上の実体的義務

条にいう法律の前の平等はそれをより一般化し，あらゆる法律の適用に関する平等を要求したものといえる。

　以下にみるカヴァナー対アイルランド事件では，一定の犯罪について法務長官（その委任を受けた公訴局長）の判断により通常の裁判所でなく特別刑事裁判所で裁かれうることを規定したアイルランド法に基づき，特別刑事裁判所で公判を受けた通報者が，公正な裁判を受ける権利に関する14条1項，及び法律の前の平等につき26条の違反を主張した。本件で自由権規約委員会は，通常裁判所以外の裁判所における公判それ自体は必ずしも14条1項の権利の侵害にあたらないとする一方で，問題となった法律は公訴局長が「適切と考える」場合という広範な文言によって特別刑事裁判所での公判を認めており，通報者がその裁判所で公判を受けることにつき客観的かつ合理的な正当化事由が示されていないとして26条違反を認定した。

● ***CASE*** ● 〈国際先例〉カヴァナー対アイルランド事件（*Kavanagh v. Ireland*）自由権規約委員会「見解」，通報 No.819/1998，2001年4月4日

「10.1. 通報者は，陪審員による裁判及び準備段階で証人尋問を行う権利を与えない特別刑事裁判所での裁判を受けたことにより，規約14条1項の違反があったと主張する。通報者は，陪審員による裁判も準備段階での尋問も，それ自体規約によって要求されているわけではないこと，またこれらのいずれかもしくは双方の要素が欠けていることが必ずしも裁判を不公正なものとするわけではないことを認めているが，特別刑事裁判所における彼の公判のすべての状況が，彼の公判を不公正にするものであったと主張している。委員会の見解では，通常の裁判所以外の裁判所における公判それ自体は，必ずしも，公正な裁判を受ける権利の侵害ではなく，本件の事実は，そのような違反があったことを示していない。

10.2. 14条1項に含まれる裁判所の前の平等の条件の違反があったという通報者の主張は，法律の前の平等及び法律の平等な保護に対する，26条に基づく権利の侵害の主張と並行している。……当事国の管轄内において，陪審員による裁判は，被告人に一般に与えられる，特に重要な保護と考えられている。従って26条に基づき当事国は，他の手続によって人を裁くという決定が，合理的かつ客観的理由に基づくものであったことを示すことが要求される。この点で委員会は，国家に対する罪に関する法において，当事国の法律は，公訴局長の選択によって特別刑事裁判所で裁かれうる多数の特別の犯罪を定めていることを注記する。この法はまた，公訴局長が通常の裁判所では『実効的な司法の運営を確保するために不十分』であると考える場合には，他のいかなる犯罪も特別刑事裁判所で裁かれ得ることも規定している。委員会は，一定の重大な犯罪についての簡略化された刑事制度が，公平である限りにおいて仮に認められうるとしても，議会が法律によって，公訴局長の無制限の裁量（「適切と考える」）において特別刑事裁判所の管轄権内に入ることになる一定の重大な犯罪を定め，さらに，本件通報者の事案のように，

> 通常裁判所では不十分であると公訴局長が考える場合には他のいかなる犯罪もそこで裁かれうることを認めるというのは，問題であると考える。特別刑事裁判所が『適切』であるという決定にはいかなる理由も示される必要がなく，また，この特定の事案における決定の理由も委員会に示されていない。さらに，公訴局長の決定の司法審査は，事実上，最も例外的かつ実質的に証明しえない状況に限定されている。
> 10.3. 委員会は，当事国は，通報者を特別刑事裁判所で裁く決定が合理的かつ客観的な理由に基づくものであったことを示すことを怠ったと考える。従って，委員会は，法律の前の平等及び法律の平等な保護に対する，26条に基づく通報者の権利が侵害されたと結論する。26条に関するこの認定に照らし，本件では，規約14条1項に含まれた『裁判所の前』の平等の侵害の問題について検討する必要はない。」

　とりわけ2000年代以降，テロ対策の強化を背景として，**エスニック・プロファイリング**（ethnic profiling）すなわち，警察等の法執行官が，「有色人種」「イスラム系」といった特定の人種ないしエスニック・グループに属することを判断基準として取締りの対象とする手法が多くの国でみられるようになっているが，そうした取締り手法は，法律の前の平等という観点から問題を生ずる。ヨーロッパ審議会の「人種主義及び不寛容に対抗するヨーロッパ委員会（ECRI）」が2007年に採択した「警察活動における人種主義及び人種差別に関する一般政策勧告11号」は，「人種的プロファイリング（racial profiling）」を，「警察が，管理，監視又は調査活動において，客観的かつ合理的な正当化事由なく，人種，皮膚の色，言語，宗教，国籍又は民族的もしくは種族的出身を理由として用いること」と定義し，そのような行為を法律で禁止するよう審議会加盟国に勧告している[195]。

　ウィリアムズ・ルクラフト対スペイン事件は，家族で旅行中，黒人である通報者のみが駅で警察に呼び止められて身分証明書の提示を求められ，その理由が「有色の人々」に対する身分確認を求める内務省の命令であったことを告げられたために，通報者がこれを人種差別であると訴えた事案である。スペインの国内手続における通報者の訴えは，通報者は黒人であったため身分証提示を求められたことは不均衡とはいえないとする高等裁判所判決等によって退けられ，最終的には憲法裁判所において，特定の人種に属する者の身分確認に関する命令があったとは認められていないこと，警察官の行為が人種的偏見に基づくものであったという証拠はなかったことを理由に退けられていた。これにつ

---

(195)　http://www.coe.int/t/dlapil/codexter/Source/ECRI_Recommendation_11_2007_EN.pdf.

◆ 第2部 ◆　条約機関の判例・先例法理に見る人権条約上の実体的義務

いての個人通報事案で自由権規約委員会は，以下のように述べて，効果的な救済に関する2条3項と合わせ読んだ26条の違反を認定している。

　類似のエスニック・プロファイリングがヨーロッパ人権裁判所で問題となった事案として，ロシアのカバルディオ＝バルカリア共和国において警察官が「チェチェン人」の入境を拒否したことに関するティミシェフ対ロシア事件がある。ヨーロッパ人権裁判所は本件で，移動の自由に関する第4議定書2条の侵害を認定するとともに，明らかな不平等が事案の根本的な側面であるとして14条（条約上の権利・自由の差別のない保障）についても検討し，第4議定書2条と合わせ読んだ14条の違反も認定している。ヨーロッパ人権裁判所によると，**「もっぱら，又は決定的な程度において人の種族的出身（ethnic origin）に基づくいかなる取扱いの相違も，多元主義及び異なった文化への尊重の原則の上に築かれる現代の民主的社会においては客観的に正当化しえない」**。

● ***CASE*** ● 〈国際先例〉ウィリアムズ・ルクラフト対スペイン事件（*Williams Lecraft v. Spain*）自由権規約委員会「見解」，通報 No.1493/2006，2009年8月17日

「7.2.　委員会は，警察による身分確認を受けることで，通報者が人種差別を被ったかどうかを決定しなければならない。委員会は，公の安全又は犯罪防止の目的で行われる身分確認一般は，正当な目的に資するものであると考える。しかし，当局がそのような確認を行う際には，それを受ける人の身体的又は種族的特徴は，それ自体，当該国における不法滞在の可能性を示すものとみなされるべきではない。また，特定の身体的又は種族的特徴をもった人のみを標的とする形で行われるべきものでもない。そうでなければ，そうした確認は，関係する個人の尊厳に否定的な影響を与えるのみならず，公衆全体に外国人嫌悪の態度を広めることにつながり，人種差別と闘うことを目的とした実効的な政策に逆行するであろう。

7.3.　市民的及び政治的権利に関する国際規約違反に対する国家の国際責任は，客観的に判断されるべきものであり，権限をもった国家機関のいずれかの作為又は不作為から生じうる。本件では，警察官が皮膚の色の基準に基づいて身分確認を行うことを明文で求めた文書による命令があったとは思われない一方で，当該警察官は，その基準に従って行動していると自ら考えていたようであり，かつ当該基準は，事件を審理した裁判所によって正当と認められていた。当事国の責任は，［そのような行政機関及び司法機関の行為の結果］明らかに生ずる。従って委員会は，当該行為が，規約の規定の一又はそれ以上に反するかどうかを決定しなければならない。

7.4.　本件では，事件書類から，当該の身分確認は一般的性格のものであったことが推測されうる。通報者は，彼女の直近では他の誰も身分確認を受けておらず，彼女を呼び止めて質問した警察官は，なぜ近くの他の誰でもなく彼女が身分証提示を求められたのかの説明として，彼女の身体的特徴に言及したと主張している。これらの主張は，通報者が訴えを提出した行政機関及び司法機関においても，また委員会の手続においても，

反駁されていない。この状況において，委員会は，通報者はもっぱら彼女の人種的特徴を理由として身分確認の対象として抜き出されており，彼女が違法行為に関わっていると疑われたことにおいてはそれらの特徴が決定的なものであったとしか結論できない。さらに，委員会は，区別の基準が合理的かつ客観的なものでありかつ目的が規約上の正当な目的を達成するための者である場合には，あらゆる取扱いの相違が差別を構成するわけではない，という先例法を想起する。本件では委員会は，合理性及び客観性の基準が満たされなかったという見解である。さらに，通報者には，例えば救済措置としての謝罪によって，いかなる満足も提供されていない。

8. 以上に照らして，自由権規約委員会は，……本件における事実は，規約2条3項と合わせ読んだ26条の違反を示すという見解である。

9. 規約2条3項(a)に従い，当事国は通報者に対し，公的な謝罪を含む効果的な救済を提供する義務を負う。当事国はまた，公務員が本件でみられた種類の行為を繰り返さないことを確保するため，あらゆる必要な措置を取る義務を負う。

10. 選択議定書の締約国となることによって，当事国は，規約違反があったか否かを決定する委員会の権限を認めていること，及び，規約2条に従い，当事国はその領域内にあり又は管轄下にあるすべての人に規約で認められた権利を確保する義務を負っていることを想起し，委員会は，180日以内に，委員会の見解に効果を与えるため取られた措置についての情報を当事国から受領することを希望する。当事国かまた，委員会の見解を公表することが求められる。」

● **CASE** ● 〈国際判例〉ティミシェフ対ロシア事件（*Timishev v. Russia*）ヨーロッパ人権裁判所判決，申立 Nos.55762/00 and 55974/00, 2005年12月13日（最終判決日：2006年3月13日）

「50. 申立人は，彼の移動の自由に対する権利に対する制限は，その種族的出身（ethnic origin）を条件とするものであったため，差別的に適用されたと主張している。……」

「53. 裁判所は，14条は独立の存在ではなく，同様の状況にある個人を，条約及び議定書上の権利の享受におけるいかなる差別からも保護するものとして，それら他の規定を補完する重要な役割を果たすことを繰り返す。条約又は議定書の実体規定が，それ自体で，及び14条と合わせて依拠されている場合であって，実体規定について個別の違反が認定された場合には，一般に，裁判所は，14条の下でも事案を検討する必要はない。しかし，当該権利の享受における明らかな取扱いの不平等が，事案の根本的な側面である場合には，裁判所の立場は異なる（シャサヌほか対フランス事件（*Chassagnou and Others v. France*）大法廷判決，Nos.25088/94, 28331/95 and 28443/95, 89項，及び1981年10月22日のダジョン対イギリス事件（*Dudgeon v. the United Kingdom*），67項を見よ）。

54. 本件の状況をみると，裁判所は，カバルディオ＝バルカリアの上級警察官は，交通警察官に対し，『チェチェン人』を入れるなと命令していたことを注記する。当事国政府の主張にあるように，人の種族的出身はロシアの身分証のどこにも挙げられていないため，この命令は，実際にチェチェンの種族性をもつ者のみならず，当該種族的集団に属すると単にみなされただけの人の通行をも禁じることになった。他の種族的集団の代

◆ 第2部 ◆ 条約機関の判例・先例法理に見る人権条約上の実体的義務

表らが同様の制限を受けたとは主張されていない（特に，上記51項を見よ）。裁判所の見解では，これは，人の種族的出身を理由とする，移動の自由に対する権利の享受における明らかな取扱いの不平等であった。

55. 種族性（エスニシティ ethnicity）と人種（race）は関連しており，重複する概念である。人種の概念は，皮膚の色や顔の特徴等の形態的な特徴を基に人類を生物学的に亜種に分類する考えに基づいている一方，種族性は，共通の民族性（nationality），部族的なつながり，宗教的信念，共有の言語，又は文化的，伝統的な出自及び背景によって特徴づけられる社会的集団の考えに基づいている。

56. 比較的同様の状況にある人の異なった取扱いは，客観的かつ合理的な正当化事由がなければ，差別を構成する（ウィリス対イギリス事件（*Willis v. the United Kingdom*），No. 36042/97，48項）。人の，実際の種族性又は，[訳注：他人から] 認識された種族性（perceived ethnicity）は，人種差別の一形態である（国連及び，人種主義及び不寛容に対抗するヨーロッパ委員会が採用している定義，上記33-34項を見よ）。人種差別は，特に不快な差別の一形態であり，その結果の危険性からして，当局が特別の警戒及び積極的な対応を行うことを必要とする。当局が，人種主義と闘うために用いうるあらゆる手段を用いなければならず，それによって，多様性が脅威としてではなく豊かさの源とみなされる民主的な社会の見方を強化していかなければならないのは，この理由のためである……。

57. 申立人が，取扱いの相違があったことを示した以上，当該の取扱いの相違が正当化されることを示すのは，当事国政府の責任である（例えば，上述のシャサヌほか対フランス事件，91-92項を見よ）。……

58. 政府は，移動の自由に対する権利の享受において，チェチェンの種族的出身の人とチェチェンでない種族的出身の人との間の取扱いの相違に対するいかなる正当化事由も示さなかった。いずれにせよ，裁判所は，もっぱら，又は決定的な程度において人の種族的出身に基づくいかなる取扱いの相違も，多元主義及び異なった文化への尊重の原則の上に築かれる現代の民主的社会においては客観的に正当化しえないと考える。

59. 結論として，移動の自由に対する申立人の権利は，もっぱら彼の種族的出身を理由として制限されたのであるから，当該取扱いの相違は，条約14条の意味における人種差別を構成するものであった。

　従って，条約第4議定書2条と合わせ読んだ条約14条の違反があった。」

◆ **2　すべての者が法律による平等の保護(equal protection of the law)を受ける権利** ━━

　「法律の前の平等」が，法律の存在を前提として，その適用・執行に携わる行政機関及び司法機関に向けられた規範であるのに対し，法律が差別をせず人を平等に保護することにかかわる「法律による平等の保護」は，**立法府に向けられた規範**である。すなわち，法律による平等の保護は，**法律の内容がそれ自体差別的でないことを要求するものであり，法律の制定において立法府を拘束する**。法律の規定内容が，客観的かつ合理的な正当化事由なく人を異なって取

◆ 第8章　差別の禁止と平等

扱うことは，直接的な差別となる。他方で，「差別」に関する条約機関の共通の解釈で示されているように，直接的な差別でなくとも，法律の規定がその効果として，一定の人々の権利享受・行使に対し事実上差別的な効果をもたらしている場合には，それは**間接差別**として，法律による平等の保護を及ぼしていないものとみなされうる。

　自由権規約26条第2文の後段は，「人種，皮膚の色，性，言語，宗教，政治的意見その他の意見，国民的もしくは社会的出身，財産，出生又は他の地位等のいかなる理由による差別に対しても」平等のかつ効果的な保護をすべての者に保障すると規定している。以下では，ここに掲げられた差別禁止事由に基づく差別に関して自由権規約委員会が示した見解をみていく。

(1) 性に基づく差別

　委員会によれば，**性のように規約26条2項に列挙された特定の理由に基づく取扱いの相違がある場合には，当該区別の理由を説明し，客観的かつ合理的な区別であると正当化する重い立証責任が当該国に課される**。ナミビアにおいて，ドイツ国籍の夫の姓をナミビア国籍の妻の姓に改姓することを希望する夫婦が，同国の法律上，妻が夫の姓に改姓する場合には何ら許可を必要としないのに対し夫が妻の姓に改姓する場合には申請手続を取り許可を得ることが必要とされていることは性差別であると主張した事案で，自由権規約委員会は，以下のように述べて26条違反を認定した。後でみるように，ヨーロッパ人権裁判所も，ヨーロッパ審議会加盟国の共通の目標の1つである両性の平等に照らし，**性を理由とする取扱いの相違には非常に重みのある理由**（very weighty reasons）**が提示される必要があり，それが示されない限り，客観的かつ合理的な正当化事由を欠きヨーロッパ人権条約14条違反となる**とみなしている。

● ***CASE*** ● 〈国際先例〉ミュラー及びエンゲルハルト対ナミビア事件（*M. A. Müller and I. Engelhard v. Namibia*）自由権規約委員会「見解」，通報 No.919/2000, 2002年3月26日
「6.7.　規約26条に基づく通報者の主張に関して，委員会は，当事者によって争われていない次の事実を注記する。外国人法9条1項は，男性又は女性が婚姻の際に他方の配偶者の姓を名乗る権利に関して，性に基づく区別を行っている。委員会は，法律の前の平等及び差別なく法律の平等な保護を受ける権利はあらゆる取扱いの相違を差別的なものとするわけではないという一貫した先例法を繰り返す。合理的かつ客観的な基準に基づ

◆ 第2部 ◆　条約機関の判例・先例法理に見る人権条約上の実体的義務

く区別は，26条の意味において禁止される差別にはあたらない。しかし，規約26条2項に列挙された特定の理由に基づく取扱いの相違は，当事国に対し，当該区別の理由を説明する重い責任を課す。委員会は従って，9条1項に定められた性に基づく区別の元となっている理由が，この規定が差別的であるという決定を免れさせるものであるかどうかを検討しなければならない。

6.8.　委員会は，外国人法9条1項の目的は正当な社会的及び法的目的，特に法的安全性を生むという目的を実現するものであるという当事国の主張を注記する。委員会はさらに，外国人法9条でなされている区別は，夫の姓を名乗るというナミビアの女性の長きにわたる伝統に基づいており，他方で，実際にこれまで男性が妻の姓を名乗ることを希望したことはない，よって通常の事態を扱っているこの法律は単にナミビア社会で一般に受け入れられている状況を反映したにすぎない，という当事国の主張も注記する。妻の姓を家族の姓にしたいという，あるカップルの珍しい希望は，外国人法に定められた手続に従って容易に考慮されうるはずだということである。しかし委員会は，妻の姓の選択も夫の姓の選択と同様に登録することができるのであるから，外国人法9条のとっている，性に基づく手法がなぜ，法的安全性を生むという目的に資するのかを理解できない。男性と女性の間の平等の原則の重要性に照らせば，長きにわたる伝統という主張は，規約に反する男女の異なった取扱いに対する一般的な正当化事由として維持できない。妻の姓を家族の姓として選択する可能性を，もう1つの方法（夫の姓の選択）よりも厳しくはるかに面倒な条件に服させることは，合理的とは判断され得ない。いずれにせよ，区別の理由は，一般的に許されない性に基づく手法を正当化するに十分な重要性をもっていない。従って委員会は，通報者らは差別及び26条違反の被害者であったと認定する。」

(2)　宗教，政治的意見その他の意見に基づく差別

良心的兵役拒否者に対する代替的な社会奉仕義務について，兵役の場合よりも長い勤務期間を課すことは許容されうるが，その期間の長さについて当事国が十分な正当化事由を示していないと判断される場合には，宗教的信念その他の意見に基づく26条差別とみなされうる。フランスで，良心的兵役拒否によりカマルグ国立自然保護地区での社会奉仕義務を課された通報者が，兵役期間は1年を超えない期間であるのに対し，社会奉仕義務の場合には法律上2年の勤務が義務づけられている（通報者は1年で勤務を辞めたところ，違法な離脱として有罪判決を受けた）ことを差別的であると主張した事案で，委員会は以下のように述べて26条違反の差別を認定した。委員会は報告制度においても，例えばフィンランドに対する2004年の総括所見において，良心的兵役拒否の場合の代替的な社会奉仕義務の期間が「懲罰的に長い」ことについて18条（宗教の自由）及び26条の観点から懸念を示している[(196)]。

第 8 章　差別の禁止と平等

> ● **CASE** ●　〈国際先例〉フォワン対フランス事件（*F. Foin v. France*）自由権規約委員
> 　　会「見解」，通報 No.666/1995，1999年11月 9 日
>
> 「10.3.　委員会の前にある問題は，通報者が代替的勤務を行う具体的な条件が，規約違
> 反を構成するかどうかである。委員会は，規約 8 条に基づき，締約国は軍事的性格の役
> 務を要求でき，良心的兵役拒否の場合には，差別的でない限りにおいて，代替的な国家
> 奉仕を要求できると考える。通報者は，フランス法上の，兵役の場合の12か月に対し，
> 代替的な国家奉仕の場合の24か月の長さという条件は，差別的であり，規約26条に定め
> られた法律の前の平等及び法律の平等な保護の原則に違反すると主張した。委員会は，26
> 条はあらゆる取扱いの相違を禁じるわけではないという立場を繰り返す。しかし，委員
> 会が繰り返し述べる機会があったように，いかなる区別も，合理的かつ客観的な基準に
> 基づくものでなければならない。この文脈で委員会は，<u>兵役と代替的な国家奉仕との間
> に法律上及び実行上相違を設けることはでき，そのような相違は，特定の場合，区別が
> 特定の勤務の性格又は当該勤務を達成するための特別の訓練の必要性といった合理的か
> つ客観的な基準に基づいている限りにおいて，より長い勤務期間を正当化することもあ
> る</u>と認める。<u>しかし本件では，当事国によって出された理由は，そのような基準に言及
> していないか，通報者の事案への具体的な言及なく一般的な文言における基準に言及し
> ており，むしろ，勤務期間を 2 倍にすることのみが，個人の信念の真実性を試す唯一の
> 方法であるという主張に基づいている。</u>委員会の見解では，そのような主張は，本件に
> かかる取扱いの相違が合理的かつ客観的な基準に基づくものであったという条件を満た
> すものではない。この状況において委員会は，通報者は彼の良心の信念に基づいて差別
> されたのであるから，26条違反があったと認定する。」

(3)　他の地位による差別 —— 性的指向，国籍

① 性的指向（sexual orientation）

　同性のパートナーをもつ男性が，成人男性が同意の上で私的に行う行為を含
めて男性間の性的接触を犯罪とするタスマニア州の刑法規定が規約 2 条 1 項と
合わせ読んだ17条（私生活への干渉について法律の保護を受ける権利）及び26条
に違反すると主張したトゥーネン対オーストラリア事件で，自由権規約委員会
は，当該規定は目的と手段との均衡性を欠く恣意的な干渉であるとし， 2 条 1
項と合わせ読んだ17条 1 項の違反を認めた（26条については検討の必要なしとし
た）。その際に委員会は， 2 条 1 項及び26条にいう「性 (sex)」は「性的指向 (sexual
orientation)」を含むと解釈されるという見解を示している。但し， 2 条 1 項及
び26条にいう「性」が，身体的な性別でなくホモセクシュアル（同性愛者），
ヘテロセクシュアル（異性愛者）等の「性的指向」を含むものと解釈されうる

---

(196)　CCPR/CO/82/FIN, para.14.

361

◆第2部◆　条約機関の判例・先例法理に見る人権条約上の実体的義務

かどうかは，条約規定の文言の通常の意味からしても異論のあるところであろう。ただ，2条1項及び26条は，明記された差別禁止事由のほか，「他の地位」等によるいかなる差別もあってはならないことを規定しているから，性的指向による差別は，いずれにしても「他の地位」に含まれ，合理的かつ客観的な正当化事由のない区別は差別として禁止されると解釈されうる（ヨーロッパ人権条約14条等も同様）。後でみるように，ヨーロッパ人権裁判所の判例法では，**性に基づく差別と同様，性的指向に基づく差別も，特に重大な理由**(particularly serious reasons)**をもって正当化される必要があるとされている。**

● ***CASE*** ●　〈国際先例〉トゥーネン対オーストラリア事件（*Toonen v. Australia*）自由権規約委員会「見解」，通報 No.941/2000，2003年8月6日

「8.2.　17条に関しては，成人間の合意のある私的な性的活動が『私生活』の概念でカバーされることは争われていない。委員会は，タスマニア州刑法122条(a)・(c)及び123条は，たとえ10年間執行されていないとしても，通報者の私生活に『干渉』すると考える。この文脈で，私的なホモセクシュアル行為に関しては刑事手続を開始しないという公訴局長の政策は，特に1988年のタスマニア州公訴局長及びタスマニア州議会議員の明瞭な発言に照らせば，将来においてホモセクシュアルに対し公訴が提起されないという保障にはあたらないことを注記する。従って，異議が申し立てられている法規定が継続して存在することは，通報者の私生活に直接に『干渉する』。

8.3.　私的なホモセクシュアル行為の禁止は，法律すなわちタスマニア州刑法122条及び123条で規定されている。それが恣意的とみなされうるかどうかについて，委員会は，17条に関する一般的意見14に従い，『恣意性の概念は，法律で規定された干渉であっても，規約の規定及び目的に従っているべきであり，いかなる場合でも当該状況において合理的であるべきである』（一般的意見16，4項）ことを想起する。委員会は，合理性の条件は，私生活に対するいかなる干渉も，実現しようとされている目的に均衡しておりかつ，当該事件の状況において必要なものでなければならないことを含意すると解釈する。

8.4.　締約国は問題の規定がトゥーネン氏の私生活への恣意的な干渉を構成すると認めているが，タスマニア州当局は，異議を申し立てられている法律は，タスマニアにおけるHIV／エイズの広がりを防止することを目的の一部としておりまた，17条に具体的な制限条項がなければ道徳的な問題は国内的に決定される問題とみなされるべきであるから，公衆の健康及び道徳を理由として正当化されると主張している。

8.5.　タスマニア州当局の行った公衆の健康についての主張に関しては，委員会は，ホモセクシュアル行為を犯罪化することは，エイズ／HIVの広がりを防止するという目的を達成するための合理的な方法又は均衡した措置とはみなされ得ないことを注記する。オーストラリア政府は，ホモセクシュアル行為を犯罪化する法律は，『感染の危険がある人々の多くを地下に追い込むことによって』公衆保健プログラムを阻害する傾向があるという見解を示している。ホモセクシュアル行為を犯罪化することは，従って，HIV／エイズ防止に関する実効的な教育プログラムの実施に逆行すると思われる。第二に，

◆ 第8章 差別の禁止と平等

委員会は，ホモセクシュアル行為を継続して犯罪化していることと，HIV／エイズウィルスの広がりの実効的管理との間に，いかなる結びつきも示されていないことを注記する。

8.6. 委員会はまた，17条の目的上，道徳的な問題はもっぱら国内的関心事であるということも，受け入れることができない。それを認めれば，私生活に干渉する潜在的に多数の法律が，委員会の精査を受けないということに道を開くことになるからである。委員会はさらに，タスマニア州を除いて，ホモセクシュアル行為を犯罪化する法律はオーストラリアですべて撤廃されており，タスマニア州においてさえも，122条及び123条も撤廃されるべきではないかということについてコンセンサスがないとみられることを注記する。さらに，これらの規定が現在執行されていないことは，これらの規定はタスマニア州における道徳の保護に不可欠とみなされないことを含意するということを考えると，委員会は，当該規定は本件の状況において『合理性』の基準を満たしておらず，17条1項に基づくトゥーネン氏の権利に恣意的に干渉すると結論する。

8.7. ……委員会は……委員会の見解では，2条1項及び26条における『性』への言及は性的指向を含むものと解釈されるべきであることを述べるにとどめる。」

② 国　籍

先にみたゲイエほか対フランス事件で示されているように，自由権規約委員会は，**国籍による差別は26条の第2文にいう「他の地位」による差別に含まれる**という見解を取っている。この事件は，退役兵の軍人恩給に関するフランスの法律が，セネガル国籍の退役兵に対しては低い額に凍結することを規定したことは，フランス軍における兵役という同じ服務に対するものとしての恩給をもっぱら現在の国籍によって異なって取扱うものであって，合理的かつ客観的な基準に基づいておらず，26条に違反するとされたものであった。

シムネク対チェコ共和国事件は，共産党政権によって没収された財産の返還に関して同国が制定した法律上，返還を申請するためにはチェコ国民でありかつ同国に在住していることという要件があることにつき，現在外国籍ないし外国に居住している通報者らが26条違反を訴えた事案である。委員会は，ゲイエ事件における判断手法と同様，財産没収という同じ被害を受けた被害者を対象としている法律が，現在の国籍及び居住地という要件によって通報者らを排除したことは，26条違反の不合理な差別にあたると認定した。委員会はまたこの関連で，立法者には差別的意図はなかったという当事国の主張を退け，**差別的意図や政治的動機がない法律であっても，その効果において差別的であれば26条違反になりうる**としている。

363

◆ 第 2 部 ◆　条約機関の判例・先例法理に見る人権条約上の実体的義務

● *CASE* ●　〈国際先例〉シムネク対チェコ共和国事件（*Simunek v. the Czech Republic*）
自由権規約委員会「見解」, 通報 No.516/1992, 1995年 7 月19日

「11. 4.　委員会の前にある問題は, 通報者に対する法律1991/87の適用が, 法律の前の平等及び法律の平等な保護に対する彼らの権利の侵害を伴ったかどうかである。……委員会は, ［財産の］没収それ自体はここで問題ではなく, むしろ, 他の請求者らは財産を回復したか又はそれに対する賠償を受けた一方, 通報者らには救済措置が否定されたことであると考える。

11. 5.　本件では, 通報者らは, 請求者はチェコ国民でありかつチェコ共和国に在住していなければならないとする法律87/1991の要件の排除的効果の影響を受けた。従って, 委員会の前にある問題は, 原状回復又は賠償のためのこれらの前提条件が, 規約26条の無差別の要求に合致するかどうかである。……

11. 6.　原状回復又は賠償のための条件が規約に合致するかどうかを検討するにあたっては, 委員会は, 当該財産に対する通報者の元の権利及び没収の性格を含めたすべての関連要素を考慮しなければならない。当事国自体, 没収は差別的であったと認めており, それが, 原状回復の形態を提供するために特別の法律が制定された理由であった。委員会は, すべての被害者は恣意的な区別なく救済を受ける権利があるのだから, そのような法律は, 以前の没収の被害者の間で差別をしてはならないと考える。通報者がそれぞれの財産に対して有していた元の権利は国籍又は居住を前提とするものではなかったことを考慮すれば, 委員会は, 法律87/1991における国籍及び居住の条件は不合理であると認定する。この関連で委員会は, 当事国は, これらの制限を正当化するいかなる理由も示さなかったことを注記する。さらに, 通報者及び同じ状況にある他の多くの人は, 政治的意見のためにチェコスロバキアを離れかつ, その政治的意見又は他国への移住のために財産を没収されたということが主張されている。……通報者の出国に当事国自体が責任を負っていることを考慮すれば, 財産の原状回復又は適切な賠償の支払いの前提条件として国に永住帰国することを要求することは, 規約に合致しないであろう。

11. 7.　当事国は, チェコスロバキアの立法者は法律87/1991の採択当時差別的な意図はなかったのだから, 規約違反はないと主張している。しかし, 委員会は, 立法府の意図は, それのみで, 規約26条違反を決定するにあたり決定的なものではないという見解である。政治的動機のある区別は, 26条と合致しない可能性が高い。しかし, 政治的動機のない行為であっても, その効果が差別的であれば, 26条に違反しうる。

11. 8.　上記の考慮事項に照らし, 委員会は, 法律87/1991は通報者に対して, 規約26条に基づく彼らの権利を侵害する効果をもったと結論する。」

　委員会は1997年に一つの事案[197]において, **協定締約国の国民に優先的取扱いを与える国際協定は, 区別の客観的かつ合理的な正当化事由を構成しうる**という見解を示していたが, その後の見解では委員会は, **そのような協定の存在**

---

(197)　ヘンドリカ・ファン・オルド対オランダ事件（*Hendrika Van Oord v. the Netherlands*）, 通報 No.658/1995。

◆第8章 差別の禁止と平等

が無条件に正当化事由となるわけではなく，個別の事案の事実に照らしてその
合理性を精査する姿勢を取っている。次にみるカラクルト対オーストリア事件
は，就労している団体の労働評議会（従業員の利益の促進や労働条件の遵守の監
視を行う）のメンバーに立候補する資格をオーストリア国籍の者又はヨーロッ
パ経済地域（EEA）加盟国の国民に限定しているオーストリアの産業関係法の
規定について，オーストリアで無期限の就労資格をもち当該団体で働いている
トルコ国籍の通報者が26条違反を主張した事案である。本件で委員会は，問題
となっている労働評議会のメンバーの任務に照らせば，立候補資格をもっぱら
国籍のみで区別することは合理的とはいえないとして，26条違反を認定した。

● ***CASE*** ● 〈国際先例〉カラクルト対オーストリア事件（*Karakurt v. Austria*）自由権
規約委員会「見解」，通報 No.965/2000，2002年4月4日

「8.4. 本件では，当事国は，オーストリアないし EEA 加盟国の国民でない通報者に対
し，無期限の期間領域内で就労する権利を与えている。従って問題は，当事国において，
EEA 加盟国国民には利用できる緊密かつ自然な雇用上の事項，すなわち関連の労働評
議会に立候補する権利から，国籍のみに基づいて通報者を排除することを正当化する，
合理的かつ客観的な理由があるかどうかである。委員会は1つの事案（ファン・オルド
対オランダ事件（*Van Oord v. the Netherlands*），通報 No.658/1995）で，協定の締約国の
国民に優先的取扱いを与える国際協定は，区別の客観的かつ合理的な正当化事由を構成
しうるとしたが，そこから，<u>そのような協定がそれ自体，規約26条の要求に関して十分
な理由を構成するという，一般的規則を導くことはできない。むしろ，それぞれの事案
を，それ自体の事実に基づいて判断することが必要である。本件に関しては，委員会は，
労働評議会のメンバーの任務すなわち，従業員の利益を促進し及び労働条件の遵守を監
視すること……を考慮に入れなければならない。このことに照らせば，労働評議会に立
候補する資格に関して，もっぱら国籍の違いに基づいて外国人を区別することは，合理
的ではない</u>。従って，委員会は，通報者は26条違反の差別を受けたと認定する。」

もっぱら国籍を理由とする取扱いの相違に対する人権条約機関の厳しい姿勢
は，後でみるヨーロッパ人権裁判所の判例法にもみられる。とりわけ1990年代
以降，ヨーロッパ人権裁判所の判例法では，国籍に基づく区別を，性に基づく
区別や婚外子としての地位に基づく区別と並んで，14条に照らして差別が疑わ
れるカテゴリーとみなし，それが条約に合致するとみなされうるためには特に
強い正当化事由が提示される必要があるとする法理が発展している。

365

◆ 第2部 ◆ 条約機関の判例・先例法理に見る人権条約上の実体的義務

◆ 3 法律があらゆる差別を禁止すること

自由権規約26条の第2文前段は，法律があらゆる差別を禁止することを規定しており，**国家機関によるものか私人によるものかを問わず，あらゆる差別を法律によって禁止する積極的義務を立法府に課すものである。**

国が差別を法律で禁止することは，人種差別に関しては，私人や集団・団体による差別を禁止することを義務づけた人種差別撤廃条約2条1項(d)（「各締約国は，すべての適当な方法（状況により必要とされるときは，立法を含む。）により，いかなる個人，集団又は団体による人種差別をも禁止し，終了させる。」において，「状況により必要とされるときは」立法措置を取ることという形で要請されている。また，女性差別撤廃条約は女性差別に関して，「女性に対するすべての差別を禁止する適当な立法その他の措置（適当な場合には制裁を含む。）を取ること」を締約国に義務づけている（2条 ((b))。人種差別撤廃条約2条1項(d)が，立法を必要とする立法事実があるときは，という形で規定し，また女性差別撤廃条約2条(b)は「立法その他の措置」としているのに対し，自由権規約26条第2文前段は，法律が差別を禁止することをそれ自体明確に義務づけた規定となっている。

自由権規約には，26条のほか，先にみたように，規約上の権利の平等な確保を定めた2条1項及び，規約上の権利を男女に平等に確保することを定めた3条の規定があるが，**自由権規約委員会は2条及び3条はともに，公的及び私的部門における差別行為であって平等な権利享受を害するものをなくし，規約上の権利の平等な享受を確保するため締約国があらゆる必要な措置を取る積極的義務を課しており，それには国内立法の整備が含まれるとしている。**さらに，**委員会によれば，法律が差別を禁止することを定めた26条は，あらゆる分野における公的及び私的主体からの差別に対して積極的措置を取ることを要求し，雇用，教育，住居・財・サービスの供給等の分野で法律が差別を法律で禁止することを要請する。**

■ 自由権規約委員会「一般的意見28 男女間における権利の平等（3条）（2000年）

3．規約2条及び3条で定められた，規約で認められた権利をすべての個人に確保する義務は，締約国が，すべての人がこれらの権利を享受できるようにするためあらゆる必要な措置を取ることを要求する。これらの措置には，それらの権利それぞれの平等な享受の障害を除去すること，人々及び国家公務員に対する人権教育，並びに，規約で定められた義務に効果を与えるための国内立法の整備が含まれる。締約国は，女性の実効的かつ平等なエンパワーメントを達成するため，保護の措置のみならず，あらゆる分野において積極的な措置を取らなければならない。締約国は，これらの義務に効果を与えるため立法規定に加えてどのような措置が取られたかもしくは取られるべきか，どのような進歩があったか，

366

第8章　差別の禁止と平等

どのような困難に直面したか，それを克服するためにどのような措置が取られているかを委員会が確かめることができるよう，社会における女性の実際の役割に関する情報を提供しなければならない。

4．締約国は，差別なく平等な権利享受を確保する責任を負っている。2条及び3条は締約国に対し，性による差別の禁止を含め，公的及び私的部門における差別行為であって平等な権利享受を害するものを終わらせるために必要なあらゆる措置を取る義務を課している。

20．締約国は，女性が男性と平等の立場で17条で保護された私生活その他の権利を享受する権利に干渉しうる法及び慣行の効果を委員会が評価することを可能にする情報を提供しなければならない。……女性の私生活はまた，女性を雇用する前に妊娠テストを要求する雇用者のような，私的行為者によっても干渉される。締約国は，女性にとっての17条に基づく権利の平等な享受に干渉するいかなる法並びに公的もしくは私的行為，並びにそのような干渉を根絶しそのような干渉から女性を保護するために取った措置について報告すべきである。

31．26条で保護された，法律の前での平等に対する権利及び差別からの自由は，国家に対し，あらゆる分野における公的及び私的主体からの差別に対して行動を取ることを要求する。社会保障に関する法律（通報172/84，ブルックス対オランダ事件における1987年4月9日の見解，通報182/84，ツワーン・ド・フリース対オランダ事件における1987年4月9日の見解，通報218/1986，ヴォス対オランダ事件（*Vos v. the Netherlands*）における1989年3月29日の見解，並びに，市民権もしくは外国人としての権利（通報35/1978，アウメルディ＝チフラほか対モーリシャス事件（*Aumeeruddy-Cziffra et al v. Mauritius*）における1981年4月9日採択の見解）のような分野における女性差別は，26条に違反する。いわゆる「名誉犯罪」の実行であって処罰されない行為は，規約，特に6条，14条及び26条の重大な違反を構成する。姦通又はその他の罪に対して男性よりも女性により重い刑罰を科す法律も，平等の取扱いの要求に違反する。委員会はまた，国家報告の審査において，大きな割合の女性が，労働法によって保護されない分野で雇用されていること，通用している慣習及び伝統が，特に報酬の良い職へのアクセス及び同一価値労働同一報酬へのアクセスに関して女性を差別していることを観察してきた。国家は，その立法及び慣行を見直し，例えば雇用，教育，政治活動，並びに住居・財・サービスの供給のような分野で私的当事者による差別を禁止することで，すべての分野で女性差別を根絶するために必要なあらゆる措置を実施する先頭に立つべきである。締約国は，これらのすべての措置について報告しかつ，そのような差別の被害者が利用できる救済措置に関する情報を提供すべきである。

　2016年3月時点で日本を含め177カ国が批准している人種差別撤廃条約は，上述のように「すべての適当な方法（状況により必要とされるときは，立法を含む。）により，いかなる個人，集団又は団体による人種差別をも禁止し，終了させる」義務（2条1項(d)）を課しているが，禁止される人種差別とは「人種，皮膚の色，世系又は民族的もしくは種族的出身に基づくあらゆる区別，排除，制限又は優先であって，**政治的，経済的，社会的，文化的その他のあらゆる公的生活の分野における**平等の立場での人権及び基本的自由を認識し，享有し又は行使することを妨げ又は害する目的又は効果を有するもの」（1条）と定義されている（強調筆者）。日本政府はこの1条の定義にいう「公的生活」について，「『公的生活（public life）』の意味とは，国や地方公共団体の活動に限らず，企業の活動等も含む人間の社会の一員としての活動全般を指すものと解されます。つまり，人間の活動分野のうち，特定少数の者を対象とする純粋に私

367

◆ 第2部 ◆ 条約機関の判例・先例法理に見る人権条約上の実体的義務

的な個人の自由に属する活動を除いた, 不特定多数の者を対象とするあらゆる活動を含むものと解されます」としている[198]が, 妥当な解釈である。同条約はまた5条で, 特に次の権利の享有にあたりすべての者の法律の前の平等を保障するとして,

■ 人種差別撤廃条約

5条

(e) 経済的, 社会的及び文化的権利, 特に,
    (i) 労働, 職業の自由な選択, 公正かつ良好な労働条件, 失業に対する保護, 同一労働についての同一報酬及び公正かつ良好な報酬についての権利
    (ii) 労働組合を結成し及びこれに加入する権利
    (iii) 住居についての権利
    (iv) 公衆の健康, 医療, 社会保障及び社会的サービスについての権利
    (v) 教育及び訓練についての権利
    (vi) 文化的な活動への平等な参加についての権利
(f) 輸送機関, ホテル, 飲食店, 喫茶店, 劇場, 公園等一般公衆の使用を目的とするあらゆる場所又はサービスを利用する権利

を含めている。そうすると, 人種差別撤廃条約では, いかなる個人, 集団又は団体による人種差別をも禁止する義務から, 雇用, 住居, 教育, 社会的サービス, 一般公衆に開かれた場所又はサービスの利用を含む「公的生活」の分野における差別禁止が要求されているといえる。これらの差別が禁止される分野は, 私的主体による差別を禁止すべき分野の例として「雇用, 教育, 政治活動, 並びに住居・財・サービスの供給」を挙げている自由権規約委員会の理解と重なる（なお, 上記の引用では省略したが, 人種差別撤廃条約5条は, 当然ながら市民的及び政治的権利も平等が保障される権利に含めている）。後述のように, ヨーロッパ諸国やカナダ, オーストラリア等諸外国の差別禁止法制は, 私人による差別が禁じられる分野として, 雇用, 教育, 住居, 財・サービスの供給を含めている。

◆ 4 法律がいかなる差別に対しても平等かつ効果的な保護 (equal and effective protection) をすべての者に保障すること

自由権規約26条第2文後段は, 締約国が法律によって「いかなる差別に対しても平等かつ効果的な保護をすべての者に保障する」ことを規定している。この規定は, 締約国が単に差別を法律で禁止する（第2文前段）とどまらず, 私的主体によるものを含め社会の中に事実上存在する様々な差別の根絶のための積極的な措置を取ることによって, あらゆる差別に対して「効果的な保護」を

---

[198] 外務省ウェブサイト「人種差別撤廃条約 Q&A」(http://www.mofa.go.jp/mofaj/gaiko/jinshu/top.html)。

第8章　差別の禁止と平等

与える義務を締約国に課すものである。

■ 自由権規約委員会「一般的意見18　無差別」
（1989年）

　9．多くの締約国の報告書は，法律上の，差別に対する保護に関連する立法規定，行政措置及び裁判決定に関する情報を含んでいるが，事実上の差別を明らかにする情報を欠いていることが非常に多い。……委員会は，公的機関，コミュニティ，又は私人もしくは私的団体のいずれかによって行われる，事実上の差別の問題があるかどうかについて知ることを希望する。委員会は，そのような差別を減じ又は根絶するための法規定及び行政措置についての情報を得ることを希望する。

　10．委員会はまた，平等の原則は時に，規約で禁じられた差別を生じさせ又はそれを恒久化することにつながる状況を減じ又は根絶するために締約国が積極的措置を取ることを要求するということを指摘したい。例えば，人口の一部の人々の一般的な状況がそれらの人々の人権享受を妨げ又は害している国では，当該国は，そのような状況を是正するための具体的な行動を取るべきである。そのような行動は，特定の事項について，関連する人々に対して，他の人々に比較して一定の優先的取扱いを一時的に与えることを伴いうる。そのような行動は，事実上の差別を是正するために必要な限りにおいて，規約上正当な区別の例である。

◆ **5　ヨーロッパ人権条約14条及び第十二議定書1条の解釈・適用** ━━━━

■ ヨーロッパ人権条約

14条　この条約に定める権利及び自由の享受は，性，人種，皮膚の色，言語，宗教，政治的意見その他の意見，国民的もしくは社会的出身，マイノリティへの所属，財産，出生又は他の地位等によるいかなる差別もなしに保障される。

　ヨーロッパ人権条約14条は，同条約上の権利及び自由の享受において差別がないことの保障を定めており，よって，独立の権利ではなく**条約の実体的権利・自由と合わせてのみ援用しうる**規定である。しかし，本条は，条約上の権利・自由がいかなる差別もなく保障されることを要求する点で，**実体規定それぞれに対して差別禁止という付加的な要求を加味する**規定であり，差別の禁止において実体規定を補完する機能を有する。従って，ヨーロッパ人権裁判所の判例法で示されているように，ある法令や措置が，実体規定それ自体の違反にはならなくとも，「**14条と合わせ読んだ**（read in conjunction with）」実体規定の違反となることがある。

● **CASE** 〈国際判例〉「ベルギーの教育における言語の使用に関する法の一定の側面に関する事件」［ベルギー言語事件］（*Case "Relating to Certain Aspects of the Laws on the Use of Languages in Education in Belgium" v. Belgium*）（本案）ヨーロッパ人権裁判所判決（全員法廷），申立 No.1474/62，1677/62，1691/62，1769/63，1994/63，2126/64，1968年7月23日

　「8．条約14条によれば，条約に定められた権利及び自由の享受は，とりわけ言語によ

369

◆ 第 2 部 ◆　条約機関の判例・先例法理に見る人権条約上の実体的義務

るいかなる差別もなく（without discrimination;"sans distinction aucune"）保障されなけれ
ばならない。そして，第一議定書 5 条の文言により，同様の保障が，この議定書で定め
られた権利及び自由にも等しく適用される。従って，第一議定書 2 条及び条約 8 条は，
孤立してではなく，14 条に定められた保障をも考慮して，裁判所により解釈され適用さ
れなければならない（14 条＋第一議定書 2 条，14 条＋ 8 条）。
　9．14 条の文言により『この条約に定める権利及び自由』のみに関連するという意味で，
この［訳注：14 条の］保障は独立の存在ではないことは確かである一方，問題となる権
利又は自由を掲げた条文の要求をそれ自体としては遵守している措置が，それにもかか
わらず，差別的性格のものであるという理由で，14 条と合わせ読んだ（read in conjunction
with）当該条文の違反となることがありうる。
　　よって，締約国の管轄下にある人は，第一議定書 2 条から，一定の種類の教育施設の
設置を公的機関から得る権利を引き出すことはできないが，にもかかわらず，そのよう
な施設を設置した国は，入学条件を定める際に，14 条の意味における差別的な措置を取っ
てはならない。
　　本件手続の過程で引用されたさらなる例を想起すれば，条約 6 条は国家に対し，控訴
裁判所の制度を設置することを要求してはいない。従って，そのような裁判所を設置す
る国は，6 条に基づく義務を超えた措置を取ることになる。しかし，そのような救済手
続を，同じタイプの行為に関して他の者には利用可能とする一方で，正当な理由なく一
定の人々には禁ずるとすれば，それは，14 条と合わせ読んだ同条（14 条＋ 6 条）の違反
となるであろう。
　　これらのケースでは，関連の条文で宣言された権利及び自由が，14 条と合わせ読まれ
て，侵害されることとなる。あたかも，後者が，権利及び自由を定めた前者のそれぞれ
の不可欠の一部をなすかのようにである。この点では，これらの権利及び自由並びにそ
れらの相関的義務の性格によって，例えば，当該権利に必要な尊重が積極的行動を含意
するか単なる避止を含意するかによって，いかなる区別もされるべきでない。」

　ヨーロッパ人権条約14条は，条約の実体的権利・自由と合わせてのみ援用し
うる規定であって，自由権規約26条のように独立した平等権の規定ではない。
他方で，上記ベルギー言語事件判決の判示は，ある措置を取ることないし法制
度をおくことが実体規定からは要求されていなくとも，それらを取った場合に
内容が差別的であれば14条と合わせ読んだ実体規定の違反となるとしている点
で，自由権規約26条（但し，26条は「法律」の内容とその適用に限られる）に関
する自由権規約委員会の解釈と共通する内容を含んでいる。ただ，自由権規約
26条が単独で援用できる平等権の規定であるのと異なり，ヨーロッパ人権条約
14条はあくまで実体規定と合わせてのみ援用できる規定であるから，その適用
範囲は無限定ではなく，条約上の権利・自由の射程範囲に関して差別がある場
合に限られる。ヨーロッパ人権裁判所の判例法によれば，14条の適用において

370

第8章　差別の禁止と平等

は実体規定の違反は前提とはされないが，14条が適用されるためには，申立て
られている差別が，条約上「保障された権利の行使に結びついている(linked to)」
とき[199]，ないし，条約上の権利・自由のいずれかの「範囲内（within the ambit）
にある」ことが要件となる。

● **CASE** ● 〈国際判例〉アブドゥラジズ，カバル及びバルカンダリ対イギリス事件
（*Abdulaziz, Cabales and Balkandali v. the United Kingdom*）ヨーロッパ人権裁
判所判決，申立 No.9214/80, 9473/81, 9474/81, 1985年5月28日

「71. 裁判所の確立された判例法によれば，14条は，条約及び議定書の他の実体規定を
補完する。14条は，これらの規定で保護された『権利及び自由の享受』に関してのみ効
果を有するため，独立の存在ではない。14条の適用はこれらの規定の違反を必ずしも前
提としない―この限りにおいて，14条は自律的である―が，問題となっている事実がこ
れらの［実体］規定の一又はそれ以上の範囲内（within the ambit）に入らなければ，そ
の適用の余地はない（とりわけ，上述のラスムッセン事件（*Rasmussen*）判決，29項を見
よ）。」

適用範囲においてそのような限定はあるものの，ヨーロッパ人権条約14条は，
財産権（第一議定書1条），私生活及び家族生活の尊重に対する権利（条約8条）
等の実体規定との関連において，**失業手当や育児休暇手当のような社会保障給
付における差別に関しても適用されてきている。**

● **CASE** ● 〈国際判例〉ギャグスツ対オーストリア事件（*Gaygusuz v. Austria*）ヨーロッ
パ人権裁判所判決，申立 No.17371/90, 1996年9月16日 ［『ヨーロッパ人権
裁判所の判例』478頁］

「39. 裁判所は，問題の当時，緊急援助は，失業手当を受給する資格が切れ，かつ1977
年の失業保険法……33条で定められた法律上のその他の条件を満たした者に与えられて
いたことを注記する。この社会的給付を受ける資格は，従って，失業手当の支払いの前
提条件である，保険基金への拠出金の支払いと結びついている。……

40. 本件では，申立人がその条件を満たしていなかったとは主張されなかった。彼に対
する緊急援助の支払いの拒否は，もっぱら，彼がオーストリア国籍を有しておらず，か
つ当該条件から免除されるカテゴリーのいずれかに入っていないということであった
……。

41. 裁判所は，適用される法律で規定されている限りにおいて，緊急援助に対する権利
は，第一議定書1条の目的上，金銭的な権利であると考える。従って，緊急援助に対す
る資格と，『税金又はその他の拠出金』を支払う義務とのつながりのみに依拠すること

---

[199] シュミット及びダールストロム対スウェーデン事件（*Schmidt and Dahlström v. Sweden*）判
決，1976年2月6日，39項。

◆ 第 2 部 ◆　条約機関の判例・先例法理に見る人権条約上の実体的義務

なく，この規定（第一議定書 1 条）が適用される。

　従って，申立人は，14条によってカバーされる区別事由すなわち国籍によって，緊急
援助を否定されたのであるから，この規定（14条）も適用される（その他の判例の中で
も，必要な変更を加えて，1987年10月28日のインゼ対オーストリア事件（*Inze v. Austria*）
判決，40項，1990年10月23日のダービー対スウェーデン事件（*Darby v. Sweden*）判決，30
項を見よ）。」

● **CASE** ● 〈国際判例〉ペトロヴィッチ対オーストリア事件（*Petrovic v. Austria*）ヨー
　　　　ロッパ人権裁判所判決，申立 No.156/1996/775/976，1998年 3 月27日

「26. ……裁判所は，［ヨーロッパ人権］委員会と同様，ペトロヴィッチ氏に対する育児
休暇手当付与の拒否は，家族生活の尊重を怠ったことにはあたらないと考える。なぜな
らば，8 条は国家に対し，当該の財政支援を与えるいかなる積極的義務も課していない
からである。

27. しかし，国家が支払うこの手当は，家族生活を促進することを意図しており，必然
的に，家族生活の運営方法に影響を与える。この手当は，育児休暇と合わせて，両親の
うち一人が子どもの世話をするために家にいることを可能にするからである。

28. 裁判所は数多くの機会に，『不利益を受けている事柄が……保障された権利の行使
のあり方の一つを構成するとき』（1975年10月27日のベルギー警察全国同盟対ベルギー
事件（*the National Union of Belgian Police v. Belgium*）判決，45項），ないし，申立てられ
ている措置が『保障された権利の行使に結びついているとき』（1976年 2 月 6 日のシュ
ミット及びダールストロム対スウェーデン事件（*Schmidt and Dahlström v. Sweden*）判決，39
項）にはいつでも，14条が機能すると述べてきた。

29. 育児休暇手当を与えることによって，国家は，条約 8 条の意味における家族生活の
尊重を示すことができ，従って，当該手当はこの規定の範囲内に入る。よって，8 条と
合わせた14条が適用される。」

　14条は，あらゆる取扱いの相違をすべて違法な差別とみなすわけではない。
自由権規約委員会がその先例法で「合理的かつ客観的な基準」に基づく区別で
あるかどうかを問題としていたのと同様，ヨーロッパ人権裁判所もその判例法
で，区別が「**客観的かつ合理的な正当化事由**」によるものかどうかを判断基準
としている。そのような正当化事由の存在は，当該措置の目的及び効果との関
連で評価される。取扱いの相違が14条違反とならないためには，**正当な目的を
追求するものであり，かつ，その目的と用いられた手段との間に合理的な均衡
性がある**ことが必要である。ベルギー言語事件で裁判所はそのような判断基準
を示しつつ，条約で規律されている事柄に関して適切な国内的措置を取る各締
約国の第一次的な裁量の余地についても言及している。

◆ 第8章　差別の禁止と平等

● **CASE** ●　〈国際判例〉「ベルギー言語事件」ヨーロッパ人権裁判所判決（本案），1968年
　　　　　7月23日［前掲］

「10.　フランス語版の非常に一般的な用語（"sans distinction aucune"）にもかかわらず，14条は，認められた権利及び自由の行使における取扱いのすべての相違を禁じるものではない。フランス語版は，より制限的な英語版の文言（"without discrimination"）に照らして読まれなければならない。加えて，特に，フランス語版が含意するように思われるほど広範な解釈を14条に与えたとすれば，馬鹿げた結果に至ることになるであろう。実質的に，認められた権利及び自由の享受においてすべての者に完全な取扱いの平等を保障しない多くの法規定又は行政上の規定のすべてを，条約違反であると判断することになるであろう。権限ある国内当局は，しばしば，内在的な相違のために異なった法的解決を求める状況や問題に直面している。さらに，一定の法的な不平等は，事実上の不平等を是正することを趣旨としている。従って，上述した拡張的な解釈は受け入れられない。

　よって，定められた権利及び自由の行使に関する，ある取扱いの相違が，14条に反するか否かを決定しうる基準を見出すことが重要である。この問題について裁判所は，多数の民主主義国家の法実行から引き出される諸原則に従い，<u>区別が客観的かつ合理的な正当化事由（objective and reasonable justification）がない場合には，取扱いの平等の原則の違反があるとみなす</u>。そのような正当化事由の存在は，民主主義社会において通常通用している諸原則を考慮しつつ，当該措置の目的及び効果との関連で評価されなければならない。<u>条約に定められた権利の行使における取扱いの相違は，正当な目的を追求するものでなければならないのみならず，用いられた手段と実現しようとされている目的との間に合理的な均衡性の関係（reasonable relationship of proportionality）がないことが明らかに示された場合にも，同様に14条に違反する。</u>

　ある事案において，恣意的な区別があったか否かを認定しようとする際，裁判所は，当該国家が締約国として，争われている措置に関して応答しなければならない，当該国の社会生活を特徴づける法律上及び事実上の特色を無視することはできない。その際裁判所は，権限ある国内当局の役割を負うことはできない。そうすれば，本条約で設定された［人権の］集団的執行のための国際的仕組みの補完的な性格を見失うことになるからである。<u>国内当局は，条約で規律されている事柄に関して，適切と考える措置を選択する自由がある。裁判所による審査は，それらの措置が条約の要求に合致するかどうかのみにかかわる。</u>」

　なお，上記のベルギー言語事件では，14条にいう「いかなる差別もなしに」のフランス語正文が "sans distinction aucune" という広い文言であるところ（distinction は「区別」），英語正文では "without discrimination" であることに言及されているが，平等権に関する第十二議定書1条（本章Ⅰ1を参照）の起草時には，「差別」の概念をより的確に表す discrimination の語に統一されている（"sans discrimination aucune"）[200]。

　ヨーロッパ人権裁判所は，いわゆる嫡出子と婚外子の地位の平等化に関する

◆ 第2部 ◆ 条約機関の判例・先例法理に見る人権条約上の実体的義務

1970年代以降のヨーロッパ審議会加盟国間の法的発展を考慮して，**婚外子である という出生を理由とする取扱いの相違が条約に合致するとみなされうるためには，非常に重みのある理由**（very weighty reasons）**が提示される必要があり，それが示されない限り，客観的かつ合理的な正当化事由を欠く**とみなしている。裁判所はまた，ヨーロッパ審議会加盟国の共通の目標の一つである両性の平等に照らし，**性を理由とする取扱いの相違についても，同様に，特に強い正当化事由がなければ14条違反となる**とし，またより近年では**国籍を理由とする取扱いの相違についても同様の判示**を行っている。

インゼ対オーストリア事件は，農園の相続において嫡出子を優先するオーストリア法の規定が，第一議定書1条（財産権）と合わせた14条の違反が認定された事案である。

● **CASE** ● 〈国際判例〉インゼ対オーストリア事件（*Inze v. Austria*）ヨーロッパ人権裁判所判決，申立 No.8695/79，1987年10月28日

「41. 14条の目的上，取扱いの相違は，『客観的かつ合理的な正当化事由』がない場合，すなわち，『正当な目的』を追求するものでないか又は，用いられた手段と実現しようとされている目的との間に『合理的な均衡性の関係』がない場合には，差別的となる（とりわけ，1986年7月8日のリスゴウほか事件（*Lithgow and Others*）判決，17項を見よ）。

締約国は，その他の点では同様の状況において，相違が法律上異なった取扱いを正当化するか，またどの程度まで正当化するかを評価するにあたって，一定の裁量の余地を享有する。この余地の範囲は，当該状況，問題となっている事柄及びその背景によって異なる（同上）。

この関連で，裁判所は，［ヨーロッパ人権］条約は生きた文書であり，今日の状況に照らして解釈されるべきものであることを想起する（様々な先例の中でも，1986年12月18日のジョンストンほか事件（*Johnston and Others*）判決，53項を見よ）。<u>市民的権利に関する嫡出子と婚外子の間の平等の問題は，今日，ヨーロッパ審議会加盟国の間で重要性を与えられている。このことは，現在ヨーロッパ審議会加盟国のうち9カ国に関して効力を発生している，婚外子の法的地位に関する1975年のヨーロッパ条約に示されている。この条約は1980年5月28日，本件事実とは関係のない留保……付きでオーストリア共和国によって批准された。従って，婚外子であるという出生を理由とする取扱いの相違が条約に合致するとみなされうるためには，非常に重みのある理由が提示されなければならない</u>（必要な変更を加えて，上述のアブドゥラジズ，カバル及びバルカンダリ対イギリス事件判決，78項を見よ）。」

「43. ［ヨーロッパ人権］委員会と同様，裁判所は当事国政府の主張が説得力ある者とは

---

(200)　Council of Europe, Protocol No.12 to the Convention for the Protection of Human Rights and Fundamental Freedoms, Explanatory Report, para.18. http://conventions.coe.int/Treaty/EN/ Reports/ Html/177.htm.

◆ 第8章　差別の禁止と平等

考えない。そのほとんどは，亡くなった人の意図，婚外子が育つ場所，遺族たる配偶者と彼又は彼女の嫡出子との関係のような，一般的かつ抽象的な事柄に基づくものであり，実際の状況を反映していないことがある。例えば，インゼ氏は問題となっている農場で育てられ，かつ23歳まで働いていた……。政府が挙げた事柄は，この種の規則を正当化しえない。……」

「45. 従って裁判所は，第一議定書1項と合わせた条約14条の違反があったと結論する。」

　シュラー＝ツグラッゲン対スイス事件では，病気のため仕事を辞め障害年金を申請した女性に対する年金額の決定に関するスイス連邦保険裁判所の判決が，女性は一般に第一子出産後は家庭で育児に従事するという前提に基づき，もっぱらそれを理由として出されたことは，公正な裁判を受ける権利（6条1項）と合わせた14条（性に基づく差別）の違反であると認定された。

● ***CASE*** ● 〈国際判例〉シュラー＝ツグラッゲン対スイス事件（*Schuler-Zgraggen v. Switzerland*）ヨーロッパ人権裁判所判決，申立 No.14518/89，1993年6月24日

「29. 連邦保険裁判所は1988年6月21日に判決を出し，シュラー＝ツグラッゲン夫人は33.33％障害を負っているため，金銭的に困難な状況にあれば半額の年金を受給する資格がある……と判示した。……

　年金請求について，裁判所は述べた。『多くの既婚女性は，第一子が生まれるまで働きに出るが，子どもがフルタイムのケアと子育てを要する限りにおいて仕事をあきらめるという事実が考慮されなければならない。この前提は，日々の生活の経験すなわち，障害の評価において適用されるべき方法を決定するにあたって正当に考慮に入れられなければならない経験であって，本件における出発点である。争われている決定がなされた1986年3月21日当時……1984年5月4日に生まれた子どもはまだ2歳に達しておらず，従って，蓋然性において……申立人は，健康が害されていなかったとしても，主婦及び母親としての仕事のみに従事していたであろうと推定されなければならない。』

　[連邦保険] 裁判所の見解では，このことから，シュラー＝ツグラッゲン夫人が以前の職で働ける状態であるかどうかを検討することは不要であった。問題はむしろ，彼女が母親及び主婦としての活動において制約を受けるか，受けるとすればどの程度かを決定することであった。……」

「67. 本件では，連邦保険裁判所は，女性は子供を出産すると仕事を辞めるという裁定委員会の前提をそのまま採用し，反対の主張を検討することによってその前提の有効性を明らかにしようとしなかった。

　連邦裁判所の判決文で述べられているように，その前提は当事国政府が主張するような偶然の，手際の悪い起草によるものであって無視しうる効果しかもっていないとみなすことはできない。反対に，その前提は，判決理由の唯一の根拠，従って決定的な理由を構成しており，性のみを理由とする取扱いの相違を導入するものである。

　両性の平等の前進は，今日，ヨーロッパ審議会加盟国の主要な目標の一つであり，そのような取扱いの相違が条約に合致するとみなされうるためには，非常に重みのある理

375

◆ 第2部 ◆ 条約機関の判例・先例法理に見る人権条約上の実体的義務

由が提示されなければならない（必要な変更を加えて，1985年5月28日のアブドゥラジ
ズ，カバル及びバルカンダリ対イギリス事件判決，78項を見よ）。裁判所は本件で，そ
のようないかなる理由も見出さない。従って，いかなる合理的かつ客観的な正当化事由
もない以上，6条1項と合わせた14条の違反があった。」

　先にすでに一部引用したギャグスツ事件は，失業手当受給資格が切れた者に
支給される緊急援助（第一議定書1条の財産権）受給における国籍差別をめぐる
事案である。

● *CASE* ● 〈国際判例〉ギャグスツ対オーストリア事件ヨーロッパ人権裁判所判決，
　　　　　　1996年9月16日［前掲］

「42. 裁判所の判例法によれば，14条の目的上，異なった取扱いは，『客観的かつ合理的
な正当化事由がない』とき，すなわち，『正当な目的』を追求するものではないか又は，
『用いられた手段と実現しようとされている目的との間に合理的な均衡性の関係』がな
いときには，差別となる。さらに，締約国は，その他の点では同様の状況において，相
違が異なった取扱いを正当化するか，またどの程度まで正当化するかを評価するにあ
たって，一定の評価の余地を享有する。しかし，もっぱら国籍を理由とする取扱いの相
違が条約に合致するとみなされうるためには，非常に重みのある理由が裁判所に提示さ
れなければならない。」

「46. 裁判所はまず，ギャグスツ氏は，一定期間……オーストリアに合法的に居住かつ
就労し，オーストリア国民と同じ資格かつ同じ立場で失業保険に対する拠出金を支払っ
たことを注記する。

47. 当局による，彼に対する緊急援助の支払いの拒否は，もっぱら，彼が1977年失業保
険法33条2項(a)で要求されている通りオーストリア国籍を有していなかったという事実
であった……。」

「50. 裁判所は従って，オーストリア政府の行った主張は説得力がないとみなす。裁判
所は，［ヨーロッパ人権］委員会と同様，ギャグスツ氏が被害者となった，緊急援助に対
する資格に関するオーストリア人と非オーストリア人の間の取扱いの相違は，いかなる
『客観的かつ合理的な正当化事由』にも基づいていないと考える。

51. 問題の時点で，オーストリアはトルコとの相互的な協定による義務に拘束されてい
なかったとしても，オーストリアは，本条約を批准した際に，条約の第1部で定めら
れた権利及び自由を『管轄内のすべての者』に保障する義務を負った。

52. 従って，第一議定書1項と合わせ読んだ条約14条（14条＋第一議定書1条）の違反
があった。」

　次にみるアンドレイェヴァ対ラトビア事件では，申立人は，ラトビアがソ連
の一部だった時代からラトビアに永住して就労しており，1991年のソ連崩壊後
はソ連国籍の喪失により「永住外国人」としてラトビアに居住している無国籍

第 8 章　差別の禁止と平等

者であった。ラトビアの国家年金法では，外国人又は無国籍の者については「ラトビア領域内での就労」期間のみを対象期間として算定することを定めていることにより，申立人にはわずかな額の退職年金しか認められなかった。裁判所は，申立人は同一又は同様の職歴をもち1991年以降はラトビア国民となった者と客観的に同じ状況にあり，ラトビア国籍を有していないのみであること，また，申立人はラトビアの永住外国人であって唯一ラトビアのみと安定した法的関係を有していること等から，ラトビア法による区別は合理的な均衡性の関係を満たすものではないとした。またこの関連で，本件では，申立人が帰化によりラトビア国籍を取得しさえすれば年金を全額受領できるという当事国の主張に対し，裁判所が，**14条による差別の禁止は，具体的事案において，個人の状況をそのまま考慮に入れてこそ意味をもち，差別の原因となった要因を当該個人が変えさえすれば差別は避けられたとして被害者の主張を退けることは14条の実体を失わせるものである**と判示している点も重要である。

● **CASE** ● 〈国際判例〉アンドレイェヴァ対ラトビア事件（*Andrejeva v. Latvia*）ヨーロッパ人権裁判所大法廷判決，申立 No.55707/00，2009年 2 月18日

「82. 締約国は，その他の点では同様の状況において，相違が異なった取扱いを正当化するか，またどの程度まで正当化するかを評価するにあたって，一定の評価の余地を享有する（上述のギャグスツ事件判決，42項及び上述のスリムメノス事件判決，40項を見よ）。この余地の範囲は，当該状況，問題となっている事柄及びその背景によって異なる。よって例えば，14条は，締約国が，集団の間の『事実上の不平等』を是正するために，集団に対して異なった取扱いをすることを禁じるものではない。実際，一定の状況においては，異なった取扱いによって不平等を是正しようとしないことは，客観的かつ合理的な正当化事由がなければ，本条の違反を生じうる（上述のスリムメノス事件判決，44項及びステッチほか対イギリス事件（*Stec v. the United Kingdom*）大法廷判決，No. 65731/01，51項）。

83. 同様に，経済的及び社会的な戦略としての一般的措置に関しては，条約締約国には通常，広い裁量の余地が与えられている。その社会及びその必要性についての直接の知見のゆえに，国内当局は，原則として，社会的又は経済的理由で何が公益に資するかを評価することにおいて，国際裁判官より良い立場にあり，裁判所は一般に，『明白に合理的基礎を欠く』場合でない限り，立法政策による選択を尊重する……。」

「86. 裁判所は，申立てられた取扱いは，条約の一般的な目的と概ね合致する，少なくとも一つの正当な目的，すなわち国の経済制度の保護という目的を追求していることを認める。……

87. 決定されるべき，残る問題は，本件において，上述の正当な目的と，用いられた手段の間に，合理的な均衡性の関係があったかどうかである。……国内当局が，『ラトビア外』での申立人の就労期間を考慮に入れなかったことは，もっぱら，彼女がラトビア

377

◆ 第2部 ◆ 条約機関の判例・先例法理に見る人権条約上の実体的義務

国籍を有していないということに基づいている。本件で，同じ期間同じ企業で働いた，申立人と同じ立場にあるラトビア国民は，退職年金のうち争われている部分を与えられるであろうことは争われていない。さらに，当事者らは，もし申立人が帰化してラトビア国民になれば，働いた全期間について自動的に年金を受け取ることになると同意している。しかし，裁判所は，もっぱら国籍を理由とする取扱いの相違が条約に合致するとみなされうるためには，非常に重みのある理由が提示されなければならないと判示してきた（上述のギャグツ判決，42項，及びコウア・ポアレス事件（*Koua Poirrez*）判決，46項）。

88. 裁判所は，本件ではそのようないかなる理由も見出せない。第1に，申立人が，彼女の全就労期間に関して年金を得る権利を与えるその他の法律上の条件を満たしていないことは示されていないし，主張されてもいない。彼女は従って，同一又は同様の職歴をもっていたが1991年後はラトビア国民と認められた者と，客観的に同様の状況にあった。第2に，ソビエト時代に，年金に関して，旧ソ連国民の間の取扱いにおいて何らかの相違があったという証拠はない……。第3に，裁判所は，彼女は現在いかなる国の国民でもないという点で，ギャグツ氏及びコウア・ポアレス氏と顕著な相違があると考える。彼女はラトビアの『永住外国人』の地位を有しており，ラトビアは彼女が安定した法的関係をもっている唯一の国であって，客観的にみて，社会保障に関して彼女に対し責任を負いうる唯一の国である。

89. このような状況では，社会保障の分野で国家が享有する広い裁量の余地を念頭においても，当事国政府が提出した主張は，本件において問題となっている取扱いの相違を条約14条の要求に合致させる『合理的な均衡性の関係』があったとして裁判所を満足させるに十分なものではない。

90. ……裁判所は，条約を批准することによって，当事国はそこで保障された権利及び自由を『管轄内のすべての者』に保障する義務を負ったことを繰り返す。従って，本件でラトビア国は，ウクライナ及びロシアとの社会保障に関する国家間協定による義務を負っていない又は負っていなかったという理由で，条約14条に基づく責任から免れることはできない（上述のギャグツ判決，51項及びコウア・ポアレス判決，46項）。

91. 最後に，裁判所は，主張された年金の全額を受領するためには申立人は帰化してラトビア国民になれば十分であろうという当事国政府の主張を受け入れることはできない。条約14条に掲げられた差別の禁止は，具体的なそれぞれの事案において，この規定に列挙された基準に関連して申立人の個人的状況がそのままで考慮に入れられてのみ，意味あるものになる。そうではなく，問題となっている要素のいずれかを変えることによって──例えば，国籍を取得することによって──差別を避けられたであろうという理由で，被害者の主張を退ける方法を取ることは，14条を実体のないものにするであろう。

92. 以上を考慮して，裁判所は，本件では第一議定書1条と合わせた14条の違反があったと認定する。」

ヨーロッパ人権裁判所はまた，性に基づく取扱いの相違と同様，性的指向（sexual orientation）に基づく取扱いの相違も，特に重大な理由（particularly serious reasons）をもって正当化される必要があると判示している。以下にみるように，賃借権

378

◆ 第8章　差別の禁止と平等

に関するオーストリア法の適用上，死亡した男性が相続人に指定していた同性のパートナーに対して賃貸契約の承継が認められなかった事案では，「性又は性的指向に基づく」取扱いの相違を正当化する十分な理由が示されなかったとして，8条（家族生活の保護）と合わせ読んだ14条の違反を認定している。裁判所によれば，**性又は性的指向に基づいて異なった取扱いをすることにおいて国家に与えられる裁量の余地は狭く，そうした相違が条約に合致するとみなされるためには，均衡性の原則に照らし，その措置が，正当な目的を達成するために必要であったことが示されなければならない。**

● ***CASE*** ● 〈国際判例〉カーナー対オーストリア事件（*Karner v. Austria*）ヨーロッパ人権裁判所判決，申立 No.40016/98，2003年7月24日

「37. 裁判所は，14条の目的上，取扱いの相違は，客観的かつ合理的な正当化事由がない場合，すなわち，正当な目的を追求するものでないか又は，用いられた手段と実現しようとされている目的との間に合理的な均衡性の関係がない場合には，差別的であることを繰り返す（上述のペトロヴィッチ判決，30項を見よ）。さらに，もっぱら性を理由とする取扱いの相違が条約に合致するとみなされうるためには，非常に重みのある理由が提示されなければならない（1994年2月22日のブルクハルツ対スイス事件（*Burghartz v. Switzerland*）判決，27項；1994年7月18日のカールハインツ・シュミット対ドイツ事件（*Karlheinz Schmidt v. Germany*）判決，24項；サルゲイロ・ダ・シルヴァ・モウタ対ポルトガル事件（*Salgueiro da Silva Mouta v. Portugal*）判決，No.33290/96，29項；スミス及びグラディ対イギリス事件（*Smith and Grady v. the United Kingdom*）判決，Nos.33985/96 and 33986/96，94項；フレッテ対フランス事件（*Fretté v. France*）判決，No.36515/97，34項及び40項；S. L. 対オーストリア事件（*S. L. v. Austria*）判決，No.45330/99，36項を見よ）。性に基づく相違と全く同じように，性的指向に基づく相違も，正当化事由として，特に重大な理由（particularly serious reasons）を必要とする。

38. 本件では，W氏の死後，申立人は賃借法14条3項に基づく権利を主張し，遺族たるパートナーとして賃借権を承継する権利があると主張した。第一審裁判所は賃借権の終了を求める家主の訴えを退け，ウィーン地域裁判所は控訴を棄却した。同裁判所は，当該規定は，結婚せずに長期間同居してきた人が突然住む場所を失うことから保護する規定であり，異性の人々だけでなくホモセクシュアルの人々にも適用されると判断した。

39. 最高裁判所は，賃借権の終了を求める家主の訴えを最終的に認め，……1974年に賃借法14条3項を制定した際，同性のカップルに対する保護を含めることは立法府の意図ではなかったと述べた。当事国政府は本件で，当該規定の目的は伝統的な家族単位の保護であったと主張している。

40. 裁判所は，伝統的な意味での家族の保護は，原則として，取扱いの相違を正当化しうる，重みがありかつ正当な理由であることを受け入れることができる（より詳細な参照資料を付したマタ・エステヴェス対スペイン事件（*Mata Estevez v. Spain*）決定，No.56501/00を見よ）。残る問題として確かめられなければならないのは，当該事件の状況

379

◆ 第2部 ◆ 条約機関の判例・先例法理に見る人権条約上の実体的義務

において，均衡性の原則が尊重されたかどうかである。

41. 伝統的な意味での家族の保護という目的は，やや抽象的であり，それを実施するためには広く多様な具体的措置が用いられうる。性又は性的指向に基づく取扱いの相違があるという状況で，国家に与えられる裁量の余地が狭い事案では，均衡性の原則は単に，選択された措置が，原則として，求められている目的の実現に適していることを要求するだけではない。その目的を達成するために，賃借法14条の適用範囲から，一定のカテゴリーの人々 —— 本件の場合，ホモセクシュアルの関係をもって居住している人々 —— を排除することが必要であったこともまた，示されなければならない。裁判所は，当事国政府がそのような結論を導きうる何らかの主張を示したと考えることはできない。

42. 従って，裁判所は，当事国政府は，同性のカップルのうち遺族たるパートナーが賃借法14条3項に依拠することを妨げる，同条の狭い解釈を正当化する，説得力ありかつ重みのある理由を提示しなかったと認定する。

43. 従って，8条と合わせた条約14条の違反があった。」

　14条により，条約で保障された権利の享受において差別されない権利の侵害は，国家が，同様の状況にある人を客観的かつ合理的な正当化事由なく異なって取扱う場合のみならず，**状況が顕著に異なる人に対して，客観的かつ合理的な正当化事由なく，異なる取扱いをしない場合にも生じる。**以下にみるスリムメノス事件は，「エホバの証人」の信徒であり，その思想・信条のゆえに兵役を拒否したために有罪判決を受けた申立人が，重大な犯罪によって有罪判決を受けた者は公認会計士となれないと定めた法律上，他のより重大な罪を犯した者と同一の扱いを受けたことに対して，14条と合わせ読んだ9条（思想，良心及び宗教の自由に対する権利）の違反を主張したものである。ヨーロッパ人権裁判所は次のように述べてその主張を認め，9条の権利の享受において差別されないという観点からそのような法律に適切な例外規定を設けなかった当事国の条約違反を認定した。

● *CASE* ● 〈国際判例〉スリムメノス対ギリシャ事件（*Thlimmenos v. Greece*）ヨーロッパ人権裁判所大法廷判決，申立 No.34369/97，2000年4月6日

「41. ……申立人は，有罪判決を受けた者としての地位を理由として，［公認会計士の］職を志願した他の者とは異なった取扱いを受けた。裁判所は，職業の自由に対する権利は条約で保障されていないため，そのような取扱いの相違は，一般に，14条の範囲内に入らないと考える。

42. しかし，……彼の申立はむしろ，関連の法律の適用において，もっぱら宗教的信念のために犯した罪で有罪判決を受けた者と，その他の罪で有罪判決を受けた者との間に何ら区別がなされていないということに関わっている。……本質において，申立人の主張は，彼の信念は条約9条で保障された宗教の自由の行使それ自体に起因するにもかか

◆ 第8章　差別の禁止と平等

わらず，重大な犯罪で有罪判決を受けた他の者と同様に取り扱われた点で，9条で保障
された宗教の自由の行使において差別を受けたということである。この観点からみると，
裁判所は，申立人が申立てている『一連の事実』……は，『条約規定』すなわち9条の
『範囲内』に入ることを認める。」

「44. 裁判所はこれまで，条約の下で保障された権利の享受において差別されないとい
う14条の権利は，国家が，同様の状況にある人を，客観的かつ合理的な正当化事由なく
異なって取り扱うときに侵害されるとみなしてきた（上述のインゼ事件判決，41項）。
しかし裁判所は，これは，14条における差別禁止の唯一の側面ではないと考える。条約
の下で保障された権利の享受において差別されない権利は，国家が，状況が顕著に異な
る人に対して，客観的かつ合理的な正当化事由なく，異なる取扱いをしないことによっ
ても侵害される。

45. よって，条約14条は申立人の申立に関連し，本件の状況において，9条と合わせて
適用される。」

「47. 裁判所は，原則として，国家は，公認会計士の職から何らかの犯罪者を除外する
ことにおいて正当な利益を有すると考える。しかし，裁判所はまた，他の重大な刑事犯
罪に対する有罪判決と異なり，宗教的又は哲学的理由で軍服を着ることを拒否したこと
に対する有罪判決は，その者がこの職を遂行する能力を損なうような不誠実さ又は倫理
的堕落を含意するものではありえないと考える。従って，彼が適しない人物であるとい
う理由で申立人を排除することは，正当化されない。裁判所は，国に仕えることを拒否
した人は適切な処罰を受けなければならないという当事国の主張を注記する。しかし，
裁判所はまた，申立人は軍服を着ることを拒否したことに対して禁固刑に服したことも
注記する。このような状況において，申立人にさらなる制裁を課すことは，不均衡であっ
たと裁判所は考える。よって，公認会計士の職から申立人を排除したことは，正当な目
的を追求するものではなかった。結果として，裁判所は，申立人を，重大な犯罪で有罪
判決を受けた他の者と異なって取扱わなかったことには，客観的かつ合理的な正当化事
由は存在しなかったと認定する。

48. ……本件では，条約9条に基づく権利の享受において差別されないという申立人の
権利を侵害したのは，関連の法律を制定した当事国であったと考える。当事国は，重大
な犯罪で有罪判決を受けた者が公認会計士の職に就くことを禁じる規則に適切な例外を
設けることを怠ったことによって，この権利を侵害した。

49. 従って裁判所は，9条と合わせた14条の違反があったと結論する。」

■ ヨーロッパ人権条約第十二議定書
　1条1項　法律で定められるいかなる権利の
　　享受も，性，人種，皮膚の色，言語，宗教，
　　政治的その他の意見，国民的もしくは社会
　　的出身，マイノリティへの所属，財産，出

生又は他の地位等によるいかなる差別もな
しに，保障される。
　同2項　何人も，公の当局により1に定める
　　ようないかなる理由によっても差別されて
　　はならない。

　2000年に採択され2005年に発効した第十二議定書は1条で，新たに上のよう
な平等権の規定を置いた。本条は，条約上の権利・自由の平等な享受に関する
ヨーロッパ人権条約14条の適用範囲を超えて，「法律で定められるいかなる権
利」の享受もいかなる差別なく保障されることを規定したものであり，**締約国**

381

◆ 第 2 部 ◆ 　条約機関の判例・先例法理に見る人権条約上の実体的義務

が法律で定めるいかなる権利についても差別のない保障を要求する一般的な平
等権の規定である。

　裁判所はすでにいくつかの事案で本条の解釈を示しているが，以下にみるの
は，ボスニア人，クロアチア人及びセルビア人を「構成人民（constituent peoples）」
と定めたボスニア・ヘルツェゴビナ憲法（旧ユーゴスラビア紛争後の，1995年の
いわゆるデイトン和平合意の附属文書）及び関連法令の下で，それぞれロマない
しユダヤ人という出身のために自らがいずれの構成人民であるとも宣言してい
ない申立人らが，同国国民であるにもかかわらず議会選挙及び大統領選挙に立
候補する資格を有しないことを条約違反と主張した事案である。申立人らは，
議会選挙に関しては，14条と合わせ読んだ第一議定書 3 条（立法機関の選出に
あたっての自由選挙），及び第十二議定書 1 条に依拠した一方，大統領選挙に関
しては，該当する実体規定がないことから第十二議定書 1 条のみに依拠して主
張を行った。ヨーロッパ人権裁判所は，申立人がボスニア・ヘルツェゴビナ人
民議会選挙に立候補できないことは客観的かつ合理的な正当化事由を欠くとし
て14条と合わせ読んだ第一議定書 3 条の違反を認定するとともに，第十二議定
書 1 条における「差別」の意味を14条と同じく解釈することにより，大統領選
挙に関しても第十二議定書 1 条の違反を認定した。

● **CASE** ● 〈国際判例〉セイジッチ及びフィンチ対ボスニア・ヘルツェゴビナ事件
　　（*Sejdić and Finci v. Bosnia and Herzegovina*）ヨーロッパ人権裁判所大法廷判
　　　決，申立 Nos.27996/06 and 34836/06, 2009年12月22日

「(ii)　第一議定書 3 条と合わせた14条との合致

42.　裁判所は，差別とは，同様の状況にある人を，客観的かつ合理的な正当化事由なく
　異なって取扱うことを意味することを繰り返す。『客観的かつ合理的な正当化事由がな
　い』とは，問題となる区別が『正当な目的』を追求するものでないか又は，『用いられ
　た手段と実現されようとしている目的との間に合理的な均衡性の関係』がないことを意
　味する……。

43.　種族性（エスニシティ ethinicity）と人種（race）は関連した概念である。人種の概
　念は，皮膚の色や顔の特徴等の形態的な特徴を基に人類を生物学的に亜種に分類する考
　えに基づいている一方，種族性は，共通の民族性，宗教的信念，共有の言語，又は文化
　的，伝統的な出自及び背景によって特に特徴づけられる社会的集団の考えに基づいてい
　る。人の種族的出身に基づく差別は，人種差別の一形態である（上記19項の，あらゆる
　形態の人種差別の撤廃に関する国際条約が採用している定義及び，上記23項の，人種主
　義及び不寛容に対抗するヨーロッパ委員会が採用している定義を見よ）。人種差別は，
　特に非難されるべき差別の一形態であり，その結果の危険性からして，当局が特別の警

戒及び積極的な対応を行うことを必要とする。当局が，人種主義と闘うために用いうる
あらゆる手段を用いなければならず，それによって，多様性が脅威としてではなく豊か
さの源とみなされる民主的な社会の見方を強化していかなければならないのは，この理
由のためである（ナチョヴァほか対ブルガリア事件（*Nachova and Others v. Bulgaria*）大
法廷判決，Nos.43557/98 and 43579/98，145項，及び上記ティミチェフ事件，56項）。

44. この文脈で，取扱いの相違が人種又は種族性に基づいているときには，客観的かつ
合理的な正当化事由の概念は，できる限り厳格に解釈されなければならない（上記 D.
H. ほか事件（*D. H. and Others*），196項）。裁判所はまた，もっぱら，又は決定的な程度
において人の種族的出身に基づくいかなる取扱いの相違も，多元主義及び異なった文化
への尊重の原則の上に築かれる現代の民主的社会においては客観的に正当化しえないと
判示してきた(同上，176項)。そうであるとして，14条は締約国に対し，集団の間の『事
実上の不平等』を是正するために異なって取扱うことを禁じているわけではない。実際，
一定の状況においては，異なった取扱いによって不平等を是正しようとしないことが，
客観的かつ合理的な正当化事由がなければ，同条の違反を生ずることがある（上記ベル
ギー言語事件，10項；スリムメノス対ギリシャ事件大法廷判決，No.34369/97，44項；
上記 D. H. ほか事件，175項）。

45. ……裁判所は，［議会選挙に立候補するためにはいずれかの「構成人民」への所属
を宣言しなければならず，それ以外の者が除外されるという］この除外は，少なくとも，
条約前文に反映された条約の一般的な目的，すなわち平和の維持に広い意味で合致して
いる目的を追求していたことを注記する。……この規定は，ジェノサイドと『エスニッ
ク・クレンジング』で特徴づけられた暴力的な紛争を終わらせることを目的としていた。
……

46. しかしながら，裁判所は，ボスニア・ヘルツェゴビナによる本条約及び第一議定書
批准後の期間についてのみ検討する時間的管轄権を有している。……

47. まず，裁判所は，デイトン和平合意以来，ボスニア・ヘルツェゴビナにおいて顕著
な積極的発展があったと考える。…… 2006年にはボスニア・ヘルツェゴビナはNATO
の『平和のためのパートナーシップ』に参加し，2008年にはヨーロッパ連合との安定
化・連携協定に署名・批准し，2009年3月には初めて成功裏に憲法を改正し，最近で
は，2010年1月1日に始まる2年の任期で国連安全保障理事会の理事国に選ばれた。……

48. 加えて，……ヴェニス委員会の意見……は，明らかに，他のコミュニティの代表を
完全に除外することには自動的につながらない，権限分担の仕組みが存在することを示
している。この関連で，同じ目的を達成する代替的な手段の可能性は，この分野におけ
る重要な要素だということが想起される（グロール対スイス事件，No.13444/04，94
項，2009年4月30日）。

49. 最後に，2002年にヨーロッパ審議会の加盟国となり，本条約及びその議定書を留保
なく批准したことによって，当事国は，関連の基準を遵守することを自発的に受け入れ
た。当事国は，具体的に，『1年以内に，法による民主主義のためのヨーロッパ委員会
（ヴェニス委員会）の支援によって，選挙に関する立法をヨーロッパ審議会の基準に照
らして見直し，必要ならば改正する』ことを約束していた……。同様に，2008年にヨー
ロッパ連合との安定化・連携協定を批准することによって，当事国は，1年から2年以
内に，『ボスニア・ヘルツェゴビナ大統領職及び人民議会代議員の構成員に関する選挙

関連の立法を，ヨーロッパ人権条約及びヨーロッパ審議会加入後の約束との完全な合致を確保するために改正する』ことを約束していた……。

50. よって，裁判所は，申立人がボスニア・ヘルツェゴビナ人民議会選挙に依然として立候補できないことは，客観的かつ合理的な正当化事由を欠き，従って，第一議定書 3 条と合わせた14条の違反であると結論する。」

「(i) 第十二議定書 1 条の適用可能性

53. 裁判所は，条約14条は『条約に定められる権利及び自由』の享受における差別を禁じている一方，第十二議定書 1 条は，『法律で定められるいかなる権利』にも保護の範囲を拡張している。よって，これは，一般的な差別禁止を導入するものである。

54. 申立人らは，彼らがボスニア・ヘルツェゴビナの大統領選挙に立候補する資格がないとする憲法の規定に異議を申し立てている。従って，大統領職への選挙が第一議定書 3 条の範囲に入るか否かにかかわらず（ボスコスキ対「旧ユーゴスラビアマケドニア共和国」事件（_Boškoski v. "the Former Yugoslav Republic of Macedonia"_）決定，No.11676/04を見よ），この申立は，『法律で定められる権利』に関わり（上記18項に収録した2001年選挙法 1 条 4 項及び 4 条19項を見よ），第十二議定書 1 条が適用される。このことは，裁判所の手続において争われていない。

(ii) 第十二議定書 1 項との合致

55. 差別の概念は，条約14条に関する裁判所の判例法理において一貫して解釈されてきた。特に，この判例法理は，『差別』とは，同様の状況にある人を，客観的かつ合理的な正当化事由なく異なって取扱うことを意味することを明らかにしてきた（上記42-44項及び，そこに引用した先例を見よ）。通報者らは，第十二議定書 1 条における，差別という同じ文言を用いている。これらの規定の範囲の相違にもかかわらず，第十二議定書 1 条におけるこの文言の意味は，14条における意味と同一であることが意図されていた（第十二議定書の注釈報告書，No.12，18項を見よ）。従って裁判所は，第十二議定書 1 条における同じ文言を適用するにあたって，上記に述べた『差別』の確立した解釈から離れるいかなる理由も見出さない（第十二議定書 1 条と同一ではないが同様の規定である市民的及び政治的権利に関する国際規約26条に関する国連自由権規約委員会の先例法に関しては，Nowak, _CCPR Commentary_, N. P. Engel Publishers, 2005, pp.597-634を見よ）。

56. 本件の申立人らは，一つの『構成人民』への帰属の宣言がなかったことからも，大統領選挙に立候補する資格を有しなかった。同一の，憲法上の前提条件はすでに，人民議会に関して，14条に違反する差別的な取扱いの相違にあたると認定されている（上記50項を見よ）。さらに，14条と第十二議定書 1 条で禁止される差別の概念は，同じ形で解釈されるべきである（前項）。裁判所は，この点で人民議会とボスニア・ヘルツェゴビナの大統領職との間にいかなる適切な区別もないと考えるので，よって，申立人を大統領選挙の立候補資格がないものとした憲法規定はまた，差別的であり，第十二議定書 1 条の違反とみなされなければならない。」

第十二議定書 1 条の規定は，私人間関係における差別の禁止にも及ぶかどうか。この 2 項は，何人も「公の当局（public authorities）により」 1 項に定める

第8章　差別の禁止と平等

ようないかなる理由によっても差別を受けないとしており，立法・行政・司法
機関という公の当局によって差別を受けない権利を定めているにとどまる。し
かし，1項は「法律で定められるいかなる権利の享受」も，いかなる差別もな
しに保障されるとしているから，私的主体が行う差別によって法律上の権利の
享受が妨げられ又は害される場合には，1項はそのような差別に対しても保護
を及ぼすものと解釈されうる。ヨーロッパ審議会による第十二議定書の注釈文
書は，本条は私人間関係におけるあらゆる差別を防止又は救済する措置を取る
義務を締約国に課すことを意図したものではないが，本条の保護は「公的機関
による作為又は不作為によって」人が差別される場合にも及び，私人間関係に
おける差別から人を保護しない国の不作為が明確かつ重大な場合には，条約1
条によって権利を「保障する」義務に照らして明らかに国の責任が生じうると
している[201]。

Ⅲ　差別の定義

　差別（discrimination）とは多義的な概念であり，その正確な意味内容はそれぞ
れの人権条約上の定義及びその解釈・適用によって与えられることになるが，
これまでに扱った事案ですでに出てきていたように，差別の概念に関する国際
人権法上の法理には，多くの人権条約の規定及び人権機関の実行を通して形成
されているいくつかの共通理解がある。その1つは，**法制度や基準，取扱い等
が，文面上は中立的であっても，また差別の意図をもっていなくとも，その効
果において一定の人々に対し不均衡に差別的な影響をもたらしている場合には
「間接差別（indirect discrimination）」と認定されうる**ことである。このことは，
人々のおかれた異なった状況（例えば，障害をもっていることや，伝統的社会に
おいて女性が権利行使の困難に直面していること）に正当な配慮を払わない法制
度や基準，取扱い等は間接差別を構成しうるという意味で，**事実上の顕著な相
違に対して正当な配慮を払うことによって実質的な平等を達成すべき国家の義
務**をも意味する。事実上の差別を撤廃し実質的な平等を達成するという観点か
ら，顕著に異なった条件の下にある人に対して国家は**合理的な配慮を与えるこ**

---

[201]　Council of Europe, Protocol No.12 to the Convention for the Protection of Human Rights and Fundamental Freedoms, Explanatory Report, paras.22, 25–26. http://conventions.coe.int/Treaty/EN/Reports/Html/177.htm.

385

◆ 第2部 ◆ 条約機関の判例・先例法理に見る人権条約上の実体的義務

とが要請されることは，障害のある人々に関して，2006年の障害者権利条約では明文で規定されるに至っている。

また，差別のない平等な権利享受を保障・確保する国家の義務は，社会の中で根強く存在する偏見や差別的慣行を是正し，事実上のないし実質的な平等を実現するための積極的な施策を取るという国家の積極的義務を含意することも認められている。そのような事実上のないし実質的な平等を実現するための措置の必要性は，差別の是正を後押しし平等な権利享受を促進するために，伝統的に弱者の立場にあるカテゴリーの人々に対し一時的に有利な取扱いをするという**ポジティブ・アクション**の要請につながる。人種差別撤廃条約や女性差別撤廃条約では，締約国がそのような**暫定的特別措置**を取りうることに関する明文の規定がおかれている。

◆ 1　直接差別と間接差別

すでにみたミュラー及びエンゲルハルト対ナミビア事件やフォワン対フランス事件のようなケースは，関連の法律の規定そのものが一定の区別をしており，当該区別が合理的かつ客観的な正当化事由を欠くことから自由権規約違反の差別とされた，いわば直接的な差別の事案であった。他方で，差別は，表面的には中立的な法制度や基準，取扱い等が，実際の効果において，一部の人を排除するか又は顕著に不利となる差別的な効果を生じている場合にも生じる。そのような差別が**間接差別**である。

人種差別撤廃条約と女性差別撤廃条約は，条約上の「人種差別」「女性差別」の定義にそれぞれ「効果」の要件を加えることで，差別を目的としていなくともそのような「効果」を有するものをその定義に明確に含めている。

■ 人種差別撤廃条約

1条1項　この条約において，「人種差別」とは，人種，皮膚の色，世系又は民族的もしくは種族的出身に基づくあらゆる区別，排除，制限又は優先であって，政治的，経済的，社会的，文化的その他のあらゆる公的生活の分野における平等の立場での人権及び基本的自由を認識し，享有し又は行使することを妨げ又は害する目的又は効果を有するものをいう。

■ 女性差別撤廃条約

1条　この条約の適用上，「女性に対する差別」とは，性に基づく区別，排除又は制限であって，政治的，文化的，市民的その他のいかなる分野においても，女性（婚姻をしているかいないかを問わない。）が男女の平等を基礎として人権及び基本的自由を認識し，享有し又は行使することを害し又は無効にする効果又は目的を有するものをいう。

女性差別撤廃条約1条についてみると，本条における「女性差別」の定義は3つの要素で構成されている。それは，①「性に基づく区別，排除又は制限」

であって，②「政治的，文化的，市民的その他のいかなる分野においても，女性……が男女の平等を基礎として人権及び基本的自由を認識し，享有し又は行使することを害し又は無効にする」③「効果又は目的を有する」もの，である。これらのうち，まず①性に基づく「区別」とは，男性であること又は女性であることを理由として異なった取扱いをすること，性に基づく「排除又は制限」とは，男性であること又は女性であることを理由として，人権及び基本的自由の全部ないし一部の認識，享受又は行使が妨げられることを意味する。次に，②と結びついた③の部分は，女性が人権及び基本的自由を認識し，享有し又は行使することを害し又は無効にする「効果又は目的を有する」ことであり，**女性差別を直接に「目的」とした行為だけでなく，そのような「効果」をもつ間接差別を包含する。**すなわち，外形的には性中立的な基準や制度，取扱いであっても，女性に対して人権及び基本的自由の認識・享有・行使を害し又は無効にする効果を生ずる場合には，女性差別の意図の有無にかかわらず，本条にいう女性差別に該当する(202)。

　女性差別撤廃委員会は，本条約が，女性差別の「効果」をもつ区別，制限又は排除をも女性差別の定義に含めていること，また，文字通り「あらゆる形態の」女性差別の撤廃を趣旨・目的とした条約であることから，女性差別的効果をもつ「間接差別」をも禁じたものであることを強調している。

■ **女性差別撤廃委員会「一般的勧告25　4条1項　暫定的特別措置」**（2004年）
　Ⅱ　背景—条約の趣旨と目的
　　6.　……3つの義務が女性に対する差別を撤廃するための締約国の取組みの中心となる……。
　　7.　第一に，締約国の義務は，女性に対す る直接的又は間接的な差別が法律に存在しないこと，さらに，女性が所轄裁判所，制裁措置その他の手段により，公的及び私的領域において，差別（国家機関，司法，団体，企業又は個人により行われる）から保護されることを確保することである。……

　女性差別撤廃委員会は2010年の一般的勧告28で，条約2条に基づく締約国の差別撤廃義務の内容を具体的に述べているが，この中で，2条は「1条に規定された差別の定義に照らして読まれるべきである」とした上で，締約国の義務の性質と範囲，内容を次のように敷衍している。それによると，女性に対する直接差別は，性及びジェンダーの差異に基づいた明示的に異なる取扱いからなる一方，**女性に対する間接差別は，法律，政策，プログラム又は慣行が，表面**

(202)　国際女性の地位協会編『コンメンタール女性差別撤廃条約』（尚学社，2010年）87頁。

◆第2部◆　条約機関の判例・先例法理に見る人権条約上の実体的義務

上は中立的であるが，それが既存の不平等に注目していないために実際には女性に対して差別的な効果を有するときに生じる。さらに，間接差別は，構造的及び歴史的な差別の類型と女性と男性の間の不平等な権力関係の認識を欠いているために，既存の不平等を強化する場合がある。締約国は2条に基づき，間接差別を含め，女性に対する差別を構成するような既存の法律，規則，習慣及び慣行を修正又は廃止するための措置を取らなければならない。

■ **女性差別撤廃委員会「一般的勧告28　女性差別撤廃条約2条における締約国の中核的義務」(2010年)**
Ⅱ　締約国の義務の性質と範囲
9.　2条において締約国は，無差別及び平等の享受への女性の権利を尊重し，保護し，充足するという条約に基づく法的義務のすべての側面に取り組まなければならない。……
10.　締約国は，作為又は不作為により，女性に対する差別を生じさせてはならないという義務を有する。締約国には，さらに，そのような作為又は不作為が国家によるものか私的主体によるものかを問わず，女性に対する差別に対して積極的に対応する義務がある。差別は，国家が，女性の権利の完全な実現を確保するために必要な立法措置を取らないこと，女性と男性の間の平等を達成することを目的とした国内政策を取らないこと，及び適切な法を執行しないことによって生じる可能性がある。……
Ⅲ　2条に含まれる一般的義務
16.　締約国は，女性の無差別への権利を尊重し，保護し，充足する義務及び，女性の立場を改善し，女性の法的及び事実上もしくは

実質的な男性との平等の権利を実現するために，女性の発展と向上を確保するという義務を負っている。締約国は，女性に対する直接及び間接差別のいずれもが存在しないことを確保しなければならない。女性に対する直接差別は，性及びジェンダーの差異に基づいた明示的に異なる取扱いから構成される。女性に対する間接差別は，法律，政策，プログラムもしくは慣行が，女性と男性に関するものであるため中立的に見えるが，表面上中立な措置においては既存の不平等に注目されることがないために，実際には女性に対して差別的な効果を有するときに生じる。さらに，間接差別は，構造的及び歴史的な差別の類型と女性と男性の間の不平等な権力関係の認識を欠いているために，既存の不平等を強化する場合がある。
31.　2条(a)(f)(g)は，女性に対する差別を撤廃する政策の一部として，法的な保護を提供し，差別的な法律や規則を改廃するという締約国の義務を創設するものである。……締約国は，女性に対する差別を構成するような既存の法律，規則，習慣及び慣行を修正又は廃止するための措置を取る義務を有する。……

　日本における間接差別の問題としては，女性差別撤廃条約批准時に男女雇用機会均等法が制定された後に多くの企業が採用するようになったコース別人事をめぐるものがある。「一般職」・「総合職」というコース別人事によって，表向きは男女別のコースではなくとも，事務的作業を内容とする一般職には主に女性を，幹部候補となる総合職には主に男性を充てるという事実上の男女別雇用管理が行われているという問題である。国による均等法指針（厚生労働省告示）では，女性差別があるかどうかの判断は「雇用管理区分ごとに」なされることとされているため，コース別人事制度そのものは違法とされていない。しかし，採用区分の違いは，賃金を始めとする待遇の格差に直結するため，コース別人事制度は，実質的に男女間の賃金格差にもつながる点でも問題を含んで

◆ 第8章　差別の禁止と平等

いる。女性差別撤廃委員会は日本に対する総括所見で，コース別雇用管理制度は条約の禁ずる間接差別にあたることを繰り返し指摘しており，2003年の第3回日本政府報告審議後の総括所見では，以下のように「主要な問題領域及び勧告」の筆頭に間接差別の問題を挙げている。

■ 女性差別撤廃委員会第3回（第4次・第5次）日本政府報告審査「総括所見」（2003年）
　主要な問題領域及び勧告
　間接差別
　21. 委員会は，憲法が両性の平等を規定しているにもかかわらず，国内法に差別の具体的な定義が含まれていないことに懸念を表明する。
　22. 委員会は，条約第1条に沿って，直接差別及び間接差別の両方を含む，女性に対する差別の定義を国内法に盛り込むことを勧告する。……
　雇用差別及び職業と家族的責任との両立
　33. 委員会は，主として異なる職種やコース別雇用管理制度に表されるような雇用の水平的及び垂直的分業から生じる女性と男性の間に現存する賃金格差，及び男女雇用機会均等法の指針に示されているように，間接差別の慣行及び影響に関する理解が欠如していることを懸念する。さらに，委員会は，正規雇用よりも給料が低いパートタイム労働や「派遣労働」において女性の比率が高いことを懸念する。委員会は，個人的・家族的生活を職業的・公的責任と両立させるために，主として女性が直面している困難を深く懸念する。
　34. 委員会は，締約国に対し，男女雇用機会均等法の指針を改正し，特に条約第4条1項の暫定的特別措置の活用を通して，労働市場における男性と女性の事実上の機会の平等の達成を加速するために，締約国の努力を拡大することを強く要請する。……

　自由権規約委員会は，同規約上の「差別」の概念を，人種差別撤廃条約及び女性差別撤廃条約の定義に即して以下のように解している。

■ 自由権規約委員会「一般的意見18　無差別」（1989年）
　6. 委員会は，規約は「差別」の語を定義しておらず，何が差別を構成するかについても示していないことを注記する。しかし，あらゆる形態の人種差別の撤廃に関する国際条約の1条は，「人種差別」とは，人種，皮膚の色，世系又は民族的もしくは種族的出身に基づくあらゆる区別，排除，制限又は優先であって，政治的，経済的，社会的，文化的その他のあらゆる公的生活の分野における平等の立場での人権及び基本的自由を認識し，享有し又は行使することを妨げ又は害する目的又は効果を有するものをいう，と規定している。同様に，女性に対するあらゆる形態の差別の撤廃に関する条約の1条は，「女性に対する差別」とは，性に基づく区別，排除又は制限であって，政治的，文化的，市民的その他のいかなる分野においても，女性（婚姻をしているかいないかを問わない。）が男女の平等を基礎として人権及び基本的自由を認識し，享有し又は行使することを害し又は無効にする効果又は目的を有するものをいう，と規定している。
　7. これらの条約は，特定の事由に基づく差別の場合のみを扱ったものであるが，委員会は，規約で用いられる「差別」の語は，人種，皮膚の色，性，言語，宗教，政治的意見その他の意見，民族的もしくは社会的出身，財産，出生又は他の地位に基づく区別，排除又は制限であって，すべての人が平等を基礎としてすべての人権及び自由を認識し，享有し又は行使することを害し又は無効にする効果又は目的を有するものを含意すると理解されるべきものと考える。

　事実婚で子どもを出産し，パートナーの死亡に伴い未亡人及び孤児への給付に関する法律に基づき手当を申請したところ事実婚であるために申請が却下されたという事案で（当事国オランダでは1996年の被扶養者遺族法で事実婚の者にも

389

◆ 第 2 部 ◆　条約機関の判例・先例法理に見る人権条約上の実体的義務

資格が認められたが，通報者の事案には遡及適用されなかった），自由権規約委員
会は，事実婚という親の法的地位によりその子どもが給付を受けられなかった
ことは，子どもにとって，26条の禁ずる間接差別にあたると判断した。

● *CASE* ●　〈国際先例〉ダークセン対オランダ事件（*Derksen v. the Netherlands*）自由
　　　　　　権規約委員会「見解」，通報 No.976/2001，2004年 3 月 1 日

「9.2.　委員会の前にある第 1 の問題は，パートナーが死亡した既婚及び未婚の被扶養者
に対する平等の給付を定めた新法が，未婚のパートナーがこの新法の施行日以前に死亡
した場合に適用されないため，通報者が規約26条の違反の被害者であるかどうかである。
委員会は，社会保障立法に関してオランダに対して以前主張された差別に関する先例法
を想起する。委員会は，合理的かつ客観的な基準に基づくものである限り，あらゆる区
別が差別にあたるわけではないということを繰り返す。委員会は，以前，既婚のカップ
ルと未婚のカップルとは異なった法制度に服し，また婚姻による法的地位に入るか否か
の決定は完全に同居者の選択に委ねられているため，既婚のカップルと未婚のカップル
との間の区別は規約26条違反にあたらないとしたことを想起する。新法を制定すること
によって，当事国は，被扶養者たる遺族のために，既婚の同居者及び未婚の同居者双方
に平等の取扱いを提供した。既婚のカップルと未婚のカップルの区別は禁止された差別
を構成しないという過去の実行を考慮して，委員会は，当事国は法改正に遡及効をもた
せる義務はないという見解である。委員会は，当該立法を新しい事案にのみ適用するこ
とは，規約26条の違反を構成しないと考える。

9.3.　委員会の前にある第 2 の問題は，通報者の娘に対する給付の拒否が，規約26条に
基づき禁止された差別を構成するかどうかである。……委員会は，26条は直接差別と間
接差別の双方を禁止していることを想起する。間接差別の概念は，差別の意図はなく表
面的には中立的な規則又は措置であるが，一定のカテゴリーの人々を排除する効果又は
不均衡に不利な効果をもたらすために結果的に差別になるものに関連する。とはいえ，
区別が26条の意味において禁止された差別を構成するのは，それが客観的かつ合理的な
基準に基づくものでない場合である。本件の状況では，委員会は，旧法すなわち未亡人
及び孤児一般法の下では，子どもへの給付は両親の地位に依存しており，従って両親が
未婚であれば，子どもは給付を受けられなかったことを注記する。しかし，新法すなわ
ち被扶養者遺族法の下では，1996年 7 月 1 日以降に生まれた未婚の両親の子どもには給
付が与えられる一方，この以前に生まれた同様の状況の子どもには給付が否定されてい
る。委員会は，一方では，嫡出子であるかもしくは1996年 7 月 1 日以降に婚外子として
生まれた子どもと，他方では1996年 7 月 1 日より前に婚外子として生まれた子どもとの
区別は，合理的な理由に基づくものではないと考える。……両親が婚姻するかしないか
の選択において何の発言権もなかった子どもに関する継続的な差別を終わらせることは，
遡及効をもたせることによってもそれ以外の方法によってもできたはずである。しかし，
本通報は1996年 7 月 1 日以降の期間に関してのみ受理可能とされたため，委員会は，被
扶養者遺族法の下で母親を通して片親の孤児としての給付を否定されたカヤ・マルセ
ル・バッカーに関して，26条違反を構成すると委員会が考える差別を当事国が同日以降

390

第8章　差別の禁止と平等

終わらせることを怠ったことを述べるにとどめる。」

　社会権規約委員会も，社会権規約上の権利の享受における無差別に関する一般的意見20で，直接差別のみならず間接差別も規約違反の差別を構成しうることを明らかにしている。

■ **社会権規約委員会「一般的意見20　経済的，社会的及び文化的権利における無差別（経済的，社会的及び文化的権利に関する国際規約2条2項」**（2009年）

　　10. 直接的及び間接的な形態の異なった取扱いの双方が，規約2条2項の下で差別にあたりうる。

　　(a)　**直接差別**は，個人が，禁じられた差別事由に関連する理由で，同様の状況にある他の人よりも不利に取り扱われるときに生ずる。例えば，教育もしくは文化施設における雇用又は労働組合の加入資格が，志願者又は被雇用者の政治的意見に基づいてなされるときである。直接差別

はまた，比較しうる同様の状況がないとき（例えば，妊娠している女性の場合），禁止された差別事由に基づいて行われる不利な作為又は不作為を含む。

　　(b)　**間接差別**は，表面的には中立的にみえるが，規約上の権利の行使に関して，禁止された差別事由で区別される不均衡な影響をもたらす法律，政策又は慣行を指す。例えば，学校への入学に出生登録証明書を要求することは，そのような証明書をもっていないか又は発給されなかったエスニック・マイノリティ又は外国人の人々に対する差別となりうる。

　ヨーロッパ人権裁判所は，初期の判例である上述のベルギー言語事件ですでに，ヨーロッパ人権条約14条はあらゆる取扱いの相違を差別とするものではなく，国内当局が事実上の不平等を是正するために法的に異なった対応を取ることは14条に合致しうるとの解釈を示していたが，近年の事案では，法制度や措置が事実上の不平等をもたらしている場合の関接差別の問題について，より明示的な判示を行っている。先にみた2000年のスリムメノス対ギリシャ事件大法廷判決で，14条により条約で保障された**権利の享受において差別されない権利の侵害は，国家が，状況が顕著に異なる人に対して，客観的かつ合理的な正当化事由なく，異なる取扱いをしない場合にも生じる**，と判示したのがその端緒である。裁判所はまた，いくつかの事案で，**特定の集団に対して不均衡に有害な効果**（disproportionately prejudicial effects）**をもつ政策や措置は，当該集団に特に向けられたものでないとしても，差別とみなされうる**としている。

　以下にみる2007年の D. H. ほか対チェコ共和国事件は，ロマの子どもたちが，学力テストの結果により子どもを通常学校でなく特別学校に入れる法律は，ロマを特別学校に事実上隔離する差別的な効果をもたらしていると主張した事案である。ヨーロッパ人権裁判所大法廷は，間接的な性差別や人種差別の定義，及びそれらの**間接差別が主張されている事案における立証責任の転換**に関する

◆ 第2部 ◆　条約機関の判例・先例法理に見る人権条約上の実体的義務

EU法や「人種主義及び不寛容に対抗するヨーロッパ委員会（ECRI）」の基準＊
を用いつつ，一般的な政策や措置が一定の集団に対する間接差別にあたりうる
場合を示し，具体的に本件に適用して条約違反を認定している。裁判所によれ
ば，間接差別を主張する申立人が，統計等の一見した証拠（*prima facie* evidence）
によって，措置や実行の効果が差別的であるという推定を明らかにした場合に
は，立証責任は当事国に移り，当事国は，当該取扱いの相違は客観的要素に基
づくものであり差別的ではないということを立証しなければならない。

＊EU法及びヨーロッパ審議会「人種主義及び不寛容に対抗するヨーロッパ委員会
（ECRI）」における間接差別の法理
・理事会指令97/80/EC（1997年）
2条2項　間接差別は，表面的には中立的な規定，基準又は実行が，一方の性の構
　　成員の相当に高い割合に対して不利となる場合に存在する。但し，当該規定，基
　　準又は実行が，適切及び必要であり，かつ性と関連しない客観的要因によって正
　　当化されうる場合を除く。
同4条1項　構成国は，国内の司法制度に従い，平等の取扱いの原則が適用されな
　　かったために被害を受けたと考える人が，裁判所又は他の権限ある機関において，
　　直接又は間接の差別があったと推定しうる事実を明らかにする際には，平等の取
　　扱いの原則の違反がなかったことを証明することは被申立人の側にかかることを
　　確保するために必要な措置を取る。

・理事会指令2000/43/EC（2000年）
2条　差別の概念
1．本指令の目的上，平等取扱いの原則は，人種又は種族的出身（ethnic origin）
　　に基づく直接又は間接の差別がないことを意味する。
2．1項の目的上，
　　(a)　直接差別（direct discrimination）は，人が，人種又は種族的出身を理由とし
　　　て，比較しうる状況において他の人よりも不利に取り扱われているか，取り扱
　　　われたか，又は取扱われるであろう場合に生ずるものと解される。
　　(b)　間接差別（indirect discrimination）は，表面的には中立的な規定，基準又は実
　　　行が，ある人種又は種族的出身の人に対し，他の人と比べて特に不利な状況に
　　　おく場合に生ずると解される。但し，当該規定，基準又は実行が正当な目的に
　　　よって客観的に正当化され，かつ，当該目的を達成する手段が適切及び必要な
　　　場合を除く。」
同8条「立証責任
1．構成国は，国内の司法制度に従い，平等の取扱いの原則が適用されなかったた

第8章　差別の禁止と平等

めに被害を受けたと考える人が，裁判所又は他の権限ある機関において，直接又は間接の差別があったと推定しうる事実を明らかにする際には，平等の取扱いの原則の違反がなかったことを証明することは被申立人の側にかかることを確保するために必要な措置を取る。

2. 1項は，構成国が原告により有利な証拠規則を導入することを妨げるものではない。

3. 1項は，刑事手続には適用されない。

……

5. 構成国は，事案の事実を調査することが裁判所又は権限ある機関にかかる手続においては，1項を適用する必要はない。」

・人種主義及び人種差別と闘う国内立法に関する ECRI 一般政策勧告 7 号（2002年）[203]

Ⅰ. この勧告の目的上，以下の定義が用いられる。

(a) 人種主義（racism）とは，人種，皮膚の色，言語，宗教，国籍，又は民族的もしくは種族的出身（national or ethnic origin）が，人もしくは人の集団に対する侮蔑又は，人もしくは人の集団の優越性の概念を正当化するという信念を意味する。

(b) 「直接的な人種差別」とは，人種，皮膚の色，言語，宗教，国籍，又は民族的もしくは種族的出身等の理由に基づく異なった取扱いであって，客観的かつ合理的な正当化事由のないものを意味する。異なった取扱いは，それが正当な目的を追求するものでないか又は，用いられた手段と実現されようとしている目的の間に合理的な均衡性の関係がない場合には，客観的かつ合理的な正当化事由をもたない。

(c) 「間接的な人種差別」とは，規定，基準又は実行等の表面的には中立的な要素が，人種，皮膚の色，言語，宗教，国籍，又は民族的もしくは種族的出身等の理由によって指定されるある集団に属する人には容易に遵守できないものであるか，これらの人に不利益を与える場合を意味する。但し，その要素が客観的かつ合理的な正当化自由をもつ場合を除く。客観的かつ合理的な正当化自由をもつときとは，それが正当な目的を追求するものでありかつ，用いられた手段と実現されようとしている目的の間に合理的な均衡性の関係がある場合である。

● *CASE* ●　〈国際判例〉D. H. ほか対チェコ共和国事件（*D. H. and Other v. Czech Republic*）ヨーロッパ人権裁判所大法廷判決，申立 No.57325/00，2007年11月13日

---

[203]　http://www.coe.int/t/dghl/monitoring/ecri/activities/gpr/en/recommendation_n7/ecri03-8%20recommendation%20nr%207.pdf.

393

◆ 第2部 ◆ 条約機関の判例・先例法理に見る人権条約上の実体的義務

「175. ……14条は，締約国が，集団の間の『事実上の不平等』を是正するために異なった取扱いをすることを禁ずるものではない。実際，一定の状況においては，異なった取扱いを通して不平等を是正しようとしないことが，それ自体，本条の違反を生じることがありうる（「ベルギー言語事件」（本案）判決，1968年7月23日，10項；スリムメノス対ギリシャ事件大法廷判決，No.34369/97，44項；ステッチほか対イギリス事件大法廷判決，No.65731/01，51項を見よ）。裁判所はまた，特定の集団に対して不均衡に有害な効果をもつ一般的な政策又は措置は，当該集団に特に向けられたものでないとしても，差別的と考えられうるということ（上述のヒュー・ジョーダン事件（Hugh Jordan）及びフーゲンダイク事件（Hoogendijk）を見よ），並びに，潜在的に条約に反する差別は事実上の状況からも生じうること（上述のザルブ・アダミ事件（Zarb Adami）を見よ）を認めてきた。

176. 人の種族的出身をとりわけ理由とする差別は，人種差別の一形態である。人種差別は，特に非難されるべき差別の一形態であり，その結果の危険性からして，当局が特別の警戒及び積極的な対応を行うことを必要とする。当局が，人種主義と闘うために用いうるあらゆる手段を用いなければならず，それによって，多様性が脅威としてではなく豊かさの源とみなされる民主的な社会の見方を強化していかなければならないのは，この理由のためである（ナチョヴァほか対ブルガリア事件大法廷判決，Nos.43557/98 and 43579/98，145項，及び上記ティミシェフ事件判決，56項）。裁判所はまた，もっぱら，又は決定的な程度において人の種族的出身に基づくいかなる取扱いの相違も，多元主義及び異なった文化への尊重の原則の上に築かれる現代の民主的社会においては客観的に正当化しえないと判示してきた（上述のティミシェフ判決，58項）。

177. この分野における立証責任に関して，裁判所は，申立人が取扱いの相違を示した以上，それが正当化されたことを示すのは当事国政府にかかることを確立させてきた（多くの先例の中でも，シャサヌほか対フランス事件（Chassagnou and Others v. France）大法廷判決，Nos.25088/94，28331/95 and 28443/95，91-92項；及び上述のティミシェフ判決，57項を見よ）。」

「180. 統計が証拠となるかどうかについて，裁判所は過去に，統計はそれ自体，差別的と分類されうる慣行を明らかにするものではないと述べた（上述のヒュー・ジョーダン事件，154項を見よ）。しかし，差別の問題に関するより最近の事案で，申立人が，一般的措置の効果又は事実上の状況における相違を主張した事案では（上述のフーゲンダイク事件，及びザルブ・アダミ事件，77-78項を見よ），裁判所は，同様の状況における2つの集団（男性及び女性）の間の取扱いの相違を明らかにするために，当事者が提出した統計に広範に依拠した。

　こうして，フーゲンダイク事件で裁判所は，『申立人が，争われていない公的統計に基づいて，特定の規則が，中立的な形で述べられていたとしても事実上，男性よりも明らかに高い割合の女性に影響していることを一見して（prima facie）示すものが存在する場合には，それが性を理由とする差別とは関連のない客観的な要素の結果であることを示すことは当事国政府にかかる。男性と女性に対する影響の相違が実際上差別的ではないことを立証する責任が当事国政府に移らないならば，申立人が間接差別を証明することは実際上きわめて困難である。』と述べた。

181. 最後に，以前の事案で述べたように，ロマ／ジプシーの弱い立場は，関連の規制

394

◆ 第8章　差別の禁止と平等

枠組み，及び特定事案において決定を下すことの双方において，彼らのニーズ及び異なった生活スタイルに特別の考慮が払われるべきことを意味する（チャップマン対イギリス事件（*Chapman v. the United Kingdom*）大法廷判決，No.27238/95，96項；コナーズ対イギリス事件（*Connors v. the United Kingdom*）判決，No.66746/01，84項，2004年5月27日を見よ）。

182. 裁判所は，ロマの人々は，その動乱の歴史及び常時追い立てられてきたことの結果，不利なかつ弱い立場にあるマイノリティ（disadvantaged and vulnerable minority）の特定の類型となってきたことを注記する（上記56項で引用した，ヨーロッパのジプシーに関する［ヨーロッパ審議会］議員総会勧告1203号（1993年），及び上記58項で引用した，ヨーロッパにおけるロマの法的地位に関する勧告1557号（2002年）の4点目も見よ）。裁判所が以前の事案で述べたように，彼らは従って特別の保護を必要とする（上記181項を見よ）。数多くのヨーロッパ組織及び国際的な組織の諸活動並びにヨーロッパ審議会機関の勧告に示されているように……，この保護は教育の分野にも及ぶ。本件は従って，特別の注意を必要とする。裁判所への申立が，未成年の子どもたちによってなされており，彼らにとって教育に対する権利が至高の重要性をもつものであったことからすれば，特にそうである。」

「184. 裁判所はすでに以前の事案において，取扱いの相違は，一般的な政策又は措置であって，中立的な文言で述べられていても，ある集団に対し不均衡に有害な効果をもち差別するものになりうることを認めてきた（上記に引用したヒュー・ジョーダン事件，154項，及び上記フーゲンダイク事件を見よ）。例えば，理事会指令97/80/EC及び2000/43/EC（上記82-84項を見よ）並びに，ECRIによる定義（上記60項を見よ）に従い，そのような状況は『間接差別』にあたりうる。間接差別は，差別的な意図を必ずしも必要としない。

(a)　本件で間接差別の推定が生じるかどうか

185. 問題とされている相違が，問題の時点で有効であった，特別学校への配置に関する法規定の文言から生じているのではないということは，当事者によって共通に認められている。従って，本件における問題は，当該立法が実際に適用された形が，申立人を含むロマの子どもたちのうち不均衡な人数が正当化事由なく特別学校に配置されたかどうか，またそれらの子どもたちがそれによって顕著な不利益の下におかれたかどうかである。

186. 上述のように，裁判所は以前の事案で，申立人は差別的取扱いを証明することにおいて困難がありうることを注記した（上記のナチョヴァほか事件判決，147項及び157項）。関連の人々に権利の実効的保護を保障するため，間接差別が主張されている事案では，より厳格でない証拠規則が適用されるべきである。

187. この点で裁判所は，理事会指令97/80/EC及び2000/43/ECは，平等の取扱いの原則が適用されなかったために被害を受けたと考える人は，統計的証拠を含めて，差別があったと推定しうる事実を，いかなる手段によっても明らかにできると明記していることを注記する（上記82-83項を見よ）。EC司法裁判所の最近の判例法（上記88-89項を見よ）は，同裁判所は申立人が統計的証拠に依拠すること，及び当該証拠が有効かつ顕著な場合には国内裁判所がそれらの証拠を考慮に入れることを許容していることを示している。

◆ 第2部 ◆ 条約機関の判例・先例法理に見る人権条約上の実体的義務

　　大法廷はさらに，多くの裁判所及び国連［人権］条約の監視機関は，一見した（*prima facie*）証拠を援用する被害者の任を容易にするため，間接差別の証拠として統計を日常的に受け入れているとする，第三者参加人の提出した情報を注記する。

　　裁判所はまた，上記のフーゲンダイク事件及びザルプ・アダミ事件において，公的統計の重要性を認め，様々なタイプの証拠を考慮に入れる用意があることを示した（上記のナチョヴァほか事件，147項）。

188. このような状況において，裁判所は，個人又は集団に対する措置又は実行の影響を評価する際には，批判的に検討しても信頼できかつ顕著であると思われる統計は，申立人が示すことを求められる一見した証拠を構成するに十分であると考える。しかしこのことは，間接差別は統計的証拠がなければ証明され得ないということではない。

189. 間接差別を主張する申立人が，こうして，措置又は実行の効果が差別的であるという，反論しうる推定を明らかにした場合には，立証責任は当事国に移り，当事国が，当該取扱いの相違は差別的ではないことを示さなければならない（必要な変更を加えて，上記のナチョヴァほか事件，157項を見よ）。この種の事件の事実及びなされる主張の性格を特に考慮すれば（同上，147項），そのような立証責任の転換なしには，申立人が間接差別を証明することは実際上きわめて困難であろう。

190. 本件では，申立人らが提出した統計データは，1999年にオストラヴァの町の特別学校及び［通常の］小学校の教頭に送られた質問用紙から得られたものであった。そのデータは，当時オストラヴァの特別学校に配置されたすべての生徒のうち56％がロマであったことを示している。逆に，オストラヴァの小学校に通う全生徒のうち，ロマはたった2.26％であった。さらに，ロマでない子どもはたった1.8％しか特別学校に配置されていないのに対し，特別学校に配置されたオストラヴァのロマの生徒の割合は50.3％であった。……

191. 大法廷は，これらの数字は当事国によって争われておらず，また政府はこれに代わる統計資料を出していないことを注記する。……

192. 民族的マイノリティの保護に関する枠組み条約25条1項に従って提出された報告書で，チェコ当局は，1999年に，一部の特別学校において，ロマの生徒は全生徒数の80％から90％を占めていたこと……，また，2004年には，『多数』のロマの子どもたちがなお特別学校に配置されていたことを認めている……。……ECRI が2000年に発刊した報告書によれば，ロマの子どもたちは特別学校において『非常に過大な数となって』いた。人種差別撤廃委員会は1998年3月30日の総括所見で，不均衡に多数のロマの子どもたちが特別学校に配置されていることに言及していた……。最後に，人種主義及び外国人嫌悪に関するヨーロッパ監視センターの提出した数字によれば，チェコ共和国の半分以上のロマの子どもたちが特別学校に通っていた。

193. 裁判所の見解では，この最後の数字は，オストラヴァ地方だけに関するものではなく従ってより一般的な状況を示すものであるが，問題の時点において特別学校にいたロマの子どもたちの正確な割合を明らかにすることが難しいとしても，その割合は不均衡に高いものであった。さらに，ロマの子どもたちは，特別学校の生徒の過半数を形成している。中立的な文言で述べられているにもかかわらず，関連の法規定は従って，実際上，ロマでない子どもたちよりもロマの子どもたちに対して相当に大きな影響をもち，特別学校に配置されるロマの子どもたちの数が統計的に不均衡に多い数となる結果をも

396

第8章　差別の禁止と平等

たらした。

194. 立法がそのような差別的効果を生むことが示された場合，大法廷は，雇用又はサービスの供給に関する事案と同様（必要な変更を加えて，上記のナチョヴァほか事件，157項を見よ），教育分野に関する事案においても，関連当局の側の差別的意図を証明する必要はないと考える（上記184項を見よ）。

195. このような状況において，申立人が提出した証拠は，間接差別の強い推定を生じさせるのに十分信頼できかつ顕著なものとみなされうる。従って，立証責任は当事国政府に移らなければならず，政府は，立法の影響における相違が，種族的出身と関連のない客観的な要素の結果であったことを示さなければならない。

　(b)　客観的かつ合理的な正当化事由

196. 裁判所は，取扱いの相違は，『客観的かつ合理的な正当化事由がない』場合，すなわち，それが『正当な目的』を追求するものでないか又は，用いられた手段と実現されようとしている目的の間に合理的な均衡性の関係がない場合には，差別的であるということを繰り返す（多くの他の先例の中でも，ラルコス対キプロス事件（*Larkos c. Cyprus*）大法廷判決，No.29515/95，29項；及び上記のステッチほか判決，51項を見よ）。取扱いの相違が人種，皮膚の色又は種族的出身に基づいているときには，客観的かつ合理的な正当化事由の概念は，可能な限り厳格に解釈されなければならない。」

「198. 裁判所は，特別学校を維持する当事国政府の決定が，特別の教育上のニーズをもつ子供たちのための解決法を見出したいという願望に動機づけられていたことを認める。しかし，裁判所は，これらの学校が採用しているより基本的なカリキュラム及び，特に，この制度が生む隔離について懸念を示してきた，ヨーロッパ審議会の他の諸機関の懸念を共有する。

199. 大法廷はさらに，子どもたちの学習能力又は困難を評価するために用いられるテストが，論争を生んでおり，科学的な議論と研究の主題となり続けていることを注記する。そのようなテストの有効性を判断するのは大法廷の役割ではないが，本件における様々な要素から，大法廷は，問題の時点で行われていたテストの結果は，条約14条の目的上，客観的かつ合理的な正当化事由を構成しうるものではなかったという結論に至る。

200. ……様々な独立機関が，このテストの十分さについて疑念を表明してきた。民族的マイノリティの保護に関する枠組み条約の諮問委員会は，精神障害ではない子どもたちが，『ロマと多数者との間の，真のないし［訳注：他者から，こうであると］認識された言語的及び文化的相違のため』に，しばしば特別学校に配置されたと述べている。……ECRI は，ロマの子どもたちを精神遅滞のある子どもたちのための特別学校に行くよう導くことは，『ほとんど自動的』に行われており，用いられるテストが『公平』でありそれぞれの子どもの真の能力が『正当に評価される』ことを確保するよう検討される必要があるとしている……。ヨーロッパ審議会人権高等弁務官は，ロマの子どもたちはしばしば，『十分な心理的又は教育的評価なしに，明らかに種族的出身を真の基準として』特別のニーズをもつ子供たちのためのクラスに入れられているとしている……。

　最後に，何人かの第三者参加人の主張によれば，心理テストの結果としての配置は，当該社会の人種的偏見を反映している。

201. ……このような状況では，当該テストは，問題とされている取扱いの相違の正当化事由とはなり得ない。」

397

◆ 第2部 ◆ 条約機関の判例・先例法理に見る人権条約上の実体的義務

> 「208. このような状況においては，ロマの子どもたちに学校教育を確保するためにチェコ当局が行った努力を認めつつも，裁判所は，ロマの子どもたちとロマでない子どもたちの間の取扱いの相違が客観的かつ合理的に正当化され，用いられた手段と実現されようとしている目的の間に合理的な均衡性の関係があるということに満足しない。……」
>
> 「210. 従って，本件では，申立人のそれぞれに関して，第一議定書2条と合わせた条約14条の違反があった。」

　1996年の改正ヨーロッパ社会憲章は，憲章上の権利の享受における差別禁止を第5部E条で規定しているが（ヨーロッパ社会憲章は1961年の憲章・改正憲章ともに実体規定については選択的受諾の方式を取っているが，E条がおかれている第5部は選択的受諾の対象ではなく，改正憲章の全締約国が受け入れなければならない），ヨーロッパ社会権委員会もその先例法で，本条は間接差別をも禁じたものであるという解釈を明らかにしている。

■ **改正ヨーロッパ社会憲章**
　第5部E条 この憲章に定める権利の享受は，人種，皮膚の色，性，言語，宗教，政治的意見その他の意見，国民的もしくは社会的出身，健康，民族的マイノリティとの結びつき，出生又は他の地位等のいかなる理由による差別もなしに確保される。

　非政府組織「自閉症・ヨーロッパ」がフランスを相手取って申立てた集団的申立の事案でヨーロッパ社会権委員会は，ヨーロッパ人権条約14条に関するヨーロッパ人権裁判所の判例を援用しつつ，**人間の相違は，真のかつ実効的な平等を確保するために配慮をもって対応されるべきものであり，関連するあらゆる相違に対して正当な考慮を払わないことは，E条により禁じられる間接差別にあたりうる**とした。

● ***CASE*** ● 〈国際先例〉自閉症・ヨーロッパ対フランス事件ヨーロッパ社会権委員会「決定」，2003年11月4日［前掲］

　「52. 委員会は……E条の文言は，ヨーロッパ人権条約14条の文言とほとんど同一であると考える。ヨーロッパ人権裁判所が，14条の解釈にあたり繰り返し強調し，最近ではスリムメノス事件（No.34369/97，44項）で強調しているように，ヨーロッパ人権条約14条に反映されている平等の原則は，等しい者を等しく，等しくない者を等しくなく扱うことを意味する。上記の事件で裁判所は特に次のように述べている。『条約の下で保障された権利の享受において差別されない権利は，国家が，状況が顕著に異なる人に対して，客観的かつ合理的な正当化事由なく，異なる扱いをしないことによっても侵害される。』言い換えれば，民主的社会における人間の相違は，積極的にとらえられるべきであるのみならず，真のそして実効的な平等を確保するために，配慮をもって対応されるべきものである。

第8章　差別の禁止と平等

この点で委員会は，E条は単に直接差別を禁じるのみならず，あらゆる形態の間接差別をも禁じていると考える。そのような間接差別は，関連するあらゆる相違に対して正当かつ積極的な考慮を払わないこと，又は，すべての人に開かれた権利及び集団的利益がすべての人にとって及びすべての人に対して真にアクセス可能であることを確保するために適切な措置を取らないことによって生じうる。

53. ……締約国は，その選択が，高度の脆弱性をもった集団，及び，特に，制度が不足している場合に最も重い負担がかかるそれらの人の家族を含めて，影響を受けるその他の人々に対して与える影響をとりわけ念頭におかなければならない。……」

住居へのアクセスにおけるロマの人々の平等な権利をめぐってヨーロッパ・ロマ権利センターが申立てた以下の事案（第7章で前掲）でも，ヨーロッパ社会権委員会は，E条は間接差別をも禁じていることから，社会住宅へのアクセスを規律する基準がロマの状況を考慮に入れたものであったかどうかを問題とした。

● **CASE** ● 〈国際先例〉ヨーロッパ・ロマ権利センター対イタリア事件ヨーロッパ社会権委員会「決定」，2005年12月7日［前掲］

「36. 委員会は，E条は差別の禁止を掲げており，客観的かつ合理的な正当化事由がなければ……ロマを含め特別な特徴をもついかなる集団も憲章上の権利を実際に享受することを確保する義務を設定していることを想起する。反対に，ロマを野営場に入れる慣行に固執することによって，政府は，関連するあらゆる相違に対して正当かつ積極的な考慮を払うこと……を怠った。」

「46. 委員会は，締約国は社会住宅へのアクセスに関してはロマへの平等の取扱いの原則を支持しているものの，締約国は，このアクセス権が実際に実効的であること，又は社会住宅へのアクセスを規律している基準が差別的でないことを示すいかなる情報も示さなかったと認める。委員会は，E条における無差別原則は間接差別も含むことを想起する。ロマの異なった状況を考慮に入れなかったこと，又は，社会住宅への実効的なアクセスの可能性を含めてロマの住居の状況を改善することを具体的に目的とした措置を導入しなかったことは，イタリアがE条と合わせた31条1項及び3項に違反したことを意味する。」

◆　**2　合理的配慮**

上にみたように，女性差別撤廃委員会は，締約国は私的主体によるものを含め現実の社会における女性差別に積極的に対応する義務があり，女性の権利の実現を確保するために必要な立法措置を取らないことや，女性と男性の間の平等を達成するための国内政策を取らないことは，女性差別撤廃条約違反を生じ

399

◆第2部◆　条約機関の判例・先例法理に見る人権条約上の実体的義務

うるとしている。また，ヨーロッパ人権裁判所は，条約で保障された権利の享受において差別されないというヨーロッパ人権条約14条の権利の侵害は，国家が，同様の状況にある人を客観的かつ合理的な正当化事由なく異なって取扱う場合のみならず，状況が顕著に異なる人に対して，客観的かつ合理的な正当化事由なく，異なる取扱いをしない場合にも生じるという判例法理を確立させている。さらに，ヨーロッパ社会権委員会は，ヨーロッパ人権条約14条に関するヨーロッパ人権裁判所の判例を援用しつつ，人間の相違は，真のかつ実効的な平等を確保するために配慮をもって対応されるべきものであり，関連するあらゆる相違に対して正当かつ積極的な考慮を払わないことは，ヨーロッパ社会憲章E条により禁じられる間接差別にあたるとしている。

　このように，人や人の集団の間の事実上の顕著な相違に対して正当な配慮を払うことによって実質的な平等を達成すべき国家の義務という概念は，今日ではとりわけ，障害のある人々の権利確保に関して重要な役割をもつようになっている。2006年に採択された**障害者権利条約**は，無差別と平等に関する5条で次のように規定し，その3項では，締約国は平等の促進及び差別の撤廃を目的として，「**合理的配慮（reasonable accommodation）」が提供されることを確保する**ためのすべての適当な措置を取ることとしている。

> **■ 障害者権利条約**
>
> 　**5条1項**　締約国は，すべての者が，法律の前に又は法律に基づいて平等であり，並びにいかなる差別もなしに法律による平等の保護及び利益を受ける権利を有することを認める。
>
> 　**同条2項**　締約国は，障害を理由とするあらゆる差別を禁止するものとし，いかなる理由による差別に対しても平等のかつ効果的な法的保護を障害者に保障する。
>
> 　**同条3項**　締約国は，平等を促進し，及び差別を撤廃することを目的として，合理的配慮が提供されることを確保するためのすべ
>
> ての適当な措置を取る。
>
> 　**同条4項**　障害者の事実上の平等を促進し，又は達成するために必要な特別の措置は，この条約に規定する差別と解してはならない。
>
> 　**同2条**　「合理的配慮」とは，障害者が他の者と平等にすべての人権及び基本的自由を享有し，又は行使することを確保するための必要かつ適当な変更及び調整であって，特定の場合において必要とされるものであり，かつ，均衡を失した又は過度の負担を課さないものをいう。

　障害者権利条約2条の定義に示されているように，「**合理的配慮」とは，障害のある人が，状況に応じて，他の者と平等に人権を享受・行使しうるために必要な調整を受けることを，合理的なすなわち均衡を逸し又は関連当事者に過度の負担を課さない範囲で求める，実質的平等の要請と均衡性の原則を組み込んだ概念である。**なお，日本は2008年にこの条約に署名し，批准に向けた国内法整備の検討を開始したが，その一環として2011年には障害者基本法が改正さ

400

れ，障害者差別を禁じるとともに合理的配慮について言及した4条の規定が盛り込まれた（1項「何人も，障害者に対して，障害を理由として，差別することその他の権利利益を侵害する行為をしてはならない」，2項「社会的障壁の除去は，それを必要としている障害者が現に存し，かつ，その実施に伴う負担が過重でないときは，それを怠ることによって前項の規定に違反することとならないよう，その実施について必要かつ合理的な配慮がされなければならない」，3項「国は，第1項の規定に違反する行為の防止に関する啓発及び知識の普及を図るため，当該行為の防止を図るために必要となる情報の収集，整理及び提供を行うものとする」）。

また，2013年6月には「障害を理由とする差別の解消の推進に関する法律」（障害者差別解消法）が制定され（2016年4月1日施行），国の行政機関や地方公共団体等に対しては，障害者の性別，年齢及び障害の状態に応じ，社会的障壁の除去について合理的配慮の提供を義務づけるとともに（7条），民間の事業者に対しても努力義務を課した（8条）。

合理的配慮の概念の趣旨は，障害による差別の主張に関する事案において，他の人権条約機関の実行でも採用されるようになっている。ヨーロッパ人権裁判所におけるグロール対スイス事件では，健康状態（糖尿病）のために兵役不適とされた申立人が，良心的兵役拒否者のみが利用できる代替的公務は行えず，他方では，スイスの法令により兵役免除者が課される税（「重大な」障害をもつ者以外に適用されるもので，彼の障害は「重大」ではないとされた）を課税されたことに対し，障害を理由とする差別を主張した。裁判所は，障害者に対する差別撤廃に関する国際的なコンセンサスに言及し，障害にある人がその障害と能力に適合した役務につくことを認める他国の立法をも参照した上で，スイス当局は申立人個人の状況に適合した形態の公務を提供しなかったにもかかわらずそのような納税義務を課したことにより申立人に差別的な取扱いをしたと認定した。

● **CASE** ● 〈国際判例〉グロール対スイス事件（*Glor c. Switzerland*）ヨーロッパ人権裁判所判決，申立 No.13444/04，2009年4月30日（最終判決日：2009年11月6日）

「52. 裁判所は，私生活の概念は，網羅的に定義できない，広い概念であることを想起する（例えば，ハドリ＝ヴィオネ対スイス事件（*Hadri-Vionnet c. Suisse*）判決，No.55525/00，51項，及びプリティ対イギリス事件（*Pretty c. Royaume-Uni*）判決，No.2346/02，61項を見よ）。裁判所は複数の事案で，私生活は人の身体保全を含むことを認めてきた（中

401

◆ 第 2 部 ◆　条約機関の判例・先例法理に見る人権条約上の実体的義務

でも，コステロ＝ロバーツ対イギリス事件（*Costello-Roberts c. Royaume-Uni*）判決，1993年 3 月25日，36項，及び X，Y 対オランダ事件判決，1985年 3 月26日，22項を見よ）。

53. 裁判所はまた，［ヨーロッパ人権］条約及びその議定書は，今日の状況に照らして解釈されなければならないことを想起する（マルクス対ベルギー事件判決，1979年 6 月13日，41項，ヴォー対フランス事件（*Vo c. France*）大法廷判決，No.53924/00，82項，及びエモネほか対スイス事件（*Emonet et autres c. Suisse*）判決，No.39051/03，66項で繰り返し確認されてきた判例法）。裁判所は，本件では，その障害がたとえ国内裁判所によっては重大でないと考えられたものであるとしても，身体障害のある人に対する差別が問題となっている事案であることを注記する。裁判所はまた，障害のある人が差別的取扱いを受けてはならないことについては，ヨーロッパの，及び普遍的なコンセンサスがあると考える（特に，2003年 1 月29日にヨーロッパ審議会議員総会が採択した障害者に関する勧告，及び，2008年 5 月 3 日に発効した，障害者の権利に関する国連条約を見よ）。

54. 裁判所の見解では，本件のように，病気，すなわち申立人の意思にかかわらない状態のため兵役に服せないことに基づいて国により課される税金は，その措置の結果がとりわけ金銭的なものであるとしても，疑いなく条約 8 条の適用範囲内に入る……。」

「79. 裁判所は，申立人は権限のある軍医によって不適と宣言されたために兵役に就くことができなかったことを想起する。これにより申立人は，重大な障害をもつ者及び代替的公務を行う者を除くすべての兵役免除者同様，問題となっている税金を払う義務を負うことになった。しかし，代替的公務を行うことを提案できるのは，良心的兵役拒否者のみである。……

80. ……14条に列挙された差別事由のリストは，網羅的ではない（「又は他の地位」；上記ステッチほか事件，50項を見よ）。この規定の適用が，障害に基づく差別の禁止に及ぶことは疑いがない。検討しなければならない残る問題は，取扱いの相違が客観的かつ合理的な正当化事由に基づくものかどうかである。」

「83. 裁判所は，スイスは，重い障害がある人を除き，いかなる理由であれ兵役義務を果たさずかつ代替的な公務を行わない男性市民の収入に対し税金を課している。この事実は，それのみでは，14条に基づく申立の審査において決定的ではないことを認識しつつも，裁判所は，身体障害のために兵役を果たせなかった人にも課せられるこの種の税は，他の国では，少なくともヨーロッパでは存在しないことを認める……。

84. 裁判所はまた，兵役（又は公務）を行う可能性を申立人に拒否した後で，問題となっている税金の支払いを申立人に義務づけることは，障害者に対する差別と闘い，かつ障害者の社会への完全な参加及び統合を促進する必要性と矛盾しうると考える。従って，障害者に対する異なった法的取扱いの設定における締約国の裁量の余地は，大きく削減される。」

「94. ……裁判所は，申立人は常に，兵役に就く用意があることを述べていたが，権限のある軍医によって不適と判断されたことを想起する。……裁判所は，軍隊の組織及び機能的な効率性が問題となる限りにおいて，条約締約国は一定の裁量の余地を享受することを無視するものではない……。しかし，申立人と同様の状況にある人のための特定の形態の役務を設けることを妨げうるものは何であるかと考える。特に，軍隊それ自体の中で行われるとはいえ，肉体的努力をそれほど必要とせず，従って，申立人の状況に

402

第8章 差別の禁止と平等

ある人によっても行われうる活動はありうる。一定の国の立法は，部分的な障害のある人に対して，軍隊それ自体の中において兵役に代わる代替策を規定している。実際には，それらの人々は，その障害の程度及びその職業的な能力に適合した任務のために募集されているのである。

95. 申立人が，代替的な公務を行う用意があったことも，争われていない。しかし，スイスの現行法は，公務は兵役と同じ身体的及び精神的性質を要求するという考えに立って，この選択肢を良心的兵役拒否者にしか認めていない。裁判者はこの主張に同意することはできない。確かに，大多数の国では，スイスのように，代替的任務は良心的兵役拒否者にしか開かれていない（スウェーデンからなると思われる例外については，2001年5月4日の，ヨーロッパ審議会議員総会の法律及び人権問題委員会の報告書「ヨーロッパ審議会加盟国における兵役の良心的拒否の権利の行使」Doc.8809，インターネットで入手可能，34項を見よ）。しかし裁判所は，申立人の状況にある人のニーズに適合した特定の形態の公務は，十分に検討しうると確信する（必要な変更を加えて，良心的兵役拒否者に認められている，軍隊以外での多数の代替的任務については，上記の議員総会の報告書35項，及び，上記38項で引用した人権高等弁務官の報告書43-46項を見よ）。

96. 結論として，裁判所は，本件において国内当局は，社会の利益の保護と申立人に保障された権利及び自由の尊重との間に正当なバランスを取らなかったと認める。申立人は，兵役又は代替的公務を行うことを妨げられ，にもかかわらず他方では，問題となった税金の支払いを義務づけられた。この点で裁判所は，本件の具体的な状況を考慮に入れる。それは特に，申立人に課せられた税金の無視できない金額及びその支払い義務の期間，申立人が軍務又は公務を行う用意があったという事実，スイス法において，申立人の状況にある人に適合した形態の任務がないこと，並びに，兵役の不遵守の賠償ないし防止のための措置として税金が今日もつ重要性の低さである。」

「98. 従って，申立人は，差別的取扱いの被害者であり，条約8条と合わせた14条の違反があった。」

◆ 3 差別是正のための積極的施策
—— 暫定的特別措置

　社会生活において実際に存在する事実上の差別に対処し，実質的な平等を達成するためには，往々にして，社会的に弱い立場にある一定の人々の状況を改善することを特に目的とした積極的措置を取ることが必要と考えられる場合がある。そのような措置は，国により，ポジティブ・アクション，アファーマティブ・アクション等の呼称で呼ばれている。

　人権条約では，人種差別撤廃条約と女性差別撤廃条約は，**暫定的な特別措置**（temporary special measures）として，そのような積極的な差別是正措置を締約国が取りうることを明文で規定している。障害者権利条約も，「障害者の事実上の平等を促進し，又は達成するために必要な特別の措置」についての規定を含

403

◆ 第 2 部 ◆　条約機関の判例・先例法理に見る人権条約上の実体的義務

む。さらに，人種差別撤廃条約は 2 条 2 項で，状況によっては，そうした特別の措置を取ることが要求されることを定めている。

■ 人種差別撤廃条約
　1 条 4 項　人権及び基本的自由の平等な享有又は行使を確保するため，保護を必要としている特定の人種もしくは種族の集団又は個人の適切な進歩を確保することのみを目的として，必要に応じて取られる特別措置は，人種差別とみなさない。但し，この特別措置は，その結果として，異なる人種の集団に対して別個の権利を維持することとなってはならず，また，その目的が達成された後は継続してはならない。

■ 女性差別撤廃条約
　4 条 1 項　締約国が男女の事実上の平等を促進することを目的とする暫定的な特別措置を取ることは，この条約に定義する差別と解してはならない。但し，その結果としていかなる意味においても不平等な又は別個の基準を維持し続けることとなってはならず，これらの措置は，機会及び待遇の平等の目的が達成されたときに廃止されなければならない。
　同 2 項　締約国が母性を保護することを目的とする特別措置（この条約に規定する措置を含む。）を取ることは，差別と解してはならない。

■ 障害者権利条約
　5 条 4 項　障害者の事実上の平等を促進し，又は達成するために必要な特別の措置は，この条約に規定する差別と解してはならない。

■ 人種差別撤廃条約
　2 条 2 項　締約国は，状況により正当とされる場合には，特定の人種の集団又はこれに属する個人に対し人権及び基本的自由の十分かつ平等な享有を保障するため，社会的，経済的，文化的その他の分野において，当該人種の集団又は個人の適切な発展及び保護を確保するための特別かつ具体的な措置を取る。この措置は，いかなる場合においても，その目的が達成された後，その結果として，異なる人種の集団に対して不平等な又は別個の権利を維持することとなってはならない。

　人種差別撤廃条約 1 条 4 項と女性差別撤廃条約 4 条 1 項はそれぞれ，締約国が，人種間ないし種族間における人権の平等な享有・行使を確保するため，また，男女の事実上の平等を促進するため，暫定的措置として，特別措置を取りうることを規定している。両規定に明記されているように，そのような措置はあくまで暫定的に取られるべきものであって，人種・種族間ないし男女間に別個の基準を永続的に設けることは認められない。

　なお，これらの，事実上の平等達成のために一時的に認められうる異なった取扱いと，女性差別撤廃条約 4 条 2 項が規定する**母性保護のための特別措置**とは，区別されなければならない。後者は，母性保護に関して同条約がおいている他の規定（妊娠中の女性に有害であることが証明されている種類の作業においては当該女性に特別の保護を与えること（11 条 2 項(d)等））に基づく措置を含めて，それ自体，母性という生物学的差異に基づいて男性との非同一の待遇を定めるものであり，**暫定的特別措置とは異なり永続的に取られる性質のものである**。

第8章　差別の禁止と平等

女性差別撤廃委員会はこの点について以下のように注意を喚起している。前項で扱った，障害のある人に対して求められる合理的な配慮も，それらの人がもつ特定のニーズに沿って状況に応じ常に要請されるものであり，人種差別撤廃条約1条4項や女性差別撤廃条約4条1項にいう暫定的な特別措置とは性格が異なる。

■ **女性差別撤廃委員会「一般的勧告25　4条1項　暫定的特別措置」**（2004年）
　15．4条1項における「特別措置」の目的と2項のそれとの間には明確な差異がある。4条1項の目的は，事実上の又は実質的な男性との平等を達成するために，女性の地位向上を促進し，女性に対する差別の過去・現在の形態及び影響を是正するために必要な構造的，社会的及び文化的な変化をもたらし，ま

た彼女らに補償することである。これらの措置は暫定的な性質のものである。
　16．4条2項は，生物学的差異による女性と男性の非同一的待遇を規定している。これらの措置は，少なくとも11条3項で言及されている科学上及び技術上の知識が見直しを正当化するような時までは，永続的な性質のものである。

　人種差別撤廃委員会は，ロマに対する差別や世系による差別に関する一般的勧告で，2条2項に明示的には言及していないものの，締約国がこれらの差別是正のために暫定的な特別措置を取ることを奨励している。

■ **人種差別撤廃委員会「一般的勧告27　ロマに対する差別」**（2000年）
　人種差別撤廃委員会は，……条約締約国が，その具体的状況を考慮に入れ，とりわけ以下の措置のすべて又は一部を，適当な場合，ロマのコミュニティの構成員のために採用することを勧告する。
　28．公務及び公的機関，並びに私企業におけるロマの雇用を促進するための特別措置を取ること。
　29．可能なすべての場合に，中央又は地方のレベルにおいて，公契約その他政府によって行われもしくは資金を支出される活動における公的雇用，又は様々な技術及び職業におけるロマの訓練において，ロマのための特別措置を採用しかつ実施すること。

■ **人種差別撤廃委員会「一般的勧告29　条約**

1条1項（世系（descent））」（2002年）
　人種差別撤廃委員会は，……締約国が，その特定の状況にとって適当な場合，以下の措置のいくつか又はすべてを採用することを勧告する。
　(f)　特に公務，雇用及び教育へのアクセスに関して，人権及び基本的自由の享受を確保するため，世系に基づく集団及びコミュニティのための特別措置を採用すること。
　(h)　一般公衆に対して，世系に基づく差別の被害者の状況に対処するためのアファーマティブ・アクションプログラムの重要性について教育すること。
　(j)　公的及び民間部門における関連の［＝世系に基づく差別を受けている］コミュニティの構成員の雇用を促進する特別措置を取ること。

　女性差別撤廃条約は4条1項で，締約国が男女の事実上の平等を促進することを目的とする暫定的な特別措置を取りうることを規定しているが，実際，そのような措置を締約国が積極的に用いるべきことは，あらゆる女性差別の撤廃というこの条約の趣旨・目的，及び，締約国の義務に関する条約上の一連の規定から導かれる。条約は2条(e)で，個人，団体又は企業による女性差別を撤廃するための「すべての適当な措置」を取ること，また同条(f)で，女性差別とな

405

◆ 第2部 ◆ 条約機関の判例・先例法理に見る人権条約上の実体的義務

る既存の法律や規則のみならず「慣習及び慣行」をも「修正し又は廃止するためのすべての適当な措置を取る」としている。政治的活動及び公的活動における差別の撤廃（7条），国際的活動への参加における差別の撤廃（8条），教育における差別の撤廃（10条），雇用における差別の撤廃（11条）等，条約の実体規定が随所で，女性差別を撤廃するための「すべての適当な措置を取る」としていることも銘記される。さらに，条約は24条で，締約国は条約の認める権利の完全な実現を達成するための「すべての必要な措置を取ることを約束する」と重ねて規定している。

女性差別撤廃委員会は1997年の一般的勧告「政治的・公的活動及び国際的レベル」で，幅広い公的活動の分野における女性の参加の促進のための暫定的特別措置の必要性を明らかにしている。また，暫定的特別措置に関する2009年の一般的勧告では，女性の人権享受を妨げてきた社会的，文化的背景と，それによる女性の過少代表（underrepresentation；政治参加，公的活動への参加，雇用など社会の様々な場において，人口比率に対し女性の参加が過少であること）に照らし，そのような状況を克服し実質的な平等を達成するためにどの実体規定の実施においても暫定的特別措置が必要となりうることを強調し，暫定的特別措置を取らない締約国に対してむしろ説明を求める立場を明らかにしている。

■ 女性差別撤廃委員会「一般的勧告23 政治的・公的活動及び国際レベル」（1997年）

5．条約7条は，締約国に対し，公的活動における女性に対する差別を撤廃し，女性が政治的及び公的活動において男性との平等を享受することを確保するための措置を取ることを義務づけている。7条に定められている義務は，公的及び政治的活動のあらゆる分野に及ぶものであり，サブパラグラフ(a)，(b)及び(c)に定められている分野に限定されるものではない。一国の政治的及び公的活動とは，広範囲に及ぶ概念である。それは，政治的権限の行使，とりわけ立法権，司法権，及び行政権の行使をいう。この用語は，公共行政のあらゆる側面並びに国際，国，地域及び地方レベルにおける政策の策定及び実施を含む。この概念はまた，公の委員会や地方自治体の議会，並びに政党，労働組合，職業又は業界団体，女性団体，地域で活動する市民団体及びその他公的及び政治的活動に関連する組織等の諸団体の活動をはじめとする市民社会の多くの側面を含む。

14．政治制度で，これまでに女性に完全で平等な参加の権利と利益の両方を付与したものはない。民主制度は政治的活動に関与する女性の機会を改善したものの，女性が引き続き直面する多くの経済的，社会的及び文化的障害が，女性の参加を著しく制約している。歴史的に安定している民主主義国でさえ，人口の半分を占める女性の意見及び利益を完全にかつ平等に統合できないでいる。……

15．法律上の障害の排除は必要であるが，それだけでは十分ではない。女性の完全で平等な参加を達成できないのは，意図したものではなく，男性を故意ではなく昇進させる時代遅れの慣行や手続の結果でありうる。条約は，4条の下で，7条及び8条を完全に実施するために暫定的な特別措置の活用を奨励している。参加の平等を達成しようと，有効な暫定的戦略を策定した国においては，女性候補者の採用，資金援助及び訓練，選挙手続の改正，平等な参加を目指したキャンペーンの展開，数値目標や割当数の設定，及びすべての社会の日常生活において不可欠な役割を果たす司法又はその他職業専門家集団等の公職への任命に女性を対象とすることなど，様々

な措置が実施されている。社会の公的活動への男女双方の平等な参加を促すために障害を正式に排除し、暫定的な特別措置を導入することは、政治的活動における真の平等を達成する上で必要不可欠な前提条件である。……

16. 北京行動綱領(第4回世界女性会議(北京、1995年9月4〜15日)報告書(A/CONF.177/29及びAdd.1)第Ⅰ章、決議1、附属文書)において強調された重要問題は、女性の政治及び公的活動への参加の現状に対しての、法律上と事実上の格差、又は権利である。女性の参加が(一般に「クリティカル・マス(決定的多数)」といわれる)30%から35%に達すると、政治手法及び決定の内容に真の影響が及ぼされ、政治的活動は再活性化されることが、研究によって論証されている。

■ 女性差別撤廃委員会「一般的勧告25　4条1項　暫定的特別措置」(2009年)

Ⅱ　背景―条約の趣旨と目的

6.　……3つの義務が女性に対する差別を撤廃するための締約国の取組みの中心となる……。

7.　……第二に、締約国の義務は、具体的かつ効果的な政策及びプログラムを通して、女性の事実上の地位を改善することである。第三に、締約国の義務は、個人による個人的行動を通してだけでなく、法律、法的・社会的構造及び制度において、女性に影響を与えている広く行きわたったジェンダー関係並びに、ジェンダーに基づく根強いステレオタイプに対処することである。

8.　委員会の見解では、単なる形式的平等又は計画的な方法は、委員会が実質的な平等と判断する女性の事実上の男性との平等を達成するのに十分ではない。さらに、条約は、女性が平等なスタートを与えられ、特権的な環境により結果の平等を達成するまでにエンパワーされることを要求する。女性に男性と同一の待遇を保障することだけでは十分ではない。むしろ、男性と女性の間の生物学的な、さらに社会的・文化的に構築された差異が考慮されなければならない。一定の状況下では、そのような差異に対処するためには、女性と男性の非同一的待遇が要求される。実質的平等という目標の追求は、女性の過少代表の克服と男女間の資源及び権力の再分配を目的とした効果的戦略も要求する。

9.　結果の平等は、事実上又は実質的な平等の論理的に当然の結果である。これらの結果は実際には量的及び/又は質的なものであ

りうる。すなわち、男性の全く同数の様々な分野で権利を享受する女性、同じ収入レベルや意思決定における平等及び政治的影響力を享受する女性、暴力からの解放を享受する女性である。

10.　女性の地位は、女性に対する差別と不平等の根本的な原因が効果的に対処されない限り改善されないであろう。歴史的に決定された男性の権力と生活形態のパラダイムにもはや閉じ込められないために、女性と男性の生活は、状況に合った方法及び機会、制度、並びに組織の真の変革のために採用された手段によって検討されるべきである。

12.　女性のある集団は、女性だということで彼らに対して向けられる差別による苦しみに加え、人種、民族、宗教、障害、年齢、階級、身分その他の別の理由に基づく複合的な形の差別によって苦しんでいることがありうる。……締約国は、そのような女性に対する複合的な悪影響を根絶するために、特定の暫定的特別措置を取る必要があることがありうる。

14.　条約は、女性の人権と基本的自由の享受を妨げる過去及び現在の社会的、文化的背景の差別的側面を対象としている。事実上の又は実質的な不平等の原因と結果の撤廃を含め、女性に対するあらゆる形の差別の撤廃を目的としている。その結果、条約に従った暫定的特別措置の適用は、無差別及び平等の規範の例外というよりは、女性の事実上又は実質的な平等を実現する手段の一つである。

24.　4条1項は、1条、2条、3条、5条、24条と合わせて読むと、締約国は「すべての適当な措置を取る」と規定する6条から16条に関して適用される必要がある。このため、委員会は、そのような措置が女性の事実上の又は実質的な平等の包括的又は具体的目標の達成を促進するために必要かつ適切と思われるのであれば、締約国はこれらのどの条項に関しても暫定的特別措置を採用しかつ実施する義務があると考える。

29.　締約国は、暫定的特別措置を採用することを怠っていることについて、十分な説明を提供すべきである。そのような措置の採用を怠っていることは、単に無力を断言することと又は、民間部門、民間機関もしくは政党に固有の市場の力や政治的勢力が強いことによる無策を説明することでは正当化されないであろう。……

31.　締約国は、暫定的特別措置の採用を考慮に入れた規定を憲法又は国の法律に含める

◆ 第2部 ◆　条約機関の判例・先例法理に見る人権条約上の実体的義務

べきである。委員会は，包括的反差別法令，機会均等法令，又は女性の平等に関する行政命令等の法令は，ある分野で定められた一つ又は複数の目標を達成するために適用される

べき暫定的特別措置の類型について指針となりうることについて，締約国の注意を喚起する。……

　一定の状況においては，国家が特別措置を取ることは許容されうるのみならず積極的に要求されるという立場は，自由権規約委員会や社会権規約委員会が示している見解とも共通するものである。

■ 自由権規約委員会「一般的意見18　無差別」（1989年）

　10.　委員会は……平等の原則は時に，規約で禁じられた差別を生じさせ又はそれを恒久化することにつながる状況を減じ又は根絶するために締約国が積極的措置を取ることを要求するということを指摘したい。例えば，人口の一部の人々の一般的な状況がそれらの人々の人権享受を妨げ又は害している国では，当該国は，そのような状況を是正するための具体的な行動を取るべきである。そのような行動は，特定の事項について，関連する人々に対して，他の人々に比較して一定の優先的取扱いを一時的に与えることを伴いうる。そのような行動は，事実上の差別を是正するために必要な限りにおいて，規約上正当な区別の例である。

■ 社会権規約委員会「一般的意見5　障害のある人の権利」（2004年）

　9.　利用可能な資源を最大限に用いて関連の権利の漸進的実現を促進する規約締約国の義務は，明らかに，単に障害のある人に対する否定的な影響を控えるというよりはるかに多くのことを政府に要求している。そのような弱く不利な立場にある人の場合の義務は，構造的な不利を減ずるため積極的な措置を取ること並びに，障害のあるすべての人にとっての社会での完全な参加及び平等という目的を実現するため，障害のある人に適切な優先的取扱いを与えることである。……

　18.　既存の差別を是正し，障害のある人に公平な機会を設けるために適切な措置を取ることが必要なのであるから，そのような措置は，平等の原則に基づきかつその目的を達成するために必要な程度でのみ用いられる限りにおいて，経済的，社会的及び文化的権利に関する国際規約2条1項の意味における差別と考えられるべきではない。

■ 社会権規約委員会「一般的意見20　経済的，社会的及び文化的権利における無差別」（2009

年）

　8.　規約上の権利がいかなる差別もなく行使されることを締約国が「保障する」ためには，差別は，形式的かつ実質的に撤廃されなければならない。

　(a)　形式的な差別。形式的な差別を撤廃することは，国家の憲法，法律及び政策文書が，禁止された事由に基づく差別をしないことを確保することを必要とする。例えば，法律は，婚姻上の地位に基づいて女性に対する平等の社会保障給付を否定すべきではない。

　(b)　実質的な差別。単に形式的な差別に対処することは，2条2項で掲げられ定義されたような実質的平等を確保するものではない（社会権規約委員会一般的意見16も見よ）。規約上の権利の実効的な享受は，人が禁止された差別事由によって特徴づけられる集団の構成員であるかどうかによってしばしば影響される。実際に差別を撤廃することは，同様の状況にある人の形式的な取扱いを単に比較する代わりに，歴史的な又は根強い偏見を受けている個人の集団に十分な注意を払うことを必要とする。従って締約国は，実質的な又は事実上の差別を引き起こし又は永続させている条件及び態度を防止し，減じかつ撤廃するために必要な措置を直ちに採用しなければならない。例えば，すべての人が十分な住居，水及び衛生へのアクセスをもつことを確保することは，インフォーマルな住居及び農村地域に住んでいる女性や女の子その他の人に対する差別を克服することに役立つだろう。

　9.　実質的な差別を撤廃するため，締約国は，差別を永続化させる状況を緩和し又はなくすための特別措置を採用する義務を負うことがありうるし，また場合によってはそのような義務を負っている。そのような措置は，事実上の差別を是正するための合理的，客観的かつ均衡のとれた措置であり，かつ実質的

◆ 第8章　差別の禁止と平等

な平等が持続可能なかたちで達成されたとき
には中止する限りにおいて，正当である。し
かし，そのような積極的措置は，言語的マイ
ノリティのための通訳サービス及び，医療施
設へのアクセスに顕著な障害のある人のため
の合理的な配慮のように，例外的な場合には，
永続的な性格のものである必要があることも
ある。
　制度的差別（systemic discrimination）の撤廃
　39. 締約国は，実際上の制度的な差別及び
隔離を根絶するための積極的なアプローチを
採用しなければならない。そのような差別に
取り組むことは，通常，暫定的な特別措置を
含め，一連の法律，政策及びプログラムを用
いた包括的なアプローチを必要とするであろ
う。締約国は，公的及び私的主体に対し，制

度的な差別に直面している個人及び個人の集
団に関連する姿勢及び行動を変えるよう促す
ためのインセンティブを用いることを検討し，
又は，不遵守の場合には処罰すべきである。
制度的な差別についての認識を高めるための
公的なリーダーシップ及びプログラム，並び
に，差別の扇動に対する厳格な措置がしばし
ば必要である。制度的な差別を根絶すること
は，往々にして，伝統的に無視されてきた集
団に対してより多くの資源をあてることを必
要とするであろう。いくつかの集団に対する
根強い敵意があることから，法律及び政策が
公務員その他によって実際に実施されること
を確保することに対して，特別の注意が払わ
れることが必要であろう。

　自閉症・ヨーロッパ対フランス事件において，ヨーロッパ社会権委員会が，
改正ヨーロッパ社会憲章第5部E条は，真の平等の観点から，人間の相違に
対して正当な考慮を払うことを要求しているとしたことは前章で既にふれた。
この事案で問題となったのは，障害者の自立や社会統合の権利を確保するため，
指導，教育及び職業訓練の提供に関し必要な措置を取ること（15条），子ども
や年少者が自らの個性及び能力の発達を促進する環境の中で成長する権利を確
保するため，保育，援助，教育及び訓練を受けること（17条）における平等で
あったが，同委員会は，自閉症の人々に関して当事国は十分な措置を取ったと
はいえないと判断している。

● **CASE**　〈国際先例〉自閉症・ヨーロッパ対フランス事件ヨーロッパ社会権委員会
　　　　「決定」，2003年11月4日〔前掲〕

■ 関連条文：改正ヨーロッパ社会憲章
第2部15条　年齢並びに障害の性質及び原因に関わりなく，障害者の自立，社会統合及
　びコミュニティでの生活への参加についての権利の効果的な行使を確保するために，
　締約国は次のことを約束する。
　1項　障害者に，可能な限り一般的な制度の枠組みにおいて，又は可能でない場合に
　　は公的もしくは私的的な指定された期間を通じて，指導，教育及び職業訓練を提供す
　　るために必要な措置を取ること。
同17条　自らの個性並びに身体的及び精神的能力の完全な発達を促進する環境の中で子
　ども及び年少者の成長する権利の効果的な行使を確保するために，締約国は，直接又
　は公的及び私的機関と協力して，次に示すあらゆる方法で適当かつ必要な措置を取る
　ことを約束する。

409

◆ 第2部 ◆ 条約機関の判例・先例法理に見る人権条約上の実体的義務

　1項(a)　子ども及び年少者が，特に，この目的のために十分かつ適切な施設及びサービスの確立又は維持の提供によって，その親の権利と義務を考慮しつつ，必要とする保育，援助，教育及び訓練をもつことを確保すること。

第5部 E条　この憲章に定める権利の享受は，人種，皮膚の色，性，言語，宗教，政治的意見その他の意見，国民的もしくは社会的出身，健康，民族的マイノリティとの結びつき，出生又は他の地位等のいかなる理由による差別もなしに確保される。

「48. 2003年の『結論』の一般的序言（10頁）で強調したように，委員会は，改正憲章の15条は，彼ら［訳注：障害者］を憐みの対象として見ることから平等な市民として尊重することへ──それは，障害のある人に関する一貫した政策に関する1992年の閣僚委員会勧告（92）6の採択により，ヨーロッパ審議会が促進したアプローチである──という，この10年間における全ヨーロッパ諸国における深い価値観の変化を反映しかつそうした変化を進展させるものであるとみなす。15条に通底する理念は，障害のある人にとっての平等な市民権であり，適切にも，主な諸権利は『コミュニティでの生活における自立，社会統合及び参加』である。障害のある子ども及びその他の人に教育に対する権利を確保することは，これらの市民権的権利を進展させることにおいて明らかに重要な役割を果たす。このことが，改正15条に教育が特に明記されている理由であり，『可能な限り一般的な制度の枠組みにおいて』教育を行うことに重きがおかれている理由である。15条は，障害の性格及びその原因にかかわらず，かつ年齢に関係なく，障害のあるすべての人に適用されることが注意される。従って，本条は明らかに，自閉症をもった子ども及び大人の双方に適用される。

49. 17条は，子どもと年少者が『自らの個性並びに身体的及び精神的能力の完全な発達』を促す環境の中で育つことを確保する必要性に基づいている。このアプローチは，障害のある子どもたちにとって，他の者にとってと同じく重要なものであり，非効果的な又は時宜を逸した介入が取り返しのつかないことになるような状況においてはおそらくより重要である。委員会は，とりわけすべての者の教育に対する権利をより一般的に扱った17条は，主流化という現代的アプローチを体現したものでもあると考える。17条1項は，特に，教育の目的のために十分かつ適切な施設及びサービスの確立又は維持を要求している。17条1項は子ども及び年少者のみを扱っているので，大人に関しては，15条1項と合わせ読むことが重要である。

51. 委員会は，改正憲章における，別途の条文としてのE条の挿入は，同憲章に含まれる様々な実体的権利の達成に関する無差別の原則に対して起草者がおいた重要性の高さを示していると考える。委員会はまた，同条の機能は，関連するすべての権利の平等で実効的な享受を，違いにかかわらず確保するようにすることであると考える。従って，本条は，それ自体で申立中立の独立の根拠となりうる自律的な権利ではない。よって委員会は，申立人の主張は，主張されている状況が，改正憲章E条を合わせ読んだ15条1項及び17条1項に違反するとしているものだと理解する。

障害は，E条の下で禁止される差別事由の中に明示的には列挙されていないが，委員会は，障害は『他の地位』の文言によって十分にカバーされていると考える。このような解釈手法は，それ自体でも正当化されるが，反差別及び人権の枠組みをこの分野におけるヨーロッパの政策の発展にとって適切なものと再確認した，障害のある人のための

◆ 第8章　差別の禁止と平等

統合政策に関する第2回ヨーロッパ閣僚会議（2003年4月，マラガ）で採択された政治宣言の文言及び精神に完全に合致したものである。

52. 委員会はさらに，E条の文言は，ヨーロッパ人権条約14条の文言とほとんど同一であると考える。ヨーロッパ人権裁判所が，14条の解釈にあたり繰り返し強調し，最近ではスリムメノス事件……で強調しているように，ヨーロッパ人権条約14条に反映されている平等の原則は，等しい者を等しく，等しくない者を等しくなく扱うことを意味する。上記の事件で裁判所は特に次のように述べている。『条約の下で保障された権利の享受において差別されない権利は，国家が，状況が顕著に異なる人に対して，客観的かつ合理的な正当化事由なく，異なる扱いをしないことによっても侵害される。』言い換えれば，民主的社会における人間の相違は，積極的にとらえられるべきであるのみならず，真のそして実効的な平等を確保するために，配慮をもって対応されるべきものである。

この点で委員会は，E条は単に直接差別を禁じるのみならず，あらゆる形態の間接差別をも禁じていると考える。そのような間接差別は，関連するあらゆる相違に対して正当かつ積極的な考慮を払わないこと，又は，すべての人に開かれた権利及び集団的利益がすべての人にとって及びすべての人に対して真にアクセス可能であることを確保するために適切な措置を取らないことによって生じうる。

53. 委員会は，申立 No.1/1998に関する決定（国際法律家委員会対ポルトガル，32項）で述べたように，憲章の実施は締約国に対し，単に法的措置を取るだけでなく，憲章で認められた権利を十分に実効的なものにするための実際的な措置を取ることをも要求していることを想起する。問題となっているある権利の達成が例外的に複雑でありかつ特別に費用のかかるものであるときには，締約国は，憲章の目的を，合理的期間内に，計測しうる進歩をもって，かつ利用可能な資源を最大限に利用することと合致する範囲で達成できるような措置を取らなければならない。……

54. 以上に述べたことに照らし，委員会は，自閉症の子どもと大人の場合，かかわる人の数及び必要とされる戦略をめぐっての，20年以上前に遡る国民的な議論にもかかわらず，かつ，1975年6月30日の障害者政策法の制定後においても，フランスは，自閉症のある人に対する教育の提供を進展させることにおいて十分な進歩を達成してこなかったことを注記する。委員会はとりわけ，フランスの公文書，特に本件手続の過程で提出された公文書がなお，世界保健機関が採用している自閉症の定義よりも制限的な定義を用いていること，並びに，時間的な進歩を合理的に計測するための公的な統計が不十分であることを注記する。委員会は，財政支出の方法を決定するのは主に国家自身であるから，（特に自閉症をもった）障害児の教育及びケアを専門とする施設が，通常の学校のように一般的に国の予算によって財政支出されていないことは，それ自体差別にあたるものではないと考える。にもかかわらず，委員会は，当局が自ら認めているように，かつ自閉症の広い定義が採用されるにせよ狭い定義が採用されるにせよ，自閉症をもった子どもたちで一般学校又は特別学校で教育を受けている子どもの割合は，障害のあるなしにかかわらずその他の子どもたちの場合よりもずっと低いと考える。また，自閉症の大人のためのケア及び支援の施設が慢性的に不足していることも認められ，かつ当局によっても争われていない。

　結　論

以上の理由で，委員会は，11対2で，当該状況は，それ自体又は改正ヨーロッパ社会

◆ 第2部 ◆ 条約機関の判例・先例法理に見る人権条約上の実体的義務

憲章のE条と合わせ読んだ15条1項及び17条1項の違反を構成すると結論する。」

　同じく前章でみた次の事案でも，ヨーロッパ社会権委員会は，当事国が，ロマが彼らの特別なニーズに合致した十分な量及び質の住居を与えられることを確保するための十分な措置を取ったことを示さなかったとして，E条と合わせた31条1項の違反を認定していた。

● *CASE* ● 〈国際先例〉ヨーロッパ・ロマ権利センター対イタリア事件ヨーロッパ社会権委員会「決定」，2005年12月7日［前掲］

「35. 十分な住居とは，構造的に安全であり，衛生及び健康面で安全なすなわち水，暖房，ごみ処理，衛生施設，電気等のすべての基本的な設備を有しており，過密でなく，かつ法律によって支えられた確実な占有権のある住処を意味するが，31条1項はそのような意味における十分な住居へのアクセスを保障している（31条1項に関する2003年の『結論』，フランスにつき221頁，イタリアにつき342頁，スロベニアにつき554頁，スウェーデンにつき650頁を見よ）。一時的なシェルターを与えることは十分とは考えられず，個人は法理的期間内に，十分な住居を供給されるべきである。

36. 委員会は，E条は差別の禁止を掲げており，客観的かつ合理的な正当化事由がなければ（附録の1項を参照），ロマを含め特別な特徴をもついかなる集団も憲章上の権利を実際に享受することを確保する義務を設定していることを想起する。反対に，ロマを野営場に入れる慣行に固執することによって，政府は，関連するあらゆる相違に対して正当かつ積極的な考慮を払うこと，又は，すべての人に開かれていなければならない権利及び集団的利益に対するロマの人々の権利を確保するために十分な措置を取ることを怠った。

37. 従って委員会は，イタリアは

――同国が，ロマが彼らの特別なニーズに合致した十分な量及び質の住居を与えられることを確保するための十分な措置を取ったこと，

――同国が，この分野において地元の当局がその責任を遂行することを確保した，又は確保するための措置を取ったこと

を示さなかったと認定する。委員会は従って，関連の状況は，E条と合わせた31条1項の違反を構成すると認定する。」

「45. 委員会は，31条1項は十分な住居へのアクセスを保障していることを想起する。31条1項により，住宅，特に社会住宅の建設のための適切な手段を取ることは締約国に帰する（31条3項に関する2003年の『結論』，フランスにつき232頁，イタリアにつき348頁，スロベニアにつき561頁，スウェーデンにつき655頁を見よ）。さらに，締約国は，その領域内に合法的に居住し又は正規に就労している憲章の他の締約国の国民への平等なアクセスを含め，不利な状況にある集団に対する社会住宅へのアクセスを確保しなければならない。

46. 委員会は，締約国は社会住宅へのアクセスに関してはロマへの平等の取扱いの原則を支持しているものの，締約国は，このアクセス権が実際に実効的であること，又は社

> 会住宅へのアクセスを規律している基準が差別的でないことを示すいかなる情報を示さなかったと認める。委員会は、Ｅ条における無差別原則は間接差別も含むことを想起する。ロマの異なった状況を考慮に入れなかったこと、又は、社会住宅への実効的なアクセスの可能性を含めてロマの住居の状況を改善することを具体的に目的とした措置を導入しなかったことは、イタリアがＥ条と合わせた31条１項及び３項に違反したことを意味する。」

　上記の２つの先例で、ヨーロッパ社会権委員会が、自閉症の人々やロマの人々の異なった状況に対して正当かつ積極的な考慮を払わないことと、すべての人に開かれているはずの権利や利益へのアクセスが真に実効的なものであることを確保するために適切な措置を取らないこととを、間接差別の文脈で併せて述べていたように、一定の人々にとって差別的効果をもつ間接差別を行わない義務と、社会的に弱い立場にある一定の人々の状況を改善することを特に目的とした積極的措置を取る義務とは、相互に密接に関連しており、無差別・平等原則の実効性という観点から連続線上にある。上記の２つの事案でヨーロッパ社会権委員会が両方含めて間接差別の文脈で述べている箇所は、間接差別というにはやや広い言及の仕方をしている（本来の間接差別は前者の意味すなわち、一定の人々にとって差別的な効果をもたらす法制度や基準、取扱い等を採用ないし実施する場合に差別とされることを指す）。他方で、ヨーロッパ人権裁判所の判例法も認めるように、権利の享受において差別なく平等の取扱いを受ける権利は、「国家が、状況が顕著に異なる人に対して、客観的かつ合理的な正当化事由なく、異なる扱いをしないことによっても侵害される」から、真のそして実効的な平等のためには、人の相違に応じた積極的な対応が必要であることが導かれることは疑いがない。ヨーロッパ社会権委員会は、改正憲章Ｅ条について、締約国は間接差別となる法制度や措置を採用することが禁じられるだけでなく、実効的な平等を確保するために適切な積極的措置を取ることをも要求するものであるとの解釈を一貫して示しているのである。すでに述べたように、実質的な平等の実現のために、制度的・構造的な差別の是正のための措置を含めて締約国が積極的な措置を取るべきことは、国連の人権条約機関においても強調されている。

　なお、１条で一般的な平等権の規定を定めたヨーロッパ人権条約第十二議定書はその前文で、「無差別の原則は、客観的かつ合理的な正当化事由がある場合には、締約国が完全かつ実効的な平等を促進するために措置を取ることを禁

◆ 第2部 ◆ 条約機関の判例・先例法理に見る人権条約上の実体的義務

じるものではないことを再確認」している。第十二議定書の注釈文書は，その
ことは人種差別撤廃条約や女性差別撤廃条約のような他の国際条約ですでに認
められていることに言及している[204]。不利な状況にある特定の集団もしくは
特定のカテゴリーの人がいるという事実，又は事実上の不平等の存在は，均衡
性の原則が尊重される限りにおいて，平等を促進するために特別な措置を取る
正当な理由となりうる。但し，同規定書は，そのような措置を採用することを
義務づけるものではないとされる[205]。

◆ **4 暫定的特別措置の限度**
　── 無差別・平等原則との合致

　暫定的特別措置は，事実上の差別を是正し実質的平等を促進するために必要
な限りにおいて取りうるものであるから，その目的に照らして**客観的かつ合理
的に正当化しうる**（objectively and reasonably justifiable）措置であって，かつ，目的
を達成するための手段として**合理的な均衡性**（resasonable proportionality）のある
措置であることが要件となる。また，人種差別撤廃条約や女性差別撤廃条約の
条文に明らかなように，目的が達成された後も永続化されてはならない（但し，
社会権規約委員会は，先にみた一般的意見20で，特別措置は実質的な平等が持続可
能なかたちで達成されたときには中止する限りにおいて正当であるとしつつ，例外
的な場合には永続的な措置である必要があることもあるとの見解を示している）。

　暫定的特別措置の具体的な内容とその選択について，女性差別撤廃委員会は
一般的勧告25で次のように述べている。また，政治的・公的活動及び国際レベ
ルにおける男女平等に関する一般的勧告23で同委員会は，政治的・公的分野に
おける女性参加の重要性を強調しまた，公的機関の構成員における男女比率に
関する規則等の措置としていくつかの具体例を挙げている。

■ 女性差別撤廃委員会「一般的勧告25　4条
1項　暫定的特別措置」（2009年）
　22.「措置」という文言は，福祉もしくは
援助計画，資源の配分及び／もしくは再配分，
優遇措置，対象を絞った募集・雇用・昇進，
期限付きの数値目標，クォータ制等，立法，

行政，管理，その他の規制手段，政策，慣行
の幅広い種類を含む。特定の『措置』の選択
は，4条1項が適用される背景及び，達成を
目指す具体的な目標による。

■ 女性差別撤廃委員会「一般的勧告23　政治

---

[204] Council of Europe, Protocol No.12 to the Convention for the Protection of Human Rights and
Fundamental Freedoms, Explanatory Report, para.16. http://conventions.coe.int/Treaty/EN/
Reports/ Html/177.htm.
[205] *Ibid.*

第8章　差別の禁止と平等

的・公的活動及び国際レベル」（1997年）

15. ……参加の平等を達成しようと，有効な暫定的戦略を策定した国においては，女性候補者の採用，資金援助及び訓練，選挙手続の改正，平等な参加を目指したキャンペーンの展開，数値目標や割当数の設定，及びすべての社会の日常生活において不可欠な役割を果たす司法又はその他職業専門家集団等の公職への任命に女性を対象とすることなど，様々な措置が実施されている。……

28. 締約国は一般に内閣や行政の上級職に女性を任命する権限を有するが，政党にも，女性が比例代表候補に加えられ，当選の可能性のある地域において候補者に指名推薦されることを確保する責任がある。締約国はまた，女性が男性と平等の基盤で政府の諮問機関に任命され，これらの機関が，適当な場合には代表的な女性グループの見解を考慮することを確保するよう努めるべきである。また，女性を差別し又は政治的及び公的活動への女性

の関与を妨害する態度を変革するように促すことは，政府の基本的責任である。

29. 内閣及び行政における上級職及び政府の諮問機関のメンバーとしての女性の平等な参加を確保するために多数の締約国が採用した措置は以下のものを含んでいる。被任命者の候補が同等の資格を有する場合には女性の被任命者が優先されるという規則の採用；公的機関の構成員として，男女それぞれ，全構成員の40％以上を占めるものとするという規則の採用；女性閣僚及び公職への任命のクォータ制；公的機関や公職に女性の有資格者が任命されることを確保するための女性団体との協議；公的機関や公職への女性の任命を促進するための，女性の名簿の作成及び維持。民間組織の指名推薦に基づき諮問機関のメンバーが任命される場合には，締約国は，これら組織に対し，これら機関のメンバーに適切な女性の有資格者を指名推薦するよう奨励すべきである。

　以下にみるグイド・ジャコブ事件では，高等司法審議会（High Council of Justice）を構成する判事以外の構成員（オランダ語話者・フランス語話者それぞれ11人）のうち一方の性の者が少なくとも4人は含まれていなければならないとするベルギー法の規定の自由権規約適合性が争われた。通報者の男性は判事以外の構成員に志願したが，第1回目の募集では十分な数の女性志願者がいなかったため第2回目の募集が行われ，結果的に選任されなかったところ，このようなジェンダーの要件は，より資格のある者を単にジェンダー要件を満たす者よりも不利に扱いうるものであって，一般的な平等条件の下で公務に携わる権利を定めた自由権規約25条(c)項及び平等権に関する26条に違反すると主張した。自由権規約委員会は本件で，司法にかかわる任用に携わる機関の構成員の任用においてジェンダー問題への意識を促進する措置を取ることは客観的かつ合理的に正当化しうるものとした上で，任用においては資格要件も定められていることもふまえ，11人のうち一方の性の志願者が少なくとも4人，つまり3分の1を超えていなければならないことを求める当該法規定は，一般的な平等の条件の下で公務に携わる候補者の権利を不均衡に制限するものにはあたらないと判断している。

◆ 第2部 ◆ 条約機関の判例・先例法理に見る人権条約上の実体的義務

● **CASE** ● 〈国際先例〉グイド・ジャコブ対ベルギー事件（*Guido Jakob v. Belgium*）自由権規約委員会「見解」，通報 No.943/2000，2004年7月7日

「9.3. 委員会は，規約25条(c)に基づき，すべての市民は，2条に規定するいかなる差別もなく，かつ，不合理な制限なしに，一般的な平等条件の下で自国の公務に携わる権利及び機会をもつことを想起する。一般的な平等条件の下で公務に携わる権利を確保するためには，任用の基準及び手続が客観的かつ合理的でなければならない。締約国は，法律が25条に含まれた権利を男性と平等の条件で女性に保障することを確保するための措置を取りうる。従って委員会は，本件において，ジェンダーの要件を導入したことが，通報者が援用するように，その差別的性格によって規約25条の違反又は差別に関する規約のその他の規定特に2条及び3条の違反を構成するかどうか，それとも，そのような条件は客観的かつ合理的に正当化しうるものかを決定しなければならない。本件における問題は，特定の性に属するという理由で候補者の間に区別を設けることに何らかの有効な正当化事由があるかどうかである。

9.4. 最初に委員会は，当該ジェンダーの要件は諮問機関における男女のバランスの促進に関する1990年7月20日の法の規定によって議会により導入されたことを注記する。本件における目的は，様々な諮問機関における非常に低い女性の数に照らして，女性のダ代表及び参加を増加させることである。この点で，委員会は，最初の募集に対して女性の志願者の数が不十分であったことは，男女間に不平等はないことを証明するものだという通報者の主張は，本件では説得力がないと考える。そのような状況は，逆に，高等司法審議会のような機関における公務に女性が志願することを奨励する必要性，及びこの点で措置を取ることの必要性を明らかにするものでありうる。本件では，高等司法審議会のような機関は，単なる法的な専門的能力を超えた視点をもっていることを求めることは正当であるとみなされうると，委員会には思われる。実際，司法府の責任に鑑みれば，法律の適用に関するジェンダー関連の問題への意識の促進は，司法にかかわる任用に携わる機関においてそのような視点が含まれることを求めるものと十分に理解されうる。従って委員会は，当該要件が客観的かつ合理的に正当化しえないものであると結論することはできない。

9.5. 第二に，委員会は，当該のジェンダー規定は，任命される11人の判事以外の構成員のうち一方の性の志願者が少なくとも4人，つまり選任される候補者のうちちょうど3分の1を超えていなければならないことを求めていることを注記する。委員会の見解では，そのような要件は，本件において，一般的な平等の条件の下で公務に携わる候補者の権利を不均衡に制限するものにはあたらない。さらに，かつ通報者の主張に反して，当該のジェンダー要件は，資格要件を無意味にするものではない。なぜならば，判事以外の構成員はすべて，少なくとも10年の経験がなければならないと明記されているからである。当該のジェンダー要件が，例えば男性だけが一つのカテゴリーに任命される結果として，判事以外の構成員のグループ内の3つのカテゴリーの間での差別をもたらしうるとの通報者の主張に関しては，委員会は，その場合には3つの可能性があると考える。一つは，女性の志願者が男性よりも資格要件を満たし，正当に任命される場合，一つは，女性と男性の志願者が同等に資格要件を満たしており，男女平等の促進という未だ欠けている法律の目的に照らして女性の優先順位が与えられる場合，もう一つは，女

416

第8章 差別の禁止と平等

性の志願者が男性よりも資格要件で劣り，よって資格要件とジェンダーバランスという，それぞれ他方を排除しない法律の2つの目的を調和させるために上院が2回目の候補者募集をしなければならない場合である。その場合，募集を再開するのに法的な障害はないと思われる。最後に，委員会は，当該のジェンダー要件の目的すなわち，諮問機関における男女平等の促進と，上に述べた通りの用いられる手段及びその手法，並びに当該法律の主要目的の一つである，資格のある個人で構成される高等審議会を設置することとの間には，合理的な均衡性が維持されていると考える。従って委員会は，1998年12月22日法の295の2の1項は，客観的かつ合理的な正当化事由の要件を満たすと考える。」

Ⅳ 自決権・マイノリティ（少数者）の権利

　人民の自決権とマイノリティ（に属する人）の権利は，世界人権宣言にはいずれも含まれていないが，国際人権規約では明文で含まれることとなった権利である。マイノリティの権利の保護は無差別・平等原則との関係で理解される必要があり，また人民の自決権は，**集団的権利**（collective right）であるという意味で，マイノリティの権利と深い関係をもっていることから，本章では，これらの権利についてここで扱う。

◆ 1　人民の自決権（the right to self-determination of peoples）

　国連憲章は1条2項で「人民の……自決の原則」に基礎をおく諸国家の友好関係の発展を国連の目的の一つとしているが，国連発足当時，自決の原則は人民の「自決権」という「権利」としては理解されていなかった。国連が1945年に発足した当時の原加盟国はわずか51カ国であって，アフリカやアジア太平洋地域，カリブ海地域等には，西欧諸国の植民地がなお多数残存していた（そのうち，国際連盟の委任統治制度の下におかれていた地域，及び第二次大戦の結果，連合国の敵国から分離された地域は，国連の監督の下に自治又は独立に向けての漸進的発達を促進する信託統治制度の下に移され，後に，1994年のパラオ独立を最後としてすべて独立した。それ以外の従属地域は，非自治地域として，自治を発達させること等の限定的な義務が施政国に課されるにとどまり，これらの地域は，1960年代以降，西サハラを除くアフリカを始めとして大部分が独立したほか，残存地域は本国の海外領土や自治領等となっている）。1948年に国連総会で採択された世界人権宣言は2条で，すべての者がいかなる差別もなく同宣言上の権利及び自由

417

◆ 第2部 ◆ 条約機関の判例・先例法理に見る人権条約上の実体的義務

を享有する権利について規定した中で、「個人の属する国又は地域が独立国であるか、信託統治地域であるか、非自治地域であるか、又は他の何らかの主権制限の下にあるかを問わず、その国又は地域の政治上、管轄上又は国際上の地位に基づくいかなる差別もされない」と述べ、普遍的な人権の享有において、個人の属する国又は地域の国際法上の地位によって差別されることはないという原則を示してはいた。しかし他方で、政治的、経済的に本国の支配下におかれている植民地においては、現実的には、個人にとっての人権の享受は、そのような体制の下で多くの制限を受けていた。

国連では、1960年の国連総会決議「植民地独立付与宣言」を境として、1960年代に入り**非植民地化**の動きが顕著に進み、アフリカ諸国が次々に独立して国連加盟を果たす中で、自決の原則は、すべての人民が外部からの介入なしにその政治的地位を自由に決定し、その経済的、社会的及び文化的発展を自由に追求する「権利」としての発展をみせるようになる。国連憲章の諸原則を1970年の時点で具体的、詳細に定式化した友好関係宣言は、「人民の同権と自決の原則」に関して以下のように述べている。

■ 友好関係宣言（「国際連合憲章に従った諸国間の友好関係と協力に関する国際法の諸原則についての宣言」〔国連総会決議2625（XXV）附属書〕〔1970年〕）

人民の同権と自決の原則

国際連合憲章に謳われた人民の同権及び自決の原則によって、すべての人民は、外部からの介入なしに、その政治的地位を自由に決定し、その経済的、社会的及び文化的発展を自由に追求する権利を有し、すべての国は憲章の規定に従ってこの権利を尊重する義務を有する。

すべての国は、共同及び個別の行動を通じて、憲章の諸規定に従って人民の同権と自決の原則の実現を促進し、並びに

(a) 諸国間の友好関係及び協力を促進するため、及び

(b) 当該人民の自由に表明した意思に妥当な考慮を払って、植民地主義を早急に終了させるために、

また外国による征服、支配及び搾取への人民の服従は、この原則の違反を構成し、基本的人権を否認し、憲章に違反するものであることに留意して、この原則の実施に関して憲章が委託した責任を履行することについて国際連合に援助を与える義務を有する。

すべての国は、共同及び個別の行動を通じて、憲章に従って人権及び基本的自由の普遍的な尊重及び遵守を促進する義務を有する。

主権独立国の確立、独立国との自由な連合もしくは統合、又は人民が自由に決定したその他の政治的地位の獲得は、この人民による自決権の行使の諸形態を構成するものである。

すべての国は、この原則の詳述にあたって上に言及された人民から自決権及び自由並びに独立を奪う、いかなる武力行使をも慎む義務を有する。かかる人民は、自決権行使の過程でこのような武力行動に反対し抵抗する行動において、憲章の目的及び原則に従って援助を求めかつ受ける権利を有する。

植民地又はその他の非自治地域は、憲章の下において、それを施政する国の領域とは別個のかつ異なった地位を有し、このような地位は、植民地又は非自治地域の人民が、憲章特にその目的及び原則に従って自決権を行使するまで存続するものとする。

上記の各項のいずれも、上に規定された人民の同権と自決の原則に従って行動し、それゆえ人種、信条又は皮膚の色による差別なくその領域に属するすべての人民を代表する政府を有する主権独立国の領土保全又は政治的統一を全部又は一部分割しもしくは毀損する

418

第8章　差別の禁止と平等

いかなる行動をも，承認し又は奨励するもの
と解釈されてはならない。
　すべての国は，他のいずれかの国又は領域

の国民的統一及び領土保全の一部又は全部の
分断を目的とするいかなる行為をも慎まなけ
ればならない。

　世界人権宣言の採択後，国際人権規約の起草作業が1960年代までずれ込む中
で，こうした非植民地化の潮流と多数の新独立国の国連加盟は，規約の最終条
文に大きな影響を与えることとなった。これらの国々は国連人権委員会及び総
会において，個人の人権の享有のためには，個人が属する人民が自らその政治
的地位を決定し経済的，社会的発展を追求することのできる権利が不可欠の前
提であるとして，自決権の規定を規約に盛り込むことを強く主張したのである。
その結果，2つの人権規約は，他の権利の実体規定では個人の権利について定
めつつも，共通第1条において，次のように集団的権利としての人民の自決権
について規定することとなった。1条のうち，1項は人民が自主的に政治的地
位を決定する権利について規定し，2項は，それを経済的に保障するものとし
て，天然の富及び資源に対する権利について規定している。3項は，締約国が
自決の権利の実現を促進し及び自決権を尊重する義務について一般的なかたち
で定めたものである。

■ 社会権規約・自由権規約
　共通1条1項　すべての人民は，自決の権利
　　を有する。この権利に基づき，すべての人
　　民は，その政治的地位を自由に決定し並び
　　にその経済的，社会的及び文化的発展を自
　　由に追求する。
　同2項　すべての人民は，互恵の原則に基づ
　　く国際的経済協力から生ずる義務及び国際
　　法上の義務に反しない限り，自己のために
　　その天然の富及び資源を自由に処分するこ
　　とができる。人民は，いかなる場合にも，
　　その生存のための手段を奪われることはな
　　い。
　同3項　この規約の締約国（非自治地域及び
　　信託統治地域の施政の責任を有する国を含
　　む。）は，国際連合憲章の規定に従い，自
　　決の権利が実現されることを促進し及び自
　　決の権利を尊重する。

■ 自由権規約委員会「一般的意見12　人民の
　自決権（1条）」(1984年)
　1．国連憲章の目的及び原則に従い，市民
　的及び政治的権利に関する国際規約1条は，
　すべての人民が自決権をもつことを認めてい
　る。自決権は，その実現が個人の人権の実効

的保障及び遵守並びにそれらの権利の促進及
び強化の不可欠の条件であるがゆえに，特別
の重要性をもつ。国家が，自決権を両規約と
いう実定法の規定の中に定め，また1条で，
2つの規約の他のすべての権利とは別にかつ
それらよりも前においたのは，そのためであ
る。
　2．1条は，1項及び2項で述べられたす
べての人民の不可譲の権利を掲げている。こ
の権利により，すべての人民は「その政治的
地位を自由に決定し並びにその経済的，社会
的及び文化的発展を自由に追求する」。本条
は，すべての締約国に，対応する義務を課す
ものである。この権利及び，その実施に関す
る対応する義務は，規約の他の規定及び国際
法の規則と相互に関連している。
　4．1条1項に関して，締約国は，この権
利の行使を実際に認めている憲法上及び政治
上の過程について［報告書の中で］述べるべ
きである。
　5．2項は，自決権の経済的内容の特定の
側面すなわち，自己のために，「互恵の原則
に基づく国際的経済協力から生ずる義務及び
国際法上の義務に反しない限り，その天然の
富及び資源を自由に処分することができる。

419

◆ 第2部 ◆ 条約機関の判例・先例法理に見る人権条約上の実体的義務

人民は，いかなる場合にも，その生存のための手段を奪われることはない。」ことを確認している。この権利は，すべての国家及び国際社会にとって，対応する義務を伴う。国家は，本項の規定に反して天然の富及び資源を自由に処分することを妨げる要素又は困難について，またそれらがどの程度規約に定められた他の権利の享受に影響を与えるかについて示すべきである。

6．委員会の意見では，3項は，締約国に対し，自国民に関してのみならず，自決権を行使できないでいるかその可能性を奪われているすべての人々に対する関係でも具体的な義務を課している点で特に重要である。本項の一般的性格は，起草過程から確認される。本項は，「この規約の締約国（非自治地域及

び信託統治地域の施政の責任を有する国を含む。）は，国際連合憲章の規定に従い，自決の権利が実現されることを促進し及び自決の権利を尊重する。」と明記している。この義務は，自決権を有する人民が，規約の締約国に依存しているか否かにかかわらず存在する。よって，規約のすべての締約国は，人民の自決権の実現及び自決権の尊重を促進するために積極的な行動を取るべきである。そのような積極的行動は，国連憲章及び国際法上の国家の義務に合致しなければならない。特に，国家は，他国の国内問題に干渉し，それによって自決権の行使に悪影響を与えることを控えなければならない。報告書は，これらの義務の履行及びそのために取った措置についての情報を含むべきである。

◆ **2 内的自決権と，人種等による差別なく公務に携わる権利・マイノリティの権利との関連**

先にみた友好関係宣言は，人民の同権及び自決の原則から，すべての人民が「外部からの介入なしに，その政治的地位を自由に決定し，その経済的，社会的及び文化的発展を自由に追求する権利」としての自決権を引き出した上で，「外国による征服，支配及び搾取」への人民の服従はこの原則の違反となるのに対して，同宣言のいずれの条項も「人種，信条又は皮膚の色による差別なくその領域に属するすべての人民を代表する政府を有する主権独立国の領土保全又は政治的統一を全部又は一部分割しもしくは毀損するいかなる行動をも，承認し又は奨励するものと解釈されてはならない」としていた。ここからも分かるように，自決権は，「外国による征服，支配及び搾取」の下にある人民にとってはそれに抵抗しそこから離脱する権利となる一方で，それ以外の場合には，分離独立のような形で一国の領土保全又は政治的統一を害するものとして援用できるわけではない。このことから，自決権には，外的な自決権と内的な自決権という2つの側面があるといわれる。**外的自決権**とは，植民地支配を典型として，外国の支配や搾取による従属状態におかれた人々がそれに抵抗して政治的地位を自ら決定しうる権利としての対外的な自決権であり，**内的自決権**とは，一国内の政治的意思決定において，様々な人民の集団が正当に代表されることを求める権利としての，対内的な自決権である。

友好関係宣言が，「**人種，信条又は皮膚の色による差別なくその領域に属す**

◆ 第8章　差別の禁止と平等

るすべての人民を代表する政府を有する主権独立国」（強調筆者）については，自決権はその領土保全又は政治的統一を害するものと解されてはならないとしていたように，自決権は，内的自決権の側面において，**人種や皮膚の色，信条等による差別なく公務に携わる権利**，さらに，**種族や言語，文化等を異にするマイノリティに属する人の権利の保護**と密接に関連している。人種差別撤廃条約に基づく人種差別撤廃委員会は一般的勧告で，自決権の2つの側面にふれ，そのうち，内的な自決権の尊重は，人種差別撤廃条約の規定の遵守と重なる面をもっていることについて言及している。同委員会によれば，人種的，種族的，部族的，宗教的その他の理由に基づく差別なく個人の権利を保護することが政府の政策の指針とならなければならず，また，種族的集団（エスニック・グループ）に属する人の権利，特に，尊厳ある生活を送る権利，文化を保持する権利，国の成長の成果を衡平に共有する権利，及び自国の統治において役割を果たす権利に注意が払われなければならない。

■ **人種差別撤廃委員会「一般的勧告21　自決権」**（1996年）

4．人民の自決権に関しては，2つの側面が区別されなければならない。人民の自決権は，内的な側面すなわち，すべての人民が外部からの干渉なしにその経済的，社会的及び文化的発展を自由に追求できる権利としての側面をもっている。この点で，あらゆる形態の人種差別の撤廃に関する国際条約5条(c)に述べられたような，すべての市民がすべての段階における公務に携わる権利とのつながりがある。結果として，政府は，人種，皮膚の色，世系又は国民的もしくは種族的出身による区別なく，人々（population）全体を代表することとなる。<u>自決の外的な側面は，すべての人民（peoples）が，平等の権利の原則に基づきかつ植民地主義からの人民の解放並びに人民を外国の従属，支配及び搾取の対象とすることの禁止が示されている国際社会において自らの政治的地位及び場所を自由に決定する権利をもつことを意味する。</u>

5．<u>国家内においてすべての人民の権利を十分に尊重するため，政府は，国際人権文書及び特に，あらゆる形態の人種差別の撤廃に関する国際条約を遵守しこれらを十分に実施すること</u>が再び求められる。<u>人種的，種族的，部族的，宗教的その他の理由に基づく差別なく個人の権利を保護することへの関心が，政府の政策の指針とならなければならない。あ</u>らゆる形態の人種差別の撤廃に関する国際条約2条及びその他の関連の国際文書に従い，<u>政府は，種族的集団に属する人の権利，特に，尊厳ある生活を送る権利，文化を保持する権利，国の成長の成果を衡平に共有する権利，及び自国の統治において役割を果たす権利に留意すべきである。</u>また，政府は，その憲法上の枠組みの中で，適当な場合，自国民であって種族的又は言語的集団に属する人に対し，それらの人又は集団のアイデンティティの保持に特に関連する活動に携わる権利を与えることを検討すべきである。

6．委員会は，友好関係宣言に従い，委員会の活動のいかなるものも，人民の同権と自決の原則に従って行動し，かつ，人種，信条又は皮膚の色による差別なくその領域に属するすべての人民を代表する政府を有する主権独立国の領土保全又は政治的統一を全部又は一部分割しもしくは毀損するいかなる行動をも，承認し又は奨励するものと解釈されてはならないことを強調する。国際法は，国家からの分離独立を一方的に宣言する人民の一般的な権利を認めていない。この点で委員会は，『平和への課題』〔訳注：1992年6月17日の国連事務総長報告書〕17項以下で表明された見解すなわち，国家の分裂は人権保護並びに平和及び安全の維持にとって有害となりうるという見解を支持する。しかし，このことは，すべての関係当事者の自由な同意によって達

421

◆第2部◆　条約機関の判例・先例法理に見る人権条約上の実体的義務

成される合意の可能性を排除するものではな　　　　い。

　自由権規約の個人通報制度上は，**1条の自決権は「人民」の権利であって個人通報の対象とはならない一方，27条に規定する「種族的，宗教的又は言語的少数者（マイノリティ）(206)に属する者」の権利は，そのようなマイノリティに属する個人の権利であって個人通報の対象となる。**以下にみるキトク対スウェーデン事件は，トナカイ飼育者を減らす観点から，サーミ（Sami；北極海地域の先住民）の者が3年以上他の職業に携わった場合にはサーミの村の構成員資格を失うとしたスウェーデン法により，トナカイ飼育並びに土地や水域への権利を失った通報者が，規約1条の自決権，及び27条に基づくマイノリティに属する人の権利を侵害されたと主張したものである。自由権規約委員会は，1条の自決権は「人民」の権利であって第一選択議定書による個人通報の対象にならないとする一方で，本件は27条にかかわる問題を提起しているとして，27条の権利侵害の有無について本案の検討を行った。

● **CASE** ● 〈国際先例〉イヴァン・キトク対スウェーデン（*Ivan Kitok v. Sweden*）自由権規約委員会「見解」，通報 No.197/1985，1988年7月27日

「6.3. 本通報が選択議定書3条に合致しないか又は『明白に根拠不十分』であるとして受理不可能と宣言されるべきであるという当事国の主張に関しては，委員会は，<u>通報者は，個人として，規約1条に掲げられた自決権の侵害の被害者であることを主張することはできないと考える。選択議定書は権利を侵害された個人についての申立手続を規定しているが，規約1条は人民それ自体に与えられた権利を扱っている。</u>しかし，規約27条に関しては，委員会は，通報者はサーミのコミュニティの他の構成員が享受するのと同じ権利を享受する権利を侵害された被害者であるとの主張を裏付ける合理的な努力を行ったと考える。従って，委員会は，提起された問題特に27条の範囲について，通報の本案が検討されるべきであると決定した。」

「9.1. 委員会に提起された主な問題は，本通報の通報者が，彼の主張するように，サーミのコミュニティに太古から与えられている権利，特に，サーミのコミュニティの構成員となる権利及びトナカイの飼育を行う権利を恣意的に否定されたために，規約27条の違反の被害者であるかどうかである。本通報の通報者が，規約27条で規定されたように『自己の文化を享有』する権利を否定されたかどうか，及び，サーミのコミュニティの構成員たる資格を拒否する決定への上訴は構成員たる資格を認める特別の理由がある場合のみ認められるとした1971年のトナカイ飼育法12条2項が規約27条に違反するかどう

---

(206)　公定訳では「少数民族」とされているが，原語の minorities は正確には「少数者」「マイノリティ」を意味する。「マイノリティ」という語は日本語として相当に定着していると思われるので，本書では「少数者」「マイノリティ」の語を互換的に用いている。

かを決定するにあたり，委員会は以下の考慮をその認定の基礎とする。

9.2. 経済活動の規制は，通常，当該国家のみが決定する事項である。しかし，当該活動がある種族的コミュニティの文化の不可欠の要素であるときには，個人に対するその適用は，以下のように規定した規約27条の範囲内に入る。『種族的，宗教的又は言語的マイノリティが存在する国において，当該マイノリティに属する者は，その集団の他の構成員とともに自己の文化を享有し，自己の宗教を信仰しかつ実践し又は自己の言語を使用する権利を否定されない。』

9.3. 委員会はこの関連で，集団の他の構成員とともに自己の文化を享有する権利は，抽象的には決定され得ず，具体的文脈の中におかれなければならないと考える。従って委員会は，種族的サーミがサーミの村の構成員となる権利に影響する法律上の制限について検討することを求められている。

9.4. 本件における紛争は，サーミとしての通報者と当事国ではなく，むしろ通報者とサーミのコミュニティであるという当事国の主張に関しては，委員会は，1971年のトナカイ飼育法の採択によって当事国の責任が関わっており，従って，異議を申し立てられているのは国家の行為であると考える。当事国が自ら指摘しているように，構成員たる資格を拒否するサーミのコミュニティの決定に対する上訴は，構成員たる資格を認める特別の理由がある場合のみ認められ，また，当事国は，そのような上訴を認める州の行政局の権利は非常に制限的に行使されねばならないことを認めている。

9.5. 当事国によれば，トナカイ飼育法の目的は，経済的及び生態学的理由からトナカイ飼育者の数を制限すること並びに，サーミ・マイノリティの保全及び福利を確保することである。両当事者とも，トナカイ飼育の来来及び，トナカイ飼育が主要な収入源である人々の生計を確保するために実効的な措置が必要であることに同意している。これらの目的を確保するために当事国が選択した手法は，サーミの村の構成員がトナカイ飼育に携わる権利を制限することである。委員会は，これらの目的及び措置は合理的であり，規約27条に合致するという意見である。

9.6. にもかかわらず委員会は，トナカイ飼育法の一定の規定及び通報者へのその適用が規約27条に合致するかどうかについて，重大な疑念をもっている。トナカイ飼育法11条は次のように規定する。『サーミのコミュニティの構成員は，(1)トナカイ飼育に携わる権利をもち，コミュニティの牧場地域内でトナカイ飼育に参加する者，(2)トナカイ飼育に携わる権利をもち，コミュニティの牧場地域内でトナカイ飼育に参加し，これを恒常的な職業としてきた者であって，他の主な経済活動を行っていない者，(3)トナカイ飼育に携わる権利をもち，1項もしくは2項により資格をもつ構成員と同居する夫もしくは子どもであるか又は死亡した構成員の寡夫もしくは未成年の子ども，である』。同法の12条は次のように規定する。『サーミのコミュニティは，11条に明記した者以外でトナカイ飼育に携わる権利をもつ者を，その者がコミュニティの牧場地域内で自らのトナカイをもってトナカイ飼育を行おうとする場合には，構成員として認めることができる。志願者が構成員たる資格を拒否された場合，州の行政局は，特別な理由がある場合には構成員たる資格を与えることができる。』

9.7. よって，同法は，種族的にはサーミである者が，同法の目的上はサーミでないとみなされうる点で，種族的マイノリティの生活に参加するための一定の基準を設けていることが分かる。委員会は，マイノリティの構成員たる資格を決定するにあたって客観

◆ 第2部 ◆ 条約機関の判例・先例法理に見る人権条約上の実体的義務

的な種族的基準を無視すること，及び当該規則のキトク氏への適用が，同法が達成しようとしている正当な目的に対して不均衡であったかもしれないということに懸念をもっている。さらに，キトク氏は常にサーミの土地に住み，彼の個人的状況において資金的に可能となり次第できるだけ早くフルタイムのトナカイ飼育に戻ろうとしてきたのであって，常にサーミのコミュニティと何らかのつながりを保持してきたことを注記する。
9.8. 当該マイノリティの権利を全体として保護するものと思われる当該立法と，そのマイノリティの一人の構成員に対するその適用との間に抵触があるとみられる本件の問題を解決するにあたり，委員会は，ラブレイス事件（ラブレイス対カナダ，No.24/1977）における決定理由すなわち，マイノリティの個々の構成員の権利の制限は，合理的かつ客観的な正当化事由をもちかつ，当該マイノリティ全体としての継続的な存在及び福祉のために必要であることが示されなければならないということを指針とした。本件で関連するすべての要素を慎重に検討した結果，委員会は，締約国による27条違反はないという見解である。この関連で委員会は，キトク氏は，権利としてではないにせよ，彼のトナカイを飼育し，狩りをしまた漁をすることが許されていることを注記する。」

　オミナヤク首長及びルビコン・レイク族対カナダ事件では，カナダの先住民コミュニティの一つであるルビコン・レイク族（アルバータ州北部地域で狩りや漁を営み，主にクリー語を使用する）とその代表者が，カナダ政府は，アルバータ州の先住民に対し伝統的な生活様式を継続する権利を認めた1970年のインディアン法と1899年の条約にもかかわらず，アルバータ州政府に対し，石油とガスの採掘事業のためにルビコン・レイク族の土地の収用を認めたことにより，規約1条1項，2項及び3項に違反したと主張した。自由権規約委員会は，当該先住民コミュニティが1条の自決権の主体たる「人民」であるかどうかは検討対象とならないとする一方で，当該マイノリティに属する**個人が，規約上の個人的権利が同様に侵害されたとして集団的に通報を提出することは許容される**とした。その上で，この事案では，ルビコン・レイク族の生活様式と文化を脅かす開発が，27条の違反を構成することを認定している。また，より最近の事案では，**規約上の個人的権利（6条から27条まで），特に27条の権利の解釈にあたっては，1条の規定が関連性をもちうるとされ**[207]，27条の解釈に1条の自決権の規定が関連性をもちうることが認められている。

　なお，先にみたキトク対スウェーデン事件で，自由権規約委員会は，「ある経済活動がある種族的コミュニティの文化の不可欠の要素であるとき」には，

---

[207] アプリカナ・マフイカほか対ニュージーランド事件（*Apricana Mahuica et al. v. New Zealand*），通報 No.547/1993，2000年11月16日。

424

◆第8章　差別の禁止と平等

当該コミュニティに属する個人の権利は27条によって保護されるとしていた。委員会はオミナヤク首長及びルビコン・レイク族対カナダ事件では，**27条で保護されている権利は，諸個人が他の者とともに，彼らの属するコミュニティの文化の一部である経済的及び社会的活動に携わる権利を含む**とし，先住民コミュニティの構成員が伝統的な生活様式と文化を享受する権利に対する保護をそこから導いている。後述する一般的意見で委員会は，27条の下で保護されている個人の権利のうち，文化はそれ自体，特に先住民の場合には土地の資源の利用と結びついた特定の生活様式を含め，多くの形態で現れるものであり，文化を享受する権利とは漁や狩りのような伝統的な活動及び，法律で保護された居住区に住む権利を含みうるとしている。このように，委員会の実行では，**土地及びその利用と密接に結びついた生活様式や文化を享受することに対する先住民コミュニティ構成員の権利は，明確に27条の保護対象に含まれている。**

● **CASE** ●　〈国際先例〉オミナヤク首長及びルビコン・レイク族対カナダ（*Chief Bernard Ominayak and the Lubicon Lake Band v. Canada*）自由権規約委員会「見解」，通報 No.167/1984，1990年3月26日

「29.1. 初めに，通報者の主張は，複雑な背景をもってはいるが，基本的に，自決権の否定及び，ルビコン・レイク族の構成員がその天然の富及び資源を自由に処分する権利の侵害に関わっている。カナダ政府が，1970年のインディアン法及び1899年の条約8号でルビコン・レイク族が伝統的な生活様式を継続する権利を認めたにもかかわらず，ルビコン・レイク族の土地（およそ1万平方キロメートル）は商業的利益（石油及びガスの開発）のために収用されて破壊され，ルビコン・レイク族はその生存の手段と自決権の享受を奪われたと主張されている。……通報者は，ルビコン・レイク族は委員会に対し，領域に対する権利についての決定を求めているのではなく，単に，(a)当該部族の存在が深刻に脅かされていること，及び(b)カナダはこのような現状に対して責任をもつこと，をカナダ政府に納得させるために委員会の支援を受けることを求めていると述べた。
29.2. 当初から，当事国は，ルビコン・レイク族の生存が脅かされているという主張を否定し，資源開発の継続は当該部族の伝統的な生活様式に修復し難い被害をもたらすものではないと主張してきた。当事国は……当該部族の主張に関して，裁判所によってまた交渉を通しての効果的な救済はなお利用できること，政府は法的手続の費用を賄うため当該部族に対し150万カナダドルの恩恵的支払いを行ったこと，並びに，いずれにせよ，人民の権利に関する規約1条は，個人の権利に関する侵害の主張の検討を定めたものであって人民に与えられた集団的権利の侵害の主張の検討を定めたものではない選択議定書の下では援用され得ないと主張した。
29.3. これは，委員会が1987年7月に，『規約27条又はその他の条項の下での問題を提起する限りにおいて』通報は許容されると決定した状況であった。ルビコン・レイク族が絶滅の危機にあるという通報者の主張の深刻さに鑑み，委員会は，手続規則86に基づ

425

◆第2部◆　条約機関の判例・先例法理に見る人権条約上の実体的義務

き，『［通報者］及びルビコン・レイク族の他の構成員に対する修復しがたい損害を避けるための座暫定的な保護措置を取る』よう要請した。」

「32.1.　……ルビコン・レイク族が『人民』を構成するかどうかの問題は，規約の選択議定書の下で委員会が扱うべき問題ではない。選択議定書は，個人が，その個人的権利を侵害されたことを主張しうる手続を規定している。これらの権利は規約の第3部の，6条から27条までで規定されている。しかし，同様に影響を受けたことを主張する個人の集団が，自らの権利侵害の主張について，集団的に通報を提出することには問題がない。

32.2.　当初は，規約1条の規定の違反の主張として述べられていたが，提出された主張の多くが，27条の下での問題を提起していることは疑いがない。委員会は，27条で保護されている権利は，諸個人が他の者とともに，彼らの属するコミュニティの文化の一部である経済的及び社会的活動に携わる権利を含むことを認める。……」

「33.　当事国が言及している歴史的な不衡平，及び，一定のより最近の開発は，ルビコン・レイク族の生活様式及び文化を脅かすものであり，それらが継続する限り，27条の違反を構成する。」

■　自由権規約委員会「一般的意見23　マイノリティの権利（27条）」（1994年）

3.1.　委員会は，自決権と，27条の下で保護される権利との間に区別をひく。前者は，人民（peoples）に属する権利として表明されており，規約の別の部分（第Ⅰ部）で扱われている。自決権は，選択議定書の下で扱いうる権利ではない。他方，27条は，個人それ自体に与えられる権利に関連し，個人に与えられるその他の個人的権利に関する条項と同様，規約第Ⅲ部に含まれかつ選択議定書の下で扱いうる権利である。

自由権規約と異なり，21条で以下のように富及び天然資源に対する人民の権利について定め，かつ，同条を含め人民の権利についても締約国（47条）及び締約国以外の者（55条）からのアフリカ人権委員会への通報を認めているアフリカ人権憲章の下では，21条の権利も同委員会への通報制度の対象とされている。第4章ですでにみた社会的及び経済的権利活動センター並びに経済的及び社会的権利センター対ナイジェリア事件は，ナイジェリアで企業により行われ同国の軍事政権も関与した石油開発が引き起こした環境破壊及び住民への健康被害が，21条を含むアフリカ人権憲章に違反したと主張された事案であった。

● *CASE* ●　〈国際先例〉社会的及び経済的権利活動センター並びに経済的及び社会的権利センター対ナイジェリア事件アフリカ人権委員会「決定」，2001年10月27日［前掲］

「55.　申立組織は……ナイジェリアの軍事政府が，石油生産に関わっており，よって，石油会社の操業を監視ないし規制せず，それによって，石油コンソーシアムがオゴニランドの石油資源を搾取する道を開いたと主張している。さらに，石油コンソーシアムと

◆ 第8章　差別の禁止と平等

の取引すべてにおいて，政府はオゴニランドの開発に影響する決定にオゴニのコミュニティを関与させなかった。オゴニランドにおける石油開発が果たした破壊的かつ利己的な役割は，ナイジェリア政府の抑圧的な手法及び，地域の人々への物質的利益の欠如と密接に結びついて，十分に21条の違反を構成するといえるものである。

　21条は次のように規定する。

　1項　すべての人民は，その富及び天然資源を自由に処分する。この権利は，もっぱら人民の利益のために行使されなければならない。人民は，いかなる場合にも，この権利を奪われてはならない。

　2項　略奪が行われた場合には，略奪された人民は，その財産を合法的に取り戻し，かつ，十分な補償を受ける権利を有する。

　3項　富及び天然資源の自由な処分は，相互の尊重，公平な交換及び国際法の原則に基づいた国際経済協力を促進する義務を損なうことなく行使される。

　4項　この憲章の締約国は，アフリカの統一及び連帯を強化するために，その富及び天然資源を自由に処分する権利を個別的又は集団的に行使する。

　5項　この憲章の締約国は，その人民がその国家資源から得られる利益を十分に享受しうるように，あらゆる形態，特に国際的独占企業により行われる外国の経済的搾取を排除することを約束する。

56. この規定の由来は，アフリカの物的資源が外部勢力の利益のために大幅に搾取され，アフリカ人自身にとっての悲劇を創り出し，アフリカ人から生得の権利を奪い土地から疎外させた植民地主義にたどることができる。植民地としての搾取の結果，アフリカの貴重な資源と人々は，依然として，外国による不適切な利用を受けやすい状態となった。本憲章の起草者は明らかに，アフリカ各国の政府に対し，アフリカ大陸の痛ましい遺産を思い起こさせ，協力的な経済的発展をアフリカ社会の伝統的な中心的位置におくことを欲していた。

57. 政府は，適切な立法及びその実効的な執行によってのみならず，私的当事者によって行われうる有害な行為からも国民を保護することを通して，国民を保護する義務を負っている（青年弁護士連合対チャド事件，通報74/92を見よ）。この義務は，政府が人権条約に基づく義務を履行するにあたって，政府の側の積極的な鼓動を要求する。ヴェラスケス・ロドリゲス対ホンジュラス事件米州人権裁判所1988年7月29日判決で示されているように，他の裁判所の実行もまた，この要求を支持するところである。この画期的な判決について米州人権裁判所は，国家が，私人又は私的団体が認められた権利を害する活動を自由にかつ処罰されずに行うのを許容するときには，国民の人権を保護する義務に明確に違反することになると判示した。同様に，このような国家の義務は，X，Y対オランダ事件において，ヨーロッパ人権裁判所の実行によってもさらに強調されている。本件でヨーロッパ人権裁判所は，権利の享受が他の私人によって妨げられないことを確保するための措置を取る義務が国家当局にはあったと判示した。

58. 委員会は，本件では，権利享受への干渉に対して個人を保護する義務にもかかわらず，ナイジェリア政府は，オゴニランドの破壊を促進したことを注記する。憲章上の義務に反し，かつ以上のような国際的に確立した原則にもかかわらず，ナイジェリア政府は，私的当事者，特に石油会社が，オゴニの人々の生活に破壊的な影響を与えることに青信号を出した。ナイジェリア政府の行為は，いかなる基準によっても，政府に期待さ

427

◆ 第2部 ◆ 条約機関の判例・先例法理に見る人権条約上の実体的義務

れる最低限の行為に及ぶものではなく，従って，アフリカ憲章21条に違反する。」

◆ 3 マイノリティ（少数者）に属する人の権利

マイノリティに属する人の権利は，人権条約上，いくつかの形態で保護されうる。第1に，種族的，言語的，宗教的，文化的その他いずれのマイノリティに属する人であれ，条約上の権利の享受における無差別を定めた規定（社会権規約2条2項，自由権規約2条1項等），及び自由権規約26条のような一般的な平等権の規定に基づく無差別・平等の原則によって保護される。第2に，宗教の自由（自由権規約18条，ヨーロッパ人権条約9条等）や結社の自由（自由権規約22条，ヨーロッパ人権条約11条等），私生活の尊重に対する権利（自由権規約17条，ヨーロッパ人権条約8条）等の権利規定は，マイノリティの権利保護のために機能しうる。第3に，人権条約の中には，自由権規約27条のように，種族的，宗教的又は言語的マイノリティに属する人の権利をそれ自体保護している規定がある。

自由権規約27条は，種族的，宗教的又は言語的マイノリティに「属する者」個人の権利を定めたもので，（1条の自決権が「人民」の権利であるのに比肩するような）マイノリティという「集団」それ自体の権利を規定しているわけではない。しかし，マイノリティに属する者が「その集団の他の構成員とともに」自己の文化を享有し，自己の宗教を信仰しかつ実践し又は自己の言語を使用する権利を否定されないとしている点で，本条は，マイノリティに属する人が集団的にその権利を行使しうることを明確に認めたものである。

■ **自由権規約**
27条　種族的，宗教的又は言語的マイノリティが存在する国において，当該マイノリティに属する者は，その集団の他の構成員とともに自己の文化を享有し，自己の宗教を信仰しかつ実践し又は自己の言語を使用する権利を否定されない。

ヨーロッパ審議会で1995年に採択され1998年に発効した「民族的マイノリティの保護のための枠組条約」（2016年5月時点で39カ国が批准）は，締約国内で民族的マイノリティ（national minorities）に属する人の権利保護に関する諸原則について定めたヨーロッパ地域の条約である。本条約は，マイノリティに属する者の権利保護に関して，以下のように，上述した第1から第3の要素を含む諸規定をおいている。

◆第8章 差別の禁止と平等

■ 民族的マイノリティの保護のための枠組条約
　4条1項　締約国は民族的マイノリティに属
　　する者に対し，法の前の平等及び法律の平
　　等な保護を保障することを約束する。これ
　　に関連して，民族的マイノリティに属する
　　ことによるいかなる差別も禁止する。
　同2項　締約国は，必要な場合には，経済的，
　　社会的，政治的及び文化的生活において，
　　民族的マイノリティに属するものと多数者
　　に属する者の完全かつ実効的な平等を促進
　　する目的で適当な措置を取ることを約束す
　　る。
　同3項　本条2に従って取られた措置は，差

別行為とはみなされない。
　同5条1項　締約国は，民族的マイノリティ
　　に属する者が自己の文化を維持し発展させ，
　　自己のアイデンティティの不可欠な諸要素，
　　すなわち自己の宗教，言語，伝統及び文化
　　的遺産を保持するために必要な諸条件を促
　　進することを約束する。
　同7条　締約国は，民族的マイノリティに属
　　するすべての者の，平和的集会の自由，結
　　社の自由，表現の自由並びに思想，良心及
　　び信教の自由についての権利の尊重を確保
　　する。

　ところで，「マイノリティ」とは何かという定義が自由権規約上にはなく（ヨー
ロッパ審議会の民族的マイノリティ枠組条約でも，全締約国のコンセンサスを得ら
れる定義ができないことから，定義規定はおかれていない），また同規約27条は種
族的，宗教的又は言語的マイノリティが「存在する国において」と規定してい
ることから，本条に基づく権利保護に関しては，そのようなマイノリティの存
在がそもそも締約国によって認められているかどうかが問題となることがあり
うる。例えば，日本政府は，規約批准後1980年に提出した最初の政府報告書で
は，本条にいうマイノリティは日本には存在しない（よって，本条の実施は必要
ない）という立場をとっていた。しかし，マイノリティの存在がそもそも政府
の見解によって一方的に決められうるものであり，政府が存在しないとしてい
る場合には本条は適用されないとすれば，国際法上の義務としての本条のもつ
意義は大きく減殺されてしまう。日本の場合，委員会による報告審議で，アイ
ヌや在日朝鮮人等の存在について指摘がなされた結果，第2回の報告書では政
府は若干記述を変え，続く第3回の報告書では，アイヌに関しては本条にいう
マイノリティであることをはっきりと認めるに至った（なお，この時点では日
本政府はアイヌを「先住民」とまで認めるには至っていなかったが，その後2007年
に国連で採択された「先住民の権利宣言」に日本政府が賛成票を投じたことを背景
として，2008年には衆参両院で「アイヌ民族を先住民族とすることを求める国会決
議」が採択され，これを受けて官房長官も同様の認識を示す談話を発表している）。

■ 自由権規約第1回日本政府報告書（1980年）
　本規約に規定する意味での少数民族は我が
国には存在しない。

■ 同第2回日本政府報告書（1987年）

　本条との関係で提起されたアイヌの人々の
問題については，これらの人々は，独自の宗
教及び言語を保存し，また独自の文化を保持
していると認められる一方において，憲法の
下で平等を保障された国民として上記権利の

429

◆ 第2部 ◆ 条約機関の判例・先例法理に見る人権条約上の実体的義務

享有を否定されていない。

■ 同第3回日本政府報告書（1991年）
本条との関係で提起されたアイヌの人々の

問題については，これらの人々は，独自の宗教及び言語を有し，また文化の独自性を保持していること等から本条にいう少数民族であるとして差し支えない。

　規約上，2条1項により，規約上の権利を差別なく享受する権利は，マイノリティに属するかどうかにかかわらず，締約国の管轄下にあるすべての個人に保障されており，加えて26条では，法律の前の平等及び法律の平等な保護が規定されている。しかし，締約国が，自国の憲法により，またこれらの規約の規定に基づき，種族性，言語又は宗教によるいかなる差別もしていないと主張しようとも，そのことをもって，当該国には本条にいうマイノリティは存在しないと直ちに断定することはできない。自由権規約委員会は下にみる一般的意見で，「ある締約国における種族的，宗教的又は言語的マイノリティの存在は，当該締約国の決定によるものではなく，客観的な基準によって決定されることを必要とする」ことを明らかにしている。また，本条はある締約国に「存在する」マイノリティに属する個人に対し権利を認めているところ，これらの者は当該国の国民である必要はなく，永住者である必要もない。また，マイノリティとは，当該「締約国」におけるマイノリティであって，ある地域ではマイノリティである者も，国全体の中ではマイノリティに該当しないことがありうる。自由権規約委員会は，ケベック州の英語話者である通報者らが，屋外の商業広告においてフランス語のみを用いることを定めた州法の規定による27条違反を主張した事案で，通報者らはカナダにおけるマイノリティにはあたらないとし，表現の自由に関する19条の問題として事案を処理した。

● ***CASE*** ● 〈国際先例〉バランタイン，ダヴィッドソン及びマッキンタイア対カナダ事件（*Ballantyne, Davidson, McIntyre v. Canada*）自由権規約委員会「見解」，通報 Nos.359/1989 and 385/1989，1993年3月31日

「11.2. 27条に関して，委員会は，この規定は国家におけるマイノリティに言及しており，規約の諸規定において『国家』に言及しているすべての場合と同じように，批准国を指していると考える。さらに，規約50条は，規約の規定はいなかる制限又は例外もなく連邦国家のすべての地域に適用されることを規定している。従って，27条で言及されているマイノリティとは，そのような国家の中でのマイノリティであって，いずれかの地域の中でのマイノリティではない。ある地方では多数者を構成する集団が，国家の中ではなおマイノリティであり，よって27条の利益を受ける権利があることはありうる。カナダで，英語話者である国民は，言語的マイノリティとは考えられない。従って，通報者らは，規約27条に基づく主張をなし得ない。」

430

> 「11.4. 表現の自由に対するいかなる制限も，以下の条件を重複して満たさなければならない。それは，法律によって規定され，19条3項(a)及び(b)に列挙された目的のいずれかを目的とするものであり，かつ，その正当な目的を達成するために必要なものでなければならない。屋外広告に関する制限はまさに法律によって規定されているが，検討すべき問題は，それが他の者の権利の尊重のために必要かどうかである。他の者の権利とは，27条に基づく，カナダにおけるフランス語話者マイノリティの権利に他ならないということであろう。[しかし]これは自らの言語を使用する権利であって，フランス語以外の言語で広告を行う他の者の自由によって害されるものではない。委員会はまた，フランス語以外の言語で屋外の商業広告を行うことによって，公の秩序が害されることを信ずる理由もない。委員会は，締約国は法178号をこれらの根拠によって擁護しようとしていないことを注記する。いずれにせよ，19条3項(a)及び(b)に基づくいかなる制限も，必要であることが示されなければならない。委員会は，カナダにおけるフランス語話者集団の弱い立場を保護するために，英語での商業広告を禁止することが必要であるとは考えない。そのような保護は，商業のような分野に携わる人々がその選択する言語で表現する自由を排除しない他の方法で達成しうる。例えば，当該法律は，広告はフランス語と英語の両方でなされることを要求するものとすることもできたはずである。国家は，一又はそれ以上の公用語を選択できるが，公的生活の分野以外で，人がその選択する言語で表現する自由を排除してはならない。従って委員会は，19条2項の侵害があったと結論する。」

　自由権規約27条は，マイノリティに属する者はその集団の他の構成員とともに自己の文化を享有し，自己の宗教を信仰しかつ実践し又は自己の言語を使用する権利を「否定されない」と述べるにとどまるが，にもかかわらずそうした「権利」を明確に規定したものであるから，「権利」概念に内在する積極的義務を当然に含意する。また，2条1項により締約国は27条を含む規約上の権利を「確保する」義務を負っているから，この一般的義務規定からも，27条の権利の確保のために積極的措置を取る義務が導かれる。自由権規約委員会も一般的意見でそのような解釈を明らかにし，「消極的な文言で表現されているが，にもかかわらず本条は『権利』の存在を認めており，それが否定されてはならないことを要求している」こと，締約国は「この権利の存在及び行使が，否定又は侵害から保護されることを確保する義務」を負っており，国家機関のみならず第三者の行為に対しても「積極的な保護の措置が必要とされる」としている。マイノリティのアイデンティティ，並びにその構成員が自らの文化及び言語を享受しかつ発展させまた自らの宗教を実践する権利を保護するための国家の積極的な措置は，「異なったマイノリティの間及び，マイノリティに属する人と人口のそれ以外の部分との間の双方に関して，規約2条1項及び26条を尊重し

◆第2部◆　条約機関の判例・先例法理に見る人権条約上の実体的義務

なければならない」が，それらの措置は，「27条の下で保護された権利の享受を妨げ又は害する状況を是正することを目的とする限りにおいて，合理的かつ客観的な基準に基づいていることを条件に，規約上正当な区別を構成しうる」。

■ 自由権規約委員会「一般的意見23　マイノリティの権利（27条）」（1994年）

1．規約27条は，種族的，宗教的又は言語的マイノリティが存在する国において，当該マイノリティに属する者は，その集団の他の構成員とともに自己の文化を享有し，自己の宗教を信仰しかつ実践し又は自己の言語を使用する権利を否定されないと規定している。本条はマイノリティの集団に属する個人に与えられる権利を定めたものであり，他のすべての人と同様に個人として規約上すでに享受が認められている他のすべての権利とは別の，かつそれらに付加されるものである。

3.2．27条の権利の享受は，締約国の主権及び領土保全を害するものではない。同時に，本条の下で保護されている個人の権利の一つ又はいくつかの側面——例えば，特定の文化を享受する権利——は，領土及びその資源の利用と密接に結びついた生活様式からなることがありうる。このことは特に，マイノリティを構成する先住民コミュニティの構成員にとってあてはまる。

4．規約はまた，27条の下で保護される権利と，2条1項から26条の下での保障とを区別している。2条1項に基づき，規約上の権利を差別なく享受する権利は，マイノリティに属するかどうかにかかわらず，締約国の領域内又は管轄下にあるすべての個人に適用される。加えて，26条の下で，法律の前の平等，法律の平等な保護，並びに国家が与える権利及び課す義務に関する無差別を規定した別個の権利がある。同条は，規約上で保護されているか否かによらず，人が27条で明記されたマイノリティに属するか否かにかかわらず超域内又は管轄下の個人に対し締約国が法律で与えるすべての権利の行使を規律するものである。締約国の中には，種族性，言語又は宗教による差別をしていないと主張し，そのことのみに基づいて，当該国にはマイノリティはいないと誤って主張するものがある。

5.1．27条で用いられている文言は，保護されるべき人は，ある集団に属し，共通の文化，宗教及び／又は言語を共有する者であることを示している。その文言はまた，保護されるべき人は，締約国の国民（citizens）であ

る必要はないことをも示している。この点で，2条1項から生ずる義務もまた関連する。なぜならば，締約国は本条の下で，規約上保護される権利が，例えば25条に基づく政治的権利のような，明文で国民に適用されるとされている権利を除き，その領域内にありかつその管轄に服するすべての人に妥当することを確保することを求められているからである。従って締約国は，27条に基づく権利を，自国民のみに制限してはならない。

5.2．27条は締約国に「存在する」マイノリティに属する人に権利を与えている。本条で述べられた権利の性格及び範囲に照らせば，「存在する」の語が含意する恒常性を決定することは関連をもたない。これらの権利は単に，それらのマイノリティに属する個人が，その集団の他の構成員とともに，自らの文化を享受し，自らの宗教を実践し及び自らの言語を話す権利を否定されるべきでないということである。これらの者が国民である必要はないのと同様，これらの者は，永住者である必要もない。よって，締約国にいる移民労働者やあるいは訪問者であってそのようなマイノリティを構成する者も，これらの権利の行使を否定されない権利を有する。締約国の領域内にある他のすべての個人と同様，彼らもこの目的上，例えば結社の自由，集会の自由及び表現の自由のような一般的な権利を有する。ある締約国における種族的，宗教的又は言語的マイノリティの存在は，当該締約国の決定によるものではなく，客観的な基準によって決定されることを必要とする。

5.3．言語的マイノリティに属する個人が，公的又は私的に自らの言語を自分たちの間で用いる権利は，規約で保護されている他の言語権と区別される。特に，この権利は，19条の下で保護される，表現の自由に対する一般的権利とは区別されるべきである。後者の権利は，マイノリティに属するか否かにかかわらず，すべての人に妥当する。さらに，27条の下で保護されている権利は，裁判所で使用される言語を理解できないか又は話せない場合に規約14条3項(f)が被告人に与えている特定の権利と区別されるべきである。14条3項(f)は，その他のいかなる場合にも，被告人に

432

対し，裁判手続において自らが選択する言語を使用し又は話す権利を与えてはいない。

6.1. 27条は消極的な文言で表現されているが，にもかかわらず本条は「権利」の存在を認めており，それが否定されてはならないことを要求している。従って，締約国は，この権利の存在及び行使が，否定又は侵害から保護されることを確保する義務を負っている。よって，立法，司法又は行政当局のいずれによるものであれ，締約国自体の行為に対してのみならず，締約国内にあるその他の者の行為に対しても，積極的な保護の措置が必要とされる。

6.2. 27条の下で保護される権利は個人の権利であるが，これらの権利は，転じて，マイノリティの集団がその文化，言語又は宗教を維持できるかどうかにかかっている。従って，マイノリティのアイデンティティ，並びにその構成員が自らの文化及び言語を享受しかつ発展させた自らの宗教を実践する権利を保護するためにも，国家の積極的な措置が必要となりうる。この関連で，そのような積極的措置は，異なったマイノリティの間及び，マイノリティに属する人と人口のそれ以外の部分との間の双方に関して，規約2条1項及び26条を尊重しなければならないことが銘記されねばならない。しかし，それらの措置は，27条の下で保護された権利の享受を妨げ又は害する状況を是正することを目的とする限りに

おいて，合理的かつ客観的な基準に基づいていることを条件に，規約上正当な区別を構成しうる。

7．27条の下で保護される文化的権利の行使に関して，委員会は，文化はそれ自体，特に先住民の場合には土地の資源の利用と結びついた特定の生活様式を含め，多くの形態で現れると考える。この権利は，漁や狩りのような伝統的な活動及び，法律で保護された居住区に住む権利を含みうる。これらの権利の享受は，積極的な法的保護措置，及び，マイノリティのコミュニティの構成員が彼らに影響する決定に実効的に参加することを確保するための措置を必要としうる。

9．委員会は，27条は，締約国に具体的な義務を課す諸権利に関するものであると結論する。これらの権利の保護は，関連マイノリティの文化的，宗教的及び社会的アイデンティティの維持及び継続的発展を確保すること，もって社会の構成全体を豊かにすることを目的としている。よって委員会は，これらの権利はそれ自体保護されなければならず，規約上与えられている他の個人的権利と一切合財混同されるべきではないと考える。従って締約国は，これらの権利の行使が十分に保護されることを確保する義務を負っており，報告書の中で，このために取った措置について示すべきである。

このように自由権規約委員会は，27条により保護される文化的権利の行使に関して，特に先住民の場合には，文化は，漁や狩りといった伝統的な活動のように土地の資源の利用と結びついた特定の生活様式を含む種々の形態で現れることを認めているが，それらの権利の享受は「積極的な法的保護措置」のみならず，「**マイノリティのコミュニティの構成員が彼らに影響する決定に実効的に参加することを確保するための措置**」をも必要としうることを述べている。ラップランド地域に住むサーミ先住民である通報者が，市当局の許可により私企業によって行われている山の側面での採石と，彼らがトナカイ飼育を行っている領域を通っての石の運搬が，27条に基づく権利の侵害であると主張したランズマン対フィンランド事件で，委員会は，**先住民が行っている伝統的な活動に影響を与える措置を取るにあたっては，その意思決定における先住民コミュニティ構成員の実効的な参加を確保する措置が要求され，そうした実効的な参加は先住民コミュニティの代表との事前の協議によって**確保されうることを明

433

◆ 第2部 ◆　条約機関の判例・先例法理に見る人権条約上の実体的義務

らかにしている。

● ***CASE*** ●　〈国際先例〉イルマリ・ランズマンほか対フィンランド事件（*Ilmari Länsman et al. v. Finland*）自由権規約委員会「見解」，通報 No.511/1992，1994年11月8日

「9.2.　通報者らが27条の意味におけるマイノリティの構成員であり，そのようなマイノリティとして自らの権利を享受する権利を有していることは，争いがない。また，トナカイの飼育が彼らの文化の不可欠の要素であることも，争いがない。この文脈で委員会は，経済活動は，それがある種族的コミュニティの文化の不可欠な要素である場合には，27条の範囲に入りうることを想起する（通報 No.197/1985（キトク対スウェーデン事件）における見解，1988年7月27日採択，9.2項）。」

「9.4.　国家が，開発を奨励し，また企業による経済活動を許可したいと考えることは理解しうる。それを行う自由は，裁量の余地によって評価されるべきものではなく，27条によって負った義務によって評価されるべきものである。27条は，マイノリティの構成員が，自らの文化を享受する権利を否定されてはならないことを要求している。よって，この権利を否定することにあたる影響を及ぼす措置は，27条に基づく義務に合致しない。しかし，マイノリティに属する人々の生活様式に一定の限定的な影響を与える措置は，必ずしも，27条に基づく権利の否定にあたらないであろう。

9.5.　本件で生じる問題は，従って，リウトゥスヴァーラ山での採石の影響が実質的なものであり，当該地域において文化を享受する通報者らの権利を否定する効果をもつかどうかである。委員会は，マイノリティないし先住民の集団は漁や狩り，また本件におけるトナカイ飼育のような伝統的な活動の保護を受ける権利を有し，かつ『マイノリティのコミュニティの構成員が彼らに影響する決定に実効的に参加することを確保するための』措置が取られなければならないとした，27条に関する一般的意見の7項を想起する。

9.6.　この背景に照らし，委員会は，リウトゥスヴァーラ山の斜面での採石は，すでに採られた量では，27条に基づき自らの文化を享受する通報者の権利の否定を構成しないと結論する。委員会は特に，採石許可の発付に至る手続の間に，ムオタクントゥリ飼育者委員会及び通報者らの利益は考慮されており，通報者らは手続の過程で実際に協議を受けていたこと，並びに，当該地域におけるトナカイ飼育は実際に行われた採石によって悪影響を受けたとは思われないことを注記する。

9.7.　当局によって許可されるかもしれない将来の活動に関しては，委員会はさらに，委員会に示された情報は，当事国当局は南リウトゥスヴァーラにおけるトナカイ飼育活動及び環境への影響を最小限にする採石のみを許可するよう尽力してきたこと，トナカイ飼育地域からの採石の効果を最小限にする意図は，採石許可に示された条件に反映されていることを注記する。さらに，そのような活動は，主に，当該地域でトナカイの放牧が行われる期間外に行われるべきことが合意されている。……

9.8.　将来の活動についての通報者の懸念に関し，委員会は，27条に合致するためには，経済活動は，通報者らがトナカイ飼育から利益を受け続けるような形で遂行されなければならないことを注記する。さらに，もしアンゲリにおける採掘活動が大規模に許可され，開発許可が出された会社によって顕著に拡張される場合には，そのことは27条に基

◆ 第8章　差別の禁止と平等

づく通報者らの権利，特に自らの文化を享受する権利の侵害を構成しうる。当事国は，
現在の契約を延長するか又は新たな許可を与える際には，そのことを考慮に入れる義務
がある。
10. 自由権規約委員会は，……委員会の認定した事実は，27条又は規約の他の規定の侵
害を示すものではないという見解である。」

　そのような，意思決定過程における実効的な参加につき，自由権規約委員会
はさらに，最近の事例において，**参加が実効的なものといえるためには，単な**
る協議ではなく，関係コミュニティの構成員による，事前に十分な情報を受け
た上での自由な同意が必要であるとの見解を示している。また，開発のために
取られる措置は，当該コミュニティとその構成員の生存そのものを脅かすよう
なものではあってはならないという比例性の原則に服する。さらに委員会は本
件において，そのような事前協議のみならず，**開発計画がマイノリティのコミュ**
ニティの文化に与える影響評価のために独立の機関によって行われる調査が
あったかどうか，また，生じる消極的な影響を最小限にしかつ被害を修復する
ための措置を取ったかどうかを，27条違反の判断要素に加えている。

● **CASE** ●　〈国際先例〉アンゲラ・ポマ・ポマ対ペルー事件 (*Angela Poma Poma v. Peru*)
　　　　　　　自由権規約委員会「見解」，通報 No.1457/2006, 2009年4月24日

「7.3. ……本件では，通報者が種族的マイノリティの構成員であること，並びに，ラマ
を育てることは，生存の一手段でありかつ親から子に受け継がれてきた先祖伝来の伝統
であるから，アイマラ・コミュニティの文化の不可欠の要素であることには争いがない。
通報者は彼女自身，この活動に携わっている。
7.4. 委員会は，国家は経済開発を促進するための措置を正当に取りうることを認める。
しかし，経済開発は，27条で保護された権利を損なってはならない。よって，この分野
での国家の裁量は，27条に基づいて当該国が負わなければならない義務に見合ったもの
であるべきである。委員会はまた，その影響においてあるコミュニティが自らの文化を
享受する権利を否定することにあたる措置は27条に合致しない一方，当該コミュニティ
に属する人々の生活様式及び生計に限定的な影響しかもたない措置は，27条に基づく権
利の否定には必ずしもあたらないことを指摘する（通報 Nos.511/1992 and 1023/2001,
ランズマン対フィンランド，それぞれ1994年10月26日及び2005年4月15日採択の見解）。
7.5. 本件では，問題は，当事国によって認可された水路の変更の結果が，ラマの飼育
に関して，通報者がその属するコミュニティの文化的生活を享受する権利に実質的な否
定的影響をもつかどうかである。この関連で委員会は，1990年代の特別タクナ (Tacna)
計画の実施の直接の結果引き起こされた，アイマラの牧草地1万ヘクタールの土壌悪化
によって，何千頭もの家畜が死に，通報者の生活様式及びコミュニティの経済を破壊し
たため，コミュニティの構成員は自らの土地と伝統的な経済活動を放棄せざるを得な

◆ 第2部 ◆ 条約機関の判例・先例法理に見る人権条約上の実体的義務

かったという通報者の主張を注記する。委員会は，当事国は，特別タクナ計画による井戸の建設の合法性を正当化しようとしたのみで，通報者のこれらの主張を争っていないと考える。

7.6. 委員会の見解では，マイノリティないし先住民コミュニティの文化的に重要な経済活動に実質的な悪影響を与え又はこれに介入する措置が許容されるかどうかは，当該コミュニティの構成員が，それらの措置に関連する意思決定過程に参加する機会があったか，及び，彼らがその伝統的な経済から利益を受け続けられるかどうかにかかっている。委員会は，意思決定過程における参加は実効的でなければならず，そのことは，単なる協議ではなく，当該コミュニティの構成員による，事前に十分な情報を受けた上での自由な同意（free, prior and informed consent）を必要とすると考える。加えて，取られる措置は，当該コミュニティ及びその構成員の生存そのものを脅かさないよう，比例性の原則を尊重しなければならない。

7.7. 本件では，委員会は，井戸の建設に関して，通報者も，彼女が属するコミュニティも，当事国から，いかなる時にも協議を受けなかったと考える。さらに，当事国は，井戸の建設が伝統的な経済活動に与える影響を判断するために権限ある独立機関によって研究がなされることを求めず，また，消極的な影響を最小限にしかつ生じる被害を修復するための措置も取らなかった。委員会はまた，通報者は，土地が干上がってしまったこと及び家畜を失ったことによって，伝統的な経済活動から利益を受け続けることができなかったと考える。従って委員会は，当事国の行動は，彼女のコミュニティの構成員としての通報者の生活様式及び文化に実質的な影響を与えたと考える。委員会は，当事国が行った活動は，規約27条に従い通報者がその集団の他の構成員とともに自らの文化を享受する権利を侵害したと結論する。」

第 3 部
国際人権法の実施メカニズム

◆ 第9章 ◆ 　国際人権法の国内的実施

　第1章で述べたように，国際人権法は人権に関する慣習国際法の規範を含むが，それらも，個人の人権に関する規範である以上，第一義的には各国の国内的平面において遵守されることを眼目としている。さらに，人権保障を目的として締結される多数国間条約である人権条約では，締約国は管轄下にある個人の人権保障に関して明文で国際法上の義務を負うことから，条約義務の履行ないし実施（implementation）の問題が，慣習国際法の場合にも増して，より積極的な意味合いをもって語られることとなる。国が人権条約を批准しただけで翌日から人権状況が改善するということはあり得ないのであって，むしろ，条約を批准してからその内容をどのように誠実に実施していくかということが肝要である。そして，条約実施において中核的な位置をもつのは，やはり国内的な実施である。

　国家間の権利義務の交換を内容としていた古典的な国際条約と異なり，人権条約は，締約国に対し，管轄下の個人に条約上の権利を保障ないし確保することを義務づけるものであるから，その義務の履行ないし実施は，国際的平面というよりも，各国の国内的平面において行われることとなる。すなわち，**人権条約の実施は，第一義的には各締約国の国内で行われるものであり，報告制度や個人通報制度の運用といった条約機関による国際的実施は，国内実施の状況を監視しより良い実施に向けて改善を促すための，あくまで補完的なものと位置づけられる**。その意味で，人権条約の実施においては，立法，行政，司法を含む各国の国内当局の役割が決定的に重要である。また，古典的な条約の場合には，義務を履行させるためのプレッシャーは，条約の履行に対して利害をもっている他の締約国からくるものであったのに対し（相手国が守らなければ自国も守りませんよという相互主義の圧力），各国の管轄下の個人の人権保護を定める人権条約の場合には，締約国が他の締約国による条約遵守に対して有する利害や関心は薄くならざるを得ない。**人権条約においては，条約上の人権の主体で**

439

◆ 第3部 ◆ 国際人権法の実施メカニズム

ある管轄下の個人こそが，自国ないし在住国による条約遵守に最も利益を有している存在なのであり，個人やNGO，法律家等の国内的アクターがそうした利害関係者として国による条約実施状況を緊密に監視し，改善に向けて働きかけ続けることこそが，義務を履行させるための最大の力ということになる。また換言すれば，人権条約が批准された後どの程度履行されているかは，伝統的な条約の場合のように国家間のやり取りだけを見ていたのでは決して十分に観察することができない。ハーバード大学の政治学者シモンズ（B. A. Simmons）の実証研究[208]が見事に提示しているように，ある人権条約が対象国の国内でどの程度関連のアクターに知られ，訴訟や議会へのロビイングその他の活動において実際に用いられ，人権問題の改善に向けての法的，社会的，政治的，文化的変化を活性化させているか，また成果を挙げているかといった各国の国内レベルでの動きにこそ，人権条約の影響が最もよく現れるということである。

批准した条約の国内実施において，各国がその国内法秩序で条約をどのように受入れ実施するかは，すでに述べた通り，各国の憲法体制によって異なりうる。人権条約は，国際条約一般と同じく，条約をそれ自体法的効力あるものとして国内法秩序に組み込むことを要求しているわけではなく，各締約国に対し，条約上の義務を誠実に実施することを求めるにとどまる。しかし，個人の人権保障を目的としている人権条約の場合，条約に国内的効力を認めない体制の国においては，関係当事者も裁判官も条約規定をそれ自体援用できないために，条約目的の達成が大きく阻害される結果を生むことは否めない。とりわけ条約が締約国に対し，管轄内の人に条約上の権利を「確保する」ないし「保障する」義務を課している場合，その条約義務は，当該条約が締約国の国内法制において法的効力を有するものとして組み込まれることによってより良く履行されうるということができる。ヨーロッパ人権裁判所はアイルランド対イギリス事件で，ヨーロッパ人権条約1条につき，「1条の文言において『保障することを約束する（"undertake to secure"）』の文言を『保障する（"shall secure"）』に置き換えたことにより，本条約の起草者は，第1部に定められた権利及び自由が締約国の管轄内のすべての人に直接に確保されることを明らかにすることをも意図していた……。その意図は，条約が国内法に組み込まれる場合に，特に忠実に反映される」と述べている[209]。イギリスが，同国のヨーロッパ人権条約違反

---

[208] *Mobilizing for Human Rights*, Cambridge: Cambridge University Press, 2009.

第9章　国際人権法の国内的実施

を認定するヨーロッパ人権裁判所の判決にしばしば直面したあげく，同条約の規定に国内法的効力を付与する1998年人権法を制定して事態の打開を図ったことは，まさにそのような事情を背景としている。自由権規約委員会も下記の一般的意見で，規約の人権保障は規約が国内法秩序に組み込まれる国ではより良く保護されうるとして，規約を国内法秩序に組み込むことを奨励している。

■ 自由権規約委員会「一般的意見31　規約の締約国に課された一般的義務の性格」(2004年)

13.　2条2項は，締約国がその国内秩序において規約上の権利に実効を与えるために必要な措置を取ることを要求している。よって，規約上の権利がすでに国内法又は慣行で保護されていない限り，締約国は批准により，規約との合致を確保するために必要な修正を国内法及び慣行に加えることが要求される。国内法と規約の間に不一致がある場合には，2条は，規約の実体的な保障によって課されている基準に合致するよう，国内法又は慣行が変更されることを要求しているのである。2条は締約国に対し，このことを自らの国内的な憲法構造に従って行うことを許容しており，従って，規約を国内法に受容することによって規約が裁判所で直接に適用可能なものとなることを要求しているわけではない。しかし委員会は，規約の保障は，規約が自動的に又は特別の受容によって国内法秩序の一部となる国では，より多くの保護を受けることができるという見解である。委員会は，規約が国内法秩序の一部を成していない締約国には，2条によって要求されている規約上の権利の完全な実現を促進するため，規約を国内法の一部とするための受容を検討するよう奨励する。

　批准・加入した条約が国内で法的効力を有する日本のような体制の国では，立法，行政，司法を含むすべての統治部門及び国家機関は，(締約国を拘束する国際法であると同時に，国内法秩序において有効な法規範となった) 条約規定の趣旨に従って，権限行使を行うことが要請される。

　人権条約の国内実施において，国内法秩序におけるその適切な受止めのための措置を取ることがまず要請されるのは立法府である。日本では，批准・加入した条約は，公布をもって国内的に効力を有する法規範となり，少なくとも法律に優位する序列を認められている。よって，一般的にいって，既存の法令の中に条約の内容に適合しない規定がある場合には(条約と国内法との積極的抵触)，国会はそのような法令を改廃する措置を取る必要があるし，条約の定める内容を実現しうる国内法が整っていない場合には (条約と国内法との消極的抵触)，新たに立法措置を取り国内法整備を行う必要が生ずる。日本では，後述のように，人権条約の批准ないし加入にあたり予めそうした法整備を行うのが通例であるが (前者の例としては，女性差別撤廃条約の批准に伴う国籍法改正，後者の例としては，同条約批准に伴う男女雇用機会均等法制定)，人種差別撤廃条約に加入

(209)　アイルランド対イギリス事件判決，申立 No.5310/71，1978年1月18日 (『ヨーロッパ人権裁判所の判例』172頁)，239項。

441

◆第3部◆　国際人権法の実施メカニズム

した際のように，何らの法整備もなされていない例も見受けられる。加えて，**立法府は，条約の批准・加入時はもちろん，条約の批准・加入後も引き続き，条約違反が生じないように国内法令を是正するための立法措置を取る責務を負う**。国際人権規約に反する法規を改廃しない立法不作為の違法性が争われた事件で，大阪高等裁判所が「憲法98条2項は，日本国が締結した条約及び確立された国際法規の誠実な遵守をうたっているから，我が国には条約を誠実に遵守する義務があることはいうまでもないところ，条約は法律の上位規範であるから，条約を批准した以上，国会において，国内法の内容が条約の内容に適合するかどうかを見直し，既に制定された法律の規定中に条約の内容に適合しない規定があるような場合には，これらを改廃するか，新たな立法措置を講ずるなどして，条約に違反する状態が生じないように是正すべき一般的な義務があることは明らかである。」と述べているところである[210]。条約批准・加入時は必要性が十分に認識されず立法措置が取られなかった場合でも，現実の権利実現状況に照らし，あらためて，又は追加的な立法措置を取ることが求められることがありうる（男女雇用機会均等法がその後2度改正・強化され，2度目の改正時には間接差別に関する規定が含められたような例）。**条約の規定に照らして立法措置の必要性が明らかに認められる場合に，立法措置に必要な合理的期間を超えてこれを怠る立法不作為は，それ自体，国による条約義務の違反を生じうる。**

　次に，警察や検察，入国管理局，矯正施設等を含む行政機関及びそこで法の執行にあたる法執行職員は，日常生活において個人の人権の享受・侵害に実際上最も密接に関わりうる存在であるが，拷問その他の虐待を受けない権利，自由を奪われた人が人道的取扱いを受ける権利，法律の前の平等，子どもが保護を受ける権利等，人権条約の多くの規範は，関係の行政機関によって遵守されることを当然に念頭におき，ねらいとしている（なお，国家公務員か地方公務員かということは国内法上は区別されるが，人権条約は，国及び地方のすべての公の当局及び機関による遵守を明示的［人種差別撤廃条約2条1項(a)の例］又は黙示的［自由権規約2条1項の例］に含めて，権利の確保を締約国に義務づけている）。人権条約の下では，特に自由権規約の報告制度や米州人権委員会の国別報告書のような非司法的制度の枠内において，権利が実際上実効的に確保されるために締約国が取るべき積極的な施策が幅広く指摘され，とりわけ，拷問その他の虐

───────────

[210]　大阪高判1999（平成11）年10月15日判時1718号30頁。

◆ 第9章　国際人権法の国内的実施

待を受けない権利や自由を奪われた人の人道的取扱いについて，**拷問や非人道的取扱いの発生を防止するための法執行官の教育・訓練**や，刑事施設の視察制度の設置や実施の必要性が指摘されていることは，本書の随所ですでに強調した通りである（拷問等禁止条約10条1項のように，法執行職員の訓練を明文で規定しているものもある）。司法機関等による措置が，権利侵害が起きてしまった後の事後的な救済（*ex post facto* remedies）であるのに対して，立法府が適切な立法措置を取ることによって権利を保護すること，並びに**政府が行政機関及び職員に対する訓練・教育等の措置を徹底することによって違反行為の発生の未然防止に努めることは，人権侵害の防止という観点からきわめて重要な意義をもっている**。人権侵害が起きないよう事前に防止していくためには，意識的に**人権教育**（human rights education）[211]・訓練を行うことを通して，**人権の文化**（human rights culture）を根付かせていくことが求められる[212]。

　このような，立法・行政措置すなわち非司法的な手段による人権実現に関連して，近年は，人権「充足」義務に関する第7章でふれたように，人権条約の国内実施を国の政策の中でより総合的に推進していくための**国内行動計画の設定**が，子どもの権利委員会を始めとする人権条約機関によって推奨されていることも銘記されねばならない。前章の最後でみた，開発計画がマイノリティのコミュニティの文化に与える影響評価の必要性に関する自由権規約委員会の先例や，下にみる子どもの権利委員会の一般的意見で言及されているような**人権影響評価**（human rights impact assessment）も，法律や政策，計画等の策定の過程で，それらが実施された場合に生じうる人権への影響を事前（及び事後）に評価することで，人権侵害の発生を防止するために要請されている非司法的手段

---

[211]　1993年の世界人権会議の後，国連では1995年から2004年までの10年間が「人権教育のための国連10年」と宣言された。このような国際的潮流の中，かついわゆる同和問題（部落差別問題）対策特別措置法が期限切れを迎えたことを受け，日本でも人権教育に関する法律の制定の動きが現れ，2000年に「人権教育及び人権啓発の推進に関する法律」が制定された。しかし，同法では「人権教育とは，人権尊重の精神の涵養を目的とする教育活動をいい，人権啓発とは国民の間に人権尊重の理念を普及させ，及びそれに対する国民の理解を深めることを目的とする広報その他の啓発活動（人権教育を除く。）」という定義づけがなされており（2条），人権教育・啓発ともに，ほぼもっぱら国民の間に人権意識を高めることがその内容とされているのが特徴である。一般市民の間に人権意識を高めることも重要ではあるが，**人権教育とは本来，権力を行使する立場にある国家機関に対して行うことが不可欠**であり，この法律ではその側面が非常に弱いといわざるを得ない。

[212]　人権侵害の防止は人権文化の醸成を必要とすること，及び人権文化の醸成において人権教育が果たす役割について，特に，G. de Beco, *Non-Judicial Mechanisms for the Implementation of Human Rights in European States*, Bruxelles: Bruylant, 2010, pp.48-49を参照。

443

◆ 第3部 ◆ 国際人権法の実施メカニズム

の一つである。こうした国内行動計画の設定・実施や人権影響評価の際にはま
た，人権状況やその進展を把握し評価するための**人権指標**の利用が有益である
し，人権条約機関も報告制度において締約国に対し，人権指標に照らした人権
状況評価を求めるようになっている。

さらに，多くの人権条約は，条約上の権利を侵害された個人に対して，その
侵害が私人によるものであれ，公的資格で行動する者によるものであれ，裁判
所その他の権限ある公の機関による効果的な救済措置を確保する義務を締約国
に課している。締約国は，これらの条約規定に基づき効果的な救済措置を確保
する義務を負っているが，とりわけ，国内法制における権利救済の最後の砦と
なる存在として通常最も重視されるのは，他の国家機関から独立して任務を遂
行し，適切な救済を与える権限を有している当該国の司法府である。**国内裁判
所は，権利侵害に対して権限ある国家機関による効果的な救済を確保する締約
国の義務を定めた人権条約の規定をふまえ，条約上の権利侵害に関する訴えに
ついてはこれを精査した上で，効果的な救済を与える責務を負っている。**条約
上の権利侵害に対して適切な救済を与えないことは，結果的に，国内において
権利が確保されなかったものとして国の条約義務違反の問題を生ぜしめ，報告
制度において条約機関から指摘を受けることとなりうると同時に，国が個人通
報制度を受け入れていれば，条約違反が認定される事態にもなりうる。

加えて，国際人権法の国内実施において，近年，重要な役割を果たすことが
認められているのは，政府から独立した立場で，人権問題に関する調査・報告
や提言，人権侵害への対応，人権条約の批准とその履行確保，人権教育の支援
等，人権に関する広範な任務を遂行する**国内人権機関**（national human rights insti-
tution）である。人権問題はどの国においても従来は立法・行政・司法の三権
分立に基づく国家機構の下で扱われ，とりわけ，立法・行政という政治部門の
行為に対する司法的救済の役割に期待がおかれてきた。もちろん，そのような
最後の砦としての司法の役割は依然として存在しているが，司法的救済には，
個人にとって現実には利用しにくい（費用や時間，立証責任の重さ等の問題から
結局泣き寝入りを強いられる），事件が起きてからの事後的な救済に過ぎない，
個別の事案の解決というその性格上，問題を生んだ慣行や土壌の改善といった
一般的・構造的な事態の改善にはつながりにくい，等の限界があることも認識
されるようになっている。他方で，警察や軍隊，検察等の行政機関による権力
濫用は多くの国で横行しており，日本も決して例外ではない（代用監獄での自

444

◆ 第9章　国際人権法の国内的実施

白強要による冤罪事件の多発，名古屋刑務所事件で表面化したような刑務所内での暴行・虐待等を想起せよ）。このような行政機関による人権侵害に実効的に対処しうるためにも，独立の立場で活動する人権機関が求められている。また，立法は本来，憲法や国際人権法の人権規範を反映して人権を適切に保護しうるものになっているべきであり，そのような立法が人権侵害を防止すべきものであるが，実際には，法令の規定自体が差別的取扱いを定めていたり（日本では，2013年の改正前の民法における婚外子の相続分差別の例や，高等学校等就学支援金制度に関する法令において朝鮮学校の生徒のみを除外している例），効果として差別的効果をもたらしており国際人権法との適合性において問題のあるものであったり（日本の民法における夫婦同氏強制の例）することも少なくない。

　国内人権機関は，政府から独立した国家機関として，人権一般に関する報告や提言，人権教育の支援等のほか，とりわけ，人権条約の履行確保や国連システム内の人権手続への関与を含む国際人権法の実施に取り組む機関であり，当該国における国際人権法の実施を総合的に調整する機能をもつものとしてその役割が注目されている。人種差別撤廃条約や女性差別撤廃条約のような条約の批准に伴い，各種の差別禁止法ないし包括的な人権法を制定するとともに，これらの法律の実施機関として人権委員会，機会均等委員会等の国内人権機関を設置し，差別や人権侵害の訴えに対する個人からの申立を受理し審理する権限を与えている国も多い。国連では1990年代以降，加盟国に対し，後述するパリ原則を指針として国内人権機関を設置することを奨励している。日本には現時点で国内人権機関は存在しないが，そのような機関を設置すべきであるという人権条約機関等からの勧告を真摯に受け止め，かつ諸外国の経験からも学びつつ，日本における国内人権機関設置について本格的に検討すべき時に来ている[213]。

---

(213)　江島晶子「『人権救済法』としての憲法の可能性 —— 憲法訴訟・国際人権機関・国内人権機関」『法律論叢』83巻2・3合併号(2011年)は，国際人権法の実効的な国内実施を考えれば，統治機構を人権保障的に再構成するという観点からの見直しが必要であり，その一環として世界的に国内人権機関の創設が進展してきたと的確に指摘している。そして，日本では国内人権機関の創設は頓挫してしまっているが，「周回遅れの今だからこそ，他国における国内人権機関の成果を踏まえて，理論的・制度的・比較法的・実証的研究を行い，より適切な選択を行い得る可能性がある」と提言する（70頁）。

445

◆第3部◆　国際人権法の実施メカニズム

Ⅰ 立法・行政機関による実施

◆ 1 総 論

　裁判所による人権条約の適用が，あくまで人権侵害が起きてしまった後の事後的な救済手段であるのに対して，**人権条約の国内実施においては，条約上の権利を実現するために締約国の立法府が適切な立法措置を取ることによって国家機関はもちろん私人による人権侵害を防止し，権利を保護すること，並びに行政機関及び職員がそのような法律に従って権利を尊重するよう人権教育・訓練や実効的な監視制度の運用等の積極的措置を取ることが，権利侵害の防止のためにきわめて重要な意義をもつ。**

　人権の「保護」義務に関する第6章でみたように，国家は，まず，適切な立法措置を通して，国家機関のみならず私的当事者による権利侵害をも防止・排除することによって，管轄下の個人の人権を実効的に保護することが要求される。人権条約は，多くの場合，条約の国内実施のために取るべき措置については締約国の裁量をある程度認める規定の仕方をしながらも，義務規定において，立法措置を始めとする実効的な国内実施の措置を取ることを要求している。第6章でみたように，ヨーロッパ人権裁判所の判例（ヤング，ジェームズ，ウェブスター対イギリス事件）では，一定の労働組合への加入を強いるという，結社の自由を侵害する企業の行為が，当事国の国内法上合法とされていたことをもって，管轄内の人に権利を保障する（ヨーロッパ人権条約1条）当事国の義務の違反が認定されていた。このように，**条約上の権利を侵害する行為を違法とせず合法的なものとして容認する国内法があることは，それ自体，管轄下の人に権利を保障ないし確保するという人権条約上の義務に締約国が違反しているものとみなされうる。**また，人権条約の個別の権利規定においては，当該権利が法律によって保護されること，あるいは一定の行為を法律で禁止することを特に明記したものがあり，一定の行為を締約国の「刑法上の犯罪」とすることを義務づけたものがある。

■ **自由権規約**
　2条2項　この規約の締約国は，立法措置その他の措置がまだ取られていない場合には，この規約において認められる権利を実現するために必要な立法措置その他の措置を取

るため，自国の憲法上の手続及びこの規約の規定に従って必要な行動を取ることを約束する。
　6条1項　すべての人間は，生命に対する固有の権利を有する。この権利は，法律によっ

て保護される。……

14条1項 ……すべての者は，その刑事上の
罪の決定又は民事上の権利及び義務の争い
についての決定のため，法律で設置された，
権限のある，独立の，かつ公平な裁判所に
よる公正な公開審理を受ける権利を有する。

17条1項 何人も，その私生活，家族，住居
もしくは通信に対して恣意的にもしくは不
法に干渉され又は名誉及び信用を不法に攻
撃されない。

同2項 すべての者は，1の干渉又は攻撃に
対する法律の保護を受ける権利を有する。

20条1項 戦争のためのいかなる宣伝も，法
律で禁止する。

同2項 差別，敵意又は暴力の扇動となる国
民的，人種的又は宗教的憎悪の唱道は，法
律で禁止する。

ヨーロッパ人権条約2条1項 すべての者の
生命に対する権利は，法律によって保護さ
れる。……

6条1項 すべての者は，その民事上の権利
及び義務の決定又は刑事上の罪の決定のた
め，法律で設置された，権限のある，独立
の，かつ公平な裁判所による妥当な期間内
の公正な公開審理を受ける権利を有する。
……

■ 人種差別撤廃条約

2条1項 締約国は，人種差別を非難し，ま
た，あらゆる形態の人種差別を撤廃する政
策及びあらゆる人種間の理解を促進する政
策をすべての適当な方法により遅滞なく取
ることを約束する。このため，
……

(c) 各締約国は，政府（国及び地方）の政
策を再検討し及び人種差別を生じさせ又

は永続化させる効果を有するいかなる法
令も改正し，廃止し又は無効にするため
に効果的な措置を取る。

(d) 各締約国は，すべての適当な方法（状
況により必要とされるときは，立法を含
む。）により，いかなる個人，集団又は
団体による人種差別をも禁止し，終了さ
せる。

■ 女性差別撤廃条約

2条 締約国は，女性に対するあらゆる形態
の差別を非難し，女性に対する差別を撤廃
する政策をすべての適当な手段により，か
つ，遅滞なく追求することに合意し，及び
このため次のことを約束する。

(a) 男女の平等の原則が自国の憲法その他
の適当な法令に組み入れられていない場
合にはこれを定め，かつ，男女の平等の
原則の実際的な実現を法律その他の適当
な手段により確保すること。

(b) 女性に対するすべての差別を禁止する
適当な立法措置その他の措置（適当な場
合には制裁を含む。）を取ること。

(c) 女性の権利の法的な保護を男性との平
等を基礎として確立し，かつ，権限のあ
る自国の裁判所その他の公の機関を通じ
て差別となるいかなる行為からも女性を
効果的に保護することを確保すること。

(d) 個人，団体又は企業による女性に対す
る差別を撤廃するためのすべての適当な
措置を取ること。

(f) 女性に対する差別となる既存の法律，
規則，慣習及び慣行を修正し又は廃止す
るためのすべての適当な措置（立法を含
む。）を取ること。

(g) 女性に対する差別となる自国のすべて
の刑罰規定を廃止すること。

　また，拷問等禁止条約は，先にみたように，1条で「**拷問**」の**定義**をおくと
ともに，2条1項で，締約国がその管轄下の領域内で拷問が行われることを防
止するために立法措置その他の実効的な措置を取ることを義務づけている。ま
た4条では，拷問にあたるすべての行為を「自国の刑法上の犯罪とすることを
確保」しかつ，その重大性を考慮した適切な刑罰を科すことを要求している。
16条では，拷問には至らない他の行為であって，残虐な，非人道的な又は品位
を傷つける取扱い又は刑罰にあたり，かつ公務員その他の公的資格で行動する
者の関与の下に行われるもの（虐待）を防止することとしている。

◆第3部◆　国際人権法の実施メカニズム

■ 拷問禁止委員会「一般的意見2　締約国による2条の実施」(2007年)

8. 締約国は，最低限でも，条約の1条で定義された拷問の諸要素及び，4条の要求に従い拷問の罪を，自国の刑法上の犯罪として処罰しうるものにしなければならない。

9. 条約の定義と，国内法に編入された定義との間の重大な不一致は，実際的又は潜在的な不処罰の抜け穴を生む。場合によっては，同様の文言が使われていても，国内法又は司法解釈によってその意味が限定されることがありうる。よって委員会は各締約国に対し，その統治機構のあらゆる部分が，国家の義務を定義する目的で条約に定められた定義に依拠することを確保するよう求める。同時に，委員会は，国内法においてより広い定義を採用することも，それが最低限でも条約の基準を含みかつ条約の基準に従って適用される限りにおいて，条約の趣旨及び目的を前進させるものであると認める。特に，委員会は，1条における意図及び目的の要素は，実行者の動機についての主観的な調査を伴うものではなく，むしろ，その状況における客観的な決定にかかることを強調する。直接の実行者のみならず，命令系統にある人の責任を調査し認定することは不可欠である。

10. 委員会は，ほとんどの締約国は，刑法典において，一定の行為を虐待として認め又は定義していることを認める。拷問と比べて，虐待は，苦痛の激しさにおいて異なり，また，許容されない目的を示すことを要求しない。委員会は，拷問の諸要素も存在している場合に，その行為を単に虐待として訴追することは，条約違反となることを強調する。

11. 拷問の罪を，他の一般的な傷害その他の犯罪と区別されるものと定義することにより，委員会は，締約国は拷問及び虐待を防止するという条約の全体的な目的を直接に前進させることになると考える。拷問の罪を名指しして定義することは，とりわけ，実行者，被害者，一般公衆を含むすべての者に対して，拷問の罪の特別の重大性について警告することによって，条約の目的を促進するだろう。この罪を成文化することはまた，(a)罪の重大性を考慮に入れた適切な処罰の必要性を強調し，(b)禁止それ自体の抑止効果を強化し，(c)拷問という特定の罪を追跡する，責任ある公務員の能力を高め，かつ(d)一般公衆にとって，条約に違反する国家の作為及び不作為を監視しまた必要ならばそれらに異議を申立てることを可能にするだろう。

人権条約批准・加入に伴う日本の国内法整備の現状に関連して後述するように，**人権条約上の義務に合致するようすべての国内法令及び行政慣行を見直し**（review）**続けることは，条約の批准・加入時にとどまらない，締約国にとっての継続的な義務である**。子どもの権利委員会は一般的意見5で，そのような継続的な見直しの必要性について言及している。同委員会はさらに，行政上その他の措置による条約の国内実施について述べた中で，**法律や政策，予算措置等が子どもの権利の享受にもたらす影響を事前・事後の双方において継続的に評価するものとしての「子ども影響評価及び事後評価（**child impact assessment and evaluation**）」の必要性**を指摘している。法令や政策，行政慣行等が人権条約上の義務に合致するかどうかについての評価（compatibility assessment；後述するヨーロッパ審議会閣僚委員会の勧告で扱われているような，法令や行政慣行等が人権条約上の義務を遵守しておりこれに抵触しないかどうかについての評価）と比較すると，人権影響評価（human rights assessment）は，法律や政策，措置等がそれ自体意図していない影響を含めて，それらが人権享受に与える又は実際に与えた影響を実証的に評価しようとするものであり，合致評価を超えた，より発展的な

第9章　国際人権法の国内的実施

政策ツールといえる。

■ 子どもの権利委員会「一般的意見5　子どもの権利条約の一般的実施措置」（2003年）

Ⅳ．立法措置

18.　委員会は，［子どもの権利］条約の十分な遵守を確保するためにすべての国内法及び関連の行政指針を包括的に見直すことは，［締約国の］義務であると信じる。条約に基づく，初回のみならず第2回及び第3回の定期報告書を検討した委員会の経験は，国内レベルにおける見直しの過程はほとんどの場合において開始されているが，より厳格に行われる必要があることを示している。そのような見直しは，条約を，条文ごとにだけでなく，人権の相互依存性及び不可分性を認めながら全体として考慮する必要があり，提案されている立法又は既存の立法の1回限りの見直しというよりも，継続的なものである必要がある。また，この見直し過程がすべての関連政府機関の機構の中に組み込まれることが重要であるとしても，例えば議会の委員会及び公聴会，国内人権機関，NGO，学者，影響を受ける子どもたち及び若者その他の人々による独立の見直しを受けることも有用である。

Ⅵ．行政上その他の措置
　　……

27.　条約の効果的実施のためには，子どもの権利を認め及び実現するための部門を超えた調整が，政府全体で，各行政レベル間で，また政府と市民社会（特に子ども・若者自身を含む）との間で，目に見える形で図られなければならないと委員会は考える。多くの異なる政府省庁やその他の政府機関ないしは準政府機関が，子どもたちの生活および子どもたちによる権利の享受に影響を及ぼさないことはありえない。直接的にせよ間接的にせよ子どもたちの生活に全く影響を与えない政府省庁は，あったとしてもごくわずかである。実施状況の精力的な監視が必要であり，それはあらゆるレベルの行政プロセスに組み込まれるべきであるが，同時に，国内人権機関，NGOその他による独立した監視もなされるべきである。

E．実施を監視する—子ども影響評価及び事後評価（child impact assessment and evaluation）の必要性

45.　子どもに関するあらゆる活動において子どもの最善の利益が主な考慮事項であることを確保すること，並びに，政府のあらゆるレベルにおける立法，政策の展開及び実施において条約のすべての規定が尊重されることを確保することは，継続的な子ども影響評価（提案されている法律，政策又は予算割当てであって子ども及び子どもの権利享受に影響するものの影響を事前に予測すること）及び子ども影響事後評価（実施による実際の効果を評価すること）を必要とする。この過程は，政府のあらゆるレベルに，かつ政策の展開においてできる限り早期に組み込まれる必要がある。

46.　自己監視及び評価は政府の義務である。しかし委員会はまた，実施に至る過程を，例えば議会の委員会，NGO，学術組織，職業団体，若者グループ及び独立の人権機関によって独立に監視することも，不可欠の重要性をもつと考える。

H．訓練及び能力構築（capacity-building）

53.　委員会は，実施過程にかかわるすべての者—政府職員，議員，及び司法府の構成員—や，子どもとともに及び子どものために働くすべての者に対する訓練及び能力構築を発展させる国の義務を強調する。後者に含まれるのは，例えば，コミュニティの指導者，宗教的指導者，教員，ソーシャルワーカーその他の専門家（子どもを対象とした施設及び拘禁場所で働く者を含む），警察，軍隊（平和維持軍を含む），メディアで働く者，その他の多くの者などである。訓練は体系的かつ継続的なもの—就業前の訓練および再訓練—でなければならない。訓練の目的は，人権の保有者としての子どもの地位を強調すること，条約に関する知識と理解を深めること，及びそのすべての規定の積極的尊重を奨励することにある。委員会は，専門職の養成カリキュラム及び行動規範並びにあらゆるレベルの教育カリキュラムに条約が反映されることを期待する。人権に関する理解及び知識は，もちろん，学校カリキュラムその他の方法を通じて，子どもたち自身を対象としても促進されなければならない（42条に関する後掲69項及び，教育の目的に関する委員会の一般的意見1（2001年）も参照）。

54.　委員会の定期報告書ガイドラインでは，すべての子どもがその権利を享受できるようにするために必要不可欠な訓練の多くの側面（専門家の訓練を含む）について述べられている。条約は，前文及び多くの条項で家族の重要性を強調している。とりわけ重要なのは，子どもの権利の促進が，親になるための準備

449

◆第3部◆　国際人権法の実施メカニズム

教育および親を対象とした教育に統合されることである。

55. 訓練の効果については，定期的評価が行われるべきである。その際，条約とその規定に関する知識だけでなく，子どもによる権利の享受を積極的に促進する態度及び実践を発展させることに訓練がどの程度貢献したかについても振り返る必要がある。

　人権侵害があった場合の個別的救済も無論重要ではあるが，立法・行政措置を通してより一般的・体系的に人権義務の実現を図り，人権侵害を防止することは，人権救済にあたる国内機関の過剰負担を避け，ひいては（国が個人通報手続に参加している場合に）人権条約機関に付託される通報事案を減らす意義をもっている。ヨーロッパ審議会の閣僚委員会は2004年，ヨーロッパ審議会加盟国（＝ヨーロッパ人権条約締約国）に対して，法案や現行法，行政慣行とヨーロッパ人権条約の基準との合致について国内で十分検証すべきことを以下のように勧告している。

■　法案，現行法及び行政慣行とヨーロッパ人権条約に定められた基準との合致の検証に関する，加盟国への閣僚委員会の勧告 Rec（2004）5」（2004年）[214]

　閣僚委員会は，［ヨーロッパ人権］条約46条に従い，締約国は，自国が当事国となっているいかなる事案においても，ヨーロッパ人権裁判所（以下，裁判所とする）の最終判決を遵守する義務を負っていることを想起し，

　しかしながら，裁判所の判例法に照らして，条約に十分な実効を与えるために，特に，条約の基準に従って国内基準を継続的に適合させることを通して，さらなる努力がなされるべきことを考慮し，

　法案，現行法及び行政慣行と条約との合致を検証することは，人権侵害を防止し，かつ裁判所への申立の数を制限することに資するために必要であると確信し，

　人権の促進及び保護のための国内機関並びに非政府組織を含めた，権限ある様々な独立の機関に諮問することの重要性を強調し，

　……

　加盟国が，附録に示した優れた慣行（good practice）を考慮に入れて，以下のことを行うことを勧告する。

　1. 裁判所の判例法に照らして法案と条約との合致を制度的に検証するための適切かつ実効的なメカニズムがあることを確保すること。

　2. 必要な場合には常に，規則，命令及び通達に表明されたものを含め，現行法及び行政慣行の［条約との］合致を検証するためのそのようなメカニズムがあることを確保すること。

　3. 条約違反を防止するために，法律及び行政慣行の［条約との］適合をできる限り早く確保すること。

　勧告（2004）5の附録

　2. 補完性の原則に従い，条約に定められた権利の主要な保障者は条約締約国であることが忘れられるべきではない。条約1条に従い，「締約国はこの条約の第1部に定める権利及び自由を管轄内のすべての者に保障する」。よって，条約で保障された権利及び自由の最も効果的で直接的な保護が確保されるべきであるのは国内レベルにおいてである。この要求は，すべての国家当局，特に裁判所，行政府及び立法府に関係する。

　3. ヨーロッパにおいて人権を実効的に保護するための，条約の前提条件は，国家が裁判所の判例法に照らし，その法律所において条約に実効を与えることである。このことは，特に，国家はその法律及び行政慣行が条約に従ったものであることを確保すべきことを含意する。

　法案の合致の検証

　5. 加盟国は，法案，特に条約で保護された権利及び自由に影響を与えうる法案につい

―――――――――――――――

[214]　https://wcd.coe.int/ViewDoc.jsp?id=743297.

◆ 第9章　国際人権法の国内的実施

て，条約との合致を制度的に検証することが勧告される。これは核心的な点である。条約に合致すると検証された法律を採択することによって，当該国家は，条約違反が当該法律に由来しており，裁判所がそのような違反を認定するというリスクを減じるのである。さらに，当該国家はもって，行政府が管轄内のすべての人との関係で取る行動に関して，条約に適した枠組みを課すのである。

現行法の合致の検証

7．合致の検証は，適当な場合，現行法に関しても行われるべきである。裁判所の判例法の発展は，実際，当初は条約に合致していたか又は，採択の前に合致性チェックの対象にならなかった法律に対しても，及ぼす影響をもちうる。

8．そのような憲章は，経験上人権侵害のリスクが特にある分野，すなわち警察活動，刑事手続，拘禁状況，外国人の権利等の分野にかかわる法律に関して特に重要である。

行政慣行の合致の検証

9．この勧告は，必要な場合，行政慣行と条約との合致をもカバーし，それにより，人権が日常の実務において確保されることを目的としている。実際，とりわけ人権の行使を制限することができる権限を有している機関が，その活動が条約に合致していることを確保するために必要なすべての資源をもつことは不可欠である。

優れた慣行の例

Ⅰ．人権保護制度に関する公表，翻訳，流通及び訓練

17．序言として，実効的な検証はまず，条約及び裁判所の関連判例を，国内レベルにおいて，特に，電子的手段を用い，関係国の言語で，かつ大学教育や人権に関する職業訓練プログラムの発展を通して，適切に公表し及び流通させることを必要とするということを想起すべきである。

Ⅱ．法案の検証

18．法案の制度的な監視は，一般に，行政府及び議会のレベルの双方において行われ，かつ，独立の組織もまた諮問を受ける。

行政府によるもの

19．一般に，条約及び議定書との合致の検証は，法案を最初に導入した省庁の内部で始まる。……

20．多くの加盟国の国内法は，草案の文言が議会に提出される際には，詳細な注釈の覚書が添えられているべきことを定め，そのような覚書がまた，憲法及び／又は条約上のあ

りうる問題を提示しなければならないことと定めている。いくつかの加盟国では，条約との公的な合致宣言が添えられているべきこととされる。……

議会によるもの

21．行政府による検証に加えて，議会の法務部署及び／又は様々な議会内の委員会による検討も行われる。

他の諮問

22．立法過程の様々な段階において，人権基準との合致を確保するその他の諮問手続が用いられうる。諮問が任意の場合もある。あるいは，とりわけ，法案が基本権に影響を及ぼす可能性がある場合には，いくつかの加盟国におけるコンセイユ・デタのような特定の機関への諮問が，法律上義務的とされている。……

24．ヨーロッパ審議会の専門家又は機関，とりわけ『法による民主主義のためのヨーロッパ委員会』（ヴェニス委員会）は，人権に関する法案と条約との合致について意見を出すことを求められることがある。……

Ⅲ．現行法及び行政慣行の検証

……

26．いくつかの加盟国では，立法を最初に導入する省庁が，既存の規則や慣行の検証も担当している。この作業は，裁判所の判例法の最近の進展についての知識をそれらの省庁が有していることを含意する。他の加盟国では，政府機関が，独立の機関特に裁判所に対し，判例法の一定の発展について注意を喚起する。このことは，条約体制に関する当初の教育及び，継続的な訓練の重要性を強調するものである。

司法機関によるもの

28．検証は，法的に原告適格を有する個人によって，又は，直接に影響を受けていない国家機関，人もしくは組織によって（例えば，憲法裁判所において）提起された手続の枠内でも行われうる。

独立の非司法機関によるもの

29．政府又は議会が手続を開始した場合に独立の非司法機関がもつその他の役割に加えて，これらの機関，特に人権の促進及び保護のための国内機関並びにオンブズパーソンは，法律，及びとりわけ，条約が国内法の一部である場合には条約がどのように適用されているかの検証において重要な役割を果たす。いくつかの国では，これらの機関は，一定の条件を満たした場合個人通報を検討しまた自らの発意で調査を開始することもできる。これ

451

◆ 第3部 ◆ 　国際人権法の実施メカニズム

らの機関は，現行法の欠陥が是正されること
を確保するため尽力し，このために，議会や

政府に公式な通信を送付することもできる。

権利を保護するための立法措置の必要性は，いうまでもなく，立法規定をお
くことのみならず，行政機関による関係法令の適切な執行，及び，違反があっ
た場合の実効的な調査（捜査）や司法機関等による実効的な権利救済の必要性
と併せてとらえなければならないものである。第6章の人権「保護」義務の章
では，この点，私的当事者による人権侵害については，相当な注意をもってこ
れを防止・排除するために取りうる合理的な措置を取ることが必要とされてい
ることをみた。また，条約機関の判例法や先例法では，とりわけ生命権や拷問
その他の虐待を受けない権利のように身体保全の権利がかかわる事案に関して
は，救済を受ける権利に関する条約規定から，また，権利を「保障する」「確
保する」等とした一般的な義務規定や権利の実体規定とも併せて，権利侵害の
主張に対して実効的な調査（犯罪行為については刑事捜査）及び加害者の訴追・
処罰を行う義務が引き出されていることについても詳説した。

以下にみるのは，トルコのイスタンブール市内のごみ集積所で発生したガス
爆発によって起きたスラム住民の死亡について，犠牲者の親族がトルコを相手
取って提訴した事件におけるヨーロッパ人権裁判所大法廷判決である。裁判所
は，生命権（ヨーロッパ人権条約2条）の保護のための国の積極的義務の内容を，
2条の「実体的側面」すなわち生命権への脅威を実効的に抑止するための立法・
行政上の枠組みをおきかつそれらを適切に実施すること，及び同条の「手続的
側面」すなわち権利侵害に対して十分な司法的その他の救済を確保する義務の
観点から，本件では特に，生命を脅かす危険を内在させた活動に関して締約国
の義務を敷衍している。裁判所は本件で，生命権の侵害を防止するための立法・
行政措置に関して，危険な活動によって生命が脅威にさらされる可能性のある
市民の実効的な参加を確保する義務，及び情報に対する公衆の権利を強調して
いるが，これらの点は，2011年の福島原発事故で顕在化した原発・原発事故を
めぐる情報の非公開や隠蔽の現状に鑑みれば，日本の人権状況にとっても大き
な示唆を与えるものである。

● **CASE** ● 〈国際判例〉ウネリルディス対トルコ事件（*Öneryildiz v. Turkey*）ヨーロッ
　　　　パ人権裁判所大法廷判決，申立 No.48939/99，2004年11月30日
「本件で適用される一般的な諸原則

第9章　国際人権法の国内的実施

(i)危険な活動の結果としての生命権侵害の防止に関する諸原則—条約2条の実体的側面

89.　2条の目的上，生命を保護するためにあらゆる適切な措置を取るという積極的義務
……は，何よりも，生命権への脅威に対する実効的な抑止を提供することを目的とした
立法上及び行政上の枠組みをおくという，国家に課された主要な義務を伴う（例えば，
必要な変更を加えて，オスマン事件判決，115項；エドワーズ事件（*Paul and Audrey Edwards*）判決，54項；イルハン対トルコ事件（*Ilhan*）大法廷判決，No.22277/93，91項；
キリッチ対トルコ事件（*Kiliç*）判決，No.22492/93，62項；カヤ対トルコ事件判決，No.
22535/93，85項）。

90.　この義務は，危険な活動に関する特別の状況においても疑いなく妥当し，その場合
は，加えて，とりわけ人命に対する潜在的な危険のレベルに関して，当該活動の特別の
性格に適合した規則に特別の重点がおかれなければならない。それらの規則は，当該活
動の認可，設置，操業，安全及び監督を規律しなければならず，すべての関係者にとっ
て，当該活動に内在する危険によってその生命が脅威にさらされる可能性のある市民の
実効的な参加を確保するための実際的な措置を取ることを義務的なものにしなければな
らない。

　　これらの防止措置の中で，本条約機関の判例法で確立しているように，情報に対する
公衆の権利（the public's right to information）に特別の重点がおかれるべきである。大法
廷は，8条の下ですでに認められている（ゲラほか事件（*Guerra*）判決，60項）この権
利はまた，原則として，生命権の保護のためにも依拠しうることについて，本件小法廷
と同じ見解であり……，この解釈は，近年のヨーロッパ基準の発展によって支持される
ことから特にそうである。……」

「(ii)生命権の侵害が主張される事件において要求される司法的対応に関する諸原則
**　　—条約2条の手続的側面**

91.　2条に由来する義務は，そこで終わるものではない。潜在的に国家の責任を生じさ
せるような状況で人命が失われた場合には，2条は国家にとって，用いうるあらゆる手
段によって，生命権を保護するために定められた立法上及び行政上の枠組みが適切に実
施され，かつこの権利のいかなる侵害も制裁を受け処罰されるよう，司法上又はその他
の十分な対応を確保する義務を伴う（必要な変更を加えて，前掲オスマン事件判決，115
項；前掲エドワーズ事件判決，54項を見よ）。

92.　この関連で，裁判所は，生命権又は身体保全への侵害が意図的に引き起こされたも
のでなければ，『実効的な司法制度』をおくという積極的義務は，必ずしもすべての事
件が刑事手続に付されることを要求するわけではなく，民事的，行政的，又は懲戒的救
済措置が被害者に利用できることであっても満たされうると判示してきた（例えば，
ヴォー対フランス事件大法廷判決，No.53924/00，90項；前掲カルベリ及びチグリオ事
件（*Calvelli and Ciglio*）判決，51項；前掲マストロマッテオ事件（*Mastromatteo*）判決，90
項及び94-95項）。

93.　しかし，本件における問題のような分野では，適用される諸原則はむしろ，裁判所
がすでに，特に致死的な力の行使に関連して発展させてきた諸原則の中に見出される。
これらの諸原則は，他の種類の事案にも適用されうるものである。

　　この関連で，殺人の場合には，公的な調査を行う義務を伴うものとして2条を解釈す
ることは，そのような犯罪の主張は通常刑事責任を生じさせることから正当化されるだ
けでなく（カラハー対イギリス事件（*Caraher*）決定，No.24250/94を見よ），実際上は，

453

◆ 第3部 ◆ 国際人権法の実施メカニズム

死亡の本当の状況は，多くの場合，国家機関又は国家当局の知るところの範囲内に概ね限定されている，ないし限定されうるということからも正当化される（マッカンほか対イギリス事件，1995年9月27日判決，47-49項及び157-164項；前掲イルハン事件判決，91項）。

裁判所の見解では，公的機関の責任の下で起こっている出来事の結果として人命が失われたときには，上記の考慮が，危険な活動の文脈にも疑いなく妥当する。そのような状況では，往々にして公的機関だけが，そのような事件を発生させた複雑な現象を確認し，認定するための十分な関連知識を有しているのである。

当局が，生じうる結果を十分に理解しながら，与えられた権限を無視して，危険な活動に内在する危険を避けるために必要かつ十分な措置を取らなかったことにおいて，関連の国家公務員又は国家機関に帰せられる過怠が，判断の誤りや不注意を超えるものであると認定される場合には（必要な変更を加えて，前掲オスマン事件判決115項），生命を危険にさらしたことに対し責任を負う者が刑事上の罪に問われておらずもしくは訴追されていないという事実は，個人が自分の発意で行使しうる他のタイプの救済措置にかかわらず，2条の違反にあたりうる……。このことは，関連のヨーロッパ基準の発展によっても十分に示されている……。
94. まとめれば，2条によって要求される司法制度は，実効性に関して一定の最低限の基準を満たした独立かつ公平な公的調査の手続を提供するものでなければならず，かつ，危険な活動の結果として人命が失われたときには，そのことがもし調査の結果正当化されればその限りにおいて，刑事処罰を確保できるものでなければならない。」
「これらの諸原則に照らした本件事案の評価
　(i)条約2条の実体的側面に照らした，本件における死亡に対する国家の責任
　……
109. ……第1に，ウムラニエ市のごみ収集場が，関連の技術的基準に合致していないにもかかわらず開かれており操業していたこと，責任者が一般の人々の十分な保護を確保するための措置を取ることを促すいかなる一貫した監視制度もなかったこと，並びに，種々の行政当局の間で，それらの機関に対し注意が喚起された危険が人命を脅かすほど深刻なものにならないようにするための調整や協力もなかったことから，規制の枠組みは欠陥があるものであることが示された。

その状況が，一般的な都市計画の処理において無力であることが示された一般的な政策によりさらに悪化し，かつ規制措置の適用に関して不確定性を生んで，疑いなく，1993年4月28日の悲劇的な事故に至る一連の出来事の一因となった。この事故は，国家公務員及び当局が，ウムラニエのスラムの住民がさらされた，即時のかつ知り得た危険から彼らを保護するためにその権限内においてあらゆることをしなかったために，結局これらの住民の命を奪った。
110. そのような状況は，実体的側面において，条約2条の違反を生じさせる。……」
「(ii)条約2条の手続的側面に照らした，死亡に関して要求される司法的対応に関する国家の責任
　……
116. ……国内裁判所の評価に任された事項である，個人の刑事責任に関する国内法の問題を扱うことや，その点で有罪もしくは無罪の評決を下すことは当裁判所の任務ではない。

第9章　国際人権法の国内的実施

　その任務に照らし，裁判所は単に，本件では，用いられた刑事手続の唯一の目的は，当局が刑法230条の下で『公務執行における過怠』として責任を負うとされうるかどうかを認定することであったことを注記する。この規定は，いかなる意味でも，生命を脅かす行為に関するものでも，２条の意味における生命権を保護するものでもない。……
117.　従って，この悲劇への対応としてトルコの刑事司法制度が機能したかたちは，国家公務員又は当局が事件の要因として果たした役割に対する完全な責任及び，生命権の尊重を保障する国内法の規定，特に刑法の抑止機能の，実効的な実施を確保したものとはいえない。
118.　まとめれば，本件では，危険な活動の操業によって惹起された致命的な事故との関連で，生命権を『法律によって』十分に保護すること，かつ将来における同様の生命を脅かす行為を抑止することが欠けていたという理由で，手続的側面においても２条の違反があったと結論されなければならない。」

　1972年の国連人間環境会議における人間環境宣言（ストックホルム宣言）が「自然の環境と人が創り出した環境は，ともに人間の福利及び基本的人権ひいては生命権そのものの享受にとって不可欠である」としているように（１項），安全で健康的な環境は，健康に対する権利，十分な生活水準に対する権利，私生活及び家庭生活に対する権利等のほか，生命権そのものを含む人権の享受にとって不可欠の存在である。健康に対する権利に関する社会権規約12条は環境衛生の改善のための措置に言及し（２項(b)），また子どもの権利条約は健康及び医療に対する権利に関する24条で，締約国は「環境汚染の危険を考慮に入れて，基礎的な保健の枠組みの範囲内で行われることを含めて，特に容易に利用可能な技術の適用により並びに十分に栄養のある食物及び清潔な飲料水の供給を通じて，疾病及び栄養不良と闘う」ための措置を取るとしている（２項(c)）。また，生命権の解釈として，上にみたようにヨーロッパ人権裁判所の判例では，生命を保護するためにあらゆる適切な措置を取るという積極的義務は，生命への脅威を実効的に抑止するための立法上及び行政上の枠組みをおく義務を意味し，特に，危険な活動に対しては，人命に対する潜在的な危険のレベルに応じて，国は当該活動の認可，設置，操業，安全及び監督にかかる法規制を行いかつ，生命が脅威にさらされる可能性のあるすべての市民に対して情報に対する権利及び実効的な参加を確保しなければならないとされていた。このように，生命権の保護に関し，権利侵害を防止する措置の一環として，危険な活動によって影響を受ける一般市民に対して情報に対する権利及び立法・行政措置の過程での実効的な参加の権利を確保する必要性が認められていることは，日本でも

455

◆ 第3部 ◆ 国際人権法の実施メカニズム

原発事故による大規模な環境破壊と生命権侵害が現に発生している現状に照らせばきわめて緊要な事柄と言えよう。社会権規約委員会もすでに福島原発事故の10年前の2001年，日本に対する総括所見で，「原子力発電所で事故が生じているとの報告があること，そのような施設の安全性に関して透明性が欠けておりかつ必要な情報公開が行われていないこと，並びに，原子力事故の防止及び対応に関して全国規模及び地域規模の事前準備が行われていないこと」を懸念し，「**原子力発電施設の安全性にかかわる問題について透明性を向上させ，かつ関係住民に対してあらゆる必要な情報を公開すること**を勧告し，さらに，締約国に対し，原子力事故の防止及び事故に対する早期対応のための準備計画を改善するよう促す」と勧告していた（49項。強調筆者）。

ストックホルム宣言が1項で述べていた環境と人権享受との密接な関連は，その後，国際環境法の分野においても，とりわけ，**環境保護を可能にする前提としての手続的な人権の確保**という観点から顕著に発展をみているところである。そのような手続的な人権とは，**環境情報へのアクセスの権利，環境にかかわる意思決定に参加する権利，及び，環境被害に対する効果的な救済へのアクセスの権利**の3つである[215]。1992年のリオ環境・開発会議で採択された**環境と開発に関するリオ宣言**は原則10において，国内で「個人は，そのコミュニティにおける有害な物質及び活動に関する情報を含め，公的機関が保有している環境関連情報に対する適切なアクセスを有しかつ，意思決定過程に参加する機会をもたなければならない。国家は，情報を広く利用可能なものにすることによって，公衆の認識及び参加を促進しかつ奨励しなければならない。補償及び救済措置を含む司法手続及び行政手続への効果的なアクセスが提供されなければならない」として，これらの手続的権利を保障する各国の責務を明らかにしている。

この3つの手続的権利は，今日，国際環境法の多数の条約・文書に盛り込まれているが，中でも，これらの権利の保障をそれ自体目的とし，それぞれについて包括的な規定をおくとともに，締約国による条約遵守の検討手続を定めた画期的な条約として注目に値するのは，1998年の**オーフス**（Aarhus）**条約**（正式名称は「**環境に関する，情報へのアクセス，意思決定への参加及び司法へのアクセスに関する条約**」，デンマークのオーフスで署名）である。本条約は，国連経済

---

[215] D. K. Anton and D. L. Shelton, *Environment Protection and Human Rights*, Cambridge: Cambridge University Press, 2011, p.356.

456

第9章　国際人権法の国内的実施

社会理事会の地域委員会の一つであるヨーロッパ経済委員会（UNECE）におい
て作成された条約であるが，締約国の同意を得ればいずれの国連加盟国でも締
約国となることができる。条約は前文で，締約国は「環境の適切な保護は，人
間の福利及び生命権そのものを含む基本的人権の享受に不可欠であること」，
また，「人は誰でも自己の健康と福利に適切な環境の下に生きる権利を有する
とともに，個人として，また他者と協働して，現在および将来の世代のために
環境を保護し，改善する義務があること」を認識し，「市民がこの権利を主張
し，義務を遵守することが可能となるために，市民は，環境に関し，情報への
アクセス，意思決定への参加，司法へのアクセスの権利を保障されねばならな
いこと」を考慮してこの条約を締結したとの趣旨を表明する。そして，環境情
報へのアクセス（4条），環境情報の収集と普及（5条），特定の活動に関する
意思決定への公衆参加（6条），環境関連の計画，プログラム及び政策に関す
る公衆参加（7条），行政規則及び／又は一般に適用しうる法的拘束力ある規
範的文書の策定段階における公衆参加（8条），司法へのアクセス（9条）等に
わたって詳細な規定をおくとともに，締約国会議において各国の条約遵守を継
続的に監視していく仕組みを設けている（10条）。本条約の関連分野の NGO
であって出席の意向を UNECE 事務局に通知したものは，出席する締約国の3
分の1以上の異議がない限り，オブザーバーとして締約国会議に出席すること
ができる（10条5項）。遵守監視手続は2002年の第1回締約国会議で決定され
ているが，それによると，遵守委員会の委員の候補者を指名する権利は締約国
のみならず NGO にも与えられている。また，他の締約国の遵守状況に関する
締約国からの提出書面のほか，公衆からの通報によっても遵守委員会による遵
守監視手続が開始されうる[216]。2013年2月時点で45カ国と EU が本条約を批准
（ないし加入／受諾／承認）しているが，環境情報へのアクセス権の保障，意思
決定における市民参加及び環境被害に対して救済を受ける権利いずれにおいて
も大きく後れを取っている日本は，福島原発事故の教訓をふまえてこの条約に
加入することを検討し，これらの権利の保障を図っていくことが強く求められ
よう。

　ところで，上でみたヨーロッパ人権裁判所の判例でも言及されていたように，
人権条約の国内実施において求められる立法措置とは，条約規定で特に明記さ

[216]　UN Doc. ECE/MP. PP/2/Add.8, paras.4, 16, 18. http://www.unece.org/fileadmin/DAM/env/
pp/documents/mop1/ece.mp.pp.2.add.8.e.pdf.

◆ 第3部 ◆ 国際人権法の実施メカニズム

れた場合（例えば，人種的優越又は憎悪に基づく思想の流布や人種差別の扇動等を「法律で処罰すべき犯罪であることを宣言すること」とした人種差別撤廃条約4条(a)や，拷問に当たるすべての行為を「自国の刑法上の犯罪とすることを確保する」とした拷問等禁止条約4条1項）を除けば，刑事的規制によることが必ずしも要求されているわけではなく，多くの場合は民事的，行政的規制をもって足りると考えられる。但し，**締約国の関連法令の規定，及び権利侵害に対する救済手続が条約上の権利の保障のために十分なものといえるかどうかは，当該権利の重要性と，それを実効的に保護するための法律の役割，とりわけ刑事法のもつ抑止機能の観点から，条約機関の判断によって否定的な評価を受けることがある。**上記の事案では，生命を脅かす危険な活動から生命権を実効的に保護するための刑法的な規制と刑事手続の必要性が指摘されていたが，ヨーロッパ人権裁判所の判例では他にも例えば，すでにみたX及びY対オランダ事件判決は，知的障害をもった女性が性的虐待の被害を刑事告発することができなかったオランダ法の欠缺が，8条（私生活に対する権利）の核心部分を保護するものでなく同条違反を構成すると認定されたケースであった。

　以下にみるヨーロッパ社会憲章の下での集団申立事案は，子どもを体罰から保護するための当事国の法規定が不十分であるとして，国際的な人権団体によって憲章第2部17条の違反が申立てられたものである。ヨーロッパ社会権委員会は本件で，**当事国の憲法規定並びに刑法・民法の諸規定が権利保護のために十分かどうか，かつ権利侵害の重大さに比例した制裁を課しうるものかどうかを検討し**，条約違反ありとの決定を下している。

● ***CASE*** ● 〈国際先例〉反拷問世界組織対ギリシャ事件（*World Organization against Torture*（"*OMCT*"）*v. Greece*），ヨーロッパ社会権委員会「決定」，申立 No.17/2003，2004年12月7日

■ 関連条文：ヨーロッパ社会憲章
第2部17条 母親及び子どもの社会的及び経済的保護についての権利の効果的な行使を確保するために，締約国は，適当な制度又はサービスの確立又は維持を含め，この目的のために適当かつ必要なすべての措置を取る。

「31. 委員会はさらに，憲章は，ヨーロッパ審議会加盟国の国内法及び関連の国際文書の発展に照らして解釈されなければならない，生きた文書であることを想起する。17条の解釈において，委員会は特に以下のものを参照する。
a. 子どもの権利に関する国連条約19条及び，子どもの権利委員会によって解釈される

第9章　国際人権法の国内的実施

ところの先例法。

b.　ヨーロッパ人権裁判所によって解釈されているところの，ヨーロッパ人権条約3条（とりわけ，子どもに対する司法手続上の鞭打ちに関しては1978年のタイラー対イギリス事件（*Tyrer v. the United Kingdom*）判決，学校で加えられる体罰に関しては1982年のコーザンス対イギリス事件（*Cosans v. the Untied Kingdom*）判決，及び親からの体罰に関しては1998年のA対イギリス事件（*A v. the United Kingdom*）判決）。

c.　1993年3月22日に［ヨーロッパ審議会］閣僚委員会によって採択された，子どもの虐待の医学的・社会的側面に関する勧告R93(2)，1990年1月15日に閣僚委員会によって採択された，家庭内暴力に関する社会的措置についての勧告R90(2)，及び1985年3月26日に閣僚委員会によって採択された，家庭内暴力に関する勧告R(85)4。

d.　2004年6月24日に［ヨーロッパ審議会］議員総会によって採択された，勧告1666(2004)『ヨーロッパ規模での子どもの体罰禁止』。

32.　委員会の先例法の趣旨は，あらゆる形態の暴力の禁止は，立法上の基礎をもたなければならないということである。その禁止は，どこで発生するか，又は実行者とされる者の身元にかかわらず，あらゆる形態の暴力をカバーするものでなければならない。さらに，利用しうる制裁が，十分であり，抑止力をもちかつ［違法行為の重大性との］均衡性をもった（adequate, dissuasive and proportionate）ものでなければならない。」

「36.　憲法は一方で，拷問，身体的虐待，健康の損傷もしくは心理的強制，及び人間の尊厳に対するその他のいかなる侵害をも禁止している（7条2項）。憲法はさらに，子どもは国家の保護の下におかれることを規定している（21条1項）。委員会は，憲法は子どもの享受する法的保護の範囲も程度も定義しておらず，また子どもに対する体罰を明文で禁止していないことを注記する。政府も述べているように，立法規定は憲法に照らして解釈されてはいるが，憲法はそれ自体では，委員会が解釈するところの17条の目的にとって充分な法的基盤ではない。

37.　刑法に関しては，申立組織によれば，未成年者を特に扱い継続的な残虐行為による身体的被害を禁止した312条……は，一定の極端かつ執拗な体罰の形態のみをカバーするもので，あらゆる体罰が禁止されているというシグナルを送るものになっていない。政府は，最も軽微なケースから最も深刻なケースまであらゆる形態の段打をカバーする刑法の一般規定（308条から311条，及び314条）が，子どもにも適用されると主張している。

38.　委員会は，以前に，人に対する暴力が刑法規定によって処罰され，かつ被害者が子どもである場合には刑罰が加重されうる場合でも，そのことは，改正憲法17条1項に合致する十分な法的禁止を構成しないとみなしたことを想起する（2003年「結論」第1巻，フランスにつき173～178頁）。委員会は，これに必要な変更を加えて[217]，ギリシャ刑法の上記の諸規定は，委員会の解釈するところの17条の目的にとって十分な法的基盤を構成するものでないと考える。

39.　民法は，親子の関係を規律した規定で，『両親と子どもは相互的な援助，愛情及び尊重の義務を負う』(1507条)と規定している。また，民法(特に1532条，1533条及び1537条)は，両親がその責任を果たさなかった場合には親としての監護権が取り消され又は

---

[217]　訳注：ギリシャは改正憲章でなく1961年の憲章の当事国であるため，このように述べている。

◆ 第3部 ◆ 　国際人権法の実施メカニズム

剥奪されることを規定している。

40. 委員会は，民法1518条は『両親は，子どもの性別に関係なく，責任をもってかつ社
会的意識をもって子どもの人格を発展させることにおいて子どもを援助しなければなら
ない。』と規定している一方，『矯正的措置は，教育上必要であり，かつ子どもの尊厳に
対する侵害とならない限りにおいてのみ許容される。』とも規定していることを注記す
る。

41. 委員会はまず，上記の諸規定には，教育上の目的によるものを含めて，家庭内にお
ける子どもへのあらゆる暴力の禁止が含まれていないことを注記する。また，国内裁判
所がこれらの規定をそのような形で解釈してきたと委員会が結論できるようないかなる
裁判例も，委員会の元に提示されなかったことも注記する。これらの要因に照らして，
委員会は，1518条の意味における『矯正的措置』及び『尊厳に対する侵害』の概念をめ
ぐっては一定の不確実性があり，ある矯正的措置が子どもの尊厳に対する侵害となると
みなされるためには一定の重大さが必要とされるという解釈につながりうると考える。
さらに，このことは，ギリシャのオンブズマン事務所内の子どもの権利部が，体罰を構
成する行為は1518条の下で許容される矯正措置ではないことを明記した明示的な規定を
おくことを提唱する所見を出していることによっても裏付けられる。従って委員会は，
<u>上記で検討した憲法の規定，刑法の規定及び民法の規定のいずれも，委員会の解釈する
ところの17条の目的にとって十分な法的基盤を構成するものではない</u>と考える。委員会
は，憲章17条の違反があると認定する。」

◆ 　2　　日本の人権条約批准とそれに伴う国内法整備
—— 立法面での人権条約の影響

　日本も人権条約の批准・加入にあたり，多くの場合，条約規定を精査した上
で，必要な立法措置を講じてきた。実際，日本における国際人権法の意義は，
人権条約への加入・批准に伴う種々の立法措置を措いては語ることができない。
司法の場での国際人権法の浸透が必ずしも十分でないにしても，日本の国内法
に対する国際人権法のインパクトは，立法・行政の面において非常に大きなも
のがあった。

　時系列的にみていくと，まず，日本は1979年に2つの国際人権規約を批准し
たが，これに伴って，**住宅金融公庫法等の住宅関連四法の国籍要件が，法解釈
の変更によって撤廃**された。また，1970年代末におけるインドシナ難民の受入
れを契機として，日本は難民受入れの体制を整えることとし，1981年に難民条
約に加入したが，この条約の24条が社会保障について難民への内国民待遇（自
国民と同じ待遇）を定めていることを受けて，**児童手当法等の子ども関連三法，
及び国民年金法の国籍条項を撤廃**した。日本とおよそ紐帯の薄い難民に対して
これらの法の適用を認めるのであれば，日本に在住している一般の外国人に門

460

第9章　国際人権法の国内的実施

戸を閉ざし続ける理はもはやないためであった。このことは，日本人と同様の
生活実態を有し（かつ，植民地時代は日本の臣民とされ日本国籍を有していた人々
ないしその子孫であり，日本政府の政策に起因して来日し定住するに至った）なが
ら現在日本国籍がないという理由で排除されてきた在日韓国・朝鮮人を含む定
住外国人の人々にも法の適用が開かれるという，晴天の霹靂ともいうべき結果
をもたらした。難民条約加入が日本における外国籍住民の法的地位にもたらし
たインパクトは，実に「『黒船』となったインドシナ難民」(218)と評されるほど
強烈なものであった。難民条約加入に際してはまた，出入国管理法が，難民認
定の手続を含む形で「出入国管理及び難民認定法」として改正された。

　1985年に日本は女性差別撤廃条約を批准したが，その9条2項が，「締約国
は，子の国籍に関し，女性に対して男性と平等の権利を与える。」として，子
どもの国籍取得に関する男女平等の権利を定めていることを受けて，これと積
極的に抵触する**父系血統主義**（日本国籍の父親から出生した子どもは日本国籍を
取得する）を取っていた**国籍法**が，**両系血統主義**（父親又は母親が日本国籍であ
れば，出生した子どもは日本国籍を取得する）へ改正された。また，教育カリキュ
ラムに関する男女平等の規定を受けて，文部省（現・文部科学省）告示である
学習指導要領が改訂され，中学・高校における**家庭科教育の男女共修**が図られ
た。さらに，条約実施の受け皿となる国内法を整備する立法措置として重要な
ものは，雇用差別撤廃のための**男女雇用機会均等法**の制定である。日本法では
従来，雇用における女性差別の禁止に関する明文の法規定は，賃金差別を禁じ
た労働基準法4条が存在するのみであった。これに対し，「締約国は，男女の
平等を基礎として同一の権利，特に次の権利を確保することを目的として，雇
用の分野における女性に対する差別を撤廃するためのすべての適当な措置を取
る。……(b)同一の雇用機会（雇用に関する同一の選考基準の適用を含む。）につい
ての権利(c)職業を自由に選択する権利，昇進，雇用の保障並びに労働に係るす
べての給付及び条件についての権利並びに職業訓練及び再訓練（見習，上級職
業訓練及び継続的訓練を含む。）を受ける権利」とした11条1項を受け，募集・
採用，昇進，福利厚生など**雇用の全段階における女性差別の撤廃**を目的とする
ものとして，勤労婦人福祉法を改正する形で「雇用の分野における男女の均等
な機会及び待遇の確保等女子労働者の福祉の増進に関する法律」（**旧均等法**）

---

(218)　田中宏『在日外国人 —— 法の壁，心の壁 [新版]』（岩波新書，1995年）151頁以下。

◆ 第3部 ◆ 国際人権法の実施メカニズム

が制定され1986年に施行された*。

> **＊ 均等法とコース別採用・間接差別**　女性差別撤廃条約批准に伴い上記のように均等法が制定されたものの，当初の均等法は，募集・採用・配置・昇進においては，企業が単に女性差別をしないよう「努めなければならない」とする努力義務規定をおくにとどまった。また，均等法違反による調停を申立てる際，調停開始のためには対象企業の同意が必要とされ，制度の実効性は大きく削がれていた。さらに，前章でふれたように，旧均等法の施行後多くの企業はコース別人事制度によって事実上の男女別雇用管理を行うようになり，女性に対する間接差別の問題が顕著にみられるようになった。

その後，1997年に行われた法改正により，当初の努力義務規定はすべて差別禁止規定に改められ，調停開始の企業同意要件も改善された（1999年施行）。しかし，これ以前に採用され，事務職ないし一般職として長年働いた女性らが，職務分離や賃金格差，昇進差別を訴えた事案では，相当数の裁判例において，女性に対する採用・配置・昇進差別の禁止は，この改正均等法施行をもって初めて日本法上実定法となったという理解がなされた。住友電工事件大阪地裁判決，野村証券事件東京地裁判決等は，女性らの受けた扱いは憲法14条の趣旨に反するとしつつも，採用や配置，昇進における女性差別が実定法上初めて禁じられたのは1997年の改正均等法によってであって，その規定を遡及適用できない，同法施行までの間は，伝統的な社会意識を前提として効率の良い労務管理を行うのは企業として当然であった（いわゆる時代制約論）等として，雇用差別による公序違反の成立を否定したのである[219]。

しかし，採用や配置，昇進における差別は女性差別撤廃条約発効時点・均等法施行時点より前に始まったものであるにしても，**同条約が1985年に日本について発効して以降は，下位法である法令は同条約に抵触する限りで無効となり，それを回避するには国内法上の規定は同条約に適合するように解釈されなければならない。**条約発効時以前の差別行為についても条約が遡及的に適用され使用者が責任を問われるということではなく，条約発効時以前から継続している差別行為の是正義務が，条約の発効以降に発生するというにすぎない[220]。本来，上述のような欠陥を多くもった旧均等法自体が，条約の国内実施法としての要求を満たすものではなかったところ，採用・配置・昇進における女性差別が改正均等法施行をもって初めて実定法化されたとする裁判例は，女性差別撤廃条約を考慮することなく均等法を基準として差別行為の反公序性を判断してしまっていた。さらに，このような司法判断のあり方は，女性差別撤廃条約2条(c)が国に義務づけている「女性の権利の法的な保

---

[219]　住友電工事件大阪地判2000（平成12）年7月31日判タ1080号126頁，野村証券事件東京地判2002（平成14）年2月20日判時1781号34頁等。

[220]　浅倉むつ子「女性差別撤廃条約と企業の差別是正義務 —— 男女昇格差別判例を素材に」国際人権14号（2003年）31頁。

462

第9章　国際人権法の国内的実施

護を男性との平等を基礎として確立し，かつ，権限のある自国の裁判所その他の公
の機関を通じて差別となるいかなる行為からも女性を効果的に保護することを確保
すること」にも悖る結果をもたらすものであった。

　2003年には，前章でみた通り，女性差別撤廃委員会が第3回日本政府報告審議後
の総括所見で，コース別雇用管理制度に代表される間接差別の慣行について懸念を
示したが，この年の12月，原審で時代制約論により原告側が敗訴していた上述の住
友電工男女差別賃金事件の控訴審において大阪高裁が，間接差別についても女性差
別撤廃条約により対処が求められているとの認識を明確にふまえた和解勧告を提示
して和解を成立させたことが注目された。大阪高裁は，「国際社会においては，国
際連合を中心として，男女平等の実現に向けた取組みが着実に進められており，女
性がその性により差別されることなく，その才能及び能力を自己の充足と社会全体
のために発展させ，男性と女性が共に力を合わせて社会を発展させていける社会こ
そが真に求められている平等社会であることは，既に世界の共通認識となっている
というべきである。……わが国においても，国際的潮流と連動しつつ，その精神を
社会に定着させるため，女性差別撤廃条約の批准……，男女共同参画社会基本法の
制定……など，着実な取組みが進められているが，他方，一部に強く残っている性
的役割分担意識等が，男女間の平等を達成するための大きな障害となっている現実
もある。就業の場面においては，……旧均等法が平成16年……に改正され……事業
主は，労働者の募集及び採用について女性に対し男性と均等な機会を与えなければ
ならず，配置，昇進等においても差別的取扱いが禁止されるに至っている。このよ
うな改革は，男女差別の根絶を目指す運動の中で一歩一歩前進してきたものであり，
すべての女性がその成果を享受する権利を有するものであって，過去の社会意識を
前提とする差別の残滓を容認することは社会の進歩に背を向ける結果となることに
留意されなければならない。そして現在においては，直接的な差別のみならず，間
接的な差別に対しても十分な配慮が求められている。」と述べて，コース別雇用管
理が実質的に性別による雇用管理にならないよう，コース別雇用管理の必要性や処
遇の合理性について労使協議により取組みを続けること，控訴人らを主席・主査に
昇格させること，並びに一人あたり500万円の解決金の支払いを勧告し，これが全
面的に被告会社に受け入れられた。また，国に対しても裁判所は「厚生労働大臣は，
雇用管理区分が異なる場合であっても，それが実質的に性別による雇用管理となっ
ていないかについても十分な注意を払い……改正均等法が，機会均等調停委員会に
よる調停について，事業主の同意要件を削除した趣旨にもかんがみ，同調停の積極
的かつ適正な運用に努めるものとする」と勧告し，事実上生じている男女労働者間
の格差を解消するための積極的な施策を展開することを勧告した[221]。

---

[221]　住友電工男女賃金差別事件大阪高裁和解調書，宮地光子監修，ワーキング・ウィメンズ・ネッ
　　トワーク編『男女賃金差別裁判──「公序良俗」に負けなかった女たち』前掲注[104]490〜492頁。

463

◆ 第3部 ◆ 国際人権法の実施メカニズム

　この後，2006年には均等法の再改正が行われ（翌年施行），間接差別に関する一定の規制が盛り込まれた。改正法7条では，「性別以外の事由を要件とする措置で実質的に性別を理由とする差別となる恐れがある措置」を講じてはならないとして，厚生労働省令で定める事項（①募集・採用にあたり，一定の身長，体重又は体力を要件とすること，②コース別雇用管理制度における総合職の募集・採用にあたり，転居を伴う転勤を要件とすること，③昇進にあたり転勤経験を要件とすること）が禁じられることとなった。また，同法上の差別の対象範囲が拡大され，降格，職種の変更，雇用形態の変更，退職勧奨，労働契約の更新に関する性差別が禁止されることになった。妊娠，出産，産前産後休業の請求・取得等を理由とする不利益取扱いも禁止された。しかし，改正均等法においても，禁じられる措置は厚生労働省令で定められた3つの措置に限られていることは，刻々変化した形で現れる事実上の差別に対応するという間接差別禁止の趣旨からすれば問題があると指摘される[222]。また，厚生労働省令で定められた措置の中には，多くの訴訟で問題となった採用区分（雇用管理区分）が入っておらず，この改正均等法について新たに定められた均等法指針[223]においても，女性差別があるかどうかの判断は雇用管理区分ごとに行うとされている点は従来と同様である。

　なお，上記ではコース別雇用管理制度の問題性について述べたが，労働市場における女性の十全な参加を阻んでいる最も根本的な要因は，日本の場合，企業が単に女性差別を行っているというよりも，多くの企業で一般化している長時間労働及び，それを実効的に規制せずに容認している日本の労働法制にあることも忘れてはならない。報道によれば，現状では大手企業（ここでは，東証一部上場の売り上げ上位100社）の7割が，労働基準法36条に基づく時間外労働に関する労使協定によって，厚生労働省の通達で過労死との因果関係が強いとされている月80時間（いわゆる過労死ライン）以上の残業を社員に認めている[224]。女性にとって働きやすい職場環境を作っていくためには，家事と育児をもっぱら女性の責任とみる社会的認識を変えていくことや，託児施設を充実させることに加えて，労働者にとって家事・育児をほとんど担えないような長時間労働が当たり前になっている（よって，女性は子どもが生まれると諦めて仕事を辞めていくし，企業はそれを見越して女性を採用したがらない）日本の企業の労働環境を抜本的に変えていくことが求められている。

　1994年には，日本は子どもの権利条約を批准したが，本条約も，これまで不十分であった子どもの権利の法的保護の強化に寄与した。1999年に成立した子

---

[222]　宮地光子「住友メーカー男女賃金差別訴訟からみた改正均等法の問題点」『国際女性』20号（2006年）130頁。

[223]　2006（平成18）年10月11日厚生労働省告示614号。

[224]　東京新聞2012年7月25日。

第9章 国際人権法の国内的実施

ども買春，子どもポルノ等処罰法（「児童買春，児童ポルノに係る行為等の処罰及び児童の保護等に関する法律」）は前文で「児童に対する性的搾取及び性的虐待が児童の権利を著しく侵害することの重大性にかんがみ，あわせて児童の権利の擁護に関する国際的動向を踏まえ」（1条）と述べ，子どもの権利の保護に関する国際人権法の影響を見出すことができる。

2001年に制定された前述の「配偶者からの暴力の防止及び被害者の保護に関する法律」（DV法）は，従来は家庭内の私事として公的機関の介入が控えられてきた配偶者による暴力（実質的にはほとんどが夫から妻への暴力）に対し，国及び地方公共団体が防止及び保護の責務を負うことを規定した画期的な法律であるが，この法律の成立の背景にも，女性差別撤廃条約を始めとする国際人権法の存在がある。女性差別撤廃条約は暴力の問題に直接言及してはいないが，女性差別撤廃委員会は1992年の一般的勧告19において，女性に対する暴力は，女性であるがゆえに加えられるものであって条約上の「女性差別」にあたるとし，締約国に対しそのような暴力の防止と被害者の保護を求めてきた。同法は前文で，人権の擁護と男女平等の実現を図るために配偶者からの暴力を防止し，被害者を保護するための施策を講ずることは「女性に対する暴力を根絶しようと努めている国際社会における取組にも沿うものである」としている。

こうした，人権条約批准・加入に伴う，又はその実質的な影響を受けて行われた一連の国内法整備の経緯をみると，**日本国内における人権保障のためには日本国憲法と既存の法令で足り，国際人権法など必要ないとする見方は，外国籍住民のようなマイノリティの人々の人権や，女性，子どものように社会的に弱い立場にある人々の人権を始めとして，旧来の日本法による保障からこぼれ落ちたまま放置されてきた人権問題が実際には数多くあったという事実を看過したものである**ことが分かる。旧植民地出身者とその子孫を含む在日外国人に対して，法の適用を頑なに拒んできた国民年金法等の国籍条項は，難民条約という条約への加入によって変更を迫られるまでは，日本の裁判所における数々の訴訟において違憲・無効とされたことはなかった。また，女性差別についていえば，大谷美紀子弁護士が指摘するように，憲法14条の平等規定がありながら，女性の結婚退職制や若年定年制，雇用差別等は社会の中に厳然とあったし，これらが憲法の趣旨に反するとする判決が積み重なっても，そうした慣行を改めず存置する企業が依然としてあったために，女性差別撤廃条約批准にあたって政府は立法措置を取る必要があったということである。国籍法における父系

465

◆ 第3部 ◆ 国際人権法の実施メカニズム

血統主義や家庭科の女子のみ必修に至っては，同条約批准によって初めて，条約に抵触する女性差別として見直しが実現したのであって，それまでは，憲法14条の下で特に問題視されることもなかった(225)。

当初の均等法が2回改正されて今に至っているように，より実効的な人権保障に向けて，日本が批准・加入して受け入れた人権条約の規範に沿って国内法令の規定を見直していくことは継続的な課題であって，日本法の規定の中には他にも，人権条約の規範に照らして改廃が求められるものがなお存在している。女性の権利の問題についてみれば，例えば，男性は18歳，女性は16歳とした男女の婚姻最低年齢の相違や，女性が再婚する場合の待婚期間，夫婦同氏を定めた民法の諸規定が，男女が自由かつ完全な合意のみによって婚姻する権利を侵害するものでないかどうかという問題がある。自由権規約委員会は一般的意見で，婚姻にかかる男女平等の権利について定めた23条に関して，婚姻最低年齢は男女平等の基準で定められるべきこと，及び，各配偶者が元の名前の保持又は新しい家族名の選択に平等の立場で参加する権利が確保されるべきことについて言及している。

■ 自由権規約委員会「一般的意見28 男女間における権利の平等（3条）」（2000年）

23. 国家は，23条に従い婚姻に関して男性と女性を平等に取り扱うことが要求される。そのことは，一般的意見19（1990年）においてさらに詳細に述べられている。男性と女性はその自由かつ完全な合意のみによって婚姻する権利を有し，国家はこの権利を平等の立場で保護する義務を負っている。女性が自由に結婚を決定できることを妨げる多くの要素がありうる。一つの要素は，婚姻最低年齢に関連する。この年齢は，国家によって，男性と女性にとって平等の基準に基づいて定められるべきである。そのような基準は，女性が[婚姻について]情報を得た上でかつ強制されずに決定する能力を確保すべきである。

……

25. 23条4項に基づく義務を履行するため，国家は，家族法制が，子どもの監護及び保育，子どもの宗教的及び道徳的教育，親の国籍を子どもに伝える能力，並びに，共同財産であれ各配偶者の独自の所有権であれ，財産の所有もしくは管理に関して，両配偶者に対して平等の権利及び義務を含んでいることを確保しなければならない。……また，国家は，婚姻を理由とする国籍の取得もしくは喪失，居住の権利，各配偶者が彼又は彼女の元の名前を保持し又は新しい家族名の選択に平等の立場で参加する権利に関して，性に基づく差別が生じないことを確保すべきである。婚姻中の平等は，夫と妻が家族内の責任及び権限に平等に参加できるべきことを含意する。

また，女性差別撤廃条約は16条1項で，婚姻及び家族関係に関するすべての事項についての女性差別撤廃について規定した中で，「婚姻をする同一の権利」（(a)），「自由かつ完全な合意のみにより婚姻をする同一の権利」（(b)）のほか，「姓及び職業を選択する権利」を含む「夫及び妻の同一の個人的権利」（(g)）を

---

(225) 大谷・前掲注(72)73～74頁。

◆ 第9章　国際人権法の国内的実施

確保することとしている。

■ 女性差別撤廃条約

16条1項　締約国は，婚姻及び家族関係に係るすべての事項について女性に対する差別を撤廃するためのすべての適当な措置を取るものとし，特に，男女の平等を基礎として次のことを確保する。

(a) 婚姻をする同一の権利
(b) 自由に配偶者を選択し及び自由かつ完全な合意のみにより婚姻をする同一の権利……
(g) 夫及び妻の同一の個人的権利（姓及び職業を選択する権利を含む。）

　男18歳，女16歳とする日本の婚姻最低年齢は，立法経緯としては，男女の身体的・精神的な発育の差異によるものとされている。しかし，他方でこれは，男性については家族を養うことを想定し高卒で働きに出られる年齢，女性については家庭に入ることを想定し高校教育修了を不要とみる性役割分業の考えを元にした制度であって，女性差別撤廃条約の趣旨に反することもつとに指摘されている。婚姻年齢は男女とも同一とし，「婚姻をする同一の権利」を保障することが適切である[226]。

　夫婦同氏を定めた民法750条についていえば，同条は，夫婦は「夫又は妻の氏」を称することとし，文言上は女性を差別しているわけではない。しかし実際には，圧倒的多数の夫婦は夫の氏を称しており（96%超），妻が旧姓を喪失しているのが現状である[227]。このことは，妻の婚姻改姓が法的義務であった明治民法の時代から残存している，妻の方が改姓することが当然であるという旧態依然たる社会通念，及び結婚によって妻が夫の家に入るという伝統的な家意識が根強い日本社会では，妻の方が夫の氏を称するべきであるという社会的圧力（日本社会の一般的風潮のみならず，夫となる男性自身及びその家族，さらに男性の職場等からの有言無言の期待を含む）がいかに強力なものであるかを如実に示している。無論，中には，夫の氏にすることに何の抵抗もない女性や，むしろ喜んで改姓する女性もいる。しかし他方で，自分の姓で仕事をし人間関係や業績を築いてきたために改姓を望まず，そのために法律婚を断念して事実婚にとどまっている女性や，法律婚して夫の氏に改めざるを得なかったがその後，身分関係の一連の書類の変更を余儀なくされることや，周囲の人への説明の必

[226] 但し，男女の婚姻年齢を平等に16歳に揃えるべきかどうかはきわめて疑問である。16歳という年齢は誰しも精神的に未成熟な年齢であり，若年結婚・出産が現実にしばしば家庭内暴力や子どもの虐待といった問題に関係していることからも，多くの国で成人年齢とされている18歳に平等化することが望ましい。後述のように女性差別撤廃委員会も，18歳に統一することを求めている。

[227] 厚生労働省統計。http://www.mhlw.go.jp/toukei/saikin/hw/jinkou/tokusyu/konin06/konin06-2. html#2-8.

467

◆ 第3部 ◆ 　国際人権法の実施メカニズム

要，旧姓で築いてきた業績が自らのものであると認識されないこと等，社会生活上の重大な不利益に苦しんでいる女性も少なくない。**民法750条の規定は，実質的はほぼすべての夫婦において女性の側に旧姓を失わせ，女性の人権享有にとって不利な効果をもたらしていることから，女性差別撤廃条約1条にいう差別となる法規定であり，「女性に対する差別となる既存の法律」等を「修正し又は廃止するためのすべての適当な措置（立法を含む。）を取ること」を義務づけた2条(f)により，日本は改廃義務を負うものとみるべきである**[228]。かつ，民法750条は，婚姻に際して氏の選択に関する夫婦同一の個人的権利（同条約16条1項(g)）を侵害し，また，氏を変更したくない女性が氏を保持しようとすれば婚姻できないのであるから，婚姻をする同一の権利（同16条(a)）及び，自由な合意のみにより婚姻をする同一の権利（同16条1項(b)）をも侵害するといえる。

　これらの民法の規定が女性差別的であり速やかに改廃すべきことについて，2003年の第3回日本政府報告審議後の総括所見で女性差別撤廃委員会は，「主要な問題領域及び勧告」の筆頭に間接差別の問題を挙げた中で指摘を行っていた。2009年に行われた第4回日本政府報告審議後の総括所見では，前回の総括所見で指摘された懸念事項や勧告への取り組みが不十分であることが遺憾とされ，以下のような懸念事項と，関連諸規定の改正についての強い要請が出されるに至っている。

■ **女性差別撤廃委員会第3回（第4次・第5次）日本政府報告審査「総括所見」**（2003年）
民法上の差別規定，婚外子差別
　35. 委員会は，民法の中に現在も依然として差別的な条項が残っていることに懸念を表明する。その中には，結婚最低年齢や，離婚後の女性が再婚するために必要な待婚期間，及び結婚した夫婦の氏の選択に関する条項が含まれる。……
　36. 委員会は，締約国に対して，民法の中に未だに残る差別的な条項を削除し，立法や行政実務を条約に適合させることを求める。
■ **女性差別撤廃委員会第4回（第6次）日本政府報告審査「総括所見」**（2009年）
差別的な法規定
　17. 委員会は，前回の総括所見における勧告にもかかわらず，民法における婚姻最低年

齢，離婚後の女性の再婚禁止期間，及び夫婦の氏の選択に関する差別的な法規定が撤廃されていないことについて懸念を有する。……委員会は，締約国が，差別的法規定の撤廃が進んでいないことを弁明するために世論調査を用いていることに，懸念をもって留意する。
　18. 委員会は，男女ともに婚姻最低年齢を18歳に設定すること，女性のみに課せられている6カ月の再婚禁止期間を廃止すること，及び選択的夫婦別氏制度を採用することを内容とする民法改正のために早急な対策を講じるよう，締約国に強く要請する。……委員会は，本条約の批准による締約国の義務は，世論調査の結果のみに依存するのではなく，本条約は締約国の国内法体制の一部であるのだから，本条約の規定に沿って国内法を整備するという義務に基づくべきであることを指摘する。

---

[228]　同旨，林陽子編著『女性差別撤廃条約と私たち』（信山社，2011年）9頁。

468

●　第9章　国際人権法の国内的実施

　女性差別撤廃委員会は2010年の一般的勧告28で，2条(a)(f)(g)は「女性に対する差別を撤廃する政策の一部として，法的な保護を提供し，差別的な法律や規則を改廃するという締約国の義務を創設するもの」であり，「女性の権利の完全な実現を確保するために必要な立法措置を取らないこと」は締約国の不作為による女性差別を構成するとしている。

■ 女性差別撤廃委員会「一般的勧告28　女性差別撤廃条約2条における締約国の中核的義務」（2010年）

Ⅱ　締約国の義務の性質と範囲

　9．2条において締約国は，無差別及び平等の享受への女性の権利を尊重し，保護し，充足するという条約に基づく法的義務のすべての側面に取り組まなければならない。……

　10．締約国は，作為又は不作為により，女性に対する差別を生じさせてはならないという義務を有する。締約国には，さらに，そのような作為又は不作為が国家によるものか私的主体によるものかを問わず，女性に対する差別に対して積極的に対応する義務がある。差別は，国家が，女性の権利の完全な実現を確保するために必要な立法措置を取らないこと，女性と男性の間の平等を達成することを目的とした国内政策を取らないこと，及び適切な法を執行しないことによって生じる可能性がある。……

Ⅲ　第2条に含まれる一般的義務

　16．締約国は，女性の無差別への権利を尊重し，保護し，充足する義務及び，女性の立場を改善し，女性の法的及び事実上もしくは実質的な男性との平等の権利を実現するために，女性の発展と向上を確保するという義務を負っている。締約国は，女性に対する直接及び間接差別のいずれもが存在しないことを確保しなければならない。女性に対する直接差別は，性及びジェンダーの差異に基づいた明示的に異なる取扱いから構成される。女性に対する間接差別は，法律，政策，プログラムもしくは慣行が，女性と男性に関するものであるため中立的に見えるが，表面上中立な措置においては既存の不平等に注目されることがないために，実際には女性に対して差別的な効果を有するときに生じる。さらに，間接差別は，構造的及び歴史的な差別の類型と女性と男性の間の不平等な権力関係の認識を欠いているために，既存の不平等を強化する場合がある。

　31．2条(a)(f)(g)は，女性に対する差別を撤廃する政策の一部として，法的な保護を提供し，差別的な法律や規則を改廃するという締約国の義務を創設するものである。……締約国は，女性に対する差別を構成するような既存の法律，規則，習慣及び慣行を修正又は廃止するための手段を取る義務を有する。……

　2009年8月に行われた第4回日本政府報告書の審査時には，委員会は日本に対し，民法の差別的規定の撤廃についてどのような措置を取ったかにつき2年以内に報告するよう勧告し，2011年8月がその提出期限とされた。通常の定期報告提出期限とは別に，より短期間内に特別の報告の提出が求められたという事実は，民法の諸規定の改正の問題がそれほど本条約に照らして緊急の課題であるとみなされていることを示すものである。日本政府はこれに応じて追加の報告を行ったものの，民法の諸規定がなお改正されていないことに鑑み，同年11月，同委員会はあらためて，1年以内に追加の情報を提供するよう日本政府に要請している。「委員会は日本政府に対し，1年以内に以下の追加的情報を提供するよう，勧告する。(a)男女ともに婚姻適齢を18歳に設定すること，女子差別撤廃条約16条1(g)の規定に沿って夫婦に氏の選択を認めること，嫡出であ

469

◆第3部◆　国際人権法の実施メカニズム

る子と嫡出でない子の相続分を同等化することを内容とする民法改正法案の採
択について講じた措置……」[229]。

　2015年に最高裁大法廷は，女性の待婚期間の問題をめぐって，100日を超え
る待婚期間については合理性がなく違憲と判断した（最大判2015（平成27）年12
月16日裁判所時報1642号１頁）が，夫婦同氏については従前通り合憲判断を維持
した。夫婦同氏制に関する同判決の法廷意見は，憲法14条１項の解釈において，
女性差別撤廃条約に照らした検討（とりわけ，差別的「効果」の問題）を全く行っ
ておらず，夫婦同氏制は男女間に形式的な不平等を定めたものではないとする
にとどまっている。憲法24条の解釈においても，同条約に照らした検討を一切
行うことなく，夫婦同氏による不利益があるとしても当該不利益は通称使用に
よって緩和できるとしている。法廷意見は，夫婦間の実質的な平等が保たれる
ような法制度のあり方の検討を立法府に委ねているが，この姿勢は，選択的夫
婦別姓制度を導入すべきことを含む1996年の法制審議会答申（「民法の一部を改
正する法律案要綱」）から丸20年近くの間，民法改正に向けた国会の動きはずっ
と頓挫したまま今日に至ってきた現実を看過しているというほかない。また，
夫婦同氏によって多くの女性に不利益が生じていることを認めつつも，当該不
利益は通称使用によって緩和できるというが，その場合，戸籍名と通称を併用
せざるを得ないことによる不利益が新たに生じることを十分に理解していない。
岡部喜代子，櫻井龍子，鬼丸かおるの３裁判官は，女性の社会進出が進んだ今
日においては婚姻前からの氏の使用の有用性・必要性が高まっているとし，女
性差別撤廃委員が2003年以降繰り返しこの問題について懸念を表明しているこ
とにも言及しつつ，以下のように述べて憲法24条違反の意見を付した。木内道
祥裁判官も，「結婚に際して氏を変えざるを得ないことによって重大な不利益
を受けることを緩和する選択肢として，多数意見は通称を挙げる。しかし，法
制化されない通称は，通称を許容するか否かが相手方の判断によるしかなく，
氏を改めた者にとって，いちいち相手方の対応を確認する必要があり，個人の
呼称の制度として大きな欠陥がある」と述べて，例外を許さない夫婦同氏制度
には合理性がなく憲法24条に違反するとの意見を付した（但し，いずれも国家
賠償請求棄却については法廷意見と同様）。また，山浦善樹裁判官は，女性差別
撤廃委員会からの懸念にも言及して本件規定を憲法24条違反とした上で，国家

───────────

[229]　http://www.gender.go.jp/teppai/6th/commission_opinion_j.pdf.

第 9 章　国際人権法の国内的実施

賠償請求も認容すべきとする反対意見を付した。

● **CASE** ●「損害賠償請求事件」［夫婦別姓訴訟大法廷判決］最大判2015（平成27）年
　　　　　12月16日裁判所時報1642号13頁

「第3　上告理由のうち本件規定が憲法14条1項に違反する旨をいう部分について

1　論旨は，本件規定が，96％以上の夫婦において夫の氏を選択するという性差別を発生させ，ほとんど女性のみに不利益を負わせる効果を有する規定であるから，憲法14条1項に違反する旨をいうものである。

2　…　本件規定は，夫婦が夫又は妻の氏を称するものとしており，夫婦がいずれの氏を称するかを夫婦となろうとする者の間の協議に委ねているのであって，その文言上性別に基づく法的な差別的取扱いを定めているわけではなく，本件規定の定める夫婦同氏制それ自体に男女間の形式的な不平等が存在するわけではない。…したがって，本件規定は，憲法14条1項に違反するものではない。

3　もっとも，氏の選択に関し，これまでは夫の氏を選択する夫婦が圧倒的多数を占めている状況にあることに鑑みると，この現状が，夫婦となろうとする者双方の真に自由な選択の結果によるものかについて留意が求められるところであり，仮に，社会に存する差別的な意識や慣習による影響があるのであれば，その影響を排除して夫婦間に実質的な平等が保たれるように図ることは，憲法14条1項の趣旨に沿うものであるといえる。そして，この点は，氏を含めた婚姻及び家族に関する法制度の在り方を検討するに当たって考慮すべき事項の一つというべきであり，後記の憲法24条の認める立法裁量の範囲を超えるものであるか否かの検討に当たっても留意すべきものと考えられる。

第4　上告理由のうち本件規定が憲法24条に違反する旨をいう部分について

1　論旨は，本件規定が，夫婦となろうとする者の一方が氏を改めることを婚姻届出の要件とすることで，実質的に婚姻の自由を侵害するものであり，また，国会の立法裁量の存在を考慮したとしても，本件規定が個人の尊厳を侵害するものとして，憲法24条に違反する旨をいうものである。

2　…本件規定は，婚姻の効力の一つとして夫婦が夫又は妻の氏を称することを定めたものであり，婚姻をすることについての直接の制約を定めたものではない。仮に，婚姻及び家族に関する法制度の内容に意に沿わないところがあることを理由として婚姻をしないことを選択した者がいるとしても，これをもって，直ちに上記法制度を定めた法律が婚姻をすることについて憲法24条1項の趣旨に沿わない制約を課したものと評価することはできない。…

4　…(1)ア　婚姻に伴い夫婦が同一の氏を称する夫婦同氏制は，旧民法…の施行された明治31年に我が国の法制度として採用され，我が国の社会に定着してきたものである。前記のとおり，氏は，家族の呼称としての意義があるところ，現行の民法の下においても，家族は社会の自然かつ基礎的な集団単位と捉えられ，その呼称を一つに定めることには合理性が認められる。

　そして，夫婦が同一の氏を称することは，上記の家族という一つの集団を構成する一員であることを，対外的に公示し，識別する機能を有している。特に，婚姻の重要な効果として夫婦間の子が夫婦の共同親権に服する嫡出子となるということがあるところ，

471

◆ 第3部 ◆ 国際人権法の実施メカニズム

嫡出子であることを示すために子が両親双方と同氏である仕組みを確保することにも一定の意義があると考えられる。また，家族を構成する個人が，同一の氏を称することにより家族という一つの集団を構成する一員であることを実感することに意義を見いだす考え方も理解できるところである。さらに，夫婦同氏制の下においては，子の立場として，いずれの親とも等しく氏を同じくすることによる利益を享受しやすいといえる。

　加えて，前記のとおり，本件規定の定める夫婦同氏制それ自体に男女間の形式的な不平等が存在するわけではなく，夫婦がいずれの氏を称するかは，夫婦となろうとする者の間の協議による自由な選択に委ねられている。

イ　これに対して，夫婦同氏制の下においては，婚姻に伴い，夫婦となろうとする者の一方は必ず氏を改めることになるところ，婚姻によって氏を改める者にとって，そのことによりいわゆるアイデンティティの喪失感を抱いたり，婚姻前の氏を使用する中で形成してきた個人の社会的な信用，評価，名誉感情等を維持することが困難になったりするなどの不利益を受ける場合があることは否定できない。そして，氏の選択に関し，夫の氏を選択する夫婦が圧倒的多数を占めている現状からすれば，妻となる女性が上記の不利益を受ける場合が多い状況が生じているものと推認できる。さらには，夫婦となろうとする者のいずれかがこれらの不利益を受けることを避けるために，あえて婚姻をしないという選択をする者が存在することもうかがわれる。

　しかし，夫婦同氏制は，婚姻前の氏を通称として使用することまで許さないというものではなく，近時，婚姻前の氏を通称として使用することが社会的に広まっているところ，上記の不利益は，このような氏の通称使用が広まることにより一定程度は緩和され得るものである。

ウ　以上の点を総合的に考慮すると，本件規定の採用した夫婦同氏制が，夫婦が別の氏を称することを認めないものであるとしても，上記のような状況の下で直ちに個人の尊厳と両性の本質的平等の要請に照らして合理性を欠く制度であるとは認めることはできない。したがって，本件規定は，憲法24条に違反するものではない。」

岡部喜代子，櫻井龍子，鬼丸かおる裁判官意見

「私は，本件上告を棄却すべきであるとする多数意見の結論には賛成するが，本件規定が憲法に違反するものではないとする説示には同調することができないので，その点に関して意見を述べることとしたい。

1　本件規定の憲法24条適合性

(1)本件規定の昭和22年民法改正時の憲法24条適合性

　…夫婦同氏の制度は，明治民法…の下において，多くの場合妻は婚姻により夫の家に入り，家の名称である夫の氏を称することによって実現されていた。昭和22年法律第222号による民法改正時においても，夫婦とその間の未成熟子という家族を念頭に，妻は家庭内において家事育児に携わるという近代的家族生活が標準的な姿として考えられており，夫の氏は婚姻によって変更されず妻の氏が夫と同一になることに問題があるとは考えられなかった。実際の生活の上でも，夫が生計を担い，妻がそれを助けあるいは家事育児を担うという態様が多かったことによって，妻がその氏を変更しても特に問題を生ずることは少なかったといえる。本件規定は，夫婦が家から独立し各自が独立した法主体として協議してどちらの氏を称するかを決定するという形式的平等を規定した点に意義があり，昭和22年に制定された当時としては合理性のある規定であった。…

第9章 国際人権法の国内的実施

(2)本件規定の現時点の憲法24条適合性

ア　ところが，本件規定の制定後に長期間が経過し，近年女性の社会進出は著しく進んでいる。婚姻前に稼働する女性が増加したばかりではなく，婚姻後に稼働する女性も増加した。その職業も夫の助けを行う家内的な仕事にとどまらず，個人，会社，機関その他との間で独立した法主体として契約等をして稼働する，あるいは事業主体として経済活動を行うなど，社会と広く接触する活動に携わる機会も増加してきた。そうすると，婚姻前の氏から婚姻後の氏に変更することによって，当該個人が同一人であるという個人の識別，特定に困難を引き起こす事態が生じてきたのである。そのために婚姻後も婚姻前の氏によって社会的経済的な場面における生活を継続したいという欲求が高まってきたことは公知の事実である。そして識別困難であることは単に不便であるというだけではない。例えば，婚姻前に営業実績を積み上げた者が婚姻後の氏に変更したことによって外観上その実績による評価を受けることができないおそれがあり，また，婚姻前に特許を取得した者と婚姻後に特許を取得した者とが同一人と認識されないおそれがあり，あるいは論文の連続性が認められないおそれがある等，それが業績，実績，成果などの法的利益に影響を与えかねない状況となることは容易に推察できるところである。氏の第一義的な機能が同一性識別機能であると考えられることからすれば，婚姻によって取得した新しい氏を使用することによって当該個人の同一性識別に支障の及ぶことを避けるために婚姻前の氏使用を希望することには十分な合理的理由があるといわなければならない。このような同一性識別のための婚姻前の氏使用は，女性の社会進出の推進，仕事と家庭の両立策などによって婚姻前から継続する社会生活を送る女性が増加するとともにその合理性と必要性が増しているといえる。現在進行している社会のグローバル化やインターネット等で氏名が検索されることがあるなどの，いわば氏名自体が世界的な広がりを有するようになった社会においては，氏による個人識別性の重要性はより大きいものであって，婚姻前からの氏使用の有用性，必要性は更に高くなっているといわなければならない。我が国が昭和60年に批准した「女子に対するあらゆる形態の差別の撤廃に関する条約」に基づき設置された女子差別撤廃委員会からも，平成15年以降，繰り返し，我が国の民法に夫婦の氏の選択に関する差別的な法規定が含まれていることについて懸念が表明され，その廃止が要請されているところである。

イ　次に，氏は名との複合によって個人識別の記号とされているのであるが，単なる記号にとどまるものではない。氏は身分関係の変動によって変動することから身分関係に内在する血縁ないし家族，民族，出身地等当該個人の背景や属性等を含むものであり，氏を変更した一方はいわゆるアイデンティティを失ったような喪失感を持つに至ることもあり得るといえる。そして，現実に96％を超える夫婦が夫の氏を称する婚姻をしているところからすると，近時大きなものとなってきた上記の個人識別機能に対する支障，自己喪失感などの負担は，ほぼ妻について生じているといえる。夫の氏を称することは夫婦となろうとする者双方の協議によるものであるが，96％もの多数が夫の氏を称することは，女性の社会的経済的な立場の弱さ，家庭生活における立場の弱さ，種々の事実上の圧力など様々な要因のもたらすところであるといえるのであって，夫の氏を称することが妻の意思に基づくものであるとしても，その意思決定の過程に現実の不平等と力関係が作用しているのである。そうすると，その点の配慮をしないまま夫婦同氏に例外を設けないことは，多くの場合妻となった者のみが個人の尊厳の基礎である個人識別機

473

◆ 第3部 ◆ 国際人権法の実施メカニズム

能を損ねられ，また，自己喪失感といった負担を負うこととなり，個人の尊厳と両性の本質的平等に立脚した制度とはいえない。

ウ　そして，氏を改めることにより生ずる上記のような個人識別機能への支障，自己喪失感などの負担が大きくなってきているため，現在では，夫婦となろうとする者のいずれかがこれらの不利益を受けることを避けるためにあえて法律上の婚姻をしないという選択をする者を生んでいる。…したがって，現時点においては，夫婦が称する氏を選択しなければならないことは，婚姻成立に不合理な要件を課したものとして婚姻の自由を制約するものである。

エ　…多数意見は，氏を改めることによって生ずる上記の不利益は婚姻前の氏の通称使用が広まることによって一定程度は緩和され得るとする。しかし，通称は便宜的なもので，使用の許否，許される範囲等が定まっているわけではなく，現在のところ公的な文書には使用できない場合があるという欠陥がある上，通称名と戸籍名との同一性という新たな問題を惹起することになる。そもそも通称使用は婚姻によって変動した氏では当該個人の同一性の識別に支障があることを示す証左なのである。既に婚姻をためらう事態が生じている現在において，上記の不利益が一定程度緩和されているからといって夫婦が別の氏を称することを全く認めないことに合理性が認められるものではない。

オ　以上のとおりであるから，本件規定は，昭和22年の民法改正後，社会の変化とともにその合理性は徐々に揺らぎ，少なくとも現時点においては，夫婦が別の氏を称することを認めないものである点において，個人の尊厳と両性の本質的平等の要請に照らして合理性を欠き，国会の立法裁量の範囲を超える状態に至っており，憲法24条に違反するものといわざるを得ない。」

山浦善樹裁判官反対意見

「私は，多数意見と異なり，本件規定は憲法24条に違反し，本件規定を改廃する立法措置をとらなかった立法不作為は国家賠償法１条の適用上違法の評価を受けるべきものであるから，原判決を破棄して損害額の算定のため本件を差し戻すのが相当と考える。以下においてその理由を述べる。

1　本件規定の憲法24条適合性

　本件規定の憲法24条適合性については，本件規定が同条に違反するものであるとする岡部裁判官の意見に同調する。

2　本件規定を改廃する立法措置をとらない立法不作為の違法について

(1)社会構造の変化

　岡部裁判官の意見にもあるように，戦後，女性の社会進出は顕著となり，婚姻前に稼働する女性が増加したばかりではなく，婚姻後に稼働する女性も増加した。晩婚化も進み，氏を改めることにより生ずる，婚姻前の氏を使用する中で形成されてきた他人から識別し特定される機能が阻害される不利益や，個人の信用，評価，名誉感情等にも影響が及ぶといった不利益は，極めて大きなものとなってきた。…

(2)国内における立法の動き

　このような社会構造の変化を受けて，我が国においても，これに対応するために本件規定の改正に向けた様々な検討がされた。

　その結果，上記の『婚姻制度等に関する民法改正要綱試案』及びこれを更に検討した上で平成８年に法制審議会が法務大臣に答申した『民法の一部を改正する法律案要綱』

第9章　国際人権法の国内的実施

においては，いわゆる選択的夫婦別氏制という本件規定の改正案が示された。．．．な
お，上記改正案自体は最終的に国会に提出されるには至らなかったものの，その後，同
様の民法改正案が国会に累次にわたって提出されてきており，また，国会においても，
選択的夫婦別氏制の採用についての質疑が繰り返されてきたものである。

　そして，上記の社会構造の変化は，平成8年以降，更に進んだとみられるにもかかわ
らず，現在においても，本件規定の改廃の措置はとられていない。

(3)海外の動き

　夫婦の氏についての法制度について，海外の動きに目を転じてみても，以下の点を指
摘することができる。

　前提とする婚姻及び家族に関する法制度が異なるものではあるが，世界の多くの国に
おいて，夫婦同氏の他に夫婦別氏が認められている。かつて我が国と同様に夫婦同氏制
を採っていたとされるドイツ，タイ，スイス等の多くの国々でも近時別氏制を導入して
おり，現時点において，例外を許さない夫婦同氏制を採っているのは，我が国以外にほ
とんど見当たらない。

　我が国が昭和60年に批准した『女子に対するあらゆる形態の差別の撤廃に関する条約』
に基づき設置された女子差別撤廃委員会からは，平成15年以降，繰り返し，我が国の民
法に夫婦の氏の選択に関する差別的な法規定が含まれていることについて懸念が表明さ
れ，その廃止が要請されるにまで至っている。

(4)まとめ

　以上を総合すれば，少なくとも，法制審議会が法務大臣に「民法の一部を改正する法
律案要綱」を答申した平成8年以降相当期間を経過した時点においては，本件規定が憲
法の規定に違反することが国会にとっても明白になっていたといえる。また，平成8年
には既に改正案が示されていたにもかかわらず，現在に至るまで，選択的夫婦別氏制等
を採用するなどの改廃の措置はとられていない。

　したがって，本件立法不作為は，現時点においては，憲法上保障され又は保護されて
いる権利利益を合理的な理由なく制約するものとして憲法の規定に違反することが明白
であるにもかかわらず国会が正当な理由なく長期にわたって改廃等の立法措置を怠って
いたものとして，国家賠償法1条1項の適用上違法の評価を受けるものである。そして，
本件立法不作為については，過失の存在も否定することはできない。このような本件立
法不作為の結果，上告人らは，精神的苦痛を被ったものというべきであるから，本件に
おいては，上記の違法な本件立法不作為を理由とする国家賠償請求を認容すべきである
と考える。」

◆　3　日本の人権条約批准とそれに伴う国内法の未整備
── 人種差別撤廃条約

　日本が人権条約を批准ないし加入した際に，それに伴う適切な国内法の整
備が全く行われなかった場合もある。その顕著な例は，1995年に人種差別撤廃
条約に加入した際に，国内実施のための立法措置が何ら取られなかったことで
ある。

475

◆第3部◆　国際人権法の実施メカニズム

　日本政府は加入の際，本条約の実施のためには現行法で十分であり，特段の
国内法整備は必要ないとの立場を取った。しかし本条約は，２条で人種差別の
撤廃に関する様々な義務を締約国に課した中で，１項(d)で，次の通り，「すべ
ての適当な方法（状況により必要とされるときは，立法を含む）により，**いかな
る個人，集団又は団体による人種差別をも禁止し，終了させる**」義務を課して
いる。

■ 人種差別撤廃条約

　2条1項　締約国は，人種差別を非難し，ま
た，あらゆる形態の人種差別を撤廃する政
策及びあらゆる人種間の理解を促進する政
策をすべての適当な方法により遅滞なく取
ることを約束する。このため，

……

(d)　各締約国は，すべての適当な方法（状
況により必要とされるときは，立法を含
む）により，いかなる個人，集団又は団
体による人種差別をも禁止し，終了させ
る。

　この２条１項(d)の義務のうち，人種差別を「終了させる」義務は，啓蒙的な
活動を含め差別をなくすための幅広い取組みを含意する義務であるといえる。
他方で，「禁止する」義務は，一歩進んで，社会生活において個人や集団，団
体が行ってはならない人種差別が具体的に示されるとともに，公的機関による
救済や加害者への何らかの制裁があることを求めるものと考えられる。また，
同条約は５条で，特に次の権利の平等な享受における無差別及び法律の前の平
等を保障することとした中で，先にみたように，「住居についての権利」や労
働・労働条件についての権利，「輸送機関，ホテル，飲食店，喫茶店，劇場，
公園等一般公衆の使用を目的とするあらゆる場所又はサービスを利用する権
利」等も含めているが，**私人や私的団体がサービス提供者であることも多いこ
れらの権利の平等な享受を日常の社会生活において保障することは，どのよう
な行為が人種差別となり違法となるかを具体的に規定した法律がなければ困難**
であろう。日本法では，電気事業法（19条２項４号）や旅館業法（５条）等の
事業法に，一定の事由がある場合以外の商品・サービス・施設等の提供拒否を
禁じたものがあるが，住宅への入居差別，飲食店や喫茶店等による入店差別等
については法律上何ら規定がない。また，労働分野では，労働基準法は４条で
「使用者は，労働者の国籍，信条又は社会的身分を理由として，賃金，労働時
間その他の労働条件について，差別的取扱をしてはならない」と定めるが，そ
こでの差別禁止事由は，人種差別撤廃条約１条にいう人種差別を適切にカバー
したものにはなっていない。前章でみたように，自由権規約においても同規約
委員会は，とりわけ，法律があらゆる差別を禁止することとした26条は，あら

ゆる分野における公的及び私的主体からの差別に対して積極的措置を取ること
を要求し，雇用，教育，住居・財・サービスの供給等の分野で法律が差別を法
律で禁止することを要請するとしている。

これまで，入店拒否等の私的人種差別を受けた被害者が，民法の不法行為規
定によって相手方を訴えた事案において，裁判所が人種差別撤廃条約の趣旨に
も鑑みて不法行為の成立を認め，損害賠償を命じた事案はいくつかある（人権
条約の「間接適用」の例として後述）。そのような司法的救済は被害者にとって
重要な権利救済となるし，条約が6条で，人種差別の結果被った損害に対する
「公正かつ適正な賠償又は救済」を裁判所等に求める権利を保障していること
からしても適切である。他方で，このような司法的救済には，時間や費用の点
を措いても，人種差別撤廃条約の上述の諸規定の実施という観点からはいくつ
かの限界がある。それは第1に，不法行為にあたる差別行為があったことを原
告側が立証しなければならないという，事実の立証自体の難しさ（被告側，例
えば入居差別をした家主らは往々にして，相手が外国人ないし外国人風の容貌だか
ら拒否したわけではなく，ペットを飼いたいと言ったからである等，他の理由を挙
げて事実を争う）であり，結果的に導かれる救済事案の希少性と，そのために
被害者の多くは泣き寝入りしているという実態である。そして第2に，より根
本的には，仮に勝訴しても，個別の事案において不法行為という民法の一般規
定を解釈・適用したものでしかない以上，社会生活におけるどのような局面で
どのような行為を行うことが人種差別にあたるかについて規範意識を広め，
もって同様の差別行為の発生を防止するという効果は薄いことである。禁じら
れる差別が法律上の明文で定められ，個人や団体にとって明確な行為規範とな
るのと比べ，ある事案における差別を不法行為と認めた判決が出たというだけ
では，社会において人種差別を「禁止する」意味合いはあまりにも薄い。第3
に，このような訴訟での救済は金銭賠償のみであって，差別の禁止について広
く社会に知らしめ根付かせるための人権教育を含め，同様の事案の発生を防止
していくための抜本的な取組みにはつながりにくいことも挙げられよう。

このように考えると，**人種差別を「禁止」する義務は，社会生活の様々な局
面において禁じられる人種差別行為を具体的に明記し，その違反に対しては被
害者が公的機関に対して救済を申し立てることができるとともに，加害者に少
なくとも損害賠償等の民事上の制裁を課しうる法律がなければ，実効的に実施
されているとは言い難い。**上記の人種差別撤廃条約2条1項(d)は，立法措置を

◆ 第3部 ◆ 国際人権法の実施メカニズム

講ずることが「状況により必要とされる」かどうかについて締約国に一定の判断の余地を認めてはいる。しかし，私的人種差別が，散発的なものではなく相当の規模をもって継続的に発生している場合には，その「必要」があると考えられるところ，日本では，外国人ないし外国人風の容貌の人や外国籍の人に対する入店拒否，入居拒否等が例年，各地において相当規模で発生していることからすれば，人種差別を禁止する立法措置を取ることを必要とする立法事実が存在すると考えられる[230]。

　この点，前述した二元的体制の国をみれば，人種差別撤廃条約の批准に伴い主要国はいずれも**人種差別を禁止する法律**（イギリスの1965年人種関係法及びこれを改正した1968年・1976年の人種関係法，オーストラリアの1975年人種差別法等。カナダのように，人種のみならず様々な差別禁止事由を定めた包括的な人権法を制定している国もある。イギリスも2010年，種々の差別禁止事由を包括的に規定した平等法を制定した）を制定して対処している。例えば，オーストラリアの1975年人種差別法は，「人権又は基本的自由」の平等な享有を否定する意図又は効果を伴って「人種，皮膚の色，世系，民族的もしくは種族的出身を理由として区別，排除，制限もしくは優先を行うすべての行為」を人種差別と定め（9条2項），「人権又は基本的自由」には人種差別撤廃条約5条の規定する諸権利が含まれるとする（9条(A)）とともに，「効果」を明記することで直接差別のみならず間接差別も禁止している。なおかつ，これらの国は，こうした差別禁止法に反する差別の申立について，人権委員会等の**国内人権機関**が，通常の司法的救済よりも簡便で迅速な形でこれを受理し処理する権限を認めている[231]。こうした体制を整えている国では，人種差別撤廃条約のように私人間の差別撤廃のための措置が義務づけられている条約の国内実施は，日本に比べてはるかに実効的に行われているといわざるを得ない。条約の国内的受入れについては，条約に国内的効力を認める日本のような「自動的受容」体制の方が国内実施の観点からもスムーズで実効的であるかのように思われがちであるが，実態は必ずしもそうではないことに注意しなければならない（自動的受容体制を取る国では，裁判事案では裁判官が関連する条約規範に直接・間接に依拠することが期待さ

---

(230) 村上正直『人種差別撤廃条約と日本』（日本評論社，2005年）71, 223〜231頁。

(231) イギリスの人種平等委員会，オーストラリアの人権及び機会均等委員会，カナダの人権委員会，ニュージーランドの人権委員会等。最近の法改正の状況を除き，これらの国を含む諸外国の差別禁止法と国内人権機関の概要については NMP 研究会・山崎公士編著『国内人権機関の国際比較』（現代人文社，2001年）を参照。

◆ 第9章　国際人権法の国内的実施

れているのに反して，裁判官が人権条約の規範を参照しない姿勢が強い場合には，人権条約の実効的な国内実施の観点からみて，自動的受容体制のメリットは一層見えにくくなる）。人種差別撤廃委員会はこれまでの日本政府報告書審査後の総括所見において，繰り返し，条約1条の定義する人種差別を禁止する差別禁止法を制定するよう勧告している。

■ 人種差別撤廃委員会第4回（第3次～第6次）日本政府報告書審査「総括所見」(2010年)
9．委員会は，国の差別禁止法は不要であるという当事国の見解を注記し，結果として個人又は集団が差別に対する法的救済を求められないことを懸念している。委員会は，以

前の総括所見に含まれている勧告を繰り返し……，当事国が，条約1条に従い，直接的及び間接的な人種差別を違法とする具体的な立法を採択し，かつ，条約で保護されているすべての権利をカバーすることを強く要請する（urges）。

　さらに，人種差別撤廃条約の国内実施のための国内法整備に関してもう一つの重要な論点となるのは，人種差別を扇動する行為やそのような団体への参加を刑法上の犯罪とすることを求めた4条の規定をめぐるものである。4条は，締約国は人種的優越の思想や理論の宣伝又は人種的憎悪・人種差別の宣伝を非難し，そのような差別の扇動を根絶するための迅速かつ積極的な措置を取ることとし，特に次の(a)(b)(c)のことを行うとしている。それは，(a)「人種的優越又は憎悪に基づく思想のあらゆる流布」，「人種差別の扇動」，いかなる人種，皮膚の色もしくは種族的出身を異にする人の集団に対するものであるかを問わず「すべての暴力行為又はその行為の扇動」及び「人種主義に基づく活動に対する資金援助を含むいかなる援助の提供」も，「法律で処罰すべき犯罪であることを宣言すること」，(b)「人種差別を助長し及び扇動する団体及び組織的宣伝活動その他のすべての宣伝活動」を「違法であるとして禁止する」ものとし，このような団体又は活動への参加が「法律で処罰すべき犯罪であることを認めること」，(c)「国又は地方の公の当局又は機関が人種差別を助長し又は扇動すること」を「認めない」ことである。人種的憎悪を扇動する，人種差別扇動（ヘイトスピーチ）(232)，及び，人種的憎悪・人種差別に基づく**憎悪犯罪（ヘイトクライム）**の規制に関する条文である。

■ 人種差別撤廃条約
4条　締約国は，一の人種の優越性若しくは一の皮膚の色若しくは種族的出身の人の集団の優越性の思想若しくは理論に基づくあらゆる宣伝及び団体又は人種的憎悪及び人

種差別（形態のいかんを問わない。）を正当化し若しくは助長することを企てるあらゆる宣伝及び団体を非難し，また，このような差別のあらゆる扇動又は行為を根絶することを目的とする迅速かつ積極的な措置

479

◆ 第3部 ◆　国際人権法の実施メカニズム

をとることを約束する。このため，締約国は，世界人権宣言に具現された原則及び次条に明示的に定める権利に十分な考慮を払って，特に次のことを行う。

(a)　人種的優越又は憎悪に基づく思想のあらゆる流布，人種差別の扇動，いかなる人種若しくは皮膚の色若しくは種族的出身を異にする人の集団に対するものであるかを問わずすべての暴力行為又はその行為の扇動及び人種主義に基づく活動に対する資金援助を含むいかなる援助の提

供も，法律で処罰すべき犯罪であることを宣言すること。

(b)　人種差別を助長し及び扇動する団体及び組織的宣伝活動その他のすべての宣伝活動を違法であるとして禁止するものとし，このような団体又は活動への参加が法律で処罰すべき犯罪であることを認めること。

(c)　国又は地方の公の当局又は機関が人種差別を助長し又は扇動することを認めないこと。

　上述の通り，日本は本条のうち(a)・(b)について，憲法上の表現の自由や結社の自由等と両立する範囲でこれを実施するという留保を付して対応しており，この対応は妥当であると一般に考えられている。しかし，この留保は，4条(a)・(b)を全く履行しないという趣旨ではないはずであるところ，これらの規定を国内でどのように実施していくべきかという議論は，これまで全くと言っていいほどなされてこなかった（なお，日本は本条の(c)には留保を付していないが，石原前都知事による度重なる人種差別発言がそのまま放置されていたように，日本は本項に関しても特に措置を取っていない）。また，自由権規約には，戦争宣伝を法律で禁止することとした20条1項，並びに，「差別，敵意又は暴力の扇動となる国民的，人種的又は宗教的憎悪の唱道」を法律で禁止することとした20条1項の規定があり，日本はこれらには留保を付していないが，この自由権規約20条に基づいてヘイトスピーチを規制する立法措置も，何ら取られてこなかった。

　しかるに，日本では昨今，在日韓国・朝鮮人をはじめとするマイノリティの人々を標的として，「殺せ」「日本からたたき出せ」といった怒号を拡声器で叫び公道を練り歩くような街宣活動が，排外主義団体によって全国各地で行われている。中には，人種差別を扇動する街宣活動にとどまらず，それらのマイノリティの人々や，彼ら彼女らを支援する人々に対する暴力行為に及んでいる場

---

(232)　なお，「ヘイトスピーチ」と一般に言う場合は，例えば同性愛者や他宗教の信者に対するヘイトスピーチ等，様々なものがありうる。自由権規約19条2項は「国民的，人種的又は宗教的憎悪の唱道」を法律で禁止することとしているが，自由権規約委員会は日本に対する総括所見で，「ヘイトスピーチと人種差別」と題して人種主義（racism）や人種主義的言辞（racist discourse）の問題を取り上げている。また，人種差別撤廃条約4条(a)・(b)は，上述の通り，人種的優越や憎悪に基づく思想の流布，人種差別の扇動，人種や種族的出身の異なる人の集団に対する暴力行為の扇動などを法律で処罰すべき犯罪とすることとしており，人種差別撤廃委員会は一般的意見や総括所見でこうした「人種主義的ヘイトスピーチ（racist hate speech）」への対処を求めている。本書では，このような条約規定と日本の状況をふまえ，人種的憎悪を流布し，又は人種差別やそれに基づく暴力行為を扇動する言論の意で「ヘイトスピーチ」の語を用いている。

480

◈ 第9章　国際人権法の国内的実施

合もある。さらに，こうした団体は，これらの行為を自ら撮影してインターネットに投稿し，人種差別思想をさらに社会に拡散・浸透させるための手段としている。人種差別撤廃条約4条(a)及び(b)の規定が規制すべき対象としていると考えられるこれらの行為について，日本では果たしてどのように対処してきたのだろうか。以下では，同条約の国内実施のための法整備がなされていない状況において（2016年5月に成立した，ヘイトスピーチ解消に関する法律について後述），現行法でどこまでこれらの行為に対処し得ているか，民事及び刑事の主な裁判例をみてみよう。

　排外主義団体の会員が2011年，奈良の水平社博物館（部落解放運動の歴史を展示している）前の路上でマイクを用いて「穢多博物館」「非人博物館」「出てこい，穢多ども」といった演説をし，またその動画をインターネットに投稿した事件で，奈良地裁は原告（公益財団法人及び同理事）に対する名誉毀損として，不法行為による損害賠償を認めた[233]。裁判所は，言動の内容や時期・場所・方法などに照らし名誉毀損の程度が著しいことからすれば不法行為による有形・無形損害は相当大きいとして，150万円の損害賠償を命じている。

　2009年に発生した京都朝鮮学校事件では，排外主義団体会員の行為が刑事訴訟と民事訴訟の双方で争われた。事案の概要は以下の通りである。同年12月，11名の会員が京都朝鮮第一初級学校（小学校。現在は他校と統合し移転）の門前で約1時間にわたり，子どもたちがいる学校に向けてメガホンで「ここは北朝鮮のスパイ養成機関」「犯罪朝鮮人」「ろくでなしの朝鮮学校を日本から叩き出せ」「約束というのはね，人間同士がするもんなんですよ。人間と朝鮮人では約束は成立しません」「朝鮮ヤクザ！なめとったらあかんぞ」といった怒号を挙げ，隣接する公園（校庭がない同学校が，地元・京都市との合意に基づいて使っていた）に置いていたサッカーゴールを倒し，朝礼台を校門前に移動させて門扉に打ち立て，スピーカーの配線コードを切断した。学校は彼らを刑事告訴したが，翌年1月と3月にも同様の街宣活動が繰り広げられ，また彼らがこれらの模様を撮影した動画がインターネット上で公開された。

　この事件では4名が逮捕・起訴されたが，本件でヘイトスピーチについて用いられた罪状は侮辱罪であった。名誉毀損罪の場合は法定刑が3年以下の懲役もしくは禁固又は50万円以下の罰金であるのに対し，侮辱罪のそれは拘留又は

---

(233)　奈良地判2012（平成24）年6月25日 LEX/DB25482112。

481

◆ 第3部 ◆ 国際人権法の実施メカニズム

科料であって罪刑は非常に軽い。しかしいずれにしても，双方とも保護対象は人の個人的法益であって，そもそも，「朝鮮人」のような民族集団に属する人々を攻撃する言論をそれ自体処罰対象とした規定は現行刑法には存在しない（本件では学校法人が被害者とされた）。本件では，器物損壊罪と威力業務妨害罪が成立したため，結果的に執行猶予付懲役刑が科された[234]が，ヘイトスピーチそのものに対する規制の面で日本の刑法に欠缺があることは明らかである[235]。

他方，学校法人が提起した民事訴訟の第一審で，京都地裁は2013年，本件活動に伴う業務妨害と名誉毀損は人種差別撤廃条約にいう人種差別に該当し不法行為に当たるとして，合計1,200万円余りの損害賠償と新たな街宣活動の差止めを命ずる判決を下した。

裁判所は本件で，「人種差別撤廃条約下での裁判所の判断について」と題して，私人間の人種差別に関する訴訟で人種差別撤廃条約がどのように影響するかを検討した中で，同条約は私人による人種差別を禁止し終了させるよう締約国に求め（2条1項）また裁判所を通して人種差別への効果的な保護及び救済措置を確保するよう求めている（6条）ことから，締約国の裁判所は「人種差別撤廃条約上，法律を同条約の定めに適合するように解釈する責務を負う」と明確に判示した。その上で，本件における業務妨害と名誉毀損は，在日朝鮮人に対する差別意識を世間に訴える意図の下，差別的発言を織り交ぜてされたものであり，在日朝鮮人という民族的出身に基づく排除であって，平等の立場での人権及び基本的自由の享有を妨げる目的を有するものといえるから，人種差別撤廃条約1条1項所定の人種差別に該当し，不法行為を構成するとして，同条約1条1項における「人種差別」の定義に則って本件示威行為を人種差別と認めた。さらに，本判決の重要な点は，「名誉毀損等の不法行為が同時に人種差別にも該当する場合，あるいは不法行為が人種差別を動機としている場合も，人種差別撤廃条約が民事法の解釈適用に直接的に影響し，無形損害の認定を加重させる要因となる」として，人種差別的不法行為，ないし人種差別を動機とする不法行為の場合には，損害賠償の認定においても，人種差別撤廃条約が民事法の解釈適用に影響するとしたことである。裁判所は，**人種差別に対する損**

---

[234]　京都地判2011（平23）年4月21日 LEX/DB25502689。被告人4名中3名については判決が確定し，1名は控訴したが同年10月28日の大阪高裁判決で控訴が棄却されている。

[235]　本件評釈として，前田朗「団体構成員らが学校や労組事務所に押し掛けて侮辱的言辞を呼号し喧騒を引き起こすなどしたことが威力業務妨害，侮辱等にあたるとされた事例」『新・判例解説Watch』10号，2012年，311頁。

482

第9章　国際人権法の国内的実施

害賠償額の決定にあたっては，同条約2条1項及び6条により「人種差別行為
に対する効果的な保護及び救済措置となるような額を定めなければならない」
とし，損害賠償額の認定においても条約適合的な解釈を行うことが要請される
とした。

　人種差別撤廃委員会は6条に関する一般的意見26で，人種差別の被害に対し
ては有形・無形損害への金銭賠償も考慮されるべきであるとしており[236]，本
判決は，入店差別を不法行為と認めた裁判例（本書第9章II 7参照）と比べて
もこの点について踏み込んだ判断を示した点で意義がある。なおこの点判決は，
委員会による報告書審議の際に政府が「レイシズムの事件においては，裁判官
がしばしばその悪意の観点から参照し，それが量刑の重さに反映される」と答
弁しており，刑事事件では犯罪の動機が人種差別であることが量刑加重要因に
なるとされていることに言及しているが，実際には，人種差別的動機による犯
罪（ヘイトクライム）であっても，それが量刑に反映されているとは言い難い[237]。
その意味でも本判決は，ヘイトスピーチに対する現行法上の民事的救済の可能
性を指し示すものであった。

● **CASE** ●「街頭宣伝差止め等請求事件」［京都朝鮮学校事件第一審判決］京都地判2013
（平成25）年10月7日判時2208号74頁
「本件活動による業務妨害及び名誉毀損が人種差別撤廃条約上の人種差別に該当すること
(1)活動の意図
ア　本件活動における被告らの発言を含め，前記認定の本件の事実経過全体を総合すれ
　ば，被告…は，かねてから，在日朝鮮人が…日本社会に害悪をもたらす存在であるとの
　認識を持ち，在日朝鮮人を嫌悪し，在日朝鮮人を日本人より劣位に置くべきである，あ
　るいは，在日朝鮮人など日本社会からいなくなればよいと考えていたこと，つまり，在
　日朝鮮人に対する差別意識を有していたものと認められる。
　…被告らは，示威活動〈1〉において，本件公園の違法な占用状態を（行政を通じてで
　はなく，いわば私人による自力救済として）解消する意図で活動したかのように装って
　いる。しかし，それが表面的な装いにすぎないことは，その映像自体から容易にうかが
　い知れるし，被告…が，京都市の担当者から…サッカーゴール等の物件が自発的に撤去
　される予定であると聞いていたのに，『朝鮮人を糾弾する格好のネタを見つけた』と考

---

(236)　General recommendation XXVI on article 6 of the Convention, A/55/18, para.2.

(237)　例えば，1997年，日本人の少年グループによる集団暴行を受けて死亡した日系ブラジル人エ
　ルクラノ君の事件では，被害者は加害者と面識はなく，「ブラジル人」を狙った犯行に巻き込ま
　れたものだったが（西野瑠美子『エルクラノはなぜ殺されたのか』明石書店，1999年参照），犯
　行が外国人に対する偏見によるものだったという検察側主張は判決（主犯格の元少年につき傷害
　致死などによる懲役5年の実刑判決，名古屋地判1998（平成10）年10月27日）に反映されていな
　い。

483

え，自分たちの活動を世間に訴える目的で示威活動〈1〉を敢行したことからも明らかである。示威活動〈1〉を発端としてなされた本件活動が，全体として在日朝鮮人に対する差別意識を世間に訴える意図の下に行われたことは，前記認定の事実経過に照らして，明らかである。」

「(2)差別的発言

ア　被告らは，示威活動〈1〉において，朝鮮総連関係者を『朝鮮ヤクザ』と罵り，朝鮮学校について『日本からたたき出せ』『ぶっ壊せ』と言い，在日朝鮮人全般について『端のほう歩いとったらええんや』『キムチ臭いで』とあざけり，さらに，『約束というのはね，人間同士がするもんなんですよ。人間と朝鮮人では約束は成立しません』などと在日朝鮮人が人間ではないかのように説明している。…

エ　さらに，…上記…の発言以外にも，被告…によって…『ゴミはゴミ箱に，朝鮮人は朝鮮半島にとっとと帰れー』『朝鮮人を保健所で処分しろー』…等の在日朝鮮人一般に対する差別的な発言や，『ぶち殺せー』といった過激な大声での唱和が行われた事実が認められる。

オ　上記アないしエの発言は，いずれも下品かつ侮蔑的であるが，それだけでなく在日朝鮮人が日本社会において日本人や他の外国人と平等の立場で生活することを妨害しようとする発言であり，在日朝鮮人に対する差別的発言といって差し支えない。

(3)以上でみたように，本件活動に伴う業務妨害と名誉毀損は，いずれも，在日朝鮮人に対する差別意識を世間に訴える意図の下，在日朝鮮人に対する差別的発言を織り交ぜてされたものであり，在日朝鮮人という民族的出身に基づく排除であって，在日朝鮮人の平等の立場での人権及び基本的自由の享有を妨げる目的を有するものといえるから，全体として人種差別撤廃条約1条1項所定の人種差別に該当するものというほかない。」

「無形損害を金銭評価するに際しては，被害の深刻さや侵害行為の違法性の大きさが考慮される。

　…甲第155号証によれば，日本政府は，昭和63年，人種差別撤廃条約に基づき設立された国連の人種差別撤廃委員会において，日本の刑事法廷が『人種的動機（racial motivation）』を考慮しないのかとの質問に対し，『レイシズムの事件においては，裁判官がしばしばその悪意の観点から参照し，それが量刑の重さに反映される』と答弁したこと，これを受けて人種差別撤廃委員会は，日本政府に対し『憎悪的及びレイシズム的表明に対処する追加的な措置，とりわけ…関連する憲法，民法，刑法の規定を効果的に実施することを確保すること』を求めた事実が認められる。すなわち，刑事事件の量刑の場面では，犯罪の動機が人種差別にあったことは量刑を加重させる要因となるのであって，人種差別撤廃条約が法の解釈適用に直接的に影響することは当然のこととして承認されている。同様に，名誉毀損等の不法行為が同時に人種差別にも該当する場合，あるいは不法行為が人種差別を動機としている場合も，人種差別撤廃条約が民事法の解釈適用に直接的に影響し，無形損害の認定を加重させる要因となることを否定することはできない。また，前記のとおり，原告に対する業務妨害や名誉毀損が人種差別として行われた本件の場合，わが国の裁判所に対し，人種差別撤廃条約2条1項及び6条から，同条約の定めに適合する法の解釈適用が義務付けられる結果，裁判所が行う無形損害の金銭評価についても高額なものとならざるを得ない。」

◆ 第9章　国際人権法の国内的実施

この事件の控訴審で大阪高裁は，不法行為の判断基準として，憲法と並んで人種差別撤廃条約を用いる手法をとり，同条約を単独で用いた第一審判決の判断手法を差し替えつつも，同条約の趣旨は不法行為の悪質性を基礎付けることになるとして，以下のように判示した。また，京都朝鮮学校が，その人格的利益の内容として，学校法人としての存在意義，適格性等の人格的価値について社会から受ける客観的評価である名誉を保持し，教育業務として在日朝鮮人の民族教育を行う利益を有している一方，本件活動は，教育業務を妨害し，学校法人としての名誉を著しく損なうものであって，憲法13条にいう「公共の福祉」に反する表現の自由の濫用であって，法的保護に値しないと断じた。そして結果的に，学校の被った無形損害の評価として，第一審判決の認定した損害賠償額を維持した（同年12月9日に最高裁で上告棄却及び上告不受理，確定）。

● **CASE**　「街頭宣伝差止め等請求控訴事件」［京都朝鮮学校事件控訴審判決］大阪高判2014（平成26）年7月8日判時2232号34頁

「人種差別撤廃条約は，国法の一形式として国内法的効力を有するとしても，その規定内容に照らしてみれば，国家の国際責任を規定するとともに，憲法13条，14条1項と同様，公権力と個人との関係を規律するものである。」「したがって，…私人間において一定の集団に属する者の全体に対する人種差別的な発言が行われた場合には，上記発言が，憲法13条，14条1項や人種差別撤廃条約の趣旨に照らし，合理的理由を欠き，社会的に許容し得る範囲を超えて，他人の法的利益を侵害すると認められるときは，民法709条にいう『他人の権利又は法律上保護される利益を侵害した』との要件を満たすと解すべきであり，これによって生じた損害を加害者に賠償させることを通じて，人種差別を撤廃すべきものとする人種差別撤廃条約の趣旨を私人間においても実現すべきものである。」「上記のとおり人種差別を撤廃すべきものとする人種差別撤廃条約の趣旨は，当該行為の悪質性を基礎付けることになり，理不尽，不条理な不法行為による被害感情，精神的苦痛などの無形損害の大きさという観点から当然に考慮されるべきである。」

「控訴人らは，本件示威活動における発言のうち，日本国籍を持たない外国人について日本国籍を持つ日本人と区別して扱うことを内容とするものは，人種差別撤廃条約1条1項所定の『人種差別』には国籍による区別は含まれないので，原則として『人種差別』ではなく，外国人政策ないし移民政策に関する政治的意見である旨主張する。しかし，本件示威活動における発言は，その内容に照らして，専ら在日朝鮮人を我が国から排除し，日本人や他の外国人と平等の立場で人権及び基本的自由を享有することを妨害しようとするものであって，日本国籍の有無による区別ではなく，民族的出身に基づく区別又は排除であり，人種差別撤廃条約1条1項にいう『人種差別』に該当するといわなければならない。」

「控訴人らは，本件活動は，仮に差別的な目的を併有していたとしても，朝鮮学校による公園の不法占拠を糾弾し，その継続を阻止して周辺地域の法秩序を回復するという目

485

◆ 第3部 ◆ 国際人権法の実施メカニズム

的に基づくものであり，…主として公益を図る目的であった旨主張する。しかし，…本件発言の内容は，本件公園の不法占拠を糾弾するだけでなく，在日朝鮮人を劣悪な存在であるとして嫌悪・蔑視し，日本社会で在日朝鮮人が日本人その他の外国人と共存することを否定するものであって，本件発言の主眼は，本件公園の不法占拠を糾弾することではなく，在日朝鮮人を嫌悪・蔑視してその人格を否定し，在日朝鮮人に対する差別意識を世間に訴え，我が国の社会から在日朝鮮人を排斥すべきであるとの見解を声高に主張することにあったというべきであり，主として公益を図る目的であったということはできない。」

「控訴人らは，『朝鮮ヤクザ』『日本からたたき出せ』『ぶっ壊せ』『端のほう歩いとったらええんや』『キムチ臭いで』『約束というのはね，人間同士がするもんなんですよ。人間と朝鮮人では約束は成立しません』などとし（示威活動〔1〕），『日本から叩き出せ』『解体しろ』『不逞な朝鮮人を日本から叩き出せ』『保健所で処分しろ，犬の方が賢い』とし（示威活動〔2〕），『卑劣，凶悪』『ゴキブリ，ウジ虫，朝鮮半島へ帰れ』などと発言した（示威活動〔3〕）。これらは在日朝鮮人を嫌悪・蔑視するものであって，その内容は下品かつ低俗というほかはない。しかも，その態様は，多人数で，多数の児童らが在校する日中に，いきなり押しかけて拡声器を用いて怒号して威嚇し（示威活動〔1〕），街宣車と拡声器を使用して声高に叫んで気勢を挙げ，広範囲の場所にいる不特定多数の者らに聴取させた（示威活動〔2〕，〔3〕）というものである。これによれば，控訴人らが，在日朝鮮人及び被控訴人の人格を否定し，在日朝鮮人に対する差別の正当性を世に訴え，我が国の社会から在日朝鮮人を排斥すべきであるとの見解を公開の場所で主張したことが明らかである。しかも，合計3度にわたる執拗な行動である上に，示威活動〔3〕は，本件仮処分決定を無視して実行されたという点においても強い違法性が認められる。さらには，本件示威活動の様子を撮影した映像を，控訴人在特会及び主権会の立場からタイトル等を付した上で，インターネット上の動画サイトに投稿して公開し（本件映像公開），不特定多数の者による閲覧可能な状態に置いたことは，その映像を広く拡散させて被害を増大させたというだけでなく，映像の流布先で保存されることによって今後も被害が再生産されることを可能としている。以上の事情を総合するならば，本件活動は，その全体を通じ，在日朝鮮人及びその子弟を教育対象とする被控訴人に対する社会的な偏見や差別意識を助長し増幅させる悪質な行為であることは明らかである。」

「被控訴人が本件活動により被った無形損害を金銭評価するに当たっては，被控訴人が受けた被害の内容・程度，被控訴人の社会的地位，侵害行為である本件活動の内容・態様その他の諸般の事情を勘案しなければならない。」

「被控訴人は，昭和28年に認可された学校法人であり，朝鮮人教育や一般文化啓蒙事業を行うことを目的とし，本件学校等を設置・運営して在日朝鮮人の民族教育を行っていたこと，本件学校を含む朝鮮学校は，全国に約120校，生徒数は約1万2000人を数え，民族教育を軸に据えた学校教育を実施する場として社会的評価が形成されていること（甲152，153，191），被控訴人は，本件活動により，学校法人としての存在意義，適格性等の人格的利益について社会から受ける客観的評価を低下させられたこと，本件学校の教職員等の関係者が受けた心労や負担も大きかったこと，本件活動により，本件学校における教育業務を妨害され，本件学校の教育環境が損なわれただけでなく，我が国で在日朝鮮人の民族教育を行う社会環境も損なわれたことなどを指摘することができる。」

486

> 「被控訴人は，控訴人らの上記行為によって民族教育事業の運営に重大な支障を来しただけでなく，被控訴人は理不尽な憎悪表現にさらされたもので，その結果，業務が妨害され，社会的評価が低下させられ，人格的利益に多大の打撃を受けており，今後もその被害が拡散，再生産される可能性があるというべきである。また，事件当時，本件学校には134名の児童・園児が在籍していたが，各児童・園児には当然のことながら何らの落ち度がないにもかかわらず，その民族的出自の故だけで，控訴人らの侮蔑的，卑俗的な攻撃にさらされたものであって（児童らが不在であった場合であっても，事件の状況を認識し，又は認識するであろうことは容易に推認できる。），人種差別という不条理な行為によって被った精神的被害の程度は多大であったと認められ，被控訴人は，それら在校生たちの苦痛の緩和のために多くの努力を払わなければならない。」
>
> 「被控訴人は，その人格的利益の内容として，学校法人としての存在意義，適格性等の人格的価値について社会から受ける客観的評価である名誉を保持し，本件学校における教育業務として在日朝鮮人の民族教育を行う利益を有するものということができる。一方，本件活動は，被控訴人の本件学校における教育業務を妨害し，被控訴人の学校法人としての名誉を著しく損なうものであって，憲法13条にいう『公共の福祉』に反しており，表現の自由の濫用であって，法的保護に値しないといわざるを得ない。」

　しかし，京都の事件では民事でこうして重要な判決が出されたとはいえ，不法行為による訴訟もやはり，不特定多数の人々からなる人種集団やそれに属する人々への差別発言をそれ自体不法行為とみなすことは困難である点で，ヘイトスピーチへの対処には自ずと限界がある。加えて，ヘイトスピーチの被害者にとって，不法行為という一般規定による民事訴訟は，被害者に多大な負担を与え，救済措置としては相当に使い勝手の悪いものであることも看過できない（京都朝鮮学校事件でも，原告になるべき本来の被害者は子どもたちであったところ，相手に子どもの個人情報を渡すことはできず学校法人を原告とせざるを得なかったこと，法廷で被告側が繰り返すヘイトスピーチによって被害者が再度多大な苦痛を受けたことなどが指摘されている）[238]。

　日本でも，人種差別を具体的に禁止する差別禁止法を制定することが望ましいことについては前述したが，併せて是非とも求められるのは，国内人権機関の設置である。本書でも後述するが，国内人権機関とは，国が国家機関として設置するものであって，政府から独立した立場で人権基準の遵守促進のために活動する機関の総称である。これらの国内人権機関は，人権に関する調査・研究や人権教育プログラム開発などに加え，差別禁止法（個別分野の差別禁止

---

[238]　中村一成「ヘイト・スピーチとその被害」金尚均編『ヘイト・スピーチの法的研究』法律文化社，2014年，49～50頁。

◆ 第3部 ◆ 国際人権法の実施メカニズム

がある場合と，人権法のような包括的な法律がある場合に大別される）に違反する人権侵害の申立を受理する権限を与えられていることが多いが，**国によっては，ヘイトスピーチ被害についても国内人権機関の管轄事項としているものがある（オーストラリアの例）**[239]。日本が国内人権機関を設置する際には，諸外国の取組みを参考にし，そこから示唆を得ながら，ヘイトスピーチに対して一定の対応を図ることも考えられる。

　加えて，**ヘイトスピーチの中でも悪質なものについては，刑事処罰を検討する必要がある。看過されてはならないことは，民族集団の殺害を公然と扇動するような悪質なヘイトスピーチは，集団殺害（ジェノサイド）罪の扇動として，国際刑事法上も処罰対象となっているということである**。日本も加入している国際刑事裁判所（ICC）規程は25条3項(e)で，同6条で定める集団殺害罪につき，「他の者に対して集団殺害の実行を直接にかつ公然と扇動すること」による刑事責任を明記している。日本は同規程締約国として，本来，本項を含む犯罪行為について，自国の刑事裁判権を行使できるよう（ICCの管轄権は補完的なものである。1条），国内法を整備しなければならないのである。ルワンダ紛争時の国際犯罪を裁くため設置されたルワンダ国際刑事法廷も，ICC規程と同様に，「集団殺害の実行を直接にかつ公然と扇動すること」を管轄犯罪に含めている（規程2条3項(c)）。ルワンダ紛争では，新聞やラジオが繰り返し流した「ツチはゴキブリだ」「殺される前に殺せ，立ち上がれ」といったヘイトスピー

---

(239)　オーストラリアは，差別禁止法と国内人権機関による民事的なヘイトスピーチ規制の手法を取っている国である。同国は1975年に人種差別撤廃条約を批准し，その国内実施法として人種差別禁止法（Racial Discrimination Act 1975）を制定した。1980年代後半以降，アジア人やユダヤ人を標的とした暴力や脅迫に対して州レベルでヘイトスピーチに対処する法律が制定されるようになったこと，また拘置所におけるアボリジニの変死事件が政府による調査対象となったことなどを背景として，連邦レベルでヘイトスピーチを規制する必要性が認識され，1995年の人種差別禁止法改正に至った（ステファニー・クープ「オーストラリアにおける人種に基づく中傷の禁止と表現の自由―イートックV．ボルト事件を中心に」大阪経済法科大学アジア太平洋研究センター『アジア太平洋レビュー』10号，2013年，3～4頁）。改正法は，「Part ⅡA―人種的憎悪に基づく不快感を与える行為の禁止」として，人種，皮膚の色，国民的・種族的出身を理由に，個人又は集団に不快感を与え，侮辱し，屈辱を与え，又は脅迫する行為を違法とする（18条C。18条Dは適用除外について規定し，(a)芸術的なパフォーマンス又は芸術作品の提示もしくは配布，(b)学術的，芸術的もしくは科学的な目的，又は公衆の利益となるその他の真の目的をもって行われる発言，出版，議論もしくは討論，(c)公益に関するあらゆる出来事もしくは問題についての公正かつ正確な報告又は公正なコメントを18条Cの適用範囲から除外する）。被害を受けた者は，オーストラリア人権委員会（Australian Human Rights Commission）に申立をすることができる。同委員会は調停によるインフォーマルな解決を試み，これによって解決されない場合には，被害者は連邦裁判所に提訴することができる。

488

チが実際にツチの大虐殺を助長したことが知られているが，ルワンダ国際刑事法廷は，これらの新聞社やラジオ局の責任者に対して，集団殺害を直接かつ公然と扇動した罪で有罪を認定している[240]。

　人種差別撤廃条約は4条で上記のような規定をおいているが，同条約の批准を受けて，4条を実施するためにヘイトスピーチの処罰規定を刑法に盛り込んだ国は少なくない。例えばフランスは1965年に同条約を批准し，「人種差別主義との闘いに関する1972年7月1日の法律」[241]において，「個人又は集団に対して，その出自を理由に，又は民族，国家，人種もしくは特定の宗教に帰属することもしくは帰属しないことを理由に，差別，憎悪もしくは暴力を扇動した者は，1年の禁固及び45,000ユーロの罰金又はそのいずれかの刑に処す」と規定した（24条。2004年の改正後の条文）。**フランスは同条約批准の際，表現や結社の自由と4条の義務履行との間に適切なバランスを取ることにおいて自国の裁量権を残す旨の宣言を付している国であるが（イギリス[242]なども同様）, 日本のように，表現や結社の自由との両立に言及する留保を付したまま何も立法措置を取っていないわけではないのである。**カナダは1970年の同条約批准に伴い連邦刑法に「ヘイト・プロパガンダ」の禁止を導入し，318条では「ジェノサイド（集団殺害）の唱道」のほか，319条では「公的な憎悪の扇動」について規定した（公共の場における意見伝達による特定集団への憎悪扇動の禁止，及び私的な会話以外での意見伝達による特定集団への憎悪の意図的促進の禁止を定めた319条1項・2項）。刑法319条2項の合憲性に関してカナダ連邦最高裁は，憎悪宣伝の対象集団の被る苦痛を防止することで彼らを保護し，人種的・宗教的対立や暴力を減少させることで平等な多文化主義社会における調和を増進するという本規定の立法目的は，様々な研究結果や歴史上の経験のみならず，憎悪宣伝の撲滅を目指す国際的な責務（人種差別撤廃条約4条，自由権規約20条，ヨーロッ

---

(240)　*The Prosecutor v. Ferdinand Nahimana, Jean-Bosco Barayagwiza, Hassan Ngeze*, Case No. ICTR-99-52-T, 3 December 2003, paras.86-101.

(241)　Loi n° 72-546 du 1 juillet 1972 relative à la lutte contre le racisme.

(242)　イギリスにおけるヘイトスピーチの規制は，民事と刑事の双方にわたりかつ重度なる強化を経てきている（1965年人種関係法（Race Relations Act），1986年公共秩序法（Public Order Act），1994年刑事司法及び公共秩序法（Criminal Justice and Public Order Act），2006年人種的及び宗教的憎悪法（Racial and Religious Hatred Act））。イギリスにおけるヘイトスピーチの規制とそれに対する国際人権法の影響については，S. Halpin, "Racial Hate Speech: A Comparative Analysis of the Impact of International Human Rights Law upon the Law of the United Kingdom and the United States", 94 *Marquette Law Review* 463（2010）が有益である。

◆ 第3部 ◆ 国際人権法の実施メカニズム

パ人権条約）によっても支持されるものであり，かつ，憎悪宣伝に刑事罰を科すという規制手段との間には明らかに合理的な関係が認められるとして，その合憲性を支持している⁽²⁴³⁾。

ヨーロッパ人権裁判所の判例法では，**ヘイトスピーチは表現の自由に関するヨーロッパ人権条約10条の保護を受けない**とされている⁽²⁴⁴⁾。ヨーロッパ審議会の「人種主義及び不寛容に対抗するヨーロッパ委員会（ECRI）」は，同審議会の加盟国は少なくとも，国民的，人種的又は宗教的憎悪の扇動の禁止を刑法に含めることを求め⁽²⁴⁵⁾，この分野での加盟国の国内法の状況とその運用を密接にモニターしている。現在ではEUレベルでも人種差別の扇動に対する規制についての取組みが進み，2008年の「人種主義及び外国人嫌いとの闘いに関するEU理事会枠組み決定」では，「**人種，皮膚の色，世系，宗教もしくは信念，又は民族的もしくは種族的出身に基づいて定義される集団又はそのような集団の構成員に対して向けられる暴力又は憎悪の公的な扇動**」，「**国際刑事裁判所規程で定義されているジェノサイド罪，人道に対する罪及び戦争犯罪を公的に許容し，否定し又は大幅に矮小化する行為であって，そのような集団又はその構成員に対する暴力又は憎悪を扇動するような方法で行われたもの**」など一定の行為は犯罪として処罰しうるよう確保すべきことが加盟国に要求されている⁽²⁴⁶⁾。

人種差別撤廃委員会は2013年の一般的勧告35「人種主義的ヘイトスピーチと闘う」で，人種主義的表現の犯罪化（criminalization）は，合理的な疑いを超えて立証される深刻な事案にとどめるべきであり，かつ刑事制裁の適用は合法性，均衡性及び必要性の原則に従うべきこと⁽²⁴⁷⁾，それほど深刻でないものについては，その性質や，標的とされた人や集団に対する影響の大きさを特に考慮に

⑵⒀ R 対キーグストラ事件（*R. v. Keegstra*）判決，[1990] 3 S. C. R. 697.

⑵⒁ 「特定の個人又は集団に対する侮辱となりうるヘイトスピーチを構成する具体的な表現が条約10条によって保護されないことに疑いはない」（グンデュス対トルコ事件（*Gündüz v. Turkey*），申立 No. 35071/97，41項）。

⑵⒂ M. Kelly, *ECRI: 10 Years of Combating Racism in Europe, A Review of the Work of the European Commission against Racism and Intolerance*, Strasbourg: Council of Europe, 2004, p.27.

⑵⒃ 加盟国はまた，それらの犯罪が均衡性ありかつ抑止力ある刑罰によって処罰されうること，並びに禁錮刑の刑期は少なくとも1年から3年とすることを確保しなければならない（Council Framework Decision on combating racism and xenophobia, http://europa.eu/legislation_summaries/justice_freedom_security/combating_discrimination/133178_en.htm）。

⑵⒄ この点で委員会は，表現の自由に関する自由権規約委員会一般的意見34の内容にも言及している。

◆ 第9章　国際人権法の国内的実施

入れつつ，刑法以外の方法で対処すべきであるとの見解を示している[248]。犯罪とすべきものであるかどうかは，言論の内容と形態（挑発的で直接的なものか），伝達方法を含め，言論が届く範囲（主流メディアやインターネットで流布されたか，繰り返し行われたか）などの要素を考慮に入れるべきであるとされる[249]。同勧告はまた，個別の事案の事実と法的評価が国際人権基準に沿って行われることを確保するためには，独立で公平な司法機関が不可欠であり，またこの点で，パリ原則に沿った国内人権機関がその役割を補完すべきこと[250]，人種差別主義的ヘイトスピーチを規制するための措置が，不正義への抗議，社会的反対などの表現を抑制するための口実として使われてはならないこと[251]にも言及している。高位にある公務員（閣僚，国会議員など）がヘイトスピーチを公的に非難することは，寛容と尊重の文化を促進する上で重要な役割を果たすこと[252]にもふれている。

　人種差別撤廃委員会は日本に対する総括所見で，4条に対する留保を撤回するか又はその範囲を狭めることを求めるとともに，4条を実施する法律の欠如を是正し効果的な実施を図ることを勧告している。

■ **人種差別撤廃委員会第4回（第3次〜第6次）日本政府報告書審査「総括所見」（2010年）**

　13. 委員会は，当事国が提供した説明に留意しつつも，条約第4条(a)及び(b)に付された留保を懸念する。委員会はまた，韓国・朝鮮学校に通う子どもたちを含む集団に向けられる露骨で粗野な発言と行動が相次いでいること，並びに，特に部落民に向けられたインターネット上の有害で人種主義的な表現と攻撃が相次いでいることを懸念をもって留意する（4条(a)・(b)）。委員会は，人種的優越又は憎悪に基づく意見の流布の禁止が意見及び表現の自由と両立するという見解を繰り返し，この点に関し，締約国に対し，条約第4条(a)及び(b)に付された留保の範囲を縮小し，望ましくはこれを撤回することを目的として，留保の維持の必要性を検討することを奨励する。委員会は，表現の自由の権利の行使には特別な責務と責任，特に人種主義的な思想を流布

しないという責務を伴うことを想起し，締約国に対し，4条の規定が非自動執行的であることに鑑み，4条が実施において裁量の余地のない性格をもつとした委員会の一般的勧告7（1985年）と15（1993年）を考慮するよう再び要請する。委員会は，当事国に以下のことを勧告する。
　(a) 第4条に基づく差別禁止規定を完全に実施するための法律の欠如を是正すること。
　(b) 憲法，民法及び刑法の関連規定が，効果的に実施されるように確保すること（特に憎悪に満ちた人種主義的発言を調査し，関係者を処罰する取組みを強化することにより当該発言に対処するさらなる措置を取ることを含む。）。
　(c) 人種主義的思想の流布に対する敏感さと意識を高めるキャンペーンを強化し，インターネット上でのヘイトスピーチと人種主義的宣伝を含む，人種差別を動機

---

[248] CERD/C/GC/35, para.12.

[249] *Ibid.*, para.15.

[250] *Ibid.*, para.18.

[251] *Ibid.*, para.20.

[252] *Ibid.*, para.37.

491

◆第3部◆　国際人権法の実施メカニズム

とする犯罪を防止すること。

　2014年に行われた日本政府報告書審査後の自由権規約委員会総括所見では，マイノリティの人々に対し人種主義的な言辞が広範になされており，それに対する刑法上・民法上の保護が不十分であることに懸念が表明された。

■ 自由権規約委員会第6回日本政府報告書審査「総括所見」（2014年）
ヘイトスピーチ及び人種差別

　12.　委員会は，コリアンや中国人，部落民のようなマイノリティ集団のメンバーに対しして，彼らに対する憎悪と差別を扇動する人種主義的な言辞が広範に行われていること，並びに，刑法典及び民法典においてこれらの行為に対して与えられている保護が不十分であることに懸念を表明する。委員会はまた，許可されている排外主義者のデモ，外国人学生を含むマイノリティに対して加えられるハラスメント及び暴力，並びに，民間の施設において「Japanese Only」と書いてあるような表示を公然と掲げているものの数の多さに対して懸念を表明する（2条，19条，20条

及び27条）。
　当事国は，差別，敵意又は暴力を扇動する，人種的優越性や憎悪を唱道するあらゆる宣伝活動を禁止すべきであり，そのような宣伝活動を流布することを意図したデモを禁止すべきである。当事国はまた，人種主義に対抗する意識喚起キャンペーンに対して十分な資源を割り当て，裁判官，検察官及び警察官がヘイトクライム及び人種的動機をもった犯罪を検知できるよう訓練を受けることを確保するための努力を一層行うべきである。当事国はまた，人種主義的攻撃を防止するためあらゆる必要な措置を取り，実行者と主張される者が十分に捜査，訴追されかつ，有罪とされる場合には適当な制裁をもって処罰されることを確保すべきである。

　人種差別撤廃委員会も，同年の日本政府報告書審査後の総括所見において，前回所見（2010年）に続きヘイトスピーチ規制を求め，4条(a)・(b)に対する留保を撤回し，法律，特に刑法を改正するための適切な措置を取るよう勧告している。そして，今回の所見では特に，前述の一般的勧告35に言及して，**ヘイトスピーチ規制が政権批判を抑制する口実として使われてはならないことに言及しつつ，「人種主義的ヘイトスピーチ及びヘイトクライムからの防御の必要がある，被害を受けやすい立場にある集団の権利を守ることの重要性を思い起こすよう促す」として，ヘイトスピーチ規制においてはマイノリティ集団の権利保護が最重要であるという基本的観点を明確にしている。**その上で総括所見は，(a)人種主義的暴力と憎悪の扇動に断固として取り組むこと，(b)インターネットを含むメディアにおけるヘイトスピーチと闘うための適切な手段を取ること，(c)そうした行動に責任のある民間の個人及び団体を捜査し，適切な場合には起訴すること，(d)ヘイトスピーチ及び憎悪扇動を流布する公人及び政治家に対する適切な制裁を追求すること，(e)人種主義的ヘイトスピーチの根本的原因に取組み，教育，文化及び情報の方策を強化することを勧告している。

■ 人種差別撤廃委員会第5回（第7次～第9次）日本政府報告書審査「総括所見」（2014年）
立法の条約4条との適合性

492

10. 委員会は，条約4条(a)及び(b)に関する当事国の留保の撤回もしくは範囲の縮小についての委員会の勧告に関する締約国の立場及び提供された理由を注記する一方，留保を維持するとする当事国の決定を遺憾に思う。委員会は，人種差別的思想の流布又は表現が，刑法上の名誉毀損及び他の犯罪を構成し得ることを注記する一方，当事国の立法が条約4条の全ての規定を完全には遵守していないことを懸念する（4条）。

委員会は当事国に対し，その立場を再び見直し，4条(a)及び(b)に対する留保の撤回を検討することを奨励する。人種差別的ヘイトスピーチへの対処に関する委員会の一般的勧告15（1993年）及び35（2013年）を想起し，委員会は，当事国が4条の規定を実施するために，法の改正，とりわけ刑法を改正するための適切な措置を取ることを勧告する。

ヘイトスピーチ及びヘイトクライム

11. 委員会は，当事国内において，外国人やマイノリティ，とりわけコリアンに対して，人種差別的デモ・集会を行う右翼運動や団体により，差し迫った暴力の扇動を含むヘイトスピーチが広がっているという報告を懸念する。委員会はまた，公人や政治家による発言がヘイトスピーチや憎悪の扇動になっているという報告にも懸念する。委員会は，ヘイトスピーチの広がりや，デモ・集会やインターネットを含むメディアにおける人種差別的暴力と憎悪の扇動の広がりについても懸念する。さらに委員会は，これらの行動が必ずしも適切に捜査及び起訴されていないことを懸念する（4条）。

人種差別的ヘイトスピーチへの対処に関する一般的勧告35（2013年）を想起し，委員会は，人種差別的スピーチを監視し対処する措置は，抗議の表現を奪う口実として使われるべきではないことを想起する。しかしながら，委員会は当事国に対し，人種差別的ヘイトスピーチやヘイトクライムから保護する必要のある社会的弱者の権利を擁護する重要性を喚起する。従って委員会は当事国に対し，以下の適切な措置を取るよう勧告する。

(a) 憎悪及び人種差別の表明，デモ・集会における人種差別的暴力及び憎悪の扇動に対して断固として対処すること。

(b) インターネットを含むメディアにおいて，ヘイトスピーチに対処する適切な措置を取ること。

(c) そのような行動について責任ある個人や団体を捜査し，必要な場合には起訴すること。

(d) ヘイトスピーチや憎悪の扇動を流布した公人や政治家に対する適切な制裁措置を追求すること。

(e) 人種差別につながる偏見に対処し，また国家間及び人種的もしくは種族集団間の理解，寛容，友情を促進するため，人種差別的ヘイトスピーチの原因に対処し，教授法，教育，文化及び情報に関する措置を強化すること。

ヘイトスピーチの規制すなわち，人種的優越や人種的憎悪の思想の流布，人種差別の扇動の規制は，特定表現をその内容において取り締まるものである点で，他のさらに広範な表現規制の危険性をはらんでいることは十分認識する必要がある[253]。これらの行為を法ですべて押さえ込むことには限界があることも事実であり，本来，法による強制がなくともヘイトスピーチの発生を理性と良心によって防ぐことができればそれが理想であろう。しかし，人種的優越や人種的憎悪の思想の流布，人種差別の扇動が，道徳的に非難されるべきというだけでなく社会的に危険であるということもまた，人類社会がその経験上学ん

---

[253] 山田健太「『在特会』メンバー等による朝鮮学校の授業妨害訴訟・コメント」国際人権23号，2012年，81〜82頁。J. McHangama, "The Sordid Origin of Hate-Speech Laws", *Policy Review*, Dec.2011 & Jan.2012, pp.45-58は，世界人権宣言7条や自由権規約20条の起草過程で，差別扇動の禁止を支持していたのは西欧諸国でなくむしろソ連等の共産主義国家であったことを冷徹に指摘する。

◆ 第3部 ◆ 　国際人権法の実施メカニズム

だことであって，人種差別撤廃条約はその経験を踏まえた国際社会の決意とし
て締結されている（前文参照）。人種や皮膚の色，種族的出身という属性をもっ
た集団に向けられる差別扇動は，その集団に属する人の尊厳を傷つけ，かつ社
会の中における平等な権利の享受を害することも明らかである。世界人権宣言
は法の前の平等に関する7条で，「すべての者は，この宣言に違反するいかな
る差別に対しても，またそのような差別を扇動する行為に対しても，平等の保
護を受ける権利を有する」と規定し，人種差別撤廃条約は前文でこの権利に言
及している。同条約の4条自体が，世界人権宣言に具現された原則（他の者の
権利の尊重について述べた29条を含む）及び5条（法律の前の平等）の権利に十分
な考慮を払うことを注記している通り，現代社会において表現の自由等の権利
と人種差別の根絶の取組みとの間の適切なバランスをどのように図るべきかに
ついて，日本でも真摯な議論があってしかるべきであろう。

　ヘイトスピーチへの対処は日本にとって喫緊の課題ではあるが，人種差別撤
廃委員会が述べているように，刑事規制はその中の一角に過ぎず，刑事規制以
外による対処のあり方を含め，ヘイトスピーチの内容や形態などの諸要素に照
らした深刻さに鑑みてバランスのとれた対処が求められている。諸外国にはヘ
イトスピーチへの対処に関してすでに豊富な実行があり，日本はそれらの先行
例を研究して真摯に学ぶべきである。

　人権条約機関からの相次ぐ勧告に加え，ヘイトスピーチがもたらす人権侵害
の深刻さが訴訟や報道，NGOの調査等で明らかになってきたこと，京都朝鮮
学校事件の民事訴訟では最高裁で上告が棄却されて高額賠償が確定したことも
受けて，国内では2014年以降，各地の地方議会からも，ヘイトスピーチ対策を
国に求める意見書が多数採択されるようになった。自治体レベルでも取組みが
始まり，2016年1月には，ヘイトスピーチを行う街宣活動が多発してきた大阪
市で**「大阪市ヘイトスピーチへの対処に関する条例」**が可決・公布された。こ
の条例は，**目的**（ア　人種もしくは民族に係る特定の属性を有する個人又は当該個
人により構成される集団（以下「特定人等」という。）を社会から排除すること，
イ　特定人等の権利又は自由を制限すること，ウ　特定人等に対する憎悪もし
くは差別の意識又は暴力をあおること，のいずれか），**表現内容又は表現活動
の態様**（ア　特定人等を相当程度侮蔑し又は誹謗中傷するものであること，イ　特
定人等に脅威を感じさせるものであること，のいずれか），並びに**場所又は方法**（不
特定多数の者が表現の内容を知り得る状態に置くような場所又は方法で行われるも

494

のであること）の要件を満たす表現活動を「ヘイトスピーチ」と定義して（2条），これに対処するため市が必要な措置を取ることを定めており，人種差別撤廃委員会が一般的勧告35で挙げたような諸要素をふまえつつ，自治体としての取組みを法制化したものとして評価できる。

　続いて，国会ではようやく2016年5月に，「**本邦外出身者に対する不当な差別的言動の解消に向けた取組の推進に関する法律**」が成立するに至った。本法は，在日外国人に対する差別的言動が，被害者の多大な苦痛と地域社会の亀裂を生じさせていると認め，「差別的言動は許されないことを宣言する」（前文）とした上で，国及び地方公共団体が，その解消に向けた取組みに関する施策を講ずる責務を有することを定めている（4条）。本法は罰則を定めるものではなく，ヘイトスピーチに対する国と自治体の責務を定めた理念法であるが，日本が1995年に人種差別撤廃条約に加入後，人種差別禁止法のような基本法の制定を含め一切の国内法整備を怠ってきたことからすれば，日本で初めての反人種差別立法として大きな意義を有することは疑いない。同月26日に参議院法務会議で採択された「ヘイトスピーチの解消に関する決議」では，本法は「国連の自由権規約委員会，人種差別撤廃委員会などからの要請をもふまえたものである。」ということが述べられている。但し，本法は2条で，「本邦外出身者に対する不当な差別的言動」とは「専ら本邦の域外にある国若しくは地域の出身である者又はその子孫であって適法に居住するものに対する差別的意識を助長し又は誘発する目的で公然とその生命，身体，自由，名誉又は財産に危害を加える旨を告知するなど，本邦の域外にある国又は地域の出身であることを理由として，本邦外出身者を地域社会から排除することを煽動する不当な差別的言動をいう」と定義しており（下線は引用者），「適法に居住するもの」という要件を加えている点で，国際人権法上看過できない問題がある。人権条約は，締約国の管轄下にあるすべての人の権利保障を定めているのであり，人種差別撤廃条約上も，禁じられる人種差別が，当該国の入管法上適法な在留資格を有する者に対する差別に限られるという限定は何らおいていないのであって（人種差別撤廃委員会も「市民でない者に対する差別に関する一般的勧告30」で，「人種差別に対する立法上の保障が，出入国管理法令上の地位にかかわりなく市民でない者に適用されることを確保すること，及び立法の実施が市民でない者に差別的な効果をもつことがないよう確保すること」を全締約国に求めている。7項），本法の上記要件は，明らかに同条約の趣旨に反する。本法の法案に関して5月12日に衆

◆ 第3部 ◆ 　国際人権法の実施メカニズム

参両法務委員会で採択された附帯決議では，「第2条が規定する『本邦外出身者に対する不当な差別的言動』以外のものであれば，いかなる差別的言動であっても許されるとの理解は誤りであり，本法の趣旨，日本国憲法及びあらゆる形態の人種差別の撤廃に関する国際条約の精神に鑑み，適切に対処すること」という一文が盛り込まれたが，人種差別撤廃条約上求められている人種差別的ヘイトスピーチへの対処を，条約よりも下位の規範である法律の規定・運用によって不当に狭めることのないよう，条約の趣旨に沿った実効的な取組みが必要である。

◆ 4 　日本法上の婚外子差別と人権条約

　日本法において法制上存在する差別の問題としてかねて指摘されてきた事柄の1つが，出生届における記載に関する戸籍法49条2項1号及びその施行規則，並びに，法定相続分に関する民法900条4号但書における婚外子の取扱いであった。これらの規定は，婚姻による家族を保護し，もって婚姻制度を法的に保護することがその立法目的とされるが，婚姻せずに子どもをもつ事情は人それぞれであり（配偶者がいる人が婚姻外で子をもうける場合ばかりでなく，日本のように女性が相手の「家に入る」という伝統的考え方が強い社会において婚姻制度に違和感をもったり，姓を変えたくない等の理由があったりして事実婚を選ぶ人も少なくないが，そうしたカップルの子も婚外子となる），現行法制が婚外子出生の「抑止」に役立っているかどうかは全く定かでない。他方でこの法制は，両親の婚姻の有無という，子どもにとって如何ともしがたい事情をもって，子どもに対して法的な不利益を与えることで，婚外子を不当に貶めるだけでなく，社会的にも婚外子への偏見を温存させることにつながっているとの批判があった。子どもの権利という観点からすれば，婚外子を差別する法制は，「出生」を理由とする差別として重要な人権問題である。

　すでに見たように，自由権規約・社会権規約には，それぞれ，各規約上の権利の享受に関する無差別・平等規定があり（自由権規約2条1項，社会権規約2条2項），いずれも，締約国は人種や皮膚の色等のほか「出生」又は他の地位による「いかなる差別もなしに」規約上の権利を確保・保障する義務を負うことを規定している。加えて，自由権規約24条1項は，子どもの権利に関して，「すべての児童は」，人種，皮膚の色等又は「出生」による「いかなる差別もなしに」，「未成年者としての地位に必要とされる保護の措置であって家族，社会

第9章　国際人権法の国内的実施

及び国による措置についての権利を有する」と規定している。自由権規約委員会は24条に関する一般的意見で，以下の通り，婚外子に対する差別がないことを締約国が法令でどのように確保しているかを問題としている。自由権規約にはまた，法律による平等の保護を定めた26条の規定がある。26条は上述の通り，自由権規約委員会によって，同規約上の権利享受に限定されない一般的な平等権規定と解されているから，相続差別についても適用がある。さらに，子どもの権利条約は2条1項で，締約国は，その管轄下にある子どもに対し，人種，皮膚の色等のほか「出生」又は他の地位による「いかなる差別もなしに」，条約上の権利を尊重し確保することを締約国に義務づけている。これらの人権条約の条約機関はいずれも，日本政府報告書審議後の総括所見において，婚外子を差別する法制について，条約との抵触に言及して繰り返し懸念を表明している（但し，下記の総括所見で指摘されている問題のうち，国籍取得における差別に関しては，その後，2008年の国籍法違憲最高裁大法廷判決を受けての同法改正（2009年1月1日施行）によって解決が図られている）。

■ 自由権規約委員会「一般的意見17　子どもの権利（24条）」（1989年）

　5．規約は，子どもが人種，皮膚の色，性，言語，宗教，国民的もしくは社会的出身，財産又は出生等のいかなる理由による差別に対しても保護されることを要求する。この関連で委員会は，規約の定める権利享有における無差別が，子どもの場合には，2条からも由来し，また，法律の前の平等が26条から由来する一方で，24条に含まれる無差別条項が特に本条の規定で定める保護の措置に関連していることに留意する。締約国による報告は，保護の措置が相続を含むあらゆる分野におけるすべての差別を，とりわけ国民たる子どもと外国人たる子どもの間における又は嫡出子と婚外子との間における差別を除去するためにとられることをどのように法令及び実行が確保しているのかを示すべきである。

■ 自由権規約委員会第3回日本政府報告書審査「総括所見」（1993年）

　11．委員会は，婚外子に関する差別的な法規定に対して，特に懸念を有するものである。特に，出生届及び戸籍に関する法規定と実務慣行は，規約17条及び24条に違反するものである。婚外子の相続権上の差別は，規約26条と矛盾するものである。

　17．委員会は，規約2条，24条及び26条の規定に一致するように，婚外子に関する日本の法律が改正され，そこに規定されている差別的な条項が削除されるよう勧告する。日本に未だに存続しているすべての差別的な法律や取扱いは，規約2条，3条及び26条に適合するように，廃止されなければならない。

■ 自由権規約委員会第4回日本政府報告書審査「総括所見」（1998年）

　12．委員会は引き続き，婚外子に対する差別について，とりわけ，国籍，戸籍及び相続権の問題に関して懸念を有する。委員会は，規約26条により，すべての子どもは平等な保護を受ける権利があるという立場を再確認し，締約国に対し，民法900条4号を含む法制度を改正するための必要な措置を取ることを勧告する。

■ 自由権規約委員会第5回日本政府報告書審査「総括所見」（2008年）

　28．委員会は，婚外子が国籍取得，相続権及び出生届の点で差別されていることにつき，繰り返し懸念を表明する（規約2条1項，24条及び26条）。締約国は，民法900条4号及び出生届においてその子が「嫡出子」であるか否かを記載しなければならない旨規定する戸籍法49条2項1号も含めて，婚外子を差別するすべての条項を，法律から削除すべきである。

497

◆第3部◆　国際人権法の実施メカニズム

■ 社会権規約委員会第2回日本政府報告審査「総括所見」(2001年)

14. 委員会はまた，特に相続権及び国籍の権利の制限との関連で，婚外子に対する法的，社会的及び制度的差別が根強く残っていることも懸念する。

41. 委員会は，締約国に対し，近代社会では受け入れられない「非嫡出子」("illegitimate children") という概念を法律及び慣行から取り除くこと，並びに，婚外子に対するあらゆる形態の差別を解消し，かつさらに当事者の規約上の権利（2条2項及び10条）を回復するために緊急に立法上及び行政上の措置を取ることを促す。

■ 子どもの権利委員会第1回日本政府報告書審査「総括所見」(1998年)

14. 委員会は，法律が，条約により規定された全ての理由に基づく差別，特に出生，言語及び障害に関する差別から子どもを保護していないことを懸念する。委員会は，嫡出でない子の相続権が嫡出子の相続権の半分となることを規定している民法900条4号のように，差別を明示的に許容している法律条項，及び，公的文書における嫡出でない出生の記載について特に懸念する。……

35. 委員会は，条約の一般原則，特に差別の禁止（2条），子どもの最善の利益（3条）及び子どもの意見の尊重（12条）の一般原則が，単に政策の議論及び意思決定の指針となるのみでなく，子どもに影響を与えるいかなる法改正，司法的・行政的決定においてもまた，全ての事業及びプログラムの発展及び実施においても，適切に反映されることを確保するために一層の努力が払われなければならないとの見解である。特に，嫡出でない子に対して存在する差別を是正するために立法措置が導入されるべきである。……

■ 子どもの権利委員会第2回日本政府報告書審査「総括所見」(2004年)

24. 委員会は，法律で婚外子が差別されていること，及び，女の子，障害のある子ども，アメラジアン，コリアン，部落及びアイヌの子どもその他のマイノリティの集団並びに移住労働者の子どもに対する社会的差別が根強く残っていることを懸念する。

25. 委員会は，締約国が，とりわけ，相続並びに市民権及び出生登録にかかわるあらゆる婚外子差別並びに「嫡出でない」といった差別的用語を法令から除くために法律を改正するよう勧告する。委員会は，特に，女の子，障害のある子ども，アメラジアン，コリアン，部落，アイヌその他のマイノリティ，移住労働者の子ども並びに難民及び庇護申請者の子どもに関して社会的差別と闘いかつ基本的サービスへのアクセスを確保するため，締約国が，とりわけ教育および意識啓発キャンペーンを通じて，あらゆる必要な積極的措置を取るよう勧告する。

■ 子どもの権利委員会第3回日本政府報告書審査「総括所見」(2010年)

33. 委員会は，いくつかの法的措置にもかかわらず，今なお，婚外子が，相続に関する法律において嫡出子と同様の権利を享受していないことを懸念する。委員会はまた，民族的マイノリティに属する子ども，外国籍の子ども，移住労働者の子ども，難民の子ども及び障害のある子どもに対する社会的な差別が根強くあることを懸念する。……

34. 委員会は締約国に以下のことを勧告する。

(a) 包括的な差別禁止法を制定し，根拠にかかわらず子どもを差別する法律を廃止すること。

(b) 特に，女の子や民族的マイノリティに属する子ども，外国籍の子ども，障害のある子どもへの実質的な差別を削減し，防止するために，意識啓発キャンペーン及び人権教育を含めた必要な措置を講じること。

　婚外子に対する差別は，姓を変えたくない等の理由で事実婚を希望している女性にとっては，子どもが婚外子として法的・社会的に差別を受けることへの懸念から，事実婚をあきらめ，不本意ながら法律婚を行うという形で女性の選択に影響を与えうるものとして，子どもをもつ（あるいは，もつことを考えている）**女性が自由な合意のみに基づいて婚姻をする権利を阻害する要因ともなっている**。女性差別撤廃委員会はそのことをよく理解し，日本に対する総括所見

498

第9章　国際人権法の国内的実施

において以下のような懸念を示している。

■ 女性差別撤廃委員会第3回（第4次・第5次）日本政府報告審査「総括所見」（2003年）

35. ……委員会はまた，婚外子に対する戸籍と相続権に関する法律及び行政実務上の差別，そして，それらが女性に対してもたらす重大な影響についても懸念する。

36. 委員会は，締約国に対して，民法の中に未だに残る差別的な条項を削除し，立法や行政実務を条約に適合させることを求める。

■ 女性差別撤廃委員会第4回（第6次）日本政府報告審査「総括所見」（2009年）

差別的な法規定

17. ……委員会は，戸籍制度及び相続に関する規定によって婚外子が依然として差別を受けていることについて懸念を有する。委員会は，締約国が，差別的法規定の撤廃が進んでいないことを弁明するために世論調査を用いていることに，懸念をもって留意する。

18. 委員会は……婚外子とその母親に対する民法及び戸籍法の差別的規定を撤廃するよう，締約国に強く要請する。……

　すでにみた通り（本書第2章Ⅱ3），婚外子の相続分差別の問題については，2013年9月4日の最高裁大法廷決定で憲法14条1項違反と判断されたことを受け，同年中に民法が改正され，相続分の平等化が実現した。この大法廷決定においては，女性差別撤廃委員会の指摘には言及されなかったものの，子どもの権利の観点から，自由権規約委員会及び子どもの権利委員会から繰り返し問題が指摘されてきたことが，違憲判断に至った諸事情の一つとして挙げられている。

　但し，日本法上，婚外子の差別的扱いが完全に撤廃されたわけではなく，出生届における「嫡出子」「嫡出でない子」の記載（戸籍法49条2項1号）や，戸籍の実父母との続柄及び養親との続柄の記載（同法13条4号・5号）における差別の問題等が依然として残存している。女性差別撤廃委員会は2016年3月，第7次・第8次日本政府報告審査における総括所見で，「相続における婚外子差別規定が2013年12月に廃止されたにもかかわらず，出生届における差別的記載に関する戸籍法の規定を含む多くの差別的規定が維持されていること」に懸念を示し，「婚外子の地位に関するすべての差別的な規定を廃止し，法が社会的な汚名と差別から婚外子とその母親を確実に保護するようにすること」を勧告した（12〜13項）。

◆ 第3部 ◆　国際人権法の実施メカニズム

Ⅱ 人権侵害に対する効果的救済
── 特に裁判所による条約の適用 ──

◆ **1　総　論**

　人権「保護」義務に関する第6章でみたように，自由権規約（2条3項），ヨーロッパ人権条約（13条）を始め多くの人権条約は，条約で認められた権利を侵害された者に対し，公的資格で行動する者によりその侵害が行われた場合にも，国の機関の前において効果的な救済措置を受ける権利を確保するとして，人権侵害に対する効果的な救済措置の付与を締約国に義務づけている。米州人権条約では，条約上の権利に限らず当事国の憲法・法律上の権利の侵害に対する保護の訴えを裁判所又は法廷に対して行う権利を明記している。

■ ヨーロッパ人権条約

13条　この条約に定める権利及び自由を侵害された者は，公的資格で行動する者によりその侵害が行われた場合にも，国の機関の前において効果的な救済措置を受ける。

■ 自由権規約

2条3項　この規約の締約国は，次のことを約束する。
(a) この規約において認められる権利又は自由を侵害された者が，公的資格で行動する者によりその侵害が行われた場合にも，効果的な救済措置を受けることを確保すること。
(b) 救済措置を求める者の権利が権限のある司法上，行政上もしくは立法上の機関又は国の法制で定める他の権限のある機関によって決定されることを確保すること及び司法上の救済措置の可能性を発展させること。
(c) 救済措置が与えられる場合に権限のある機関によって執行されることを確保する

こと。

■ 米州人権条約

25条1項　すべての人は，関係国の憲法又は法律もしくはこの条約が認める基本的権利を侵害する行為に対する保護を求めて，たとえそのような侵害が公務の遂行として行動する者によって行われた場合であっても，簡易かつ速やかな訴え又はその他の何らかの効果的な訴えを，権限のある裁判所又は法廷に対して行う権利を有する。
同2項　締約国は，次のことを約束する。
(a) 1の救済を求めるすべての者が，その権利について当該国の法制が定める権限のある機関による決定を受けることを確保すること。
(b) 司法上の救済の可能性を発展させること。及び，
(c) このような救済が与えられる場合には，権限のある機関がそれを執行するよう確保すること。

　自由権規約2条3項やヨーロッパ人権条約13条は，効果的な救済を司法的救済のみに限定していないが，第6章でみた通り，特にヨーロッパ人権裁判所の判例法では，13条にいう効果的な救済といえるために具備していることが要求される要素が敷衍されている。そのうち重要なものは，当該国内機関の，権利侵害を行った機関からの独立性，及び，当該国内機関が条約上の権利侵害の主

第9章　国際人権法の国内的実施

張の実質について判断し，権利侵害があった場合には救済を与える権限の存在である。また，13条にいう効果的な救済とは，個人にとって確実に有利な結果が出るかどうかには依存しない一方で，それを利用しようとする個人にとって実際に利用でき，主張の本案について判断を受け適切な場合には救済を受けられるという意味で実効的なものでなければならない。また，同裁判所の近年の判例では，**同条約上最も基本的な権利の一つである生命権や拷問その他の虐待を受けない権利の侵害が，それも国家機関によって行われたとの主張しうる申立がある場合には，責任者の認定及び処罰をもたらしかつ，調査手続に対する申立人の実効的なアクセスを含む徹底的かつ実効的な調査が必要**と判示されている。調査義務は，第6章でみた判例にもあるように2条の生命権や3条の拷問その他の虐待を受けない権利の保障の手続的側面として，またそれらの権利を「保障する」とした1条と合わせ読むことによっても導かれるが，効果的救済を義務づけた13条の下での手続的義務は，より広範なものとされている。

　自由権規約委員会は一般的意見で，規約2条3項に照らし，締約国における適切な行政上及び司法上の制度によって権利侵害の主張に対処すべきことについて述べた中で，行政上の制度は，侵害の主張を独立かつ公平な機関によって迅速，徹底的かつ実効的に調査することが要求されていること，及び，司法府は様々な形で（規約の直接適用可能性，類似の憲法規定もしくは他の法の規定，又は国内法の適用において規約の解釈上の効果を認めること）規約上の権利を実効的に保障しうることについて言及している。さらに，適切な権限をもった**国内人権機関**が，このために貢献しうることにもふれている。また，2条3項は権利侵害の被害者に対する救済を要求しており，これには原状回復，リハビリテーション，公的謝罪や公的記念碑のような満足の措置，再発防止の保証，関連の法及び慣行の変更，並びに人権侵害の実行者の処罰が含まれうるとしている。

■ **自由権規約委員会「一般的意見31　規約の締約国に課された一般的義務の性格」**（2004年）

　15．2条3項は，規約上の権利の実効的な保護に加え，締約国は，個人がそれらの権利を享受するために，アクセス可能かつ実効的な救済を受けることを確保するよう要求している。……委員会は，国内法の下で，権利侵害の主張に対処するために適切な司法上及び行政上の制度を締約国が設置することに重要性をおく。規約で認められた権利の享受は，規約の直接適用可能性，類似の憲法規定もしくは他の法の規定，又は国内法の適用における規約の解釈上の効果を含め，多くの異なった方法で司法府によって実効的に保障されうる。行政上の制度は，侵害の主張を独立かつ公平な機関によって迅速，徹底的かつ実効的に調査する一般的義務を実効あるものにすることが特に要求される。適切な権限をもった国内人権機関は，この目的のために貢献しうる。侵害の主張に対し締約国が調査を怠ることは，それ自体，規約の別個の違反を生じうる。継続中の侵害を停止させることは，効果的な救済を受ける権利の不可欠の要素である。

501

◆第3部◆　国際人権法の実施メカニズム

16.　2条3項は締約国に対し，規約上の権利が侵害された個人に対して補償を行うことを要求している。規約上の権利が侵害された個人に対する補償なくしては，2条3項の実効性にとって中心的なものである，効果的な救済を提供する義務は，履行されない。9条5項及び14条6項で明示的に要求されている補償に加えて，委員会は，規約は一般的に，適当な賠償を伴うと考える。委員会は，適当な場合，補償は，原状回復，リハビリテーション，公的謝罪や公的記念碑のような満足の措置，再発防止の保証，関連の法及び慣行の変更，並びに，人権侵害の実行者を裁判にかけることを含みうることを注記する。

人権条約上の権利の侵害について，裁判所を始めとする国内機関が適切な効果的救済を与えることは，人権侵害の申立を人権条約機関における国際的手続のレベルまで持ち込むことなく国内で迅速に解決するという点で重要な意味をもっている。ヨーロッパ人権条約，自由権規約等，個人通報制度をもつすべての人権条約において，個人通報が条約機関によって受理されるための要件の一つとして**国内救済措置完了**（exhaustion of domestic remedies）**原則**がおかれているのは，国内的手続に対する**国際的手続の補完性**を端的に示している。条約上の権利の侵害を主張する個人は，まず国内で利用しうる権利救済措置を尽くし，それでも救済が得られなかった場合にのみ，人権条約機関に申立てることが認められているのである。締約国の国内レベルにおいて，司法的救済を中心とする権利救済措置の実効性を高めることは，従って，効果的な救済に関する条約規定を締約国として誠実に履行することであると同時に，条約機関における国際的手続に過度の負担をかけずに人権条約体制を健全に機能させる上で不可欠の重要性をもっている。

ヨーロッパ人権条約体制においては，国際的実施措置としてヨーロッパ人権裁判所による個人通報の審理が行われているが，締約国がヨーロッパ全域に及ぶ47カ国となった近年は，同裁判所は膨大な数の通報の滞留という問題を抱えている。そして，とりわけ問題となっているのは，条約の解釈・適用に関して同裁判所が本来的に扱うべき重要な論点を提起しているというよりも，一部の国に関して，もっぱら国内の司法手続の遅延や非実効性に起因して同裁判所に寄せられている通報が少なくないことである。そのような状況にあって，ヨーロッパ審議会の閣僚委員会は2004年，ヨーロッパ審議会加盟国（＝ヨーロッパ人権条約締約国）に対して，国内救済措置の改善を求める勧告を採択するに至っている。

■「国内救済措置の改善に関する，加盟国への　閣僚委員会の勧告 Rec（2004）6」（2004年）[254]

---

[254]　https://wcd.coe.int/ViewDoc.jsp?id=743317.

502

第9章 国際人権法の国内的実施

閣僚委員会は，［ヨーロッパ人権］条約で設置された監視メカニズムの補完的性格すなわち，１条に従い，条約で保障された権利及び自由はまずもって国内レベルにおいて保護されかつ国内当局によって適用されることを想起し，……

条約13条で要求されているように，加盟国は，条約に定められた権利及び自由の侵害に関して主張しうる申立を有しているいかなる個人にも，国内当局において効果的な救済措置を確保する義務を負っていることを強調し，

ヨーロッパ人権裁判所（以下，裁判所とする）の判例法に照らしてそのような救済措置があることを確認する義務に加え，国家は，認定された違反の基となっている問題を解決する一般的義務があることを想起し，

国内救済措置が法律上も事実上も効果的であること，並びに，申立の本案に関する決定及び認定された違反に対する十分な救済に至りうることを確保することは加盟国の役割であることを強調し，

裁判所に申立てられる申立の性格と数，及び裁判所が下す判決は，そのような救済措置があらゆる状況において，特に司法手続の不合理な長さに関する事案において，存在することを加盟国が効率的かつ定期的に確認することが一層必要になっていることを示していることを注記し，

条約の違反についてのすべての主張しうる申立に対して効果的な国内救済措置が利用できることが，一方では，裁判所に付託される事案の数の減少の結果として裁判所の業務の削減につながるはずであり，他方では，国内レベルにおける事案の詳細な検討は裁判所による後の検討を容易にするであろうということを考慮し，

特に，反復的な事案（repetitive cases）に関して，国内レベルでの救済措置の改善がまた，裁判所の業務の削減に寄与するはずであることを強調し，

加盟国が，附録に示す優れた慣行を考慮に入れて，以下のことを行うことを勧告する。

１．裁判所の判例法に照らして常時見直しをすることによって，条約の違反について主張しうる申立をもついかなる者にも国内的救済措置が存在すること，並びに，それらが申立の本案に関する決定及び認定された違反に対する十分な救済に至りうる点で効果的なものであることを確かめること。

２．国内法又は慣行における構造的又は一般的な欠陥を指摘した裁判所の判決を受けて，既存の国内救済措置の実効性を見直し，かつ必要な場合には，反復的な事案が裁判所に持ち込まれるのを避けるために，効果的な救済措置を設けること。

３．上記の１及び２に関して，司法手続の過度の長さに関する主張しうる申立の事案における効果的な救済措置に特別の注意を払うこと。……

勧告（2004）6の附録

１．条約に定められた権利及び自由が遵守されることを確保する主要な責任を負っているのは締約国であり，締約国は，違反を防止しかつ，必要な場合には違反を救済するのに必要な法制度を提供しなければならない。このことは，特に，13条に従って，条約のすべての違反に対する効果的な救済措置を設けることを必要とする。ヨーロッパ人権裁判所の判例法は，特に，次のことを示すことによって，締約国の負うこの義務の範囲について明確にしてきた。

・13条は，条約に定められた権利及び自由を確保するための救済措置が国内法において利用できることを保障している。

・本条は，ある救済措置が，条約に基づくいかなる「主張しうる申立」についてもその実質を扱い，かつ適当な救済を与えるものであることを要求する効果をもつ。この義務の範囲は，申立の性格によって異なる。しかし，要求される救済は，法律上も実際上も「効果的」でなければならない。

・このことは特に，条約に反しかつ，その効果が取り返しのつかないものである可能性がある措置の執行を防止しうることを要求する。

・13条で言及されている「機関（authority）」は必ずしも司法機関である必要はないが，司法機関でない場合には，その有する権限及び保障が，それが与える救済措置が実際に効果的であるかどうかの決定において関連する。

・13条の意味における「救済措置」の「実効性」は，申立人にとって有利な結果が確実に出るかどうかには依存しない。しかしそれは，一定の，最低限の迅速さの要求を含意する。

２．近い過去においては，不合理に長い手続の問題が，唯一の問題ではないものの，裁判所における申立の多数の基にあることから，この問題に関して，そのような救済措置の重要性が特に強調されてきた。

◆ 第3部 ◆ 国際人権法の実施メカニズム

5．加盟国政府は，まず，改善の提案に向けて，特定分野における既存の国内救済措置の実効性に対する研究を行うよう専門家に依頼することができよう。人権の促進及び保護のための国内機関，並びに非政府組織も，この作業に有益に参加できよう。国内救済措置の利用可能性及び実効性は，常に見直しの対象におかれるべきであり，特に，条約上の権利及び自由に影響する立法の起草時には検討されるべきである。……

7．効果的な救済措置があることの一つの主要な条件は，条約上の権利が国内法制において確保されることである。この関連で，条約がすべての締約国の国内法制の完全な一部になったことは，歓迎される進展である。この進展が，効果的な救済措置の利用可能性を高めている。効果的な救済措置の利用可能性はまた，裁判所及び行政当局が，国内法の適用においてますます裁判所の判例法を尊重す

るようになっており，当該国に直接にかかわる事案における裁判所の判決に従う義務を意識するようになっていることによって，さらに助けられている（条約46条を見よ）。この傾向は，勧告 Rec（2002）2 に従い，裁判所の違反認定の基になった一定の手続について権限ある国内当局にそれを再検討又は再開させる可能性を高めることによって強化されてきた。

8．国内救済措置の改善はまた，国内法を適用する際，国内当局が条約の要求，特に，当該国に関する裁判所の判決から生ずる要求を考慮に入れるように追加的な措置を取ることを必要とする。このことは，特に，（必要な場合には当該国の言語に翻訳することによって）裁判所の判例法の出版及び流通を改善すること，並びに，判決から生ずる要求について裁判官その他の国家公務員を訓練することを意味する。……

◆ 2 条約の直接適用
—— 国内的「効力（validity）」と「直接適用可能性（direct applicability）」

国内裁判所は，権利侵害に対して権限ある国家機関による効果的な救済を確保する締約国の義務を定めた人権条約の規定をふまえ，条約上の権利侵害に関する訴えについてはこれを精査した上で効果的な救済を与える責務を負っているが，先に引用した自由権規約委員会の一般的意見31も言及していたように，その手法には多様な形態がありうる。

そもそも，人権条約の規定が国内裁判所の裁判官によって適用されるためには，当該国の国内法秩序において，批准・加入した条約が効力（validity）を有していなければならない。日本の場合，憲法98条2項により，国が批准・加入した条約は公布をもって国内法的効力を認められるから，そうした前提条件は満たされている。すなわち，**批准した条約が国内で法的効力を有する日本のような国では，条約の規定は，訴訟の当事者及び裁判官が有効に依拠することのできる法源になる**。訴訟の当事者は，条約の規定を主張において用いることができるし，**裁判官はその司法判断において，場合に応じ，直接又は間接に，条約規定に依拠することができる**。「直接に」とは，裁判官が条約規定をそれ自体根拠として司法判断を下す方法であり，「間接に」とは，憲法や法律等，国内法の規定の解釈・適用の際に，条約規定の趣旨に適合した解釈を採用する方法である。

第9章　国際人権法の国内的実施

　条約の「直接適用可能性（direct applicability）」，すなわち，条約が，裁判官の司法判断においてそれ自体で判断の根拠として用いうるかどうかは，一般に国際法の問題ではなく，各国の国内的平面において決定される事柄であり，条約が当該国で法的効力を有することを前提に，具体的な事案において，ある条約の規定をめぐって検討される事柄である[255]。すなわち，「規則（regulations）」の直接適用を設立基本条約自体で定め各加盟国に要求している EU 法という特殊な法体系を除けば，その他のすべての条約つまり一般的な国際法の問題として，条約が国内的効力を有する法体制の国で，ある条約規定がそれ以上の国内法の介在を要せずそれのみで適用されうるかという問題は，条約の規定それ自体に依存する事柄ではなく，具体的な事案において，条約規定を適用する立場にある裁判官が決定する事柄である[256]。

　条約が国内的効力を有する国で，ある条約の規定が裁判で直接適用できるかという直接適用可能性は，当該事案においてその規定が，裁判官にとって，それに依拠して司法判断を行えるだけ明確と判断されるかどうかによる。換言すれば，条約の規定が，ある事案において，裁判官にとって，それに依拠して司法判断を下すことができる程度に明確なものであるとみなされれば，その条約規定は直接に適用されうる。なお，この問題は，日本と同様に条約の自動的受容体制をとる米国の判例理論に倣って「自動執行（self-executing）性」「自動執行力」の述語を使って議論されることも多いが，自動執行性という概念は従来多くの混乱を生んできた上に，条約規定が司法判断のために適用されうる様々な形態を考慮せずに，「自動執行性のある条約／ない条約」というように一律に自動執行性の有無を予断する考え方を招きがちである[257]。よって本書では，「直接適用可能性」の語を用いる。

　しかるに，各事案における司法判断の目的はそれぞれ異なることから，条約規定の直接適用可能性の有無は，条約規定から一律に，二者択一的に判断されるのではなく，具体的事案における司法判断の目的に応じて判断される相対的

---

[255]　この問題に関する先駆的業績として，岩沢雄司『条約の国内適用可能性』（有斐閣，1985年）特に321頁以下を参照。

[256]　De Schutter, *Fonction de juger et droits fondamentaux: transformation du contrôle juridictionnel dans les ordres juridiques américain et européens*, Bruxelles: Bruylant, 1999, pp.123-125, 160-164.

[257]　M. Scheinin, "Direct Applicability of Economic, Social and Cultural Rights: A Critique of the Doctrine of Self-Executing Treaties", K. Drzemicki et al. (eds.), *Social Rights as Human Rights: A European Challenge*, Åbo: Åbo Academi University, 1994, p.75.

505

◆ 第 3 部 ◆　国際人権法の実施メカニズム

なものとして把握される。すなわち，条約の規定が裁判所によって直接適用されうるほど明確であるかどうかの判断は，規定の適用が求められている事案の文脈において初めて導き出しうる。**裁判所に求められる司法判断において条約の規定が考慮の対象となる局面は，権利の自由権的側面（本書の用語でいえば尊重義務の側面）に法的効果を認め権利侵害的な法令の規定をそれ自体違法とする場合，条約を実施する法令の存在を前提として行政処分の条約適合性を検討する場合，条約を実施する法律が制定されていない場合に条約規定に照らしてその立法不作為を検討する場合等，多様なものを想定しうる。**しかるに，例えば，条約を実施する法律の存在を前提とせずに，国に対して社会保障の給付等の作為を請求する根拠とするためには，条約規定には相当に高度の明確性が必要であろうが，社会保障給付において合理的な根拠なく一定の人を排除するような差別的法令や差別的処分の違法性を判定する根拠とするためであれば，条約規定にそれほど高度の明確性は不要であり，社会保障に対する「すべての人」の「権利」を明記した規定でも十分であろう。国内裁判所における条約の直接適用可能性が相対的に把握されるべきものであることは，例えば日本の憲法25条の裁判規範性をめぐって論じられてきたところと実質的に同様の事柄であって，諸外国でも実際，各国の憲法上の権利に関する議論をも引照しつつ論じられてきた(258)。条約の直接適用可能性はそのように司法判断の局面によって異なる相対的なものであるから，各国の法状況すなわち，判例法における法概念の成熟度に応じて，国によって異なりうるし，判例法の展開に応じて変化しうる。

　条約の直接適用可能性は，条約締約国の主観的意思すなわち，締約国が条約起草時に，その条約が国内で直接適用可能なものと考えていたかどうかには関係なく，また，条約の規定が「個人の権利を創設している」かどうかにもかかわらない。条約の規定が個人の主観的権利を認めたものと言えなくとも，行政訴訟等で国家機関の行為の違法性を認定する文脈においては，条約の規定がそれ自体で司法判断の十分な根拠になりうることがある。以下では，これらの事柄を少し敷衍しよう。

---

(258)　M. Waelbroeck, "Note: Portée et critères de l'application directe des traités internationaux", 39 *Revue critique de jurisprudence belge* 27（1985），pp.34–37; 岩沢・前掲注(255)25頁以下，C. Sciotti-Lam, *L'applicabilité des traités internationaux relatifs aux droits de l'homme en droit interne*, Bruxelles: Bruyant, 2004, pp.342–344.

◆ 第 9 章　国際人権法の国内的実施

◆ 3　直接適用可能性の意義
── 条約に照らした合法性の判定を含む広い概念 ■■■■■■■■■

　条約の直接適用可能性は，従来はしばしば，「個人の権利として直接適用できる」かどうかの問題，すなわち，個人が条約の規定から直ちに自らの権利を主張できるかどうかの問題であるとして定義されてきた。そして，その判断基準として上述のような客観的基準すなわち，条約規定の明確性が挙げられることが多いところ，条約の規定が「締約国は……」として締約国の義務を述べる形になっている場合には，条約は個人の権利を明確に規定したものでない，つまり「個人の権利として直接適用できない」と言われることが多かった。自由権規約の規定の直接適用を認めた日本の判例も，多くの場合，同規約の規定が「何人も……されない」，「すべての者は，……の権利を有する」という形で個人を主語とした規定となっていることを，直接適用が可能な根拠の 1 つとして挙げている例えば，監視用テレビカメラ撤去等の請求に関する事件で大阪地裁は，「何人も，その私生活，家族，住居もしくは通信に対して恣意的にもしくは不法に干渉され又は名誉及び信用を不法に攻撃されない」と定めた同規約17条 1 項について，「同項は「『何人も』と規定し，同規約の他の条文同様，個人がその権利を保障されるという形式を取っているから，規約の内容を実現する国内法の制定などを待つまでもなく，個人が直接規約自体によって権利を与えられるものと解すべきである」と判示している[259]。これに対し，「締約国は……の権利を認める」という規定の仕方になっている経済的，社会的及び文化的権利に関する国際規約（社会権規約）については，個人の権利として直接に適用できない，と言われる[260]。権利の完全な実現を漸進的に達成するため締約国が措置を取ることとした 2 条 1 項も，直接適用が不可能な理由として挙げられている。

　しかしながら，実際には，自由権規約と社会権規約の規定は，締約国の義務に関して根本的に異なったものというよりは，相似する点も多い。社会権規約は 2 条 1 項で，各締約国は規約で認められた権利の完全な実現を漸進的に達成するため，特に立法措置等によって「措置を取る」としているところ，自由権規約も，2 条 1 項の一般的な義務規定では「締約国は……認められた権利を尊重し及び確保する」として，締約国を義務主体とした規定をおいている。

---

[259]　大阪地判1993（平成 5 ）年 4 月27日判時1515号116頁。
[260]　いわゆる塩見訴訟における最判1989（平成元）年 3 月 2 日訟月35巻 9 号1754頁。

507

◆第3部◆　　国際人権法の実施メカニズム

　また，条約が国内で直接適用されるためには，条約の規定が個人の権利義務
を創設していることが必要であるわけではない。換言すれば，人権条約の直接
適用可能性は，「個人の権利として直接適用できる」かどうかの問題と同一で
はない。**各国における実際の司法判断において人権条約の規定が直接に用いら
れうるのは，個人がそこから自らの権利**（いわゆる「主観的権利（droit subjectif）」）
**を主張する場合に限られない。訴訟の形態によっては，条約を援用する申立人
の側は，国内法令や行政行為が条約規定に反し違法であることを主張すれば足
り，その場合，裁判所が判断を求められるのは条約規定に照らした合法性の判
定であって，個人の権利の認定ではない。裁判官が，国を拘束している条約規
範の存在を認識し，それに照らして国内法令や行政行為を違法なものとして取
消し又はその適用を退けるとき，裁判官は個人の権利の実現というよりもむし
ろ，国際法に照らした客観的な法秩序の確保**（contrôle objectif）**を行うことにな
る。すなわち，司法判断の形態によっては，「個人の権利」の認定と，条約規
定の「直接適用」とは必ずしも一致しない。**

　日本法においても，例えば，旧監獄法及び施行規則に基づいて刑務官が受刑
者に対して取った措置や，旧外国人登録法に基づく指紋押捺制度の適用が，人
権条約の規定に反する違法な措置であるとして国家賠償法に基づく国家賠償請
求訴訟の対象とされる場合，裁判所に求められる判断は，公務員が「違法に」——
これには，日本において国内法秩序に組み込まれている条約規範に反すること
が含まれる——個人に損害を生じさせたかどうかであって，個人が自らの主観
的権利を裁判所で主張できるかどうかではない。また，難民条約や拷問等禁止
条約の違反を理由として難民不認定処分，退去強制令書発付処分等の取消を求
める訴訟のような取消訴訟では，原告適格は行政事件訴訟法にいう「法律上の
利益」があれば足りる上，裁判所による実体的な司法判断の際にも，援用され
ている条約が個人に明文で権利を創設しているかどうかは，本質的な問題とな
らない。行政庁が行った処分が，条約規定に照らして「違法」となるものかど
うかが判断できればよいからである。**条約が国内的効力を有する国において，
条約の規定は，国を拘束するものとして常に有効な法規範であり，そのことは，
条約の規定から直ちに個人の権利を導けるかどうかの問題とは同一ではない。**
仮に，人権条約が締約国を義務主体とした規定をおき，そこから個人の権利を
直ちに導き出すことは困難なことが多い場合でも，同規約の規定は締約国に
とっての法的義務であることに変わりはないから，**条約が国内法的効力を有す**

508

◆ 第9章　国際人権法の国内的実施

る国において裁判官は，国内法上その条約解釈権限に特に制約がない限り，条約の規定に直接に照らして法令や行政行為の合法性を判定することができる。そうして例えば，裁判所が，ある行政処分についての取消訴訟において，人権条約の規定に反することを理由としてそれを取り消した場合，その人権条約の規定は「直接適用」されたと考えることができるのである。

　現代の民主主義国家においては，伝統的に立法が人権保護の主要な手段であった国（代表例としてフランス）を含め，人権保護の砦としての裁判所の司法権が拡張する傾向が共通にみられるが，中でもヨーロッパ諸国の多くでは，今日，第二次大戦後のドイツ基本法を嚆矢として，個人が行政機関の行為ないし不作為に対して司法的救済を求める権利がそれ自体人権として，憲法上の人権ないしそれに準ずる地位を認められている。また，行政権の恣意的な権限行使ないし不行使に対して個人の権利・利益を守るための行政訴訟の形態は各国で様々に発展しており，自らの「権利」に限らず「利益」が害されたと主張する個人に対して，多様な形態の行政訴訟の提起の道が広く開かれている[261]。しかるに，**ヨーロッパ諸国では，人権条約**（及びEU法）**の規定は人権保護に関する重要な法規範であり，国を拘束するものとして「行政法の主要な法源」**[262]**とみなされている**（オーストリアのように，ヨーロッパ人権条約に憲法的地位を認めている国もある）。ヨーロッパの場合，人権条約の中で最も重要な法源はヨーロッパ人権条約であるが，後でみるように，国によっては，社会権規約のような人権条約の規定が，行政訴訟において，個人の主観的な権利を認めうるかどうかとは別に，国家機関を拘束する法規範としては有効な法規範として，裁判所が法令や行政行為の合法性を判定する基準として直接に用いられることがある。人権条約の直接適用可能性を，条約が個人の権利を創設したものである場合に限って認める考え方は，とりわけ社会権の分野の条約について，条約規定が国内裁判所の司法判断において生かされうる余地を大きく狭めるものであるが，実際の司法判断において条約規定が直接に用いられている実態にも合致し

---

(261)　例えばフランスでは，取消訴訟の代表的形態である越権訴訟（recours pour excès de pouvoir）は，行政府の決定の名宛人であり自らの権利が直接に影響を受ける個人だけでなく，物質的又は精神的利益が害されるすべての個人によって提起されうる。ドイツでは，法治国家（Rechtsstaat）理念の徹底から行政法は「憲法の具体化」とも表現される法分野をなし，基本法上の権利又は法律に基づく権利を行政府によって違法に侵害されたと主張するすべての個人が裁判所に訴訟を提起することが認められている。

(262)　M. Fromont, *Droit administratif des Etats européens*, Paris: PUF, 2006, p.75.

509

◆ 第3部 ◆ 国際人権法の実施メカニズム

ない。

　次に，条約の直接適用可能性を判断する基準として，条約の規定の明確性という客観的基準のほか，当事国の意思という「主観的要件」が挙げられることがあり，日本では，いわゆる戦後補償裁判における国際人道法条約の解釈に関してそうした立場をとる裁判例[263]や，条約すべてについてそうした考えを一般化しようとする学説がある[264]。しかし，そもそも当事国は条約の国内における実施方法には関心をもたないことが多く，**そのような当事国の主観的意思はそもそも存在しないことがほとんどである。まして，多数国間条約が多くなった今日，当事国の意思を基準とすれば，ほとんどの条約は直接適用可能でないことになってしまうこと**は，条約の国内適用可能性について前述の包括的な業績を著した岩沢教授によってすでに指摘されてきた[265]。

　なお，「主観的要件」に関して，条約の国内適用に関する締約国の主観的意思はそもそも見い出せず仮想のものでしかないが，直接適用ができないとしてそれを「排除する」締約国の意思は意味をもつ，と言われることがある。しかし，**人権条約の場合は，ヨーロッパ社会憲章のように，締約国の否定的意思が条文上示されているにもかかわらず，いくつかの国で直接適用されている例がある。**ヨーロッパ社会憲章は附属文書第Ⅲ部で，「本憲章は国際的性格の法的義務を含み，その適用はその第Ⅳ部に規定する監視手続のみに服する」と規定しており，憲章上は，その規定の適用の履行確保は，ヨーロッパ社会権委員会による締約国の報告書の検討等の国際的手続のみに服し，締約国の国内裁判所等での憲章の適用は排除されるという起草者の意図が示されているとみることができる。しかし，批准した条約が国内的効力を有する体制の国においては，同憲章も国内法秩序に組み込まれ，国内裁判所が依拠しうる法規範となっているのが事実であって，例えばオランダでは，団体交渉の権利に関する6条4項の規定について直接適用可能性を肯定した最高裁判所の判決が存在する。さらに，フィンランドは1991年，憲章に法律と同等の国内的効力を認める国内法を

---

(263)　捕虜の待遇に関する1949年ジュネーブ第三条約66条・68条の国内適用可能性について，「規定内容が明確でなければならない。殊に国家に一定の作為義務を課したり，国費の支出を伴うような場合あるいはすでに国内において同種の制度が存在しているときには，右制度との整合性等をも十分考慮しなければならず，したがって，内容がより明確かつ明瞭になっていることが必要となる」と述べた上でこれを否定した，シベリア抑留事件東京高判1993（平成5）年3月5日判時1466号40頁。

(264)　小寺彰『パラダイム国際法 ── 国際法の基本構成』（有斐閣，2004年）65～66頁。

(265)　小寺彰ほか編『講義国際法』（有斐閣，2004年）108頁［岩沢雄司執筆］。

510

第9章　国際人権法の国内的実施

制定したが，この法律には，国内機関に対して憲章の規定を直接に適用することを求める議会の宣言が付されている[266]。

　国内裁判所による条約の直接適用可能性を原則として消極的に解し，主観的要件，客観的要件という厳格な条件が満たされた例外的な場合にのみ可能とする考え方は，日本では条約が国内的効力をもつ有効な法源となっていることを看過し，不必要に厳格な要件を設定して条約の適用可能性を狭めようとする立場であって妥当でない。そのような，容易に証明しがたいほどの高度の障壁を設けることによって，条約の直接適用可能性を狭く解することは，結局のところ，人権条約の義務を回避する結果をもたらすことになる[267]。人権条約は元来，締約国の管轄下の個人の人権保護それ自体を趣旨・目的とし，第一義的には締約国の国内で実効的に実施されることを予定しているところ，上記のような厳格な立場を取るならば，そのような人権条約の趣旨・目的の実現はきわめて困難となり，結果的に条約義務が果たされないこととなってしまうのである。

　条約の国内的効力が認められている国においては，裁判官の条約解釈権を特に制約する国内法上の規則がない限り，裁判官は，自らの司法権の枠内で，適用しうる条約の規定から常に具体的な法的効果を引き出すことが可能である。しかるに，条約規定の直接適用可能性の判断が本質的に，個別の事案において規定の解釈・適用を求められている裁判官の権限に属するものであるとすれば，直接適用可能性を原則として否定的に解する理由は何もなく，**直接適用可能性にはむしろ有利な推定が認められる**というべきである[268]。国際法は，国内的効力を与えられたということに基づいて，直接適用可能であると推定されるとみるのである。そのように，条約の直接適用可能性を原則として肯定することは，各国の国内法秩序において効果を発揮することを求められている条約の規範の，その国に対する法的拘束力に内在するものと言ってもよい[269]。このことは，人権条約のように，国家の相互的な権利義務の確保ではなく個人の人権保障を目的とし，締約国の国内における実効的な実施を眼目としている条約に

---

[266]　詳細は申「人権条約の直接適用可能性」青山法学論集49巻1号（2007年）238頁以下を参照。

[267]　北村泰三「国際人権法の解釈，適用における国内裁判所の役割 —— 接見時ビデオ視聴不許可事件を素材として」後藤国賠訴訟弁護団編『ビデオ再生と秘密交通権 [上告審編]』（現代人文社，2008年）56頁。

[268]　De Schutter, *Fonction de juger et droits fondamentaux: transformation du contrôle juridictionnel dans les ordres juridiques américain et européens, op.cit.* (*supra* n.256), pp.153-154

[269]　*Ibid.*, p.156..

◆ 第 3 部 ◆ 　国際人権法の実施メカニズム

ついては，特に念頭におかれなければならない。

◆　4　日本の裁判所における人権条約の直接適用 ══════

　現実には，日本の裁判所において，人権条約の規定は，様々な形態の訴訟で広く援用され，最高裁ではまだ直接適用を認めた事案はみられないものの，下級審の裁判例では，特に自由権規約に関して，直接適用可能性を認めたものが相当数蓄積している。無料で通訳の援助を受ける権利という，日本の従来の国内法上根拠のない権利について，自由権規約14条 3 項(f)を適用して刑訴法の適用を排した東京高裁の判決がその 1 つであるし，旧監獄法及び施行規則の条項が自由権規約14条 1 項の趣旨内容に反する場合には無効とされなければならないとした徳島地裁判決も挙げられる。また，拷問等禁止条約に関しても，ノン・ルフールマン原則を定めた 3 条の内容が日本の入管法にまだ明記されていなかった2000年の段階で，拷問が行われる恐れのある国を送還先に指定した退去強制令書発付処分がこの 3 条に反し無効となりうることを認めた名古屋地裁の決定がある。

●*CASE*●「大麻取締法違反，関税法違反被告控訴事件」東京高判1993（平成 5 ）年 2 月
　　　　　3 日　東京高等裁判所（刑事）判決時報44巻 1 〜12号11頁

「通訳の援助を受ける権利は，わが国において自力執行力を有するものと解される国際人権 B 規約によって初めて成文上の根拠を持つに至ったもので，これまでのわが国内法の知らないところである。」「裁判所において使用される言語を理解すること又は話すことができない場合には，無料で通訳の援助を受けること。」と規定する同規約14条 3 項(f)は，「『無料で』という用語を用いていることに留意すべきである。」「『無料で』という場合には，必ずしも何人かがその費用を負担するということを前提としていない。文字通り無料というだけである。……このように『無料で』という場合には，国による立替払いという観念は当然には含まれない。」「『無料で』とされるのは，被告人が『十分な支払手段を有しないとき』に限られない。被告人に支払能力があると否とにかかわらず，無料とされるのである。……被告人に十分な資力がある場合でも無料とされているのは，それが本来被告人の負担すべきものでないことを示している。」「以上を総合すると，国際人権 B 規約14条 3 (f)に規定する『無料で通訳の援助を受けること』の保障は無条件かつ絶対的なものであって，裁判の結果被告人が有罪とされ，刑の言渡しを受けた場合であっても，刑訴法181条 1 項本文により被告人に通訳に要した費用の負担を命じることは許されないと解すを相当とする。」

第 9 章　国際人権法の国内的実施

● *CASE* ●　「監視用テレビカメラ撤去等請求事件」大阪地判1994（平成 6 ）年 4 月27日
　　　　　　判時1515号116頁

[何人も，その私生活，家族，住居もしくは通信に対して恣意的にもしくは不法に干渉され又は名誉及び信用を不法に攻撃されない，と定めた自由権規約17条 1 項は]「『何人も』と規定し，同規約の他の条文同様，個人がその権利を保障されるという形式を取っているから，規約の内容を実現する国内法の制定などを待つまでもなく，個人が直接規約自体によって権利を与えられるものと解すべきであるし，我が国の法制上，そのように解するにあたって妨げとなるべき特段の事情もない。」

● *CASE* ●　「損害賠償請求控訴事件」[京都指紋押捺拒否国家賠償請求訴訟控訴審判決]
　　　　　　大阪高判1994（平成 6 ）年10月28日判時1513号71頁，判タ868号59頁

「同 [B] 規約はその内容に鑑みると，原則として自力執行的性格を有し，国内での直接適用が可能であると解せられるから，B 規約に抵触する国内法はその効力を否定されることになる。」

● *CASE* ●　「受刑者接見妨害国家賠償請求事件」徳島地判1996（平成 8 ）年 3 月15日判
　　　　　　時1597号115頁，判タ977号65頁

「B 規約は，自由権的な基本権を内容とし，当該権利が人類社会のすべての構成員によって享受されるべきであるとの考え方に立脚し，個人を主体として当該権利が保障されるという規定形式を採用しているものであり，このような自由権規定としての性格と規定形式からすれば，これが抽象的・一般的な原則等の宣言にとどまるものとは解されず，したがって，国内法としての直接的効力，しかも法律に優位する効力を有するものというべきである。」「条約法に関するウィーン条約は，第 3 節において，条約の解釈に関する国際法上のルールを定めているが，その31条は，条約の解釈に関する一般的な規則として， 1 項において，条約は文脈により解釈されなければならないと規定し， 3 項において，文脈とともに，(a)条約の解釈又は適用につき当事国の間で後にされた合意，(b)条約の適用につき後に生じた慣行であって，条約の解釈についての当事国の合意を確立するもの，(c)当事国の間に関係において適用される国際法の関連規則をも解釈の際に考慮しなければならないと定めている。しかるところ，B 規約草案を参考にして作成されたヨーロッパ人権条約が B 規約14条 1 項に相当する 6 条 1 項で保障している公正な裁判を受ける権利は，受刑者が民事裁判を起こすために弁護士と面接する権利をも含むものと解されており，ヨーロッパ人権裁判所において，右面接に刑務官は立ち会うことができないとの判断が下されており，これは右(c)（当事国の間の関係において適用される国際法の関連規則）として，ヨーロッパ人権条約の加盟国が B 規約加盟国の一部にすぎないなどの限界を有し，直ちに B 規約14条 1 項においても全く同一の解釈が妥当するとまでは断定できないとしても，B 規約14条 1 項の解釈に際して一定の比重を有することは認められよう。……以上を勘案すると，B 規約14条 1 項は，そのコロラリーとして

513

◆ 第 3 部 ◆　国際人権法の実施メカニズム

受刑者が民事事件の訴訟代理人たる弁護士と接見する権利をも保障していると解するの
が相当であり，接見時間及び刑務官立会いの許否についてはなお一義的に明確とはいえ
ないにしても，当該民事事件の相談，打ち合わせに支障を来すような接見に対する制限
は許されないというべきである。したがって，監獄法及び同法施行規則の接見に関する
条項も右 B 規約14条 1 項の趣旨に則って解釈されなければならないし，法及び規則の
条項が右 B 規約14条 1 項の趣旨に反する場合，当該部分は無効といわなければならな
い。」

● *CASE* ●「公職選挙法違反被告事件」広島高判1999（平成11）年 4 月28日 LEX/DB
　　　　28065154
「B 規約は，……憲法98条 2 項が，日本国が締結した条約及び確立した国際法規は，こ
れを誠実に遵守することを必要とすると規定し，B 規約が条約として国会の承認を含む
交付手続を経ている点から，他に特別の立法措置等をまたずに公布によって当然に国内
法としての効力が認められるものと解され，憲法の解釈上，条約は法律に優位し，その
効力は法律に対して優越するものであると解される。また，B 規約の内容は，憲法の自
由権規定と同様，司法的にも適用実現の可能な形式であり，同規約 2 条において，各締
約国は，この規約において認められる権利を尊重し及び確保すること，右の権利を実現
するために必要な立法措置その他の措置をとること，右の権利及び自由を侵害された者
が効果的な救済措置を受けることを確保することを約束していること等の趣旨からも，
各締約国はこの規約を即時に実施する義務を負うものであると解されるので，同規約は
自動執行力を有し，裁判所においてこれを解釈適用できるものと解される。」

● *CASE* ●「退去強制令書執行停止申立事件」名古屋地決2000（平成12）年 5 月16日判
　　　　例集未登載
「（一）……法53条 2 項は，退去強制を受ける者を国籍国に送還することができない場合
には，本人の希望により，その他の国に送還することができる旨規定しているところ，
同項にいう『送還することができないとき』には，戦争等により事実上送還が不可能な
場合や，帰国すれば迫害を受けるおそれがある場合などを含むと解される。
　また，同条 3 項は，送還先の国には難民条約33条 1 項に規定する領域の属する国を含
まないとする旨定めており，人種等を理由として生命又は自由が脅威にさらされるおそ
れのある領域への送還を禁止している。
　そして，同項は，難民と認定された者のみを念頭に置いたものではなく，難民を含む
すべての外国人に対して適用される規定であると解される。
　さらに，拷問禁止条約 3 条は，『締約国は，いずれの者をも，その者に対する拷問が
行われるおそれがあると信ずるに足りる実質的な根拠がある他の国へ追放し，送還し又
は引き渡してはならない。』と定めているところ，右規定は，その一義性からみて，自
動執行的なものであり，直接適用されるべきである。そして，右規定に該当する場合に
は，法53条 2 項にいう『送還できないとき』にあたると解されるから，同項に定める他

514

第9章　国際人権法の国内的実施

の国に送還すべきこととなる。

（二）申立人は本件不認定処分及び本件不認定裁決において難民とは認められないことが確定し，また，本件裁決により日本への在留特別許可も付与されないことが確定しているけれども，強制送還先の決定に当たっては，送還先で現実に迫害がなされた場合に送還された者の受ける不利益が取り返しのつかないものであることにかんがみれば，より慎重な判断が求められているというべきであり，先行する手続において難民性が否定されているからといって，常に法53条3項及び2項の適用を否定してよいということにはならない。

　これを本件についてみるに，申立人の国籍国であるエチオピアにおいて隣国との武力紛争が勃発し，エリトリア系市民に対する大規模な迫害がなされていることは前記のとおり国際的にも明らかな事実である。

　そして，前記認定のとおり，申立人が，エリトリア系エチオピア人である可能性を現段階では否定することはできないところ，申立人を同国に送還した場合，その生命又は自由が脅威にさらされる蓋然性もまた高いというべきである。しかも申立人は強制退去手続において，入国審査官に対し，もし退去強制になるとしたらエチオピアには帰りたくない，平和な国ならどこでもかまわない，エチオピアでなければアフリカの国でもよいと述べているのであって……，このような事情があるにもかかわらず，申立人の送還先をエチオピアと指定したという点で，本件退令発付処分の送還先指定部分は無効である可能性を否定できない。

（三）また，前記認定のとおり，エチオピアにおいては，多くのエリトリア系市民が公務員によって身柄を拘束されたうえエチオピアからエリトリアに強制的に移動させられ，処罰又は脅迫の目的で暴行を加えられていると認められるのであるから……エリトリア系エチオピア人である可能性のある申立人をエチオピアに送還した場合，申立人に対して拷問が行われるおそれがあるというべきである。

　そうすると，<u>申立人の送還先をエチオピアと指定する本件退令発付処分は，拷問禁止条約3条に反し，無効である可能性を否定できない。</u>」

　「そうすると，本件執行停止の申立のうち，送還部分の停止を求める部分については，理由があるというべきであるが，本件事案の内容にかんがみ，とりあえず第一審判決言い渡しの日から一か月を経過した日まで送還部分の執行を停止する……。」

◆　5　無差別規定の直接適用
—— 社会権規約の直接適用可能性の一律否定とその打開

　他方で，日本の裁判例では，社会権規約の規定に関しては，従来，その直接適用可能性が一律に否定されてきた。この点でリーディング・ケースとなってきたのが，社会保障についての権利を定めた規約9条につき，この規定は「権利の実現に向けて積極的に社会保障政策を推進すべき政治的責任を負うことを宣明したもの」にとどまるとした1989年の塩見訴訟最高裁判決である。これ以降，下級審判決はすべてこれを基本的に踏襲し，中には，社会権規約の規定が

515

◆第 3 部◆　国際人権法の実施メカニズム

裁判所で直接適用されることは規約自体も予定していないところであるとまで
述べるものもあった。

● *CASE* ●　「国民年金裁定却下処分取消請求上告事件」［障害福祉年金国籍要件違憲訴
　　　　　　訟（塩見訴訟）上告審判決］最判1989（平成元）年 3 月 2 日訟務月報35巻 9
　　　　　　号1754頁

「経済的，社会的及び文化的権利に関する国際規約（昭和54年条約第 6 号） 9 条は『こ
の規約の締約国は，社会保険その他の社会保障についてのすべての者の権利を認める。』
と規定しているが，これは締約国において，社会保障についての権利が国の社会政策に
より保護されるに値するものであることを確認し，右権利の実現に向けて積極的に社会
保障政策を推進すべき政治的責任を負うことを宣明したものであって，個人に対し即時
に具体的な権利を付与すべきことを定めたものではない。このことは，同規約 2 条 1 が締
約国において『立法措置その他のすべての適当な方法によりこの規約において認められ
る権利の完全な実現を漸進的に達成する』ことを求めていることからも明らかである。
したがって，同規約は国籍条項を直ちに排斥する趣旨のものとはいえない。」

● *CASE* ●　「外国人生活保護申請却下処分等取消請求事件」東京地判1996（平成 8 ）年
　　　　　　5 月29日判時1577号76頁，判タ916号78頁

「社会権規約は，わが国も批准した条約であって，わが国に対して法的拘束力を有する
ものであるが，同規約の 9 条にいう『この規約の締約国は，社会保険その他の社会保障
についてのすべての者の権利を認める。』との規定は，締約国において社会保障につい
ての権利が国の社会政策により保護されるに値するものであることを確認し，右権利の
実現に向けて積極的に社会保障政策を推進すべき政治的責任を負うことを宣明したもの
であって，個人に対し直接具体的な権利を付与したものではないし，個人が同規約を根
拠として国内裁判所に対し国家を相手としてその履行を請求することができないことも
明らかである。」
「右に説示した……社会権規約の性格に照らせば，生活保護法のように明文上その適用
対象が日本国民に限定されているものと解される場合には，右理念［＝外国人にも生活
保護法の適用を認めるべきであること］の実現はまずもって立法的措置を通じて図られ
るべきであって，司法裁判所を通じて直接的に実現しようとすることは，社会権規約自
体も予定していないところといわざるを得ない。」

　確かに，社会権規約は，本来的な社会権の実現のための立法措置，特に財政
措置の必要性を反映して，また，国際社会における各国の経済力の格差をも考
慮して，権利の「漸進的達成」の枠組みを採用している。しかし，**社会権規約
においても，労働基本権に関する 8 条のほか，差別のない権利享受（ 2 条 2 項
及び 3 条）については，締約国はこれを「保障」ないし「確保」することが義**

516

務づけられていることに留意する必要がある。2条2項は「この規約の締約国
は，この規約に規定する権利が……いかなる差別もなしに行使されることを保
障することを約束する。」，3条は「この規約の締約国は，この規約に定めるす
べての経済的，社会的及び文化的権利の享有について男女に同等の権利を確保
することを約束する。」と規定し，この規約の締約国は，この規約に定めるす
べての市民的及び政治的権利の享有について男女に同等の権利を確保すること
を約束する。」とした自由権規約と同旨の規定をおいている。日本の学説も従
来から，これらの無差別規定については，締約国は直ちにその実現が要求され
ることを認めてきた[270]。社会権規約委員会の側も，規約の適用に関して，無
差別規定の適用は，司法的救済が可能でありかつ望ましいものの最たる例の一
つであることに注意を促してきた。

■ 社会権規約委員会「一般的意見3 締約国
の義務の性格」（1990年）
　1. ……規約は漸進的実現を規定し，利用
可能な資源の制限による制約を認めつつも，
即時の効果をもつ様々な義務をも課している。
……一つは，……関連の権利が「差別なく行
使される」ことを「保障することを約束する」
ことである。
　5. 立法に加えて，適当と考えられうる措
置の中には，国内法制に従い司法判断に適す
ると考えられる権利に関しては，司法的救済
を与えることがある。委員会は例えば，認め
られた権利を差別なく享受することは，一部
は，司法的又はその他の効果的な救済を与え
ることによって，適当に促進されることが多
いということを注記する。……加えて，3条，
7条(a)(i)，8条，10条3項，13条2項(a)13条
3項，13条4項，15条3項を含め，多くの国
の国内法制において司法及びその他の機関に
よる即時の適用が可能と思われる多くの規定
がある。上記の規定が内在的に直接適用不可

能だという考えは，維持し難いものに思われ
る。

■ 社会権規約委員会第1回日本政府報告書審
査「総括所見」（2001年）
　10. ……委員会は……規約のいずれの規定
も直接の効力を有しないという誤った根拠に
より，司法決定において一般的に規約が参照
されないことに懸念を表明する。締約国がこ
のような立場を支持し，従って規約上の義務
に違反していることは更なる懸念の対象であ
る。
　12. 委員会は，差別の禁止の原則は漸進的
実現及び「合理的な」又は「合理的に正当化
しうる」例外の対象となるという締約国の解
釈に懸念を表明する。
　39. 委員会は，締約国に対し，規約2条2
項に掲げられた差別の禁止の原則は絶対的な
価値であり，客観的な基準に基づく区別でな
い限りいかなる例外の対象ともなりえないと
いう委員会の立場に留意するよう要請する。

　実際，権利の実体規定のみが援用される場合と比較して，権利実現における
差別の訴えに対して，実体規定と無差別規定を併せて適用して司法的救済を与
えることは，はるかに容易である。換言すれば，一般的な文言で規定され，あ
る事案でそれのみでは直接適用が困難な条約規定であっても，無差別原則と組
み合わせることにより，国内裁判所によって直接適用可能な規範となりうる。

---

[270]　高野雄一『国際社会における人権』（岩波書店，1977年）322頁；宮崎繁樹編『国際人権規約』
（日本評論社，1979年）31頁［今井直執筆］。

◆ 第3部 ◆ 　国際人権法の実施メカニズム

権利の実体規定のみでは，直接適用するには意味内容が十分に明確でない場合でも，差別の訴えについては，差別的に権利を否定されたと主張する者の状況と，それと対照的に権利を享受している人々との状況とを比較すれば足り，すでに現前している後者の事実の存在によって判断は大幅に容易になるからである[271]。社会権規約上の権利についていえば，裁判官は少なくとも，権利享受における無差別については，規約の無差別規定に直接に依拠して救済を与えることが可能であると考えられる[272]。

　塩見事件を始め多くの訴訟で社会権規約違反が主張されている国民年金法の適用範囲について，ここで経緯を振り返れば，同法は1959年に制定され，国民皆年金の理念に基づき，公的年金制度で従来カバーされてこなかった農林漁業者，自営業者，自由業者を対象とする国民年金を創設し，被保険者は，日本国内に居住する20歳以上60歳未満の日本国民とするものであった。障害福祉年金については，廃疾認定日又は20歳に達した日において日本国籍であることを要件としていた。国民年金は強制加入（学生は1991年まで任意）であり，老齢・障害・生計維持者の死亡が生じた場合に年金を給付するものであって，財源は，保険料と，社会保障の観点から拠出する国庫金であった。他方，保険料納付から年金の受給までには相当長期間（60歳までに最低25年）の保険料納付要件を満たさなければならないため，制度発足時すでに老齢・障害・生計維持者の死亡が生じていた者について，無拠出制（全額国庫負担）の福祉年金を創設した[273]。1981年に日本が難民条約に加入し，社会保障に関して内外人平等の取扱いをする義務を負ったことから，1982年に国民年金法の国籍条項が撤廃されたが，当時35歳以上の在日外国人及びすでに20歳を超えていた在日外国人障害者は，経過措置の対象とならず対象から除外された。1985年には基礎年金制度が導入され，被用者年金（厚生年金保険か共済組合）に加入している人も国民年金に加入することとされ，基礎年金と，上乗せ部分の2階建て構造になった。障害福祉年金，老齢福祉年金等は，それぞれ障害基礎年金，老齢基礎年金，遺族基礎年金となり，財源は全額国庫負担から，国民年金加入者からの負担も含めたもの

---

[271]　O. De Schutter and S. van Drooghenbroeck, *Droit international des droits de l'homme devant le juge national*, Bruxelles: Larcier, 1999, p.117.

[272]　Sciotti-Lam, *op.cit.*（*supra* n.258）, pp.488–489.

[273]　1966年の小笠原諸島の日本返還時，1972年の沖縄の日本返還時，1994年の中国在留邦人の帰国時，2002年の拉致被害者の帰国時には，国内居住要件によって無年金者が生じないよう，政府は救済措置を講じている。

第9章　国際人権法の国内的実施

になった。このとき，在日外国人が国籍条項により加入できなかった期間については，合算期間（カラ期間）として認定されることになったが，当時すでに60歳を超えていた者は再び除外された。その結果，現在も日本には，何らの経過措置の対象ともならず無年金状態になっている在日外国人高齢者，及び在日外国人障害者が数千人存在する。

　「外国人」の社会保障は本国の問題であるという固定観念があるが，**国民年金法は居住要件をもち，在外邦人は対象外としている**（従って，同法は，海外にいる日本人の年金については在留国に委ねている）し，**社会保障は本来，国籍というよりも「社会の構成員として」（世界人権宣言22条）の連帯を基礎とした相互扶助の仕組みであることも想起すべきであろう**。塩見判決で最高裁は，障害福祉年金が全額国庫負担の無拠出制の年金であることを，立法府の広範な裁量権の主な根拠とし，その後の下級審判決もこれを踏襲しているが，この点も，塩見事件の原告のような定住外国人は税負担において日本人と同様の負担を担い，国庫に貢献してきたにもかかわらず，社会保障の権利については排除されてきたことをどう正当化しうるのか，その論拠が問われる。塩見氏のように，日本の植民地政策に起因して戦前から日本に定着するに至り，戦後は日本政府によって国籍を一方的に剝奪された朝鮮半島及び台湾の旧植民地出身者及びその子孫に関しては，なおさら，**社会保障において日本国民と異なった不利な取扱いをすることの合理性が厳しく検討されなければならない**。さらに付言すれば，現在，多くの国では，社会保障の財源は複合的なものとなっていることから，**人権条約の解釈・適用において社会保障給付権がかかわる際には，拠出制と無拠出制の区別は問題とされない傾向にあることにも注意すべきである**。ヨーロッパ人権条約6条1項は「民事上の権利及び義務の決定」のため公正な裁判を受ける権利を規定するが，ヨーロッパ人権裁判所は1993年の判決で，「民事上の権利」にあたるのは保険制度に類似した拠出制の社会保障制度上の請求をさすという旧来の立場を変更し，6条1項は，申立人が「主張可能な権利（assertable right）」を有する無拠出制の社会保障給付についても当てはまるとした[274]。2005年のステッチ事件判決では，現在の各国の社会保障制度においては拠出制と無拠出制の境界は明確でなく，種々の制度が複合的な性格をもっていることから，ヨーロッパ人権条約第一議定書1条が規定する財産権について，「個人

---

[274]　シュラー＝ツグラッゲン対スイス事件（*Schuler-Zaraggen v. Switzerland*），46項。

519

◆ 第3部 ◆ 　国際人権法の実施メカニズム

が国内法の下で社会保障給付に関して主張可能な権利を有する場合には，当該利益の重要性に照らして，第一議定書1条が適用されると解すべきである」としている[275]。

　裁判所は従来，社会権規約の規定については一律に直接適用可能性を否定する姿勢をとってきたが，最近になって，無差別に関する2条2項の直接適用可能性を肯定する裁判例が現れるに至った。旧国民年金法の国籍条項，及び同法改正時の経過措置の対象範囲によって国民年金の被保険者から除外され無年金状態にある在日韓国・朝鮮人らが提起した国家賠償請求訴訟において，大阪地裁は2005年，結論としては請求を棄却したものの，2条2項の直接適用可能性（「裁判規範性」とされているが，その趣旨は直接適用可能性と同義）を肯定した。また，その控訴審で大阪高裁も翌年2006年11月15日の判決[276]で，請求は棄却したものの，社会権規約2条2項の直接適用可能性については原審の判断を踏襲し，9条を具体化する立法である旧国民年金法の国籍条項について差別の排除を求めるという「自由権的側面」においては社会権規約2条2項は裁判規範性（直接適用可能性）を有するとした（しかし他方で，両判決とも，国籍条項は社会権規約2条2項及び自由権規約26条に合致せず，放置されれば違法状態となる余地があるとしたものの，規約発効の約2年後に撤廃されたため規約違反はないとした上で，その後の法整備によっても原告らは救済されなかったことについて，一転して広範な立法裁量を認め違法性を認めなかった点は，2条2項の直接適用可能性を認めた判旨からすれば一貫性を欠くといわざるを得ない）。

● *CASE* ● 「損害賠償請求事件」［在日コリアン年金差別訴訟第一審判決］大阪地判2005
（平成17）年5月22日判タ1188号254頁
　「A規約2条，9条についても，留保なしに批准されているところ，社会保障を受ける権利自体は国の漸進的達成義務によるものであるから直ちに具体的な権利として認めることはできないが，すでに立法された場合には，社会保障を受ける権利において差別を禁止する同規約2条2項は，自由権規約26条と同趣旨にあるものとして，裁判規範性を認めることができると解すべきである。」
「被告は，A規約2条1項において，締約国は立法の漸進的達成義務を規定しているこ

---

[275]　ステッチほか対イギリス事件（*Stec and Others v. the United Kingdom*）（受理可能性決定）50-51項。裁判所はその上で，第一議定書1条は社会保障給付を受ける権利を含まないが，締約国が給付制度を創設する場合には，その制度は条約14条の差別禁止規定に合致しなければならないと判示している（55項）。

[276]　LEX/DB25450330。評釈に村上正直「社会権規約と自由権規約の平等条項の裁判規範性」ジュリスト1313号『平成18年度重要判例解説』（2007年）282～283頁。

520

第9章　国際人権法の国内的実施

とから，同規約2条2項（及び9条）の規定は，締約国において，社会保障についての権利が国の社会政策により保護されるに値するものであることを確認し，その権利の実現に向けて積極的に社会保障政策を推進すべき政治的責任を負うことを宣言したもので，個人に対し即時に具体的権利を付与すべきことを定めたものではないから，A規約の規定は自動執行力がなく，旧法の国籍条項を直ちに排斥するものではないと主張する。

しかしながら，本件は，原告らが，A規約9条の規定を具体的に立法化したものである旧法において定められた国籍条項が，内外人平等原則に違反して違法である旨主張して国家賠償を求めている事案であり，いわば国家から差別的待遇を受けないことを求める，A規約の自由権的側面に関わる問題である。このような自由権的側面に関する事項については，A規約の規定であっても，その性質上，自動執行力ないし裁判規範性を有するものと解すべきである。」

◆ 6　権利の実現を後退させる国の措置への制約
── 社会権規約に照らした後退的措置の違法性の認定

各国の憲法法理において，社会権を包含する憲法の基本権規定が国家権力特に立法府を拘束する様々な法的効果を認められているように[277]，国際条約である社会権規約も，人権を保障するために締結された法文書である以上，義務規定が自由権規約のそれと比較して緩やかなものであれ，締約国にとって何らの法的意義ももたないとみることは誤りである。人権とは，実定法秩序に先立つ人間の自然権的な権利を表明する法概念であり，国内法においては，立法者も，憲法制定権者さえも恣意的に侵害することが許されない個人の権利を意味する。社会権規約と自由権規約は，相伴って国際社会の人権章典をなすものとして起草され，「人間の固有の尊厳に由来する」（共通前文）人権の保障を目的としている。そのような人間の固有の権利としての人権を宣言した条約を批准することによって，国家は，人権が実定法秩序に先立つ人間の自然権的な権利であることを認めたということができる。そして，そこに掲げられた**権利を認めるとは，国家にとって，いかなる場合においても，権利の本質を侵害し（すなわち，権利が無意味なものになるまでにこれを制約し）又は，認めた権利を否定してはならない義務を含意すると同時に，認めた権利を具体化し実現するために必要な状況を創出する取り組みを行う義務が生じることを意味する**。社会権規約上は，権利の実現を具体化する義務は2条1項の規定に示されているが，この規定上，締約国は権利の完全な実現を直ちに達成する必要はないことは明

---

[277]　申・前掲注[266]196〜198頁。

521

◆ 第3部 ◆ 国際人権法の実施メカニズム

らかである一方で，権利の完全な実現を漸進的に達成するために「**措置を取る**」ことを怠ることはそれ自体**義務の過怠となる**。また，締約国は権利の実現を「漸進的に達成する」目的をもって措置を取ることとされていることに鑑みれば，権利の実現は漸進的に進歩しているべきことが導かれ，**締約国の取った措置によって権利の実現がそれ以前よりも後退することは，規約2条1項の趣旨に反する**ことになる。

　また，2条1項の義務と併せて，規約の実体規定は，少なくとも，国が権利をすでに実現させている限りにおいてはそれを「既得の権利」とみなし，権利の実現をそれよりも後退させることに対して制約を課す効果をもちうる[278]。例えば，無料の義務的初等教育の原則を定めた13条2項，及び，これをまだ実現していない国は2年以内に詳細な実現計画を作成することとした14条は，締約国に対して，少なくとも，当該国について規約が発効した時の状況よりも権利の実現を後退させないことを要求する（いわゆる**停止効果の義務**）ものと解される[279]。

　国内裁判所の中には，上述のような憲法上の権利に関する判例法理にも言及しつつ，社会権規約の規定から**後退的措置の違法性**を導いているものがある。後退的措置の違法性の認定に関する国内判例として，今日まで最も顕著に判例法を蓄積させているのはベルギーの裁判所である。社会権規約は1983年7月21日にベルギーについて発効したが，1989年3月1日のリエージュ民事裁判所判決を皮切りとして，同年9月6日のコンセイユ・デタ判決，1990年12月20日の破毀院判決，1992年5月7日の仲裁裁判所（現・憲法裁判所）判決により相次いで，教育を受ける権利に関する社会権規約の規定を直接の根拠として，権利の実現状況を後退させる法令の違法性を認定する司法判断が出されるに至っている[280]。

　以下にみるのは，ベルギーの行政最高裁判所であるコンセイユ・デタが，社会権規約13条・14条の規定から，無料の義務的初等教育に関して，すでにそれを実現している締約国については，「事後的逸脱禁止」効果があることを認め，

---

[278] P. Orianne, "Mythe ou réalité des droits économiques, sociaux et culturels", *Présence du droit public et des droits de l'homme, Mélanges offerts à Jacques Velu*, t.3, Bruxelles: Bruylant, 1992, p.1884.

[279] M. Leroy, "Observations: Le pouvoir, l'argent, l'enseignement et les juges," *Revue trimestrielle des droits de l'homme*, 1ère année, n° 2, 1990, p.196.

[280] 詳細は，同上202〜220頁。

第9章　国際人権法の国内的実施

社会権規約の違反を直接の根拠として，授業料の値上げに関する政府決定及び通達の取消を認めた決定である。この事件では，外国人生徒が支払う授業料の導入に関する通達及び政府決定が，無償の初等教育を受ける権利を定めた社会権規約13条2項や14条に反するものでないかどうかが争われた。裁判所は，14条は13条2項の原則を未だ実現していない国に関わるものである一方，国内法ですでにそのような規定を定めた国に対しては，事後にそれから逸脱しないという「直接かつ即時に適用可能な義務を課す」ものであるとした。また，13条2項についても，同項は個人の主観的権利の問題とは別に，すでに導入されている無償の原則から国が逸脱することの違法性を認める根拠となることを認め，結果として当該の通達及び政府決定の取消を命じた。

● **CASE** ● フェッダルほか対国事件（*M'Feddal et crts c. l'Etat belge*）ベルギーコンセイユ・デタ判決, Conseil d'Etat de Belgique（6ème ch.）, n° 32989, 1989年9月6日, *Revue trimestrielle des droits de l'homme*, 1ère année, n° 2, 1990, p.184

「国内法ですでにそのような規定を定めた国に対しては，同条［＝14条］は，事後にそれから逸脱しないという，直接かつ即時に適用可能な義務を課す」。

「従って，ここで提起されている問題は，経済的，社会的及び文化的権利に関する規約が個人に対して，裁判所で主張できる主観的権利を付与したものかどうかではなく，ベルギーの立法が，同規約13条2項の明確かつ精確な規則に示された目標に合致するかどうかを検証することである」。

「この日［＝社会権規約がベルギーについて発効した1983年7月6日］から，ベルギーの立法府は，国際的義務に反することなしに，自らが受入れた無償の原則から逸脱する規定を導入することはできなくなった」。

ベルギーにおいて，行政行為の取消を求める本件のような取消訴訟（recours en annulation）は，ある行政行為が，適用される有効な法規則に照らして合法なものか否かを審査する手続である。それは，財産権や人格権のような主観的な権利を主張する訴訟と異なり，客観法（droit objectif）つまり客観的な法秩序の維持にかかわる司法判断であり，その提起のためには，自らの権利（droit）でなく利益（intérêt）が関わっていることだけで足りる[281]。本件についていえば，司法判断の目的は，問題となった政府決定及び通達（並びに，間接的には，その

---

(281) M. Leroy, *Contentieux administratif*, 3e éd., Bruxelles: Bruylant, 2004, pp.88-89; De Schutter et Van Drooghenbroek, *Droit international des droits de l'homme devant le juge national, op.cit* (*supra* n.271)., pp.321-322.

523

◆ 第3部 ◆　国際人権法の実施メカニズム

根拠となった法）が，適用される法規則に照らして違法なものとして取り消されうるかどうかであり，申立人は，自らの権利でなく，行政行為によって影響を受ける利益のみをもって訴訟を提起しうる[282]。この取消訴訟の枠内で社会権規約を援用する場合，申立人は，同規約によって自分が裁判所で直接に請求できる主観的な権利を有していると主張する必要はなく，同規約の定める無料の義務的初等教育に関して，行政行為の取消を求める利益を有していると主張すれば足りるのである。そして，裁判所は，条約の規定から個人の主観的権利を引き出しうるかどうかの問題と関わりなく，法令や行政行為の合法性の審査の基準として，条約の規定を参照することができる。

このような客観法としての取消訴訟において，本件でコンセイユ・デタは，ベルギーにおいて国内的効力をもつ法規範としての社会権規約について，その規定が締約国たるベルギーに課している義務を解釈し，それに照らして法令の合法性を判定して司法判断の結論を導いた。条約の直接適用可能性について，社会権規約のように締約国の義務を述べた文言になっている規定の場合には「個人の権利として直接適用できない」という，条約の直接適用可能性と個人の主観的権利の有無とを結びつける定式は，本判決では完全に崩れている。ある国においてある条約の規定が個人の権利としては裁判所で直接に執行できないにしても，そのこととは別に，条約の規定は締約国に課された義務としては依然有効であり，国家機関の行為の合法性を判定する基準として直接に依拠することが可能であることが明確に示されているからである。本件で採用された立場によれば，条約規定の直接適用可能性は，当該規定から個人の主観的権利を認めうるかどうかの問題に吸収されるのではない。国内的効力を有する条約の規定は，そこから個人の主観的権利を導き得ない場合でも，法令や行政行為の合法性を審査する司法判断のために直接に依拠しうる法規範である。

本件のような判例からは，条約の「直接適用可能性」の概念は，条約の規定から個人の主観的権利を引き出しうる場合のみでなく，取消訴訟のように法令や行政行為の合法性審査のための訴訟において国内裁判所が条約規定に直接に依拠しうる場合を含めて広く定義できるものと考えられる[283]。ルロワが「国際法規の直接適用可能性の問題は，むしろ，客観法の次元に属する」[284]と述

---

[282]　Leroy, "Observations: Le pouvoir, l'argent, l'enseignement et les juges," *op.cit.*（*supra* n.279），p.198.

[283]　De Schutter et Van Drooghenbroek, *op.cit.*（*supra* n.271），p.322.

第9章　国際人権法の国内的実施

べているように，条約の直接適用可能性は，条約から個人の主観的権利を認め
うるかどうかの決定を前提とすることなく，より広く，裁判所がその司法判断
において直接に依拠しうる規範となることであるととらえることが適切である。

　以下にみるのは，中等教育の無償性をめぐる事案である。この事件では，外
国人生徒が支払う授業料の導入に関する通達をめぐり，第一審のリエージュ民
事裁判所は，中等教育における無償教育の漸進的な導入を定めた社会権規約13
条２項(b)の違反を認定していた。その上訴審でベルギー破毀院は，結論的には
13条２項(b)違反を認定しなかったものの，同項が後退禁止の義務を課している
ことについては原判決の解釈を踏襲した。

● *CASE* ● 国ほか対ナジミ事件（*Etat belge, vice-Premier ministre chargé de la restructura-*
tion de l'éducation nationale et Communauté française de Belgique c. Najimi）ベ
ルギー破毀院判決，Cour de Cassation（Section française, 1ème Ch.），1990年
12月20日[285]
「……同規約13条２項(b)は，即時の効果を生じるものではなく，申立人に対して，国内
裁判所が保護しなければならない個人の権利を生じさせるものではない。[しかし] 原
判決がいうように，確かに，破毀申立人 [＝国] は，同規約に違反することなしに [権
利の実現を]『後退』させることはできない」。

　本判決によってベルギーでは，条約の規定は，それが個人の主観的権利を直
接に生じさせるものでない場合であっても，国家の義務としては十分に明確で
ある限りにおいて，国家が法的義務に違背したか否かを判断する基準としては
直接に用いうることが，行政裁判所及び司法裁判所いずれにおいても認められ
たとされる[286]。

　下にみるのは，大学への登録料等を設定したデクレに対する取消訴訟におけ
るベルギー仲裁裁判所（当時。現・憲法裁判所）の判決である。申立人は，教
育に対する権利に関する憲法規定のほか，「何人も，教育を受ける権利を否定
されない」としたヨーロッパ人権条約第一議定書２条，及び無料の高等教育の
漸進的導入に関する社会権規約13条２項(c)を主張の根拠としていた。本件で仲

---

(284)　Leroy, "Observations: Le pouvoir, l'argent, l'enseignement et les juges," *op.cit.*（*supra* n.265），
　　　p.197.
(285)　http://www.juridat.be/cgi_juris/jurf.pl.
(286)　De Schutter et Van Drooghenbroek, *op.cit.*, pp.118–119.

525

◆ 第 3 部 ◆ 国際人権法の実施メカニズム

裁裁判所は，デクレの憲法違反を認めこれを無効としたが，その判決において，社会権規約13条 2 項(c)による「停止」義務の違反の有無について検討している。

● *CASE* ● 学生サークルほか対フランス語共同体事件（*Cercle des étudiants en alternance et crts c. Communauté française*）ベルギー仲裁裁判所判決，C. A., n° 33/92, 7 mai 1992, *Moniteur belge*, 1992年 6 月 4 日[287]

「経済的，社会的及び文化的権利に関する国際規約の13条 2 項と 2 条 1 項を合わせ読むと，同規約で課されている，『各人の能力に応じた』高等教育へのアクセスの平等は，経済的な可能性及び，各国の具体的な国家財政の状況を考慮しつつ漸進的に実現されるべきものとされ，厳格に同一の時間的条件によるのではないと考えられる。同規約13条 2 項(c)は従って，国内法秩序において直接的効果を有するものではなく，それ自体で，高等教育に対する無料のアクセス権を生じさせるものではない。しかしながら，この規定は，ベルギーに対して［同規約が］── 1983年 7 月 6 日に ── 発効して以降は，ベルギーが，国家財政を考慮しつつ各人の能力に応じて高等教育へのアクセスの平等を漸進的に達成するという目標に反する措置を取ることを妨げるものである」。

「本件デクレが登録料を課す原則を維持すること自体は，各人の能力に応じて高等教育へのアクセスの平等を漸進的に達成するという目標に反する措置の禁止に反しない。」

「［教育費の］増額は，1966年の［社会権］規約から生ずる『停止』の義務に違反してはならない」。

「［デクレによる授業料の徴収は］「1966年の［社会権］規約13条と憲法17条を組み合わせた結果としての『停止』の義務に反するものではない。」

本件で仲裁裁判所は，上述のコンセイユ・デタ判決の考え方に沿う形で，社会権規約13条 2 項(c)の規定から「停止」の義務が生じることを認め，本件デクレにより，ベルギーに対して規約が発効した日の状況と比較して権利の実現状況が後退していないか否かを具体的に検討している。本判決によってベルギーでは，条約の規定は，そこから個人の主観的権利を必ずしも主張できなくとも，公権力を拘束する法規範としては有効なものとして，法令の合法性審査の基準に直接に用いうることが，仲裁裁判所によっても認められたことになる[288]。仲裁裁判所での取消訴訟における社会権規約の規定の直接適用は，教育に関する同様の事案でその後も引き続き認められ，同裁判所の確立した判例法を形成している[289]。

日本で，社会権規約に反する後退的措置の例としては，在留資格のないいわ

---

[287] http://www.juridat.be/cgi_juris/jurf.pl.

[288] De Schutter et Van Drooghenbroek, *op.cit.*（*supra* n.271），pp.501-502.

ゆる非正規滞在外国人に対する国民健康保険法の不適用の問題がある。同法には元来国籍要件はなかったが，施行規則によって外国人は適用除外とされてきたところ，規則改正により国籍要件が撤廃されたにもかかわらず，非正規滞在外国人については通達で引き続き排除されてきた。法5条所定の「住所を有する者」の解釈につき，最高裁は2004年の判決[290]で，非正規滞在外国人であっても一定の要件を満たせば国保法の適用対象となるとしたが，同年6月の施行規則改正により，住所を有する非正規滞在外国人は再び排除された。国民健康保険の被保険者として給付を受ける権利は，いわば最低限の医療サービスを受け，生命を維持し健康に生きる権利という根本的な権利であるが，このような根本的な権利を法律の明確な委任がないにもかかわらず規則で奪うことは憲法31条，41条に違反すると同時に，上述したような国保法の運用はまさに「意図的な後退的措置」として社会権規約2条1項及び2項，9条，12条に違反するといわざるを得ない[291]。

◆ 7 条約の「間接適用」
—— 国内法の条約適合的解釈

　条約規定を直接に司法判断の根拠とする直接適用に対し，いわゆる間接適用の手法は，**直接的には国内法である憲法や法律を解釈・適用の対象としつつ，関連する条約規定の趣旨に鑑み，ありうる解釈の幅の中でできる限り条約適合的な解釈を採用する**ものである。人権条約の規定の多くは，憲法の人権規定と共通する内容を含みかつより詳細な定めをおいたものであるから，**憲法の人権規定の解釈において，人権条約の規定の趣旨を取り込みそれに適合した憲法解釈を採用する**ことがその1つの形態である。例えば，婚外子がその出生を理由に相続分等において法的な差別を受けていることは，法の下の平等に関する憲法14条に反するものであると解釈しうるが，自由権規約や子どもの権利条約等の人権条約において子どもに対するいかなる差別をも禁ずる規定がおかれていることは，違憲判断をさらに補強する理由づけとなろう。また，様々な法律に

---

[289]　1994年5月19日仲裁裁判所判決（No.40/94, *Moniteur Belge*, 10 June 1994, http://www.juridat.be/cgi_juris/jurf.pl），2003年7月22日仲裁裁判所判決（No.106/2003, *Moniteur Belge*, 4 novembre 2003, http://www.ejustice.just.fgov.be/doc/rech_f.htm）。

[290]　2004（平成16）年1月15日判時1850号16頁。

[291]　高佐智美「外国人と社会保障 —— 国保法の解釈運用をめぐる問題点」獨協法学69号（2006年）235頁。

◆ 第3部 ◆ 国際人権法の実施メカニズム

基づき行政機関が行った裁決や処分の取消を求める取消訴訟，例えば入管法に基づく退去強制令書発付処分の取消訴訟において，家族の保護や子どもの権利について定める人権条約の諸規定に鑑み，当該処分の違法性を判断することも，国内法の解釈・適用において司法判断において人権条約の趣旨を反映させる重要なあり方である。さらに，人種差別撤廃条約や女性差別撤廃条約といった差別禁止に関する条約は，「人種差別」や「女性差別」の定義をおくとともに，個人や集団，団体による差別に対しても国が撤廃のための措置を取ること，条約に違反する差別に対しては効果的な救済を与えることを義務づけているから，私人や企業による人種差別・女性差別に対して民法の一般規定に基づいて提起する訴訟では，これらの条約の規定は，それらの規定の解釈基準として作用しうる。司法判断においては，人権条約の規定がそれ自体直接適用という形で活かされうる場合もある一方で，国内法の解釈・適用の際に人権条約の趣旨を活かすという手法は，より広範な射程範囲をもった有意義な手法といえる。加えて，この間接的な手法による場合には，国際基準の潮流を取り込むという趣旨で，まだ国が正式に批准していない条約や，ヨーロッパ人権条約のように日本は批准し得ないが日本の批准している人権条約と共通の法理を含んだ条約，さらに国連総会決議等の人権文書等も広く考慮対象とすることができるという点も重要である。

　次にみるのは，婚外子の権利に関し，東京高裁が1993年，自由権規約，さらに当時日本が批准していなかった子どもの権利条約を援用して，憲法違反の判断を下した事案である。

● *CASE* ● 「遺産分割審判に対する抗告事件」東京高決1993（平成5）年6月23日判時1465号55頁，判タ823号122頁

「民法900条4号但書前段の規定は，嫡出子と非嫡出子とを相続分において区別して取り扱うものであることが明らかであるから，憲法14条1項にいう『社会的身分による経済的又は社会的関係における差別的取扱い』に当たるというべきである。そして……民法900条4号但書前段の規定による嫡出子と非嫡出子との間の差別的な取扱いが，はたして合理的な根拠に基づくものであるかどうかが問われることになる。」

「当裁判所は，適法な婚姻に基づく家族関係を保護するという立法の目的それ自体は，憲法24条の趣旨に照らし，現今においてもなお，尊重されるべきであり，これが重要なものであることを肯定する。……他方で，非嫡出子の個人の尊厳も等しく保護されなければならないのであって，後者の犠牲の下で前者を保護するような立法は極力回避すべきであろう。……この点に関する近時の諸外国における立法の動向を見ると，非嫡出子

第9章　国際人権法の国内的実施

について権利の平等化を強く志向する傾向にあることが窺われ，さらに，国際連合による『市民的及び政治的権利に関する国際規約』24条1項の規定の精神及び我が国において未だ批准していないものの，近々批准することが予定されている『児童の権利条約』2条1項の精神等にかんがみれば，適法な婚姻に基づく家族関係の保護という理念と非嫡出子の個人の尊厳という理念は，その双方が両立する形で問題の解決が図られなければならないと考える。

　……右の規制があるからといって，婚外子の出現を抑止することはほとんど期待できない上，非嫡出子から見れば，父母が適法な婚姻関係にあるかどうかはまったく偶然なことに過ぎず，自己の意思や努力によってはいかんともしがたい事由により不利益な取扱いを受ける結果になることが留意されるべきである。……次に，……たとえば，母が法律婚による嫡出子を儲けて離婚した後，再婚し，子を儲けた場合に，再婚が事実上の婚姻にすぎなかったときは，母の相続に関しても，嫡出子と非嫡出子が差別される結果となり，同号但書前段が本来意図している法律婚家族の保護……を越えてしまう結果を招来すること，このような場合には，いいかえれば，規制の範囲が立法の目的に対して広きにすぎることが指摘されなければならない。以上のとおり，民法900条4号但書前段の規制は，目的に対して広すぎるという意味で正確性に欠けるだけではなく，婚外子の出現を抑止することに関しほとんど無力であるという意味で，適法な婚姻に基づく家族関係の保護という立法目的を達成するうえで事実上の実質的関連性を有するといえるかどうかも，はなはだ疑わしいといわざるを得ないのである。

　そうだとすると，民法900条4号但書前段の差別的取扱いは，必ずしも合理的な根拠に基づくものとはいい難いから，憲法14条1項の規定に違反するものと判断せざるを得ない。」

　アイヌ民族が多数居住する北海道の二風谷地区におけるダム建設のための事業認定の取消をめぐる二風谷ダム訴訟は，札幌地裁が，自由権規約の報告制度における日本政府の見解(本書第8章Ⅳ3を参照)をもふまえて，アイヌ民族が同規約27条にいうマイノリティとしての権利を保障されていることを日本の裁判所として初めて認めたものとして注目された。本判決は，事業認定を行った認定庁に土地収用法上与えられた裁量権の逸脱があったか否かにつき，自由権規約27条のマイノリティの文化享有権の趣旨を梃子として比較衡量論を展開し，土地収用法上の裁量権の逸脱による違法を認定した(但し，結論的には事情判決であった)。

● *CASE* ●「権利取得裁決及び明渡裁決取消請求事件」[二風谷ダム事件]札幌地判1997
（平成9）年3月27日判時1598号33頁，判タ938号75頁
「参加人たる国は，平成3年，国際連合人権規約委員会に対し，B規約40条に基づく第3回報告を提出し，アイヌ民族が独自の宗教及び言語を有し，また文化の独自性を保持していること等から，B規約27条において少数民族であるとして差し支えないとし，本件訴訟においても，アイヌ民族が同条にいう少数民族であることを認めている……。右

529

◆ 第3部 ◆ 国際人権法の実施メカニズム

によれば，B規約は，少数民族に属する者に対しその民族固有の文化を享有する権利を
保障するとともに，締約国に対し，少数民族の文化等に影響を及ぼすおそれのある国の
政策の決定及び遂行に当たっては，これに十分な配慮を施す責務を各締約国に課したも
のと解するのが相当である。そして，アイヌ民族は，文化の独自性を保持した少数民族
としてその文化を享有する権利をB規約27条で保障されているのであって，我が国は
憲法98条2項の規定に照らしてこれを誠実に遵守する義務があるというべきである。
もっとも，B規約27条に基づく権利といえども，無制限ではなく，憲法12条，13条の公
共の福祉による制限を受けることは被告ら主張のとおりであるが，前述したB規約27
条制定の趣旨に照らせば，その制限は必要最小限に留めなければならないものである。」
「本件において起業者の代理人であるとともに認定庁である建設大臣は，本件事業計画
の達成により得られる利益がこれによって失われる利益に優越するかどうかを判断する
ために必要な調査，研究等の手続を怠り，本来最も重視すべき諸要素，諸価値を不当に
軽視ないし無視し，したがって，そのような判断ができないにもかかわらず，アイヌ文
化に対する影響を可能な限り少なくする等の対策を講じないまま，安易に前者の利益が
後者の利益に優越するものと判断し，結局本件事業認定をしたことになり，土地収用法
20条3号において認定庁に与えられた裁量権を逸脱した違法があるというほかはない。」

　外国人あるいは外国人風の容貌の人に対する入店拒否をめぐる事案では，少
なくとも2つのケースにおいて，民法の不法行為の解釈に人種差別撤廃条約の
趣旨を反映させる形で損害賠償請求を認めたものがある。静岡県の浜松市内の
宝石店で，ウィンドウショッピングをしていたブラジル人女性に対し，店主ら
が外国人お断りの旨の張り紙等を見せて店内から退去させた事件で，静岡地裁
浜松支部は，個人に対する不法行為訴訟においては人種差別撤廃条約の実体規
定が不法行為の解釈要件として作用するとし，不法行為の成立を認めて店主に
損害賠償の支払いを命じた。

● *CASE* ● 「損害賠償請求事件」［浜松宝石店入店拒否事件］静岡地判浜松支部1999（平
　　　成11）年10月12日判時1718号92頁，判タ1045号216頁
「……人種差別撤廃条約は憲法優位の下，わが国においても国内法としての効力を有す
る。……『この条約の実施のためには，新たな立法措置及び予算措置を必要としない』
旨の外務省の説明である。……しかしながら，人種差別撤廃条約は，この条約の前文に
掲げている世界人権宣言等が，自由権，平等権，人種差別の禁止等の基本的人権を高ら
かに世界に宣言しているのにとどまるのに比べて，一歩を進め個人や団体の差別行為に
ついての採るべき立法その他の措置を締約国に要求している。このことは，わが国内に
おいて，人種差別撤廃条約の実体規定に該当する人種差別行為があった場合に，もし国
又は団体に採るべき措置が採られていなかった場合には，同条約6条に従い，これらの
国又は団体に対してその不作為を理由として少なくとも損害賠償その他の救済措置を採
りうることを意味する。そしてまた，何らの立法措置を必要としない外務省の見解を前

第9章　国際人権法の国内的実施

提とすれば，本件のような個人に対する不法行為に基く損害賠償請求の場合には，右条約の実体規定が不法行為の解釈要件として作用するものと考えられる。」

　北海道の小樽市内で公衆温泉浴場を経営する店主が「外国人お断り」の札を掲げて米国人らの入店を拒否し，帰化して日本国籍を取得した者に対してもその対応を変えなかった事件において，札幌地裁は，憲法14条のほか自由権規約及び人種差別撤廃条約が民法の解釈基準となることを認めた。その際裁判所は，本件では日本国籍を取得した原告もその容貌によって入浴拒否を受けていることから，「人種，皮膚の色，世系又は民族的もしくは種族的出身に基づく区別，制限」にあたるとして特に人種差別撤廃条約上の人種差別の定義を援用し，不法行為の成立を認め損害賠償の支払いを命じている。

● **CASE** ●「損害賠償等請求事件」[小樽市外国人入浴拒否事件]札幌地判2002（平成14）
年11月11日判時1806号84頁，判タ1150号185頁

「国際人権B規約及び人種差別撤廃条約は，国内法としての効力を有するとしても，その規定内容からして，憲法と同様に，公権力と個人との間の関係を規律し，又は，国家の国際責任を規定するものであって，私人相互の関係を直接規律するものではない。……私人相互の関係については，上記のとおり，憲法14条1項，国際人権B規約，人種差別撤廃条約等が直接適用されることはないけれども，私人の行為によって他の私人の基本的な自由や平等が具体的に侵害され又はそのおそれがあり，かつ，それが社会的に許容しうる限度を超えていると評価されるときは，私的自治に関する一般的制限規定である民法1条，90条や不法行為に関する諸規定等により，私人による個人の基本的な自由や平等に対する侵害を無効ないし違法として私人の利益を保護すべきである。そして，憲法14条1項，国際人権B規約及び人種差別撤廃条約は，前記のような私法の諸規定の解釈にあたっての基準の一つとなりうる。これを本件入浴拒否についてみると，本件入浴拒否は，Oの入口には外国人の入浴を拒否する旨の張り紙が掲示されていたことからして，国籍による差別のようにもみえるが，外見上国籍の区別ができない場合もあることや，第2入浴拒否においては，日本国籍を取得した原告Jが拒否されていることからすれば，実質的には，日本国籍の有無という国籍による区別ではなく，外見が外国人にみえるという，人種，皮膚の色，世系又は民族的若しくは種族的出身に基づく区別，制限であると認められ，憲法14条1項，国際人権B規約26条，人種差別撤廃条約の趣旨に照らし，私人間においても撤廃されるべき人種差別にあたるというべきである。……外国人一律入浴拒否の方法によってなされた本件入浴拒否は，不合理な差別であって，社会的に許容しうる限度を超えているものといえるから，違法であって不法行為にあたる。」

　また，いわゆる中国残留日本人孤児の連れ子（日本に永住帰国した男性の配偶

◆ 第3部 ◆　国際人権法の実施メカニズム

者の連れ子であって，成人で中国籍であった）に対する退去強制令書発付処分に関する取消訴訟で福岡高裁は，当該連れ子がこの日本人男性にとって実子以上の密接な家族関係にあった事実をふまえ，家族の保護について定める自由権規約及び子どもの権利条約に照らして，法務大臣の裁量権の逸脱又は濫用による違法・取消を認めた。

● **CASE** ●　「退去強制令書発付処分取消等請求控訴事件」［残留孤児訴訟控訴審判決］
　　　　　　福岡高判2005（平成17）年3月7日判タ1234号73頁

「本件においては，原判決挙示の証拠によって認められる以下のような事情を考慮する必要がある。まず，控訴人Cは，Mの連れ子であることをはるかに越えて，Lやその家族と密接な関係がある。すなわち，控訴人Cは，LとMの婚姻後……自らが結婚するまでの間L夫婦と同居し，この間に生まれた4人の子供の上にいる最年長者として家事などMの手伝いをし，……Lの家族の重要な一員となっていたものである。そして，特筆すべきは，Lが日本への永住手続をとった際，中国当局者から高齢の養父Zの世話をしなければ日本に帰国できないと言われたため，Lの子供のうち最年長であった控訴人Cが同人の世話をするため中国に残り，同人が死亡するまでの7年間Lに代わってその世話をしたことである。このような事情は，控訴人CがLの実子以上の存在であったと評価できるものである。そして，平成2（1990）年にZが死亡したことから今回の入国申請になったものであるが，このように控訴人Cは，L自身及びその家族全体との関係で，Lの実子同様の密接さがあったということができ，このような家族関係は，日本国がその尊重義務を負うB規約に照らしても十分に保護されなければならないものである。

　そしてなにより，L，控訴人C及び同控訴人Fらの家族が本件のような事態に直面したことについては，控訴人らに退去を強制している日本国自身の過去の施策にその遠因があり，かつその救済措置の遅れにも一因があることが留意されなければならない。……平成6（1994）年に至って，……『中国残留邦人等の円滑な帰国の促進及び永住帰国後の自立支援に関する法律』（以下「中国残留邦人帰国促進自立支援法」という）が公布されたものである。……同法で，円滑な帰国・入国の特別配慮の対象とされている『当該中国残留邦人等の親族』の中に控訴人らのような連れ子が含まれる旨の特別の規定はないが，控訴人らは『前各号に規定する者に準ずるものとして厚生労働大臣が認める者』（同規則10条6号）に該当する余地が残されている。他方，難民認定法により『定住者』として在留資格が認められる者の中には，日本人配偶者たる外国人の連れ子が定められているが，これは未成年で未婚の者に限定されている。この規定は一般的には合理性を有するが，控訴人らのような中国残留邦人の親族の場合，実子同然に育った者であっても，上記のような引き揚げ措置の遅れによって（この間に成人したり結婚したりして）在留資格を取得できないという不合理が生じ，中国残留邦人帰国促進自立支援法の趣旨が没却されてしまうおそれがある。このように，過去の日本国の施策が遠因となり，その被害回復措置の遅れによって結果的に在留資格を取得できなくなってしまっている控訴人らの立場は，本件に特有の事情として，特別在留許可の判断にあたって十分

第9章　国際人権法の国内的実施

に考慮されなければならない。

　以上のような，本件に特有の事情，前記に認定した控訴人らの日本での生活状況に顕れた控訴人らの家族の実態及び控訴人子らが我が国に定着していった経過，控訴人子らの福祉及びその教育並びに控訴人子らの中国での生活困難性等を，日本国が尊重を義務づけられているB規約及び児童の権利条約の規定に照らしてみるならば，入国申請の際に違法な行為……があったことを考慮しても，本件採決は，社会通念上著しく妥当性を欠くことが明らかであり，被控訴人法務大臣の裁量の範囲を逸脱し又は濫用した違法があるというべきであるから，その余の点を判断するまでもなく，取消しを免れない。」

III　国内人権機関（National Human Rights Institution, NHRI）の役割

　国内人権機関とは，国が国家機関として国内に設置するものであって，政府から独立した立場で人権基準の遵守促進のために一定の任務を与えられて活動する機関の総称である。そのような機関は，最も早いものとしては1947年にフランスで設置されているが[292]，国際人権基準の国内実施の取組みが各国で本格化する1970年代頃から，次第に多くの国で作られるようになった。特に，条約の国内的受入れに関していわゆる変型体制をとるイギリスやカナダ，オーストラリア等の国々は，人種差別撤廃条約，女性差別撤廃条約のような人権条約の批准に伴い，その国内実施のために個別の差別禁止法ないし包括的な人権法を制定すると同時に，それらの法律の実施機関となる委員会を設置し，差別の訴えに対する申立の処理等の権限を持たせる取組みを重ねてきた。

　国連人権委員会は1992年，国内人権機関の地位に関する原則（いわゆるパリ原則）を採択[293]，翌年には国連総会もこの原則を採択して[294]，同原則の内容を指針とした国内人権機関の設置を加盟国に奨励している。1993年の世界人権会議で採択された「ウィーン宣言及び行動計画」は，「特に，権限ある機関への助言機能，並びに，人権侵害の救済，人権情報の普及，人権教育において，人権の促進及び保護のために国家機関（国内人権機関）が果たしている重要かつ建設的な役割をあらためて確認し，……パリ原則に関連し，かつ各国家が国内レベルで個別の必要に最も適した枠組みを選択する権利を有していることを

---

[292]　Commission nationale consultative des droits de l'homme（国家人権諮問委員会）.
[293]　国連人権委員会決議1992/54。
[294]　国連総会決議48/134。

◆ 第3部 ◆ 国際人権法の実施メカニズム

認識した上で，国家機関の確立及び強化を奨励」するとしている（第Ⅰ部36項）。
同宣言はまた，世界人権宣言のフォローアップとして，すべての国家及び国連
システム内のすべての人権関連機関（＝当時の国連人権委員会・小委員会等の国
連内の機関及び，人権条約機関）に対し，同宣言の実施における進捗状況を国連
事務総長に報告するよう求めるとともに，地域的人権機関，また適切な場合に
は国内人権機関及び NGO は，宣言の実施における進展について事務総長に意
見を述べることができるとした（第Ⅱ部100項）。これをみると，1993年の世界
人権会議の時点で，**国内人権機関は，国連人権システムや地域的人権機関とと
もに，国際的な人権システムの中に位置づけられていることが分かる**(295)。**国
内人権機関はその意味で**，当該国の憲法上の人権はもとより，とりわけ**国際人
権法の国内的・国際的実施**（後掲のパリ原則にあるように，国内人権機関は人権
条約に基づいて国が提出する報告書についても貢献し，場合により独立の立場から
意見表明すること等も求められており，国際人権法の国際的実施のプロセスにも関
与している）**における独自の役割を認められている**ものである。人権条約機関
も一般的意見等において，条約の実効的な実施における国内人権機関の役割に
しばしば言及しており，いくつかの条約機関は，国内人権機関の役割に焦点を
当てた一般的意見を採択して，国内人権機関の設置を締約国に求めている(296)。

　国内人権機関には，人権委員会のように複数の個人で構成される委員会型，
オンブズマン／オンブズパーソンのように単独の個人で活動するオンブズパー
ソン型など国により多様な形態があるが，パリ原則は，国内人権機関がその権
限や構成，独立性等において具備するべき基本的な要素を下記のように示して
いる。1993年には，国内人権機関の国際的連合体として「**国内人権機関国際調
整委員会**（International Coordinating Committee of National Institutions for the Promotion
and Protection of Human Rights, ICC）」が発足し，各国の国内人権機関がパリ原則
に準拠するよう促しまたこれを強化するための助言・支援活動を行っている。
この委員会は**国内人権機関の認証**（accreditation）**制度**を運用しており，パリ原
則に十分に準拠したものには A，十分に準拠していないか又は認証のための適
切な情報を提供していないものには B（オブザーバー資格），準拠していないも

---

(295)　山崎公士『国内人権機関の意義と役割』（三省堂，2012年）4頁。

(296)　人種差別撤廃委員会一般的勧告17「本条約の実施を促進するための国内機関の設置」，社会権
規約委員会一般的意見10「経済的，社会的及び文化的権利の保護における国内人権機関の役割」，
子どもの権利委員会一般的意見2「子どもの権利の促進及び保護のための独立の国内人権機関の
役割」。

534

◆ 第9章　国際人権法の国内的実施

のにはCというランク付けを行っている。2014年5月時点で，Aランクの認証を受けた国内人権機関は計71，Bランクのものは25，Cランクのものは10となっている[297]。Aランクの認証を受けた，すなわち政府から独立した国内人権機関として国際的に認知された国内人権機関は，アジア・太平洋では15，アフリカでは18，米州では16，ヨーロッパでは22である。

■ **国家機関［＝国内人権機関］の地位に関する原則（パリ原則）（1993年）[298]**

権限及び責任

1．国内人権機関[299]は人権を促進及び保護する権限を付与されるものとする。

2．国内人権機関は，できる限り広範な職務を与えられるものとする。その職務は，機関の構成及び権限の範囲を定める憲法又は法律において明確に規定されるものとする。

3．国家機関は，特に，次の責任をもつものとする。

(a)　政府，議会その他の権限のある機関に対し，人権の促進及び保護に関するいかなる事柄についても，関係当局の要請により，又は，上級機関に委託することなく問題につき聴聞する自らの権限の行使によって，助言的な基盤で，意見，勧告，提案及び報告を提出すること。国家機関はそれらを公表すると決定することができる。これらの意見，勧告，提案及び報告，並びに国内人権機関の特権は，以下の分野に関連するものとする。

(i)　人権の保護を維持し展開することを目的とする立法上又は行政上の規定，並びに司法機関に関する決定。これに関連して，国内人権機関は，現行の立法上又は行政上の規定，並びに法案及び法律提案を検討するものとし，これらの規定が人権の基本原則に合致することを確保するため，適切と考える勧告を行うものとする。国内人権機関は，必要な場合，新たな立法の採択，現行法の改正，及び行政施策の策定又は変更を勧告するものとする。

(ii)　国家機関が取り上げると決定した人権侵害の状況。

(iii)　人権一般に関する国内状況，及び具体的な問題に関する報告書の準備。

(iv)　国内の地域で人権が侵害されている状況につき政府の注意を喚起し，そのような状況を終わらせるための方策を政府に提案し，必要な場合，政府の姿勢と対応について意見を表明すること。

(b)　法律，規則及び慣行と，国家が締約国となっている国際人権条約との調和，並びに国際人権条約の実効的な履行を促進し及び確保すること。

(c)　国際人権条約の批准又はこれへの加入を奨励し，かつその履行を確保すること。

(d)　国際連合の機関及び委員会，並びに地域的国際組織に対し，条約上の義務に基づき国家が提出を求められる報告につき貢献し，必要な場合，自らの独立性を十分に考慮して報告に関し意見を表明すること。

(e)　人権の促進及び保護の分野で権限をもつ国際連合及び国際連合システムの他の機関，地域的国際組織並びに他国の国内人権機関と協力すること。

(f)　人権に関する教育及び研究プログラムの作成を支援し，並びに，学校，大学及び専門家団体におけるそのプログラムの実施に参画すること。

(g)　特に情報伝達及び教育を通して，またあらゆる報道機関を活用して，公衆の関心を高めることによって，人権，及びあらゆる形態の差別特に人種差別と闘う努力について宣伝すること。

構成並びに独立性及び多元性の保障

1．国内人権機関の構成及びその構成員の任命は，選挙によるか否かを問わず，人権の促進及び保護にかかわる（市民社会の）社会

---

(297)　http://nhri.ohchr.org/EN/AboutUs/ICCAccreditation/Documents/Chart%20of%20the%20Status%20of%20NHRIs%20%2823%20May%202014%29.pdf.

(298)　A/RES/48/134, Annex.

(299)　訳注：決議原文では「国家機関」であるが，これは国内人権機関を指しており，単に国家機関とすると分かりにくいため，以下では国内人権機関とする。

◆ 第3部 ◆ 国際人権法の実施メカニズム

勢力から多元的な代表を確保するため必要なあらゆる保障を備えた手続によって行われるものとする。これは特に，下記の代表との実効的な協力を確立することを可能とする権限によって，又は下記の代表の参加を通して，行われるものとする。

(a) 人権に取組み人種差別と闘うため努力する非政府組織，労働組合，並びに，弁護士会，医師会，ジャーナリスト団体及び著名な科学者の団体のような，関連する社会的及び職業組織。
(b) 哲学上又は宗教思想上の思潮。
(c) 大学及び有資格の専門家。
(d) 議会。
(e) 政府部門（これが含まれる場合，その代表者は，助言的資格でのみ議論に参加すべきである）。

2．国内人権機関は，その活動を円滑に行えるような基盤，特に十分な財源をもつものとする。この財源の目的は，政府から独立しかつその独立性に影響しかねない財政統制の下におかれることのないよう，国家機関が自らの職員及び土地家屋をもつことを可能にするものでなければならない。

3．機関の真の独立にとって不可欠である構成員の安定した権限を確保するため，構成員は，一定の任期を定めた公的決定によって任命されるものとする。この任期は，構成員の多元性が確保される限り，更新可能である。

活動の方法

国内人権機関は，その活動の枠内において，次のことを行うものとする。

(a) 政府によって付託されたものであれ，上級の当局に付託せず自らが取り上げたものであれ，構成員又は申立者の提起によって，その権限に属する問題につき自由に検討すること。
(b) その権限に属する状況を評価するため，いかなる者の意見も聞き，情報及びその他の文書を取得すること。
(c) 特にその意見や勧告を公表するため，直接に又は報道機関を通じて，世論に呼びかけること。
(d) 定期的に会合すること。必要な場合，

正式な招集手続を経て，全構成員の出席する会合をもつこと。
(e) 必要に応じて，構成員からなる作業グループを設置し，また機関の機能を補佐するため，地方や地域に支部をおくこと。
(f) 管轄権の有無にかかわらず，人権の促進及び保護に責任をもつ団体（特に，オンブズマン，仲裁者類似の機関）との協議を維持すること。
(g) 国内人権機関の活動を拡大する上での非政府組織の基本的な役割を考慮し，人権の促進及び保護，経済的及び社会的発展，人種主義との闘い，特定の弱者集団（特に，子ども，移住労働者，難民，身体及び精神障害者）の保護，又は専門領域に取り組んでいる非政府組織との関係を発展させること。

準司法的権限をもつ委員会の地位に関する追加的原則

国内人権機関に，個人の状況に関する苦情や申立を聴聞し，検討する権限を認めることができる。個人，その代理人，第三者，非政府組織，労働組合の連合体又はその他の代表組織は，事案を国内人権機関に提起できる。この場合，委員会の他の権限に関する上記の原則にかかわらず，国内人権機関に委ねられる機能は以下の原則に基づくものとすることができる。

(a) 調停により，又は法が規定する制約の範囲内で，拘束力のある決定によって，また必要な場合には非公開で，友好的な解決を追求すること。
(b) 申立を行った当事者に，その者の権利，特に可能な救済につき情報提供し，救済の利用を促すこと。
(c) 法が規定する制約の範囲内で，苦情や申立を聴聞し，又はこれらを他の管轄当局に移送すること。
(d) 特に法律，規則及び行政慣行が，自らの権利を主張するため申立を行っている者が直面する困難の要因となっている場合には，とくにそれらの改正又は改革を提案することによって，権限ある当局に勧告を行うこと。

国内人権機関に関して，日本では，長年その研究に取り組まれてきた山崎公士教授による最新の業績があり(300)，その意義や機能，カナダ人権法・人権委

---

(300) 山崎・前掲注(295)。

536

第9章　国際人権法の国内的実施

員会の例，さらには日本における人権擁護法案をめぐる問題点や望ましい制度についての提言も含め懇切な形で公表されていることから，本書ではこれ以上立ち入らずそちらに譲ることとする。その他の参考文献として，最近のものでは例えば，『自由と正義』2010年11月号の特集「国内人権機関の設置——法務省中間報告を受けて」があり，その中には，オーストラリア人権委員会委員長のキャサリン・ブランソン氏による「オーストラリアの人権保障における人権委員会の役割」も収録されている。また，各国の国内人権機関の組織や職務，他の機関との関係，活動内容を調査し比較分析した国連の調査[301]も参考になる。

---

(301)　United Nations, Office of the High Commissioner for Human Rights, *Survey on National Human Rights Institutions: Report on the Findings and Recommendations of a Questionnaire Addressed to NHRIs Worldwide*, 2009, http://www.nhri.net/2009/Questionnaire%20-%20Complete%20Report%20 FINAL-edited.pdf.

537

◆ 第10章 ◆ 国際人権法の国際的実施(1)
── 普遍的人権条約の制度 ──

Ⅰ 人権条約における国際的実施制度と条約機関の設置

　人権条約は，二国間条約において国家間相互の主観的な権利・義務の交換を規定するのとは異なって，人権保障という客観的な目的のために，多数国が共通の義務を設定したものである。そのため，条約の履行確保について，二国間条約の場合のように相互主義の力でこれを図ることが難しいことから，各国による条約の履行を国際的に監視する制度が設けられている。締約国が国内で行う条約の実施を「**国内的実施**（domestic implementation）」とすれば，締約国による国内実施を国際的に監視するための制度は，「**国際的実施**（international implementation）」又は「**国際的監視**（international monitoring）」制度と言われる。

　国際人権規約を始め，国連で作成された普遍的人権条約では，各締約国の義務履行の状況を国際的に監視するための**条約機関**（treaty body）として，個人資格の専門家からなる**委員会**（committee）を設置し，下にみる報告制度，個人通報制度のような国際的実施制度を運用させている（なお，社会権規約委員会のみは，社会権規約自体によってではなく，同規約上報告の審議を行う機関とされている経済社会理事会が決議1985/17によって設置したものである。同委員会は，自由権規約委員会をモデルとして作られた，個人資格の専門家18名からなる委員会であり，社会権規約の事実上の条約機関として機能している）。また，ヨーロッパ人権条約のような地域的人権条約には，条約機関として，人権侵害に関する個人からの申立を受理し審理する裁判所を設けているものがある（なお，米州人権条約も米州人権裁判所を設けているが，個人は直接これに提訴できない）。このように，締約国の管轄下にある人の人権保障に関する義務を設定した条約の内容に鑑み，その実施を各締約国の恣意に委ねず，**条約自体によって国際的実施制度を設け，条約で設ける機関によってそれを運用させる仕組みになっていること**が，人権

538

第10章　国際人権法の国際的実施(1)

条約の最たる特徴と言ってもよい。

普遍的人権条約では，国際的実施制度として最も一般的なものは**報告制度**(reporting system) であり，**国連のどの人権条約**（人種差別撤廃条約，社会権規約，自由権規約，女性差別撤廃条約，拷問等禁止条約，子どもの権利条約，移住労働者権利条約，強制失踪条約，障害者権利条約の9つ）**でも，すべての締約国に適用される基本的な制度として規定されている**。報告制度は，**各締約国が，条約の国内実施の状況についての報告書を定期的に条約機関に提出し，審査を受ける制度である**。報告審査は，現地調査を伴わない書面審査であるが，慣行により，**審議の場に締約国代表を招請し，委員との間で質疑応答を行う形で実施されている**。審議後は，条約機関が，当該国の条約実施状況について，評価される事項や懸念される事項，勧告等を述べた所見を採択する（「**総括所見**（concluding observations）」）。また条約機関は，多数の締約国の報告審査によって得られた知見や，条約規定の解釈についての自らの見解を，「**一般的意見**（general comments）」（人種差別撤廃条約と女性差別撤廃条約では「一般的勧告（general recommendations）」）という形で採択し公表している。

他の主な国際的実施措置としては，**人権侵害に関する個人の申立を条約機関が受理し検討する制度**（**個人通報制度**）がある。国連の人権条約の多くは採択時に選択的制度としてこれを設けているが（人種差別撤廃条約14条，自由権規約第一選択議定書，拷問等禁止条約22条，移住労働者権利条約77条，強制失踪条約31条，障害者権利条約選択議定書），当初設けていなかった条約にも近年相次いで設置され（1999年の女性差別撤廃条約選択議定書，2008年の社会権規約選択議定書，2011年の子どもの権利条約選択議定書），**今や国連の9つの人権条約すべてにおいて，選択的な個人通報制度が備えられるに至っている**（但し，移住労働者権利条約の個人通報制度は2016年5月時点で未発効）。個人通報制度においては，条約機関は，人権侵害の訴えに関する個人の通報を受理し，当事国の所見にも照らしてこれを審査した上で，条約違反の有無についての「**見解**（views）」を採択する。

報告制度と個人通報制度の性格を比較すれば，報告制度が，条約の国内実施状況全般について締約国が報告書を作成して委員会に提出し，その審査を受けるという**非司法的**（non-judicial）**制度**であるのに対し，個人通報制度は，規約違反の主張についての個人の申立を委員会が検討し，当該事案における規約違反の有無について判断して見解を出すという**準司法的**（quasi-judicial）**制度**であ

539

◆第3部◆　国際人権法の実施メカニズム

る（委員会は裁判所ではなく「判決」を下すわけではないので「司法的」とはいえないが，手続的には，通報者及び当事国の双方の主張に照らして事実認定と法的判断を行っている点で司法手続に類する）。**報告制度は，個々の人権侵害の事例に限定されず一般的に当事国の人権状況を広く審議の対象とできる点で有用な制度であるが，加えて，人権主体たる個人が行う申立を契機として条約違反の有無を審査できる個人通報制度があれば，条約の国際的実施は，報告制度と個人通報制度が相互補完的に機能して，より実効的に図られうることとなる。**

　加えて，条約によっては，締約国が他の締約国の条約不履行を条約機関に申立てることができるという**国家通報制度**をおくものがあり（人種差別撤廃条約11条，自由権規約41条，拷問等禁止条約21条。自由権規約及び拷問等禁止条約の制度は選択的で，事前に受諾宣言が必要である），また，拷問等禁止条約のように，拷問の制度的な実行の存在が十分な根拠をもって示されていると認める信頼できる情報を受領した場合に委員会が調査を行う**調査制度**（20条）や，拷問防止小委員会が拘禁場所への**訪問調査**を行う制度を規定するものもある（選択議定書）。さらに，強制失踪条約34条は，強制失踪が広範又は組織的に実行されていることが十分な根拠をもって示されていると認める情報を委員会が受領した場合には，国連事務総長を通じて，早急に国連総会の注意を喚起できることを規定している。

II　普遍的人権条約における報告制度（Reporting system）とその運用

　報告制度は，国連の全人権条約において，すべての締約国に適用される基本的な国際的実施制度として設けられている制度である。締約国は，条約が当該国について発効してから1年（子どもの権利条約や強制失踪条約等いくつかの条約では2年）以内，その後は4年ないし5年ごと（各条約の規定及び条約機関の手続規則による。人種差別撤廃条約は2年）及び委員会が要請するときに，条約を国内でどのように実施しているかについて述べた報告書を委員会に提出しなければならない。

　報告すべき内容は，自由権規約の例を取れば，「権利実現のために取った措置及び権利享受についてもたらされた進歩」に関する報告（40条1項）並びに，「規約の実施に影響を及ぼす要因及び障害が存在する場合には，これらの要因

◆ 第10章　国際人権法の国際的実施(1)

及び障害」である（40条 2 項）。ここから分かるのは，締約国は，単に，取った立法措置等の**法律上の**（*de jure*）**人権状況のみならず，権利享受における進歩や権利実現の障害を含めた，事実上の**（*de facto*）**人権状況について報告する必要がある**ということである。40条 2 項の規定からも明らかなように，**報告制度は，条約の国内実施には様々な困難があろうことも想定した上で，定期的に国内実施の状況を条約機関に報告させることによって，状況の改善を促すための制度である**。そして，40条 3 項では，報告に含まれる事項であっていずれかの国連専門機関の権限の範囲内にある事項に関する部分の写しを国連事務総長が当該専門機関に送付できると規定されているように，報告制度を通じて，専門機関を含めた国連システム全体によって締約国の条約実施をサポートすることが念頭におかれている。この点，社会権規約は，報告又はその関連部分の写しを国連事務総長が専門機関に送付することとしている（16条 2 項(b)）ほか，22条では，報告制度における報告により提起された問題であって技術援助の供与に関連する国連機関や専門機関がそれぞれの権限の範囲内で規約実施のために寄与しうる国際的措置の適否の決定にあたって経済社会理事会が注意を喚起できることを定め，報告制度が国連システム全体としての国際協力に資することについてより明示的な規定をおいている。

　委員会は，報告制度において，全締約国に向けた「**一般的意見**」[302]を採択し，締約国及び，条約で定められた機関（国連総会等）に送付することとされている。一般的意見・一般的勧告において各委員会は，多数の締約国の報告書を審査した経験をふまえて，条約の実施をめぐって締約国の注意を喚起すべき事項や，条約の条項についての委員会としての解釈を提示している。加えて，1990年代に入り，社会権規約委員会（1990年〜）を革切りとして自由権規約委員会（1992年〜。当初は「コメント」と称されていた），人種差別撤廃委員会（1993年〜）等によって相次いで採択されるようになり，現在ではすべての条約機関の一般的な慣行となっているものが，各国の報告審査後，**当該国に対する個別の所見として委員会が提示する「総括所見」**[303]である。総括所見では，当該国のその回の報告審査の総括として，ポジティブ（肯定的）な側面のほか，**主要な懸念**

---

(302)　自由権規約では40条 4 項。政府公定訳では「一般的な性格を有する意見」とされており，これが全締約国を対象とした意見であることを明確にするためとも思われるが，正文の"general comment"の訳として無用に長すぎ，分かりにくい。本書では単に「一般的意見」とする。

(303)　"concluding observations"の訳で，「最終所見」「最終見解」と訳されることもある。

◆ 第3部 ◆ 国際人権法の実施メカニズム

事項及び勧告が，委員会の立場として当事国に提示される。一般的意見ないし
一般的勧告，及び総括所見は，いずれも各委員会の年次報告書等に掲載され，
かつ国連人権高等弁務官のウェブサイト上で広く公開されている。

　報告制度の全体的な目的は，締約国による条約の実施を援助することであり，
そのために，条約の実施における進歩や問題点を締約国が委員会とともに見き
わめ，委員会との建設的な対話（constructive dialogue）の基礎とすることである。
より具体的には，報告制度は，国連が編纂した『人権報告マニュアル』で整理
されているような多様な機能を果たしうる。それは，①**最初の評価機能**（締約
国は，条約の批准前ないし直後に国内法や行政慣行を条約義務の観点から見直すこ
とが求められるが，批准後の初回報告は，その包括的な評価を行う最初の機会とな
る），②**監視（モニタリング）機能**（報告制度を実効的なものにするためには，単
に法律上の状況のみならず，権利が実際にどの程度享受されているのかについて，
関連の国内当局によるモニタリング —— 例えば，拷問が発生していないかどうかを
検証するための刑務所の定期的な実地調査 —— を行うことが必要となる），③**政策
策定機能**（人権問題の中には，人種差別や性差別の撤廃のように文化的伝統を変え
ていくことを含む長期的な施策を要するものがあるが，報告制度のプロセスは，政
策の妥当性について委員会が評価するための機会となる），④**公的精査機能**（人権
条約における国の報告書は，委員会という国際的な聴衆に対するものであるのみな
らず自国の管轄下の人々という国内的な聴衆にも向けられたものととらえるべきで
あり，よって報告書の準備は，社会の様々なセクターの人々からの意見聴取のため
の重要な機会となる），⑤**評価機能**（定期的に報告書を準備することは，一定の期
間を経て達成された進歩を評価するための理想的な機会となる），⑥**承認機能**（い
かなる国も人権問題において完璧であることは期待されておらず，改善の余地があ
るが，問題点を率直に認めることこそが，その解決の出発点となる），⑦**情報交換
機能**（多数の国の報告書を検討することで，委員会は，条約の現実の実施にあたっ
て多くの国がぶつかる問題を知り，その集団的な経験から得られた英知を一般的意
見等の形で表明し活かすことができる）である[304]。

　第6章でみた，国連の人権条約の報告制度における統一ガイドラインも，同
様の観点から，報告制度の目的と機能を次のようにまとめている。

---

[304]　United Nations, *Manual on Human Rights Reporting*, Geneva: United Nations, 1997, pp.21-24.

542

第10章　国際人権法の国際的実施(1)

■ 国連人権高等弁務官事務所「国際人権条約の締約国が提出する報告書の形式及び内容に関するガイドライン集」(2009年)［前掲］

第1章　中核的文書及び条約別の文書に関するガイドラインを含む、国際人権条約に基づく報告に関する統一ガイドライン

……

Ⅰ．報告のプロセス
報告の目的
……

条約へのコミットメント

8．報告のプロセスは、国家が締約国となっている条約で定められた権利を尊重し、保護し及び充足する国家の継続的なコミットメントの不可欠な要素をなすものである。……

国内レベルにおける人権の実施の評価

9．締約国は、条約機関への報告書の準備のプロセスを、単に国の国際的な義務の履行の一側面としてではなく、政策の策定及び実施の目的をもって管轄内における人権保護の状態を総合的に評価する機会とみなすべきである。報告準備のプロセスは、各国にとって、以下のことを行う機会を提供する。

(a) 国内法及び政策を、国が締約国となっている関連の人権条約の規定と調和させるために取った措置についての、包括的な見直し（レビュー）を行うこと。

(b) 人権一般の促進という観点から、条約に定められた権利の享受の促進における進歩を監視（モニター）すること。

(c) 条約の実施手法における問題点や不足点を明らかにすること。

(d) これらの目的を達成するために適切な政策を策定し発展させること。

10．報告のプロセスは、関連の条約で保護されている権利の享受を進展させる目的をもって、国内的レベルでの、政府の政策の公的な精査並びに、協力と相互尊重の精神で行われる市民社会の関連アクターとの建設的な関わりを促しかつ促進すべきである。

国際的レベルでの建設的対話の基礎

11．国際的なレベルでは、報告のプロセスは、国家と条約機関との建設的対話の基礎を作る。条約機関は、このガイドラインを提供することにあたって、国際人権文書の実効的な国内実施を促すために条約機関が果たす支援的な役割を強調したい。

報告制度は元来、個人通報制度等と比べれば、どの国家にとっても受け入れやすい国際的実施措置として、国連の人権条約で広く一般化したものである。しかし実際の運用では、条約に明文規定はないものの慣行によって、**単なる書面審査でなく、締約国代表が公開審議の場に招請されて委員と質疑応答を行う**ことが確立している点が、この制度の非常に意義深いところである。人権条約機関による審議はジュネーブの国連ヨーロッパ本部の会議場において公開で行われ、一定の手続を経ればNGOも議論を傍聴することができる。かつ、その際に委員会は、自らの情報収集能力には限界があることから（委員会は自ら現地調査を行うことはない。但し、ある国につき総括所見の起草を担当する委員が、報告審査に先立って個別に当該国を訪問し、政府関係者やNGO、研究者等と意見交換を行うことがある）、国連機関の公的文書で当該国に関係するものや、当該国の一般市民や人権NGO等から寄せられた情報、マスコミ報道等を含め、入手しうる資料を幅広く使って質疑応答に臨む。このような仕組みによって運用されている結果、報告制度は、当事国が単に法的・形式的な人権保障でなく実際の人権状況を明らかにすることや、人権状況についての認識を改めることに向けて、相当程度のプレッシャーを与えうる制度になっているのである（もちろ

543

◆ 第3部 ◆ 国際人権法の実施メカニズム

ん，そのようなプレッシャーがどれだけ当事国の人権状況の改善につながりうるか
は，当事国政府が委員の指摘をどこまで真摯に受け止めるか，換言すれば，当事国
政府が人権問題についてどこまで高い意識をもち，締約国として責任をもって対処
しようとするかによって大きく異なりうる）。

　例えば，日本の場合，これまで，最も多くの回数を経てきているものは自由
権規約に基づく政府報告書であるが（2014年の第6回審査まで），1980年に行わ
れた初回審査と比較してまず指摘できることは，日本政府の報告書が，初回の
きわめて簡潔なもの（その内容も，ほぼ，日本国憲法の人権規定をそのまま引き写
したような記述であった）から，回を経るごとに，徐々に詳細なものになって
きていることであろう。そして，単に報告書が量的に増えたというだけでなく，
委員会の場で質疑応答を経ることによって，2回目以降の報告書の記述には，
人権状況の認識において，政府の立場が変化している点が見受けられる。その
最も良い例は，**自由権規約27条の「マイノリティ」に関する日本政府の説明の
変化であろう**（本書第8章Ⅳ3を参照。第3回報告書においてアイヌの人々が本条
にいうマイノリティであることを明確に認めた政府の見解は，27条との関係におけ
るアイヌの人々の法的地位に関する公式見解として，前述の二風谷ダム事件で裁判
所によっても引用された）。

　第2回以降の報告審議では，事前に政府に対し書面での回答を求める質問事
項をリストアップしたもの（リスト・オブ・イシューズ（list of issues））を会期前
作業部会で作成し，本番審査に先立って当事国に送付することが条約機関の慣
行となっており，条約機関が関心を寄せる事項について，より重点的にポイン
トをおいた審議がなされる。当事国の国家報告書，リスト・オブ・イシューズ
及びそれに対する当事国の回答，NGOの報告書等の情報，質疑応答の概要，
及び委員会の総括所見は，各委員会の年次報告書及び国連高等弁務官事務所の
ウェブサイトで公開されており，自由に閲覧できる[305]。

■ 国連人権高等弁務官事務所「国際人権条約
の締約国が提出する報告書の形式及び内容に
関するガイドライン集」（2009年）[306]
　　第3章　自由権規約委員会
　　　　……

G．委員会による報告書の検討
　G．1　一般　委員会は，報告書の検討が，
［当事国の］代表団との建設的な議論の形
を取ることを意図している。その目的は，
規約上の権利に関する状況を改善すること
である。

---

(305) 例えば，自由権規約委員会第106会期（2012年10月～11月）における報告審査については，http:
//www2.ohchr.org/english/bodies/hrc/hrcs106.htm.
(306) HRI/GEN/2/Rev.6.

第10章　国際人権法の国際的実施(1)

G.2　リスト・オブ・イシューズ　利用しうるあらゆる情報に基づき，委員会は，報告書の検討にとって基本的な議題となるリスト・オブ・イシューズを事前に提供する。代表団は，このリスト・オブ・イシューズについて扱い，必要な場合には最新の情報をもって委員からのさらなる質問に回答できるよう，かつ報告書の検討のために割り当てられた時間内に回答できるように準備をして来るべきである。

G.3　当事国の代表団　委員会は，40条に基づく任務を委員会が実効的に遂行できること，及び，報告を行う当事国が，報告義務から最大限の利益を得ることを確保したいと考える。従って，当事国の代表団は，当該国の人権状況についての知識及び説明能力をもち，規約上の権利全体に関して委員会が書面及び口頭で行う質問に回答できる人を含めるべきである。

G.4　総括所見　報告書の検討後まもなく，委員会は，報告書に対する総括所見及び，代表団と行った議論を公表する。総括所見は，国連総会に提出する委員会の年次報告書に含まれる。委員会は，締約国が，公的な情報及び議論のために，総括所見をあらゆる適切な言語で普及させることを期待する。

　先にみた『人権報告マニュアル』や統一ガイドラインは，報告制度の機能の一つとして，政府の政策に対する公的な精査すなわち，人権条約の実施に関して国が委員会との関係においてのみならず自国の管轄下の人々という国内的な聴衆との関係でもチェックを受けるということに言及していた。**人権条約上の締約国の義務は，管轄下の個人の人権に関する義務であり，報告書やその審議において話題とされている内容は当事国の管轄下の個人の人権の問題に他ならない**から，人権主体たる個人が，報告制度に対して利害関心をもち，国に対して条約義務の実施について説明を求めることはきわめて自然なことである。このように，人権条約の報告制度においては，**締約国は条約機関の面前という国際的な場で，条約の国内実施状況について説明責任を果たすことを求められていると同時に，国内的な意味においても，自国の管轄下の個人に対して説明責任を果たすべき立場にあり，報告書の作成時の意見聴取を含めて市民社会の関わりを確保することが求められている**ことになる。報告制度のこのような国際的・国内的な機能に鑑みれば，条約機関が報告制度を実効的に運用するためには，当該国の一般市民の積極的な関与が重要であることが分かる。人権の享有主体である個人，及び，関心ある個人を束ねた人権NGO，弁護士のように職務上人権擁護に携わる人々の団体等が利害関係者として報告制度の全プロセスに関心をもち，緊密に関与してこそ，報告制度は有効なものとして機能しうる。また，条約機関の側も，先にふれたように，自らの情報収集能力には限界があることから，報告審議にあたっては，これらの利害関係者が重要な情報源として関与することを必要としているのが現状である。

　実際に，人権条約の報告制度では，様々なNGOが，政府報告書が書いていない人権問題を指摘して委員の注意を促すための報告書（政府報告書に対抗す

545

◆ 第3部 ◆ 国際人権法の実施メカニズム

る報告書という意味で「カウンターレポート」，影の報告書という意味で「シャドウレポート」，代替的な報告書という意味で「オルタナティブレポート」等と呼ばれる）を作成して委員に事前に提供する活動を活発に行っている。日本の場合は，これまで，自由権規約については計5回，社会権規約については2回（但し，社会権規約委員会が設置されてからは1回），人種差別撤廃条約については2回（1回目は第1・第2次政府報告書を統合して審議，2回目は第3〜6次政府報告書を統合して審議），女性差別撤廃条約については4回（第2次・第3次政府報告書，第4次・第5次政府報告書はそれぞれ統合して審議），子どもの権利条約については2回，拷問等禁止条約については1回の報告審議が行われているが，審議前の情報提供，審議の傍聴や審議録の出版，審議後のフォローアップなどあらゆる段階において，この制度を国内の人権状況改善の糸口として活かそうとする市民やNGOの関心は回を増すごとに高まっている。例えば日本弁護士連合会（日弁連）は，自由権規約，拷問等禁止条約，子どもの権利条約等に基づく日本政府報告書審査に先立ち，包括的な内容のカウンターレポートを作成し，英訳して委員に提供しているほか，実際の審議を傍聴・記録し，委員会の総括所見とともに翻訳して出版している[307]。人種差別撤廃条約に関しては反差別国際運動日本委員会が活発に活動しており[308]，また女性差別撤廃条約に関しては，女性の人権にかかわる多数のNGOが「日本女性差別撤廃条約NGOネットワーク」を作って共同での取り組みを行っている[309]。このようなNGOの一連の活動は，人権条約に基づく報告審査を，遠い国連の場で行われるイベントに終わらせず，条約の国内実施のためのプロセスとし国内の人権問題の改善に役立てる上で決定的に重要な意味をもっている（**単なる国際的な「イベント」としてでなく，報告の準備，審査，結論とそのフォローアップ，そして次回の報告サイクルに至る「プロセス」としての報告制度に対する市民社会の継続的な関与の重要性**）。

　子どもの権利条約は45条で，同条約の効果的な実施を促進し及び子どもの権

---

(307) 日本弁護士連合会編『日本の人権21世紀への課題　ジュネーブ1998　国際人権（自由権）規約第4回日本政府報告書審査の記録』（現代人文社，1999年），日本弁護士連合会編『日本の人権保障システムの改革に向けて　ジュネーブ2008　国際人権（自由権）規約第5回日本政府報告書審査の記録』（現代人文社，2009年），日本弁護士連合会編『改革を迫られる被拘禁者の人権　2007年拷問等禁止条約第1回報告書審査』（現代人文社，2007年）等。

(308) 反差別国際運動日本委員会（IMADR-JC）編『今，問われる日本の人種差別撤廃 ── 国連審査とNGOの取り組み』（解放出版社，2010年）。

(309) 国際女性23号（2009年）の特集「女性差別撤廃条約第6次日本レポート審議」を参照。

◆ 第10章　国際人権法の国際的実施(1)

利の分野における国際協力を奨励するため，子どもの権利委員会が国連専門機
関「その他の権限ある機関」に対し，これらの機関の任務の範囲内にある事項
に関する同条約の実施について専門家の助言を提供するよう要請することがで
きる，としているが（(a)），子どもの権利委員会は，本項にいう「その他の権
限ある機関」にはNGOも含まれると解し，報告制度におけるNGOの関与の
重要性を次のように強調している。

■ 子どもの権利委員会「一般的意見5　子ど
もの権利条約の一般的な実施措置（4条，42
条及び44条6項）」（2003年）
　　6．委員会は，子どもの人権の促進，保護
及び監視に取り組んでいるNGOの連合や連
盟の発展を歓迎し，政府に対し，このような
組織に押しつけではない支援を与えること，
並びに公式・非公式を問わずこのような組織
との前向きな関係を発展させることを強く求
める。NGOは45条(a)にいう「権限ある機関」
の定義に含まれているのであり，NGOが条
約に基づく報告プロセスに関与することに
よって，多くの場合，実施及び報告のプロセ

スに本当の意味ではずみがついてきた。子ど
もの権利条約のためのNGOグループは，非
常に歓迎すべき，力強い，支えとなる影響を，
報告プロセス及び委員会の活動のその他の側
面に及ぼしている。委員会は，報告ガイドラ
インにおいて，報告書を作成する過程が「民
衆の参加及び政府の政策に対する公的な精査
を奨励しかつ促進するようなものであるべき
である」ことを強調しているところである（3
項）。実施のプロセスにおいては，メディア
もまた貴重なパートナーとなりうる（70項も
参照）。

　報告制度においてNGOがどのようにして実際に関与しうるかは各委員会の
手続規則及び慣行によっており，委員会により多少異なるが，例えば女性差別
撤廃委員会の場合，リスト・オブ・イシューズを作成する会期前作業部会（本
審査の2会期前の作業部会）において，NGOが直接，委員に対して口頭発言を
行う機会を与えられている。また，社会権規約委員会では，毎会期，最初の日
の午後を，NGOによる口頭での情報提供を受ける時間帯としている。

　**報告書の作成にあたっては，締約国は，条約の条文のみならず，当該条文に
関して条約機関が採択している一般的意見・一般的勧告についても考慮に入れ
ることが求められている。**報告はまた，締約国が，自国の付している留保や解
釈宣言の正当性について説明を求められ，正当性がないとみられる場合には撤
回を求められたり，個人通報制度において当該国の条約違反が認定されている
事案がある場合にはその後に取った措置（「見解」のフォローアップ）について
説明を求められたりする機会ともなる。また，**2回目以降の報告書では，前回
に提示された総括所見に対して取った措置（「総括所見」のフォローアップ）に
ついての説明も求められる。**例えば，自由権規約委員会が1999年末以降に提出
される報告書に対して適用している現在のガイドラインでは，以下のように述
べられている。

547

◆ 第3部 ◆ 国際人権法の実施メカニズム

■ 国連人権高等弁務官事務所「国際人権条約の締約国が提出する報告書の形式及び内容に関するガイドライン集」(2009年)[前掲]
第3章 自由権規約委員会
……
C．すべての報告書の内容についての一般的なガイダンス
C．1 条文及び委員会の一般的な意見。規約の第Ⅰ部，第Ⅱ部及び第Ⅲ部の条文の文言は，その条文のいずれかについて委員会が発出した一般的意見とともに，報告準備にあたって考慮に入れられなければならない。
C．2 留保及び宣言。当事国が規約のいずれかの条文に対して付しているいかなる留保又は宣言も，説明されるべきであり，かつそれを継続して維持する正当性が説明されるべきである。
C．3 逸脱（デロゲーション）。4条の下で課し及び解除したいかなる逸脱についての，その日付，範囲，効果及び手続が，当該逸脱によって影響を受ける規約のすべての条文との関連で十分に説明されるべきである。
……
D．初回の報告書
D．1 一般 この報告書は，当事国の法及び慣行が，当事国が批准した本規約をどこまで遵守したものになっているかについて委員会に発表する最初の機会である。……
D．2 報告書の内容 D．2．1．当事国は，

規約の第Ⅰ部，第Ⅱ部及び第Ⅲ部の全条文を具体的に扱うべきである。法規範は記述されるべきだが，それでは十分ではない。事実上の状況並びに，規約上の権利の侵害に対する救済の実際の利用可能性，効果及び実施について説明がなされ，かつ例が挙げられるべきである。
E．その後の定期報告書
E．1 その後の定期報告書では，2つの事項が出発点となるべきである。それは，総括所見（特に，前回報告書に関する「懸念事項」及び「勧告」並びに，委員会の検討のサマリーレコード）（ある場合）と，領域内にあり又は管轄下にある人が規約上の権利を享受することに向けての進歩及び現在の状況に関して当事国が行った検討である。
……
F．選択議定書
F．1 当事国が［第一］選択議定書を批准しており，かつ，この議定書に基づき受理した通報に関して委員会が救済を与えること又はその他の懸念の表明を含む見解を出している場合には，報告書は，（以前の報告書で扱われたのでない限り）救済措置を提供し又はそのような懸念に対応するため，並びにそのようにして批判された状況が再発しないことを確保するために取った措置についての情報を含むべきである。

　報告制度の運用上の1つの大きな問題は，締約国による報告書提出の遅延又は未提出である。これは，国連の人権条約の報告制度すべてが当初から抱えている問題であるが，人権条約の数が増加し，多くの国が複数の条約で報告義務を負うようになっていることで，より深刻になる傾向にある。条約批准後1年ないし2年後に提出することとされている初回の報告書さえも出していない国は少なくないが，その背景には，報告書を準備する行政的な能力の不十分さ，もしくは政治的意思の欠如，又はその双方の要因があると考えられる。国連では，各条約の委員会の委員長会合（meetings of chairpersons）や委員会同士の会合（inter-committee meetintgs）において，報告制度にまつわる問題や課題についてもしばしば意見交換が行われているが，そうした場での検討の結果，現在取られている1つの改善策は，本書でもすでにふれた，報告制度の効率化のための**統一ガイドライン**[310]の使用である。この統一ガイドラインに基づき，現在，人

(310) HRI/MC/2006/3，2006年。

548

第10章　国際人権法の国際的実施(1)

権条約（この2006年時点でのガイドラインでは自由権規約，社会権規約，人種差別撤廃条約，女性差別撤廃条約，拷問等禁止条約，子どもの権利条約，移住労働者権利条約に基づくもの）の報告制度に基づいて締約国が提出する報告書は，これらの条約に**共通の中核文書**（common core document）（当該国の人口統計学的，社会的，経済的及び文化的指標や，憲法体制，政治体制等についての基本的な情報を含む）と，それぞれの条約に対応した内容の**条約別文書**（treaty-specific documents）で構成され，共通の中核文書については，すべての条約について同じものを出してよい。また，条約機関の中には，報告書提出の周期について柔軟な姿勢を取るものもあり，人種差別撤廃条約は2回目以降の報告書につき条文上は2年ごととしているところ，同条約の委員会は実行上，何回かの報告義務の分の報告書を一つの文書にまとめる「統合報告書（combined reports）」の提出を認めている（日本も上記のようにこの手法を利用している）。子どもの権利委員会は，次の定期報告書の締め切りがすでに当面の報告書審議後の1年以内に迫っているときのような例外的な場合に，「統合報告書」の提出を個別に認める形をとっている。

　また，ほとんどの国は報告審議に際して政府代表団を出席させて委員会との質疑応答に臨んでいるものの，中にはそうでない場合もある。報告書は提出されているが政府代表団の出席がない場合に，どのように審議を行うべきか，また，督促にもかかわらず報告書が提出されない場合に，当該国の条約遵守状況について審議を行うべきかは，報告審議が当該国の人権状況の改善にどれだけ影響を与えうるかをも考慮しつつ判断されねばならない問題である。自由権規約委員会は2002年の一般的意見30で，それらの場合には次のような対処方法を取るとしている。

■ 自由権規約委員会「一般的意見30　規約40条に基づく締約国の報告義務」（2002年）

　2．委員会は，その年次報告書にも述べられているように，少数の国だけが，期限通りに報告書を提出したにすぎないことを注記する。ほとんどの国は，数カ月から数年にわたる遅延をもって提出している。委員会の繰り返しの督促にもかかわらず，まだ提出義務を怠っている国もある。

　3．また，委員会に出席すると通知しておきながら，決められた日に出席しなかった国もある。

　4．そのような状況を改善するため，委員会は以下の新たな規則を採択した。

　（a）締約国が，報告書を提出したが，委員会に代表団を送らない場合，委員会は当事国に対し，委員会がその報告書の検討を予定している日を通知するか又は，当初予定されていた会合でその報告書の検討を行うことができる。

　（b）締約国が報告書を提出していない場合，委員会は，その裁量で，当事国に対し，規約上保障された権利を実施するため当事国が取った措置について委員会が検討することを提案する日を通知することができる。

549

◆ 第3部 ◆ 国際人権法の実施メカニズム

(ⅰ) 当事国が代表団を出席させた場合には，委員会は，その代表団の面前で，決められた日に検討を行う。

(ⅱ) 当事国が代表団を出席させない場合には，委員会は，その裁量で，規約上保障された権利を実施するため当事国が取った措置についての委員会の検討を，当初予定した日に行うか又は，当事国に対し新たな日を通知することができる。

これらの規則の適用上，委員会は，代表団が出席している場合には公開で，代表団が出席していない場合には非公開で会合をもち，

報告ガイドライン及び委員会の手続規則に定められた方式に従うものとする。

5．委員会が総括所見を採択した後は，当事国との対話を設定，維持又は回復するためにフォローアップの手続が用いられるものとする。このため，及び委員会がさらなる行動を取りうるようにするため，委員会は特別報告者を任命し，この特別報告者が，［総括所見のフォローアップについて］委員会に報告する。

6．特別報告者の報告に照らし，委員会は当事国の取る立場を評価し，かつ必要ならば，当事国が次の報告書を提出する新たな日を設定するものとする。

Ⅲ 普遍的人権条約における個人通報制度とその運用

◆ 1 総論

個人通報制度は，条約で保護された人権の侵害を受けたと主張する個人が，条約機関に対しその申立を行うことができる制度である。報告制度が，締約国の自己申告的な報告を条約機関が審査するものであるのに対し，個人通報制度は，条約上の人権の享有主体である個人が，自らのイニシアチブで条約機関に対し申立を行いうる制度であることが特徴である。**人権条約は，管轄下の個人の人権に関する義務を締約国に負わせるものであるから，人権主体たる個人が自ら権利侵害の主張を条約機関に届けうる仕組みがあることは，条約義務の遵守をチェックする点できわめて有効である。**

地域的な連帯の基盤をもつヨーロッパ人権条約等とは異なり，全世界の国々を広く対象とする国連の人権条約では，個人通報制度には慎重な立場を示す国もあることから，すべての締約国に適用される国際的実施制度としては報告制度がおかれ，個人通報制度は別途の受入れを要する選択的な制度とされている。自由権規約や障害者権利条約の場合は，規約本体の締約国が，附属の条約である「**選択議定書**」を批准ないし加入することによって（自由権規約ではその後死刑廃止に関する選択議定書も採択されているので，個人通報に関する選択議定書は**第一選択議定書**と呼ばれる），また，人種差別撤廃条約や拷問等禁止条約，移住労働者権利条約，強制失踪条約の場合には，条約中の，個人通報制度に関する規定に基づいて制度の受諾宣言を行うことによって（順に，14条，22条，77条，31条）個人通報制度が適用される（移住労働者権利条約の制度は未発効）。ま

た，国連の人権条約では，ヨーロッパ人権裁判所のような司法機関は設置されておらず，各条約の条約機関である委員会が，報告制度のほか個人通報制度を運用することとされている。但し，国連の人権条約でも，個人通報制度は，申立人と当事国の双方から提出された情報や所見に基づいて委員会が事実認定及び法的判断（「見解（views）」の提示）を行う点で，準司法的性格の手続となっている。そして，**条約機関が，そのような準司法的手続によって，具体的事案における人権侵害の主張に対して条約規定を解釈・適用して示した法的判断は，先例法としての価値を有し，条約解釈に関する先例法理の形成をもたらしている。**

　個人通報制度はそのように，条約規範の明確化・精緻化に資するものであることから，国連の人権条約で，採択当初は個人通報制度を設置していなかった条約にも，近年相次いでこれがおかれるようになっている（社会権規約，女性差別撤廃条約，子どもの権利条約の各選択議定書）。これは，1980年代以降，国際人権法の理論と実行において，国家の多面的義務についての理解が進み，**経済的，社会的及び文化的権利を含むすべての権利にはその侵害を認定できる側面があることが広く認められるようになったことに加え，具体的な事案に対して条約を適用し法的判断を下すことにより条約規範の明確化に資する個人通報制度の役割**が認知されるようになったことを背景としている。社会権規約委員会では1980年代末から，尊重・保護・充足という国家の義務に照らして締約国の義務違反を認定する可能性が提起され，それとの関連で個人通報制度設置の可能性が議論されてきたが，1993年のウィーン世界人権会議行動計画が国連人権委員会に対し社会権規約の個人通報制度について検討を奨励したことで議論に弾みがつき，慎重な検討を経て2008年に，個人通報制度と調査制度を設ける選択議定書が採択されている。女性差別撤廃条約に関しては，1999年に個人通報制度と調査制度を設ける選択議定書が採択され，翌年に発効してすでに個人通報制度が運用されている。また，2011年には，子どもの権利条約に個人通報制度を設ける選択議定書が採択されている。このように，**国連の人権条約では現在までに，発効待ちのものがあるとはいえ9つの条約すべてに選択的な個人通報制度が設置され，報告制度（及び，いくつかの条約では選択的な調査制度）と相互に補い合う形で，国際的実施を図る体制が作られている。**

　2016年3月時点のデータで，（すでに発効し運用されている個人通報制度について）制度を受け入れている国の数をみると，自由権規約では，締約国168カ国

◆ 第3部 ◆ 国際人権法の実施メカニズム

中115カ国（第一選択議定書を批准），女性差別撤廃条約では，締約国189カ国中106カ国（選択議定書を批准），拷問等禁止条約では，締約国159カ国中66カ国（条約22条を受諾），人種差別撤廃条約では，締約国177カ国中55カ国（条約14条を受諾），強制失踪条約では，締約国51カ国中17カ国（条約31条を受諾），障害者権利条約では，締約国162カ国中88カ国（選択議定書を批准）となっている。この数字を見ると，附属の選択議定書を別途批准する方が，条約の規定を別途受諾するよりも国家にとってハードルが高いとは言えず，いずれの法形式によっているかは制度への参加状況にはほとんど関係ないことが分かる。

　なお，日本は，依然としてこれらの個人通報制度のいずれも受け入れておらず，その理由として従来政府からは，条約機関による通報審査は司法権の独立を脅かすということが挙げられてきたが，個人通報制度においては後述のように国内的な救済措置を尽くした通報のみが提出されうるのであって，この制度が締約国の司法権の独立を害するという主張は説得力をもたない（また，そもそも，人権条約機関は，司法権の独立という原則において念頭におかれている政治部門からの独立という趣旨があてはまる政治的な機関でもない）。また，日本は拷問等禁止条約と強制失踪条約の国家通報制度（それぞれ，21条・32条）は受諾しているので，条約機関による通報の審査が司法権の独立を害するという議論は，それらの制度を受諾していることとも整合性がとれない[311]。日本の人権状況には，人権条約に照らして問題が多々あることはすでに見た通りであるが，**国内裁判所での訴訟において，日本の国内法とその従来の解釈のみでは十分に解決されていない人権問題について，当事者や代理人が人権条約の規範を援用して主張を展開している事案が数多く存在することは，日本についても個人通報制度に潜在的には高度の有用性があることを示唆するものであろう**。日本弁護士連合会や近畿弁護士会連合会等の法曹団体はこれまで個人通報制度への参加を実現する活動を粘り強く続けてきている[312]。実際，**日本も個人通報制度に参加すれば，個人にとっては人権侵害の主張について条約機関の判断を求める道が開かれると同時に，とりわけ国内裁判所において，国内救済措置のレベ**

---

[311] 薬師寺公夫「国際人権法から見た憲法規範の『限界』と可能性」法律時報84巻5号（2012年）17頁。

[312] 近年では例えば近畿弁護士会連合会人権擁護委員会国際人権部会・大阪弁護士会選択議定書批准推進協議会編『国際人権条約と個人通報制度』（日本評論社，2012年）が，人権条約上の論点にかかわる主張についての裁判所の判決に対する詳細な分析・評価を行うとともに，個人通報制度に日本が参加することの意義について解説している。

552

第10章　国際人権法の国際的実施(1)

ルで人権条約の規範を適切に解釈・適用すべきことについての認識が着実に高まるという副次的効果がもたらされうるであろう。

上記のうち，個人通報制度運用の歴史が最も長い（1976年に第一選択議定書が発効し，翌年から運用が開始された）自由権規約の個人通報制度をみると，2015年4月までに自由権規約委員会に寄せられた通報のうち，92カ国に関する2,593件の通報が検討のため登録されている。115カ国の第一選択議定書締約国の中には，通報が寄せられていないものも相当数あることが分かるが，それはこれらの国の人権状況に問題がないことを直ちに意味するものではなく，個人通報制度の存在が人々に知られていないか，又は言語等の面で利用しにくいものになっていることが考えられる。2,593件の中で，1,088件について委員会の「見解」が採択され，うち922件で規約違反が認定されている（不受理とされたものは645件，手続中止又は取り下げとなったものが368件，まだ結論が出されていないものが492件である[313]。

個人通報制度の下でどのような者が通報を提出できるかについては，各条約に定めがある（自由権規約第一選択議定書では1条）。また，通報が条約機関によって受理され本案（merits）の検討を受けるためには，匿名でないこと，通報権の濫用又は条約の規定と両立しないものでないことのほか（同2条），同一の事案が他の国際的手続の下で検討されていないこと（同5条2項((a))，通報者が利用しうるすべての国内的な救済措置を尽くしたこと（同5条2項(b)）等の要件がある（**受理可能性**（admissibility）要件）。

◆　**2　個人通報を提出できる者**

個人通報を行える者は，自由権規約の場合，自由権規約及び第一選択議定書を批准した国の「**管轄下にある個人**」であって，**規約上の権利が当該締約国によって侵害された被害者**（victim）であると主張する者である。「管轄下の個人」であればよく，国籍や当該国での在住歴等には関係しない。よって例えば，日本は第一選択議定書を批准していないものの，批准国による人権侵害を主張して日本人が通報を行ったケースは存在する[314]。なお，自由権規約上の権利の

---

(313)　*Report of the Human Rights Committee*, A/70/40, 2015, para.26.

(314)　オーストラリア滞在中の日本人が，オーストラリアによる人権侵害を申立てた例。いわゆるメルボルン事件。日本の弁護士の方々が弁護団を作りこの事件を個人通報制度によって申立てた際の記録として，メルボルン事件弁護団『個人通報の記録　国際自由権規約第一選択議定書に基づく申立』（現代人文社，2012年）がある。

553

◆ 第3部 ◆ 国際人権法の実施メカニズム

うち，1条に規定する「人民の自決権」は，「人民（peoples）」の権利であるので，第一選択議定書による個人通報制度の対象とはならない。他方で，27条「少数者（マイノリティ）に属する人の権利」に関する通報を含め，複数の個人が，規約上の個人的権利が同様に侵害されたとして集団的に通報を提出することは許容される。人種差別撤廃条約14条や女性差別撤廃条約選択議定書，社会権規約選択議定書では，「個人又は集団」として「集団」も通報できることが明記されているが，集団とは，正文の語で正確にいえば「**個人の集団**（group of individuals）」のことであり，自由権規約委員会の実行と同様，個人名を明らかにした個人が合同で通報を行うことを指す（但し，女性差別撤廃条約選択議定書と社会権規約選択議定書では，個人の集団「のために」通報することも認められていることについて後述）。

　権利侵害の「被害者」であるとは，典型的には，拷問や虐待，差別等の取扱いを自ら被った者がイメージされるが，**当事国の立法規定の存在それ自体が通報者個人にとって権利行使を妨げる萎縮効果をもつことが示される場合には，当該規定が現に通報者に適用されていなくとも，通報者は個人通報制度上，「被害者」であるとみなされうる。**ホモセクシュアルの人々の権利の活動家である通報者が，成人男性間がその合意をもって私的に行う性的交渉を犯罪として規制するタスマニア州刑法の規定の存在によって自らの私生活に対する権利が脅かされていると主張したトゥーネン対オーストラリア事件で，自由権規約委員会は，当該規定が通報者に適用されていなくとも，通報者は規約17条の権利の侵害の被害者とみなされうるとした。

● **CASE** ● 〈国際先例〉**トゥーネン対オーストラリア事件**（*Toonen v. Australia*）自由権規約委員会「見解」，通報 No.941/2000，2003年8月6日
「5.1. 委員会は，通報の受理可能性を検討した。通報者が第一選択議定書1条の意味における『被害者』とみなされうるかどうかについて，委員会は，通報者が異議を申し立てている立法規定は，長い間タスマニア州司法当局によって執行されていないことを注記した。しかし委員会は，<u>通報者は，執行されるという恐れ，並びに，行政慣行及び世論に対してこれらの規定の継続的な存在がもたらしている大きな影響が，彼に対し個人的に影響を与え続けており，規約17条及び26条に基づく問題を提起しうるということを示すために合理的な努力を行った</u>と考えた。従って委員会は，通報者は，第一選択議定書1条の意味における被害者とみなすことができ，また彼の主張は時間的管轄上受理できることに満足する。」
「8.2. 17条に関しては，成人間の合意のある私的な性的活動が『私生活』の概念でカバー

されることは争われていない。委員会は，タスマニア州刑法122条(a)・(c)及び123条は，たとえ10年間執行されていないとしても，通報者の私生活に『干渉』すると考える。この文脈で，私的なホモセクシュアル行為に関しては刑事手続を開始しないという公訴局長の政策は，特に1988年のタスマニア州公訴局長及びタスマニア州議会議員の明瞭な発言に照らせば，将来においてホモセクシュアルに対し公訴が提起されないという保障にはあたらないことを注記する。従って，異議が申し立てられている法規定が継続して存在することは，通報者の私生活に直接に『干渉する』。」

　通報を提出することができるのは，自由権規約第一選択議定書の場合，原則として，直接の被害者すなわち自らが権利侵害の被害を受けた者，又はその委任を受けた代理人であるが，委員会の実行では，強制失踪や，当事国の当局による拘禁中の死亡の事案のように，直接の被害者が行動できる状況にない場合には，近親者が代わって通報することが認められている（『先例集第1集』及び『先例集第2集』に収録の諸事例を参照。委員会手続規則96条(b)）。加えて，拷問等禁止条約22条や強制失踪条約31条では，**管轄下の個人であって締約国による権利侵害の被害者であると主張する者**「**のために（on behalf of)**」も通報できることが明記されている。さらに，女性差別撤廃条約選択議定書と社会権規約選択議定書では，**管轄下にある個人又は集団であって締約国による権利侵害の被害者であると主張する者**「**のために**」通報できることも定められているので，人権NGO等が，個人又は個人の集団のために通報を行うことも可能である（但し，個人又は集団のために通報が提出される場合には，個人又は集団の同意なしにそれらの者のために行動することを正当化できる場合を除き，当該個人又は集団の同意が必要である）。先に第6章でみた女性差別撤廃条約の個人通報の事例(ファトマ・イルディリム事件)は，夫によって刺殺されたDV被害者のために，人権NGOが被害者の親族とともに通報を提出したものである。

◆　3　時間的管轄（*ratione temporis*）

　個人通報の対象となる人権侵害は，個人通報制度が当該国について発効して以降に発生した人権侵害である。但し，このことは，「**継続的な違反／侵害**(continuing violations)」すなわち，個人通報制度が当該国について発効する前に始まった人権侵害であって，それ以降も効果が継続している人権侵害について，条約機関が検討することを排除するものではない。自由権規約委員会の実行では，第一選択議定書が当該国について発効する前に発生した行為であっても，規約上の権利に対するその効果が議定書の発効後も継続しているものについては，

◆ 第3部 ◆ 国際人権法の実施メカニズム

通報は時間的管轄の点で不受理とはされない。「選択議定書に基づく先例法において委員会は，当事国に対して選択議定書が発効する前に発生した規約違反の主張については，主張されている違反が選択議定書の発効後も継続している場合を除き検討できないとしてきた。自由権規約委員会によれば，継続する違反とは，当事国による前の違反を，行為又は明確な含意によって，選択議定書の発効後に確認したものと解釈されるべきである」[315]。障害者権利条約選択議定書は2条(f)でこの法理を明確に定め，通報が不受理とされる場合として，「通報の主題となっている事実が当事国に対する本議定書の発効より前に発生した場合。但し，それらの事実がその日以降継続している場合を除く」としている。

◆ **4 通報の受理要件**
― **国内救済完了原則** ―

個人通報制度をおくどの条約も，個人が条約機関に通報を提出しこれが委員会によって検討されるためには，当事国において利用可能なすべての国内的救済措置を尽くしたこと，という要件を規定している（自由権規約第一選択議定書では5条2項(b)）。この**国内救済措置完了の要件**は，締約国に対し，条約違反の問題が条約機関の前に出される前にまず当該国の国内法制において適切に処理される機会を与えることを趣旨とし，国内的レベルにおける人権救済手続に対する**国際的な権利救済手続の補足性の原理**を体現するものである。また，条約機関に通報が提出される前に国内法制において適切に問題が解決されることは，条約機関に多数の通報が洪水のように寄せられることを防ぎ，国際的実施措置の健全な運用を図る上で実際的にも重要な意味をもっている。国内救済完了の要件により，**条約違反の主張は，少なくともその実体において，当事国の国内機関において検討されていることが必要**となる（ヨーロッパ人権裁判所の判例法につき，第6章を参照）。

国内救済完了原則は，上記のように国家に配慮して設けられている要件であるから，国家がその適用を放棄すれば，通報は条約機関によって扱われうる。米州人権裁判所は判例において，国内救済完了原則は「国家に有利に設けられている前提条件であり，国家はこの権利を黙示的にも放棄することができる。黙示的な放棄は，とりわけ，それが時宜に適った形で援用されないときに生じ

---

[315] E及びA.クニエ対ハンガリー事件（*E. and A. Könye v. Hungary*）「見解」，通報 No.520/1992，1994年4月7日，6.4項。

● 第10章　国際人権法の国際的実施(1)

る」と判示している[316]。従って，例えば米州人権条約体制の場合，米州人権
委員会における請願手続の際に国内救済未完了の主張を行っていなかった当事
国が，当該事案が米州人権裁判所に付託されてからその抗弁を行うことは認め
られない。

● **CASE** ● 〈国際判例〉 カンダラム・パンデイ事件（*Gandaram Panday*） 米州人権裁判
所判決（先決的抗弁），1991年12月4日

「38. ［国内救済措置を尽くすという］この要件は，国家が，国際的手続に付される前に
問題を国内法の下で解決することができるようにするものである。このことは，人権に
関する国際的な管轄権に特に妥当する。なぜならば，それは，国内的な管轄権を補強し
又は補完するものだからである（米州人権条約前文）（ヴェラスケス・ロドリゲス事件
判決，1988年7月29日，61項；ゴディネス・クルス事件判決，1989年1月20日，64項；
ファイレン・ガルビ及びソリス・コラレス事件判決，1989年3月15日，85項）。

　当裁判所は，すでに認めてきたように，以下のように述べてきた。『一般的に認めら
れた国際法の原則は，第一に，これが，これを援用する権利を有している国家によって，
明示的又は黙示的に放棄されうる規則であることを示している（ヴィヴィアナ・ガラル
ドほか事件（*Viviana Gallardo et al.*），1981年11月13日判決，26項）。第二に，時宜に適っ
た（timely）ものであるためには，国内救済未完了を主張する異議は，それを行う権
利をもつ国家によって，手続の早期の段階でなされなければならず，そうでない場合，
この要件を放棄したと推定される。第三に，未完了を主張する国家は，尽くされるべき
国内救済措置が残っており，かつそれらが実効的であることを示す義務を負う（ヴェラ
スケス・ロドリゲス事件判決（先決的抗弁），1987年6月26日，88項；ファイレン・ガ
ルビ及びソリス・コラレス事件判決（先決的抗弁），87項；ゴディネス・クルス事件判
決（先決的抗弁），90項）。……
39. 裁判所は，当事国政府は［米州人権］委員会において国内救済措置未完了の異議を
述べなかったことを注記する。……このことは，そのような異議の黙示的な放棄を構成
する。当事国政府はまた，その意見では尽くされるべきであったとする国内救済措置に
ついて，又はそれがどのように実効的であると考えられるかについて，時宜に適った形
で示すことをしなかった。
40. 従って，裁判所は，当事国政府が，委員会において述べるべきであったが述べなかっ
た国内救済措置の未完了の異議を現時点で行おうとすることは，時宜に適っていないと
考える。」

　国内救済完了の要件は，**救済措置の実施が不当に遅延する場合には適用され
ない**（自由権規約第一選択議定書5条2項(b)）。1974年の離婚から6年後の1980
年，オランダの裁判所によって子どもの監護権が母親のみに与えられ，子ども

---

[316]　ファイレン・ガルビ及びソリス・コラレス事件（*Fairén Garbi and Solís Corrales*）判決，1989
年3月15日，109項。

557

◆ 第3部 ◆ 国際人権法の実施メカニズム

に対する父親のアクセス権も確保されなかったことについて，父親が自由権規約23条4項（「この規約の締約国は，婚姻中及び婚姻の解消の際に，婚姻に係る配偶者の権利及び責任の平等を確保するため，適当な措置を取る。その解消の場合には，子どもに対する必要な保護のため，措置が取られる」）の権利の侵害を申し立てた事案で，当事国は国内救済未完了を理由に通報の受理可能性を争い，通報者は1983年に発効した民事手続法の新条項により「事情の変化」に基づいて裁判所の決定を再度求めることができると主張した。しかし委員会はこの主張を受け入れず，通報者は当事国が援用した救済措置を尽くすことを要求されないと判断した。

● **CASE** ● 〈国際先例〉ヘンドリックス対オランダ事件（*Hendriks v. the Netherlands*）
自由権規約委員会「見解」，通報 No.201/1985，1988年7月27日

「6.3. 第一選択議定書5条2項(b)は，国内救済措置が尽くされない限り，委員会が通報を検討することを排除している。この関連で委員会は，1986年7月9日の主張において，当事国が委員会に対し，ヘンドリックス氏がオランダの裁判所に対して再度アクセス命令を出すよう請求することを妨げるものは何もないと通知していたことを注記する。しかし委員会は，オランダの裁判所でそれより12年前に出されたヘンドリックス氏の主張は，1980年に最高裁判所によって判決を受けたことを注記する。不当に遅延した救済措置に関する第一選択議定書5条2項(b)の規定を考慮に入れれば，通報者は，（1982年に制定され）ヘンドリックス氏が審理を受けることとしている国内法上の手続的変更にもかかわらず，『事情の変化』を理由として同じ裁判所に対しアクセス命令の請求を継続することを期待されるとはいえない。委員会は，監護権をめぐる事案のような家族法上の係争においては，事情の変化は往々にして新たな手続を正当化するとはいえ，本件においては，国内救済完了の要件は満たされたと考える。」

尽くすことを要求されるのは，効果的な救済措置すなわち，権利救済が得られる可能性について合理的な見込みがあるものであり，形式的に手続は存在しても実際には救済を得られる可能性がないような場合には，その救済措置を尽くすことは必要とされない。当該国の最高裁判所，また憲法裁判所があり条約上の権利をめぐる実体的判断を求める個人の提訴が可能な場合には憲法裁判所の最近の判例によって当該問題についての判断がなされていて，それが覆される見込みがない場合がそれにあたる（当事国が国内救済未完了を争い，それが現実に利用可能であるということを示した場合は別である）。「エホバの証人」としての信条により韓国法に基づく兵役を拒否したために地方裁判所によって1年半の禁錮刑を宣告された通報者らが，兵役義務及び良心的兵役拒否者に対する禁

558

第10章　国際人権法の国際的実施(1)

固刑を支持した2004年の最高裁及び憲法裁判所判決をふまえ上訴を行わずに自由権規約委員会への通報を行った事案で，同委員会は，いかなる上訴も全く効果がないとの通報者の主張，及び当事国からの抗弁がないことに照らし，通報者らは国内救済措置を尽くしたと判断した[317]。

　また，自由権規約委員会の先例法によれば，救済措置は**利用可能でありかつ効果的**（available and effective）でなければならず，法律扶助がなければ現実的には利用不可能であるような救済措置も，効果的な救済措置にあたらない。ヘンリー対ジャマイカ事件では，死刑囚であり，公正な裁判を受ける権利の侵害を主張している通報者の主張に対し，当事国が，当該権利を執行する手段として憲法上の訴願手続を尽くしていないと主張したが，委員会は，次のように述べて当事国の主張を退けた。

● ***CASE*** ● 〈国際先例〉ヘンリー対ジャマイカ事件（*Henry v. Jamaica*）自由権規約委員会「見解」，通報 No.230/1987，1991年11月1日

「受理可能性に関する委員会の検討及び決定

5.1. ……．本件の状況において，委員会は，憲法25条に基づく憲法裁判所への手続は，通報者にとって，第一選択議定書5条2項(b)の意味で利用可能な救済措置ではないと判断した。」

「5.3. よって1990年3月15日委員会は，規約14条3項(b)，(d)，(e)及び5項に関して，本通報を受理可能と宣言した。」

「受理可能性決定に対する当事国の異議及び委員会のさらなる説明要請

……

6.4. 憲法上の訴えの提起に対して法律扶助がないことに関し，当事国は，第一選択議定書又は慣習国際法のいかなる規則も，法律扶助がないという理由で国内救済措置を尽くす義務を免れるとの主張並びに，貧困のために利用可能な救済措置を取れなかったとの主張を支持するものではないと主張する。……」

「受理可能性決定後の手続及び本案の検討

……

---

[317]　チョン・ミンギュほか対韓国事件（*Min-Kyu Jeong et al. v. the Republic of Korea*）自由権規約委員会「見解」，通報 Nos.1642-1741/2007，2007年3月24日，6.3項。なお，この事案で自由権規約委員会は，規約は**良心的兵役拒否の権利**に明示的に言及してはいないものの，そのような権利は，致死的な力の行使が良心の自由と深刻な衝突を生じる限りにおいて18条から導かれ，思想，良心及び宗教の自由に内在するものであるとした。「思想，良心及び宗教の自由は，いかなる個人に対しても，義務的な兵役が個人の宗教又は信念と両立しえない場合には，そのような兵役から免除される権利を与えるものである。国家は，希望する場合，良心的兵役拒否者に対し，兵役に代わる，軍事分野以外でかつ軍の指揮下にない代替的な文民的業務を行う義務を課しうる。代替的業務は，懲罰的性格のものであってはならない。それは，社会に対する真の奉仕であり，かつ人権の尊重と両立するものでなければならない」（7.3項）。

559

◆ 第3部 ◆ 　国際人権法の実施メカニズム

7.3. 委員会は，別の事案における1991年10月10日の主張において，当事国は，憲法上の訴えについては法律扶助が適用されないことを示したことを想起する。委員会の見解では，このことは，憲法上の訴えは，第一選択議定書の目的上尽くされなければならない，利用可能な救済ではない，という，受理可能性に関する決定において下した判断を支持するものである。この関連で委員会は，憲法上の救済措置の追求を通報者に免じるのは通報者の貧困ではなく，このために法律扶助を提供する意思がない，又は提供できないという当事国側の問題であると考える。

7.4. 当事国は，憲法上の訴えは規約14条3項(d)で要求されているような刑事上の罪の決定にかかわらないため，規約上，法律扶助を利用できるようにする義務はないと主張する。しかし，委員会における問題は，14条3項(d)の文脈で提起されているのではなく，国内救済措置が尽くされたかどうかという文脈でのみ提起されているものである。

7.5. さらに，委員会は，通報者は1984年に逮捕され，1985年に公判で有罪判決を受け，1986年に上訴が棄却されたことを注記する。委員会は，第一選択議定書5条2項(b)の目的上，最高（憲法）裁判所へのさらなる上訴は，本件の状況においては，国内救済措置の適用の不当な遅延を伴うとみなす。

7.6. 以上の理由により，委員会は，憲法上の訴えは第一選択議定書5条2項(b)の意味において利用可能かつ効果的な救済を構成するものではないという判断を維持する。従って，1990年3月15日の受理可能性決定を覆す理由はない。」

◆　5　同一の事案が他の国際的手続によって検討されていないこと

　同一の事案が他の国際的手続の下で検討されていないことという要件はどの条約にも規定されているが，この点で，自由権規約第一選択議定書と他の条約の規定の仕方には若干の違いがある。前者は「同一の事案が他の国際的調査又は解決の手続の下で検討されていないこと（is not being examined）」と規定しているのに対し（5条2項(a)），女性差別撤廃条約選択議定書等は，「同一の事案が……他の国際的調査もしくは解決の手続の下で審議されたかもしくは審議されている場合」（女性差別撤廃条約選択議定書4条2項(i)）としている。よって，規定上は，前者は，同一の事案が同時に他の手続の国際的手続の下で検討されていないことのみを要件としており，それ以外の場合には通報を検討しうる余地があることになる。但し実際は，自由権規約第一選択議定書の批准にあたって，ヨーロッパ人権条約のほとんどの締約国，及び他にも多数の国が，自由権規約委員会の通報検討権限は，他の国際的手続ですでに検討された事案には及ばないとする内容の留保を付している。

　第一選択議定書5条2項(a)の意味における「**同一の事案**（the same matter）」について自由権規約委員会は，同一の個人に関する同一の主張であって，当該

560

第10章　国際人権法の国際的実施(1)

個人又は，当該個人のために行動する権限を与えられた代理人によって，他の国際的手続に提出された通報を指すとの見解を示している[318]。ノルウェーが学校教育に導入した必修の宗教科目に関して，国内裁判所で併合審理された訴訟の原告のうち，一部の者がすでにヨーロッパ人権裁判所に提訴し，他の者が自由権規約委員会に通報を行ったことから，自由権規約委員会に対する通報はヨーロッパ人権裁判所に付託された事案と「同一の事案」であるとして当事国が受理可能性を争った事件で，自由権規約委員会はその先例法理を確認するとともに，さらに踏み込んで次のような見解を示している。

● *CASE* ●　〈国際先例〉レアヴァグ対ノルウェー事件（*Leirvåg v. Norway*）自由権規約委員会「見解」，通報 No.1155/2003，2004年11月23日

「8.2.　当事国は，ノルウェーの裁判所において，『キリスト教の知識並びに宗教及び倫理教育』と題する学校科目からの免除を求める通報者の請求は，他の3組の両親からの同一の請求と併せて，一つの事案として判決を受けたことを注記する。異なった当事者について，同じ弁護士が代理人となり，彼らの同一の請求が，一つのものとして判決を受けた。異なった当事者の事案を個別化しようという試みはなされなかった。……国内裁判所では共同で主張を行ったにもかかわらず，当事者は，ヨーロッパ人権裁判所と自由権規約委員会の双方に申立を送ることとした。4組の両親は自由権規約委員会に通報を行い，他の3組の両親は，2002年2月20日に，ヨーロッパ人権裁判所に申立を行ったのである。自由権規約委員会及びヨーロッパ人権裁判所になされた通報は，大部分同一である。よって，通報らはともに行動しているように見えるが，実質的に一つの事案について，両方の国際機関による審査を求めているのである。

8.3.　当事国は，通報777/1997に関する委員会の認定を認める一方で，本件は，同一の事案がヨーロッパ人権裁判所によって検討されているので不受理とされるべきであると主張する。当事国は，サンチェス・ロペス事件では通報者は『ヨーロッパ人権委員会に提出された申立は同一の事案に関連するが，申立，違法行為，被害者及び，アンパロの適用を含むスペインの諸判決は同一ではなかった』と主張していた点で，本件はサンチェス・ロペス事件とは異なると主張する。本件では，ノルウェーの最高裁判所による同一の判決が，両方の機関において異議を申し立てられているのである。……」

「13.3.　当事国は，他の3組の両親が同様の申立をヨーロッパ人権裁判所に行ったことで，『同一の事案』がすでにヨーロッパ人権裁判所によって検討されていること，並びに，ノルウェーの裁判所では，『キリスト教の知識並びに宗教及び倫理教育』からの完全な免除を求める通報らの請求は，それらの他の3組の両親からの同じ請求とともに，単一の事件として判決を受けたことをも理由として，受理可能性を争っている。委員会は，第一選択議定書5条2項(a)の意味における『同一の事案』とは，同一の個人にする，

---

[318]　サンチェス・ロペス対スペイン事件（*Sánchez López v. Spain*）「見解」，通報 No.777/1997，1999年11月25日。

561

◆ 第3部 ◆ 国際人権法の実施メカニズム

> 一つの同一の主張であって，当該個人又は，当該個人のために行動する権限を与えられた代理人によって，他の国際的手続に提出された通報を指すと理解されなければならないことを繰り返す。通報者らの請求が，国内裁判所において他の個人の主張と併合されていたということは，第一選択議定書の解釈を無にし又は変えるものではない。通報者らは，彼らが，ヨーロッパ人権裁判所に申立を行った3組の両親とは区別される個人であることを示した。本通報の通報者らは，自らの事案をヨーロッパ人権裁判所に提訴しないことを選んだのである。委員会は従って，第一選択議定書5条2項(a)に基づき，本通報を検討することを妨げられないと考える。」

◆ 6 通報審査の流れ

　国連の人権条約の個人通報制度では，通報はすべて，国連事務総長に宛てて提出されることとされ，実務的には，国連ヨーロッパ本部（スイス，ジュネーブ）内の人権高等弁務官事務所がその受付にあたっている。同事務所は，寄せられた通報を整理してリスト化し，各委員会に回付する。委員会に通報を回付されると，委員会の事務局が，通報に関する形式的な審査（通報者の氏名や住所，通報当事国，主張事実等）を行い，不備がある場合には通報者に補正を求める。

　以下，自由権規約の場合を例にとると，第一選択議定書4条により委員会は，通報の当事国の注意を喚起し，当該国は6カ月以内に，当該事案について，及び当事国が取った救済措置があればそれについての書面による説明を提出することとされており，当事国は通常，救済措置についての情報を含めた通報の受理可能性及び本案の双方に関する説明の提出を求められる（手続規則97）。委員会は，手続規則95条により，作業部会を設置しまた，通報の処理にあたる特別報告者を任命することができ，これに基づき，通報作業部会（Working Group on Communications）及び，新規通報の処理にあたる特別報告者が任命されている。新規通報特別報告者は，通報の当事国に通報を送付し，上述の説明を求める。また，主張されている違反の被害者に対する回復しがたい被害を避ける差し迫った危険があると判断される場合には，暫定措置の要請が行われる（手続規則92条）。なお，委員は，自国が当事国となっている通報の審査には関与しない（手続規則90条1項）。作業部会は，5名で構成されかつ全員が受理可能と決定するときには，通報を受理可能と決定することができ（手続規則93条2項），また，少なくとも5名で構成される作業部会の全員が受理不可能と決定するときには，通報を受理不可能と決定することができる（手続規則93条3項）。それ

562

◆ 第10章　国際人権法の国際的実施(1)

以外の場合には，最終決定は全体会合で行われる。委員会，作業部会又は特別
報告者は，当事国又は通報者に対し，通報の許容性又は本案に関する追加の情
報の提出を要請することができ（手続規則97条4項），受理可能性及び本案の審
査は，当事国及び通報者から提出されたすべての情報に照らして行われる。な
お，本案の問題が受理可能性の問題と内容的に密接に関係していることも多い
ため，本案の検討にあたり，委員会は，当事国から提供された説明に照らして，
通報を受理する決定を見直すことがある（手続規則99条4項）。

　本案審査は，事実認定と，規約違反があったか否かの法的判断からなる。事
実認定に関して，**事実の立証責任は，第一次的には通報者にあるが，通報者が
一応の（*prima facie*）立証を行い，当事国がそれに反駁する場合，その反証責任
は当事国に移る（立証責任の転換）**。自由権規約委員会は，最も初期の先例法に
おいてすでにそのことを明らかにし，特に，人権侵害に関わった公務員の名前
のように具体的な事実を通報者が挙げている場合には，事件を適切に捜査した
上でそれについての説明を提供する義務は当事国にあることを明言している。
委員会はまた，**通報者と当事国とは証拠に関して平等のアクセスを有しておら
ず，関連情報に対してアクセスを有しているのは当事国のみであることが多い
ことからすれば，そのような状況においては通報者の主張の方に相応の重みが
与えられなければならないとする。さらに，当事国が，自国に対してなされた
規約違反のすべての主張につき誠実に調査し，利用できる情報を委員会に提出
することは，選択議定書4条2項に内在する義務であるとし，人権侵害の責任
者が通報者によって識別されているときは，当事国はその主張の完全な調査を
怠ってはならないことを強調している。**

● *CASE* ●　〈国際先例〉ラミレス対ウルグアイ事件（*William Torrez Ramírez v. Uruguay*）
　　　　　　自由権規約委員会「見解」，通報 No.4/1977，1980年7月23日［『先例集第
　　　　　　1集』95頁］

「15.　……委員会は，次の事実に基づいて見解を構成することを決定した。以下の事実
は，本質的に当事国によって確認されたものであるか，又は，具体的情報や説明を与え
ていない一般的性格の否認を除き争われていない事実のいずれかである。ウィリアム・
トレス・ラミレスは1975年12月6日に逮捕された。1976年2月に彼は軍事裁判官のもと
に召喚され，再び1976年6月24日に召喚されたときには，後日出廷するという条件で釈
放命令が出された。しかし彼は1976年8月6日まで拘禁された。拘禁中彼は弁護人との
連絡ももたなかった。彼には，人身保護令状を請求するいかなる法的可能性もなかった。
16.　虐待の申立に関して，委員会は，通報者が1977年2月13日付の通報で，彼が1976年

563

◆ 第3部 ◆ 　国際人権法の実施メカニズム

1月から6月までの期間に受けたと主張している虐待に責任のある上級公務員の名を挙げていることを，委員会は注記する。当事国は，これらの申立を，1979年10月11日付の提出書面で自ら注意を喚起している法規定に従って正当に捜査したという証拠は全く提示していない。これらの申立に，一般的文言で反論するのでは十分ではない。当事国は自国の法規定並びに本規約及び第一選択議定書に基づく義務に従って捜査してしかるべきであった。」

● *CASE* ● 〈国際先例〉ルビオ対コロンビア事件（*Joaquín David Herrera Rubio v. Colombia*）自由権規約委員会「見解」，通報 No.161/1983, 1987年11月2日［『先例集第2集』184頁］

「10.　自由権規約委員会は，第一選択議定書5条1項に基づき，当事者によりその利用に供されたすべての情報に照らして本通報を検討した結果，以下の事実及び考慮をその見解の基礎とすることを決定する。

10.2.　ホアキン・ヘレラ・ルビオは1981年3月17日，ゲリラであるとの疑いで，コロンビア軍の要員により逮捕された。彼は，軍当局の者によって拷問され（「潜水艦」，「首吊り」，殴打），また，自白書に署名しなければ両親を殺すと脅迫された。1981年3月27日，対抗ゲリラの要員であると分かる軍服の者が数人，通報者の両親の家に現れ，実力で二人を連行した。1週間後，二人の遺体が近辺で発見された。……

10.3.　委員会は，通報者の主張に照らし，通報者の両親の死亡に関してコロンビア軍の要員が責任を負うということを信じる理由はあると考えるが，殺害者の身元を確認するための決定的な証拠は出されていない。この関連で委員会は，規約6条に関する一般的意見6を参照する。この一般的意見は特に，当事国は，人の失踪を防止するために具体的かつ実効的な措置を取ること，並びに，生命に対する権利の侵害を伴うような状況における行方不明及び失踪の事件については，公平な機関によって徹底的に調査するための効果的な機関及び手続を設けるべきことについて述べている。しかし委員会は，本件において行われた調査に関する当事国の提出書面が，規約2条に基づく当事国の義務に照らして不十分であったと思われることに正当に留意した。

10.4.　拷問に関する通報者の主張に関しては，委員会は，彼が受けた拷問について非常に詳細な描写を行い，また，責任あるとされる軍の要員の名前を提供したことを注記する。この関連で委員会は，当事国によって行われた最初の調査は時期尚早に終了されてしまったといえるかもしれず，1986年10月4日の通報者の提出書面及びより詳細な情報を求めた同年12月18日の作業部会の要請に照らして，さらに調査が必要であったと考える。

10.5.　立証責任に関しては，委員会は別の事案（例えば，No.30/1978及びNo.85/1981）ですでに，責任は通報者のみにかかるのではないということを明らかにしている。特に，通報者と当事国とは証拠に関して平等のアクセスを有しておらず，関連情報に対してアクセスを有しているのは当事国のみであることが多いことを考えればそうである。そのような状況においては，通報者の主張の方に，相応の重要性が与えられなければならない。当事国が，自国及びその機関に対してなされた規約違反のすべての主張につき，誠実に調査し，利用できる情報を委員会に提出する義務を負っていることは，選択議定書

564

◆ 第10章 国際人権法の国際的実施(1)

> 4条2項に含意されていることである。虐待に対して責任があるとされる者が通報者によって識別されているときは，当事国はいかなる場合においても，その主張の完全な調査を怠ってはならない。本件において当事国は特に，被拘禁者の虐待の罪に問われている軍の官吏について，及びその上官についての質問に対して，何ら詳細な情報も報告書も提出しなかった。」

Ⅳ 人権条約機関による「一般的意見」・「総括所見」・「見解」の法的意義と「総括所見」・「見解」の実施のフォローアップ

◆ 1 人権条約機関による「一般的意見」・「総括所見」・「見解」の法的意義

　これまでみてみたように，国連の人権条約においては，各条約の条約機関である委員会が，報告制度では，全締約国にあてた「一般的意見」(条約により「一般的勧告」)のほか，個別の国に対する「総括所見」を採択している。また，個人通報制度では，個人通報を受理し審理した上で，事実認定及び条約違反の有無についての法的判断を述べた「見解」を採択している。ヨーロッパ人権裁判所のような裁判所が「判決」を出すのと異なり，国連の人権条約の委員会が出す「一般的意見」や「総括所見」，「見解」は，その名称が示す通り，締約国に対して法的拘束力をもつものではないことには争いはない。また，委員会は，条約の有権解釈の権限を，条約の明文上与えられているわけではない。では，これらの「一般的意見」「総括所見」「見解」は，法的にどのような意義をもつものとみるべきであろうか。この問題は，条約機関を設置し条約の国際的実施を運用させている人権条約の仕組みを十分に理解した上で考えられるべき事柄である。

　伝統的には，国際法上，条約を解釈・適用する第一次的な権限は締約国が有している一方，一締約国の条約解釈が他の締約国によって争われる場合，条約上の紛争解決手続に従い，国際司法裁判所（ICJ）への付託その他の手段によって解決されることになる。国連の人権条約のうち女性差別撤廃条約と人種差別撤廃条約は，そのような伝統的な紛争解決条項もおいており（それぞれ29条・22条），条約の解釈又は適用に関する締約国間の紛争で交渉によって解決されないものは，いずれかの紛争当事国の要請で仲裁に付されうること，仲裁組織について合意に達しない場合にはいずれかの紛争当事国によって ICJ に紛争を付

565

◆ 第3部 ◆　国際人権法の実施メカニズム

託しうることとしている。しかし，人権条約でこのような紛争解決手続を定める例はむしろ少数であり，国際人権規約を始め他の人権条約では，このような規定はおかれていない。そして，上記のように紛争解決条項がある条約でも，それが締約国によって援用され，ICJ に事案が持ち込まれる例は実際には稀であり，締約国の数の多さからすればほぼ皆無に近いと言ってもよい。それは，人権条約の場合には，各条約の下で，条約機関たる委員会がそれぞれ設置され，これらの委員会が，条約に規定された国際的実施措置の運用を日常的に行うことを通して，「一般的意見」「見解」等の採択という形で実質的に条約解釈を行っているからである。

　自由権規約委員会は一般的意見で，**規約に基づく委員会の任務の遂行は，報告制度においてであれ個人通報制度においてであれ，必然的に，規約の解釈の発展を伴うことであることに言及している。**

> ■ 自由権規約委員会「一般的意見24　規約もしくは選択議定書の批准・加入に際して，又は規約41条に基づく宣言に関連してなされた留保に関する問題」（1994年）
>
> 11.　……規約に基づく委員会の役割は，報告制度に基づくものであれ第一選択議定書に基づくものであれ，必然的に，規約の規定の解釈及び解釈論の発展を伴うものである。

ICJ が係争事案や勧告的意見事案において人権条約の規定の解釈・適用を行うことはあるが，そのような場合には ICJ はむしろ，当該条約機関が「一般的意見」「総括所見」「見解」等で示した条約解釈を参照し，それらに重きをおいた法解釈を行っている。すでにみたように，パレスチナの壁に関する勧告的意見で ICJ は，自由権規約は締約国が外国の領域で管轄権を行使する場合にも適用され，イスラエルがパレスチナ占領地域で行った行為にも適用される，と結論するに際し，「自由権規約委員会の実行はこれと同じである」として数件の個人通報における委員会の「見解」，及び，委員会がイスラエルに対して「規約の規定は，被占領地域……において規約上の権利の享有に影響を与える締約国当局又は機関のすべての行為に適用される」と述べた「総括所見」を援用している。また，移動の自由の制約事由について定めた規約12条3項を解釈する際も，制約は「比例原則に従わなければならず」，「追求する目的を達成する措置の中で介入の程度が最も低いものでなければならない」と述べた委員会の一般的意見27を引用して，「本件ではこれらの要件が満たされていないと結論」している。2010年のディアロ事件本案判決でも ICJ は，自由権規約13条並びに9条1項及び2項の違反認定にあたり，関連の個人通報事例や自由権規約委員

会の一般的意見15を引用しながら,「自由権規約委員会は,その設立以来,第一選択議定書の締約国について,特に同委員会に付託された個人通報に対する認定を通じて,またその『一般的意見』の形式で,解釈に関する相当な法理を蓄積させている。当裁判所は,その司法機能の行使にあたり,それを義務づけられているわけではないが,特に規約の適用を監督するために設立されたこの独立の機関によって採択された解釈に相当な重みをおくべきであると信ずる」と判示している[319]。

　人権条約では,それぞれの人権条約の下で条約機関が設置され,報告制度,個人通報制度等,条約の定めた制度を運用することを通して,締約国による条約の国内実施の状況を国際的に監視する任務を与えられている。そして,自由権規約委員会も述べているように,その任務を行使して「一般的意見」「見解」等を採択する過程においては,必然的に,条約機関による条約解釈の要素が伴う。であるとすれば,「一般的意見」「見解」等において示される条約解釈は,**条約の国際的実施措置の運用を委ねられた条約機関がその任務の遂行に伴って示した法解釈として,相応の権威をもつとみるべきである。**条約機関がこれらの形で行う条約解釈に何らかの法的意義を認めるのでなければ,そもそも,報告制度や個人通報制度といった制度を維持する意味がないといわなければならない[320]。

　このように,報告制度における「一般的意見」及び「総括所見」,並びに個人通報制度における「見解」は,いずれも,これらの制度の運用を委ねられている条約機関が採択したものとしての法的意義を有するといえるが,特に,「見解」で示された条約解釈は,準司法的の手続を経て採択されている点で,高い権威をもつとみることもできる。自由権規約委員会の委員を務められている岩沢雄司教授は,自由権規約委員会が少なくとも通報で示した解釈は,高い権威が認められてしかるべきであり,有権解釈とみなされてよいとの考え方を示している。「自由権規約選択議定書は,委員会に対して,人権が侵害されたと主張する個人からの『通報を検討』し,『見解を関係締約国に送付する』権限を認めている(5条)。この規定に従って委員会は,個別の通報事例に即して規約の規定を解釈し,締約国に規約の違反があったかどうかを決定する。また自由

---

[319]　*Case Concerning Ahmadou Sadio Diallo*（*Republic of Guinea v. Democratic Republic of the Congo*）, Judgment, para.66. 強調筆者。
[320]　薬師寺公夫「日本における人権条約の解釈適用」ジュリスト1387号（2009年）49頁。

◆ 第3部 ◆ 国際人権法の実施メカニズム

権規約は，委員会に対して，『締約国の提出する報告を検討する』権限，及び『適当と認める一般的……意見』を採択する権限を与えている（40条4項）。……1992年からは国家報告の検討の後に，その国に対する勧告を含む総括所見を採択するようになり，その中でも委員会としての規約の解釈を示している。このように委員会は，個人通報及び国家報告の検討という任務を果たすにあたって，規約を解釈し適用する権限を締約国によって与えられている。そして委員会は，見解・一般意見・総括所見の中で規約の解釈を示している。委員会は規約によって設置された履行監視機関であり，『高潔な人格を有し，かつ，人権の分野において能力を認められ』『個人の資格で任務を遂行する』18人の委員で構成される。委員会は30年以上にわたって履行監視活動に従事してきた経験を有し，その実績は評価されている。このような機関が，規約によって与えられた解釈権限を行使して示した解釈，少なくとも通報で示した解釈は，高い権威が認められてしかるべきであり，『有権(authoritative)解釈』とみなされてよいと考える。国際司法裁判所の勧告的意見は法的拘束力がないのに，裁判所がそこで示した解釈が有権的なものとみなされるのと同様に，見解が法的拘束力をもたないことは委員会の解釈が有権的であることを妨げない。ただし，見解等で委員会が示した解釈に拘束力があるとはいえない。委員会の解釈は有権解釈であるから，締約国は尊重すべきであるが，拘束されるわけではない」[321]。

　時には，条約機関の示した条約解釈が，一部の締約国の条約解釈と異なることも起こり得るが，その場合でも，締約国の条約解釈が当然に対抗力をもちそのまま通用するというのではなく，締約国の条約解釈も，条約の解釈規則を明文化したウィーン条約法条約31条・32条の定めるところに従い，条約の趣旨及び目的に沿った妥当なものでなければならない。そして，人権条約においては条約機関が国際的実施措置を運用する任務を条約によって付与されており，その任務の行使において条約解釈を行っている以上，**締約国の条約解釈が条約機関から理解を得られるだけの客観的な妥当性と説得力をもつものでなければ，定期的な政府報告審査の制度において，当該締約国はその条約解釈の妥当性を繰り返し条約機関から問われ，見直しを要請されることになるのである**。締約国の第一次的な条約解釈と，条約機関が国際的実施の観点から行う条約解釈との間のそのようなフィードバック関係は，条約自体で条約機関を設置し，締約

---

[321]　岩沢雄司「自由権規約委員会の規約解釈の法的意義」世界法年報29号（2010年）62〜63頁。

568

◆ 第10章　国際人権法の国際的実施(1)

国の国内実施を国際的に監視させることとしている人権条約においては，当然に想定されていることである。

◆　**2　個人通報制度に参加していなければ，「見解」によって形成される**
　　先例法理は無関係か

　条約機関の「一般的意見」や「見解」等の法的意義に関連して，人権条約の個人通報制度に参加していない日本にとって問題とされうる一つの論点は，個人通報制度において委員会が採択した「見解」の法的意義をめぐるものである。例えば，日本は自由権規約第一選択議定書を批准していないが，同議定書に基づく個人通報制度において委員会が採択した「見解」における規約解釈を，日本の裁判所で援用し，裁判所がそれを相応の権威をもつものとして考慮に入れるべきことを主張することは，筋違いなことであろうか。

　これまで，日本の裁判所において，自由権規約の規定の解釈をめぐり，個人通報制度の「見解」において委員会が示した条約解釈を援用して行った主張に対し，裁判所は，規約解釈の中身の問題に入ることなく，第一選択議定書を批准していない日本において委員会の「見解」が裁判所を法的に拘束することはない旨を述べて，そうした主張を退けることが少なくなかった。

● *CASE* ●「損害賠償等請求事件，恩給請求棄却処分取消請求事件」[李昌錫 事件]
　　京都地判1998（平成10）年3月27日訟務月報45巻7号1259頁
「原告は憲法14条1項及び国際人権規約の解釈について規約人権委員会の『見解』，『意見』等を根拠にした主張をするが，我が国はB規約41条に基づく宣言（我が国に対して他の締約国がなす通報を規約人権委員会が審理する権限を認める旨の宣言）をしておらず，また第一選択議定書も批准していないことから，同委員会の『見解』等は，我が国の裁判所を法的に拘束するものではない（この点は原告も認めるところである）。したがって，同委員会の『見解』等はあくまで事実上の意見として斟酌されるにとどまる。」

　本判決の引用部分には，個人通報制度における「見解」，及び，報告制度における一般的意見を指すと思われる「意見」について述べながら，国家通報制度に言及する等，誤解に基づく記述が多く見受けられるが，「見解」等の法的拘束力の有無の根拠についても誤解が含まれている。自由権規約の個人通報制度における「見解」は，法的拘束力という点では，第一選択議定書を批准している国にとっても，また，個別の事案の当事国として「見解」を送付された国にとっても，その国を「法的に拘束する」ものではない。従って，日本が同議

569

◆ 第3部 ◆ 国際人権法の実施メカニズム

定書を批准していないから法的に拘束されないという本判決の理屈には飛躍がある。しかし、そのことを措くとしても、この判示において特に問題と思われるのは、「したがって、同委員会の『見解』等はあくまで事実上の意見として斟酌されるにとどまる」とした部分である。本件で裁判所は、「見解」等に法的拘束力がないゆえに、それらには何らの法的意義もないかのような結論を導いているが、そこには、上に述べたような、人権条約における条約機関の任務についての理解が全くみられない。

人権条約の国際的実施措置の実際の運用をみれば、直ちに明らかになることは、**人権条約では、同じ委員会（例えば自由権規約委員会）が、同じ条約上の複数の国際的実施制度を運用していることから、報告制度において「一般的意見」「総括所見」の中で示される条約解釈と、個人通報事案の「見解」で示される条約解釈とは、その内容において相互作用的に発展している**という事実である。本書第8章でみたように、自由権規約の26条が独立の平等権を規定したものであり、失業保険のような社会保障分野の法律における法律の平等な保護にも及ぶという解釈が、ブルックス事件やゲイエ事件等の個人通報事案の「見解」においてまず確立し、その後に26条に関する「一般的意見」として取りまとめられた経緯は、それを端的に示す例の一つである。いうまでもなく、一般的意見は、規約本体の条項についての法解釈を述べた委員会の意見として、日本を含むすべての締約国に向けられたものである。つまり、**たとえ日本が個人通報制度に参加していなくとも、規約の条項についての委員会の解釈は、報告制度と個人通報制度の双方を通じて発展しているのであり、日本は、規約本体の締約国として、それらの制度を通して規範内容が具体化された規約の規定の適用を受ける**のである。日本は個人通報制度に入っていないから、個人通報事案の「見解」で示される規約解釈には日本にとって何らの法的意義ももたない、ということは、条約機関による各種の国際的実施措置の運用を通して条約規範が発展している現状を見ないでする議論であるというほかない。

自由権規約委員会による第4回日本政府報告審査では、委員が上記の裁判例（李昌錫事件）に言及して日本の裁判所の国際人権法理解について質問を行い、その後の「総括所見」では、規約と委員会の役割について、規約による人権保障について裁判官、検察官、行政官に研修を行うこと、及び裁判官の研究会やセミナーが開催されるべきことが勧告されるに至っている。

570

■ 自由権規約委員会第4回日本政府報告書審査「総括所見」（1998年）
32. 委員会は，規約で保障された人権について，裁判官，検察官，及び行政官に対する研修が何ら提供されていないことに懸念を有する。委員会は，このような研修を受講でき

るようにすることを強く勧告する。裁判官を規約の規定に習熟させるため，裁判官の研究会及びセミナーが開催されるべきである。委員会の「一般的意見」及び第一選択議定書による個人通報に対して委員会が表明した「見解」が，裁判官に配布されるべきである。

◆ 3 日本の裁判所における条約機関の「一般的意見」「見解」等の位置づけ

日本では，最高裁の判例には，人権条約の委員会の「一般的意見」「見解」等の法的位置づけについて述べたものは見当たらないが，高裁を含む下級審の裁判例では，人権条約の規定の解釈にあたり，何らかの形でこれらを参照し，考慮に入れたものも相当数存在する。その場合，条約機関が採択するこれらの文書を，条約解釈上どのように位置づけるかについては，条約解釈規則を明文化したウィーン条約法条約の規定*上も明確な定めはおかれていないところ，裁判例では，以下にみるように，一般的意見等を条約解釈の「補足的手段」（条約法条約32条）として参照した例や，一般的意見，さらには関連する国連決議を，「条約の適用につき後に生じた慣行であって，条約の解釈につき当事国の合意を確立するもの」（同31条3項(b)）ないし解釈の「補足的手段」（同32条）に「準ずる」ものとして参照した例がある。また，条約法条約の解釈規則上の位置づけは明らかにしていないものの，一般的意見等を，法解釈において実質的に取り込んでいるものもある。

なお，日本はヨーロッパ人権条約の締約国ではなくまた締約国ともなり得ないが，同条約と自由権規約は，起草段階から相互に参照しつつ作成されており，類似した規定を多く含んでいる（例えば，公正な裁判を受ける権利に関するヨーロッパ人権条約6条と自由権規約14条を見よ）ことから，自由権規約の規定に依拠した主張においては，ヨーロッパ人権条約の同様の規定に関するヨーロッパ人権裁判所の判例法が援用されることが少なくない。下級審の裁判例では，そのような事案において，**ヨーロッパ人権条約の関連規定及びヨーロッパ人権裁判所の判例**も，自由権規約の解釈に際して解釈の「補足的手段」にあたるとされた例や，「当事国の間の関係において適用される国際法の関連規則」（条約法条約31条3項(c)）として一定の比重を有すると認められた例がある。

◆第3部◆ 　国際人権法の実施メカニズム

＊ ウィーン条約法条約の定める条約解釈規則

31条1項［一般的な規則］「条約は，文脈によりかつその趣旨及び目的に照らして
　　与えられる用語の通常の意味に従い，誠実に解釈するものとする。」

同2項「条約の解釈上，文脈というときは，条約文（前文及び附属書を含む。）の
　　ほかに，次のものを含める。

　(a)　条約の締結に関連してすべての当事国の間でされた条約の関係合意

　(b)　条約の締結に関連して当事国の一又は二以上が作成した文書であってこれら
　　　の当事国以外の当事国が条約の関係文書として認めたもの。」

同3項「文脈とともに，次のものを考慮する。

　(a)　条約の解釈又は適用につき当事国の間で後にされた合意

　(b)　条約の適用につき後に生じた慣行であって，条約の解釈についての当事国の
　　　合意を確立するもの

　(c)　当事国の間の関係において適用される国際法の関連規則。」

32条［解釈の補足的手段］「前条の規定の適用により得られた意味を確認するため
　　又は次の場合における意味を決定するため，解釈の補足的な手段，特に条約の準
　　備作業及び条約締結の際の事情に依拠することができる。

　(a)　前条の規定による解釈によっては意味があいまい又は不明確である場合

　(b)　前条の規定による解釈により明らかに常識に反した又は不合理な結果がもた
　　　らされる場合。」

● *CASE* ●　「公職選挙法違反被告事件」広島高判1999（平成11）年4月28日 LEX/DB
　　　　　28065154

「なお，所論は，B規約の解釈に当たっては，同規約の発効後に効力が発生した条約法
に関するウィーン条約31条の条約解釈に関する一般的な規則の趣旨に従うことを主張す
るところ，同条の解釈規則が，一般に成文法の解釈上も尊重されている理論的な基礎を
有するものと考えるので，当裁判所もこれを採用し，同条約32条の趣旨を尊重し，<u>B規
約28条によって設置された規約人権委員会が同規約40条4項に基づき採択した一般的意
見等も同条約31条の規定の適用によって得られた意味を確認するために補足的手段とな
るものといえる</u>。」

　日本で生まれ育ち，協定永住許可を受けて定住している在日韓国人二世の男
性が，当時の外国人登録法に基づく外国人登録証への指紋押捺を拒否したため
に逮捕され，警察によって強制的に指紋を採取されたことにつき，プライバシー
の侵害等を主張して国家賠償請求を行った事案で，大阪高裁は，自由権規約委
員会の「一般的意見」や「見解」，さらにヨーロッパ人権条約等の同種の内容
及びこれに関する判例も自由権規約の解釈の「補足的手段」となるとした上で，

572

第10章　国際人権法の国際的実施(1)

指紋押捺制度が自由権規約7条に反する「品位を傷つける取扱い」となるか否かについて，以下のように丁寧な解釈論を展開した。そして，指紋押捺制度は，一般的には同条にいう「品位を傷つける取扱い」には該当しないものの，定住外国人とりわけ平和条約国籍離脱者に対しては特別な考慮が必要であって，そのような者に指紋押捺を義務づけることは同条違反の疑いがあるとの結論を導いている。また，同様に自由権規約26条についても，平和国籍離脱者等に関する限りで，国民と異なる取扱いをする基準が合理的でなくこれに違反する疑いがあるとした。

● **CASE** ● 「損害賠償請求控訴事件」[京都指紋押捺拒否国家賠償請求訴訟控訴審判決]
大阪高判1994（平成6）年10月28日判時1513号71頁，判タ868号59頁

「B規約28条以下の規定に基づいて，高潔な人格を有し，人権の分野において能力を認められた締約国の国民18名で構成され，締約国から提出された報告を審査すること並びに市民的及び政治的権利に関する国際規約についての選択議定書（わが国は未批准）に基づくB規約に掲げられている諸権利の侵害の犠牲者であると主張する個人からの通知を審理し，これに対する『見解』を送付することをその主な職務とする規約人権委員会が設置されている。同委員会は，B規約の個々の条文を解釈するガイドラインとなる『一般的意見』を公表しており，右『一般的意見』や『見解』がB規約の解釈の補足的手段として依拠すべきものと解される。更に，ヨーロッパ人権条約等の同種の国際条約の内容及びこれに関する判例もB規約の解釈の補足的手段としてよいものと解される。」
「B規約7条の『品位を傷つける取扱い』の解釈に当たっては，次のことに留意すべきであると解せられる。

ア　『品位を傷つける取扱い』を受けない権利に対してはいかなる制限も許されず，公の緊急事態においても同様である（B規約4条）。

イ　拷問及びその他の残虐な，非人道的な若しくは品位を傷つける取扱い又は刑罰を禁止する条約（……わが国は未批准）によると……『残虐な，非人道的な若しくは品位を傷つける取扱い若しくは刑罰』とは拷問に至らないものとされている（16条1項）。

ウ　規約人権委員会は，B規約7条の解釈について，一般的意見20において，次のような見解を示している。(1)B規約7条の目的は，個人の尊厳と，身体的，精神的完全性の双方を保護することにある。(2)B規約7条による禁止は，身体的苦痛をもたらす行為だけでなく，被害者に対し精神的苦痛をもたらす行為にも及ぶ。……

エ　規約人権委員会は，アンティ・ヴァランヌ対フィンランド事件……における『見解』で，B規約7条の解釈として『何が非人道的な若しくは品位を傷つける取扱いであるかは，事案の全ての事情，すなわちその継続期間，方法，被害者の性別，年令，健康状態等に基づいて判断されなければならず，『品位を傷つける刑罰』に該当するには，辱め又は卑しめの程度が一定の程度を超えていることを必要とする。」との見解を示し……た。

オ　ヨーロッパ人権委員会は，東アフリカのアジア系住民対英国事件……における意

◆ 第3部 ◆ 国際人権法の実施メカニズム

見で，人の地位，立場，名声又は人格をおとしめる行為で，それが一定の程度に達する
時にはヨーロッパ人権条約3条の『品位を傷つける取扱い』になるとし……た。

　用語の通常の意味にしたがうとともに，以上の諸点を総合して勘案すると，B規約7
条にいう『品位を傷つける取扱い』とは，公務員の積極的ないし消極的関与の下に個人
に対して肉体的又は精神的な苦痛を与える行為であって，その苦痛の程度が拷問や残虐
な，非人道的な取扱いと評価される程度には至っていないが，なお一定の程度に達して
いるものと解せられる。そして，『一定の程度』の解釈については，『品位を傷つける取
扱いを受けない権利』に関しては，緊急事態においてすらいかなる制限も許されないこ
とを考慮に入れる必要があり，右『一定の程度』に達しているか否かの判断については，
その取扱いを巡る諸般の事情を総合考慮して判断されるべきと解せられる。

　……本件指紋押なつ度が押なつ者に与える精神的苦痛の程度は，右の『一定の程度』に
達するものではないと判断され，本件指紋押なつ制度はB規約7条の『品位を傷つけ
る取扱い』には該当しないものというべきである。但し，……定住外国人とりわけ平和
条約国籍離脱者に対しては特別な考慮が必要である。即ち，……平和条約国籍離脱者は
長年わが国での生活を続け，本件指紋押なつ拒否当時までに，一世は約40年間にわたり，
二世ないし四世はその人生の全てをわが国内で生活し，確固とした生活基盤を築き上げ
ていた……故に，国民に求められない指紋押なつを納得することは一般に困難であって，
そのことによって……抱く屈辱感，不快感，被差別感は，一般の外国人の場合よりも強
いものがあり，その程度は，右の『一定の程度』に達すると評価できるのではないかと
疑う余地がある。」

「規約人権委員会は，一般的意見18において，規約上の外国人の地位について次のよう
な見解を示している。……

　本規約26条に規定されている差別禁止の原則が適用されるのは，本規約上に定められ
た権利に限定されない。

　基準が合理的であり，かつ客観的である場合であって，かつまた，本規約の下での合
法的な目的を達成するという目的で行われた場合には，処遇の差異は必ずしもすべて差
別を構成するわけではない。

　規約人権委員会は，ゲイエ対フランス事件……における『見解』で，1960年のセネガ
ル独立前にフランス陸軍で軍務についていたセネガル国籍の退役軍人であるゲイエ外
742人に対し，フランスが，フランス人に対する年金よりも減額した年金を支給した措
置をB規約26条違反であるとし，国籍は同条の『その他の地位』に該当するとした。
フランスは，右減額の理由として，他国における同一人性や家族状況の確認が困難であ
ること，年金制度の悪用を防ぐのが困難であること等を主張したが，B規約人権委員会
は，単なる行政上の便宜は不平等取扱いを正当化することはできず，ゲイエらに対する
異別の取扱いは合理的且つ客観的基準に基づくものとはいえないとした。

　規約人権委員会は，アウメルディ・チフラ対モーリシャス事件……における『見解』
で，モーリシャスがモーリシャス人男性の外国人妻に対しては自由な入国の権利及び国
外退去の免除を認めているのに，モーリシャス人女性の外国人夫に対しては内務大臣の
居住許可のない限り右の権利を認めていないことをB規約26条違反であるとした。モー
リシャス政府が，外国人夫が国家に対し治安上の脅威を与えていると主張したが，右差
別は保安上の理由によって正当化されえないとした。

574

第10章　国際人権法の国際的実施(1)

　……以上を総合して勘案するに，……本件指紋押なつ制度が品位を傷つける取扱いに当たるとは解せられないが，なおこれが国籍に基づく区別であって，外国人が国民と対等の立場で人権と自由を享受することを妨げる効果をもつものであることは明らかであるから，基準が合理的且つ客観的で，合法的な目的を達成する目的で行われたと認められない以上，本件指紋押なつ制度は B 規約26条に違反すると解せられる。

　……本件指紋押なつ制度は，身分関係及び居住関係を正確に把握する前提として，個々の外国人を正確に特定した上で登録し，現に在留する外国人と登録上の外国人との同一人性を確認できる態勢を整えることを目的とするものである。ところで，規約人権委員会も認めるように，国際慣習法上は，何人に入国，在留を認めるか，認める場合に如何なる条件を付するかは，その決定が不合理ないし個人の不可侵の権利を害するものである場合でない限り，基本的にその国の自由であると解せられるところ，指紋押なつ制度の右目的が合理性をもつことは明らかであるから，その目的は B 規約の下においても合法的なものというべきである。……よって，本件指紋押なつ制度自体が B 規約26条に違反すると解することはできない。

　……但し，本件指紋押なつ制度が B 規約26条に適合するか否かの判断に当たっても，定住外国人とりわけ平和条約国籍離脱者等に対しては特別な考慮が必要である。……指紋押なつ制度発足当初は，平和条約国籍離脱者等に対して指紋押なつを強制する充分な理由があったが，その後不正登録がめっきり減少した一方，平和条約国籍離脱者等はわが国での生活を続け，本件指紋押なつ拒否当時までに，一世は約40年間にわたり，二世ないし四世はその人生の全てをわが国内で生活し，確固とした生活基盤を築き上げてきていたから，その居住関係及び身分関係は国民と遜色のない程度に明確になっていて，国民の戸籍届出及び住民登録において要求されない指紋押なつを平和条約国籍離脱者等の外国人登録において要求する実質的理由が乏しくなっていたものである。そうすると，本件指紋押なつ制度は，平和条約国籍離脱者等に適用する限りで，国民と異なる取扱いをする基準が合理的ではないと解するべきでないかと疑う余地がある。」

　刑事事件で証拠採用されたビデオテープを再生しながら被告人と接見することを申し入れた弁護人が，テープの内容を事前に検査しなければ認められないとしてこれを拒否されたことにつき国家賠償請求を提起した事案で，原告側は，自由権規約14条3項にいう「防御の準備のために十分な時間及び便益」を与えられる権利について同規約委員会が一般的意見において示している解釈（「便益」には，弁護人を依頼し連絡する機会をもつことのみならず，訴訟の準備に被告人が必要とする書類その他の証拠にアクセスすることも含まれなければならないこと）を援用して主張を行った。本件で大阪地裁は，自由権規約委員会の一般的意見は法的拘束力をもたないものであるという被告国側の主張に対し，「**かかる拘束力の有無と B 規約の解釈に当たって参考とされるか否かとか別個の問題である**」と述べ，「B 規約14条3項が，我が国の憲法も採用する法の支配の

575

◆ 第 3 部 ◆ 国際人権法の実施メカニズム

理念及びその内容たる適正手続の要求にも適合するものであることからすれば，日本国の歴史，伝統等の背景事情を踏まえたとしても，少なくとも B 規約14条 3 項の解釈に当たり，ゼネラルコメントが相当程度参考とされるべきであることに変わりはない」としてこれを参照した。

● *CASE* ● 「損害賠償請求事件」[ビデオテープ再生・接見拒否国家賠償請求事件第一審判決] 大阪地判2004(平成16)年 3 月 9 日判時1858号79頁

「刑訴法39条 1 項の接見交通権は，B 規約14条 3 項 b の趣旨にも合致する。

　B 規約は，国内法としての自力執行力を有する条約であるが，B 規約14条は，3 項において，『すべての者は，刑事上の罪の決定について，十分平等に，少なくとも次の保障を受ける権利を有する。』と定め，同項 b において，『防御の準備のために十分な時間及び便益を与えられ並びに自ら選任する弁護人と連絡すること。』と定める。

　……B 規約については，B 規約28条に基づいて人権委員会が設置されており，……B 規約締約国全体に宛てたゼネラルコメントを採択しているところ，ゼネラルコメントが B 規約を直接の検討対象としていることをも考え合わせれば，ゼネラルコメントは，条約の適用につき後に生じた慣行であって，条約の解釈について当事国の合意を確立するもの（条約法条約31条 3 項(b)参照）ないし解釈の補足的な手段（条約法条約32条参照）に準ずるものとして，B 規約の解釈に当たり，相当程度尊重されるべきである。

　また，被拘禁者と弁護人との接見交通権については，国際連合犯罪防止会議が採択した被拘禁者処遇最低基準規則93条や国際連合総会の決議である被拘禁者保護原則18並びに弁護士の役割に関する基本原則 8 条及び22条が存在するところ，これらは，B 規約と直接的関係のない別個のものであるが，日本国が加盟する国際連合の決議であり，B 規約14条 3 項 b の内容とも関係することからすれば，解釈の補足的な手段（条約法条約32条参照）に準ずるものとして，B 規約14条 3 項 b の解釈に当たり，一定の参考とされるべきものである。……

　なお，ゼネラルコメントないし上記各国際連合決議がその締約国ないし国際連合加盟国に対して法規としての拘束力を有するものではなく，ゼネラルコメントを B 規約の解釈の参考とする際には各国の歴史，伝統等の背景事情を踏まえるべきことは被告が指摘するとおりであるが，かかる拘束力の有無と B 規約の解釈に当たって参考とされるか否かとか別個の問題であるし，B 規約14条 3 項が，我が国の憲法も採用する法の支配の理念及びその内容たる適正手続の要求にも適合するものであることからすれば，日本国の歴史，伝統等の背景事情を踏まえたとしても，少なくとも B 規約14条 3 項の解釈に当たり，ゼネラルコメントが相当程度参考とされるべきであることに変わりはない。

　B 規約14条に関するゼネラルコメントが，『3 項 b は，被告人が，防御の準備のために十分な時間及び便益を与えられ並びに自ら選任する弁護人と連絡できなければならないと定める。「十分な時間」がどの程度であるかは，それぞれの場合によるが，この便益には，弁護人を依頼し，連絡する機会をもつことのみならず，訴訟の準備に被告人が必要とする書類その他の証拠にアクセスすることも含まれなければならない。……さらに，本号は，弁護人に対し，交通の秘密を十分尊重するという条件で被告人と交通する

第10章　国際人権法の国際的実施(1)

ことを要求する。……』旨述べていることに加え，被拘禁者最低基準規則93条，被拘禁者保護原則18並びに弁護士の役割に関する基本原則8条及び22条等，国際連合において被拘禁者と弁護人との接見交通権について明言する決議が繰り返されていることに鑑みれば，B規約14条3項bは，被告人等と弁護人との接見交通権をも要求しているものと解すべきである。」

「被告人等と弁護人とが直接面会して被告事件等に関する口頭での打合せを行うことと証拠書類等を見せるなど口頭での打合せに付随する行為とは密接不可分である以上，刑訴法39条1項の『接見』とは，口頭での打合せに限られるものではなく，口頭での打合せに付随する証拠書類等の提示をも含む打合せと解すべきである。……かかる刑訴法39条1項の解釈は，B規約14条3項bの趣旨にも合致するものである。」

「池口は，川上から，原告が本件ビデオテープを再生しながら甲野被告人と接見したいとの申入れをしているとの報告を受けたにもかかわらず，根元と相談の上，原告に対し，保安上の観点から本件ビデオテープの内容を検査しない限り，かかる申入れは認められない旨回答して本件拒否行為に及んでいるところ，……かかる検査が監獄法施行規則127条2項の『必要ナル戒護上ノ措置』に該当するものとして，これを適用した池口ないし根元の行為は，その適用上，刑訴法39条1項が由来するところの憲法34条前段及び37条3項並びにB規約14条3項bの趣旨に違反する違憲，違法なものである。」

● *CASE* ●　「受刑者接見妨害国家賠償請求控訴事件」高松高判1997（平成9）年11月25
　　　　　　　日判時1653号117頁

「B規約草案を参考にして作成されたヨーロッパ人権条約では，B規約14条1項に該当するその6条1項で，同規約と共通する内容で公正な裁判を受ける権利を保障しており，右条約に基づき設置されたヨーロッパ人権裁判所におけるゴルダー事件においては，右6条1項の権利には受刑者が民事裁判を起こすために弁護士と面接する権利を含む，との判断が，また同裁判所におけるキャンベル・フェル事件においては，右面接に刑務官が立ち会い，聴取することを条件とする措置は右6条1項に違反する，との判断がなされている（……証人北村泰三）。ヨーロッパ人権条約は，その加盟国がB規約加盟国の一部にすぎず，我が国も加盟していないことから，条約法条約31条3項(c)の『当事国の間の関係において適用される国際法の関連規則』とはいえないとしても，ヨーロッパの多くの国々が加盟した地域的人権条約としてその重要性を評価すべきものであるうえ，前記のようなB規約との関連性も考慮すると，条約法条約31条3項における位置づけはともかくとして，そこに含まれる一般的法原則あるいは法理念についてはB規約14条1項の解釈に際して指針とすることができるというべきである。また，被拘禁者保護原則は国連総会で採択された決議であって，直ちに法規範性を有するものではなく，被拘禁者の弁護士との接見に関して定めたこの原則18に関し，当事国による適用が繰り返され慣行となっているとまで認めるに足りる根拠はなく，条約法条約31条3項(b)の『条約の適用につき後に生じた慣行であって，条約の解釈についての当事国の合意を確立するもの』に該当すると解することは困難である。しかし，右被拘禁者保護原則は，『法体系又は経済発展の程度の如何にかかわりなく，ほとんどの諸国においてさしたる困難もなく受入れうるもの。』として専門家によって起草され，慎重な審議が行われた後に

577

◆ 第3部 ◆ 国際人権法の実施メカニズム

積極的な反対がないうちに採択されたもの……であることを考慮すれば，被拘禁者保護について国際的な基準としての意義を有しており，条約法条約31条3項(b)に該当しないものであっても，B規約14条1項の解釈に際して指針となりうるものと解される。

右ヨーロッパ人権条約についてのヨーロッパ人権裁判所の判断及び国連決議の存在は，受刑者の裁判を受ける権利についてその内実を明らかにしている点において解釈の指針として考慮しうるものと解される。

なお，規約人権委員会（B規約28条）は，モラエル対フランス事件において，市民的及び政治的権利に関する国際規約の選択議定書（B規約第一選択議定書）5条4項に基づき，B規約14条1項における公正な審理の概念は，武器の平等，当事者対等の訴訟手続の遵守を要求していると解釈すべきである，との見解を示している……ことも前記解釈について参考とすべき事情といえる。

以上の諸事情を勘案すれば，B規約14条1項は，その内容として武器平等ないし当事者対等の原則を保障し，受刑者が自己の民事事件の訴訟代理人である弁護士に接見する権利をも保障していると解するのが相当であり，接見時間及び刑務間の立会いの許否については一義的に明確とはいえないとしても，その趣旨を没却するような接見の制限が許されないことはもとより，監獄法及び同法施行規則の接見に関する条項については，右B規約14条1項の趣旨に則って解釈されなくてはならない。

……従って，30分以上の打合せ時間の具体的必要性が認められる場合に，相当と認められる範囲で接見時間の制限を緩和しなかったとき，また，接見を必要とする打合せの内容が当該刑務所における処遇等の事実関係にわたり，刑務所職員の立会いがあっては十分な打合せができないと認められる場合に，刑務所職員の立会いなしの接見を認めなかったときには，裁量権の行使を逸脱ないしは濫用したものと解するのが相当である。」

◆ 4 「総括所見」・「見解」の実施とそのフォローアップ

普遍的人権条約の報告制度において，条約機関は全締約国に対する「一般的意見」に加え，個別の締約国に対する「総括所見」を採択し，当該国の条約実施に関し，評価できる点のほか，懸念される点及び勧告を述べる。

しかし，総括所見において示された懸念及び勧告の内容は，当事国によって適切に受け止められ，改善が図られるとは限らず，下にみる日本の例もそうであるように，次回の報告審査の総括所見において同様の懸念と勧告がまた繰り返されることも少なくない。そのような事態が生ずる理由は，1つには，総括所見の内容が，条約の国内実施にかかわる諸機関に適切な形で周知されていないことにあり，またひいては，政府報告書の作成を含む報告制度の運用及び，条約の国内実施全体に関して，関連する省庁間の検討を含めた総合的な実施体制が不十分であるためであろう。

なお，条約機関が総括所見で当事国に対して述べる懸念及び勧告は，立法・

◆ 第10章　国際人権法の国際的実施(1)

行政措置に関する事項については立法府及び行政府に向けられていることはもちろんであるが，司法府すなわち国内裁判所も，条約規定の解釈・適用に関する司法判断の側面において，総括所見の実施にかかわっている。先にみたように，日本でも，下級審の裁判例では，条約機関の一般的意見や総括所見等は裁判所を法的に拘束するものではないにせよ，条約解釈にあたって参考にできる文書である，ということを認めるものが相当数存在する。**裁判所が，条約機関の総括所見をも参考にして条約を解釈することによって，（条約規定の適用，あるいは条約規定の趣旨を国内法解釈に反映させることによって）適切な司法判断を行うとすれば，それも，当該国における総括所見のフォローアップの一環とみなすことができる。**そのためにも，総括所見は，その概要がメディアによって広く報道されるとともに，その全文が当事国の言語に翻訳された上で広く周知され，容易に利用できるものとなっていることが望ましいであろう。

報告制度を定めた障害者権利条約36条は，その4項において，**締約国が政府報告書を自国において公衆に広く利用可能なものとするとともに，これに関する委員会の提案及び一般的勧告の利用を容易にする義務**について規定している。また，先にみた報告に関する統一ガイドラインは，**締約国が，政府報告書の準備のために，省庁横断的な委員会（タスクフォースというべきもの）を作ること及び，そのようなタスクフォースが，総括所見のフォローアップを効果的にコーディネートすることを奨励している。**

■ 障害者権利条約
　36条4項　締約国は，1項の報告を自国において公衆が広く利用することができるようにし，これらの報告に関連する提案及び一般的勧告の利用を容易にする。

■ 国連人権高等弁務官事務所「国際人権条約の締約国が提出する報告書の形式及び内容に関するガイドライン集」（2009年）［前掲］
　第1章　中核的文書及び条約別の文書に関するガイドラインを含む，国際人権条約に基づく報告に関する統一ガイドライン
　……

Ⅰ．報告の過程
　……
　データ収集及び報告書の起草
　13．国家は，報告書の準備のために適切な組織的枠組みの設置を検討すべきである。そのような組織的構造（省庁間の起草委員会及び／又は，各関連政府部局内におかれた，報告に関して中心となる担当部署）は，国際人権条約及び，適当な場合関連の国際条約（例えば，国際労働機関やユネスコの諸条約）に基づく国家の報告義務すべてを支援し，条約機関の総括所見のフォローアップを調整する効果的な仕組みを提供しうる。……

総括所見で示された勧告の実施を促すため，条約機関は様々な形で**総括所見のフォローアップ**を試みている。前述のように，2回目以降の報告書では，前回に提示された総括所見に対して当事国が取った措置について説明することとされており，定期的な報告審査の度に，前回の総括所見の実施状況についても

579

◆ 第3部 ◆　国際人権法の実施メカニズム

説明を求められることとなる。また，例えば自由権規約委員会の場合，手続規則において，委員会が定める一定の事項を優先的に扱うよう当事国に求めることができるとし（71条5項），その場合，委員会はそれらの事項に関する当事国の回答を検討し及び取るべき措置について決定するための手続を定めるとしている（72条）。これに基づき委員会は近年，委員会が挙げた一定の優先事項について委員会の勧告実施のための取った措置について，次回の定期報告書の提出を待つことなく1年以内に報告を求める，という実行をしばしば行うようになっている。また，拷問禁止委員会では2003年から，総括所見のフォローアップのための報告者（Rapporteur）が任命され，この報告者が，各当事国に対し，総括所見のフォローアップに関する報告書の提出を求めている。人種差別撤廃委員会も2006年改正の手続規則で，委員会が「フォローアップ・コーディネーター（follow-up coordinator）」を任命できる旨を定め，このコーディネーターが，当事国が委員会の勧告に関して取った措置についての情報を求めることとした。

　個人通報事案の「見解」において違反を認定した場合，条約機関は当事国に対し，取るべき救済措置について勧告を行う。自由権規約委員会の場合，被害者の被った被害に対し，事件の調査や賠償を含む効果的な救済措置を取ること，及び同様の違反が将来起こらないことを確保する措置を取ること（再発防止措置）という一般的な文言で勧告を述べることが通例であるが，恣意的な拘禁を認定した事案や，死刑囚からの通報に関して公正な裁判を受ける権利及び生命権の侵害を認定したような事案では，通報者の釈放を伴う効果的救済を勧告する，拷問を認定した事案では加害者の処罰を勧告するなど，具体的事案によってその内容は若干異なる（『先例集第1集』及び『先例集第2集』収録の事案を参照）。

　自由権規約の通報事案では，委員会による通報検討中にすでに当事国が被害者の釈放，国内法の改正等の一定の救済措置を取ることもあり，そのような場合に委員会は「見解」の中で歓迎の意を表明して積極的評価を示してきた。しかし全体としては，「見解」が採択され当事国に送付された後，取られた救済措置について明らかにする国は多くはなく，通報者から，「見解」の実施についての苦情が寄せられることもあった。そのため自由権規約委員会は1990年から，「見解」のフォローアップを監視するための手続を導入し，「見解」それ自体の中で，救済措置についての情報の提出期限（180日以内）について述べるとともに，見解のフォローアップのための特別報告者（Special Rapporteur for follow-

580

◆ 第10章　国際人権法の国際的実施(1)

up on Views）を任命することとした（現手続規則101条）。この特別報告者は，当事国が見解の実施のために取った措置について確認するため，必要に応じて当事国に情報を求め，また通報者に通知する等の接触を行う。特別報告者はフォローアップ活動について定期的に委員会に報告し，委員会は年次報告書に，フォローアップの状況に関する情報を掲載する。また，前述のように委員会は，報告制度における国家報告審査においても，当該国が個人通報制度で受けた「見解」のフォローアップに関する情報を要請している。

　女性差別撤廃条約選択議定書の場合は，7条4項で，以下のように，締約国が**委員会の見解及び勧告に「妥当な考慮（due consideration）」を払う義務**及び，委員会の見解及び勧告に対して取った措置についての情報を含む書面での回答を6カ月以内に提出する義務について明記している。また13条では，委員会の見解及び勧告についての情報であって特に当該国に関係するものを一般に広くアクセス可能にすることについても規定している。

■ 女性差別撤廃条約選択議定書

7条4項　締約国は，委員会の見解及び勧告がある場合にはその勧告に妥当な考慮を払い，かつ，6カ月以内に，委員会に対し，委員会に対して書面の回答（委員会の見解及び勧告に対して取った措置についての情報を含む。）を送付する。

同13条　各締約国は，条約及びこの議定書を広く周知させ及び広報すること並びに委員会の見解及び勧告についての情報（特に当該締約国に関係する問題に関するもの。）へのアクセスを容易にすることを約束する。

　女性差別撤廃委員会の手続規則は，見解及び勧告を受けた当事国はまず見解受領後6カ月以内にフォローアップ情報を提出し，その後委員会がさらなる情報を提出すよう要請する場合には追加の情報を提出することとしている（73条1・3項）。委員会はフォローアップ報告者又は作業部会を任命することができ（73条4項），現在のところ1事案について複数のフォローアップ報告者を任命する方法がとられている。フォローアップ報告者は任務遂行のために関係当事国と適当な接触を行うことができ，当事国の取った措置が不十分であると判断する場合には，一層の措置のために必要な勧告を行う（73条5項）。フォローアップ手続がいつ終了するかについては選択議定書及び手続規則に明文の定めはなく，委員会は当事国の取った措置について満足な情報を受領した場合には終了決定を行うこととしているものの，委員会が満足しない場合には，フォローアップは論理的には永遠に続くこともありうる[322]。

---

[322]　林陽子「女性差別撤廃条約の個人通報『見解』のフォローアップ」国際人権23号（2012年）113頁。

581

◆ 第3部 ◆　国際人権法の実施メカニズム

Ⅴ　人権条約の報告制度と日本

　日本に関するこれまでの報告審査においては，日本の法制が条約規範に照らして問題があることが条約機関から指摘をされつつも，日本政府が改善策を取らず，実際に条約機関が指摘した通りの重大な人権問題が露見した後で法改正が行われたケース（名古屋刑務所事件を契機とする監獄法の全面改正）や，条約機関が繰り返し指摘をしているにもかかわらずその指摘を受け入れず，膠着状態に陥っている事柄（代用監護問題）は少なくない。以下では，それらの問題について概観してみよう。

◆　1　拷問や虐待の禁止及び，自由を奪われた者の人道的取扱いの原則

　第2章ですでに述べたように，自由権規約は7条で拷問又は残虐な，非人道的なもしくは品位を傷つける取扱いもしくは刑罰を受けない権利を保障し，また10条1項では，自由を奪われた人が人道的取扱いを受けることを規定している。それぞれの条項の要請については，自由権規約委員会が一般的意見でその内容を敷衍している。

■ 自由権規約
　7条　何人も，拷問又は残虐な，非人道的なもしくは品位を傷つける取扱いもしくは刑罰を受けない。

■ 自由権規約委員会「一般的意見7　拷問又は残虐な，非人道的なもしくは品位を傷つける取扱いもしくは刑罰（7条）」(1982年)
　1．委員会は，本条の実施のためにはそのような取扱いもしくは刑罰を禁止したり又はそれを犯罪としたりすることでは十分ではないことに留意する。大抵の国は，拷問又は類似の慣行の場合に適用される刑法規定を有する。にもかかわらず，そのような事件が起こるのであるから，規約2条と合わせ読まれる7条により，国は何らかの監視機関を通じて実効的な保護を確保しなければならないのである。虐待の申立ては，権限ある機関により効果的に調査されなければならない。有罪と認定された者には責任が負わされなければならないし，申立てた被害者自身が，補償を得る権利を含む，自由に利用できる実効的な救済措置を有さなければならない。
　2．……委員会の意見では，禁止対象は，教育的又は懲戒的措置として行き過ぎた処分

を含む，体罰にも及ばなければならない。……さらに，本条は明らかに，逮捕又は収監された者だけでなく，教育及び医療施設にいる生徒や患者をも保護する。……自由を奪われたすべての者に関して，7条に反する取扱いの禁止は，人道的にかつ人間の固有の尊厳を尊重して取り扱われなければならないという規約10条1項の明確な要求によって補完される。

■ 自由権規約
　10条1項　自由を奪われたすべての者は，人道的にかつ人間の固有の尊厳を尊重して，取り扱われる。

■ 自由権規約委員会「一般的意見21　自由を奪われた人の人道的取扱いに関して一般的意見9に取って代わるもの（10条）」(1992年)
　1．10条1項は，刑務所・病院，特に精神病院・拘置施設・矯正施設，又はそれ以外の場所で拘禁され，締約国の法律及び権限の下で自由を剥奪されているいかなる者にも適用される。締約国は本条に規定された原則が，その管轄下にあり被拘禁者が拘禁されているすべての施設で遵守されるよう確保すべきである。

◆ 第10章　国際人権法の国際的実施(1)

　自由権規約委員会は1998年，第４回の日本政府報告書審査において，日本の刑務所内の人権状況について懸念を示し，審査後の総括所見において以下のように指摘していた。

■ **自由権規約委員会第４回日本政府報告書審査「総括所見」（1998年）**
　27.　委員会は，規約２条３項(a)，７条及び10条の適合性について深刻な問題が生じている日本の刑務所制度の諸側面に関し，深い懸念を抱いている。特に，委員会は以下の事項について懸念を有している。
　　(a)　受刑者が自由に話をし，周囲と親交をもつ権利，プライバシーの権利等を含む基本的な権利を制限する過酷な所内規則
　　(b)　厳正独居の頻繁な使用を含む過酷な懲罰手段の使用
　　(c)　規則違反を犯したとされる受刑者に対する懲罰を決定するにあたっての，公正で開かれた手続の欠如
　　(d)　刑務官による報復行為に対し，不服申立てを行った受刑者に対する保護が不十分であること
　　(e)　受刑者による不服申立について調査するための信頼できるシステムの欠如
　　(f)　残虐で非人道的な取扱いとなりうる革手錠のような保護手段の多用。

　この３年後から４年後にかけて，日本では，名古屋刑務所内で刑務官の暴行により受刑者が死傷する事件（名古屋刑務所事件）が相次いで発生した。2001年12月，刑務官が受刑者の尻に向けて消防用ホースで放水したことによって傷害を負わせる事件が発覚，翌2002年５月と９月には，刑務官が受刑者を取り押さえ腹部を革手錠で締め付ける等の暴行を加えたことが原因とする死傷事件が発生したのである。これらの事件を機に，同刑務所では，革手錠の使用による負傷事件が以前にもあったこと，些細な規則違反に対する懲罰としてしばしば保護房への隔離収容が行われてきたこと，虐待を受けた受刑者が弁護士会に人権救済申立をしようとしたところ刑務官が報復行為を行っていたことなど，まさに自由権規約委員会が1998年の総括所見で懸念を示していた通りの深刻な人権問題が起きていたことが明らかになった。さらに，刑務所内での虐待行為等に対する申立手段として，当時の監獄法では法務大臣への「情願（じょうがん）」という制度があったが，当時の森山真弓法務大臣は国会で，この制度の存在を知らなかったと答弁した。このような経緯で同事件は，1908年制定の監獄法がついに抜本改正されるに至る直接の契機となった。

　これにより，2005年に，監獄法に代わる新法としてまず「刑事施設及び受刑者の処遇等に関する法律」（受刑者処遇法）が成立した。刑務所内での処遇に関する不服申立につき，監獄法では法務大臣への情願及び所長面接制度があるのみであったのに対し，新法は審査の申請・事実の申告・苦情の申出という不服申立制度を整備し，不服申立に対する不利益取扱い禁止の定めもおくこととなった。本法ではまた，刑事施設を視察し，その運営に関し，刑事施設の長に

583

◆ 第3部 ◆ 国際人権法の実施メカニズム

対して意見を述べる**刑事施設視察委員会**の設置が定められた（7条）。続いて，未決拘禁者や死刑確定者の処遇及び留置施設に関する規定を合わせ，受刑者処遇法の内容と一本化させた形で現行の「刑事収容施設及び被収容者の処遇に関する法律」（**被収容者処遇法**）が成立し，翌年に施行されたが，本法では，留置担当官に対し，被留置者の人権に対する理解を深めさせ被留置者の処遇を適正かつ効果的に行うために必要な研修及び訓練を行うとの規定が盛り込まれ（16条2項），また，留置施設についてもこれを視察し，その運営に関し留置業務管理者警察本部に意見を述べる**留置施設視察委員会**もおかれることとなった（10条）。

　これらの視察委員会の発足は，刑事収容施設に関する日本の法制における重要な改善点といえる。刑事施設の長は，刑事施設の運営の状況について，法務省令で定めるところにより，定期的に又は必要に応じて刑事施設視察委員会に情報を提供する（9条1項）。委員会は委員による刑事施設の視察を行うことができ，この場合委員会は，必要な場合，刑事施設の長に対し，委員による被収容者との面接の実施について協力を求めることができる（同2項）。刑事施設の長は，委員の視察及び被収容者との面接について，必要な協力をしなければならず（同3項），また，被収容者が委員会に対して提出する書面は検査をしてはならない（同4項）。同様に，留置業務管理者は，留置施設の運営の状況，公安委員会の定めるところにより，定期的に又は必要に応じて留置施設視察委員会に対し情報を提供する（22条1項）。委員会は委員による留置施設の視察を行うことができ，この場合委員会は，必要な場合，留置業務管理者に対し，委員による被留置者との面接の実施について協力を求めることができる（同2項）。留置業務管理者は，前項の視察及び被留置者との面接について，必要な協力をしなければならず（同3項），被留置者が委員会に対して提出する書面は，検査をしてはならない（同4項）。但し，刑事施設視察委員会，留置施設視察委員会は，前者は法務大臣によって任命される委員，後者は公安委員会によって任命される委員で構成されるものであること，また両委員会の権限は法律上「意見を述べる」ことにとどまっていることから，自由権規約委員会はその独立性及び権限の欠如について下記のように懸念を示している。

　また，刑務所内の処遇に関して，現在も抜本的な改革がなされていない問題の1つとしては，昼夜間の隔離処遇の問題がある。旧監獄法下では，「独居拘禁」（15条及び監獄法施行規則23条）として，懲罰を科されている者以外でも，

584

第10章　国際人権法の国際的実施(1)

刑務所内の規律及び秩序を害する恐れがあるとされる受刑者に対して，あるいは反抗的な受刑者に対する実質的な懲罰待遇として，昼夜間他の受刑者から隔離して房内で作業をさせ，運動や入浴も１人で行わせる処遇が課されてきた。この処遇は容易に延長され，10年以上，中には40年以上にわたってこの独居拘禁に付されている者もいた[323]。そのようにきわめて長期にわたって他者との接触を一切禁じる処遇は，およそ人間の「固有の尊厳」（自由権規約10条）を尊重したものとは考えられず，「非人道的な取扱い」（同７条）を十二分に構成するものと言えよう。被収容者処遇法76条は隔離の要件を厳格化し，規律・秩序維持等のための隔離については期間を原則として３カ月以内とし，延長が必要な場合は１カ月ごとに更新手続をしかつ定期的に医師の意見を聴く等の制限を設けた。また，反則行為調査のための隔離も，原則２週間以内，最長４週間までと規定した（154条４項・６項）。そしてこれらの隔離の措置は，審査の申請（157条）として不服申立の対象とされた。しかし，実際には，新法において設けられた「制限区分」制度の下で「第４種」に指定された者について，「矯正処遇等は，刑事施設内において，特に必要がある場合を除き，居室棟内で行う。」とした同法施行規則49条５項の運用として，昼夜間とも単独室に居室指定される受刑者が全国各地の刑務所で多数存在しており，施行規則を通じた脱法的な処遇が横行しているという現状がある[324]。拷問禁止委員会は2007年の第１回日本政府報告書審査後の総括所見で，この問題について下記のように深い懸念を示している。

■ 拷問禁止委員会第１回日本政府報告書審査「総括所見」（2007年）

18.　委員会は，2005年に成立した受刑者処遇法が昼夜間独居処遇の使用を制限する規定を設けているにもかかわらず，長期にわたる昼夜間独居処遇が継続して用いられているとの訴えについて深い懸念を有する。委員会は，特に次の点について懸念を有する。

(a)　３カ月後の更新に制限がないというように，事実上，昼夜間独居拘禁の期間に制限がないこと。
(b)　10年を超えて独居とされている被拘禁者の人数。１つの例では42年を超えている。

---

[323]　監獄人権センター等のNGOが拷問禁止委員会による日本政府報告審査にあたって提出したオルタナティブレポートにおいて，国会議員が2000年から2005年までの間に行った調査を基に作成した資料による。The Alternative Report on the Initial Report of the Japanese Government by the CAT Network Japan (March, 2007), para.78. http://cpr.jca.apc.org/sites/all/ themes/cpr_dummy/Doc/Final070328 NGOREP_02.pdf.

[324]　2012年の日弁連によるアンケート調査では，このような昼夜間単独室処遇の期間において，法76条で定められている原則３カ月という制限を上回る件数は，期間が判明している85件中51件（60％）に及び，１年を超える長期間にわたっているものもなお18件ある（http://www.nichiben-ren.or.jp/library/ja/jfba_info/statistics/data/tandokusitu_enquete.pdf）。

585

◆ 第3部 ◆ 国際人権法の実施メカニズム

 (c) 昼夜間独居処遇が懲罰として使用され
  ているとの訴えがあること。
 (d) 昼夜間独居処遇とされている被収容者
  に対して，精神障害について不適切なス
  クリーニングしかなされていないこと。
 (e) 昼夜間独居処遇を課す決定に対して，
  通常の処遇に戻すための効果的な手続の
  不足。
 (f) 昼夜間独居処遇の必要性を決定する際
  の基準の欠如。
 締約国は，国際的な最低基準に従って，昼
夜間独居処遇が限定された期間の例外的な措
置となるように現在の法制度を改正するべき
である。締約国は長期にわたる昼夜間独居処
遇を受けているすべての事例について，当該
拘禁が条約に反すると考えられる場合には，
これらの者を［この状態から］解放するとい
う観点から，心理学的に及び精神医学的な評
価に基づいて，体系的な調査を行うことを検
討するべきである。

■ 自由権規約委員会第5回日本政府報告書審
査「総括所見」（2008年）
 20. 委員会は，刑事施設視察委員会並びに
2006年の刑事収容施設及び被収容者等の処遇
に関する法律の下で設立された留置施設視察
委員会，法務大臣によって棄却された不服申

立てを再審査する刑事施設の被収容者の不服
審査に関する調査検討会，さらに被留置者に
よって提出された苦情の申し出，審査の申請
及び事実の申告を再審査する責任を有する都
道府県公安委員会もまた，受刑施設及び留置
施設の外部査察・不服審査機構を効果的なも
のとするために必要とされる，独立性，人的
資源及び権限を欠いていることに懸念を有す
る。この点に関して委員会は，2005年から2007
年までの期間，留置施設職員に対し，暴行又
は虐待の罪による有罪判決又は懲戒処分が下
されていないことに留意する（7条及び10条）。
 締約国は，以下のことを確保すべきである。
(a)刑事施設視察委員会及び留置施設視察委員
会は，その権限を効果的に果たすために，十
分な人員配置がなされ，またすべての関連情
報に完全にアクセスすることができなければ
ならない。さらに，その委員は，刑事施設な
いし留置施設の管理者によって任命されるべ
きではない。(b)刑事施設の被収容者の不服審
査に関する調査検討会は，十分なスタッフが
保障され，その意見は法務省を拘束するもの
でなければならない。(c)被留置者から提出さ
れた不服申立てを再審査する権限は，都道府
県公安委員会から，外部の専門家からなる独
立の機関に委譲されなければならない。

 また，日本の拘置所における死刑確定者の処遇も，人権条約の基準に照らせ
ば，通信の自由の過度な制限等，様々な問題があることが指摘されている。被
収容者処遇法32条1項は，「死刑確定者の処遇に当たっては，その者が心情の
安定を得られるようにすることに留意するものとする。」とし，昼夜独居，相
互の接触不可を定めている（36条）。面会については，親族，婚姻関係の調整
等に関する用務の処理のため面会が必要な者，死刑確定者の心情の安定に資す
ると認められる者にとどまり，その他の者については，面会を必要とする事情
がありかつ刑事施設の規律及び秩序を害する恐れがないと認めるときに許すこ
とができるとされている（120条）。信書についても，親族，婚姻関係の調整等
に関する用務の処理のための文書，死刑確定者の心情の安定に資すると認めら
れる信書のみ認められ，その他の者については120条と同様とされる（139条）。
また，拷問禁止委員会は，すべての死刑事件において上訴権は必要的とされる
べきであると勧告しているが，日本の場合，死刑確定者の中には，一貫して無
実を主張し再審を求めている人が少なくないことを考えると，真摯に検討され
なければならない事柄といえる。

586

◆ 第10章　国際人権法の国際的実施(1)

■ 自由権規約委員会第4回日本政府報告書審査「総括所見」(1998年)

21. 委員会は，死刑確定者の拘禁状態に深刻な懸念を有し続けている。特に，委員会は，訪問や通信の過度の制限，死刑確定者の家族や弁護人への執行の告知がなされていないことは規約に抵触すると理解している。委員会は，死刑確定者の拘禁状態を規約7条，10条1項に従い人道的なものにすることを勧告する。

■ 拷問禁止委員会第1回日本政府報告書審査「総括所見」(2007年)

19. 最近の立法が死刑確定者の面会及び通信の権利を拡大したことに注目しつつも，委員会は，死刑を言い渡された人々に関する国内法における多くの条項が，拷問又は虐待に相当しうるものであることに深い懸念を有する。とりわけ，

- (a) 確定判決の言渡し後，独居拘禁が原則とされ，死刑確定後の長さをみれば，いくつかの事例では30年を超えていること
- (b) 死刑確定者とその家族のプライバシー尊重のためと主張されている，不必要な秘密主義と処刑の時期に関する恣意性。

とりわけ委員会は，死刑確定者が自らの死刑執行が予定されている時刻のわずか数時間前に執行の告知を受けるため，死刑確定者とその家族が，常に処刑の日にちが不明であることによる精神的緊張を強いられることを遺憾とする。

締約国は，死刑確定者の拘禁状態が国際的な最低基準に合致するものとなるよう，改善のためのあらゆる必要な手段を取るべきである。

20. 委員会は，死刑確定者の法的保障措置の享受に対して課された制限，とりわけ以下の点に関して深刻な懸念を有する。

- (a) 再審請求中であっても，弁護人と秘密接見をすることが不可能である点を含めて，弁護人との秘密交通に関して死刑確定者に課された制限，秘密交通の代替手段の欠如，及び確定判決後の国選弁護人へのアクセスの欠如
- (b) 死刑事件における必要的上訴制度の欠如
- (c) 再審手続ないし恩赦の申請が刑の執行停止事由ではないこと
- (d) 精神障害の可能性のある死刑確定者を識別するための審査の仕組みが存在しないこと
- (e) 過去30年間において死刑が減刑された事例が存在しないこと

締約国は，死刑の執行を速やかに停止し，かつ，死刑を減刑するための措置を考慮すべきであり，恩赦措置の可能性を含む手続的な改革を行うべきである。すべての死刑事件において，上訴権は必要的とされるべきである。さらに，締約国は，死刑の実施が遅延した場合には死刑を減刑しうることを確実に法律で規定すべきである。締約国は，確実に，すべての死刑確定者が，条約で規定された保護を与えられるようにすべきである。

■ 自由権規約委員会第5回日本政府報告書審査「総括所見」(2008年)

21. 委員会は，死刑確定者が，精神的及び情緒的な安定性を確保するという名目により，昼夜にわたり単独室に拘禁されていること，また，無期刑受刑者の中にも長期間にわたり単独室拘禁に付されている者がいることに懸念を有する。(7条及び10条)締約国は，死刑確定者を単独室拘禁とする規則を緩和し，単独室拘禁は限定された期間の例外的措置にとどめることを確保……すべきである。

◆ 2　代用監獄制度と自由権規約・拷問等禁止条約

日本の刑事手続では，被疑者が犯罪の容疑により逮捕され勾留された場合，代用監獄と呼ばれる警察の留置場で，連日長時間にわたる取調べが行われることが慣行となっている。すなわち，被疑者は，釈放されなければ，逮捕後48時間以内に検察官に送致され，その24時間以内に検察官が行う勾留請求により裁判官が行う勾留決定に基づき，身柄を勾留される。この勾留場所は本来，法務省管轄の拘置所であるべきところ，旧監獄法の下で警察の留置場をもって「代

587

◆ 第3部 ◆ 国際人権法の実施メカニズム

用」することが認められていたものが常態化し，監獄法が現在の被収容者処遇
法として抜本的に改正されてからも，「留置施設」として存続しているもので
ある。留置場における収容期間は10日間であるが，10日間の延長が可能であり，
被疑者は，最初の3日間と合わせて23日間もの間（別件逮捕があればさらに延長
されうる），警察に身柄を拘束された状態で，弁護人の立会いもない状態で犯
罪の取調べを受けることとなる。この間，被疑者は，自白をしなければさらに
長く勾留されるという圧力の下に自白を迫られ，しばしば，嘘であっても自白
をすれば釈放されあるいは軽い処分で済まされると考えて虚偽の自白をするに
至るが，捜査段階で作成された自白調書が公判で証拠採用されてしまえば，本
当は無罪の人が罪を着せられる冤罪が容易に生じうる。代用監獄制度は「**冤罪
の温床**」と言われてきたように，現に，有名な死刑再審無罪4事件（免田事件，
財田川事件，松山事件，島田事件）はすべて代用監獄を利用した虚偽の自白が原
因であったし，警察内部で留置部門と捜査部門を分離したとされる1980年代以
降も，今日まで，数々の冤罪被害が絶えず発生し続けている（2000年代以降に
判明し新聞等で大きく報道されたものだけでも，志布志事件，氷見事件，引野口事
件，足利事件等が挙げられる）。実務上，公判廷で否認をすれば，保釈が許可さ
れないまま公判が長期化するため，日本の刑事裁判はまるで「**人質司法**」だと
も評されているところである[325]。日本の刑事裁判の有罪率は99.9%という驚
異的な率であるし，日本の場合死刑も存置されているからなおさら，密室での
長期間の取調べによる虚偽自白がもたらす結果はきわめて深刻なものになりう
る。

　自由権規約は9条3項で，刑事上の罪に問われて逮捕され又は抑留された者
が速やかに司法官の前に連れて行かれ，妥当な期間内に裁判を受ける権利又は
釈放される権利を有することについて規定し，また，14条3項では，刑事上の
罪の決定において与えられなければならない保障について規定している。代用
監獄制度は，被疑者を勾留請求のために裁判官の面前に連れて行くことにおい
ては9条3項に合致しているものの，勾留許可（勾留請求の却下率は例年1%に
満たず，ほとんどすべての事案で許可が出される）後，拘置所に移すのではなく
また警察の留置場に連れ帰り，合計23日間あるいはそれ以上にもわたって取調
べを受けさせるものである点で，9条3項の要請に合致していないという問題

---

[325] 今村核『冤罪と裁判』（講談社，2012年）204頁。

◆ 第10章　国際人権法の国際的実施(1)

がある。留置場という密室において，非人道的な取扱いが行われやすいという規約10条１項上の問題も存在する。さらに，代用監獄における密室での取調べによって虚偽の自白に基づく自白調書が作成され，それが公判で証拠として採用されうるということは，公判において防御のために十分な便益を与えられまた弁護人と連絡する権利を定めた14条３項との関係で問題を生じる。

■ 自由権規約

　９条３項　刑事上の罪に問われて逮捕され又は抑留された者は，裁判官又は司法権を行使することが法律によって認められている他の官憲の前に速やかに連れて行かれるものとし，妥当な期間内に裁判を受ける権利又は釈放される権利を有する。裁判に付される者を抑留することが原則であってはならず，釈放に当たっては，裁判その他の司法上の手続きのすべての段階における出頭及び必要な場合における判決の執行のための出頭が保証されることを条件とすることができる。

■ 自由権規約委員会「一般的意見８　身体の自由及び安全に対する権利（９条）(1982年)

　２．９条３項は，刑事事件においては逮捕・拘禁されたすべての者は裁判官又は司法権の行使を権限づけられたその他の官憲の前に「速やかに（promptly）」引致されるべきことを求めている。より詳細な時間期限は大半の締約国において法律で定められているが，本委員会の意見では，数日（a few days）を越えてはならない。

■ 自由権規約

　14条３項　すべての者は，その刑事上の罪の決定において，十分平等に，少なくとも次の保障を受ける権利を有する。
　……(b)防御のために十分な時間及び便益を与えられ並びに自ら選任する弁護人と連絡すること。……
　(d)自ら出席して裁判を受け及び，直接に又は自ら選任する弁護人を通じて，防御すること。

　自由権規約委員会は，日本の代用監獄制度について，規約９条，10条及び14条に照らして問題があることに深刻な懸念を繰り返し表明している。

■ 自由権規約委員会第４回日本政府報告書審査「総括所見」(1998年)

　22．委員会は，規約９条，10条及び14条で定められている権利が起訴前の勾留においては次のような点で十分に保障されていないことに深い懸念を有する。起訴前勾留は警察のコントロール下で最大23日間可能であり，被疑者は速やかでかつ効果的な司法的コントロールの下におかれず，この23日間の勾留期間中には保釈が認められておらず，取調べの時間及び期間を規制する規則が存在せず，勾留中の被疑者に助言し援助する国選弁護人が存在せず，刑事訴訟法39条３項の下では弁護人へのアクセスが厳しく制限され，取調べは被疑者の選任した弁護人立会いの下で行われない。委員会は，規約９条，10条，14条に適合するように，起訴前勾留制度を直ちに改革するよう強く勧告する。

　23．委員会は，取調べをしない警察の部署の管理下にあるとはいえ，「代用監獄」が別の機関の管理下にないことに懸念を有する。このことは，規約９条及び14条に定められている被拘禁者の権利が侵害される可能性を大きくしかねない。委員会は，「代用監獄」制度を規約の要求をすべて満たすものにすべきであるとした第３回定期報告書の審査後の勧告を再度表明する。委員会は，刑事裁判における多数の有罪判決が自白に基づいてなされているという事実に，深い懸念を有する。自白が強制的に引き出される可能性を排除するため，委員会は，警察の留置場すなわち代用監獄における被疑者の取調べが厳格に監視され，また電子的な方法により記録されることを強く勧告する。

　26．委員会は，刑事法において，検察官には，その捜査の過程において収集した証拠のうち，公判に提出する予定がないものについてはこれを開示する義務がないこと，及び弁護側には手続のいかなる段階においてもそのような証拠資料の開示を求める一般的な権利

589

◆第3部◆　国際人権法の実施メカニズム

は認められていないことに懸念を有する。委員会は, 規約14条3項の保障に従い, 締約国が, その法律と実務において弁護側が関連す

るあらゆる証拠資料にアクセスすることができるようにし, 防御権が阻害されないよう確保することを勧告する。

　この第4回審査で指摘された事項のうち, 公的な被疑者弁護制度についてはその後2004年に限定的に導入され（法定刑に死刑又は無期懲役・禁錮がある事件), 2009年からは, 長期3年を超える懲役・禁錮の事件に拡大された。また, 監獄法の改正により制定された被収容者処遇法では, 上述のように, 留置担当官に対する研修・訓練の規定がおかれたほか, 「留置担当官は, その留置施設に留置されている被留置者に係る犯罪の捜査に従事してはならない」ことが規定され（16条3項), また, 留置施設視察委員会の設置についても定められた（20条)。しかし, 代用監獄制度そのものについては, 日本政府は依然として撤廃の姿勢を見せておらず, むしろその必要性を擁護し続けている。自由権規約委員会に対する第5回日本政府報告書では, 取調べにおける立会い, 取調べの時間及び警察内の部門分離について, 以下のように記述している。また, 録音やビデオ録画等の手段による取調べの記録について, 同じく自由権規約委員会に対する第5回政府報告書で日本政府は, 「被疑者との間に人間的な信頼関係を築いた上, 極めて詳細な取調べを行っている」実情において全面的な可視化を導入することは困難であるとの見解を示している。

■　**自由権規約第5回日本政府報告書**（2006年）
　被疑者の取調べに対する弁護人の立会いについては, 被疑者の弁護人との十分な接見交通を保障することなどにより, 被疑者の権利保障は十分担保されている上, 我が国の刑事司法制度は, 被疑者取調べを含む綿密な捜査とそれに裏付けられた検察官による起訴・不起訴の決定段階における厳格なスクリーニングをその真髄としつつ, 起訴前の被疑者の身柄拘束には令状主義による厳格な司法審査を必要としているほか, その期間も最長23日間としているのであり, このような捜査段階における被疑者の取調べに弁護人の立会権を認めることは, 捜査における真相解明機能など捜査手続全般に種々の影響を及ぼすといった問題があることから認めていない。
　　　……
　[代用監獄における] 取調べの時間については, 執務時間（通常午前8時30分から午後5

時15分）中に行うよう努めており, 執務時間外に取り調べなければならない事情がある場合でも, 留置場の日課制限において定めた就寝時刻（通常午後9時頃）を過ぎてもなお取調べが続いている際は, 留置部門から捜査部門に取調べの打ち切りの検討要請を行う(326)とともに, 万一就寝時刻が遅れた場合には, 翌日の起床時間を遅らせるなどの補完措置をとり, 十分な睡眠時間が確保されるようにしている。
　　　……
　被留置者の人権を保障するため, 警察においては, 被留置者の処遇を担当する部門と犯罪の捜査を担当する部門は厳格に分離されている。被留置者の処遇は, 留置部門の職員の責任と判断のみによって行われ, 捜査員が警察留置場内に入って, 留置されている被疑者の処遇に介入することは禁止されており, 被疑者の取調べは, 留置場の外にある取調室等

---

(326)　引用者注：打ち切りの「検討要請」を行うということであって, 打ち切らせる権限は有していない。

590

第10章　国際人権法の国際的実施(1)

で行われる。」「被留置者の処遇を担当する部門は，捜査を担当しない管理部門の留置主任官の指揮下にあり，警察本部の留置管理課等及び警察庁の留置管理官の指揮を受ける。」「以下は，捜査と留置を分離するために取られている具体的措置であるが，警察庁の留置管理官以下の職員等が定期的に全国の警察留置場を巡回し，その徹底を図っている。(a)留置開始時の告知……(b)留置場出入場のチェック等……(c)日課時限の確認……(d)食事の提供……(e)面会，差入れの取扱い……(f)身体検査，所持品検査及び所持品の保管……(g)被留置者の護送……。
　……
　我が国においては，刑事事件の真相解明を十全ならしめるため，被疑者との間に人間的な信頼関係を築いた上，極めて詳細な取調べを行っている実情にあり，このような実情の

下で取調べの録音や録画を実施した場合，取調状況のすべてが記録されることから被疑者との信頼関係を築くことが困難となるし，その再生・反訳等に膨大な時間や費用を要する等の問題があることから，実施していない。
　しかしながら，被疑者の取調べの適正を確保することは極めて重要な問題であるので，我が国においても十分配慮してきたところであり，2002年3月19日に閣議決定された司法制度改革推進計画において「被疑者の取調べの適正を確保するため，その取調べ過程・状況につき，取調べの都度，書面による記録を義務付ける制度を導入すること」とされたことを受け，身柄拘束中の被疑者の取調べ時間，調書作成の有無等の取調べの過程・状況に関する事項につき，書面による記録の作成・保存を義務付ける制度を導入し，2004年4月から実施されている。

　しかし，2007年に行われた拷問禁止委員会による第1回日本政府報告書審査，及び翌2008年に行われた自由権規約委員会による第5回日本政府報告書審査では，代用監獄の制度的問題点について，あらためて以下のような深刻な懸念が示されている。

■ **拷問禁止委員会第1回日本政府報告書審査「総括所見」**(2007年)
　15. 委員会は，被逮捕者が裁判所に引致された後ですら，起訴に至るまで，長期間勾留するために，代用監獄が広くかつ組織的に利用されていることに深刻な懸念を有する。これは，被拘禁者の勾留及び取調べに対する手続的保障が不十分であることとあいまって，被拘禁者の権利に対する侵害の危険性を高めるものであり，事実上，無罪推定の原則，黙秘権及び防御権を尊重しないこととなりうるものである。特に，委員会は以下の点について深刻な懸念を有する。
　　(a) 捜査期間中，起訴に至るまで，とりわけ捜査の中でも取調べの局面において，拘置所に代えて警察の施設に拘禁されている者の数が異常に多いこと
　　(b) 捜査と拘禁の機能が不十分にしか分離されておらず，そのために捜査官は被拘禁者の護送業務に従事することがあり，終了後には，それらの被拘禁者の捜査を担当しうること
　　(c) 警察留置場は長期間の勾留のための使用には適しておらず，警察で拘禁された者に対する適切かつ迅速な医療が欠如し

ていること
　　(d) 警察留置場における未決拘禁期間が，一件につき起訴までに23日間にも及ぶこと
　　(e) 裁判所による勾留状の発付率の異常な高さにみられるように，警察留置場における未決拘禁に対する裁判所による効果的な司法的コントロール及び審査が欠如していること
　　(f) 起訴前の保釈制度が存在しないこと
　　(g) 被疑罪名と関係なく，すべての被疑者に対する起訴前の国選弁護制度が存在せず，現状では重大事件に限られていること
　　(h) 未決拘禁中の被拘禁者の弁護人へのアクセスが制限され，とりわけ，検察官が被疑者と弁護人との接見について特定の日時を指定する恣意的権限をもち，取調べ中における弁護人の不在をもたらしていること
　　(i) 弁護人は，警察保有記録のうち，すべての関連資料に対するアクセスが制限されており，とりわけ，検察官が，起訴時点においていかなる証拠を開示すべきか決定する権限を有していること

591

◆ 第3部 ◆ 国際人権法の実施メカニズム

(j) 警察留置場に収容された被拘禁者に
とって利用可能な，独立かつ効果的な査
察と不服申立ての仕組みが欠如している
こと

(k) 刑事施設では廃止されたのと対照的に，
警察拘禁施設において，防声具が使用さ
れていること

締約国は，未決拘禁が国際的な最低基準に
合致するものとなるよう，速やかに効果的な
措置を取るべきである。とりわけ，締約国は，
未決拘禁期間中の警察留置場の使用を制限す
るべく，刑事被収容者処遇法を改正するべきで
ある。優先事項として，締約国は，

(a) 留置担当官を捜査から排除し，また捜
査担当官を被収容者の拘禁に関連する業
務から排除し，捜査と拘禁（護送手続を
含む）の機能の完全な分離を確実にする
ため，法律を改正し，

(b) 国際的な最低基準に適合するよう，被
拘禁者を警察で拘禁できる最長期間を制
限し，

(c) 警察拘禁中の適切な医療への速やかな
アクセスを確実にすると同時に，法律扶
助が逮捕時点からすべての被拘禁者に利
用可能なものとされ，弁護人が取調べに
立ち会い，防御の準備のため起訴後は警
察記録中のあらゆる関連資料にアクセス
できることを確実にし，

(d) 都道府県警察が，2007年6月に設立さ
れる予定の留置施設視察委員会の委員に
は，弁護士会の推薦する弁護士を組織的
に含めることを確実にするなどの手段に
より，警察拘禁に対する外部査察の独立
性を保障し，

(e) 警察留置場の被留置者からの不服申立
てを審査するため，公安委員会から独立
した効果的不服申立制度を確立し，

(f) 公判前段階における拘禁の代替措置の
採用について考慮し，

(g) 警察留置場における防声具の使用を廃
止するべきである。

16. 委員会は，とりわけ，未決拘禁に対す
る効果的な司法的統制の欠如と，無罪判決に
対して，有罪判決の数が非常に極端に多いこ
とに照らし，刑事裁判における自白に基づい
た有罪の数の多さに深刻な懸念を有する。委
員会は，警察拘禁中の被拘禁者に対する適切
な取調べの実施を裏づける手段がないこと，
とりわけ取調べ持続期間に対する厳格な制限
がなく，すべての取調べにおいて弁護人の立
会いが必要的とされていないことに懸念を有

する。加えて，委員会は，国内法の下で，条
約15条に違反して，条約に適合しない取調べ
の結果なされた任意性のある自白が裁判所に
おいて許容されうることに懸念を有する。

締約国は，警察拘禁ないし代用監獄におけ
る被拘禁者の取調べが，全取調べの電子的記
録及びビデオ録画，取調べ中の弁護人へのア
クセス及び弁護人の取調べ立会いといった方
法により体系的に監視され，かつ，記録は刑
事裁判において利用可能となることを確実に
すべきである。加えて，締約国は，取調べ時
間について，違反した場合の適切な制裁を含
む厳格な規則を速やかに採用すべきである。
締約国は，委員会に対し，強制，拷問もしく
は脅迫，又は長期の抑留もしくは拘禁の後に
なされ，証拠として許容されなかった自白の
数に関する情報を提供すべきである。

■ **自由権規約委員会第5回日本政府報告書審
査「総括所見」(2008年)**

18. 委員会は，刑事収容施設及び被収容者
等の処遇に関する法律の下で，捜査と拘禁の
警察機能が正式に分離されたにもかかわらず，
代替収容制度（代用監獄）は，その下で，捜
査を容易にするために被疑者を最長23日間に
わたって警察の拘禁施設に拘禁することが可
能であり，その間保釈の可能性はなく，また
弁護士へのアクセスも限定され，特に逮捕後
最初の72時間はそうであって，自白を得る目
的での長期に及ぶ取調べ及び濫用的な取調べ
方法の危険を増加させていることについて，
懸念を繰り返し表明する（7条，9条，10条
及び14条）。

締約国は，代用監獄制度を廃止すべきであ
り，あるいは，規約14条に含まれるすべての
保障に完全に適合させることを確保すべきで
ある。締約国は，すべての被疑者が取調べ中
を含め弁護士と秘密に交通できる権利，逮捕
されたその時から，かつ犯罪嫌疑の性質に関
わりなく法律扶助が受けられる権利，自分の
事件と関連するすべての警察記録の開示を受
ける権利及び医療措置を受ける権利を確保す
べきである。締約国はまた，起訴前保釈制度
も導入すべきである。

19. 委員会は，警察内部の規則に含まれる，
被疑者の取調べ時間についての不十分な制限，
取調べに弁護人が立ち会うことが，真実を明
らかにするよう被疑者を説得するという取調
べの機能を減殺するとの前提の下，弁護人の
立会いが取調べから排除されていること，取
調べ中の電子的監視方法が散発的，かつ選択

592

第10章　国際人権法の国際的実施(1)

的に用いられ，被疑者による自白の記録にし
ばしば限定されていることを，懸念をもって
留意する。委員会はまた，主として自白に基
づく非常に高い有罪率についても，懸念を繰
り返し表明する。この懸念は，こうした有罪
の宣告に死刑判決も含まれることに関して，
さらに深刻なものとなる（7条，9条，14条）。
　締約国は，虚偽の自白を防止し，規約14条
に基づく被疑者の権利を確保するために，被
疑者の取調べ時間に対する厳格な時間制限や，
これに従わない場合の制裁措置を規定する法

律を採択し，取調べの全過程における録画機
器の組織的な使用を確保し，取調べ中に弁護
人が立ち会う権利を全被疑者に保障しなけれ
ばならない。締約国はまた，刑事捜査におけ
る警察の役割は，真実を確定することではな
く，裁判のために証拠を収集することである
ことを認識し，被疑者による黙秘は有罪の根
拠とされないことを確保し，裁判所に対して，
警察における取調べ中になされた自白よりも
現代的な科学的証拠に依拠することを奨励す
るべきである。

　この自由権規約委員会の2008年の総括所見は，未決拘禁段階における取調べ
をめぐる委員会からの根本的な問題提起を含んでいる点で興味深い。委員会は，
「警察の役割は，真実を確定することではなく，裁判のために証拠を収集する
ことであること」であり，また裁判所は「警察における取調べ中になされた自
白よりも現代的な科学的証拠に依拠する」べきことを強調している。すなわち
委員会は，刑事手続において罪の決定は，証拠に基づいて裁判所で認定された
事実（＝司法事実）に基づいて行われるものであり，警察取調べの段階で被疑
者と相対することによって引き出す自白（＝取調べ側にとっての「真実」）に基
づいて行われるべきものではない，と指摘しているのである。

　代用監獄問題の背景には，諸外国の行刑よりも日本型の行刑が優れていると
いう，行刑現場の根強い優越感情があるといわれる。しかし，普遍的な人権基
準を定めた人権条約の締約国は，その基準を普遍的な基準として自ら承認し，
それを実施するために条約を批准・加入しているはずであって，国家的特殊性
等を主張することは，往々にして，国際基準から逸脱するための便法であるこ
とが多い(327)。代用監獄での自白強制による冤罪事件が例年相変わらず多発し
ていることをみても，日本の刑事司法制度には，看過できない深刻な人権問題
があるという現実を見ないわけにはいかない。それを日本国としてどのように
真に改善していこうとしているのか，その真摯で建設的な取組みを自ら行う中
で，条約機関の知見からも謙虚に示唆を得る姿勢が求められている。

(327)　赤池一将「国際人権法と新監獄法下の受刑者の権利」法律時報83巻3号（2011年）17〜18頁。

593

◆ 第11章 ◆ 国際人権法の国際的実施(2)
── 国連憲章に基づく制度 ──

　国際人権法の国際的実施措置のうち，**国連憲章に基づく手続**(Charter-based procedures) は，2006年を境に大きな変革をみている。第１章でふれたように，国連発足後，経済社会理事会の機能委員会として人権委員会が設置され，この委員会が，その補助機関である人権小委員会とともに，国連の人権活動を主に担ってきた。しかし，人権委員会は，第１章でみたような様々な手続を導入し人権問題を検討してきた実績はあるとはいえ，年を追うごとに，メンバー国の選出や議事進行における党派的行動の弊害が顕著になり，改革の必要性が指摘されるようになっていた。そのような状況を背景とし，国連システムにおける人権の主流化を重要な方針の１つに掲げていたアナン (K. Annan) 国連事務総長 (当時) が，人権委員会を含む国連システムの改革をめぐって2005年に行った提案をもとに，同委員会に代わって2006年に創設された機関が，人権理事会である。

I 人権理事会（Human Rights Council）の創設

　アナン事務総長は2003年，国連改革に向けた提言を行わせるため，16人の専門家からなる「脅威，挑戦及び変化に関するハイレベル・パネル」を設置する。同パネルは翌年に報告書を提出するが[328]，この報告書は，人権を国連の活動全般の中で主流化するというアナン事務総長及び人権高等弁務官の姿勢を支持するとともに，長期的には，人権委員会を，経済社会理事会の補助機関ではなく，同理事会や安全保障理事会に並ぶ常設的な機関としての「人権理事会」にアップグレードすることを提案していた。

　これを受けたアナン事務総長は，2005年３月に発表した報告書「より大きな自由 ── すべての人のための発展，安全保障及び人権に向けて」において，人権

---

[328] *A More Secure World: Our Shared Responsibility*, Report of the High-Level Panel on Threats, Challenges and Change transmitted to the UN Secretary-General, A/59/565, Annex, 2004.

594

委員会に代えて人権理事会を設置することを提唱する。アナン事務総長は，国連の創設者は安全保障理事会，経済社会理事会及び信託統治理事会という３つの理事会を設けたが，信託統治理事会はすでに役割を終えているところ，今後の国連の運用構造は安全保障，経済・社会問題，人権という憲章上の３つの目的を遂行するためにバランスを取らなければならないと論じた[329]。「しかし，人権委員会がその任務を遂行する能力は，信頼性と専門性の減退によってますます浸食されている。特に，国家は，人権を強化するためではなく，批判に対して自らを擁護するため，又は他国を批判するために，委員国になろうとしてきた。結果として，信用性の赤字が大きくなり，国連システム全体としての評判に影を落としている」[330]。そして，国連が安全保障や発展と同じように人権の問題に真剣に取り組もうとするならば，加盟国は，理事国の数をより少なくした人権理事会を，国連の主要機関として又は総会の補助機関として（いずれの場合も，総会での選挙によって直接に理事国が選出される）設置することに同意すべきである，と主張したのである[331]。

　人権委員会に代えて人権理事会を設置する構想は，国連創設60周年となる2005年９月に国連ニューヨーク本部で開催された世界サミット（首脳会合）で広い支持を受け，同サミットの成果文書[332]において，人権理事会の設置についての合意が盛り込まれた。これを受けて同年秋に始まった第60回国連総会では，人権理事会の任務，規模，理事国資格，作業方法等の具体的な中身についての検討が進められた結果，2006年３月，**人権理事会設置に関する国連総会決議60/251（以下，「人権理事会設置決議」）**が採択された。この決議採択に至る検討過程では，とりわけ人権理事会の規模（何カ国程度の理事国からなる理事会とするか），及び理事国の選出方法をめぐって，相当な意見の対立がみられた。米国を中心とする先進国グループは，国連の人権機関の中心となる人権理事会は，総会の３分の２以上の多数で選出される少数（20から35程度）の理事国がリーダーシップを取って活動を進める機関となることが相応しいと考えたのに対し，途上国グループは，数の上で多数を占める途上国の意向が全体として反映されやすい，より規模の大きい理事国とすることを希望し，かつ総会での理

---

(329)　*In Larger Freedom: Towards Development, Secutiry and Human Rights for All*, Report of the Secretary-General, A/59/2005, 2005, paras.165-166.

(330)　*Ibid.*, para.181.

(331)　*Ibid.*, paras.182-183.

(332)　A/RES/60/1.

◆ 第3部 ◆ 国際人権法の実施メカニズム

事国選出においては3分の2でなく過半数でよいとの立場であった。これらの争点をめぐる意見の対立は，最後まで完全に解消されることはなかった。そのため，国連の人権活動の歴史を画する人権理事会設置決議ゆえにコンセンサス（無投票）による採択とすることが目指されていたものの，米国が投票を要求した結果決議は投票に付され，賛成170カ国（日本を含む），反対4カ国（米国，イスラエル，パラオ，マーシャル諸島），棄権3カ国（ベラルーシ，イラン，ベネズエラ）の賛成多数で採択された。

人権理事会設置決議によれば，人権理事会は**総会の補助機関**として設置される（1項）。人権委員会のメンバー国が経済社会理事会54カ国の単純多数決より選出される53カ国であったのに対し，**人権理事会の理事国は，国連総会において絶対多数により直接かつ個別に選出される47カ国である**（7項）（国連加盟国は2016年5月時点で193カ国であり，この全加盟国が総会構成国であるから，人権理事会の理事国に当選するためには97カ国以上の票が必要となる）。議席の地理的配分は，アフリカ諸国グループ13，アジア諸国グループ13，東欧諸国グループ6，ラテンアメリカ及びカリブ海諸国グループ8，西欧その他の諸国グループ7である。理事国たる資格は全国連加盟国に開かれているが，**理事国を選挙する際には，加盟国は，候補国の人権促進・保護への貢献並びにそれに関する自発的誓約及び約束を考慮に入れなければならない**（8項）。また，**理事国が重大かつ制度的な人権侵害を犯した場合には，総会は，出席しかつ投票する3分の2の多数により，当該国の理事国としての権利を停止することができる**（8項）。

人権理事会は，その作業においては「**普遍性，公平性，客観性及び非選別性の原則，並びに建設的国際対話及び協力**」を指導原則とする（4項）。人権理事会は，とりわけ，同決議5項に挙げられた諸任務を遂行するが，その中でも，すべての国の人権義務及び約束の履行を審査する「**普遍的定期審査**（Universal Periodic Review; UPR）」の制度が新たに導入された（5項(e)）」ことが特記される。**理事国として選挙された国は，人権の促進及び保護について最高度の水準を保**持するとともに，理事会と十分に協力し，**理事国としての任期中に，普遍的定期審査に基づき審査を受けなければならない**（9項）。

人権委員会の開催回数と期間は，年に1回，6週間にすぎなかったが，人権理事会の会合は少なくとも年3回，合計10週間以上とされ，1年を通じて定期的に会合をもつ。また，人権委員会では，通常会期以外に特別会期を開くには過半数のメンバー国の支持が必要であったが，人権理事会では，3分の1の理

596

第11章 国際人権法の国際的実施(2)

事国の支持で特別会期を開催できると定められた（10項）。また，人権理事会
への国内人権機関やNGOの参加については，経済社会理事会決議1996/31及
び人権委員会の下での慣行に基づくことが規定された（11項）。

■ 国連総会決議60/251「人権理事会」（人権理事会設置決議）（2006年）[333]

総会は，
......

憲章に従って，人種，皮膚の色，性，言語，宗教，政治的意見その他の意見，国民的又は社会的出身，財産，出生その他の地位によるいかなる差別もなく，すべての者のために人権及び基本的自由を尊重するすべての国家の責任を強調し，

平和及び安全，発展並びに人権は，国際連合システムの柱であり，集団的安全保障と福祉の基礎であることを認め，......

国連人権委員会が引き受けてきた作業，並びに，それが達成した諸事業を維持しその上に築くこと及びその欠点を是正することが必要であることを承認し，

人権問題の考慮において普遍性，客観性及び非選別性の重要性，並びに，二重基準及び政治化を除去することを承認し，
......

すべての者によるすべての人権，すなわち，発展の権利を含む市民的，政治的，経済的，社会的及び文化的権利の享有を確保するという目的のために，国際連合の人権機構を強化するという約束，並びに，そのために人権理事会を創設するという決定を再確認し，

1 国連人権委員会に代えて，ジュネーブに所在する人権理事会を，総会の補助機関として設立することを決定する。総会は，理事会の地位を5年以内に再検討するものとする。

2 理事会は，いかなる種類の差別もなく，かつ，公正かつ平等に，すべての者のためにすべての人権及び基本的自由の保護の普遍的な尊重を促進することに責任を負う，と決定する。

3 また，理事会は，重大かつ制度的な侵害を含む人権侵害の事態に対処し，それについての勧告をすべきである，と決定する。それはまた，国際連合システムの中での実効的調整及び人権の主流化を促進すべきである，と決定する。

4 さらに，理事会の作業は，すべての人権，すなわち，発展の権利を含む市民的，政治的，経済的，社会的及び文化的権利の促進及び保護を強化するために，普遍性，公平性，客観性及び非選別性の原則，並びに，建設的国際対話及び協力により導かれなければならない，と決定する。

5 理事会は，とりわけ次のことをなすものとする。

(a) 人権教育及び学習並びに助言サービス，技術援助及び能力構築が関係加盟国との協議の上その同意を得て提供されることを促進すること

(b) すべての人権のテーマ別の問題についての対話のためのフォーラムとなること

(c) 人権の分野における国際法のさらなる発展のために総会に勧告をすること

(d) 諸国家が引き受けた人権義務の完全な実施を促進し，並びに，国際連合の会議及び首脳会議に由来する人権の促進及び保護に関係する目標及び約束をフォローアップすること

(e) 対象の普遍性及びすべての国家についての平等な取扱いを確保するようなやり方で，客観的かつ信頼できる情報に基づき，各国家の人権義務及び約束の履行の普遍的定期審査を行うこと。この審査は，関係国が十分に関わり，その能力の開発のニーズを考慮して，双方向性のある対話に基づく協力的メカニズムでなければならない。かかるメカニズムは，人権条約機関の作業を補完するものでなければならず，それと重複してはならない。理事会は，普遍的定期審査のための方式及び必要な時間割当を，その第一会期の後1年以内に開発するものとする。

(f) 対話と協力を通じて，人権侵害の防止に貢献し，人権に関する緊急事態に即時に対応すること

(g) 1993年12月20日の決議48/141で総会により決定された，国際連合人権高等弁務官事務所の作業に関する国連人権委員会の役割及び責任を引き受けること

(h) 人権の分野で政府，地域的機構，国内

────────────────

[333] A/RES/60/251.

597

◆ 第3部 ◆ 国際人権法の実施メカニズム

　　　人権機関及び市民社会と緊密に協力して
　　　作業すること
　　(i)　人権の促進及び保護に関して勧告をす
　　　ること
　　(j)　総会に年次報告書を提出すること
　6　また，理事会は，特別手続，専門家によ
　　る助言及び申立手続の制度を維持するため
　　に，国連人権委員会のすべての付託事項，
　　メカニズム，機能及び責任を，引き受け，
　　再検討し，必要ならば改善し合理化しなけ
　　ればならない。理事会は，この再検討を第
　　1会期の開催後1年以内に完了しなければ
　　ならない。
　7　理事会は，47の加盟国で構成され，総会
　　の構成国の多数による秘密投票により直接
　　にかつ個別的に選挙されることを決定する。
　　理事国の構成は，公平な地理的配分に基づ
　　くものとし，議席は，次のように地域グルー
　　プに配分される。アフリカ諸国グループ13，
　　アジア諸国グループ13，東欧諸国グループ
　　6，ラテンアメリカ及びカリブ海諸国グ
　　ループ8，西欧その他の諸国グループ7。
　　理事国は，3年の任期で務め，連続する2
　　期の直後には再選されないものとする。
　8　理事国たる資格は，すべての国際連合加
　　盟国に開かれることを決定する。理事国を

選挙する際，加盟国は，候補国の人権の促
進及び保護への貢献並びにそれに関する自
発的誓約及び約束を考慮に入れなければな
らない。総会は，出席しかつ投票する3分
の2の多数により，人権の重大かつ制度的
侵害を犯した理事国の理事国としての資格
を停止することができる。
　9　理事国として選挙された国は，人権の促
　　進及び保護について最高度の水準を保持し，
　　理事会と十分に協力し，理事国としての任
　　期中に普遍的定期審査に基づき審査されな
　　ければならないことを決定する。
　10　理事会は，1年を通じて定期的に会合し，
　　1年に1回の主要会期を含む合計して10週
　　以上の期間の3以上の会期を予定し，必要
　　な場合，理事国のうち3分の1の支持を得
　　た1理事国の要請により，特別会期を開催
　　できるものとすることを決定する。
　11　……非理事国たる国家，専門機関その他
　　の政府間国際組織及び国内人権機関，並び
　　に非政府団体を含むオブザーバーの参加及
　　びそれとの協議は，それらの存在の最も効
　　果的な寄与を確保しながら，1996年7月25
　　日の経済社会理事会決議1996/31及び国連
　　人権委員会が守ってきた慣行を含む取極に
　　基づくものとすることを決定する。

　この人権理事会設置決議で，理事会は，普遍的定期審査のための方式や時間
配分の決定，並びに，特別手続や申立手続等の人権委員会のメカニズムの再検
討といった，理事会の制度構築のための作業を，第1会期の開催後1年以内に
完了するよう求められた（5項(e)及び6項）。人権理事会は2006年の初年度中，
政府間作業部会を設置してこの作業に最優先で取組んだ結果，第5会期の2007
年6月に「**国連人権理事会の制度構築**」（人権理事会決議5/1附属書。以下，「**制
度構築文書**」）と題する文書を採択した。この文書は，下記の通り，普遍的定期
審査の仕組みについてその方式等の詳細を定めるとともに（Ⅰ章），特別手続
（Ⅱ章），及び人権侵害に関する申立（通報）の処理手続（Ⅳ章）について，人
権委員会のメカニズムを土台としこれに改善を加えた形で規定している。

　同文書はまた，Ⅲ章において，**人権理事会諮問委員会**（Human Rights Council
Advisory Committee）についても定めている。諮問委員会は，人権委員会小委員
会に取って代わるもので，個人としての資格で任務を遂行する18人の専門家で
構成される。委員の地理的バランスは，アフリカ諸国から5人，ラテンアメリ
カ及びカリブ海諸国から3人，アジア諸国5人，東欧諸国から2人，西欧その

598

他の諸国から3人として確保される。諮問委員会は「**理事会のシンクタンクとして，理事会の指示によって任務を遂行する**」ものとされ（制度構築文書65項，強調筆者），主に研究及び調査に焦点を当てつつ，理事会から要請された方法及び形態によって理事会に専門的知識を提供することがその役割とされている（同68項）。換言すれば，諮問委員会は以前の小委員会とは異なって自らの発意では議題を設定できず，また決議や決定を採択することも認められていない。他方で，理事会から提示された作業の範囲内において，手続の実効性を高めるため及びさらなる調査を求めるための提案を理事会に行うことは認められている（同69項）。諮問委員会は，1年につき，10日間以下の会期を2回まで開くことができるほか，理事会の許可を得て追加会期を開くことができる。諮問委員会は，2008年8月に第1回の会期をジュネーブで開催して今日に至っており，これまで，「人権教育及び訓練に関する宣言」の起草（同宣言はその後2011年に人権理事会次いで国連総会で採択された），「ハンセン病患者・回復者及びその家族に対する差別撤廃のための原則及びガイドライン」の草案作成（2010年に国連総会は決議65/215で同原則・ガイドラインをテーク・ノートし，各加盟国や国内人権機関等に対しこれに妥当な考慮を払うよう奨励した）等の実績がある[334]。

Ⅱ 普遍的定期審査（Universal Periodic Review）

人権理事会設置決議の5項(e)で言及されている普遍的定期審査の導入は，アナン事務総長が2005年の報告書において，人権の普遍性を体現する手続として，すべての国の人権義務の遵守を国同士で互いに評価し合う**ピア・レビュー**（peer review；**同輩による審査**）の制度の運用を人権理事会が担うべきであると提言したことに端を発する。そのようなピア・レビューは，人権条約に基づく報告制度を補完するがそれに取って代わるものではない。後者が条約規定に照らして各国の法制度や慣行を精査するものであるのに対し，ピア・レビューは，国連憲章に基づきかつ世界人権宣言に表明された人権義務に基づいて国家が自発的に議論を行うプロセスである[335]。このピア・レビューにおいて中心的な原則

---

[334] 第1会期からの委員でありかつ，後者の原則・ガイドライン作成作業につき報告者に指名されてこのテーマの研究にあたった坂元茂樹教授による「国連人権理事会諮問委員会—ハンセン病に対する差別撤廃決議を中心に」国際人権22号（2011年）134頁を参照。

[335] *In Larger Freedom: Towards Development, Secutiry and Human Rights for All, op. cit.,* para.7.

◆ 第3部 ◆ 国際人権法の実施メカニズム

は，普遍性すなわち，すべての国連加盟国の人権義務履行状況が同じ基準で審査を受け，政治化と選別性が排されるべきこと，並びに，市民的，政治的，経済的，社会的及び文化的権利という人権の全体像がそこで扱われるべきことである[336]。

　人権理事会設置決議はこの構想に基づく普遍的定期審査の制度を規定し，人権理事会は決議5/1においてその仕組みについて詳細を定めた。その概要は以下の通りである。

　審査の基礎とする人権基準は，国連憲章，世界人権宣言，当該国が当事国となっている人権条約，当該国が行った自発的誓約及び約束（理事会選挙立候補の際になされたものを含む）であるが，国際人権法と国際人道法の補完性・相互関連性をふまえ，適用可能な国際人道法も考慮に入れられる。**審査の基礎となる文書は，①当該国の準備した20頁以下の報告書のほか，②人権条約機関，特別手続**［＝人権理事会における国別手続・テーマ別手続］**に含まれた情報**（当該国の所見・コメントを含む）**その他の国連公式文書を，人権高等弁務官事務所が集成したもの**（compilation；コンピレーション）［これは10頁以内とされているが，実際にはこれも20頁以内で作成されている］，**並びに③他の関連利害関係者が提供した信頼性ある情報を，人権高等弁務官事務所が要約したもの**（summary；サマリー）［これも10頁以内とされているが，実際には巻末の利害関係者リストを含め15頁程度のものが作成されている］である。利害関係者（ステークホルダー）とは，国内人権機関や人権NGO等，当該国の人権状況や人権義務の履行に対して利害関係を有している，当該国政府関係者以外の者である。サマリーのための情報提供ができるのは，経済社会理事会の協議資格を有するNGOに限られないほか，審査対象国で活動するNGOだけでなく他国のNGOや地域レベルで活動するNGO，アムネスティ・インターナショナルのような国際的なNGOも含まれる。また，**国家は，①の報告書の準備にあたっては，NGOのような利害関係者との国内レベルでの広範な協議過程を通じてこれを準備することが奨励されている**（15項(a)）。

　上記②で記したように，審査の基礎となる文書には，当該国に関して人権条約機関が採択し公表している「総括所見」等の国連文書が用いられるが，このことは，この制度が，**国連の人権条約における報告制度の蓄積を1つの重要な土台としており，かつ，**アナン事務総長の構想にあったように，**各国の人権状**

---

(336) *Ibid.*, para.8.

600

第11章　国際人権法の国際的実施(2)

況の改善に向けての取組みにおいて人権条約の報告制度を補完する機能をもっていることを示すものである。

■ 国連人権理事会決議5／1附属書「国際連合人権理事会の制度構築」（制度構築文書）（2007年）[(337)]

第Ⅰ章　普遍的定期審査の仕組み

　A　審査の基礎

1　審査は，次の文書に基づく。
　(a)　国際連合憲章
　(b)　世界人権宣言
　(c)　国家が締約国となっている人権文書
　(d)　国家によってなされた自発的誓約及び約束（人権理事会（以下，理事会という）の選挙における立候補の際になされたものを含む）
2　上記のものに加え，国際人権法と国際人道法との補完性及び相互関連性をふまえ，審査は，適用可能な国際人道法を考慮に入れるものとする。

　B　原則及び目的

　1　原　則

3　普遍的定期審査は，次のようなものであるべきである。
　(a)　すべての人権の普遍性，相互依存性，不可分性及び相互関連性を促進すること。
　(b)　客観的でかつ信頼性ある情報に基づく協力の仕組みであること。
　(c)　対象の普遍性及びすべての国家の平等な取扱いを確保すること。
　(d)　政府間プロセスであり，国際連合加盟国が主導しかつ行動を目的とするものであること。
　(e)　審査対象国を十分に関与させるものであること。
　(f)　他の人権の仕組みを補完し，それらと重複するものでなく，かくして追加的価値を示すものであること。
　(g)　客観的で，透明，非選別的，建設的，非敵対的でかつ政治化されていない方法で進められること。
　(h)　関係国にとって，また理事会の議題にとって，過度に負担のかかるものでないこと。
　(i)　過度に長時間のものでないこと。現実的なものであるべきであり，時間的，人的及び財政的資源を不均衡に消費するものであってはならない。

　(j)　緊急の人権事態に対処する理事会の能力を減ずるものであってはならないこと。
　(k)　ジェンダー的観点を十分に取り込むものであること。
　(l)　審査の基礎に規定された要素に含まれた義務を害することなく，諸国の発展の水準及び特性を考慮に入れるものであること。
　(m)　2006年3月15日の総会決議60/251，1996年7月25日の経済社会理事会決議1996/31及び理事会がこの関連でなすことのあるいかなる決定にも従って，あらゆる関連する利害関係者（非政府組織及び国内人権機関を含む）の参加を確保すること。

　2　目　的

4　審査の目的は，次の通りである。
　(a)　現地での人権状況の改善
　(b)　国家の人権義務及び約束の履行並びに積極的発展及び国家が直面している課題の評価
　(c)　当該国家との協議の上で，かつその同意を得て，国家の能力及び技術援助の向上
　(d)　国家その他の利害関係者の最良の慣行（best practice）の共有
　(e)　人権の促進及び保護についての協力の支援
　(f)　理事会，他の人権機関及び国際連合人権高等弁務官事務所との十全な協力及び提携の奨励

　C　審査の周期と順序

5　審査は，理事会による普遍的定期審査の仕組みの採択後に開始される。
6　審査の順序は，普遍性と平等取扱いの原則を反映するものであるべきである。
7　順序は，国家が十分に準備することができるよう，できる限り速やかに定められるべきである。
8　理事会のすべての理事国が，理事国としての任期中に審査されなければならない。
9　理事会の当初理事国，とりわけ1年の任期又は2年の任期で選出されている理事国が，最初に審査されるものとする。
10　理事国及びオブザーバー国が，混合され

[(337)]　A/HRC/RES/5/1.

◆ 第3部 ◆ 国際人権法の実施メカニズム

て審査されるべきである。

11 衡平な地理的配分が，審査対象国の選定において尊重されなければならない。

12 最初に審査される理事国及びオブザーバー国は，衡平な地理的配分を十分尊重することを確保する方法で，各地理的グループからくじ引きで選ばれるものとする。次に，このように選ばれた国から始めるアルファベット順が，適用されるものとする。但し，他の国が審査されることを志願する場合にはこの限りでない。

13 審査間隔は，次の回のために準備する国家の能力を，また，審査から生ずる要請に対応する他の利害関係者の能力を考慮に入れて，合理的なものでなければならない。

14 第1巡目の周期は，4年とする。このことは，各2週間の作業部会の3つの会期において，1年当たり48カ国の審査を意味する（注1）。

（注1）普遍的定期審査は，発展する過程である。理事会は，最良の慣行及び教訓に基づいて，第1巡の審査の終了後，この仕組みの方式及び周期を再検討することができる。

D　審査の過程と方式

1　文書の利用

15 審査の基礎となる文書は，次のものである。

(a) 関係国により準備された情報。これは，理事会がその第6会期（第2サイクル第1会期）で採択する一般的指針に基づき，国の報告書及び，関係国が関連性あると考える，口頭の又は書面により提出しうるその他の情報の形式をとることができる。但し，すべての国家の平等取扱いを保障するよう，この情報を要約する書面は，20頁を超えてはならない。国家は，あらゆる関係ある利害関係者との国内レベルでの広範な協議過程を通じてこの情報を準備することを奨励される。

(b) 加えて，人権条約機関，特別手続に含まれた情報（関係国の所見及び論評を含む）その他の関連国際連合公式文書の，人権高等弁務官事務所による集成（compilation）。この集成は，10頁を超えてはならない。

(c) 他の関連利害関係者により普遍的定期審査に提供された追加的な信頼性ある情報。理事会はこれらも考慮に入れるべきである。人権高等弁務官事務所は，10頁を超えないかかる情報の要約を作成する。

16 人権高等弁務官事務所により準備される文書は，関係国により準備される情報に関して理事会が採択した一般的指針の構造に沿って作成されなければならない。

17 国家の書面及び人権高等弁務官事務所の準備する要約の双方が，1999年1月14日の総会決議53/208に従って，国連の6つの公用語で同時に文書を配布することを確保するよう，作業部会による審査の6週間前に準備されなければならない。

2　方　式

18 審査の方式は，次のようなものとする。

(a) 審査は，理事会議長が部会長を務める，理事会の47の理事国で構成される作業部会で進められる。各理事国がその代表団の構成を決定する（注2）。

(b) オブザーバー国は，双方向対話を含む審査に参加することができる。

(c) 他の関連する利害関係者は，作業部会における審査に出席することができる。

(d) 理事国の中から，かつ，相異なる地域グループからくじ引きで選ばれる3人の報告者グループ（トロイカ）が，各審査の促進（作業部会の報告書の準備を含む）のために設立される。人権高等弁務官事務所は，報告者に必要な援助と技能を提供する。

19 関係国は，3人の報告者のうちの一人が，自らの地域グループから選ばれることを要請することができ，また，一度に限り報告者の交代を要請することができる。

20 報告者は，特定の審査過程に参加することの回避を求めることができる。

21 審査対象国と理事会との間の双方向対話（interactive dialogue）は，作業部会で行われる。報告者団は，公正さと透明性を確保しながら，審査対象国の準備を促進し，双方向対話を焦点の合ったものにするために，審査対象国に送付される論点又は質問を整序することができる。

22 作業部会における審査の時間は，各国について3時間とする。理事会全体会による成果文書の審議のために，1時間を限度とする追加時間が割り当てられる。

23 作業部会における各審査対象国についての報告書の採択のために，30分が割り当てられる。

24 作業部会における各国についての審査と報告書採択の間に，合理的な時間的間隔が割り当てられなければならない。

25 最終成果文書は，理事会の全体会におい

第11章　国際人権法の国際的実施(2)

て採択される。

（注2）　普遍的定期審査自発的信託基金が，発展途上国とりわけ後発発展途上国の普遍的定期審査の仕組みへの参加を促進するために，設けられるべきである。

E　審査の成果文書（Outcome）

1　成果文書の形式

26　審査の成果文書は，審査過程の議事要約，結論及び（又は）勧告，並びに関係国の自発的約束を含む報告書である。

2　成果文書の内容

27　普遍的定期審査は，協力の仕組みである。その成果文書は，次のものを含むことができる。

　(a)　審査対象国の人権状況の客観的でかつ透明性ある評価（積極的発展及び当該国の直面する問題を含む）

　(b)　最良の慣行

　(c)　人権の促進及び保護のための協力の強化の強調

　(d)　関係国との協議により，かつその同意を得て，技術援助及び能力構築の提供の勧告

　(e)　審査対象国が行った自発的約束及び誓約

3　成果文書の採択

28　審査対象国は，成果文書に十分に関与するものとする。

29　理事会全体会による成果文書の採択の前に，関係国は，双方向対話の間に十分対応できなかった質問又は論点への回答を提出する機会を与えられなければならない。

30　関係国，理事国及びオブザーバー国は，全体会が審査の成果文書について決定する前に，それについての自らの見解を表明する機会を与えられなければならない。

31　他の関連する利害関係者は，全体会による成果文書の採択前に，一般的論評を加える機会を有するものとする。

32　関係国の支持を得た勧告は，その旨明記される。その他の勧告は，関係国のそれについての論評とともに，記録される。これら双方が，理事会で採択される成果報告書に含まれなければならない。

F　審査のフォローアップ

33　協力の仕組みとしての普遍的定期審査成果文書は，主として関係国により，適当な場合には他の関係する利害関係者により，実施されなければならない。

34　次回以降の審査は，とりわけ，前回の成果文書の実施に焦点を合わせるものとする。

35　理事会は，普遍的定期審査のフォローアップという議題を常に挙げるものとする。

36　国際社会は，関係国との協議により，かつその同意を得て，能力構築及び技術援助に関する勧告及び結論を実施することを援助する。

37　普遍的定期審査の成果文書を審議するにあたって，理事会は，何らかの特別のフォローアップの必要性及びその時期を決定する。

38　普遍的定期審査の仕組みへの国家の協力を奨励するあらゆる努力を尽くした後，理事会は，適当な場合，仕組みへの一貫した非協力の事例に対処するものとする。

　このように，普遍的定期審査は，すべての国連加盟国を対象に，理事国47カ国の代表団からなる作業部会が国際人権文書や当該国の誓約・約束に照らしてその遵守状況を審査し（作業部会と審査対象国との「双方向対話（interactive dialogue）」），各国からの勧告を含む作業部会の報告書をもとに，理事会の本会合（plenary）で，審査の**成果文書（outcome）**を採択するというものである。1年間に合計48カ国の審査が行われ，4年で全加盟国の審査が一巡する運びとなっている。

　作業部会は，理事会の会期以外に，年3回2週間ずつ開催され，1カ国につき，作業部会3時間半（審査に3時間，及び報告書採択のために30分）があてられる。作業部会の審査では，1つの審査対象国につき，異なった地域グループからくじ引きで選ばれる理事国3カ国の代表からなる報告者チーム（トロイカ）

603

◆ 第3部 ◆ 国際人権法の実施メカニズム

が作られ，作業部会の報告書の作成を含め，議論を促進する役割を果たす（制度構築文書18項(d)）。理事国以外の加盟国も，オブザーバー国として審査に出席し双方向対話に参加できる（同18項(b)）。トロイカの構成に関し，被審査国は，3名のうち1名が自国の属する地域グループから選ばれることを要請することができ，また一度に限って報告者の交代を要求することができる。NGO等の利害関係者は作業部会の審査に出席できる（同18項(c)）が，作業部会での審査の際は発言できない。作業部会の報告書に基づいて成果文書を採択する理事会本会合では，審査対象国は，作業部会における各国からの勧告に応答するとともに追加的な回答を行い，成果文書採択の前に理事国やオブザーバー国も発言できる。この本会合ではNGO等の利害関係者も発言の機会が与えられており，一般的な論評を述べることができる（同31項）。本会合が成果文書採択にあてる時間は1時間である。その発言時間は，現行の慣行では，審査対象国が20分，理事国及びオブザーバー国が計20分，NGO等の利害関係者が計20分である（各NGOにつき2分）。なお，経済社会理事会との協議資格を有するNGOは，人権理事会定期会合に書面での意見提出を行うことが認められているから，自国ないし関心をもつ対象国についての普遍的定期審査成果文書が採択される定期会合に，それに関する意見を書面で提出することも可能である(338)。

　なお，画期的なことに，**普遍的定期審査作業部会における審査，及び人権理事会本会合における成果文書採択の模様はすべて，人権理事会のウェブサイト上でウェブキャストによって公開されており，審査の様子を同時中継で見ることができる**ほか，終了したものについてはアーカイブ化されてその後もネット上で見ることが可能である。

　日本は2006年5月に国連総会で行われた人権理事会の初代理事国の選挙に立候補し，158票を獲得して，アジア地域グループ13の理事国の1つとして当選した（任期2年。理事国の任期は3年であるが，3分の1ずつ改選されるため，初代理事国は抽選により1年・2年・3年の任期が割り当てられた）。そのため，人権理事会設置決議9項に基づき，この任期中に普遍的定期審査を受けなければならず，2008年に審査が行われることとなった。

　これに先立ち，国内の人権NGOは，利害関係者からの情報を要約したサマ

---

(338) 以下に述べるように2008年には日本に関する審査が行われたが，日本弁護士連合会（日弁連）は協議資格を有するNGOとして第8回人権理事会定期会合に書面による意見を提出した（日弁連編『国際社会が共有する人権と日本 ── 国連人権理事会UPR日本審査2008』[以下，日弁連編『UPR日本審査2008』とする] 252頁以下に収録）。

　　　　　　　　　　　　　　　　　　　第11章　国際人権法の国際的実施(2)

リーのための情報提供を積極的に行い，人権高等弁務官事務所は2008年4月，23
の利害関係者からの提出書面（多数のNGOがネットワークを作って共同で提出し
たものを含む）に基づくサマリーを作成した。人権条約の報告制度においても
従来からカウンターレポートの作成，現地での傍聴・記録等の精力的な活動を
行ってきた日弁連は，その提出文書(339)において，総論的な問題点として「**条
約機関に対する非協力的な態度**」を指摘している。日本政府は人権理事会選挙
において提出した自発的誓約の中で，日本は主要人権条約を誠実に履行してい
ると謳っているものの，実際には日本政府は報告制度における条約機関からの
勧告をほとんど履行していないのみならず，真摯に実施しようという意思がみ
られないとの指摘である。「中には，婚外子の相続分差別規定の改正，代用監
獄の廃止，死刑制度の運用と死刑囚の処遇の改善，国内人権機関の設置等，複
数の条約機関から繰り返し改善の勧告を受けながら，長年にわたり何の取り組
みもないまま，放置されている問題さえある」。このような日弁連の指摘は，
残念ながら，下にみるコンピレーションの資料にまとめられた条約機関の勧告
の内容に符合するものである。

　この審査のために人権高等弁務官事務所が国連公式資料をまとめて作成した
コンピレーション(340)は，「Ⅰ　背景及び枠組み」「Ⅱ　現場における人権の促
進及び保護」「Ⅲ　実績，最良の実行，課題及び制約」「Ⅳ　国家の重要な優先
事項，イニシアチブ及び約束」「Ⅴ　能力構築及び技術支援」の5章からなる。
第Ⅰ章は，日本が負っている人権に関する国際的な義務の内容や国内法上の進
展の概要を示したものである。第Ⅱ章は，人権条約機関や特別手続担当者に対
する協力の状況を表で示した後，平等及び差別禁止，生命・自由・安全に対す
る権利，司法の運営，教育を受ける権利等主要なテーマごとに人権条約機関や
国連の人権関連機関の勧告の内容をまとめたものであり，分量的に本資料の大
部分を占めている。この第Ⅱ章の内容から見て取れることは，日本の場合，婚
外子に対する民法・戸籍法上の差別や，死刑確定者の処遇，代用監獄制度のよ
うに，複数の条約機関から繰り返し是正勧告を受けている人権問題が少なくな
いことである。人種差別の現代的な形態に関する特別報告者の報告書や人種差
別撤廃委員会の懸念・勧告をはじめ，人種差別・外国人嫌悪による暴力行為や

---

(339)　邦題は「国際連合人権高等弁務官事務所が作成する日本に関する人権状況要約書のための文
　　書による情報提供」。日弁連編『UPR日本審査2008』113頁以下に収録。
(340)　A/HRC/WG.6/2/JPN/2. 2008年4月。邦訳は日弁連編『日本審査2008』79頁以下。

605

◆ 第3部 ◆ 国際人権法の実施メカニズム

社会的差別に関する指摘も多い。第Ⅳ章は,「A 国家による誓約」として,国際的な技術協力の拡大等に関する日本政府の誓約にふれている。同章の「B フォローアップに向けた具体的勧告」で,人種差別の現代的な形態に関する特別報告者が行った勧告であって国連難民高等弁務官事務所(UNHCR)も強調している事柄の中には,(1)日本社会における人種差別・外国人嫌悪の存在を政府の高いレベルで公的に認識すべきこと,(2)民族主義,人種差別及び外国人嫌悪に対抗する国内法(特に雇用や住居の分野における人種差別を処罰する国内法,並びに人種差別を助長する宣伝活動及び団体を犯罪とする国内法)を制定すべきこと等があるとしている。

日本に対する第1回普遍的定期審査は,2008年の5月から6月にかけて行われた。作業部会での審査において議論を促進する役割を果たすトロイカ国には,抽選の結果フランス,インドネシア,ジブチが選ばれた。日本政府の代表団は,ジュネーブの次席常駐代表大使を代表とし,外務省,法務省,厚生労働省,文部科学省,警察庁等から派遣された職員を含む16名で構成された。作業部会における双方向対話では,42カ国が発言し,5月14日に採択された作業部会報告書では,計26の項目に大別される各国からの勧告が行われた[341]。これらのうち,複数の国から出された勧告としては,**女性差別撤廃条約選択議定書の批准**(ポルトガル,アルバニア,メキシコ,ブラジル),**人種差別撤廃条約の個人通報制度の受諾**(メキシコ,ブラジル),**パリ原則に則った国内人権機関の設置**(アルジェリア,カナダ,メキシコ,カタール),**「慰安婦」問題に対する真摯な対応**(韓国,日本軍性奴隷を含む過去の人権侵害への具体的な対応という表現で朝鮮民主主義人民共和国),**人権理事会の特別手続の継続的受入れ**(カナダ,ブラジル)等があるが,死刑制度ないし死刑確定者の処遇に関する勧告はとりわけ多く,イギリス,イタリア,ルクセンブルグ,ポルトガルなど9カ国が,**死刑廃止を視野に入れて死刑の執行停止を導入すること**を勧告した。**代用監獄制度**に関する勧告も複数なされ,国際人権法上の義務と適合するように代用監獄制度の見直しを行い,警察留置場の外部監視に関する拷問禁止委員会の勧告を実施すること(イギリス),取調べを監視する方法を再検討すること,警察での長期勾留について再検討すること(ベルギー)等の勧告がなされた。**差別に対する取組み**に関しては,いくつかの勧告事項にまたがって,あらゆる形態の差別を定

---

[341] A/HRC/8/44, para.60, 邦訳は日弁連編『UPR日本審査2008』222頁以下。

606

義し禁止する法律の制定を検討すること（ブラジル），人種差別，差別，外国人嫌悪を禁止する国内法を緊急に制定すること（イラン），女性を差別している法律規定をすべて撤廃すること（ポルトガル）等の勧告が出された。その他の勧告としては，特に法執行職員について人権研修を受講させる等によって女性や子どもに対する暴力を減少させる対策を継続的に講じること（カナダ），女性や子どもをはじめとする人身売買と闘う取組みの継続（カナダ），国際的監視システムによる入管収容施設の調査（米国），難民申請を再審査する独立した機関の設置（スロバキア）等がある。

　日本に対する成果文書の採択は，2008年6月9日から開催された第8回人権理事会において，6月12日に行われた。勧告に対する日本政府の見解は，26項目の勧告につき，13項目についてはフォローアップを受入れるというものであった。それらは，国内人権機関の設置，女性に対する差別となる法規定の撤廃及び女性に対する差別に関する措置の継続，マイノリティ女性が直面する問題への取組み，性的指向及び性的アイデンティティに基づく差別を撤廃するための措置，女性及び子どもに対する暴力を減少させるための対策の継続，女性及び子どもに特に重点をおいた人身売買との闘いの継続，連れ去られた子どもの迅速な返還を確保する制度の開発，子どもに対する体罰の禁止，難民認定の審査手続を拷問等禁止条約等の人権条約と調和させること及び法律扶助を必要とする移住者に対する法律扶助の提供，経済援助の提供の継続及びミレニアム開発目標への支援の拡大，インターネット上の人権保護に関する他国との経験の共有，UPR手続のフォローアップにおける市民社会の参加，である[342]。他方で，その他の13項目については，従来の立場を繰り返し，特に死刑の廃止又は停止については，それらのいずれも検討する立場にないとして，明確に受入れ意思のないことを表明した[343]。

　2012年10月から11月にかけては，日本に対する第2回の普遍的定期審査が行われたが，これに先立ち今回は，30の利害関係者による提出書面（共同提出のものを含む）がサマリーにまとめられた[344]。コンピレーション[345]の構成と内容

---

[342]　A/HRC/8/44/Add.2. 邦訳は日弁連編『UPR日本審査2008』206頁以下。
[343]　A/HRC/8/44/Add.1. 邦訳は「普遍的定期的審査（UPR）作業部会報告書　日本　補遺　結論／勧告に対して審査対象国から出された見解，自発的な約束，回答」日弁連編『UPR日本審査2008』259頁以下。
[344]　A/HRC/WG.6/14/JPN/3. 2012年7月。
[345]　A/HRC/WG.6/14/JPN/2. 2012年8月。

◆ 第3部 ◆ 国際人権法の実施メカニズム

は，人権条約機関や特別手続報告者の所見に関する内容がアップデートされた
ほかは第1回審査の時のものとほぼ同様であるが，「Ⅱ 人権メカニズムとの
協力」の章で明記されている通り，特別手続への協力に関し，日本政府が，第
1回審査時には受け入れていなかった特別手続担当者の「**常時招請**（standing
invitation)」をこの時までに（2011年）受け入れた点は肯定的な変化であった。

　第2回審査ではリビア，ペルー，バングラデシュがトロイカ国となり，日本
政府の代表団は外務省人権人道課担当大使を代表とし各省庁から派遣された職
員を含む30名で構成された。作業部会における双方向対話では，前回を大幅に
上回る79カ国が発言し，12月14日に採択された作業部会報告書では，174項目
の勧告が行われた[346]。項目数が第1回の時の26項目から飛躍的に増えている
のは，1つには，第1回の時の勧告は関連の内容のものが1つの項目にまとめ
て記されていたのが，第2回ではそれらも別に記載されていることによってい
るが，勧告の内容自体も第1回の時よりはるかに多岐にわたっている。複数の
項目・国にわたって出されている勧告としては，**人権条約の個人通報制度の受
入れ**（ハンガリー，韓国，オーストリア），**死刑廃止に関する自由権規約第二選
択議定書の批准**（ルワンダ，スイス，ウルグアイ，オーストラリア），**拷問等禁止
条約選択議定書の批准**（オーストラリア，チェコ共和国），**障害者権利条約の批
准**（スペイン，インド，イラク，クウェート，アルゼンチン），**移住労働者権利条
約の批准**（アルゼンチン，チリ，インドネシア，フィリピン），**子どもの連れ去り
に関するハーグ条約の批准**（カナダ，スロバキア，アイルランド，イタリア），**人
種差別撤廃条約に沿って直接的及び間接的人種差別を禁止する国内法の採択**
（南アフリカ，スイス，ノルウェー），**パリ原則に沿った国内人権機関の設置**（ス
ペイン，ニカラグア，チュニジア，ウクライナ，英国，ベニン，ブルキナファソ，
フランス，インドネシア，ヨルダン，マレーシア，メキシコ），**ジェンダー平等に
関する活動計画の実効的な実施**（マレーシア，アルメニア），**ジェンダー平等の
促進のための措置**（中国，セネガル），**国籍取得，相続，出生登録等において婚
外子の子どもに対する平等と無差別を確保する措置を取ること**（スロベニア，
ウルグアイ，ボツワナ，出生登録に関してメキシコ），**LGBT**（レズ，ゲイ，バイセ
クシュアル，トランスセクシュアルの性的マイノリティ）**の人に対する差別を撤廃
するための措置**（アルゼンチン，そのような差別に対する保護を規定した差別禁止

---

[346] A/HRC/22/14, para.147.

第11章　国際人権法の国際的実施(2)

法の制定について米国)，**国際人権基準に合致するよう代用監獄制度を改革する
こと**（ノルウェー，フランス，自由権規約に従ってという文言でスペイン，ドイツ，
代用監獄制度を廃止するか又は国際法に合致するように改革することという文言で
スイス），**女性に対する暴力への実効的な取組み**（モルドバ，ジェンダー暴力に
対する措置と被害者保護という文言でスペイン），**人身取引と闘う措置の強化**（ベ
ラルーシ，リビア，スリランカ），**「慰安婦」問題に対する責任を認め被害者に対
する適切な措置を取ること**（韓国，コスタリカ，中国，日本軍性奴隷を含む過去
の人権侵害に対する法的責任の受入れと取組みという文言で朝鮮民主主義人民共和
国，慰安婦問題を学校教科書に載せることを含めて将来の世代が歴史を学ぶことが
できるようにする措置を取ることについてオランダ），**移住労働者の権利の保護**（イ
ラン，ネパール，ミャンマー）等があるが，死刑制度に関する勧告は今回も非常
に多く，死刑に関して全国的な議論を奨励すること（イタリア），**死刑廃止に
向けて執行のモラトリアム（猶予）を行うこと**（オーストラリア，イタリア，フィ
ンランド，ノルウェー，スロバキア，スロベニア，スペイン，トルコ），**執行の即
時猶予を真剣に検討すること**（オランダ，アイルランド），**死刑に関する広範な
議論を促すために執行の猶予を行うこと**（ドイツ，フランス，メキシコ，オース
トリア），**死刑事案における義務的な上訴制度の導入**（オーストリア）等の多数
の勧告が出されている。

　普遍的定期審査の運用は2008年4月から開始されているが，これまで，国連
加盟国193か国のほぼすべてが人権理事会に報告書を提出し，ジュネーブに代
表団を送って審査に応じているという事実は，全国連加盟国に等しく適用され
る普遍的制度としてのこの制度の価値を実証するものといえる[347]。朝鮮民主
主義人民共和国のように深刻な人権問題を抱えた国が167項目の勧告を受ける
一方[348]，人権面での世界のリーダーを自負する米国がそれを上回る228項目の
勧告を受けた[349]という状況をみても，この制度が大国やいわゆる先進国に有
利に運用されているわけではないことも見て取れる。日本の第1回審査の際，
日弁連代表の1人としてジュネーブに派遣されその審査過程をつぶさに観察し

---

[347]　初めての非協力の例として，2013年1月，イスラエルが，予定されていた作業部会への出席
　　を拒否することを決定し，人権理事会が協力を求める決定を採択する事態となった(A/HRC/OM
　　/7/1)。イスラエルの報告書審議は延期され，同年10月にイスラエルが出席を再開して審議が行
　　われた。
[348]　2009年の第1回審査。A/HRC/13/13.
[349]　2010年の第1回審査。A/HRC/16/11.

609

◆第3部◆　国際人権法の実施メカニズム

た鈴木五十三弁護士は，この制度によって，人権促進の立場こそ国際信望を得るための重要な要素であるという自覚が審査国・審査対象国問わず共通に促されたとみられる点を評価しているが，そこで指摘されているように，一連の対話が公開の議場で行われるだけでなくウェブ中継及び録画アーカイブとして記録・公表されるという審査手続の公開性・透明性が，各国代表の発言における責任感の向上に大きく貢献していると言えよう[350]。他国に人権状況の改善を勧めた国は，勧告が説得力をもつためにも自国の同様の人権状況の解決において模範的に行動せざるを得ないと考えるであろうから，ピア・レビューの効果として，人権状況の改善に向けてのプラスのスパイラル効果が生じると考えられることも，肯定的に評価しうる点である[351]。また，UPR においては，限られた時間で他国の人権問題について検討しなければならない審査国は，審査対象国に関する人権条約機関の懸念・勧告に関して人権高等弁務官事務所が整理してまとめたコンピレーションを信頼のおけるものとして重視して審査に臨む傾向があることから，**UPR により人権条約機関の勧告がより権威づけられ，周知される効果が上がっている**とも指摘されている[352]。そうであるとすれば，UPR は人権条約の報告制度と重複するものではなく補完するものとなるべきであるというアナン前事務総長の当初の期待は，現実になっている面があるといえよう。

　他方で，この制度が各国における人権状況の改善に向けて目に見える成果を挙げていくためには，様々な課題も存在している。まず，人権理事会は国連加盟国の国家代表で構成される点では旧人権委員会と変わらないが，審査における理事国の発言の模様をみると，もっぱら審査対象国との二国間の問題に焦点を当てた発言をする国や，問題のある人権状況に対しても，審査対象国との政治的，経済的関係に配慮して，適切とはいえない発言をする国もみられる[353]。

---

[350]　鈴木五十三「日本審査のフォローアップのために」日弁連編『UPR 日本審査2008』281頁。

[351]　同上，282頁。

[352]　大谷美紀子「UPR 制度の今後の展望」日弁連編『UPR 日本審査2008』288頁。

[353]　例えば，中国に対する審査においてスーダン代表が，「労働教養」の制度を，中国国内の現実に適合した望ましい制度として称賛した例。A/HRC/11/25 (2009), para.45; Conclusions/ Recommendations, para.114-31. 政治犯や軽犯罪の容疑者らに対し，警察が司法判断を経ずに実質的な懲役刑を科す行政拘禁の制度である労働教養とそこでの虐待の発生については，拷問禁止委員会が中国に対して懸念を示し，また，国連人権委員会の恣意的拘禁作業部会も問題を指摘していたところであった（A/HRC/WG.6/4/CHN/2, para.19）。なお，この労働教養制度については，その後，2013年1月8日の新聞報道で，中国政府が同年内にこれを廃止する方針を表明したことが報じられている。

610

◆ 第11章 国際人権法の国際的実施(2)

作業部会の報告書に記載される各国からの勧告も，作業部会全体としての勧告という性格のものではなく（そのような組織的勧告として見解を集約することは現実的にも難しい），個別国家からの勧告であることが明記されていることからすると，そこには各国の個別の関心事項が反映されることはやはり避けがたい。「確かにUPRは，定期的にすべての国を審査するという意味では形式的に平等であるが，それは個々の審査における公平性を担保するものではない。国家が審査の担い手である以上，被審査国に対する各国の政治的・外交的な立場や思惑が審査の中身に反映するのは，当然でさえある。国家間の相互監視であるUPRによって，『政治化と選別性を，可能なかぎりにおいて回避する』とういうアナン前事務総長の発想は，独立した専門家機関やNGOの役割が介在しない限り，そもそも限界があるといわざるをえない」[354]という指摘の通り，国家間のピア・レビューであることの限界を克服するためには，NGOのような利害関係者の役割の増大及び，現在は規定されていない個人資格の専門家の関与が望ましいであろう。

　最後に，人権条約の報告制度にも共通する点は，いうまでもなく，勧告のフォローアップの重要性である。審査を行う目的は対象国における人権状況の改善であるから，審査それ自体のみならず，その成果が当該国におけるその後の人権状況の改善にどのように活かされているか，いないかを継続的に注視していくことに十分な注意が向けられなければならない。成果文書では，被審査国が受けた勧告のうち，当該国が支持しフォローアップを受け入れる事項と受け入れない事項とが記されるが，とりわけ，受け入れないとする事項についての改善をその後どのように図っていくかは，審査のフォローアップの一環として重要な問題となる。日本が第1回審査の際にフォローアップを受け入れないとした事項の多くは，日本がこれまで自由権規約委員会や拷問禁止委員会等の人権条約機関から繰り返し受け続けてきた懸念事項と重なるものである。また，受け入れるとした事項についても，その実施状況についての慎重なフォローアップが必要である。日本についていえば，国内人権機関の設置について，フォローアップを受け入れたこと自体は喜ばしいとはいえ，これは本来，人種差別等の差別を禁止する差別禁止法の制定と密接に関係する事柄として，併せて検討される必要があるものである。また現実に，2016年5月時点で，パリ原則に沿った

---

(354) 阿部浩己・今井直・藤本俊明『テキストブック国際人権法（第3版）』（日本評論社，2009年）214〜215頁。

611

◆ 第3部 ◆ 国際人権法の実施メカニズム

独立の国内人権機関の設置は依然として頓挫した状況にある。このような現状をみても，日本はもちろん他の国についても，勧告のフォローアップを受け入れた事項，受け入れなかった事項の双方を視野に入れて，引き続き注意深く国内の人権状況の改善を注視していく必要があるであろう。

Ⅲ 特別手続（Special Procedure）

◆ 1 総 論

第1章で述べたように，国連人権委員会の実行では，1960年代末から，個別の国の人権状況を検討する**国別手続**，及び1980年代からは特定の人権問題について検討する**テーマ別手続**が発展し，それらが総称して**特別手続**とよばれてきた。アナン前国連事務総長は2006年の人権理事会第3会期におけるメッセージや国際人権デーのスピーチにおいて，特別手続を国連の人権システムの「宝（crown jewel）」と呼び，人権理事会がこれを引き継ぎさらに強化すべきことの重要性を訴えた。

人権理事会が2007年，第5会期で採択した「制度構築」文書では，特別手続担当者（決議の文言ではマンデート保持者）の任命の基準や手続について次のように定められた。これによると，加盟国やNGO等からの推薦による候補者のリストを，一定の技術的・客観的基準[355]に基づいて人権高等弁務官事務所が作成する。このリストをもとに，5つの地域グループから選ばれる5人のメンバーからなる協議グループが，各空席ポストについて候補者を勧告する。これを受けて，理事会議長が選出を行い，理事会の承認を受ける。

■ 国連人権理事会決議5/1附属書「国際連合人権理事会の制度構築」（制度構築文書）（2007年）［前掲］

第Ⅱ章 特別手続

A マンデート保持者の選出及び任命

39 マンデート保持者の指名，選出及び任命にあたっては，以下の一般的基準が最重要となる。(a)専門的知識，(b)マンデートの分野における経験，(c)独立性，(d)公平性，(e)人格的な高潔さ，及び(f)客観性。

40 ジェンダーバランス，衡平な地理的配分，並びに異なった法体制が適切に代表されることに十分な考慮が払われるべきである。

41 マンデート保持者として適格な候補者の技術的及び客観的な要件は，適格な候補者が認められた能力，関連の専門的知識及び人権分野における広範な職業経験を有する高度に資格のある個人であることを確保するために，第6会期（第2サイクルの第1会期）に理事会によって認可される。

42 次のものが，特別手続のマンデート保持者の候補者を指名することができる。(a)政府，(b)国連人権システムの枠内で活動する地域グループ，(c)国際組織又はその事務所（例えば人権高等弁務官事務所），(d)非政府組織，(e)他の人権機関，(f)個人の指名。

---

[355] 41項，及び後述の理事会決定6/104。

612

◆ 第11章　国際人権法の国際的実施(2)

43　人権高等弁務官事務所は，直ちに，適格な候補者の公開のリストを準備し，保持しかつ定期的にアップデートする。これには，個人的データ，専門分野及び職業経験の記載を含むものとする。マンデートの新たな空席は，広報される。

44　人権に関する任務を一度に重複させないという原則が尊重されなければならない。

45　テーマ別マンデートであれ国別マンデートであれ，ある任務においてあるマンデート保持者が在任する機関は，6年（テーマ別マンデート保持者の場合は3年間を2期）を超えないものとする。

46　政府又はその他の組織において意思決定の地位にある個人であって，その地位がマンデートに内在する責任と利益の抵触を生じうる者は，除外される。マンデート保持者は，個人の資格で行動する。

47　理事会がマンデート保持者の選任を検討する会期の開始の少なくとも1ヵ月前に，当該マンデートのために最も高度の資格を有しかつ一般的基準及び特定の要件に合致する候補者のリストを議長に提案するため，協議グループが設置される。

48　協議グループは，その注意を喚起された，適格な候補者の公開リストからの，指名された候補者の除外に対して十分な考慮を払う。

49　理事会の年次サイクルの初めに，地域グループは，個人資格で任務を遂行する協議グループの委員を任命するよう招請される。地域グループは，人権高等弁務官事務所の補佐を受ける。

50　協議グループは，公開のリストに含まれた候補者を検討する。但し，例外的な状況であってかつ特定のポストからしてそれが正当化される場合には，そのポストのために同等又はよりふさわしい資格をもつ追加的な指名者を検討することができる。

51　協議グループは，必要な専門的知識，経験，スキル，その他各マンデートに関連する要件を決定する際には，適当な場合，現在の又は退任するマンデート保持者を含む利害関係者の見解を考慮に入れるべきである。

52　協議グループの勧告に基づき，かつ特に地域コーディネーターを通しての広範な意見聴取を行った後，理事会の議長は，各空席のための適切な候補者を定める。議長は，理事会が任命を検討する会期の開始の少なくとも2週間前に，加盟国及びオブザーバーに対し，候補者のリストを提出する。

53　必要であれば，議長は，提案された候補者への支持を確保するため，さらに意見聴取を行う。特別手続のマンデート保持者の任命は，その後，理事会の認可をもって完了する。マンデート保持者は，会期の終わりまでに任命される。

上記「制度構築」文書の41項で言及されていた，マンデート保持者の知識や能力についての要件の詳細は，第6会期に採択された決定で次のように定められた。2008年3月の第7会期から，この手続に基づき，国別及びテーマ別手続の担当者が選出・承認されている。

■ 国連人権理事会決定6/102「人権理事会決議5/1のフォローアップ」（2007年）
　1．資格：人権の分野における，関連する教育上の資格又は同等の職業経験。国連の公用語の一つによる優れたコミュニケーション能力。
　2．関連の専門的知識：国際人権文書，規範及び原則の知識並びに，国連及び人権分野における他の国際的もしくは地域的組織の制度的任務についての知識。人権の分野において，証明された作業経験があること。
　3．確立された能力：人権に関連する，国内的，地域的又は国際的に認められた能力。
　4．マンデートの任務を実効的に遂行するため，並びに人権理事会の会期への出席を含めてその要求に対応するための，柔軟性，態勢及び時間の利用可能性があること。

上述の「制度構築」文書の第Ⅱ章は，B節で，マンデートの見直し・合理化・改善について定め，既存のマンデートの見直し・合理化・改善及び新たなマン

613

◆ 第3部 ◆　国際人権法の実施メカニズム

デートの創設は，普遍性，公平性，客観性，非選別性，建設的な対話及び協力
を指導原則として行われることとした（54項）。また，理事会は常に手続の改
善のために尽力すべきこととされ（58項），この点で，諸マンデートは，人権
保護の水準の改善に向けて明確な見通しを提供するものであるべきこと（(a)），
すべての人権に同等の注意が払われるべきこと（(b)），不要な重複を避けるべ
きこと（(c)），既存のマンデートの拡大や分野横断的な問題への配慮，マンデー
ト保持者の共同行動の要請等によって，テーマ間のギャップとなっている分野
に対処すべきこと（(d)）等が掲げられた。テーマ別マンデートの任期は3年，
国別マンデートの任期は1年であり（60項），既存のマンデート保持者は，6
年という上限を超えていない限りそのまま任務を継続してよい（62項）。

　この「制度構築」文書に基づく検討の結果，人権理事会では，国別手続に関
してキューバとベラルーシの人権状況に関する特別報告者のマンデートがそれ
ぞれ不継続となった（但し，ベラルーシに関しては，2012年に再度設置されている）
ほかは，それ以外の国別手続及びすべてのテーマ別手続が当面維持され，個別
のマンデートについて今後の会期で順次見直しが行われることとされた。理事
会発足後に新たに設けられた国別及びテーマ別手続も少なくない。2016年3月
時点で，人権理事会では，以下の国別手続14，及びテーマ別手続41が機能して
いる。国別手続としては，ベラルーシの人権状況に関する特別報告者（2012年
設置），カンボジアの人権状況に関する特別報告者（1993年設置），中央アフリ
カ共和国の人権状況に関する独立専門家（2013年設置），コートジボワールの人
権状況に関する独立専門家（2011年設置），エリトリアの人権状況に関する特別
報告者（2012年設置），朝鮮民主主義人民共和国の人権状況に関する特別報告者
（2004年設置），ハイチの人権状況に関する特別報告者（1995年設置），イランの
人権状況に関する特別報告者（2011年設置），マリの人権状況に関する独立専門
家（2013年設置），ミャンマーの人権状況に関する特別報告者（1992年設置），パ
レスチナ占領地域の人権状況に関する特別報告者（1993年設置），ソマリアの人
権状況に関する独立専門家（1993年設置），スーダン人権状況に関する独立専門
家（2009年設置），シリアの人権状況に関する特別報告者（2011年）であり，テー
マ別手続としては，十分な生活水準に対する権利の一要素としての十分な住居
及びこの関連で差別を受けない権利に関する特別報告者（2000年設置），アフリ
カ出身の人々に関する作業部会（2002年設置），恣意的拘禁に関する作業部会
（1991年設置），子どもの売買，子どもの買春及び子どもポルノに関する特別報

614

告者（1990年設置），文化的権利の分野における特別報告者（2009年設置），民主的かつ衡平な国際秩序の促進に関する独立専門家（2011年設置），教育に対する権利に関する特別報告者（1998年設置），安全，清潔，健康的かつ持続可能な環境に関する人権義務の問題に関する独立専門家（2012年設置），強制的又は非自発的失踪に関する作業部会（1980年設置），超法的，略式又は恣意的処刑に関する特別報告者（1982年設置），食料に対する権利に関する特別報告者（2000年設置），対外債務及びその他の関連する国際金融上の義務が人権特に経済的，社会的及び文化的権利の完全な享受に及ぼす効果に関する独立専門家（2000年設置），平和的な集会及び結社の権利に関する特別報告者（2010年設置），意見及び表現の自由に対する権利の促進及び保護に関する特別報告者（1993年設置），宗教又は信念の自由に関する特別報告者（1986年設置），達成可能な最高水準の身体的及び精神的健康を享受するすべての者の権利に関する特別報告者（2002年設置），人権擁護者の状況に関する特別報告者（2000年設置），裁判官及び法曹の独立性に関する特別報告者（1994年設置），先住民の権利に関する特別報告者（2001年設置），国内避難民の人権に関する特別報告者（2004年設置），人民自決権の行使を妨げる手段としての傭兵の使用に関する作業部会（2005年設置），移民の人権に関する特別報告者（1999年設置），マイノリティの問題に関する独立専門家（2005年設置），真実，正義，補償及び再発防止の保証の促進に関する特別報告者（2011年設置），現代的形態の人種主義，人種差別，外国人嫌悪及び関連する不寛容に関する特別報告者（1993年設置），現代的形態の奴隷制（その原因及び結果を含む）に関する特別報告者（2007年設置），人権と国際的連帯に関する独立専門家（2005年設置），テロに対処しつつ人権を促進及び保護することに関する特別報告者（2005年設置），拷問及びその他の残虐な，非人道的なもしくは品位を傷つける取扱いもしくは刑罰に関する特別報告者（1985年設置），有害な物質及び廃棄物の環境的に適切な管理及び処理が人権に対してもつ影響に関する特別報告者（1995年設置），人身（特に女性及び子ども）取引に関する特別報告者（2004年設置），多国籍企業及びその他の企業と人権の問題に関する作業部会（2011年設置），安全な飲み水及び衛生に対する人権に関する特別報告者（2008年設置），法律上及び実際上の女性差別の問題に関する作業部会（2010年設置），女性に対する暴力，その原因及び結果に対する特別報告者（1994年設置），先天性色素欠乏症のある人の人権享受に関する独立専門家（2015年設置），障害のある人の権利に関する特別報告者（2014年設置），高齢者のすべての人権

◆ 第3部 ◆　国際人権法の実施メカニズム

享受に関する独立専門家（2013年設置），プライバシーの権利に関する特別報告者（2015年設置），一方的な強制措置が人権享受に与える否定的影響に関する特別報告者（2014年設置）である[356]。

◆ 2　特別手続担当者の行動準則（code of conduct）及び活動マニュアル（manual of operations）

特別手続の担当者（マンデート保持者）は，国別手続であれテーマ別手続であれ，個人としての資格で任務を遂行するが，これらの特別手続担当者の活動が多様な形で展開するに伴い，国連では，これらの活動における原則や手続に関する規律が徐々に発展してきた。人権委員会時代の1999年，特別手続マンデート保持者の第6回年次会合において採択された「活動マニュアル（Manual of Operations）」はその主なものの1つである（その改訂版となる現在のマニュアルについて後述）。これは，過去20年近くにわたり特別手続において行われ，かつ関係国にも受け入れられてきた原則や手続をまとめたものであった。また，マンデート保持者は，任務を遂行する間，1946年の国連特権免除条約にいう「任務にある専門家（expert on mission）」として，逮捕・抑留からの免除，文書の不可侵等，同条約22条に規定された特権及び免除を享有することも認められてきた。当時の人権小委員会の特別報告者であり，ルーマニア政府によってジュネーブへの出張と小委員会への出席を禁じられたマジル（D. Mazilu）氏の地位に関する1989年の勧告的意見で国際司法裁判所は，同条約の22条が，国連職員以外の者であって国連によって任務を委託された特別報告者に適用されることを確認している[357]。また，事務局員以外の国連職員の地位，基本的権利及び義務に関する国連規則[358]も適用される。

人権理事会の創設に伴う制度構築の議論の際，理事国の中には，特別手続マンデート保持者の活動に一層明確な枠をはめるべく，特別手続における活動を規律する行動準則の作成及び，上記の活動マニュアルの見直しを求める主張があった。そのような観点からアルジェリアがアフリカ諸国を代表して行った提案を受け，人権理事会は2006年11月の決議2/1において，行動準則の作成及び活動マニュアルの見直しを作業部会に行わせることとした。

---

(356)　http://www.ohchr.org/EN/HRBodies/SP/Pages/Welcomepage.aspx.
(357)　国連特権免除条約6条22項の適用可能性に関する勧告的意見，1989年12月15日，52項。
(358)　ST/SGB/2002/9.

616

第11章　国際人権法の国際的実施(2)

　行動準則に関しては，アルジェリアがアフリカ諸国を代表して提出した行動準則の草案に対し，マンデート保持者からなる特別手続調整委員会が論評を行った後[359]，2007年6月に，人権理事会決議5/2「人権理事会の特別手続のマンデート保持者のための行動準則」として採択された。

　それによると，行動準則の目的は「特別手続のマンデート保持者がその任務遂行において遵守しなければならない倫理的行動及び職業的行動の基準を定めることによって，特別手続の制度の実効性を高めること」である（1条）。行動準則は3条で，マンデート保持者は独立の国連専門家として，国際的に認められた人権基準に基づく事実の衡平な評価を通して，かついかなる外部からの影響や圧力も受けることなく任務を遂行するという一般原則を定める（(a)）。4条では，従来の扱いに沿い，マンデート保持者は任務遂行にあたって国連特権免除条約を含む関連の条約に基づく特権及び免除を享有することを確認しているが（2項），同時に，それらの特権及び免除を害することなく，任務を遂行している国の国内法及び規則を十分に尊重することをも規定している（3項）。また，情報源に関する8条では，マンデート保持者が行う評価に対し，当事国代表がこれにコメントし及び当事国に対してなされた主張に対して返答する機会を与えること，並びに報告書には当事国の返答の要約を掲載することを定め（(d)），勧告及び結論に関する13条では，マンデート保持者がその見解，特に人権侵害の主張に関する公的声明を表明する際には，関係国によってなされた回答をも公平に示すことを定めている（(a)）。このように行動準則は，とりわけ情報収集及び見解の公表において，当事国の立場に十分な配慮を払ったものになっている。他方で，情報源に関する8条(c)には，草案の段階では，マンデート保持者が依拠する情報はすべて「検証」済みのものでなければならないという文言が入っていたが，そのような条件を要求することは多くの国において刑事手続における証拠基準よりも厳しい要求を課すこととなり，マンデート保持者はいかなる情報にも依拠できないというに等しい，との懸念が特別手続調整委員会の上記の論評で示されていたことを反映し，最終的に維持されなかった。

---

[359]　Note by the Special Procedures' Co-ordination Committee in Response to Discussions on a Code of Conduct and Annex: Possible Elements of a Code of Conduct, 13 April 2007, http://www2.ohchr.org/english/bodies/chr/special/docs/note_code_of_conduct.pdf.

617

◆ 第3部 ◆ 国際人権法の実施メカニズム

■ 国連人権理事会決議5／2「人権理事会の特
別手続のマンデート保持者のための行動準
則」(2007年)[360]

8条：情報源
　情報収集活動において，マンデート保持
者は，以下のことを守らなければならない。
(a) 慎重さ，透明性，不偏不党性及び公平
性の原則を指導原則とすること。
(b) その開示が関係個人に対して害を生じ
うる場合には，証言の情報源の秘密性を

保持すること。
(c) 作成することが求められている報告書
及び結論の非司法的性格に適切な証拠基
準に基づき，客観的かつ信頼できる事実
に依拠すること。
(d) マンデート保持者の評価に対し，当事
国代表がこれにコメントし及び当事国に
対してなされた主張に対して返答する機
会を与え，並びに報告書に当事国の返答
の要約を附録として掲載すること。

　活動マニュアルについては，先にふれた1999年のマニュアルを基に，行動準
則との合致を含めこれを改訂したものが，2008年，特別手続マンデート保持者
の第15回年次会合において採択された。このマニュアルは，特別手続の役割と
任務（第Ⅰ章），作業方法（第Ⅱ章），フォローアップ並びに他の国際的及び地
域的人権メカニズムとの相互関係（第Ⅲ章），特別手続間の調整及び協力（第Ⅳ
章）について，マンデート保持者の指針となる事項を定めている。なお本マニュ
アルの冒頭には，これは「生きた文書」であって，マンデート保持者によって
定期的な見直し・アップデートをされるものであることが注記されている。

■ 人権理事会の特別手続の活動マニュアル
(2008年)[361]

Ⅰ．特別手続の役割及び任務
　A．特別手続の定義及び範囲
　　……
　5．特別手続の主な任務には次のものが含
まれる。
　―現地調査を行うことを含めて，関連の
　　テーマ別問題又は国別状況を分析する
　　(analyze)こと。
　―関係政府及びその他の関連アクターが取
　　るべき措置について助言する (advise)
　　こと。
　―特定の状況及び問題に対処する必要性に
　　ついて，国連機関特に人権理事会，及び
　　国際社会一般に注意を喚起する (alert)
　　こと。
　―関係国に緊急の行動を要請すること，特
　　定の事件侵害の主張に対応し救済を与え
　　るよう政府に求めること等の措置を通し
　　て，人権侵害の被害者のために主張を行
　　う (advocate) こと。

　―特定の人権問題に対処し，政府，市民社
　　会及び政府間組織の間の協力を促すよう，
　　国際社会，国内社会及び人権理事会を活
　　性化し (activate) 及び動かすこと。
　―勧告のフォローアップ
　　自らのマンデートに基づきこれらの任務
　　を遂行するにあたって，マンデート保持者
　　は，ジェンダー，子ども／ライフサイクル
　　及び障害の視点を考慮に入れ，これらを作
　　業の中に十分に統合すべきである。

Ⅱ．作業方法
　A．情報源
　23．マンデート保持者は，信頼できかつ適
切と考えるあらゆる利用可能な情報源を考慮
に入れることが求められる。これには，政府，
政府間組織，国際的及び国内的非政府組織，
国内人権機関，学術関係者，主張されている
人権侵害の被害者，被害者の親族及び証人が
含まれる。可能かつ適切な限り，マンデート
保持者は，これらの情報源と会って意見を聴
取しかつ，可能な最大限において，受領した
情報をクロスチェックする[362]よう努力すべ

────────────

(360) http://ap.ohchr.org/documents/dpage_e.aspx?si=A/HRC/RES/5/2.
(361) http://www2.ohchr.org/english/bodies/chr/special/docs/Manual_August_2008.doc.
(362) 訳注：他の情報に照らし合わせて確認すること。

618

きである。

24. 生じうる問題の多くがもつ敏感な性格のゆえに，マンデート保持者は，情報収集活動においては，慎重さ，透明性，不偏不党性及び公平性を指導原則とすべきである。マンデート保持者は，作成することを求められている報告書及び結論の非司法的性格にとって適切な証拠基準に基づき，客観的かつ信頼できる事実に依拠すべきである。政府に対してなされた主張に対して，政府代表が論評する適切な機会，及び，人権侵害を主張する者が

それについての政府の返答について論評する定説な機会が与えられるべきである。

27. マンデート保持者は，情報源が報復を受けないことを確保するためのあらゆる可能な注意措置を取る（具体例は，通報及び国別訪問に関する下記の節に含まれている）。マンデート保持者は，適切なフォローアップ行動が取れるよう，情報を提供した結果として何らかの復讐又は報復に遭った個人及び団体を招請し，そのような事件について報告を行わせる。

◆ 3　特別手続において用いられる活動手法

　人権委員会時代に発展し，現在の人権理事会に引き継がれている特別手続の下で行われる活動手法は非常に多様であり，個々の手続のマンデートによって異なるが，最も一般的なものとしては，関係国政府にあてた通信（急を要する場合の「緊急アピール」を含む），関係国への国別調査，及び年次報告書の作成がある。

　特別手続担当者が，人権侵害（又は，後述のように差し迫った人権侵害の恐れ）について信頼できる情報を受領した場合，関係国政府に対して，事態の説明を求める**通信**（communications）を送付することができる。**この情報は，人権侵害の被害者やその親族から寄せられる情報を含むが，これらの者が特別手続担当者に情報を送付するにあたっては，国内救済手続を完了していることは要求されない。**これは，人権条約の下で運用されている個人通報手続と異なり，人権理事会の特別手続は，司法的ないし準司法的性格のものではないためである。通信は通常，人権高等弁務官事務所を通じて，当事国のジュネーブ常駐国連代表部（Permanent Mission to the UN in Geneva）（それがない場合には，ニューヨークの国連本部常駐代表）に書簡を送る形をとる。このような通信はまた，生命への危険を伴う人権侵害の恐れがある場合には，30日以内に回答を求める「**緊急アピール**（urgent appeal）」として，当事国の外務大臣に直接送られることもある。また，すでに起こったとされる人権侵害について，2カ月以内にその釈明を求める「**人権侵害の主張に関する書簡**（letter of allegation）」の形をとることもある。現行のマニュアルでは，関係国の協力をより得やすくする観点から，複数の特別手続担当者が共同で通信を行うことも奨励されており，共同緊急アピール，人権侵害の主張に関する共同の書簡等を送付することも近年は頻繁に

619

◆ 第3部 ◆　　国際人権法の実施メカニズム

行われている。特別手続担当者は，人権理事会に提出する年次報告書において，
政府に対する通信に関する報告も含める。2013年中には，すべての特別手続の
合計で528通の通知が，計117カ国に対して送付されている[363]。

■ 人権理事会の特別手続の活動マニュアル
（2008年）［前掲］
Ⅱ．作業方法
　……
　B．通　信
　1．定義及び目的
　28. ほとんどの特別手続は，関連のマンデート保持者が様々な情報源から情報を受領し，信頼できる情報につき，関係政府に通信を送ることで行動を取ることを定めている。そのような通信は，実際の又は予測される人権侵害であってマンデートの範囲内に入るものについて個々の政府と人権高等弁務官事務所との間で別途に合意されない限り，外交チャンネルを通して送付される。

　29. 通信は，個人，集団もしくはコミュニティに関する事案であって，特定国におけるもしくはより一般的な人権侵害の一般的な傾向及び形態を有するか又は，懸念事項と考えられる現行法もしくは法案を内容とするものを扱うことができる。採択された法律又は法案に関する通信は，各マンデートの特殊性が必要とするところに応じて，様々な形で述べられることができる。

　30. 通信は，関連特別手続の側でのいかなる価値判断を含意するものでもなく，よってそれ自体，非難的なものではない。通信は，国内レベルにおける司法的その他の救済手続の代替物となることを意図するものではない。その主な目的は，人権侵害の主張に対応して釈明を得ること及び，人権保護のための措置を促進することである。

　31. 人権高等弁務官事務所特別手続部の迅速対応デスク（Quick Reponse Desk, QRD）は，すべてのマンデートによる通信の送付を調整する。同事務所のもつ情報が，それに対してマンデート保持者が行動を取ることを希望するかどうか確認するため，関連のマンデート保持者の利用に供される。肯定的回答があった場合には，通信の草案が準備され，認可のため回覧される。……

　32. マンデート保持者は，適切と思われる場合にはいつでも，共同の通信を送付することが奨励される。国別報告者が存在する国に

関して，テーマ別のマンデート保持者が行う通信は，国別報告者との協議の下に準備されなければならない。テーマ別特別手続と国別特別手続の間で合意が達せられない場合には，調整委員会の助言が求められなければならない。

　35. 政府に送付される通信において，情報源は，通常，復讐又は報復に対する保護のために秘密とされる。但し，情報源は，その身元が明かされることを要求することができる。

　36. 関係政府からの回答で得られた情報，又は情報源からのさらなる情報に照らして，マンデート保持者は，どのように手続を進めるのが最良であるかを決定する。これには，さらなる調査の開始，関連報告書で公表される勧告もしくは所見の作成，又は，マンデートの目的を達成するためのその他の適切な措置が含まれうる。

　2．行動を取るための基準
　38. 人権侵害を主張して特別手続に提出される情報は，書面，印刷物又は電子的形態のものであって，送付者の氏名及び住所の十分な詳細，並びに関連の事件もしくは状況の十分な詳細を含むべきである。情報は，人権侵害を受けたと主張する人又は人の集団によって送付されることができる。人権侵害について，明確な情報によって裏付けられた直接のもしくは信頼できる知識を有していることを主張するNGO及びその他の集団もしくは個人も，人権の諸原則及び国連憲章の規定に従い，政治的に動機づけられた立場から離れて誠実に行動しているものである限り，情報を提出することができる。匿名の通報は検討されない。通報は，もっぱらマスメディアによって流布された報告に基づくものであってはならない。

　3．緊急アピール
　43. 緊急アピールは，主張されている人権侵害が，生命の喪失，生命を脅かすような状況又は，人権侵害の主張に関する書簡（letter of allegation）に基づく手続によっては時宜を得た形で対処できない非常に重大な性格の差し迫ったもしくは継続中の被害を伴うという観点から時間的に緊急である場合における情

―――――――――――――
[363]　*United Nations Special Procedures, Facts and Figures 2013*, 2014, p.10.

620

第11章　国際人権法の国際的実施(2)

報の通信に用いられる。その意図は，適切な国家当局が，人権侵害を終わらせ又は防止するために介入できるよう，できる限り迅速に状況について知らされることを確保することである。

4．人権侵害の主張に関する書簡
46．人権侵害の主張に関する書簡は，すでに起こったと主張されている人権侵害に関する情報であって，緊急アピールが適用されない状況における通信に用いられる。

特別手続担当者は，その任務遂行にあたり，関係国政府や人権 NGO，研究者等との意見交換のために頻繁に各地を訪問するが，特定国の人権状況について調査を行うため，当該国の同意を得た上で公的な訪問調査を行うことがある（**国別訪問**（country visits））。この訪問調査は，特別手続担当者の側から関係国政府に招請を依頼し，当該国がそれを受け入れることで実現する場合が多いが，中には，関係国自らがイニシアチブを取って担当者を招請することもある。当該国の同意は，各訪問に対して個別に与えられる場合のほか，そのような訪問調査を常時受け入れるという「常時招請」を各国が事前に表明しておく場合がある。人権理事会の理事国選挙においては候補国が人権に関して明らかにした自発的誓約及び約束を考慮することとされた（人権理事会設置決議 8 項）ことに伴い，常時受入れの招請を表明する国の数は人権委員会の時代よりも大幅に増え，2016年 5 月時点で，日本を含め115カ国にのぼっている（常時招請の有無は，普遍的定期審査の際の基礎資料の 1 つであるコンピレーションの中でも明記される）。しかし他方で，特別手続担当者の訪問調査をあくまで受け入れない国も存在し，例えば，著名な国際人権法学者であり朝鮮民主主義共和国に関する特別報告者を務めたムンターボルン（V. Muntarbhorn）氏は，その任期にあった 6 年間，当事国の協力を得られず訪問調査も実現しないまま，自らの研究及びモンゴル・韓国・日本といった周辺国における調査を通して報告書をまとめなければならなかった[(364)]。

特別手続担当者は，人権理事会に対する年次報告書を提出し，また，マンデートによって求められている場合，国連総会（第三委員会）にも年次報告書を提出する。人権理事会及び総会第三委員会では，理事国ないし委員国との「双方向対話」すなわち，特別手続担当者による報告書のプレゼンテーションに続く各国の所見表明，及び特別手続担当者による応答が行われる。

---

(364) *Report of the Special Rapporteur on the Situation of Human Rights in the Democratic People's Republic of Korea*, A/HRC/13/47, 2010, para.4. なお，この報告書は，政治犯収容所における飢餓・虐待・奴隷労働，公開処刑，外国人を含む人の誘拐・拉致等にみられる当該国の特殊な人権状況を「独特のカテゴリー（"sui generis"）」のものと形容し（*ibid.*, Summary），きわめて率直かつ的確な報告を行っている。

621

◆ 第3部 ◆ 国際人権法の実施メカニズム

Ⅳ 申立（通報）手続 （Complaints Procedure）

人権理事会を創設した国連総会決議では，理事会は，「重大かつ制度的な侵害を含む人権侵害の事態(situations of violations of human rights, including gross and systematic violations)」に対処し，それについて勧告すべきことが決定された（人権理事会設置決議3項）。また，理事会が特に行う任務として同決議の5項に挙げられた中には，「対話と協力を通じて……人権の緊急事態に対して迅速に対応すること」（同5項(f)）が含まれている。普遍的定期審査の制度は加盟国の人権状況を全般的に審査する手続であり，また，特別手続における諸活動においても，人権侵害事態に対する理事会としての組織的行動は予定されていないところ，人権侵害に対処する機能をどこまで果たすことができるかは，理事会にとっての大きな課題といえる。

人権理事会は2007年の「制度構築」決議において，大規模人権侵害の事態に関する通報手続を定めた旧人権委員会の1503手続を土台としつつ，手続が公平，客観的，能率的，**被害者指向**（victim-oriented）でかつ時宜を得た形で進められるようそれに改善を加えた形で，通報の処理手続について定めた。これによると，関係国の協力を得るためとして手続の非公開性はなお維持されているが，**「通報に関する作業部会」**及び**「事態に関する作業部会」**が行うすべての決定には正当な根拠がなければならないとされている点や，被害者指向という観点から通報者に対する通知等に関して定めがおかれた点等において改善がみられる。また，2つの作業部会の構成に関して，ジェンダーバランスに十分な考慮を払った構成とすることが明記されている点も留意される。

■ **国連人権理事会決議5／1附属書「国際連合人権理事会の制度構築」（制度構築文書）（2007年）[前掲]**

第Ⅳ章 申立手続

A 目的と範囲

85 申立手続は，世界のどこであれ，またいかなる状況の下であれ，すべての人権と基本的自由の重大かつ信頼できる程度に立証された侵害の一貫した形態（consistent patterns of gross and reliably attested violations）に対処するために設けられているものである。

86 2000年6月19日の決議2000/3で改訂された1970年5月27日の経済社会理事会決議

1503（XLVIII）は，作業の基礎として用いられ，申立手続が公平で，客観的で，能率的で，被害者指向でかつ時宜を得た形で進められるよう，必要な場合には改善される。この手続は，関係国の協力を高めるため，非公開性を維持する。

B 通報の受理基準

87 人権及び基本的自由の侵害に関係する通報は，この手続の適用上，次の条件の下に受理される。

(a) 明白に政治的に動機づけられておらず，かつ，その対象が，国際連合憲章，世界人権宣言その他の適用可能な人権法の分

野の文書と両立すること。

(b) 主張される侵害についての事実の叙述（侵害されたと主張される事実を含む）がなされていること。

(c) 言葉が侮辱的でないこと。但し，かかる通報は，侮辱的言葉を削除したのち他の受理基準を満たす場合には，審理されうる。

(d) 人権及び基本的自由の侵害を被ったと主張する人もしくは人の集団，又は国際連合憲章の規定に反して政治的に動機づけられておらずかつ当該侵害について直接のかつ信頼できる知見を有していると主張する人もしくは人の集団（人権諸原則に従って善意で行動する非政府組織を含む）により提出されたものであること。但し，信頼できる程度に立証された通報は，明白な証拠を伴っている場合には，通報者の知見が他から入手したものであることのみをもって不受理とされてはならない。

(e) もっぱらマスメディアにより流布された報告に基づくものでないこと。

(f) 特別手続，又は人権条約機関の又はその他人権の分野における国連もしくは同様の地域的申立手続によってすでに取り扱われた，人権の重大かつ信頼できる程度に立証された侵害の一貫した形態を示すように思われる事案に，関連していないこと。

(g) 国内的救済措置が尽くされていること。但し，かかる救済措置が効果的でないか又は不合理に遅延するように思われる場合にはこの限りでない。

88 国内機関の地位に関する原則（パリ原則）に基づいて設立され活動している国内人権機関は，特に準司法的権限に関して，個別の人権侵害に対処する効果的手段として機能しうる。

C　作業部会

89 2つの作業部会が，通報を審査するという付託事項，並びに，人権及び基本的自由の重大かつ信頼できる程度に立証された侵害の一貫した形態について理事会の注意を喚起する付託事項をもって，それぞれ設立される。

90 両作業部会は，可能な最大限までコンセンサスを基礎として作業するものとする。コンセンサスがない場合には，決定は投じられた票の単純多数でなされる。作業部会は，自らの手続規則を定めることができる。

1　通報に関する作業部会 ―― その構成，付託事項及び権能

91 諮問委員会は，その委員から，ジェンダーバランスに十分な考慮を払って，各地域グループから1名ずつ，5名を通報に関する作業部会を構成するよう任命する。

92 空席の場合には，諮問委員会は，自らのうちから，同一の地域グループの独立かつ高度の適格性のある専門家を任命する。

93 受領した通報の審査と評価に関して，独立の専門的知識と継続性が必要であるので，通報に関する作業部会の独立かつ高度の資格ある専門家が，3年の任期で任命される。任期は，一度だけ更新されうる。

94 通報に関する作業部会の部会長は，関係国に当該通報を通知する前に，事務局とともに，受理基準に基づいて，受領した通報の第一次選別を行う。明白に根拠不十分の，又は匿名の通報は，部会長により排除され，関係国に通知されることはない。説明責任及び透明性の観点から，通報に関する作業部会の部会長は，第一次選別ののち却下されたすべての通報の一覧表を，すべての構成員に提示する。この一覧表は，通報の却下に帰結したすべての決定の理由を示すものとする。選別して排除されなかったすべての他の通報は，関係国に通知され，侵害の主張に関する関係国の見解を受け取るものとする。

95 通報に関する作業部会の構成員は，通報の受理可能性について決定し，侵害の主張の本案（当該通報が，単独で又は他の通報と結びついて，人権及び基本的自由の重大かつ信頼できる程度に立証された侵害の一貫した形態を示すように思われるかどうかを含む）を評価する。通報に関する作業部会は，すべての受理された通報とそれらに関する勧告を含む綴り（ファイル）を，事態に関する作業部会に提供する。事案が，それ以上の審査と追加情報を必要とする場合には，通報に関する作業部会は，次の会期まで事態を審査のために保持し，関係国にかかる情報を求めることができる。通報に関する作業部会は，事案を却下することを決定することができる。通報に関する作業部会のすべての決定は，受理基準の厳格な適用に基づき，それには正当な根拠がなければならない。

2　事態に関する作業部会 ―― その構成，付託事項及び権能

96 各地域グループは，ジェンダーバランスに十分な考慮を払って，事態に関する作業部会において任務を遂行するよう，理事国の

一人の代表を任命する。部会員は，1年の任期で任命される。その任期は，関係国が理事国であることを条件として，1回に限り更新することができる。

97 事態に関する作業部会の部会員は，個人の資格で任務を遂行する。空席を満たすために，その空席が属する各地域グループは，同じ地域グループの理事国の一人の代表を任命する。

98 事態に関する作業部会は，通報に関する作業部会が提供した情報及びその勧告に基づいて，人権及び基本的自由の重大かつ信頼できる程度に立証された侵害の一貫した形態についての報告書を理事会に提出し，取られるべき行動についての勧告（通常，理事会に付託された事態に関する決議案又は決定案の形式をとる）を理事会に対して行う。事案が，それ以上の審査又は追加情報を必要とする場合，事態に関する作業部会の部会員は，次の会期まで当該事態を審査のために保持することができる。事態に関する作業部会も，事案を却下することを決定することができる。

99 事態に関する作業部会のすべての決定には，正当な根拠がなければならず，それは，ある事態の審査が終了された理由又はそれについて勧告された行動を示すものでなければならない。終了決定は，コンセンサスで，又はそれができない場合には，投じられた票の単純多数で採決されるものとする。

D 作業方式及び非公開性

100 申立手続は，とりわけ，被害者指向で，非公開で時宜を逸しないよう進められるものであるので，両作業部会は，国家のそれについての回答を含む通報及び申立手続の下で理事会にすでに付託された事項について，遅滞なく審査するために，各5日の作業日の会合を1年に2回ももつものとする。

101 関係国は，申立手続に協力し，両作業部会又は理事会のいずれの要請にも国際連合公用語の1つで実質的回答をするよう，あらゆる努力をしなければならない。関係国は，また，要請がなされた後3カ月以内に回答を提供するよう，あらゆる努力をしなければならない。但し，必要な場合には，この期限は，関係国の要請に基づき延長されうる。

102 事務局は，遅くても2週間前までに，綴りの検討に十分な時間を確保するために，すべての理事国に利用可能な非公開の綴りを作成するように要請される。

103 理事会は，事態に関する作業部会によりその注意を喚起された，人権及び基本的自由の重大かつ信頼できる程度に立証された侵害の一貫した形態について，必要な頻度で，但し少なくとも1年に1回は審議する。

104 理事会に付託された事態に関する作業部会の報告書は，理事会が別段の決定をする場合を除き，非公開で審議される。事態に関する作業部会が，特に明白かつ明瞭な協力の欠如の場合に，理事会の事態の公開会合における審議を求める勧告を行った場合には，理事会は，かかる勧告を次の会期において優先的に審議しなければならない。

105 申立手続が被害者指向で能率的でかつ時宜を逸せず進められることを確保するために，関係国への申立の通知と理事会における審議との時間的間隔は，原則として，24カ月を超えてはならない。

E 申立人及び関係国の関与

106 申立手続は，通報提出者及び関係国の双方が，次の主要段階において知らされることを確保しなければならない。

(a) 通報に関する作業部会により通報が不受理とされたときもしくは事態に関する作業部会により審査のために取り上げられたとき，又は，いずれかの作業部会もしくは理事会により通報が継続審議とされたとき。

(b) 最終成果文書が出されたとき。

107 加えて，申立人は，自らの通報が申立手続により登録されたとき，知らされるものとする。

108 申立人が，自らの身元を非公開にしておくよう要請した場合には，身元は関係国には通知されない。

F 措置

109 確立した慣行に従って，特定の事態に関して取られるべき行動は，次のいずれかのものとすべきである。

(a) これ以上の審議又は行動が正当化されない場合に，事態の審議を終了させること。

(b) 事態を審査のために保持し，合理的期間内に関係国にさらに情報を求めること。

(c) 事態を審査のために保持し，事態を監視し理事会に報告する独立で高度の資格ある専門家を任命すること。

(d) 問題を公開審議で取り上げるために，非公開の申立審査手続の下での当該問題の審査を終了させること。

(e) 人権高等弁務官事務所に対し，関係国への技術協力，能力開発援助又は助言サービスを提供するよう勧告すること。

第11章　国際人権法の国際的実施(2)

　このほか，人権理事会の実行では，人権委員会時代に比べ招集が容易になっ
た**特別会期**（人権委員会では過半数の委員国の要請が必要であったところ，人権理
事会では3分の1の理事国の要請があれば開くことができる）を用いて，2011年に
はリビアやシリア等アラブ諸国の人権状況について特別会期を招集し，非難決
議採択等の行動を取っていることが注目される。2011年8月のシリアに関する
特別会期で採択された決議[365]では，シリアにおける人権侵害を調査するため
の独立調査委員会を派遣することが決定され，同委員会はシリアには入国を拒
まれたものの，周辺地域において難民からの聞き取り調査等を行っている。2012
年12月の同様の特別会期で採択された決議[366]は，シリアにおける「重大かつ
組織的な人権侵害」が「人道に対する罪に該当しうる」ことにも言及した上で，
シリアを強く非難するとともに人権の保護を要請している。人権高等弁務官も，
こうした人権理事会の場で非難声明を発表するだけでなく，国連総会や安全保
障理事会において人権侵害の事実を訴え各国に行動を要請するなど，国連の主
要機関において弁務官としての積極的なイニシアチブを取っており[367]，シリ
アに関しては，安保理での非難決議には至らなかったものの，総会による2012
年2月16日の非難決議[368]が採択される契機となった。

---

[365]　A/HRC/S-17/L.1.
[366]　A/HRC/RES/S-18/1.
[367]　ピレイ氏の活動の詳細については，http://www.ohchr.org/en/NewsEvents/pages/を参照。
[368]　A/RES/66/253.

625

◆ 第12章 ◆ 国際人権法の国際的実施(3)
── 地域的人権条約の制度 ──

　地域的な人権保障の制度は，すでにみたようにヨーロッパや米州，そしてアフリカに存在し，それぞれ，普遍的レベルでは実現していない人権裁判所の設置と運用を含む独自の活動が活発に展開されている。人権裁判所についてみれば，アフリカ人権裁判所はまだ活動の歴史が浅い一方，1950年のヨーロッパ人権条約に基づくヨーロッパ人権裁判所（1959年発足），及び1969年の米州人権条約に基づく米州人権裁判所（1979年発足）はそれぞれ1961年，1988年に最初の判決を下しており，特に前者は，50年以上にわたるこれまでの歴史の中で，個人通報事案を中心とする数多くの事案を処理し，連綿とした判例法を蓄積させてきた（但し，この間，後述する第十一議定書による国際的実施制度の大幅な改革によって，当初設置されたヨーロッパ人権裁判所は1998年10月末日をもって任務を終了し，これに代わる現在のヨーロッパ人権裁判所がその翌日から発足しているので，組織的には大きな変化があった）。

　すでに述べたように，ヨーロッパ人権条約の締約国は，ヨーロッパにおける冷戦構造の崩壊と元共産圏諸国の民主化，ヨーロッパ審議会加盟に伴い1990年代に大幅に増加して47カ国（人口8億人）となり，ヨーロッパ人権裁判所に寄せられる個人通報の数も，それに伴って急激に増加している。裁判所に係属する新規事案の数は，1996年には709件であったのに対し，毎年うなぎ上りに増加し続け，2011年には10,689件に及んでいる[369]。これに対し，裁判所が下す判決の数も増加はしているものの[370]，その事案処理能力は，増え続ける個人通報の数には到底追いつけていないのが現状である[371]。しかるに，ヨーロッ

---

[369] データは Council of Europe, *Supervision of the execution of judgments and decisions of the European Court of Human Rights, Annual Report 2011*, Strasbourg, 2012（http://www.coe. int /t/dghl/ monitoring/execution/ Source/Publications/CMannreport2011en.pdf）, p.34, Figure 2.

[370] 裁判所の判決の数は，1959年から1998年までの約40年間で2,165であったが，1990年から2005年まではそれぞれ1年間で500から900を数え，2006年からは毎年千数百の数で推移している。*Ibid.*, p.33, Figure 1.

第12章　国際人権法の国際的実施(3)

パ審議会では，こうした膨大な数の個人通報の多くは，ヨーロッパ人権裁判所による新たな条約解釈を必要とする事案というよりは，国内救済手続の非実効性を始め，締約国の国内法制や慣行の欠陥に起因する反復的な事案（repetitive cases）であることが認識されており(372)，ヨーロッパ人権条約体制の健全な運用の観点から，締約国の国内レベルにおける抜本的な状況の改善が不可欠であることがますます強調されるようになっている。実際に，2010年1月時点で滞留している約119,300の事案のうち，その半分以上がロシア，トルコ，ウクライナ，ルーマニアの4カ国に関する申立で占められている（その後に申立数の多い国がイタリア，ポーランド，グルジア，モルドバ，セルビア，スロベニアと続く）という事実は，個人に対する散発的な人権侵害があるというよりも，これらの国におけるヨーロッパ人権条約の国内実施状況それ自体に深刻な問題があることを強く示唆するものである。

　ヨーロッパ人権裁判所が条約違反を認定する判決を出した場合，当事国は，「公正な満足」としての賠償金の支払いのほか，事案に応じて，申立人の救済のための個別的措置，及び同様の違反の終了・防止のため法改正等の一般的措置を取ることが求められるが，反復的な事案を減少させるためには，とりわけ一般的措置を取ることによって，国内レベルにおける条約実施を実効的なものにしていくことが必要となる。ヨーロッパ人権裁判所の判決の執行監視に携わるヨーロッパ審議会閣僚委員会は，個別的措置及び一般的措置を含めた判決の十分な執行を監視し，場合によっては数年以上をかけてフォローアップする行動を取っている。

　本書ではすでに，ヨーロッパ人権裁判所の判例や米州人権裁判所の判例・勧告的意見に随所で言及してきた。この章では，ヨーロッパ人権条約に特に焦点をあて，その国際的実施の仕組みをあらためて概観するとともに，個別の人権問題というよりもより一般的な人権状況が関わっている事案におけるヨーロッパ人権裁判所の対応やヨーロッパ審議会閣僚委員会の執行監視を含む近年の条約体制の展開についてみることとする。

---

(371)　その結果，裁判所の抱える事案のバックログが，2010年1月の時点でおよそ119,300件という膨大な数になっている。Council of Europe, *50 yeas of activity: European Court of Human Rights-Some Facts and Figures*, http://www.echr.coe.int/NR/rdonlyres/ACD46A0F-615A-48B9-89D6-8480AFCC29FD/0/FactsAndFigures_EN.pdf, p.4.

(372)　2011年に新たに係属している10,689件のうち，9,352件が反復的事案とされる。*Supervision of the execution of judgments and decisions of the European Court of Human Rights, Annual Report 2011, op.cit.*, p.34, Figure 3.

627

◆ 第3部 ◆ 国際人権法の実施メカニズム

I ヨーロッパ人権条約の体制
── 個人通報及び国家通報制度 ──

　第1章で言及したように，ヨーロッパ人権条約は当初，条約の国際的実施のためヨーロッパ人権委員会とヨーロッパ人権裁判所を設置していた。ヨーロッパ人権委員会は，ヨーロッパ審議会議員会議が指名した候補者の中から，同審議会閣僚委員会によって選出される，同審議会加盟国と同数の委員で構成される。委員はいずれも法律家であり，個人の資格で任務を遂行する。委員会は，締約国が他の締約国による条約違反を主張して行う通報を受理し検討する（国家通報制度，旧24条）ほか，当事国が個人通報の受理に関する委員会の権限を認めている場合には，人権侵害を受けたと主張する個人や個人の集団，非政府団体の申立(373)を受理し検討する（個人通報制度，旧25条）ことができるとされた。

　この当初の体制により，1950年という早い段階で，国家通報制度及び，選択的ながら個人通報制度が定められたことは，人権の国際的保障の歴史においていずれも初めてとなる画期的な事柄であった。第1に，同条約の**国家通報制度は，締約国に対し，伝統的な外交的保護制度におけるように自国民の権利の問題が関わっていなくとも，他の締約国による条約違反の主張を委員会に提起することを認めるものであり**，締約国による一種の民衆訴訟（*actio popularis*）の制度を導入するものである。国家通報制度の導入は，人権の集団的保障のための体制としての同条約体制の趣旨・目的と密接に関係している。国家通報事案の1つであるアイルランド対イギリス事件でヨーロッパ人権裁判所は，「古典的な種類の国際条約と異なり，本条約は締約国間の単なる相互的な義務以上のものからなっている。それは，相互的な二国間の義務のネットワークを超えて，前文の言葉によれば『集団的執行（"collective enforcement"）』の対象となる客観的な義務を創設するものである。[旧] 24条により本条約は，締約国に対し，申立てている措置が自国民のいずれかに被害を与えたという事実等に由来する利益の存在を示す必要なく，それらの義務の遵守を要求することを認めている」と述べて(374)，人権保障という客観的な義務を集団的に実施する条約である本

---

(373)　なお，これは条約上は「請願（petition）」とされているが，委員会の実行では一貫して「申立（application）」とよばれてきた。

628

第12章　国際人権法の国際的実施(3)

条約における国家通報制度の性格を明確にしている。第2に，これによって，条約上の権利の侵害を主張する個人がヨーロッパ人権委員会に申立を行い，事案の審理を受けることが認められた。委員会は，申立を受理した場合，対審審理及び必要であれば調査の上，「人権の尊重を基礎とする」友好的解決のために調停の努力を行う（旧28条）。友好的解決が達成されると，事実及び解決についての簡潔な報告書が委員会により作成され，公表される（旧28条2項）。友好的解決が達成されなかった場合には，委員会は報告書において，条約違反の有無についての意見を述べる（旧31条1項）。もっとも，前述したように，当初の体制では，ヨーロッパ人権委員会が個人通報を受理し検討する権限，及び，委員会で友好的解決に達しなかった場合にヨーロッパ人権裁判所が事案を審理する管轄権を認めることは，いずれも締約国にとって義務的ではなく，旧46条に基づく選択的受諾の対象であった。当事国が裁判所の管轄権を認めていない場合，又は，委員会の報告書がヨーロッパ審議会閣僚委員会に送付されてから3カ月後に事案が委員会もしくは当事国によって裁判所に付託されない場合には，閣僚委員会が，構成員の3分の2の多数で，条約違反の有無についての決定を行うこととされていた（旧32条）。ヨーロッパ審議会閣僚委員会は，加盟国の閣僚で構成される政治機関であるから，旧制度の下では，人権裁判所による司法的解決の道と，閣僚委員会という政治機関による決定の道とが併存していたことになる。

　1990年代に入り，ヨーロッパ人権条約の国際的実施体制には大きな変更が加えられた。まず，1994年に，条約の第九議定書の発効により，個人は，同議定書を批准した国に対する通報を直接ヨーロッパ人権裁判所に申立てることができるようになった。さらに，1994年に締結され1998年に発効した第十一議定書は，それまでの国際的実施体制の抜本的な改革を図るものであった。同議定書は，**ヨーロッパ人権委員会を廃止してヨーロッパ人権裁判所に通報処理の機能を集中させる**とともに，**個人通報制度とヨーロッパ人権裁判所の管轄権の受入れをすべての締約国にとって義務的**とする内容のものである。第1章で言及したように，この改革は，1990年代初頭までにすでにすべての締約国が個人通報制度とヨーロッパ人権裁判所の管轄権を受諾するに至っていたことを背景に，この2つを本条約上のスタンダードな制度として明文化したものである。また

----

(374)　申立 No.5310/71，1978年1月18日，239項。

629

◆ 第3部 ◆ 国際人権法の実施メカニズム

これに伴い，事案がヨーロッパ人権裁判所に付託されなかった場合にヨーロッパ審議会閣僚委員会が決定権限をもつ仕組み（旧32条）は廃止され，閣僚委員会の役割は，主に人権裁判所の判決の執行監視（46条2項）におけるものとなった（後述）。人権裁判所の裁判官は，締約国の数と同数であり，各締約国が指名する3名の候補者の中から1名が，議員会議における選挙で選出される（22条）。裁判官は常勤職であり，任期は9年である。

こうして1998年以来機能している現行の制度によれば，まず，いずれの締約国も，他の締約国による条約及び議定書の規定の違反についてヨーロッパ人権裁判所に付託することができる（33条）。また，締約国による条約又は議定書上の権利の侵害の**被害者であると主張する個人，非政府団体又は個人の集団**は，同裁判所に申立を行うことができる（34条）。裁判所は，一般的に認められた国際法の原則に従ってすべての国内的な救済措置が尽くされた後で，かつ，最終的な決定がなされた日から6カ月の期間内にのみ，事案を取り扱うことができる（35条1項。この要件は，旧26条にあったものと同じである）。裁判所は，34条に基づく個人の申立で，匿名のものや，「裁判所がすでに審理したか又はすでに他の国際的調査もしくは解決の手続に付託された事案と実質的に同一であって，かついかなる新しい関連情報も含んでいないもの」を取り扱ってはならない（35条2項）。また，同じく個人の申立で，条約もしくは議定書の規定と両立しない（incompatible）か，明白に根拠不十分（manifestly ill-founded），又は申立権の濫用と考えられるものについては受理できないと宣言する（35条3項）。これらの受理可能性の基準も旧制度と同様であるが，条約の国際的実施の効率化を図るために2009年に採択され2010年6月に発効した第十四議定書によって，新たに，「申立人が相当な不利益を被っていなかった場合」にも，裁判所は個人申立を不受理としなければならないことが追加された（これによる改正後の条約35条3項（(b)）。但し，「条約及びその議定書に定められた人権の尊重のために当該申立の本案の審査が求められる場合はこの限りではなく，国内裁判所により正当に審査されなかったいかなる事件も，この理由により却下されてはならない」と付記されている。

人権裁判所は5つの部（Sections）に分かれており，裁判官はいずれかの部に所属している。申立がなされると，明らかな不備により事務局によって行政的に除去されたものを除き，裁判所のいずれかの部に割り当てられ，部長によって報告裁判官が指名される（規則48条・49条）。**個人申立の場合，報告裁判官は**

630

第12章　国際人権法の国際的実施(3)

3名からなる委員会（Committee）に申立を付託することができ，**委員会は全員一致の決定で申立を却下することができる**（規則28条）。現実には，例年，この段階でおよそ9割の申立は却下されている。加えて，上記の第十四議定書によって，**単独裁判官**（single judge）の制度が導入され，個人申立につき，1人の裁判官が，それを不受理とし又は名簿から削除する決定を下すこともできるようになった（これによる改正後の条約27条）。単独裁判官は，申立を不受理とせず名簿から削除もしない場合には，さらなる審査のために委員会又は小法廷に提出しなければならない。

委員会によって却下されず，又は報告裁判官により直接に小法廷にかけるよう求められた申立については，7名の裁判官からなる**小法廷**（Chamber）が構成される。また，第十四議定書の発効に伴い，3名の裁判官からなる**委員会は，申立の基礎となっている問題が，条約の解釈・適用に関する問題がすでに十分に確立した人権裁判所の判例法の主題である場合には，申立を受理すると同時に，本案に関する判決を下すことが可能**になった（これによる改正後の条約28条1項((b))。なお，小法廷の7名の裁判官には，訴訟当事国について選挙された裁判官が常に含まれることとされ，旧人権裁判所で存在した国籍裁判官の制度に類似した制度（現行の制度では，国籍要件は撤廃され，当事国について選挙された裁判官という形ではあるが）が維持されている（なお，単独裁判官として裁判する場合には，裁判官は，自らが当該国について選出された締約国に対するいかなる申立も審理してはならない）。国家通報の場合には，直ちに被告締約国に通知され，1つの部に割り当てられた後，小法廷が構成される（規則51条）。個人申立については，受理可能性と本案についてそれぞれ書面審理が行われるのが原則であったが（規則54条3項。本案審理においては口頭弁論が行われる），2002年の規則改正によって受理可能性と本案との併合審理に関する規定が導入され（規則54条A），第十四議定書では，原則として併合審理を行うことが規定されるに至った（これによる改正後の条約29条1項）。国家通報の場合は，第十四議定書の発効後も，受理可能性と本案の決定は原則として別に行われ（これによる改正後の条約29条2項），それぞれについて，対審的な書面審理及び口頭弁論が行われるのが原則である（規則51条・58条）。

小法廷は，条約解釈に関する重要な問題が提起されるとき，又は判例変更の可能性がある場合，17名の裁判官からなる**大法廷**（Grand Chamber）に管轄権を移管するため事件を回付することができる（30条。但し，いずれかの当事者が反

631

◆ 第3部 ◆ 　国際人権法の実施メカニズム

対した場合を除く）。また，これとは別に，いずれの当事者も，例外的な場合には，小法廷の判決の日から3カ月以内に，大法廷への付託（上訴）を請求することができる（43条1項）。この請求は，大法廷の5名の裁判官で構成される審査部会で審査され，条約もしくは議定書の解釈・適用に関する重大な問題又は一般的な重要性を有する重大な問題を提起する場合には，その受理を決定する（43条2項）。

　上記の通り35条1項では国内救済完了原則が明記されているが，すでにみたように，この原則は，人権条約の国内的実施に対する国際的実施の補完的・副次的な役割を体現し，人権侵害の主張に対しては締約国はまずその国内法制において救済を与える機会を与えられなければならないことを前提としている。但し，尽くされるべき救済とは，当該事案において現実に「効果的」といえる救済でなければならない。その意味で，同原則は，効果的な救済措置の提供に関して締約国に課されている義務（13条）と密接な関係にある。すなわち，**35条1項の国内救済完了原則は，13条の義務に基づき締約国には条約違反の主張に対して効果的な救済措置があるという前提の下に，そのような効果的な救済を尽くした通報のみがヨーロッパ人権裁判所に付託されることを予定している。**

　ヨーロッパ人権裁判所は，特に新規締約国に関する個人通報において，国内救済手続の非実効性に起因する通報の数が急増している事態を受け，近年の判例では，13条によって要求される効果的な救済措置と35条1項の要件との関係について，より立ち入った見解を示している（下記のクドワ事件判決）。ヨーロッパ人権条約は，公正な裁判を受ける権利に関する6条で，民事上の権利及び義務の決定又は刑事上の罪の決定のために独立かつ公正な裁判所による公開審理を受ける権利（1項）のほか，刑事裁判手続において保障される一連の権利（2項，3項）を定めている。かつ，6条1項は，1975年のゴルダー事件判決によって，すでに付託された裁判事案の公平性のみならず，裁判所へのアクセス権自体も内在的に含むものと解されている。これに対し13条は，条約上の権利侵害について国の機関の前で効果的な救済措置を受ける権利を規定し，必ずしも司法機関によるものに限られない効果的な救済について規定している。このため，ヨーロッパ人権裁判所は従来，6条は13条と重複しかつ，13条よりも強い保障である（よって，6条1項との関係では13条の保障は前者に吸収され，6条1項の違反が認定されれば13条違反は別途に検討されない）との見解をとってきた。しかし，2000年のクドワ対ポーランド事件判決で裁判所は，国内の裁判手続の遅

第12章　国際人権法の国際的実施(3)

延に関して同裁判所に持ち込まれる申立数の多さに照らして判例変更を行い，13条は，**6条1項の権利の違反の主張についても，国内機関において効果的な救済を保障する規定である**との解釈を示した。よって，国は6条1項の権利についても13条により効果的な救済を与えなければならず，それが与えられなければ，13条の違反も別途に認定されうる。この関連で裁判所は，35条1項の国内救済完了原則は，13条に基づく効果的な救済措置の存在を前提としていることを次のように強調している。

● CASE ● 〈国際判例〉クドワ対ポーランド事件（*Kudła v. Poland*）ヨーロッパ人権裁判所判決，申立No.30210/96, 2000年10月26日[『ヨーロッパ人権裁判所の判例』150頁]

「152. ……[条約上の権利及び自由を管轄内のすべての者に保障するとした]本条約1条により，保障された権利及び自由を実施し及び執行する主な責任は国内当局に委ねられている。当裁判所への申立の仕組みは，従って，人権を保護する国内制度に対して補助的なものである。この補助的性格は，条約の13条及び35条1項に明文で示されている。

　国内的救済措置の完了に関する規則を定めた35条1項の目的は，締約国に対し，自らに対する権利侵害の主張が当裁判所に提出される前に，そのような侵害を防止し又は是正する機会を与えることである（最近の判例として，セルモウニ対フランス事件（*Selmouni v. France*）大法廷判決，No.25803/94，74項を見よ）。35条1項の規則は，個人の条約上の権利の侵害の主張に関しては効果的な国内的救済措置が利用できるという，13条に反映された（これと35条1項とは密接な関係がある）前提に基づいている（同上）。

　このように，13条は，人権をまずもって自らの法制度の中で保護するという締約国の義務の直接的な表明として，個人がその権利を実効的に享受することを確保するために個人に与えられる追加的な保障を定めるものである。[ヨーロッパ人権条約の]準備作業（*Collected Edition of the "Travaux Préparatoires" of the European Convention on Human Rights*, vol.II, pp.485 and 490, and vol.III, p.651を見よ）から明らかになる13条の趣旨は，個人が，当裁判所への申立という国際的な仕組みを作動させる前に，条約上の権利の侵害に対し，国内レベルで救済を得られるための手段を提供することである。」

　人権裁判所の判決文は，判決に至る手続，事案の事実，判決理由及び主文で構成される。条約ないし議定書のいずれかの規定について当事国の違反が認定され，かつ，当事国の国内法が部分的な救済しか与えない場合には，人権裁判所は，「**公正な満足**（just satisfaction）」を与える決定を行うこととされている（41条）。

■ ヨーロッパ人権条約

41条　裁判所が条約又は議定書の違反を認定し，かつ，当該締約国の国内法が部分的賠償がなされることしか認めていない場合には，裁判所は，必要な場合，被害当事者に公正な満足（just satisfaction）を与えなければならない。

633

◆ 第 3 部 ◆　国際人権法の実施メカニズム

「満足」とは，一般国際法上は，国際的違法行為の被害国に対し加害国が行う補償の一形態として，精神的被害に対して陳謝や国旗の掲揚等の外形的な行為を行うことを指すが，ヨーロッパ人権条約41条に基づき人権裁判所が命じるのは**金銭賠償**であり，かつ，個人申立事案においては**被害者個人に対する賠償**である。ヨーロッパ人権裁判所の判例では，条約違反を認定する判決（宣言判決）を下すことをもって適切な救済とみなす（それを受けて当事国が国内法の改正等の適切な措置を取ることが期待される）ことも少なくないが，被害者に精神的損害又は物質的損害が生じており，裁判所が必要とみなした場合には，41条に基づく「公正な満足」を認定してきた。この「公正な満足」の決定は，違反を認定する判決それ自体の中で同時になされることもあるが（本案及び公正な満足（"Merits and Just Satisfaction"）と記された判決），本案判決では保留され，後で別途になされることも多い（公正な満足（"Just Satisfaction"）と記された判決。旧条約では50条判決，現条約では41条判決とも称される）。その場合，精神的被害及び物質的被害に対する賠償に加え，ストラスブールの同裁判所における手続費用を含んだ金銭賠償額が認定される。他方で，以下にみるように，ヨーロッパ裁判所の近年の判例では，違反を認定した判決を当事国が執行するためには通報者の権利回復のための個別的措置，また場合によって国内法や慣行の是正といった一般的措置が必要であることが判決自体の中で明示されるケースが増加しており，その意味で，単なる宣言判決やケースバイケースでの金銭賠償認定にとどまらない新たな判例法理が発展している。

Ⅱ ヨーロッパ人権裁判所の判決の執行とその監視（supervision of execution of judgments）

◆ 1　総　論

ヨーロッパ人権条約の締約国は，自国が当事国であるいかなる事件においても，ヨーロッパ人権裁判所の終局判決に従う義務を負っている（46条1項）。しかし，これは国際的な平面での法的拘束力であって，ヨーロッパ人権条約が国内的効力を有している国においても，同裁判所の判決がそれ自体，国内的効力，まして執行力を有するとは限らない。「公正な満足」を与えるという上述の規定自体，同裁判所の本案判決を受けての当事国内でのその執行が不十分でありうるという可能性を前提としたものといえる[375]。

他方で，違反判決を受けて当事国が取るべき措置は，公正な満足としての金

第12章　国際人権法の国際的実施(3)

銭賠償の支払いのみで十分であるとは限らない。**違反の性質，また当該事案における申立人の状況により，判決の執行は**，例えば，プライバシーの権利を侵害して違法に収集したとされた情報の破棄や，違法に剥奪されたと認められた財産の返還，送還先で条約3条に反する拷問や非人道的取扱いを受ける危険があるとされた退去強制命令の取消と在留許可の付与のように，**違反を終了させ，かつその効果を可能な限り是正して申立人の権利を回復する**（原状回復（*restitutio in integrum*））**ための個別的措置**（individual measures）**を必要とする**ことがありうる。さらに，**違反が当事国の国内法の規定**（ないし国内法の欠缺）**や行政慣行，裁判実務上の慣行に起因するものである場合には，国内法の改正や整備，それらの慣行の是正のように，同様の違反に対処しあるいは同様の違反を防止するための一般的措置**（general measures）**が求められる。**ヨーロッパ人権条約の国内実施における適切な措置の選択について締約国に一定の裁量の余地があることに並行して，人権裁判所の判決は通常，判決の執行のために取りうる手段の選択は当事国の判断に委ねる旨を述べてきたが，判決の執行は完全に当事国に委ねられているわけではなく，ヨーロッパ審議会の**閣僚委員会による執行監視**に服する（46条2項）（なお，ヨーロッパ審議会閣僚委員会は，ヨーロッパ審議会の政治機関として，ヨーロッパ人権裁判所の判決の執行監視の他にも，ヨーロッパ社会憲章に基づくヨーロッパ社会権委員会の「結論」，ヨーロッパ拷問防止条約（「拷問及び非人道的もしくは品位を傷つける取扱いもしくは刑罰の防止のためのヨーロッパ条約」）に基づくヨーロッパ拷問防止委員会の認定・勧告等，同審議会の他の人権条約機関の決定の執行監視の役割も担っている）。

　ヨーロッパ人権裁判所は2000年のスコツァーリ及びギュンタ事件大法廷判決において，申立人に関して違反の効果を是正する個別の措置のみならず，さらなる違反を防止するための一般的措置を取るべき当事国の義務について次のように述べている。

● ***CASE*** ● 〈国際判例〉スコツァーリ及びギュンタ事件（*Scozzari and Giunta*）ヨーロッパ人権裁判所大法廷判決，申立 Nos.39221/98 and 41963/98，2000年7月13日
「249. 条約46条により，締約国は，自国が当事国となっているいかなる事件においても裁判所の終局判決に従うことを約束し，かつ判決の執行は閣僚委員会によって監視される。このことから，とりわけ，裁判所が違反を認定した判決は，被告国に対し，公正な

⑶⑺⑸　小畑郁「ヨーロッパ人権裁判所の組織と手続」『ヨーロッパ人権裁判所の判例』15頁。

◆第3部◆　国際人権法の実施メカニズム

> 満足として認定された金額を関係者に支払う法的義務のみならず，閣僚委員会による監視に服しつつ，裁判所によって認定された違反を終了させかつその効果を可能な限り是正するための一般的及び／又は，適当な場合個別的措置がその国内法秩序において取られなければならないことが導かれる（必要な変更を加えて，パパミカロプロスほか対ギリシャ事件（*Papamichalopoulos and Others v. Greece*）（50条）判決，1995年10月31日，34項）。さらに，閣僚委員会による監視に服しつつ，被告国は，裁判所の判決で述べられた結論に合致する手段である限り，条約46条に基づく法的義務を履行する手段を選択する自由を有する。」

より最近の判例では，ヨーロッパ人権裁判所は，当事国が一定の措置を取ることを明示的に求める判示を行うことがあり，2004年には初めて，2つの事案において，**条約5条に違反して恣意的に抑留されている申立人の釈放を命令している**[376]。

申立人の権利を回復するための個別的措置として，例えば，公正な裁判を受ける権利に関する条約6条に違反するとされた裁判手続によって懲役や禁固の刑に服している人に対する再審手続のように，国内裁判所における訴訟手続の道を開くことが望ましいことがありうる。国内裁判所における訴訟手続の再開は，既判力（*res judicata*）の原則に照らして国内法上問題を生じうる。しかし閣僚委員会は，**事案によっては，国内裁判所による事案の再検討や訴訟手続の再開が最も効率的な権利回復の方法である**ことを認め，2000年の勧告において，各国が国内法制においてそのような可能性をできる限り確保すべきことを述べている。具体的には，裁判所が条約違反を認定した場合であって，特に(i)被害を被った当事者が，国内決定の結果のために，公正な満足によっては十分に是正されない非常に深刻な否定的効果を継続して被っており，かつ再検討又は再開によるほかはそれが是正され得ないとき，並びに(ii)裁判所の判決が，(a)問題とされた国内決定がその本案において条約に反しているか，(b)認定された違反が，非常に重大な手続的過誤もしくは結果に基づくものであるために，申立てられた国内手続の結果に深刻な疑念が提示されるという結論に至るときには，手続の再開を含む事案を再検討の十分な可能性が存在することを確保する見地から国内法制を検討するよう奨励している。

---

[376]　アサニッツェ対グルジア事件判決，申立 No.71503/21，2004年4月8日及びイラスクほか対モルドバ及びロシア事件大法廷判決，申立 No.48787/99，2004年7月8日。前者の事件では，当事国は判決の翌日に申立人を釈放した（ResDH（2006）53）。

第12章　国際人権法の国際的実施(3)

■ ヨーロッパ人権裁判所の判決に続く国内レベルでの一定の事案の再検討又は再開に関する，加盟国への閣僚委員会の勧告 No.R(2000)2 (2000年)[377]

閣僚委員会は，

……人権及び基本的権利に関する条約46条に基づき，締約国は，自国が当事国となっているいかなる事案においても，ヨーロッパ人権裁判所の終局判決に従う約束をしていること，並びに，閣僚委員会はその執行を監視しなければならないことを想起し，

一定の状況においては，上述の義務は，条約41条に従って裁判所が認めた公正な満足以外に，被害を被った当事者が，可能な限り，条約違反の前に享受していたのと同じ状況におかれることを確保するための措置及び／又は一般的な措置を取ることを伴いうることを考慮し（原状回復（restitutio in integrum）），

国内法制の下で利用できる手段を考慮に入れながら，どのような措置が，原状回復を達成するために最も適切であるかを決定するのは，被告国の権限ある当局にかかっていることを注記し，

しかし他方で，裁判所の判決の執行監視における閣僚委員会の実行は，例外的な状況においては，原状回復を達成する手段として，事案の再検討（re-examination）又は手続の再開（reopening）が，唯一ではないとしても最も効率的であることを示していることを考慮し，

Ⅰ．これらの考慮事項に照らし，締約国に対し，可能な限り原状回復を達成するための十分な可能性が国内レベルで存在することを確保することを勧め（invite），

Ⅱ．締約国に対し，裁判所が条約違反を認定した場合であって，特に(i)被害を被った当事者が，問題となった国内決定の結果のために，公正な満足によっては十分に是正されない非常に深刻な否定的効果を継続して被っており，かつ再検討又は再開によるほかはそれが是正され得ないとき，並びに(ii)裁判所の判決が，(a)問題とされた国内決定がその本案において条約に反しているか，(b)認定された違反が，非常に重大な手続的過誤もしくは結果に基づくものであるために，申立てられた国内手続の結果に深刻な疑念が提示されるという結論に至るときには，手続の再開を含む事案を再検討の十分な可能性が存在することを確保する見地から国内法制を検討するよう奨励する。

ヨーロッパ審議会の文書「ヨーロッパ審議会の監視メカニズムの実際的な効果」のまとめによれば[378]，判決執行のための個別的措置として，**国内裁判所による事案の再検討又は再開**にかかわるものには，以下のような例がある。アルメニアに関し，強迫によって得られた陳述をもとに有罪判決を受けた申立人が再審を認められたケース[379]，ブルガリアに関し，不公正な手続に基づいて出された申立人に対する有罪判決が破棄され，再審のため裁判所に差し戻されたケース[380]，フランスに関し，同様に，刑事手続が不公正であったために申立人の事案が再審に付されたケース[381]，スイスに関し，連邦裁判所の判決の見直しの結果，カントンの税務当局は申立人に課されていた罰金を利息とともに払い戻す義務を負うとされたケース[382]，旧ユーゴスラビアマケドニア共和

---

[377]　https://wcd.coe.int/ViewDoc.jsp?id=334147&Site=CM.

[378]　Council of Europe, *Practical Impact of the Council of Europe monitoring mechanisms*, H/Inf (2010) 7, Strasbourg, 2010, http://www.coe.int/t/dg4/education/minlang/Publications/Impact Brochure_en.pdf, pp.22–27.

[379]　ハルテュンナン事件（*Harutyunyan*），申立 No.36549/03，2007年6月28日判決の執行。

[380]　クーノフ事件（*Kounov*），ResDH (2008) 70.

[381]　マヤリ事件（*Mayali*），CM/ResDH (2007) 46.

637

◆ 第 3 部 ◆ 　国際人権法の実施メカニズム

国に関し，独立性のない専門家の意見に基づく不公正な手続によって出された
申立人に対する有罪判決につき，刑事手続の再開が認められ，独立の専門家に
よる報告書を出すことが命令されたケース[383]，エストニアに関し，当時まだ
施行されていなかった法規定に基づいて脱税による有罪判決を宣告されていた
申立人が，最高裁判所による再審の結果釈放され，これにより同国の最高裁が
ヨーロッパ人権裁判所の判決に直接的な効果を認めたとみなされたケース[384]
等である。また，関連して，**国内裁判所の判決の効果の是正にかかわる個別的**
措置もみられ，例えば，ポーランドに関し，名誉毀損による有罪判決が申立人
の前科記録から抹消されるとともにその判決も執行されなかったケース[385]，
スペインに関し，申立人に対する有罪判決が裁判記録から抹消されたケース[386]
等がある。

　違反を認定する判決が，国内法の規定や行政慣行，裁判実務等の慣行に起因
するものである場合には，申立人に対する個別的な救済措置のみならず，**同様**
の違反を終了させまた将来の同様の違反を防止するための一般的な措置も要請
され，従来も当事国はしばしば，法改正やそれらの慣行の改善，判例変更等の
措置によって対応してきた。前述の「ヨーロッパ審議会の監視メカニズムの実
際的な効果」では[387]そのような一般的措置として，ベルギーに関し，相続に
関して婚外子に対する差別をなくすための法改正が行われたケース[388]，オー
ストリアに関し，非人道的又は品位を傷つける取扱いを受ける恐れがある国に
対する外国人の追放を禁ずるための法改正が行われたケース[389]，ブルガリア
に関し，良心的兵役拒否の非犯罪化と兵役に代わる代替的な勤務の導入が行わ
れたケース[390]，クロアチアに関し，裁判手続の過剰な長さに対して国内的救
済措置を導入する法改革及び民事手続の遅延を防止するための立法その他の措
置が行われたケース[391]，チェコ共和国に関し，特に民事手続に関して条約違

---

(382) A.P., M.P 及び T.P. 事件（*A.P., M.P., and T.P.*），ResDH（2005）4.

(383) ストイメノフ事件（*Stoimenov*），ResDH（2009）139.

(384) フィーバー第 2 事件（*Veeber No.2*），ResDH（2005）62.

(385) マリズィエヴィッツ＝ガジオル事件（*Malisiewicz-Gąsior*），申立 No.43797/98，2006年 4 月
　　 6 日判決の執行。

(386) カスティロ・アルガー事件（*Castillo Algar*），ResDH（1999）469.

(387) *Practical Impact of the Council of Europe monitoring mechanisms, op.cit.*, pp.17-22.

(388) マルクス事件（*Marckx*），ResDH（1988）3.

(389) アーメッド事件（*Ahmed*），ResDH（2002）99.

(390) ステファノフ事件（*Stefanov*），ResDH（2004）32.

第12章　国際人権法の国際的実施(3)

反の事態を避けるために，憲法及びヨーロッパ人権条約の解釈にあたっては
ヨーロッパ人権裁判所の判例法を尊重しそれらを十分に考慮に入れることとし
た，憲法裁判所の公的な取組みが行われたケース[392]，デンマークに関し，合
理的な期間内という要件の遵守をより良く確保するためにデンマークの裁判所
が従う慣行が採用されたケース[393]，フランスに関し，性転換者がその新たな
性的アイデンティティを市民的地位に反映させられるようにするための国内慣
行の変更が行われたケース[394]，相続に関する嫡出子と姦生子との間の取扱い
の相違をなくす法改正に続く判例変更が行われたケース[395]，グルジアに関し，
不衛生な刑務所の取り壊しとより近代的な設備をもった刑務所の建設のほか，
収容中に発生した伝染病を治療するための行動計画が作成されたケース[396]，
エストニアに関し，新しい刑務所の建設と既存の刑務所の広範な改善のための
計画の策定，収容中の虐待に対する申立制度の導入が行われたケース[397]，オ
ランダに関し，親権及び遺伝上の父の権利の承認条件に関する民法改正が行わ
れたケース[398]，ロシアに関して，チェルノブイリ事故の被害者に対する手当
の支払いのための新たなインデックス（索引）制度の導入及び，手当の支払い
を命じた国内裁判所の判決の執行を確保するその他の措置が取られたケー
ス[399]，スロバキアに関し，訴訟手続の過剰な長さに対する効果的な救済を導
入する憲法改正及び，刑事手続の迅速化のための，新刑事訴訟法を含む立法措
置が取られたケース[400]等，多数の例が挙げられている。このように，判決執
行のための一般的措置として，**国内法の改正や制定のような立法措置，行政慣
行の変更や，裁判手続の迅速化に関する裁判実務の改善の措置等**のほか，チェ
コ共和国のように1990年代以降締約国となった国において，**国内裁判所が憲法
及びヨーロッパ人権条約の解釈にあたってはヨーロッパ人権裁判所の判例法を
尊重しそれらを十分に考慮に入れることによって条約違反の事態を未然に防ぐ**

---

(391)　ホルヴァット事件（*Horvat*），ResDH（2005）60.
(392)　クルッチマーほか事件（*Krčmář and others*），ResDH（2001）154.
(393)　A ほか事件，ResDH（1996）606.
(394)　B 事件（B），ResDH（1993）52.
(395)　マズレク事件（*Mazurek*），CM/ ResDH（2005）25.
(396)　ガヴタッゼ事件（*Ghavtadze*），申立 No.23204，2009年3月3日判決の執行監視中。
(397)　アルヴァー事件（*Alver*），CM/ResDH（2007）32.
(398)　クルーンほか対オランダ事件（*Kroon and Others v. the Netherlands*），ResDH（98）148.
(399)　ブルドフ事件（*Burdov*），ResDH（2004）85.
(400)　クルンペル及びクルンペロヴァ事件（*Krumpel and Krumpelovà*），CM/ResDH（2007）10.

◆ 第3部 ◆ 国際人権法の実施メカニズム

取組みがなされていることは重要である。また，同じくグルジアやエストニアのように近年締約国となった元共産圏の国々では，刑事施設における人の取扱いがしばしば問題とされていることを背景として，**人道的待遇の基準を満たした刑務所の建設や，収容中の虐待に対する申立制度の導入のような改革措置が**取られていることも注目される。

　実際，元共産圏諸国に関して条約違反が認定された事案の中には，過剰収容でかつ衛生状態の劣悪な刑事施設における収容が非人道的又は品位を傷つける取扱いにあたり3条違反を構成するとされたものが相当数みられる。ロシアが1998年に条約に加入した後，同国の条約違反が認定された初の事案であるカラシニコフ対ロシア事件もその1つである。申立人は横領の容疑で1995年に逮捕され拘置所に収容されたが，その後，1999年の有罪判決を経て2000年に恩赦によって出所するまで，4年10カ月にわたって同じ拘置所に収容されていた。彼が収容されていたのは17ないし20平方メートルの広さの8人用の房であったが，収容期間中常に18人から24人が過剰収容されていたため，交代で睡眠をとらざるを得ない状況であった。また，房内は不衛生で感染予防措置も取られていなかったため，申立人は様々な皮膚病や真菌症に感染したほか，房内のトイレは同房者間のプライバシーのない劣悪な設備であった。当事国政府は，過剰収容はロシアの経済状況のためにすべての未決拘禁施設で一般的な状況であり，当局は申立人に身体的な苦痛を与えたりその健康を害したりする意図はなかったと主張したが，ヨーロッパ人権裁判所はその主張を退け，申立人の拘禁状態，特に，深刻な過剰収容，不衛生な環境，及びそれが申立人の健康と福利に与えた有害な効果は，そのような状況での収容期間の長さと合わせて「品位を傷つける取扱い」を構成すると認定した。

● **CASE** ● 〈国際判例〉カラシニコフ対ロシア事件（*Karashnikov v. Russia*）ヨーロッパ人権裁判所判決，申立 No.47095/99，2002年7月15日［『ヨーロッパ人権裁判所の判例』209頁］
「95. 裁判所は，条約3条は，民主的社会の最も基本的な価値の1つを定めるものであることを想起する。本条は，状況や，被害者の行動のいかんにかかわらず，拷問又は非人道的もしくは品位を傷つける取扱いもしくは刑罰を絶対的に禁止している（例えば，ラビタ対イタリア事件（*Labita v. Italy*）大法廷判決，No.26772/95，119項）。
　裁判所はまた，その判例法に依れば，3条の範囲内に入るためには，虐待はその深刻さのレベルにおいて最低限度に達していなければならないことを想起する。この最低限度の評価は相対的であり，当該取扱いの長さ，身体的及び精神的効果，並びに場合によっ

640

ては，被害者の性，年齢及び健康状態のような，当該事案のあらゆる状況による（判例の中でも，アイルランド対イギリス事件判決，1978年1月18日，162項を見よ）。

裁判所は，ある取扱いがとりわけ，計画的に，何時間も絶え間なく行われかつ，現実に身体的傷害又は強度の身体的及び精神的苦痛をもたらした場合に，そのような取扱いは『非人道的』であるとみなしてきた。また裁判所は，ある取扱いが，被害者にとって，恐怖感，苦悩，及び自らに屈辱を与え自らを貶めうる劣等感引き起こすようなものである場合に，『品位を傷つける』取扱いとみなしてきた（例えば，クドワ対ポーランド事件大法廷判決，No.30210/96，92項を見よ）。特定の形態の取扱いが3条の意味において「品位を傷つける」ものであるかどうかを決定する際には，裁判所は，その目的が当該個人に屈辱を与え当該個人を貶めるものであるかどうか，及びその結果に関しては，それが3条に合致しない形で当該個人の人格に悪影響を与えたかどうかを考慮する（例えば，ラニネン対フィンランド事件（*Raninen v. Finland*）判決，1997年12月16日，55項）。しかし，そのような目的がなかったということは，3条違反を認定する可能性を完全に排除するものにはなりえない（例えば，ピアズ対ギリシャ事件，No.28524/95，74項）。いずれにせよ，［3条違反を構成するためには］当該の苦痛及び屈辱は，正当な取扱い又は刑罰の一定の形態と結びついた苦痛又は屈辱という不可避の要素を超えたものでなければならない。

人の自由を奪う措置は，しばしば，そのような要素を伴いうる。しかし，再勾留それ自体が条約3条に基づく問題を生じるとはいえない。また，同条は，健康上の理由により被収容者を釈放し又は，特定の医療を受けられるようにその者を民間の病院に収容する一般的な義務を課したものと解釈されることはできない。

にもかかわらず，本条の下で国家は，人が，人間の尊厳に対する尊重と合致する条件の下で収容されること，当該措置の執行の方法及び手法が，その者を，収容に内在する不可避のレベルの苦痛を超えた苦痛にさらさないこと，並びに，収容の実際的要求に照らし，その者の健康と福利が十分に確保されることを確保しなければならない（前掲のクドワ対ポーランド事件判決，92–94項）。

収容状況の評価の際には，その状況の累積的な効果及び，申立人の行っている具体的な主張が考慮に入れられなければならない（ドゥーゴス対ギリシャ事件（*Dougoz v. Greece*）判決，No.40907/98，46項）。」

「97．裁判所はまず，申立人が収容された房は，（申立人によれば）17平方メートルから（当事国政府によれば）20.8平方メートルの間の広さであったことを注記する。それは二段ベッドが備え付けられた，8名用の房であった。そのような居室が受け入れられる水準のものかどうかは，疑問とされうる。この関連で裁判所は，拷問及び非人道的もしくは品位を傷つける取扱いもしくは刑罰に関するヨーロッパ委員会（CPT）が，望ましい収容房のおおよそのガイドラインとして，被収容者1名につき7平方メートルと定めており（the 2nd General Report – CPT/Inf（92）3, para.43を見よ），すなわち8名の被収容者については56平方メートルであることを想起する。

房が8名の被収容者用のものであったにもかかわらず，裁判所への申立人の主張によれば，彼の収容期間を通じて，彼の房にいた通常の被収容者数は18人から24人であった。……提出された数字は，いかなる時点においても，申立人の房における一人の被収容者あたりのスペースは0.9から1.9平方メートルの間であったことを示している。よって裁

◆ 第3部 ◆ 国際人権法の実施メカニズム

判所の見解では，房は継続的に深刻な過剰収容状態であった。この状態は，条約3条の
問題を提起する。

さらに，深刻な過剰状態のために，申立人の房の被収容者らは，一人当たり8時間の
シフトで，交代で眠らなければならなかった。……睡眠の状況は，房内の常時の照明と，
多数の被収容者が常態的に引き起こす騒動や騒音のためにさらに悪化した。その結果と
しての睡眠の欠乏は，申立人に対し深刻な身体的及び心理的負担となったと考えられる。

裁判所はさらに，過剰の人数でありかつ房内で喫煙を認められていたと思われる被収
容者を収容した申立人の房には十分な換気設備がなかったことを注記する。……」

「98. 裁判所は，申立人の房は病害虫で汚染されており，申立人の収容中，房内では感
染防止措置が取られなかったことを注記する。……

収容中，申立人は様々な皮膚病及び真菌感染にかかり，特に1996年，1997年及び1999
年の間は，公判の中断が必要であった。……」

「99. 上記に述べた過密かつ不衛生な状況の追加的な側面は，トイレ施設であった。1.1
メートルの高さの仕切りが，房の隅にある便器とその横の手洗い台を隔ててはいたが，
居住区域から隔ててはいなかった。トイレの入口にはスクリーンはなかった。よって申
立人は，他の被収容者のいる前でトイレを使用しなければならず，また他の被収容者が
トイレを使用している間，面前にいなければならなかった。当事国政府が提供した写真
は，真のプライバシーのない，不潔で荒れ果てた房及びトイレ区域を示している。」

「101. 裁判所は，本件で，申立人に屈辱を与え又は申立人を貶めようという積極的な意
図がなかったことは認める。しかし，取扱いの目的が被害者に屈辱を与え又は被害者を
貶めるものであったかどうかという問題は，考慮に入れられる要素であるとはいえ，そ
のような目的がなかったということは，3条違反を認定する可能性を排除するものには
なりえない（上記に引用のピアズ対ギリシャ事件判決を見よ）。裁判所は，申立人が4
年10ヶ月耐えなければならなかった収容状況は，申立人に相当の精神的な苦痛を与え，
彼の人間としての尊厳を犯し，かつ彼に対し屈辱及び貶めの感情をもたらしたと考え
る。」

「102. 上記に照らし，裁判所は，申立人の拘禁状態，特に，深刻な過剰収容，不衛生な
環境，並びにそれが申立人の健康及び福利に与えた有害な効果は，申立人がそのような
状況で収容されていた期間の長さと合わせて，品位を傷つける取扱いにあたると認定す
る。

103. よって，条約3条の違反があった。」

本件で当事国政府が，申立人の権利を侵害する意図はなかったことを答弁し
ていたように，このような事案における3条違反の認定は，殴る蹴るの暴行の
ような，当事国の公務員による意図的行為に起因しているわけではない。それ
は，不衛生で劣悪な収容状況下での長期間の収容が「品位を傷つける取扱い」
を構成するものであったという認定であって，「**行為**」というよりは「**状態**」，
そしてその期間の長さも相まって申立人に与えた**人権侵害効果**の問題であった。

642

第12章　国際人権法の国際的実施(3)

当事国政府が述べていたように，ロシアの拘置所ではこのような状態での未決拘禁が一般的であった。このような事案における判決の執行のためには，従って，申立人個人の救済に関する個別的措置のみならず，同様の人権侵害を終了させまた将来の同様の人権侵害を防止するための**一般的措置としての拘置所の抜本的な状況改善が必要**となる。この判決の執行のため，ロシアは拘置施設の新設と既存の収容施設の改善を進め，また刑事訴訟法を改正して捜査や公判の時間制限を設ける等の措置を取っている。

　閣僚委員会は，冷戦終結後に締約国となった元共産圏の国々を含む相当数の国に関して，散発的・偶発的な人権侵害というよりも，**国内救済手続の非実効性のように制度的・構造的な問題**にかかわるものが顕著にみられることに懸念をもち，2004年の勧告ではヨーロッパ人権裁判所に対し，違反認定の際にはその根幹にある制度的な問題をできる限り明らかにすることを求めた。

■ **背景にある制度的な問題(underlying systemic problem)を示す判決に関する閣僚委員会の決議 Res(2004)3（2004年）**[(401)]
閣僚委員会は，……
　本条約で定められた監視メカニズムの補足的性格，そしてそれが，1条に従い，条約で保障された権利及び自由はまずもって国内レベルで保護されかつ国内当局によって適用されることを含意することを想起し，
　……
　条約46条に従い，締約国は，自国が当事国となっているいかなる事案においても，ヨーロッパ人権裁判所（以下「裁判所」）の終局判決に従う約束をしていること，並びに，裁判所の終局判決は，その執行を監視する閣僚委員会に送付されることを想起し，
　……
　もし，制度的な問題の存在が裁判所の判決ですでに明らかにされれば，判決の執行は容易になるであろうことを考慮し，
　……
裁判所に対し，以下のことを勧める(invite)。
I．条約違反を認定する判決においては，国家が適切な解決策を見出すのを援助しまた閣僚委員会が判決の執行を監視するのを援助するため，可能な限り，裁判所が背景にある制度的な問題であると考えるもの及びこの問題の源（それが，多数の申立につながる可能性がある場合には特に）について明らかにすること。

　2006年に採択された，判決の執行監視に関する閣僚委員会の現行規則[(402)]によると，判決の執行に関する閣僚委員会の監視は，原則として，特別の人権会合において，公開の議題で行われる（2条1項）。裁判所の判決が閣僚委員会に送付されると，当該事案は遅滞なく閣僚委員会の議題に載せられる（3条）。閣僚委員会は，ヨーロッパ人権裁判所が閣僚委員会決議（2004）3に従い，背景にある制度的な問題と考えられる事項を述べた判決の執行に優先順位をおく

---

(401)　https://wcd.coe.int/ViewDoc.jsp?id=743257.

(402)　Rules of the Committee of Ministers for the supervision of the execution of judgments and of the terms of the friendly settlements, https://wcd.coe.int/ViewDoc.jsp?id=999329.

643

◆ 第3部 ◆ 　国際人権法の実施メカニズム

（4条1項）。但し，これにより与えられる優先順位は，他の重要な事案，特に違反が被害者にとって重大な結果をもたらしているものに優先順位を与えることを害するものではない（4条2項）。

　閣僚委員会に送付された判決において，ヨーロッパ人権裁判所が条約違反を認定し又は公正な満足を認定している場合，同委員会は当事国に対し，当該判決を執行するために取った措置ないし取ろうとしている措置について通知するよう求める（6条1項）。閣僚委員会はこの通知を受けた上で，裁判所が認定した公正な満足が支払われているか，かつ必要な場合，違反を終わらせ被害者に可能な限り原状回復を図るための個別的措置及び，同様の違反の防止のためもしくは継続的な違反の終了のための一般的措置が取られたかどうかを検討する（6条2項）。当事国が，公正な満足の支払い又は個別的救済についての情報を提供しない限り，閣僚委員会が別途の決定をした場合を除き当該事案は閣僚委員会の人権会合の議題に毎回載せられる（7条1項）。また，当事国が判決の遵守のため必要な一般的措置について閣僚委員会に通知できる状況にないときは，当該事案は，同委員会が別途の決定をした場合を除き，6カ月以内に開かれる閣僚委員会会合で再度議題に載せられる（7条2項）。当事国が求められるすべての措置を取ったとみなされる場合には，閣僚委員会はその旨の決議を採択して当該事案を終結とするが，当事国が満足な措置を取っていないとされる場合には，当事国は，当該判決の執行のための措置に関して閣僚委員会の会合で繰り返し説明を求められ続けることとなる。なお，判決の執行監視が判決の解釈の問題によって妨げられていると閣僚委員会が考える場合には，同委員会は，解釈の問題に関する決定のためヨーロッパ人権裁判所に問題を付託することができる（10条1項）。

　判決の迅速かつ十分な遵守を促すため，閣僚委員会は，ヨーロッパ審議会加盟国に対し，**適切なフォローアップ及び国内のすべての関連アクター間の調整を確保するための国内コーディネーター**をおくよう勧告している。

■ ヨーロッパ人権裁判所の判決の迅速な執行のための実効的な国内的能力に関する，加盟国への閣僚委員会の勧告 CM/Rec（2008）2（2008年）[403]

閣僚委員会は，
　……
　b．裁判所が違反を認定した判決は，締約国に対し，以下の義務を課すことを繰り返し，
―公正な満足として裁判所が与えた金額を支払うこと。
―適当な場合，裁判所が認定した違反を終了させかつ可能な限りその効果を是正するための個別的措置を取ること。

[403]　https://wcd.coe.int/ViewDoc.jsp?id=1246081&Site=CM.

—適当な場合，同様の違反を終了させ又は
それらを防止するために必要な一般的措
置を取ること。
……
d．裁判所の判決の迅速かつ効果的な執行
は，加盟国における人権保護の向上及び
ヨーロッパの人権保護制度の長期的な実
効性に貢献することを確信し，
……
g．裁判所の判決を執行する国内的能力を
強化する必要性を……注記し，
h．執行プロセスにかかわるすべての国家
のアクターが早期に情報をもつこと及び
それらの間の実効的な調整の重要性を強
調し，また，国内制度の中で，必要な場
合には高次のレベルで，国内的な執行プ
ロセスの実効性を確保することの重要性
を注記し，
……
加盟国に以下の事項を勧告する。
1．国内レベルにおいて，執行プロセスに
かかわる関連の国内機関への照会連絡のでき
るコーディネーター（個人又は機関）を指定
すること。このコーディネーターは，以下の
事項に必要な権限を有するべきである。
—関連情報を得ること。
—判決の執行に必要な措置を国内レベルで
決定する任にある人又は機関と連絡を取
ること。
—必要であれば，執行プロセスを加速させ
るために関連の措置を取り又は開始する
こと。
2．［各加盟国のヨーロッパ審議会］常駐
代表を通じてであれ他を通じてであれ，コー
ディネーターと閣僚委員会の間で，効果的な
対話及び関連情報の伝達のための適切な仕組
みがあることを確保すること。

3．執行されるべきすべての判決，並びに
閣僚委員会のすべての関連決定及び決議が，
必要な場合翻訳によって，執行プロセスにか
かわる関連アクターに適切かつ迅速に配布さ
れることを確保するために必要な措置を取る
こと。
4．迅速な執行を確保するために必要とさ
れうる措置を，可能な限り早く明らかにする
こと。
5．一般的にであれ，特定の判決に対応し
てであれ，国内レベルで執行プロセスにかか
わる関連アクター間の効果的な相乗作用を発
展させかつそれらアクターのそれぞれの権限
を明らかにするために有用な措置を取るよう
促すこと。
6．適当な場合，可能であればタイムテー
ブルの提示も含めて，判決の執行のために取
ることが援用されている措置に関する行動計
画を迅速に作成すること。
7．執行プロセスにかかわる関連アクター
が，裁判所の判例法並びに閣僚委員会の関連
勧告及び実行について十分な知識を得ること
を確保するために必要な措置を取ること。
8．執行プロセスに関してヨーロッパ審議
会が作成した便覧を関連アクターに配布し，
その利用を促すこと，並びに，閣僚委員会で
執行監視中のすべての事案の執行状態に関す
る情報を含んだヨーロッパ審議会のデータ
ベースの使用を促すこと。
9．適当な場合，判決の執行及びこの点で
取られた措置に関する状況を議会に周知する
こと。
10．執行プロセスにおいて顕著かつ根強く
残る問題があるために必要とされる場合には，
必要ならば政治的な，高次のレベルにおいて，
必要なすべての是正措置が取られることを確
保すること。

　このように，判決の執行のために，執行プロセスにかかわるすべての関連の
国内アクター（議会，政府，関連の行政当局，裁判所のほか，国内人権機関や非政
府組織も含まれよう）の対応を調整するためのコーディネーターをおくことや，
行動計画の作成等が要請されていることをみると，ヨーロッパ人権裁判所によ
る司法的監視によって国際的実施が図られてきたヨーロッパ人権条約体制は，
国内法制や慣行に多々問題を含む締約国が大幅に増加した現在，**多数の締約国
をもつ普遍的人権条約の国際的実施に共通する課題を抱える**ようになったとみ
ることもできよう。ヨーロッパ人権裁判所の判決は当事国を拘束し，かつその

◆ 第3部 ◆ 国際人権法の実施メカニズム

判例法理は個人通報制度の存在を背景として他の締約国にも広く影響力をもっているが，同裁判所の判決は，それ自体の力では必ずしも当事国の人権状況を改善しうるものではない。当事国がその判決内容を真摯に受け止め，公正な満足のみならず事案によって個別的措置さらに一般的措置を取ることによって判決の趣旨を立法，行政，司法のすべての面で適切に浸透させてこそ，ヨーロッパ人権裁判所による国際的実施のシステムは満足に機能しうるのである。

◆ 2 構造的ないし一般的な人権侵害と「パイロット」判決 ━━━━

先にふれたように，ヨーロッパ人権裁判所に滞留している事案は今や10万以上という大変な数にのぼっているが，その多くは，1990年代以降の新規締約国を始めとする一部の国に対する申立に集中しており，かつ同様の内容の反復的な事案である。それらは，個別の散発的な人権侵害事案というよりは，より一般的・構造的な人権侵害の状況に関係しており，こうした事案の係属を減らすためには，当該国における条約実施の改善，とりわけ効果的な国内救済措置の確保が重要な課題となる。

このような状況を受け，閣僚委員会は2004年，締約国に対し，ヨーロッパ人権裁判所の判例法に照らして，条約違反の訴えに対して国内で実効的な救済が与えられることを確保するよう求める勧告を出している（前掲）。ヨーロッパ人権裁判所から，**当事国の国内法や慣行上の構造的又は一般的な欠陥を指摘する判決（「パイロット・ケース（pilot case）」）が出され，かつ当事国に関する同様の問題（反復的事件）が係属中であるか又は継続が予測される場合には，権限ある国内機関に対する効果的な救済を確保するべきであり，それがひいてはヨーロッパ人権裁判所の負担を軽減することにもなる**ということである。

■ **国内救済措置の改善に関する，加盟国への閣僚委員会の勧告 Rec（2004）6（2004年）[前掲]**

閣僚委員会は，条約［＝ヨーロッパ人権条約］で設置された監視メカニズムの補完的性格すなわち，1条に従い，条約で保障された権利及び自由はまずもって国内レベルにおいて保護されかつ国内当局によって適用されることを想起し，……
条約13条で要求されているように，加盟国は，条約に定められた権利及び自由の侵害に関して主張しうる申立を有しているいかなる個人にも，国内当局において効果的な救済措置を

確保する義務を負っていることを強調し，
ヨーロッパ人権裁判所（以下，裁判所とする）の判例法に照らしてそのような救済措置があることを確認する義務に加え，国家は，認定された違反の基となっている問題を解決する一般的義務があることを想起し，
国内救済措置が法律上も事実上も効果的であること，並びに，申立の本案に関する決定及び認定された違反に対する十分な救済に至りうることを確保することは加盟国の役割であることを強調し，
裁判所に申立てられる申立の性格と数，及び裁判所が下す判決は，そのような救済措置が

646

第12章　国際人権法の国際的実施(3)

あらゆる状況において，特に司法手続の不合理な長さに関する事案において，存在することを加盟国が効率的かつ定期的に確認することが一層必要になっていることを注記し，
条約の違反についてのすべての主張しうる申立に対して効果的な国内救済措置が利用できることが，一方では，裁判所に付託される事案の数の減少の結果として裁判所の業務の削減につながるはずであり，他方では，国内レベルにおける事案の詳細な検討は裁判所による後の検討を容易にするであろうということを考慮し，
特に，反復的な事案に関して，国内レベルでの救済措置の改善がまた，裁判所の業務の削減に寄与するはずであることを強調し，
加盟国が，附録に示す優れた慣行を考慮に入れて，以下のことを行うことを勧告する。
　1．裁判所の判例法に照らして常時見直しをすることによって，条約の違反について主張しうる申立をもついかなる者にも国内的救済措置が存在すること，並びに，それらが申立の本案に関する決定及び認定された違反に対する十分な救済に至りうる点で効果的なものであることを確かめること。
　2．国内法又は慣行における構造的又は一般的な欠陥を指摘した裁判所の判決を受けて，既存の国内救済措置の実効性を見直し，かつ必要な場合には，反復的な事案が裁判所に持ち込まれるのを避けるために，効果的な救済措置を設けること。
　3．上記の1及び2に関して，司法手続の過度の長さに関する主張しうる申立の事案における効果的な救済措置に特別の注意を払うこと。……
　勧告（2004）6の附録
　1．条約に定められた権利及び自由が遵守されることを確保する主要な責任を負っているのは締約国であり，締約国は，違反を防止しかつ，必要な場合には違反を救済するのに必要な法制度を提供しなければならない。このことは，特に，13条に従って，条約のすべての違反に対する効果的な救済措置を設けることを必要とする。ヨーロッパ人権裁判所の判例法は，特に，次のことを示すことによって，締約国の負うこの義務の範囲について明確にしてきた。
　　・13条は，条約に定められた権利及び自由を確保するための救済措置が国内法において利用できることを保障している。
　　・本条は，ある救済措置が，条約に基づく

いかなる『主張しうる申立』についてもその実質を扱い，かつ適当な救済を与えるものであることを要求する効果をもつ。この義務の範囲は，申立の性格によって異なる。しかし，要求される救済は，法律上も実際上も『効果的』でなければならない。
　　・このことは特に，条約に反しかつ，その効果が取り返しのつかないものである可能性がある措置の執行を防止しうることを要求する。
　　・13条で言及されている『機関』は必ずしも司法機関である必要はないが，司法機関でない場合には，その有する権限及び保障が，それが与える救済措置が実際に効果的であるかどうかの決定において関連する。
　　・13条の意味における『救済措置』の『実効性』は，申立人にとって有利な結果が確実に出るかどうかには依存しない。しかしそれは，一定の，最低限の迅速さの要求を含意する。
　2．近い過去においては，不合理に長い手続の問題が，唯一の問題ではないものの，裁判所における申立の多数の基にあることから，この問題に関して，そのような救済措置の重要性が特に強調されてきた。
　5．加盟国政府は，まず，改善の提案に向けて，特定分野における既存の国内救済措置の実効性に対する研究を行うよう専門家に依頼することができよう。人権の促進及び保護のための国内機関，並びに非政府組織も，この作業に有益に参加できよう。国内救済措置の利用可能性及び実効性は，常に見直しの対象におかれるべきであり，特に，条約上の権利及び自由に影響する立法の起草時には検討されるべきである。……
　7．効果的な救済措置があることの1つの主要な条件は，条約上の権利が国内法制において確保されることである。この関連で，条約がすべての締約国の国内法制の完全な一部になったことは，歓迎される進展である。この進展が，効果的な救済措置の利用可能性を高めている。効果的な救済措置の利用可能性はまた，裁判所及び行政当局が，国内法の適用においてますます裁判所の判例法を尊重するようになっており，当該国に直接にかかわる事案における裁判所の判決に従う義務を意識するようになっていることによって，さらに助けられている（条約46条を見よ）。この傾向は，勧告Rec（2002）2に従い，裁判所

647

◆ 第3部 ◆ 国際人権法の実施メカニズム

の違反認定の基になった一定の手続について権限ある国内当局にそれを再検討又は再開させる可能性を高めることによって強化されてきた。

8. 国内救済措置の改善はまた，国内法を適用する際，国内当局が条約の要求，特に，当該国に関する裁判所の判決から生ずる要求を考慮に入れるように追加的な措置を取ることを必要とする。このことは，特に，（必要な場合には当該国の言語に翻訳することによって）裁判所の判例法の出版及び流通を改善すること，並びに，判決から生ずる要求について裁判官その他の国家公務員を訓練することを意味する。……

13. 国内法又は慣行の構造的又は一般的な欠陥を指摘する判決（「パイロット・ケース（pilot case」）が下され，かつ同じ問題に関する多数の申立（「反復的事案（repetitive cases）」）が係属しているか又は提訴されると予測される場合，被告国は，適当な場合，潜

在的な申立人が権限ある国内機関に対する申立を行うことができ，また現在の申立人にも適用されうる効果的な救済を確保すべきである。そのような迅速かつ効果的な救済措置は，本条約体制の補足性の原則に沿って，それらの者が国内レベルで救済を受けることを可能にすることになる。

14. そのような国内救済措置の導入はまた，裁判所の作業量を顕著に減少させうる。構造的問題の解決，よって将来の申立の防止のためにはパイロット判決の迅速な執行は不可欠である一方，それによる解決の前に当該問題によってすでに被害を受けた人々のカテゴリーが存在しうる。そのカテゴリーの人々のために国内レベルで救済を与えることを目的とした救済措置の存在は，裁判所が，それらの人々に対し新たな救済措置への依拠を勧め，かつ適当な場合にはそれらの人々の申立を不受理と宣言することを可能にするかもしれない。

　この閣僚委員会の勧告を受けて，ヨーロッパ人権裁判所が，多数の同種事案から選んだ1つの事件についての判決で構造的・一般的な違反の是正を指摘する「パイロット判決」の手法を初めて用いた事案が，ブロニオヴスキ対ポーランド事件大法廷判決である。第二次大戦後の国境線変更の際，ポーランドの東側国境がブーグ川に一部沿う形で引き直された結果，元ポーランド領の一部がウクライナ，リトアニア及び現在のベラルーシに含まれることとなり，当該地帯に住んでいたポーランド人は移住により多くの財産を失った。ポーランド法では1946年以来，国有地の取得又は恒久使用という形で遺棄財産に対する補償を受ける権利が認められていたが(対象者は約8万人)，地方分権改革に伴う1990年の地方自治法，及び1993年の国有農業財産管理法等の法の制定により，これらの「ブーグ川請求」権者のために用いうる国有財産の対象が大きく制限され，補償請求に対応する土地が大幅に不足する事態となった。2002年にポーランド憲法裁判所は「ブーグ川請求」を国の農業財産等に対して執行できないことを違憲と判示したが，その判決は執行のためには立法措置を要するとされて執行されなかった。その翌年に制定された「ブーグ川請求」に関する立法は，過去に一部でも補償を受けたことがある者の補償請求権を否定するとともに，何らの補償も受けていない者には，5万ポーランド・ズオティ（2013年2月の為替レートで約150万円）を上限として，権利金額の15％が与えられるという内容のものであった。

第12章　国際人権法の国際的実施(3)

　申立人の母は，現ウクライナからポーランドのクラクフに移住した「ブーグ川請求」権者の一人である申立人の祖母の財産のすべてを相続し，補償権を利用して1981年に467平方メートルの土地の恒久使用権を得たが，それは遺棄財産の価値の2％にすぎなかった。母の死去によりその財産すべてを相続した申立人は，クラクフ地方局に対し残りの遺棄財産の補償を求めたが，補償のために用いうる国有地はないという回答を受け，行政最高裁判所に提訴したが訴えを退けられた。ヨーロッパ人権裁判所大法廷は本件で，第一議定書上の財産権の侵害による条約違反を全員一致で認定すると同時に，この問題が「ブーグ川請求」権者の権利を適切に執行するためのポーランドの**国内法及び慣行の機能不全によってもたらされている構造的な問題**（systemic problem）であることを指摘し，同様の状況にある多くの個人の状況に対して適切な立法及び行政措置を取るよう求めた。

> ● **CASE** ● 〈国際判例〉ブロニオヴスキ対ポーランド事件（*Broniowski v. Poland*）ヨーロッパ人権裁判所大法廷判決，申立 No.31443/96，2004年6月22日［『ヨーロッパ人権裁判所の判例』106頁］
>
> 「189. 裁判所の認定では，第一議定書1条で保障された申立人の権利の侵害は，多数の人々に実際に影響を与えかつ影響を与えうるポーランド法及び行政慣行の機能不全からくる広範な問題に端を発していることが明らかである。申立人が『財産の平和的な享有』を不当に妨げられたことは，孤立した1つの事件によって起きたわけでも，申立人の事案における特定の事態の推移に帰せられるわけでもなく，特定可能な国民の集団すなわちブーグ川請求権者に対する当局側の行政的及び規制的行為の結果であった。
> 　この問題の存在及び制度的な性格は，ポーランドの司法当局によってすでに認められている。……2002年12月19日の判決で憲法裁判所は，ブーグ川請求に関する法制度が『許容しがたい制度的な機能不全を起こしている』と評している。……その評価を支持し，当裁判所は，本件の事実は，ポーランドの法秩序における欠陥の存在が，ある集団の人々全体が財産の平和的な享有を実際に否定され又は今なお否定されている結果をもたらしたことを示していると結論する。裁判所はまた，申立人個人の事案で明らかになった国内法及び慣行の欠陥は，この後も十分に根拠のある多数の申立をもたらしうると考える。
> 190. 条約体制の実効性を保障するための一連の措置の一部として，ヨーロッパ審議会閣僚委員会は2004年5月12日，背景にある制度的な問題を示す判決に関する決議（Res（2004）3）を採択している。この勧告は，当事国が背景にある問題及び必要な執行措置を明らかにすることを援助することの意義を強調した上で，当裁判所に対し，『国家が適切な解決策を見出すのを援助しまた閣僚委員会が判決の執行を監視するのを援助するため，可能な限り，裁判所が背景にある制度的な問題であると考えるもの及びこの問題の源（それが，多数の申立につながる可能性がある場合には特に）について明らかにすること』を勧めたものである。この決議は，特に，同じ構造的又は制度的な原因に由来

649

◆ 第3部 ◆ 国際人権法の実施メカニズム

する一連の事案のために，裁判所に付託される事案の数が増加していることとの関連で読まれなければならない。

191. 同じ文脈で，裁判所は，国内救済措置の改善に関する2004年5月12日の閣僚委員会の勧告（Rec（2004）6）にも注意を喚起する。この勧告では，主張しうる申立を有する個人に対して条約13条に基づき国内機関における効果的な救済措置を提供する義務に加え，国家は認定された違反の背景にある問題を解決する一般的な義務があることが強調されている。特に反復的事案に関して，国内レベルにおける救済措置を改善することがまた当裁判所の作業負担を軽減することにも貢献するはずであることを念頭におき，閣僚委員会は，締約国が，国内法又は慣行における構造的な又は一般的な欠陥と指摘する判決を受けて，『反復的な事案が裁判所に持ち込まれるのとを避けるために』，効果的な救済措置を見直しかつ『必要ならば効果的な救済措置を設ける』ことを勧告した。

192. 条約41条に基づく公正な満足についての申立人の個人的請求を検討する前に，本件の状況に照らしかつ裁判所に付託される事案の増加をも考慮して，裁判所は，被告国にとって条約46条からいかなる結果が導かれるかと検討したい。裁判所は，46条により締約国は，自国が当事国となっているいかなる事案における裁判所の終局判決にも従う義務を負っており，その執行は閣僚委員会によって監視されることを繰り返す。そのことから，とりわけ，違反を認定する裁判所の判決は，被告国に対し，41条に基づく公正な満足として認められた金額を関係者に支払うのみならず，閣僚委員会による監視に服しつつ，裁判所が認定した違反を終了させかつその効果を可能な限り是正するためにその国内法秩序において一般的及び／又は適当な場合個別的措置を選択する法的義務があることが導かれる。閣僚委員会による監視に服して，被告国は，その措置が裁判所の判決で述べられた結論に合致する限り，条約46条に基づく法的義務を履行する手段を選択する自由がある（スコツァーリ及びギュンタ事件大法廷判決，申立 Nos.39221/98 and 41963/98，249項を見よ）。

193. 裁判所はすでに，本件において認定した違反は，多くの人々に関する状況にその原因があることを述べた。ブーグ川請求を解決するために選択された仕組みを第一議定書1条に合致した形で実施しなかったことは，8万人近くの人に影響を与えている。……さらに，ブーグ川請求権者によって裁判所に提起され係属している申立はすでに167件ある。これは，既存のないし過去の状態についての条約上の国家責任に関する加重要素であるだけでなく，条約体制の将来の実効性にとっての脅威ともなるものである。

条約46条に基づく被告国の義務を履行するためにどのような是正措置が適切であるかを決定することは原則として当裁判所の任務ではないが，裁判所が認めた制度的状況に照らして，裁判所は，本判決の執行のためには，国内レベルにおける一般的措置が疑いなく必要であると考える。そのような一般的措置は，影響を受けている多くの人々を考慮に入れたものでなければならない。何よりも，採択される措置は，同じ原因に由来する多数の申立で条約体制に過剰な負担を与えないように，裁判所の違反認定の背景にある制度的な結果を是正するようなものでなければならない。そのような措置は従って，本件の申立人に関して本判決で認められた条約違反に対する救済を，影響を受けているそれらの人々に提供する体制を含むべきである。この文脈において，裁判所の関心は，国内の人権保護において認められた機能不全の最も迅速かつ実効的な解決を容易にすることである。そのような欠陥が明らかにされた場合には，裁判所が一連の長々とした同

650

◆ 第12章　国際人権法の国際的実施⑶

様の事案においてその認定を繰り返さなくてもよいように，閣僚委員会による監視に服して，必要ならば遡及的にも（ボタッツィ対イタリア事件（*Botazzi v. Italy*）大法廷判決，申立 No.34884/97，22項；ディマウロ対イタリア事件（*Di Mauro v. Italy*）大法廷判決，申立 No.34256/96，23項；（イタリアにおける司法手続の過剰な長さ・一般的措置に関する）2000年10月25日の閣僚委員会暫定決議 ResDH（2000）135を見よ。ブルスコ対イタリア事件（*Brusco v. Italy*）決定，申立 No.69789/01，ジャコメッティほか対イタリア事件（*Giacometti and Others v. Italy*）決定，申立 No.34939/97も見よ），本条約の補助的性格に沿った必要な是正措置を取ることは，国内当局の責任に帰する。」

「パイロット判決」の手法が用いられたもう１つの例は，ロシアにおいて，チェルノブイリ原発事故（1986年）の際の緊急作業の結果健康被害を受けた人々に対して補償金や手当を支払うことを命じた裁判所の判決が執行されない問題に関するものである。ヨーロッパ人権裁判所は2002年のブルドフ事件判決で，財産権の侵害等によるロシアの条約違反を認定したが，この判決後，判決で示された金額は申立人に支払われたものの，支払いの遅延補償金等についてロシアの裁判所が下した判決を当局が執行しなかったことにつき，ブルドフ（第2）事件判決を2009年に下すに至っている。

● ***CASE*** ● 〈国際判例〉ブルドフ第２事件（*Burdov v. Russia*（*No.2*））ヨーロッパ人権裁判所判決，申立 No.33509/04，2009年1月15日
「6．裁判所は，被告国は裁判所の判例法で確立されている本条約の諸原則に沿い，国内判決の不執行又は執行の遅延に対する十分な救済を確保する効果的な国内救済措置又はそのような救済措置の組み合わせを……設けなければならないと認定し，
7．被告国は，終局判決の日から1年以内に，本判決を下す前に当裁判所に申立を行った者及びその申立が政府に通知された者であってこれらの者の主張を認める判決の結果の支払いが国家当局によってなされていないか又は不合理に遅延しているすべての被害者に対し，そのような救済を与えなければならないと認定し，
8．上記の措置を採択するまでは，裁判所は，終局判決の日から1年間，国家当局による金銭支払いを命じる国内判決の不執行及び／又は執行の遅延のみに関するすべての事案における手続を延期する。」

ヨーロッパ審議会内では，判決の執行において困難に直面している国を積極的に支援するための協力の取組みも行われており，閣僚委員会は2006年以降，ストラスブールあるいは各国の国内における国内当局関係者への訓練プログラムの実施を含め，ターゲットを絞った協力活動のための特別の支援を提供して

651

◆ 第3部 ◆ 　国際人権法の実施メカニズム

いる。また，2008年には，ノルウェーの提案を契機とし，ドイツやオランダ，フィンランド，スイス等からの拠出によって「**人権信託基金** (Human Rights Trust Fund)」が設置され，**共通の問題を抱えた締約国を対象として状況の改善を図るためのプロジェクト**が実施されるようになった。この基金によって2009年に最初に発足した2つのプロジェクトの1つは，国内裁判所の決定・判決の不執行の問題に焦点をあて，アルバニア，アゼルバイジャン，ボスニア・ヘルツェゴビナ，モルドバ，セルビア，ウクライナを対象として実施されている。また，もう1つは，チェチェン共和国における治安部隊の行動に関して条約違反を認定したヨーロッパ人権裁判所の判決の執行に関連して，ロシアによる国内執行を援助するものである[404]。2011年には，旧共産圏諸国に関してしばしば問題となっている，共産主義政権によって国有化された財産の原状回復ないし賠償の問題について，ルーマニアのブカレスト及びアルバニアのティラナでそれぞれ大規模なラウンドテーブルが開催され，事態改善に向けての検討が行われている[405]。

---

[404] *Supervision of the execution of judgments and decisions of the European Court of Human Rights, Annual Report 2011, op.cit.*, p.28.

[405] その他の活動を含む基金の活動について詳細は，http://www.coe.int/t/DGHL/ Monitoring/ Execution/Themes/HRTF/Intro_HRTF_en.asp を参照。

初版あとがき

　国際法を専攻して大学院に進学した後，国際人権法という法分野に出会って早や20数年。私が国際人権法の世界に飛び込むことになった決定的な経験の一つは，ヨーロッパ人権裁判所の判例を原文で読んだときの感動と驚嘆であった。各国の社会で生じるさまざまな人権問題を，ヨーロッパ人権条約の基準に照らし，法的にきわめて緻密に分析しているというだけでなく，何よりも，人権保障のための条約であるという同条約の趣旨と目的に沿って人権保障を実効的なものとすべく，条約を「生きた文書」として解釈し，同裁判所が積み重ねてきたその判例法理。人権の集団的保障のシステムの先端を行くヨーロッパ人権条約とそれに基づくヨーロッパ人権裁判所の判例法は，暴虐の限りを経験した人類社会が20世紀後半に至って勝ちえた英知の1つの象徴であったし，今もあり続けている。また，1980年代後半以降，米州の過酷な人権状況下にあって，人権保障に関する国の義務と責任を明確にする米州人権条約の解釈法理を確立させてきた米州人権裁判所の実行も，括目すべきものであった。そして，普遍的なレベルにおいては，人権裁判所こそ設置されていないものの，国連の人権条約の下で，締約国の人権状況を定期的に報告させ審査する制度が運用されているほか，条約の委員会による個人通報制度を多数の国が受け入れている。古典的な「国際」法のイメージをもってはおよそ掴み切れないこの国際人権法のダイナミズム ── すなわち，国際的な基準設定や制度の設置こそ国家間の合意によっているものの，その目的と内容は国家の管轄下にある個人の人権保障であり，条約機関によるチェックや，人権主体たる個人またその代弁者たる人権NGOからのチャレンジを受け続けることでその実効性を確保される法体系であること ── こそが，私を魅了してやまないこの法分野の本質的特徴である。いかなる「先進」国も，人権保障において完璧ということはあり得ないし，既存の国内法や実行で事足りるとして自己満足に浸ることはできない。差別や排除に苦しんでいる人の声に耳を傾け，そのような観点から問題とされる自国の人権保障を，国際的な合意で決めた基準に照らし，また同様に取り組んでいる他国の経験からも学びながら，議論し，謙虚に見直し，軌道修正できる勇気を持たなければならない。日本の現状において，国際人権法の規範と制度が人権状況改善のために活かされうる多大な余地を前にして，大学院生の時と変わら

653

初版あとがき

ない情熱をもって研究を続け，学生たちや，国際人権法学会等でご一緒している研究者・実務家の方々と共に学び続けることができることを，心から幸せに感じている。もちろん本書には至らない点が多々あることと思うが，読者の皆様のご教示，ご叱正をいただければ幸いである。

　最後に私事にふれることをお許しいただければ，博士論文（『人権条約上の国家の義務』（日本評論社，1999年））を公刊した時と同じく，私の最も深い感謝は，母・金庚順に捧げられる。逆境の中，人並外れた働きと信念，忍耐力をもって一家を支え抜き，私には勉学を可能にしてくれた母に，私は一生をもっても十分に恩返しをすることはできない。私に法学の勉強を勧めた後，私がジュネーブの大学院での勉強を終えるのを見届けたかのように早逝した父・申長淳にも，感謝とともにこれまでの研究を報告したい。学部時代からご指導をいただき，私を大学院進学の道に導いて下さった恩師・菊地元一先生には，あらためて御礼を申し上げたい。上記の書が，小田滋先生のご推薦をいただいて2000年度安達峰一郎記念賞を受賞する栄誉を得られたことも，私にとっては望外の喜びであった。また，このたび，本書の執筆をお勧めいただき，激励し続けて下さった信山社の袖山貴さん，稲葉文子さん，今井守さんには，心から御礼を申し上げたい。そして，今日まで，深い愛情と理解で私を包み，人生を共に伴走し続けてくれている夫・金英男にも，感謝の気持ちを伝えたい。これ以上は望みえないような素晴らしい子どもたち，英史・泉水の2人に恵まれ，私の仕事を常に応援してくれる義母・石原未す子にも見守られてこうして仕事に打ち込めることは僥倖というほかない。拙いながら本書が完成したことと，少しは一緒に過ごせる時間が増えることを彼らと喜び合いたい。

　　2013年5月

　　　　　　　　　　　　　　　　　　　　　　　　　　　著　者

判例索引

◆ 国際先例 ◆

■ 社会権規約委員会・個人通報事案「見解」

I.D.G.対スペイン事件（*I.D.G. v. Spain*），通報 No. 2／2014，2015年6月17日 ························*332*

■ 自由権規約委員会・個人通報事案「見解」

アウメルディ＝チフラほか対モーリシャス事件（*Aumeeruddy-Cziffra et al v. Mauritius*），
通報 No.35/1978，1981年4月9日 ························*367, 574*

アドゥアヨムほか対トーゴ事件（*Aduayom et al. v. Togo*），通報 Nos.422-424/1990，1994年6月30日
························*206*

アプリカナ・マフイカほか対ニュージーランド事件（*Apricana Mahuica et al. v. New Zealand*），
通報 No.547/1993，2000年11月16日 ························*424*

アンゲラ・ポマ・ポマ対ペルー事件（*Ángela Poma Poma v. Peru*），通報 No.1457/2006，2009年
4月24日 ························*435*

E及びA. クニエ対ハンガリー事件（*E. and A. Könye v. Hungary*），通報 No.520/1992，1994年4月
7日 ························*556*

イヴァン・キトク対スウェーデン（*Ivan Kitok v. Sweden*），通報 No.197/1985，1988年7月27日
························*422, 424, 434*

イブラヒマ・ゲイエほか対フランス事件（*Ibrahima Gueye et al. v. France*），通報 No.196/1985，
1987年11月5日 ························*349, 350, 363, 574*

イルマリ・ランズマンほか対フィンランド事件（*Ilmari Länsman et al. v. Finland*），通報 No.511/
1992，1994年11月8日 ························*205, 434, 435*

ウィリアムズ・ルクラフト対スペイン事件（*Williams Lecraft v. Spain*），通報 No.1493/2006，2009
年8月17日 ························*355, 356*

ヴェリチキン対ベラルーシ事件（*Velichkin v. Belarus*），通報 No.1022/2001，2005年10月20日 ·········*191*

ヴォス対オランダ事件（*Vos v. the Netherlands*），通報 No.218/1986，1989年3月29日 ························*367*

A対オーストラリア事件（*A v. Australia*），通報 No.560/1993，1997年4月3日 ························*75*

オミナヤク首長及びルビコン・レイク族対カナダ事件（*Chief Bernard Ominayak and the Lubicon
Lake Band v. Canada*），通報 No.167/1984，1990年3月26日 ························*424, 425*

カヴァナー対アイルランド事件（*Kavanagh v. Ireland*），通報 No.819/1998，2001年4月4日 ·········*354*

カサリエゴ対ウルグアイ事件（*Lilian Celiberti de Casariego v. Uruguay*），通報 No.56/1979，1981年
7月29日 ························*120*

カラクルト対オーストリア事件（*Karakurt v. Austria*），通報 No.965/2000，2002年4月4日 ·········*365*

カンカナムゲ対スリランカ事件（*Kankanamge v. Sri Lanka*），通報 No.909/2000，2004年7月27日 ····*208*

キム・グンテ対韓国事件（*Keun-Tae Kim v. Republic of Korea*），通報 No.968/2001，1996年3月14日
························*206*

キンドラー対カナダ事件（*Kindler v. Canada*），通報 No.470/1991，1993年7月30日 ···············*244, 247*

グイド・ジャコブ対ベルギー事件（*Guido Jakob v. Belgium*），通報 No.943/2000，2004年7月7日 ····*415*

ゴーティエ対カナダ事件（*Gauthier v. Canada*），通報 No.633/1995，1999年5月5日 ························*195*

コールマン対オーストラリア事件（*Coleman v. Australia*），通報 No.1157/2003，2006年7月17日
························*201, 205*

コルネーンコほか対ベラルーシ事件（*Korneenko et al. v. Beralus*），通報 No.1553/2007，2006年

655

◆ 判 例 索 引 ◆

10月31日 ……………………………………………………………………………………………… *196*

サンチェス・ロペス対スペイン事件（*Sanchez Lopez v. Spain*），通報 No.777/1997，1999年11月25日 …… *561*

シムネク対チェコ共和国事件（*Simunek v. the Czech Republic*），通報 No.516/1992，1995年7月19日 …………………………………………………………………………………………………… *363, 364*

ジャオナ対マダガスカル事件（*Jaona v. Madagascar*），通報 No.132/1982，1985年4月1日 ………… *196*

ジャッジ対カナダ事件（*Judge v. Canada*），通報 No.829/1998，2003年8月5日 ……………… *247*

スヴェティック対ベラルーシ事件（*Svetik v. Belarus*），通報 No.927/2000，2004年7月8日 ……… *200*

ダークセン対オランダ事件（*Derksen v. the Netherlands*），通報 No.976/2001，2004年3月1日 ……… *390*

ダニング対オランダ事件（*Danning v. the Netherlands*），通報 No.180/1984，1987年4月9日 ……… *352*

ダンテ・ピアンディオンほか対フィリピン事件（*Dante Piandiong, Jesus Morallos and Archie Bulan v. the Philippines*）通報 No.869/1999，2000年6月15日 ……………………………………… *259*

チタット・Ng 対カナダ事件（*Chitat Ng v. Canada*），通報 No.469/1991，1993年11月5日 ……… *656*

チョン・ミンギュほか対韓国事件（*Min-Kyu Jeong et al. v. the Republic of Korea*），通報 Nos.1642–1741/2007，2007年3月24日 ……………………………………………………………………… *559*

ツワーン・ド・フリース対オランダ事件（*F.H.Zwaan-de Vries v. the Netherlands*），通報 No.182/1984，1987年4月9日 ………………………………………………………………………………… *349, 367*

D，E 及びその2人の子ども対オーストラリア事件（*D and E, and their two children v. Australia*），通報 No.1050/2002，2006年7月11日 …………………………………………………………… *76*

ディサナヤケ対スリランカ事件（*Dissanayake v. Sri Lanka*），通報 No.1373/2005，2008年7月22日 ………………………………………………………………………………………………… *195, 201*

ド・グルート対オランダ事件（*De Groot v. the Netherlands*），通報 No.578/1994，1995年7月14日 …… *195*

トゥーネン対オーストラリア事件（*Toonen v. Australia*），通報 No.488/1992，1994年3月30日 ……… *195*

トゥーネン対オーストラリア事件（*Toonen v. Australia*），通報 No.941/2000，2003年8月6日 …………………………………………………………………………………………………… *362, 554*

バランタイン，ダヴィッドソン及びマッキンタイア対カナダ事件（*Ballantyne, Davidson, McIntyre v. Canada*），通報 Nos.359/1989 and 385/1989，1993年3月31日 ………………………… *205, 430*

ピンクニー対カナダ事件（*Pinkney v. Canada*），通報 No.27/1978，1981年10月29日 ……………… *196*

ファン・オルド対オランダ事件（*Van Oord v. the Netherlands*），通報 No.658/1995 ……………… *364, 365*

フォーリソン対フランス事件（*Faurisson v. France*），通報 No.550/1993，1996年11月8日 ……… *201, 208*

フォワン対フランス事件（*F. Foin v. France*），通報 No.666/1995，1999年11月9日 …………… *361, 386*

フドイベルガノヴァ対ウズベキスタン事件（*Hudoyberganova v. Uzbekistan*），通報 No.931/2000，2005年1月18日 ……………………………………………………………………………………… *203*

ブルックス対オランダ事件（*Broeks v. the Netherlands*），通報 No.172/1984，1987年4月9日 ……………………………………………………………………………………………… *347, 348, 367*

ヘンドリックス対オランダ事件（*Hendriks v. the Netherlands*），通報 No.201/1985，1988年7月27日 ……………………………………………………………………………………………… *558*

ヘンリー対ジャマイカ事件（*Henry v. Jamaica*），通報 No.230/1987，1991年11月1日 ……………… *559*

ボロドジッチ対セルビア・モンテネグロ事件（*Bodrožić v. Serbia and Montenegro*），通報 No.1180/2003，2005年10月31日 …………………………………………………………………… *205, 206*

マルク対アンゴラ事件（*Rafael Marques de Morais v. Angola*），通報 No.1128/2002，2005年3月29日 ……………………………………………………………………………………………… *205, 206*

マルタン対ウルグアイ事件（*Sophie Vidal Martins v. Uruguay*）通報 No.57/1979，1981年7月29日 …… *116*

ミュラー及びエンゲルハルト対ナミビア事件（*M. A. Müller and I. Engelhard v. Namibia*），通報 No.919/2000，2002年3月26日 ………………………………………………………………… *359, 386*

モンテロ対ウルグアイ事件（*Mabel Pereira Montero v. Uruguay*），通報 No.106/1981，1983年3月31日 ……………………………………………………………………………………………… *120*

656

判例索引

モラエル対フランス事件（*Yves Morael v. France*），通報 No.207/1986，1989年7月28日 ……………578
ラブレイス対カナダ事件（*Lovelace v. Canada*），通報 No.24/1977，1981年7月31日 ………………310
ラミレス対ウルグアイ事件（*William Torrez Ramirez v. Uruguay*），通報 No.4/1977，1980年7月23日
　………………………………………………………………………………………………………563
ルビオ対コロンビア事件（*Joaquín David Herrera Rubio v. Colombia*），通報 No.161/1983，1987年
　11月2日 ……………………………………………………………………………………220，564
レアヴァグ対ノルウェー事件（*Leirvåg v. Norway*），通報 No.1155/2003，2004年11月23日 …………561
ロス対カナダ事件（*Ross v. Canada*），通報 No.736/97，2000年10月18日 ……………201，205，208
ロドリゲス対ウルグアイ事件（*Hugo Rodriguez v. Uruguay*），通報 No.322/1988，1994年7月19日 …275
ロペス・ブルゴス対ウルグアイ事件（*Sergio Ruben Lopez Burgoz v. Uruguay*），通報 No.52/1979，
　1979年6月6日 …………………………………………………………………………………117

拷問禁止委員会・個人通報事案「決定」
アバド対スペイン事件（*Encarnacion Blanco Abad v. Spain*），通報 No.59/1996，1998年5月14日 ………239
アブドゥサマトフ対カザフスタン事件（*Toirjon Abdussamatov v. Kazakhstan*），通報 No.444/2010，
　2012年6月1日 …………………………………………………………………………256，258
A. R. 対オランダ事件（*A. R. v. the Netherlands*），通報 No.203/2002，2003年11月21日 ……………254
カリニチェンコ対モロッコ事件（*Alexey Kalinichenko v. Morocco*），通報 No.428/2010，2011年11月
　25日 ……………………………………………………………………………………………255
ジャハニ対スイス事件（*Fuad Jahani v. Switzeland*），通報 No.357/2008，2011年5月23日 …………254
シン・ソギ対カナダ事件（*Shigh Sogi v. Canada*）通報 No.297/2006，2007年11月16日 ……………257
ヌニェス・チパナ対ベネズエラ事件（*Núñez Chipana v. Venezuela*），通報 No.110/1998，1998年
　11月10日 ………………………………………………………………………………257，258
パエズ対スウェーデン事件（*Paez v. Sweden*），通報 No.39/1996，1997年4月28日 ……………………257
ハリジ・ジェマイルほか対セルビア・モンテネグロ事件（*Hajrizi Dzemajl et al v. Sebia and Monte-negro*），通報 No.161/2000，2002年11月21日 ……………………………………………………238
ボイリー対カナダ事件（*Boily v. Canada*），通報 No.327/2007，2011年11月14日 …………………252

女性差別撤廃委員会・個人通報事案「見解」
A. T. 対ハンガリー事件（*A. T. v Hungary*），通報 No.2/2003，2005年1月26日 ………………………236
ファトマ・イルディリム対オーストリア事件（*Fatma Yildirim v. Austria*），通報 No.6/2005，
　2007年4月6日 …………………………………………………………………………235，555

ヨーロッパ社会権委員会・集団申立事案「決定」
自閉症・ヨーロッパ対フランス事件（*Autism-Europe v. France*），申立 No.13/2002，2003年11月
　4日 ……………………………………………………………………………………337，398，409
反拷問世界組織対ギリシャ事件（*World Organization against Torutre（"OMCT"）v. Greece*），
　申立 No.17/2003，2004年12月7日
ヨーロッパ・ロマ権利センター対イタリア事件（*European Roma Rights Center v. Italy*），
　申立 No.27/2004，2005年12月7日 …………………………………………………340，399，412
ヨーロッパ・ロマ権利センター対ギリシャ事件（*European Roma Rights Center v. Greece*），
　申立 No.15/2003，2004年12月8日 …………………………………………………………310，336

アフリカ人権委員会・個人通報事案「決定」
社会的及び経済的権利活動センター並びに経済的及び社会的権利センター対ナイジェリア事件
（*Social and Economic Rights Action Center（SERAC）and Center for Economic and Social Rights（CESR）v. Nigeria*），通報 No.155/96，2001年10月27日 …………………………52，177，261，426

657

◆判例索引◆

青年弁護士連合対チャド事件（*Commission Nationale des Droits de l'Homme et des Libertés de la Federation Nationale des Unions de Jeunes Avocats de France. v. Chad*），通報 No.74/92，1995年10月
··· *178, 427*

◆ 国 際 判 例 ◆

■ ヨーロッパ人権裁判所 ［注：本書で訳出ないし引用した判決名が仏語版である場合には，v.（＝ versus）の部分を c.（＝contre）で表記した］

アイディン対トルコ事件（*Aydin v. Turkey*），申立 No.57/1996/676/866，1997年9月25日 ············· *280*

アイルランド対イギリス事件（*Ireland v. the United Kingdom*），申立 No.5310/71，1978年1月18日
··································· *128, 133, 135, 136, 141, 440, 441, 628, 641*

アクソイ対トルコ事件（*Aksoy v. Turkey*），申立 No.21987/93，1996年12月18日 ···················· *279, 280*

アサニッツェ対グルジア事件（*Assanidzé v. Georgia*），申立 No.71503/21，2004年4月8日 ······· *127, 636*

アセノフほか対ブルガリア事件（*Assenov and others v. Bulgaria*），申立 No.90/1997/874/1086，
1998年10月28日 ·· *231, 234*

アブドゥラジズ，カバル及びバルカンダリ対イギリス事件（*Abdulaziz, Cabales and Balkandali v. the United Kingdom*），申立 No.9214/80，9473/81，9474/81，1985年5月28日 ········ *231, 371, 374, 376*

アーメット・オズカンほか対トルコ事件（*Ahmet Ozkan and Others v. Turkey*），申立 No.21689/93，
2004年4月6日 ··· *125*

アーメッド対オーストリア事件（*Ahmed v. Austria*），申立 No.25964/94，1996年12月17日 ············· *638*

アル＝ジェッダ対イギリス事件（*Al-Jedda v. the United Kingdom*），申立 No.27021/08，2011年7月
7日 ··· *129, 131*

アル＝スケイニ対イギリス事件（*Al-Skeini v. the United Kingdom*），申立 No.55721/07，2011年
7月7日 ··· *123*

アルヴァー対エストニア事件（*Alver v. Estonia*），申立 No.64812/01，2005年11月8日 ···················· *639*

アルティコ対イタリア事件（*Artico v. Italy*），申立 No.6694/74，1980年5月13日 ························ *242*

アンドレイェヴァ対ラトビア事件（*Andrejeva v. Latvia*），申立 No.55707/00，2009年2月18日
··· *376, 377*

イェチウス対リトアニア事件（*Jecius v. Lithuania*），申立 No.34578/97，2000年7月31日 ·············· *133*

イサイェヴァ対ロシア事件（*Isayeva v. Russia*），申立 No.57950/00，2005年2月24日 ················· *126*

「命を守る医師たち」対オーストリア事件（*Plattform 'Ärtze für das Leben' v. Austria*），
申立 No.10126/82，1988年6月21日 ·· *230, 234*

イラスクほか対モルドバ及びロシア事件（*Ilascu and Others v. Moldova and Russia*），
申立 No.48787/99，2004年7月8日 ··· *131, 636*

イルハン対トルコ事件（*Ilhan v. Turkey*），申立 No.22277/93，2000年6月27日 ···················· *453, 454*

インゼ対オーストリア事件（*Inze v. Austria*），申立 No.8695/79，1987年10月28日 ······ *372, 374, 375, 381*

ウィリス対イギリス事件（*Willis v. the United Kingdom*），申立 No.36042/97，2002年6月11日 ······· *358*

ヴィルヴァラジャほか対イギリス事件（*Vilvarajah and Others v. the United Kingdom*），
申立 Nos.13163/87，13164/87，13165/87，13447/87，13448/87，1991年10月30日 ···················· *250*

ウィングローブ対イギリス事件（*Wingrove v. the United Kingdom*），申立 No.17419/90，1996年11
月25日 ·· *214, 215*

ヴォ対フランス事件（*Vo c. France*），申立 No.53924/00，2004年7月8日 ······························ *402, 453*

ウネリルディス対トルコ事件（*Öneryildiz v. Turkey*），申立 No.48939/99，2004年11月30日 ············· *452*

A対イギリス事件（*A v. the United Kingdom*）申立 No.35373/97，2002年12月17日 ···················· *459*

A.P.，M.P及び T.P対スイス事件（*A.P., M.P., and T.P. v. Switzerland*），申立 No.71/1996/690/882，
1997年8月29日 ··· *638*

Aほか対イギリス事件（*A and Others v. the United Kingdom*），申立 No.3455/05，2009年2月19日

658

◆ 判 例 索 引 ◆

··· *136, 142*

エイリー対アイルランド事件（*Airey v. Ireland*），申立 No.6289/73，1979年10月 9 日 ··········· *156, 229*

S. L. 対オーストリア事件（*S. L. v. Austria*），申立 No.45330/99，2003年 1 月 9 日 ···················· *379*

X 及び Y 対オランダ事件（*X and Y v. the Netherlands*），申立 No.8978/80，1985年 3 月26日
··· *229, 230, 234, 458*

X 対イギリス事件（*X v. the United Kingdom*），申立 No.7215/75，1981年11月 5 日 ···················· *271*

エドワーズ対イギリス事件（*Paul and Audrey Edwards v. the United Kingdom*），申立 No.46477/99，
2002年 3 月14日 ·· *453*

エモネほか対スイス事件（*Emonet et autres c. Suisse*），申立 No.39051/03，2007年12月13日 ············· *402*

エルギ対トルコ事件（*Ergi v. Turkey*），申立 No.23818/94，1998年 7 月28日 ························· *125, 126*

L.C.B. 対イギリス事件（*L.C.B. v. United Kingdom*），申立 No.23413/94，1998年 6 月 9 日 ·················· *232*

エンゲルほか対オランダ事件（*Engel and Others v. the Netherlands*），申立 Nos.5100/71，5101/71，
5102/71，5354/72，5370/72，1976年 6 月 8 日 ··· *209*

オズグル・グンデム対トルコ事件（*Ozgür Gundem v. Turkey*），申立 No.23144/93，2000年 3 月16日
··· *231, 232, 234*

オスマン対イギリス事件（*Osman v. the United Kingdom*），申立 No.23452/94，1998年10月28日
··· *232, 234*

オットー・プレミンガー研究所対オーストリア事件（*Otto-Preminger-Institut v. Austria*），
申立 No.13470/87，1994年 9 月20日 ·· *214*

オブザーバー紙及びガーディアン紙対イギリス事件（*The Observer and Guardian v. the United
Kingdom*），申立 No.13585/88，1991年11月26日 ··· *211*

オープンドアほか対アイルランド事件（*Open Door and Dublin Well Woman v. Ireland*），
申立 No.14234/88，14235/88，1992年10月29日 ··· *202, 211*

オルソン対スウェーデン事件（*Olsson v. Sweden*），申立 No.10465/83，1988年 3 月24日 ················· *213*

ガヴタッゼ対グルジア事件（*Ghavtadze v. Georgia*），申立 No.23204/07，2009年 3 月 3 日 ·············· *639*

カシエフ及びアカイェヴァ対ロシア事件（*Khashiyev and Akayeva v. Russia*），申立 Nos.57942/00
and 57945/00，2005年 2 月24日 ·· *126*

ガスキン対イギリス事件（*Gaskin v. United Kingdom*），申立 No.10454/83，1989年 7 月 7 日 ··············· *234*

カスティロ・アルガー対スペイン事件（*Castillo Algar v. Spain*），申立 No.28194/95，1998年10月
28日 ··· *638*

カーナー対オーストリア事件（*Karner v. Austria*），申立 No.40016/98，2003年 7 月24日 ·············· *379*

カヤ対トルコ事件（*Kaya v. Turkey*），申立 No.158/1996/777/978，1998年 2 月19日 ···· *126, 231, 280, 453*

カラシニコフ対ロシア事件（*Karashnikov v. Russia*），申立 No.47095/99，2002年 7 月15日 ················ *640*

カールハインツ・シュミット対ドイツ事件（*Karlheinz Schmidt v. Germany*），申立 No.13580/88，
1994年 7 月18日 ·· *379*

カルベリ及びチグリオ対イタリア事件（*Calvelli and Ciglio v. Italy*），申立 No.32967/96，2002年
1 月17日 ·· *453*

カーン対イギリス事件（*Khan v. the United Kingdom*），申立 No.35394/97，2000年 5 月12日 ············· *200*

カンリバス対トルコ事件（*Kanlibas v. Turkey*），申立 No.32444/96，2005年12月 8 日 ····················· *126*

キェルドセン，マドセン及びペダーセン対デンマーク事件（*Kjeldsen, Busk Madsen and Pedersen v.
Denmark*）申立 Nos.5095/71，5920/72，5926/72，1976年12月 7 日 ··· *242*

キーガン対イギリス事件（*Keegan v. the United Kingdom*），申立 No.28867/03，2006年 7 月18日 ········· *212*

キリッチ対トルコ事件（*Kiliç v. Turkey*），申立 No.22492/93，2000年 3 月28日 ····························· *453*

ギャグスツ対オーストリア事件（*Gaygusuz v. Austria*），申立 No.17371/90，1996年 9 月16日
··· *371, 376, 377, 378*

キャンベル及びコーザンス対イギリス事件（*Campbell and Cosans v. the United Kingdom*），
申立 No.7511/76 and 7743/76，1982年 2 月25日 ··· *459*

659

◆ 判 例 索 引 ◆

キャンベル及びフェル事件（*Campbell and Fell v. the United Kingdom*），申立 No.7819/77 and 7878/77，
　1984年6月28日 ·· *577*

ギュレッチ対トルコ事件（*Güleç v. Turkey*），申立 No.21593/93，1998年7月27日 ··········· *125*

グツァルディ対イタリア事件（*Guzzardi v. Italy*），申立 No.7367/76，1980年11月6日 ········· *133*

クドワ対ポーランド事件（*Kudła v. Poland*），申立 No.30210/96，2000年10月26日 ····· *270, 632, 633, 641*

クーノフ対ブルガリア事件（*Kounov v. Bulgaria*），申立 No.24379/02，2006年5月23日 ············ *637*

クラスほか対ドイツ事件（*Klass and Others v. Germany*），申立 No.5029/71，1978年9月6日
　·· *141, 269, 270, 271*

クルッチマーほか対チェコ事件（*Krčmář and Others v. the Czech Republic*）申立 No.35376/97，
　2000年3月3日 ··· *639*

クルンペル及びクルンペロヴァ対スロバキア事件（*Krumpel and Krumpelova v. Slovakia*），
　申立 No.56195/00，2005年7月5日 ··· *639*

クルーンほか対オランダ事件（*Kroon and Others v. the Netherlands*），申立 No.18535/91，1994年
　10月27日 ··· *639*

グロール対スイス事件（*Glor c. Suisse*），申立 No.13444/04，2009年4月30日 ············· *383, 401*

グンデュス対トルコ事件（*Gunduz v. Turkey*），申立 No.35071/97，2003年12月4日 ············· *490*

ゲラほか対イタリア事件（*Guerra and Others v. Italy*），申立 No.116/1996/735/932，1998年
　2月19日 ··· *453*

コウア・ポアレス対フランス事件（*Koua Poirrez v. France*），申立 No.40892/98，2003年9月30日 ····· *378*

コステロ＝ロバーツ対イギリス事件（*Costello-Roberts c. Royaume-Uni*），申立 No.13134/87，1993年
　3月25日 ··· *402*

コップランド対イギリス事件（*Copland v. the United Kingdom*），申立 No.62617/00，2007年4月3日
　··· *199*

コナーズ対イギリス事件（*Connors v. the United Kingdom*），申立 No.66746/01，2004年5月27日 ······· *395*

ゴルゼリクほか対ポーランド事件（*Gorzelik and Others v. Poland*），申立 No.44158/98，2004年
　2月17日 ··· *215*

ゴルダー事件（*Golder v. the United Kingdom*），申立 No.4451/70，1975年2月21日
　·· *47, 210, 269, 577, 632*

サルゲイロ・ダ・シルヴァ・モウタ対ポルトガル事件（*Salgueiro da Silva Mouta v. Portugal*），
　申立 No.33290/96，1999年12月21日 ··· *379*

ザルブ・アダミ対マルタ事件（*Zarb Adami v. Malta*），申立 No.17209/02，2006年6月20日 ······· *394, 396*

シャサヌほか対フランス事件（*Chassagnou and Others v. France*），申立 Nos.25088/94，28331/95
　and 28443/95，1999年4月29日 ··· *357, 358, 394*

シャナガン対イギリス事件（*Shanaghan v. the United Kingdom*），申立 No.37715/97，2001年5月4日
　··· *126*

シュミット及びダールストロム対スウェーデン事件（*Schmidt and Dahlstrom v. Sweden*），
　申立 No.5589/72，1976年2月6日 ·· *371, 372*

シュラー＝ツグラッゲン対スイス事件（*Schuler-Zgraggen v. Switzerland*），申立 No.14518/89，
　1993年6月24日 ·· *375, 519*

ジョンストンほか対アイルランド事件（*Johnston and Others v. Ireland*），申立 No.9697/82，
　1986年12月18日 ··· *374*

シルヴァーほか対イギリス事件（*Silver and Others v. the United Kingdom*），申立 No.5947/72，
　6205/73，7052/75，7061/75，7107/75，7113/75，7136/75，1983年3月25日 ············· *269, 270, 272*

スウェーデン機関士連合対スウェーデン事件（*the Swedish Engine Drivers' Union v. Sweden*），
　申立 No.5614/72，1976年2月6日 ··· *272*

スコツァーリ及びギウンタ事件（*Scozzari and Giunta*），申立 Nos.39221/98 and 41963/98，2000年
　7月13日 ·· *635, 650*

660

判例索引

ステッチほか対イギリス事件（*Stec and Others v. the United Kingdom*），申立 No.65731/01 and
65900/01，2006年4月12日 ··*377, 394, 397, 402, 520*

ステファノフ対ブルガリア事件（*Stefanov v. Bulgaria*），申立 No.32438/96，2001年5月3日 ·········638

ストイメノフ対「旧ユーゴスラビアマケドニア共和国」事件（*Stoimenov v. 'the Former Yugoslav
Republic of Macedonia'*），申立 No.17995/02，2007年4月5日 ·····································638

スミス及びグラディ対イギリス事件（*Smith and Grady v. the United Kingdom*），申立 Nos.33985/96
and 33986/96，1999年9月27日 ···379

スリムメノス対ギリシャ事件（*Thlimmenos v. Greece*），申立 No.34369/97，2000年4月6日
···*338, 377, 380, 383, 391, 394, 398, 411*

セイジッチ及びフィンチ対ボスニア・ヘルツェゴビナ事件（*Sejdić and Finci v. Bosnia and
Herzegovina*），申立 Nos.27996/06 and 34836/06，2009年12月22日 ····························382

ゼーリング対イギリス事件（*Soering v. the United Kindom*），申立 No.14038/88，1989年7月7日
···*240, 242, 244*

セルモウニ対フランス事件（*Selmouni v. France*），申立 No.25803/94，1999年7月28日 ·············633

タイラー対イギリス事件（*Tyrer v. the United Kingdom*），申立 No.5856/72，1978年4月25日 ·········459

ダジョン対イギリス事件（*Dudgeon v. the United Kingdom*），申立 No.7525/76，1981年10月22日 ······357

ダービー対スウェーデン事件（*Darby v. Sweden*），申立 No.11581/85，1990年10月23日 ·············372

タンリクル対トルコ事件（*Tanrikulu v. Turkey*），申立 No.23763/94，1999年7月8日 ·············126

チャップマン対イギリス事件（*Chapman v. the United Kingdom*），申立 No.27238/95，·············395

チャハル対イギリス事件（*Chahal and others v. the United Kindom*），申立 No.22414/93，1996年
11月15日 ···*250, 279*

ツィマーマン及びシュタイナー対スイス事件（*Zimmermann and Steiner v. Switzerland*），
申立 No.8737/79，1983年7月13日 ···128

D. H. ほか対チェコ共和国事件（*D. H. and Other v. Czech Republic*），申立 No.57325/00，2007年
11月13日 ···*383, 391, 393*

ディマウロ対イタリア事件（*Di Mauro v. Italy*），申立 No.34256/96，1999年7月28日 ·············651

ティミシェフ対ロシア事件（*Timishev v. Russia*），申立 Nos.55762/00 and 55974/00，2005年12月
13日 ···*356, 357, 394*

ド・ウィルデ，オームス及びヴェルシップ対ベルギー事件（*De Wilde, Ooms and Versyp v. Belgium*），
申立 No. Application Nos.2832/66，2835/66，2899/66，1971年6月18日 ·······················210

ドゥーゴス対ギリシャ事件（*Dougoz v. Greece*），申立 No.40907/98，2001年3月6日 ·············641

トマジ対フランス事件（*Tomasi v. France*），申立 No.12850/87，1992年8月27日 ·············250

トルコの連合共産党ほか対トルコ事件（*United Communist Party of Turkey and Others v. Turkey*），
申立 No.19392/92，1998年1月30日 ···128

ドローズ及びヤヌーセク対フランス及びスペイン事件（*Drozd and Janousek v. France and Spain*），
申立 No.12747/87，1992年6月26日 ···118

ナチョヴァほか対ブルガリア事件（*Nachova and Others v. Bulgaria*），申立 Nos.43557/98 and
43579/98，2005年7月6日 ···*383, 394, 395, 396, 397*

ノリス対アイルランド事件（*Norris v. Ireland*），申立 No.10581/83，1988年10月26日 ·············211

バゾルキナ対ロシア事件（*Bazorkina v. Russia*），申立 No.69481/01，2006年7月27日 ·············126

バック対ドイツ事件（*Buck v. Germany*），申立 No.41604/98，2005年4月28日 ·····················213

バックリー対イギリス事件（*Buckley v. the United Kingdom*），申立 No.20348/92，1996年9月25日····213

ハットン対イギリス事件（*Hatton v. the United Kingdom*），申立 No.36022/97，2003年7月8日 ·······216

ハドリ＝ヴィオネ対スイス事件（*Hadri-Vionnet c. Suisse*），申立 No.55525/00，2008年2月14日·······401

パパミカロプロスほか対ギリシャ事件（*Papamichalopoulos and Others v. Greece*），（公正な満足）
申立 No.14556/89，1995年10月31日 ···636

ハルテュンナン対アルメニア事件（*Harutyunyan v. Armenia*），申立 No.36549/03，2007年6月28日

661

◆判例索引◆

··· *637*

ハルフォード対イギリス事件（*Halford v. the United Kingdom*），申立 No.20605/92，1997年6月25日

··· *200*

バンコヴィッチほか対ベルギーほか16カ国事件（*Banković and Others v. Belgium and 16 Other States*），

申立 No.52207/99，2001年12月12日 ·· *129, 130*

ハンディサイド対イギリス事件（*Handyside v. the United Kingdom*），申立 No.5493/72，1976年12月

7日 ··· *208, 209, 211*

ピアズ対ギリシャ事件（*Peers v. Greece*），申立 No.28524/95，2001年4月19日 ····················· *641, 642*

P.G. 及び J.H. 対イギリス事件（*P.G. and J.H v. the United Kingdom*），申立 No.44787/98，2001年

9月25日 ··· *200*

B 対フランス事件（*B. v. France*），申立 No.13343/87，1992年3月25日 ··· *639*

ヒュー・ジョーダン対イギリス事件（*Hugh Jordan v. the United kingdom*），申立 No.24746/94，

2001年5月4日 ··· *394, 395*

ファン・ドゥルーゲンブロック対ベルギー事件（*Van Droogenbroeck v. Belgium*），申立 No.7906/77，

1982年6月24日 ··· *271*

ファンケ対フランス事件（*Funke v. France*），申立 No.10828/84，1993年2月25日 ······················· *213*

フィーバー対エストニア(第2)事件（*Veeber v. Estonia（No.2）*），申立 No.45771/99，2003年

1月21日 ··· *638*

フォティほか対イタリア事件（*Foti and Others v. Italy*），申立 Nos.7604/76，7719/76，7781/77，

7913/77，1982年12月10日 ·· *128*

ブラニガン及びマクブライド対イギリス事件（*Brannigan and McBride v. the United Kingdom*），

申立 Nos. 14553/89 and 14554/89，1993年5月26日 ·· *140*

プリティ対イギリス事件（*Pretty c. Royaume-Uni*），申立 No.2346/02，2002年4月29日 ··············· *401*

ブルクハルツ対スイス事件（*Burghartz v. Switzerland*），申立 No.16123/90，1994年2月22日 ········· *379*

ブルドフ対ロシア事件（*Burdov v. Russia*），申立 No.59498/00，2002年5月7日 ····················· *639, 651*

ブルドフ対ロシア(第2)事件（*Burdov v. Russia（No.2）*），申立 No.33509/04，2009年1月15日 ········· *651*

フレッテ対フランス事件（*Fretté v. France*），申立 No.36515/97，2002年2月26日 ····························· *379*

ブローガンほか対イギリス事件（*Brogan and Others v. the United Kingdom*）申立 No.11209/84，

11234/84，11266/84，11386/85，1988年11月29日 ··· *140*

ブロニオヴスキ対ポーランド事件（*Broniowski v. Poland*），申立 No.31443/96，2004年6月22日

··· *648, 649*

ペトロヴィッチ対オーストリア事件（*Petrovic v. Austria*），申立 No.156/1996/775/976，

1998年3月27日 ··· *372*

ベーラミ対フランス及び，サラマティ対フランス・ドイツ・ノルウェー事件（*A. and B. Behrami v.*

France and R. Saramati v. France, Germany and Norway），申立 Nos.71412/01 and 78166/01，

2007年5月2日 ··· *129, 130*

ベルギー警察全国同盟対ベルギー事件（*the National Union of Belgian Police v. Belgium*），

申立 No.4464/70，1975年10月27日 ·· *372*

ベルギー言語事件（*Case "Relating to Certain Aspects of the Laws on the Use of Languages in Education in*

Belgium" v. Belgium）(本案)，申立 No.1474/62，1677/62，1691/62，1769/63，1994/63，2126/64，

1968年7月23日 ·· *209, 369, 370, 372, 373, 383, 391, 394*

ボイル及びライス対イギリス事件（*Boyle and Rice v. the United Kingdom*），申立 No.9659/82 and

9658/82，1988年4月27日 ·· *272*

ボタッツィ対イタリア事件（*Botazzi v. Italy*），申立 No.34884/97，1999年7月28日 ······················· *651*

ホルヴァット対クロアチア事件（*Horvat v. Croatia*），申立 No.51585/99，2001年7月26日 ··············· *639*

マクロード対イギリス事件（*McLeod v. the United Kingdom*），申立 No.24755/94，1998年9月23日 ···· *213*

マズレク対フランス事件（*Mazurek v. France*），申立 No.34406/97，2000年2月1日 ······················· *639*

662

◆ 判 例 索 引 ◆

マッカンほか対イギリス事件（*McCann and Others v. the United Kingdom*），申立 No.18984/91，
　1995年9月27日 ··· *231, 233, 234, 454*
マーフィー対アイルランド事件（*Murphy v. Ireland*），申立 No.44179/98，2003年7月10日 ············ *215*
ママトクロフ及びアスカロフ対トルコ事件（*Mamatkulov and Askarov v. Turkey*）申立 Nos.46827/
　99 and 46951/99，2005年2月5日 ·· *259*
マヤリ対フランス事件（*Mayali v. France*），申立 No.69116/01，2005年6月14日 ···················· *632*
マリズィエヴィッツ＝ガジオル対ポーランド事件（*Malisiewicz-Gasior v. Poland*），申立 No.43797/98，
　2006年4月6日 ··· *638*
マルクス対ベルギー事件（*Marckx v. Belgium*），申立 No.6833/74，1979年6月13日 ········· *160, 401, 638*
マストロマッテオ対イタリア事件（*Mastromatteo v. Italy*），申立 No.37707/97，2002年10月24日 ······· *453*
マローン対イギリス事件（*Malone v. the United Kingdom*），申立 No.8691/79，1984年8月2日 ··· *198, 200*
ミュラーほか対スイス事件（*Müller and Others v. Switzerland*），申立 No.10737/84，1988年5月24日
　·· *211*
ムサイェフほか対ロシア事件（*Musayev and Others v. Russia*），申立 Nos. 57941/00，58699/00 and
　60403/00，2007年7月26日 ·· *126*
ヤサ対トルコ事件（*Yaşa v. Turkey*），申立 No.22495/93，1998年9月2日 ···························· *231*
ヤング，ジェームズ，ウェブスター対イギリス事件（*Young, James and Webster v. United Kingdom*），
　申立 No.7601/76，7806/77，1981年8月13日 ····································· *225, 226, 446*
ラスムッセン対デンマーク事件（*Rasmussen v. Denmark*），申立 No.8777/79，1984年11月28日 ······· *371*
ラニネン対フィンランド事件（*Raninen v. Finland*），申立 No.20972/92，1997年12月16日 ·········· *641*
ラビタ対イタリア事件（*Labita v. Italy*），申立 No.26772/95，2000年4月6日 ······················· *640*
ラルコス対キプロス事件（*Larkos c. Cyprus*），申立 No.29515/95，1999年2月18日 ················ *397*
リスゴウほか対イギリス事件（*Lithgow and Others v. the United Kingdom*），通報 Nos.9006/80，
　9262/81，9263/81，9265/81，9266/81，9313/81，9405/81，1986年7月8日 ·············· *374*
リーズ対イギリス事件（*Rees v. the United Kingdom*），申立 No.9532/81，1986年10月17日 ········· *234*
リンゲンス対オーストリア事件（*Lingens v. Austria*），申立 No.9815/82，1986年7月8日 ··········· *128*
レイラ・サヒン対トルコ事件（*Leila Şahin v. Turkey*），申立 No.44774/98，2005年11月10日 ······· *214*
ロイズィドゥ対トルコ事件（*Loizidou v. Turkey*）（先決的抗弁），申立 No.15318/89，1995年3月
　23日 ·· *118*
ロイズィドゥ対トルコ事件（*Loizidou v. Turkey*）（先決的抗弁及び本案），申立 No.15138/89，
　1996年12月18日 ·· *118*
ロタル対ルーマニア事件（*Rotaru v. Roumania*），申立 No.28341/95，2000年5月4日 ············· *198*
ローレス対アイルランド（第3）事件（*Lawless v. Ireland（No.3）*），申立 No.332/57，1961年7月
　1日 ·· *133, 136*

■ 米州人権裁判所

ヴィヴィアナ・ガラルドほか事件（*Viviana Gallardo et al.*），G101/81，1981年11月13日 ············· *557*
ヴェラスケス・ロドリゲス対ホンジュラス事件（*Velázquez Rodríguez v. Honduras*）
　（先決的抗弁），1987年6月26日 ·· *557*
ヴェラスケス・ロドリゲス対ホンジュラス事件（*Velázquez Rodríguez v. Honduras*）（本案），
　1988年7月29日 ·································· *51, 178, 181, 182, 221, 222, 227, 273, 275, 427, 557*
カスティロ＝パエズ対ペルー事件（*Castillo-Páez v. Peru*），1997年11月3日 ························· *277*
カスティロ＝ペトルッツィほか対ペルー事件（*Castillo-Petruzzi et al. v. Peru*），1999年5月30日 ······· *138*
ガンダラム・パンデイ（*Gandaram Panday*）（先決的抗弁）1991年12月4日 ························· *557*
ゴディネス・クルス事件（*Godínez Cruz*）（先決的抗弁）1987年1月26日 ··························· *557*
ゴディネス・クルス事件（*Godínez Cruz*）（本案）1989年1月20日 ································· *557*
ザンブラノ・ヴェレスほか対エクアドル事件（*Zambrano Velez et al. v. Ecuador*），2007年7月4日 ····*148*

663

◆ 判例索引 ◆

バリオス・アルトス対ペルー事件（*Barrios Altos v. Peru*），2001年3月14日 ……………………… *277*

ファイレン・ガルビ及びソリス・コラレス事件（*Fairen Garbi and Solis Corrales*）1989年3月15日 ……*557*

マピリパンの虐殺対コロンビア事件（*Mapiripán Massacre v. Colombia*），2005年9月15日 ……………… *125*

ミルナ・マック・チャン対グアテマラ事件（*Myrna Mack Chang v. Guatemala*），2003年11月25日 ……*278*

■ 旧ユーゴスラビア国際刑事法廷

フルンジャ事件（*Prosecutor v. Anto Furundžija*）（裁判部），Case No.IT-95-17/1-T，1998年12月10日 …*28*

■ ルワンダ国際刑事法廷

ナヒマナほか事件（*The Prosecutor v. Ferdinand Nahimana, Jean-Bosco Barayagwiza, Hassan Ngeze*），Case
No. ICTR-99-52-T，2003年12月3日 ………………………………………………………………… *489*

■ 国際司法裁判所

ディアロ事件（*Ahmadou Sadio Diallo*）（ギニア対コンゴ民主共和国）（先決的抗弁），
2007年5月24日 ……………………………………………………………………………………… *6, 566*

バルセロナ・トラクション事件（*the Barcelona Traction, Light and Power Company, Limited*）
（ベルギー対スペイン），1970年2月5日 ……………………………………………………………… *8*

ラグラン事件（*LaGrand*）（ドイツ対アメリカ合衆国），2001年6月27日 ……………………………… *8*

◆ 国際裁判所の勧告的意見 ◆

■ 米州人権裁判所・勧告的意見

緊急事態における人身保護（米州人権条約27条2項，25条1項及び7条6項），OC-8/87，
1987年1月30日 …………………………………………………………………………………… *137, 144*

非正規移民の法的状況及び権利，OC-18/03，2003年9月17日 ……………………………………… *227*

米州人権条約30条の「法律」の語，OC-6/86，1986年5月9日 …………………………………… *183, 194*

■ 国際司法裁判所・勧告的意見

安全保障理事会決議276（1970）にもかかわらず，南アフリカが引き続きナミビアに存在するこ
との諸国に対する法的効果，1971年6月21日 ……………………………………………………… *24*

国連特権免除条約6条22項の適用可能性，1989年12月15日 ……………………………………… *616*

パレスチナ占領地域における壁の建設の法的結果，2004年7月9日 …………………… *119, 120, 123, 566*

◆ 国内判例（諸外国） ◆

■ アメリカ合衆国

ローパー対シモンズ事件（*Roper v. Simmons*），2005年3月1日 ………………………………………… *111*

■ カナダ

アメリカ合衆国対バーンズ事件（*United States v. Burns*），2001年2月15日 ……………………………… *248*

R対エワンチュク事件（*R v. Ewanchuk*），1999年2月25日 …………………………………………… *107*

R対キーグストラ事件（*R. v. Keegstra*），1990年12月13日 …………………………………………… *490*

スライト・コミュニケーション社対ダヴィッドソン事件（*Slaight Communications Inc. v.
Davidson*），1989年5月4日 ……………………………………………………………………… *107*

■ ベルギー

学生サークルほか対フランス語共同体事件（*Cercle des étudiants en alternance et crts c. Communauté*

判 例 索 引

française），1992年 5 月 7 日 ··· *526*

国ほか対ナジミ事件（*Etat belge, vice-Premier ministre chargé de la restructuration de l'éducation nationale et Communauté française de Belgique c. Najimi*），1990年12月20日 ··········· *525*

フェッダルほか対国事件（*M'Feddal et crts c. l'Etat belge*），1989年 9 月 6 日 ··········· *523*

◎ 国 内 判 例

アフガニスタン難民収容令書執行停止請求事件（東京地決2001（平成13）年11月 6 日訟務月報48巻 9 号2298頁）·· *61*

遺産分割審判に対する抗告事件（東京高決1993（平成 5 ）年 6 月23日判時1465号55頁，判タ823号 122頁）··· *528*

李昌錫事件　→恩給請求棄却処分取消請求事件

鞍・大阪城公園強制立ち退き事件（大阪地判2009（平21）年 3 月25日判例地方自治324号10頁，大阪 高判2010（平成22）年 2 月18日判例集未登載）··· *186*

小樽市外国人入浴拒否事件（札幌地判2002（平成14）年11月11日判時1806号84頁，判タ1150号 185頁）··· *531*

恩給請求棄却処分取消請求事件（李昌錫事件）（京都地判1998（平成10）年 3 月27日訟務月報45巻 7 号1259頁）··· *569*

街頭宣伝差止め等請求事件　→京都朝鮮学校事件

外国人指紋押捺拒否事件（東京地判1984（昭和59）年 8 月29日判時1125号101頁，判タ534号98頁）······· *89*

外国人生活保護申請却下処分等取消請求事件（東京地判1996（平成 8 ）年 5 月29日判時1577号76頁， 判タ916号78頁）··· *516*

外国人入浴拒否事件（札幌地判2002（平成14）年11月11日判時1806号84頁，判タ1150号185頁）······· *531*

監視用テレビカメラ撤去等請求事件（大阪地判1994（平成 6 ）年 4 月27日判時1515号116頁）··········· *513*

京都朝鮮学校事件第一審判決（京都地判2013（平成25）年10月 7 日判時2208号74頁）··········· *483*

京都朝鮮学校事件控訴審判決（大阪高判2014（平成26）年 7 月 8 日判時2232号34頁）··········· *485*

公職選挙法違反被告事件（広島高判1999（平成11）年 4 月28日 LEX/DB28065154）··········· *514, 572*

国籍確認請求事件（最大判2008（平成20）年 6 月 4 日民集62巻 6 号1367頁）····················· *98*

裁決等取消請求事件（東京地判1999（平成11）年11月12日判時1727号94頁）····················· *66*

在日コリアン年金差別訴訟（大阪地判2005（平成17）年 5 月22日判タ1188号254頁）··········· *520*

猿払事件（最大判1974（昭49）年11月 6 日刑集28巻 9 号393頁）····························· *94*

残留孤児訴訟　→退去強制令書発付処分取消等請求控訴事件

塩見訴訟　→障害福祉年金国籍要件違憲訴訟

シベリア抑留事件（東京高判1993（平成 5 ）年 3 月 5 日判時1466号40頁）······················· *510*

指紋押捺拒否国賠請求事件（大阪高判1994（平成 6 ）年10月28日判時1513号71頁，判タ868号59 頁）·· *513, 573*

受刑者接見妨害国賠請求事件（徳島地判1996（平成 8 ）年 3 月15日判時1597号115頁，判タ977号 65頁）·· *513*

受刑者接見妨害国賠請求事件（高松高判1997（平成 9 ）年11月25日判時1653号117頁）··········· *577*

障害福祉年金国籍要件違憲訴訟（塩見訴訟）（最判1989（平成元）年 3 月 2 日判時1363号68頁，判 タ741号87頁）··· *516*

砂川事件（最大判1959（昭和34）年12月16日刑集13巻13号3225頁）····························· *84*

住友電工事件（大阪地判2000（平成12）年 7 月31日判タ1080号126頁）························· *462*

損害賠償等請求控訴事件（東京高判1998（平成10）年 1 月21日判時1645号67頁）················· *90*

尊属殺重罰規定違憲判決（最大判1973（昭和48）年 4 月 4 日刑集27巻 3 号265頁）··········· *88*

退去強制令書執行停止申立事件（名古屋地決2000（平成12）年 5 月16日判例集未登載）··········· *514*

退去強制令書発付処分取消等請求控訴事件（残留孤児訴訟）（福岡高判2005（平成17）年 3 月 7 日

665

◆判例索引◆

判タ1234号73頁）⋯⋯⋯⋯⋯⋯⋯⋯⋯⋯⋯⋯⋯⋯⋯⋯⋯⋯⋯⋯⋯⋯⋯⋯⋯⋯⋯⋯⋯⋯⋯⋯⋯⋯⋯*532*

退去強制令書発付処分取消等取消請求事件（東京地判2003(平成15)年9月19日判時1836号46頁）⋯⋯*67*

大麻取締法違反，関税法違反被告控訴事件（東京高判1993(平成5)年2月3日東京高等裁判所

（刑事）判決時報44巻1～12号11頁）⋯⋯⋯⋯⋯⋯⋯⋯⋯⋯⋯⋯⋯⋯⋯⋯⋯⋯⋯⋯⋯⋯⋯⋯*512*

名古屋刑務所事件（名古屋地判2005(平成17)年11月4日LEX/DB28135374）⋯⋯⋯⋯⋯⋯⋯*91, 445*

難民不認定処分等取消，退去強制命令書発付取消等請求控訴事件（大阪高判2005(平成17)年

6月15日判時1928号29頁）⋯⋯⋯⋯⋯⋯⋯⋯⋯⋯⋯⋯⋯⋯⋯⋯⋯⋯⋯⋯⋯⋯⋯⋯⋯⋯⋯⋯*64*

二風谷ダム事件（札幌地判1997(平成9)年3月27日判時1598号33頁，判タ938号75頁）⋯⋯⋯⋯*92, 529*

浜松宝石店入店拒否事件（静岡地判浜松支部1999(平成11)年10月12日判時1718号92頁，判タ

1045号216頁）⋯⋯⋯⋯⋯⋯⋯⋯⋯⋯⋯⋯⋯⋯⋯⋯⋯⋯⋯⋯⋯⋯⋯⋯⋯⋯⋯⋯⋯⋯⋯⋯⋯*530*

ビデオテープ再生・接見拒否国賠請求事件（大阪地判2004(平成16)年3月9日判時1858号79頁）⋯⋯*576*

夫婦別姓訴訟大法廷判決（最大判2015（平成27）年12月16日裁判所時報1642号13頁）⋯⋯⋯⋯*471*

法廷内メモ不許可国賠請求事件（東京高判1987(昭和62)年12月25日判時1262号30頁，判タ653号

233頁）⋯⋯⋯⋯⋯⋯⋯⋯⋯⋯⋯⋯⋯⋯⋯⋯⋯⋯⋯⋯⋯⋯⋯⋯⋯⋯⋯⋯⋯⋯⋯⋯⋯⋯⋯⋯⋯*89*

堀越事件（東京地判2006(平成18)年6月29日LEX/DB25463371，東京高判2010(平成22)年3月

29日判タ1340号105頁，最判2012(平成24)年12月7日判時2174号32頁，判タ1385号106頁）⋯⋯*93, 94*

マクリーン事件（最大判1978(昭和53)年10月4日民集32巻7号1223頁）⋯⋯⋯⋯⋯⋯⋯⋯⋯⋯*57–59*

預金返還請求等及び預金返還請求当事者参加事件（最判2003(平成15)年3月31日判時1820号64頁，

判タ1120号88頁〔島田仁郎裁判官補足意見〕）⋯⋯⋯⋯⋯⋯⋯⋯⋯⋯⋯⋯⋯⋯⋯⋯⋯⋯⋯*97*

人権条約規定・条約機関採択文書・関連法文書索引

か　行

改正ヨーロッパ社会憲章……………………49
　第5部E条……………………345, 398
経済的，社会的及び文化的権利の分野における米州人権条約に対する追加議定書
　1条………………………………………323
拷問禁止委員会「一般的意見」
　1　22条の文脈における条約3条の実施
　　　……………………………………251
　2　締約国による2条の実施
　　　……………………73, 159, 189, 239, 448
　3　締約国による14条の実施…………285
拷問禁止委員会日本政府報告書審査「総括所見」
　第1回……………62, 64, 278, 585, 587, 591
拷問等禁止条約………………………………163
　1条………………………………………71, 237
　2条1項…………………………71, 114, 237
　2条2項…………………………………188
　2条3項…………………………………188
　3条1項……………………………………63
　3条2項……………………………………63
　4条1項……………………………………71
　10条1項……………………………………71
　11条……………………………………71
　12条……………………………………71, 238
　13条……………………………………71, 238
　14条1項…………………………………267
　16条1項…………………………71, 114, 238
　選択議定書………………………………608
国際違法行為に対する国家責任に関する条文（国家責任条文）
　4条1項…………………………………219
　4条2項…………………………………219
　5条1項…………………………………219
　8条………………………………………219
　11条……………………………………219
国連憲章………………………………………18
　1条1項……………………………………18
　1条2項……………………………………18
　1条3項……………………………………18
　1条4項……………………………………18

　13条………………………………………23
　55条………………………………………23
　56条………………………………………23
　62条2項…………………………………23
　第7章……………………………………131
子どもの権利委員会「一般的意見」
　5　子どもの権利条約の一般的な実施措置（4条，42条及び44条6項）
　　　……………152, 268, 304, 309, 449, 547
第1回日本政府報告書審査「総括所見」
　　　……………………………………498
第2回日本政府報告書審査「総括所見」
　　　……………………………………498
第3回日本政府報告書審査「総括所見」
　　　……………………………………498
子どもの権利条約……………………………30
　2条1項………………………………114, 345

さ　行

社会権規約（経済的，社会的及び文化的権利に関する国際規約）
　1条1項…………………………………419
　1条2項…………………………………419
　1条3項…………………………………419
　2条2項…………………………………344
　3条………………………………………336
　4条………………………………………192
　5条1項…………………………………193
　10条3項…………………………………345
社会権規約委員会「一般的意見」
　2　国際的技術協力措置（規約22条）…149
　3　締約国の義務の性格（規約2条1項）
　　　……………………151, 169, 267, 297, 517
　5　障害のある人の権利…………………408
　7　十分な住居に対する権利（規約11条1項）：強制退去………………164, 184
　9　規約の国内的適用……………………268
　12　十分な食料に対する権利
　　　……………170, 184, 260, 268, 298, 329
　13　教育に対する権利（規約13条）
　　　……………………170, 184, 260, 299, 329
　14　到達可能な最高水準の健康に対する権利（規約12条）

667

······151, 172, 185, 260, 300, 308, 329
15　水に対する権利（規約11・12条）
　　······152, 261, 301, 309, 330
20　経済的，社会的及び文化的権利にお
　　ける無差別（経済的，社会的及び文
　　化的権利に関する国際規約2条2項）
　　······391, 408

社会権規約委員会日本政府報告書審査「総
　括所見」
　第1回······517
　第2回······498

自由権規約（市民的及び政治的権利に関す
　る国際規約）······29
　1条1項······419
　1条2項······419
　1条3項······419
　2条1項······114, 344
　2条2項······446
　2条3項······266, 500
　3条······344
　4条1項······122, 188
　4条2項······122, 188
　4条3項······122
　6条1項······447
　7条······70, 188, 582
　9条1項······75
　9条3項······589
　9条4項······75
　10条1項······70, 582
　12条1項······190
　12条2項······190
　12条3項······190
　14条1項······447
　14条3項······589
　17条1項······194, 447
　17条2項······194, 447
　18条1項······190
　18条2項······190
　18条3項······190
　19条1項······190
　19条2項······190
　19条3項······190
　20条1項······447
　20条2項······447
　21条······191
　22条1項······191
　22条2項······191

24条1項······345
26条······346, 353
27条······428

自由権規約委員会「一般的意見」
　6　生命に対する権利（6条）······220
　7　拷問又は残虐な，非人道的なもしく
　　は品位を傷つける取扱いもしくは刑罰
　　（7条）······582
　8　身体の自由及び安全に対する権利
　　（9条）······589
　12　人民の自決権（1条）······419
　16　私生活，家族，住居及び通信の尊重，
　　並びに名誉及び信用の保護を受ける権
　　利（17条）······194
　17　子どもの権利（24条）······497
　18　無差別······351, 369, 389, 408
　20　拷問及び残虐な取扱い又は刑罰の禁
　　止に関する一般的意見7に取って代わ
　　るもの（7条）······70, 243, 274, 275
　21　自由を奪われた人の人道的取扱いに
　　関して一般的意見9に取って代わるも
　　の（10条）······70, 582
　23　マイノリティの権利（27条）······426, 431
　24　規約もしくは選択議定書の批准・加
　　入に際して，又は規約41条に基づく宣
　　言に関連してなされた留保に関する問
　　題······566
　27　移動の自由（12条）······190, 193, 195, 204
　28　男女間における権利の平等（3条）
　　······21, 202, 310, 366, 466
　29　緊急事態における逸脱（4条）
　　······134, 139, 143, 146, 147
　30　規約40条に基づく締約国の報告義務
　　······549
　31　規約の締約国に課された一般的義務
　　の性格······128, 162, 225, 274, 441, 501
　34　意見及び表現の自由（19条）
　　······190, 193, 195, 200, 205

自由権規約委員会イスラエル政府報告書審
　査「総括所見」
　第1回······119

自由権規約委員会日本政府報告書審査「総
　括所見」
　第3回······497
　第4回······72, 92, 497, 571, 583, 587, 589
　第5回······64, 497, 586, 587, 592
　第6回······492

人権条約規定・条約機関採択文書・関連法文書索引

自由権規約日本政府報告書
　第1回 ……………………………… *429*
　第2回 ……………………………… *429*
　第3回 ……………………………… *430*
　第5回 ………………………………… *93*
自由権規約第一選択議定書 ………… *30*
　1条 ………………………………… *115*
1949年ジュネーブ諸条約 ……………… *9*
　共通第3条 ………………………… *10*
　第一議定書 ………………………… *10*
　第二議定書 ………………………… *10*
ジュネーブ第一条約 ………………… *124*
ジュネーブ第二条約 ………………… *124*
ジュネーブ第三条約 ………………… *124*
ジュネーブ第四条約 …………… *123, 124*
障害者権利条約
　2条 ………………………………… *400*
　5条1項 …………………………… *400*
　5条2項 …………………………… *400*
　5条3項 …………………………… *400*
　5条4項 ……………………… *400, 404*
　36条4項 ………………………… *579*
女性差別撤廃委員会「一般的勧告」
　23　政治的・公的活動及び国際レベル
　　　…………………………… *406, 414*
　25　4条1項　暫定的特別措置
　　　………………… *387, 405, 407, 414*
　28　女性差別撤廃条約2条における締約
　　　国の中核的義務」………… *388, 469*
女性差別撤廃委員会日本政府報告書審査
「総括所見」
　第3回（第4次・第5次）
　　　………………… *78, 80, 389, 468, 499*
　第4回（第5次・第6次）……………… *82*
　第4回（第6次）………… *79, 468, 499*
女性差別撤廃条約 …………………… *30*
　1条 ………………………………… *386*
　2条 …………………… *77, 267, 447*
　4条1項 …………………………… *404*
　4条2項 …………………………… *404*
　6条 ………………………………… *77*
　16条1項 ………………………… *467*
女性差別撤廃条約選択議定書 ……… *539*
　2条 ………………………………… *117*
　7条4項 …………………………… *581*
　13条 ……………………………… *581*
人種差別撤廃委員会「一般的勧告」

　21　自決権 ……………………… *421*
　27　ロマに対する差別 ………… *405*
　29　条約1条1項（世系（descent）)…… *405*
人種差別撤廃委員会日本政府報告書審査
「総括所見」
　第4回（第3次～第6次）………… *479, 491*
　第5回（第7次～第9次）………… *493*
人種差別撤廃条約 …………………… *30*
　1条1項 …………………… *346, 386*
　1条4項 …………………………… *404*
　2条1項 …………………… *447, 476*
　2条2項 …………………………… *404*
　4条 ………………………………… *480*
　5条 …………………………… *346, 368*
　6条 ………………………………… *267*
　14条1項 ………………………… *117*
世界人権宣言
　前　文 ……………………………… *25*
　1条 …………………………… *25, 342*
　2条 ………………………………… *342*
　2条1項 …………………………… *25*
　2条2項 …………………………… *25*
　3条 ………………………………… *25*
　4条 ………………………………… *25*
　5条 ………………………………… *25*
　6条 ………………………………… *25*
　7条 ………………………………… *25*
　8条 ………………………………… *25*
　9条 ………………………………… *25*
　10条 ……………………………… *25*
　11条1項 ………………………… *26*
　11条2項 ………………………… *26*
　12条 ……………………………… *26*
　13条1項 ………………………… *26*
　13条2項 ………………………… *26*
　14条1項 ………………………… *26*
　14条2項 ………………………… *26*
　15条1項 ………………………… *26*
　15条2項 ………………………… *26*
　16条1項 ………………………… *26*
　16条2項 ………………………… *26*
　16条3項 ………………………… *26*
　17条1項 ………………………… *26*
　17条2項 ………………………… *26*
　18条 ……………………………… *26*
　19条 ……………………………… *26*
　20条1項 ………………………… *26*

669

20条2項	26	27条2項	122, 188
21条1項	26	27条3項	122

20条2項‥‥‥‥‥‥‥‥26
21条1項‥‥‥‥‥‥‥‥26
21条2項‥‥‥‥‥‥‥‥26
21条3項‥‥‥‥‥‥‥‥26
22条‥‥‥‥‥‥‥‥‥‥26
23条1項‥‥‥‥‥‥‥‥26
23条2項‥‥‥‥‥‥‥‥26
23条3項‥‥‥‥‥‥‥‥26
23条4項‥‥‥‥‥‥‥‥26
24条‥‥‥‥‥‥‥‥‥‥26
25条1項‥‥‥‥‥‥‥‥26
25条2項‥‥‥‥‥‥‥‥27
26条1項‥‥‥‥‥‥‥‥27
26条2項‥‥‥‥‥‥‥‥27
26条3項‥‥‥‥‥‥‥‥27
27条1項‥‥‥‥‥‥‥‥27
27条2項‥‥‥‥‥‥‥‥27
28条‥‥‥‥‥‥‥‥‥‥27
29条1項‥‥‥‥‥‥‥‥27
29条2項‥‥‥‥‥‥‥‥27
29条3項‥‥‥‥‥‥‥‥27
30条‥‥‥‥‥‥‥‥‥‥27

◆ な 行 ◆

難民条約‥‥‥‥‥‥‥‥‥‥37
31条1項‥‥‥‥‥‥‥‥60
31条2項‥‥‥‥‥‥‥‥60
33条1項‥‥‥‥‥‥‥‥63
33条2項‥‥‥‥‥‥‥‥63

◆ は 行 ◆

人及び市民の権利宣言（フランス人権宣言）3
前 文‥‥‥‥‥‥‥‥‥‥3
1条‥‥‥‥‥‥‥‥‥‥‥3
2条‥‥‥‥‥‥‥‥‥‥‥3
3条‥‥‥‥‥‥‥‥‥‥‥3
16条‥‥‥‥‥‥‥‥‥‥‥3
人及び人民の権利に関するアフリカ憲章
（バンジュール憲章）‥‥‥‥52
2条‥‥‥‥‥‥‥‥‥‥345
米州人権条約‥‥‥‥‥‥‥‥50
1条1項‥‥‥‥‥‥222, 345
5条2項‥‥‥‥‥‥‥‥188
25条1項‥‥‥‥‥‥267, 500
25条2項‥‥‥‥‥‥267, 500
27条1項‥‥‥‥‥‥122, 188

27条2項‥‥‥‥‥‥122, 188
27条3項‥‥‥‥‥‥‥‥122
米州人権条約追加議定書（サンサルバドル
議定書）
3条‥‥‥‥‥‥‥‥‥‥345

◆ ま 行 ◆

民族的マイノリティの保護のための枠組条約
4条1項‥‥‥‥‥‥‥‥429
4条2項‥‥‥‥‥‥‥‥429
4条3項‥‥‥‥‥‥‥‥429
5条1項‥‥‥‥‥‥‥‥429
7条‥‥‥‥‥‥‥‥‥‥429

◆ や 行 ◆

ヨーロッパ社会憲章‥‥‥‥‥48
1条1項‥‥‥‥‥‥‥‥311
4条1項‥‥‥‥‥‥‥‥311
10条1項‥‥‥‥‥‥‥312
11条1項‥‥‥‥‥‥‥312
11条3項‥‥‥‥‥‥‥312
12条1項‥‥‥‥‥‥‥313
13条1項‥‥‥‥‥‥‥313
ヨーロッパ人権条約‥‥‥29, 46
1条‥‥‥‥‥‥‥‥‥‥114
2条1項‥‥‥‥‥‥‥‥447
3条‥‥‥‥‥‥‥‥‥‥188
6条1項‥‥‥‥‥‥‥‥447
8条1項‥‥‥‥‥‥‥‥191
8条2項‥‥‥‥‥‥‥‥191
9条1項‥‥‥‥‥‥‥‥191
9条2項‥‥‥‥‥‥‥‥192
10条1項‥‥‥‥‥‥‥192
10条2項‥‥‥‥‥‥‥192
11条1項‥‥‥‥‥‥‥192
11条2項‥‥‥‥‥‥‥192
13条‥‥‥‥‥‥‥266, 500
14条‥‥‥‥‥‥‥345, 369
15条1項‥‥‥‥‥‥122, 188
15条2項‥‥‥‥‥‥122, 188
15条3項‥‥‥‥‥‥‥122
41条‥‥‥‥‥‥‥‥‥633
ヨーロッパ人権条約第十二議定書
1条‥‥‥‥‥‥‥‥347, 381
1条2項‥‥‥‥‥‥347, 381

事項・人名索引

あ 行

ILO102号条約（社会保障最低基準）………303
ICRP（国際放射線防護委員会）勧告………313
アイデンティティ………………………284, 323
　──を共有する集団………………………290
アイヌ民族………………………………92, 429
アカウンタビリティ…………………………315
アクセス可能性…………………………171, 316
アジア太平洋戦争………………………………15
アスベスト……………………………………312
アセアン人権宣言………………………………54
アセアン政府間人権委員会……………………53
アナン（K. Annan）…………………262, 594, 612
アーバー（L. Arbour）…………………………44
アパルトヘイト…………………………23, 39
アファーマティブ・アクション………………310
アフリカ人権委員会……………………………52
アフリカ人権裁判所……………………………52
アフリカ統一機構（OAU）……………………52
アフリカ連合（AU）……………………………52
アムネスティ・インターナショナル…………43
アメリカ憲法…………………………………111
アメリカ法協会…………………………………17
アメリカ連合諸邦宣言（アメリカ独立宣
　言）………………………………………3, 60
アルコール………………………………173, 300
アルマ・アタ宣言……………………………151
アンパロ（amparo）…………………………144
慰安婦……………………………16, 20, 606
委員会同士の会合……………………………548
委員長会合……………………………………548
医学実験…………………………………173, 185
域外的義務……………………………………123
域外適用………………………………………149
イギリス1998年人権法…………………56, 105
イギリス平等法………………………………478
育児休暇手当…………………………………371
意見を持つ権利………………………………190
移行期の正義…………………………………281
意思決定手続…………………………………216
意思決定プロセス……………………………304
移住労働者権利条約…………30, 539, 550, 608

萎縮的効果……………………………………208
イスタンブール・プロトコル……160, 287, 291
イスラム教……………………………………214
一応の（prima facie）立証…………………563
一応の主張（prima facie case）……………251
1503手続………………………………………40
一次医療（プライマリー・ヘルスケア）……151
1235手続………………………………………40
一貫した形態の人権侵害………………………39
逸脱（derogation）………………………10, 121
逸脱する（derogate）…………………………122
逸脱できない（non-derogable）……………189
逸脱不可能性…………………………………123
一般協議資格……………………………………42
一般的措置……………………………………635
一般的な平等条件の下で公務に携わる権利
　………………………………………………415
移動の自由………………………………139, 190
意図的な後退の措置…………………………328
委任統治………………………………………24
移　民…………………………………………172
　──女性…………………………………………82
　──労働者……………………………………227
嫌がらせ………………………………………180
イラク攻撃……………………………………123
医療行為者……………………………………173
医療職員…………………………………82, 288
医療へのアクセス………………………………72
威力業務妨害罪………………………………482
インターネット………………………………200
インディアン法………………………………424
インフォーマル・セクター…………………320
インフラストラクチャー………………177, 300
インフレ率……………………………………311
ウィーン条約法条約………28, 83, 348, 568
ウィーン世界人権会議……………………43, 52
　──宣言及び行動計画………………………175
ウィーン領事関係条約…………………………7
ウェルズ（H. G. Wells）………………………14
ウェンズベリー原則（Wednesbury principles）
　………………………………………………272
HIV／エイズ…………………………………173
エスニック・クレンジング…………………383

671

◆ 事項・人名索引 ◆

エスニック・プロファイリング（ethnic profiling）……355
越権訴訟……509
冤　罪……588
OECD 多国籍企業行動ガイドライン……262
欧州連合（EU）……46
公の秩序（public order, ordre public）……201
オゴニ……179
オゴニランド……179
オーフス条約……456
オルストン（Ph. Alston）……124
オルタナティブレポート……546
恩　赦……275, 292
オンブズパーソン……451
オンブズマン……268

◆　か　行　◆

戒　具……71
外交的保護……6
外交的保証……253
外国人登録法……572
外国人の人権享有主体性……59
外国人不法行為請求権法……28, 289
解釈上の推定……107
解釈の補足的手段……348
改正均等法……464
改正ヨーロッパ社会憲章……49, 345, 398
外的自決権……420
開発協力……151
開発に基づく退去及び移動に関する基本原則・ガイドライン……322
開発の人間的側面……151
カウンセリング……173
カウンターレポート……546
核, 生物もしくは化学兵器……173
学問の自由……185
隔離処遇……584
可視化……590
過剰収容……640
過少代表……406
ガス室……15
家族計画……173, 322
家族の権利……143
家宅の捜索……194
家庭科教育の男女共修……461
過程指標……314
カナダ人権憲章（カナダ権利・自由憲章）

……105
カナダ人権法……536
仮滞在許可……62
仮放免……74
過労死……464
革手錠……583
簡易形式の条約……35
環境衛生……302
環境活動家……201
環境情報へのアクセスの権利……456
環境整備（facilitate）の義務……170
環境と開発に関するリオ宣言……262, 456
環境にかかわる意思決定に参加する権利……456
環境に関する, 情報へのアクセス, 意思決定への参加及び司法へのアクセスに関する条約（オーフス条約）……456
環境被害に対する効果的な救済へのアクセスの権利……456
監獄人権センター……585
監獄法……91
――及び同法施行規則……578
姦生子……639
間接差別……339, 385
間接適用……527
飢　餓……170, 174
企業主体……265
企業の社会的責任……262
――の国際規格……264
気候変動に関する国連枠組み条約……301
技術援助……149, 151
帰　責……118, 218
基礎教育……175
北アイルランド紛争……139
北大西洋条約機構（NATO）軍……129
既判力……636
器物損壊罪……482
虐待（ill-treatment）……70, 175, 447
――と拷問の間の定義の敷居……159
客観法……523
救急産科サービス……322
旧植民地出身者……519
旧ユーゴスラビア国際刑事法廷……11, 19, 281
教育の自由な選択……172
教育を受ける権利……523
協議資格……42
供給する（provide）義務……170
強行規範（ユス・コーゲンス）……28, 146

◆ 事項・人名索引 ◆

強制移住 ······················ 146
行政事件訴訟法 ················ 75
強制失踪 ··········· 42, 163, 181, 275, 615
強制収容所 ····················· 15
矯正職員 ······················ 288
強制送還 ······················ 249
強制退去 ············· 150, 164, 179, 184
行政代執行 ····················· 186
強制断種 ······················· 21
強制中絶 ······················· 21
強制的又は非自発的失踪 ·········· 41
強制売春 ······················· 21
強制労働 ······················· 77
共通の中核文書 ················ 318
脅　迫 ························· 290
恐怖からの自由 ················ 14, 83
共　謀 ························· 71
極東軍事法廷（東京裁判） ········ 18
居住の自由 ····················· 190
拠出制 ························· 519
緊急アピール ·················· 619
緊急支援 ······················ 331
緊急事態宣言 ·················· 147
均衡性 ············· 136, 190, 203, 372, 414
近親者の権利 ·················· 278
金銭賠償 ······················ 634
近代立憲主義 ··················· 4
均等法 ························· 461
　　── 指針 ··················· 388
クォータ制 ···················· 216
国別手続 ······················· 41
国別訪問 ······················ 621
クリティカル・マス（決定的多数） ··· 407
クローズド・ショップ協定 ········ 225
グローバル・コンパクト ·········· 262
グローバルな人権法理 ············ 109
軍事政権 ······················ 275
軍人恩給 ······················ 349
経済開発協力機構（OECD） ········ 262
経済的，社会的及び文化的権利に関する国
　際規約 ······················· 30
　　── の違反に関するマーストリヒト・ガ
　　　イドライン ··············· 327
　　── の実施に関するリンブルク原則
　　　················· 192, 326
経済的，社会的及び文化的権利の分野にお
　ける米州人権条約に対する追加議定書 ··· 323

刑事施設及び受刑者の処遇等に関する法律
　（受刑者処遇法） ··············· 583
刑事施設視察委員会 ············ 73, 584
刑事司法制度 ·················· 237
刑事収容施設及び被収容者の処遇に関する
　法律（被収容者処遇法） ········· 584
刑事免責 ······················ 279
計測しうる進歩 ··············· 327, 337
継続的な違反／侵害 ············· 555
刑法の抑止機能 ················ 455
啓蒙思想 ······················· 4
契約義務不履行による拘禁を受けない権利
　··························· 145
契約条約 ······················· 86
結果指標 ······················ 314
結果の義務 ··················· 33, 337
欠乏からの自由 ················ 14, 83
検　閲 ························· 197
厳格な合理性の基準 ·············· 88
健康に対する権利 ········· 151, 172, 185, 261,
　　　　　　　　　 300, 308, 329, 615
健康保険制度 ·················· 173
研修・技能実習 ················· 79
原状回復 ··················· 273, 284, 286
原子力事故 ···················· 456
原子力施設 ···················· 312
建設的な対話（constructive dialogue）··· 542, 596
現代的な形態の奴隷制 ·········· 41, 615
憲法裁判所 ·················· 107, 451
憲法優位説 ····················· 83
権　利 ························· 157
　　── 主体 ··················· 30
　　── 章典 ················· 3, 112
　　── の自由権的側面 ········· 506
　　── の停止 ················· 137
　　── の本質（essence） ······ 158, 192
　　── ベースのアプローチ ····· 325
言論の自由 ····················· 14
コイマンス（P. Kooijmans） ······ 29
行為の義務 ··················· 33, 337
効果的な救済を与える義務 ········ 163
効果的な救済措置 ··············· 266
効果的な救済を受ける権利 ········ 107
強かん ························· 21
興　行 ························· 77
公共の福祉 ····················· 92
拘禁施設 ······················ 240

673

◆ 事項・人名索引 ◆

公権力の行使 …………………………… *183*
工作員 …………………………………… *117*
公衆衛生 ………………………………… *312*
公正な裁判を受ける権利 ……………… *22*
公正な満足 ……………………………… *633*
構造指標 ………………………………… *314*
構造的及び歴史的な差別 ……………… *388*
後退禁止の原則 ………………………… *324*
後退的措置 ……………………………… *172*
公的記念碑 ……………………………… *500*
公的機密 ………………………………… *201*
公的資格で行動する個人 ……………… *72*
公的謝罪 ………………………………… *501*
公的人物についての論評 ……………… *207*
公的生活の分野における差別禁止 …… *368*
公的な被疑者弁護制度 ………………… *590*
高等学校等就学支援金制度 …………… *445*
行動計画 ………………………………… *298*
高度の蓋然性の基準 …………………… *251*
公認会計士 ……………………………… *381*
公判前勾留 ……………………………… *321*
合法性の要件 …………………………… *189*
合法性の原則 …………………………… *147*
公務員 …………………………………… *72*
　── の関与 ………………………… *237*
拷問及び非人道的もしくは品位を傷つける
　取扱いもしくは刑罰に関するヨーロッパ
　委員会（CPT） …………………… *641*
拷問等禁止条約 ………………………… *167*
　── 上のノン・ルフールマン規定 … *63*
　── 選択議定書 …………………… *608*
拷問の定義 ………………………… *70, 447*
拷問被害者保護法 ……………………… *289*
拷問を受けない権利 ………… *28, 250, 279*
合理性 …………………………………… *137*
　── の基準 ………………………… *88*
合理的期間 ……………………………… *411*
合理的な疑い …………………………… *253*
合理的な期待 …………………………… *278*
合理的な均衡性 …………………… *373, 414*
合理的配慮 ……………………………… *400*
国外追放 ………………………………… *21*
国際違法行為に対する国家責任に関する条
　文（国家責任条文） ………………… *219*
国際外交アカデミー …………………… *13*
国際協調主義 …………………………… *83*
国際協力 ………………………………… *149*

国際金融機関 …………………………… *152*
国際刑事裁判所（ICC） …… *11, 19, 146, 281*
国際刑事法 ……………………………… *11*
国際司法裁判所（ICJ） ………… *7, 119, 565*
国際女性の地位協会 …………………… *43*
国際人権活動日本委員会 ……………… *43*
国際人権章典 ……………………… *24, 29*
国際人権条約に基づく報告に関する統一ガ
　イドライン …………………………… *318*
国際人権条約の締約国が提出する報告書の
　形式及び内容に関するガイドライン集
　………………… *318, 543, 544, 548, 549*
国際人権文書の遵守監視のための指標に
　関する報告書 ………………………… *314*
国際人権法及び国際人道法の重大な違反の
　被害者のための救済と補償の権利に関す
　る基本原則及びガイドライン（基本原則
　及びガイドライン） ………………… *282*
国際人道法 ……………………………… *9*
　── と国際人権法の相互関係 …… *123*
国際通貨基金（IMF） ………………… *152*
国際的監視 ……………………………… *538*
国際的実施 ………………………… *36, 538*
国際的武力紛争 ………………………… *10*
国際法協会 ……………………………… *143*
国際法遵守推定の原則 ………………… *56*
国際法律家委員会（ICJ） …………… *326*
国際問題研究所 ………………………… *13*
国際連合（国連）
　── 安全保障理事会（安保理） … *19, 129*
　── 開発の10年 …………………… *150*
　── 開発計画（UNDP） ………… *149*
　── 開発政策委員会（CDP） …… *149*
　── 経済社会理事会 ……………… *17*
　── 国際法委員会 ………………… *9, 133*
　── コソボ暫定行政ミッション（UN-
　　MIK） …………………………… *131*
　── 子ども特別総会 ……………… *304*
　── システム ……………………… *541*
　── 事務総長 ……………………… *35*
　── 人権高等弁務官事務所（OHCHR） … *44*
　── 組織犯罪防止条約人身取引議定書 … *78*
　── 特権免除条約 ………………… *617*
　── 難民高等弁務官事務所（UNHCR） … *37*
　── 犯罪防止会議 ………………… *576*
　── ミレニアム開発計画 ………… *306*
国際連盟 ………………………………… *12*

事項・人名索引

国際労働機関（ILO）‥‥*35, 78, 149, 262, 318, 326*
国際労働基準‥‥‥‥‥‥‥‥‥‥‥‥*150*
国　籍‥‥‥‥‥‥‥‥‥‥‥‥‥‥‥*363*
　── 国‥‥‥‥‥‥‥‥‥‥‥‥‥*116*
　── 条項‥‥‥‥‥‥‥‥‥‥‥‥*460*
　── 要件‥‥‥‥‥‥‥‥‥‥‥‥*460*
　── をもつ権利‥‥‥‥‥‥‥‥*143*
国籍法‥‥‥‥‥‥‥‥‥‥‥‥‥‥‥*98*
　── 改正‥‥‥‥‥‥‥‥‥‥‥‥*441*
国内救済完了原則‥‥‥‥*95, 502, 536*
国内救済措置の改善に関するヨーロッパ審
　議会閣僚委員会勧告‥‥‥‥*502, 646*
国内人権機関‥‥‥‥‥‥‥‥*444, 501*
　── 国際調整委員会（ICC）‥‥‥*534*
　── の認証制度‥‥‥‥‥‥‥‥*534*
　── の地位に関する原則（パリ原則）
　　　‥‥‥‥‥‥‥‥‥‥‥*533, 606*
国内総生産（GDP）‥‥‥‥‥‥‥*320*
国内的実施‥‥‥‥‥‥‥‥‥*36, 538*
国内的目標値‥‥‥‥‥‥‥‥‥‥*309*
国内避難‥‥‥‥‥‥‥‥‥‥*143, 323*
国内法の条約適合的解釈‥‥‥‥‥*527*
国内問題‥‥‥‥‥‥‥‥‥‥‥‥‥*39*
国民健康保険法‥‥‥‥‥‥‥‥‥*527*
国民総収入（GNI）‥‥‥‥‥‥‥*320*
国民的もしくは社会的出身‥‥‥*31, 344*
国民年金法‥‥‥‥‥‥‥‥‥‥‥*460*
個人請願‥‥‥‥‥‥‥‥‥‥‥‥*323*
個人通報制度‥‥‥‥‥‥‥*36, 47, 104, 156,*
　　　　　　174, 250, 539, 550, 608
個人の集団‥‥‥‥‥‥‥‥‥‥‥*554*
コース別雇用管理制度‥‥‥‥‥‥*389*
コソボ治安維持部隊（KFOR）‥‥*131*
国家安全保障‥‥‥‥‥‥‥‥‥‥*292*
国家からの自由‥‥‥‥‥‥‥‥‥*157*
国家機密‥‥‥‥‥‥‥‥‥‥‥‥*291*
国家社会主義労働者党（ナチス）‥‥*15*
国家人権行動計画‥‥‥‥‥‥‥‥*306*
国家責任‥‥‥‥‥‥‥‥‥‥‥‥*124*
　── 条文‥‥‥‥‥‥‥‥‥‥*9, 219*
国家通報制度‥‥‥‥‥‥‥‥*37, 156*
国家的教育戦略‥‥‥‥‥‥‥‥‥*172*
国家的戦略‥‥‥‥‥‥‥‥‥‥‥*298*
国家の国際責任‥‥‥‥‥‥‥‥‥*222*
子ども‥‥‥‥‥‥‥‥‥‥‥‥‥*173*
　── 影響評価及び事後評価‥‥‥*448*
　── 及び年少者‥‥‥‥‥‥‥‥*345*

　── 政策‥‥‥‥‥‥‥‥‥‥‥*305*
　── 特別総会‥‥‥‥‥‥‥‥‥*305*
　── に対する配慮がなされた手続‥‥*268*
　── の権利委員会‥‥‥‥‥‥‥*100*
　── の権利条約‥‥‥‥‥*30, 114, 345*
　── の権利条約選択議定書‥‥‥*539*
　── の最善の利益‥‥‥‥‥‥‥*65*
　── の人権連‥‥‥‥‥‥‥‥‥*30*
　── のための世界サミット‥‥‥*304*
　── の連れ去りに関するハーグ条約‥‥*608*
　── の売買，子どもの買春及び子どもポ
　　　ルノ‥‥‥‥‥‥‥‥‥‥*614*
　── の保育‥‥‥‥‥‥‥‥‥‥*321*
　── 買春，子どもポルノ等処罰法‥‥*464*
個別的受容‥‥‥‥‥‥‥‥‥‥‥*55*
個別的措置‥‥‥‥‥‥‥‥‥‥‥*665*
戸別訪問の禁止‥‥‥‥‥‥‥‥‥*205*
コミュニティ放送局‥‥‥‥‥‥‥*206*
コモン・ロー‥‥‥‥‥‥‥‥‥‥*140*
コモンウェルス諸国‥‥‥‥‥‥‥*105*
雇用と職業における差別の撤廃‥‥*263*
婚姻可能年齢‥‥‥‥‥‥‥‥‥‥*22*
婚姻最低年齢‥‥‥‥‥‥‥‥‥‥*467*
婚姻する権利‥‥‥‥‥‥‥‥*22, 466*
婚外子‥‥‥‥‥‥‥‥‥*97, 373, 528*
　── 相続分差別‥‥‥‥*445, 496, 605*
コンセイユ・デタ‥‥‥‥‥‥‥‥*451*
コンピレーション（compilation）‥‥*600, 607, 621*

さ 行

再　審‥‥‥‥‥‥‥‥‥‥‥‥‥*587*
最低限の人道的基準に関するトゥルク宣言
　‥‥‥‥‥‥‥‥‥‥‥‥‥‥‥*143*
最低限の中核的義務‥‥‥‥‥*172, 296*
最低賃金‥‥‥‥‥‥‥‥‥‥‥‥*312*
再トラウマ化‥‥‥‥‥‥‥‥‥‥*278*
再発防止措置‥‥‥‥‥‥‥‥*157, 162*
再発防止の保証‥‥‥‥‥*273, 284, 288*
裁判官‥‥‥‥‥‥‥‥‥‥‥‥‥*82*
　── 及び法曹の独立性‥‥‥‥‥*615*
　── の研究会やセミナー‥‥‥‥*570*
裁判拒否‥‥‥‥‥‥‥‥‥‥‥‥*6*
裁判制度‥‥‥‥‥‥‥‥‥‥‥‥*167*
債務危機‥‥‥‥‥‥‥‥‥‥‥‥*151*
採用区分（雇用管理区分）‥‥‥‥*464*
在留資格の取消‥‥‥‥‥‥‥‥‥*81*
在留資格の変更‥‥‥‥‥‥‥‥‥*81*

675

◆ 事項・人名索引 ◆

在留特別許可 …………………………… 65
　── に係るガイドライン ……………… 68
最良の慣行 ……………………………… 601
搾　取 …………………………………… 175
差し迫った危険 ………………………… 238
差　止 …………………………………… 211
サバイバー ……………………………… 278
差別禁止事由 ………………………… 18, 88
差別的意図 ………………………… 363, 397
差別的な効果 …………………………… 388
差別の定義 ……………………………… 88
サーミ（Sami）………………………… 422
サンキー（V. Sankey）………………… 14
　── 宣言 ……………………………… 14
残虐で異常な刑罰 ……………………… 112
残虐な，非人道的なもしくは品位を傷つけ
　る取扱いもしくは刑罰 ……………… 27
産業事故 ………………………………… 139
産業廃棄物 ………………………… 173, 185
サン・サルバドル議定書 ……………… 51
産前・産後のケア ……………………… 322
暫定措置 ………………………………… 258
暫定的な特別措置 ……………………… 403
サントペテルスブルグ宣言 …………… 9
産婦死亡率 ………………………… 312, 320
サンフランシスコ会議 ………………… 17
恣意的な干渉 …………………………… 194
恣意的な拘禁 …………………………… 27
恣意的な抑留 …………………………… 75
自衛隊員 ………………………………… 72
シェルター ……………………………… 340
シェルトン（D. Shelton）……………… 282
ジェンダー …………………………… 20, 31
　── アイデンティティ ……………… 290
　── に基づく暴力 … 173, 237, 279, 290
　── バランス ………………… 417, 612
　── 平等 ……………………………… 608
塩見訴訟 ………………………………… 507
時間外労働 ……………………………… 464
時間的管轄 ……………………………… 555
私企業 …………………………………… 265
識字率 ……………………………… 295, 320
死　刑 …………………………………… 48
　── 確定者 …………………… 586, 606
　── 執行方法 ………………………… 245
　── 執行を待つ状態（death row）…… 241
　── の科刑 …………………………… 147

　── の執行停止 ……………………… 606
　── 廃止 ……………………………… 247
　── 廃止条約（自由権規約第二選択
　　議定書）…………………………… 30
自決の原則 ……………………………… 417
資源の利用可能性 ……………………… 164
時　効 ……………………………… 29, 292
事後的な逸脱禁止効果 ………………… 522
事実上の（de facto）人権状況 ………… 541
事実上又は実質的な平等 ……………… 407
事情の変化 ……………………………… 558
事情変更の法理 ………………………… 99
指　数 …………………………………… 307
私生活 …………………………………… 229
　── に対する権利 …………………… 77
事前協議 ………………………………… 435
自然権 …………………………………… 32
自然災害 ………………………………… 139
事前に十分な情報を受けた上での自由な
　同意（free, prior and informed consent）…… 435
思想，良心及び宗教の自由 …………… 190
持続可能な発展 ………………………… 178
時代制約論 ……………………………… 463
失業手当 …………………………… 351, 371
失業率 ……………………………… 311, 320
実効的な支配 …………………………… 117
実効的な調査 …………………………… 273
執行のモラトリアム（猶予）………… 609
実質的平等 ……………………………… 400
失　踪 …………………………………… 27
私的及び家族生活，住居及び通信尊重を
　受ける権利 ………………………… 191
私的事業者 ……………………………… 216
私的主体 ………………………………… 125
私的当事者 ……………………………… 260
自動執行性 ……………………………… 505
児童手当法 ……………………………… 460
自動的受容 ………………………… 55, 478
児童の権利条約 ………………………… 30
児童労働 ………………………………… 262
ジニ係数 ………………………………… 320
指標（indicators）…………… 171, 287, 296, 298
ジプシー ………………………………… 395
自閉症 …………………………………… 339
司法慣行 ………………………………… 108
司法権の独立 …………………………… 104
司法事実 ………………………………… 593

676

事項・人名索引

司法上の保障 …………………………… *143*
司法審査 …………………………………… *75*
司法的救済 …………………………… *274, 444*
司法の運営 ……………………………… *319*
司法の独立 ……………………………… *288*
司法府 …………………………………… *310*
司法へのアクセス ………………………… *22*
市民権的権利（citizenship rights）……… *338*
市民社会 ………………………………… *304*
市民団体 ………………………………… *406*
市民的及び国際的権利に関する国際規約の
　制限及び逸脱規定に関するシラクサ原則
　………………………………………… *143*
市民の実効的な参加 …………………… *452*
指紋押捺制度 ……………………… *89, 573*
諮問機関 ………………………………… *415*
シモンズ（B. A. Simmons）…………… *440*
諮問手続 ………………………………… *451*
社会・経済統計 ………………………… *317*
社会開発委員会 ………………………… *149*
社会契約 ………………………………… *33*
社会契約説 ………………………………… *4*
社会権規約 ……………………………… *30*
　── 委員会 ……………………………… *37*
　── 選択議定書 ……………………… *539*
社会住宅 ………………………………… *341*
社会的，経済的及び文化の指標 ……… *319*
社会的に弱い立場にある集団 ………… *82*
社会統合 ………………………… *337, 338*
社会保障給付権 ………………………… *519*
社会保障制度 …………………………… *313*
シャドウレポート ……………………… *546*
ジャーナリスト ………………………… *207*
ジャーナリズム ………………………… *207*
周縁化（marginalization）……………… *22*
周縁に追いやられ又は弱い立場におかれた
　集団 …………………………… *173, 290*
集会の自由 ……………………………… *139*
就学率 …………………………………… *320*
住居（housing）………………………… *179*
宗　教 …………………………………… *31*
　── 又は信念を表明する自由 ……… *190*
宗教指導者 ……………………………… *208*
住居に対する権利 ……………… *158, 179*
重金属 …………………………………… *173*
自由権から社会権へ …………………… *156*
自由権規約 ……………………………… *30*

自由人権協会 …………………………… *43*
充足する義務 …………………………… *165*
住宅金融公庫法 ………………………… *460*
重大かつ信頼できる程度に立証された人権
　及び基本的自由の一貫した形態……… *40*
重大かつ制度的な侵害を含む人権侵害の
　事態 …………………………………… *622*
重大な，明らかな又は大規模な人権侵害… *251*
重大な違反 ……………………………… *124*
住宅政策 ………………………………… *336*
集団殺害（ジェノサイド）…………… *8, 19, 27*
集団殺害罪 ……………………………… *11, 146*
　── の防止と処罰に関する条約（ジェノ
　サイド条約）………………………… *19*
集団的権利 ……………………………… *417*
集団的処罰 ……………………………… *146*
集団の申立 ……………………………… *49*
十分かつ安全な水へのアクセス ……… *322*
十分な住居 ……………………………… *412*
　── へのアクセス …………………… *340*
十分な食料………… *170, 184, 260, 264, 298, 329*
　── 及び栄養に対する人権を保障するた
　め SISAN（国家食料・栄養安全保障
　制度）を設置する法 ……………… *306*
十分な生活水準 ………………………… *321*
　── に対する権利 …………………… *614*
収　容 …………………………………… *75*
収容令書 ………………………………… *60*
自由を奪われた状態にある人 ………… *70*
受益請求権 ……………………………… *156*
主観的権利 ……………………………… *508*
主観的要件 ……………………………… *510*
受刑者 …………………………………… *172*
　── 処遇法 …………………………… *73, 583*
種族性（エスニシティ）…… *201, 286, 357, 382*
種族的集団（エスニック・グループ）…… *421*
種族的出身 ………………… *356, 357, 392*
種族的少数者（エスニック・マイノリティ）
　………………………………… *294, 321, 391*
受　諾 …………………………………… *35*
主張可能な権利 ………………………… *519*
主張しうる申立 ……………… *251, 269*
出　生 …………………………………… *31, 320*
　── 率 …………………………… *21, 320*
出入国管理 ……………………………… *142*
　── 及び難民認定法（入管法）……… *57*
　── 基本計画 ………………………… *67*

677

◆ 事項・人名索引 ◆

ジュネーブ諸条約（1949年ジュネーブ諸条約）……………………………………10, 123
ジュネーブ常駐国連代表部…………619
受容体制……………………………………55
受理可能性……………………………171, 551
主流化………………………………………338
準司法的権限………………………………623
準司法的制度………………………………540
準政府機関…………………………………449
準備作業……………………………………120
障害者………………………………………311
　── 基本法………………………………400
　── 権利条約……………………30, 400, 404
　── 権利条約選択議定書………………539
障害のある人………………………………321
情　願………………………………………583
消極的義務……………………………157, 168
消極的抵触…………………………………56
証拠基準……………………………………619
証拠規則……………………………………290
上告受理の申立……………………………95
上告申立理由………………………………95
常時招請（standing invitation）………608
昇進差別……………………………………462
少数者（マイノリティ）………………6, 422
少数者保護条約……………………………11
少数民族……………………………………422
常設国際司法裁判所（PCIJ）…………12
省庁横断的な委員会………………………579
承認法による受容…………………………55
消費支出……………………………………320
消費者物価指数（CPI）…………………320
消費者保護…………………………………316
小法廷………………………………………631
情報に対する公衆の権利…………………453
条約解釈権…………………………………511
条約機関…………………………………36, 317
条約締結の自由……………………………28
条約同意法律………………………………55
条約法に関するウィーン条約（ウィーン条約法条約）…………………………28
上陸防止施設………………………………72
職業教育・訓練……………………………312
職業訓練プログラム……………………321, 451
職業選択の自由……………………………175
職業団体…………………………………336, 406
職業の自由に対する権利…………………380

植民地支配…………………………………5
植民地独立付与宣言………………………418
職務分離……………………………………462
食料安全保障……………………305, 312, 316
食料に対する権利………………170, 180, 615
助言サービス………………………………309
女性向上部（DAW）………………………318
女性差別……………………………………88
　── 撤廃委員会……36, 387, 405-7, 414, 469
　── 撤廃条約…………………………30
　── 撤廃条約選択議定書……117, 539, 581
女性性器切除……………………………173, 290
女性の地位委員会…………………………149
初等教育……………………………………171
署名（調印）………………………………35
ジョワネ（L. Joinet）……………………282
私立学校……………………………………171
自立支援センター…………………………187
知る権利……………………………………277
親　権………………………………………639
人権委員会（国連人権委員会）…………38
人権影響評価……………………………443, 448
人権及び基本的自由の重大な侵害………39
人権教育…………………………162, 443, 533
　── 及び人権啓発の推進に関する法律…443
　── のための国連10年…………………443
人権高等弁務官……………………………44
人権指標…………………………………307, 314
人権事務所…………………………………291
人権小委員会（差別防止及び少数者保護に関する小委員会）…………………………39
人権信託基金………………………………652
人権センター………………………………150
人権デュー・ディリジェンス……………262, 264
人権の不可分性……………………………175
人権の普遍性……………………………13, 31
人権評価……………………………………316
人権文書……………………………………38
人権擁護者…………………………………201
人権理事会…………………………………45
　── 決議5/1のフォローアップ………613
　── 諮問委員会…………………………598
　── 制度構築文書……………601, 612, 622
　── 設置決議……………………595, 597
　── の特別手続の活動マニュアル…618, 619
人権レジーム………………………………177
人口増加率…………………………………320

678

事項・人名索引

人口統計学的指標 ………………… *319*
真実についての権利 ……………… *278*
真実の究明と公開 ………………… *273*
真実を知る権利 …………………… *275*
人種差別 ………………… *8, 88, 477, 605*
　── 撤廃委員会 ………………… *36*
　── 撤廃条約 ………………… *30*
　── の現代的な形態に関する特別報告者
　　　…………………………… *606*
人種主義 ……………………… *355, 393*
　── 及び外国人嫌悪との闘いに関する理
　　　事会枠組み決定 …………… *490*
　── 及び外国人嫌悪に関するヨーロッパ
　　　監視センター ……………… *396*
　── 及び不寛容に対抗するヨーロッパ委
　　　員会（ECRI）… *336, 355, 392, 490*
人種的プロファイリング（racial profiling）
　……………………………………… *355*
人身取引（human trafficking）… *21, 77, 609, 615*
人身保護 …………………………… *145*
　── 令状 ………………………… *145*
迅速対応デスク …………………… *620*
身体保全 …………………………… *194*
信託統治制度 ……………………… *417*
心的外傷後ストレス ……………… *292*
人的権限 …………………………… *131*
人的範囲（ratione personae）……… *30*
人道援助 …………………………… *291*
人道に対する罪 ………… *11, 18, 146, 163*
信念の自由 ………………………… *14*
進歩指標 …………………………… *324*
人民（peoples）…………………… *552*
　── の自決権 …………………… *417*
侵略行為 …………………………… *8*
侵略の罪 …………………………… *11*
枢軸国 ……………………………… *15*
数値目標 …………………………… *406*
スカーフの着用 …………………… *202*
優れた慣行（good practice）……… *450*
スティグマ ………………………… *290*
ステークホルダー（利害関係者）… *264, 604*
ステレオタイプ …………………… *407*
ストーカー殺人 …………………… *160*
住まい（shelter）………………… *179*
性（ジェンダー）………………… *20, 31*
成果文書 ……………………… *304, 603*
性器切除 …………………………… *110*

性教育 ……………………………… *173*
制限区分 …………………………… *585*
青酸ガスによる窒息死 …………… *247*
政治制度に関する指標 ……… *319, 320*
政治的意見 ………………………… *31, 364*
政治的言論 ………………………… *206*
政治の伝統 ………………………… *242*
政治的動機 ………………………… *363*
政治犯 ……………………………… *255*
政治犯罪 …………………………… *290*
青少年 ……………………………… *173*
　── への死刑 …………………… *112*
生殖に関する権利（リプロダクティブ・ラ
　イツ）…………………………… *172*
精神医療 …………………………… *173*
精神的拷問 ………………………… *72*
精神保健サービス ………………… *173*
性的指向 ……………………… *290, 361*
性的奴隷 …………………………… *16, 20*
性的マイノリティ ………………… *608*
政　党 ……………………………… *406*
正当かつ積極的な考慮 …………… *412*
正当性の要件 ……………………… *190*
正当な考慮 ………………………… *398*
性と生殖に関する自由 …………… *172*
制度的差別 ………………………… *409*
性の選択 …………………………… *21*
生物多様性条約 …………………… *301*
性暴力 ……………………………… *20*
生命権 ………………… *21, 232, 279, 452*
世界銀行 …………………………… *149*
　── グループ …………………… *152*
世界食糧機関（FAO）…………… *149*
世界女性会議 ……………………… *407*
世界人権宣言 ……………………… *10, 24*
世界貿易機関 ……………………… *152*
世界保健機関（WHO）……… *35, 149, 308, 326*
赤十字国際委員会 ………………… *143*
セクシュアル・ハラスメント …… *235, 321*
積極的義務 ………………………… *158, 224*
積極的抵触 ………………………… *56*
接見交通権 ………………………… *577*
接受国 ……………………………… *7*
絶滅収容所 ………………………… *15*
セン（A. Sen）…………………… *174*
選挙活動 …………………………… *206*
宣言判決 …………………………… *634*

679

◆ 事項・人名索引 ◆

戦後補償裁判 ……………………… 510
戦時国際法 ………………………… 9
先住民 ……………………… 171, 615
先住民の権利宣言 ………………… 429
漸進的実施 ………………………… 168
　── 義務 ……………………… 156
戦争犯罪 …………………………… 11
全体主義 …………………………… 14
選択条項 …………………………… 50
選択的夫婦別氏制度 ……………… 468
扇　動 ……………………… 84, 257
専門機関 …………………………… 35
占領地 ……………………………… 123
憎悪言論（ヘイトスピーチ）…… 479
憎悪宣伝（ヘイト・プロパガンダ）… 489
憎悪の唱道 ………………………… 147
憎悪犯罪（ヘイトクライム）…… 480
相関的義務 ………………… 158, 260
相互主義 …………………………… 36
騒　擾 ……………………………… 134
相当の注意 ………………… 6, 220
　── 義務（due diligence obligations）… 235, 264
双方向対話 ………………………… 602
遡及効 ……………………………… 349
遡及処罰を受けない権利 ………… 143
即時実現義務 ……………………… 161
即時実施義務 ……………………… 156
即時的義務 ………………………… 161
促進（promote）する義務 ……… 165
組織犯罪 …………………………… 256
ソーシャル・サービス …… 287, 288
ソーシャル・ワーカー …………… 82
尊重（respect）する義務 ……… 165

◆ た　行 ◆

対外債務 …………………………… 615
大気汚染 …………………………… 312
退去強制手続 ……………………… 60
退去強制令書 ……………………… 60
待婚期間 …………………………… 466
第三委員会 ………………………… 38
第三世界諸国 ……………………… 39
第三世代の人権 …………………… 176
大使館 ……………………………… 31
胎児認知 …………………………… 98
胎児の生命権 ……………………… 201
大西洋憲章 ………………………… 14

対世的義務 ………………………… 7
代替的な国家奉仕 ………………… 361
代替的な社会奉仕義務 …………… 360
体　罰 ……………………………… 459
大法廷 ……………………………… 631
代用監獄 …………… 585, 606, 609
代理人 ……………………………… 120
ダウリ殺人 ………………………… 21
多国籍企業 ………………………… 186
　── 及び社会政策に関する諸原則の三者
　　　宣言 ……………………… 262
　── ガイドライン ………… 262
多国籍軍 …………………………… 129
多重的かつ継続的な侵害 ………… 182
タスクフォース …………………… 579
妥当な考慮 ………………………… 581
タバコ ……………… 173, 300, 313
男女雇用機会均等法 …… 389, 441
　── の指針 ……………………… 389
単身家庭 …………………………… 320
単独裁判官 ………………………… 631
ダンバートン・オークス会議 …… 16
地域コーディネーター …………… 613
地域社会 …………………………… 299
チェルノブイリ事故 ……………… 639
致死的な力の行使 ………… 125, 453
チャプルテペック会議 …………… 17
中国残留邦人帰国促進自立支援法 … 532
中　絶 ……………………………… 21
中途退学 …………………………… 323
　── 率 ……………………… 320
昼夜独居 …………………………… 586
昼夜間独居処遇 …………………… 585
長期失業者 ………………………… 311
調査制度 …………………………… 174
長時間労働 ………………………… 464
超法的処刑 ………………………… 147
超法的，略式もしくは恣意的処刑 … 277, 615
直接適用可能性 …………………… 505
賃金格差 …………………… 389, 462
賃金差別 …………………………… 461
通　信 ……………………………… 619
　── の剥奪 ……………………… 182
　── の保全及び秘密性 …… 194
通　報 ……………………………… 13
　── 作業部会 ……………… 562
定期報告書ガイドライン ………… 309

680

事項・人名索引

停止の義務 ………………………… 526
定住外国人 ………………………… 461
DV 事案に係る措置要領 ……………… 80
DV 被害者 …………………………… 80
締約国 ……………………………… 36
出来事ベースのデータ ……………… 317
手　錠 ……………………………… 91
データ収集 ………………………… 309
手続的な義務 ……………………… 125
手続の保障 ………………………… 147
手続の再開 ………………………… 637
テーマ別手続 ……………………… 41
デメロ（S. de Mello）……………… 44
デモを行う権利 …………………… 230
デュープロセス ………………… 288, 290
テロ攻撃 ………………………… 136, 142
テロ対策 …………………………… 207
テロリスト ………………………… 142
電気事業法 ………………………… 476
伝染病 …………………………… 173, 320
伝統の医療 ………………………… 261
伝統の慣行 ………………………… 173
伝統的な生活様式と文化を享受する権利 … 424
天然の富及び資源を自由に処分する権利 … 425
同一価値労働同一報酬 ……………… 367
同一の事案 ………………………… 560
統計指標 ………………………… 307, 311
統計的証拠 ………………………… 396
統計データ ……………………… 308, 396
統合報告書 ………………………… 549
当事者対等の原則 ………………… 578
同時多発テロ ……………………… 189
同性のカップル …………………… 380
統治に参加する権利 ……………… 143
盗　聴 ……………………………… 194
道徳の保護 ………………………… 205
東南アジア諸国連合（ASEAN）……… 52
逃亡犯罪人 ………………………… 272
同和問題（部落差別問題）………… 443
独　裁 ……………………………… 174
特別学校 …………………………… 396
特別協議資格 ……………………… 43
特別手続 …………………………… 41
　――の行動準則及び活動マニュアル … 616
特別報告者 ………………………… 41
独立専門家 ………………………… 41
都市公園法 ………………………… 186

土地収用法 ………………………… 529
独居拘禁 …………………………… 584
トナカイ飼育 ……………………… 423
富及び天然資源に対する人民の権利 … 426
ドメスティック・バイオレンス（DV）… 79
　……………………………… 235, 465
トラウマ（心的外傷）……………… 20
トランスナショナル人権法源 ……… 109
取消訴訟 ………………………… 524, 532
努力義務 …………………………… 156
　―― 規定 ………………………… 462
奴隷化 ……………………………… 20
奴隷条約 …………………………… 9
奴隷制 …………………………… 8, 27
奴隷の状態におかれない権利 ……… 28
奴隷貿易 ………………………… 9, 27
トロイカ …………………………… 603

◆　な　行　◆

内的自決権 ………………………… 420
名古屋刑務所事件 ……………… 91, 583
ナミビア（南西アフリカ）………… 24
難民条約 ………………………… 37, 60, 63
　―― 上のノン・ルフールマン規定 … 63
難民審査参与員 …………………… 62
難民認定申請 ……………………… 110
難民認定手続 ……………………… 60
二元的体制 ………………………… 55
二重基準（ダブル・スタンダード）… 41
日米安保条約 ……………………… 84
日本軍性奴隷 ……………………… 278
日本女性差別撤廃条約 NGO ネットワーク
　……………………………………… 546
日本弁護士連合会 ………………… 43
入国管理局職員 …………………… 72
入国警備官 ………………………… 69
入国査証（ビザ）………………… 65
入国者収容所等視察委員会 ………… 73
入国審査官 ………………………… 515
乳児死亡率 ………………………… 21
ニュージーランド権利章典法 …… 56, 106
入店拒否 …………………………… 530
乳幼児死亡率 ……………………… 320
ニュルンベルグ国際軍事法廷 ……… 18
人間開発指数 ……………………… 314
人間環境宣言（ストックホルム宣言）… 455
人間の顔をした調整 ……………… 151

681

◆ 事項・人名索引 ◆

人間の固有の尊厳 ……………………… 174
人間の尊厳 ………………………… 182, 301
妊娠・出産 ……………………………… 173
妊娠テスト ……………………………… 22
認 知 …………………………………… 98
任務にある専門家（expert on mission）…… 616
年金制度 ………………………………… 350
能力構築 ………………………………… 449
野村証券事件 …………………………… 462
ノン・ルフールマン原則 ………… 62, 257, 512

◆ は 行 ◆

配偶者からの暴力の防止及び被害者の保護
　に関する法律（DV 法）……………… 79
背景にある制度的な問題を示す判決に関す
　るヨーロッパ審議会閣僚委員会決議 …… 643
売春防止法 ……………………………… 79
賠 償 ……………………… 266, 284, 286
買売春による搾取 ……………………… 79
ハイリスク集団 ………………………… 322
パイロット・ケース …………………… 646
パイロット判決 ………………………… 648
ハーグ規則（ハーグ陸戦条約附属規則）…… 132
ハーグ国際法アカデミー ……………… 13
バシオーニ（Ch. Bassiouni）………… 282
──草案 ………………………………… 282
発展の権利 ……………………………… 176
──宣言 ………………………………… 151
パリ原則 ………………………………… 535
パレスチナ占領地域 …………………… 119
反逆罪 …………………………………… 201
判決の執行監視 ………………………… 296
万国国際法学会 ………………………… 12
犯罪及び司法の運営に関する指標 …… 319, 320
犯罪人引渡 ……………………………… 241
反差別国際運動 ………………………… 546
──日本委員会 ………………………… 546
バンジュール憲章 ……………………… 52
ハンセン病 ……………………………… 599
反テロリズム法 ………………………… 135
ハント（P. Hunt）……………………… 307
反復的な事案 …………………………… 503
ハンフリー（J. P. Humphrey）………… 24
反 乱 …………………………………… 201
判例変更 ………………………………… 638
ピア・レビュー ………………………… 599
被害者 ………………………………… 22, 283

──指向（victim-oriented）………… 622
──であると主張する者「のために
　（on behalf of）」…………………… 555
──のための信託基金 ………………… 281
比較衡量 ………………………………… 65
比較法 …………………………………… 110
引渡請求 ………………………………… 241
引渡対象犯罪 …………………………… 241
被拘禁者 ………………………………… 172
──取扱最低基準規則 ………………… 10
──保護原則 …………………………… 576
非国際的武力紛争 ……………………… 10
庇護申請者 ……………………………… 172
非国家主体 ……………………………… 240
非自治地域 ……………………………… 417
ビジネスと人権 ………………………… 149
──に関する指導原則 ………………… 263
ヒジャブ ………………………………… 203
被収容者処遇規則 ……………………… 71
被収容者処遇法 ……………………… 73, 584
批 准 …………………………………… 35
非植民地化 ……………………………… 39
非人道的な取扱い ……………………… 585
非正規滞在外国人 ……………………… 527
非政府組織（NGO）…… 13, 17, 20, 42, 52, 81,
　　109, 287, 308, 534, 543, 547, 597, 604, 611
非嫡出子（婚外子）……………………… 97
必要性の要件 …………………………… 122
必要な変更を加えて（mutatis mutandis）…… 128
人及び人民の権利に関するアフリカ憲章
　（バンジュール憲章）………………… 52
人 質 …………………………………… 146
人質司法 ………………………………… 588
人としての待遇を受ける権利 ………… 143
避難民 …………………………………… 175
避 妊 …………………………………… 173
被扶養者 ………………………………… 390
ヒューマン・ライツ・ウォッチ ……… 43
ヒューマン・ライツ・ナウ …………… 43
評価の余地 ………………… 135, 205, 208
表現の自由についての権利 …………… 190
平等かつ効果的な保護 ………………… 368
比例原則 ………………………………… 65
比例代表 ………………………………… 415
品位を傷つける取扱い ………………… 70
貧 困 …………………………………… 301
──基準 ………………………………… 311

682

◈ 事項・人名索引 ◈

—— ライン ···································320
ファン・ボーヴェン（Th. van Boven）········281
—— 草案 ···································281
夫婦同氏 ···································467
フォーマル・セクター ·······················320
フォローアップ ·····························314
—— コーディネーター ·····················580
武器平等 ···································578
不均衡に有害な効果 ·····················314, 391
ブーグ川請求 ·······························648
複合差別 ···································319
福島原発事故 ·······························457
不　敬 ·····································206
父系血統主義 ·······························461
侮　辱 ·····································206
—— 罪 ···································482
不処罰 ·····································73
—— の文化 ·····························19
物価スライド制 ·····························321
不妊手術 ···································22
腐敗防止 ···································263
普遍的定期審査（UPR）····45, 254, 596, 599, 621
不法残留 ···································68
不法入国 ···································68
プライバシー ·······················160, 187, 301
フラングリス（A. F. Frangulis）···············13
不利なかつ弱い立場にあるマイノリティ···395
不利な状況にあり社会の周縁に追いやられ
ている個人，集団 ·····················318, 322
武力の行使 ·································165
武力紛争法 ···································9
プロバイダー ·······························207
文化の遺産 ·································323
文化的権利 ·································615
文化の多様性 ·······························323
兵　役 ·····································402
平均寿命 ·····························312, 320
平均賃金 ···································311
平均等値収入 ·······························313
米国対外関係法リステイトメント ···············27
米州機構（OAS）···························50
—— 憲章 ·································50
—— 事務総長 ·····························323
米州人権委員会 ·····························50
—— 経済的，社会的及び文化的権利の分
野における進歩指標の準備のための
ガイドライン ·····················324

米州人権裁判所 ·····················8, 51, 626
米州人権条約···50, 122, 188, 222, 267, 345, 500
—— 追加議定書（サンサルバドル議定書）
·······································345
米州人権宣言 ·······························50
平和維持部隊 ·······························129
平和国籍離脱者 ·····························573
平和的な集会及び結社の権利 ···············633
平和的な集会の権利 ·······················191
北京行動綱領 ·······························407
ベルリン一般議定書 ·························9
変型体制 ···································55
弁護士会 ···································536
弁護士の役割に関する基本原則 ···············576
弁護人の立会 ·······························590
法案，現行法及び行政慣行とヨーロッパ人
権条約に定められた基準との合致の検証
に関するヨーロッパ審議会閣僚委員会勧告
·······································450
法解釈機関同士のグローバルな「対話」·····110
防御の準備のために十分な時間及び便益···575
法　源 ·····································504
報告制度 ·····························36, 539
法執行官 ·····························69, 443
放射線 ·····································301
—— 被害 ·································313
傍　受 ·····································194
防声具 ·····································592
法整備支援 ·································175
放送免許 ···································206
法治国家理念 ·······························509
法的人格に対する権利 ·······················143
報道機関 ···································207
—— へのアクセス ·······················206
法による民主主義のためのヨーロッパ
委員会（ヴェニス委員会）···············451
法の外観 ···································240
法の欠缺 ···································458
法の支配 ···································137
方法的評価（scoping）·······················308
訪問調査 ···································540
法律上の（de jure）人権状況 ···············541
法律による平等の保護を受ける権利········358
法律の前の平等（equality before the law）····353
—— の権利 ·································21
法律扶助 ·····························22, 160
暴力犯罪 ···································320

683

◆ 事項・人名索引 ◆

保健サービス………………………173
保健専門家………………………288
保健専門職員………………………173
母　語………………………323
保護房………………………91
保護命令………………………82
ポジティブ・アクション………………………403
補　償………………………273
補助機関………………………149, 596
母性保護のための特別措置………………………404
ホームレス………………………175, 186, 342
ホモセクシュアル………………………362
ポリグラフテスト………………………252
ホロコースト………………………15
本土地域………………………121

◆ ま 行 ◆

マイノリティ………………………6, 417, 428, 544
　──に属する人の権利………………………92, 421
　──の女性………………………82, 607
マグナカルタ………………………3
マクリーン基準………………………58
マジル（D. Mazilu）………………………616
マーストリヒト・ガイドライン………………………327
マスメディア………………………206, 623
満足（satisfaction）………………………273
マンデート………………………254
　──保持者………………………254, 612
マンデルスタム（A. N. Mandelstam）………………………12
水資源………………………301
水に対する権利………………………152, 261, 322, 330
南ローデシア………………………39
身分確認………………………356
ミレニアム開発目標………………………607
民営化………………………173
民衆訴訟………………………50, 628
民主的社会………………………210
　──において必要な………………………191
民族性………………………358
民族的マイノリティ………………………428
　──の保護のための枠組条約………………………428
民族的もしくは種族的出身………………………346, 393
無期限の収容………………………141
無拠出制………………………519
無罪推定………………………146
無償の初等義務教育………………………118
鞭打ち………………………459

　──刑………………………110
無料で通訳の援助を受ける権利………………………512
無料ホットライン………………………82
ムンターボルン（V. Muntarbhorn）………………………621
明白に根拠不十分………………………630
名誉毀損………………………85, 206
名誉の保護………………………206
名誉犯罪………………………22, 367
メディアの多様性………………………206
メルボルン事件………………………553
面　会………………………256
黙　認………………………181, 228
目標値（benchmarks）………………………171, 287, 298, 309
モニタリング………………………178, 295

◆ や 行 ◆

夜警国家から福祉国家へ………………………156
UN ウィメン………………………53
有害物質………………………173, 261
有権解釈………………………568
有権者………………………320
友好関係宣言………………………418
友好的解決………………………629
遊牧集団………………………336
ユダヤ人………………………382
ユニセフ（国連児童基金）………………………149, 308
ユネスコ（国連教育科学文化機関）………………149, 318, 326
世系による差別………………………405
予見可能性………………………195, 200
4 つの自由………………………14
予防接種………………………315
ヨーロッパ議会（EU 議会）………………………46
ヨーロッパ経済委員会（UNECE）………………………457
ヨーロッパ経済地域（EEA）………………………365
ヨーロッパ公序………………………130
ヨーロッパ拷問防止委員会………………………635
ヨーロッパ拷問防止条約………………………635
ヨーロッパ社会権委員会………………………49
ヨーロッパ社会憲章………………………48, 311-13
ヨーロッパ社会保障コード………………………303
ヨーロッパ審議会………………………29, 45, 295
　──閣僚委員会………………………629
　──議員総会………………………402
　──人権高等弁務官………………………397
ヨーロッパ人権委員会………………………47
ヨーロッパ人権裁判所………………………47, 93, 295,

事項・人名索引

490, 502, 626
—— の判決に続く国内レベルでの一定の
事案の再検討又は再開に関するヨー
ロッパ審議会閣僚委員会勧告 ……… 637
ヨーロッパ人権条約
—— 第十一議定書 ………………………… 628
—— 第十二議定書 ………………… 347, 381
ヨーロッパ石炭鉄鋼共同体 ………………… 46
ヨーロッパ統合 …………………………………… 46
世論調査 ………………………………………… 206
弱い立場にある …………………………………… 318
—— 又は周縁に追いやられている集団
…………………………… 173, 300, 317

ら 行

ラギー（J. Ruggie）………………………… 263
拉 致 …………………………………………… 42
リオデジャネイロ国連環境開発会議 ……… 301
利害関係者（ステークホルダー）………… 264
陸戦の法規慣例に関する規則 ……… 123, 132
陸戦の法規慣例に関するハーグ条約 ……… 9
リスト・オブ・イシューズ ………………… 544
立憲主義 ………………………………………… 3
立証責任 ………………………………………… 221
—— の転換 ……………………………………… 396
立法条約 ………………………………………… 86
立法措置 ………………………………… 303, 475
リハビリテーション ……… 266, 273, 284, 286
略式又は恣意的な処刑 …………………………… 41
硫酸による攻撃 ………………………………… 321
留置施設 ………………………………………… 588
—— 視察委員会 ……………………… 73, 584
留 保 …………………………………………… 84
領 域 …………………………………………… 115
—— 主権 ………………………………………… 5
—— 的管轄権 ………………………………… 120
利用可能性 ……………………………… 164, 316
利用可能な資源 ………………………… 151, 164
—— を最大限に用いて ……………………… 327
両系血統主義 ………………………………… 461
領事館 …………………………………………… 31

領事関係に関するウィーン条約（ウィーン
領事関係条約）………………………………… 7
良心及び宗教の自由 ………………………… 190
良心的兵役拒否 ……………………………… 360
両性の平等 …………………………………… 375
量的指標 ……………………………………… 315
領土保全 ……………………………………… 136
旅館業法 ……………………………………… 476
旅 券 ………………………………………… 124
倫理的行為準則 ……………………………… 261
ルーズベルト ………………………………… 14
ルワンダ国際刑事法廷 ……………… 11, 19, 281
レアンドロ・デスプイ（L. Despouy）……… 143
隷属状態 ………………………………… 77, 143
レズビアン，ゲイ，バイセクシュアル及び
トランスセクシュアル（LGBT）の人々
………………………………… 291, 608
連合国 ………………………………………… 14
—— 宣言 ……………………………………… 14
連合暫定機構 ………………………………… 132
連邦憲法裁判所 ……………………………… 99
連邦国家 ……………………………………… 127
連邦条項 ……………………………………… 127
労使協定 ……………………………………… 464
労働基準法 …………………………………… 461
労働教養 ……………………………………… 610
労働組合権 …………………………………… 157
労働組合を結成し及びこれに加入する権利
…………………………………………… 191
労働災害 ……………………………………… 173
録 画 ………………………………………… 160
ロスター ……………………………………… 43
ロビンソン（M. Robinson）………………… 44
ロ マ ………………………………………… 238
ローマ規程 …………………………… 19, 146, 163

わ 行

わいせつ物 …………………………………… 209
枠組み立法 …………………………………… 298
ワクチン ……………………………………… 315

685

〈著者紹介〉

申　惠丰（しん・へぼん）

1966年1月	東京生まれ
1988年3月	青山学院大学法学部公法学科卒業
1990年3月	東京大学大学院法学政治学研究科修士課程修了
1993年8月	ジュネーブ国際高等研究所修士課程修了，高等研究ディプロマ（DES）取得
1995年11月	東京大学大学院法学政治学研究科博士課程修了，法学博士
1996年4月	青山学院大学法学部専任講師
2007年4月	同教授，現在に至る

〈主要著作〉

『人権条約上の国家の義務』（日本評論社，1999年）

『人権条約の現代的展開』（信山社，2009年）

国際人権法
—— 国際基準のダイナミズムと国内法との協調 ——
【第2版】

2013（平成25）年9月25日　第1版第1刷発行
2016（平成28）年7月30日　第2版第1刷発行

著　者　申　　惠丰
発行者　今井　貴・稲葉文子
発行所　株式会社　信山社

〒113-0033　東京都文京区本郷6-2-9-102
Tel 03-3818-1019　Fax 03-3818-0344
info@shinzansha.co.jp
笠間才木支店　〒309-1611 茨城県笠間市笠間515-3
Tel 0296-71-9081　Fax 0296-71-9082
笠間来栖支店　〒309-1625 茨城県笠間市来栖2345-1
Tel 0296-71-0215　Fax 0296-72-5410
出版契約 No.2016-8079-1-01011 Printed in Japan

©申惠丰，2016 印刷・製本／亜細亜印刷・渋谷文泉閣
ISBN978-4-7972-8079-1 C3332　分類329.501-c007　国際人権法
p.708 012-050-015

JCOPY　〈(社)出版者著作権管理機構　委託出版物〉
本書の無断複写は著作権法上での例外を除き禁じられています。複写される場合は，
そのつど事前に，(社)出版者著作権管理機構（電話 03-3513-6969，FAX03-3513-6979，
e-mail:info@jcopy.or.jp）の許諾を得てください。また，本書を代行業者等の第三者
に依頼してスキャニング等の行為によりデジタル化することは，個人の家庭内利
用であっても，一切認められておりません。

◆人権条約の現代的展開　申　惠丰 著

国家や学問の領域を超え、新たな世界への昇華をみせる国際人権法学の先端理論と実際の姿を考察。
＜全体構成＞
第一部　人権条約の国際的実施報告制度と通報制度の相互補完
第二部　人権条約の国内適用可能性
第三部　日本における現実の人権問題と国際人権法裁判意見書から

◆国際人権　1号〜　　国際人権法学会 編

講座　国際人権法3　国際人権法学会20周年記念
◆国際人権法の国内的実施
編集代表　芹田健太郎・戸波江二・棟居快行・薬師寺公夫・坂元茂樹

講座　国際人権法4　国際人権法学会20周年記念
◆国際人権法の国際的実施
編集代表　芹田健太郎・戸波江二・棟居快行・薬師寺公夫・坂元茂樹

◆ブリッジブック国際人権法
芹田健太郎・薬師寺公夫・坂元茂樹 著

◆国際法の人権化　阿部浩己 著
◆国際人権を生きる　阿部浩己 著

◆ヨーロッパ人権裁判所の判例
戸波江二・北村泰三・建石真公子・小畑郁・江島晶子 編集

◆ヨーロッパ地域人権法の憲法秩序化
小畑　郁 著

好評書、待望の最新版
◆プラクティス国際法講義【第2版】
柳原正治・森川幸一・兼原敦子 編

『国際法講義』と同じ執筆陣による、待望の続刊・演習書。
◆《演習　プラクティス国際法》
柳原正治・森川幸一・兼原敦子 編

執筆：柳原正治・森川幸一・兼原敦子・江藤淳一・児矢野マリ・
申惠丰・高田映・深町朋子・間宮勇・宮野洋一

信山社